舊唐書

百衲本二十四史

上海涵芬樓影印常熟瞿氏鐵琴銅劍樓藏宋刊本闕卷以明聞人詮覆宋本配補

唐書列傳卷第八十

劉昫 等修

王璵 道士李國禎 梁鎮表附

李泌 子繁 顧況附

崔造

關播 李元平附

王璵少習禮學博求祠祭儀注以干時開元末玄宗方尊道術靡神不宗璵抗疏引古今祀典請置春壇祀青帝於國東郊玄宗甚然之因遷太常博士侍御史充祠祭使璵專以祀事希倖每行祠禱或焚紙錢禳祈福祐近於巫覡由是過承恩遇肅宗即位累遷太常卿以祠禱每多賜賚乾元三年七月兼蒲州刺史充蒲同絳等州節度使中書令崔圓罷相乃以璵爲中書侍郎同中書門下平章事人物時望素不爲衆所稱及當樞務聲問頓減璵又奏置太一神壇於南郊之東請上躬行祀事肅宗嘗不豫太卜云祟在山川璵乃遣女巫分行天下祈祭名山大川巫皆盛服乘傳而行上令中使監之因緣爲姦所至干託長吏以邀賂遺一巫盛年而

美以惡少年數十自隨尤爲蠹弊與其徒宿於黃州傳舍刺史左震晨至驛門扃鐍不可啓震破鎖而入曳女巫階下斬之所從惡少年皆斃閱其贓賂數十萬震籍以上聞仍請贓錢代貧民租稅其中使發遣歸京肅宗不能詰肅宗親謁九宮神慇懃於祠禱皆璵所啓也歲餘罷知政事爲刑部尚書上元二年兼揚州長史御史大夫充淮南節度使肅宗南郊禮畢以璵使持節都督越州諸軍事越州刺史充浙江東道節度觀察處置使本官兼御史大夫祠祭使如故入爲太子少保轉少師大曆三年六月卒璵以祭祀妖妄致位將相時以左道進者往往有之廣德二年八月道士李國禎以道術見因奏皇室仙系宜修崇靈跡請於昭應縣南三十里山頂置天華上宮露臺大地婆父三皇道君太古天皇中古伏羲媧皇等祠堂并置掃灑宮戶一百戶又於縣之東義扶谷故湫置龍堂並許之時歲飢荒人甚不安昭應縣令梁鎮上表曰臣聞國以人爲本害其本則非國神以人爲主虐其主則非神故昔之

聖王所以極陳理道明著祀典將愛其人而慎用其財力欹其神而虔恭於祠祭故神享其明德而降之福人受其大賴而盡其力然後神人以和而國家可保也一昨盜賊作孽水旱爲災雖王畿皆遍而臣縣最苦此則神之不能禦大災明矣又何力於陛下而得列祀典哉且以殘敝之餘當凶荒之歲丁壯素出家入仕廳老方飛芻輓粟令但供億王事已不堪命更奔走鬼道何以聊生臣又聞天地之神尊之極者掃地可祭精意可饗陛下亦何必廢先王之典崇俗巫之說走南畝之客殺東鄰之牛而後冀非妄之福陛下雖欲爲人祈福福未至而人已困矣其不可一也陛下不覩昔者有道之君至德之后曷不卑宮室惡飲食恭己以遂萬物之性哉陛下今違神亭育之心竭人疲困之力如是又何從而致其福哉此又不可二也又陛下宗廟之敬極矣尚無一月三祭之禮今此獨爲則宗廟之靈將等以親疎校以厚薄陛下又何以言哉此又不可三也又大地婆父祀典無文言甚不經義無可取若陛下特

與大地建祖宗之廟必上天貽向背之責陛下又何以爲詞哉此又不可四也夫湫者龍之所居也龍得水則神無水則螻蟻之匹也故知水存則龍在水竭則龍亡此愚智之所同知矣今湫竭已久龍安所存陛下又崇飾祠宇豈繫蒸薦眞爲去龍之穴破生之產人且怨矣神何欽哉此又不可五也其道君三皇五帝則兩京及所都之處皆建宮觀祠廟時設齋醮饗祀國有彝典官有常禮蓋無闕失何勞神役靈此又不可六也臣稽先王之典禮觀前聖之軌躅休咎豐凶災祥禍福必生帝王五事不在山川百神此又不可七也臣伏察此弊頗知其由蓋以道士李國禎等動衆則得人興工則獲利祭祀則受胙主執則弄權是以鼓動禁中熒惑天聽踰越險阻負荷棨盛以日繫年無時而息曾不謂神功力空止竭人膏血以使人神胥怨災孽並生罔上害人左道亂政原情定罪非殺而何臣昨受命之時親承聖旨務存安緝許逐權宜誠願沉鄴縣之巫妾流弊之俗其所興兩祠土木之功丹青之役三

六之祭灑掃之戶護明宣旨並以權宜停詭人吏百姓等知陛下
以從善爲心嫉惡爲務錫除不急刻革煩苛昔喧呼於庭抃躍於
路所御粮粮無不樂輸臣伏以國禎等並交結中貴狡蠹成性臣
雖忘身許國不懼讒構然恐賄及左右復爲薪惡其國禎等見據
狀推勘如獲贓狀伏望許臣徵收便充當縣郵館本用其湫既竭
不可更置祠堂又不當爲大地建立祖廟臣並請停其三皇道君
天皇伏犧女媧等既先各有宮廟望請並於本所依禮齋祭上
從之

李泌字長源其先遼東襄平人西魏太保八柱國司徒何弼之六
代孫今居京兆吳房令承休之子少聰敏博涉經史精究易象善
屬文尤工於詩以王佐自負張九齡韋虛心張廷珪皆器重之泌
操尚不羈恥隨常格仕進天寶中自嵩山上書論當世務玄宗召
見令待詔翰林仍東宮供奉楊國忠忌其才辯奏泌嘗爲感遇詩
諷刺時政詔於蘄春郡安置乃潛遁名山以習隱自適天寶末祿

山構難肅宗北巡至靈武即位遣使訪召會泌自嵩潁間冒難奔
赴行在至彭原郡謁見陳古今成敗之機甚稱旨延致卧內動皆
顧問泌稱山人固辭官秩特以散官寵之解褐拜銀青光祿大夫
俾掌樞務至於四方文狀將相遷除皆與泌參議權逾宰相仍判
元帥廣平王軍司馬事肅宗每謂曰卿當上皇天寶中爲朕師友
下判廣平王行軍朕父子三人資卿道義其見重如此尋爲中書
令崔圓李輔國害其能將有不利於泌泌懼乞遊衡山優詔
許之給以三品祿俸遂隱衡岳絕粒棲神數年代宗即位召爲翰
林學士頗承恩遇及元載輔政忌泌異己因江南道觀察都團練
使魏少遊奏求參佐稱泌有才拜檢校秘書少監充江南西道判
官幸其出也尋改爲檢校郎中依前判官元載誅乃馳傳入謁上
見悅之又爲宰相常袞所忌出爲楚州刺史及謝恩具陳戀闕上
素重之留京數月會澧州刺史闕袞盛陳泌理行以荊南凋瘵遂
授泌理之詔曰荊南都會奧在澧陽俾人歸厚惟賢是牧以泌文

可以化成風俗政可以全活惸嫠爰命頒條期乎共理無薄淮陽
之守勉思渤海之功可檢校御史中丞充澧朗硤團練使重其禮
而遣之無幾改杭州刺史以理稱興元初徵赴行在遷左散騎常
侍貞元元年除陝州長史充陝虢都防禦觀察使二年六月泌奏
虢州盧氏山冶近出瑟瑟請充獻禁人開採詔曰瑟瑟之寶中土
所無今產於近甸實爲靈貺朕不飾器玩不尚珍奇常思返朴之
風用明躬儉之節其出瑟瑟之處任百姓求採不宜禁止就加泌
檢校禮部尚書時陝許戍邊卒三千自京西逃歸至州境泌潛師
險隘左右攻擊盡誅之尋拜中書侍郎平章事集賢崇文館學士
修國史初張延賞大減官員人情咨怨泌請復之以從人欲因是奏
罷兼試額內占闕等官加百官俸料隨閑劇加置手力課上從之
人人以爲便而竇參旁奏遂改易使同品之內月俸多少累等級
又奏請罷拾遺補闕上雖不從亦不授人故諫司唯韓皐歸登而
已泌仍命收其署餐錢令登等寓食於中書舍人故時戲云韓諫

議雖分左右歸拾遺莫辨存亡如是者三年至貞元五年以前東
都防禦判官殿中侍御史內供奉韋綬爲左補闕監察御史梁肅
右補闕既復置人心忻然順宗在春宮妃蕭氏母郜國公主交通
外人上疑其有他連坐貶黜者數人皇儲亦危泌百端奏說上意
方解泌頗有讜直之風而談神仙詭道或云嘗與赤松子王喬安
期羨門遊處故爲代所輕雖詭道求容不爲時君所重德宗初即
位尤惡巫祝怪誕之士初肅宗重陰陽祠祝之說用妖人王璵爲
宰相或命巫媼乘馹行郡縣以爲厭勝凡有所興造功役動牽禁
忌而黎幹用左道位至尹京嘗內集衆工編刺珠繡爲御衣既成
而焚之以爲禳禬且無虛月德宗在中宮頗知其事即位之後罷
集僧於內道場除巫祝之祀有司言宣政內廊壞請修繕而太卜
云孟冬爲魁罡不利穿築請卜他月帝曰春秋之義啓塞從時何
魁罡之有卒命修之又代宗山陵靈駕發引上號送于承天門見
轀輬不當道稍指午未間問其故有司對曰陛下本命在午故不

敢當道上號泣曰安有枉靈駕爲而謀身利卒命直午而行及建中末冦戎內梗桑道茂有城奉天之説上稍以時日禁忌爲意而雅聞泌長於鬼道故自外徵還以至大用時論不以爲愜及在相位隨時俯仰無足可稱復引顧況輩輕薄之流動爲朝士戲侮頗貽譏誚年六十八薨贈太子太傅賻禮有加泌放曠敏辯好大言自出入中禁累爲權倖忌嫉恒由智免終以言論縱橫上悟聖主以躋相位有文集二十卷子繁少聰警有才名無行義泌爲相嘗引薦夏縣處士北平陽城爲諫議大夫城道直既遇知己深德之及泌歿戶部尚書裴延齡巧佞奉上德宗信任竊弄威權舉朝側目城中正之士尤忿嫉之一日盡疏其過惡欲密論奏以繁故人子爲可親信遂示其疏草兼請繁繕寫繁旣寫悉能記之其夕乃徑詣延齡具述其事延齡聞之即時請對盡以城章中欲論事件一先自解及城疏入德宗以爲妄不之省繁與右補闕翰林學士梁肅友善嘗命繁持所著文請肅潤色繁亦自有學術肅待之

甚厚因許師事日熟其門及肅卒繁亂其配士君子無不歎駭積年委棄後起爲太常博士太常卿權德輿奏斥之除河南府士曹掾以其藝悟異常泌之故人爲宰相左右援拯後得累居郡守而力學不倦罷隨州刺史歸京師久不承恩韋處厚入相厚待之寶曆二年六月敬宗降誕日御三殿特詔兵部侍郎丁公著太常少卿陸亘與繁等三人抗浮圖道士講論九月除大理少卿復加弘文館學士時諫官御史章疏相繼宰臣不得已出爲亳州刺史州境嘗有群賊剽人廬舍劫取貨財累政擒捕不獲繁潛設機謀悉知賊之巢穴出兵盡加誅斬時議責繁以不先啓聞廉使涉於擅興之罪朝廷遣監察御史舒元輿按問元輿素與繁有隙復以初官銳於生事乃盡反其獄辭以爲繁濫殺無辜狀奏勑於京兆府賜死時人寃之其後元輿被禍人以爲有報應焉初泌流放江南與柳渾顧況爲人外之交吟詠自適而渾先達故泌復得入官於朝

顧況者蘇州人能爲歌詩性詼諧雖王公之貴與之交者必戲侮之然以嘲誚能文人多狎之柳渾輔政以校書郎徵復遇李泌繼入自謂已知秉樞要當得達官久之方遷著作郎況心不樂求歸於吳而班列群官咸有侮玩之目皆惡嫉之及泌卒不哭而有調笑之言爲憲司所劾貶饒州司戶有文集二十卷其贈柳宜城辭句率多戲劇文體皆此類也子非熊登進士第累佐使府亦有詩名于時

崔造字玄宰博陵安平人少涉學永泰中與韓會盧東美張正則爲友皆僑居上元好談經濟之略嘗以王佐自許時人號爲四夔浙西觀察使李栖筠引爲賓僚累至左司員外郎與劉晏善及晏遭楊炎庚準誣奏伏誅造累貶信州長史朱泚之逆造爲建州刺史聞難作馳檄隣州請齊舉義兵遂調發所部得二千人德宗聞而嘉之及收京師詔徵造至藍田以舅源休明逆伏誅上疏請罪不敢即赴闕上以爲知禮優詔慰勉拜吏部郎中給事中貞

元二年正月與中書舍人齊映各守本官同平章事時京畿兵亂之後仍歲蝗旱府無儲積德宗以造敢言爲能立事故不次登用造久從事江外嫉錢穀諸使罔上之弊乃奏天下兩稅錢物委本道觀察使本州刺史選官典部送上都諸道水陸運使及度支巡院江淮轉運使等並停其度支鹽鐵委尚書省本司判其尚書省六職令宰臣分判乃以戶部侍郎元琇判諸道鹽鐵榷酒等事戶部侍郎吉中孚判度支及諸道兩稅事宰臣齊映判兵部承旨及雜事宰臣李勉判刑部宰臣劉滋判吏部禮部造判戶部工部又以歲饑浙江東西道入運米每年七十五萬石今更令兩稅折納米一百萬石委兩浙節度使韓滉運送一百萬石至東渭橋其淮南豪壽旨米洪潭屯米委淮南節度使杜亞運送二十萬石至東渭橋諸道有鹽鐵處依舊置巡院勾當河陰見在米及諸道先付度支巡院般運在路錢物委度支依前勾當其未離本道者分付觀察使發遣仍委中書門下年終類例諸道課最聞奏造與元琇

姦贓罷使之後以鹽鐵之任委之而韓滉方司轉運朝廷仰給其漕發滉以司務久行不可遽改德宗復以滉為江淮轉運使餘如造所條奏元琇以滉性剛難制乃復奏江淮轉運其江南米自江至揚子凡十八里請滉主之揚子已北琇主之滉聞之怒掎摭琇鹽鐵司事論奏德宗不獲已罷琇判使轉尚書右丞其年秋初江淮漕米大至京師德宗嘉其功以滉專領度支諸道鹽鐵轉運等使造所條奏皆改物議亦以造所奏雖舉舊典然凶荒之歲難為集事乃罷造知政事守太子右庶子貶琇雷州司戶造初奏太銳及琇改官憂懼成疾數月不能視事明年九月卒年五十一

關播字務元衛州汲人也天寶末舉進士鄧景山為淮南節度使辟為從事累授衛佐評事遷右補闕善言物理尤精釋氏之學大曆中神策軍使王駕鶴妻關氏以播與同宗深遇之元載惡其交往出為河南府兵曹攝職數縣皆有政能陳少遊領浙東淮南又辟為判官歷檢校金部員外攝滁州刺史李靈曜阻兵跋扈於梁汴少遊自總兵鎮汴上所在盜賊蜂起播調閱州兵令其守備又為政清淨簡惠既無盜賊人甚安之楊綰常袞知政事薦播為都官員外郎德宗登極湖南山洞中有王國良者聚眾為盜令播往宣撫之臨行召對於別殿上問政理之要播奏云為政之本須求有道賢人乃可得理上謂播云朕下詔求賢良當躬親閱試亦遣使臣黜陟廣加搜訪聞薦擢其能者用之與以傳理播奏曰下詔求賢黜陟舉薦唯得求名文詞之士安有有道賢人肯隨牒舉選乎上悅其言謂播曰卿且使去迴日當與卿論政事播又奏曰臣今奉詔招撫國良不受命臣請便宣恩命語隣境速出兵翦除上曰卿言深合朕意使迴改兵部員外遷河中少尹建中初張鎰為河中少尹鎰尋入相二年七月遷播給事中舊例諸司甲庫皆是胥吏掌知為弊頗久播始建議並以士人知之至今稱當轉刑部侍郎奉迎皇太后副使盧杞以播柔緩異其易制驟稱薦之尋遷吏部侍郎轉刑部尚書知刪定奏上元中詔擇古今名將十人於

武成王廟配享如文宣王廟之儀播以太公古稱大賢今其下稱亞聖於義不安又孔子十哲皆是當時弟子今所擇名將年代不同於義既乖於事又失臣請刪去名將配享之儀及十哲之稱從之建中三年十月拜銀青光祿大夫中書侍郎同中書門下平章事集賢殿崇文館大學士修國史時政事決在盧杞播但斂衽取容而已之於知人之鑒好大言虛誕者播必悅而親信之有李元平陶公達張愻劉承誡皆言談詭妄誇大可立功名亦有微材薄藝播累奏云元平等皆可將相也請閱試用之上以為然以元平為補闕會淮西節度李希烈叛亂上以汝州要鎮令選擇刺史播薦元平為汝州刺史尋加檢校吏部郎中汝州別駕知州事元平至州旬日為希烈所擒汝州陷賊中外哂之由是公達等未卽任用播與盧杞等從駕幸奉天既而盧杞白志貞等並貶黜播尚知政事中外囂然以為不可遂罷相改刑部尚書大臣韋倫等泣於朝曰宰相不能謀猷翊贊以至今日而尚為尚書可痛心也貞元四年迴紇請和親以咸安公主出降可汗令播以本官加檢校右僕射兼御史大夫持節充送咸安公主及冊可汗奉使往來皆清儉謹慎蕃人悅之使迴遷兵部尚書固辭疾請罷官改太子少師致仕播致仕之後減去僮僕車騎閉關守靜不綮外事士君子重之貞元十三年正月卒時年七十九廢朝一日贈太子太保

李元平者宗室子始為湖南觀察使蕭復判官試大理評事性疏傲敢大言好論兵天下賢士大夫無可其意者以是人多銜怨關播奇重之許以將帥時希烈反叛朝廷以汝州與賊接壤刺史韋光裔懦弱不任職播乃盛稱元平特召見超左補闕不數日擢為檢校吏部郎中兼汝州別駕知州事既至部募工徒繕理郛郭希烈乃使勇士應募執役板築凡入數百人元平不之覺希烈遣偽將李克誠以數百騎突至其城先應募執役者應於內縛元平馳去既見希烈遺下汙地希烈見其無髭鬚眇小戲謂克誠曰使汝取李元平何得將元平兒來因嫚罵曰盲宰相使汝當我何待我淺

耶偽署爲御史中丞播聞元平得用仍歎於人曰李生功業濟矣言必能覆希烈而建功也居無何希烈用爲宰相或告其有二者乃斷一指以自誓希烈既死或有人言在賊中微有謀慮貸死流於珍州會赦得歸剡中浙東觀察使皇甫政表聞其到以發上怒復流賀州而死

史臣曰蒸嘗礿祀前王制以奉先怪力亂神宣聖鄙而不語凡云左道固有舊章璵假於鬼神乃至將相既處代天之位爰滋亂政之源國禎妖人疑衆妄恢其祀典梁鎮正士抗疏方悟其上心泌見可進而知難退足爲高率智辯之士居相位而談鬼道乃見狂妄浮薄之蹤王制云執左道以亂政殺字無畏乎繫之醜行棄於當時胥陷非辜諫由素履造爲臣得禮蒞事非能播居位取容舉人敗事皆非國器咸歷台司失人者亡國其危矣

贊曰璵泌造播俱非相材國禎左道梁生直哉

唐書列傳卷第八十

左從政郎紹興府錄事參軍徐俊卿校勘

李勉　李皐 子象古　道古　劉昫

李勉字玄卿鄭王元懿曾孫也父擇言爲漢褒相岐四州刺史安德郡公所歷皆以嚴幹聞在漢州張嘉貞爲益州長史判都督事性簡貴待管內刺史禮隔而引擇言同榻坐談政理時人榮之勉幼勤經史長而沉雅清峻宗於虛玄以近屬陪位累授開封尉時昇平日久且汴州水陸所湊邑居庬雜號爲難理勉與聯尉盧成軌等並有擒姦擿伏之名至德初從至靈武拜監察御史屬朝廷右武勳臣恃寵多不知禮大將管崇嗣於行在朝堂背闕而坐言笑自若勉劾之拘於有司肅宗特原之歎曰吾有李勉始知朝廷尊也遷司膳員外郎時關東獻俘百餘詔並處斬囚有仰天歎者勉過問之對曰某被脅制守官非逆者勉乃哀之上言曰元惡未殄遺黠汚者半天下皆欲澡心歸化若盡殺之是驅天下以資凶逆也肅宗遽令奔騎宥釋由是歸化日至克復西京累歷清要四遷至河南少尹累爲河東節度王思禮朔方河東都統李國貞行軍司馬尋遷梁州都督山南西道觀察使勉以故吏前密縣尉王晬勤幹俾攝南鄭令俄有詔處死勉問其故乃爲權倖所誣勉詢將吏曰上方藉牧宰爲人父母豈以譖言而殺不辜乎即停詔拘晬飛表上聞晬遂獲宥而勉竟爲執政所非追入爲大理少卿謁見面陳王晬無罪政事條舉盡力吏也肅宗嘉其守正乃除太常少卿王晬後以推擇拜大理評事龍門令終有能名時稱知人肅宗將大用勉會李輔國寵任意欲勉降禮於己勉不爲之屈竟爲所抑出歷汾州虢州刺史改京兆尹檢校右庶子兼御史中丞都畿觀察使尋兼河南尹明年罷尹以中丞歸西臺又除江西觀察使賊帥陳莊連陷江西州縣偏將呂太一武日昇相繼背叛勉與諸道力戰悉攻平之部人有父病以蠱道爲木偶人署勉名位瘞于其壠或以告曰爲父禳災亦可矜也捨之大曆二年來朝拜

京兆尹兼御史大夫政尚簡肅宦官魚朝恩爲觀軍容使仍知國子監事恃寵含威天寶在吉前尹黎幹寫心候事動必求媚每朝恩入監傾府人吏具數百人之饌以待之及勉莅職旬月朝恩入監府吏先期有請勉曰軍容使判國子監事勉候太學軍容宜厚具主禮勉忝京尹軍容儻惠顧府廷豈敢不具蔬饌朝恩聞而銜之因不復至太學勉亦尋受代四年除廣州刺史兼嶺南節度觀察使番禺賊帥馮崇道桂州叛將朱濟時等阻洞爲亂前後累歲陷沒十餘州勉至遣將李觀與容州刺史王翃併力招討悉斬之五嶺平前後西域舶泛海至者歲纔四五勉性廉潔舶來都不檢閱故末年至者四十餘在官累年器用車服無增飾及代歸至石門停舟悉搜家人所貯南貨犀象諸物投之江中耆老以爲可繼前朝宋璟盧奐李朝隱之徒人吏詣闕請立碑代宗許之十年拜工部尚書及滑亳永平軍節度令狐彰卒遺表舉勉自代因除之在鎮八年以舊德清重不嚴而理東諸侯雖暴驁者亦宗敬之十一年汴宋留後田神玉卒詔加勉汴州刺史汴宋節度使未行汴州將李靈曜阻兵北結田承嗣承嗣使姪悅將鋭兵戍之詔勉與李忠臣馬燧等攻討大破之悅僅以身免靈曜北走勉騎將杜如江擒之以獻代宗褒賞甚厚既而李忠臣代鎮汴州而勉仍舊鎮忠臣遇下貪虐明年爲麾下所逐詔復加勉汴宋節度使移理汴州餘並如故德宗嗣位加檢校吏部尚書尋加平章事建中元年檢校左僕射充河南汴宋滑亳河陽等道都統餘如故四年李希烈反以徙盜爲名悉衆來寇汴州勉城守累月救援莫至謂其將曰希烈凶逆殘酷若與較力必多殺無辜吾不忍也遂潛師潰圍南奔宋州詔以司徒平章事徵既至朝廷素服請罪優詔復其位勉引過備位而已無何盧杞自新州員外司馬除澧州刺史給事中袁高以杞邪佞蠹政貶未塞責停詔執奏遂授澧州別駕他日上謂勉曰衆人皆言盧杞姦邪朕何不知卿知其狀乎對曰天下皆知其姦邪獨陛下不知所以爲姦邪也時人多其正直然自

是見疏累表辭位遂罷知政事加太子太保貞元四年卒年七十二上頗悼之冊贈太傅賻物有差喪葬官給勉坦率素淡好古尚奇清廉簡易爲宗臣之表善鼓琴好屬詩妙知音律能自製琴又有巧思及在相位向二十年祿俸皆遺親黨身沒而無私積其在大官禮賢下士終始盡心以名士李巡張參爲判官卒於幕三歲之内每遇宴飲必設虛位於筵次陳膳執酹辭色悽惻論者美之或曰勉失守梁城亦可恥也議者曰不然當賊烈之始亂其慓悍陰禍兇燄不可當天方厚其毒而降之罰況勉應變非長援軍莫至又其時關輔已儆擾矣人心已動搖矣以文吏之才當虎狼之隊其全師奔宋非量力之恥也與其坐受喪敗不猶愈乎

李皋字子蘭曹王明玄孫嗣王戢之子少補左司禦率府兵曹參軍天寶十一載嗣封授都水使者三遷至秘書少監皆同正多智數善因事以自便奉太妃鄭氏以孝聞上元初京師旱米斗直數千死者甚多皋度俸不足養亟請外官不允乃故抵微法貶溫州長史無幾攝行州事歲儉州有官粟數十萬斛皋欲行賑救掾吏叩頭乞候上旨皋曰夫人日不再食當死安暇稟命若殺我一身活數千人命利莫大焉於是開倉盡散之以擅貸之罪飛章自劾天子聞而嘉之答以優詔就加少府監皋行縣見一媼垂白而泣哀而問之對曰李氏之婦有二子鈞鍔宦遊二十年不歸貧無以自給時鈞爲殿中侍御史鍔爲京兆府法曹俱以文藝登科名重於時皋曰入則孝出則悌行有餘力然可以學文若二子者豈可於列位由是舉奏並除名勿齒改處州別駕行州事以良政聞徵至京未召見因上書言理道拜衡州刺史坐小法貶潮州刺史時楊炎謫官道州知皋事直及爲相復拜衡州初皋爲御史覆訐懼貽太妃憂出則素服入則公服言皃如平常太妃不知及爲潮州詭詞謂遷至是復位方泣以白且言非疾不敢有聞建中元年遷湖南觀察使前使辛京杲貪殘有將王國良鎮邵州武岡縣豪富京杲以死罪加之國良危懼因人所苦遂散財聚衆據縣

以叛諸道同討聯歲不能下皋授命日乃曰驅疲甿誅反側非所以奉聖朝事遣使遺國良書曰觀將軍非敢大逆蓋遭讒嫉救誅死而已將軍遇我何不速降我與將軍同爲辛京杲所構我已蒙聖朝昭雪使我何心持刃殺將軍耶將軍以爲不然我以陣術破將軍陣以攻法屠將軍城非將軍所度也國良捧書且憂且喜遣使請降亦未必決皋即日赴縣受降中道有候騎馳告曰國良軍中有變言降是詐也皋曰非爾輩所知遂留麾下兵單騎假稱使者徑入國良壘中國良召使者入皋遂大叫軍中曰有人識曹王否只我是國良何不速降一軍愕眙不敢動適有識者走至傳呼曰是國良匍匐叩頭請罪皋執手約爲兄弟盡焚攻守之備散倉庫給兵士令復農桑有詔赦國良罪賜名惟新建中二年丁母鄭奉喪至江陵會梁崇義反乃授起復左衛大將軍復還湖南尋加散騎常侍李希烈反遷江西道節度使洪州刺史兼御史大夫至州集將吏而令曰嘗有功未申者別爲行有策謀及器能堪佐軍者別爲行有裨將伊慎李伯潛劉昱皆自占皋察其詞氣驗其有功悉補大將擢王鍔委之中軍以馬彝許孟容爲賓佐繕甲兵具戰艦將軍二萬餘初伊慎將江西兵從李希烈平襄州及反懼皋任之乃陰遣遺之鏁甲又詐爲慎書往復置遺于境上聞即遣中使斬慎皋表請捨令自劾會與賊夾江爲軍中使又至皋乃勉令以功自贖賜之以所乘馬及器甲令將鋒而先皋率軍繼之責其有功果大破賊斬首數百級慎方得免罪賊樹堡柵於蔡山皋度峻險不可攻乃聲言西取蘄州理戰艦分兵傍南涯與舟師泝江而上賊以老弱守柵引軍循江隨戰艦南北與皋兵相去直蔡山三百餘里皋令步兵登舟順流東下不日拔蔡山賊還救間一日方至大破之因進拔蘄州降其將李良又取黃州斬首千餘兵益振舒王爲元帥加皋前軍兵馬使德宗居奉天淮南節度陳少遊強取鹽鐵錢其使包佶以財幣泝江次于蘄口時希烈已屠汴州又遣驍將杜少誠將步騎萬餘來寇蘄黃將絕江道皋遣伊慎將

七千衆禦之遇于永安戍愼列三柵相去纔四里列鼓角中柵少
誠至分兵圍之鄰隊未嚴齊鼓而三柵齊出誘擊不爲行陣賊亂
少誠敗走斬首萬級封尸爲京觀以功加銀青光祿大夫進封五
百戶上至梁州進獻繼至皋以上蒙塵于外不敢居城府乃於
四塞山上游大洲屯軍從近縣爲軍市商賈畢至加工部尚書駕
還京師又遣伊愼王鍔將兵圍安州州城阻溳水爲固攻之累日不
下希烈遣甥劉戒虛將步騎八千來援皋命李伯潛分師迎擊於
應山獲戒虛及大將二裨將二十斬首千餘面縛戒虛等之城下
乃使人說之賊曰得大將及賓佐一二人爲信當降皋乃使王鍔
馬彝縋城而入城中大呼乃出降希烈又遣兵援隨州皋令伊愼
擊於厲鄉大破之復平靜曰馬等關希烈懼乃戢兵貞元初拜江
陵尹荊南節度等使江漢倚皋爲固未幾李思登以隨州降凡下
州四縣十七大小十餘陣未嘗敗屬淮西既平請護喪祔東都上
遣中使弔贈父右僕射母曹國太妃葬畢來朝詔還鎮出東都以

拜墓觀者榮之先江陵東北有廢田旁漢古堤二處每夏則溢皋
始命塞之廣田五千頃畝得一鍾規江南廢洲爲廬舍架江爲二
橋流人自占二千餘戶自荊至樂鄉凡二百里旅舍鄉聚凡十數
大者皆數百家楚俗佻薄不穿井飲陂澤皋始命合錢開井以便
人初平希烈兵少誠殺陳仙奇上以襄鄧要阨三年除襄州刺史
山南東道節度等使割汝隋隸焉練兵積粮市迴鶻馬登騎兵嘗
大畋以教士少誠憚之性勤儉知人疾苦設監司能察聽下持將
吏短長賞罰必信所至常平物貴則出賣之給將吏廩俸家家不
得擅其利常運心巧思爲戰艦挾二輪蹈之翔風鼓疾若挂帆席
所造省易而久固又造欹器進入內中毋遺人物常自稱量署之
官匹帛皆印之絕吏之私初扶風馬彝未知名皋始辟之卒以正
直稱漢陽王張柬之有林園在州西公府多假之游宴皋將買之
彝斂衽而言曰張漢陽有中興功今遺業當百代保之王縱欲之
柰何令其子孫自鬻焉皋謝曰主吏失詞爲足下羞微足下安得

聞此言以改過遷善知人任下爲己任故賓從將佐多至大官貞
元八年三月暴卒于位年六十廢朝三日贈右僕射賻帀有差諡
曰成子象古道古復古象古自衡州刺史爲安南都護元和十四年
爲楊清所殺妻子支黨無噍類焉楊清者代爲南方酋豪屬象古
貪縱人心不附又惡清之強自驩州刺史召爲牙門將鬱鬱不快
無何邕管黃家賊叛詔象古發兵數道共討之象古命清領兵三
千赴焉清與其子志烈及所親杜士交潛謀迴戈夜襲安南數日
城陷象古故及於害朝廷命唐州刺史桂仲武爲都護且招諭之
赦清以爲瓊州刺史仲武至境清不納復約束部署刑戮憯虐人
無聊生仲武使人諭其酋豪數月間歸附繼至約兵七千餘人收
其城斬清及其子志貞籍沒其家志烈與士交敗保于長州之鑿
溪尋以所部兵來降道古登進士第遷司門員外郎便佞巧宦早
昇朝籍常以酒肴奕博游公卿門角賭之際每僞爲不勝而厚償
之故當時有虛名而嗜利者悉與之狎歷利隨唐睦四州刺史由

黔中觀察爲鄂岳沔蘄安黃團練觀察使時元和十一年也初以柳
公綽在鎮無功議將代之裴度言道古嗣曹王皋之子皋嘗以江
漢兵遏希烈之亂威惠至今在人復用其子必能繼美憲宗然之
故有此授及赴鎮倍道而行以數騎徑入安州城時公綽殊未意
道古至惶駭而出家財多爲所奪十二年道古攻申州克其羅城
乃進圍逼其中城城中守卒夜帥婦人登城而呼懸門竊發分出
其衆道古之衆驚亂爲虜所殺初李聽守安州未嘗退衄及道古
至誣奏聽移去之乃自帥兵出穆陵士卒驕惰賜給多闕其度支
供軍錢道古半以奉權倖半以沒己人皆怨怒不肯力戰賊亦易
道古以羸兵抵之故道古前後再攻破申州外城而不能拔至李
愬入蔡州乃降元和十三年入爲宗正卿道古在鄂州日以貪暴
聞懼終得罪乃薦山人柳泌以媚於上後又爲左金吾衛將軍憲
宗季年頗信方士銳於服食詔天下搜訪奇士宰相皇甫鎛方諛
媚固寵道士言柳泌有道術鎛得而進之待詔翰林憲宗服餌過

當暴成任躁之疾以至棄代穆宗在東宮扼腕於其事及居喪皆竄逐誅之鏄既貶責授道古循州司馬終以服丹藥歐血而卒

史臣曰李勉李皐秉性端莊勉身廉絜臨民蒞事動有美聲可謂宗臣之英也若夫治軍旅禦寇戎謀必臧戰必勝則又勉不及皐遠矣道古便佞姧以事君何父子之不相類也

贊曰我宗之英曰皐與勉才雖不同道豈相遠

唐書列傳卷第八十一

左從政郎紹興府錄事叅軍徐俊卿校勘

唐書列傳第八十二

劉昫等修

李抱玉 李抱眞 王虔休
盧從史 李芃 李澄 族弟元素

李抱玉武德功臣安興貴之裔代居河西善養名馬為時所稱群從兄弟或徙居京華習文儒與士人通婚者稍染士風抱玉少長西州好騎射常從軍幕沉毅有謀小心忠謹乾元初太尉李光弼引為偏裨屢建勳績由是知名二年自特進右羽林軍大將軍知軍事遷鴻臚卿員外置同正員持節鄭州諸軍事兼鄭州刺史攝御史中丞鄭陳潁亳四州節度時史思明陷洛陽光弼守河陽賊兵鋒方盛光弼謂抱玉曰將軍能為我守南城二日乎抱玉曰過期若何光弼曰過期而救不至任棄城也賊帥周摯領安太清徐黃玉等先犬南城將陷之抱玉乃紿之曰吾糧盡明日當降賊衆大喜斂軍以俟之抱玉因得繕完設備明日堅壁請戰賊怒欺紿

急攻之抱玉出奇兵表裏夾攻殺傷甚衆摯軍退光弼自將于中潬城擊捨南城攻中潬不勝乃整軍將攻北城光弼以兵出戰大敗之固河陽復懷州皆功居第一遷澤州刺史兼御史中丞代宗即位擢為澤潞節度使潞州大都督府長史兼御史大夫加領陳鄭二州遷兵部尚書抱玉上言臣貫屬涼州本姓安氏以祿山構禍恥與同姓去至德二年五月蒙恩賜姓李氏今請割貫屬京兆府長安縣許之因是舉宗並賜國姓廣德元年冬吐蕃寇京師乘輿幸陝諸軍潰卒及村閭亡命相聚為盜京城南面子午等五谷群盜頗害居人朝廷遣薛景仙領兵為五谷使招討連月不捷乃詔抱玉兼鳳翔節度使討之抱玉探知賊帥行止之處先分屯諸谷乃設奇潛使輕銳數百南自洋州入攻之賊帥高玉方與諸偷會遽為銳卒數十人掩擒之因大搜獲偷黨悉斬之餘黨不討自潰旬日內五谷平以功遷司空餘並如故時吐蕃每歲犯境上以岐陽國之西門寄在抱玉恩寵無比遷同中書門下平章事又兼山南西道節度使河西隴右山南西道副元帥判梁州事連統三道節制兼領鳳翔潞梁三大府秩處三公抱玉以任位崇重抗疏懇讓司空及山南西道節度判梁州事乞退授兵部尚書上嘉其謙讓許之抱玉凡鎮鳳翔十餘年雖無破虜之功而禁暴安人頗為當時所稱大曆十二年卒上甚悼之輟朝三日贈太保

李抱眞抱玉從父弟也抱玉為澤潞節度使甚器抱眞任以軍事累授汾州別駕當是時僕固懷恩反于汾州抱眞陷焉乃脫身歸京師代宗以懷恩倚迴紇所將朔方兵又勁憂甚召見抱眞問狀因奏曰郭子儀領朔方之衆人多思之懷恩欺其衆曰子儀為朝恩所殺詐而用之今復子儀之位可不戰而克其後懷恩子瑒為其下所殺懷恩奔遁多如抱眞策因是遷殿中少監居頃之為陳鄭澤潞節度留後抱眞因中謝言曰臣雖無可取當今百姓勞逸繫在牧守願得一郡以自試上許之改授澤州刺史兼為澤潞節度副使居二年轉懷州刺史復為懷澤潞觀察使留後凡八年抱

玉卒抱眞仍領留後抱眞密揣山東當有變上黨且當兵衝是時乘戰餘之地土瘠賦重人益困無以養軍士籍戶丁男三選其一有材力者免其租徭給弓矢令之曰農之隙則分曹角射歲終吾當會試及期按簿而徵之都試以示賞罰復命之如初比三年則皆善射抱眞曰軍可用矣於是舉部內鄉得成卒二萬前既不廩費府庫益實乃繕甲兵為戰具遂雄視山東是時天下稱昭義軍步兵冠諸軍無幾復代李承昭為昭義軍及磁邢節度觀察留後加散騎常侍德宗即位拜檢校工部尚書兼潞州長史昭義軍節度支度營田澤潞磁邢觀察使建中三年田悅以魏博反乃悉兵圍邢州及臨洺益急詔河東節度使馬燧及神策兵救之抱眞與燧敗悅兵於雙岡斬悅將楊朝光又擊破悅于臨洺遂解臨洺及邢州之圍以功加檢校兵部尚書復與燧大破悅於洹水悅以數百騎走歸魏州復與燧圍魏州又敗悅於城下以功加檢校右僕射時悅窘蹙朱滔王武俊皆反聯兵救悅抱眞與燧等退次魏縣上

幸奉天中使告問至諸將皆仰天慟哭李懷光席卷爲叛命馬燧李
晟各引兵歸鎮朱泚既汙宮闕時李希烈陷大梁李納亦反鄆州
無何上幸梁州李懷光又竊據河中抱真獨於擾攘傾潰之中以
山東三州外抗群賊內輯軍士群賊深憚之興元初遷檢校左僕
射平章事時朱滔悉幽薊軍借兵迴紇擁衆五萬南向以應泚攻
圍貝州初群賊附於希烈希烈僭僞有臣屬群賊意群心稍離
上自奉天下罪己之詔悉赦群賊抱真乃遣門客賈林以大義說
武俊合從擊朱滔武俊許之時兩軍尚相疑抱真乃以數騎徑入
武俊營其將去也賓客皆止之抱真遣軍司馬盧玄卿勒軍部分
曰僕今日此舉繫天下安危僕死不還領軍事以聽朝命亦雅子
奮勵士馬東向雪僕之恥亦雅子言訖而去武俊設備甚嚴抱真
曰朱泚希烈僭竊大位朱滔攻圍貝州此輩皆欲陵駕吾屬足下
既不能自振數賊之上捨九葉天子而北面臣反虜乎乃者聖上
奉天下罪己之詔可謂禹湯之主也因言及播越持武俊哭涕泗

交下武俊亦哭感動左右因退卧武俊帳中甘寢久之武俊感其
不疑待之益恭指心仰天曰此身已許公死敵矣遂與結爲兄弟
而別約明日合戰遂擊破朱滔于經城以功加檢校司空實封五
百戶貞元初朝于京師居頃之還鎮抱真沉斷多智計嘗欲招致
天下賢儁聞人之善必令持貨幣數千里邀致之至與語無可採
者漸退之時天下無事乃大起臺榭穿池沼以自娛晚節又好方
士以冀長生有孫季長者爲抱真鍊金丹紿抱真曰服之當昇僊
遂署爲賓僚數謂參佐曰此丹秦皇漢武皆不能得唯我遇之他
年朝上清不復偶公輩矣復夢駕鶴沖天寤而刻木鶴衣道士衣
以習乘之凡服丹二萬九腹堅不食將死不知人者數日矣道士牛
洞玄以豬肪穀漆下之殆盡病少間季長復曰垂上僊何自棄也
益服三千九頃之卒初抱真久疾好禨祥或令厭勝爲巫祝所惑
請降官爵以禳除之是年凡七上章請司空復爲檢校左僕射貞
元十年卒時年六十二廢朝三日贈太保賻以布帛米粟有差抱

真薨之日其子殿中侍御史緘匿喪不發營田副使盧會昌令抱
真從甥元仲經僭與緘謀其明日將吏會集仲經詐爲抱真令曰
吾疾甚不能莅職今令緘掌軍事諸軍善佐之節度副使李說及
諸將吏俛首皆曰諾須臾緘盛服而出衆皆拜之緘乃悉府藏頒
賞軍士盧會昌仍詐爲抱真表請以職事付緘翌日又令諸將連
奏請緘領軍上已聞抱真卒乃遣中使第五守進馳傳觀變且令
以軍事屬於大將王延貴守進至潞州緘詐言抱真疾病請見明
日如此者凡三日緘乃出遣中使左右皆陳兵甚嚴備中使謂緘
曰朝廷已知相公薨殁令以兵務屬延貴侍御宜歸發喪行服也
緘愕然出謂諸將曰有詔不許緘掌事諸公意如何將吏莫有對
者緘懼而退遽以使印及管鑰歸監軍是日乃發喪畢一哭中
使召延貴以口詔令視事趣遣緘赴東都元仲經逃于外延貴捕
得殺之既歸罪仲經盧會昌得不坐緘初謀亂遣裨將陳榮詐以
文書告成德節度使王武俊求假財帛武俊大怒曰吾與故府公

善者異恭王命非同惡也今聞已亡敢詐令其子而不俟朝旨耶
何敢告我況有求也乃因陳榮而遣使讓緘焉
王虔休字君佐汝州梁人也本名延貴少涉獵書籍鄉里間以信
義畏慕之尤好武藝大曆中汝州刺史李深用之爲將久之澤潞
節度李抱真聞名厚以財帛招之累授兵馬使押衙建中初抱真
統兵馬與諸將征討河北其雙岡水寨營等陣虔休攻戰居多擢
爲步軍都虞候累加兼御史中丞大夫賜實封百戶洎抱真卒裨
將元仲經等議立抱真子緘軍中擾亂虔休正色言於衆曰軍州
是天子軍州將帥闕合待朝命何乃云云妄生異意軍中服從其
言由是貰免潰亂朝廷知而嘉之以邕王爲昭義節度觀察大使
授虔休潞州左司馬依前兼御史大夫掌留後仍賜名虔休號令
安撫軍州大理二歲遷潞州長史昭義軍節度澤潞磁邢洺觀察
使尋加檢校工部尚書貞元十五年卒年六十二廢朝三日贈左僕
射賻以布帛米粟虔休性恭勤儉省節用管內州倉庫皆積糧儲

可支軍人數歲又常撰誕聖樂曲以進其表曰臣聞於師夫君子爲能知樂是故審音以知聲審樂以知政則理道備矣清明廣大樂始周旋與天地同其和與四時合其序豈止於鍾鼓管磬云乎哉臣伏見開元中天長節著于甲令每於是日海縣懽娛稱萬壽之無疆樂一人之有慶故能追堯接舜邁禹踰湯自周已後不能議矣臣竊以陛下降誕之辰未有惟新之曲雖大和已布於六氣而大樂未宜於八音無乃臣子之分或有所闕愚臣不揆頑昧敢思祖述每思歌竊抃忘寢與食久矣適遇有知音者與臣論及樂章探微賾與窮理盡性臣乃遣造繼天誕聖樂一曲大抵以宮爲調表五音之奉君也以土爲德知五運之居中也凡二十五遍法二十四氣而足成一歲也每遍一十六拍象八元八凱登庸於朝也所異雲門咸池永傳於律呂空桑孤竹合薦於宮懸不聞怗懘之聲長作中和之樂可使九域之人頓忘於肉味四夷之俗皆播於薰風與唐惟休終古盡善臣不勝懇款屏營之至謹昧死陳獻以聞其所

○進譜謹同封進先時有太常樂工劉玠流落至潞州虔休因令造此曲以進今中和樂起此也

盧從史其先自元魏已來冠冕頗盛父虔少孤好學舉進士歷御史府三院刑部郎中江汝二州刺史秘書監從史少矜力習騎射遊俠潞軍節度使李長榮用爲大將德宗中歲每命節制必令採訪本軍爲其所歸者長榮卒從史因軍情且善迎奉中使得授昭義軍節度使漸狂恣不道至奪部將妻妾而辯給矯妄從事孔戡等以言直不從引去前年丁父憂朝旨未議起復屬王士眞卒從史竊獻誅承宗計以希上意用是起授委其成功及詔下討賊兵出逗留不進陰與承宗通謀令軍士潛懷賊號又高其芻粟之價售於度支諷朝廷求宰相且誣奏諸軍與賊通兵不可進上深患之護軍中尉吐突承璀將神策兵與之對壘從史往往過其營博戲從史沓貪好得承璀出寶帶奇玩以炫燿之時其愛悅而遺焉從史喜甚日益狎上知其事取裴垍之謀因戒承璀伺其來博揖語幕下伏壯士突起持捽出帳後縛之內車中馳以赴闕從者驚亂斬十數人餘號令乃定且宣諭密詔追赴闕庭都將烏重胤素懷忠順乃嚴戒其軍衆不敢動會夜使疾驅未明出境道路人莫知元和五年四月制曰邪以蓄衆自致覆車姦以事君所宜用鉞故楚人告變韓信志釋於事先蜀土徵災鍾會禍生於部下況害深楚蜀功匪鍾韓構此厲階布於公議懷私負德合置於嚴科屈法申恩尚從於寬典前昭義軍節度副大使知節度事盧從史擢自裨將居于大藩不思報國之誠尋設徇身之計比丁家禍曾無戚容行棄人倫孝虧天性屬常山稱亂朝制未行固願興師苟求復位剋期效用請以身先指日投誠誓云獨致示於懷撫推以信誠排衆論以釋其疑麻決中心而授之鈇鉞委以重任命之專征章奏所陳事無違者恩光是貸予何愛焉而乃冒利蔑恩姦回敗度成師既出保敵而交通邪計以行臨戎而向背諸侯盡力而不應遺寇遊魂而是託臣節既喪恩豈念於生成台位干求禮頓虧

○於忠敬肆其醜行熾以凶威至於逼脅軍中潛施賊號陵汙麾下實玷皇風貨以藩身虐而用衆士庶怨而罔恤將校勞而不圖稟於陶鈞行事至此覩於天地負我何多且辜覆載之仁寧逭神鬼之責況頃年上請就食山東及遣旋師不時恭命致動其衆覬生其心賴劉濟抗忠正之辭使邪謀絕遲迴之計加以偏毀隣境密疏事情反覆百端高下萬變心無恥愧事至滿盈朕念以始終務於含貸所期悔過豈謂踰兇而昭義軍忠節夙彰義聲昭著發其衆怒叶以一心顧大惡而不容幸全軀而自免宜從大戮以正彝章尚以曾列方隅嘗經任使惜君臣之體抑中外之情俾投魑魅之鄉以解人神之憤可貶驩州司馬嗚呼姦由事驗自開棄絕之門禍實己招豈漏恢踈之網凡百多士宜諒朕懷子繼宗等四人並貶嶺外

李芃字茂初趙郡人也解褐上邽主簿三遷試大理評事攝監察御史山南東道觀察支使嚴武爲京兆尹舉爲長安尉李勉爲江

西觀察使署奏秘書郎兼監察御史爲判官永泰初轉兼殿中侍御史時宣饒二州人方清陳莊聚衆據山洞西絕江路劫商旅以爲亂芃乃請於秋浦置州守其要地以破其謀李勉然其計以聞代宗嘉之以宣州之秋浦青陽饒州之至德置池州焉芃攝行州事無幾乃兼侍御史居無何魏少遊代勉爲使復署奏檢校虞部員外郎賜金紫爲都團練副使頃之攝江州刺史州人便之丁母憂免喪永平軍節度李勉署奏檢校工部郎中兼侍御史爲判官尋攝陳州刺史歲中即值李靈耀反於汴州勉署芃兼亳州防禦使練達軍事兵備甚肅又開陳潁運路以通漕輓德宗嗣位授檢校太常少卿兼御史中丞河陽三城鎮遏使撫勞備至資廩善者必先軍士間一年爲節度使路嗣恭之副加檢校左庶子河陽三城懷州節度觀察使以東畿汜水等五縣隸焉時河南北連大兵詔益以神策陝之師芃進收新鄉共城遂圍衛州明年詔與河東節度馬燧等諸軍破田悅於洹水以功加檢校兵

○部尚書累封開郡王實封一百戶進圍悅於魏州將符璘以精騎五百夜降芃開營以納之明日歸璘於招討使上居奉天斂軍還興元初檢校右僕射無何以疾固讓罷歸芃將請告謂所親曰今年夏被蝗旱人主厭兵革然則天下城壘堅厚矣戈鋋銛利矣以力勝之則有得失其可盡乎除弊之急莫先德化循而理之斯易致耳方鎮之戴翼時主宜先退讓貪權持祿吾所不取也吾既疾病豈能言而不踐乎乃手疏乞罷貞元元年卒年六十四廢朝一日贈太子太保

李澄遼東襄平人隋蒲山公寬之後也居京兆父鎬清江太守以澄贈工部尚書澄以武藝爲偏將累除試將作監隸於江淮都統李峘建中初以檢校太子賓客兼御史中丞隸於永平軍節度使李勉及勉移理汴州乃奏澄爲滑州刺史四年冬李希烈陷汴州勉奔歸行在澄遂以城降希烈僞署尚書令兼滑州永平軍節度使興元元年春澄密令親信人盧融間道齎表達於奉天上嘉之乃以帛詔藏於蠟丸中加澄刑部尚書兼汴州刺史汴滑節度觀察使澄秘而未宣乃集州兵嚴加訓習希烈頗疑之乃令養子六百人戍之以虞其變希烈苦攻寧陵邀澄率其衆至石柱澄令縱火焚營而僞遁誘六百人因驚行剽而加其罪果大俘掠悉令斬之以告希烈不能詰焉無幾何希烈遣其將翟暉等寇陳州久之未復是歲十月澄以汴州兵寡度希烈不能制已又會中官薛盈珍持節且至加檢校兵部尚書封武威郡王賜實封五百戶澄乃乘勢力焚賊旌節誓衆歸國及十一月希烈既失澄又聞翟暉大敗由是奔歸蔡州澄遽率衆將復汴州屯於城北門恇怯不敢進及宣武軍節度使劉洽師至城東門賊將田懷珍開關以納之翌日澄方自北入洽已據子城澄乃舍於浚儀縣兩軍將士日有忿競不自安會鄭州賊將孫液通款於澄澄遣其子清赴之先是河陽軍節度使李芃遣其將雍顯攻鄭州顯所過縱掠液拒之尤固及清至遂納之顯怒攻液清以衆助之殺登城者數十人顯方引

○退又焚陽武而歸澄乃出赴鄭州朝廷特授清檢校太子賓客兼御史中丞更名克寧貞元元年三月就加澄檢校左僕射義成軍鄭滑許等州節度使二年卒年五十四廢朝一日贈司空賵布帛粟有差仍令左散騎常侍歸崇敬充弔祭使所緣喪葬並勒官給澄實以八月癸未終克寧祕之以九月庚寅欲自起視事其行軍司馬馬鉉不許克寧陰遣殺之乃墨經而出加卒於城門將爲不順劉洽出師屯於境上以制之且使告諭切至由是克寧不敢妄發然道路絕商旅者凡十四五日及賈耽代澄克寧護喪將歸乃悉索府中財貨以夜出城軍人從而剽奪及明殆盡澄柩至京師又賜克寧莊一所錢千貫粟麥三千碩澄初封隴西郡公進武威郡王每上疏連稱二封頗爲時人所哂

李元素字大朴蒲山公密之孫任侍御史時杜亞爲東都留守惡大將令狐運會盜發洛城之北運適與其部下畋于北郊亞意其爲盜遂執訊之逮繫者四十餘人監察御史楊寧按其事亞以爲

不直密表陳之寧遂得罪亞將是其宿怒且以得賊為功上表指
明運為盜之狀上信而不疑宰臣以獄大宜審奏請覆之命元素
就決亞迎路以獄成告元素驗之五日盡釋其囚以還亞大驚且
怒親追送馬上責之元素不荅亞遂上疏又誣元素元素還奏言
未畢上怒曰出俟命元素曰臣未盡詞上又曰且去元素復奏曰
一出不得復見陛下乞容盡詞上意稍緩元素盡言運冤狀明白
上乃寤曰非卿孰能辨之後數月竟得其真賊元素由是為時器
重遷給事中時美官缺必指元素遷尚書右丞數月鄭滑節度盧
群卒遂命元素兼御史大夫鎮鄭滑就加檢校工部尚書在鎮稱
理元和初徵拜御史大夫自貞元中位缺久難其人至是元素以
名望召拜中外聳聽及居位一無修舉但規求作相久之寖不得
志見客必白無以某官散相踈也見屬官必先拜脂韋在列大失
人情李錡為亂江南遂授元素浙西道節度觀察處置等使數
月受代入拜國子祭酒尋遷太常卿轉戶部尚書判度支元素少

孤奉長姊友敬加於人及其姊歿沉悲遘疾上疏懇辭職從之數
月以出妻免官初元素再娶妻王氏石泉公方慶諸孫性柔弱元
素為郎官時娶之甚禮重及貴溺情僕妾遂薄之且又無子而前
妻之子已長無良元素寢疾昏惑聽譖遂出之給與非厚妻族上
訴乃詔曰李元素病中上表懇切披陳云妻王氏禮義殊乖願與
離絕初謂素有醜行不能顯言以其大官之家所以令自處置訪
聞不曾告報妻族亦無明過可書蓋是中情不和遂至於此胥以
王命當日遣歸給送之間又至單薄不唯王氏受辱實亦朝情悉
驚如此理家合當懲責宜停官仍令與王氏錢物通所奏數滿五
千貫元和五年卒贈陝州大都督

史臣曰李抱玉李抱真以武勇之材兼忠義之行有唐之良將也
且如農隙教習人之射數騎入武俊之營非有奇謀孰能如是惜
乎服食求仙為藥所悞王虔休不黨僭命有足可嘉盧從史勳
多懷姦自貽伊戚亢則老也知足澄則過而改圖元素為御史時
執德不回居大夫日其心甚短因緣七出益露醜聲善少惡多又
何足算

贊曰抱玉抱真我朝良將虔休之心亦多可尚史懷姦謀亢將祿
讓澄迷卻行素貪一鄉倘吾誰與欺豈如忠諒

唐書列傳第八十二

左從政郎紹興府錄事參軍徐　俊卿　校勘

唐書列傳第八十三

劉昫 等修

李晟 子愿 愬 聽 憑 憲 恕 甚 怹 王佖

李晟字良器隴右臨洮人祖思恭父欽代居隴右爲裨將晟生數歲而孤事母孝謹性雄烈有才善騎射年十八從軍身長六尺勇敢絶倫時河西節度使王忠嗣擊吐蕃有驍將乘城拒鬬頗傷士卒忠嗣募軍中能射者射之晟引弓一發而斃三軍皆大呼忠嗣厚賞之因撫其背曰此萬人敵也鳳翔節度使高昇雅聞其名召補列將嘗擊疊州叛羌於高當川又擊宕州連狂羌於罕山皆破之累遷左羽林大將軍同正廣德初鳳翔節度使孫志直署晟總遊兵擊破党項羌高玉等以功授特進試光祿卿轉試太常卿大曆初李抱玉鎮鳳翔署晟爲右軍都將四年吐蕃圍靈州抱玉遣晟將兵五千以擊吐蕃晟辭曰以衆則不足以謀則太多乃請將兵千人疾出大震關至臨洮屠定秦堡焚其積聚虜堡帥慕容谷

種而還吐蕃因解靈州之圍而去拜開府儀同三司無幾兼左金吾衞大將軍涇原四鎮北庭都知兵馬使幷總遊兵無何節度使馬璘與吐蕃戰於鹽倉兵敗晟率所部橫擊之拔璘出亂兵之中以功封合川郡王璘忌晟威名又遇之不以禮令朝京師代宗留居宿衞爲右神策都將德宗即位吐蕃寇劒南時節度使崔寧朝京師三川震恐乃詔晟將神策兵救之授太子賓客晟乃踰漏天拔飛越廓清肅寧三城絶大渡河獲首虜千餘級虜乃引退因留成都數月而還建中二年魏博田悅反將兵圍臨洺邢州詔以晟爲神策先鋒都知兵馬使與河東節度使馬燧昭義節度使李抱眞合兵救臨洺尋加兼御史中丞河東昭義軍攻楊朝光於臨洺南晟與河東騎將李自良李奉國擊悅於雙岡悅兵卻遂斬朝光戰於臨洺諸軍皆卻晟引兵度洺水乘冰而濟橫擊悅軍王師復振擊悅大破之三年正月復以諸道軍擊敗悅軍於洹水遂進攻魏州以功加檢校左散騎常侍實封百戶無幾兼魏府左司馬時

朱滔王武俊聯兵在深趙怒朝廷賞功薄田悅知其可間遣使求援滔與武俊應之遂以兵圍康日知于趙州李抱眞分兵二千人守邢州馬燧大怒欲班師晟謂燧曰初奉詔進討三帥齊進李尚書以邢州與趙州接壤分兵守之誠未爲害其精卒銳將皆在於此令公遽自引去奈王事何燧釋然謝晟燧乃自造抱眞壘與之交歡如初王武俊攻趙州晟乃獻狀請解趙州之圍欲引兵赴定州與張孝忠合勢欲圖范陽德宗壯之加晟御史大夫俾禁軍將軍莫仁擢趙光銑杜季泚皆隸焉晟自魏州引軍而北徑趨趙州武俊聞之解圍而去晟留趙州三日與孝忠兵合北略恒州圍朱滔將鄭景於淸苑決水以灌之田悅王武俊皆遣兵來救戰於白樓賊犯義武軍稍卻晟引步騎擊破之晟所乘馬連中流矢踰月城中益急滔武俊大懼乃悉收魏博之衆而來復圍晟軍晟內圍景濟外與滔等拒戰日數合自正月至于五月會晟病甚不知人者數焉軍吏合謀乃以馬輿還定州賊不敢逼晟疾閒復將進師會

京城變起德宗在奉天詔晟赴難晟承詔泣下即日欲赴關輔義武軍聞於朱滔王武俊倚晟爲輕重不欲晟去數謀沮止晟軍晟謂將吏曰天子播越於外人臣當百舍一息死而後已張義武欲沮吾行吾當以愛子爲質選良馬以啗其意乃留子憑以爲婚義武軍有大將爲孝忠委信者謁晟晟乃解玉帶以遺之因曰吾欲西行願以爲別陳赴難之意受帶者果德晟乃諫孝忠勿止晟晟得引軍踰飛狐師次代州詔加晟檢校工部尚書神策行營節度使實封二百戶晟軍令嚴肅所過樵採無犯自河中由蒲津而軍渭北壁東渭橋以逼泚時劉德信將子弟軍救襄城敗於扈澗聞難率餘軍先次渭南與晟合軍軍無統一晟不能制德信因入晟軍乃數其罪斬之晟以數騎馳入德信軍撫勞其衆無敢動者旣幷德信軍軍益振時朔方節度使李懷光亦自河北赴難軍於咸陽不欲晟獨當一面以分己功乃奏請與晟兵合乃詔晟移軍合懷光軍晟奉詔引軍至陳濤斜軍壘未成賊兵遽至晟乃出陣

且言於懷光曰賊堅保宮苑攻之未必剋今離其窟穴敢出索戰
此殆天以賊賜明公也懷光恐晟立功乃曰吾軍適至馬未秣士
未飯詎可戰耶不如蓄銳養威俟時而舉晟知其意遂收軍入
壘時興元元年正月也每將合戰必自異衣錦裘繡帽前行親自
指導懷光望見惡之乃謂晟曰將帥當持重豈宜自表飾以啗賊
也晟曰晟久在涇原軍士頗相畏服故欲令其先識以奪其心耳
懷光益不悅陰有異志遷延不進晟因人說懷光曰寇賊竊據京
邑天子出居近甸兵柄廟略屬在明公公宜觀兵速進晟願以所
部得奉嚴令爲公前驅雖死不悔懷光益拒之晟兵軍於朔方軍
北每晟與懷光同至城下懷光軍輒虜驅牛馬百姓苦之晟軍無
所犯懷光軍惡其獨善乃分所獲與之晟軍不敢受久之懷光將
謀沮晟軍計未有所出時神策軍以舊例給賜厚於諸軍懷光奏
曰賊寇未平軍中給賜咸宜均一今神策獨厚諸軍皆以爲言臣
無以止之惟陛下裁處懷光計欲因是令晟自削己軍以撓

破之德宗憂之欲以諸軍同神策則財賦不給無可奈何乃遣翰
林學士陸贄往懷光軍宣諭仍令懷光與晟參議所宜以聞贄晟
俱會於懷光軍懷光言曰軍士稟賜不均何以令戰贄未有言數
顧晟晟曰公爲元帥弛張號令皆得專之晟當將一軍唯公所指
以効死命至於增損衣食公當裁之懷光默然無以難晟又不欲
使刻神策軍發自於己乃止懷光屯咸陽堅壁八十餘日不肯出
軍德宗憂之屢降中使促以收復之期懷光託以卒疲更請休息
以伺其便然陰與朱泚交通其迹漸露晟懼爲所併乃密疏請移
軍東渭橋以分賊勢上初未之許晟以懷光反狀已明緩急宜有
所備蜀漢之路不可壅也請以裨將趙光銑爲洋州刺史唐良臣
爲利州刺史晟子婿張彧爲劍州刺史各將兵五百以防未然上
初納之未果行無何吐蕃請以兵佐誅泚上欲親總六師移幸咸
陽以促諸軍進討懷光聞之大駭疑上奪其軍謀亂益急時鄜坊
節度李建徽神策將陽惠元及晟並與懷光聯營晟以事迫會有

中使過晟軍晟乃宣令云奉詔從也渭橋乃結陣而行至渭橋不
數日懷光果劫建徽惠元而併其兵建徽遁免惠元爲懷光所害
是日車駕幸梁州時變生蒼卒百官扈從者十二三駱谷道路險
阻儲供無素從官乏食上歎曰早從李晟之言三蜀可坐致也晟
大將張少弘自行在傳口詔授晟尚書左僕射同中書門下平章
事以安衆心晟拜哭授命且曰長安宗廟所在爲天下本若皆執
羈靮誰復京師乃浚城隍繕兵甲以圖收復晟以孤軍獨當強寇
恐爲二賊之所併乃卑詞厚幣僞致誠於懷光外示推崇內爲之
備時芻粟未集乃令檢校戶部郎中張彧假京兆少尹擇官吏以
賦渭北畿縣不旬日芻糧皆足晟乃大陳三軍令之曰國家多難
亂逆繼興屬車駕西幸關中無主子代受國恩見危死節臣子之
分況當此時不能誅滅兇渠以取富貴非人豪也渭橋橫跨大川
斷賊首尾吾與公等勠力勤王擇利而進興復大業建不世之功
能從我乎三軍無不泣下曰唯公所使晟亦歔欷流涕是時朱泚

盜據京城懷光圖爲反噬河朔僭僞者三李納虎視於河南希烈
鴟張於汴鄭晟內無貲財外無轉輸以孤軍而抗劇賊而銳氣不
衰徒以忠義感於人心故英豪歸向戴休顏率奉天之衆韓遊瓌
治邠寧之師駱元光以華州之兵守潼關尚可孤以神策之旅屯
七盤皆稟晟節度晟軍大振懷光以休顏遊瓌從晟益懼晟又
致書於懷光諭以禍福令破賊迎鑾以掩前過懷光卒不悟軍衆
漸多離散糗糧且竭虜剽無所得懼爲晟所襲三月懷光自三
原富平東抵奉天所至焚掠乃自馮翊入據河中懷光將孟涉段
威勇者本神策將惡懷光之不臣既至富平結陣於軍中外向大
呼而去懷光不能制涉威勇以數千人歸晟乃陳兵受涉等降卒
乃奏授涉檢校工部尚書威勇兼御史大夫德宗之幸山南既入
駱谷謂渾瑊曰渭橋在賊腹內兵勢懸隔李晟可辦事乎瑊對曰
李晟秉義執志臨事不可奪以臣計之破賊必矣帝意始安是月
渾瑊步將上官望自間道懷詔書加晟檢校右僕射兼河中尹河

中晉絳慈隰節度使益實封三百戶又兼京畿渭北鄜坊丹延節
度招討使晟承詔流涕時帝欲移幸西川晟上表請駐蹕梁漢繫
億兆之心圖翦滅之勢若規小捨大作都岷峨則人心失望武士
謀臣無所施矣四月有詔加晟京畿渭北鄜坊商華兵馬副元帥
時京兆府司錄李劭仲自京城來諫議大夫鄭雲逵自奉天至晟
以京兆少尹張彧爲副使鄭雲逵爲行軍司馬李劭仲爲節度判
官俾同主軍畫又請以懷光舊將唐良臣保潼關以河中節度授
之戴休顏守奉天請以鄜坊節度授之上皆從之渭橋舊有粟十
餘萬斛度支先饋懷光軍欲盡晟又奏曰近畿雖乘兵亂猶可賦
斂儻寇賊未滅宿兵曠時人廢耕桑又無儲蓄非防微制勝之術
也上納之晟乃於畿甸率稟征賦吏民樂輸守禦益固由是軍不
乏食神策軍家族多陷於泚晟家亦百口在賊中左右或有言及
家者晟因泣下曰乘輿何在而敢恤家乎泚又使晟小吏王無忌之
婿詣晟軍且曰公家無恙城中有書問晟曰爾敢與賊爲間遽命
斬之將轉輸不至盛夏軍士或衣裘褐晟亦同勞苦每以大義奮
激士心卒無離叛者會將吏數輩自賊中逃來言泚衆攜離可滅
之狀士心益奮先是賊將姚令言及僞中丞崔宣咸使諜覘我軍爲
羅騎所得拘送於晟晟解縛食而遣之誡之曰爾報崔宣善爲賊
守諸人勉力自固勿不忠於賊也五月三日晟引軍抵通化門耀武
而還賊不敢出晨集將佐圖兵所向諸將曰先拔外城既有市里
然後北淸宮闕晟曰若先收坊市巷陌隘狹閒以居人若賊設伏
格鬬百姓囂潰非計也且賊重兵堅甲皆在苑中若自苑擊其心
腹彼將圖走不暇如此則宮闕保安市不易肆計之上也諸將曰善
乃移書渾瑊駱元光尚可孤剋期進軍於城下其月二十五日夜晟
自東渭橋移軍於光泰門外米倉村以薄京城晟臨高指麾令設
壕柵以候賊軍俄而賊衆大至賊驍將張庭芝李希倩逼柵求戰
晟謂諸將曰吾恐賊不出今冒死而來天贊我也勒吳詵康英俊
史萬頃孟涉等縱兵擊之時華州營在北兵少賊併力攻之晟遣

李演孟華以精卒救之中軍鼓譟演力戰大破之乘勝入光泰門
再戰又敗之殭屍蔽地餘衆走入白華夜聞慟哭之聲翌日將復
出師諸將請待西軍至則左右夾攻晟曰賊既傷敗須乘勝撲滅
若俟其有備豈王師之利耶如待西軍恐失機便二十八日晟大集
諸將駱元光尚可孤兵馬使吳詵王佖都虞候邢君牙李演史萬
頃神策將孟涉康英俊華州將郭審金權文成商州將彭元俊等
號令誓師畢陳兵於光泰門外乃使王佖李演率騎軍史萬頃領
步卒直抵苑牆神麚村晟先是夜使人開苑牆二百餘步至是賊
已樹木柵之賊倚柵拒戰晟叱軍士曰安得縱賊如此當先斬公
等萬頃懼先登拔柵而入王佖騎軍繼進賊即奔潰獲賊將段誠
諫大軍分道並入鼓譟雷動姚令言張庭芝李希倩猶力捍官軍
晟令決勝軍使唐良臣兵馬使趙光銑楊萬榮孟日華等步騎齊
進賊軍陣成而屢北戰十餘合乘勝驅蹙至于白華忽有賊騎千
餘出於官軍之背晟以麾下百餘騎馳之左右呼曰相公來賊聞
之驚潰官軍追斬不可勝計朱泚姚令言張庭芝尚有衆萬人相
率遁走晟遣田子奇追之其餘兇黨相率來降是日晟軍入京城
勒兵屯於含元殿前晟舍於右金吾仗仍號令諸軍曰晟實不武
上憑睿筭下賴士心幸得殲厥兇渠肅淸宮禁皆三軍之力也長
安士庶久陷賊庭若小有震驚則非伐罪弔人之義也晟與公等
各有家室離別數年今已成功相見非晚五日內不得輒通家信
違命者斬乃遣京兆尹李齊運攝長安令陳元衆攝萬年令韋上
伋告諭百姓居人安堵秋毫無所犯尚可孤軍人有擅取賊馬者
晟大將高明曜虜賊女妓一人司馬伷取賊馬二匹晟皆立斬之
莫敢忤視士庶無不感悅咸歔欷流涕遠坊居人亦有經宿方知
者二十九日令孟涉屯於白華尚可孤屯望仙門駱元光屯章敬
寺晟自屯於安國寺是日斬賊將李希倩等八人徇于市六月四
日晟破賊露布至梁州上覽之感泣群臣無不隕涕因上壽稱萬
歲奏曰李晟虔奉聖謨盪滌兇醜然古之樹勳力復都邑者往往

有之至於不驚宗廟不易市肆長安人不識旗鼓安堵如初自三代已來未之有也上曰天生李晟爲社稷萬人不爲朕也百官拜賀而退是日晟斬僞相李忠臣張光晟蔣鎮喬琳洪經綸崔宣等又表守臣節不屈于賊者程鎮之劉迺蔣沇趙曄薛岌等晟初屯渭橋時熒惑守歲久之方退賓介或勸曰今熒惑已退皇家之利也可速用兵晟曰天子外次人臣但當死節垂象玄遠吾安知天道耶至是謂參佐曰前者士大夫勸晟出兵非敢拒也且軍可用之不可使知之嘗聞五緯盈縮無準晟懼復來守歲則我軍不戰而自潰參佐歎服皆曰非所及也尋拜晟司徒兼中書令實封一千戶晟綜理以備百司令大將吳詵將兵三千至寶雞淸道晟又請至鳳翔迎扈不許七月十三日德宗至自興元渾瑊韓遊瓌戴休顏以其兵扈從晟與駱元光尚可孤以其兵奉迎時元從禁軍及山南隴州鳳翔之衆步騎凡十餘萬旌旗連亘數十里傾城士庶夾道歡呼晟以戎服謁見于三橋上駐馬勞之晟再拜稽

首初賀元惡殄滅宗廟再淸宮闈咸肅抃舞感涕跪而言曰臣忝備爪牙之任不能早誅妖逆致鑾輿再遷及師於城隅累月方殄賊寇皆臣庸懦不任職之責敢請死罪伏於路左上爲之掩涕命給事中齊映宣旨令左右起晟於馬前是月御殿大赦贈晟父欽太子太保母王氏贈代國夫人賜永崇里第及涇陽上田延平門之林園女樂八人入第之日京兆府供帳酒饌賜敎坊樂具鼓吹迎導宰臣節將送之京師以爲榮觀上思晟勳力制紀功碑俾皇太子書之刊石立於東渭橋與天地悠久又令太子書碑詞以賜晟晟以涇州倚邊屢害戎帥數爲亂階乃上書請理不用命者兼備耕以積粟攘却西蕃上皆從之詔以晟兼鳳翔尹鳳翔隴右節度使仍充隴右涇原節度兼管內諸軍及四鎭北庭行營兵馬副元帥改封西平郡王初帝在奉天鳳翔軍亂殺其帥張鎰立小將李楚琳至是楚琳在朝晟請以楚琳俱往鳳翔將誅之上以初復京師方安反側不許八月晟至鳳翔理殺張鎰之罪斬王斌等十

餘人初朱泚亂時涇州亦殺其帥馮河淸立別將田希鑒方屬播遷不遑討伐以涇帥授之至是晟奏曰近者中原兵禍皆起涇州且其地逼西戎易爲反覆希鑒凶徒將校驕逆若不懲革終爲後患從之晟至鳳翔託以巡邊至涇州希鑒迎謁於坐執而誅之并誅害河淸者石奇等三十餘人具事以聞上曰涇州亂逆梟斁非晟莫能理之還鎭表右龍武將軍李觀爲涇原節度使吐蕃深畏之晟常曰河隴之陷也豈吐蕃力取之皆因將帥貪暴種落攜貳人不得耕稼展轉東徙自棄之耳且土無絲絮人苦征役思唐之心豈有已乎乃傾家財以賞降者以懷來之降虜浪息曩晟奏封王毋蕃使至晟必置息曩於坐衣以錦袍金帶以寵異之蕃人皆相指目榮羨息曩蕃相尚結贊頗多詐謀尤惡晟乃相與議云唐之名將李晟與馬燧渾瑊耳不去三人必爲我憂乃行反間遣使因馬燧以請和既和即請盟復因盟以虜瑊因以賣燧貞元二年九月吐蕃用尚結贊之計乃大興兵入隴州抵鳳翔無所虜掠

且曰召我來何不以牛酒犒勞徐乃引去持是間晟也是役也晟先令衙將王佖選銳兵三千設伏於汧陽誡之曰蕃軍過城下勿擊首尾首尾縱敗中軍力全若合勢攻佖必受其弊但候其前軍已過見五方旗武豹衣則其中軍也突其不意可建奇功佖如晟節度果遇結贊及出奮擊賊皆披靡佖軍不識結贊故結贊僅而獲免十月晟出師襲吐蕃摧沙堡拔之斬其堡使扈屈律悉蒙等自是結贊數遣使乞和十二月晟朝京師奏曰戎狄無信不可許宰相韓滉又扶晟議請調軍食以給晟命將擊之上方厭兵疑將帥生事邀功會滉卒張延賞秉政與晟有隙屢於上前間晟言不可久令典兵延賞欲用劉玄佐李抱眞委以西北邊事俾立功以壓晟德宗方納延賞之言罷晟兵柄三年三月冊拜晟爲太尉中書令奉朝請而已其年閏五月渾瑊與尚結贊同盟於平涼果爲蕃兵所劫瑊單馬僅免將吏皆陷六月罷河東節度使馬燧爲司徒盡中尚結贊之謀晟既罷兵權朝謁之外罕所過從有通王府長

史丁瓊者亦爲張延賞所排心懷怨望乃求見晟言事且曰太尉功業至大猶罷兵權自古功高無有保全者國家儻有變故瓊願備左右校兔三穴盍早圖之晟怒曰爾安得不祥之言遽執瓊以聞四年三月詔爲晟立五廟以晟高祖芝贈隴州刺史曾祖嵩贈澤州刺史祖思恭贈幽州大都督廟成官給牲牢祭器牀帳禮官相儀以祔焉五年九月晟與侍中馬燧見於延英殿上嘉其勲力詔曰昔我列祖乘乾坤之盪滌掃隋季之荒屯體元御極作人父母則亦有熊羆之士不二之臣左右經綸參翊締構昭文德恢武功威不若廢不乂用端命于上帝付畀四方宇宙既淸日月既貞王業既成太階既平乃圖厥容列于斯閣懋昭績効式表儀形一以不忘于朝夕一以永垂乎來裔君臣之義厚莫重焉貞元己巳歲秋九月我行西宮瞻宏閣崇構見老臣遺像顒然肅然和敬在色想雲龍之叶應感致業之艱難覩往思今取類非遠且功與時並才爲代生苟蘊其才遇其時尊主庇人何代不有在中宗則桓

彥範等著其匡戴之績在玄宗則劉幽求等申翼奉之勲在肅宗則郭子儀掃殄氛祲今則李晟等保寧朕躬咸宣力肆勤光復宗社訂之前烈夫豈多謝闕而未録孰謂旌賢況念功紀德文祖所爲也在予曷其敢怠有司宜叙年代先後各圖其像於舊臣之次仍令皇太子書朕是命紀于壁焉庶播嘉庸式昭于下俾後來者尚揖淸顏知元勲之不朽復命皇太子書其文以賜晟晟刻石於門左初晟在鳳翔謂賓介曰魏徵能直言極諫致太宗於堯舜之上眞忠臣也僕所慕之行軍司馬李叔度對曰此搢紳儒者之事非勲德所宜晟斂容曰行軍失言傳稱邦有道危言危行今休明之期晟幸得備位將相必有不可怨而不言豈可謂有犯無隱知無不爲者耶是非在人主所擇耳叔度慙而退故晟爲相每當上所顧問必極言匪躬盡大臣之節性沉默未嘗泄於所親臨下明察每理軍必曰某有勞某能其事雖厮養小善必記主名尤惡下爲朋黨相構好善嫉惡出於大性嘗有恩者厚報之初譚元澄爲

嵐州刺史嘗有恩於晟後坐貶於岳州比晟貴上疏理之詔贈元澄寧州刺史元澄三子晟撫待勤至皆爲成就官學人皆義之理家以嚴稱諸子姪非晨昏不得謁見言不及公事視王氏甥如己子嘗正歲崔氏女歸省未及階晟却之曰爾有家況姑在堂婦當奉酒醴供饋以待賓客遂不視而遣還家其達禮敎敎如此貞元九年八月薨時年六十七上震悼出涕廢朝五日令百官就第臨弔命京兆尹李充監護喪事官給葬具賵賻加等比大斂上手書致意送柩前曰皇帝遣宮闈令第五守進致言於故太尉中書令西平郡王贈太師之靈曰天祚我邦是生才傑禀陰陽之粹氣實山岳之降靈弘濟艱難保佑王室掃蕩氛祲廓淸上京忠誠感於人神功業施於社稷匡時定亂實賴元勲洎領上台克諧中外訏謨帝道叶替皇猷常竭嘉言以匡不逮情所親重義無間然方期與國同休永爲邦翰比嬰疾恙雖歷旬時日冀痊除重期相見弼予在位終致和平豈圖藥餌無徵奄至薨逝喪我賢哲虧我股

肱天不慭遺痛惜何極嗚呼大廈方構旋失棟樑巨川未濟遽亡舟檝君臣之義追慟益深循省遺章倍增感切卿一門胤嗣朕必終始保持況愿等弟兄承卿敎訓朕之志義豈忘平生縱卿不言朕亦存信比者卿在之日却未見朕深心今卿與朕長乖方冀知朕誠志無以爲念發言涕零是用躬述數行貴寫所懷得盡臨紙遣使不能飾詞魂而有知當體朕意冊贈太師謚曰忠武晟薨後城鹽州復鹽池上賜宰臣新鹽惻然思晟乃令致鹽於靈座又時遣中使至晟第存撫諸子敎戒備至聞愿等有一善上喜形於色終始無與晟比元和四年詔曰夫能定社稷濟生人存不朽之名垂可久之業者必報以殊常之寵待以親比之恩與國無窮時惟茂典故奉天定難功臣太尉兼中書令上柱國西平郡王食實封一千五百戶贈太師李晟間代英賢自天忠義邁濟時之宏算抱經武之長材貫以至誠協于一德嘗遭屯難之際實著戡定之功鯨鯢既殲宮廟斯復眷茲勲伐則既褒崇永言天步之夷載懷邦

傑之力思加崇於往烈爰協比於後昆睦以宗親將予厚意其家
宜令編附屬籍晟配饗德宗廟庭晟十五子侗伷偕無祿早世夭
愿聰揔愻憑恕憲愬懿聽惎慇聰揔官卑而卒而愿愬聽最知名
愿幼謙謹寡過晟立大勳諸子猶無官宰相奏陳德宗即日召愿
拜銀青光祿大夫太子賓客上柱國舊制勳至上柱國賜門戟即
令賜愿乃與父並列棨戟於門九年丁父憂十一年服闋德宗召
見愿等於延英憫然久之曰朕在宮中常念卿等追懷勳德何日
忘之又聞卿等居喪得禮朕甚嘉之各賜衣一襲絹三千匹愿依
前授太子賓客兄弟同日拜官者九人尋轉左衛大將軍元和元
年八月檢校禮部尚書兼夏州刺史夏綏銀宥等州節度使威令
簡肅甚得綏懷之術客有亡馬者以狀告愿愿以狀牓於路懸金
以購之不三日所亡馬繫之牓下仍置書一緘曰馬逸及群不時
告罪當死敢以良馬一匹贖罪并亡馬謹納於路愿付客亡馬而
縱其良馬境內嚴肅多如此類轉徐州刺史武寧軍節度使到鎮

以青鄆不恭奉命討伐屠城下邑捷奏屢聞無何有疾以其弟愬
代為徐帥入為刑部尚書疾愈檢校尚書左僕射兼鳳翔尹鳳翔
隴右節度使然自是頗怠於為理無復素志聲色之外全不介懷
長慶二年二月檢校司空兼汴州刺史宣武軍節度使先是張弘
靖為汴帥以厚賞安士心及愿至帑藏已竭而愿恣其奢侈門內
數百口仰給官司不恤軍政賞賚不及弘靖時而以威刑馭下又
令妻弟竇瑗將親兵瑗亦驕傲瀆貨以是群情聚怨是歲七月四
日夜牙將李臣則薛志忠秦鄰等三人宿直突入竇瑗帳中斬瑗
首以徇愿聞有變與左右數人露髮而走登子城北樓懸縋而下
水由窻而出比曉行十數里遇野人驅驢奪而乘之得至鄭州愿
妻竇氏死於亂兵之手子三人匿而獲免僕妾為軍士所俘城中
大掠三日乃立其牙將李介為留後以邀旄鉞月餘方誅之愿坐
貶隨州刺史朝庭念晟之勳終不加罪入為左金吾衛大將軍長
慶四年六月復檢校司空兼河中尹充河中晉絳慈隰節度使河

中之政亦如岐梁加以愿結託權幸厚行賂遺賦入隨盡軍府蕭
然賴遽疾終不爾蒲人必有更變寶應元年六月卒贈司徒
愬以父蔭起家授太常寺協律郎遷衛尉少卿愬早喪所出保養
於晉國夫人王氏及卒晟以本非正室令服緦愬號哭不忍晟感之
因許服縗既練丁父憂愬與仲弟憲廬于墓側德宗不許詔令歸
第居一宿徒跣復往上知不可奪遂許終制服闋授右庶子轉少
府監左庶子出為坊晉二州刺史以理行殊異加金紫光祿大夫復
為庶子累遷至太子詹事宮苑閑廄使愬有籌略善騎射元和十
一年用兵討蔡州吳元濟七月唐鄧節度使高霞寓戰敗又命袁
滋為帥滋亦無功愬抗表自陳願於軍前自効宰相李逢吉亦以
愬才可用遂檢校左散騎常侍兼鄧州刺史御史大夫充隨唐鄧
節度使兵士摧敗之餘氣勢傷沮愬揣知其情乃不肅軍陣不齊
部伍或以不肅為言愬曰賊方安袁尚書之寬易吾不欲使其改
備乃給告三軍曰天子知愬柔而忍恥故令撫養爾輩戰者非吾

事也軍衆信而樂之愬又散其優樂未嘗宴樂士卒傷夷者親自
撫之賊以嘗敗高袁二帥又以愬名位非所畏憚者不甚增其備
愬沉勇長算推誠待士故能用其卑弱之勢出賊不意居半歲知
人可用乃謀襲蔡表請濟師詔河中鄜坊騎兵二千人益之由是
完緝器械陰計戎事嘗獲賊將丁士良召入與語辭氣不撓愬異
之因釋其縛置為捉生將士良感之乃曰賊將吳秀琳擁衆數千
不可遽破者用陳光洽之謀也士良能擒光洽以降秀琳愬從之
果擒光洽十二月吳秀琳以文成柵兵三千降愬乃徑從之新興
柵遂以秀琳之衆攻吳房縣收其外城初將攻吳房軍吏曰往亡日
請避之愬曰賊以往亡為吾不來正可擊也及戰勝捷而歸賊以
驍騎五百追愬愬下馬據胡床令衆悉力赴戰射殺賊將孫忠憲
乃退或勸愬遂拔吳房愬曰取之則合勢而固其穴不如留之以
分其力初吳秀琳之降愬單騎至柵下與之語親釋其縛署為衙
將秀琳感恩期於效報謂愬曰若欲破賊須得李祐某無能為也

祐者賊之騎將有膽略守興橋柵常侮易官軍去來不可備愬召其將史用誠誡之曰今祐以衆穫麥於張柴爾可以三百騎伏旁林中又使搖旆於前示將焚麥者祐素易我軍必輕而來逐爾以輕騎摶之必獲祐用誠等如其料果擒祐而還官軍常苦祐皆請殺之愬不聽解縛而客禮之愬乘閒常召祐及李忠義屏人而語或至夜分忠義亦降將也本名憲愬致之軍中多諫愬愬益寵祐始募敢死者三十人以爲突將愬自教習之愬將襲元濟會雨水自五月至七月不止溝塍潰溢不可出師軍吏咸以不殺祐爲言簡翰日至且言得賊諜者具言其事愬無以止之乃持祐泣曰豈天意不欲平此賊何爾一身見奪於衆口愬又慮諸軍先以謗聞則不能全祐乃械送京師先表請釋且言必殺祐則無以成功者比祐至京詔釋以還愬乃署爲散兵馬使令佩刀廵警出入帳中略無猜閒又改爲六院兵馬使舊軍令有舍賊諜者屠其家愬除其令因使厚之諜反以情告愬愬益知賊中虛實陳許節度使李

光顏勇冠諸軍賊悉以精卒抗光顏由是愬乘其無備十日將襲蔡州其月七日使判官鄭澥告師期於裴度十日夜以李祐率突將三千爲先鋒李忠義副之愬自帥中軍三千田進誠以後軍三千殿而行初出文成柵衆請所向愬曰東六十里止至賊境曰張柴砦盡殺其戍卒令軍士少息繕羈靮甲冑發刃彀弓復建旆而出是日陰晦雨雪大風裂旗旆馬慄而不能躍士卒苦寒抱戈僵仆者道路相望其川澤梁逕險夷張柴已東師人未嘗蹈其境皆爲投身不測初至張柴諸將請所止愬曰入蔡州取吳元濟也諸將失色監軍使哭而言曰果落李祐計中愬不聽促令進軍皆爲必不生還然已從愬之令無敢爲身計者愬道分五百人斷洄曲路橋其夜凍死者十二三又分五百人斷朗山路自張柴行七十里比至懸瓠城夜半雪愈甚近城有鵝鴨池愬令驚擊之以雜其聲賊恃吳房朗山之固晏然無一人知者李祐李忠義坎墉而先登敢銳者從之盡殺守門卒而登其門留擊柝者黎明雪亦止愬入

止元濟外宅蔡吏告元濟曰城已陷矣元濟曰是洄曲子弟歸求寒衣耳俄聞愬軍號令將士云常侍傳語乃曰何常侍得至於此遂驅率左右乘子城拒捍田進誠以兵環而攻之愬計元濟猶望董重質來救乃令訪重質家安卹之使其家人持書召重質重質單騎而歸愬白衣泥首愬以客禮待之田進誠焚子城南門元濟城上請罪進誠梯而下之乃檻送京師其申光二州及諸鎮兵尚二萬餘人相次來降自元濟就擒愬不戮一人其爲元濟執事帳下廚廄之閒者皆復其職使之不疑乃屯兵鞠場以待裴度翌日度至愬具櫜鞬候度馬首度將避之愬曰此方不識上下等威之分久矣請公因以示之度以宰相禮受愬迎謁衆皆聳觀明日愬軍還於文城柵十一月詔以愬檢校尚書左僕射兼襄州刺史山南東道節度襄鄧隨唐復郢均房等州觀察等使上柱國封涼國公食邑三千戶食實封五百戶一子五品正員憲宗有意復隴右故地元和十三年五月授愬鳳翔隴右節度使仍詔路由闕下

愬未發屬李師道再叛詔田弘正義成宣武等軍討之乃移愬爲徐州刺史武寧軍節度使代其兄愿兄弟交換岐徐三鎮旬日閒再踐父兄之任愬至徐方理兵有方略時蔡將董重質貶春州司戶愬上表請恕重質賜之堪於軍前驅使即詔徵還送武寧軍愬乃署爲牙將愬破賊金鄉凡十一戰擒賊將五十俘斬萬計淄青平將有事燕趙元和十五年九月以愬檢校左僕射同中書門下平章事潞州大都督府長史昭義節度使仍賜興寧里第十月王承宗卒魏博田弘正移任鎮州愬至潞州四月遷魏州大都督府長史魏博節度使長慶元年幽鎮復亂愬聞之素服以令三軍曰魏人所以富庶而能通知聖化者由田公故也天子以其仁而愛人使理鎮冀且田公出於魏撫師七年一旦鎮人不道敢茲殘害以魏爲無人也若父兄子弟食田公恩者其何以報衆皆慟哭又以王常寶劍與牛元翼遣使謂之曰吾先人常以此劍立大勳吾又以此劍平蔡寇今鎮人叛逆公以此翦之元翼承命感激乃以劍及

帶令於軍中報之曰願以衆從竭其死力方有制置會疾作不能
治軍人違紀律功遂無成朝廷以田布代之除太子少保歸東都
是年十月卒於洛陽時年四十九穆宗聞之震悼賵賻加等贈太
尉始晟剋復京城市不改肆及愬平淮蔡復踵其美父子仍建大
勳雖昆仲皆領兵符而功業不侔於愬近代無以比倫加以行己
有常儉不違禮弟兄席父勳寵率以僕馬第宅相矜唯愬六遷
大鎮所處先人舊宅一院而已晚歲忽於取士辟請不得其人至
使吏緣爲姦軍政不肅物論稍減惜哉
聽七歲以蔭授太常寺協律郎常入公署吏胥小之不爲致敬聽
令鞭之見血父晟奇之後隨吐突承璀討王承宗爲神策行營兵
馬使時昭義盧從史持兩端無心討賊承璀用聽計擒從史以獻
轉左驍衞將軍兼御史中丞出爲安州刺史隨鄂岳觀察使柳公
綽討吳元濟軍中動靜悉用聽謀軍聲遂振元和中討李師道聽
爲楚州刺史統淮南之師鄆人素易淮軍聽潛訓練出其不意趨

海州據險要破沭陽兵降朐山戍懷仁東海兩城望風乞降山東
平元和十四年五月以功授檢校左散騎常侍夏州刺史夏綏銀
宥節度使十五年六月改靈州大都督府長史靈鹽節度使境內
有光祿渠廢塞歲久欲起屯田以代轉輸聽復開決舊渠溉田千
餘頃至今賴之就加檢校工部尚書初聽爲羽林將軍有名馬穆
宗在東宮令近侍諷聽獻之聽以職總親軍不敢從及即位之始
幽冀不廷太原與二鎮接境方議易帥宰臣進擬上皆不允謂宰
臣曰李聽爲羽林將軍不與朕馬是必可任長慶二年二月授檢
校兵部尚書太原尹北京留守河東節度使代裴度四年七月轉
滑州刺史義成軍節度使大和二年討李同捷時魏博行營將亓
志紹潛結滄鎮擅迴戈攻其帥史憲誠詔聽帥師援之大破其叛
卒志紹奔鎮州爲王庭湊所殺聽遂凱旋以功封涼國公授一子五
品官王廷湊再違朝旨詔聽以全師屯貝州路由魏州史憲誠懼
聽見襲衷甲郊迎候吏密白聽乃令兵士匣刃櫜弓休於野外魏

人遂安後憲誠欲入覲竭其府庫魏人怨之殺憲誠衙軍立其大
將何進滔詔聽兼領魏博節度使將兵北渡魏人不納聽乘城拒
守乃屯兵館陶魏兵遽襲聽不爲備其軍大敗無復部伍晝夜奔
走僅而獲免喪師過半輜車兵仗並皆委棄御史中丞溫造殿中
侍御史崔蠡彈之曰臣聞賞罰不立無以示天下是非一貫莫能
建大中竊見義成軍節度使李聽昨者負其承藉委以統戎俾
代憲誠付之雄鎮總二萬虎貔之旅位極寵榮兼兩藩節制之權
心無報効況陛下授以神筭假以天威入魏之期剋日先定而聽
擁旄觀望按甲遷延熒惑人心迫撓軍政遂使憲誠陷於屠戮亂
衆肆其姦兇凡失六郡於垂成固危巢於已覆委貝州而不守燒劫
無遺望淺口而疾驅狼狽就道自圖苟免不恤萬姓棄朝廷有
同兒戲魏州之亂職聽之由論其負恩萬死猶幸伏以封常清河
南失律斬於闕門高霞寓唐鄧破傷投諸遐裔渾鎬節制易定
將戰而兵力不支表裏滋逗留西川欲進而兇渠尚在或覩當矢石

或躬歷艱危勢屈賊鋒音申朝典未曾貸法必虔皇威今李聽罪
狀夙聞中外憤惋比之常清等輩萬萬過之若陛下猶示含弘不
寘極法臣等恐憲章墜地天下寒心伏請付法上不之罪罷兵柄
爲太子少師聽頗賂遺權幸以爲援居無何復檢校司徒起爲邠
寧節度使邠州衙廳相傳不利葺修以至隳壞聽曰帥臣盡心門
而出豈有拘于巫祝而隳公署耶遂命葺之卒無變異大和六年
轉武寧軍節度使時聽有蒼頭爲徐州將不欲聽至聽先使親吏
慰勞徐人爲蒼頭所殺聽不敢進固以疾辭用爲太子太保七年
出守鳳翔時人榮之九年改陳許節度未至鎮復除太子太保分
司開成元年出爲河中尹河中晉慈隰節度使四年以疾求代除
太子太保是歲十月卒時年六十一贈司徒聽十領節旄所至
者三鎮莅官苛細好將迎遺賂故急於聚斂窮極侈欲位至一品
晉終牖下非西平之遺德焉能及此乎
憲晟第五子晟十子憲愿最仁孝及長好儒術以禮法修整起家

太原府參軍醴泉縣尉于頔鎮襄陽辟爲從事時吴少誠據淮西
獨憚頔之威當時咸以憲謀畫致之元和八年田弘正以魏博奉朝
言辟憲爲從事授衛州刺史遷絳州所至以理行稱入爲宗正少
卿遷光祿卿穆宗即位以太和公主降迴鶻命金吾大將軍胡証
充送公主使命憲副之使還獻入蕃道里記遷檢校左散騎常侍
兼太府卿出爲洪州刺史江西觀察使大和二年轉嶺南節度使
憲雖勳伐之家然累歷事任皆以吏能擢用所履官秩政績流聞
性本明恕尤精律學屢詳決寃獄活無罪者數百人以能入官官
無敗事士君子多之大和三年八月卒時年五十六憑累歷諸衛
大將軍恕太子洗馬並以蔭授官累遷至少卿監慈累官至右龍
武大將軍沉湎酒色恣爲豪侈積債至數千萬其子貸迴鶻錢壹
萬餘貫不償爲迴鶻所訴文宗怒貶甚爲定州司法參軍
王佖晟之甥雄武善騎射自晟河西河北出師佖無役不從朱泚
之亂晟攻賊於光泰門賊鋒尚勁佖與兵馬使李演踰苑墻血戰

敗賊前鋒諸軍方振論功爲神策將吐蕃之寇涇原佖伏卒擊尚
結贊幾獲由是深爲吐蕃所畏晟視佖恩寵與愿愬不殊給與過
之晟既爲張延賞媒孽罷兵權亦不用佖爲將帥入爲左衛上將
軍元和中愿愬兄弟在方鎮佖檢校工部尚書靈州大都督府長
史朔方靈鹽節度使先是吐蕃欲成烏蘭橋於河壖先貯材木朔
方節度使每遣人潛載之委於河流終莫能成至是蕃人知佖貪
而無謀先厚遺之然後併役成橋仍築月城圍守之自是朔方禦
寇不暇邊上至今爲恨長慶三年四月卒
史臣曰西平器偉材雄人望而畏出身事主落落有將帥之風見
義能勇聽受不疑忠於事君長於應變誠一代之賢將也觀恒山
之役立談釋二帥之憾涇師之亂號哭赴奉天之危可不爲忠義
乎對白華之進軍知平涼之必詐沮星變之議移渭橋之軍可不
爲應變乎解帶結孝忠之心請婚釋延賞之怨嫉惡有埶琳之請
懲亂行希嚴之誅可不爲明於決斷乎而德宗皇帝聽斷不明無
人君之量俾功臣困讒慝之口斯人秉衡石之權丁壹之言誠甚
太息雖齗齗刻渭橋之石區區賜煙閣之銘亦何心哉作善遺慶
諸子俱才元和平賊之功聽愬居其半父子昆弟皆以功名始終
道家所忌之談李氏以善勝矣
贊曰桓桓太師義勇天資運鍾禍亂力拯顛危愬事尊武誅蔡
平齊凌煙畫圖父子爲宜

唐書列傳卷第八十三

左從政郎紹興府録事參軍徐 俊卿 校勘

劉　昫　等修

聞人詮校刻沈桐同校

馬燧 燧子暢 燧兄炫 渾瑊 瑊子鎬 鐬

馬燧字洵美汝州郟城人其先自右扶風徙焉祖珉官至左玉鈐衛倉曹父季龍嘗舉明孫吳倜儻善兵法官至嵐州刺史幽州經略軍使燧少時嘗與諸兄讀書乃輟卷歎曰天下將有事矣丈夫當建功於代以濟四海安能矻矻爲一儒哉燧姿度魁異長六尺二寸沉勇多智畧該涉群書尤善兵法安祿山反俾光祿卿賈循守范陽燧說循曰祿山負恩首亂雖陷洛城必當夷滅公盍建不代之功誅其逆將向潤客牛廷玠拔其根柢祿山西不能入關則坐而受擒天下可定也循雖善之計不時決事洩祿山果遣韓朝陽來召循朝陽至范陽與循語陰伏壯士以弓弦縊殺之燧脫身走西山隱者徐遇匿之踰月間行歸平原平原不守復走魏郡寳應中澤潞節度使李抱玉

○署奏趙城尉是時迴紇大軍還國恃復東都之功倔強恣睢所過或虜掠廩粟供餼小不如意恣行殺害抱玉具供擬官人皆憚不敢行燧自贊請主郵驛比迴紇至則先賂其渠帥與明要約迴紇乃授燧旗幟爲識犯令者命燧戮之燧取死囚給左右廝役小違令輒戮之迴紇相顧失色虜涉其境無敢暴掠抱玉益奇之燧因說抱玉曰屬者與迴紇言燧得其情今僕固懷恩恃功樹黨李懷仙張忠志薛嵩田承嗣分授疆土皆出於懷恩其子瑒佻勇不義以燧度之將必窺太原西山以爲亂公宜深備之無何懷恩果與太原都將李竭誠通謀將取太原其帥辛雲京覺之斬竭誠固城自守懷恩遣其子瑒率兵圍之初迴紇北歸遣其將安恪石常庭將兵數百及誘募附麗者復數千人以守河陽東都所虜掠重貨悉積河陽是時懷恩遣薛嵩自相衛餽糧以絕河津抱玉令燧請薛嵩說之嵩乃絕懷恩從順署奏左武衛兵曹歷太子通事舍人遷著作郎營田判官無幾遷秘書少監兼殿中侍御史爲節度判官承務郎遷鄭州刺史燧乃勸課農畝均其

戶籍歲一税之州人以爲便大曆四年改懷州刺史乘亂兵之後其夏大旱人失耕稼燧乃務修教化將吏有父母者燧輒造之施敬收瘞暴骨去其煩苛至秋界中生穭穀人頗賴之抱玉移鎮鳳翔以汧陽被邊署奏隴州刺史兼御史中丞州西有通道廣二百餘步上連峻山山與吐蕃相直虜每入寇皆出於此燧乃按行險易立石種樹以塞之下置二門設籬櫓八日而功畢會抱玉入覲與燧俱行久之代宗知其能召見拜商州刺史兼御史中丞防禦水陸運使大曆十年河陽三城兵亂逐鎮將常休明以燧檢校左散騎常侍御史大夫河陽三城使十一年五月汴州大將李靈耀反因據州城絕運路以邀節制代宗務姑息人因授靈耀汴宋等八州節度留後靈耀不受命乃潛結魏博田承嗣乃遣兄子悅將兵援靈耀破永平軍將劉洽詔燧與淮西節度使李忠臣合軍討靈耀忠臣懼賊焚廬舍西走燧勸其還兵請爲前鋒擊破田悅進逼汴州忠臣行汴南燧引軍行汴北又敗靈耀將張清於西梁固靈耀選銳兵八千號爲餓狼軍燧獨

○引軍擊破之進至浚儀是時河陽兵寇諸軍承嗣又遣悅將兵二萬救靈耀破永平軍將杜如江畧曹州又敗李正已遊軍擊走劉洽長孫全緒等軍乘勝去汴州一舍方陣而進忠臣會宋州淮南浙西兵與戰不利請救於燧燧引四千人爲奇兵擊破之田悅匹馬遁去靈耀知悅敗明日以百騎夜走汴州悉降燧讓功於忠臣忠臣素暴戾燧不欲入汴城乃引軍退舍於板橋忠臣入城果專其功因會擊殺宋州刺史李僧惠燧還河陽大曆十四年六月檢校工部尚書太原尹北都留守河東節度留後尋爲節度使太原承前政鮑防百井敗軍之後兵甲寡弱燧乃悉召將吏牧馬廝役得數千人悉補騎卒教之數月爲精騎造甲者必令長短三等稱其所衣以便進趨又造戰車蒙以狻猊象列戟於後行則載兵甲止則爲營陣或塞險以遏奔衝器械無不犀利居一年陳兵三萬開廣場以習戰陣教其進退坐作之勢建中二年六月朝于京師加檢校兵部尚書令還太原初田悅新代承嗣統兵恐人不附已詐効誠款燧上疏明其必反宜先備

之其年悅果與淄青恒冀通謀自將兵三萬圍邢州次臨洺築重城
絕其內外以拒救兵邢州將李洪臨洺將張伾皆堅守不拔昭義軍
告急乃詔燧將步騎二萬與昭義節度使李抱真神策行營兵馬使
李晟合軍救臨洺燧軍出壺口兵未過險乃遣持書喻悅且示之好
悅謂燧畏之十一月師次邯鄲悅遣使至燧皆斬之以徇遣兵擊破
其支軍射殺其將成炫之悅自攻臨洺遣大將楊朝光將兵萬人於
臨洺南雙岡東西列二柵以禦燧燧乃率李抱真李晟進軍營於二
柵之中其夜東柵走歸悅明日燧進軍營明山取其棄柵以置輜重
悅謂將吏曰朝光堅柵不下萬人假令燧等盡銳攻之比數日計不
能下殺傷必甚吾此必拔臨洺賞勞軍士而與之戰必勝之術也悅
乃分恒州李惟岳救兵五千以助朝光燧率軍攻朝光田悅將萬餘
人救之燧乃令大將李自良李奉國將騎兵合神策軍於雙岡禦之
令曰令悅得過當斬爾自良等擊却悅燧乃令推火車以焚其柵斬
朝光及大將盧子昌斬首五千餘級生虜八百餘人居五日進軍至

臨洺田悅悉軍復戰燧自將銳兵振其衝口凡百餘合士皆決死悅
兵大敗斬首萬餘級生虜九百人得穀三十萬斛器甲稱是悅收敗
兵夜遁邢州圍亦解以功加右僕射先戰燧揭軍中戰勝請以家財
行賞既勝盡出其私財以頒將士德宗嘉之詔度支出錢五萬貫行
賞還燧家財尋加魏博招討使三年正月田悅求救於淄青恒冀李
納遣大將衛俊將兵萬人救悅李惟岳亦遣兵三千赴援悅收合散
卒二萬餘人壁于洹水淄青軍其東恒冀軍其西首尾相應燧率諸
軍進屯於鄴奏請益河陽兵詔河陽節度使李芃將兵會之軍次于
漳悅遣將王光進以兵守長橋築月城以爲固軍不得渡燧乃於下
流以車數百乘維以鐵鏁鏁絕中流實以土囊以遏水水稍淺諸軍
畢渡是時軍糧少悅深壁不戰欲老燧軍燧令諸軍持十日糧進次
倉口與悅夾洹水而軍抱真與李芃問曰糧少而深入何也燧曰糧
少利速戰兵法善於致人不致於人今田悅與淄青恒三軍爲首尾
計欲不戰以老我師若分軍擊其左右兵少未可必破悅且來救是

前後受敵也兵法所謂攻其必救彼固當戰也燧爲諸軍合而破之
燧乃造三橋道逾洹水日挑戰悅不敢出恒州兵以軍少懼爲燧所
并引軍合於悅悅謂燧明日復挑戰乃伏兵萬人欲邀燧燧乃令諸
軍半夜皆食先雞鳴時擊鼓吹角潛師傍洹水徑趨魏州令曰聞賊
至則止爲陣又令百騎吹鼓角皆留於後仍抱薪持火待軍畢發止
鼓角匿其旁伺悅軍畢渡焚其橋軍行十數里悅乃率淄青恒州步
騎四萬餘人踰橋掩其後乘風縱火鼓譟而進燧乃坐申令無動命
前除草斬榛棘廣百步以爲陣燧出陣募勇力得五千餘人分爲前
列以俟賊至比悅軍至則火止氣乏力少衰乃縱兵擊之悅軍大敗
時神策昭義河陽軍小却河東軍既勝諸軍還鬬合擊又大破之追
洹水悅軍走橋橋已焚矣悅軍亂赴水斬首二萬餘級殺大將孫晉
卿安墨啜生獲三千餘人溺死者不可勝紀淄青軍殆盡死者相枕
藉三十餘里悅收敗卒千餘人走魏州至門州將李長春閉門不納
久之追兵不至比明乃納悅悅既入殺長春嬰城自守數日李再春

以博州降悅兄昂以洺州降王光進以長橋降悅遣符璘李瑤將五
百騎送淄青兵還鎮璘瑤因來降燧魏州先引御河入南流燧令塞
其領口河流絕城中益恐悅乃遣許士則侯臧徒步間行説朱滔王
武俊借兵求救時王武俊已殺李惟岳傳首京師授武俊恒冀觀察
都防禦使時武俊同列張孝忠已爲易定節度使武俊獨爲防禦使
又割趙深二州爲一鎮以康日知爲觀察使甚爲怨望且素輕孝忠
恥名在下時朱滔討李惟岳拔深州求隸幽州不得亦怨望由是滔
武俊同謀救悅悅恃燕趙之援又出兵二萬背城而陣燧復與諸軍
擊破之五月加燧同中書門下平章事六月朱滔王武俊聯兵五萬
來救悅至于城下諸帥議退兵燧固不可德宗遣朔方節度使李懷
光將朔方軍步騎萬五千人赴燧是月晦懷光亦至懷光勇而無謀
軍至之日未休息堅請與滔等戰王師不利悅等決水灌燧等軍燧
兵屈糧少七日燧與諸軍退次魏縣是月詔加燧魏州大都督府長
史兼魏博貝四州節度觀察招討等使田悅朱滔王武俊軍亦至魏

縣與官軍隔河對壘十一月三盗於魏縣軍中遞相推奬王號朱滔稱冀王田悅稱魏王王武俊稱趙王又遣使於李納納稱齊王四道共推淮西李希烈爲天下兵馬元帥太尉建興王皆僞署官號如國初行臺之制而名目頗有妖僻者然未敢僞稱年號而五盗合從圖傾社稷兩河鼎沸寇盗横行燧等雖志在勤王竟莫能敺斅患難四年十月涇師犯闕帝幸奉天燧引軍還太原議者云燧若乘田悅洎水之敗併力攻之時城中敗卒無三二千人皆夷傷未起旦夕俟降燧與抱眞不和遷延於擊賊乃致三盗連結至今爲梗職燧之由燧至太原遣行軍司馬王權將兵五千赴奉天又遣男彙及大將之子與俱來壁於中渭橋及帝幸梁州權彙領兵還鎮燧以晉陽王業所起度都城東面平易受敵時天下騷動北邊數有警急乃引晉水架汾而注城之東瀦以爲池寇至計省守陴者萬人又決汾水環城多爲池沼樹柳以固隄壽兼保寧軍節度使興元元年正月加檢校司徒封北平郡王七月德宗還京加燧奉誠軍及晉絳慈隰節度并管

○内諸軍行營副元帥令與侍中渾瑊鎮國軍節度使駱元光同討河中初李懷光據河中燧遣使招諭之懷光妹壻要廷珍守晉州徛將毛朝敭守隰州鄭抗守慈州皆相次降燧初王武俊自魏縣還鎮雖去僞號而攻圍趙州不解康日知窘蹙欲棄趙州燧奏曰可詔武俊與抱眞同擊朱滔以深趙隸武俊請改日知爲晉慈隰節度使日知未至而三州降燧故又加燧晉慈隰節度使燧乃表讓三州於日知且言因降而授之恐後有功者踵以爲常上嘉而許之燧乃遣使迎日知既至籍府庫而歸之日知喜且過望九月十五日燧帥步騎三萬次于絳分兵收夏縣略稷山攻龍門降其將馮萬興任象玉燧以兵攻絳州十月拔其外城其夜僞刺史王克同與大將達奚小進棄城走降其衆四千人又遣大將李自良谷秀分兵畧定聞喜夏縣萬泉虞鄉永樂猗氏六縣降其將辛兟及兵五千人谷秀以犯令虜士女斬之以徇貞元元年軍次寶鼎敗賊騎兵於陶城前鋒將李黯追擊之射殺賊將徐伯文斬首萬餘級獲馬伍百匹是歲天下蝗旱物

價騰踊軍之糧餉而京師言事多請捨懷光上意未決燧以懷光逆節尤甚河中密邇京邑反覆不可保信捨之無以示天下慮上爲左右所惑且兵事尚容六月燧乃捨軍以數百騎朝于京師比召見燧曰臣雖不武得芻糧支一月足以平河中上許之七月燧因朝京師乃與渾瑊駱元光韓遊瓌合軍次于長春宫懷光將徐廷光以兵六千守宫城禦備甚嚴燧度長春不下則懷光自固攻之曠日持久所傷必甚乃挺身至城下呼廷光廷光素憚燧威名則拜於城上燧度廷光心已屈乃徐謂之曰我來自朝廷可西面受命廷光復拜燧乃喻之曰公等皆朔方將士祿山已來首建大勳四十餘年功伐最高柰何棄祖父之勳力背君上爲族滅之計耶從吾非止免禍富貴可圖也賊徒皆不對燧又曰爾以吾言不誠今相去不遠數步爾當射我乃披襟示之廷光感泣俯伏軍士亦泣下先一日賊焦籬堡守將尉珪以兵二千因堡降燧廷光東道既絕乃率衆出降燧以數騎徑入城處之不疑莫不畏服衆大呼曰吾輩復得爲王人矣渾瑊謂是

○服燧私謂參佐曰吾嘗謂馬公用兵與予不相遠但驚怪累敗田悅今觀其行兵料敵吾不逮遠矣八月燧移軍於焦籬堡其夜賊太原堡守將吳冏棄堡而遁其下皆降燧率諸軍濟河兵凡八萬陣於城下是日賊將牛名俊斬懷光首以城降其守兵猶一萬六千人斬賊將閻晏孟寶張清吳冏等七人以徇爲懷光脅虜者皆捨之燧自朝京師還行營凡二十七日而河中平詔書褒美遷光祿大夫兼侍中仍與一子五品正員官宴賜畢還太原是行也德宗賜燧宸扆台衡二銘序曰朕每覽上古之書及唐虞之際君臣相得聖賢同時日夕孜孜講論至道或陳其鑒誡或諷以詠歌煥乎典謨百代是式有以見啓沃之道理化之端意甚慕之而未能迨也頃靈鹽節度使杜希全著書上獻多所規諫朕爲君臣箴用荅其意河東等道副元帥司徒燧固請勒石貽厥後人朕以文既非工義又非備垂諸來裔良所忸焉起予者商因之有作庶乎朝夕自儆且俾後代知我文武殿邦之臣歟宸扆銘曰天生烝人性命元淳嗜欲交馳利害糺紛無主乃

亂樹之以君九域茫茫萬情云云目不備覩耳難偏聞覩之聞之匑
又非眞事失其源道遠莫親理得其要化行如神失源維何不自正
身正身之方先誠其意罔從爾欲罔載爾僞體道崇德本仁率義必
信若寒暑無私象天地感而遂通百慮一致任人之術各當其器捨
短從長理無求備事多揔集衆才咸遂知而必任任而勿貳以天下
之自爲鑒我鑒斯明以天下之心爲謀我謀則智求賢惟廣辯理惟
精逆耳咈心必嘉乃誠順旨苟容亦察其情斥去姦諛全度忠貞先
人立言爲代作程諤諤者昌唯唯者傾繫以興亡曷云其輕承天子
人夫豈不貴伊昔哲王夙夜祗畏馭朽爲戒納隍爲志神將害盈天
匪假易四海爲家夫豈不富伊昔哲王勤儉固陋土階罔飾露臺罷
構遠奇伎淫巧放珍禽怪獸敬之愼之天命可祐欲令必行順人之
情欲誠必著清己之慮心無億詐事必忠恕凡將有爲靡不三思喜
怒以節動靜以時毫釐或差禍害亦隨慢易厥初悔其曷追刑不可
長武不可恃作威逞力厲階斯起垂旒蔽聰黈纊塞耳含弘光大是

亦爲美覆之如天愛之如子仁心感人率土自理嗟予寡昧嗣守丕
圖寇戎荐興德化未孚大業兢兢其敢以渝俯察物情仰稽典謨作
誡斯言寘于坐隅台衡銘曰天列台星垂象于人聖人則天亦建輔
臣以翼以弼爲衡爲鈞如耳目應心如股肱運身是則同體孰云非
親陰陽相推四序成歲君臣相得萬邦作乂感同風雲合若符契以
道匡救盡規獻替木必從繩金其用礪帝者之盛時惟陶唐乃聞疇
咨仄陋明敭洎乎有虞二八騰芳爰迨伊尹相于成湯載生姜牙諒
彼武王道無不行謀無不臧君聖臣賢運泰時康漢高旣興蕭曹亦
彰烈烈我祖膺期而昌剗滅羣兇砥平四方惟衞及英啓闢封疆曰
房與杜振理維綱亦有魏徵忠謇昂昂偉茲衆材爲棟爲梁蕩蕩巍
巍邦家有光是知道之廢興繫于時主主之得失資于台輔經之以
文緯之以武出爲方伯入作申甫絕維載張闕袞斯補惟德是倚惟
才是求人不易知德亦難周傅說板築夷吾射鉤任之不疑千載垂
休體於至公何鄙何讎追惟哲主必賴良弼矧予不德暗於理術師

旅繁起政刑多失邁茲艱屯夙夜祗慄翊我戴我實惟勳賢內厭疚
績外揔干連威武載揚謀猷曰宣長城壓境巨艦濟川同德同心扶
危持顚予嘉爾誠爾相予理惟后失道亦臣之恥自昔格言愼終如
始功藏興衰道冠圖史無俾伊傅克專厥美作鑒勒銘永世是紀燧
至太原乃勒二銘於起義堂西偏帝爲題額其崇寵如此二年冬吐
蕃大將尚結贊陷鹽夏二州各留兵守之結贊大軍屯於鳴沙自冬
及春羊馬多死粮餉不繼德宗以燧爲綏銀麟勝招討使令與華帥
駱元光邠帥韓遊瓌及鳳翔諸鎭之師會於河西進討燧出師次石
州結贊聞之懼遣使請和仍約盟會上皆不許又遣其大將論頰熱
厚禮卑辭申情於燧請和燧頻表論奏上堅不許三年正月燧軍還
太原四月燧與論頰熱俱入朝燧盛言蕃情可保請許其盟上然之
燧旣入朝結贊遽自鳴沙還蕃是歲閏五月十五日侍中渾瑊與蕃
相尚結贊盟于平凉爲蕃軍所刼狼狽僅免陷將吏六十餘員由燧
之謬謀也坐是奪兵權六月以燧守司徒兼侍中北平王如故仍賜

妓樂奉朝請而已五年九月燧與太尉李晟召見于延英殿上嘉其
有大勳力皆圖形淩煙閣列於元臣之次九年七月燧對於延英初
上以燧足疾不令朝謁是日燧以冬首入朝勑許不拜而坐時太尉
晟初薨帝謂燧曰常時卿與太尉晟同來今獨見卿不覺悲慟上歔
欷久之燧旣退足疾仆於地上親掖起之送及於階燧頓首泣謝累
上表乞骸陳讓侍中優詔不許貞元十一年八月薨時年七十先是
司天頻奏熒惑太白犯太微上將間一月而燧薨廢朝四日詔京兆
尹韓皐監護喪事嗣吳王獻爲弔祭贈賵使冊贈太尉謚曰莊武
史臣曰燧雄勇強力常先計後戰又善誓師將戰親自號令士無不
慷慨感動戰皆決死未嘗折北謀得兵勝冠於一時然力能擒田悅
而不取納蕃帥之僞款而保其必盟平凉之會大臣幾陷關畿搖動
此謂才有餘而心不至議者惜而恨之
子彙暢暢以父蔭累遷至鴻臚少卿留京師建中三年燧討田悅於
山東時歲旱京師括率商戶人心甚擾鳳翔留鎭幽州兵多離散入

南山為盜殿中丞李雲端與其黨表封單超佼李誠信異信等與暢善因飲食聚會言時事將危暢乃遣家人温靖與父書具陳利害可班師還鎮燧怒執靖具奏其狀令兄炫執暢請罪德宗以燧方討賊不竟其事誅雲端等十一人勑炫就第杖暢三十上於是罷括率之令燧貲貨甲天下燧既卒暢承舊業屢為豪幸邀取貞元末中尉申志廉諷暢令獻田園第宅順宗復賜暢初為彙妻所訴析其產中貴又逼取仍指使施於佛寺暢不敢恡晚年財產並盡身歿之後諸子無室可居以至凍餒今奉誠園亭館即暢舊第也暢終少府監贈工部尚書子繼祖以祖蔭四歲為太子舍人累遷至殿中少監年三十七卒

馬炫字弱翁燧之仲兄少以儒學聞於時隱居蘇門山不應辟召至德中李光弼鎮太原辟為掌書記試大理評事監察御史歷侍御史常叅謀議光弼甚重之奏授比部刑部郎中田神功鎮汴州奏授節度判官檢校兵部郎中轉連州刺史徵拜吏部郎中又出為閬州刺史

入為大理少卿建中初為潤州刺史黜陟使柳載以清白聞徵拜太子右庶子遷左散騎常侍弟燧為司徒以親比拜刑部侍郎以疾辭改兵部尚書致仕貞元七年卒時年七十九

渾瑊皐蘭州人也本鐵勒九姓部落之渾部也高祖大俟利發渾阿貪支貞觀中為皐蘭州刺史曾祖元慶祖大壽父釋之皆代為皐蘭都督大壽開元初歷左領衛中郎將太子僕同正釋之少有武藝從朔方軍積戰功於邊上累遷至開府儀同三司試太常卿寧朔郡王廣德中與吐蕃戰沒於靈武年四十九瑊本名曰進年十餘歲即善騎射隨父戰伐破賀魯部下石堡城收龍駒島勇冠諸軍累授折衝果毅後節度使安思順遣瑊提偏師深入葛祿部經狐媚磧略特羅斯山大破阿布思部又與諸軍城永清柵天安軍遷中郎將安祿山構逆瑊從李光弼出師河北定諸郡邑賊將有李立節者素稱驍勇與瑊格鬭臨陣斬之遷右驍衛將軍既而肅宗即位於靈武瑊統兵赴行在至天德遇蕃軍入寇瑊擊敗之從郭子儀收兩京討安慶緒破賊於新鄉改檢校太僕卿充武鋒軍使又從僕固懷恩討史朝義前後數十戰朝義平加開府儀同三司太常卿賜實封二百戶及懷恩謀亂令子瑒與瑊率軍圍榆次朔方將殺瑒瑊率所部歸郭子儀會瑊父釋之戰死又起復本官為朔方行營左廂兵馬使從子儀討吐蕃於邠州以功加御史中丞軍還盛秋於邠會吐蕃大入寇至奉天瑊拒戰於莫谷大破蕃軍以功加太子賓客復屯於奉天華州周智光反子儀奉詔討之令瑊領馬步萬人攻下同州智光平詔以邠寧慶三州隸朔方軍子儀領之子儀令瑊先率兵至邠州便於宜祿縣防秋歲餘加兼御史大夫大曆七年吐蕃大寇邊瑊與涇原節度使馬璘會兵大破蕃賊於黃菩原自是每年常戍於長武城臨盛秋十一年領邠州刺史其年吐蕃入寇慶州方渠懷安等鎮瑊擊却之十二年子儀入朝令瑊知邠寧慶三州兵馬留後十三年迴紇侵太原破鮑防軍北歸頗為邊患以瑊為石嶺關已南諸軍都知兵馬使率兵犄角逐之虜騎引退其年八月加檢校工部尚書單于副都護

振武軍使十四年郭子儀拜太尉號尚父分所管內別置三節度以瑊兼單于大都護充振武軍東受降城鎮北大都護府綏銀麟勝等軍州事節度副大使知節度使事管內支度營田等使其年復以崔寧為朔方節度使領子儀舊管徵瑊為左金吾衛大將軍兼左街使建中四年李希烈遣間諜詐為瑊書與希烈交通瑊奏其狀上特保證之仍賜瑊馬一匹并鞍轡錦綵二百匹時以普王為荊襄等道兵馬元帥討李希烈大開府幕以瑊檢校戶部尚書御史大夫充中軍都虞候會涇師亂德宗幸奉天後三日瑊率家人子弟自京城至乃署為行在都虞候檢校兵部尚書京畿渭北節度觀察使居數日邠寧節度使韓遊瓌與慶州刺史論惟明統兵三千自乾陵北過赴醴泉以拒朱泚會諜報泚已出兵帝遽令追遊瓌兵纔至奉天賊軍果至遊瓌等戰于城東王師不利遂乘勝奔突將入官軍與賊隔門相持自卯至午殺傷頗甚門內有草車數乘瑊令推車塞門焚之以外禦乘火力戰賊方解去然重圍已合賊大修攻具以僧法堅為匠師

毀佛寺房宇以爲梯櫓是月賊自丁未至辛未四面攻城晝夜矢石不絕瑊隨機應敵僅能自固十一月靈武節度使杜希全鹽州刺史戴休顏夏州刺史常春合兵六千人赴難將至上議其所向宰相盧杞白志貞以漠谷路爲便瑊曰漠谷險隘必爲賊所邀若取乾陵北過附使城守固而行便取城東北鷄子堆下與城中掎角相應且分賊勢朱泚必不更於陵寢往來杞曰漠谷路近若慮逆賊邀擊即出兵應接若取乾陵路恐驚陵寢瑊曰今朱泚圍城斬伐柏城以夜繼晝驚動已多今城中危急佇望救軍唯希全等率先赴難安危是賴所繫非輕制置不宜差跌但令希全等於鷄子堆下營固守善地賊泚可以計破也盧杞等曰陛下以順討逆不可自驚陵寢曰志貞從而贊之上從杞議希全等進至漠谷果爲賊軍邀擊奪據水口乘高以大弩巨石左右夾擊殺傷頗甚城中出兵應援亦爲賊挫銳而退希全等各歸還本鎮賊攻城逾急壕塹圍之旬日復偏攻東北角矢石亂入晝夜如雨城中死傷者甚衆重圍救絕芻粟俱盡城中伺賊

休息輒遣人城外捃拾樵採以進御人心危蹙上與瑊對泣賊泚北據乾陵下瞰城內身衣黃衣蔽以翟扇前後左右皆朱紫閹官宴賜拜舞紛紜旁午城中動息賊俯窺之慢辭戲侮以爲破在漏刻之頃時令騎將環城招公卿士庶責以不識天命十五日賊造雲橋成闊數十丈以巨輪爲腳推之使前施濕氈生牛革多懸水囊以爲障直指城東北隅兩旁構木爲廬冒以牛革迴環相屬負土運薪於其下以填壕塹矢石不能傷城中恟懼相顧失色上召瑊勉諭之令齎空名告身自御史大夫實封五百戶已下者千餘軸募諸軍突將敢死之士以當之兼賜瑊御筆一管當戰勝量其功伐即署其名授之不足者筆書其身因命以位仍謂瑊曰朕便與卿別更不用對來縱有急切令馬承倩在卿處但令附奏瑊俯伏嗚咽上亦悲慟不自勝撫瑊背而遣之前一日瑊與防城使侯仲莊揣雲橋來路先鑿地道下可深丈餘上積馬糞深五六尺次二日即令爇火次一日復下柴薪夜燒之平明火焰高於城壘是時北風正急賊乃隨風推橋以薄城

下賊三千餘人相繼而登城上士卒皆久寒餒又少甲冑瑊但感激誡厲之以飢弱之衆當劇賊之鋒雖力戰應敵人憂不濟公卿已下仰首祝天賊徒至地道所橋腳偏陷不能進須臾風迴焰轉雲橋焚爲灰燼賊焚死者數千城中歡譟振地時瑊中流矢遽自拔之血流霑沫格鬬不已初不言瘡痛以激士心是日上先授瑊二子官餘授將校有差賊又別造雲橋周以重鐵方就而朔方節度使李懷光自魏縣行營赴難先遣兵馬使張韶入奏詔至奉天與賊塡塹者相雜臨城忽大呼謂城上曰我李懷光使也懷光自河北領大軍至矣即繩引而登城中得懷光表歡聲振動賊衆不之測乃令昇韶巡於城上翌日懷光大軍次醴泉是夜賊解圍而去興元元年正月以瑊爲行在都知兵馬使二月賜實封五百戶是月德宗移幸山南時懷光叛逆二賊連結寇盜縱橫瑊分布諸軍以爲翼衛繞入谷口而懷光追騎遽至瑊令侯仲莊以後軍擊敗之三月加檢校左僕射同中書門下平章事兼靈州都督靈鹽豐夏等州定遠西城天德軍節度等

使仍充朔方邠寧振武等道兼永平軍奉天行營兵馬副元帥上臨軒授鉞用漢拜韓信故事是月瑊將諸軍赴京畿賊將韓旻張廷芝宋歸朝等拒我師於武功瑊與吐蕃將論莽羅之衆大破賊於武亭川斬首萬餘級瑊便赴奉天應接李晟抗京城西面五月李晟自東渭橋抵京城攻賊瑊亦與韓遊瓌戴休顏西面諸軍會合晟破賊之日瑊亦進收咸陽尋聞朱泚姚令言奔敗命諸軍分道邀擊其衆離潰相率來降選勁騎三千急追泚至涇州賊將誅泚傳首來獻六月加瑊侍中論收京城之功加實封李晟一千戶瑊八百戶韓遊瓌戴休顏四百戶駱元光尚可孤五百戶七月德宗還宮以瑊守本官兼河中尹河中絳慈隰節度使仍充河中同陝虢節度及管內諸軍行營兵馬副元帥改封咸寧郡王九月賜瑊大寧里甲第女樂五人入第之日宰臣節將送之一如李晟入第之儀以李懷光未平又加朔方行營兵馬副元帥與河東節度使馬燧會兵進討貞元元年八月河中平以功加檢校司空與一子五品正員官是冬望皇帝親郊昊

天上帝瑊入朝陪祀畢還鎮河中三年吐蕃入冦至鳳翔爲李晟邀擊之又襲破其摧沙堡吐蕃深恨之尚結賛入冦陷我鹽夏二州以兵守之欲長驅犯京師而畏瑊與李晟馬燧欲陰計圖之乃卑詞遜禮告馬燧請重立盟誓則蕃軍引去德宗不許馬燧自入朝言之上乃令崔澣入蕃報結賛言還我鹽夏則許同盟結賛謂澣曰清水之會同盟人少是以和好輕慢不成今蕃相及元帥已下凡二十一人赴盟靈州節度使杜希全涇原節度使李觀皆和善守信境外重之此時須請預盟翰約盟于清水且先歸我鹽夏二州結賛曰清水非吉地請會盟於原州土梨樹又請盟畢歸二州翰歸備奏其事神策將馬有麟奏曰土梨樹地多險恐蕃軍隱伏不利不如於平凉其地坦平且近涇州就之爲便乃定盟於平凉川初結賛請李觀杜希全預盟欲執之徑犯京師詔報之曰杜希全職在靈州不可出境李觀又已改官今遣侍中渾瑊充盟會使五月瑊自咸陽入朝詔授平凉盟會使兵部尚書崔漢衡副之司勳郎中鄭叔矩爲判官瑊統兵二

○萬又詔華州節度使駱元光以本鎮兵從瑊閏月十五日瑊與結賛會平凉初約以兵三千列於壇之東西散手四百人至壇下各遣遊軍相覘伺是時蕃軍精騎數萬列於壇西蕃之遊軍貫穿我軍之中瑊將梁奉貞率六十騎爲遊軍纔至壇所爲蕃軍所執結賛又謂瑊曰請侍中已下具衣冠劒珮瑊與監軍宋鳳朝崔漢衡等入幕次坦無他慮結賛命伐鼓三通其衆呼譟而至瑊遽出自幕後偶得他馬跨而奔馳追騎雲合流矢雨集而不傷會瑊將辛榮以數百人據北阜與賊血戰追騎方止瑊僅得免辛榮兵盡矢窮力屈而降宋鳳朝瑊判官鄭弇爲追兵所殺崔漢衡中官俱文珍劉延李清朝漢衡判官鄭叔矩瑊判官路泌袁同直大將軍扶餘準馬寧神策將孟日華李至言樂演明范澄馬弇等六十餘人皆陷于賊尚結賛至原州列坐帳中召陷蕃將吏讓之因怒瑊曰武功之捷吐蕃之力許以涇州靈州相報竟食其言負我深矣舉國同怨本刼是盟志在擒瑊吾已爲金枷待瑊將獻賛普既已失之虛致君等何爲乃放俱文珍馬寧

馬弇歸朝七月瑊自奉天入朝素服待罪詔釋之而後見俄而吐蕃入冦京畿瑊鎮奉天十月還河中四年七月加邠寧慶副元帥十二年二月加檢校司徒兼中書令諸使副元帥如故十五年十二月二日薨於鎮廢朝五日羣臣於延英奉慰詔贈太師謚曰忠武賻絹布四千匹米粟三千碩及喪車將至又爲廢朝應緣喪事所司凖式支給命京兆尹監護葬日賜絹五百匹瑊忠勤謹慎功高不伐在藩方歲時貢奉必躬親閱視每有頒錫雖居遠地如在帝前位極將相無忘謙抑物論方之金日磾故深爲德宗委信猜間不能入君子多之

子鍊鎬鐬

鎬瑊第二子性謙謹多與士大夫遊歷延唐二州刺史軍政吏職有可稱者及元和中諸道出師討王承宗屬義武軍節度使任迪簡病不能軍以鎬藉父威名足以鎮定乃以鎬檢校右散騎常侍充義武軍節度副使九月六日加檢校工部尚書代迪簡爲節度使鎬治兵練卒頗有威望然不能觀釁養銳以期必勝鎮定相去九十里元和

○十一年冬鎬率全師壓賊境而軍距賊壘三十里鎬謀慮不周但耀兵鋒無所控制賊乃分兵潛入定州界焚燒驅掠鎬怒進攻賊壘交鋒而敗師徒殆喪其半餘衆還定州亂不可遏朝廷乃除陳楚代之楚聞亂馳入定州鎬爲亂兵所刼以至倮露楚既整戢於亂兵處率斂衣服還鎬方得歸朝坐貶韶州刺史後代州刺史韓重華奏收得鎬供軍錢絹十餘萬貫匹再貶循州刺史歲餘卒鐬瑊第三子以父蔭起家爲諸衛叅軍歷諸衛將軍元和初出爲豐州刺史天德軍使坐贓貶袁州司戶憲宗思咸寧之勲比例從輕五年徵爲袁王傅復賜金紫遷殿中監開成初宰相擬壽州刺史文宗曰鐬勲臣子弟豈可委以牧民仲尼有言不如多與之邑今我念其先人之功與之致富可也宰臣曰鐬常歷名郡有政能乃從之三年入爲右金吾衛大將軍知街事歷諸衛大將軍卒

史臣曰馬司徒之方畧渾咸寧之忠蓋各奮節義爲時名臣然元城之師失策於田悅平凉之會幾陷於吐蕃此亦術有所不至也緬思

建中之亂四海波騰賊泚竊發之辰宗祀不絶如綫苟非忠臣致命化危爲安則李氏之宗社傾矣

贊曰北平之勳排難解紛咸寧蹈義感慨臣君再隆基構克殄昏氛迴天捧日實賴將軍

唐傳列傳卷第八十四

劉　昫　等修

聞人詮校刻沈桐同校

盧杞 杞子元輔　白志貞
裴延齡　韋渠牟
李齊運　李實
韋執誼　王叔文 王伾附
程异　皇甫鎛 鎛弟鏞

盧杞字子良故相懷慎之孫父奕天寶末爲東臺御史中丞洛城爲安祿山所陷奕守司而遇害杞以門廕解褐清道率府兵曹朔方節度使僕固懷恩辟爲掌書記試大理評事監察御史以病免入補鴻臚丞遷殿中侍御史膳部員外郎出爲忠州刺史至荆南謁節度使衛伯玉伯玉不悅杞移病歸京師歷刑部員外郎金部吏部二郎中杞貌陋而色如藍人皆鬼視之不恥惡衣糲食人以爲能嗣懷慎之清節亦未識其心頗有口辯出爲虢州刺史建中初徵爲御史中丞時尚父子儀病百官造問皆不屏姬侍及聞杞至子儀悉令屏去獨隱机以待之杞去家人問其故子儀曰杞形陋而心險左右見之必笑若此人得權即吾族無類矣及居糾彈顧問之地論奏稱旨遷御史大夫旬日爲門下侍郎同中書門下平章事既居相位忌能妬賢迎吠陰害小不附者必致之於死將起勢立威以久其權楊炎以杞陋皃無識同處台司心甚不悅爲杞所譖逐於崖州德宗幸奉天崔寧流涕論時事杞聞惡之譖於德宗言寧與朱泚盟誓故至遲廻寧遂見殺惡顏真卿之直言令奉使李希烈竟歿於賊初京兆尹嚴郢與楊炎有隙杞乃擢郢爲御史大夫以傾炎炎既貶死心又惡郢圖欲去之宰相張鎰忠正有才上所委信杞頗惡之會朱滔朱泚弟兄不睦有泚判官蔡廷玉者離間滔泚論奏請殺之廷玉既貶殿中侍御史鄭詹遣吏監送廷玉投水而卒杞因奏曰恐朱泚疑爲詔旨請三司按鞫詹又御史所爲稟大夫命并令按郢詹與張鎰善每伺杞

晝眠輒詣鎰杞知之他日杞假寐佯熟伺詹果來方與鎰語杞遽至鎰閤中詹趨避杞杞遽言密事鎰曰殿中鄭侍御在此杞佯愕曰向者所言非他人所宜聞時三司使方按詹郢獄未具而奏殺詹貶郢爲驩州刺史鎰尋罷相出鎮鳳翔其陰禍賊物如此李揆舊德慮德宗復用乃遣使西蕃天下無不扼腕痛憤然無敢言者戶部侍郎判度支杜佑甚承恩顧爲杞媒孽貶饒州刺史初上即位擢崔祐甫爲相頗用道德寬大以弘上意故建中初政聲藹然海內想望貞觀之理及杞爲相諷上以刑名整齊天下初李希烈請討梁崇義崇義誅而希烈叛盡據淮右襄鄧之郡邑恒州李寶臣死其子惟岳邀節鉞遂與田悅締結以抗王師繇是河北河南連兵不息度支使杜佑計諸道用軍月費一百餘萬貫京師帑廩不支數月且得五百萬貫可支半歲則用兵濟矣杞乃以戶部侍郎趙贊判度支贊亦計無所施乃與其黨太常博士韋都賓等謀行括率以爲泉貨所聚在於富商錢出萬貫者留萬貫爲業有餘官借以給軍冀得五百萬貫上許之約以罷兵後以公錢還勅既下京兆少尹韋禛督責頗峻長安尉薛萃荷校乘車搜人財貨意其不實即行搒箠人不勝冤痛或有自縊而死者京師囂然如被賊盜都計富戶田宅奴婢等估纔及八十八萬貫文以僦櫃納質積錢貨貯粟麥等一切借四分之一封其櫃窖長安爲之罷市百姓相率千萬衆邀宰相於道訴之杞初雖慰諭後無以遏即疾驅而歸計僦質與借商纔二百萬貫德宗知下民流怨詔皆罷之然宿師在野日須供饋明年六月趙贊又請稅間架筭除陌凡屋兩架爲一間分爲三等上等每間二千中等一千下等五百所由吏秉筆執籌入人第舍而計之凡沒一間杖六十告者賞錢五十貫文除陌法天下公私給與貿易率一貫舊筭二十益加筭爲五十給與物或兩換者約錢爲率筭之市主人牙子各給印紙人有買賣隨自署記翌日合筭之有自貿易不用市牙子者驗其私簿投狀自其有私簿投狀其有隱錢百沒入二千杖六十告者賞錢十千出於其家法既行主人市牙得專其柄率多隱盜公家所入百不得半

怨讟之聲囂然滿於天下及十月涇師犯闕亂兵呼於市曰不奪汝商戶僦質矣不稅汝間架除陌矣是時人心愁怨涇師乘間謀亂奉天之奔播職杞之由故天下無賢不肖視杞如讎德宗在奉天為朱泚攻圍李懷光自魏縣赴難或謂王翃趙贊曰懷光累歎憤欲以為宰相謀議乖方度支賦歛煩重京尹刻薄軍粮乘輿播遷三臣之罪也今懷光勳業崇重聖上必開襟布誠詢問得失使其言入豈不殆哉翃贊白於杞杞大駭懼從容奏曰懷光勳業宗社是賴臣聞賊徒破膽皆無守心若因其兵威可以一舉破賊今若許其朝覲則必賜宴賜宴則留連使賊得京城則從容完備恐難圖之不如使懷光乘勝進收京城破竹之勢不可失也帝然之乃詔懷光率衆屯便橋克期齊進懷光大怒遂謀異志德宗方悟為杞所構物議喧騰歸咎於杞乃貶為新州司馬白志貞恩州司馬趙贊為播州司馬遇赦移吉州長史在貶所謂人曰吾必再入用是日上果用杞為饒州刺史給事中袁高宿直當草杞制遂執以謁宰相盧翰劉從一曰杞作相三年矯誣陰賊排斥忠良朋附者欬唾立至青雲睚眦者顧盻已擠溝壑傲很背德反亂天常播越鑾輿瘡痍天下皆杞之為也幸免誅戮唯示貶黜尋以稍遷近地更授大郡恐失天下望惟相公執奏之事尚可救翰從一不悅遂改命舍人草制明日詔下袁高執奏曰盧杞為政極恣兇惡三軍將校願食其肉百辟卿士嫉之若讎諫官趙需裴佶宇文炫盧景亮張薦等上疏曰伏以吉州長史盧杞外矯儉簡內藏奸邪三年擅權百揆失序惡直醜正亂國殄人天地神祇所知蠻夷華夏同棄伏惟故事皆得上聞自杞為相要官大臣動踰月不敢奏聞百寮惴惴常懼顛危及京邑傾淪皇輿播越陛下炳然覺悟出棄遐荒制曰忠讜壅於上聞朝野為之側目由是忠良激勸內外歡忻今復用為饒州刺史衆情失望皆謂非宜臣聞君之所以臨萬姓者政也萬姓之所以戴君者心也儻加巨奸之寵必失萬姓之心乞迴聖慈遽輟新命疏奏不答諫官又論曰盧杞蒙蔽天聽隳紊朝典致亂危國職杞之由可謂公私巨蠹中外棄物自聞再加擢用忠良痛骨士庶寒心臣昨者瀝肝上聞冒死不恐冀迴宸聽用快群情至今拳拳未奉聖旨物議騰沸行路驚嗟人之無良一至於此伏乞俯從衆望永弃奸臣幸免誅夷足明恩貸特加榮寵恐造禍階臣等忝列諫司令陳狂瞽給事中袁高堅執不下乃改授澧州別駕翌日延英上謂宰臣曰朕欲授杞一小州刺史可乎李勉對曰陛下授杞大郡亦可其如兆庶失望何上曰衆人論杞奸邪朕何不知勉曰盧杞奸邪天下人皆知唯陛下不知此所以為奸邪也德宗默然良久散騎常侍李泌復對上曰盧杞之事朕已可袁高所奏如何泌拜而言曰累日外人竊議以陛下同漢之桓靈臣今親承聖旨乃知堯舜之不逮也德宗大悅慰勉之杞尋卒於澧州子元輔字子望少以清行聞於時進士擢第授崇文館校書郎德宗思杞不已乃求其後特恩拜左拾遺再遷左司員外郎歷杭常絳三州刺史以課最高徵為吏部郎中遷給事中改刑部侍郎自兵部侍郎出為華州刺史潼關防禦鎮國軍等使復為兵部侍郎元輔自祖至曾以名節著於史冊元輔簡絜貞方綽繼門風歷踐清貫人亦不以父之醜行為累人士歸美大和三年八月卒時年五十六

白志貞者太原人本名琇珪出於胥吏事節度使李光弼小心勤恪動多計數光弼深委信之帳中之事與琇珪參決代宗素知之光弼薨後用為司農少卿遷太卿在寺十餘年德宗嘗召見與語引為腹心遂用為神策軍使檢校左散騎常侍兼御史大夫賜名志貞善伺候上意言無不從建中四年李希烈陷汝州命志貞為京城召募使時尚父子儀婿端王傅吳仲孺家財巨萬以國家召募有急懼不自安乃上表請以子弟率奴客從軍德宗嘉之超授五品官由是志貞請令節度觀察團練等使并嘗為是官者令家出子弟甲馬從軍亦與其男官是時豪家不肖子幸之貧而有知者苦之自是京師人心搖震不保家室時禁軍募致悉委志貞兩軍應赴京師殺傷殆盡都不奏聞皆以京師沽販之徒以塡其闕其人皆在市鄽及涇師犯闕詔志貞以神策軍拒賊無人至者上無以禦寇乃圖出幸時令狐建

以龍武軍四百人從駕至奉天仍以志貞爲行在都知兵馬使闕李
懷光至恐暴揚其罪乃與盧杞同沮懷光入朝衆議喧沸言致播遷
盧杞志貞之罪也故與杞同貶遇赦量移閬州別駕貞元二年遷果
州刺史宰臣李勉及諫官表疏論列言志貞與盧杞罪均未宜叙用
固執不許凡旬日方下其詔貞元三年遷潤州刺史兼御史大夫浙
西觀察使是年六月卒
裴延齡河東人父旭和州刺史延齡乾元末爲汜水縣尉遇東都陷
賊因寓居鄂州綴緝裴駰所注史記之闕遺自號小裴後華州刺史
董晉辟爲防禦判官黜陟使薦其能調授太常博士盧杞爲相擢爲
膳部員外郎集賢院直學士改祠部郎中崔造作相改易度支之務
令延齡知東都度支院及韓滉領度支召赴京守本官延齡不待詔
命遽入集賢院視事宰相延賞惡其輕率出爲昭應令與京兆尹鄭
叔則論辨是非攻訐叔則之短時李泌爲相厚於叔則中丞竇參侍
恩寵惡泌而佑延齡叔則坐貶爲永州刺史延齡改著作郎竇參尋

作相用爲太府少卿轉司農少卿貞元八年班宏卒以延齡守本官
權領度支自揣不通殖貨之務乃多設鉤距召度支老吏與謀以求
恩顧乃奏云天下每年出入錢物新陳相因常不減六七千萬貫唯
有一庫差舛散失莫可知之請於左藏庫中分置別庫欠負耗賸等
庫及季庫月給納諸色錢物上皆從之且欲多張名目以惑上聽其
實於錢物更無增加唯虛費簿書人吏耳其年遷戶部侍郎判度支
奏請令京兆府以兩稅青苗錢市草百萬團送苑中宰相陸贄趙憬
議以爲若市送百萬團草即一府百姓自冬歷夏般載不了百役供
應須悉停罷又妨奪農務請令府縣量市三二萬團各貯側近處他
時要即支用京西有汙池卑濕處時有蘆葦生焉亦不過數畝延齡
乃奏云廄馬冬月合在槽櫪秣飼夏中即須牧放臣近尋訪是長安
咸陽兩縣界有陂池數百頃請以爲內廄牧馬之地且去京城十數
里與苑中無別上初信之言於宰相對曰恐必無此上乃差官閱
視事皆虛妄延齡既慙且怒又誣奏李充爲百姓妄請積年和市物

價特勑令折塡謂之底折錢嘗因奏對請積年錢帛以實帑藏上曰
若爲可得錢物延齡奏曰開元天寶中天下戶僅千萬百司公務殷
繁官員尚或有闕自兵興已來戶口減耗太半今一官可兼領數司
伏請自今已後內外百司官闕未須補置收其闕官祿俸以實帑藏
後因對事上謂延齡曰朕所居浴堂院殿一栿以年多之故似有損
蠹欲換之未能對曰宗廟事至重殿栿事至輕況陛下自有本分錢
物用之不竭上驚曰本分錢何也對曰此是經義證據愚儒常材不
能知陛下正合問臣唯臣知之準禮經天下賦稅當爲三分一分
充乾豆一分充賓客一分充君之庖廚乾豆者供宗廟也今陛下奉
宗廟雖至敬至嚴至豐至厚亦不能一分財物也只如鴻臚禮賓諸
國蕃客至於迴紇馬價用一分錢物尚有羨餘甚多況陛下御膳宮
廚皆極簡儉所用外分賜百官充俸料飧錢等猶未能盡據此而言
庖廚者之餘其數尚多皆陛下本分也用修數十殿亦不合疑慮何
況一栿上曰經義如此人揔不曾言之頷之而已又因計料造神龍

寺須長五十尺松木延齡奏曰臣近於同州檢得一谷木可數千條
皆長八十尺上曰人言開元天寶中側近求覓長五六十尺木尚未
易須於嵐勝州採市如今何爲近處便有此木延齡奏曰臣聞賢材
珍寶異物皆在處常有但遇聖君即出見今此木生關輔蓋爲聖君
豈開元天寶合得有也時陸贄秉政上素所禮重每於延英極論其
誕妄不可令掌財賦德宗以爲排擯待延齡益厚贄上書疏其失曰
前歲秋首班宏喪亡特詔延齡繼司邦賦數日之內遽銜功能奏稱
勾獲隱欺計錢二十萬貫請貯別庫以爲羨餘供御所須永無匱乏
陛下欣然信納因謂委任得人既賴盈餘之財稍弘心意之欲興作
浸廣宣索漸多延齡務實前言且希睿旨不敢告闕不敢辭難勾獲
既虛言無以應命供辦皆承嚴約苟在及期遂乃搜求市鄽豪奪入
獻追捕夫匠迫脅就功以勑索爲名而不酬其直以和雇爲稱而不
償其傭都城之中列肆爲之晝閉興役之所百工比於幽囚聚詛連
郡遮訴盈路持綱者莫敢致詰巡察者莫敢爲言時有詐而言之斷

諂黨邪醜直天子歛下囂聲沸騰四方觀聽何所取則傷心于上歛怨于人欺天罔君遠近危懼此其罪之大者也揔制邦用度支是司出納貨財太府攸職凡是太府出納皆稟度支文符太府依符以奉行度支憑案以勘覆互相關鍵用絕姦欺其出納之數則每旬申聞見在之數則每月計奏皆經度支勾覆又有御史監臨旬旬相承月月相繼明若指掌端如貫珠財貨多少無容隱漏延齡務行邪諂公肆誣欺遂奏云左藏庫司多有失落近因檢閱使置簿書乃於糞土之中收得十三萬兩其匹段雜貨又百萬有餘皆是文帳脫遺並同已棄之物今所收獲即是羨餘悉合移入雜庫以供別勑支用者其時特宣進旨並依所奏施行太府卿韋少華抗疏上陳殊不引伏確稱每月申奏皆是見在數中請令推尋足驗姦詐兩司既有論執理須詳辨是非陛下縱其妄欺不加按問以在庫之物爲收獲之功以常賦之財爲羨餘之廢罔上無畏示人不慚此又罪之大者也國家府庫出納有常延齡險猾售姦詭譎求媚遂於左藏之內分建六庫之名意在別貯贏餘以奉人主私欲曾不知王者之體天下爲家國不足則取之於人人不足則資之於國在國爲官物在人爲私財何謂贏餘須別收貯是必巧詐以變移官物暴法以刻削私財捨此二途其將安取陛下方務崇信不加檢裁姑務保持曾無詰責延齡謂能蔽惑不復懼思姦威既沮於四方險態復行於內府由是蹂躪官屬傾倒貨財移東就西便爲課績取此適彼遂號羨餘愚弄朝廷有同兒戲夫理天下者以義爲本以利爲末以人爲本以財爲末本盛則其末自舉末大則其本必傾自古及今德義立而利用不豐人庶安而財貨不給因以喪邦失位者未之有也故曰不患寡而患不均不患貧而患不安有德必有人有人必有土有土必有財百姓足君孰與不足蓋謂此也自古及今德義不立而利用克宣人庶不安而財貨可保因以興邦固位者未之有也故曰財散則人聚財聚則人散與其有聚斂之臣寧有盜臣無令侵削兆人爲天子取怨于下也且陛下初膺寶曆志翦羣兇師旅繁興徵求寖廣權算侵剝下無聊生是以

涇原叛徒乘人怨咨白晝犯闕都邑甿庶恬然不驚反與賊衆相從比肩而入宮殿雖蚩蚩之性靡所不爲然亦由德澤未浹而暴令驅之以至於是也于時內府之積尚如丘山竟資兇渠以餌貪卒此則陛下躬覩之矣是乃失人而聚貨夫何利之有焉車駕既幸奉天逆泚旋肆圍逼一壘之內萬乘所屯窘如涸流庶物空匱嘗欲發一健步出覘賊軍其人懇以苦寒爲辭跪奏乞一襦袴陛下爲之求覓不致竟閔默而遣之又嘗宮壼之中服用有闕聖旨方以戎事爲急不忍重煩於人乃剝親王飾帶之金賣以給直是時行從將吏赴難師徒倉黃奔馳咸未冬服漸屬凝沍且無薪蒸饑凍內攻矢石外迫晝則荷戈奮迅夜則映堞呻吟凌風飆冒霜雪踰四旬而衆無攜貳卒能走強賊全危城者陛下豈有嚴刑重賞使之然耶唯以不厚其身不藏其貨與衆庶同其憂患與士伍共其有無乃能使人捐軀命而扞寇讎餒之不離凍之不憾臨危而不易其守見死而不去其君所謂聖人感人心而天下和平此其効也及乎重圍既解諸路稍通賦稅漸臻貢獻繼至乃於行宮外廡之下別置瓊林大盈之司未賞功勞遽私賄玩甚沮惟新之望頗携死義之心於是輿誦興譏而軍士始怨矣財聚人散不其然乎旋屬蠢賊內興翠華南狩奉天所積財貨悉復殲於亂軍既遷岷梁日不暇給獨憑大順遂復皇都是知天子者以得人爲資以蓄義爲富人苟歸附何患蔑資義苟修崇何憂不富豈在貯之內府方爲己有哉故藏於天下者天子之富也藏於境內者諸侯之富也藏於囷倉篋櫝者農夫商賈之富也奈何以天子之貴海內之富而猥行諸侯之棄德守農商之鄙業哉陛下若謂厚取可以恢武功則建中之取既無成矣若謂多積可以爲己有則建中之積又不在矣若謂徇欲不足傷理化則建中之失傷已甚矣若謂斂怨不足致危亡則建中之亂危亦至矣然而遽能靖滔天之禍成中興之功者良以陛下有側身修勵之志有罪己悔懼之辭罷息誅求敦尚節儉渙發大號與人更新故靈祇感陛下之誠臣庶感陛下之意釋憾迴慮化危爲安陛下亦嘗爲宗廟社稷建不拔之永圖爲

子孫黎元立可久之休業懲前事偷欲之失後日新盛德之言豈宜更縱憸邪復行剋暴事之追悔其可再乎臣又竊慮陛下納彼盜言墮其奸計以爲搏噬拏攫怨集有司積聚豐盈利歸君上是又大謬所宜慎思夫人主昏明繫於所任咎繇夔契之道長而虞舜享濬哲之名皇甫聚楀之孽行而周厲嬰顛覆之禍自古何嘗有小人柄用而災患不及邦國者乎譬猶操兵以刃人天下不委罪於兵而委罪於所操之主蓄蠱以殃物天下不歸咎於蠱而歸咎於所蓄之家理有必然不可不察臣伏慮陛下以延齡之進獨出宸衷延齡之言多順聖旨今若以罪實辟則似爲衆所擠故欲保持用彰堅斷若然陛下與人終始之意則美矣其於改過勿吝去邪勿疑之道或未盡善今希旨自默浸以成風獎之使言猶懼不既若又阻抑誰當貢誠或恐未亮斯言請以一事爲證只如延齡兇妄流布寰區上自公卿近臣下逮輿臺賤品喧喧談議億萬爲徒能以上言人其有幾陛下誠令親信博採輿詞參較比來所聞足鑒人間情僞臣以卑鄙位當台衡既極崇高又承渥澤豈不知觀時附會足保舊恩隨衆沉浮免貽厚責謝病黜退獲知幾之名黨奸苟容無見嫉之患何急自苦獨當豺狼上違歡情下餌讒口良以內顧庸昧一無所堪夙蒙眷知唯以誠直綢繆帷扆一紀于茲聖慈既以此見容愚臣亦以此自負從陛下歷播遷之危覩陛下致興復之難至今追思猶爲心悸所以畏覆車而駭慮懼毀室而悲鳴蓋情激於衷雖欲罷而不能自默因事陳請雖已頻煩天聽上高未垂諒察輒申悃款以極愚誠憂深故語煩意懇故詞切以微臣自固之謀則過於陛下慮患之計則忠捐軀奉君所不敢避沽名衒直亦不忍爲願迴睿聰爲國熟慮社稷是賴豈唯微臣書奏德宗不悅待延齡益厚時鹽鐵轉運使張滂京兆尹李充司農卿李銛以事相關皆證延齡矯妄德宗罷陸贄知政事爲太子賓客滂充銛悉罷職左遷十一年春暮上數畋于苑中時久旱人情憂惴延齡遽上疏曰陸贄李充等失權心懷怨望今專大言於衆曰天下炎旱人庶流亡度支多欠闕諸軍糧草以激怒群情後數日

上又幸苑中適會神策軍人訴度支欠廄馬芻草上思延齡言即時迴駕下詔斥逐贄充滂銛等朝廷中外惴恐延齡方謀害在朝正直之士會諫議大夫陽城等伏閤切諫事遂且止贄充等雖已貶黜延齡憾之未已乃掩捕李充腹心吏張忠捶掠楚痛令爲之詞云前後隱沒官錢五十餘萬貫米麥稱是其錢物多結託權勢充妻常於犢車中將金寶繒帛遺陸贄妻忠不勝楚毒並依延齡教抑之辭且於款占忠妻母於光順門投匭訴冤詔御史臺推問一宿得其實狀事皆虛乃釋忠延齡又奏京兆府妄破用錢穀請令比部勾覆以比部郎中崔元翰嘗爲陸贄所黜故也及崔元勾覆錢穀又無交涉延齡既銳意以苛刻剝下附上爲功每奏對際皆恣騁詭怪虛妄他人莫敢言者延齡言之不疑亦人之所未嘗聞德宗頗知其誕妄但以其敢言無隱且欲訪聞外事故斷意用之延齡恃之謂必得宰相尤好慢罵毀詆朝臣班行爲之側目及臥病載度支官物置於私家亦無敢言者貞元十二年卒時年六十九延齡死中外相賀唯德宗悼惜不已冊贈太子少保

韋渠牟京兆萬年人六代祖範西魏陽太守後周封鄖城公渠牟少慧悟涉覽經史初爲道士復爲僧興元中韓滉鎮浙西奏授試秘書郎累轉四門博士貞元十二年四月德宗誕日御麟德殿召給事中徐岱兵部郎中趙需禮部郎中許孟容與渠牟及道士萬參成沙門譚延等十二人講論儒道釋三教渠牟枝詞游說捷口水注上謂其講耨有素聽之意動數日轉秘書郎奏詩七十韻旬日遷右補闕內供奉僚列初不有之在延英既對宰相多使中貴人召渠牟於官次同輩始注目矣歲終遷右諫議大夫時延英對秉政賦之臣晝漏率下二三刻爲常渠牟奏事率漏下五六刻上笑語款狎往往外聞渠牟形神佻躁無士君子器志向不根道德衆雅知不能以正道開悟上意陸贄免相後上躬親庶政不復委成宰相廟堂備員行文書而已除守宰御史皆帝自選擇然居深宮所狎而取信者裴延齡李齊運王紹李實韋執誼洎渠牟皆權傾相府延齡李實奸欺多端其傷

國體紹無所發明而渠牟名素輕頗張恩勢以招趨嚮者門庭塡委有山處士崔芊徵至闕下鄭隨自山人再至補闕馮伉自醴泉令爲給事中皇太子侍讀皆渠牟延薦之上既偏有所聽浮薄率皆本衒進不復藏器蘊德皆奔馳請謁刓跡卑辭以附渠牟居無何遷太府卿賜金紫又轉太常卿貞元十七年卒時年五十三贈刑部尚書仍諡曰忠

李齊運者蔣王惲之孫也解褐寧王府東閤祭酒七遷至監察御史江淮都統李峘辟爲幕府累轉工部郎中爲長安縣令職事修理歷京兆少尹陝府長史建中末改河中尹晉絳慈隰觀察使時李懷光自山東卷甲奔難晝夜倍道比至河中力疲休兵三日齊運傾力犒設軍人皆悅懷光既反驅兵還保河中齊運不能敵棄城而走除爲京兆尹兼御史大夫時賊據京城李晟軍東渭橋齊運攘擾之中徵募工役版築城壘飛芻輓粟以應晟收復之際頗有力焉貞元中蝗旱方熾齊運無政術乃以韓洄代之改宗正卿兼御史大夫閑廐宮苑使改檢校禮部尚書兼殿中監尋正拜禮部尚書兼殿中監使如故其後十餘歲宰臣內殿對後齊運常次進貢其計慮以決羣議齊運無學術不知大體但其言取信而已薦李錡爲浙西觀察使受賂數十萬計舉李詞爲湖州刺史既而邑人告其贓犯上以齊運故不問而遣之齊運被疾歲餘不能朝請朝廷除授往往降中人就宅咨決末以妾衛氏爲正室身爲禮部尚書冕服以行其禮人士嗤誚貞元十二年卒時年七十二贈尚書左僕射

李實者道王元慶玄孫以蔭入仕六轉至潭州司馬洪州節度使嗣曹王皐辟爲判官遷蘄州刺史皐爲山南東道節度使復用爲節度判官檢校太子賓客員外郎皐卒新帥未至實知留後刻薄軍士衣食軍士怨叛謀殺之實夜縋城而出歸詣京師用爲司農少卿加檢校工部尚書司農卿貞元十九年爲京兆尹卿及兼官如故尋封嗣道王自爲尹京恃寵強愎不顧文法人皆側目二十年春夏旱關中大歉實爲政猛暴方務聚歛進奉以固恩顧百姓所訴一不介意因

入對德宗問人疾苦實奏曰今年雖旱穀田甚好由是租稅皆不免人窮無告乃徹屋瓦木賣麥苗以供賦歛優人成輔端因戲作語爲秦民艱苦之狀云秦地城池二百年何期如此賤田園一頃麥苗碩伍米三間堂屋二千錢凡如此語有數十篇實聞之怒言輔端誹謗國政德宗遽令決殺當時言者曰瞽誦箴諫取其詼諧以託諷諫優伶舊事也設謗木採芻蕘本欲達下情存諷議輔端不可加罪德宗亦深悔京師無不切齒以怒實故事府官避臺官實常遇侍御史王播于道實不肯避導從如常播詰其從者實怒奏播爲三原令謝之日庭詬之陵轢公卿百執事隨其喜怒誣奏遷逐者相繼朝士畏而惡之又誣奏萬年令李衆貶虔州司馬奏虞部員外郎房啓代衆昇黜如其意怙勢之色警然在眉睫間故事吏部將奏科目奧密朝官不通書問而實身詣選曹迫趙宗儒且以勢恐之前歲權德輿爲禮部侍郎實託私薦士不能如意後遂大錄二十人迫德輿曰可依此第之不爾必出外官悔無及也德輿雖不從然頗懼其誣奏二十一年有詔蠲畿內逋租實違詔徵之百姓大困官吏多遭笞罰剝割掊歛聚錢三十萬貫胥吏無犯者即按之有乞丐絲髮固死無者且曰死亦不屈亦杖殺之京師貴賤同苦其暴虐順宗在諒闇逾月實斃人於府者十數遂議逐之乃貶通州長史制出市人皆袖瓦石投其首實知之由月營門自苑西出人人相賀後遇赦量移虢州在道卒

韋執誼者京兆人父浼官卑執誼幼聰俊有才進士擢第應制策高等拜右拾遺召入翰林爲學士年纔二十餘德宗尤寵異相與唱和歌詩與裴延齡韋渠牟等出入禁中略備顧問德宗載誕日皇太子獻佛像德宗命執誼爲畫像贊上令太子賜執誼縑帛以酬之執誼至東宮謝太子卒然無以藉言太子因曰學士知王叔文乎彼偉才也執誼因是與叔文交甚密俄丁母憂服闋起爲南宮郎德宗時召入禁中初貞元十九年補闕張正一因上書言事得召見王仲舒韋成季劉伯芻裴茝常仲孺呂洞等以嘗同官相善以正一得召見偕往賀之或告執誼曰正一等上疏論君與王叔文朋黨事執誼信然

之國不對奏曰韋成季等朋聚覬望德宗令金吾伺之得其相過從
飲食數度於是盡逐成季等六七人當時莫測其由及順宗即位久
疾不能朝政王叔文用事乃用執誼爲宰相乃自朝議郎吏部郎中
騎都尉賜緋魚袋授尚書左丞同平章事仍賜金紫叔文欲專國政
故令執誼爲宰相於外已自專於內執誼既爲叔文引用不敢負情
然迫於公議時時立異密令人謝叔文曰不敢負約爲異欲共成國
家之事故也叔文詬怒遂成仇怨執誼既因之得位亦欲矛盾掩其
迹及憲宗受內禪王伾王叔文徒黨並逐尚以執誼是宰相杜黃裳
之壻故數月後貶崖州司戶初執誼自卑官常忌諱不欲人言嶺南
州縣名爲郎官時嘗與同舍詣職方觀圖每至嶺南州執誼遽命去
之閉目不視及拜相還所坐堂見北壁有圖不就省七八日試觀之
乃崖州圖也以爲不祥甚惡之不敢出口及坐叔文之貶果往崖州
卒於貶所

○王叔文者越州山陰人也以碁待詔粗知書好言理道德宗令直東

宮太子嘗與侍讀論政道因言宮市之弊太子曰寡人見上當極言
之諸生稱贊其美叔文獨無言罷坐太子謂叔文曰向論宮市君獨
無言何也叔文曰皇太子之事上也視膳問安之外不合輒預外事
陛下在位歲久如小人離間謂殿下收取人情則安能自解太子謝
之曰苟無先生安得聞此言由是重之宮中之事倚之裁決每對太
子言則曰某可爲相某可爲將幸異日用之密結當代知名之士而
欲僥倖速進者與韋執誼陸質呂溫李景儉韓曄韓泰陳諫柳宗元
劉禹錫等十數人定爲死交而凌準程异又因其黨以進藩鎮侯伯
亦有陰行賂遺請交者德宗崩已宣遺詔時上寢疾久不復關庶政
深居施簾帷閹官李忠言美人牛昭容侍左右百官上議自帷中可
其奏王伾常諭上屬意叔文宮中諸黃門稍稍知之其日召自右銀
臺門居于翰林爲學士叔文與吏部郎中韋執誼相善請用爲宰相
叔文因王伾伾因李忠言忠言因牛昭容轉相結構事下翰林叔文
定可否宣于中書俾執誼承奏於外以韓泰柳宗元劉禹錫陳諫凌

準韓曄唱和曰管曰葛曰伊曰周凡其黨僩然自得謂天下無人叔
文賦時每言錢穀爲國大本將可以盈縮兵賦可操柄市士叔文初
入翰林自蘇州司功爲起居郎俄兼充度支鹽鐵副使以杜佑領使
其實成於叔文數月轉尚書戶部侍郎領使學士如故內官俱文珍
惡其弄權乃削去學士之職制出叔文大駭謂人曰叔文須時至此
商量公事若不帶此職無由入內王伾爲之論請乃許三五日一入
翰林竟削內職叔文始入內廷陰構密命機形不見因騰口善惡進
退之人未窺其本信爲奇才及司兩使利柄齒于外朝愚智同曰城
狐山鬼必夜號竄居以禍福人亦神而畏之一旦晝出路馳無能必
矣叔文在省署不復舉其職事引其黨與竊語謀奪內官兵柄乃以
故將范希朝統京西北諸鎮行營兵馬使韓泰副之初中人尚未悟
會邊上諸將各以狀辭中尉且言方屬希朝中人始悟兵柄爲叔文
所奪中尉乃止諸鎮無以兵馬入希朝韓泰已至奉天諸將不至乃
還無幾叔文母死前一日叔文置酒饌於翰林院宴諸學士及內官

○李忠言俱文珍劉光奇等中飲叔文白諸人曰叔文母疾病比來盡
心戮力爲國家事不避好惡難易者欲以報聖人之重知也若一去
此職百謗斯至誰肯助叔文一言者望諸君開懷見察又曰羊士諤
非毀叔文欲杖殺之而韋執誼懦而不遂叔文生平不識劉闢乃以
韋皋意求領三川闢排門相干欲執叔文手豈非凶人耶叔文已令
掃木場將斬之韋執誼苦執不可每念失此兩賊令人不快又自陳
判度支已來興利除害以爲己功俱文珍隨語折之叔文無以對叔
文未欲立皇太子順宗既久疾未平羣臣中外請立太子既而詔下
立廣陵王爲太子天下皆悅叔文獨有憂色而不敢言其事但吟杜
甫題諸葛亮祠堂詩末句云出師未捷身先死長使英雄淚滿襟因
歔欷泣下人皆竊咲之皇太子監國貶爲渝州司戶明年誅之王伾
杭州人始爲翰林侍書待詔累遷至正議大夫殿中丞皇太子侍書順
宗即位遷左散騎常侍依前翰林待詔伾闒茸不如叔文唯招賄賂
無大志皃寢陋吳語素爲太子之所褻狎而叔文頗任氣自許粗知

書好言事順宗稍敬之不得如伾出入無間叔文入止翰林而伾入至柿林院見李忠言牛昭容等然各有所主伾主往來傳受王叔文主決斷韋執誼爲文誥劉禹錫陳諫韓曅韓泰柳宗元房啓凌準等謀議唱和採聽外事而伾與叔文及諸朋黨之門車馬塡湊而伾門尤盛珍玩賂遺歲時不絕室中爲無門大櫃唯開一竅足以受物以藏金寶其妻或寢臥於上與叔文同貶開州司馬王叔文最所重者李景儉呂溫叔文用事時景儉居喪於東都呂溫使吐蕃留半歲叔文敗方歸陸質爲皇太子侍讀尋卒伾叔文既逐詔貶其黨韓曅饒州司馬韓泰虔州司馬陳諫台州司馬柳宗元永州司馬劉禹錫朗州司馬凌準連州司馬程异郴州司馬韋執誼崖州司馬韓曅宰相滉之族子有俊才依附韋執誼累遷尚書司封郎中叔文敗貶池州刺史尋改饒州司馬量移汀州刺史又轉永州卒陳諫至叔文敗已出爲河中少尹自台州司馬量移封州刺史轉通州卒凌準貞元二十年自浙東觀察判官侍御史召入王叔文與準有舊引用爲翰林

學士轉員外郎坐叔文貶連州準有史學尚古文撰邠志二卷韓泰貞元中累遷至戶部郎中王叔文用爲范希朝神策行營節度行軍司馬泰最有籌畫能決陰事深爲伾叔文之所重坐貶自虔州司馬量移漳州刺史遷郴州柳宗元劉禹錫自有傳

程异京兆長安人嘗侍父疾鄉里以孝悌稱明經及第釋褐揚州海陵主簿登開元禮科授華州鄭縣尉精於吏職剖判無滯杜[illegible]刺同州帥河中皆從爲賓佐貞元末擢授監察御史遷虞部員外郎充鹽鐵轉運揚子院留後時王叔文用事由逕放利者皆附之异亦被引用叔文敗坐貶岳州刺史改柳州司馬元和初鹽鐵使李巽薦异曉達錢穀請棄瑕錄用擢爲侍御史復爲揚子留後累檢校兵部郎中淮南等伍道兩稅使异自悔前非厲己竭節江淮錢穀之弊多所鏟革入爲太府少卿太卿轉衞尉卿兼御史中丞充鹽鐵轉運副使時淮西用兵國用不足异使江表以調征賦且諷有土者以饒羨入貢至則不剝下不浚財經費以贏人頗便之由是專領鹽鐵轉運使兼御史大夫三年九月轉工部侍郎同中書門下平章事領使如故議者以异起錢穀吏一旦位冠百寮人情大爲不可异自知叨據以謙遜自牧月餘日不敢知印秉筆异知西北邊軍政不理建議置巡邊使上問誰可使者异請自行議未決無疾而卒元和十四年四月也贈左僕射謚曰恭异性廉約歿官第家無餘財人士多之

皇甫鎛安定朝那人祖鄰幾汝州刺史父愉常州刺史鎛貞元初登進士第登賢良文學制科授監察御史丁毋憂免喪坐居喪時薄游除詹事府司直轉吏部員外郎判南曹凡三年頗鈐制奸吏改吏部郎中三遷司農卿兼御史中丞賜金紫判度支俄拜戶部侍郎時方討淮西切於饋運鎛勾剝嚴急儲供辦集益承寵遇加兼御史大夫十三年與鹽鐵使程异同日以本官同平章事領使如故鎛雖有吏才素無公望特以聚斂媚上刻削希恩詔書既下物情駭異至於賈販無識亦相嗤誚宰相崔群裴度以物議上聞憲宗怒而不聽度上疏乞罷知政事因論之曰臣亦昨於延英陳乞伏奉聖旨未遂愚衷

竊以上古明王聖帝致理興化雖由元首亦在股肱所以述堯舜之道則言稷契臯夔紀太宗玄宗之德則言房杜姚宋自古至今未有不任輔弼而能獨理天下者況今天下異於十年已前方驅駕文武廓清寇亂建昇平之業十已得八九然華夏安否繫於朝廷朝廷輕重在於宰相如臣駑鈍夙夜戰兢常以爲上有聖君下無賢臣不能增日月之明廣天地之德遂使每事皆勞聖心所以平賊安人貴力如此實由臣輩不稱所職方期陛下博採物議旁求人望致之輔弼責之化成而乃忽取微人列於重地始則殿庭班列相與驚駭次則街衢市肆相與嗤呼伏計遠近流聞與京師無異何者天子如堂宰臣如陛陛高則堂高陛卑則堂不得高矣宰臣失人則天子不得尊矣伏以陛下敏哲文明唯天所授凡所閱視洞達無遺所以比來選任宰相縱道不周物才不濟時公望所歸皆有可取況皇甫鎛自掌財賦唯事割剝以苛爲察以刻爲明自京北京西城鎮及百司并遠近州府應是仰給度支之處無不苦口切齒願食其肉猶賴臣等每加

勸誡或爲奏論厎事之中抑令過濟比者淮西諸軍糧料所破五成
錢其實只與一成兩成士卒怨怒皆欲離叛臣到行營方且慰喻直
其遷延不進供軍漸難俱能前行必有優賞以此約定然後切勒供
軍官且支九月一日兩成已上錢俱容努力方將小安不然必有潰
散今舊兵悉向淄青討伐忽聞此人入相則必相與驚憂以爲更有
前時之事則無告訴之憂雖侵刻不少然漏落亦多所以罷兵之後
經費錢數一千三十萬貫此事猶可直以性惟狡詐言不誠實朝三
暮四天下共知惟能上惑聖聰足見奸邪之極程异雖人品凡俗然
心事和平處之煩劇或亦得力但昇之相位便在公卿之上實亦非
宜如皇甫鎛天下之人怨入骨髓陛下今日收爲股肱列在台鼎切
恐不可伏惟圖之儻陛下納臣懇款速賜移易以副天下之望則天
下幸甚伏聞李修疾病亦求入來如浙西觀察使且與亦得臣知一
言出口必犯天威但使言行甘心獲戾今者臣若不退天下之人謂
臣有負恩寵今退既未許言又不聽如火燒心若箭攢體臣自無惜

○
惜陛下今日事勢何者淮西盪定河北底寧承宗斂手削地程權束
身赴闕韓弘輿疾討賊此豈京師氣力能制其命秖是朝廷處置能
服其心今繼既開中興再造區夏陛下何忍却自破除使億萬之衆
離心四方諸侯解體凡百君子皆欲慟哭況陛下任臣之意豈比常
人臣事陛下之心敢同衆士所以昧死重封以聞如不足觀臣當引
領受責陛下引一市肆商徒與臣同列在臣亦有何損陛下實有所
傷不勝憤懣惶恐之至時憲宗以世道漸平欲肆意娛樂池臺館宇
稍增崇飾而异鎛探知上旨數貢羨餘以備經構故帝獨排物議相
之見裴度疏以爲朋黨竟不省覽鎛知公議不可益以巧媚自固奏
減內外官俸錢以贍國用勑下給事中崔植封還詔書其事方罷時
內出積年庫物付度支估價例皆陳朽鎛盡以善價買之以給邊軍
羅縠繒綵觸風斷裂隨手散壞軍士怨怒皆聚而焚之裴度奏事因
言邊軍焚賜之意鎛因引其足奏曰此靴乃內庫出者臣以俸錢二
千買之堅韌可以久服所言不可用皆詐也帝以爲然由是鎛益無

忌憚裴度有用兵伐叛之功鎛心嫉之與宰相李逢吉令狐楚合勢
擠度出鎮太原崔羣有公望爲搢紳所重屢言時政之弊鎛惡之因
議憲宗尊號乃奏曰昨羣臣議上徽號崔羣於陛下惜孝德兩字憲
宗怒黜羣爲湖南觀察使又與金吾將軍李道古叶爲奸謀薦引方
士柳泌僧大通言可致長生中尉吐突承璀恩寵莫二鎛厚賂結其
歡心故及相位穆宗在東宮備聞鎛之奸邪及居諒闇聽政之日詔
皇甫鎛器本凡近性惟險狹行靡所顧文無可觀雖早踐朝倫而素
乖公望自掌邦計屬當軍興以剝下爲徇公既鼓衆怒以矯迹爲孤
立用塞人言洎塵台司益蠹時政不知經國之大體不慮安邊之遠
圖三軍多凍餒之憂百姓深凋瘵之弊事皆罔蔽言悉虛誣遠近咸
知朝野同怨而又恣求方士上惑先朝潛通奸人罪在難捨合加竄
殛以正刑章俾黜遐荒尚存寬典又詔曰山人柳泌輒懷左道上惑
先朝固求牧人貴欲疑衆自知虛誕仍便奔逃僧大通醫方不精藥
術皆妄既延禍釁俱是奸邪邦國固有常刑人神所宜共棄宜付京

○
兆府決重杖一頓處死柳泌本曰楊仁力少習醫術言多誕妄李道
古奸回巧宦與泌密謀求進言之於皇甫鎛因徵入禁中自云能致
靈藥言天台山多靈草羣仙所會臣常知之而力不能致願爲天台
長史因以求之起徒步爲台州刺史仍賜金紫諫官論奏曰列聖亦
有好方士者亦與官號未嘗令賦政臨民憲宗曰煩一郡之力而致
神仙長年臣子於君父何愛焉由是莫敢有言者裴潾以極言被黜
泌到天台驅役吏民於山谷間聲言採藥鞭笞躁急歲餘一無所得
懼詐發獲罪舉家入山谷浙東觀察使追捕送於京師鎛與李道古
懇保證之必能可致靈藥乃待詔翰林院憲宗服泌藥日益煩躁喜
怒不常內官懼非罪見戮遂爲弑逆大通自云壽一百五十載久得
藥力又有田佐元者鳳翔虢人自言有奇術能變瓦礫爲金白衣授
虢縣令初柳泌繫京兆府獄吏叱之曰何苦作此虛矯泌曰吾本無
此心是李道古教我且云壽四百歲府吏防虞周密恐其隱化及解
衣就誅一無變異但灸灼之瘢痕浹身而已鎛卒於貶所鎛弟鏞端

士也亦進士擢第累歷宣歙鳳翔使府從事入爲殿中侍御史轉比部員外郎河南縣令都官郎中河南少尹時鑄爲宰相領度支恩寵殊異鏞惡其太盛每弟兄讌語即極言之鑄頗不悅乃求爲分司除右庶子及鑄獲罪朝廷素知鏞有先見之明不之罪徵爲國子祭酒改太子賓客秘書監開成初除太子少保分司卒年四十九鏞能文尤工詩什樂道自怡不屑世務當時名士皆與之交有集十八卷著性言十四篇

史臣曰奸邪害正自古有之如矯誣無忌妬賢傷善未有如延齡皇甫之甚也臣每讀陸丞相論延齡疏未嘗不泣下霑衿其守正効忠爲宗社大計非端士益友安能感激犯難如此異哉德宗之爲人主也忠良不用讒慝是崇乃至身播國屯幾將覆滅尚獨保延齡之是不悟盧杞之非悲夫執誼叔文乘時多僻而欲斡運六合斟酌萬機劉柳諸生逐臭市利何狂妄之甚也韋武雄材審斷剸削厲階洎逐群度而相异鑄蓋季年之妖惑也夫何言哉

贊曰貞元之風好佞惡忠齡鑄害善爲國蠹蟲裴陸獻替嫉惡如風天聽匪諶吾道斯窮

唐書列傳卷第八十五

唐書列傳卷第八十六

劉　昫　等修

聞人　詮校刻沈桐同校

竇參 從子申附　齊映

劉滋 族弟贊附　盧邁

崔損　齊抗

竇參字時中工部尚書誕之玄孫父審言聞喜尉以參貴贈吏部尚書參習法令通政術性矜嚴強直而果斷少以門蔭累官至萬年尉時同僚有直官曹者將夕聞親疾請參代之會獄囚亡走京兆尹按直簿將奏參遽請曰彼以不及狀謁參實代之宜當罪坐貶江夏尉人多義之累遷奉先尉縣人曹芬名隸北軍芬素兇暴因醉毆其女弟族人救之不得遂投井死參捕理芬兄弟當死衆官皆請俟免喪參曰子因父生父由子死若以喪延罪是殺父不坐也皆正其罪而杖殺之一縣畏伏轉大理司直按獄江淮次揚州節度使陳少游驕蹇不郊迎令軍吏傳問參正辭讓之少游悔懼促詣參參不俟濟江還奏合旨時婺州刺史鄧珽坐贓八千貫珽與執政有舊以會赦欲免贓詔百寮於尚書省雜議多希執政意參獨堅執正之於法竟徵贓明年除監察御史奉使按湖南判官馬彝獄時彝舉屬令贓罪至千貫爲得罪者之子因權幸誣奏彝參竟白彝無罪彝實能吏後累佐曹王臯以正直強幹徇參轉殿中侍御史攺金部員外郎刑部郎中侍御史知雜事無幾遷御史中丞不避權貴理獄以嚴稱數蒙召見論天下事又與執政多異同上深器之或參決大政時宰頗忌之多所排抑亦無以傷參然多率情壞法初定百官俸料以嘗爲司直嘗其官故給俸多於本寺丞又定百官班秩初令太常少卿在左右庶子之上又惡詹事李昇遂移詹事班退居諸府尹之下甚爲有識所嗤尋兼戶部侍郎時京師人家豕生兩首四足有司欲奏參曰此爲豕禍安可上聞命棄之是時郊牛生犢有六足者太僕卿周皓白宰相請奏李泌亦戲答以遣之故淮南節度使陳少游子正儀請襲

封參大署尚書省門曰陳少游位兼將相之崇節變艱危之際君上含垢未能發明愚子何心輒求傳襲正儀懼不敢求封而去時神策將軍孟華有戰功爲大將軍所誣奏稱華謀叛有右龍武將軍李建玉前陷吐蕃久之自拔爲部曲誣告潛通吐蕃皆當死無以自白參悉理出之由是人皆屬望明年拜中書侍郎同平章事領度支鹽鐵轉運使每宰相閻日於延英召對諸相皆出參必居後久之以度支爲辭實專大政參無學術但多引用親黨使居要職以爲耳目四方藩帥皆畏懼之李納既憚參餽遺畢至外示敬參實陰間之上所親信多非毀參竇申又與吳通玄通犯事覺參任情好惡恃權貪利不知紀極終以此敗貶參郴州別駕貞元八年四月也參至郴州汴州節度使劉士寧遺參絹五千匹湖南觀察使李巽與參有隙遂具以聞又中使逢士寧使於路亦奏其事德宗大怒欲殺參宰相陸贄曰竇參與臣無分因事報怨人之常情然臣參宰衡合存公體以參罪犯置之於死恐用刑太過於是且止尋又遣中使謂贄等曰卿等所奏於大體雖好然此人交結中外其意難測朕尋情狀其事灼然又竇參在彼與諸戎帥交通社稷事重卿等速進文書處分贄奏曰臣面承德音奉審旨以社稷爲憂知根尋已審敢不上同憂憤內絕狐疑豈願遲迴更貽念慮但以參常經重任斯謂大臣進退之間猶宜有禮誅戮之際不可無名劉晏久掌貨財當時亦招怨謗及加罪責事不分明叛者既得以爲辭衆人亦爲之懷愍用刑暧昧損累不輕事例未遥所宜重慎竇參頃司鈞軸頗怙恩私貪受貨財引縱親黨此則朝廷同議天下共傳至於潛懷異圖將起大惡跡既未露人皆莫知臣等親奉天顏議加刑辟但聞兇險之意尚昧結構之由況在衆流何由備悉忽行峻罰必謂冤誣群情震驚事亦非細若不付外推鞫則恐難定罪名乞留睿聰更少詳度竇參於臣素亦無分陛下固以明知有何顧懷輒欲營救良以事關國體義絕私嫌所異典刑不濫於清時君道免虧於聖德乃再貶爲驩州司馬男景伯配泉州女尼眞如隸郴州其財物婢妾傳送京師參時爲左右中官深怒謗沮

不已未至驩州賜死於邕州武經鎮時年六十
竇申者參之族子累遷至京兆少尹轉給事中參特愛之每議除授多訪於申申或泄之以招權受賂申所至人目之爲喜鵲德宗頗聞其事數誡參曰卿他日必爲申所累不如出之以掩物議參曰臣無彊子姪申雖疏屬臣素親之不忍遠出請保無他犯帝曰卿雖自保如衆人何參固如前對申亦不悛兵部侍郎陸贄與參有隙吳通微弟兄與贄同在翰林俱承德宗顧遇亦爭寵不協金吾大將軍嗣虢王則之與申及通微通玄善遂相與傾贄考貢舉言贄考貢不實吳通玄取宗室女爲外婦德宗知其毀贄且令察視具得其奸狀乃貶則之爲昭州司馬吳通玄爲泉州司馬竇申爲道州司馬不旬日貶參郴州別駕即日以陸贄爲宰相明年竇參再貶驩州德宗謂陸贄曰竇申竇榮李則之首末同惡無所不至又並細微不比竇參便宜商量處置所有親密並發遣於遠惡處贄奏曰竇參罪犯誠合誅夷聖德含弘務全事體特寬嚴憲俯貸餘生始終之恩實足感於庶品仁煦之惠不獨幸於斯人所議貶官謹具別狀其竇申竇榮李則之等既皆同惡固亦難容然以得罪相因法有首從首當居重從合從輕參既蒙恩矜全申等亦宜減降又於黨與之內亦有淑慝之殊稍示區分足彰沮勸竇榮與參雖非近屬亦甚相親然於款密之中都無邪僻之事仍聞激憤屢有直言因此漸構猜嫌晩年頗見疏忌若論今者陰事則尚未究端由如據比來所行應不至兇險恐須差異以表詳明臣等商量竇榮更貶遠官竇申則之並除名配流庶允從輕之典以洽好生之恩夫趨勢附權時俗常態苟無高節出衆何能特立不群竇參久歷鈞衡特承寵渥君之所任孰敢不從或游於門庭或序以中表或偏被接引或驟與薦延如此之徒十常七八若聽流議皆謂黨私自非甚與交親安可悉從貶累況竇參罷黜殆欲周星應是私黨近親當時並已連坐人心久定不可復搖臣等商量除與竇參陰謀邪事外一切不問詔從之由是申等得配流嶺南既賜參死乃杖殺申諸竇皆貶榮得免死

齊映瀛州高陽人父圯試太常少卿兼檢校工部郎中映登進士第應博學宏辭授河南府參軍滑亳節度使令狐彰辟爲掌書記累授監察御史彰疾甚映草遺表因與謀後事映說彰令上表請代令子建歸京師彰皆從之因妻以女彰卒後兵亂映脫身歸東都河陽三城使馬燧辟爲判官奏殿中侍御史建中初盧杞爲宰相薦之遷刑部員外郎會張鎰出鎮鳳翔奏爲判官映口辯頗更軍事數以論奏合旨尋轉行軍司馬兼御史中丞德宗在奉天鳳翔逼於賊泚鎰懦緩不曉兵家事部將有李楚琳者慓悍兇暴軍中畏之乘間將謀亂先數日映與同列齊抗覺其謀乃言於鎰請早圖之鎰不從映言乃示其寬大召楚琳語之曰欲令公使於外楚琳恐是夜作亂乃殺鎰以應泚軍中多爲映指道故得免因赴奉天行在除御史中丞興元初從幸梁州每過險映常執轡會御馬遽駭奔跳頗甚帝懼傷映令捨轡映堅執久之乃止帝問其故曰馬奔蹶不過傷臣如捨之或犯清塵雖臣萬死何以塞責上嘉獎無已在梁州拜給事中映白皙長大言音高朗上自山南還京常令映侍左右或令前馬至城邑州鎮俾映宣詔令帝益親信之其年冬轉中書舍人貞元二年以本官與左散騎常侍劉滋給事中崔造同拜平章事滋以端默雅重寡言映讜和美言恱下無所是非政事多決於造無幾造疾病映當國政乘間亦敢言事時吐蕃數入寇人情搖動且言帝欲行幸避狄映奏曰戎狄亂華臣之罪也今人情恟懼謂陛下理裝具糗糧臣聞大福不再奈何不與臣等熟計之因俯伏流涕上亦爲之感動時給事中袁高忤旨映連請爲左丞御史大夫映於東都舉進士及宏詞時張延賞爲河南尹東都留守厚映及映爲相延賞罷相爲左僕射數畫時事令映行之及爲所親求官映多不應延賞怒言映非宰相器三年正月貶映夔州刺史又轉衡州七年授御史中丞桂管觀察使又改洪州刺史江西觀察使映常以頃爲相輔無大過而罷冀其復入用乃倍斂貢奉及大爲金銀器以希旨先是銀餅高者五尺餘李兼爲江西觀察使乃進六尺者至是因帝誕日端午映爲餅高八尺者以獻

貞元十一年七月卒時年四十八贈禮部尚書

劉滋字公茂左散騎常侍子玄之孫父貺開元初爲左拾遺父子仍代爲史官貺依劉向說苑撰續說苑一十卷以獻玄宗嘉之滋少以門廕調授太子正字歷湩水令吏部侍郎楊綰薦滋堪爲諫官拜左補闕（改太常博後爲左補闕 歷官侍御遷東都河南）尹李廙署奏功曹參軍無幾丁母喪服除遷屯田員外郎轉司勳員外郎判南曹勤於吏職孜孜奉法遷司勳郎中累拜給事中從幸奉天轉太常少卿掌禮儀興元元年改吏部侍郎往洪州知選事時京師寇盜之後天下蝗旱穀價翔貴選人不能赴調乃命滋江南典選以便江嶺之人時稱舉職貞元三年遷左散騎常侍同中書門下平章事在相位無所啓奏但多謙退廉謹畏慎而已三年正月守本官罷知政事四年復爲吏部侍郎六年遷吏部尚書竇參以宰相爲吏部尚書換刑部尚書無何御史臺劾奏滋前在吏部選人渝濫詔奪金紫階滋有經學善持論性廉潔刻苦嫉惡掌選多所發擿更代詐偽者尤畏之十年十月卒時年六十六

贈陝州大都督貺從兄贊大曆中左散騎常侍彙之子少以資蔭補吏累授鄠縣丞宰相杜鴻漸自劍南還朝途出於鄠贊儲供精辦鴻漸判官楊炎以贊名儒之子薦之累授侍御史浙江觀察判官楊炎作相擢爲歙州刺史以勤幹聞有老婦人捃拾橡栗間猛獸將噬之幼女號呼搏獸而救之母子俱免宣歙觀察使韓滉表其異行加金紫之服再遷常州刺史韓滉入相分舊所統爲三道以贊爲宣州刺史兼御史中丞宣歙池都團練觀察使贊在宣州十餘年贊祖子玄開元朝一代名儒父彙博涉經史唯贊不知書但以強猛立威官吏畏之重足一迹宣爲天下沃饒贊久爲廉察厚斂殖貨務貢奉以希恩子弟皆虧庭訓雖童年稚齒便能侮易驕人人士鄙之貞元十二年卒時年七十贈吏部尚書

盧邁字子玄范陽人少以孝友謹厚稱深爲叔舅崔祐甫所親重兩經及第歷太子正字藍田尉以書判拔萃授河南主簿充集賢校理朝臣薦其文行遷右補闕侍御史刑部吏部員外郎邁以叔父兄弟姊妹悉在江介屬蝗蟲歲飢懇求江南上佐由是授滁州刺史入爲司門郎中遷右諫議大夫累上表言時政得失轉給事中屬校定考課邁固讓以授官日近未有政績不敢當上考時人重之遷尚書右丞將作監元亘當攝太尉享昭德皇后廟以私忌日不受誓誡爲御史劾奏詔尚書省與禮官法官集議邁奏狀曰臣按禮記大夫士將祭於公既視濯而父母死猶奉祭又按唐禮散齋有大功之喪致齋有周親喪齋中疾病即還家不奉祭事皆無忌日不受誓誡之文雖假寧令忌日給假一日春秋之義不以家事辭王事今直以假寧常式而違攝祭新命酌其輕重誓誡則祀事之嚴校其禮式忌日乃尋常之制詳求典據事緣薦獻不宜以忌日爲辭由是亘坐罰俸邁九年以本官同中書門下平章事歲餘遷中書侍郎時大政決在陸贄趙憬邁謹身中立守文奉法而已而友愛恭儉邁從父弟迢爲劍南西川判官卒於成都歸葬於洛陽路由京師邁奏請至城東哭於其柩許之近代宰臣多自以爲崇重三服之親或不過從而弔臨而邁獨

振薄俗請臨弟喪士君子是之十二年九月邁於政事堂中風肩輿而歸上表請罷官不許詔宰臣就第問疾自是凡五上表堅乞骸骨詔曰御操履貞方器識淹茂自居台輔益見忠清方藉謀猷遽嬰疾疹歲月滋久章表屢聞陳請再三撝謙難奪且備養賢之禮宜遂優閑之秩告免之誠雖爲懇至俯從來奏良用憮然乃除太子賓客貞元十四年卒時年六十贈太子太傅賻以布帛邁再娶無子以從父弟子紀爲嗣

崔損字至無博陵人高祖行功已後名位卑替損大曆末進士擢第登博學宏詞科授秘書省校書郎再授咸陽尉外舅王翃爲京兆尹改大理評事累遷兵部郎中貞元十一年遷右諫議大夫會門下侍郎平章事趙憬卒中書侍郎平章事盧邁風病請告戶部尚書裴延齡素與損善乃薦之于德宗十二年以本官同中書門下平章事與給事中趙宗儒同日知政事並賜金紫初二相有故旬日中外顒望名德損比無聲實及制下之日中外失望性齷齪謹慎每延英論事

未嘗有言十四年秋轉門下侍郎平章事是歲以昭陵舊宮爲野火所焚所司請修奉昭陵舊宮在山上置來歲久曾經野火燒爇摧毀略盡其宮尋移在瑶臺寺左側今屬通年欲議修置緣供水稍遠百姓勞弊今欲於見住行宮處修創異久遠便人又爲移改舊制恐禮意未周宜令宰臣百寮集議議者多云舊宮既焚宜移就山下上意不欲遷移只於山上重造命損爲八陵修奉使於是獻昭乾定泰五陵造屋五百七十間橋陵一百四十間元陵三十間唯建陵仍舊但修葺而已所緣陵寢中牀蓐帷幄一事已上帝親自閱視然後授損送於陵所損以久疾在家賜絹二百匹以爲醫藥南北兩省淸要損皆歷踐之在位無稱於人 才居宰相母野殯不言展墓不議遷祔姊爲尼沒於近寺終喪不臨士君子罪之加以過爲恭遜接見便僻不止於容身而已自建中已後宰相罕有久在位者數歲罷黜損用此中上意竊大任者八年上亦知物議鄙其持祿取容然怜而厚之貞元十九年卒贈太子太傅賻布帛五百端米粟四百石

齊抗字遐舉天寶中平陽太守澣之孫父翺一命卑官卒以抗貴累贈國子祭酒抗少隱會稽剡中讀書爲文長於牋奏大曆中壽州刺史張鎰辟爲判官明閑吏事敏於文學鎰甚重之建中初鎰爲江西觀察使抗亦隨在幕府三年鎰自中書侍郎平章事出鎮鳳翔奏抗爲監察御史仍爲賓佐幕中籌畫多出於抗德宗在奉天鎰爲李楚琳所害抗奔赴行在拜侍御史旬日改戶部員外郎宰相蕭復爲江淮宣慰使以抗爲判官德宗還京大盜之後天下旱蝗國用盡竭鹽鐵轉運使元琇以抗有才用奏授倉部郎中條理江淮鹽務貞元初爲水陸運副使督江淮漕運以給京師遷諫議大夫歷處州刺史轉潭州刺史湖南都團練觀察使入爲給事中又爲河南尹歷秘書監太常卿代鄭餘慶爲中書侍郎同中書門下平章事先時每年吏部選人試判別奏官考覆第其上下既考中書門下復奏擇官覆定寖以爲例抗乃奏曰吏部尚書侍郎已是朝廷精選不宜別差考官重覆其年他官考判訖俾吏部侍郎自覆一歲遂除考判官盡抗所論奏也故事禮部侍郎掌貢舉其親故即試於考功謂之別頭舉人抗亦奏罷之尋奏省諸州府別駕田曹司田官及判司之雙曹者復省中書省驛使官及諸胥吏尋加修國史抗雖讀書無遠智大略凡爲官必求至精末乃滋彰物論薄其隘刻遇疾上表請罷改太子賓客竟不任朝謝貞元二十年卒時年六十五贈戶部尚書又賜其家絹二百匹

史臣曰竇參朋黨不顧君上之誡斯爲悖矣齊映曲貢希用甚謬而愛君莅事往往有長者之言滋邁家行修謹臨事可稱器雖齷齪無廢爲君子矣而損抗之比夫何足云遷汙台槐蓋特主之容易耳

贊曰物之同器貴於私通竇阿齊佞偏詖斯同滋邁之行可以飾躬康濟蒸民胡爲厥中

唐書列傳卷第八十六

唐書列傳卷第八十七

劉　昫　等修

聞人詮校刻沈桐同校

徐浩　趙涓子博宣盧南史附　劉太真　李紓

邵說　于邵　崔元翰　于公異

呂渭子溫恭儉讓　鄭雲逵　李益　李賀

徐浩字季海越州人父嶠官至洛州刺史浩少舉明經工草隸以文學爲張說所器重調授魯山主簿說薦爲麗正殿校理三遷右拾遺仍爲校理幽州節度使張守珪奏在幕府改監察御史丁父憂服除授京兆司錄以母憂去職數年調授河南司錄歷河陽令以善政稱拜太子司議郎遷金部員外郎歷憲部郎中安祿山反出爲襄陽太守本郡防禦使賜以金紫之服肅宗即位召拜中書舍人時天下事殷詔令多出於浩浩屬詞贍給又工楷隸肅宗悅其能加兼尚書右丞玄宗傳位誥冊皆浩爲之參兩宮文翰寵遇罕與爲比除國子祭酒坐事貶廬州長史代宗徵拜中書舍人集賢殿學士尋遷工部侍郎嶺南節度觀察使兼御史大夫又爲吏部侍郎集賢殿學士坐以妾弟冒選託侍郎薛邕注授京尉爲御史大夫李栖筠所彈坐貶明州別駕德宗即位徵拜彭王傅建中三年以疾卒年八十贈太子少師初浩以文雅稱及授廣州典選部多積貨財又嬖其妾侯莫陳氏頗干政事爲時論所貶

趙涓冀州人也幼有文學天寶初舉進士補鄢城尉累授監察御史右司員外郎河南副元帥王縉奏充判官授檢校兵部郎中兼侍御史遷給事中太常少卿出爲衢州刺史永泰初涓爲監察御史時禁中夫火燒屋室數十間火發處與東宮稍近代宗深疑之涓爲巡使俾令即訊涓周歷壖垣按據迹狀乃上直中官遺火所致也推鞫明審頗盡事情既奏代宗稱賞焉德宗時在東宮常感涓之究理詳細及刺衢州年考既深又與觀察使韓滉不相得滉奏免涓官德宗見其名謂宰臣曰豈非永泰初御史趙涓乎對曰然即拜尚書左丞無何知吏部選尋從梁州興元元年卒贈戶部尚書子博宣登進士第文章俊拔性率多酒陳許節度使曲環辟爲從事賓從之間多所忽略環不能容朝廷方討淮蔡環誣奏博宣受吳少誠賂爲反間又妄說國家休咎扇惑軍情時博宣權知舞陽縣事詔令環決杖四十流於康州人皆以爲枉先是侍御史盧南史坐事貶信州員外司馬至郡準例得廳吏一人每月請紙筆錢前後五年計錢一千貫南史以官閑冗放吏歸納其紙筆錢六十餘千刺史姚驥劾奏南史以爲贓又劾南史買鉛燒黃丹德宗遣監察御史鄭楚相刑部員外郎裴澥大理評事陳正儀充三司使同往按鞫將行並召於延英謂之曰卿等必須詳審無令漏罪銜冤三人將退裴澥獨留奏曰臣按姚驥奏狀稱南史取廳吏紙筆錢計贓六十餘貫雖於公法有違量事且非巨蠹上曰此事亦未爲甚未知燒鉛何如澥曰燒鉛爲丹格令不禁準天寶十三載勅鉛銅錫不許私家買賣貨易蓋防私鑄錢本亦不言燒鉛爲丹南史違勅買鉛不得無罪伏以陛下自登寶位及天寶大曆以來未曾降三司使至江南今忽錄此小事令三司使往非唯損耗州縣亦恐遠處聞之各懷憂懼臣聞開元中張九齡爲五嶺按察使有錄事參軍告齡非法朝廷止令大理評事往按大曆中鄂岳觀察使吳仲孺與轉運使判官劉長卿紛競仲孺奏長卿犯贓二十萬貫時止差監察御史苗伾就推今姚驥所奏事狀無多臣堪任此行即請獨往恐不須三司並行爲使德宗析然曰卿言是矣乃復召楚相正儀與澥俱坐謂之曰朕惰於理道處事未精適見裴澥所奏深協事宜亦不用三人總去但行首一人行可也卿等便宜付宰臣敢勅德宗不務大體以察爲明皆此類也而博宣南史坐誣枉擯逐賴裴澥悟主南史不至深罪後得召還

劉太真宣州人涉學善屬文少師事詞人蕭穎士天寶末舉進士大曆中爲淮南節度使陳少遊掌書記徵拜起居郎累歷臺閣自中書舍人轉工部刑部二侍郎性怯懦詭隨及轉禮部侍郎掌貢舉宰執姻族方鎮子弟先收擢之又常叙少遊勳績擬之桓文大招物論貞元

五年貶信州刺史到州尋卒太眞尤長於詩句每出一篇人皆諷誦
德宗文思俊拔每有御製即命朝臣畢和貞元四年九月賜宴曲江
亭帝爲詩序曰朕在位僅將十載實賴忠賢左右克致小康是以擇
三令節錫茲宴賞俾大夫卿士得同歡洽也夫共其慼者同其休有
其初者貴其終咨爾群寮頃朕不暇樂而能節職思其憂咸若時則
庶乎理矣因重陽之會聊示所懷早衣對廷燎躬化勤意誠時此萬
樞暇適與佳節幷曲池潔寒流芳菊舒金英乾坤爽氣澄臺殿秋光
清朝野慶年豐高會多歡聲永懷無荒誡良士同斯情因詔曰卿等
重陽會宴朕想歡洽欣慰良多情發于中因製詩序今賜卿等一本
可中書門下簡定文詞士三五十人應制同用清字明日內於延英
門進來宰臣李泌等雖奉詔簡擇難於取捨由是百寮皆和上自考
其詩以太眞及李紓等四人爲上等鮑防于邵等四人爲次等張濛
殷亮等二十三人爲下等而李晟馬燧李泌三宰相之詩不加考第
初朱泚懷光之亂關輔荐饑貞元三年已後仍歲豐稔人始復生人

之樂德宗詔曰比者卿士內外朝夕公務今方隅無事蒸民小康其
正月晦日三月三日九月九日三節日宜任文武百寮擇勝地追賞
每節宰相常參官共賜錢五百貫文翰林學士一百貫文左右神威
神策等十軍各賜五百貫金吾英武威遠及諸衛將軍共賜二百貫
客省奏事共賜一百貫委度支每節前五日支付永爲常制
李紓字仲舒禮部侍郎希言之子少有文學天寶末拜秘書省校書
郎大曆初吏部侍郎李季卿薦爲左補闕累遷司封員外郎知制誥改
中書舍人尋自虢州刺史徵拜禮部侍郎德宗居奉天擇爲同州刺
史尋棄州詣梁州行在拜兵部侍郎反正兼知選事李懷光誅河東
節度及諸軍會河中詔往宣勞節度使還敷奏合旨拜禮部侍郎紓
通達善詼諧好樂後進厚自奉養鮮華輿馬以放達蘊藉稱雖爲大
官而俠遊佐宴不嘗自忘嘗議享武成王不當視文宣廟奏云準開元
十九年敕置齊太公廟以張良配太常卿及少卿丞充三獻官又按
開元禮祝文云皇帝遣某官昭告于齊太公漢留侯至上元年敕追

贈太公爲武成王享祭之典一同文宣王有司因差太尉充獻官兼
御署祝板伏以太公即周之太師張良即漢之少傅聖朝列於祀典
已極褒崇今屈禮於至尊施敬于臣佐理或過當神何敢歆伏以文宣
垂教百代宗師五常三綱非其訓不明有國有家非其制不立故孟
軻稱生人已來一人而已由是正素王之位加先聖之名樂用宮縣
獻差太尉尊師崇道雅合政經且太公述作止於六韜勳業形於一
代豈宜擬諸盛德均其殊禮其祝文請不進署敢昭告請改爲敬祭
于其昭告請改爲致祭于留侯其獻官請準舊式差太常卿已下充
詔百寮進議文武官上言互有異同詔曰帝德廣運乃武乃文文化
武功皇王之二柄祀禮教敬國章孔明自今宜上將軍已下充獻官餘
依紓所奏紓又奉詔爲興元紀功述及郊廟樂章諸所論著甚衆卒
于官年六十二貞元八年贈禮部尚書
邵說相州安陽人舉進士爲史思明判官歷事思明朝義常掌兵事
朝義之敗說降於軍前郭子儀愛其才留於幕下累授長安令秘書

少監遷吏部侍郎太子詹事以才幹稱談者或以宰相許之金吾將
軍裴儆謂諫議大夫柳載曰以鄙夫所度說得禍不久矣且說與史
思明父子定君臣之分居劇官掌兵柄亡軀犯順前後百戰於賊庭
掠名家子女以爲婢僕者數十人剽盜寶貨不知紀極力屈然後降
朝廷有以不死獲齒班序無厚顏而又遑遑求財崇飾第宅附託貴
倖以求大用不知愧懼而有得色其能久乎建中三年嚴郢得罪說
與郢厚善勸朱泚抗疏申其冤說爲草其奏上知之貶說歸州刺史
竟卒于貶所
于邵字相門其先家于代今爲京兆萬年人曾祖筠戶部尚書邵天
寶末進士登科書判超絕授崇文館校書郎累歷使府入爲起居郎
再遷比部郎中尚二十考第於吏部以當稱無何出爲道州刺史未
就道轉巴州時歲儉夷獠數千相聚山澤圍州掠衆邵勵州兵以拒
之旬有二日遣使說喻盜邀邵面降邵儒服出城盜羅拜而降圍解
節度使李抱玉以聞超遷梓州以疾不至還兵部郎中西川節度使

崔寧請留爲支度副使𦂳拜諫議大夫知制誥再遷禮部侍郎史館
修撰爲三司使以撰上尊號冊賜階三品當時大詔令皆出於邵頃
之輿御史中丞袁高給事中蔣鎮雜理左丞薛邕詔獄邵以爲邕犯
在赦前奏出之失旨貶桂州長史貞元初除原王傅後爲太子賓客
與宰相陸贄不睦八年出爲杭州刺史以疾請告坐貶衢州別駕移
江州別駕卒年八十一邵性孝悌內行修潔老而彌篤初樊澤常舉賢
良方正邵一見之於京師曰將相之材也不十五年澤爲節將崔元
翰年近五十始舉進士邵異其文擢登甲科且曰不十五年當掌詔
令竟如其言獨孤授舉博學宏詞吏部考爲乙第在中書覆昇甲科
人稱其當有集四十卷
崔元翰者博陵人進士擢第登博學宏詞制科又應賢良方正直言
極諫科三舉皆昇甲第年已五十餘李汧公鎮滑臺辟爲從事後北
平王馬燧在太原聞其名致禮命之又爲燧府掌書記入朝爲太常
博士禮部員外郎竇參輔政用爲知制誥詔令溫雅合於典謨然性太

○ 唐傳八十七 五

剛褊簡傲不能取容於時每發言論畧無阿徇忤執政旨故掌誥二
年而官不遷竟罷知制誥守比部郎中元翰苦心文章時年七十餘
好學不倦既介獨耿直故少交遊唯秉一操伏膺翰墨其對策及奏
記碑誌師法班固蔡伯喈而致思精密爲時所稱終于散位
于公異者吳人登進士第文章精拔爲時所稱建中末爲李晟招討
府掌書記興元元年收京城公異爲露布上行在云臣已肅清宮禁
祗奉寢園鍾簴不移廟皃如故德宗覽之泣下不自勝左右爲之嗚
咽既而曰不知誰爲之或對曰于公異之詞也上稱善久之公異初
應進士時與舉人陸贄不恊至是贄爲翰林學士聞上稱與尤不悅
時議者言之公異少時不爲後母所容自遊宦成名不歸鄉里及貞
元中陸贄爲宰相奏公異無素行黜之詔曰祠部員外郎于公異頃
以才名昇於省闥其少也爲父母之所不容宜其引慝在躬孝行不
匱匿名跡於畎畝候安否於門閭俾其親之過不彰庶其誠之至必
感安於棄斥遊學遠方忘其溫凊之戀竟至存亡之隔爲人子者忍

至是乎宜放歸田里俾自循省其舉公異官尚書左丞盧邁宜奪俸
兩月時中書舍人高郢薦監察御史元敦義及覩公異譴逐懼爲所
累乃上疏首陳敦義虧於禮教詔嘉郢之知過俾敦義罷歸公異竟
名位不振轗軻而卒人士惜其才惡贄之褊急焉
呂渭字君載河中人父延之越州刺史浙江東道節度使渭舉進士
累授婺州永康令大理評事浙西觀察使李涵辟爲支使再遷殿中
侍御史涵自御史大夫改太子少傅渭上言涵父名少康今涵爲少
傅恐乖朝典由是特授渭司門員外郎尋爲御史臺劾奏涵再任少
卿此時都不言今爲少傅疑以散慢遷爲不可由是貶渭歙州司馬
改涵檢校工部尚書兼光祿卿渭累授舒州刺史吏部員外駕部郎
中知制誥中書舍人母憂罷服闋授太子右庶子禮部侍郎中書省
有柳樹建中末枯死興元元年車駕還京後其樹再榮人謂之瑞柳
渭試進士取瑞柳爲賦題上聞而嘉之渭又結附裴延齡之子操舉
進士文詞非公渭擢之登第爲正人嗤鄙因入閤遺失請託文記遂

○ 唐傳八十七 六

出爲潭州刺史兼御史中丞湖南都團練觀察使在任三歲政甚煩
碎貞元十六年卒年六十六贈陝州大都督子溫恭儉讓
溫字化光貞元末登進士第與翰林學士韋執誼善順宗在東宮侍
書王叔文勸太子招納時之英俊以自輔溫與執誼尤爲叔文所睠
起家再命拜左拾遺二十年冬副工部侍郎張薦爲入吐蕃使行至
鳳翔轉侍御史賜緋袍牙笏明年德宗晏駕順宗即位張薦卒於青
海吐蕃以中國喪禍留溫經年時王叔文用事故與溫同遊東宮者
皆不次任用溫在蕃中悲歎久之元和元年使還轉戶部員外郎時
柳宗元等九人坐叔文貶逐唯溫以奉使免溫天才俊拔文彩贍逸
爲時流柳宗元劉禹錫所稱然性多險詐好奇近利與竇群羊士諤
趣尚相狎群爲常夏卿所薦自處士不數年至御史中丞李吉甫尤
奇待之三年吉甫爲中官所惡將出鎮楊州溫欲乘其有間傾之溫
自司封員外郎轉刑部郎中竇群請爲知雜吉甫以疾在第召醫人
陳登診視夜宿于安邑里第溫伺知之詰旦令吏捕登鞫問之又奏

劾吉甫交通術士憲宗異之召登面訊其事皆虛乃貶群爲湖南觀察使羊士諤資州刺史温均州刺史朝議以所責太輕群再貶黔南温貶道州刺史五年轉衡州秩滿歸京不得意發疾卒温文體富艷有丘明班固之風所著凌烟閣功臣銘張始興畫賛移博士書頗爲文士所賞有文集十卷恭儉皆至侍御史讓至太子右庶子皆有美才自後吉甫再入中書長慶巳後李徳裕黨盛呂氏諸子無至達官者

鄭雲逵滎陽人大曆初舉進士性果誕敢言客遊兩河以畫干于朱泚泚悦乃表爲節度掌書記檢校祠部員外郎仍以弟滔女妻之泚將入覲先令雲逵入奏及泚至京以事怒雲逵奏貶莫州參軍滔代泚後請爲判官滔助田悦爲逆雲逵諭之不從遂棄妻子馳歸長安帝嘉其來留於客省超拜諫議大夫奉天之難雲逵奔赴行在李晟以爲行軍司馬戎畧多以咨之歷秘書少監給事中尋拜大理卿遷刑部兵部二侍郎還御史中丞充順宗山陵橋道置頓使雲逵初爲

朱泚判官常忤同幕蔡庭玉庭玉白泚黜爲莫州録事參軍滔復奏爲判官因深構庭玉於滔滔爲泚留後事有請於泚庭玉又輒隳之又有判官朱體微亦蒙泚親信與庭玉常從容言於泚曰滔非長者不可付以兵權滔竊知之後滔南討有功雲逵數激怒之滔乃抗表論庭玉等離間骨肉及滔叛帝乃召泚以表示之故歸罪於庭玉等以悦滔滔亦終叛三年雲逵奏其弟有前太僕丞方逵受性兇悖不知君親衆惡備身訓教莫及結聚兇黨江中刼人臣亡父先臣眀杖至一百終不能斃張延賞任揚州日亦曾犯延賞法決殺復蘇至於常言皆呼臣亡父先臣名親戚所知無可教語昨聞於邠寧慶等州干謁節度及州縣乞丐今見在武功縣南西戎俯近恐有異謀若不早死奏聞必恐覆臣家族詔令京兆府錮身遞送黔州付李模於僻遠州羈使勿許東西雲逵元和元年拜右金吾衛大將軍歲中改京兆尹五年五月卒

李益肅宗朝宰相揆之族子登進士第長爲歌詩貞元末與宗人李賀齊名每作一篇爲教坊樂人以賂求取唱爲供奉歌詞其征人歌早行篇好事者畫爲屏障迴樂峯前沙似雪受降城外月如霜之句天下以爲歌詞然少有癡病而多猜忌防閑妻妾過爲苛酷而有散灰扃戶之譚聞於時故時謂妬痴爲李益疾以是久之不調而流輩皆居顯位益不得意北遊河朔幽州劉濟辟爲從事常與濟詩而有不上望京樓之句憲宗雅聞其名自河北召還用爲秘書少監集賢殿學士自負才地所多凌忽爲衆不容諫官舉其幽州詩句降居散秩俄復用爲秘書監遷太子賓客集賢學士判院事轉右散騎常侍太和初以禮部尚書致仕卒

李賀字長吉宗室鄭王之後父名晉肅以是不應進士韓愈爲之作諱辨賀竟不就試手筆敏捷尤長於歌篇其文思體勢如崇巖峭壁萬仞崛起當時文士從而效之無能彷彿者其樂府詞數十篇至於雲韶樂工無不諷誦補太常寺協律郎卒時年二十四

史臣曰文學之士代不乏才未泰貞元之間如徐浩趙涓諸公可謂

一時之秀也然太眞以畏懦聞邵說以僭侈失於于公異呂渭李益皆有微累故知全其德者罕矣

賛曰名以才顯才兼徳尊徐趙劉李厥聲遠聞邵于呂鄭其名乂存半乏全徳愧于後人

唐書列傳卷第八十七

唐書列傳卷第八十八

劉　昫　等脩

聞人詮校刻沈桐同校

趙憬　韋倫　賈耽　姜公輔

趙憬字退翁天水隴人也總章中吏部侍郎同東西臺三品仁本之曾孫祖誼歷左司郎中父道先洪州錄事參軍憬少好學志行脩潔不求聞達寶應中玄宗肅宗梓宮未祔有司議山陵制度時西蕃入寇天下飢饉憬以褐衣上疏宜遵儉制時人稱之後連爲州從事試江夏尉累遷監察御史隨牒藩府歷殿中侍御史太子舍人居母憂哀毀幾絕服除建中初擢授水部員外郎未拜會湖南觀察使李承請爲副使檢校工部郎中充職歲餘承卒遂知留後事尋授澧州刺史兼御史中丞湖南觀察使仍賜金紫居二歲受代歸京師闔門靜居不與人交久之特召對於別殿憬多學問有辭辯數奏稱旨上悅拜給事中貞元四年迴紇請結和親詔以咸安公主降迴紇命檢討

○右僕射關播充使憬以本官兼御史中丞爲副前後使迴紇者多私齎繒絮蕃中市馬迴以窺利憬一無所市人嘆美之使還遷尚書左丞綱轄省務清勤奉職竇參爲宰相惡其能請出爲同州刺史上不從八年四月竇參罷黜憬與陸贄並拜中書侍郎同中書門下平章事憬深於理道常言爲政之本在於選賢能務節儉薄賦斂寬刑罰對揚之際必以此爲言乃獻審官六議曰臣謬登宰府四年于茲恭承德音未嘗不以求賢爲切至於延薦職在愚臣雖當代天之工且乏知人之鑒漸積歲月負於聖明無補王猷有妨賢路況多疾恙兼處闕遺頃奉表章備陳肝膈陛下以臣性拙直身病可矜不棄孱微尚加委任自此思省報效尤難莫副堯舜之心空懷尸素之懼伏惟陛下法象應期聖神廣運雲行雨施皆發自然訓誥典謨悉經睿覽臣所以不敢援引古昔上煩天聰且以用人之要願伸鄙見復念稽顙丹陛仰對宸嚴謇訥易窮處數難辯理詳則塵瀆煩甚言略則利害未宣若默以求容苟而竊位縱天地之仁幸免而中外之責何逃

非陛下用臣之意也其所欲言者皆陛下聖慮之內臣以頂戴恩造不知所爲身被風毒漸覺沉痼是以勤勤懇懇切於愚誠也臣聞貞觀開元之際宰輔論事或多上書所冀獲盡情理今臣酌前代之損益體當時之通變謹獻審官六議伏惟閑宴時賜省覽其大指議相則曰宜博採衆賢用爲輔弼令中外知其賢者伏願陛下用之識其能者任之求其全材恐不可得議進用庶官則曰異同之論是非難辨由考課難於實效好惡雜於衆聲所以訪之彌多得之彌少選士古今爲難拔十得五賢愚猶半陛下謂臣曰何必五也十得二三斯可矣聖主思賢至是而宰臣不能進之臣之罪也進賢在於廣任用明殿最舉大節棄其小瑕隨其所能試之以事用人之大綱也議京諸司闕官則曰當今要官多闕閑官十無乏文武任用資序遞遷要官本以材行閑官多由恩澤朝廷或將任多擬要官則人少闕多閑官則人多闕少明當選拔者轉少在優容者轉多宜補闕員務育材用大廈永固是棟梁榱桷之全也聖朝致理亦庶官群吏之能也

○議中外考課官則曰漢以數易長吏謂之弊政其有能理者輒增秩賜金或八九年十餘年乃入爲九卿或遷三輔功績茂異遂至丞相其間不隔數官今陛下內選庶僚外委州府課績高者不次超昇致理之法無踰於此臣愚以爲黜陟旱年限若所居要重未當遷移就加爵秩其餘進退令知褒貶之必應遲速之有常如課績在中年考及限與之平轉中外迭處歷試其能使無苟且之心又無滯淹之慮議舉遺滯則曰官司既廣必委宰輔以舉之宰輔不能遍知又詢于庶官庶官不能遍知又訪於衆人衆聲囂然互有臧否十人舉之未信一人毀之可疑迨至于今茲弊未改其所以然者非盡爲愛憎也苦於不審實而承聲言之大凡常人之心以稱人之善爲清以攻人之過爲直苟有除授多生橫議由是宰臣每將薦用亦自重難日往月來未副聖意宜須採聽時論以所舉多者先用必非大故皆不棄之議擢用諸使府僚屬則曰諸使辟吏各自精求務於得人將重府望既經試効能否可知擢其賢能置之朝列或曰外使須才固不可

奪臣知必不然也屬者使府賓介每有登朝本使殊以爲榮自喜知人且明公選大凡才能之士名位未達多在方鎭日月在上誰不知之思登闕庭如望霄漢宜須博採無宜久滯上優詔荅之時吏部侍郎杜黃裳爲中貴讒譖及他過犯御史中丞穆贊京兆少尹韋武萬年縣令李宣長安令盧雲皆爲裴延齡構陷將加斥逐憬保護救解之故多從輕貶初憬廉察湖南令狐峘崔儆並爲巡屬刺史峘嘗歷中書舍人禮部侍郎儆久在朝列所爲或虧法令憬每以正道制之峘儆密遣人數憬罪狀毁之於朝及憬爲相拔儆自大理卿爲尚書右丞峘先貶官爲別駕又擢爲吉州刺史時人多之憬與陸贄同知政事贄恃久在禁庭特承恩顧以國政爲已任纔周歲轉憬爲門下侍郎憬由是深銜之數以目疾請告不甚當政事因是不相協裴延齡姦詐恣睢滿朝側目憬初與贄約於上前論之及延英奏對贄極言延齡姦邪誑誕之狀不可任用德宗不悅形於顔色憬默然無言由是罷贄平章事而憬當國矣時宰相賈耽盧邁與憬三人十二年

○春正月耽邁皆有假故憬獨對於延英上問曰近日起居注記何事憬對曰古者左史記言人君動止有實言隨即記錄起居注是也國朝永徽中起居唯得對仗承旨仗下後謀議皆不得聞其記注唯編制勅更無他事所以長壽中姚璹知政事以爲親承德音謨訓若不宣旨宰相史官無以得書璹請宰相一人記錄所論軍國政事謂之時政記每月送史館既而時政記又廢上曰君舉必書義存勸誡既嘗有時政記宰臣宜依故事爲之起居無何憬卒時政記亦不行憬特承恩顧性清儉雖爲宰輔居第僕使類貧士大夫之家所得俸入先置私廟而竟不立第舍田產其年八月遇暴疾信宿而卒時年六十一子元亮進憬遺表草曰臣叨荷聖慈竊塵台鼎年序頗久績用無聞負乘之敗已彰覆餗之咎俄及而天與之疾福過生災自今日卯時以來稍加困重針灸不及藥餌奚施奄然遊魂終當就木冥冥殘喘豈恐辭天號呼涕零側息心斷反風結草誓報深恩雖死猶生豈孤素願無任感恩嗚咽痛恨之至德宗尤悼惜之廢朝三日册贈太子太傅賻布五百端米粟四百石令鴻臚卿王權充册弔使元亮官至左司郎中侍御史知雜事卒次子全亮官至侍御史桂管防禦判官元亮兄宣亮弟承亮皆以門蔭授官

韋倫開元天寶中朔方節度使光乘之子少以蔭累授藍田縣尉以吏事勤恪楊國忠署爲鑄錢內作使判官國忠恃權寵又邀名稱多徵諸州縣農人令鑄錢農夫既非本色工匠被所由抑令就役多遭箠罸人不聊生倫白國忠曰鑄錢須得本色人今抑百姓農人爲之尤費力無功人且興謗請厚懸市估價募工曉者爲之由是役使減少而益鑄錢之數天寶末宮內土木之功無虛日內作人吏因緣爲姦倫乃躬親閱視省費減倍改大理評事會安祿山反車駕幸蜀拜倫監察御史劒南節度行軍司馬兼充置頓使判官尋改屯田員外兼侍御史時內官禁軍相次到蜀所在侵暴號爲難理倫清儉率身以化之蜀川咸賴其理竟遭中官毁譖貶衡州司戶屬東都河南並陷賊漕運路絕度支使第五琦薦倫有理能拜商州刺史充荊襄等

○道租庸使會襄州裨將康楚元張嘉延聚衆爲叛兇黨萬餘人自稱東楚義王襄州刺史王政棄城遁走嘉延又南襲破江陵漢沔饋運阻絕朝廷旰食倫乃調發兵甲駐鄧州界兇黨有來降者必厚加接待數日後楚元衆頗怠倫進軍擊之生擒楚元以獻餘衆悉走散收租庸錢物僅二百萬貫並不失墜荊襄二州平詔除崔光遠爲襄州節度使徵倫爲衛尉卿旬日又以本官兼寧州刺史招討處置等使尋又兼隴州刺史乾元三年襄州大將張瑾殺節度使史翽作亂乃以倫爲襄州刺史兼御史大夫山南東道襄鄧等十州節度使時李輔國秉權用事節將除拜皆出其門倫既爲朝廷公用又不私謁輔國倫受命未行改秦州刺史兼御史中丞本州防禦使時吐蕃党項歲歲入寇邊將奔命不暇倫至秦州屢與虜戰兵寡無援頻致敗衂連貶巴州長史思州務川縣尉代宗即位起爲忠州刺史歷台饒二州以中官呂太一於嶺南矯詔募兵爲亂乃以倫爲韶州刺史兼御史中丞韶連郴三州都團練使竝見遣太一用賂反間貶信州司馬虔州司

戸隋州司戸隨州司馬遇赦旅寓於洪州十數年德宗即位擇堪使絕域者徵倫拜太常少卿兼御史中丞持節充通和吐蕃使倫至蕃中初宣諭皇恩次述國威德遠振蕃人大悅贊普入獻方物使還遷太常卿兼御史大夫加銀青光祿大夫再入吐蕃奉使稱旨西蕃欽服朝廷得失數上疏言之又爲宰相盧杞所惡改太子少保累加開府儀同三司涇師之亂駕幸奉天及盧杞白志貞趙贊等貶官關播罷相爲刑部尚書倫於朝堂嗚咽而言曰宰相不能弼諧啓沃使天下一至於此仍爲尚書天下何由致理聞者敬憚之從駕梁州還京又欲擢用盧杞爲荊州刺史倫又上表切言不可深爲忠正之士所稱歎以年踰七十表請休官改太子少師致仕封郢國公時李楚琳以僕射兼衛尉卿李忠誠以尚書兼少府監倫上言曰楚琳兇逆忠誠蕃戎醜類不合廁列清班又表請置義倉以防水旱擇賢良任之左右又言吐蕃必無信約專須防備不可輕易上每善遇之倫居家孝友撫弟姪以慈愛稱貞元十四年十二月卒時年八十三贈楊州都督

○賈耽字敦詩滄州南皮人以兩經登第調授貝州臨清縣尉上疏論時政授絳州正平尉從事河東檢校膳部員外郎太原少尹北都副留守又檢校禮部郎中節度副使改汾州刺史在郡七年政績茂異入爲鴻臚卿時左右威遠營隸鴻臚耽仍領其使大曆十四年十一月檢校左散騎常侍兼梁州刺史御史大夫山南西道節度使建中三年十一月檢校工部尚書兼御史大夫山南東道節度使德宗移幸梁州興元元年二月耽使行軍司馬樊澤奏事於行在澤既復命方大宴諸將有急牒至言澤代耽爲節度使而召耽爲工部尚書耽得牒內懷中宴飲不改容及散召樊澤以詔授之曰詔以行軍爲節度使耽今即上路因告將吏使謁澤牙將張獻甫曰天子巡幸山南尚書使行軍奉表起居而行軍敢自圖節鉞潛奪尚書土地此可謂事人不忠軍中皆不伏請殺樊澤耽曰公是何言歟天子有命即爲節度使矣耽今赴行在便與公偕行即日離鎮以獻甫自隨軍中乃安尋以本官爲東都留守東畿汝南防禦使貞元二年改檢校右僕射兼滑州刺史義成軍節度使是時淄青節度使李納雖去僞王號外奉朝旨而心常蓄併吞之謀納兵士數千人自行營歸路由滑州大將請城外館之耽曰與人鄰道奈何野處其兵命館之城內淄青將士皆心服之耽善射好獵每出畋不過百騎往往獵於李納之境納聞之大喜心畏其度量不敢異圖九年徵爲右僕射同中書門下平章事耽好地理學凡四夷之使及使四夷還者必與之從容訊其山川土地之終始是以九州之夷險百蠻之土俗區分指畫備究源流自吐蕃陷隴右積年國家守於內地舊時鎮戍不可復知耽乃畫隴右山南圖兼黃河經界遠近聚其說爲書十卷表獻曰臣聞楚左史倚相能讀九丘晉司空裴秀創爲六體九丘乃成賦之古經六體則爲圖之新意臣雖愚昧夙嘗師範累蒙拔擢遂忝台司雖歷踐職任誠多曠闕而率土山川不忘寤寐其大圖外薄四海內別九州必藉精詳乃可摹寫見更纘集續與畢功然而隴右一隅久淪蕃寇職方失其圖記境土難以區分輒扣課虛微採掇輿議畫關中隴右及山南九州等圖一軸伏以洮湟舊墟連接監牧甘涼右地控帶朔陲岐路之偵候交通軍鎮之備禦衝要莫不匠意就實依俙像真如聖恩遣將護邊新書授律則靈慶之設險在目原會之封略可知諸州諸軍須論里數人額諸山諸水須言首尾源流圖上不可備書憑據必資記注謹撰別録六卷又黃河爲四瀆之宗西戎乃群羌之帥臣並研尋史牒翦棄浮詞釐所聞知編爲四卷通録都成十卷文義鄙朴伏增慙悚德宗覽之稱善賜廐馬一匹銀綵百匹銀餅盤各一至十七秊又譔成海內華夷圖及古今郡國縣道四夷述四十卷表獻之曰臣聞地以博厚載物萬國棊布海以委輸環外百蠻繡錯中夏則五服九州殊俗則七戎六狄普天之下莫非王臣昔母丘出師東銘不耐甘英奉使西抵條支奄蔡乃大澤無涯罽賓則懸度作險或道理回遠或名號改移古來通儒罕遍詳究臣弱冠之歲好聞方言筮仕之辰注意地理究觀研考垂三十年絕域之比鄰異蕃之習俗梯山獻

琛之路乘舶來朝之人咸究竟其源流訪求其居處閭閻之行賈戎
貊之遺老莫不聽其言而掇其要閭閻之瑣語風謠之小說亦收其
是而芟其僞然殷周以降封略益明承曆數者八家渾區宇者五姓
聲教所及惟唐爲大秦皇罷侯置守長城起於臨洮孝武却地開邊
障塞限於雞鹿東漢則哀牢請吏西晉則裨離結轍隋室列四郡於
卑和海西創三州於扶南江北遼陽失律因而棄之高祖神堯皇帝
誕膺天命奄有四方太宗繼明重熙柔遠能邇踰大磧通道北至仙
娥於骨利幹置玄闕州高宗嗣守丕績克廣前烈遣單車賫詔西越
葱山於波剌斯立疾陵府中宗復配天之業不失舊物睿宗含先天
之量惟新永圖玄宗以大孝清內以無爲理外大宛驥騄歲充內廐
與武師之窮兵黷武豈同年哉肅宗掃平氛祲潤澤生人代宗剗除
殘孽彝倫攸敘伏惟皇帝陛下以上聖之姿當太平之運敦信明義
履信包元惠養黎蒸懷柔遐裔故瀘南貢麗水之金漠北獻余吾之
馬玄化洋溢率土霑濡臣幼切磋於師友長趨侍於軒墀自揣孱愚

叨榮非據鴻私莫答夙夜兢惶去興元元年伏奉進止令臣修撰國
圖旋即充使魏州汴州出鎮東洛東都間以衆務不遂專門績用尚
虧憂愧彌切近乃力竭衰病思殫所聞見叢於丹青謹令工人畫海
內華夷圖一軸廣三丈從三丈三尺率以一寸折成百里別章甫左
衽奠高山大川縮四極於纖縞分百郡於作繢宇宙雖廣舒之不盈
庭舟車所通覽之咸在目并撰古今郡國縣道四夷述四十卷中國
以禹貢爲首外夷以班史發源郡縣紀其增減蕃落敘其衰盛前地
理書以黔州屬酉陽今則改入巴郡前西戎志以安國爲安息今則
改入康居凡諸疎舛悉從釐正隴西十地播棄永初之中遼東樂浪
陷屈於建安之際曹公棄陘北晉氏遷江南緣邊累經侵盜故墟日
致堙毀舊史撰錄十得二三今書搜補所獲太半周禮職方以淄時
爲幽州之浸以華山爲荊河之鎮既有乖於禹貢又不出於淹中多
聞闕疑詎敢編次其古郡國題以墨今州縣題以朱今古殊文執習
簡易臣學謝小成才非博物伏波之聚米開示衆軍酇侯之圖書方

知阨塞企慕前哲嘗所寄心輒罄庸陋多慙紕繆優詔答之賜錦綵
二百匹袍段六錦帳二銀鉼盤各一銀榼二馬一匹進封魏國公順
宗即位檢校司空守左僕射知政事如故時王叔文用事政出群小
耽惡其亂政屢移病乞骸不許耽性長者不喜臧否人物自居相位
凡十三年雖不能以安危大計啓沃於人主而常以檢身厲行以律
人每自朝歸第接對賓客終日無倦至於家人近習未嘗見其喜慍之色
古之淳德君子何以加焉永貞元年十月卒時年七十六廢朝四日
冊贈太傅諡曰元靖

姜公輔不知何許人登進士第爲校書郎應制策科高等授左拾遺
召入翰林爲學士歲滿當改官公輔上書自陳以母老家貧以府掾
俸給稍優乃求兼京兆府戶曹參軍特承恩顧才高有器識每對見
言事德宗多從之建中四年十月涇師犯闕德宗蒼黃自苑北便門
出幸公輔馬前諫曰朱泚嘗爲涇原帥得士心昨以朱滔叛坐奪兵
權泚常憂憤不得志不如使人捕之使陪鑾駕忽群兇立之必貽國

患臣頃曾陳奏陛下苟不能坦懷待之則殺之養獸自貽其患悔且
無益德宗曰已無及矣從幸至奉天拜諫議大夫俄以本官同中書
門下平章事從幸山南車駕至城固縣唐安公主薨上之長女昭德
皇后所生性聰敏仁孝上所鍾愛初詔尚韋宥未克禮會而遇播遷
及薨上悲悼尤甚詔所司厚其葬禮公輔諫曰非久克復京城公主
必須歸葬今於行路且宜儉薄以濟軍士德宗怒謂翰林學士陸贄
曰唐安夭亡不欲於此爲塋壠宜令造一磚塔安置功費甚微不合
關宰相論列姜公輔忽進表章都無道理但欲指朕過失擬自取名
朕比擢拔爲腹心乃負朕如此贄對曰公輔官是諫議職居宰衡獻
替固其職分本立輔臣置之左右朝夕納誨意在防微微而弼之乃
其所也陛下以造塔役費微小非宰相所論之事但問理之是非豈
論事之大小若造塔爲是役雖大而作之何傷若造塔爲非費雖小
而言者何罪帝又曰卿未會朕意朕以公輔才行共宰相都不相當
在奉天時已欲罷免後因公輔辭退朕以面許尋屬懷光背叛遂且

因循容至山南公輔知朕擬改官所以固論造塔賣直取名擴此用心豈是良善朕所惆悵者只緣如此贄所再三救護帝怒不已乃罷爲左庶子尋丁母憂服闋授右庶子久之不遷洎陸贄知政事以有翰林之舊數告贄求官贄密謂公輔曰于嘗見郴州竇相言爲公奏擬數矣上言不允有怒公之言公輔恐懼上疏乞罷官爲道士久之未報後又廷奏德宗問其故公輔不敢洩贄便以參言爲對帝怒貶公輔爲泉州別駕又遣中使賫詔責竇參順宗即位起爲吉州刺史尋卒憲宗朝贈禮部尚書

史臣曰賈魏公以溫克長者致位丞相拒獻甫之請畋李納之郊則器略可知矣韋鄖公慷慨節義困於讒邪命矣夫趙丞相區分檢裁求爲雅士以爭權而陷陸贄則前時以德報怨其可信乎公輔一言悟主驟及台司一言不合禮遽踈薄則加膝墜泉之間君道可知矣

贊曰元請訏謨眞謂純儒手調鼎飪心運地圖姜躁趙險並躍天衢哀哉韋公終困讒夫

唐書列傳卷第八十八

唐書列傳卷第八十九

劉　昫　等修

聞人詮校刻沈桐同校

陸贄

陸贄字敬輿蘇州嘉興人父偘溧陽令以贄貴贈禮部尚書贄少孤特立不群頗勤儒學年十八登進士第以博學宏詞登科授華州鄭縣尉罷秩東歸省母路由壽州刺史張鎰有時名贄往謁之鎰初不甚知留三日再見與語遂大稱賞請結忘年之契及辭遺贄錢百萬曰願備太夫人一日之膳贄不納唯受新茶一串而巳曰敢不承君厚意又以書判拔萃選授渭南縣主簿遷監察御史德宗在東宮時素知贄名乃召為翰林學士轉祠部員外郎贄性忠藎既居近密感人主重知思有以効報故政或有缺巨細必陳繇是顧待益厚建中四年朱泚謀逆從駕幸奉天時天下叛亂機務填委徵發指蹤千端萬緒一日之內詔書數百贄揮翰起草思如泉注初若不經思慮既成

之後莫不曲盡事情中於機會胥吏簡札不暇同舍皆伏其能轉考功郎中依前充職嘗啓德宗曰今盜遍天下輿駕播遷陛下宜痛自引過以感動人心昔成湯以罪己勃興楚昭以善言復國陛下誠能不恡改過以言謝天下使書詔無忌臣雖愚陋可以仰副聖情庶令反側之徒革心向化德宗然之故奉天所下書詔雖武夫悍卒無不揮涕感激多贄所為也其年冬議欲以新歲改元而卜祝之流皆以國家數鍾百六凡事宜有變革以應時數上謂贄曰往年群臣請上尊號聖神文武四字今緣寇難諸事並宜改更衆欲朕舊號之中更加一兩字其事何如贄奏曰尊號之興本非古制行於安泰之日巳累謙沖襲乎喪亂之時尤傷事體今者鑾輿播越未復宮闈宗社震驚尚稽禋祀中區多梗大憝猶存此乃人情向背之秋天意去就之際陛下宜深自懲勵收覽群心痛自貶損以謝靈譴不可近從末議重益美名帝曰卿所奏陳雖理體甚切然時運必須小有改變亦不可執滯卿更思量贄曰古之人君稱號或稱皇稱帝或稱王但一字

而巳至暴秦乃兼皇帝二字後代因之及昏僻之君乃有聖劉天元之號是知人輕重不在自稱崇其號無補於徽猷損其名不傷其德美然而損之有謙光稽古之善崇之獲矜能納諂之譏得失不侔居然可辨況今時遭迍否事屬傾危尤宜懼思以自貶抑必也俯稽術數須有變更與其增美稱而失人心不若黜舊號以祗天戒天時人事理必相符人既好謙天亦助順陛下誠能斷自宸鑒煥發德音引咎降名深示刻責惟謙與順一舉而二美從之德宗從之但改興元年號而巳初德宗蒼黄出幸府藏委棄凝冽之際士衆多寒服御之外無尺縑丈帛及賊泚解圍諸藩貢奉繼至乃於奉天行在貯貢物於廊下仍題曰瓊林大盈二庫名贄諫曰瓊林大盈自古悉無其制傳諸耆舊之說皆云創自開元貴臣貪權飾巧求媚乃言郡邑貢賦所用盍各區分賦稅當委於有司以給經用貢獻宜歸於天子以奉私求玄宗悅之新是二庫蕩心侈欲萌祗於兹迨乎失邦終以餌寇記曰貨悖而入必悖而出豈其効歟陛下嗣位之初務遵理道敦行

儉約斥遠貪饕雖內庫藏未歸太府而諸方曲獻不入禁闈清風藹然海內丕變近以寇逆亂常鑾輿外幸既屬憂危之運宜增儆勵之誠臣昨奉使軍營出經行殿忽覩右廊之下牓列二庫之名懼然若驚不識所以何者天衢尚梗師旅方殷痛心呻吟之聲噢咻未息忠勤戰守之効賞賚未行諸道貢珍遽私別庫萬目所視孰能忍情竊揣軍情或生觖望或忿形謗讟或醜肆謳謠頗含思亂之情亦有悔忠之意是知甿俗昏鄙識昧高卑不可以尊極臨而可以誠義感頃者六師初降百物無儲外扞兇徒內防危堞晝夜不息迨將五旬凍餒交侵死傷相枕畢命同力竟夷大艱良以陛下不厚其身不私其欲絕甘以同卒伍輟食以啗功勞無猛制人而不攜懷所感也無厚賞士而不怨悉所無也今者攻圍已解衣食已豐而謗讟方興軍情稍沮豈不以勇夫常性嗜貨矜功其患難既與之同憂而好樂不與之同利苟異恬默能無怨咨此理之常故不足怪記曰財散則民聚豈其効歟陛下天資英聖見善必遷是將化蓄怨為銜恩反過差為至

賞從殄遺寇未亟鴻名大聖應機固當不俟終日上嘉納之令去其
題署興元元年李懷光異志已萌欲激怒諸軍上表論諸軍衣粮薄
神策衣粮厚厚薄不均難以驅戰意在撓沮進軍李晟密奏恐其有
變上憂之遣贄使懷光軍宣諭使還贄奏事曰賊泚稽誅保聚宮苑
勢窮援絕引日偷生懷光總仗順之軍乘制勝之氣鼓行芟翦易若
摧枯而乃寇奔不追師老不用諸帥每欲進取懷光輒沮其謀據茲
事情殊不可解陛下意在全護委曲聽從觀其所爲亦未知感若不
別爲規略漸相制持唯以姑息求安終恐變故難測此誠事機危迫
之秋也故不可以尋常容易處之今李晟奏請移軍適遇臣銜命宣
慰懷光偶論此事臣遂泛問所宜懷光乃云李晟既欲別行某亦都
不要藉臣雖慮有翻覆因美其軍强盛懷光大自矜夸轉有輕晟之
意臣又從容問云昨發離行在之日未知有此商量今日從此却迴
或恐聖旨顧問事之可否決定何如懷光已肆輕言不可中變遂云恩命
許公去事亦無妨要 約再三非不詳審雖欲追悔固難爲詞伏望

卽以李晟表出付中書勑下依奏別賜懷光手詔示移軍事由其手
詔大意云昨得李晟奏請移軍城東以分賊勢朕緣未知利害本欲
委卿商量適會陸贄從彼宣慰迴云見卿論叙軍情語及於此仍言
許去事亦無妨遂勑本軍允其所請卿宜授以謀略分路夾攻務使
叶齊尅平寇孽如此詞婉而直理當而明雖蓄異端何由起怨臣初
奉使論旨本緣糧料不均偶屬移軍事相諧會又幸懷光詭對且無
阻絕之言機宜合并若有幽贊一失其便後何可追幸垂裁察德宗
初望懷光迴意破賊故晟屢奏移軍不許及贄續陳懷光反狀乃可
晟之奏遂移軍東渭橋而鄜坊節度李建徽神策行營陽惠元猶在
咸陽贄慮懷光併建徽等軍又奏曰懷光當管師徒足以獨制兇寇逗留
未進抑有他由所患太強不資傍助比者又遣李晟李建徽陽惠元
三節度之衆附麗其營無益成功祇憂生事何則四軍懸壘群帥異
心論勢力則懸絕高卑據職名則不相統屬懷光輕晟等兵微位下
而忿其制不從心晟等疑懷光養寇蓄姦而怨其事多陵已端居則

互防飛謗欲戰則遞恐分功齟齬不和嫌釁遂構俾之同處必不兩
全强者惡積而後亡弱者勢危而先覆覆亡之禍翹足可期舊寇未
平新患方起憂歎所切實堪疚心太上消慝於未萌其次救失於始
兆況乎事情已露禍難垂成委而不謀何以制亂李晟見機慮變先
請移軍就東建徽惠元勢轉孤弱爲其吞噬理在必然他日雖有良
圖亦恐不能自拔拯其危急唯在此時今因李晟願行便遣合軍同
往託言晟兵素少慮爲賊泚所邀藉此兩軍迭爲掎角仍先諭旨密使
促裝詔書至營卽日進路懷光意雖不欲然亦計無所施是謂先人
有奪人之心疾雷不及掩耳者也夫制軍馭將所貴見情離合疾徐各有
宜適當離者合之則召亂當合者離之則寡助當疾而徐則失機當
徐而疾則漏策得其要契其時然後舉無敗謀措無危勢而今者屯
兵而不肯爲用聚將而罔能叶心自爲鯨鯢變在朝夕留之不足以
相制徒長厲階析之各競於擅能或成勳績事有必應斷無可疑德
宗曰卿之所料極善然李晟移軍懷光心已惆悵若更遣建徽惠元

就東則足得爲詞且俟旬時晟至東渭橋不旬日懷光果奪兩節度
兵建徽單騎遁而獲免惠元中路被執害之報至行在人情大恐翌
日移幸山南贄練達兵機率如此類二月從幸梁州轉諫議大夫依
前充學士先是鳳翔衙將李楚琳乘涇師之亂殺節度使張鎰歸款
朱泚及奉天解圍楚琳遣使貢奉時方艱阻不獲已命爲鳳翔節度
使然德宗忿其弒逆心不能容纔至漢中欲令渾瑊代爲節度贄諫
曰楚琳之罪固不容誅但以乘輿未復大憝猶存勤王之師悉在畿
內急宣速告晷刻是爭商嶺則道迂且遙駱谷復爲賊所扼僅通王
命唯在褒斜此路若又阻艱南北便成隔絕以諸鎮危疑之勢居二
逆誘脅之中恟恟群情各懷向背賊勝則往我勝則來其間事機不
容差跌儻楚琳發憾公肆猖狂南塞要衝東延巨猾則我咽喉梗而
心膂分矣其勢豈不病哉上釋然開悟乃善待楚琳使優詔安慰其
心德宗至梁欲以谷口已北從臣賜號曰奉天定難功臣谷口已南
隨扈者曰元從功臣不選朝官一例俱賜贄奏曰破賊扞難武臣之

効至如宮闈近侍班列貟寮但馳走從行而已忽與介胄奮命之士俱號功臣伏恐武臣憤惋乃止李晟既收京城遣中使宣付翰林院具錄先散失官人名字令草詔賜渾瑊遣於奉天尋訪以得爲限仍量與資粮送赴行在贄不時奉詔進狀論之曰頃以理道乖錯禍亂荐鍾陛下思咎懼災裕人罪己屢降大號誓將更新天下之人垂涕相賀懲忿釋怨煦仁戴明畢力同心共平多難止土崩於絕岸收版蕩於横流殄寇清都不失舊物實由陛下至誠動於天地深悔感於神人故得百靈降康兆庶歸德苟不如此自古何嘗有捐棄宮闕失守宗祧繼逆於赴難之師再還於蒙塵之日不踰半歲而復興大業者乎今渠魁始平法駕將返近自郊甸遠周寰瀛百役疲瘵之甿重戰傷殘之卒皆忍死扶病傾耳聳肩想聞德聲翹望聖澤陛下固當感上天悔禍之眷荷列祖垂裕之休念將士鋒刃之殃愍黎元塗炭之酷以致寇爲戒以居上爲危以務理爲憂以復宮爲急損之又損尚懼汰之易滋艱之惟艱猶患戒慎之難久謀始盡善克終已稀始

○而不謀終則何有夫以内人爲號蓋是中壼末流天子之尊富有宮掖如此等輩固繁有徒但恐傷多豈憂乏使翦除元惡曾未浹辰奔賀往來道途如織何必自虧君德首訪婦人又令資裝速赴行在萬目閱視衆口流傳恐非所以答慶賴之心副惟新之望也夫事有先後義有重輕重者宜先輕者宜後武王剋殷有未及下車而爲之者有下車而爲之者蓋美其不失先後之宜也自翠華播越萬姓靡依清廟震驚三時乏祀當今所務莫大於斯誠宜速遣大臣馳傳先往迎復神主修整郊壇展禋享之儀申告謝之意然後弔恤死義慰犒有功綏輯黎蒸優問耆耋安定反側寬宥脅從宣暢鬱堙褒獎忠直官失職之士復廢業之人是皆宜先不可後也至如崇飾服器繕緝殿臺備耳目之娛選巾櫛之侍是皆宜後不可先也散失内人已經累月既當離亂之際必爲將士所私其人心稍有知不求當自陳獻其人若甚無識求之適使憂虞自因寇亂喪亡頗有大於此者一聞搜索懷懼必多餘孽尚繁群情未一因而善撫猶恐危疑若又懼之於

何不有昔人所以掩絕纓而飲盜馬者豈必忘其情愛蓋知爲君之體然也以小妨大明者不爲天下固多棄人何必獨在於此所令撰賜渾瑊詔書未敢順旨帝遂不降詔但遣使而已德宗還京轉中書舍人學士如故初贄受張鎰知得居内職及鎰爲盧杞所排贄常憂懼及杞貶黜始敢上書言事德宗好文益深顧遇奉天解圍後德宗言及違離宗廟嗚咽流涕曰致寇之由實朕之過贄亦流涕而對曰臣思致今日之患者群臣之罪也贄意蓋爲盧杞趙贊等也上欲掩杞之失則曰雖朕德薄致茲禍亂亦運數前定事不由人贄又極言杞等罪狀上雖貌從心頗不説吴通微兄弟俱在翰林亦承德宗寵遇文章才器不迨贄而能交結權倖共短贄於上前故劉從一姜公輔自卑品蒼黄之中皆登輔相而贄爲朋黨所擠同職害其能加以言事激切動失上之歡心故久之不爲輔相其於議論應對明練理體敷陳剖判下筆如神當時名流無不推挹貞元初李抱眞入朝從容奏曰陛下幸奉天山南時赦書至山東宣諭之時士卒無不感泣

○臣即時見人情如此知賊不足平也時贄母韋氏在江東上遣中使迎至京師搢紳榮之俄丁母憂東歸洛陽寓居嵩山豐樂寺藩鎮賻贈及别陳餉遺一無所取與韋皐布衣時相善唯西川致遺奏而受之贄父初葬蘇州至是欲合葬上遣中使護其柩車至洛其禮遇如此免喪權知兵部侍郎依前充學士中謝日贄伏地而泣德宗爲之改容叙慰恩遇既隆中外屬意爲輔弼而宰相竇參素忌贄贄亦短參之所爲言參黷貨辭是與參不平七年罷學士正拜兵部侍郎知貢舉時崔元翰梁肅文藝冠時贄輸心於肅肅與元翰推薦藝實之士昇第之日雖衆望不愜然一歲選士纔十四五數年之内居臺省清近者十餘人八年四月竇參得罪以贄爲中書侍郎門下同平章事贄久爲邪黨所擠困而得位意在不負恩獎悉心報國以天下事爲己任上即位之初用楊炎盧杞秉政樹立朋黨排擯良善卒致天下沸騰鑾輿奔播懲忿是之失貞元已後雖立輔臣至於小官除擬上必再三詳問久之方下及贄知政事請許臺省長官自薦屬官仍保任之

事有曠敗兼坐舉主上許之俄又宣言曰外議與諸司所舉多引用
親黨兼通賂遺不得實才此法行之非便令後卿等宜自選擇勿用
諸司延薦贄論奏曰臣實頑鄙一無所堪猥蒙任使待罪宰相雖懷
竊位之懼且乏知人之明自揣庸虛終難上報唯知廣求才之路使
賢者各以彙征啓至公之門令職司皆得自達既蒙允許即宜宣行南
官舉人纔至十數或非臺省舊吏則是府佐僚累經薦延多歷事任
論其資望既不愧於班行考其行能又未聞于闕敗遽以騰口上煩
聖聽道之難行亦可知矣陛下勤求理道務徇物情因謂舉薦非宜
復委宰臣揀擇其爲素任輔弼博採輿詞可謂聖德之盛者然亦委
任責成之道聽言考實之方閑邪存誠猶恐有闕陛下既納臣言而用
之旋聞横議而止之於臣謀不責成於横議不考實此乃謀失者得
以辭其罪議曲者得以肆其誣率是而行觸類而長固無必定之計
亦無必實之言計不定則理道難成言不實則小人得志國家之病
常必由之昔齊桓公問管仲害霸之事對曰得賢不能任害霸也用而

○不能終害霸也與賢人謀事而與小人議之害霸也爲小人者不必悉
懷險詖故覆邦家蓋以其意性回邪趣向狹促以沮議爲出衆以自
異爲不群趨近利而昧遠圖効小信而傷大道况又言行難保志其
非心者乎伏以宰輔常制不過數人人之所知固有限極不能遍諳
諸士備閱群才若令悉命群官理須展轉詢訪是則變公舉爲私薦
易明敗爲暗投儻如議者之言所舉多有情故舉于君上且未絶私
薦於宰臣安肯無詐失人之弊必又甚焉所以承前命官罕有不涉
私謗雖則秉鈞不一或自行情亦由私訪所親轉爲所賣其弊非遠
聖鑒明知今又將徇浮言專任宰臣除吏宰臣不徧諳識蹤前須訪
於人若訪親朋則是悔其覆車不易故轍若詢於朝列則是求其私薦不
如公舉之愈也二者利害惟陛下更詳擇焉恐不如委任長官愼揀
僚屬所揀既少所求亦精得賢有鑑識之名失實當暗謬之責人之
常性莫不愛身况於臺省長官皆是當朝華選孰肯徇私妄舉以傷
名取責者耶所謂臺省長官即僕射尚書左右丞侍郎及御史大夫

中丞是也陛下比擇輔相多亦出於其中今之宰臣則往日臺省長
官也今之臺省長官乃將來之宰臣也但是職名暫異固非行業頓
殊豈有爲長官之時不能舉一二屬吏居宰臣之位則可擇千百具
僚物議悠悠其惑斯甚夫求才貴廣考課貴精求廣在於各舉所知
長吏之薦擇是也貴精在於按名責實宰臣之序進是也往者則天
太后踐祚臨朝欲收人心尤務拔擢弘委任之意開汲引之門進用
不疑求訪無倦非但人得薦士亦許自舉其才所薦必行所舉輒試
其於選士之道豈不傷於容易哉而課責既嚴進退皆速不肖者旋
黜才能者驟昇是以當代謂知人之明累朝賴多士之用此乃近於
求才貴廣考課貴精之効也陛下誕膺寶曆思致理平雖好賢之心
有踰於前哲而得人之盛未逮於往時蓋由賞鑒獨任於聖聰搜擇
頗難於公舉仍啓登延之路罕施練覈之方遂使先進者漸益凋訛
後來者不相接續施一令則謗沮互起用一人則瘡痏立成此乃失
於選才太精制法不一之患也則天舉用之法傷易而得人陛下愼

○揀之規太精而失士陛下選任宰相必異於庶官精擇長官必愈於
末品及至宰相獻規長吏薦士陛下即但納橫議不稽始謀是乃任
以重者輕其言待以輕者重其事且又不辨所毀之實虛不校所試
之短長人之多言何所不至是將使人無所措其手足豈獨選任之
道失其端而已乎上雖嘉其所陳長官薦士之詔竟追寢之國朝
舊制吏部選人每年調集自乾元已後屬宿兵于野歲或凶荒遂三
年一置選由是選人停擁其數猥多文書不接真僞難辨吏緣爲奸
注授乖濫而有十年不得調者贄奏吏部分內外官員爲三分計闕
集人每年置選故選司之弊十去七八天下稱之贄與賈耽盧邁趙
憬同知政事百司有所申覆皆更讓不言可否舊例宰臣當旬秉筆
決事每十日一易贄請準故事令秉筆者以應之又以河隴陷蕃已
來西北邊常以重兵守備謂之防秋皆河南江淮諸鎮之軍也更番
往來疲於戍役贄以中原之兵不習邊事及扞虜戰賊多有敗衄又
苦邊將名目太多諸軍統制不一緩急無以應敵乃上疏論其事曰

臣歷觀前代書史，皆謂鎮撫四夷宰相之任，不揆闇劣，屢敢上言。誠以備邊禦戎國家之重事，理兵足食備禦之大經，兵不治則無可用之師，食不足則無可固之地。理兵在制置得所，足食在斂導有方。陛下幸聽愚言，先務積穀，人無加賦，官不費財，坐致邊儲，數逾百萬。諸鎮收糴，今已向終，分貯軍城，用防艱急。縱有寇戎之患，必無乏絕之憂。守此成規，以為永制，常收冗費，益贍邊農，則更經二年，可積十萬人三歲之糧矣。足食之原粗立，理兵之術未精，敢議籌量，庶備採擇。伏以戎狄為患，自古有之，其於制禦之方，得失之論，備存史籍，可得而言。大抵尊即序者則曰非德無以化要荒，曾莫知威不立則德不能馴也；樂武威者則曰非兵無以服凶獷，曾莫知德不修則兵不可恃也；務和親者則曰要結可以睦鄰好，曾莫知我結之而彼復解也；美長城者則曰設險可以固邦國而扞寇讎，曾莫知力不足兵不堪則險之不能有也；尚薄伐者則曰驅遏可以禁侵暴而省征徭，曾莫知兵不銳壘不完，則遏之不能勝、驅之不能去也。議邊之要，略盡於

斯，雖互相譏評，然各有偏駁。聽一家之說，則例理可徵；考歷代所行，則成敗異效。是由執常理以御其不常之勢，徇所見而昧於所遇之時。夫中夏有盛衰，夷狄有強弱，事機有利害，措置有安危，故無必定之規，亦無長勝之法。夏后以序戎而聖化茂，古公以避狄而王業興，周城朔方而獫狁攘，秦築臨洮而宗社覆，漢武討匈奴而貽悔，太宗征突厥而致安，文景約和親而不能弭患於當年，宣元弘撫納而足以保寧於累葉。蓋以中夏之盛衰異勢，夷狄之強弱異時，事機之利害異情，措置之安危異便。知其事而不度其時則敗，附其時而不失其稱則成，形變不同，胡可專一。夫以中國強盛，夷狄衰微，而能屈膝稱臣，歸心受制，拒之則阻其嚮化，威之則類於殺降，安得不存而撫之，即而序之也。又如中國強盛，夷狄衰微，而尚棄信奸盟，蔑恩肆毒，諭之不變，責之不懲，安得不取亂推亡，息人固境也。其有遇中國喪亡之弊，當夷狄強盛之時，圖之則彼釁未萌，禦之則我力不足，安得不卑詞降禮，約好通和，啗之以親，紓其交禍，縱不必信，且無大侵，雖非

禦戎之善經，蓋時事亦有不得已也。儻或夷夏之勢，強弱適同，撫之不寧，威之不靖，力足以自保，不足以出攻，得不設險以固軍，訓師以待寇，來則薄伐以遏其深入，去則攘斥而戒於遠追，雖為安邊之令圖，蓋勢力亦有不得不然也。故夏之即序，周之于攘，太宗之翦亂，皆乘其時而善用其勢也；古公之避狄，文景之和親，神堯之降禮，皆順其時而不失其稱也；秦皇之長城，漢武之窮討，皆知其事而不度其時者也。向若遇孔熾之勢，行即序之方，則見侮而不從矣；乘可取之資，懷畏避之志，則失機而養寇矣；有攘卻之力，用和親之謀，則示弱而勞費矣；當降屈之時，務翦伐之畧，則召禍而危殆矣。故曰：知其事而不度其時則敗，附其時而不失其稱則成，是無必定之規，亦無長勝之法。得失著效，不其然歟。至於察安危之大情，計成敗大數，百代之不變易者，蓋有之矣。其要在於失人肆欲則必蹙，任人從衆則必全，此乃古今所同，而物理之所壹也。國家自祿山構亂，河隴用兵，以來肅宗中興，撤邊備以靖中邦，借外威以寧內難。於是吐蕃乘釁，吞噬無猒，

迴紇矜功，憑陵亦甚，中國不遑振旅，四十餘年。使傷耗遺甿，竭力蠶織，西輸賄幣，北償馬資，尚不足塞其煩言，滿其驕志。復乃遠徵士馬，列戍疆陲，猶不能遏其奔衝，止其侵侮。小入則驅略黎庶，深入則震驚邦畿。時有議安邊策者，多務於所難而忽於所易，勉於所短而略於所長，遂使所易所長者行之而其要不精，所難所短者圖之而其功靡就。憂患未弭，職斯之由。夫制敵行師，必量事勢，勢有難易，事有先後。力大而敵脆，則先其所難，是謂奪人之心，暫勞而永逸者也。力寡而敵堅，則先其所易，是謂固國之本，觀釁而後動者也。頃屬多故，人勞未瘳，而欲廣發師徒，深踐寇境，復其侵地，攻其堅城，前有勝負未必之虞，後有餽運不繼之患，儻或撓敗，適所以啟戎心而挫國威，以此為安邊之謀，可謂不量事勢而務所難矣。天之授者，有分事無全功，地之產者，有物宜無兼利。是以五方之俗，長短各殊，長者不可踰，短者不可企。勉所短而敵其所長必殆，用所長而乘其所短必安。強者乃以水草為邑居，以射獵供飲茹，多馬而尤便馳突，輕生而不恥

敗亡此戎狄之所長也戎狄之所長乃中國之所短而欲益兵蒐乘角力爭驅交鋒原野之間決命尋常之內以此爲禦寇之術可謂勉所短而校其所長矣務所難勉所短勞費百倍終於無成雖果成之不挫則廢豈不以越天授而違地產虧時勢以反物宜者哉將欲去危就安息費從省在慎守所易精用所長而已若乃擇將吏以撫寧衆庶修紀律以訓齊師徒耀德以佐威能邇以柔遠禁侵抄之暴以彰吾信抑攻取之議以安戎心彼求和則善待而勿與結盟彼爲寇則嚴備而不務報復此當今之所易也賤力而貴智惡殺而好生輕利而重人忍小以全大安其居而後動俟其時而後行是以修封疆守要害塹蹊隧壘軍營謹禁防明斥候務農以足食練卒以蓄威非萬全不謀非百剋不鬭寇小至則張勢以遏其入寇大至則謀其人以邀其歸據險以乘之多方以悞之使其勇無所加衆無所用掠則靡獲攻則不能進有腹背受敵之虞退有首尾難救之患所謂乘其弊不戰而屈人之兵此中國之所長也我之所長乃戎狄之所短我之所易乃戎狄之所難以長制短則用力寡而見功多以易敵難則財不匱而事速就捨此不務而反爲所乘斯謂倒持戈矛以鐏授寇者也今則皆務之矣猶且守封未固寇戎未懲者其病在於謀無定用衆無適從所任不必才才者不必任所聞不必實實者不必聞所信不必誠誠者不必信所行不必當當者未必行故令措置乖方課責虧度財匱於兵衆力分於將多怨生於不均機失於遙制臣請爲陛下粗陳六者之失惟明主慎聽而熟察之

臣聞工欲善其事必先利其器武欲勝其敵必先練其兵練兵之中所用復異用之於救急則權以紓難用之於暫敵則緩以應機故事有便宜而不拘常制謀有奇詭而不狥衆情進退死生唯將所命此所謂攻討之兵也用之於屯戍則事資可久勢異從權非物理所愜不寧非人情所欲不固夫人情者利焉則勸習焉則安保親戚則樂生顧家業則忘死故可以理術馭不可以法制驅此所謂鎮守之兵也夫欲備封疆禦戎狄非一朝一夕之事固當選鎮守之兵以置焉古之善選置者必量其性習辨其土宜察其伎能知其欲惡用其力而不違其性齊其俗而不易其宜引其善而不責其所不能禁其非而不處其所不欲而又類其紀伍安其室家然後能使之樂其居定其志奮其氣勢結其恩情撫之以惠則感而不驕臨之以威則肅而不怨靡督課而人自爲用弛禁防而衆自不攜故出則足兵居則足食守則固戰則強其術無他便於人情而已矣今者散徵士卒分戍邊陲更代往來以爲守備是則不量性習不辨土宜邀其所不能強其所不欲求廣其數而不考其用將致其力而不察其情斯可以爲羽衛之儀而無益於備禦之實也何者窮邊之地千里蕭條寒風裂膚驚沙慘目與豺狼爲鄰伍以戰鬭爲嬉遊晝則荷戈而耕夜則倚烽而覘日有剽害之慮永無休暇之娛地惡人勤於斯爲甚自非生於其域習於其風幼而覩焉長而安焉不見樂土而遷焉則罕能寧其居而狎其敵也關東之地百物阜殷從軍之徒尤被優養慣於溫飽狎於歡康比諸邊隅若異天地聞絕塞荒陬之苦則辛酸動容聆強蕃勁虜之名則懾駭奪氣而乃使之去親族捨園廬甘其所辛酸抗其所懾駭將冀爲用不亦疎乎矧又有休代之期無統帥之馭資奉若驕子姑息如倩人進不邀之以成功退不處之以嚴憲其來也咸負得色其止也莫有固心屈指計歸張頤待飼徼倖者猶患還期之賒緩常念戎醜之充斥王師挫傷則將乘其亂離布路東潰情志且爾得之奚爲平居則殫耗資儲以奉浮冗之衆臨難則拔棄城鎮以搖遠近之心其弊豈惟無益哉固亦將有所撓也復有抵犯刑禁謫徙軍城意欲增戶實邊兼令展効自贖既是無良之類且加懷土之情思亂幸災又甚戍卒適足煩於防衛諒無望於功庸雖前代時或行之固非良算之可遵者也復有擁旄之帥身不臨邊但分偏師俾守疆場大抵軍中壯銳元戎例選自隨委其疲羸乃配諸鎮節將既居內地精兵祇備紀綱遂令守要禦衝常在寡弱之輩寇戎每至乃勢不支入壘者纔足閉關在野者悉遭劫執恣其芟蹂盡其搜敺比及都府聞知虜已剋獲旋返且安邊之本所切在兵理兵若斯可謂措置乖方矣夫賞以存勸罰以示懲勸以懋有庸懲以威不恪故賞罰之

於馭衆也猶繩墨之於曲直權衡之揣重輕輗軏之所以行車銜勒之所以服馬也馭衆而不用賞罰則善惡相混而能否莫殊用之而不當功過則姧妄寵榮而忠實擯抑夫如是若聰明可衒律度無章則用與不用其獘一也自頃權移於下柄失於朝將之號令既鮮克行之於軍國之典章又不能施之於將務相遵養苟度歲時欲賞一有功飜慮無功者反側欲罰一有罪復慮同惡者憂虞罪以隱忍而不彰功以嫌疑而不賞姑息之道乃至於斯故使忘身効節者獲誚於等夷率衆先登者取怨於士卒僨軍蹙國者不懷於愧畏緩救失期者自以爲智能褒貶既闕而不行稱毀復紛然相亂人雖欲善誰爲言之況又公忠者直已而不求於人反罹困厄敗撓者行私而苟媚於衆例獲優崇此義士所以痛心勇夫所以解體也又有遇敵而所守不固陳謀而其効靡成將帥則以資糧不足爲詞有司復以供給無闕爲解既相執證理合辨明朝廷每爲含糊未嘗窮究曲直措理者吞聲而靡訴誣善者罔上而不慙馭衆若斯可謂課責虧度矣

○課責虧度措置乖方將不得竭其材卒不得盡其力屯集雖衆戰陣莫前虜每越境橫行若涉無人之地遞相推倚無敢誰何虛張賊勢上聞則曰兵少不敵朝廷莫之省察惟務徵發益師無裨備禦之功重增供億之獘閭井日耗徵求日繁以編戶傾家破產之資兼有司搉鹽稅酒之利總其所入半以事邊制用若斯可謂財匱於兵衆矣今四夷之最強盛爲中國甚患者莫大於吐蕃舉國勝兵之徒纔當中國十數大郡而已其於內虞外備亦與中國不殊所能寇邊數則蓋寡且又器非犀利甲不堅完識迷韜鈐藝乏趫敏動則中國畏其衆而不敢抗靜則中國憚其強而不敢侵厥理何哉良以中國之節制多門蕃醜之統帥專一故也夫統帥專則人心不分人心不分則號令不貳號令不貳則進退可齊進退可齊則疾徐如意疾徐如意則機會靡愆機會靡愆則氣勢自壯斯乃以少爲衆以弱爲強變化翕闢在於反掌之內是猶臂之使指心之制形若所任得人則何敵之有夫節制多門則人心不一人心不一則號令不行號令不行則進退難必進退難必則疾徐失宜疾徐失宜則機會不及機會不及則氣勢自衰斯乃勇廢爲尫衆散爲弱逗撓離析兆乎戰陣之前是猶一國三公十羊九牧欲令齊肅其可得乎開元天寶之間控禦西北兩蕃唯朔方河西隴右三節度而已猶慮權分勢散或使兼而領之中興已來未遑外討僑隸四鎮於安定權附隴右於扶風所當西北兩蕃亦朔方涇原隴右河東節度而已關東戍卒至則屬焉雖委任未盡得人而措置尚存典制自頃逆泚誘涇隴之衆叛懷光汙朔方之軍割裂誅鋤所餘無幾而又分朔方之地建牙擁節者凡三使焉其餘鎮軍數且四十皆承特詔委寄各降中貴監臨人得抗衡莫相稟屬每俟邊書告急方令計會用兵既無軍法下臨唯以客禮相待是乃從容拯溺揖讓救焚冀無阽危固亦難矣夫兵以氣勢爲用者也氣聚則盛散則消勢合則威析則弱今之邊備勢弱氣消建軍若斯可謂力分於將多矣理戎之要最在均齊故軍法無貴賤之差軍實無多少之異是將所以同其志而盡其力也如或誘其志意勉其藝能則當閱其材程其勇校其勞逸度

○其安危明申練覈優劣之科以爲衣食等級之制使能者企及否者息心雖有薄厚之殊而無觖望之釁蓋所謂日省月試餼稟均事如權量之無情於物萬人莫不安其分而服其平也今者窮邊之地長鎮之兵皆百戰傷夷之餘終年勤苦之劇角其所能則練習度其所處則孤危考其服役則勞察其臨敵則勇然衣糧所給唯止當身例爲妻子所分常有凍餒之色而關東戍卒歲月踐更不安危城不習戎備怯於應敵懈於服勞然衣糧所頒優厚踰數繼以茶藥之饋益以蔬醬之資豐約相形懸絕斯甚又有素非禁旅本是邊軍將校詭爲媚詞因請遙隸神策不離舊所唯改虛名其於稟賜之饒遂有三倍之益此儔類所以忿恨忠良所以憂嗟疲人所以流亡經費所以褊匱夫事業未異而給養有殊人情之所不能甘也況乎矯佞行而稟賜厚績藝劣而衣食優苟未忘懷能無慍怒不爲戎首則已可嘉而欲使其叶力同心以攘寇難雖有韓白孫吳之將臣知其必不能焉養士若斯可謂怨生於不均矣凡欲選任將帥必先考察行能然後指以

所授之方語以所委之事令其自揣可否自陳規模須某色甲兵藉某人參佐要若干士馬用若干資糧某處置軍某時成績始終要領悉俾經綸於是觀其計謀校其聲實若謂材無足取言不可行則當退之於初不宜貽慮於其後也若謂志氣足任方略可施則當要之於終不宜掣肘於其間也夫如是則疑者不使使者不疑勞神於選才端拱於委任既委其事既足其求必然可以覈其否臧行其賞罰受賞者不以爲濫當罰者無得而辭付授之柄既專苟且之心自息是以古之遣將帥者君親推轂而命之曰自閫以外將軍裁之又賜鈇鉞示令專斷故軍容不入國國容不入軍將在軍君命有所不受誠謂機宜不可以遠決號令不可以兩從未有委任不專而望其克敵成功者也自頃邊軍去就裁斷多出宸衷選置戎臣先求易制多其部以分其力輕其任以弱其心雖有所懲亦有所失遂令分閫責成之義廢死綏任咎之志衰一則聽命二亦聽命爽於軍情亦聽命乖於事宜亦聽命若所置將帥必取於承順無違則如斯可矣若有意乎兇殄難

則不可夫兩境相接兩軍相持事機之來間不容息蓄謀而俟猶恐失之臨時始謀固已疎矣況乎千里之遠九重之深陳述之難明聽覽之不一欲其事無遺策雖聖者亦有所不能焉設使謀慮能周其如權變無及戎虜馳突迅如風飈驛書上聞旬月方報守土者以兵寡不敢抗敵分鎮者以無詔不肯出師逗留之間寇已奔逼託於救援未至各且閉壘自全牧馬屯牛鞠爲椎剽穡夫樵婦罄作俘囚雖詔諸鎮發兵唯以虛聲應援互相瞻顧莫敢遮邀賊既縱掠退歸此乃陳功告捷其敗喪則減百而爲一其捃獲則張百而成千將帥既幸於總制在朝不憂於罪累陛下又以爲大權由己不究事情用師若斯可謂機失於遙制矣理兵而措置乖方馭將而賞罰虧度制用而財匱建兵而力分養士而怨生用師而機失此六者疆場之蠹賊軍旅之膏肓也蠹賊不除而但滋之以糞溉膏肓不療而唯啗之以滑甘適足以養其害速其災欲求稼穡豐登膚革充美固不可得也臣愚謂宜罷諸道將士番替防秋之制率因舊數而三分之其一分

委本道節度使募少壯願住邊城者以徙焉其一分則本道但供衣糧委關內河東諸軍州募蕃漢子弟願傅邊軍者以給焉又一分亦令本道但出衣糧加給應募之人以資新徙之業又令度支散於諸道和市耕牛兼顧召工人就諸軍城繕造器具募人至者每家給耕牛一頭又給田農水火之器皆令充備初到之歲與家口二人糧并賜種子勸之播植待經一稔俾自給家若有餘粮官爲收糴各酬倍價務獎營田既息踐更徵發之煩且無幸災苟免之弊寇至則人自爲戰時至則家自力農是乃兵不得不強食不得不足與夫倏來忽往豈可同等而論哉臣又謂宜擇文武能臣一人爲隴右元帥應涇隴鳳翔長武城山南西道等節度管內兵馬悉以屬焉又擇一人爲朔方元帥應鄜坊邠寧靈夏等節度管內兵馬悉以屬焉又擇一人爲河東元帥河東振武等節度管內兵馬悉以屬焉三帥各選臨邊要會之州以爲理所見置節度有非要者隨所便近而併之唯元帥得置統軍餘並停罷其三帥部內太原鳳翔等府及諸郡

戶口稍多者慎揀良吏以爲尹守外奉師律內課農桑俾爲軍糧以壯戎府理兵之宜既得選帥之授既明然後減姧濫虛浮之費以豐財定衣粮等級之制以和衆弘委任之道以宣其用懸賞罰之典以考其成而又慎守中國之所長謹行當今之所易則八利可致六失可除如是而戎狄不威懷疆場不寧謐者未之有也諸侯軌道庶類服從如是而教令不行天下不理者亦未之有也以陛下之英鑒聖心之思安四方之小休兩寇之方靜加以頻年豐稔所在積粮此皆天贊國家可以立制垂統之時也時不久居事不常兼已過而追雖悔無及明主者不以言爲罪不以人廢言罄陳狂愚惟所省擇德宗極深嘉納優詔褒獎之贄在中書政不便於時者多所條奏德宗雖不能皆可而心頗重之初竇參既貶郴州節度使劉士寧餉參絹數千匹湖南觀察使李巽與參有隙具事奏聞德宗不悅會右庶子姜公輔於上前聞奏稱竇參嘗語臣云陛下怒臣未已德宗怒再貶參竟殺之時議云公輔奏竇參語得之於贄云參之死贄有力焉又素惡于公異

于邵既輔政而逐之談者亦以爲阨戶部侍郎判度支裴延齡奸宄用事天下嫉之如讎以得幸於天子無敢言者贄獨以身當之屢於延英面陳其不可累上疏極言其奬延齡日加譖毀十年十二月除太子賓客罷知政事贄性畏愼及策免私居朝謁之外不通賓客無所過從十一年春旱邊軍芻粟不給具事論訴延齡言贄與張滂李充等搖動軍情語在延齡傳德宗怒將誅贄等四人會諫議大夫陽城等極言論奏乃貶贄爲忠州別駕贄初入翰林特承德宗異顧歌詩戲狎朝夕陪遊及出居艱阻之中雖有宰臣而謀猷參決多出於贄故當時目爲內相從幸山南道途艱險扈從不及與帝相失一夕不至上喻軍士曰得贄者賞千金翌日贄謁見上喜形顏色其寵待如此旣與二吳不協漸加浸潤恩禮稍薄及通玄敗上知誣枉遂復見用贄以受人主殊遇不敢愛身事有不可極言無隱朋友規之以爲太峻贄曰吾上不負天子下不負吾所學不恤其他精於吏事斟酌決斷不失錙銖嘗以詞詔所出中書舍人之職軍興之際促迫應務權令學士代之朝野乂寧合歸職分其命將相制詔却付中書行遣又言學士私臣玄宗初令待詔止於唱和文章而已物議是之德宗以贄指斥通微通玄故不可其奏贄在忠州十年常閉關靜處人不識其面復避謗不著書家居瘴鄉人多癘疫乃抄撮方書爲陸氏集驗方五十卷行於代初贄秉政貶駕部員外郎李吉甫爲明州長史量移忠州刺史贄在忠州與吉甫相遇昆弟門人咸爲贄憂而吉甫忻然厚禮都不銜前事以宰相禮事之猶恐其未信不安日與贄相狎若平生交契者贄初猶慙懼後乃深交時論以吉甫爲長者後有薛延者代吉甫爲刺史延朝辭日德宗令宣旨慰安而韋皋累上表請以贄代已順宗卽位與陽城鄭餘慶同詔徵還詔未至而贄卒時年五十二贈兵部尚書謚曰宣子簡禮登進士第累辟使府

史臣曰近代論陸宣公比漢之賈誼而高邁之行剛正之節經國成務之要激切仗義之心初蒙天子重知末塗淪躓皆相類也而誼止中大夫贄及台鉉不爲不遇矣昔公孫鞅挾三策說秦王淳于髡以隱語見齊君從古以還正言不易昔周昭戒急論議正爲此也贄居珥筆之列調飪之地欲以片心除衆弊獨手遏群邪君上不亮其誠群小共攻其短欲無放逐其可得乎詩稱其維哲人告之話言又有誨爾聽我之恨此皆賢人君子歎言不見用也故堯咨禹拜千載一時攜手提耳豈容易哉

贊曰良臣悟主我有嘉猷多僻之君爲善不周忠言救失啓沃曰讎勿貽天問蒼蒼悠悠

舊唐書列傳卷第八十九

劉　昫　等修

聞人詮校刻沈桐同校

韋皐 劉闢附　張建封　盧群

韋皐字城武京兆人大曆初以建陵挽郎調補華州叅軍累授使府監察御史宰相張鎰出爲鳳翔隴右節度使奏皐爲營田判官得殿中侍御史權知隴州行營留後事建中四年涇師犯闕德宗幸奉天鳳翔兵馬使李楚琳殺張鎰以府城叛歸於朱泚隴州刺史郝通奔于楚琳先是朱泚自范陽入朝以甲士自隨後泚爲鳳翔節度使既罷留范陽五百人戍隴州而泚舊將牛雲光督之時泚既以逆徒圍奉天雲光因稱疾請皐爲帥將謀亂擒皐以赴泚皐將翟曄伺知之白皐爲備雲光知事洩遂率其兵以奔泚行及汧陽遇泚家僮蘇玉將使于皐所蘇玉謂雲光曰太尉已登寶位使我持詔以韋皐爲御史中丞君可以兵歸隴州皐若承命即爲吾人如不受詔彼書生可以

圖之事無不濟矣乃反旆疾趨隴州皐迎勞之先納蘇玉受其僞命乃問雲光曰始不告而去今又來何也雲光曰前未知公心故潛去知公有新命今乃復還願與公戮力定功同其生死皐曰善又謂雲光曰大使苟不懷詐請納器甲使城中無所危疑乃可入雲光以書生待皐且以爲信然乃盡付弓矢戈甲皐既受之乃內其兵明日皐犒宴蘇玉雲光之卒於郡舍伏甲於兩廊酒既行伏發盡誅之斬雲光蘇玉首以徇泚又使家僮劉海廣以皐爲鳳翔節度使皐斬海廣及從者三人生一人使報泚於是詔以皐爲御史大夫隴州刺史置奉義軍節度以旌之皐遣從兄平及弇繼入奉天城城中聞皐有備士氣增倍皐乃築壇于廷血牲與將士等盟曰上天不弔國家多難逆臣乘間盜據宮闕而李楚琳亦扇兇徒傾陷城邑酷虐所加爰及本使既不事上安能卹下皐是用激心憤氣不遑底寧誓與群公竭誠王室凡我同盟一心協力仗順除兇先祖之靈必當幽贊言誠則志合義感則心齊粉骨糜軀決無所顧有渝此志明神殛之迨於

子孫亦罔遺類皇天后土當兆斯言又遣使入吐蕃求援十一月加檢校禮部尚書興元元年德宗還京徵爲左金吾衛將軍尋遷大將軍貞元元年拜檢校戶部尚書兼成都尹御史大夫劍南西川節度使代張延賞皐以雲南蠻衆數十萬與吐蕃和好蕃人入寇必以蠻爲前鋒四年皐遣判官崔佐時入南詔蠻說令向化以離吐蕃之助佐時至蠻國羊咀咩城其王異牟尋忻然接遇請絕吐蕃遣使朝貢其年遣東蠻鬼主驃傍苴夢衝苴烏等相率入朝南蠻自巂州陷沒臣屬吐蕃絕朝貢者二十餘年至是復通五年皐遣大將王有道簡習精卒以入蕃界與東蠻於故巂州臺登北谷大破吐蕃青海臘城二節度斬首二千級生擒籠官四十五人其投崖谷而死者不可勝計蕃將乞臧遮遮者蕃之驍將也久爲邊患自擒遮遮城柵無不降數年之內終復巂州以功加吏部尚書九年朝廷築鹽州城慮爲吐蕃掩襲詔皐出兵牽維之及命大將董勔張芬出西山及南道破峨和城通鶴軍吐蕃南道元帥論莽熱率衆來援又破之殺傷數千人

焚定廉城凡平堡柵五十餘所以功進位檢校右僕射皐又招撫西山羌女訶陵白狗逋租弱水南王等八國酋長入貢闕廷十一年九月加統押近界諸蠻西山八國兼雲南安撫等使十二年二月就加同中書門下平章事十三年收復巂州城十六年皐命將出軍累破吐蕃於黎巂二州吐蕃怒遂大搜閱築壘造舟欲謀入寇皐悉挫之於是吐蕃酋帥兼監統曩貢臘城等九節度嬰籠官馬定德與其大將八十七人舉部落來降定德有計略習知兵法及山川地形吐蕃每用兵定德常乘驛計事蕃中諸將稟其成筭至是自以扞邊失律懼得罪而歸心焉十七年吐蕃昆明城管泚蠻千餘戶又降贊普以其衆外潰遂北寇靈朔陷麟州德宗遣使至成都府令皐出兵深入蕃界皐乃令鎮靜軍使陳洎等統兵萬人出三奇路威戎軍使崔堯臣兵千人出龍溪石門路南維保二州兵馬使仇晃保霸二州刺史董振等兵二千趨吐蕃維州城中北路兵馬使邢玼等四千趨吐蕃棲鷄老翁城都將高倜王英俊兵二千趨故松州隴東兵馬使元膺

兵八千人出南道雅邛黎巂路又令鎮南軍使韋良金兵一千三百
續進雅州經略使路惟明等兵三千趨吐蕃租松等城黎州經略使
王有道兵二千人過大渡河深入蕃界巂州經略使陳孝陽兵馬使
何大海韋義等及磨些蠻東蠻二部落主苴那時等兵四千進攻昆
明城諾濟城自八月出軍齊入至十月破蕃兵十六萬拔城七軍鎮
五戶三千擒生六千斬首萬餘級遂進攻維州救軍再至轉戰千里
蕃軍連敗於是寇靈朔之衆引而南下贊普遣論莽熱以內大相兼
東境五道節度兵馬都群牧大使率雜虜十萬而來解維州之圍蜀
師萬人據險設伏以待之先出千人挑戰莽熱見我師之少悉衆追
之發伏掩擊鼓譟雷駭蕃兵自潰生擒論莽熱虜衆十萬殲夷者半是
歲十月遣使獻論莽熱于朝德宗數而釋之賜第於崇仁里皐以功
加檢校司徒兼中書令封南康郡王順宗即位加檢校太尉順宗久
疾不能臨朝聽政宦者李忠言侍棊待詔王叔文侍書待詔王伾等
三人頗干國政高下在心皐乃遣支度副使劉闢使於京師闢私謁

王叔文曰太尉使致誠於足下若能致某都領劍南三川必有以相
酬如不留意亦有以奉報叔文大怒將斬闢以徇韋執誼固止之闢
乃私去皐知王叔文人情不附又知與韋執誼有隙自以大臣可議
社稷大計乃上表請皇太子監國曰臣聞上承宗廟下鎮黎元永固
無疆莫先儲兩伏聞聖明以山陵未祔哀毀逾制心勞萬機伏計旬
月之間未甚痊復皇太子睿質已長淑問日彰四海之心實所倚賴
伏望權令皇太子監撫庶政以俟聖躬痊平一日萬機免令壅滯又
上皇太子牋曰殿下體重離之德當儲貳之重所以克昌九廟式固
萬方天下安危繫於殿下皐位居將相志切匡扶先朝獎知早承恩
顧人臣之分知無不爲願上答眷私盡輸肝鬲伏以聖上嗣膺鴻業
睿哲英明攀感先朝志存孝理諒闇之際方委大臣但付託偶失於
善人而參決多虧於公政今群小得志隳紊紀綱官以勢遷政由情
改朋黨交構熒惑宸聰樹置腹心遍於貴位潛結左右難在蕭墻國
賦散於權門王稅不入天府褻慢無忌高下在心貨賄流聞遷轉失

敘先聖屏黜贓犯之類咸擢居省寺之間至令忠臣隕涕正人結舌
遐邇痛心人知不可伏恐奸雄乘便因此謀動干戈危殿下之家邦
傾太宗之王業伏惟太宗櫛沐風雨經營廟朝將垂二百年欲及千
萬祀而一朝使叔文姦佞之徒侮弄朝政恣其胸臆坐致傾危臣每
思之痛心疾首伏望殿下斥逐群小委任賢良慺慺血誠輸寫於此太
子優令荅之而裴均嚴綬牋表繼至由是政歸太子盡逐伾文之黨
是歲暴疾卒時年六十一贈太師廢朝五日皐在蜀二十一年重賦
斂以事月進卒致蜀土虛竭時論非之其從事累官稍崇者則奏爲
屬郡刺史或又署在府幕多不令還朝蓋不欲洩所爲於闕下故也
故劉闢因皐故態圖不軌以求三川厲階之作蓋有由然皐兄聿時
爲國子司業劉闢與盧文若據西川叛皐姪行式先娶文若妹而聿
不奏既收行式以其妻沒官詔御史臺按聿聿下獄有司以行式妻
在遠不與兄同情不當連坐詔歸行式妻而釋聿

○劉闢者貞元中進士擢第宏詞登科韋皐辟爲從事累遷至御史中

丞支度副使永貞元年八月韋皐卒闢自爲西川節度留後率成都
將校上表請降節鉞朝廷不許除給事中便令赴闕闢不奉詔時憲
宗初即位以無事息人爲務遂授闢檢校工部尚書充劍南西川節
度使闢益凶悖出不臣之言而求都統三川與同幕盧文若相善欲
以文若爲東川節度使遂舉兵圍梓州憲宗難於用兵宰相杜黃裳
奏劉闢一狂蹶書生耳王師鼓行而俘之兵不血刃臣知神策軍使
高崇文驍果可任舉必成功帝數日方從之於是令高崇文李元奕
將神策京西行營兵相續進發令與嚴礪李康掎角相應以討之仍
許其自新元和元年正月崇文出師三月收復東川乃下詔曰朕聞
皇祖玄元之誡曰兵者凶器也不得已而用之恭惟聖謨常所祗服
故惟文誥有所不至誠信有所未孚始務安人必能忍恥朕之此志
亦可明徵近者德宗皇帝舉柔服之規授宰衡之傑弘我廟勝遂康
巴庸故得南詔入貢西戎寢患成績始究元臣喪亡劉闢乘此變故
坐邀符節朕以成狂命者雖乘於理體從權便者所冀於輯寧竟乘

邪士之謀遂允僥求之志朕之於闢恩亦弘矣曾不知恩負牛羊之
力飽則逾岗畜梟獍之心馴之益悖誑惑士伍圍逼梓州誘陷戎臣
塞絕劍路師徒所至燒刼無遺干紀之辜擢髮難數朕為人司牧字
彼黎元如闢之罪非朕敢捨可削奪在身官爵六月崇文破鹿頭關
進收漢州九月崇文收成都府劉闢以數十騎遁走投水不死騎將
酈定進入水擒闢於成都府西洋灌田盧文若先自刃其妻子然後
縋石投江失其屍闢檻送京師在路飲食自若以為不當死及至京西臨
臯驛左右神策兵士迎之以帛繫首及手足曳而入乃驚曰何至於
是或紿之曰國法當爾無憂也是日詔曰劉闢生於士族敢蓄梟心
驅刼蜀人拒扞王命肆其狂逆詿誤一州俾我黎元肝腦塗地賊將
崔綱等同惡相扇至死不迴咸宜伏辜以正刑典劉闢男超郎等九
人並處斬闢入京城上御興安樓受俘馘令中使於樓下詰闢反狀
闢曰臣不敢反五院子弟為惡臣不能制又遣詰之曰朕遣中使送
旌節官告何故不受闢乃伏罪令獻太廟郊社徇于市即日戮於子

○城西南隅初闢嘗病見諸問疾者來皆以手據地倒行入闢口闢因
磔裂食之惟盧文若至則如平常故尤與文若厚竟以同惡俱赤族
不其怪歟

張建封字本立兗州人祖仁範洪州南昌縣令貞元初贈鄭州刺史
父玠少豪俠輕財重士安祿山反令偽將李庭偉率蕃兵脅下城邑至
魯郡太守韓擇木具禮郊迎置於郵館玠率鄉豪張貴孫邑段絳等
集兵將殺之擇木怯懦大懼唯員外司兵張孚然其計遂殺庭偉并
其黨數十人擇木方遣使奏聞擇木張孚俱受官賞玠因遊蕩江南
不言其功以建封貴贈秘書監建封少頗屬文好談論慷慨負氣以
功名為己任寶應中李光弼鎮河南時蘇常等州草賊寇掠郡邑代
宗遣中使馬日新與光弼將兵馬同征討之建封乃見日新自請說
喻賊徒日新從之遂入虎窟蒸里等賊營以利害禍福喻之一夕賊
黨數千人並詣日新請降遂悉放歸田里大曆初道州刺史裴虯薦
建封於觀察使韋之晉辟為參謀奏授左清道兵曹不樂吏役而去

滑亳節度使令狐彰聞其名辟之彰既未曾朝覲建封心不悅之遂
投刺於轉運使劉晏自述其志不願仕於彰也晏奏試大理評事勾
當軍務歲餘復罷歸建封素與馬燧友善大曆十年燧為河陽三城
鎮遏使辟為判官奏授監察御史賜緋魚袋李靈曜反於梁宋間與
田悅掎角同為叛逆燧與李忠臣同討平之軍務多咨於建封及燧為
河東節度使復奏建封為判官特拜侍御史建中初燧薦之於朝楊炎
將用為度支郎中盧杞惡之出為岳州刺史時淮西節度使李希烈
乘破滅梁崇義之勢漸縱恣跋扈壽州刺史崔昭數書疏往來淮南
節度使陳少遊奏之上遽召宰相令選壽州刺史盧杞本惡建封是
日荅賁遂薦建封以代崔昭牧壽陽李希烈稱兵寇陷汝州擒李元
平擊走胡德信唐漢臣等又摧破哥舒曜於襄城連陷鄭汴等州李
勉棄城而遁涇師內逆駕幸奉天賊鋒益盛淮南陳少遊潛通希烈
希烈稱偽號改元遣將楊豐齎偽赦書二道令送少遊及建封至壽州
建封縛楊豐徇於軍中適會中使自行在及使江南迴者同至建封

○集衆對中使斬豐於通衢封偽赦書送行在遠近震駭陳少遊聞之
既怒且懼建封乃具奏少遊與希烈往來事狀希烈又偽署其黨杜
少誠為淮南節度使令先平壽州越江都建封令其將賀蘭元均邵
怡等守霍丘秋柵少誠竟不能侵軼乃南掠蘄黃等州又為伊慎所
挫衂尋加建封兼御史中丞本州團練使車駕還京陳少遊憂憤而
卒興元元年十二月乃加兼御史大夫充濠壽廬三州都團練觀察使
於是大修緝城池悉心綏撫遠近悅附自是威望益重李希烈選兇
黨精悍者率勁卒以攻建封曠日持久無所尅獲而去及希烈平進
階封賜一子正員官初建中年李洧以徐州歸附洧尋卒其後高承
宗父子獨孤華相繼為刺史為賊侵削貧困不能自存又咽喉要地
據江淮運路朝廷思擇重臣以鎮者久之貞元四年以建封為徐州
刺史兼御史大夫徐泗濠節度支度營田觀察使既創置軍伍建封
觸事躬親性寬厚容納人過誤而按據綱紀不妄曲法貸人每言事
忠義感激人皆畏悅七年進位檢校禮部尚書十二年加檢校右僕

射十三年冬入覲京師德宗禮遇加等特以雙日開延英召對又令
朝參入大夫班以示殊寵建封賦朝天行一章上獻賜名馬珍玩頗
厚時宦者主宮中市買謂之宮市抑買人物稍不如本估末年不復
行文書置白望數十百人於兩市及要鬧坊曲閱人所賣物但稱宮
市則斂手付與眞僞不復可辨無敢問所從來及論價之高下者率
用直百錢物買人直數千物仍索進奉門戶及腳價銀人將物詣市
至有空手而歸者名為宮市其實奪之嘗有農夫以驢馱柴宦者市
之與絹數尺又就索門戶仍邀驢送柴至內農夫啼泣以所得絹與
之不肯受曰須得爾驢農夫曰我有父母妻子待此而後食今與汝
柴而不取直而歸汝尚不肯我有死而已遂毆宦者街使擒之以聞
乃黜宦者賜農夫絹十匹然宮市不為之改諫官御史表疏論列皆
不聽吳湊以戚里為京兆尹深言其弊建封入覲具奏之德宗頗深
嘉納而戶部侍郎判度支蘇弁希宦者之旨因入奏事上問之弁對
曰京師游手墮業者數千萬家無土著生業仰宮市取給上信之凡

言宮市者皆不聽用詔書矜免百姓諸色逋賦上問建封對曰凡逋
賦殘欠皆是累積年月無可徵收雖蒙陛下憂恤百姓亦無所裨益
時河東節度使李說華州刺史盧徵皆中風疾口不能言足不能行
但信任左右胥吏決遣之建封皆悉聞奏上深嘉納又金吾大將軍
李翰好伺察城中細事加諸聞奏冀求恩寵人畏而惡之建封亦奏
之乃下詔曰比來朝官或諸處過從金吾皆有上聞其間如素是親
故或曾同僚友伏臘歲序時有還往亦是常禮人情所通起今已後
金吾不須聞十四年春上巳賜宰臣百寮宴於曲江亭特令建封與
宰相同座而食貞元已後藩帥入朝及還鎮如馬燧渾瑊劉玄佐李
抱眞曲環之崇秩鴻勳未有獲御製詩以送者建封將還鎮特賜詩
曰牧守寄所重才賢生為時宣風自淮甸授鉞膺藩維入覲展遐戀
臨軒慰來思忠誠在方寸感激陳情詞報國爾所向恤人予是資歡
宴不盡懷車馬當還期穀雨將應候行春猶未遲勿以千里遙而云
無已知又令高品中使賫常所執鞭以賜之曰以卿忠貞節義

歲寒不移此鞭朕久執用故以賜卿表卿忠節也建封又獻詩一篇
以自警勵建封在彭城十年軍州稱理復又禮賢下士無賢不肖遊
其門者皆禮遇之天下名士嚮風延頸其往如歸貞元時文人如許
孟容韓愈諸公皆為之從事十六年遇疾連上表請速除代方用韋
夏卿為徐泗行軍司馬未至而建封卒時年六十六冊贈司徒子愔
愔以蔭授虢州參軍初建封卒判官鄭通誠權知留後事通誠懼軍士
謀亂適遇浙西兵還鎮通誠欲引入州城為援事洩三軍怒五六千
人斫甲仗庫取戈甲執帶環繞衙城請愔為留後乃殺通誠楊德宗
大將段伯熊吉遂曲澄張秀等軍衆請於朝廷乞授愔旄節初不之
許乃割濠泗二州隸淮南加杜佑同平章事以討徐州既而泗州刺
史張伾以兵攻埇橋與徐軍接戰伾大敗而還朝廷不獲已乃授愔
起復右驍衛將軍同正兼徐州刺史御史中丞充本州團練使知徐
州留後仍以泗州刺史張伾為泗州留後濠州刺史杜兼為濠州留
後正授武寧軍節度檢校工部尚書元和元年被疾上表請代徵為

兵部尚書以東都留守王紹為武寧軍節度代愔後隸濠泗二州於
徐徐軍喜復得二州不敢為亂而愔遂赴京師未出界卒愔在徐州七
年百姓稱理詔贈右僕射
盧群字載初范陽人少好讀書初學於太安山淮南節度使陳少遊
聞其名辟為從事建中末薦於朝廷會李希烈反叛詔諸將討之以
群為監察御史江西行營糧料使興元元年江西節度嗣曹王皐奏
為判官曹王移鎮江陵襄陽群皆從之幕府之事委以咨決以正直
聞貞元六年入拜侍御史有人誣告故尚父子儀嬖人張氏宅中有
寶玉者張氏兄弟又與尚父家子孫相告訴詔促繫獄群奏曰張氏
以子儀在時分財子弟不合爭奪然張氏宅與子儀親仁宅皆子儀
家事子儀有大勳伏望陛下特赦而勿問俾私自引退德宗從其言
時人嘉其識大體累轉左司職方兵部三員外郎中淮西節度使吳
少誠擅開決司洧等水漕輓溉田遣中使止之少誠不奉詔令群使
蔡州詰之少誠曰開大渠大利於人群曰為臣之道不合自專雖便

於人須俟君命且人臣須以恭恪爲事若事君不盡恭恪即責下吏恭恪固亦難矣凡數百千言論以君臣之分忠順之義少誠乃從命即停工役群博涉有口辨好談論與少誠言古今成敗之事無不聳聽又與唱和賦詩自言以反側常蒙隔在恩外群於筵中醉而歌曰祥瑞不在鳳凰麒麟太平須得邊將忠臣衛霍真誠奉主貔虎十萬一身江河潛注息浪蠻貊款塞無塵但得百寮師長肝膽不用三軍羅綺金銀少誠大感悅群以奉使稱旨俄遷檢校秘書監兼御史中丞義成軍節度行軍司馬貞元十六年四月節度姚南仲歸朝拜群天成軍節度鄭滑觀察等使先寓居鄭州典質良田數頃及爲節度使至鎮各與本地契書分付所管令長令召還本主時論稱美尋遇疾其年十月卒時年五十九廢朝一日贈工部尚書賵賻布帛米粟有差

史臣曰韋南康張徐州慷慨下位之中橫身喪亂之際力扶衰運氣激壯圖義風凜凜聳動群醜舂盜之喉折賊之角可謂忠矣而韋公

季年惑賊闢之姦說欲無巴益則志未可量徐州請覲頗有規諫之言所謂以道匡君能以功名始終者盧載初喻少誠還地券君子哉三子之賢不翮得

贊曰南康英壯力匡交喪張侯義烈志平亂象見危能振蹈利無誘韋德不周張心可亮

唐書列傳卷第九十

唐書列傳卷第九十一

劉昫等修

聞人詮校刻沈桐同校

田承嗣 姪悅 承嗣子緒 緒子季安　田弘正 子布 牟 布子在宥

張孝忠 子茂昭 茂和 茂昭子克勤 孫楚階 弟茂宗

田承嗣平州人世事盧龍軍爲裨校祖璟父守義以豪俠聞於遼碣
承嗣開元末爲軍使安祿山前鋒兵馬使累俘斬奚契丹功補左清
道府率遷武衛将軍祿山構逆承嗣與張忠志等爲前鋒陷河洛祿
山敗史朝義再陷洛陽承嗣爲前導僞授魏州刺史代宗遣朔方節
度使僕固懷恩引迴紇軍討平河朔帝以二兇繼亂郡邑傷殘務在
禁暴戢兵屢行赦宥凡爲安史詿誤者一切不問時懷恩陰圖不軌
慮賊平寵衰欲留賊将爲援乃奏承嗣及李懷仙張忠志薛嵩等四
人分帥河北諸郡乃以承嗣檢校戶部尚書鄭州刺史俄遷魏州刺
史貝博滄瀛等州防禦使居無何授魏博節度使承嗣不習教義沉
猜好勇雖外受朝旨而陰圖自固重加稅率修繕兵甲計戶口之衆
寡而老弱事耕稼丁壯從征役故數年之間其衆十萬仍選其魁偉
强力者萬人以自衛謂之衙兵郡邑官吏皆自署置戶版不籍於天
府稅賦不入於朝廷雖曰藩臣實無臣節代宗以黎元久罹寇虐姑
務優容累加檢校尚書僕射太尉同中書門下平章事封鴈門郡王
賜實封千戶及昇魏州爲大都督府以承嗣爲長史仍以其子華尚
永樂公主冀以結固其心庶其悛革而生於朔野志性兇逆每王人
慰安言詞不遜大曆八年相衛節度使薛嵩卒其弟㟧欲邀旌節及
用李承昭代嵩衙将裴志清謀亂逐㟧率衆歸於承嗣十年薛㟧
歸朝承嗣使親黨煽惑相州将吏謀亂遂将兵襲擊謬稱救應代宗
遣中使孫知古使魏州宣慰令各守封疆承嗣不奉詔遣大将盧子
期攻洺州楊光朝攻衛州殺刺史薛雄仍逼知古令巡磁相二州諷
其大将割耳剺面請承嗣爲帥知古不能詰四月詔曰田承嗣出自
行間策名邊戍早忝戎秩効用無聞常輔兇渠驅馳有素洎再平河

朔歸命轅門朝廷俯念遺黎久罹兵革自祿山召禍瀛博流離思明
繼釁趙魏堙厄以至農桑井邑靡獲安居骨肉室家不能相保念其
凋瘵思用撫寧以其先布款誠寄之爲理所以委授旌鉞之任假以
方面之榮期爾知恩庶能自効崇資茂賞首冠朝倫列異姓之苴茅
登上公之禮命子弟童稚皆聯臺閣之華妻妾僕媵並受國邑之號
人臣之寵舉集其門将相之權兼領其職夫宰相者所以盡忠而乃
據國家之封壤仗國家之兵戈安國家之黎人調國家之征賦掩有
資實憑竊寵靈內包兇邪外示歸順且相衛之畧所管素殊而逼脅
軍人使之翻潰因其驚擾便進軍師事跡暴彰姦邪可見不然豈志
清之亂曾未崇朝子期光朝會于明日足知先有成約指期而來是
爲蔑棄典刑擅興戈甲既云相州擾擾隣境救災旋又更拜磁州重
威靈此實自矛盾不究始終三州既空遠邇驚陷更移兵馬又赴洺
州實爲暴惡不仁窮極殘忍薛雄乃衛州刺史固非本藩忿其不附
橫加凌虐一門盡屠非復噍類酷烈無狀人神所冤又四州之地皆
列屯營長吏屬官任情補署精甲利刃良馬勁兵全實之資裝農藏
之積實盡收魏府罔有孑遺其爲蓋在無赦欲行討問正厥刑書猶
示含容冀其遷善抑于典憲務在慰安乃遣知在遠奉詔書諭以深
旨乃命承昭副茲麾下撫彼舊封而承昭又遣親将劉渾先傳詔命
承嗣迫逐相衛仍刼知在偕行先令姪悅權扇軍吏至使引刀自割
抑令騰口相稽當衆諠譁請歸承嗣論其姦狀足以爲憑此而可容
何者爲罪承嗣宜貶永州刺史仍許一幼男女從行便路赴任委河
東節度使薛兼訓成德軍節度使李寶臣幽州節度留後朱滔昭義
節度李承昭淄青節度李正己淮西節度李忠臣永平軍節度使李
勉汴宋節度田神王等犄角進軍如承嗣不時就職所在加討按軍
法處分詔下承嗣懼而麾下大将復多攜貳倉皇失圖乃遣牙将郝
光朝奉表請罪乞束身歸朝代宗重勞師旅特恩詔先并姪悅等悉
復舊官仍詔不須入覲十一年汴将李靈耀據城叛詔近鎮加兵靈
耀求援於魏承嗣令田悅率衆五千赴之爲馬燧李忠臣逆擊敗之

悅僅而獲免兵士死者十七八復詔誅之十三年承嗣復上章請罪又赦之復其官爵承嗣有貝博魏衛相磁洺等七州復爲七州節度使於是承嗣弟廷琳及從子悅承嗣子綰緒等皆復本官仍令給事中杜亞宣諭賜鐵券十三年九月卒時年七十五有子十一人維朝華繹綸綰緒繪純紳縉等維爲魏州刺史朝神武將軍華太常少卿駙馬都尉尚永樂公主再尚新都公主餘子皆幼而悅勇冠軍中承嗣愛其才及將卒命悅知軍事而諸子佐之悅初爲魏博中軍兵馬使檢校右散騎常侍魏府左司馬大曆十三年承嗣卒朝廷用悅爲節度留後驍勇有膂力性殘忍好亂而能外飾行義傾財散施人多附之故得兵柄尋拜檢校工部尚書御史大夫充魏博七州節度使大曆末悅尚恭順建中初黜陟使洪經綸至河北方聞悅軍七萬經綸素昧時機先以符停其兵四萬令歸農畝悅僞亦順命即依符罷之旣而大集所罷將士激怒之曰爾等久在軍戎各有父母妻子旣爲黜陟使所罷如何得衣食自資衆遂大哭悅乃盡出其家財帛衣

服以給之各令還其部伍自此[illegible]感悅而怨朝廷居無何或謬稱車駕將東封而李勉增廣汴州城李正已聞而猜懼以兵萬人屯曹州遣使說悅同爲拒命悅乃與正已梁崇義等謀各阻兵以判官王侑扈萼許士則爲腹心邢曹俊孟希祐李長春符璘康愔爲爪牙建中二年鎭州李寶臣卒子惟岳求襲節鉞俄而淄青李正已卒子納亦求節鉞朝廷皆不允遂與惟岳李納同謀叛逆時朝廷遣張忠等討栢州悅將孟祐率兵五千援之又遣將康愔率兵八千圍邢州楊朝光五千人營於邯鄲西北盧家砦絕昭義糧餉之路悅自將兵甲數萬繼進邢州刺史李洪臨洺將張伾爲賊所攻禦備將竭詔河東節度使馬燧河陽李芃與昭義軍討悅七月三日師自壺關東下收賊盧家砦大破賊於雙岡邢州解圍悅衆遁走保洹水馬燧等三師距悅軍三十里爲壘李納遣兵八千人助悅魏將邢曹俊者承嗣之舊將老而多智頗知兵法悅昵於扈萼以曹俊爲貝州刺史及悅拒官軍於臨洺大爲王師所破悅乃召曹俊而問計焉曹俊曰兵法十倍則攻尚書以逆犯順勢且不侔宜於崞口置兵萬人以遏西師則河北二十四州悉爲尚書有矣今於臨洺武安設攻城之計糧竭卒盡危凶立至未見其可也祐等以其異已咸譖毀悅復令守貝州悅與淄青兵三萬餘人陣於洹水馬燧等三師與神策將李晟等來攻悅之衆復敗死傷二萬計悅收合殘卒奔魏州至南郭外大將李長春拒關不內以俟官軍三師雖進頓兵於魏州南平邑浮圖感遲留不進長春乃開門內之悅持佩刀立於軍門謂軍士百姓曰悅藉伯父餘業久與卿等同事今旣敗喪相繼不敢圖全然悅所以堅拒天誅者是以淄青恒冀二大人在日爲悅保薦於先朝方獲承襲今三帥云亡子弟求襲悅旣不能報効以至興師今軍旅敗亡士民塗炭此皆悅之罪也以母親之故不能自剄公等當斬悅首以取功勳無爲俱死也乃自馬投地衆皆憐之或前撫持悅曰久蒙恩公不忍聞此今士民之衆猶可一戰生死以之悅收涕言曰諸公不以悅喪敗猶願同心悅縱身死寧忘厚意於地下乎悅乃自割一髻以爲要誓於

是將士自斷其髮結爲兄弟誓同生死其將符璘李再春李瑤悅從兄昂相次以郡邑歸國璘等家在魏州者無少長悉爲悅所害悅觀城內兵仗罄乏士衆衰減甚爲惶駭乃復召邢曹俊與之謀旣至完整徒旅繕修營壁人心復堅經旬餘日馬燧等進至城下向使燧等乘勝長驅襲其未備則魏城屠之久矣識者痛惜之會王武俊殺李惟岳朱滔攻深州下之朝廷以武俊爲恒州刺史又以實臣故將康日知爲深趙二州觀察使是以武俊怨賞功在日知下朱滔怨不得深州二將有憾於朝廷悅知其可間遣判官王侑許士則使於北軍說朱滔曰昨者司徒奉詔征伐徑趨賊境旬朔之內拔束鹿下深州惟岳勢蹙故王大夫獲殄兇渠皆因司徒勝勢又聞司徒離幽州日有詔得惟岳郡縣使隸本鎭今割深州與日知是國家無信於天下也且今上英武獨斷有秦皇漢武之才誅夷豪傑欲埽除河朔不令子孫嗣襲又朝臣立功立事如劉晏輩皆被屠滅昨破梁崇義殺三百餘口投之漢江此司徒之所明知也如馬燧抱眞等破魏博後朝

廷必以儒德大臣以鎮之則燕趙之危可翹足而待也若魏博全則
燕趙無患田尚書必以死報恩義合從連衡救災卹患春秋之義也
春秋時諸侯有危者桓公不能救則恥之今司徒聲振宇宙雄略命
世救隣之急非徒立義且有利也尚書以貝州奉司徒命某送孔目
惟司徒熟計之滔既有貳於國忻然從之乃命判官王郅與許士則
同往恒州說王武俊仍許還武俊深州武俊大喜即令判官王巨源
報滔仍知深州事武俊又說張孝忠同援悅孝忠不從恐爲後患乃
遣小校鄭恆築壘於北境以拒孝忠仍令其子士眞爲恒冀深三州
留後以兵圍趙州三年五月悅以救軍將至率其衆出戰於御河之
上大敗而還四月朱滔武俊蒐軍於寧晉縣共步騎四萬五月十四
日起軍南下犬宗滔判官鄭雲逵及弟方逵背滔歸馬燧六月二十
八日滔武俊之師至魏州會神策將李懷光軍亦至懷光銳氣不可
遏堅欲與賊戰遂徑薄朱滔陣殺千餘人王武俊與騎將趙琳趙萬
敵等二千騎橫擊懷光陣滔軍繼踵而進禁軍大敗人相蹈藉投屍
於河三十里河水爲之不流馬燧等收軍保壘是夜王武俊決河水
入王莽故河欲隔官軍水已深三尺糧餉路絶王師計無從出乃遣
人告朱滔曰鄙夫輒不自量與諸人合戰王大夫善戰天下無敵司
徒五郎與王君圖之放老夫歸鎭必得聞奏以河北之事委五郎時
武俊戰勝滔心忌之即曰大夫二兄敗官軍馬司徒卑屈若此不宜
迫人於險也武俊曰燧等連兵十萬皆是國之名臣一戰而北貽國
之恥不知此等何面見天子耶然吾不惜放還但不行五十里必反
相拒燧等至魏縣軍於河西武俊等三將壁於河東兩軍相持自七
月至十月勝負未決悅感朱滔救助欲推爲盟主滔判官李子千武
俊判官鄭儒等議曰古有戰國連衡誓約以抗秦請依周末七雄故
事並建國號爲諸侯用國家正朔今年號不可改也於是朱滔稱冀
王悅稱魏王武俊稱趙王又請李納稱齊王十一月一日築壇於魏
縣中告天受之滔爲盟主稱孤武俊悅納稱寡人以幽州爲范陽
府恒州爲眞定府魏州爲大名府鄆州爲東平府皆以長子爲元帥

僞冊之日其軍上有雲物稍異馬燧等望而笑曰此雲無知乃爲賊
瑞又其營地前三年土長高三尺餘魏州戶曹韋稔爲土長頌曰益
土之兆也四年十月涇師犯闕諸師各還本鎭悅滔武俊互相疑惑
各去王號遣使歸國悅亦致書於抱眞遣使聞奏興元元年正月加
悅檢校尚書右僕射封濟陽王使並如故仍令給事中兼御史大夫
孔巢父往魏州宣慰時悅阻兵四年身雖驍猛而性儳無謀以故頻
致破敗士衆死者十七八魏人苦於兵革願息肩焉聞巢父至莫不
舞抃悅方晏巢父爲其從弟緒所殺

緒承嗣第六子大曆末授京兆府參軍承嗣卒時緒年幼稚承嗣慮
諸子不任軍政以從子悅便弓馬性狡黠故任遇之俾代爲帥守及
緒年長悅以承嗣委遇之厚待緒等無間令主衙軍緒兇險多過悅
不忍悅嘗笞而拘之緒頗怨望常俟釁隙會興元元年朝廷宥悅仍
令孔巢父往宣慰悅既順命門階徹警悅宴巢父夜歸緒率左右數
十人先殺悅腹心蔡濟扈㝷許士則等挺劍而入其兩弟止之緒斬
止者遂徑升堂悅方沉醉緒手刃悅并悅妻高氏又入別院殺悅母
馬氏自河北諸盜殘害骨肉無酷於緒者緒懼衆不附奔出北門邢
曹俊孟希祐等領徒數百追及之遥呼之曰節度使須郎君爲之他
人固不可也乃以緒歸衙推爲留後明日歸罪於扈㝷以其首徇然
後稟於孔巢父遣使以聞時緒兄綸居長爲亂兵所殺遂以緒爲留
後朝廷授緒銀青光祿大夫魏州大都督府長史兼御史大夫魏博
節度使時朱滔率兵兼引迴紇之衆南侵緒遣兵助王武俊李抱眞
大破朱滔于涇城以功授檢校工部尚書貞元元年以嘉誠公主出
降緒加駙馬都尉尋遷檢校左僕射封常山郡王食邑三千戶改封
鴈門郡王食實封五百戶尋加同平章事初田悅性儉嗇衣服飲食
皆有節度而緒等兄弟心常不足緒既得志頗縱豪侈酒色無度貞
元十二年四月暴卒時年三十三贈司空賻賚加等子三人季和季
直季安季和爲澶州刺史季直爲衛將季安最幼爲嫡嗣

季安字夔母微賤嘉誠公主蓄爲己子故寵異諸兄年數歲授左衛

胄曹參軍改著作佐郎兼侍御史充魏博節度副大使累加至試光
祿少卿兼御史大夫緒卒時季安年纔十五軍人推爲留後朝廷因
授起復左金吾衛將軍兼魏州大都督府長史魏博節度營田觀察
處置等使服闋拜銀青光祿大夫檢校尚書右僕射進位檢校司空
襲封鴈門郡王未幾加金紫光祿大夫以本官同中書門下平章事
季安幼守父業懼嘉誠之嚴雖無他才能亦麤脩禮法及公主薨遂
頗自恣擊鞠從禽色之娛其軍中政務大抵任徇情意賓僚將校言
皆不從免公主喪加檢校司徒元和中王承宗擅襲戎帥憲宗命吐
突承璀爲招撫使會諸軍進討季安亦遣大將率兵赴會仍自供糧
餉師還加太子太保季安性忍酷無所畏懼有進士丘絳者嘗爲田
緒從事及季安爲帥絳與同職侯臧不協相持爭權季安怒斥絳爲
下縣尉使人召還先掘坎於路左既至坎所活排而瘞之其兇暴如
此元和七年卒時年三十二贈太尉子懷諫懷禮懷詢懷讓懷諫母
元誼女及季安卒元氏召諸將欲立懷諫衆皆唯唯懷諫幼未能御

事軍政無巨細皆取決於私白身蔣士則數以愛憎移易將校衙軍
怒取前臨清鎭將田興爲留後遣懷諫歸第殺蔣士則等十餘人田
興葬季安畢送懷諫於京師乃起復授右監門衛將軍賜第一區芻
米甚厚田氏自承嗣據魏州至懷諫四世相傳襲四十九年而田興
代焉

田弘正本名興祖延惲魏博節度使承嗣之季父也位終安東都
護府司馬延惲生廷玠幼敦儒雅不樂軍職起家爲平舒丞遷樂壽
清池東城河間四縣令所至以良吏稱大曆中累官至太府卿滄
州別駕遷滄州刺史兼御史中丞充橫海軍使承嗣與淄青李正己
恒州李寶臣不協承嗣既令廷玠守滄州而寶臣朱滔聯兵攻擊欲
兼其土宇廷玠嬰城固守連年受敵兵盡食竭人易子而食卒無叛
者卒能保全城守朝廷嘉之遷洛州刺史又改相州屬薛崿之亂承
嗣蠶食薛嵩所部廷玠守正字民不以宗門回避而改節建中初族
弟悅代承嗣領軍政志圖兇逆慮廷玠不從召爲節度副使悅每謀

頗露廷玠謂悅曰爾藉伯父遺業可稟守朝廷法度坐享富貴何苦
與恒鄆同爲叛臣自兵亂已來誅叛國家者可以歷數鮮有保完宗
族者爾若狂志不悛可先殺我無令我見田氏之赤族也乃謝病不
出悅過其第而謝之廷玠杜門不納將吏請納建中三年鬱憤而卒
弘正廷玠之第二子少習儒書頗通兵法善騎射勇而有禮伯父承
嗣愛重之當季安之世爲衙內兵馬使季安惟務侈靡不䘏軍務屢
行殺罰弘正每從容規諷軍中甚賴之季安以人情歸附乃出爲臨
清鎭將欲捕擿其過害之弘正假以風痺請告灸灼滿身季安謂其
無能爲及季安病篤其子懷諫幼騃乃召弘正署其舊職季安卒懷
諫委家僮蔣士則改易軍政人情不悅咸曰都知兵馬使田興可爲
吾帥也衙兵數千詣興私第陳請興拒關不出衆呼譟不已興出衆
環而拜請入府署興頓仆於地久之度終不免乃令於軍中曰三軍
不以興不肖令主軍務欲與諸軍前約當聽命否咸曰惟命是從興
曰吾欲守天子法以六州版籍請吏勿犯副大使可乎皆曰諾是日

入府視事殺蔣士則十數人而已晚自府歸第其兄融責興曰爾卒
不能自晦取禍之道也翌日具事上聞憲宗嘉之加興銀青光祿大
夫檢校工部尚書魏州大都督府長史兼御史大夫上柱國沂國公
充魏博等州節度觀察處置支度營田等使仍賜名弘正仍令中書
舍人裴度使魏州宣慰賜魏博三軍賞錢一百五十萬貫弘正既受
節鉞上表曰臣聞君臣父子是謂大倫爰立紀綱以正上下其或子
不爲子臣不爲臣覆載莫可得容幽明所宜共殛臣家本邊塞累代
唐人從乃祖乃父以來沐文子文孫之化臣幸因宗族早列偏裨驅
馳戎馬之鄉不覩朝廷之禮惟忠與孝天與臣心常思奮不顧生以
身徇國無由上達私自感傷豈意命偶昌時事緣難故白刃之下謬
見推崇天慈遽臨免書罪累朝章荐及仍委旂旄錫封壤於全藩列
班榮於八座君父之恩已極絲毫之效未伸但以覗肩知羞低徊自
愧是知功榮所著必俟危亂之時徼幸之來郤在清平之日循涯揣
分以寵爲憂伏自天寶已還幽陵肇亂山東奧壤悉化戎墟外無軍

馬內懷梟獍官封代襲刑賞自專國家含垢　匿瑕垂六十載臣每
思此事當食忘餐若稍假天年得奉宸筭兼弱攻昧批亢擣虛竭鷹
犬之資展獲禽之用導揚和氣洗滌偽風然後退歸田園以避賢路
臣懷此志陛下察之優詔褒美弘正樂聞前代忠孝立功之事於府
舍起書樓聚書萬餘卷視事之隙與賓佐講論古今言行可否今河
朔有沂公史例十卷弘正客為弘正所著也魏州自承嗣已來館宇
服玩有踰常制者悉命徹毀之以正廳大侈不居乃視事于採訪使
廳賓寮參佐請之於朝頗好儒書尤通史氏左傳國史知其大略自
弘正歸國幽恒鄆蔡有齒寒之懼屢遣客間說多方誘阻而弘正終
始不移其操裴度明理體詞說雄辨弘正聽其言終夕不倦遂深相
結納由是奉上之意逾謹元和十年朝廷用兵討吳元濟弘正遣子
布率兵三千進討屢戰有功李師道以弘正効忠又襲其後不敢顯
助元濟故絕其掎角之援王師得致討焉俄而王承宗叛詔弘正以
全師壓境承宗懼遣使求救於弘正遂表其事承宗遂納二子獻德

棣二州以自解十三年王師加於鄆詔弘正與宣武義成武寧橫
海等五鎮之師會軍齊進十二月弘正自帥全師自楊劉渡河築壘
距鄆四十里師道遣大將劉悟率重兵以抗弘正結壘相望前後合
戰魏軍大捷而李愬李光顏三面進攻賊皆挫敗其勢將危十四年
二月劉悟以河上之衆倒戈入鄆斬師道首詣弘正請降淄青十二
州平論功加檢校司徒同中書門下平章事是年八月弘正入覲憲宗
待之隆異對於麟德殿參佐將校二百餘人皆有頒錫進加檢校司
徒兼侍中實封三百戶仍以其兄檢校刑部尚書相州刺史融為太
子賓客東都留司弘正三上章願留闕下憲宗勞之曰昨韓弘至朝
稱疾懇辭戎務朕不得不從今卿復請留意誠可尚然魏土樂卿之
政鄰境服卿之威為我長城不可辭也可亟歸藩弘正每懼有一日
之憂嗣襲之風不革兄弟子姪悉仕於朝憲宗皆擢居班列朱紫盈
庭當時榮之十五年十月鎮州王承宗卒穆宗以弘正檢校司徒兼
中書令鎮州大都督府長史充成德軍節度鎮冀深趙觀察等使弘

正以新興鎮人戰伐有父兄之怨乃以魏兵二千為衛從十一月二
十六日至鎮州時賜鎮州三軍賞錢一百萬貫不時至軍衆讙騰以
為言弘正親自撫喻人情稍安仍表請留魏兵為紀綱之僕以持衆
心其糧賜請給於有司時度支使崔倰不知大體固阻其請凡四上
表不報明年七月歸卒於魏州是月二十八日夜軍亂弘正幷家屬
參佐將吏等三百餘口並遇害穆宗聞之震悼冊贈太尉賻賵加等
弘正孝友慈惠骨肉之恩甚厚兄弟子姪在兩都者數十人競為崇
飾日費約二十萬魏鎮州之財皆輦屬於道河北將卒心不平之故
不能盡變其俗竟以此致亂弘正子布群牟

布弘正第三子始弘正為田季安裨將鎮臨淸布年尚幼知季安身
世必危密白其父帥其所鎮之衆歸朝弘正甚奇之及弘正節制魏
博布掌親兵國家討淮蔡布率偏師隸嚴綬軍於唐州授檢校秘書
監兼殿中侍御史前後十八戰破凌雲柵下郾城布皆有功擢授御
史中丞時裴度為宣撫使嘗觀兵於沱口賊將董重質領驍騎遽至布以

二百騎突出溝中擊之俄而諸軍大集賊乃退去淮西平拜左金吾
將軍兼御史大夫十三年丁母喪尋起復舊官十五年秋弘正移鎮成
德軍仍以布為河陽三城懷節度使父子俱擁節旄同日拜命時韓
弘亦與子公武俱為節度使然人以忠勤多田氏長慶元年春移鎮
涇原其秋鎮州軍亂害弘正都知兵馬使王廷湊為留後時魏博節
度使李愬病不能軍無以捍廷湊之亂且以魏軍田氏舊旅乃急詔
布至起復為魏博節度使仍還檢校工部尚書令布乘傳之鎮布喪
服居堊室去旌節導從之飾及入魏州居喪御事動皆得禮其祿俸
月入百萬一無所取又籍魏中舊產無巨細計錢十餘萬貫皆出之
以頒軍士牙將史憲誠出己麾下謂必能輸誠報効用為先鋒兵馬
使精銳悉委之時屢有急詔促令進軍十月布以衛軍三萬七千討
之結壘於南宮縣之南十二月進軍下賊二柵時朱克融囚張弘靖據
幽州與廷湊掎角拒命河朔三鎮素相連衡憲誠陰有異志而魏軍
驕侈怯於格戰又屬雪寒糧餉不給以此愈無鬥志憲誠從而間之

俄有詔分布軍與李光顏合勢東救深州其衆自潰多爲憲誠所有布得其衆八千是月十日還魏州十一日會諸將復議興師而將卒益倨咸曰尚書能行河朔舊事則死生行之若使復戰皆不能也布以憲誠離間度衆終不爲用嘆曰功無成矣即日密表陳軍情且稱遺表畧曰臣觀衆意終負國恩臣既無功不敢忘死伏願陛下速救光顏元翼不然則義士忠臣皆爲河朔屠害奉表號哭拜授其從事李石乃入啓父靈抽刀自刺曰上以謝君父下以示三軍言訖而絶時議以布才雖不足能以死謝家國心志決烈得燕趙之古風焉穆宗聞之駭嘆廢朝三日詔曰故魏博節度使起復寧遠將軍檢校工部尚書兼魏州大都督府長史御史大夫賜紫金魚袋田布朕以寡昧臨御萬邦威刑不能禁干紀之徒道化不能馴多僻之俗致使上公罹禍田氏銜冤爰整旅以徂征每終食而浩嘆自茲弔伐屢歷寒暄雖良將銳師率皆協力而俟時觀釁未即齊驅嗟我誠臣結其哀憤引遷延之咎以自刻責奮決烈之志以謝君親白刃實於肝心鴻

毛論其生死忠臣孝子一舉兩全晉稱卞氏之門漢表尸鄉之節比方於布今古爲鄰況其臨命須臾處之不撓載形章表益深嘉閔使發纖悼心疾首從先臣於厚載爾則無愧覩遺像於麟閣予何所堪端拱崇名職喬彝典攄斯以爲報聊擇永懷可贈尚書右僕射布子在宥大中年爲安南都護頗立邊功早太和八年爲少府少監充入吐蕃使歷棣州刺史安南都護年會昌初爲豐州刺史天德軍使歷武寧軍節度使大中朝爲兗海節度使移鎮天平軍諸子皆以邊上立功累更藩鎮以忠義爲談者所稱

張孝忠本奚之種類曾祖靖祖遜代乙失活部落酋帥父謐開元中以衆歸國授鴻臚卿同正以孝忠貴贈戸部尚書孝忠以勇聞於燕趙時號張阿勞王沒諾干二人齊名阿勞孝忠本字沒諾干王武俊本字孝忠形體魁偉長六尺餘性寬裕事親恭孝天寶末以善射授內供奉安祿山奏爲偏將破九姓突厥先登陷陣以功授果毅折衝祿山史思明繼陷河洛孝忠皆爲其前鋒史朝義敗入李寶臣帳下

上元中奏授左領軍郎將累加左金吾衛將軍同正試殿中監仍賜名孝忠歷飛狐高陽二軍使李寶臣以孝忠謹重驍勇甚委信之以妻妹谷氏妻焉仍悉以易州諸鎮兵馬令其統制前後居城鎮十餘年甚著威惠田承嗣之寇冀州也寶臣俾孝忠以精騎數千禦之承嗣見其整肅歎曰張阿勞在焉冀州未易圖也乃焚營宵遁及寶臣與朱滔戰於瓦橋常慮滔來攻故以孝忠爲易州刺史選精騎七千配焉使扞幽州奏授太子賓客兼御史中丞封范陽郡王既而寶臣疑忌大將殺李獻誠等四五人使召孝忠孝忠懼不往寶臣使孝忠弟孝節召焉孝忠命孝節復命曰諸將無狀連頸受戮孝忠懼死不敢往亦不敢叛猶公之不覲於朝慮禍而已無他志也孝節泣曰兄不行吾歸死矣孝忠曰偕往則幷命吾留無患也乃歸果無患無幾寶臣死其子惟岳阻兵不受命朝廷詔幽州節度使討之滔以孝忠宿將善戰有精兵八千在易州慮軍興則撓其後乃使判官蔡雄說孝忠曰惟岳小子驕貴不達人事輒拒朝命滔奉命代罪使君何用

助逆不自求多福耶今昭義河東攻破田悅淮西李僕射收下襄陽梁崇義投井而卒臨漢江而誅者五千人即河南軍計日北首趙魏滅亡可見也使君誠能去逆効順必受重任有先歸國之功矣孝忠然之乃遣衙官隨雄報滔又遣易州錄事參軍董稹入朝德宗嘉之授孝忠檢校工部尚書恒州刺史兼御史大夫充成德軍節度使便令與滔合兵攻惟岳仍賜實封二百戸其弟孝義及孝忠三女已適人在恒州者悉爲惟岳所害孝忠甚德滔之保薦以其子茂和娉滔之女契約甚密遂合兵破惟岳之師於束鹿惟岳遁歸恒州滔請乘勝襲之孝忠仍引軍西北還營義豐滔大駭孝忠將佐曰尚書布赤心於朱司徒相信至矣今逆寇已潰不終其功竊所未諭孝忠曰本求破賊賊已破矣然恒州宿將尚多迫之則困獸猶鬬緩之必翻然改圖又朱滔言大識淺可以慮始難與守成吾壁義豐坐待惟岳之殄滅耳既而朱滔屯束鹿不敢進軍月餘王武俊果斬惟岳首以獻如孝忠所料後定州刺史楊政義以州降孝忠遂有易定之地時既

誅惟岳分四州各置觀察使武俊得恒州康日知得深趙二州孝忠得易州以成德軍額在恒州孝忠既降政義朝廷乃於定州置義武軍以孝忠檢校兵部尚書爲義武軍節度易定滄等州觀察等使及朱滔王武俊謀叛詔田悅救於魏州慮孝忠踵後滔軍將發遣蔡雄往說之孝忠曰李惟岳背國作逆孝忠歸國今爲忠臣孝忠性直業已効忠不復助逆矣往與武俊同行且孝忠與武俊俱出蕃部少長相狎深知其心僻能翻覆語司徒當記鄙言忽有蹉跌始相憶也滔又留以金帛終拒而不從易定居二兇之間四面受敵孝忠脩峻溝壘感勵將士竟不受二兇之熒惑議者多之又加檢校左僕射實封至三百戶後孝忠爲朱滔侵逼詔神策兵馬使李晟中官竇文瑒率師援之孝忠以女妻晟子憑與晟戮力同 心整訓士衆竟全易定賊不敢深入及上幸奉天令大將楊榮國提銳卒六百從晟入關赴難收京城榮國有功興元元年正月詔以本官同平章事滄州本隷成德軍既移隷義武其刺史李固烈者惟岳妻兄也請還恒州是

〇

歲孝忠遣牙將程華往滄州交檢府藏固烈輜車數十乘上路滄州軍士呼曰士皆菜色刺史不垂賑卹乃輜載而歸官物不可得也殺固烈而剽之程華聞亂由竇而遁將士追之謂曰固烈貪暴已誅之矣押牙且知州務孝忠即令攝刺史事及朱滔王武俊稱僞國華與孝忠阻絶不能相援華嬰城拒賊一州獲全朝廷嘉之乃拜華滄州刺史御史中丞充橫海軍使仍賜名華令每歲以滄州稅錢十二萬貫供義武軍貞元二年河北蝗旱米斗一千五百文復大兵之後民無蓄積餓殍相枕孝忠所食豆䭏而已其下皆甘粗糲人皆服其勤儉孝忠爲一時之賢將也三年加檢校司空仍以其子茂宗尚義章公主孝忠遣其妻鄧國夫人昧谷氏入朝親迎之禮上嘉之賞賚隆厚五年七月爲將佐所惑以兵入蔚州專詔歸鎮仍以擅興削檢校司空七年三月卒時年六十二廢朝三日追封上谷郡王贈太傅再贈魏州大都督冊贈太師謚曰貞武子茂昭茂宗茂和

茂昭本名昇雲幼有志氣好儒書以父蔭累官至檢校工部尚書貞

元七年孝忠卒德宗以邕王諒爲義成軍節度大使易定觀察使以昇雲爲定州刺史起復左金吾衞大將軍充節度觀察留後仍賜名茂昭元年正月授節度使累遷檢校僕射司空二十年十月入朝累陳奏河北及西北邊事詞情忠切德宗聳聽歎曰恨見卿之晚錫宴於麟德殿賜良馬甲第器用珍幣甚厚仍以其第三男克禮尚晉康郡主德宗方欲委之以邊任明年晏駕茂昭入臨於太極殿每朝晡預列聲哀氣咽人皆獎其忠懇順宗聽政加中書門下平章事且令還鎮賜女樂二人三表辭讓及中使押犢車至第茂昭立謂中使曰女樂出自禁中非臣下所宜目覩昔汾陽咸寧南平北平嘗受此賜不讓爲宜茂昭無四賢之功述職入覲人臣常禮奈何當此寵賜後有立功之臣陛下何以加賞順宗聞之深加禮異允其所讓又錫安仁里第亦固讓不受元和二年又請入覲五上章懇切憲宗許之冬十月至京師留數月詔令歸鎮茂昭願奉朝請於闕下不許加太子太保俾令還鎮四年王承宗叛詔河東河中振武三鎮之師合義武

〇

軍爲恒州北道招討茂昭 創廩廐開道路以待西軍屬正月望夜軍吏請曰舊例上元前後三夜不止行人不閉里門今外道軍戎方集請如軍令茂昭曰三鎮兵馬官軍也安得言外道放燈一如常歲使長男克讓與諸軍分道並進克讓渡木刀溝與賊接戰屢勝茂昭親擐甲冑爲諸軍前鋒累獻戎捷幾覆承宗會朝廷洗雪承宗乃詔班師加檢校太尉兼太子太傅自安史之亂兩河藩帥多阻命自固父死子代惟茂昭表請舉族還朝鄰藩累遣遊客間說茂昭志意堅決拜表求代叙數四上之命左庶子任簡迪爲其行軍司馬乘驛赴之以兩郡之簿書管鑰符印付簡迪遣其妻季氏男克讓克恭等先就路將行誡之曰吾使爾曹侍親出易者庶後之子孫不爲風俗所染則吾無恨矣時五年冬也行及晉州拜檢校太尉兼中書令充河中晉絳慈隰等州節度觀察等使十二月十二日至京師故事雙日不坐是日特開延英殿對茂昭五刻乃罷又上表請遷祖考之骨塋于京兆在朝兩月未之鎮六年二月疽發於首卒時年五十廢朝五

日冊贈大師賻絹三千匹布一千端米粟三千碩喪事所須官給詔
京兆尹監護謚曰獻武憲宗念其忠藎諸昆仲子姪皆居職秩仍詔
每年給絹二千匹春秋分給克讓克恭官至諸衛大將軍小男克勤
長慶中左武衛大將軍時有赦文許一子五品官克勤以子幼請奪
近例迴授外甥狀至中書下吏部員外郎判廢置裴夷直斷曰一子
官恩在念功賞於延賞若無巳子許及宗男今張克勤自有息男妄
以外甥奏請移於他族知是何人儻涉賣官寔為亂法雖援近日敕
例難破著定格文國章既在必行宅相恐難虛授具狀上中書門下
克勤所請望宜不允遂為定例茂宗以父蔭累官至光祿少卿同正
貞元三年許尚公主拜銀青光祿大夫本官駙馬都尉以公主幼待
年十三屬茂宗母亡遺表請終嘉禮德宗念茂昭之勳即日授雲麾
將軍起復授左衛將軍同正駙馬都尉諫官蔣乂等論曰自古以來
未聞有駙馬起復而尚公主者上曰卿所言古禮也如今人家往往
有借吉為婚嫁者卿何苦固執又奏曰臣聞近日人家有不甚知禮

教者或女居父母服家既貧乏且無強近至親即有借吉以就親者
至於男子借吉婚娶從古未聞今忽令駙馬起復成禮實恐驚駭物
聽況公主年幼更俟一年出降時既未失且合禮經太常博士韋彤
裴堪曰伏見駙馬都尉張茂宗猶在母喪聖恩念其亡母遺表所請
許公主出降仍令茂宗即吉就婚者伏以夫婦之義人倫大端所以
關雎冠於詩首者王化所先也天屬之親孝行為本所以齊斬五服
之重者人道之厚也聖人知此二端為訓人之本不可變也故制婚
禮上以承宗廟下以繼後嗣至若墨衰奪情事緣金革若使茂宗釋
衰服而衣冕裳去堊室而為親迎雖云輟哀借吉是亦以凶瀆嘉伏
願抑茂宗亡母之請顧典章不易之義待其終制然後賜婚德宗不
納竟以義章公主降茂宗自是以戚里之親頗承恩顧元和中為閑
廄使國家自貞觀中至於麟德國馬四十萬匹在河隴間開元中尚
有二十七萬雜以牛羊雜畜不啻百萬置八使四十八監占隴右金
城平凉天水四郡幅圓千里自長安至隴右置七馬坊為會計都領

岐隴間善水草及　田皆屬七馬坊至麟德以後西戎陷隴右國馬
盡散監牧使與七馬坊名額盡廢其地利因歸於閑廄使寶應中鳳
翔節度使請以監牧[illegible]貧民為業土著相承十數年矣又有別敕賜
諸寺觀凡千餘頃及茂宗掌閑廄與中尉吐突承璀善遂特舉恩舊
事並以監牧地租歸閑廄司茂宗又奏麟遊縣有岐陽馬坊按舊圖
地方三百四十頃制下閑廄司檢計百姓紛紜論訴節度使李惟簡
具事上聞詔監察御史孫革往按問之革還奏曰天興縣東五里有
隋故岐陽馬坊地在其側蓋因監為名與今岐陽所指百姓侵占處
不相接皆有明驗茂宗怒恃有中助誣革所奏不實又令侍御史范
傳式覆按乃附茂宗盡翻前奏遂奪居人田業皆屬閑廄乃罷革官
長慶初岐人論訴不巳詔御史按驗明白乃復以其地還百姓貶傳
式官茂宗俄授左金吾衛大將軍長慶二年檢校工部尚書兼兗州
刺史御史大夫充兗海沂節度等使加檢校兵部尚書太和五年入
為左金吾衛大將軍充左衛使轉左龍武統軍卒茂和元和中為左

武衛將軍裴度為淮西行營處置用兵討吳元濟建牙赴行營奏用
茂和為都押衙茂和嘗以膽氣才略自贊於相府故度奏用之茂和
慮度無功淮蔡不可平乃辭之以疾度怒甚奏請斬茂和以厲行者
憲宗曰予以其家門忠順為卿遠貶後復用為諸衛將軍卒陳楚者
定州人茂昭之甥少有武幹為義勇牙將事茂昭每出征伐必令典
精卒隨茂昭入朝授諸衛大將軍元和十二年義武軍節度使渾鎬
喪師定州兵亂乃除楚易定節度令馳傳赴任亂猶未弭楚夜馳入
州城楚家世久在定州軍中部校皆楚之舊卒人情大悅軍卒陳然
轉河陽三城懷節度使前後亟立戰功入為龍武統軍長慶三年卒
史臣曰朝廷治亂在法制當否形勢得失而已秦人叛上法制失也
漢道勃興形勢得也臣觀開元之政舉坐制百蠻天寶之法衰遂淪
四海玄宗一失其勢横流莫救地分於群盜身播於九夷河朔二十
餘州竟為盜穴諸田兇險不近物情而弘正孝忠頗達人臣之節沂
國力善無報殆天意之好亂惡治歟茂昭忠梗有禮明禍福大端近

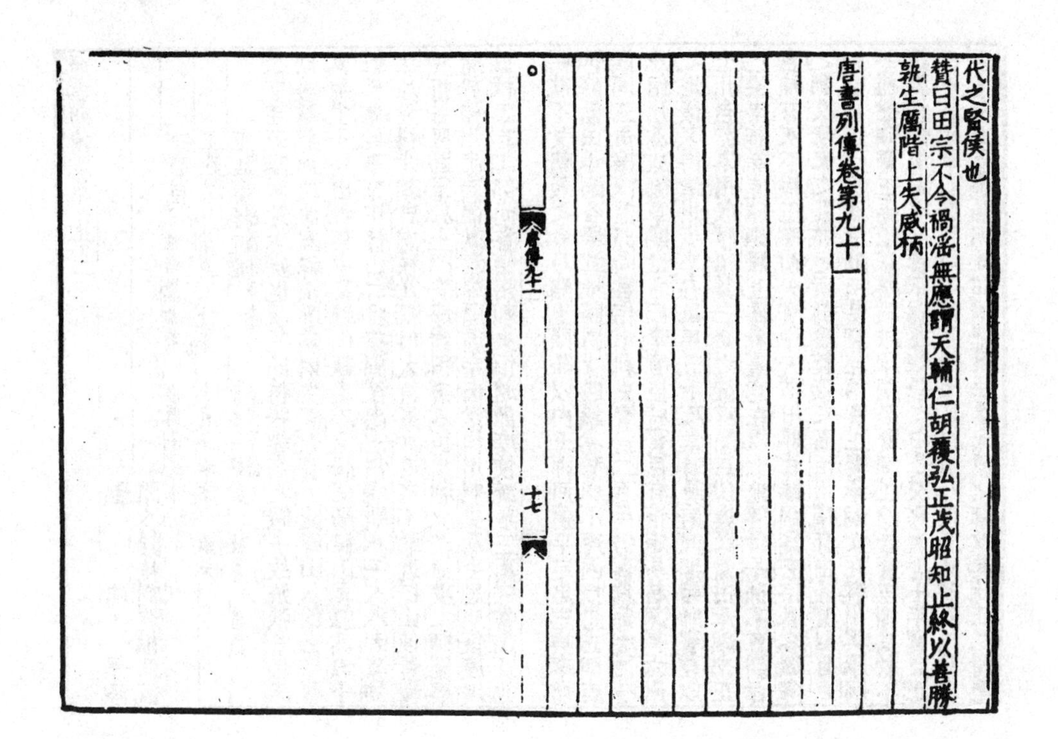

代之賢侯也

贊曰田宗不令禍滔無厭譎天輔仁胡覆弘正茂昭知止終以善勝孰生厲階上失威柄

唐書列傳卷第九十一

唐書列傳卷第九十二

劉　昫　等修
聞人詮校刻沈桐同校

李寶臣范陽城旁奚族也故范陽將張鎖高之假子故姓張名忠志幼善騎射節度使安祿山選爲射生官天寶中隨祿山入朝玄宗留爲射生子弟出入禁中及祿山叛忠志遁歸范陽祿山喜錄爲假子姓安常給事帳中祿山兵將指關使忠志領驍騎八千人入太原劫太原尹楊光翽忠志挾光翽出太原萬兵追之不敢近祿山使董精甲扼井陘路軍於土門安慶緒僞署爲恒州刺史九節度之師圍慶緒於相州忠志懼獻章歸國肅宗因授恒州刺史及史思明復渡河僞授忠志工部尚書恒州刺史恒趙節度使統衆三萬守常山及思明敗不受朝義之命乃開土門路以內王師河朔平定忠志與李懷仙薛嵩田承嗣各舉其地歸國皆賜鐵券誓以不死因授忠志開府儀同三司檢校禮部尚書恒州刺史實封二百戶仍舊爲節度使乃以恒州爲成德軍賜姓名曰李寶臣時寶臣有恒定易趙深冀六州之地後又得滄州步卒五萬馬五千疋當時勇冠河朔諸帥寶臣以七州自給軍用殷積招集亡命之徒繕閱兵仗與薛嵩田承嗣李正巳梁崇義等連結姻婭互爲表裏意在以土地傳付子孫不稟朝旨自補官吏不輸王賦初天寶中天下州郡皆鑄銅爲玄宗真容擬佛之制及安史之亂賊之所部悉鎔毀之而恒州獨存由是實封百戶初寶臣正巳皆爲承嗣所易寶臣弟寶正娶承嗣女在魏州與承嗣子維擊鞠寶正馬駭觸殺維承嗣怒繫寶正以告寶臣謝爲教不謹緘杖令承嗣以示責承嗣遂鞭殺之由是交惡大曆十年寶臣正巳更言承嗣之罪請討之代宗欲因其相圖乃從其請時幽州節度留後朱滔方恭順朝廷詔滔與寶臣及太原之師攻其北正巳滑亳

河陽江淮之師攻其南寶臣正巳會軍于棗彊椎牛釃酒犒勞將士仍須優賞寶臣軍賞厚正巳軍賞薄既罷會正巳軍中咄咄有辭正巳聞之懼有變即時引退由是寶臣朱滔共攻承嗣之滄州連年未下時承嗣使腹心將盧子期攻邢州城將陷寶臣發精卒赴救擊敗之擒子期來獻河南諸將又大破田悅于陳留正巳收承嗣之德州以重兵臨其境指期進討承嗣大懾遂求解於寶臣寶臣不許初正巳將發兵使人至魏承嗣囚之及是乃厚禮遣歸發使與俱具列境內戶口兵糧之數悉以奉正巳且告曰承嗣老矣今年八十有六形體支離無日月焉巳子不令悅亦孱弱不足保其後業今之所有爲公守耳曷足辱公師旅焉立使者于廷南向拜而授書又圖正巳形焚香事之如神謂人曰真聖人也正巳聞之且得其獻乃止諸軍莫敢進者承嗣止正巳無南軍之虞又知范陽寶臣故里生長其間心常欲立之乃勒石爲讖密瘞寶臣境內使望氣者云此中有王氣寶臣掘地得之有文曰二帝同功勢萬全將田作伴入幽燕二帝指寶臣正巳也承嗣又使客諷之曰公與朱滔共舉取吾滄州設得之當歸國非公所有誠能捨承嗣之罪請以滄州奉獻可不勞師而致願取范陽以自效公將騎爲前驅承嗣率步卒從此萬全之勢寶臣喜以爲事合符命遂與承嗣通謀割州與之寶臣乃密圖范陽承嗣亦陳兵境上寶臣謂朱滔使曰吾聞朱公貌如神安得而識之願因繪事而觀可乎滔乃圖其形以示之寶臣懸於射堂命諸將熟視之曰朱公信神人也他日滔出軍寶臣密選精卒劫之戒其將曰取彼貌如射堂所懸者是時二軍不相虞有變滔與戰於瓦橋滔適衣他服以不識免承嗣聞與滔交鋒其釁已成乃旋軍使告寶臣曰河內有警急不暇從公石上讖文吾戲爲之耳寶臣慙怒而退遷左僕射封隴西郡王檢校司空同中書門下平章事德宗即位拜司空兼太子太傅寶臣名位既高自擅一方專貯異志妖人僞爲讖語言寶臣終有天位寶臣乃爲符瑞及靈芝草作朱書符又於深室齋戒築壇上置金匜玉斝云甘露神酒自出又僞刻玉爲印金塡文字告境內

云天降靈瑞非予所求不祈而至將吏無敢言者妖輩慮其詐發乃曰相公須飲甘露湯即天神降寶臣然之妖人寘堇湯中飲之三日而卒寶臣暮年益多猜忌以惟岳暗懦諸將不服即殺大將辛忠義盧俶定州刺史張南容趙州刺史張彭老許崇俊等二十餘人家口沒入自是諸將離心建中二年春卒時年六十四廢朝三日冊贈太保

子惟岳惟誠惟簡寶臣卒時惟岳為行軍司馬三軍推為留後仍遣使上表求襲父任朝旨不允魏博節度使田悅上章保薦請賜旄節不許惟岳乃與田悅李正己同謀拒命判官邵眞泣諫以為不可惟岳暗懦初雖聽從終為左右所惑而止而所與圖議皆姦吏胡震家人王他奴等唯勸拒逆為事惟岳舅谷從政者有智略為寶臣所忌移病不出至是知惟岳之謀慮其覆宗乃出諫惟岳曰今天下無事遠方朝貢主上神武必致太平如至不允必至加兵雖大夫恩及三軍萬一不捷孰為大夫用命者又先朝相公與幽師不協今國家致討必命朱滔為帥彼嘗切齒今遂復讎可不懼乎又頃者相公誅滅軍中將校其子弟存者口雖不言心寧無憤兵猶火也不戢自焚往者田承嗣佐安祿山史思明謀亂天下千征百戰及頃年侵擾洺相等州為官軍所敗及貶永州仰天垂泣賴先相公佐佑保援方獲赦宥若雷霆不收承嗣豈有生理今田悅兇狂何如承嗣名望苟欲坐邀富貴不料破家覆族而況今之將校罕有義心因利乘便必相傾陷為大夫畫久長之計莫若令惟誠知留後大夫自速入朝國家念先相公之功見大夫順命何求而不得今與群逆為自危之計非保家之道也惟岳亦素忌從政皆不聽竟與魏齊謀叛既而惟岳大將張孝忠以郡歸國朝廷以孝忠為成德軍節度使仍詔朱滔與孝忠合勢討之惟岳以精甲屯束鹿以抗之田悅遣大將孟佑率兵五千助惟岳建中三年正月朱滔孝忠大破恒州軍於束鹿惟岳燒營而遁惟岳大將趙州刺史康日知以郡歸國惟岳乃令衛將衛常寧率士卒五千兵馬使王武俊率騎軍八百同討日知武俊既出恒州謂

常寧曰武俊盡心於本使大夫信讒頗相猜忌所謂朝不謀夕豈圖生路且趙州用兵捷與不捷武俊不復入恒州矣妻子任從屠滅且以殘生往定州事張尚書去也孰能持頸就戮常寧曰中丞以大夫不可事且有詔書云斬大夫首者以其官爵授自大夫拒命已來張尚書以易州歸國得節度使今聞日知已得官爵觀大夫事勢終為朱滔所滅此際轉禍為福莫若倒戈入使府誅大夫以取富貴也況大夫暗昧左右誑惑其實易圖事苟不捷歸張尚書非晚武俊然之三年閏正月武俊與常寧自趙州迴戈達明至恒武俊子士眞應於內武俊兵突入府署遣虞任越胡擒惟岳縊死於戟門外又誅惟岳妻父鄭華及長慶王他奴等二十餘人傳首京師

惟誠惟岳異母兄以父蔭為殿中丞累遷至檢校戶部員外郎好儒書理道寶臣愛之委以軍事性謙厚以惟岳嫡嗣讓而不受同母妹嫁李正己子納寶臣以其宗姓請惟誠歸本姓又令入仕於鄆州為李納營田副使歷兗淄濟淮四州刺史竟客死東平

惟簡寶臣第三子初王武俊既誅惟岳又械惟簡送京師德宗拘於客省防伺甚峻朱泚之亂惟簡斬關而出赴奉天德宗嘉之用為禁軍將從渾瑊率師討賊頻戰屢捷加御史中丞從幸山南得元從功臣之號封武安郡王後授左神威大將軍轉天威統軍元和初檢校戶部尚書左金吾衛大將軍充街使俄拜鳳翔隴右節度使元和十三年正月卒贈尚書右僕射

子元本生於貴族輕薄無行初張茂昭子克禮尚襄陽公主長慶中主縱恣不法常遊行市里有士族子薛樞薛渾者俱得幸於主尤愛渾每詣渾家謁渾母行事姑之禮有吏譏何者即以厚賂啗之渾與元本皆少年遂相誘掖元本亦得幸於主出入主第張克禮不勝其忿上表陳聞乃召主幽于禁中以元本功臣之後得減死杖六十流象州樞渾以元本之故亦從輕杖八十長流崖州

王武俊契丹怒皆部落也祖可訥干父路俱開元中饒樂府都督李詩率其部落五千帳與路俱南河襲冠帶有詔褒美從居薊武俊初

號沒諾干年十五能騎射上元中爲史思明恒州刺史李寶臣裨將寶應元年王師入井陘將平河朔武俊謂寶臣曰以寡敵衆以曲遇直戰則離守則潰銳師遠鬭庸可禦乎寶臣遂徹警備以恒定深趙易五州歸國與王師協力東襲遺寇寶臣除恒定等州節度使以武俊攜謀奏兼御史中丞充本軍先鋒兵馬使大曆十年田承嗣因薛嵩死兼有相衛磁邢洺五州承嗣遣將盧子期寇磁州詔令寶臣與李正己李勉李承昭田神玉朱滔李抱真各出兵討之諸軍與子期戰于清水大破之寶臣將有節　生擒子期以獻代宗嘉其功使中貴人馬承倩齎詔宣勞承倩將歸止傳舍寶臣親遺百縑承倩詬詈擲出道中寶臣顧左右有愧色還休府中諸將散歸寶臣潛伺屏間獨武俊佩刀立于門下召入解刀與語曰見向者頑豎乎武俊曰今閣下有功尚爾寇平後天子以幅紙之詔召置京下一匹夫耳可乎寶臣曰爲之若何武俊曰不如玩養承嗣以爲己資寶臣曰今與嗣有纍矣可推腹心哉武俊曰勢同患均轉寇讎爲父子欬唾間若傳虛言無益也今中貴人劉清譚在驛斬首送承嗣立質妻孥矣寶臣曰恐不能如此武俊曰朱滔爲國屯兵滄州請擒送承嗣以取信許之立選銳士二千皆乘駿馬通夜馳三百里晨至滔營掩其不備滔軍出戰大敗擒類滔者滔故得脫自此寶臣與田承嗣李正己更相爲援皆武俊萌之寶臣死其子惟岳謀襲父位寶臣舊將易州刺史張孝忠以州順命遂以孝忠代寶臣俾惟岳護喪歸京惟岳不受命建中三年正月詔朱滔張孝忠合軍討之惟岳與武俊復統萬餘衆戰於束鹿武俊率三千騎先進爲滔所敗惟岳遁走趙州刺史康日知遂以州順命惟岳令武俊統兵擊之日知遣人謂武俊曰惟岳孱微而無謀何足同反我城堅衆一未可以歲月下且惟岳恃田悅爲援前歲悅之丁男甲卒塗地於邢州城下猶不能陷況此城乎復給僞手詔招武俊信之遂倒兵入恒州率數百騎入衙門使謂惟岳曰大夫舉兵與魏帥　同惡今田尚書已喪敗李尚書爲趙州所間軍士自束鹿之役傷痛彰心朱僕射強兵宿境內張尚書已援定州三軍俱懼殞首喪家聞有詔徵大夫宜亟赴命不爾禍在漏刻惟岳備遽睢盱武俊子士真斬惟岳持首而出武俊殺不同己者十數人遂定傳首上聞授武俊檢校秘書少監兼御史大夫恒州刺史恒冀都團練觀察使實封五百戶以康日知爲深趙團練觀察使時惟岳僞定州刺史楊政義以州順命深州刺史楊榮國降朱滔分兵鎮之朝廷既以定州屬張孝忠深州屬康日知武俊怒失趙定二州且名位不滿其志朱滔怒失深州因誘武俊謀反斥言朝廷遂連率勁兵救田悅時馬燧李抱真李芃李晟方討田悅敗悅於洹水後連歲暴兵然悅勢已蹙至是武俊朱滔復振起之悅勢益張十一月武俊使大將張鍾葵寇趙州康日知擊敗之斬首上獻是日武俊僭建國稱趙王以恒州爲真定府僞命官秩朱滔田悅李納一同僭號分據所部各遣使勸誘蔡州李希烈同僭位號四年三月希烈既爲周曾謀潰其腹心或傳希烈已死馬燧等四節度軍中聞之歡聲震外六月李抱真使辯客賈林詐降武俊林至武俊壁曰是來傳詔非降也武俊

色動徵其說林曰天子知大夫宿誠及登壇建國之日撫膺顧左右曰我本忠義天子不省是後諸軍曾同表論列大夫天子覽表動容語使者曰朕前事誤追無及已朋友間失意尚可謝朕四海主毫芒安可復念哉武俊曰僕虜將尚知存撫百姓天子固不專務殺人以安天下今山東大兵者五比戰勝骨盡暴野雖勝與誰守今不憚歸國以與諸侯盟約虜性直不欲曲在己朝廷能降恩滌盪之僕首倡歸國不從者於以奉辭則上不負天子下不負朋友此謀既行河朔不五旬可定十月涇原兵犯闕上幸奉天京師問至諸將退軍李抱真將還潞澤田悅說武俊與朱滔襲擊之賈林復說武俊曰今退軍前輜重後銳師人心固不可圖也且勝而得地則利歸魏博喪師即成德大傷大夫本部易定滄趙四州何不先復故地武俊遂北馬首背田悅約賈林復說武俊曰大夫冀邦豪族不合謀據中華且滔心幽險王室強即藉大夫援之卑即思有併吞且河朔無冀國唯趙魏燕耳今朱滔稱冀則窺大夫冀州其兆已形矣若滔力制山東大夫須

整臣禮不從即爲所攻奪此時臣滔平武俊投袂作色曰二百年宗社我尚不能臣誰能臣田舍漢由此計定遂南修好抱真西連盟馬燧會興元元年德宗罪已大赦反側二月武俊集三軍削僞國號詔國子祭酒兼御史大夫董晉中使王進傑自行在至恒州宣命授武俊檢校兵部尚書成德軍節度使三月加司空同中書門下平章事兼幽州盧龍兩道節度使瑯琊郡王時朱泚僞冊滔爲皇太弟滔率幽檀勁卒誘迴紇二千騎已圍貝州數十日將絕白馬津南盜洛都與泚合勢時李懷光反據河中李希烈已陷大梁南逼江漢李納尚反於齊田緒未爲用李晟孤軍壁渭上天子羽書所制者天下纔十二三海內蕩析人心失歸賈林又說武俊與抱真合軍同救魏博爲武俊陳利害曰朱滔此行欲先平魏博更逢田悅被害人心不安旬日不救魏貝必下滔益數萬張孝忠見魏貝已拔必臣朱滔三道連衡兼統迴紇長驅至此家族可得免乎若閣下利則昭義軍保山西河朔地盡入滔今乘魏貝未下孝忠未附公與昭義合軍破之如掇遺耳此計就則聲振關中京邑可坐復鑾輿反正自公則勳業無二也武俊歡然許之兩軍議定卜日同征五月武俊抱真會軍於鉅鹿東兩軍既交滔震恐抱真爲方陣武俊用奇兵朱滔傾壘出戰武俊不擐甲而馳之滔望風奔潰自相蹂踐死者十四五收其輜重器用馬牛不可勝計滔夜奔還幽州武俊班師表讓幽州盧龍節度使許之乃升恒州爲大都督府以武俊爲長史加檢校司徒實封七百戶餘如故車駕還京龍之逾厚子尚貴主子弟在孩稚者皆賜官名尋丁母憂起復加左金吾上將軍同正免喪加開府儀同三司十二年上念舊勳加檢校太尉兼中書令十七年六月卒時年六十七廢朝五日群臣詣延英門奉慰如渾瑊故事詔左庶子上公持節冊贈太師賻絹三千匹布千端米粟三千碩太常謚曰威烈德宗曰武俊竭忠奉國宜賜謚忠烈子士真士清士平士則士貞嗣

士真武俊長子少驍悍冠於軍中沉謀有斷事李寶臣爲帳中親將仍以女妻之寶臣末年慮身後諸子暗弱爲諸將所奪屢行誅戮諸

將離心武俊官位雖卑而勇略邁世寶臣惜其才不忍誅之而士貞密結寶臣左右保護其父以是獲免惟岳之世尤加委任武俊亦盡心匡佐既兵敗束鹿張孝忠康日知以地歸國受官賞惟岳稍貯防疑武俊謀自貶損出入不過三兩人左右謂惟岳曰先相公委任武俊以遺大夫兼有治命令披肝膽爲大夫者武俊耳又士真即大夫妹婿保無異志今勢危急若不坦懷待之若更如康日知即大事去矣惟岳曰我待武俊自厚不獨先公遺旨由是無疑即令將兵攻趙州士真更宿於府衙與同職謀事及武俊倒戈士真等數人擒惟岳出衙縊死之武俊領節鉞以士真爲副大使建中年武俊僭稱趙王於魏縣以士真爲司空真定府留守充元帥及武俊破朱滔順命以武俊兼幽州盧龍軍節度使仍以士真爲副使檢校工部尚書德宗還京進位檢校兵部尚書充德州刺史德棣觀察使封清河郡王十七年武俊卒起復授左金吾衛大將軍同正恒州大都督府長史充成德軍節度恒冀深趙德棣等州觀察等使尋檢校尚書左僕射順宗即位進位檢校司空士真佐父立功備歷艱苦得位之後恬然守善雖自補屬吏賦不上供然歲貢貨財名爲進奉者亦數十萬比幽魏二鎮最爲承順元和元年就加同中書門下平章事四年三月卒子承宗承元承通承迪承榮

士清以父勳累加官至殿中少監同正元和初爲冀州刺史御史大夫封北海郡王早卒

士平以父勳補原王府諮議貞元二年選尚義陽公主加秘書少監同正駙馬都尉元和中累遷至安州刺史時公主縱恣不法士平與之爭忿憲宗怒幽公主於禁中士平幽於私第不令出入後釋之出爲安州刺史坐與中貴交結貶賀州司戶時輕薄文士蔡南獨孤申叔爲義陽主歌詞曰團雪散雪等曲言其遊處離異之狀往往歌於酒席憲宗聞而惡之欲廢進士科令所司網捉搦得南申叔貶之由是稍止及盜殺宰相武元衡旬日捕賊未獲士平與兄士則庭奏盜王承宗既獲張晏等誅之乃以士平爲左金吾衛大將軍及奪承

宗官爵仍以士平襲父實封
士則士平與毋兄承宗既立爲節度使不容諸父乃奔于京師用爲
神策大將軍及承宗叛逆盜殺宰相士則請移貫京兆府諸鎮兵討
承宗裴度言士則武俊子其軍中必有懷之者乃用士則爲邢州刺
史兼本州團練使從昭義節度使郗士美討賊與攜離承宗之黨且
許以節制士則恃此頗不受士美節制行止以兵自衛雖謁士美而
衛兵如故吏呵止之士則不能平見于辭氣士美惡之密以狀聞乃
以張遵代還

承宗士真長子河朔三鎮自置副大使以嫡長爲之承宗累奏至鎮
州大都督府右司馬知州事御史大夫充都知兵馬使副大使元和
四年三月士真卒三軍推爲留後朝廷伺其變累月不問承宗懼累
上表陳謝至八月上令京兆少尹裴武往宣諭承宗奉詔甚恭且曰
三軍見迫不候朝旨今請割德棣二州上獻以表丹懇由是起復雲
麾將軍左金吾衛大將軍同正檢校工部尚書鎮州大都督府長史

御史大夫成德軍節度鎮冀深趙等州觀察等使又以德州刺史薛
昌朝檢校右散騎常侍德州刺史御史大夫充保信軍節度德棣觀
察等使昌朝故昭義節度使嵩之子婚姻於王氏入仕於成德軍故
爲刺史承宗既獻二州朝廷不欲別命將帥且授其親將保信旌節
未至德州承宗遣數百騎馳往德州虜昌朝歸真定因之朝廷又加
棣州刺史田渙充本州團練守捉使與斬離之令中使景忠信往諭
旨令遣昌朝還鎮承宗不奉詔憲宗怒下詔曰王承宗頃在苫廬潛
窺戎鎮而內外以事君之禮逆而必誅分土之儀專則有辟朕念其
先祖嘗有茂勳貸以私恩抑於公議使臣旁午以告諭輩童俯伏以
陳誠願獻兩州期無二事朕欲收其後効用以曲全授節制於舊疆
齒勳賢於列位況德棣本非成德所管昌朝又是承宗懿親俾撫近
隣斯誠厚渥外雖兩鎮中實一家而承宗象恭懷姦肖貌稔禍欺裴
武於得位之後縶昌朝於受命之中豺狼之心飽之而愈發梟獍之
性養之而益充加以表疏之中悖慢斯甚式遏亂略期于無刑恭行

天誅干於有制可削承宗在身官爵詔左神策護軍中尉吐突承璀
爲左右神策河中河陽浙西宣歙等道赴鎮州行營兵馬招討處置
等使會諸道軍進討神策兵馬使趙萬敵者王武俊之騎將也驍悍
聞於燕趙具言進討必捷承璀因得兵柄與萬敵偕行承璀至行營
威令不振禁軍屢挫衄都將酈定進前擒劉闢有功號爲驍將又陷
於賊唯范陽節度使劉濟易定節度使張茂昭王効忠赤戰賊屢捷
而昭義節度使盧從史反復難制陰附於賊憲宗密詔承璀擒之送
于京師五年七月承宗遣巡官崔遂上表三封乞自陳首且歸過於
盧從史其略曰臣頃在苫廬綿歷時序恭守朝旨罔敢闕違復奉詔
書令獻州郡迫以三軍之勢不從孤臣之心今天兵四臨王命久絕
白刃之下難避國刑殷憂之中轉積釁隙中由盧從史首爲亂階與
天下之兵生海內之亂既不忠於國又不孝於家當其聞父之喪已
變爲臣之節追脅天使賣紊朝經而乃幸臣居喪敗臣求利上敢欺
於聖主下不顧其死親矯情徒見於封章邪妄素萌於胷臆今擒禍

者已就擒獲抱冤者實冀辯明況臣之一軍素守忠義橫被從史離
間君臣哀號轅門痛隔恩外伏冀陛下以天地之德容納爲心弘好
生之仁許自新之路順陽和而布澤因雷雨以覃恩追念祖父之前
勞俯觀臣子之來効特開湯網使樂堯年時朝廷以承璀宿師無功
國威日沮頗憂會承宗使至宰臣商量請行赦宥乃全以六郡付之
承宗送薛昌朝入朝授以右武衛將軍承宗以國家加兵不勝誣從
史姦計得行雖上章表謙恭而心無忌憚十年王師討吳元濟承宗
與李師道繼獻章表請宥元濟其牙將尹少卿奏事因爲元濟游說
少卿至中書見宰相論列語意不遜武元衡怒叱出之承宗益不順
自是與李師道姦計百端以沮用兵四月遣盜燒河陰倉六月遣盜
伏於靖安里殺宰相武元衡京師震恐大索旬日天子爲之旰食是
時承宗師道之盜所在竊發焚襄州佛寺斬建陵門戟燒獻陵寢宮
欲伏甲屠洛陽憲宗赫怒命田弘正出師臨其境幷隣道六節度之
衆討之時方淮西用兵國用虛竭河北諸軍多觀望不進獨昭義節

度使郗士美率精兵壓賊壘欲乘釁而取之軍威甚盛承宗懼不敢犯俄詔權罷河北用兵併力淮西十二年十月誅吳元濟承宗始懼求救於田弘正十三年三月弘正遣人送承宗男知感知信及其牙將石泚等詣闕請命令於客舍安置又獻德棣二州圖印兼請入管內租稅除補官吏上以弘正表疏相繼重違其意乃下詔曰帝者承天子人下臨萬國觀乾坤覆載之施常務其曲全用德刑撫御之方每先其弘貸叛則必伐服而捨之訪于典謨亦尚斯道朕祗符前訓纘嗣不圖底寧方隅蕩滌氛祲上以攄祖宗之宿憤下以致黎庶之阜康思厚者生務去者殺至於包荒藏慝屈法伸恩苟衷誠之可矜則宥過而無大王承宗頃居喪紀見賣於隣封後領藩城受疑於朝野國恩雖厚時憲不容咸實自貽寵非我絕百辟卿士昌言在廷四方諸侯飛奏盈廣竟請致討爭先出軍尚復廣示招懷務存容納至於動衆事豈願然開境懲罷其殺傷退舍為伏其士伍取陷救溺能無慘嗟以其先祖武俊有勞王室書于甲令銘在景鍾雖再駕王師

○再從人欲而十代之宥常切朕懷近以三朝稱慶八表流澤廣此鴻霈開其自新而承宗果能翻然改圖披露忠懇遠遣二子進陳表章緘圖印以上聞獻德棣之名部發囷奉粟弁竈貢煙地願師於職方物請歸於司會且天子所臨莫非王土析茲舊服將表爾誠諒由效順之心悉見納忠之志抑而不撫何以示懷朕念此方亦猶赤子一物失所寢興靡寧忍驅樂土之人竟就陳原之戮既克剪暴常思止戈予之此心天地臨鑒況常山師旅舊有功勞將改往以修來誓酬恩而遷善鑒精誠之俱切俾渙汗而再敷聽滌乃從斷於朕志復此殊渥當懷永圖承宗可依前銀青光祿大夫檢校吏部尚書鎮州大都督府長史御史大夫充成德軍節度鎮冀深趙觀察等使仍令右丞崔從往鎮州宣慰承宗素服俟命乃以華州刺史鄭權為德州刺史充橫海軍節度德棣滄景觀察等使明年加金紫光祿大夫檢校尚書左僕射是歲李師道平承宗奉法逾謹請當管四州每州置錄事參軍一員判司三員每縣令一員主簿一員吏補授皆聽朝旨十

五年十一月卒贈侍中子知感知信在朝

承元士真第二子兄承宗既領節鉞奏承元為觀察支使朝議郎左金吾衞胄曹參軍兼監察御史年始十六勸承宗以二千騎佐王師平李師道承宗不能用其言元和十五年冬承宗卒祕不發喪大將謀取帥於旁郡時參謀崔燧密與握兵者謀乃以祖母涼國夫人之命告親兵及諸將使拜承元承元拜泣不受諸將請之不已承元曰天子使中貴人監軍有事盍先與議及監軍至因以諸將意贊之承元謂諸將曰諸公未忘先德不以承元齒幼欲使領事承元欲效忠於國以奉先志諸公能從之乎諸將許諾遂於衙門都將所理視事約左右不得呼留後事無巨細決之參佐密疏諸師天子嘉之授銀青光祿大夫檢校工部尚書兼滑州刺史義成軍節度鄭滑觀察等使隣鎮以兩河近事諷之承元不聽諸將亦悔及起居舍人栢耆齎詔宣諭滑州之命兵士或拜或泣承元與栢耆於館驛召諸將諭之諸將號哭諠譁承元詰之曰諸公以先世之故不欲承元失此意甚

○隆厚然奉詔遲留其罪大矣前者李師道未敗時議赦其罪時師道欲行諸將止之他日殺師道亦諸將也今公輩幸勿為師道之事敢以拜請遂拜諸將泣涕不自勝承元乃盡出家財籍其人以散之酬其勤者擢之牙將李寂等十數人固留承元斬寂等軍中始定承元出鎮州時年十八所從將吏有具器用貨幣而行者承元悉命留之承元昆弟及從父昆弟授郡守者四人登朝者四人從事將校有勞者亦皆擢用祖母涼國夫人入朝穆宗命內宮延待錫賚甚厚俄而王廷湊殺田弘正據鎮州叛移鎮鄜坊丹延節度使便道請覲穆宗嘉之數召顧問未幾改鳳翔節度使鳳翔西北界接涇原無山谷之險吐蕃由是徑往入寇承元於要衝築壘分兵千人守之賜名曰臨汧城詔襲岐國公累加檢校左僕射鳳翔城東商旅所集居人多以烽火相警承元奏益城以環之居鎮十年加檢校司空御史大夫移授平盧軍節度淄青登萊觀察等使時均輸鹽法未常行於兩河承元首請鹽法歸之有司自是兗鄆諸鎮皆稟均輸之法承元寬惠有

制所理稱治太和七年十二月卒於平盧時年三十三冊贈司徒
王廷湊本迴鶻阿布思之種族世隸安東都護府曾祖曰五哥之事
李寶臣父子王武俊養為假子驍果善鬬武俊愛之以軍功累授左
武衛將軍同正贈越州都督祖末怛活贈左散騎常侍父升朝贈禮
部尚書皆以廷湊貴加贈典祖父世為王氏騎將累遷右職廷湊沉
勇寡言雄猜有斷為王承元衙內兵馬使初承宗上稟朝旨田弘正
帥成德軍國家賞錢一百萬貫度支輦運不時至軍情不悅廷湊每
抉其細故激怒衆心會弘正以魏兵二千為衙隊左右有備不能間
長慶元年六月魏軍還鎮七月二十八日夜廷湊乃結衙兵譟於府
署遲明盡誅弘正與將吏家族三百餘人廷湊自稱留後知兵馬使
將吏逼監軍宋惟澄上章請授廷湊節鉞穆宗怒下詔徵鄰道兵仍
以河東節度裴度充幽鎮兩道招撫使仍以弘正子涇原節度使布
代李愬為魏博節度使令率魏軍進討又以承宗故將深州刺史牛
元翼為成德軍節度使下詔購誅廷湊是月鎮州大將王位等謀殺

廷湊事泄坐死者二千餘人時朱克融囚張弘靖廷湊殺弘正合從
構逆謀拒王命兩鎮併力討除靡難應接詔朝臣議其可否東川節
度使王涯獻狀曰幽鎮兩州悖亂天紀迷亭育之厚德肆狼虎之非
心囚縶邑臣戕賊戎帥毒流州郡釁及賓寮凡在有情孰不痛憤伏
以國家文德誕敷武功繼立遠無不伏邇無不安矧茲二方敢逆天
理臣竊料詔書朝下諸鎮夕驅以貔貅問罪之師當猖狂失節之寇
傾山壓卵決海灌熒勢之相懸不是過也但常山薊郡虞虢相依一
時興師恐費財力罪有輕重事有後先譬之攻堅宜從易者如聞范
陽肇亂出自一時事非宿謀迹亦可驗鎮州構禍殊匪偶然扇諸屬
城以兵拒境如此則幽薊之衆可示寬刑鎮冀之戎可資先討況廷
湊闒茸不席父祖之資成德分離又多迫脅之勢今以魏博思復讎
之衆昭義願盡敵之司參之晉陽輔以滄德掎角而進實若建瓴盡
屠其城然後北首燕路在朝廷不為失信於軍勢實得機宜臣之愚
誠切在於此臣又聞用兵若鬬先扼其喉今瀛鄚易定兩賊之咽喉

也誠宜假之威柄戍以重兵俾其死生不相知間諜無所入而以大
軍先進冀趙次臨井陘此一舉萬全之勢也於是命易定節度使開
境以抗克融諸軍三面而進討初以滄德烏重胤獨當一面重胤宿
將知不可進頗遲留乃以杜叔良代重胤叔良有中官之援朝辭日
大言云賊不足破時廷湊合幽薊之兵圍深州梯衝雲合牛元翼嬰
城拒守十一月杜叔良為賊所敗衆皆陷沒僅以身免乃以德州王日
簡代之裴度率衆屯承天軍諸將挫衄深州危急乃以鳳翔節度使
李光顏為忠武節度使兼深冀節度救深州仍以中官楊承和監光
顏軍國家自憲宗誅除群盜帑藏虛竭穆宗即位賞賜過當及幽鎮
共起征發百端財力殫竭時諸鎮兵十五餘萬綿出其境便仰給度
支置南北供軍院既深入賊境輦運艱阻芻薪不繼諸軍多分番樵
採俄而度支轉運車六百乘盡為廷湊邀而虜之兵食益困賊圍深
州數重雖光顏之善將亦無以施其方畧其供軍院布帛衣賜往往
不得至院在途為諸軍強奪而懸軍深鬬者率無支給復又每軍遣

內官一人監軍悉選驍健者自衛羸懦者即戰以是屢多奔北而廷
湊克融之衆不過萬餘而抗官軍十五萬者良以統制不一玩寇邀
利故也宰相崔祐甫不曉兵家膠柱於常態以至復失河朔既無如
之何遂議休兵而赦廷湊二年正月魏府牙將史憲誠誘其軍謀叛
田布不能止其衆自潰於南宮二月詔赦廷湊仍授檢校右散騎常
侍鎮州大都督府長史成德軍節度鎮冀深趙等州觀察等使以牛
元翼為山南東道節度使遣兵部侍郎韓愈至鎮州宣慰又遣中使
御入深州監元翼赴鎮廷湊雖受命而深州之圍不解招撫使裴度
與幽鎮書以大義責之朱克融解圍而去廷湊亦退舍朝廷欲其稟
命並加克融檢校工部尚書三月牛元翼率十餘騎突圍出深州赴
闕深州將校臧平以城降廷湊責其固守殺將吏一百八十餘人五
月遣中使楊再昌至鎮州取牛元翼家族及田弘正骸骨廷湊曰弘
正骸骨不知所在元翼家族請至秋發遣俄而元翼卒廷湊乃盡屠
其家其酷毒如此自獲赦宥遂與朱克融史憲誠連衡相應謀拒朝

廷大和初滄州李全畧死其子同捷欲效河朔事求代父任文宗授以兖海節度使同捷不奉詔據郡構逆以珍玩器幣妓女子弟投款於廷湊及幽州李載義時載義初代克融輸誠効順盡送同捷所遣赴闕詔徵幽魏徐兖之師進討廷湊出兵撓魏北境以援同捷二年下詔絕廷湊進奉既魏博將丌志沼以行營兵叛倒戈攻魏州詔軍擊志沼廷湊出兵應之史憲誠危急詔義武軍節度使李聽擊敗之志沼奔於廷湊三年六月誅李同捷尋又何進滔殺史憲誠據魏州朝廷厭兵誅之不果遂授進滔魏博節度八月廷湊遣使詣闕請罪朝廷因而赦之依前檢校司徒成德軍節度使鎮冀自李寶臣已來雖惟岳承宗繼叛而猶親隣畏法期自新之路而兇毒好亂無君不仁未如廷湊之甚也又就加太子太傅太原郡開國公食邑二千戶八年十一月卒冊贈太尉累贈至太師

子元逵爲鎮州右司馬兼都知兵馬使廷湊卒三軍推主軍事請命於朝乃起復檢校工部尚書鎮州大都督府長史成德軍節度使累

○遷檢校左僕射元逵素懷忠順頓革父風及領藩垣頗輸誠欵歲時貢奉結轍於途文宗嘉之開成二年詔以壽安公主出降加駙馬都尉元逵遣段氏姑詣闕納娉禮段氏進食二千盤并御衣戰馬公主粧奩及私白身女口等其從如雲朝野榮之會昌中昭義節度使劉從諫卒其子稹擅領軍政武宗怒誅之命鄰藩分地而進討以元逵爲北面招討使詔至之日出師次趙州與魏博何弘敬同收山東三州元逵進攻邢州俄而賊將裴問高元武降元逵王釗安玉降何弘敬並拔三郡累遷檢校司徒同中書門下平章事以破劉稹功加太傅太原郡開國公食邑二千戶食實封二百戶大中十一年二月卒冊贈太師謚曰忠子紹鼎紹懿

紹鼎時爲鎮州大都督府左司馬知府事節度副使都知兵馬使起復授檢校工部尚書鎮府長史成德軍節度鎮深冀趙觀察等使累加光祿大夫尚書左僕射其年七月卒贈司空賻布帛三百段米粟三百碩累贈司徒太尉又贈太傅子景胤景崇景導景崇爲嫡時年幼紹鼎卒宣宗以昭王汭爲鎮州大都督成德軍節度副使都知兵馬使檢校右散騎常侍鎮府左司馬知府事兼御史中丞王紹懿本官充成德軍節度觀察留後仍賜紫金魚袋尋正授節度使檢校工部尚書累加檢校右僕射兼御史大夫太原縣開國伯食邑七百戶又加檢校司空卒贈司徒

景胤初爲成德軍中軍兵馬使銀青光祿大夫檢校太子賓客監察御史紹鼎卒出爲深州刺史兼殿中侍御史充本州團練守捉使景崇於季父紹懿時爲鎮州大都督府左司馬知府事都知兵馬使紹鼎卒三軍立紹懿數月疾篤召景崇謂之曰亡兄以軍政託予以俟汝成立今危惙如此殆將不救汝雖少年勉自負荷下禮藩鄰上奉朝旨俾吾兄家業不墜惟汝之才也言訖而卒時監軍在席奏其治命上嘉之詔起復忠武將軍守左金吾衛將軍同正檢校右散騎常侍充成德軍節度觀察留後仍賜上柱國賜紫金魚袋尋正授節度使檢校工部尚書咸通中景崇以公主嫡孫特承恩渥季年盜起徐

○方王師進討景崇令大將從諸軍除寇平以功授檢校右僕射封太原縣男食邑三百戶祖母韋惠長公主薨景崇居喪得禮朝野稱之起復左金吾衛上將軍同正進位檢校司空明年同中書門下平章事累加檢校太尉趙國公食邑三千戶食實封二百戶尋進封常山王丁母秦國夫人憂起復本官乾符末盜起河南黃巢犯闕駕幸蜀南景崇與定州節度使王處存馳檄藩隣以兵附處存入關討賊奔問行在貢輸相繼關輔平定以功真拜太尉中和二年十二月卒子鎔時年十歲三軍推爲留後朝廷因授旄鉞檢校工部尚書時天子蒙塵九州鼎沸河東節度李克用虎視山東方謀吞據鎔以重賂結納以脩和好晉軍討孟方立於邢州鎔常奉以芻糧及方立平晉將李存孝侵鎔南部鎔求援於幽州幽帥李匡威率衆三萬赴之存孝退去景福元年鎔乘存孝有間於其師乃出兵攻堯山晉師遣大將李存質來援大敗鎮人於堯山死者萬計晉人乘勝至趙州鎔復求援於燕二年匡威率衆數萬來援會邢州節度使李存孝背其師據

城自固存孝單騎入鎮州與鎔面相盟約俄而李克用自率全師攻存孝時匡威離鎮後其弟匡籌奪據其位匡威退無歸路鎔感其援助之恩乃迎入府城築第以居之事之如父匡威亦盡心裨益軍中之事皆爲訓練是年五月鎔過匡威第陰遣部下伏甲刼鎔鎔抱持之鎔曰公誠止人勿倉卒吾爲晉人所困賴公獲濟猶吾父也軍政請公帥之即並轡歸府署鎮軍拒之竟殺匡威晉人知匡威死克用自率師至城下鎔出練二十萬犒勞修好而退及汴宋節度使朱全忠領鄆清三鎮兵強天下遣將葛從周張存敬寇陷邢洺二州乘勝北掠燕趙俄而全忠率親兵薄於城下鎔倉卒無備謂賓佐曰勢危矣計將安出判官周式者率先而對曰敵人迫我兵不能抗此可以理說耳請見梁師圖之式即時出見全忠全忠逆謂式曰爾不必言王令朋附幷汾違盟爽信奬賊業已及此期於無捨式曰公言過矣且公爲唐室之桓文當以禮義而成霸業乃欲窮兵黷武困人於險難天下其謂公何全忠喜引式袂而慰之曰前言戲之耳且君爲王

〇今計如何式曰但修好耳即復見鎔請出牛酒貨幣以犒軍仍以鎔子昭祚及牙將梁公儒李弘規子各一人從昭祚入官于大梁全忠以女妻昭祚及全忠僭天下無主鎔不獲已行其正朔鎔累遷至開府儀同三司守太師中書令仍賜款睦保定大功臣上柱國趙王食邑一萬五千戶食實封一千戶襲食實封二百五十戶僞梁加尚書及唐室中興去僞尚書令之號天佑七年册魏國太夫人何氏卒起復本官十八年爲其大將王德明所殺至於赤族其後事在中興云

史臣曰土運中微群盗孔熾寶臣附麗安史流毒中原終竊土疆爲國蟊賊加以武俊之狠狡爲其腹心或叛或臣見利忘義蛇吞蝮吐番二百年哀哉王政不綱以至于此若使明皇不懈於開元之政姚崇父握於阿衡詎有柳城一胡敢窺佐伯況其下者哉觀此無君可爲太息

贊曰鵂鶹爲怪必取其昏人君失政蠹啓門牙旂金鉞虎子狼孫茫茫黔首於何吁闇

唐書列傳第九十二

唐書列傳卷第九十三

劉昫等修
聞人詮校刻沈桐同校

李懷仙 朱希彩附弟 朱滔
劉怦 子濟 子總 澭 程日華 子懷直 懷直子權
李全略 子同捷

李懷仙柳城胡人也世事契丹降將守營州祿山之叛懷仙以裨將從陷河洛安慶緒敗又事史思明善騎射有智數朝義時僞授爲燕京留守范陽尹寶應元年元帥雍王統迴紇諸兵收復東都朝義渡河北走乃令副元帥僕固懷恩率兵追之時羣兇瓦解國威方振賊黨聞懷恩至望風納款朝義以餘孽數千奔范陽懷仙誘而擒之斬首來獻屬懷恩私欲樹黨以固兵權乃保薦懷仙可用代宗復授幽州大都督府長史檢校侍中幽州盧龍等軍節度使與賊將薛嵩田承嗣張忠志等分河朔而帥之既而懷恩叛逆西蕃入寇朝廷多故

懷仙等四將各招合遺孽治兵繕邑部下各數萬勁兵文武將吏擅自署置貢賦不入於朝廷雖稱藩臣實非王臣也朝廷初集姑務懷安以是不能制懷仙大曆三年爲其麾下兵馬使朱希彩所殺希彩自稱留後恒州節度使張忠志以懷仙世舊無辜覆族遣將率衆討之爲希彩所敗朝廷不獲已有之以河南副元帥黃門侍郎同平章事王縉爲幽州節度使授希彩御史中丞充幽州節度副使權知軍州事詔縉赴鎮希彩聞縉之來蒐選卒伍大陳戎備以逆之縉晏然建旌節而希彩迎謁甚恭縉知終不可制勞軍旬日而還尋加希彩御史大夫充幽州節度留後十二月加希彩幽州大都督府長史幽州盧龍軍節度使五年封高密郡王既得位暴橫自恣無禮於朝廷七年孔目官李瑗因人之怒伺隙斬之軍人立其兵馬朱泚爲留後泚自有傳

朱滔賊泚之弟也平州刺史朱希彩爲幽州節度以滔同姓甚愛之常令將腹心親兵及泚爲節度使遂使滔將勁兵三千赴京師請率先諸軍備塞自祿山反後山東范陽外雖示順實皆倔強不庭泚首效臣節代宗喜甚命滔勤兵東入長安通化門西出開遠門出師勞還未有兵還王城者今而許之蓋示優異召滔對于三殿代宗臨軒勞問既而曰卿材孰與泚多滔曰各有長短統御士衆方略明辨臣不及泚臣年二十八獲謁龍顏泚長臣五歲未朝鳳闕此不及臣代宗愈喜大曆九年泚朝覲因乞留西征吐蕃以滔試殿中監權知幽州盧龍節度留後兼御史大夫及田承嗣反與李寶臣李正己等解磁州圍建中二年寶臣死其子惟岳謀襲父位滔與成德軍節度張孝忠征之大破惟岳於東鹿滔命偏師守東鹿進圍深州惟岳乃統萬餘衆及田悅援兵圍東鹿惟岳將王武俊以騎三千方陳橫進滔繢帛爲狻猊象使猛士百人蒙之鼓譟奮馳賊爲驚亂隨擊大破之惟岳焚營而遁以功加檢校司徒爲幽州盧龍軍節度使以德棣二州隸馬朝廷以康日知爲深趙二州團練使王武俊爲恒冀二州團練使滔怒失深州武俊怒失寶臣故地滔構武俊同巳反馬燧圍田

悅于魏州悅告急滔與武俊遂連兵救悅敗李懷光於愜山三年十一月滔僭稱大冀王僞署百官與李納田悅王武俊並稱王南結李希烈興元初田悅王武俊以朱泚據京師滔兵強盛首尾相應田悅常謂武俊曰朱滔心險不可隄防遂相率歸順泚既僭號立滔爲皇太弟仍令以重賂招誘迴紇南攻魏貝郎西入關興元元年正月滔驅率燕薊之衆及迴紇雜虜號五萬次南河攻圍貝州三月田緒殺田悅魏州亂滔令大將馬寔分兵逼魏州營于王莽河德宗在山南慮二兇兵合遣使授王武俊平章事令與李抱真叶力擊滔四月恒潞兩軍次涇城北行營相距十里抱真自率二百騎徑入武俊軍面申盟約結爲兄弟五月四日進軍距貝州三十里而軍翌日滔令大將馬寔盧南史引迴紇契丹來挑戰武俊遣騎將趙珍提精騎三百當之抱真將王虔休犄角待之武俊與其子士清自當迴紇契丹部落兩軍既合鼓譟震地迴紇恃捷穿武俊陣而過武俊乘騎勒馬不動俟迴紇引退因而薄之迴紇勢不能止武俊父子縱馬急擊獲迴

紇三百騎滔陣亂東走兩邊追斬俘馘數萬計遇夜夾滔壘而軍是夜滔以殘衆千人奔德州委棄戈甲山積滔至瀛州殺騎將蔡雄揚布以其前鋒先敗又殺陰陽人尹少伯以其言舉兵必勝故也六月李晟收京城朱泚姚令言死滔還幽州爲武俊所攻僅不能軍上章待罪九月詔曰朱滔累獻款疏深効懇誠省之惻然良用憫嘆宜委武俊抱眞開示大信深加曉諭若誠心益固善跡克彰朕當掩豐録勳與之昭雪貞元元年壽卒于位時年四十贈司徒

劉怦幽州昌平人也父貢常爲廣邊大斗軍使怦卽朱滔姑之子積軍功爲雄武軍使廣屯田節用以辦理稱稍遷涿州刺史居數年朱滔將兵討田承嗣奏署怦領留府事以寬緩得衆心時李寶臣爲田承嗣間說與之通謀承嗣又以滄州與寶臣乃以兵劫朱滔於瓦橋關滔脫身走乘勝欲襲取幽州怦設方略鎭撫寶臣不敢進以功加御史中丞寶臣死子惟岳拒朝命德宗令滔與張孝忠同力討之及惟岳平滔怨朝廷違約不與深州含怒不已會王武俊亦怨割地深

○趙相謀叛欲救田悅怦時知幽州留後事遣人齎書諷滔曰司徒位崇太尉尊居宰相恩寵冠藩臣之右榮遇極矣今昌平故里朝廷改爲尉御司徒里此亦大夫不朽之名也但以忠順自持則事無不濟竊思近日務大樂戰不顧成敗而家滅身屠者安史是也暴亂易亡今復何有怦忝密親世荷恩遇默而無告是負重知惟司徒圖之無貽後悔也滔雖不用其言亦嘉其盡言卒無疑貳凡出征伐必以怦攝留後事及僭稱大冀王僞署怦爲右僕射范陽留守及泚據京邑召滔南河至貝州挫敗而還兵甲盡喪怦聞滔將至悉蒐范陽兵甲夾道排列二十餘里以迎滔歸於府第人皆嘉怦忠義貞元二年滔卒三軍推怦權撫軍府事怦爲衆所服卒有其地朝廷因授怦幽州大都督府長史兼御史大夫幽州盧龍節度副大使知節度事管內營田觀察押奚契丹經略盧龍軍使居位三月而卒貞元元年九月卒年五十九廢朝三日贈兵部尚書賜布帛有差子濟繼爲幽州節度使

濟怦之長子初母難產既產侍者初見濟是一大虵黑氣勃勃莫不驚走及長頗異常童所居室焚人皆驚救濟從容而出衆異之累歷本管州縣牧守及怦爲節度使以濟兼御史中丞充行軍司馬怦卒軍人習河朔舊事請濟代父爲帥朝廷姑務便安因而從之累加至檢校兵部尚書貞元五年遷左僕射充幽州節度使時烏桓鮮卑數寇邊濟帥軍擊走之深入千餘里虜獲不可勝紀東北晏然貞元中朝廷優容藩鎭方甚兩河擅自繼襲者尤驕蹇不奉法惟濟最務恭順朝獻相繼德宗亦以恩禮接之尋加同中書門下平章事順宗卽位再遷檢校司徒元和初加兼侍中及詔討王承宗諸軍未進濟獨率先前軍擊破之生擒三百餘人斬首千餘級獻逆將於闕優詔褒之又爲詩四韻上獻以表忠憤之志明年春將大軍次瀛州累攻樂壽博陸安平等縣前後大獻俘獲賞功頗厚仍與子孫六品官者凡四人未幾有疾會赦承宗録功拜兼中書令濟在鎭二十餘年雖輸忠欵竟不入覲又謀殺其弟澭澭歸國爲信臣及濟疾次子總與濟

○親吏唐弘實通謀酖殺濟數日乃發喪時年五十四詔贈太師廢朝三日賻禮有加謚曰莊武弟源貞元十六年八月爲檢校工部尚書兼左武衛將軍初爲涿州刺史不受兄教令濟奏之貶漢州參軍復不受詔濟帥師至涿州源出兵拒之未合而自潰濟擒源至幽州上言請令入覲故授官以懲之

澭濟之異母弟也喜讀書工武藝輕財愛士得人死力事朱滔常陳逆順之理後怦爲盧龍軍節度使病將卒澭在父側卽以父命召兄濟自漢州至竟得授節度使濟常感澭奉已澭爲瀛州刺史亦許以澭代已任其後濟乃以其子爲副大使澭既怒濟遂請以所部西捍隴塞挈其所部兵一千五百人男女萬餘口直趨京師在道無一人犯令者德宗寵遇特授秦州刺史以普潤縣爲理所及順宗傳位稱太上皇有山人羅令則詣澭言異端數百言皆廢立之事澭立命擊之令則又云某之黨多矣約以德宗山陵時伺便而動澭械令則送京師杖死之後録功賜其額曰保義其軍蕃戎畏之不敢爲寇常有

復河湟之志議者壯之元和二年十二月卒總濟之第二子也性陰賊險譎元和五年濟奉詔討王承宗使長子緄假爲副使領留務時總爲瀛州刺史濟署爲行營都兵馬使屯軍饒陽師久無功總潛伺其隟與判官張玘孔目官成國寶及帳內小將爲謀使詐自京至曰朝廷以相公逗留不進除副大使爲節度使矣明日又使人曰副大使旌節已到太原又使人走而呼曰旌節過代州舉軍驚恐濟驚惶憤怒不知所爲因殺主兵大將數十人及與緄素厚者乃追緄以張玘兄臯代知留務濟自朝至日昃不食渴索飲總因寘毒而進之濟死緄行至涿州總矯以父命杖殺之總遂領軍務朝廷不知其事因授以斧鉞累遷至檢校司空及王承宗再拒命總遣兵取賊武強縣遂駐軍持兩端以利朝廷供饋賞賜是時吳元濟尚存王承宗方跋扈易定孤危憲宗暫務姑息加總同中書門下平章事及元濟就擒李師道梟首王承宗憂死田弘正入鎮州總既無黨援懷懼每謀自安之計初總弒逆後每見父兄爲祟甚慘懼乃於官署後置數百僧

厚給衣食令晝夜乞恩謝罪每公退則憩于道場若入他室則怊惕不敢寐晚年恐悸尤甚故請落髮爲僧冀以脫禍乃以判官張臯爲留後總以落髮上表歸朝穆宗授天平軍節度使既聞落髮乃賜紫號大覺師總行至易州界暴卒輟朝五日贈太尉擇日備禮冊命賻絹布一千五百段米粟五百石先是元和初王承宗阻兵總父濟備陳征伐之術請身先之及出軍累拔城邑旋屬被病不尅成功總既繼父願述先志且欲盡更河朔舊風長慶初累疏求入覲兼請分割所理之地然後歸朝其意欲以幽涿營州爲一道請弘靖理之瀛州漠州爲一道盧士玫理之平薊嬀檀爲一道請薛平理之仍籍軍中宿將盡薦於闕下因望朝廷升奬使幽薊之人皆有希羡爵祿之意及疏上穆宗且欲速得范陽宰臣崔植杜元穎又不爲久大經略但欲重弘靖所授而未能省其使局惟瀛漠兩州許置觀察使其他郡縣悉命弘靖統之時總所薦將校又俱在京師旅舍中久而不問如朱克融輩僅至假衣丐食日詣中書求官不勝其困及除弘靖又命悉還本軍克融輩雖得復歸皆深懷觖望其後果爲叛亂總既以土地歸國授其弟約及男等一十一人領郡符加命服者五人升朝班佐宿衛者六人

程日華定州安喜人本單名華父元皓事安祿山爲帳下將從陷兩京頗稱勇力史思明時爲定州刺史華少事本軍爲張孝忠牙將初李寶臣授恒州節度吞削潘隣有恒冀深趙易定滄德等八州寶臣既卒惟岳拒朝命以圖繼襲寶臣部將張孝忠以定州歸國授成德軍節度使令與朱滔討惟岳及惟岳誅朝廷以恒冀授王武俊深趙授康日知易定滄授張孝忠分爲三帥時惟岳將李固烈守滄州孝忠令華詣固烈交郡固烈將歸真定悉取滄州府藏累乘而還軍人怒殺固烈皆奪其財相與詣華曰李使君貪鄙而死軍州請押牙權領不獲已從之孝忠因授華知滄州事未幾朱滔合武俊謀叛滄定往來艱阻二盜遂欲取滄州多遣人遊說又加兵攻圍華俱不聽從乘城自固久之錄事參軍李宇爲華謀曰使君受圍累年張尚書不

能致援論功獻捷須至中山所謂勞而無功者也請爲足下至京師自以一州爲使華即遣之宇入關備陳華當二盜之間疲於矢石德宗深嘉之拜華御史中丞滄州刺史復置橫海軍以華爲使尋加工部尚書御史大夫賜名日華仍歲給義武軍糧餉數萬自是別爲一使孝忠唯有易定二州而已武俊遣人說華歸已華曰相公欲弊邑仍舊隸恒州且借騎二百以抗賊俟道路通即從命武俊喜即以二百騎助之華乃留其馬遣人皆還武俊怒其背約又以朱滔方攻圍慮爲所有而止及武俊歸國河朔無事日華即遣所留馬還武俊別陳珍幣謝過武俊歡然而釋貞元四年卒贈兵部尚書子懷直

懷直習河朔事父卒自知留後事朝廷嘉父之忠起復授檢校工部尚書兼御史大夫升橫海軍爲節度以懷直爲留後又於弓高縣置景州管東光景城二縣以爲屬郡累加至檢校尚書右僕射五年起復正授節度觀察使懷直荒於畋獵數日方還不恤軍政軍士不勝寒餒其帳下將從父兄懷信因衆怒閉門不內懷直因來朝覲貞

元九年也德宗優容之依前檢校右僕射兼龍武統軍賜安業里甲第妓女一人既而懷信死懷直子執恭知留後事乃遣懷直歸滄州十六年卒年四十九廢朝一日贈揚州大都督執恭代襲父位朝廷因而授之元和六年入朝憲宗禮遇遣之加尚書左僕射嘗夢滄州衙門樓額悉帖權字遂奏請改名權十三年淮西賊平藩方惕息權以父子世襲如三鎮事例心不自安乃請入朝十三年至京師表辭戎帥因命華州刺史鄭權代之以靖安里私第側狹賜地二十畝令廣其居尋遷檢校司空邠州刺史邠寧節度使十四年十一月卒贈司徒權兄弟子姪在朝列宿衛者三十餘人

李全略者本姓王名日簡為鎮州小將事王武俊元和中節度使王承宗沒軍情不安自拔歸朝授代州刺史及長慶初鎮州軍亂殺田弘正穆宗為之旰食以日簡嘗為鎮將召問其計日簡遂於御前極言利害兼願有以自効因授德州刺史經略其事明年擢拜橫海軍節度使賜姓李氏名全略以崇樹之未幾令子同捷入侍兼進錢千

萬踰歲同捷歸覲乃奏請授滄州長史知州事兼主中軍兵馬朝廷初不之許後慮其有奇策將副經略之旨遂從之及得請全略乃陰結軍士潛為久計外示忠順內蓄姦謀棣州刺史王稷善撫衆且得其心全略忌而殺之仍孥戮其屬凡所為事大率類此寶曆二年四月卒子同捷初為副大使居喪擅領留後事仍重賂藩鄰以求繼襲朝廷知其所為經年不問屬昭愍晏駕文宗卽位同捷冀易世之後稍行恩貸卽令母弟同志同巽入朝令掌書記崔長奉表備達懇誠請從朝旨詔授同捷檢校左散騎常侍兗州刺史兗海節度使以天平節度使烏重胤為滄州節度以代之詔下同捷託以三軍乞留拒命乃命烏重胤率鄆齊兵加討又詔徐帥王智興滑帥李聽平盧康志睦魏博史憲誠易定張璠幽州李載義等四面進攻同捷世行姦詐自以嘗在成德軍為將校燕趙之師可結為城社乃以玉帛子女賂河北三鎮以求旋鉞李載義初受朝命堅於効順乃囚同捷姪及所賂玉帛妓女四十七人表獻又表朝廷加載義左僕射王廷湊司徒以悅其心事廷湊本蓄狼心欲吞橫海乃出兵于境以赴同捷王智興師次棣州詔曰李同捷幸襲舊勳不思纘緒斬麻未幾私行墨縗毒殺忠良擾惑部校稽之國憲難逭常刑朕以頃在先朝已稽中言寔遵成命未議改圖乃由留務之權授以戎帥拔負海之陋置之中華推恩含垢斯亦至矣而同捷益懷迷執閉境練兵大詬鄰封拒捍中使遐邇憤惋中外驚嗟叛命既彰大義當絕事非獲已良用撫然其在同捷在身官爵並宜削奪令諸軍進討俄而烏重胤卒授神策節度使李寰代重胤出師無功召還乃加王智興平章事充行營招撫使史憲誠遣大將亓志沼與子唐帥兵二萬五千攻德州大和二年九月智興收棣州因割隸淄青時諸軍在野朝廷特置供軍糧料使日費寖多兩河諸帥每有小捷虛張俘級以邀賞賚欲困朝廷而緩賊也繒帛征馬賜之無算同捷既窘王廷湊援之不及乃令入誘亓志沼俾倒戈攻憲誠許以代為魏博節度志沼信其言而叛憲誠告難詔李聽以諸道兵攻之志沼敗奔于鎮州李寰赴闕又

以李祐代為橫海節度三年三月詔諫議大夫柏耆軍前慰撫四月李祐收德州同捷乞降于祐祐疑其詐柏耆請以騎兵三百入滄州祐從之耆徑入滄州取同捷與其家屬赴京師其月二十六日至德州界諜言廷湊兵來劫篡耆乃斬同捷首傳而獻捷百寮稱賀同捷母孫妻崔兒元達等既獻詔悉宥之配於湖南安置

史臣曰國家崇樹藩屏保界山河得其人則區宇以寧失其授則干戈勃起若懷仙之輩皆亂河朔志深狡蠹忠義之談罔經耳目以暴亂為事業以專殺為雄豪或父子弟兄或將帥卒伍迭相屠滅以成風俗斯乃王道寖微教化不及惜哉燕民陷彼虎吻其間劉總粗貯臣誠然而殺父兄以圖榮落髮髮而避禍未旋踵而暴卒他境斯謂報應之驗與

贊曰國法不綱賊臣鴟張雖曰父子兇如虎狼惡稔族滅身屠地亾姦茲伏恭汙我彝章

唐書列傳卷第九十四

劉　昫　等修

聞人詮校刻沈桐同校

尚可孤　李觀　戴休顏

陽惠元　李元諒　韓遊瓌

賈隱林　杜希全　尉遲勝

邢君牙　楊朝晟　張敬則

尚可孤東部鮮卑宇文之别種也代居松漠之間天寶末歸國隷范陽節度安祿山後事史思明上元中歸順累授左右威衛二大將軍同正充神策大將以前後功歿試太常卿仍賜實封一百五十戸魚朝恩之統禁軍愛其勇甚委遇之俾爲養子奏姓魚氏名智德以禁兵三千鎮于扶風縣後移武功可孤在扶風武功凡十餘年士伍整肅軍邑安之朝恩死賜可孤姓李氏名嘉勳會李希烈反叛建中四年七月除兼御史中丞荆襄應援淮西使仍復本姓名尚可孤以所統之衆起山南累有戰功及涇原兵叛詔徵可孤軍至藍田賊衆方盛遂營於七盤修城柵而居之賊將仇敬等來寇可孤頻擊破之因收藍田縣興元元年三月遷檢校工部尚書兼御史大夫神策京畿渭南商州節度使四月仇敬　來寇可孤率兵急擊擒仇敬斬之遂進軍與副元帥李晟決策攻討五月晟率可孤及駱元光之軍收京城可孤之師爲先鋒京師平以功陞檢校右僕射封馮翊郡王增邑通前八百戸實封二百戸可孤性謹愿沉毅既有勳勳衆會之中未嘗言功賊平之後營於白花亭御衆公平號令嚴整時人稱焉李晟甚親重之及李懷光以河中叛詔可孤帥師與諸軍進討次於沙苑遇疾卒于軍贈司徒賻布帛米粟加等喪葬所須並令官給

李觀洛陽人其先自趙郡徙焉秋官員外郎敬仁姪孫也少習武藝沉厚寡言有將帥識度乾元中以策干朔方節度使郭子儀子儀善之令佐坊州刺史吳伷充防遏使尋以憂免居盩厔别業廣德初吐蕃入寇鑾駕之陝觀於盩厔率鄉里子弟千餘人守黑水之西戎人不敢近會鎮南節度楊慎微將之鎮以觀權謀奏充偏將俾總軍政及徐浩李勉繼領廣州尤加信任麾下兵甲悉委之平馮崇道朱泚時有功累遷大將李勉移鎮滑州累奏授試殿中監加開封府儀同三司追赴闕授右龍武將軍建中末涇師叛觀時上直領衛兵千餘人扈從奉天詔都巡警訓練諸軍戍卒三數日間加召二千餘衆列之通衢整肅鼙鼓城内因之增氣德宗倚賴之賜封二百戸二子宏寓授八品京官及駕出奉天與令狐建李昇韋清等咸執羈靮周旋艱險皆著功勞駕還京師詔總後軍禁衛興元元年閏十月拜四鎮北庭行軍涇原節度使檢校兵部尚書在鎮四年雖無拓境之績勵卒儲粮訓整軍輯及平涼之師會渾瑊既無戎備觀伺知狡謀潛擇精兵五千要伏險道及瑊遁歸賴觀游軍及李元諒之師表裏以免帝優賞賜賚甚厚特詔褒美其年朝京師除少府監檢校工部尚書以疾終貞元四年贈太子少傅

戴休顏夏州人在軍伍以膽略稱大曆中爲郭子儀部將以戰功累遷至塩州刺史奉天之難倍道以所部蕃漢三千人號泣赴難德宗嘉之賜實封二百戸與渾瑊杜希全韓遊瓌等捍禦有功車駕再幸梁洋留守奉天及李懷光叛據咸陽使誘休顏休顏集三軍斬其使嬰城自守懷光大駭遂自涇陽夜遁其月拜檢校工部尚書奉天行營節度使李晟收京師乃與渾瑊破泚偏師斬首三千級休顏追賊至中渭橋李晟既清宮闕休顏與瑊等率兵赴岐陽邀擊泚餘衆及策勳加檢校右僕射封至六百戸七月扈駕至京特賜女樂甲第以褒功伐尋拜左龍武將軍貞元元年卒年五十九廢朝一日贈賻有差

陽惠元平州人以材力從軍隷平盧節度劉王臣後與田神功李忠臣等相繼泛海至青齊間忠勇多權略稱爲名將又以兵隷神策充神策京西兵馬使鎮奉天初大曆中兩河平定事多姑息李正已有淄青齊海登萊沂密德棣曹濮徐兗鄆十五州之地養兵十萬李寶臣有恒易深趙滄冀定七州之地有兵五萬田承嗣有魏博相衛洺貝

澶七州之地有兵五萬梁崇義有襄鄧均房復郢六州之地其衆二
萬皆始因叛亂得侯各擅土宇雖沐朝旨而威刑爵賞生殺自專
盤根結固相爲表裏朝廷常示大信不爲拘限綏之則嫌釁自作急
之則合謀或鬬詔旨將增一城浚一池必皆怨怒有辭則爲之罷役
而自於境內治兵繕壘以自固凡歷三朝殆二十年國家不敢興拳
石撮土之役代宗性寬柔無怒一切從之凡河朔諸道健步奏計者
必獲賜賚及德宗即位嚴察神斷自誅劉文喜之後知朝法不可犯
四盜俱不自安奏計者空還無所賞賜歸者多怨或傳說飛語云帝
欲東封汴州奏以城隘狹增築城郭李正己聞之移兵萬人屯于曹
州田悅亦加兵河上河南大擾羽書警急乃詔移京西戎兵萬二千
人以備關東帝御望春樓親誓師以遣之曰嗚呼東鄙之警事非獲
已唯爾將校羣士各以忠節勤於王家南赴蜀門西定涇壘甲冑不
解瘡痍未平今載用爾分鎮于周鄭之郊敬聽明命夫王者之師有
征無戰稽諸理道用正邦國宜厲乃戈甲保固城池以德和人以義

制事將備其侵軼不用越境攻取戢而後動可謂正矣今外夷來庭方
春生植品物資始農桑是時俾爾將士暴露中野我心痛悼鬱如焚
灼嗟爾有衆其悉予懷士卒多泣下及賜宴諸將列坐酒至神策將
士皆不飲帝使問之惠元時爲都將對曰臣初發奉天本軍帥張巨
濟與臣等約曰斯役也將策大勳建大名凱旋之日當共爲歡苟未
戎捷無以飲酒故臣等不敢違約而飲既發有司供餼於道路他軍
無孑遺唯惠元一軍缾罍不發上稱嘆久之降璽書慰勞及田悅反
叛詔惠元領禁兵三千與諸將討伐御河奪三橋皆惠元之功也尋
加檢校工部尚書攝貝州刺史令以兵屬李懷光建中四年冬自河
朔與懷光同赴國難解奉天之圍明年二月懷光背國叛逆惠元義
不受汙脫身奔竄奉天會乘輿南幸懷光怒惠元之逸令其將冉宗
以百餘騎追及於好時縣惠元計窮父子三人並投人家井中冉宗
並出而害之興元元年贈右僕射仍賻絹百匹惠元男尚食奉御晟
贈殿中監左衛兵曹參軍暠贈邠州刺史褒死難也

李元諒本駱元光姓安氏其先安息人也少爲宦官駱奉先所養冒
姓駱氏元諒長大美鬚勇敢多計少從軍備宿衛積勞試太子詹事
鎮國軍節度使李懷讓署奏鎮國軍副使俾領州事元諒嘗在潼關
領軍積十數年軍士皆畏服德宗居奉天賊泚遣僞將何望之輕騎
襲華州刺史董晉弃州走望之遂據城將聚兵以絕東道元諒自潼
關將所部仍令義兵因其未設備徑攻望之遂拔華州望之走歸元
諒乃修城隍器械召募不數日得兵萬餘人軍益振以功加御史中
丞賊泚數遣兵來寇輒擊卻之是時尚可孤守藍田與元諒掎角賊
東不能逾渭南元諒功居多無幾遷華州刺史兼御史大夫潼關防
禦鎮國軍節度使尋加檢校工部尚書興元元年五月詔元諒與副
元帥李晟進收京邑兵次於滻西賊悉衆來攻元諒先士卒奮擊大
敗之進軍至苑東與晟力戰壞苑垣而入賊聯戰皆敗遂復京師元
諒讓功於晟出屯於章敬佛寺帝還宮加檢校尚書右僕射實封七
百戶賜甲第女樂仍與一子六品正員官李懷光反於河中絕河津

詔元諒與副元帥馬燧渾瑊同討之時賊將徐庭光以銳兵守長春
宮元諒遣使招之庭光素輕易元諒且慢罵之又以優胡爲戲於城
上辱元諒先祖元諒深以爲恥及馬燧以河東兵至庭光降於馬燧
詔以庭光爲試殿中監兼御史大夫河中平燧待庭光益厚元諒因
過庭光於軍門命左右劫而斬之乃詣燧匍匐請罪燧盛怒將殺元
諒久之以其功高乃止德宗以元諒專殺慮有章疏先令宰相諭諫
官勿論貞元三年詔元諒將本軍從渾瑊與吐蕃會盟于平凉元諒
謂瑊曰本奉詔令營於潘原堡以應援侍中竊思潘原去平凉六七
十里蕃情多詐儻有急變何由應赴請次侍中爲營瑊以違詔固止
之元諒竟與瑊同進瑊營距盟所二十里元諒營次之壕柵深固及
瑊赴會乃戒嚴部伍結陣營中是日虜果伏甲乘瑊無備竊發時士
大夫皆朝服就執軍士死者十七八瑊單馬奔還羣虜追躡瑊營將
李朝彩不能整衆多已奔散瑊至空營而已賴元諒之軍嚴固瑊既
入營虜皆散去是日無元諒軍瑊幾不免元諒乃整軍先遣輜重次

與瑊俱申號令嚴其部伍而還時謂元諒有將帥之風德宗嘉之賜良馬十匹金銀器錦綵等甚厚丁毋憂加右金吾衛上將軍起復本官帝念其勳勞又賜姓李氏改名元諒四年春加隴右節度支度營田觀察洮臨軍使移鎮良原良原古城多摧圮隴東要地虜入寇常牧馬休兵於此元諒遠烽堠培城補堞身率軍士與同勞逸芟林薙草斬荊榛俟乾盡焚之方數十里皆爲美田勸軍士鬬藝歲收粟菽數十萬斛生殖之業陶冶必備仍距城築臺上彀車弩爲城守備益固無幾又進築新城以據便地虜每寇掠輒擊郤之涇隴由是乂安虜深憚之以疾貞元元年十一月卒于良原年六十二帝甚悼惜廢朝三日贈司空賻布帛米粟有差

韓遊瓌河西靈武人仕本軍累歷裨補積功至邠寧節度使德宗出幸奉天衛兵未集遊瓌與慶州刺史論惟明合兵三千人赴難自乾陵北過赴醴泉以拒泚會有人自京城來言賊信宿當至上遽令追遊瓌等軍伍纔入壁泚黨果至乃出鬬城下小不利乃退入城賊急

奪門遊瓌與賊隔門血戰會暝方解自是賊日攻城遊瓌惟明乘城拒守躬當矢石不暇寢息赴難之功遊瓌首焉李懷光反從駕山南德宗以禁軍無職局六軍特置統軍一員秩從二品以遊瓌惟明賈隱林等分典從駕禁兵李晟移軍東渭橋與駱元光尚可孤分扼京東要路渾瑊與遊瓌戴休顏分典京西要路掎角進攻興元元年檢校刑部尚書兼御史大夫例授奉天定難功臣李晟收京城遊瓌三將亦破賊於咸陽德宗自興元還京渾瑊與遊瓌休顏三將從李晟尚可孤駱元光三將奉迎論功行封與瑊等相次還鎮邠寧三年以子欽緒與妖賊李廣弘同謀不軌時遊瓌鎮長武城事將發欽緒奔于邠州邠州將吏械送京師遊瓌以子大逆請代歸固欲詣闕詔不許遊瓌鏁繫欽緒二子送京師請從坐上亦宥之十二月遊瓌入朝素服待罪入朝堂遽命釋之勞遇如故復令還鎮初遊瓌入覲邠州將吏以其子謀叛又御軍無政謂必受代餞送之禮甚薄及遊瓌見上盛論邊事請築豐義城以備蕃寇上以特達委用如初及還鎮軍

中惧不自安大將范希朝善將兵名聞軍中遊瓌畏其逼已將因事誅之希朝懼出奔鳳翔上素知名召入宿衛及遊瓌遣五百人築豐義城兩板而潰又寧州戍卒數百人縱掠而叛其無方略失士心皆此類也自寧州卒叛吐蕃入寇遊瓌自率衆戍寧州四年七月除將軍張獻甫代遊瓌不俟獻甫至又不告衆知乃輕騎夜出歸朝將卒素驕聞獻甫嚴急因其無帥縱兵大掠且圍監軍楊明義第請范希朝爲帥都虞候楊朝晟初逃難郊外翌日聞請希朝乃復入城與軍衆曰所請甚愜我來賀也叛卒稍安朝晟乃與諸將密謀晨率甲兵而出召叛卒告曰前請者不獲張尚書來昨日已入邠州汝等謀叛皆當死吾不盡殺誰爲賊首各言之以罪歸之餘悉不問於衆中唱二百餘人立斬之軍城方定上聞軍情欲希朝乃授寧州刺史爲獻甫邠寧之副遊瓌至京授右龍武統軍十四年卒李廣弘者或云宗室親王之胤落髮爲僧自云見五岳四瀆神已當爲人主貞元三年自邠州至京師有市人董昌者通導廣弘舍于資敬寺尼智因之

室智因本宮人董昌以酒食結殿前射生將韓欽緒李政諫南珍霞神策將魏修李傪前越州參軍劉昉陸緩陸絳陸充徐綱等同謀爲逆廣弘言岳瀆神言可以十月十日舉事必捷自欽緒已下皆有署置爲宰相以智因尼爲后謀於舉事日夜令欽緒擊鼓於凌霄門焚飛龍廐舍草積又令珍霞盜擊街鼓集城中人又令政諫修傪等領射生神策兵內應事克縱剽五日朝官悉殺之事未發魏修李傪上變令內官王希迁等捕其黨與斬之德宗因禁止諸色人不得輒入寺觀

賈隱林者滑州牙將也建中初爲本軍兵馬使令率兵宿衛朱泚之亂諸軍未集隱林率衆扈從性質朴在奉天賊急攻城隱林與侯仲莊逐急救應艱險備至既而懷光軍至逆賊解圍從臣稱慶隱林抃舞畢奏曰賊泚奔遁臣下大慶此皆宗社無疆之休然陛下性靈太急不能容忍若舊性未改賊雖奔亾臣恐憂未艾也上不以爲忤甚稱之累官至檢校右散騎常侍封武威郡王將幸山南而卒贈左僕

射賜其家實封三百戶賻絹百匹米百碩喪葬官給
杜希全京兆醴泉人也少從軍嘗爲郭尚父子儀裨將積功至朔方
軍節度使軍令嚴肅士卒皆悅服初德宗居奉天希全首將所部與
鹽州刺史戴休顏夏州刺史時常春合兵赴難軍已次漠谷爲賊泚
邀擊乘高縱礧又以大弩射之者衆德宗令出兵援之不得進希全
退次邠州以赴難功加檢校戶部尚書行在都知兵馬使從幸梁州
帝還京師遷太子少師檢校右僕射兼靈州大都督御史大夫受降
定遠城天德軍靈鹽豐夏等州節度支度營田觀察押蕃落等使餘
姚郡王希全將赴靈州嘗獻體要八章多所規諫德宗深納之乃著
君臣箴以賜之其辭曰夫惟德惠人惟辟奉天從諫則聖共理惟賢
皇立有極駿命不易揔萬機以成務齊六合之殊致一心不能獨鑒
一目不能周視數求哲人式序在位於戲君之任臣必求一德臣之
事君咸思正直何啓沃之所宜自古今而未得且以讜言者逆耳諂
諛者伺側故下情未通而上聽已惑俾夫忠賢敗於凶慝譬彼舟

楫徒楫之亦有和羹宰夫膳之孰云理國不自得師覆車之轍予其
懲而高以下升和由甘受惟君無良亦臣之咎聞諸辛毗牽裾魏后
則有禽息竭忠碎首勉思獻替以平可否勿謂無傷自微而彰勿謂
何害積小成大事有隱而必見令既出而焉悔鼓鍾在宮聲聞于外
浩然涉水朕未有艾將負扆以虛心期盡忠而納誨在昔稷契實臣
舜禹近茲魏徵佑我文祖君臣協德混一區宇肆予寡昧獲纘丕緒
臣哉隣哉爾翼爾輔高秋始肅我武惟揚鞠此禁衛殿于大邦戀闕
方甚嘉言乃昌是規是諫金玉其相辭高理要入德知方總茲于旁
備于八章宣父有言啓予者商殷有盤銘周有欹器或誡以辭或警
以事披圖演義發于爾志與金鏡而高懸將座右而同置人皆有初
鮮慎厥終汝其夙夜期保朕躬無曰爾身在外而爾誠不通一言之
應千里攸同導彼邇徐達余四聰華夷仰德時乃之功既往既來懷
賢忡忡唱予和汝式示深衷尋兼本管及夏綏節度都統加太子少
師希全以鹽州地當要害自貞元三年西蕃劫盟之後州城陷虜自

是塞外無保障靈武勢隔西通鄜坊甚爲邊患朝議是之九年詔曰
設險守國易象垂文有備無患先王令典況修復舊制安固疆里偃
甲息人必在於此鹽州地當衝要遠介朔陲東達銀夏西援靈武密
邇延慶保扞王畿乃者城池失守制備無據千里庭障烽燧不接三
隅要害役戍其勤若非興集師徒繕修壁壘設攻守之具務耕戰之
方則封內多虞諸華屢警由中及外皆靡寧居深惟永圖豈忘終食
顧以薄德至化未孚既不能復前古欲致四夷之守與其臨事而重
擾豈若先備而即安是用弘久遠之謀修五原之壘使邊城有守中
夏克寧不有暫勞安能永逸宜令左右神策及朔方河中絳邠寧慶
兵馬副元帥渾瑊朔方靈鹽豐夏綏銀節度都統杜希全邠寧節度
使張獻甫神策行營節度使邢君牙銀夏節度使韓潭鄜坊節度使
王栖曜振武節度使范希朝各於所部簡練將士令三萬五千人同
赴鹽州神策將軍張昌宜權知鹽州事應板築雜役取六千人充其
鹽州防秋將士率三年滿更代仍委杜彥先具名奏聞悉與改轉朕

情非已欲志在靖人咨爾將相之臣忠良之士輸誠奉命陳力忘憂
勉茂功勳永安疆場必集兵事實惟衆心各相率勵以副朕志凡役
六千人二旬而畢時將板築仍詔涇原劒南山南諸軍深討吐蕃以牽
制之由是板築之時虜不及犯塞城畢中外稱賀由是靈武銀夏河
西稍安虜不敢深入希全久鎮河西晚節倚邊多恣橫帝嘗寬之豐
州刺史李景略威名出其右希全深忌之疑畏代己乃誣奏景略德
宗不得已爲貶之素病風眩暴戾益甚判官監察御史李起頗忤之
希全又誣奏殺之將吏皆重足脅息貞元十年正月卒廢朝三日贈
司空
尉遲勝本于闐王珪之長子少嗣位天寶中來朝獻名馬美玉玄宗
嘉之妻以宗室女授右威衛將軍毗沙府都督還國與西安節度使
高仙芝同擊破薩毗播仙以功加銀青光祿大夫鴻臚卿改光祿卿
皆同正至德初聞安祿山反勝乃命弟曜行國事自率兵五千赴難
國人留勝以少女爲質而後行肅宗待之甚厚授特進兼殿中監廣

德中拜驃騎大將軍毗沙府都督于闐王令還國勝固請留宿衛加
開府儀同三司封武都王實封百戶勝請以本國王授曜詔從之勝
乃於京師修行里盛飾林亭以待賓客好事者多訪之建中末從幸
奉天爲兼御史中丞駕在興元勝爲右領軍將軍俄遷右威衛大將
軍歷睦王傅貞元初曜遣使上疏稱有國已來代嫡承嗣兄勝旣讓
國請傳勝子銳上乃以銳爲檢校光祿卿兼毗沙府長史還固辭且
言曰曜久行國事人皆悅服銳生於京華不習國俗不可遣往因授
詔王諮議兄弟讓國人多稱之府除以勝爲原王傅卒時年六十四
貞元十年贈涼州都督子銳嗣

邢君牙瀛州樂壽人也少從軍於幽薊平盧以戰功歷果毅折衝郎
將充平盧兵馬使安祿山反隨平盧節度使侯希逸過海至青徐間
田神功之討劉展君牙又從神功戰伐有功歷將軍試光祿卿神功
旣爲兗鄆節度使令君牙領防秋兵入鎮好畤屬吐蕃陵犯代宗幸
陝君牙隷屬禁軍扈從後又以戰功加鴻臚卿累封河間郡公建中

初河北諸節帥叛李晟率禁軍助馬燧等征之晟以君牙爲都虞候
累於武安襄國洺水魏縣清豐討賊有功君牙擒生斬級居多屬德
宗幸奉天晟率君牙統所部兵倍道兼程來赴國難及駐軍咸陽移
營渭橋軍中之事晟惟與君牙商之他人莫可得而聞也收復宮闕
驟加御史大夫檢校常侍旣而晟爲鳳翔涇原元帥數出軍巡邊常
令君牙掌知留後軍府安悅貞元三年晟以太尉中書令歸朝君牙
代爲鳳翔尹鳳翔隴州都防禦觀察使尋遷右神策行營節度鳳翔
隴州觀察使加檢校工部尚書吐蕃連歲犯邊君牙且耕且戰以爲
守備西戎竟不能爲大患尋加檢校右僕射貞元十四年卒時年七
十一廢朝一日贈司空賻布帛米粟有差

楊朝晟字叔明夏州朔方人初在朔方爲部軍前鋒常有功授甘泉
果毅建中初從李懷光討劉文喜于涇州斬獲擒生居多授驃騎大
將軍稍遷右先鋒兵馬使從李納寇徐州從唐朝臣征討常冠軍鋒
以功授開府儀同三司檢校太子賓客上在奉天李懷光自山東赴
難以朝晟爲右廂兵馬使將千余人下咸陽以拒朱泚加御史中丞
實封一百五十戶及懷光反於河中朝晟被脅在軍上幸梁洋韓遊
瓌退於邠寧懷光以嘗在邠寧追制如屬城以賊黨張昕在邠州總
後務昕懼難作乃大索軍資徵卒乘約明潛發端于懷光時朝晟父
懷賓爲遊瓌將夜後以數十騎斬昕及同謀者遊瓌卽日使懷賓奉
表聞奏上召勞問授兼御史中丞正授遊瓌邠寧節度使間諜至河
中朝晟聞其事泣告懷光曰父立功于國子合誅戮不可主兵懷光
遂縶之及諸軍進圍河中韓遊瓌營于長春宮懷賓身當戰伐及懷
光平上念其忠俾副元帥渾瑊特原朝晟用爲遊瓌都虞候時父子
同軍皆爲開府賓客御史中丞異姓王柴於軍中後詔徵遊瓌宿衛
以張獻甫代之獻甫在道軍中有裴滿者扇亂劫朝晟朝晟陽許之
密計斬三百余人獻甫入改御史大夫九年城鹽州徵兵以護外境
朝晟統分士馬鎮木波堡獻甫卒詔以朝晟代之其年丁母憂起復
左金吾大將軍同正邠州刺史兼御史大夫十三年春朝晟奏方渠

合道木波皆賊路也請城其地以備之詔問須兵幾何朝晟奏曰臣
部下兵自可集事不煩外助復問前築鹽州凡興師七萬今何其易
也朝晟曰鹽州之役咸集諸軍蕃戎盡知之今臣境迫虜若大興兵
卽蕃戎來寇來寇則戰戰則無暇城矣今請密發軍士不十日至塞
下未旬而功畢蕃人始知已無奈何上從之已事軍還至馬嶺吐蕃
始來數日而退初軍次方渠無水師旅囂然遽有青蛇乘高而下視
其迹水隨而流朝晟命築防環之遂爲渟泉軍人仰飲以足圖其事
上聞詔置祠焉免喪加檢校工部尚書是夏以防秋移軍寧州構疾
旬余而卒

張敬則者不知何許人本名昌後賜名敬則初助劉玄佐累有軍功
官至鳳翔節度使常有復河湟之志遣大將野詩良輔發銳卒至隴
西蕃戎大駭元和二年六月卒

史臣曰有唐中否逆寇勃興天王窘以蒙塵諸侯忠而赴難可孫生
居沙漠挺然懷效命之風功冠貔貅屹爾有不矜之色李觀文儒之

胄樂習兵戎戴聖主著定難之勳救渾瑊於會盟之變休顏斬使嬰城懷光股慄惠元窮蹙自致天子軫悼元諒退兵章敬力戰讓功雅有器度及不忍小忿專殺庭光請罪軍門壯哉烈士其下諸將鬱有勞能勝生異域推位讓國堅留宿衛顧慕華風居中土者豈不思廡讓耶斯乃高祖之基太宗之業貽厥孫謀不徒虛語

贊曰建中失國嘖嚳氛慝景五載延羣雄畢力歌鐘甲第珪組繁錫凡百人臣忠爲令德

唐書列傳卷第九十四

唐書列傳卷第九十五

劉　昫　等修

聞人詮校刻沈桐同校

劉玄佐子士寧士幹　李萬榮附　董晉　陸長源

劉全諒　李忠臣　李希烈　吳少誠弟少陽少陽子元濟附

劉玄佐本名洽滑州匡城人也少倜儻不理生業爲縣捕盜吏違法爲令所笞僅死乃亡命從軍大曆中爲永平軍衙將李靈曜據汴州洽將兵乘其無備徑入宋州遂詔以州隸永平軍節度使李勉奏署宋州刺史建中二年加兼御史中丞亳潁節度等使李正己死子納匿喪謀叛而李洧以徐州歸順納遣兵圍之詔洽與諸軍援洧與賊接戰大破之斬首萬餘級由是轉輸路通加御史大夫又收濮州降將楊令暉分兵狥之濮陽降其將高彥昭以通濮陽津遷尚書累封四百户兼曹濮觀察使尋加淄青兗鄆招討使又加汴滑都統副使李希烈攻汴州德宗在奉天連戰賊稍卻興元初進加檢校左僕

射加平章事希烈圍寧陵洽大將劉昌言堅守不下希烈攻陳州洽遣昌言與諸軍救之大敗賊黨獲其將翟崇暉希烈棄汴州洽率軍收汴宋節度無幾授本管及陳州諸軍行營都統賜名玄佐是歲來朝又拜涇原四鎮北庭等道兵馬副元帥檢校司空益封八百户玄佐性豪侈輕財重義厚賞軍士故百姓益困是以汴之卒始於李忠臣訖于玄佐而日益驕恣多逐殺將帥以利剽劫又寵任小吏張士南及養子樂士朝財物鉅萬士朝通玄佐在鎮李納每使來必重贈遺餘美女名樂從其遊娛故多得其陰事常先爲備故納憚其心計貞元三年三月薨于位年五十八廢朝三日贈太傅將佐匿喪稱疾俟代帝亦爲隱數日乃發喪子士寧士幹初將佐匿喪既發帝遣問所欲立吳湊可乎監軍孟介行軍盧瑗皆曰便及湊次氾水柩將遷請備儀瑗不許又令留什物俟新使將士大怒玄佐子婿及親兵乃以三月晦夜激怒三軍明晨衙兵皆甲冑擁士寧登重榻衣以墨縗呼為留後軍士執城將曹金岸浚儀令李邁曰爾等皆請吳湊者遂臠之

唯盧瑗獲免士寧乃以財物分賜將士請之爲帥孟介以聞帝召宰臣問計竇參曰今汴人挾李納以邀命若不許懼合於納遂從之授士寧起復金吾衛將軍同正汴州刺史宣武軍節度等使士寧位未定時遣使通王武俊劉濟田緒以士寧未受詔於國皆留之士寧初授節制諸將多不悅服性忍暴淫亂或彎弓挺刃手殺人於枉案間悉烝父之妓妾又強取人之婦女好倮觀婦人每出畋獵數日方還軍府苦之其大將李萬榮與其父玄佐同里閈少相善寬厚得衆心士寧疑之去其兵權令攝汴州事萬榮深怨之將伺其隙逐之十年正月士寧以衆二萬畋於城南兵既出萬榮晨入士寧廨舍召其所留心腹兵千餘人矯謂之曰有詔徵大夫入朝俾吾掌留務汝輩人賜錢三千貫無他憂也兵士皆拜萬榮既約親兵於內又召詔客營兵於外以是言令之軍士皆聽命萬榮乃分兵閉城門馳使白士寧曰詔徵大夫宜速即路若迁延不行當傳首以獻士寧知衆不爲用計無所出乃將五百騎走歸京師比至中牟亡走大半至東都所餘僮隸

婢妾數十人而已既至京師詔令歸第服喪禁絶出入萬榮乃斬士寧所親之將卒液白英賢以令於軍凡賞軍士錢二十萬貫詔令籍沒士寧家財以分賞焉遂授萬榮宣武軍兵馬留後初萬榮遣兵三千備秋於京西有親兵三百前爲劉士寧所驕者日益横萬榮惡之悉置行籍中由是深怨萬榮大將韓惟清張彥琳請將往不許萬榮令其子迺將之未發惟清彥琳不得志因親兵銜怨乃作亂共攻萬榮萬榮分兵擊之叛卒兵械少戰不勝乃劫轉運財貨及居人而潰殺傷千餘人叛兵四出多投宋州刺史劉逸準厚撫之韓惟清走鄭州張彥琳走東都以東身歸罪宥以不死並流竄焉萬榮悉捕逃叛將卒妻孥數千人皆誅之萬榮誅叛卒之後人心恟恟不安軍卒數人呼於市曰今夜大兵四面至城當破衆驚駭萬榮悉捕得或云士寧所教萬榮斬之以聞遂以士寧廢處郴州十一年五月授萬榮宣武軍節度使其年八月萬榮病遂署其子迺爲司馬乃勸大將李湛伊婁涗張伾佐外鎮尋皆令殺之涗伾皆已死惟李湛至尉氏尉氏

鎮邠忠節不肯殺甚是夜軍士遂出李迺遂執送京師萬榮以其日
病卒迺至京師付京兆府杖殺劉士幹玄佐養子前爲太府少卿有
樂士朝者亦爲玄佐養子因冒劉姓與士幹有隙及玄佐卒或云爲
士朝所酖士幹知之及至京師遣奴持刀於喪位語士朝曰有弔客
至因誘殺之賜士幹死

董晉字混成河中虞鄉人明經及第至德初肅宗自靈武幸彭原晉
上書謁見授校書郎翰林待制再轉衛尉丞出爲汾州司馬未幾刺
史崔圓改淮南節度奏晉以本官攝殿中侍御史充判官尋歸臺授
本官遷侍御史主客員外郎祠部郎中大曆中兵部侍郎李涵送崇
徽公主使迴紇奏晉爲判官使還拜司勳郎中歷秘書太府太常少
卿監左金吾將軍旬日德宗嗣位改太常卿遷右散騎常侍兼御史
中丞知臺事以清勤謹慎故驟遷右職尋爲華州刺史兼御史中丞
潼關防禦使又之加兼御史大夫朱泚僭逆於京邑使兇黨仇敬何
望之侵逼華州晉奔遣赴行在授國子祭酒尋令往恒州宣慰從車

駕還京師遷左金吾衛大將軍改尚書左丞時右丞元琇領度支使
爲韓滉所擠貶黜晉嫉之見宰相極言非罪舉朝稱之復拜太常卿
五年遷門下侍郎同平章事時政事決在竇參晉但奉詔書領然諾而
已金吾衛將軍沈房有弟喪公除不衣慘服入閤上問宰相對曰準
式朝官有周年已下喪者諸絁縵不合衣淺色帝曰南班安得有之
對曰因循而然又問晉冠冕之制對曰古人服冠冕者動有佩玉之
響所以節步也禮云堂上接武堂下布武至恭也步武有常君前之
禮進趨而已今或奔走以致顛仆非恭慎也在式朝官皆是綾袍袱
五品已上金玉帶取其文彩晝飾以奉上也是禹惡衣食而致美乎
黻冕君親一致昔尚書郎含香萊萊彩服皆此義也服絁縵非制也
上深然之遂詔曰常參官入閤不得趨走周朞已下喪者禁慘服朝
會又令服本品綾袍金玉帶晉明於禮學如此竇參驕滿既甚帝漸
惡之八年參諷晉奏其弟給事中竇申爲吏部侍郎帝正色曰豈不
是竇參遣卿奏也晉不敢隱因問參過失晉具奏之旬日參貶官晉

憂懼累上表辭位九年夏改禮部尚書兵部尚書東都留守東都畿
汝州都防禦使會汴州節度李萬榮疾甚其子迺爲亂以晉爲檢校
左僕射同平章事兼汴州刺史宣武軍節度營田汴宋觀察使晉既
受命唯將幕官傔從等十數人都不召集兵馬既至鄭州宣武軍迎
候將吏無至者晉左右及鄭州官吏皆懼共勸晉云鄧惟恭承萬榮
疾病之甚遂攝領軍州事今相公到此尚不使人迎候其情狀豈可
料即恐須且遲迴以候事勢晉曰奉詔爲汴州節度使即合準勑赴
官何可妄爲逗留人皆憂其不測晉獨恬然未至汴州十數里鄧惟
恭方來迎候晉俾其不下馬既入乃委惟恭以軍政衆服晉明於事
體機變而未測其深淺初萬榮逐劉士寧代爲節度使委兵於惟恭
以其同鄉里及疾甚李迺將爲亂惟恭乃與監軍同謀縛迺送歸朝
廷惟恭自以當便代居其位故不遣候吏以疑懼晉心冀其不敢進
不意晉之速至晉已近方遽出迎之然心常怏怏竟以驕盈慢法潛
圖不軌配流嶺南朝廷恐晉柔懦尋以汝州刺史陸長源爲晉行軍

司馬晉謙恭簡儉每事因循多可故亂兵粗安長源好更張云爲數
請改易舊事務從削刻晉初皆然之及案牘已成晉乃命且罷又委
錢穀支計初判官孟叔度輕佻好慢易軍人皆惡之晉十五年二月
卒年七十六廢朝三日贈太傅賜布帛有差卒後未十日汴州大亂
殺長源叔度等

陸長源字泳之開元天寶中尚書左丞太子詹事餘慶之孫西河太
守璪之子長源淑書史乾元中陷河北諸賊因爲昭義軍節度薛嵩
卒後又之歷建信二州刺史浙西節度韓滉兼領江淮轉運奏長源
檢校郎中兼中丞充轉運副使罷爲都官郎中改萬年縣令出爲汝
州刺史貞元十二年授檢校禮部尚書宣武軍行軍司馬汴州政事
皆決斷之性輕佻言論容易恃才傲物所在人畏而惡之及至汴州
欲以峻法繩驕兵而董晉判官楊凝孟叔度亦縱恣淫湎衆情共怒晉
性寬緩事務因循以收士心長源每事守法晉或苟且長源輒執而
正之及晉卒令長源知留後事長源揚言曰將士多弛慢不守憲章

當以法繩之由是人人恐懼加以叔度苛刻多縱聲色數至樂營與
諸婦人嬉戲自稱孟郎衆皆薄之舊例使長覺放散布帛於三軍制
服至是人請服長源初固不允軍人求之不已長源等議給其布直
叔度高其鹽價而賤爲布直每人不過得鹽三二斛軍情大變或勸
長源故事有大變皆賞三軍三軍乃安長源曰不可使我同河北賊
以錢買健兒取旌節兵士怨怒滋甚乃執長源及叔度等臠而食之
斯須骨肉糜散長源死之日詔下以爲節度使及聞其死中外惜之
贈尚書右僕射
劉全諒懷州武涉人也父客奴由征行家於幽州之昌平少有武藝
從平盧軍開元中有室韋首領段普恪恃驍勇數苦邊節度使薛楚
玉以客奴有膽氣令抗普恪客奴單騎襲之斬首以獻自白身授左
驍衛將軍充遊弈使自是數有戰功性忠謹爲軍人所信天寶末安
禄山反詔以安西節度封常清爲范陽節度以平盧節度副使呂知
誨爲平盧節度以太原尹王承業爲河東節度禄山既僭位於東都

遣腹心韓朝陽等招誘知誨知誨遂受逆命誘殺安東副都護保定
軍使馬靈詧禄山遂署知誨爲平盧節度使客奴與平盧諸將同議
取知誨殺之仍遣與安東將王玄志遥相應援馳以奏聞十五載四
月授客奴柳城郡太守攝御史大夫平盧節度支度營田陸運押兩
蕃渤海黑水四府經略及平盧軍使仍賜名正臣又以王玄志爲安
東副大都護攝御史中丞保定軍及營田使正臣仍領兵平盧來襲
范陽未至爲逆賊將史思明等大敗之正臣奔歸爲王玄志所酖而
卒逆賊署徐歸道節度王玄志與平盧將侯希逸等又襲殺歸道大
曆九年追贈正臣工部尚書全諒本名逸準以父勳授別駕長史建
中初劉玄佐爲宋亳節度使召署爲牙將以勇果騎射聞玄佐以宗
姪厚遇之累署都知兵馬使試太僕卿兼御史中丞玄佐卒子士寧
代爲節度使疑宋州刺史翟良佐不附己陽言出巡至宋州遂以逸
準代良佐爲刺史及董晉卒兵亂殺陸長源監軍俱文珍與大將密
召逸準赴汴州令知留後朝廷因授以檢校工部尚書汴州刺史兼

宣武軍節度觀察等使仍賜名全諒貞元十五年二月卒年四十九廢
朝一日贈右僕射
李忠臣本姓董名秦平盧人也世家于幽州薊縣自云曾祖文昱棣
州刺史祖玄獎安東都護府録事參軍父神嶠河內府折衝忠臣少
從軍在卒伍之中材力冠異事幽州節度薛楚玉張守珪安禄山等
頻委征討積勞至折衝郎將將軍同正平盧軍先鋒使及禄山反與
其倫董密議殺僞節度呂知誨劉正臣爲節度以忠臣爲兵馬使攻
長楊戰獨山襲榆關北平殺賊將申子貢榮先欽擒周釗送京師忠
臣功多又從正臣破漁陽逆將李歸仁李咸白秀芝等來拒戰約數
十合並摧破之無何董闐失守郭子儀李光弼退師忠臣乃引軍北
歸奚王阿篤孤物以衆與正臣合後詐言請以萬餘騎同收范陽至
后城南中夜反攻忠臣與戰遂至温泉出破之擒大首領阿布離斬
以祭纛鼓正臣卒又與衆議以安東都護王玄志爲節度使至德
二載正月玄志令忠臣以步卒三千自雍奴爲葦筏過海賊將石帝庭

烏洛來拒忠臣與董竭忠退之轉戰累日遂收魯城河間景城等大
獲資糧以赴本軍復與大將田神功率兵討平原樂安郡下之擒僞
刺史臧瑜等防河招討使李銑承制以忠臣爲德州刺史屬史思明
歸順河南節度張鎬令忠臣以兵赴鄆州與諸軍使收河南州縣又
鎮濮州尋移韋城乾元元年九月改光禄卿同正其年與郭子儀等
與裨將陽惠元大破賊將王福德于舒舍口肅宗累下詔慰諭仍令
九節度圍安慶緒於相州明年二月諸軍潰歸忠臣亦退至滎陽賊
將敬釭來襲官船忠臣大破之獲米二百餘艘以資汴州軍士尋拜
濮州刺史緣河守捉使移鎮杏園渡及史思明陷汴州節度使許叔
冀與忠臣並力屈降賊思明撫忠臣背曰吾比秖有左手今得公兼
有右手矣與俱寇河陽數日忠臣夜以五百人斫其營突圍歸李光
弼以聞詔加開府儀同三司殿中監同正賜實封二百户召至京師
賜姓李氏名忠臣封隴西郡公賜良馬莊宅銀器綵物等時陝西神
策兩節度郭英乂衛伯玉鎮陝州以忠臣爲兩軍節度兵馬使魚朝

恩亦在陝俾忠臣與賊将李歸仁李感義等戰於秣寧沙栅前後數十陣皆摧破之會淮西節度王仲昇為賊所擒寶應元年七月拜忠臣太常卿同正兼御史中丞淮十一州節度尋加安州刺史仍鎮蔡州其年令忠臣會元帥諸軍收復東都二年六月就加御史大夫時迴紇可汗既歸其国留判官安恪石帝庭於河陽守槀財物因此招聚亡命為寇道路塞隔詔忠臣討平之永泰元年吐蕃犯西陲京師戒嚴代宗命中使追兵諸道多不時赴難使至淮西忠臣方會鞠即令整師飾駕監軍大将固請曰軍行須擇日吉忠臣奮臂於衆曰焉有父母遇寇難待揀好日方救患乎即日進發自此方隅有警忠臣必先期而至由是代宗嘉其忠節加本道觀察使寵賜頗厚及同華節度周智光舉兵反詔忠臣與神策将李太清等討平之大曆二年加檢校工部尚書實封通前三百五年加蔡州刺史七年檢校右僕射知省事李靈曜之叛田承嗣使姪悦援之忠臣與諸軍大破悦等汴州平十一年十二月加檢校司空平章事汴州刺史忠臣性貪殘

○好色将吏妻女多被誘脅以通之又軍無紀綱所至縱暴人不堪命而以妹壻張惠光爲衙将恃勢凶虐軍中苦之數有言於忠臣不之信也俄以惠光為節度副使令惠光子為衙将陵横甚於其父忠臣所信任大将李希烈素善騎射群情所伏因衆心之怒以十四年三月與少将丁曷賈子華監軍判官蔣知璋等舉兵斬惠光父子以脅逐忠臣單騎赴京師朝廷方寵武臣不之責也依前檢校司空平章事留京師奉朝請建中初嘗因奏對德宗謂之曰卿耳甚大真貴人也忠臣對曰臣聞驢耳甚大龍耳甚小臣耳雖大乃驢耳也上説之時常侍張涉承恩用事坐受財賄事露帝将以法繩之涉即帝在春宮時侍講也忠臣奏曰陛下貴為天子而先生以乏財抵法以愚臣觀之非先生之過也帝意觧但令歸田里前湖南觀察辛京杲嘗以忿怒杖殺部曲有司劾奏京杲殺人當死從之忠臣奏曰京杲合死久矣上問之對曰渠伯叔某於其處戰死兄弟某於其處戰死渠嘗從行獨不死是以知渠合死久矣上亦憫然不令加罪貶授王傳而

巳忠臣木強率直不識書不喜儒生及罷兵權官位崇重常鬱鬱不得志及朱泚反以爲僞司空兼侍中泚率兵逼奉天命忠臣京城留守泚敗忠臣走樊川別業李晟下将士擒忠臣至繫之有司與元元年幷其子並誅斬之時年六十九籍沒其家

李希烈遼西人父大定希烈少從平盧軍後隨李忠臣過海至河南實應初忠臣爲淮西節度署希烈爲偏裨累授将軍試光禄卿殿中監忠臣兼領汴州希烈爲左廂都虞候加開府儀同三司大曆末忠臣軍政不脩事多委妹婿張惠光爲押衙弄權縱恣人怨與少将丁曷等斬惠光父子忠臣奔赴朝廷詔以忻王爲淮西節度副大使授希烈蔡州刺史兼御史中丞淮西節度留後令滑亳節度李勉兼領汴州德宗即位後月餘加御史大夫充淮西節度支度營田觀察使又改淮西節度淮寧軍以寵之建中元年又加檢校禮部尚書會山南東道節度梁崇義拒捍朝命迫脅使臣二年六月詔諸軍節度率兵討之加希烈南平郡王兼漢北都知諸兵馬招撫處置使希烈破崇義

○衆遂討平之録希烈功加檢校右僕射同平章事賜實封五百户淄青節度李正巳又謀不軌三年秋加希烈檢校司空兼淄青兖鄆登萊齊等州節度支度營田新羅渤海兩蕃使令討擊正巳希列遂率所部三萬人移居許州聲言遣使往青州招諭李納其實潛與交通又移牒汴州令備供擬将與納同爲亂李勉以其道路合自陳留乃除道具饌以待之希烈不從乃大慢罵自是志意縱肆言多悖慢曰遣使交通河北諸賊帥等是歲長至日朱滔田悦王武俊李納各僭稱王滔使至希烈希烈亦僭稱建興王天下都元帥四年希烈遣其将襲陷汝州執李元平而去東都大擾亂朝廷猶爲含容遣太子太師顏真卿往宣慰真卿發後數日以龍武将軍哥舒曜爲東都兼汝州行營兵馬節度希烈既見真卿但肆兇言令左右慢罵指斥朝廷又遣逆黨董待名韓霜露劉敬宗陳質翟暉等四人伺外侵抄州縣官軍皆爲其所敗荆南節度張伯儀全軍覆沒又令周曾王玢姚憺呂從賁康 琳等來襲曜曾玢憺等謀迴軍擊蔡州襲討希烈事洩並

遇害神策軍使白志貞又獻策謀令當爲節度都團練使者各出家僮部曲一人及馬令劉信揔之以討希烈尋詔李勉爲淮西招討使哥舒曜爲副至四月曜率衆屯襄城頻與賊戰皆捷八月希烈率衆二萬圍襄城李勉又令將唐漢臣率兵與劉德信同爲曜之影援皆望風敗衂希烈兇逆既甚帝乃命舒王爲荆襄江西沔鄂等道節度諸軍行營兵馬都元帥大開幕府文武僚屬之盛前後出師未有其比又令涇原諸道出兵皆赴襄城軍未發會涇州兵亂車駕幸奉天其日希烈大破曜軍於襄城曜遁歸東都賊因乘勝攻陷汴州李勉奔歸宋州希烈性慘毒酷每對戰陣殺人流血盈前而言笑飲饌自若以此人畏而服從其教令盡其死力其攻汴州驅百姓令運木土築壘道又怒其未就乃驅以填之謂之濕梢既入汴州於是僭號曰武成以孫廣鄭賁李緩元平爲宰相以汴州爲大梁府李清虛爲尹署百官遣兵東討至寧陵竟爲劉洽所拒不得前又遣將翟暉率精卒襲陳州爲劉洽李納大破之生擒暉以獻諸軍乘勝進攻汴州

希烈遁歸蔡州擒其僞署將相鄭賁劉敬宗等李皐樊澤曲環張建封又四面討襲之累拔其郡縣希烈敗衂貞元二年三月因食牛肉遇疾其將陳仙奇令醫人陳仙甫置藥以毒之而死妻男骨肉兄弟共一十七人並誅之初希烈於唐州得象一頭以爲瑞應又上蔡襄城獲其珍實乃是爛車釭及滑石僞印也陳仙奇者起於行間性忠果自希烈死朝廷授淮西節度頗竭誠節未幾爲別將吳少誠所殺贈太子太保賻布帛米粟有差喪事官給

吳少誠幽州潞縣人父爲魏博節度都虞候少誠以父勳授一子官釋褐王府户曹後至荆南節度使庾準奇之留爲衙門將準入覲從至襄漢見梁崇義不循憲度知有異志少誠密計有成擒之畧將自陳於闕下屬李希烈初授節制鋭意立功見少誠計慮乃以少誠所見録奏有詔慰勉不次封通義郡王未幾崇義違命希烈受制專征以少誠爲前鋒崇義平賜實封五千户後希烈叛少誠頗爲其用希烈死少誠等初推陳仙奇總戎事朝廷已命仙奇尋爲少誠所殺衆推少誠知留後務朝廷遂授以申光蔡等州節度觀察兵馬留後尋正授節度少誠善爲治勤儉無私輒完聚不奉朝廷貞元三年判官鄭常及大將楊冀謀逐少誠以聽命於朝試校書郎劉涉假爲手詔數十潛致於大將欲因少誠之出閉城門以拒之屬少誠將出餞中使常冀等遂謀舉事臨發爲人所告常冀先遇害其將李嘉節等各持假詔請罪少誠悉宥之其大將宋旻曹濟奔歸京師十五年陳許節度曲環卒少誠擅出兵攻掠臨潁縣節度留後上官涗遣兵赴救臨潁鎮使常清與少誠通救兵三千餘人悉擒縛而去九月遂圍許州尋下詔削奪少誠官爵分遣十六道兵馬進討十二月官軍敗衂於小溵河明年正月夏州節度使韓全義爲淮蔡招討處置使兵路行營諸軍將士並取全義指揮陳許節度留後上官涗副使五月全義與少誠將吳秀吳少陽等戰於溵水南官軍後敗七月全義與軍於五樓行營爲賊所乘大潰全義與都監軍使賈秀英賈國良等夜遁遂城守溵水汴宋徐泗淄青兵馬直趣陳州列營四面少誠兵逼溵

水五六里下營韓全義諸軍又退保陳州其汴州河陽等兵各私歸本道陳許將孟元陽與神策兵各率所部留軍溵水全義斬昭義滑州河陽河中都將凡四人然竟未嘗整陣交鋒而王師累挫潰少誠尋引兵退歸蔡州遂下詔洗雪復其官爵累加檢校僕射順宗即位加同中書門下平章事元和初遷檢校司空依前平章事元和四年十一月卒年六十廢朝三日贈司徒

吳少陽本滄州清池人初吳少誠父翔在魏博軍中與少陽相愛及少誠知淮西留守乃厚以金帛取少陽至則名以堂弟署爲軍職累奏官爵出入少誠家情旨甚暱少陽度少誠猜忌爲所害乃請出外以任防捍之任少誠乃表爲申州刺史兼御史大夫凡五年少陽頗寛易而少誠之衆悅附焉及少誠病亟家僮單于熊兒者僞以少誠意取少陽至時少誠已不知人乃僞署少陽攝副使知軍州事少誠子元慶年二十餘先爲軍職兼御史中丞少陽密害之及少誠死少陽自爲留後時王承宗求繼士真不受詔德宗怒以討承宗不欲兵

逮兩河乃詔遂王宥遥領彰義軍節度大使以少陽為留後遂授彰義軍節度使檢校工部尚書少陽據蔡州凡五年不朝覲汝南多廣野大澤得豢馬畜時奪掠壽州茶山之利內則數匿亡命以富實其軍又屢以牧馬來獻詔因善之元和九年九月卒贈右僕射

吳元濟少陽長子也初為試協律郎兼監察御史攝蔡州刺史及父死不發喪以病聞因假為少陽表請元濟主兵務帝遣醫工候之即稱少陽疾愈不見而還先是少陽判官蘇兆楊元卿及其將侯惟清嘗同為少陽畫朝覲計及元濟自領軍兇狠無義唯軍中兇悍之徒素不便兆縊殺之歸其屍於家械侯惟清而囚之時朝廷誤聞惟清已死贈兵部尚書贈蘇兆以右僕射楊元卿先奏事在京師得盡言經畧淮西事於宰相李吉甫始少陽以病聞元卿請凡淮西使在道路者所在留止之及少陽卒凡四十日不為輟朝但易將加兵於外以待其叩吏無何妄傳董重質已殺元濟并屠其家李吉甫遽請對拜賀乃輟朝數日知元濟尚在時賊陰計已成群衆四出狂悍而

○不可遏屠舞陽焚葉縣攻掠魯山襄城汝州許州及反陽翟人多逃伏山谷荆棘間為其殺傷驅剽者千里關東大恐十月以陳州刺史李光顏為忠武軍節度使又以山南東道節度使嚴綬充申光蔡等州招撫使仍令內常侍崔潭峻監綬軍十年正月綬軍臨賊西境詔曰吳元濟逆絕人理反易天常不居父喪擅領軍政諭以詔旨曾無讜恭熒惑一方之人迫脅三軍之衆以少陽嘗經任使為之軫悼命申弔祭臨遣使臣陵虐封疆遂致稽阻絕朝廷之理忘父子之恩旋又掩寇舞陽傷殘吏卒焚燒葉縣搔擾閭閻恣行殺戮無所畏忌朕念賞延之義重傷藩帥之門尚欲納於忠順之途處在顯榮之地未能飾怒猶為包荒再降詔書俾申招撫而毒螫滋甚姦心靡悛蠢西南又陷鎮柵窮兇稔惡縱暴延災覆載之所不容人神之所共棄良非獲已致此興戎吳元濟在身官爵並宜令削奪令宣武大寧淮南宣歙等道兵馬合勢山南東道及魏博荊南江西劒南東川兵馬與鄂岳許會東都防禦使與懷鄭汝節度及義成兵馬犄角相應同

期進討二月綬兵為賊所襲敗于磁丘退保唐州四月光顏破賊黨元濟遣人求援于鎮州王承宗淄鄆李師道二帥上表于鎮州請赦元濟之罪朝旨不從自是兩河賊帥所在竊發冀以沮撓王師五月承宗師道遣盜燒河陰倉詔御史中丞裴度於軍前宣諭觀用兵形勢度還奏曰臣觀諸將唯光顏勇義盡心必有成功上意甚悅翌日光顏奏大破賊於時曲上曰度知光顏可謂至矣乃以度兼刑部侍郎自是中外相賀決不赦賊徵天下兵環申蔡之郊大小十餘鎮六月承宗師道遣盜伏於京城殺宰相武元衡中丞裴度衡先死度重傷而免憲宗特怒即命度為宰相淮右用兵之事一以委之七月李師道遣嵩山僧圓淨結山賊與留邸兵欲焚燒東都先事敗而禍弭嚴綬退罷乃以汴州節度使韓弘為淮右行營兵馬都統以高霞寓有名用為唐鄧節度十一年春諸軍雲合惟李光顏懷汝節度烏重胤心無顧望旦夕血戰繼獻戎捷六月高霞寓為賊所擊敗于鐵城退保新興柵時諸軍勝負皆不實聞多虛稱克捷及霞寓敗中外恟

○恟宰相諫官屢以罷兵為請唯裴度堅於破賊尋以袁滋代霞寓為唐鄧帥滋柔懦不能軍十二年正月袁滋復貶閑廐使李愬表請軍前自効乃用愬為唐鄧帥以代滋愬軍壓境拔賊文城柵擒柵將吳秀琳又獲賊將李祐李光顏亦拔賊郾城元濟始懼盡發左右及守城卒屬董重質以抗光顏重胤六月元濟乞降為群賊所制不能自拔上以元兇已蹙兵未臨於賊城輓饋日殫因延英問計於宰相裴度曰賊力已困但群帥不一故未能決降上曰卿決能行乎曰臣誓不與賊偕全七月詔以度為彰義軍節度使兼申光蔡四面行營招撫使以郾城為行在蔡州為節所八月度至郾城激勵士衆軍士喜度至以賞罰必行皆願輸聲每出勞軍士有流涕者時李愬營文城柵既得吳秀琳李祐知其可用委信無疑日夜與計事於帳中祐曰元濟勁軍多在洄曲西境防捍而守蔡者皆市人疲耄之卒可以乘虛掩襲直抵懸瓠比賊將聞之元濟成擒矣愬然之咨於裴度度曰兵非出奇不勝常侍良圖也十一月愬夜出軍令李祐率勁騎三千為

前鋒田進誠三千爲後軍愬自率三千爲中軍其月十日夜至蔡州城下坎墉而畢登賊不之覺十一日攻衙城擒元濟并其家屬以聞初元濟之叛恃其兇狠然治軍無紀綱其將趙昌洪凌朝江董重質等各權兵外寇李師道鄆州之盐城往來寧陵雍丘之間韓弘知而不禁淮右自少誠阻兵已來三十餘年王師加討未嘗及其城下常走韓全義敗于頓故驕悍無所顧忌且恃城池重固有陂浸阻迴故以天下兵環攻三年所尅者一縣而已及黜高霞寓李遜袁滋諸軍始進又得陰山府沙陁驍騎邯鄲勇卒光顏重胤之奮命及丞相臨統破諸將首尾之計方擒元惡申蔡之始人刼於希烈少誠之虐法而忘其所歸數十年之後長者衰喪而壯者安於毒暴而恬於搏噬地既少馬而廣畜騾乘之教戰謂之騾子軍尤稱勇悍而甲仗皆畫爲雷公星文以爲厭勝而少誠能以姦謀固衆心初韓全義敗於溵水蔡兵于全義帳中得公卿間問訊書少誠束而諭衆曰朝廷公卿以此書託全義收蔡州日乞一將士妻女以爲婢妾以此激怒其衆絕

○其歸向之心是以蔡人有老死不聞天子恩宥者故堅爲賊用地雖中州人心過于夷貊乃至搜閱天下豪銳三年而後屈者彼非將才而力備蓋勢驅性習不知教義之所致也元濟至京憲宗御興安門受俘百寮樓前稱賀乃獻廟社徇于兩京斬之於獨柳時年三十五其夜失其首妻沈氏没入掖庭弟二人子三人流於江陵誅之判官劉協庶七人皆斬光蔡等州平始復爲王土矣

史臣曰治亂勢也勢亂不能卒治長源以法繩驕軍禍不旋踵則董公之寬柔不無謂古之名將以陰謀怨望鮮全其族者董秦始奮忠義多長者言宜其顯赫及失意挾邪俄被淮陰之戮惜哉吳少誠爲希烈之亂胎雖謀奪其軍及嗣而戕而元濟効希烈之狂悖謂無天地人之兇險一至於斯是知王者御治之道其可忽諸

贊曰聖哲之君慎名與器不軌之臣得寵則戾董然而族吳悖而葅好亂樂禍可監前車

唐書列傳卷第九十五

劉　昫　等修

聞人詮校刻沈桐同校

薛播　鮑防　李自良　李說
嚴綬　蕭昕　杜亞　王緯
李若初　于頎　盧徵　楊憑
鄭元　杜兼　裴玢　薛伾

薛播河中寶鼎人中書舍人文思曾孫也父元暉什邡令以播贈工部郎中播天寶中舉進士補校書郎累授萬年縣丞武功令殿中侍御史刑部員外郎萬年令播溫敏善與人交李栖筠常袞崔祐甫皆引擢之及祐甫輔政用爲中書舍人出汝州刺史以公事貶泉州刺史季除晉州刺史河南尹還尚書左丞轉禮部侍郎遇疾貞元三年卒贈禮部尚書初播伯父元暧終於隰城丞其妻濟南林氏丹陽太守洋之妹有母儀令德博涉五經善屬文所爲篇章時人多諷詠之元暧卒後其子彥輔彥國彥偉彥雲及播兄據揔並早孤幼悉爲林氏所訓導以至成立咸致文學之名開元天寶中二十年間彥輔據等七人並舉進士連中科名衣冠榮之

鮑防襄州人幼孤貧篤志好學善屬文天寶末舉進士爲浙東觀察使薛兼訓從事累至殿中侍御史入爲職方員外郎改太原少尹正拜節度使入爲御史大夫歷福建江西觀察使徵拜左散騎常侍扈從奉天除禮部侍郎尋遷工部尚書致仕防歷洪福京兆皆有政聲唯總戎非所宜而謬執兵柄以太原華車胡騎雄雜而迴鶻深入寇防出拒戰爲虜所敗爲禮部侍郎時嘗遇知雜侍御史竇參於通衢導騎不時引避僕人爲參所鞭及參秉政遽令致仕防謂親友曰吾與蕭昕之子齒而與昕同日懸車非朽邁之致以餘忿見廢防文學舊人歷職中外不因罪戾而爲俗吏所擯竟以憤終衆頗憫防而咎參故參之敗不旋踵非不幸也

李自良兗州泗水人初祿山之亂自良從兗鄆節度使能元皓以戰功累授右衛率後從袁傪討袁晁陳莊賊積功至試殿中監隸浙江東道節度使薛兼訓兼訓移鎭太原自良從行授河東軍節度押衙兼訓卒鮑防代又事防爲牙將會迴鶻入寇防令大將焦伯瑜杜榮國將兵擊之自良謂防曰迴鶻遠來求戰未可與爭鋒但於歸路築二壘以兵守之堅壁不動虜求戰不得師老自旋俟其返旆即乘之縱不甚捷虜必狼狽矣二壘扼其歸路策之上也防不從促伯瑜等逆戰遇虜於百井伯瑜等大敗而還由是稍知名馬燧代防爲帥署奏自良代州刺史兼御史大夫仍爲軍候自良勤恪有謀燧深委信之建中年田悅叛燧與抱眞東討自良常爲河東大將摧鋒陷陣破田悅及討李懷光於河中自良專河東軍都將前後戰績居多燧之立功名由自良協輔之力也貞元三年從燧入朝罷燧兵權德宗欲以自良代燧自良懇辭事燧久不欲代爲軍帥物議多之乃授右龍武大將軍德宗以河東密邇胡戎難於擇帥翌日自良謝上謂之曰卿於馬燧存軍中事分誠爲得禮然北門之寄無易於卿即日拜檢校工部尚書兼御史大夫太原尹北都留守河東節度支度營田觀察使在鎭九年以簡儉守職軍民胥悅雖出身戎伍動必循法略不以暴戾加人十一年五月卒於軍年六十三上甚嗟惜之廢朝一日贈左僕射賻布帛米粟有差

李說淮安王神通之裔也父遇天寶中爲御史中丞說以門蔭歷仕累佐使幕馬燧爲河陽三城太原節度皆辟爲從事累轉御史郎官御史中丞太原少尹出爲汾州刺史節度使李自良復奏爲太原少尹檢校庶子兼中丞貞元十一年五月自良病凡六日而卒匿喪陽言病甚數日發喪先是都虞候張瑤久在軍素得士心嘗請假遷葬自良未許至是說與監軍王定遠謀乃給瑤假以大將毛朝陽代瑤然後遣使告自良病中使第五國珍自雲朔使還過太原聞自良病中使遲留信宿自良卒國珍急馳至京先說使至乃下制以通王領河東節度大使以說爲行軍司馬充節度留後北都副留守仍令國珍齎說官告及軍府將吏部內刺史等勑書三十餘通往太原宣賜

軍中始定定遠恃立說之功頗恣縱橫軍政皆自專決仍請賜印監軍有印自定遠始也定遠既得印益暴將吏輒自補授說憂不歡遂成嫌隙是歲七月定遠署虞候田宏爲列將以代彭令茵令茵不伏揚言曰超補列將非功不可宏有何功敢代予任定遠聞而含怒召令茵斬之埋於馬糞之中家人請尸不與三軍皆怨說具以事聞德宗以定遠有奉天扈從之功恕死停任制未至定遠怒說奏聞趨府謀殺說昇堂未坐抽刀刺說說走而獲免定遠馳至府門召集將吏於箱中陳勑牒官告二十餘軸示諸將曰有勑令李景略知留後遣說赴京公等皆有恩命指箱中示之諸將方拜朴大將馬良輔呼而麾衆曰箱中皆監軍舊官告非恩命也不可授但備急變爾定遠知事敗走登乾陽樓召其部下將卒多不之應比夜定遠墜城下捲柎傷而不死尋有詔削奪長流崖州大將高迪等同其謀說皆斬之尋正拜河東節度使檢校禮部尚書說在鎮六年初勤心吏職後遇疾言語行步蹇澁不能錄軍府之政悉監軍主之又爲孔目吏宋季等欺誑軍政事多隳紊如此累年十六年十月卒年六十一廢朝一日贈左僕射是月制以河東節度行軍司馬鄭儋檢校工部尚書兼太原尹御史大夫河東節度度支營田觀察等使北都留守在任不朞年而卒

嚴綬蜀人曾祖方約利州司功祖挹之符離尉父丹殿中侍御史綬大曆中登進士第累佐使府貞元中由侍御史充宣歙團練副使深爲其使劉贊委遇政事多所咨訪十二年贊卒綬掌宣歙留務傾府藏以進獻由是有恩召爲尚書刑部員外郎天下賓佐進獻自綬始也未幾河東節度使李說嬰疾事多曠弛行軍司馬鄭儋代綜軍政既而說卒因授儋河東節度使是時姑息四方諸侯未嘗特命帥守物故即用行軍司馬爲帥冀軍情猒伏儋既爲帥德宗選朝士可以代儋爲行軍司馬者因綬前日進獻上頗記之故命檢校司封郎中充河東行軍司馬不周歲儋卒遷綬銀青光祿大夫檢校工部尚書兼太原尹御史大夫北都留守充河東節度支度營田觀察處置等使元和元年楊惠琳叛於夏州劉闢叛於成都綬表請出師討伐綬悉選精甲付牙將李光顏兄弟光顏累立戰功蜀夏平加綬檢校尚書左僕射尋拜司空進階金紫封扶風郡公綬在鎮九年以寬惠爲政士馬蕃息境內稱治四年入拜尚書右僕射綬雖名家子爲吏有方略然銳於勢利不存名節人士以此薄之嘗預百寮廊下食上令中使馬江朝賜櫻桃綬居兩班之首在方鎮時識江朝敘語次不覺屈膝而拜江朝拜御史大夫高郢亦從而拜是日爲御史所劾綬待罪于朝命釋之翌日責江朝降官一等尋出鎮荆南進封鄭國公有溆州蠻首張伯靖者殺長吏據辰錦等州連九洞以自固詔綬出兵討之綬遣部將李忠烈齎書曉諭盡招降之九年吳元濟叛朝議加兵以綬有弘恕之稱可委以戎柄乃授山南東道節度使尋加淮西招撫使綬自帥師壓賊境無威略以制寇到軍日遽發公藏以賞士卒累年蓄積一旦而盡又厚賂中貴人以招聲援師徒萬餘閉壁而已經年無尺寸功裴度見上屢言綬非將帥之才不可責以戎事乃拜太子少保代歸尋檢校司空久之進位太傅封至三千戶長慶二年五月卒年七十七詔贈太保綬材器不踰常品事兄嫂過謹爲時所稱常以寬柔自持位躋上公年至大耋前後統臨三鎮皆號雄藩所辟士親睹爲將相者凡九人其貴壽如此

蕭昕河南人少補崇文進士開元十九年首舉博學宏辭授陽武縣主簿天寶初復舉宏辭授壽安尉再遷左拾遺昕嘗與布衣張鎬友善館而禮之表薦之曰如鎬者用之則爲王者師不用則幽谷一叟爾玄宗擢鎬拾遺不數年出入將相及安祿山反昕舉贊善大夫來瑱堪任將帥思明之亂瑱功居多累遷憲部員外郎爲副元帥哥舒翰掌書記潼關敗間道入蜀遷司門郎中尋兼安陸長史爲河南等道都統判官遷中書舍人兼楊府司馬佐軍仍舊入拜本官累遷秘書監代宗幸陝昕出武關詣行在轉國子祭酒大曆初持節弔迴鶻時迴鶻恃功詰昕曰祿山思明之亂非我無以平定唐國奈何市馬而失信不時歸價衆皆失色昕荅曰國家自平寇難賞功無絲毫之遺況

隣國乎且僕固懷恩我之叛臣乃者爾助爲亂聯西戎而犯郊畿及吐蕃敗走迴紇悔懼啓顙乞和非大唐存念舊功則當匹馬不得出塞矣是迴紇自絶非我失信迴紇慙退加禮以歸爲常侍十二年朱泚之亂徒步出城泚急求之亡竄山谷間至奉天遷太子少傅貞元初兼禮部尚書尋復知貢舉五年致仕七年卒于家年九十廢朝謚曰懿

杜亞字次公自云京兆人也少頗涉學善言物理及歷代成敗之事至德初於靈武獻封章言政事授校書郎其年杜鴻漸爲河西節度辟爲從事累授評事御史後入朝歷工戶兵吏四員外郎永泰末劒南叛亂鴻漸以宰相出領山劒副元帥以亞及楊炎並爲判官使還授吏部郎中諫議大夫炎爲禮部郎中知制誥中書舍人亞自以才用合當柄任雖爲諫議大夫而心不悅李栖筠承恩衆望必爲宰相亞厚結之元載得罪亞與劉晏李涵等七人同鞫訊之載死之翌日亞遷給事中河北宣慰使宰相常袞亦不悅亞歲餘出爲洪州刺史

兼御史中丞江西都團練觀察使德宗初嗣位勵精求賢令中使召亞亞自揣必以宰輔見徵乃促程而進累路與人言議語及行宰相事方面或以公事諮祈亞皆納之既至帝微知之不悅又奏對辭旨疎闊出爲陝州觀察使兼轉運使尋遷河中晉絳等州防禦觀察使楊炎作相劉晏得罪亞坐貶睦州刺史興元初召拜刑部侍郎出爲揚州長史兼御史大夫淮南節度觀察使時承陳少遊征稅煩重奢侈僭濫之後又新遭王紹亂兵剽掠淮南之人望亞之至革剗舊弊冀以康寧亞自以材當公輔之選而聯出外職志頗不適政事多委叅佐招引賓客談論而已揚州官河填淤漕輓堙塞又僑寄衣冠及工商等多侵衢造宅行旅擁弊亞乃開拓疎啓公私悅賴而盛爲奢侈江南風俗春中有競渡之戲方舟並進以急趨疾進者爲勝亞乃令以漆塗船底貴其速進又爲綺羅之服塗之以油令舟子衣之入水而不濡亞本書生奢縱如此朝廷亟聞之貞元五年以戶部侍郎竇覦爲淮南節度代亞亞猶以舊望冀覦甚畏之改檢校吏部尚書

判東都尚書省事充東都留守都防禦使既病風尚建利以固寵奏請開苑內地爲營田以資軍糧減度支每年所給從之亞不躬親部署但委判官張薦楊晪初奏請取荒地營田其苑內地堪耕食者先爲留司中官及軍人等開墾已盡亞計急乃取軍中雜錢舉息與畿內百姓每至田收之際多令軍人車牛散入村鄉收斂百姓所得菽粟將還軍民家略盡無可輸稅人多艱食由是大致流散乃厚賂中官令奏河南尹無政亞自此亦規求兼領河南尹事不果帝漸知虛誕乃以禮部尚書董晉代爲東都留守召亞還京師既風疾漸深又患腳膝不任朝謁貞元十四年卒于家年七十四贈太子少傅

王緯字文卿太原人也祖景司門員外萊州刺史父之咸長安尉與昆弟之賁之渙皆善屬文之咸以緯貴故累贈刺史緯舉明經又書判入等歷長安尉出佐使府授御史郎官入朝爲金部員外郎劒南租庸使檢校司封郎中彭州刺史檢校庶子兼御史中丞西川節度營田副使初大曆中路嗣恭爲江西觀察使陷害判官李泌將誅之

緯亦爲路嗣恭判官說諭救解獲免貞元三年泌爲相擢授緯給事中未數日又擢爲潤州刺史兼御史中丞浙江西道都團練觀察使十年加御史大夫兼諸道鹽鐵轉運使三歲加檢校工部尚書緯性勤儉歷官清潔而傷於苛碎多用削刻之吏督察巡屬人不聊生貞元十四年卒年七十一廢朝一日贈太子少保

李若初趙郡人貞觀中并州長史工部侍郎弘節之曾孫也祖道謙太府卿若初少孤貧初爲轉運使劉晏下微冗散職晏判官包佶重其勤幹以女妻之歷陳州太康令刺史李芃初涖官若初獻計請收斂羨餘錢物交結權貴芃厚遇之累歲芃遷河陽三城使奏若初爲從事軍中之事多以委之累授檢校郎中兼中丞懷州刺史轉虢州刺史坐公事爲觀察使劾奏免歸久之出爲衢州刺史遷福州刺史兼御史中丞福建都團練使尋遷越州刺史浙江東道都團練觀察使十四年秋代王緯爲潤州刺史兼御史大夫浙江都團練觀察諸道鹽鐵轉運使善於吏道性嚴強力束斂下吏人甚畏服方整理鹽

法頗有次敍貞元十五年遇疾卒廢朝一日贈禮部尚書
于頎字休明河南人也父庭誨濟王府倉曹累贈尚書左僕射頎少
以吏事聞累授京兆府士曹爲尹史翽所賞重翽出鎭襄漢奏爲御
史充判官翽爲亂兵所殺頎挺出收葬遺骸時人義之度支使第五
琦署爲河東租庸使累授鳳翔少尹度支郎中兼御史中丞轉運租
庸糧料鹽鐵等使頎因奏移轉運汴州院於河陰以汴州累遇兵亂
散失錢帛故也元載爲諸道營田使又署爲郎官令於東都汝州開
置屯田歷戶部侍郎秘書少監京兆尹太府卿代杜濟爲京兆尹及
爲大官好任機數專候權要朝列中無勢利者視之蔑如也曲事元
載親昵之而爲政苛細無大體丁所生母憂罷及載得罪後出爲鄭
州刺史遷河南尹以無政授代還時徵汾州刺史劉暹暹剛腸嫉惡
歷典數州皆爲廉使畏憚宰相盧杞恐暹爲御史大夫虧沮己之所
見遽稱薦頎爲御史大夫以其柔佞易制也從幸奉天改左散騎常
侍歷左千牛上將軍從大理卿太子少保工部尚書因入朝仆地爲

金吾仗衛掖起改太子少師致仕貞元十五年卒時年七十四
盧徵范陽人也家於鄭之中牟少涉獵書記永泰中江淮轉運使劉
晏辟爲從事委以腹心之任累授殿中侍御史晏得罪貶珍州司戶
元琇亦晏之門人興元中爲戶部侍郎判度支薦徵爲京兆司錄度
支員外琇得罪坐貶爲信州長史遷信州刺史入爲右司郎中驟遷
給事中戶部侍郎竇參深遇之方倚以自代貞元八年春同州刺史
闕參請以尚書左丞趙憬補之特詔用徵以間參腹心也數歲轉華
州刺史徵巽復入用深結託中貴厚遺之故事同華以近地人貧每
正至端午降誕所獻甚薄徵遂竭其財賦每有所進獻輒加常數人
不堪命疾病卧理者數年貞元十六年卒時年六十四
楊憑字虛受弘農人舉進士累佐使府徵爲監察御史不樂檢束遂
求免累遷起居舍人左司員外郎禮部兵部郎中太常少卿湖南江
西觀察使入爲左散騎常侍刑部侍郎京兆尹憑工文辭少負氣節
與母弟凝凌相友愛皆有時名重交游尚然諾與穆質許孟容李鄘

王仲舒爲友故時人稱楊穆許李之友仲舒以後進慕而入焉性尚
簡傲不能接下以此人多怨之及歷二鎭尤事奢侈元和四年拜京
兆尹爲御史中丞李夷簡劾奏憑前爲江西觀察使贓罪及他不法
事勑付御史臺覆按刑部尚書李鄘大理卿趙昌同鞫問臺中又捕
得憑前江西判官監察御史楊瑗繫於臺復命大理少卿胡珦左司
員外郎胡証侍御史韋顗同推鞫之詔曰楊憑頃在先朝委以藩鎭
累更選用位列大官近者憲司奏劾暴揚前事計錢累萬曾不報聞
蒙蔽之罪於何逃責又營建居室制度過差侈靡之風傷我儉德以
其自尹京邑人頗懷之將議刑書是加愍惻宜從遐譴以誡百僚可
守賀州臨賀縣尉同正仍馳驛發遣先是憑在江西夷簡自御史出
官在巡屬憑頗疎縱不顧接之夷簡常切齒及憑歸朝修第於永寧
里功作併興又廣蓄妓妾於永樂里之別宅時人大以爲言夷簡乘
衆議舉劾前事且言修營之僭將欲殺之及下獄置對數日未得其
事夷簡持之益急上聞且貶焉追舊從事以驗自貞元已來居方鎭

者爲德宗所姑息故窮極僭奢無所畏忌及憲宗即位以法制臨下
夷簡首舉憑罪故時議以爲宜然繩之太過物論又譏其深切矣
鄭元舉進士第累遷御史中丞貞元中爲河中節度使杜確行軍司
馬確卒遂繼爲節度使入拜尚書左丞元和二年轉戶部侍郎兼御
史大夫判度支三年春遷刑部尚書兼京兆尹九月復判度支依前
刑部尚書兼御史大夫元性嚴毅有威斷更踐劇任時稱其能元和
四年以疾辭職守本官踰月卒
杜兼京兆人貞觀中宰相杜正倫五代孫舉進士累辟諸府從事拜
濠州刺史兼性浮險豪侈矜氣屬貞元中德宗厭兵革姑息戎鎭至
軍郡刺史亦難於更代兼探上情遂練卒脩武占召勁勇三千人以
上聞乃恣凶威錄事參軍韋賞團練判官陸楚皆以守職論事忤兼
兼密誣奏二人通謀扇動軍中忽有制使至兼率官吏迎于驛中前
呼韋賞陸楚出宣制杖殺之賞進士擢第楚兗公象先之孫皆名家
有士林之譽一朝以無罪受戮郡中股慄天下冤歎之又誣奏李藩

將殺之語在藩事中故兼所至人側目焉元和初入爲刑部吏部郎中拜給事中除金商防禦使旋授河南少尹知府事尋正拜河南尹皆杜佑在相位所借護也元和四年卒于官

裴玢京兆人五代祖踈勒國王綽武德中來朝授鷹揚大將軍封天山郡公因留闕下遂爲京兆人玢初爲金吾將軍論惟明傔德宗幸奉天以戰功封忠義郡王惟明鎮鄜坊累署玢爲都虞候後節度王棲曜卒中軍將何朝宗謀作亂中夜縱火玢匿身不救火遲明而擒朝宗德宗發三司使按問竟斬朝宗及行軍司馬崔輅以同州刺史劉公濟爲節度使以玢爲坊州長史兼侍御史充行軍司馬明年公濟卒拜玢鄜州刺史兼御史大夫充節度觀察等使三年改授山南西道節度觀察等使玢歷二鎮頗以公清苦節爲政不交權倖不務貢獻蔬食弊衣居處纔避風雨而廪庫饒實三軍百姓安業近代將帥無比焉及綿疾辭位請歸長安元和七年卒年六十五贈尚書左僕射謚曰節

○薛伾勝州刺史渙之子尚父汾陽王召置麾下著名於諸將間左僕射李揆使西蕃伾爲將從役時賊泚之難昆夷赴義伾馳騎間道至于武功擢授左威衛將軍使絶域者前後數四累遷左金吾衛大將軍檢校工部尚書兼將作監出爲鄜坊觀察使元和八年卒于官贈潞州大都督

史臣曰薛播温敏有文鮑防蕫戎無術李嚴太原之政可謂美矣蕭昕抱則哲之知杜亞懷非次之望王緯清潔而傷苛碎若衿善理而性剛嚴于愎好任機權趨附勢利盧徵厚歛貨賄結託中人楊憑好奢鄭元有斷杜兼殺戮端士怙亂邀君裴玢發姦謀安民和衆而玢弊衣糲食不交權倖帑庾咸實郡邑以寧若夫君子無求備於人捨短從長彰善癉惡則裴玢之善抑之更揚杜兼之惡欲蓋而彰耳

唐書列傳卷第九十六

唐書列傳卷第九十七

劉　昫　等修

聞人詮校刻沈桐同校

杜黃裳 裳子載 勝　高郢 郢子定　杜佑 佑子師損 式方 從郁 式方子悰 從郁子牧 牧子德祥

杜黃裳字遵素京兆杜陵人也登進士第宏辭科杜鴻漸深器重之為郭子儀朔方從事子儀入朝令黃裳主留務於朔方邠將李懷光與監軍陰謀代子儀乃為偽詔書欲誅大將溫儒雅等黃裳立辯其偽以告懷光懷光流汗伏罪諸將有難制者黃裳矯子儀命盡出之數月而亂不作後入為臺省官為裴延齡所惡十年不遷貞元末為太常卿王叔文之竊權黃裳終不造其門嘗語其子壻韋執誼令率百官請皇太子監國執誼遽曰丈人纔得一官可復開口議禁中事耶黃裳勃然曰黃裳受恩三朝豈可以一官見買即拂衣而出尋拜平章事邠州節度使韓全義曾居討伐之任無功黃裳奏罷之劉闢作亂議者以劒南險固不宜生事唯黃裳堅請討除憲宗從之又奏

○請不以中官為監軍秖委高崇文為使黃裳自經營伐蜀以至成功指授崇文無不懸合崇文素憚劉澭黃裳使人謂崇文曰若不奮命當以劉澭代之由是得崇文之死力既平闢宰臣入賀帝目黃裳曰此卿之功也後與憲宗語及方鎮除授黃裳奏曰德宗自艱難之後事多姑息貞元中每帥守物故必先命中使偵伺其軍動息其副貳大將中有物望者必厚賂近臣以求見用帝必隨其稱美而命之以是因循方鎮罕有特命帥守者陛下宜熟思貞元故事稍以法度整肅諸侯則天下何憂不治憲宗然其言繇是用兵誅蜀夏之後不容藩臣蹇傲剋復兩河威令復振蓋黃裳啓其衷也黃裳有經畫之才達於權變然檢身律物寡廉潔之譽以是居相職不久二年正月檢校司空同平章事兼河中尹河中晉絳等州節度使八月封邠國公三年九月卒於河中年七十一贈司徒謚曰宣黃裳性雅澹寬恕心雖從長口不忤物始為卿士女嫁韋執誼深不為執誼所稱及執誼譴逐黃裳終保全之洎死嶺表請歸其喪以辦葬事及是被疾醫人

悞進其藥疾甚而不怒然為宰相除授不分流品或官以賂遷時論惜之黃裳歿後賄賂事發八年四月御史臺奏前永樂令吳憑為僧鑒虛受託與故司空杜黃裳於故州邠寧節度使高崇文處納賂四萬五千貫並付黃裳男載按問引伏勅曰吳憑曾佐使府忝履官途自宜畏法惜身豈得為人通貨事關非道理合懲愆宜配流昭州其付杜載錢物宰輔之任寵寄實深致茲貨財不能拒絕已令按問悉合徵收貴全終始之恩俾弘寬大之典其所取錢物並宜矜免杜載等並釋放載為太子僕長慶中遷太僕少卿兼御史中丞充入吐蕃使載弟勝登進士第大中朝位給事中勝子廷堅亦進士擢第

高郢字公楚其先渤海蓨人九歲通春秋能屬文天寶末盜據京邑父伯祥先為好畤尉抵賊禁將加極刑郢時年十五被髮解衣請代其父賊黨義之乃俱釋後舉進士擢第應制舉登茂才異行科授華陰尉嘗以魯不合用天子禮樂乃引公羊傳著魯議見稱於時由是授咸陽尉郭子儀節制朔方辟為掌書記子儀嘗怒從事張曇奏殺

○之郢極言爭救忤子儀旨奏貶猗氏丞李懷光節制邠寧奏為從事累轉副元帥判官檢校禮部郎中懷光背叛將歸河中郢言西迎大駕豈非忠乎懷光忿而不聽及歸鎮又欲悉衆而西時渾瑊軍孤壘帥未集郢與李鄘誓死駐之屬懷光長子璀候郢郢乃諭以逆順曰人臣所宜效順且自天寶以來阻兵者今復誰在況國家自有天命非獨人力今若恃衆西向自絕于天十室之邑必有忠信安知三軍不有奔潰者乎李璀震懼流涕氣索明年春郢與都知兵馬使呂鳴岳都虞候張延英同謀間道上表及受密詔事洩二將立死懷光乃大集將卒白刃盈庭引郢詰之郢挺然抗辭無所慙隱憤氣感發觀者淚下懷光慙沮而止德宗還京命諫議大夫孔巢父中人啖守盈赴河中宣慰懷光授以太保而懷光怒激其親兵詬詈殺守盈及巢父巢父之被刃也委於地郢就而撫之及懷光被誅馬燧辟郢為掌書記未幾徵拜主客員外遷刑部郎中改中書舍人凡九歲拜禮部侍郎時應進士舉者多務朋游馳逐聲名每歲冬州府薦送後唯追

奉譏集罕肆其業鄖性剛正尤嫉其風既領職拒絶請託雖同列通熟無敢言者志在經藝專考程試凡掌貢部三歲進幽獨抑浮華朋濫之風翕然一變拜太常卿貞元十九年冬進位銀青光祿大夫守中書侍郎同中書門下平章事順宗即位轉刑部尚書爲韋執誼等所憚尋罷知政事以本官判吏部尚書事明年出鎮華州元和元年冬復拜太常卿尋除御史大夫數月轉兵部尚書逾月再表乞骸不許又上言曰臣聞勞生佚老天理自然蠕動翾飛日入皆息自非貢禹之守經據古趙憙之正身匪懈韓暨之志節高潔山濤之道德模表繼過常期詎爲貪冒其有當仁不讓急病忘身豈止君命猶宜身舉臣鄖不才久忝高位無任由衷瀝懇之至乃授尚書右僕射致仕六年七月卒年七十二贈太子太保謚曰貞鄖性恭愼廉潔罕與人交游守官奉法勤恪掌誥累年家無制草或謂之曰前輩皆留制集公焚之何也曰王言不可存私家時人重其慎密與鄭珣瑜並命拜相未幾德宗昇遐時同在相位杜佑以宿舊居上而韋執誼由朋黨

專柄順宗風恙方甚樞機不宜而王叔文以翰林學士兼戶部侍郎充度支副使是時政事王叔文謀議王伾通導李忠言宣下韋執誼奉行珣瑜自受命憂形顏色至是以勢不可奪因稱疾不起鄖則因循竟無所發以至於罷物論定此爲優劣焉子定嗣定幼聰警絶倫年七歲時讀尚書湯誓問鄖曰柰何以臣伐君鄖曰應天順人不爲非道又問曰用命賞于祖不用命戮于社是順人乎父不能對仕至京兆叅軍小字董二人以幼慧多以字稱之尤精王氏易嘗爲易圖合八出以畫八卦上圓下方合則重轉則演七轉而六十四卦六甲八節備焉著易外傳二十二卷也

杜佑字君卿京兆萬年人曾祖行敏荆益二州都督府長史南陽郡公祖慤右司員外郎詳正學士父希望歷鴻臚卿恒州刺史西河太守贈右僕射佑以廕入仕補濟南郡叅軍剡縣丞時潤州刺史韋元甫嘗受恩於希望佑謁見元甫未之知以故人子待之他日元甫視事有疑獄不能決佑時在旁元甫試訊於佑佑口對響應皆得其要

元甫竒之乃奏爲司法叅軍元甫爲浙西觀察淮南節度皆辟爲從事深所委信累官至檢校主客員外郎入爲工部郎中充江西青苗使轉撫州刺史改御史中丞充容管經畧使楊炎入相徵入朝歷工部金部二郎中並充水陸轉運使改度支郎中兼和糴等使時方軍興饋運之務悉委於佑遷戶部侍郎判度支爲盧杞所惡出爲蘇州刺史佑母在杞以蘇州憂闕授之佑不行俄換饒州刺史未幾兼御史大夫充嶺南節度使時德宗在興元朝廷故事執政往往遺脫舊嶺南節度常兼五管經略使佑獨不兼故五管不屬嶺南自佑始也貞元三年徵爲尚書左丞又出爲陝州觀察使遷檢校禮部尚書揚州大都督府長史充淮南節度使丁母憂特詔起復累轉刑部尚書檢校右僕射十三年徐州節度使張建封卒其子愔爲三軍所立詔佑以淮南節制檢校左僕射同平章事兼徐泗節度使委以討伐佑乃大具舟艦遣將孟準先當之準渡淮而敗佑杖之固境不敢進及詔以徐州授愔而加佑兼濠泗等州觀察使在揚州開設營壘三十

餘所士馬修葺然於賓僚間依阿無制判官南宮僔李亞鄭元均爭權頗紊軍政德宗知之並竄於嶺外十九年入朝拜檢校司空同平章事充太清宮使德宗崩佑攝冢宰尋進位檢校司徒充度支鹽鐵等使依前平章事旋又加弘文館大學士時王叔文爲副使佑雖總統而權歸叔文叔文敗又奏李巽爲副使頗有所立順宗崩佑復攝冢宰尋讓金穀之務引李巽自代先是度支以制用惜費漸權百司之職廣署吏員繁而難理佑始奏營繕歸之將作木炭歸之司農染練歸之少府綱條頗整公議多之朝廷允其議元和元年冊拜司徒同平章事封岐國公時河西党項潛導吐蕃入寇邊將邀功亟請擊之佑上疏論之曰臣伏見党項與西戎潛通屢有降人指陳事迹而公卿廷議以爲誠當謹兵戎備侵軼益發甲卒邀其寇暴此蓋未達事機匹夫之常論也夫蠻夷猾夏唐虞已然周宣中興獫狁爲害但命南仲往城朔方追之太原及境而止誠不欲弊中國而怒遠夷也秦平六國恃其兵力北築長城以拒匈奴西逐諸羌出於塞外勞力

擾人結怨階亂中國未靜白徒競起海内雲擾實生謫戍漢武因文景之富命將興師遂至戶口減半竟下哀痛之詔罷田輪臺前史書之尚嘉其先迷而後復蓋聖王之理天下也唯務綏静蒸人西至流沙東漸于海在南與北亦存聲教不以遠物爲珍匪求遐方之貢豈疲内而事外終得少而失多故前代納忠之臣並有匡君之議淮南王請息師于閩越賈捐之願棄地于珠崖安危利害高懸前史昔馮奉世矯漢帝之詔擊莎車傳其王首於京師威震西域宣帝大悦議加爵土之賞蕭望之獨以爲矯制違命雖有功效不可爲法恐後之奉使者爭逐發兵爲國家生事述理明白其言遂行國家自天后已來突厥默啜兵強氣勇屢寇邊城爲害頗甚開元初邊將郝靈佺親捕斬之傳首闕下自以爲功代莫與二坐望榮寵宋璟爲相慮武臣邀功爲國生事止授以郎將由是訖開元之盛無人復議開邊中國遂寧外夷亦静此皆成敗可徵鑒戒非遠且党項小蕃雜處中國本懷我德當示撫綏間者邊將非廉亟有侵刻或利其善馬或取其子

女便賄方物徵發役徒勞苦既多叛亡遂起或與北狄通使或與西戎寇邊有爲使然固當懲革傳曰遠人不服則修文德以來之管子曰國家無使勇猛爲邊境此誠聖哲識微知著之遠略也今戎醜方強邊備未實誠宜慎擇良將誡之完葺使保誠信絶其求取用示懷柔來則懲禦去則謹備自然彼懷革其姦謀何必遽圖興師坐致勞費陛下上聖君人覆育群類動必師古謀無不臧伏望堅保永圖置兵衽席天下幸甚臣識昧經綸學慙博究竊鼎鉉之寵任爲朝廷之老臣恩深莫倫志懇思報誠否備聞蒭蕘上陳有瀆旒扆伏深惶悚上深嘉納歲餘請致仕詔不許但令三五日一入中書平章政事每入奏事憲宗優禮之不名常呼司徒佑城南樊川有佳林亭卉木幽邃佑每與公卿讌集其間廣陳妓樂諸子咸居朝列當時貴盛莫之與比元和七年被疾六月復乞骸骨表四上情理切至憲宗不獲已許之詔曰宣力濟時爲臣之懿躅辭榮告老行已之高風况乎任重公台義深翼贊秉沖讓之志堅金石之誠敦諭既勤所執彌固則當遂

其衷懇進以崇名尚齒優賢斯王化之本也金紫光祿大夫守司徒同中書門下平章事兼充弘文館大學士太清宫使上柱國岐國公食邑三千戶杜佑嚴廊上才邦國茂器蘊經通之識履温厚之姿寬裕本乎性情謀猷彰乎事業博聞強學知歷代沿革之宜爲政惠人審羣黎利病之要由是再司邦用累歷藩方出總戎麾入和鼎實肇膺重寄歷事先朝左右朕躬夙夜不懈命以詔册登之上公肅恭在廷華髮承弁茲可謂國之元老人之具瞻者也朕纘承丕業思弘景化選勞求舊期致時邕方伸引翼之儀遽抗懸車之請而又固辭年疾乞就休閑已而復來星琯屢變有不可抑良用恥然求惟古先哲王君臣之際臣有耆艾以求其退君有優賜以徇其情乃輟鄧禹數教之功仍增王祥輔導之秩俾養浩然之氣安於敬止之鄉庶乎怡神葆和永綏福履仍加階級以厚寵章可光祿大夫守太保致仕宜朝朔望是日上遣中使就佑第賜絹伍百匹錢伍伯阡其年十一月薨壽七十八廢朝三日册贈太傅謚曰安簡佑性敦厚強力尤精吏

職雖外示寬和而持身有術爲政弘易不尚皦察掌計治民物便而濟馭戎應變即非所長性嗜學該涉古今以富國安人之術爲己任初開元末劉秩採經史百家之言取周禮六官所職撰分門書三十五卷號曰政典大爲時賢稱賞房琯以爲才過劉更生佑得其書尋味厥旨以爲條目未盡因而廣之加以開元禮樂書成二百卷號曰通典貞元十七年自淮南使人詣闕獻之曰臣聞太上立德不可庶幾其次立功遂行當代其次立言見志後學由是往哲遞相祖述將施有政用乂邦家臣本以門資幼登官序仕非遊藝才不逮人徒懷自強頗翫墳籍雖履歷叨幸或職劇務殷竊惜光陰未嘗輕廢夫孝經尚書毛詩周易三傳皆父子君臣之要道十倫五教之宏綱如日月之下臨天地之大德百王是式終古攸遵然多記言罕存法制愚管窺測莫達高深輒肆荒虚誠爲億度每念懵學莫探政經略觀歷代衆賢著論多陳紊失之弊或闕匡拯之方臣既庸淺寧詳損益未原其始莫暢其終尚賴周氏典禮秦皇蕩滅不盡縱有繁雜且用準

繩至於往昔是非可爲來今龜鏡布在方冊亦粗研尋自頃纘脩年
踰三紀識寡思拙心昧辭蕪圖籍寔多事目非少將事功畢罔愧乖
疎固不足發揮大猷但竭愚盡慮而已書凡九門計貳伯卷不敢不
具上獻庶明鄙志所之塵瀆聖聰兢惶無措優詔嘉之命藏書府其
書大傳於時禮樂刑政之源千載如指諸掌大爲士君子所稱佑性
勤而無倦雖位極將相手不釋卷質明視事接對賓客夜則燈下讀
書孜孜不怠與賓佐談論人憚其辯而伏其博設有疑悞亦能質正
始終言行無所玷缺唯在淮南時妻梁氏亡後昇嬖妾李氏爲正室
封密國夫人親族子弟言之不從時論非之三子師損嗣位終司農
少卿

式方字考元以蔭授揚府參軍轉常州晉陵尉浙西觀察使王緯辟
爲從事入爲太子通事舍人改太常寺主簿明練鍾律有所考定深
爲高郢所賞時父作鎮揚州家財鉅萬甲第在安仁里杜城有別墅
亭館林池爲城南之最昆仲皆在朝廷與時賢遊從樂而有節既而

佑入中書出爲昭應令丁父憂服闋遷司農少卿賜金紫加正議大
夫太僕卿時少子悰選尚公主式方以右戚移病不視事久之文宗
即位轉兼御史中丞充桂管觀察都防禦使長慶二年三月卒於位
贈禮部尚書式方性孝友弟兄尤睦季弟從郁少多疾病式方每躬
自煎調藥膳水飲非經式方之手不入於口及從郁夭喪終年號泣
殆不勝情士友多之子惲憓悰恂惲嗣富平尉憓興平尉

悰以蔭三遷太子司議郎元和九年選尚公主召見于麟德殿尋尚
岐陽公主加銀青光祿大夫殿中少監駙馬都尉岐陽憲宗長女郭
妃之所生自頃選尚多於貴戚或武臣節將之家于時翰林學士獨
孤郁權德輿之女壻時德輿作相郁避嫌辭內職上頗重學士不獲
已許之且歎德輿有佳壻遂令宰臣於卿士家選尚文雅之士可居
清列者初於文學後進中選擇皆辭疾不應唯悰願焉累遷至司農
卿太和六年轉京兆尹七年檢校刑部尚書出爲鳳翔尹鳳翔隴右
節度丁內艱八年起復授忠武軍節度使陳許蔡觀察等使就加兵
部尚書開成初入爲工部尚書判度支屬岐陽公主薨久而未謝文
宗怪之問左右戶部侍郎李珏對曰近日駙馬爲公主服斬衰三年
所以士族之家不願爲國戚者半爲此也杜悰未謝拘此服紀也上
憮然曰予初不知乃詔曰制服輕重必由典禮如聞往者駙馬爲公
主服三年緣情之義殊非故實違經之制今乃聞知宜令行杖周永
爲通制三年改戶部尚書兼判戶部度支事會昌中拜中書侍郎同
中書門下平章事尋加左僕射大中初出鎮西川降先沒吐蕃維州
州即古西戎地也其地南界江陽岷山連嶺而西不知其極北望隴
山積雪如玉東望成都若在井底地接石紐山夏禹生于石紐山是
也其州在岷山之孤峯三面臨江天寶後河隴繼陷惟此州在焉吐
蕃利其險要二十年間設計得之遂據其城因號曰無憂城吐蕃由
是不虞邛蜀之兵先是李德裕鎮西川維州吐蕃首領悉怛謀以城
來降德裕奏之執政者與德裕不協遽勒還其城至是復收之亦不
因兵刃乃人情所歸也俄復入相加司空繼加司徒歷鎮重藩晉是

加太傅邠國公悰無他才常延接寒素甘食竊位而已

從郁以蔭貞元末再遷太子司議郎元和初轉左補闕諫官崔群韋
貫之獨孤郁等以從郁宰相子不合爲諫官乃降授左拾遺群等復
執曰拾遺之與補闕雖資品有殊皆名諫列父爲宰相子爲諫官若
政有得失不可使子論父乃改爲秘書丞終駕部員外郎子牧顗俱
登進士第顗後病目而卒

牧字牧之既以進士擢第又制舉登乙第解褐弘文館校書郎試左
武衛兵曹參軍沈傳師廉察江西宣州辟牧爲從事試大理評事又
爲淮南節度推官監察御史裏行轉掌書記俄眞拜監察御史分司
東都以弟顗病目棄官授宣州團練判官殿中侍御史內供奉遷左
補闕史館修撰轉膳部比部員外郎並兼史職出牧黃池睦三郡復
遷司勳員外郎史館修撰轉吏部員外郎又以弟病免歸授湖州刺
史入拜考功郎中知制誥歲中遷中書舍人牧好讀書工詩爲文嘗
自負經緯才略武宗朝誅昆夷鮮卑牧上宰相書論兵事言胡戎入

寇在秋冬之間盛夏無備宜五六月中擊胡爲便李德裕稱之注曹公所定孫武十三篇行於代牧從兄悰隆盛于時牧居下位心嘗不樂將及知命得病自爲墓志祭文又嘗夢人告曰爾改名畢踰月奴自家來告曰炊將熟而甑裂牧曰皆不祥也俄又夢書行紙曰皎皎白駒在彼空谷寤寢而歎曰此過隙也吾生於角徵還於角爲第八宮吾之甚厄也子自湖守遷舍人木還角足矣其年以疾終於安仁里年五十有集二十卷曰杜氏樊川集行於代子德祥官至丞郎

史臣曰黃裳以道致君持誠奉主辨懷光之詐羅全義之征討賊闢之兇舉無遺筭葬執誼之柩豈曰不仁郢天縱之性揔丱之年代父命於臨刑孝也懷光之亂王人被傷撫巢父於賊庭義也抑浮濫之流考藝文之士盡搜幽滯大變時風正也保止足之名辭榮辱之路高避世利遐躅昔賢智也忠孝全矣仁智備矣此二子者皆臨大節而不可奪也佑承廕入仕讞獄受知博古該今輸忠效用位居極品榮逮子孫操修之報不亦宜哉及其賓寮紊法嬖妾受封事重因循難乎語於正矣牧之文章悰之長厚能否既異才位不倫命矣夫

贊曰貞公壯節臨難奮發言行無玷斯爲明哲戡亂阜俗時泰位隆國之名臣鄭公岐公

唐書列傳卷第九十七

唐書列傳卷第九十八

劉　昫　等修
聞人詮校刻沈桐同校

權德輿子璩

裴垍　李吉甫　李藩

裴垍字弘中河東聞喜人曾祖拱中宰相居道七代孫垍弱冠舉進士貞元中制舉賢良極諫對策第一授美原縣尉秩滿藩府交辟皆不就拜監察御史轉殿中侍御史尚書禮部考功二員外郎時吏部侍郎鄭珣瑜請垍考詞判垍守正不受請託考覈皆務才實元和初召入翰林爲學士轉考功郎中知制誥尋遷中書舍人李吉甫自翰林承旨拜平章事詔將下之夕感出涕謂垍曰吉甫自尚書郎流落遠地十餘年方歸便入禁署今纔滿歲後進人物罕所接識宰相之職宜選擢賢俊今則懵然莫知能否卿多精鑒今之才傑爲我言之垍取筆疏其名氏得三十餘人數月之內選用略盡當時翕然稱吉甫有得人之稱三年詔舉賢良時有皇甫湜對策其言激切牛僧孺李

宗閔亦苦詆時政考官楊於陵韋貫之升三子之策皆上第垍居中覆視無所同異及爲貴倖泣訴請罪於上憲宗不得已出於陵貫之官罷垍翰林學士除戶部侍郎然憲宗知垍好直信任彌厚其年秋李吉甫出鎮淮南遂以垍代爲中書侍郎同平章事明年加集賢院大學士監修國史垍奏集賢御書院請準六典登朝官五品已上爲學士六品已下爲直學士自非登朝官不問品秩並爲校理其餘名目一切勒停史館請登朝官入館者並爲修撰非登朝官並爲直史館仍永爲常式皆從之元和五年中風病憲宗甚嗟惜中使旁午致問至於藥膳進退皆令疏陳疾益痼罷爲兵部尚書仍進階銀青明年改太子賓客卒廢朝贈禮有加贈太子少傅初垍在翰林承旨屬憲宗初平吳蜀勵精思理機密之務一以關垍垍小心敬慎甚稱中旨及作相之後懇請旌別淑慝杜絕蹊徑齊整法度考課吏理皆蒙垂意聽納吐突承璀自春宮侍憲宗恩顧莫二承璀承間欲有所關說憲宗憚垍誡勿復言在禁中常以官呼垍而不名楊於陵爲嶺南節度使與監軍許遂振不和遂振誣奏於陵憲宗令追與慢官垍曰以遂振故罪一藩臣不可請授吏部侍郎嚴綬在太原其政事一出監軍李輔光綬但拱手而已垍具奏其事請以李鄘代之王士眞死其子承宗以河北故事請代父爲帥憲宗意速於太平且頻盪寇孽請其地可取吐突承璀恃恩謀撓垍權遂伺君意請自征討盧從史陰苞逆節內與承宗相結約而外請興師以圖厚利垍二陳其不可且言武俊有大功於朝前授李師道而後奪承宗是賞罰不一無以沮勸天下逗留半歲憲宗不決承璀之策竟行及師臨賊境從史果攜貳承璀數督戰從史益驕倨反覆官軍病之時王師久暴露無功上意亦怠後從史遣其衙門將王翊元入奏垍延與語徵動其心且喻以爲臣之節翊元因吐誠言從史惡稔可圖之狀垍遣再往比復還遂得其大將烏重胤等要領垍因從容啓言從史暴戾有無君之心今聞其視承璀如嬰孩往來神策壁壘間益自恃不嚴是天亡之時也若不因其機而致之後雖興師未可以歲月破也憲宗初愕然熟思其計方許之垍因請密其謀憲宗曰此唯李絳梁守謙知之時

絳承旨翰林守謙掌密命後承璀竟擒從史平上黨其年秋班師垍以承璀首唱用兵今還無功陛下縱念舊勞不能加顯戮亦請貶黜以謝天下遂罷承璀兵柄先是天下百姓輸賦於州府一曰上供二曰送使三曰留州建中初定兩稅時貨重錢輕是後貨輕錢重齊人所出固已倍其初征以其留州送使所在長史又降省估使就實估以自封殖而重賦於人及垍爲相奏請天下留州送使物一切令依省估其所在觀察使仍以其所莅之郡租賦自給若不足然許徵於支郡其諸州送使額悉變爲上供故江淮稍息肩垍雖年少驟居相位而器局峻整有法度雖大寮前輩其造請不敢干以私諫官言時政得失舊事操權者多不悅其舉職垍在中書有獨孤郁李正辭嚴休復自拾遺轉補闕及恭謝之際垍廷語之曰獨孤與李二補闕孜孜獻納今之遷轉可謂酬勞無愧矣嚴補闕官業或異於斯昨者進擬不無疑緩休復悚恧而退垍 在翰林舉李絳崔羣同掌密命及在

相位用韋貫之裴度知制誥擢李夷簡爲御史中丞其後繼踵入相咸著名跡其餘量材賦職皆叶人望選任之精前後莫及議者謂垍作相才與時會知無不爲于時朝無倖人百度寖理而再周遘疾以至休謝公論惜之

李吉甫字弘憲趙郡人父栖筠代宗朝爲御史大夫名重於時國史有傳吉甫少好學能屬文年二十七爲太常博士該洽多聞尤精國朝故實沿革折衷時多稱之遷屯田員外郎博士如故改駕部員外宰臣李泌竇參推重其才接遇頗厚及陸贄爲相出爲明州員外長史久之遇赦起爲忠州刺史時贄已謫在忠州議者謂吉甫必逞憾於贄重構其罪及吉甫到郡與贄甚歡未嘗以宿嫌介意六年不徙官以疾罷免尋授柳州刺史遷饒州先是州城以頻喪四牧廢而不居物怪變異郡人信驗吉甫至發城門管鑰剪荊榛而居之後人乃安憲宗嗣位徵拜考功郎中知制誥既至闕下旋召入翰林爲學士轉中書舍人賜紫憲宗初即位中書小吏滑渙與知樞密中使劉光琦暱善頗竊朝權吉甫請去之劉闢反帝命誅討之計未決吉甫密贊其謀兼請廣徵江淮之師由三峽路入以分蜀寇之力事皆允從由是甚見親信二年春杜黃裳出鎮擢吉甫爲中書侍郎平章事吉甫性聰敏詳練物務自員外郎出官留滯江淮十五餘年備詳閭里疾苦及是爲相患方鎮貪恣乃上言使屬郡刺史得自爲政敘進群材甚有美稱三年秋裴垍爲僕射判度支交結權倖欲求宰相先是制策試直言極諫科其中有譏刺時政忤犯權倖者因此垍黨揚言皆執政教指冀以搖動吉甫賴諫官李約獨孤郁李正辭蕭俛密疏陳奏帝意乃解吉甫早歲知獎羊士諤擢爲監察御史又司封員外郎呂温有詞藝吉甫亦眷接之竇群亦與羊呂善羣初拜御史中丞奏請士諤爲侍御史温爲郎中知雜事吉甫怒其不先關白而所請又有超資者持之數日不行因而有隙羣遂伺得日者陳克明出入吉甫家密捕以聞憲宗詰之無姦狀吉甫以裴垍久在翰林憲宗親信必當大用遂密薦垍代已因自圖出鎮其年九月拜檢校兵部尚

書兼中書侍郎平章事充淮南節度使上御通化門樓餞之在揚州每有朝廷得失軍國利害皆密疏論列又於高郵縣築堤爲塘溉田數千頃人受其惠五年冬裴垍病免明年正月授吉甫金紫光祿大夫中書侍郎平章事集賢殿大學士監修國史上柱國趙國公及再入相請減省職員幷諸色出身胥吏等及量定中外官俸料時以爲當京城諸僧有以莊磑免稅者吉甫奏曰錢米所徵素有定額寬緇徒有餘之力配貧下無告之民必不可許憲宗乃止又請歸普潤軍於涇原七年京兆尹元義方奏永昌公主准禮令起祠堂請其制度初貞元中義陽義章二公主咸於墓所造祠堂一百二十間費錢數萬及永昌之制上令義方減舊制之半吉甫奏曰伏以永昌公主稚年夭枉舉代同悲況於聖情固所鍾念然陛下猶減制造之半示折衷之規昭儉訓人實越今古臣以祠堂之設禮典無文德宗皇帝恩出一時事因習俗當時人間不無竊議昔漢章帝時欲爲光武原陵明帝顯節陵各起邑屋東平王蒼上疏言其不可東平王即光武之愛子明帝之愛弟賢王之心豈惜費於父兄哉誠以非禮之事人君所當慎也今者依義陽公主起祠堂臣恐不如量置墓戶以充守奉翌日上謂吉甫曰卿昨所奏罷祠堂事深愜朕心朕初疑其冗費緣未知故實是以量減覽卿所陳方知無據然朕不欲破二十戶百姓當揀官戶委之吉甫拜賀上曰卿此豈是難事有關朕身不便於時者苟聞之則改此豈足多耶卿但勤匡正無謂朕不能行也七年七月上御延英顧謂吉甫曰朕近日畋遊悉廢唯喜讀書昨於代宗實錄中見其時綱紀未振朝廷多事亦有所鑒誡向後見卿先人事迹深可嘉歎吉甫降階跪奏曰臣先父伏事代宗盡心盡節迫於流運不待聖時臣之血誠常所追恨陛下耽悅文史聽覽日新見臣先父忠於前朝著在實錄今日特賜襃揚先父雖在九泉如覩白日因俯伏流涕上慰諭之八年十月上御延英殿問時政記記何事時吉甫監修國史先對曰是宰相記天子事以授史官之實錄也古者右史記言今起居舍人是左史記事今起居郎是永徽中宰相姚璹監修

國史盧造膝之言或不下聞因請隨奏對而記於仗下以授于史官
令時政記是也上曰間或不修何也曰面奉德音未及施行總謂機
密故不可書以送史官其間有謀議出於臣下者又不可自書以付
史官及已行者制令昭然天下皆得聞知即史官之記不待書以授
也且臣觀時政記者姚璹修之於長壽及璹罷而事寢賈耽齊抗修
之於貞元及耽抗罷而事廢然則關時政化者不虛美不隱惡謂之
良史也是月迴紇部落南過磧取西城柳谷路討吐蕃西城防禦使
周懷義表至朝廷大恐以爲迴紇聲言討吐蕃意是入寇吉甫奏曰
迴紇入寇且當漸絕和事不應便來犯邊但須設備不足爲慮因請
自夏州至天德復置廢館一十一所以通緩急又請發夏州騎士五
百人營於經略故城應援驛使兼護党項九年請於經略故城置宥
州六胡州以在靈鹽界開元中廢六州曰國家舊置宥州以寬宥爲
名領諸降戶天寶末宥州寄理於經略軍蓋以地居其中可以總統
蕃部北以應接天德南援夏州今經略遙隸靈武又不置軍鎮非舊

○制也憲宗從其奏復置宥州詔曰天寶中宥州寄理於經略軍寶應
已來因循遂廢由是昆夷屢擾党項靡依蕃部之人撫懷莫及朕方
弘遠略思復舊規宜於經略軍置宥州仍爲上州於郭下置延恩縣
爲上縣屬夏綏銀觀察使淮西節度使吳少陽卒其子元濟請襲父
位吉甫以爲淮西內地不同河朔且四境無黨援國家常宿數十萬
兵以爲守禦宜因時而取之頗叶上旨始爲經度淮西之謀元和九
年冬暴病卒年五十七憲宗傷悼久之遣中使臨弔常贈之外內出
絹五百匹以恤其家再贈司空吉甫初爲相頗洽時情及淮南再徵
中外延望風采秉政之後視聽時有所蔽人心疑憚之時負公望者
慮爲吉甫所忌多避畏憲宗潛知其事未周歲遂擢用李絳大與絳
不協而絳性剛訐於上前互有爭論人多直絳然性畏慎雖其不悅
者亦無所傷服物食味必極珍美而不殖財產京師一宅之外無他
第墅公論以此重之有司謚曰敬憲及會議度支郎中張仲方駁之
以爲太優憲宗怒貶仲方賜吉甫謚曰忠懿吉甫嘗討論易象異義附

於一行集注之下及綴錄東漢魏晉周隋故事訖其成敗損益大端
目爲六代略凡三十卷分天下諸鎮紀其山川險易故事各寫其圖
於篇首爲五十四卷號爲元和郡國圖又與史官等錄當時戶賦兵
籍號爲國計簿凡十卷纂六典諸職爲百司舉要一卷皆奏上之行
於代子德脩德裕

李藩字叔翰趙郡人曾祖至遠天后時李昭德薦爲天官侍郎不詣
昭德謝恩時昭德怒奏黜爲壁州刺史祖畬開元時爲考功郎中事
母孝謹母卒不勝喪死至遠畬皆以志行名重一時父承爲湖南觀
察使亦有名藩少恬淡修檢雅容儀好學父卒家富於財親族弔者
有挈去不禁愈務散施不數年而貧年四十餘未仕讀書揚州困於
自給妻子怨尤之晏如也杜亞居守東都以故人子署爲從事洛中
盜發有誣牙將令狐運者亞信之拷掠竟罪藩知其寃爭之不從遂
辭出後獲眞盜朱瞿曇藩益知名張建封在徐州辟爲從事居幕中
謙謙未嘗論細微杜兼爲濠州刺史帶使職建封病革兼疾驅到府

○陰有冀望藩與同列省建封出而泣語兼曰僕射公奄忽如此公宜在州
防遏今棄州此來欲何也宜疾去不若此當奏聞兼錯愕不虞遂逕
歸建封死兼悔所志不就怨藩甚既歸揚州兼因誣奏藩建封死時
搖動軍中德宗大怒密詔杜佑殺之佑素重藩懷詔旬日不忍發因
引藩論釋氏曰因報之事信有之否藩曰信然曰審如此君宜遇事
無恐因出詔藩覽之無動色曰某與兼信爲報也佑曰愼勿出口吾
已密論持百口保君矣德宗得佑解怒不釋亟追藩赴闕及召見望
其儀形曰此豈作惡事人耶乃釋然除秘書郎王紹持權邀藩一相
見即用終不就王仲舒韋成季呂洞輩爲郎官朋黨輝赫日會聚歌
酒慕藩名強致同會藩不得已一至仲舒輩好爲訛語俳戲後召藩
堅不去曰吾與仲舒輩終日不曉所與言何也後果敗遷主客員外
郎尋換右司時順宗冊廣陵王淳爲皇太子兵部尚書王純請改名
紹時議非之皆云皇太子亦人臣也東宮之臣改之宜也非其屬而
改之諂也如純輩豈爲以禮事上耶藩謂人曰歷代故事皆自不識

大體之臣而失之因不可復正無足怪也及太子即位憲宗是也宰相改郡縣名以避上名唯監察御史韋淳不改既而有詔以陸淳爲給事中改名質淳不得已改名處厚議者嘉之藩尋改吏部員外郎元和初遷吏部郎中掌曹事爲吏所蔽監用官闕黜爲著作郎轉國子司業遷給事中制勑有不可遂於黃勑後批之吏曰宜別連白紙藩曰別以白紙是文狀豈曰批勑耶裴垍言於帝以爲有宰相器屬鄭絪罷免遂拜藩門下侍郎同平章事藩性忠藎事無不言上重之以爲無隱四年冬顧謂宰臣曰前代帝王理天下或家給人足或國貧下困其故何也藩對曰古人云儉以足用蓋足用繫於儉約誠使人君不貴珠玉唯務耕桑則人無淫巧俗自敦本百姓既足君孰與不足自然帑藏充羨稼穡豐登若人君竭民力貴異物上行下効風俗日奢去本務末衣食益乏則百姓不足君孰與足自然國貧家困盜賊乘隙而作矣今陛下永鑒前古思躋富庶躬尚勤儉自當理平伏願以知之爲非艱保之爲急務宮室輿馬衣服器玩必務損之又

○損示人變風則天下幸甚帝曰儉約之事是我誠心貧富之由如卿所說唯當上下相勗以保此道似有踰濫極言箴規此固深期於卿等也藩等拜賀而退帝又問曰禳災祈福之說其事信否藩對曰臣竊觀自古聖達皆不禱祠故楚昭王有疾卜者謂河爲祟昭王以河不在楚非所獲罪孔子以爲知天道仲尼病子路請禱仲尼以爲神道助順繫於所行己既全德無愧屋漏故答子路云丘之禱久矣書云惠迪吉從逆凶言順道則吉從逆則凶詩云自求多福則禍福之來咸應行事若苟爲非道則何福可求是以漢文帝每有祭祀使有司敬而不祈其見超然可謂盛德若使神明無知則安能降福必其有知則私己求媚之事君子尚不可悅也況於明神乎由此言之則履信思順自天祐之苟異於此實難致福故堯舜之德唯在修己以安百姓管仲云義於人者和於神蓋以人爲神主故但務安人而已號公求神以致危亡王莽妄祈以速漢兵古今明誡書傳所紀伏望陛下每以漢文孔子之意爲準則百福具臻帝深嘉之時河東節度

使王鍔用錢數千萬賂遺權倖求兼宰相藩與權德輿在中書有密旨曰王鍔可兼宰相宜即擬來藩遂以筆塗兼相字却奏上云不可德輿失色曰縱不可宜別作奏豈可以筆塗詔耶曰勢迫矣出今日便不可止日又暮何暇別作奏事果寢李吉甫自揚州再入相數日罷藩爲詹事後數月上思藩召對復有所論列元和六年出爲華州刺史兼御史大夫未行卒年五十八贈戶部尚書藩爲相材能不及裴垍孤峻頗後韋貫之然人物清規亦其流也

權德輿字載之天水略陽人父皐字士繇後秦尚書翼之後少以進士補貝州臨清尉安祿山以幽州長史充河北按察使假其才名表爲薊縣尉署從事皐陰察祿山有異志畏其猜虐不可以潔退欲潛去又慮禍及老母天寶十四年祿山使皐獻戎俘自京師迴過福昌福昌尉仲謩皐從父妹壻也密以計約之比至河陽詐以疾亟召謩謩至皐示已瘖聵而瞑謩乃勉哀而哭手自含襲既逸皐而葬其棺人無知者從吏以詔書還皐母初不知聞皐之死慟哭傷行路祿

○山不疑其詐死許其母歸皐時微服匿跡候母於淇門既得侍其母乃奉母晝夜南去及渡江祿山已反矣由是名聞天下淮南採訪使高適表皐試大理評事充判官屬永王璘亂多刧士大夫以自從皐懼見迫又變名易服以免玄宗在蜀聞而嘉之除監察御史會丁母喪因家洪州時南北隔絕或踰歲不聞詔命有中使奉宣至洪州經時未復過有求取州縣苦之時有王譔爲南昌令將執按之因見皐白其事皐不言久之垂涕曰方今何由可致一勑使而遽有此言因掩涕而起譔遽拜謝之浙西節度使顏眞卿表皐爲行軍司馬詔徵爲起居舍人又以疾辭嘗曰本自全吾志豈受此之名耶李季卿爲江淮黜陟使奏皐節行改著作郎復不起兩京蹂於胡騎士君子多以家渡江東知名之士如李華柳識兄弟者皆仰皐之德而友善之大曆三年卒于家年四十六元和中謚曰貞孝初皐卒韓洄王定爲服朋友之喪李華爲其墓表以爲分天下善惡一人而已前贈秘書監至是因子德輿爲相亦家廟至元和十二年復贈太子太保德輿

生四歲能屬詩七歲居父喪以孝聞十五爲文數百篇編爲童蒙集十卷名聲日大韓迴黜陟河南辟爲從事試秘書省校書郎貞元初復爲江西觀察使李兼判官再遷監察御史府罷杜佑裴胄皆奏請二表同日至京德宗雅聞其名徵爲太常博士轉左補闕八年關東大水上疏請降詔恤隱遂命奚陟等四人使裴延齡以巧佞判度支九年自司農少卿除戶部侍郎仍判度支德輿上疏曰臣伏以爵人於朝與衆共之況經費之司安危所繫延齡頃自權判速今聞歲不稱之聲日甚於初羣情衆口諠於朝市不敢悉煩聖聽今謹略舉所聞多云以常賦正額支用未盡者便爲剩利以爲已功又重破官錢買常平先所收市雜物遂以再給估價用充別貯利錢又云邊上諸軍皆至懸闕自今春已來並不支糧伏以疆場之事所虞非細誠聖慮前定終事切有司陛下必以延齡孤貞獨立爲時所抑醜正有黨結此流言何不以新收剩利徵其本末爲分析條奏又擇朝賢信臣與中使一人巡覆邊軍察其資儲有無虛實倘延齡受任已來精心

勤力每事省約別收羨餘於正數各有區分邊軍儲蓄實猶可支身自斂怨爲國惜費自宜更示優奬以洗群疑明書厥勞昭示天下如或言者非謬罔上實多豈以邦國重務委之非據臣職在諫曹合採群議正拜已來今已旬日道路云云無不言此豈京師士庶之衆悉智之多合而爲黨共有讎嫉陛下亦宜稍迴聖鑑俯察群心況臣之事君如子事父今當聖明不諱之代若猶愛身隱情是不忠不孝莫大之罪敢瀝肝血伏待刑書十年遷起居舍人歲中兼知制誥轉駕部員外郎司勳郎中職如舊遷中書舍人是時德宗親覽庶政重難除授凡命於朝多補自御札始德輿知制誥給事有徐岱舍人有高郢居數歲岱卒郢知禮部貢舉獨德輿直禁垣數旬始歸嘗上疏請除兩省官德宗曰非不知卿之勞苦禁掖清切須得如卿者所以久難其人德輿居西掖八年其間獨掌者數歲貞元十七年冬以本官知禮部貢舉來年眞拜侍郎凡三歲掌貢士至今號爲得人轉戶部侍郎元和初歷兵部吏部侍郎坐郎吏誤用官闕改太子賓客復爲

兵部侍郎遷太常卿五年冬宰相裴垍寢疾德輿拜禮部尚書平章事與李藩同作相河中節度王鍔來朝貴倖多譽鍔者上將加平章事李藩堅執以爲不可德輿繼奏曰夫平章事非序進而得國朝方鎮帶宰相者蓋有大忠大勳大曆已來又有跋扈難制者不得已而與之今王鍔無大忠勳又非姑息之時欲假此名實恐不可上從之運粮使董溪于皐謨盜用官錢詔流嶺南行至湖外密令中使皆殺之他日德輿上疏曰竊以董溪等當陛下憂山東用兵時領粮料供軍重務聖心委付不比尋常敢負恩私恣其贓犯使之萬死不足塞責弘寬大之典流竄太輕陛下合改正罪名兼責臣等疏略但詔令已下四方聞知不書明刑有此處分竊觀衆情有所未喻伏自陛下臨御已來每事以誠實與天地合德與四時同符萬方之人沐浴皇澤至如于董所犯合正典章明下詔書與衆同棄即人各懼法人各謹身臣誠知其罪不容誅又是已過之事不合論辯上煩聖聽伏以陛下聖德聖姿度越前古頃所下一詔舉一事皆合理本皆順人心

伏慮他時更有此比但要有司窮鞫審定罪名或致之極法或使自盡罰一勸百孰不甘心巍巍聖朝事體非細臣每於延英奏對退思陛下求理之言生逢盛明感涕自賀況以愚滯朴訥聖鑒所知伏惟恕臣迂疎察臣丹懇及李吉甫自淮南詔徵未一年上又繼用李絳時上求理方切軍國無大小一付中書吉甫絳議政頗有異同或於上前論事形於言色其有詣於理者德輿亦不能爲發明時人以此譏之竟以循默而罷復守本官尋以檢校吏部尚書爲東都留守後拜太常卿改刑部尚書先是許孟容蔣乂等奉詔刪定格勑孟容等尋改他官乂獨成三十卷表獻之留中不出德輿請下刑部與侍郎劉伯芻等考定復爲三十卷奏上十一年復以檢校吏部尚書出鎮興元十三年八月有疾詔許歸闕道卒年六十贈左僕射謚曰文德輿自貞元至元和三十年間羽儀朝行性直亮寬恕動作語言一無外飾醞藉風流爲時稱嚮於述作特盛六經百氏游詠漸漬其文雅正而弘博王侯將相洎當時名人薨殁以銘紀爲請者什八九時人

馭宗匠焉尤嗜讀書無寸景暫倦有文集五十卷行於代子稜中書
舍人

史臣曰裴垍精鑒默識舉賢任能啓沃帝心弼諧王道如崔羣裴度
韋貫之輩咸登將相皆垍之薦達立言立事知無不為吉甫該洽典
經詳練故實伏裴垍之抽擢致朝倫之式序吉甫知垍之能別髦彥
垍知吉甫之善任賢良相須而成不忌不克叔翰修身慎行力學承
家批制勅有夕郎之風塗御書見宰執之器而乃輕財散施天爵是
期偉哉自待之意也德輿孝悌力學彰亂有聞蹤延齡恣行巧行論
卑謨不書明刑三十年羽儀朝行實卑之餘慶所鍾此四子者所謂
經緯之臣又何慙於王佐矣

贊曰二李秉鈞信為名臣甫柔而黨藩佞而純裴公鑒哉朝無屈人
權之藻思文質彬彬

唐書列傳卷第九十八

唐書列傳卷第九十九

劉　昫　等修

聞人詮校刻沈桐同校

于休烈（子肅 肅子敖 敖子球）　令狐峘　歸崇敬（子登 登子融）

奚陟　張薦（祖文成 薦子又新 又新子讀）　蔣乂（子係 伸）

柳登（父芳 登弟冕 登子璟）　沈傳師（父既濟 子詢）

于休烈河南人也高祖志寧貞觀中任左僕射為十八學士父默成沛縣令早卒休烈至性貞愨機鑒敏悟自幼好學善屬文與會稽賀朝萬齊融延陵包融為文詞之友齊名一時舉進士又應制策登科授秘書省正字累遷右補闕起居郎集賢殿學士轉比部員外郎郎中楊國忠輔政排不附己者出為中部郡太守值祿山構難肅宗踐祚休烈自中部赴行在擢拜給事中遷太常少卿知禮儀事兼修國史肅宗自鳳翔還京勵精聽受嘗謂休烈曰君舉必書良史也朕有過失卿書之否對曰禹湯罪己其興也勃焉有德之君不忘規過臣不勝大慶時中原蕩覆典章殆盡無史籍檢尋休烈奏曰國史一百六卷開元實錄四十七卷起居注并餘書三千六百八十二卷並在興慶宮史館京城陷賊後皆被焚燒且國史實錄聖朝大典修撰多時今並無本伏望下御史臺推勘史館所由令府縣招訪有人別收得國史實錄如送官司重加購賞若是史官收得仍赦其罪得一部超授官資得一卷賞絹十匹數月之內唯得一兩卷前修史官工部侍郎韋述陷賊入東京至是以其家藏國史一百一十三卷送于官

○肅宗以太常鍾磬自隋已來所傳五音或有不調乾元初謂休烈曰古者聖人作樂以應天地之和以合陰陽之序則人不夭札物不疵癘且金石絲竹樂之器也比親享郊廟每聽懸樂宮商不備或鍾磬失度可盡將鍾磬來朕當於內自定太常集樂工考試數日審知差錯然後令別鑄造磨刻及事畢上臨殿親試考擊皆合五音群臣稱慶休烈尋轉工部侍郎修國史獻五代帝王論帝甚嘉之宰相李揆矜能忌賢以休烈修國史與己齊列嫉之奏為國子祭酒權留史館修撰以下之休烈恬然自持殊不介意舊儀元正冬至百官不於光順門朝賀皇后乾元元年張皇后遂行此禮休烈奏曰周禮有命夫朝人主命婦朝女君自顯慶已來則天皇后始行此禮其日命婦又朝光順門與百官雜處殊為失禮肅宗詔停之代宗即位甄別名品宰臣元載稱之乃拜右散騎常侍依前兼修國史尋加禮儀使遷工部侍郎又改檢校工部尚書兼判太常卿事正拜工部尚書累封東海郡公加金紫光祿大夫在朝凡三十餘年歷掌清要家無擔石之蓄恭儉溫仁未嘗以喜慍形於顏色而親賢下士推轂後進雖位崇年高曾無倦色篤好墳籍手不釋卷以至于終大曆七年卒年八十一有集十卷行於代嗣子益次子肅相繼為翰林學士是歲春休烈妻韋氏卒上以休烈父子儒行著聞特詔贈韋氏國夫人葬日給鹵簿鼓吹及聞休烈卒追悼久之褒贈尚書左僕射賻絹百匹布五十端遣謁者內常侍吳承倩就私第宣慰儒者之榮少有其比肅官至給事中肅子敖

○敖字蹈中以家世文史盛名少為時彥所稱志行修謹登進士第釋褐秘書省校書郎湖南觀察使楊憑辟為從事府罷鳳翔節度使李鄘鄂岳觀察使呂元膺相繼辟召自協律郎大理評事試監察御史元和六年真拜監察御史轉殿中歷倉部司勳二員外萬年令拜右司郎中出為商州刺史長慶四年入為吏部郎中其年遷給事中昭愍初即位李逢吉用事與翰林學士李紳素不叶遂誣紳以不測之罪逐於嶺外紳同職龐嚴為駕部郎中知制誥蔣防為司封員外郎知制誥並坐紳黨左遷信汀等州刺史黜詔下敖封還詔書時人以為與嚴防相善訴其非罪皆曰于給事犯宰執之怒伸龐蔣之屈不亦仁乎及駁奏出乃是論龐嚴貶黜太輕中外無不大噱而逢吉由是獎之尋轉工部侍郎遷刑部出為宣歙觀察使兼御史中丞敖溫裕長者與物無忤居官亦未嘗有立闕蹤臺閣三為列曹侍郎謹順自容而已太和四年八月卒年六十六贈禮部尚書四子球珪瓌琮皆登進士第

琮落托有大志，雖以門資爲吏，久不見用。大中朝駙馬都尉鄭顥以琮世故，獨以器度奇之。會有詔於士族中選人才尚公主，衣冠多避之。顥謂琮曰：「子人才甚佳，但不護細行，爲世譽所抑，久而不調，能應此命乎？」琮然之。會李藩知貢舉，顥託之登第。其年遂升諫列，尚廣德公主，拜駙馬都尉。累踐臺閣，揚歷藩府。乾符中，同平章事。黃巢犯京師，僖宗出幸，琮病不能從。既僭號，起琮爲相，琮以疾辭，迫脅不已。琮曰：「吾病亟矣，死在旦夕，加以唐室親姻，義不受命，死即甘心。」竟爲賊所害而赦公主。主視琮受禍，謂賊曰：「妾李氏女也，義不獨存，願與于公幷命。」賊不許，公主入室自縊而卒。廣德閨門有禮，咸通、乾符中譽在人口。于族內外冠婚喪祭，主必自預行禮，諸姊班而見之，尊卑答勞，咸有儀法，爲時所稱。珪、球皆至清顯。

令狐峘，德棻之玄孫。登進士第。祿山之亂，隱居南山豹林谷，谷中有峘別墅。司徒楊綰未仕時，避亂南山，止於峘舍。峘博學貫通群書，有口辯，綰甚稱之。及綰爲禮部侍郎、修國史，乃引峘入史館。自華原尉拜右拾遺，累遷起居舍人，皆兼史職。修玄宗實錄一百卷、代宗實錄四十卷。著述雖勤，屬大亂之後，起居注亡失，峘纂開元、天寶事，雖得諸家文集，編其詔策名臣傳記，十無三四，後人以漏落處多，不稱良史。大曆八年，改刑部員外郎。德宗即位，將厚奉元陵，峘上疏諫曰：

臣聞傳曰「近臣盡規」，禮記曰「事君有犯而無隱」。臣幸偶昌運，謬忝近列，敢竭狂愚，庶裨分寸。伏惟陛下詳察。臣讀漢書劉向傳，見論王者山陵之誡，良史稱歎，萬古芬芳。何者？聖賢之心，勤儉是務，必求諸道，不作無益。故舜葬蒼梧，不變其肆；禹葬會稽，不改其列；周武葬于畢陌，無丘壠之處；漢文葬於霸陵，因山谷之勢。禹非不忠也，啓非不順也，周公非不悌也，景帝非不孝也，其奉君親，皆從微薄。昔宋文公始爲厚葬，用蜃炭，益車馬，其臣華元、樂舉，春秋書爲不臣。秦始皇葬驪山，魚膏爲燈燭，水銀爲江海，珍寶之藏，不可勝計，千載非之。宋桓魋爲石槨，夫子曰「不如速朽」。子游問喪具，夫子曰「稱家之有無」。張釋之對孝文曰：「使其中無可欲，雖無石槨，又何戚焉？」漢文帝霸陵，皆以瓦器，不以金銀爲飾。由是觀之，有德者葬逾薄，無德者葬逾厚，昭然可覩矣。

陛下自臨御天下，聖政日新，進忠去邪，減膳節用，不珍雲物之瑞，不近鷹犬之娛，有司給物，悉依元估，利於人也；遠方底貢，惟供祀事，薄於已也。故澤州奏慶雲，詔曰「以時和爲嘉祥」；邕州奏金坑，詔曰「以不貪爲寶」。恭惟聖慮，無非至理。而獨六月一日制節文云：「應緣山陵制度，務從優厚，當竭帑藏，以供費用者。」此誠仁孝之德，切於聖衷。伏以尊親之義，貴於合禮，陛下每下明詔，發德音，皆比蹤唐虞，超邁周漢，豈取悅凡常之目，有違賢哲之心，與失德之君競其奢侈者也！臣又伏讀遺詔曰：「其喪儀制度，務從儉約，不得以金銀錦綵爲飾。」陛下恭順先志，動無違者，若制度優厚，豈顧命之意耶！伏惟陛下遠覽虞夏周漢之制，深惟夫子、張釋之誡，虔奉先旨，俯遵禮經，爲萬代法，天下幸甚。今赦書雖已頒行，諸條尚猶未出，此時奉遺制敷聖理，固未晚也。伏望速詔有司，悉從古禮。臣聞愚夫之言，明主擇焉。況臣忝職史官，覩逢睿德，耻同華元、樂舉之爲不臣也，願以舜禹之理紀聖猷也。

夙夜懇迫，不敢不言，抵犯聖明，實憂罪譴，言行身黜，雖死猶生。

優詔荅曰：「朕頃議山陵，心方迷謬，忘遵先旨，遂有優厚之文。卿聞見該通，識度弘遠，深知不可，形於至言，援引古今，依據經禮，非唯中朕之病，抑亦成朕之躬，免朕獲不子之名，皆卿之力也。敢不聞義而徙，收之桑榆，奉以始終，期無失墜。古之遺直，何以加焉！」

初，大曆中，劉晏爲吏部尚書，楊炎爲侍郎，晏用峘判吏部南曹事。峘荷晏之舉，每分闕，必擇其善者送晏，不善者送炎，炎心不平之。及建中初，峘爲禮部侍郎，炎爲宰相，不念舊事。有士子杜封者，故相鴻漸子，求補弘文生。炎嘗出杜氏門下，託封於峘。峘謂使者曰：「相公誠憐封，欲成一名，乞署封名下一字，峘得以志之。」炎不意峘賣，即署名託封。峘以炎所署奏論，言宰相迫臣以私，臣若從之，則負陛下；不從，則炎當害臣。德宗出疏問炎，炎具言其事。德宗怒甚，曰：「此姦人，無可奈何！」欲決杖流之。炎苦救解，貶衡州別駕，遷衡州刺史。貞元中，李泌輔政，召拜右庶子、史館修撰。性既僻異，動失人和，在史館與同職孔述睿等爭忿細故，數侵

述睿述睿長者讓而不爭無何泌卒竇參秉政惡其爲人貶吉州別
駕久之授吉州刺史齊映廉察江西行部過吉州故事刺史始見觀
察使皆戎服趨庭致禮映雖嘗爲宰相然驟達後進峘自恃前輩有
以過映不欲以戎服謁入告其妻韋氏恥抹首趨庭謂峘曰卿自視
何如人白頭走小生前卿如不以此禮見映雖黜死我亦無恨峘曰
諾即以客禮謁之映雖不言深以爲憾映至州奏峘糾前政過失鞫
之無狀不宜按部貶衢州別駕衢州刺史田敦峘知舉時進士
門生也初峘當貢部放牓日貶逐與敦不相面敦聞峘來喜曰始見
座主迎謁之禮甚厚敦月分俸之半以奉峘峘在衢州殆十年順宗
即位以秘書少監徵既至而卒元和三年峘子太僕寺丞丕始獻峘
所撰代宗實錄四十卷初峘坐李泌貶監修國史奏峘所撰實錄一
分請於貶所畢功至是方奏以功贈工部尚書

歸崇敬字正禮蘇州吳郡人也曾祖奧以崇敬故追贈秘書監祖樂
贈房州刺史父待聘亦贈秘書監崇敬少勤學以經業擢第遭喪哀
毀以孝聞調授四門助教天寶末對策高第授左拾遺改秘書郎遷

起居郎贊善大夫兼史館修撰又加集賢殿校理以家貧求爲外職
歷同州潤州長史會玄宗肅宗二帝山陵恭掌禮儀遷主客員外郎
又兼史館修撰改膳部郎中崇敬以百官朔望朝服袴褶非古上疏
云按三代典禮兩漢史籍並無袴褶之制亦未詳所起之由隋代已
來始有服者事不師古伏請停罷從之又諫東都太廟不合置木主
謹按典禮虞主用桑練主用栗作桑主則埋栗主作栗主則埋桑主
所以神無二主天無二日土無二王也東都太廟是則天皇后所建
以置武氏木主中宗去其主而存其廟蓋將以備行幸遷都之置也
且殷人屢遷前八後五則前後遷都一十三度不可每都而別立神
主也議者或云東都神主已曾虔奉而禮之豈可一朝廢之乎且虞
祭則立桑主而虞祀練祭則立栗主而埋桑主豈桑主不曾虔祀而
乃埋之又所闕之主何須更作作之不時恐非禮也又議云每年春
秋二時釋奠文宣王祝板御署訖北面揖臣以爲禮太重謹按大戴

禮師尚父授周武王丹書武王東面而立今署祝板伏請準武王東
面之禮輕重庶得其中時有術士巨彭祖上疏云大唐土德千年合
符請每四季郊祀天地詔禮官儒者議之崇敬議曰按舊禮立春之
日迎春於東郊祭青帝立夏之日迎夏於南郊祭赤帝先立秋十八
日迎黃靈於中地祀黃帝秋冬各如其方黃帝於五行爲土王在四
季生於火故火用事之末而祭之三季則否漢魏周隋共行此禮國
家土德乘時亦以每歲六月土王之日祀黃帝於南郊以后土配所
謂合禮今彭祖請用四季祠祀多憑緯候之說且據陰陽之說事涉
不經恐難行用又議祭五人帝不稱臣云太昊五帝人帝也於國家
即爲前後之禮無君臣之義若於人帝而稱臣則於天帝復何稱也
議者或云五人帝列於月令分配五時則五神五音五祀五蟲五臭
皆備五穀以備其時之色數非謂別有尊崇也又請太祖景皇帝配
天事已具禮儀志自是國典大禮崇敬常參議焉大曆初以新羅王
卒授崇敬倉部郎中兼御史中丞賜紫金魚袋充弔祭冊立新羅使

至海中流波濤迅急舟船壞漏衆咸驚駭舟人請以小艇載崇敬避
禍崇敬曰舟中凡數十百人我何獨濟逡巡波濤稍息竟免爲害故
事使新羅者至海東多有所求或攜資帛而往貿易貨物規以爲利
崇敬一皆絕之東夷稱重其德使還授國子司業兼集賢學士與諸
儒官同修通志崇敬知禮儀志衆稱允當時皇太子欲以仲秋之月
於國學行齒胄之禮崇敬以國學及官名不稱請改國學之制兼更
其名曰禮記王制曰天子學曰辟雍又五經通義云辟雍養老教學
之所也以形制言之雍壅也辟璧也壅水環之圓如璧形以義理言
之辟明也雍和也言以禮樂明和天下禮記亦謂之澤宮射義云天
子將祭必先習射於澤宮故前代文士亦呼云璧池亦曰璧沼亦謂
之學省後漢光武立明堂辟雍靈臺謂之三雍宮至明帝躬行養老
於其中晉武帝亦作明堂辟雍靈臺親臨辟雍行鄉飲酒之禮又別
立國子學以殊士庶永嘉南遷唯有國子學不立辟雍北齊立國子
寺隋初亦然至煬帝大業十三年改爲國子監今國家富有四海聲

明文物之盛唯辟雍獨闕伏請改國子監爲辟雍省又以祭酒之名
非學官所宜按周禮師氏掌以義詔王教國子請改祭酒爲太師氏
位正三品又司業者義在禮記云樂正司業正長也言樂官之長司
主此業爾雅云大板謂之業按詩周頌設業設虡崇牙樹羽則業是
懸鍾磬之栒簴也今太學既不教樂於義則無所取請改司業一爲
左師一爲右師位正四品上又以五經六籍古先哲王致理之式也
國家創業制取賢之法立明經發微言於衆學釋回增美選賢與能
自艱難已來取人頗易考試不求其文義及第先取於帖經遂使專
門業廢請益無從師資禮虧傳受義絕今請以禮記左傳爲大經周
禮毛詩爲中經尚書周易爲小經各置博士一員其公羊穀梁文疏
少請共準一中經通置博士一員所擇博士兼通孝經論語依憑章
疏講解分明注引旁通問十得九兼德行純潔文詞雅正儀形規範
可爲師表者令四品以上各舉所知在外者給驛年七十已上者蕭
輪其國子太學四門三館各立五經博士品秩上下生徒之數各有
差其舊博士助教直講經直及律館算館助教請皆罷省其教授之
法學生至監謁同業師其所執贄脯脩一束清酒一壺衫布一段其
色隨師所服師出中門延入與坐割脩斟酒三爵而止乃發篋出經
摳衣前請師爲依經辨理略舉一隅然後就室每朝晡二時請益師
亦二時居講堂說釋道義發明大體兼教以文行忠信之道示以孝
悌睦友之義旬省月試時考歲貢以生徒及第多少爲博士考課上
下其有不率教者則檟楚朴之國子不率教者則申禮部移爲太學
太學之不變者移之四門四門之不變者歸本州之學州學之不變
者復本役終身不齒雖率教九年而學不成者亦歸之州學其禮部
考試之法請無帖經但於所習經中問大義二十得十八爲通兼論
語孝經各問十得八兼讀所問文注義疏必令通熟者爲一通又於
本經問時務策三道通二爲及第其中有孝行聞於鄉閭者舉解具
言於習業之下省試之日觀其所審義少兩道亦請兼收其天下鄉
貢亦如之習業考試並以明經爲名得第者授官之資與進士同若

此則教義日深而禮讓興禮讓興則強不犯弱衆不暴寡此由太學
之來者也詔下尚書集百寮定議以聞議者以爲省者禁也非外司
所宜名周禮代掌其職者曰氏國學非代官不宜曰太師氏其餘大
抵以習俗既久重難改作其事不行會國學胥吏以餐錢差舛御史
臺按問坐貶饒州司馬建中初又拜國子司業尋選爲翰林學士遷
左散騎常侍加銀青光祿大夫尋兼普王元帥參謀累加光祿大夫
以兩河叛換之徒初稟朝命令崇敬以本官兼御史大夫持節宣慰
奉使稱旨及還上表請歸拜墓許之賜以繒帛儒者榮之尋加特進
檢校戶部尚書遷工部尚書並依前翰林學士充皇太子侍讀累表
辭以年老乞骸骨改兵部尚書致仕貞元十五年卒時年八十廢朝
一日贈左僕射子登嗣
登字冲之雅實弘厚事繼母以孝稱大曆七年舉孝廉高第補四門
助教貞元初復登賢良科自美原尉拜右拾遺時裴延齡以姦佞有
恩欲爲相諫議大夫陽城上疏切直德宗赫怒右補闕熊執易等亦
以危言忤旨初執易草疏成示登登愕然曰願寄一名雷霆之下安
忍令足下獨當自是同列切諫登每聯署其奏無所迴避時人稱重
轉右補闕起居舍人三任十五年同列皆出其下者多以馳騖至顯
官而登與右拾遺蔣武退然自守不以淹速介意後遷兵部員外郎
充皇子侍讀尋加史館修撰順宗初以東朝舊恩超拜給事中旋賜
金紫仍錫衫笏焉遷工部侍郎與孟簡劉伯芻蕭俛受詔同翻譯大
乘本生心地觀經又爲東宮及諸王侍讀獻龍樓箴以諷久之改左
散騎常侍因中謝憲宗問時所切登以納諫爲對時論美之轉兵部
侍郎兼判國子祭酒事遷工部尚書元和十五年卒年六十七贈太
子少保登有文學工草隸寬博容物嘗使僮飼馬馬蹄踶僮怒擊折
馬足登知而不責晚年頗好服食有饋金石之藥者且云先嘗之矣
登服之不疑藥發毒幾死方訊云未之嘗他人爲之怒登視之無慍
色常慕陸象先之爲人議者亦以爲近之子融嗣
融進士擢第自監察拾遺入省拜工部員外郎遷考功員外六年轉

工部郎中充翰林學士八年正拜舍人九年轉戶部侍郎開成元年兼御史中丞湖南觀察使盧周仁違勅進羨餘錢十萬貫融奏曰天下一家何非君土中外財賦皆陛下府庫也周仁輒陳小利妄設異端言南方火災恐成灰燼進於京國姑徇私誠入財貨以希恩待朝廷而何淺臣恐天下放效以羨餘爲名因緣刻剝生人受獘周仁請行重責以例列藩其所進錢請還湖南代貧下租稅詔周仁所進於河陰院收貯以備水旱金部員外郎韓益判度支案子弟受人賂三千餘貫半是撮贓上問融曰韓益所犯與盧元中姚康孰甚對曰元中與康枉破官錢三萬餘貫益所取受人事比之殊輕乃貶梧州司戶尋還京兆尹時府司物力不充特勅賜錢五萬貫府司以所賜之半還司農寺菜錢融因對言之上以融學家因問蔬糲字有賴音何也糲是飯之極麤者耶融以義類對之時兩公主出降府司供帳事殷又俯近上巳曲江賜宴奏請改日上曰去年重陽取九月十九日未失重陽之意今改取十三日可也既而李固言作相素不悅融罷

尹月餘授秘書監俄而固言罷楊嗣復輔政以融權知兵部侍郎一年內拜吏部三年檢校禮部尚書興元尹兼御史大夫充山南西道節度使融子仁晦仁翰仁憲仁召仁澤皆登進士第咸通中並至達官

奚陟字殷卿亳州人也祖乾緯天寶中弋陽郡太守陟少好讀書登進士第又登制舉文詞清麗科授弘文館校書尋拜大理評事佐入吐蕃使不行授左拾遺丁父母憂哀毀過禮親朋愍之車駕幸興元召拜起居郎翰林學士辭以疾病久不赴職改太子司議郎歷金部吏部員外郎左司郎中彌綸省闥又累奉使皆稱旨貞元八年擢拜中書舍人是歲江南淮西大雨爲災令陟勞問巡慰所在人安悅之中書省故事姑息胥徒以常在宰相左右也陟皆以公道處之先是右省雜給率分等第皆據職田頃畝即主書所受與右史等陟乃約以料錢爲率自是主書所得減拾遺時中書令李晟所請紙筆雜給皆不受但告雜事舍人令且貯之他日便悉以遺舍人前例雜事舍人自擕私入陟以所得均分省內官又躬親庶務下至園蔬皆悉自點閱人以爲難陟處之無倦遷刑部侍郎裴延齡惡京兆尹李充有能政專意陷害之誣奏充結陸贄數厚賂遺金帛充既貶官又奏充比者妄破用京兆府錢穀至多請令比部勾覆以比部郎中崔元翰陷充怨惡贄也詔許之元翰曲附延齡劾治府史府史到者雖無過犯皆笞決以立威時論喧然陟迺躬自閱視府案具得其實奏言據度支奏京兆府貞元九年兩稅及已前諸色羨餘錢共六十八萬餘貫李充並妄破用今所勾勘一千二百貫已來是諸縣供館驛加破及在諸色人戶腹內合收其斛斗共三十二萬石唯三百餘石諸色輸納所由欠折其餘並是準勅及度支符牒給用已盡陟之寬平守法多如此類元翰既不遂其志因此憤恚而卒陟尋以本官知吏部選事銓綜平允有能名遷吏部侍郎所莅之官時以爲稱職貞元十五年卒年五十五贈禮部尚書

張薦字孝舉深州陸澤人祖鷟字文成聰警絕倫書無不覽爲兒童

時夢紫色文鳥五彩成文降于家庭其祖謂之曰五色赤文鳳也紫文鸑鷟也爲鳳之佐吾兒當以文章瑞於明廷因以爲名字初登進士第對策尤工考功員外郎騫味道賞之曰如此生天下無雙矣調授岐王府參軍又應下筆成章及才高位下詞標文苑等科鷟凡應八舉皆登甲科再授長安尉遷鴻臚丞凡四參選判策爲銓府之最員外郎員半千謂人曰張子之文如青錢萬簡選中未聞退時時流重之目爲青錢學士然性褊躁不持士行尤爲端士所惡姚崇甚薄之開元初澄正風俗鷟爲御史李全交所糾言鷟語多譏刺時坐貶嶺南刑部尚書李日知奏論乃追勅移於近處開元中入爲司門員外郎卒鷟下筆敏速著述尤多言頗詼諧是時天下知名無賢不肖皆記誦其文天后朝中使馬仙童陷默啜默啜謂仙童曰張文成在否曰近自御史貶官默啜曰國有此人而不用漢無能爲也新羅日本東夷諸蕃尤重其文每遣使入朝必重出金貝以購其文其才名遠播如此薦少精史傳顏眞卿一見歎賞之天寶中浙西觀察使李

涵表薦其才可當史任乃詔授左司禦率府兵曹參軍既至闕下以
母老疾竟不拜命毋喪闋禮部侍郎于邵舉前事以聞召充史館修
撰兼陽翟尉朱泚之亂變姓名伏匿城中因著史遁先生傳德宗還
宮擢拜左拾遺貞元元年冬上親郊時初克復簿籍多失禮文錯亂
乃以蔣爲太常博士參典禮儀四年迴紇和親以檢校右僕射刑部
尚書關播充使送咸安公主入番以蔣爲判官轉殿中侍御史使還
轉工部員外郎改戶部本司郎中十一年拜諫議大夫仍充史館修
撰時裴延齡侍寵譖毀士大夫蔣欲上書論之屢揚言未果延齡聞
之怒奏曰諫官論朝政得失史官書人君善惡則領史職者不宜兼
諫議德宗以爲然蔣爲諫議月餘改秘書少監延齡排擯不已會差
使冊迴紇毗伽懷信可汗及弔祭乃命蔣兼御史中丞入迴紇二十
年吐蕃贊普死以蔣爲工部侍郎兼御史大夫充入吐蕃弔祭使涉
蕃界二千餘里至赤嶺東被病歿於紇壁驛吐蕃傳其柩以歸順宗
即位凶問至詔贈禮部尚書蔣自拾遺至侍郎僅二十年皆兼史館
○修撰三使絕域皆兼憲職以博洽多能敏於占對被選有文集三十
卷及所撰五服圖宰輔略靈怪集江左寓居錄等並傳于時子又新
同希復皆登進士第又新幼工文善於傳會長慶中宰相李逢吉用
事翰林學士李紳深爲穆宗所寵逢吉惡之求朝臣中兇險敢言者
掎摭紳陰事俾暴揚於搢紳間又新與拾遺李續之劉棲楚尤蒙逢
吉睠待指爲鷹犬穆宗崩昭愍初即位又新等構紳貶端州司馬朝
臣表賀又至中書賀宰相及門門者止之曰請少留緣張補闕在齋
內與相公談俄而又新揮汗而出旅揖群官曰端溪之事又新不敢
多讓人皆辟易憚之與續之等七人時號八關十六子寶曆二年逢
吉出爲山南東道節度使請又新爲副使李續之爲行軍司馬逢吉
爲宰相時用門下省主事田伾伾犯贓亡命逢吉保之于外及罷相
裴度發其事逢吉坐罰俸又詔曰朕在億兆人之上不令而人化不
言而人信者法也法行則君主重法廢則朝廷輕田伾常挂亡命之
章偷請養賢之祿迹在搜捕公行人間而更冒選吏曹顯擬郡佐及

蓍樞覆驗烏府追擒證逮皆明姦狀盡得三移憲牒一無申陳彖狀
滿前群議溢耳終則步健不至琅璫空來蔑視紀綱頗同侮謔顧茲
參畫負我上台閱視連名伊爾二子又新可汀州刺史李續之可涪
州刺史及逢吉致仕李訓用事復召二子爲尚書郎訓敗復貶而卒
希復子讀登進士第有俊才累官至中書舍人禮部侍郎典貢舉時
稱得士位終尚書左丞

蔣乂字德源常州義興人也祖瓌太子洗馬開元中弘文館學士父
將明累遷至左司郎中國子司業集賢殿學士副知院事代爲名儒
而乂史官吳兢之外孫以外舍富墳史幼便記覽不倦七歲時誦庾
信哀江南賦數徧而成誦在口以聰悟強力聞於親黨間弱冠博通
群籍而史才尤長其父在集賢時以兵亂之後圖籍溷雜乃白執政
請攜乂入院令整比之宰相張鎰見而奇之乃署爲集賢小職乂編
次踰年於亂中勒成部帙得二萬餘卷再遷王屋尉充太常禮院修
撰貞元九年轉右拾遺充史館修撰十三年以故河中節度使張茂
○昭弟光祿少卿同正茂宗尚義章公主茂宗方居母喪有詔起復雲
麾將軍成禮詔下乂上疏諫曰墨縗之禮本緣金革從古已來未有
駙馬起復尚主者既乖典禮且違人情切恐不可上令中使宣諭云
茂宗母臨亡有請重違其心乂又拜疏辭逾激切德宗於延英特召
入對上曰卿所言古禮也朕聞如今人家往往有借吉爲婚嫁者卿
何苦固執對曰臣聞里俗有不甚知禮法者或女居父母服內家既
貧匱旁無至親即有借吉以就禮者男子借吉而娶臣未嘗聞之況
陛下臨御已來每事憲章典禮建中年郡縣主出降皆詔有事依禮
不用俗儀天下慶戴忽今駙馬起復成禮實恐驚駭物聽臣或聞公
主年甚幼小即更俟一年出降時既未失且合禮經實天下幸甚上
曰卿言甚善更俟商量俄而韋彤裴堪諫疏繼入上不悅促令奉行
前詔然上心頗重乂上嘗登凌煙閣見左壁頹剝文字殘缺每行僅
有三五字命錄之以問宰臣宰臣遽受宣無以對即令召乂至對曰
此聖曆中侍臣圖贊臣皆記憶即於御前口誦以補其缺不失一字

上歎曰虞世南暗冩列女傳無以加也十八年遷起居舍人轉司勳員外郎皆兼史職時集賢學士甚衆會詔問神策軍建置之由相府討求不知所出諸學士悉不能對乃訪於乂乂徵引根源事甚詳悉宰臣高郢鄭珣瑜相顧曰集賢有人矣翌日詔兼判集賢院事父子代爲學士儒者榮之時順宗祔廟將行祧遷之禮詔公卿議咸云中宗中興之主不當遷乂建議云中宗既正位柩前乃受毋后篡奪五王翼戴方復大業此乃由我失之因人得之止可同於返正不得號爲中興群議紛然竟依乂所執元和二年遷兵部郎中與許孟容韋貫之等受詔刪定制勑成三十卷奏行用改秘書少監復兼史館修撰尋奉詔與獨孤郁韋處厚同修德宗實錄五年書成奏御以功拜右諫議大夫明年監修國史裴垍罷相李吉甫再入以乂垍之修撰改授太常少卿久之遷秘書監乂性朴直不能事人或遇權臣專政輒數歲不遷官在朝垂三十年前後每有大政事大議論宰執不能裁決者必召以咨訪乂徵引典故以參時事多合其宜然亦以此自

○滯而好學不倦老而彌篤雖甚寒暑手不釋卷旁通百家尤精歷代沿革家藏書一萬五千卷本名武因憲宗召對奏曰陛下已誅群寇偃武修文臣名於義未允請改名乂上忻然從之時帝方用兵兩河乂亦因此諷諭耳乂居史任二十年所著大唐宰輔錄七十卷凌煙閣功臣秦府十八學士史臣等傳四十卷長慶元年卒年七十五贈禮部尚書謚曰懿子係伸偕仙佶係大和初授昭應尉直史館二年拜右拾遺史館修撰典實有父風與同職沈傳師鄭澣陳夷行李漢等受詔撰憲宗實錄四年書成奏御轉尚書工部員外遷本司郎中皆兼史職宰相宋申錫爲北軍羅織罪在不測係與諫官崔玄亮泣諫於玉階之下申錫亦減死時論稱之開成中轉諫議大夫武宗朝李德裕用事以係與漢僚壻出爲桂管都防禦觀察使宣宗即位徵拜給事中集賢殿學士判院事轉吏部侍郎改左丞出爲興元節度使入爲刑部尚書俄檢校戶部尚書鳳翔尹充鳳翔隴節度使入爲兵部尚書以弟伸爲丞相懇辭朝秩檢校尚書左僕射襄州刺史山南東道節度使封淮陽縣開國公食邑五百戶

伸登進士第歷佐使府大中初入朝右補闕史館修撰轉中書舍人召入翰林爲學士自員外郎中至戶部侍郎學士承旨轉兵部侍郎大中末中書侍郎平章事仙佶皆至刺史偕有史才以父任歷官左拾遺史館修撰轉補闕咸通中與同職盧耽牛叢等受詔修文宗實錄蔣氏世以儒史稱不以文藻爲事唯伸及係子兆有文才登進士第然不爲文士所譽與柳氏沈氏父子相繼修國史實錄時推良史京師云蔣氏日曆士族靡不家藏焉

柳登字成伯河東人父芳肅宗朝史官與同職韋述受詔添修吳兢所撰國史殺青未竟而述亡芳緒述凡例勒成國史一百三十卷上自高祖下止乾元而叙天寶後事絕無倫類取捨非工不爲史氏所稱然芳勤於記註含毫罔倦屬安史亂離國史散落編綴所聞率多闕漏上元中坐事徙黔中遇內官高力士亦貶巫州遇諸途芳以所疑禁中事咨於力士力士說開元天寶中時政事芳隨口志之又以

○國史已成經於奏御不可復改乃別撰唐曆四十卷以力士所傳載於年曆之下芳自永寧尉直史館轉拾遺補闕員外郎皆居史任位終右司郎中集賢學士少嗜學與弟冕咸以該博著稱登年六十餘方從宦遊累遷至膳部郎中元和初爲大理少卿與刑部侍郎許孟容等七人奉詔刪定開元已後勑格再遷右庶子以衰病改秘書監不拜授右散騎常侍致仕長慶二年卒時九十餘輟朝一日贈工部尚書弟冕

冕文史兼該長於吏職貞元初爲太常博士二年昭德王皇后之喪論皇太子服紀左補闕穆質請依禮周朞而除冕與同職張薦等奏議曰準開元禮子爲母齊縗三年此王公已下服紀皇太子爲皇后喪服國禮無聞昔晉武帝元皇后崩其時亦疑太子所服杜元凱奏議曰古者天子三年之喪既葬除服魏氏革命亦以既葬爲節故天子諸侯之禮皆已具矣惡其害已而削去其籍今其存者唯士喪禮一篇戴勝之記錯雜其內亦難以取正皇太子配二尊與國爲體固

宜卒哭而除服於是山濤魏舒並同其議晉朝從之歷代遵行垂之
不朽臣謹按實錄文德皇后以貞觀十年九月崩十一月葬至十一
年正月除晉王治爲并州都督晉王即高宗在藩所封文德皇后幼
子據其命官當已除之義也今請皇太子依魏晉故事爲大行皇后
喪服葬而虞虞而卒哭卒哭而除心喪終制庶存厭降之禮事下中
書宰臣召問禮官曰語云子食於有喪者之側未嘗飽也今豈可令
皇太子縗服侍膳至於既葬準令羣臣齊縗給假三十日即公除
約於此制更審議之張薦曰請依宋齊間皇后爲父母服三十日公
除例爲皇太子喪服之節薦既以公除詣於正內則服墨慘歸至本
院縗麻如故穆質曰杜元凱既葬除服之論不足爲法臣愚以爲遵
三年之制則太重從三十日之變太輕唯行古之道以周年爲定詔
宰臣與禮官定可否宰臣以穆質所奏問博士晁對曰準禮三年喪
無貴賤一也豈以有父母貴賤而差降喪服之節乎且禮有公門脫
齊縗開元禮皇后爲父母服十三月其禫朝晡十三日而除皇太子

爲外祖父母服五月其從朝晡則五日而除所以然者恐喪服侍奉
有傷至尊之意也故從權制昭著國章公門脫縗義亦在此豈皆爲
金革乎皇太子今若抑哀公除墨慘朝覲歸至本院依舊縗麻酌於
變通庶可傳繼宰臣然其議遂命太常卿鄭叔則草奏以晁議爲是
而穆質堅執前議請依古禮不妨太子墨縗於內也宰臣齊映劉滋
參酌群議請依叔則之議制從之及董晉爲太常卿德宗謂之曰皇
太子所行周服非朕本意有諫官橫論之今熟計之即禮官請依魏
晉故事斯甚折衷明年冬上以太子久在喪合至正月晦受吉服欲
以其年十一月釋衰麻以及新正稱慶有司皆論不可乃止六年十
一月上親行郊享上重慎祀典每事依禮時晁爲吏部郎中攝太常
博士與司封郎中徐岱倉部郎中陸質工部郎中張薦皆攝禮官同
修郊祀儀注以備顧問初詔以皇太子亞獻終獻當受誓戒否晁對
曰準開元禮有之然誓詞云不供其職國有常刑今太子受誓請改
云各揚其職肅奉常儀上又問升郊廟去劍履及象劍尺寸之度祝

文輕重之宜晁據禮經沿革聞奏上甚嘉之晁言事頗切執政不便
之出爲婺州刺史十三年兼御史中丞福州刺史充福建都團練觀
察使晁在福州奏置萬安監牧於泉州界置群牧五悉索部內馬五
千七百匹驢騾牛八百頭羊三千口以爲監牧之資人情大擾朞年
無所滋息詔罷之以政無狀詔以閻濟美代歸而卒子璟登進士第
亦以著述知名

璟寶曆初登進士第三遷監察御史時郊廟告祭差攝三公行事多
以雜品璟時監祭奏曰準開元二十三年勅宗廟大祠宜差左右丞
相嗣王特進少保少傅尚書賓客御史大夫又二十五年勅太廟五
享差丞相師傅尚書嗣郡王通攝餘司不在差限又元和四年勅太
廟告祭攝官太尉以宰相充其攝司空司徒以僕射尚書師傅充餘
司不在差限比來吏部因循不守前後勅文用人稍輕請自今年冬
季勒吏部準開元元和勅例差官從之再遷度支員外郎轉吏部開
成初換庫部員外郎知制誥尋以本官充翰林學士初璟祖芳精於

譜學永泰中按宗正譜諜自武德已來宗枝昭穆相承撰皇室譜二
十卷號曰永泰新譜自後無人修續璟因召對言及圖譜事文宗曰
卿祖嘗爲皇家圖譜朕昨觀之甚爲詳悉卿檢永泰後試修續之璟
依芳舊式續德宗後事成十卷以附前譜仍詔戶部供紙筆廚料五
年拜中書舍人充職武宗朝轉禮部侍郎再司貢籍時號得人子韜
亦以進士擢第

沈傳師字子言吳人父既濟博通群籍史筆尤工吏部侍郎楊炎見
而稱之建中初炎爲宰相薦既濟才堪史任召拜左拾遺史館修撰
既濟以吳兢撰國史以則天事立本紀奏議非之曰史氏之作本乎
懲勸以正君臣以維家邦前端千古後法萬代使其生不敢差死不
妄懼緯人倫而經世道爲百王準的不止屬辭比事以日繫月而已
故善惡之道在乎勸誡勸誡之柄存乎褒貶是以春秋之義尊卑輕
重升降幾微髣髴雖一字二字必有微言存焉況鴻名大統其可以
貸乎伏以則天皇后初以聰明睿哲內輔時政厥功茂矣及弘道之

際孝和以長君嗣位而太后以專制臨朝俄又廢帝或幽或徙既而握圖稱籙移運革名牝伺鷰啄之蹤難乎備述其後五王建策皇運復興議名之際得無降損必將義以親隱禮從國諱苟不及損當如其常安可横絶彝典超居帝籍昔仲尼有言必也正名故夏殷二代爲帝者三十世矣而周人通名之曰王吳楚越之君爲王者百餘年而春秋書之爲子蓋高下自乎彼而是非稽乎我過者抑之不及者援之不爲弱滅不爲僭奪握中持平不振不傾使其求不可得而蓋不可掩斯古君子所以慎其名也夫則天體自坤順位居乾極以柔乘剛天紀倒張進以強有退非德讓今史臣追書當稱之太后不宜曰上孝和雖追母后之命降居藩邸而體元繼代本吾君也史臣追書宜稱曰皇帝不宜曰廬陵王睿宗在景龍已前天命未集徒稟后制假臨大寶於倫非次於義無名史臣書之宜曰相王未宜曰帝若以得失既往遂而不舉則是非褒貶安所辨正載筆執簡謂之何哉則天廢國家曆數用周正朔廢國家太廟立周七廟鼎命革矣徽號

○易矣旂裳服色既已殊矣今安得以周氏年曆而列爲唐書帝紀徵諸禮經是謂亂名且孝和繼天踐祚在太后之前而敘年製紀居太后之下方之躋僖是謂不智詳今考古並未爲可或曰班馬良史也編述漢事立高后以續帝載豈有非之者乎荅曰昔高后稱制因其曠嗣獨有分王諸呂負於漢約無遷鼎革命之甚況其時孝惠已歿孝文在下宮中二子非劉氏種不紀呂后將紀誰焉雖云其然議者猶爲不可況遷鼎革命者乎或曰若天后不紀帝緒缺矣則二十二年行事何所繫乎曰孝和以始年登大位以季年復舊業雖尊名中奪而天命未改足以首事足以表年何所拘閡裂爲二紀昔魯昭之出也春秋歲書其居曰公在乾侯且君在雖失位不敢廢也今請併天后紀合孝和紀每於歲首必書孝和所在以統之書曰其年春正月皇帝在房陵太后行某事改某制云云則紀稱孝和而事述太后俾名不失正而禮不違常名禮兩得人無間矣其姓氏名諱入宮之由歷位之資才藝智略年辰崩葬別纂錄入皇后傳列於廢后王庶

人之下題其篇曰則天順聖武后云事雖不行而史氏稱之德宗初即位銳於求理建中二年夏勑中書門下兩省分置待詔官三十員以見官前任及同正試攝九品已上擇文學理道韜鈐法度之深者爲之各準品秩給俸錢廩餼幹力什器館宇之設以公錢爲之本收息以贍用物論以爲兩省皆名侍臣足備顧問無勞別置冗員既濟上疏論之曰臣伏以陛下今日之理患在官煩不患員少患在不問不患無人且中書門下兩省常侍諫議補闕拾遺揔四十員及常參待制之官日有兩人皆備顧問亦不少矣中有二十一員尚闕人未充他司缺職累倍其數陛下若謂見官非才不足與議則當選求能者以代其人若欲務廣聰明畢收淹滯則當擇其可者先補缺員則朝無曠官俸不徒費且夫置錢息利是有司權宜非陛下經理之法今官三十員皆給俸錢幹力及厨廩什器建造廳宇約計一月不減百萬以他司息例準之當以錢二千萬爲之本方獲百萬之利若均本配人當復除二百戶或許其入流反覆計之所損滋甚當今關輔

○大病皆爲百司息錢傷人破産積於府縣實思改革以正本源又臣嘗計天下財賦耗數之大者唯二事焉最多者兵資次多者官俸其餘雜費十不當二事之一所以黎人重困杼軸猶空方斯輯熈必藉裁減今四方形勢兵罷未得資費之廣蓋非獲已陛下躬行儉約節用愛人豈俾閑官復爲冗食籍舊而置猶可省也若之何加焉陛下必以制出不可改請重難慎擇遷延寢罷其事竟不得行既而楊炎譴逐既濟坐貶處州司戶後復入朝位終禮部員外郎傳師擢進士登制科乙第授太子校書郎鄠縣尉直史館轉左拾遺左補闕並兼史職遷司門員外郎知制誥召充翰林學士歷司勳兵部郎中遷中書舍人性恬退無競時翰林未有承旨次當傳師爲之固稱疾宜召不起乞以本官兼史職俄兼御史中丞出爲潭州刺史湖南觀察使入爲尚書右丞出爲洪州刺史江南西道觀察使轉宣州刺史宣歙池觀察使入爲吏部侍郎太和元年卒年五十九贈吏部尚書初傳師父既濟撰建中實錄十卷爲時所稱傳師在史館預修憲宗實錄

未成廉察湖南特詔賚一分史藁成於理所有子棍詢皆登進士第詢歷清顯中書舍人翰林學士禮部侍郎咸通中檢校户部尚書潞州長史昭義節度使爲政簡易性本恬和奴歸秦者過詢侍者詢將戮之未果奴結牙將爲亂夜攻府第詢擧家遇害

史臣曰前代以史爲學者率不偶於時多罹放逐其故何哉誠以褒貶是非在於手賢愚輕重繫乎言君子道微俗多忌諱一言切己嫉之如讎所以峘蔫坎壈於仕塗沈柳不登於顯貫後之載筆執簡者可以爲之痛心道在必伸物不終否子孫藉其餘祐多至公卿者蓋有天道存焉

贊曰褒貶以言孔道是模誅亂以筆亦有董狐邦家大典班馬何辜懲惡勸善史不可無

唐書列傳卷第九十九

劉昫等修

聞人詮校刻沈桐同校

德宗順宗諸子

舒王誼　通王諶　虔王諒

肅王詳　文敬太子謜　資王謙

代王諲　昭王誡　欽王諤

珍王諴　郯王經　均王緯

溆王縱　莒王紓　密王綢

郇王綜　邵王約　宋王結

集王緗　冀王絿　和王綺

衡王絢　欽王續　會王纁

福王綰　珍王繕　撫王紘

岳王緄　袁王紳　桂王綸

翼王綽　蘄王緝

德宗皇帝一十一子昭德皇后王氏生順宗皇帝舒王誼昭靖太子之子文敬太子順宗之子諸妃生通王已下八王本錄不載母氏

舒王誼本名謨代宗第三子昭靖太子邈之子也以其最幼德宗憐之命之為子大曆十四年六月封舒王拜開府儀同三司與通王虔王同日封仍詔所司其開府俸料逐月進內尋以軍興罷建中元年領四鎮北庭行軍涇原節度大使以涇州刺史孟皞為節度留後以誼愛弟之子諸王之長軍國大事欲其更踐必委試之明年尚父郭子儀病篤上御紫宸命誼持制書省之誼冠遠遊冠絳紗袍乘象輅駕駟馬飛龍騎士三百人隨之國府之官皆櫜鞬騎而導前後備引而不樂在過客故也及門郭氏子弟迎拜於外王不荅拜子儀臥不能興以手叩頭謝恩而已王解冠璣以常服傳詔勞問之三年蔡帥李希烈叛詔哥舒曜討之八月希烈自帥衆三萬圍哥舒曜于襄城又詔河南都統李勉援之勉遣其將唐漢臣等遣勁兵徑襲許州以解圍漢臣未至許上遣中使追之責以違詔亟旋師為賊所乘漢臣之衆大敗勉恐東都危急乃分兵數千赴洛又為賊所隔賊衆急攻汴滑勉走宋州朝廷大聳乃詔誼為揚州大都督持節荊襄江西沔鄂等道節度兼諸軍行營兵馬元帥改名誼又以哥舒翰為近士卒翕議改封普王令統攝諸軍進攻希烈仍以兵部侍郎蕭復為戶部尚書兼御史大夫元帥府統軍長史舊例有行軍長史以復父名衡特更之又以新除潭州觀察使孔巢父為右庶子兼御史大夫充行軍司馬以山南東道節度行軍司馬檢校兵部郎中兼御史中丞樊澤為諫議大夫兼御史中丞行軍右司馬刑部員外郎劉從一為吏部郎中兼中丞侍御史韋倫為工部郎中兼中丞並充元帥府判官兵部員外郎高參為本司郎中充元帥府掌書記以右金吾大將軍渾瑊檢校工部尚書兼御史大夫為中軍虞候江西節度使嗣曹王皋為前軍兵馬使鄂岳團練使李兼為之副山南東道節度使賈耽為中軍兵馬使荊南節度使張伯儀充後軍兵馬使以左神武軍使王价檢校太子賓客左衛將軍高承謙檢校太子詹事前司農少卿郭曙檢校左庶子前秘書省著作郎常袞為秘書少監並充元帥府押衙制下未行涇原兵亂而止德宗初聞兵士出怨言不得賞設乃令誼與翰林學士姜公輔傳詔安撫許以厚賞行及內門兵已陣於闕前誼狼狽而還遂奉德宗出幸奉天賊之攻城誼晝夜傳詔慰勞諸軍僅不解帶者月餘從車駕還宮復封舒王開府儀同三司揚州大都督如故永貞元年十月薨廢朝三日

通王諶德宗第三子也大曆十四年封郴王授開府儀同三司貞元九年十月領宣武軍節度大使汴宋等州觀察支度營田等使以宣武都知兵馬使李萬榮為留後王不出閣十一年河東帥李自良卒以諶為河東節度大使以行軍司馬李說知府事充留後亦不出閣

虔王諒德宗第四子大曆十四年封授開府儀同三司貞元二年領蔡州節度大使申光蔡觀察等使以大將吳少誠為留後十年領朔方靈鹽節度大使靈州大都督以朔方行軍司馬李欒為靈府左司

馬知府事朔方留後十一年九月橫海大將程懷信逐其帥懷直十
月以諒領橫海節度大使滄景觀察等使以都知兵馬使程懷信爲
留後王不出閤十六年徐帥張建封卒徐軍亂又以諒領徐州節度
大使徐泗濠觀察處置等使以建封子愔爲留後
肅王詳德宗第五子大曆十四年六月封建中三年十月薨時年四
歲廢朝三日贈揚州大都督性聰惠上尤憐之追念無已不令起墳
墓詔如西域法議層甎造塔禮儀使判官司門郎中李岩上言曰墳
墓之義經典有常自古至今無聞異制層甎起塔始於天竺名曰浮
圖行之中華竊恐非禮況肅王天屬名位尊崇喪葬之儀存乎簡冊
舉而不法垂訓非輕伏請準令造墳庶遵典禮詔從之
文敬太子謜順宗之子德宗愛之命爲子貞元四年封邕王授開府
儀同三司七年定州張孝忠卒以謜領義武軍節度大使易定觀察
等使以定州刺史張茂昭爲留後十年六月潞帥李抱眞卒又以謜
領昭義節度大使澤潞邢洺磁觀察等使以潞將王虔休爲潞府司

馬知留後十五年十月薨時年十八廢朝三日贈文敬太子所司備
禮冊命其年十二月葬於昭應有陵無號發引之日百官送於通化
門外列位哭送是日風雪寒甚近歲未有詔置陵署令丞
資王謙德宗第七子大曆十四年封
代王諲德宗第八子本封縉雲郡王早薨建中二年追封代王
昭王誡德宗第九子貞元二十一年封
欽王諤德宗第十子順宗即位詔曰王者之制子弟畢封所以固藩
輔而重社稷古今之通義也第十弟諤等寬簡忠厚生知孝敬行皆
由禮志不違仁樂善本於性情好賢宗於師傅纘修六藝達人倫風
化之源博習群言知惠和睦友之道溫恭朝夕允茂厥猷克有嘉聞
宜封土宇諤可封欽王第十一弟可封珍王
珍王諴德宗第十一子與欽王同制封德宗仁孝動循法度雖子弟
姑妹之親無所假借建中初詔親王子弟帶開府朝秩者出就本班
又以公主郡縣主出降與舅姑抗禮詔曰冠婚之義人倫大經昔唐
堯降嬪帝乙歸妹迨於漢氏同姓主之爰自近古禮教夷陵公郡法
度僭差殊制姻族闕齒序之義舅姑有拜下之禮自家刑國多愧古
人今縣主有行將侯嘉命俾親執棗栗以見舅姑敬遵宗婦之儀降
就家人之禮事資變革以抑浮華其令禮儀使與禮官博士約古今
舊儀及開元禮詳定公主郡縣主出降覲見之文儀以聞初開元中
置禮會院于崇仁里自兵興已來廢而不修故公郡縣主不時降嫁
殆三十年至有華髮而猶丱者雖居內館而不獲覲見十六年矣凡
皇族子弟皆散弃無位或流落他縣湮沉不齒錄無異匹庶及德宗
即位敘用枝屬以時婚嫁公族老幼莫不悲感初即位將謁太廟始
與公郡縣主相見於大次中尊者展其敬幼者申其愛歔欷哭泣之
聲聞於朝公卿陪列者爲之悽然每將有大禮必與諸父昆弟同其
齋次及岳陽信寧宜芳永順朗陵陽安襄城德清南華元城新鄉等
十一縣主同月出降勑所司大小之物必周其用至於櫛縰笄總皆
經於心各給錢三百萬使中官主之以買田業不得侈用其衣服之

飾使內司計造不在此數是時所司度用一人籠花計錢七十萬帝
曰籠花首飾婦禮不可闕然用費太廣即無謂也宜損之又損之及
三萬而止帝謂主等曰吾非有所愛但不欲無益之費耳各以餘錢
六十萬賜之以備他用舊例皇姬下嫁舅姑返拜而婦不荅及是制
下禮官定制曰既成婚於禮會院明晨舅坐於堂東階西向姑南向
婦執笲盛以棗栗升自西階再拜跪奠於舅席前退降受笲盛以腵
脩升北面再拜跪奠於姑席前降東面拜婿之伯叔兄弟姊妹已而
謝恩於光順門婿之親族亦隨之然後會讌於十六宅是日縣主皆
如其制初贈司徒沈易良之妻崔氏即太后之季父母也帝每見之
方發而韓召王韋二美人出拜勑崔氏坐受勿荅故戚屬之間罔不
憚其敬不肅而遵禮法焉
順宗二十三子莊憲皇后王氏生憲宗皇帝王昭儀生郯王經趙昭
儀生宋王結王昭儀生郇王綜王昭訓生衡王絢餘十八王本錄不
載母氏

郯王經本名渙順宗次子始封建康郡王貞元二十一年進封太和八年薨

均王緯本名沔順宗第三子始封洋川郡王貞元二十一年進封

溆王縱本名洵順宗第四子初授殿中監封臨淮郡王貞元二十一年進封

莒王紓本名浼順宗第五子初授秘書監封弘農郡王貞元二十一年進封太和八年薨

密王綢本名泳順宗第六子始封漢東郡王貞元二十一年進封元和二年九月薨

郇王綜本名湜順宗第七子初授少府監封晉陵郡王貞元二十一年進封元和三年四月薨

邵王約本名溆順宗第八子初授國子祭酒封高平郡王貞元二十一年進封

宋王結本名滋順宗第九子始封雲安郡王貞元二十一年進封長

慶二年薨

集王緗貞元二十一年封長慶二年薨

冀王絿本名漼順宗第十子初授太常卿封宣城郡王貞元二十一年進封大和九年薨

和王綺本名湑順宗第十一子始封德陽郡王貞元二十一年進封大和七年薨

衡王絢順宗第十二子貞元二十一年封寶曆二年薨

欽王續順宗第十三子貞元二十一年封

會王纁順宗第十四子貞元二十一年封元和五年十一月薨

福王綰本名浥順宗第十五子毋莊憲王皇后憲宗同出初授光祿卿封河東郡王貞元二十一年進封咸通元年特冊拜司空明年薨

珍王繕本名況順宗第十六子初授衛尉卿封洛交郡王貞元二十一年進封

撫王紘順宗第十七子貞元二十一年封咸通四年特冊拜司空五年冊司徒乾符三年冊太尉其年薨

岳王緄順宗第十八子貞元二十一年封太和二年薨

袁王紳順宗第十九子貞元二十一年封太和十四年薨

桂王綸順宗第二十子貞元二十一年封太和九年薨

翼王綽順宗第二十一子貞元二十一年封咸通二年薨

蘄王緝順宗第二十二子咸通八年封

史臣曰夫聖人君臨寓縣肇啓邦基莫不受命上玄膺名帝籙自太昊已降五運相推迄于殷湯曆數綿永但設均平之化未聞封建之名洎乎周漢始以子弟建侯樹屏以作維城及王室浸微遂有棼卓之亂唐室自艱難已後兩河兵革屢興諸王雖封竟不出閤夫帝王居寰宇之尊撫億兆之衆但能平一理道夙夜嚴恭任賢使能設官分職自然四海樂推天命所祐縱無封建亦鴻基永固安俟嬰孺鎮重哉

贊曰孝文秉禮道弘藩邸睦族展親儀形戚里自閤臨藩所謂周爰

無如惡鳥終懷龍樊

唐書列傳第一百

唐書列傳卷第一百一

劉　昫　等修
聞人詮校刻沈桐同校

高崇文子承簡　伊慎　朱忠亮
劉昌裔　范希朝　王鍔子稷
閻巨源　孟元陽　趙昌

高崇文其先渤海人崇文生幽州朴厚寡言少從平盧軍貞元中隨
韓全義鎮長武城治軍有聲五年夏吐蕃三萬寇寧州崇文率甲士
三千救之戰于佛堂原大破之死者過半韓全義入覲崇文掌行營節
度留務遷兼御史中丞十四年爲長武城使積粟練兵軍聲大振永
貞元年冬劉闢阻兵朝議討伐宰臣杜黃裳以爲獨任崇文可以成
功元和元年春拜檢校工部尚書兼御史大夫充左神策行營節度
使兼統左右神策奉天麟游諸鎮兵以討闢時宿將專征者甚衆人
人自謂當選及詔出大驚崇文在長武城練卒五千常若寇至及是

中使至長武卯時宣命而辰時出師五千器用無闕者軍至興元軍
中有折逆旅之匕箸斬之以徇西從閬中入遂却劍門之師解梓潼
之圍賊將邢泚遁歸屯軍梓州因拜崇文爲東川節度使先是劉闢
攻陷東川擒節度使李康及崇文克梓州乃歸康求雪已罪崇文以
康敗軍失守遂斬之成都北一百五十里有鹿頭山扼兩川之要闢
築城以守又連八柵張掎角之勢以拒王師是日破賊二萬于鹿頭
城下大雨如注不克登乃止明日又破于萬勝堆堆在鹿頭之東使
驍將高霞寓親鼓士夜縁而上矢石如雨又命敢死士連登奪其堆
燒其柵柵中之賊殲焉遂據堆下瞰鹿頭城城中人物可數凡八大
戰皆大捷賊搖心矣八月阿跌光顏與崇文約到行營愆一日懼誅
乃深入以自贖故軍於鹿頭西大河之口以斷賊糧道賊大駭是日
賊綿江柵將李文悅以三千人歸順尋而鹿頭將仇良輔舉城降者
衆二萬闢之男方叔子壻蘇強先監良輔軍是日械繫送京師降卒
投戈面縛者彌十數里遂長驅而直指成都德陽等縣城皆鎮以重

兵莫不望旗率服師無留行闢大懼以親兵及逆黨盧文若齎重寶
西走吐蕃吐蕃素受其賂且將啓之崇文遣高霞寓酈定進倍道追
之至羊灌田及焉闢自投岷江擒於湧湍之中西蜀平乃檻闢送京
師伏法文若赴水死王師入成都介士屯于大逵軍令嚴肅珍寶山
積市井不移無秋毫之犯先是賊將邢泚以兵二萬爲鹿頭之援既
降又貳斬之以徇衣冠陷逆者皆匍匐衙門請命崇文條奏全活之
制授崇文檢校司空兼成都尹充劍南西川節度管內度支營田觀
察處置統押近界諸蠻西山八國雲南安撫等使改封南平郡王食
實封三百戶詔刻石紀功于鹿頭山下崇文不通文字厭大府案牘
諮稟之繁且以優富之地無所陳力乞居塞上以扞邊戍懇疏累上
二年冬制加同中書門下平章事邠州刺史邠寧慶三州節度觀察
等使仍充京西都統恃其功而侈心大作帑藏之富百工之巧舉而
自隨蜀都一罄以不習朝儀憚於入覲優詔令便道之鎮居三年大
修戎備元和四年卒年六十四廢朝三日贈司徒謚曰威武配享憲

宗廟庭子承簡少爲忠武軍部將後入神策軍以父征劉闢拜嘉王
傅裴度征淮蔡奏承簡以本官兼御史中丞爲其軍都押衙淮西平
詔以郾城上蔡遂平三縣爲溵州治郾城用承簡爲刺史尋轉邢州
刺史值觀察使責時賦急承簡代數百戶出其租遷宋州刺史屬汴
州逐其帥以部將李㝏行帥事㝏遣其將責宋官私財物承簡執而
囚之自是汴使來者輒繫之一日并出斬于軍門之外威震郡中及
㝏兵大至宋州凡三城已陷南一城承簡保北兩城以拒凡十餘戰
會徐州救兵至㝏爲汴將李質執之傳送京師兵圍宋者即遁去授
承簡檢校左散騎常侍充海沂密等州節度觀察處置等使俄遷檢
校工部尚書義成軍節度鄭滑潁等州觀察處置等使就加檢校尚
書右僕射入拜右金吾衛大將軍充右街使復出爲邠寧慶等州節
度觀察處置等使先是羌虜多以秋月犯西邊承簡請軍寧州以備
之因疾上言乞入覲即隨表詣闕太和元年八月行至永壽縣傳舍
卒贈司空崇文孫駢歷位崇顯終淮南節度使自有傳

伊愼兗州人善騎射始爲果毅喪母將營合祔不識其父之墓晝夜號哭未決曰夢寐有指導焉遂發壠果得舊記驗大曆八年江西節度使路嗣恭討嶺南哥舒晃之亂以愼爲先鋒直逼賊壘疾戰破之斬首三千級由是復始興之地未幾與諸將追斬晃於泔溪函首獻于闕下嗣恭表愼功授連州長史知當州團練副使三遷江州別駕討梁崇義之歲愼以江西牙將統李希烈權鋒陷敵功又居多江漢既平希烈愛愼之材數遺善馬意欲縻之愼以計遁歸命本道明年希烈果反聞曹王皐始至鍾陵大集將吏得愼而壯之大集兵將繕理舟師希烈懼愼爲曹王所任遺愼七屬之甲詐爲愼書行間焉上遣中使即軍以詰之曹王乃抗疏論雪上章未報會賊兵泝江來寇曹王乃召愼勉之令戰大破三千餘衆朝廷始信其不貳累破蔡山柵取蘄州降其將李良又攻黃梅縣殺賊將韓霜露斬首千餘級優詔褒異授試太子詹事封南充郡王又兼御史中丞蘄州刺史充節度都知兵馬使建中末車駕在梁洋鹽鐵使包佶以金幣泝江將進獻次于蘄口時賊已屠汴州遣驍將杜少誠將步騎萬餘來寇黃梅以絕江道愼兵七千過於永安戍愼列樹三柵相去數里偃旗臥鼓於中柵聲鼓三柵悉兵以擊賊軍大亂少誠脫身以免斬級不可勝數江路遂通又破苟莽柵進兵圍安州賊阻溳水攻之不能下希烈遣其甥劉戒虛將騎八千來援愼分兵迎擊戰于應山擒戒虛縛示城下遂開門請罪以功拜安州刺史兼御史大夫仍賜實封一百戶希烈又遣將援隋州愼擊之於厲鄉走康叔夜斬首五千級希烈死李惠登爲賊守隋州愼飛書招諭惠登遂以城降因密奏惠登可用詔授隋州刺史貞元十五年以愼爲安黃等州節度管內支度營田觀察等使十六年吳少誠阻命詔以本道步騎五千兼統荊南湖南江西三道兵當其一面於申州城南前後破賊數千以例加檢校刑部尚書二十一年於安黃置奉義軍額以爲奉義軍節度使檢校右僕射憲宗即位入眞拜右僕射元和二年轉檢校左僕射兼右金吾衞大將軍以賂第五從直求鎮河中爲從直所奏貶右衞將軍數月

復爲檢校尚書右僕射兼右衞上將軍元和六年卒年六十八贈太子太保

朱忠亮本名士明汴州浚儀人初事薛嵩爲將大曆中詔鎮普潤縣掌屯田朱泚之亂以麾下四十騎奔奉天德宗嘉之封東陽郡王爲奉天定難功臣及大駕南幸爲虜騎所獲繫於長安賊平李晟釋之薦鄜城署定平鎮都虞候鎮使李朝寀卒遂代之憲宗即位加御史大夫築臨涇城有勞特加檢校工部尚書涇原四鎮節度使仍賜名涇上舊俗多賣子忠亮以俸錢贖而還其親者約二百人元和八年卒贈右僕射

劉昌裔太原陽曲人少遊三蜀楊琳之亂昌裔說其歸順及琳授洺州刺史以昌裔爲從事琳死乃去曲環將幽隴兵收濮州也辟爲判官詔授監察御史累加至檢校兵部尚書賜紫兼中丞充營田副使貞元十五年環鎮許州卒詔上官涚知節度留後吳少誠攻許州涚領事欲弃城走昌裔追止之曰留後既受詔宜以死守城況城中士馬足以破賊但堅壁不戰不過五七日賊勢必衰我以全制之可也涚然之賊日夕攻急堞壞不得修昌裔令造戰棚木柵以待募壯士破營得突將千人鑿城分出大破之因立戰棚木柵於城上城以敵不陷兵馬使安國寧與涚不善謀反以城降賊事洩昌裔密計斬之即召其麾下千餘人食之賞縑二匹伏兵諸要巷令持縑者悉斬之無一人得脫十六年以全陳許功以涚爲節度使昌裔爲陳州刺史韓全義之敗溵水也與諸道兵皆走保陳州求舍昌裔登城謂曰天子命公討蔡州今來陳州義不敢納請舍城外而從千騎入全義營持牛酒勞軍全義不自意驚喜歎服十八年改充陳許行軍司馬明年涚卒詔昌裔爲許州刺史充陳許節度使再加檢校右僕射元和八年五月許州大水壞廬舍漂溺居人六月徵昌裔加檢校左僕射兼左龍武統軍初昌裔以老疾而軍府無政因其水敗軍府上乃促令韓皐代之昌裔赴召至長樂驛聞有是命乃上言風眩請歸私第許之其年卒贈潞州大都督

范希朝字致君河中虞鄉人建中年爲邠寧虞候戎政修舉事節度
使韓遊瓌及德宗幸奉天希朝戰守有功累加兼中丞爲寧州刺史
遊瓌入覲自奉天歸邠州以希朝素整肅有聲畏其逼已求其過將
殺之希朝懼奔鳳翔德宗聞之趣召至京師寘於左神策軍中遊瓌
歿邠州諸將列名上請希朝爲節度德宗許之希朝讓於張獻甫曰
臣始偪而來終代其任非所以防覬覦安反側也詔嘉之以獻甫統
邠寧數日除希朝振武節度使就加檢校禮部尚書振武有党項室
韋交居川阜凌犯爲盜日入慝作謂之刮城門居人懼駭鮮有寧日
希朝周知要害置堡柵斥候嚴密人遂獲安異蕃雖鼠竊狗盜必殺
無赦戎虜甚憚之曰有張光晟苦城久矣今聞是乃更姓名而來其
見畏如此蕃落之俗有長帥至必効奇駞名馬雖廉者猶曰當從俗
以致其歡希朝一無所受積十四年皆保塞而不爲横單于城中舊
少樹希朝於他處市柳子命軍人種之俄遂成林居人賴之貞元末
累表請修朝覲時節將不以他故自述職者惟希朝一人德宗大悅

既至拜檢校右僕射兼右金吾大將軍順宗時王叔文黨用事將授
韓泰以兵柄利希朝老疾易制乃命爲左神策京西諸城鎮行營節
度使鎮奉天而以泰爲副欲因代之叔文敗而罷憲宗即位復以檢
校僕射爲右金吾出拜檢校司空充朔方靈鹽節度使突厥別部有
沙陀者北方推其勇勁希朝誘致之自甘州舉族來歸衆且萬人其
後以之討賊所至有功遷河東節度使率師討鎮州無功既耄且疾
事不理除左龍武統軍以太子太保致仕元和九年卒贈太子太師
希朝近代號爲名將人多比之趙充國及張茂昭擊王承宗幾覆希
朝翫寇不前物議罪之
王鍔字昆吾自言太原人本湖南團練營將初楊炎貶道州司馬鍔
候炎於路炎與言異之後嗣曹王皐爲團練使擢任鍔頗便之使招
召州武岡叛將王國良有功表爲召州刺史及皐改江西節度使李
希烈南侵皐請鍔以勁兵三千鎮尋陽後皐自以全軍臨九江既襲
得蘄州盡以衆渡乃表鍔爲江州刺史兼中丞充都虞候因以鍔從

小心習事善探得軍府情狀至於言語動靜巨細畢以白皐皐亦推
心委之雖家讌妻女之會鍔或在焉鍔感皐之知事無所避後皐攻
安州使伊慎盛兵圍之賊懼皐使至城中以約降皐使鍔懸而入既
成約殺不從者以出明日城開皐以其衆入伊慎以賊恟懼由其圍
也不下鍔鍔稱疾避之及皐爲荊南節度使表鍔爲江陵少尹兼中
丞欲列於賓倅馬彝裴泰鄙鍔請去乃復以爲都虞候明年從皐至
京師皐稱鍔於德宗曰鍔雖文用小不足他皆可以試驗遂拜鴻臚
少卿尋除容管經略使凡八年谿洞安之遷廣州刺史御史大夫嶺
南節度使廣人與夷人雜處地征薄而叢求於川市鍔能計居人之
業而榷其利所得與兩稅相埒鍔以兩稅錢上供時進及供奉外餘
皆自入西南大海中諸國舶至則盡没其利由是鍔家財富於公藏
日發十餘艇重以犀象珠貝稱商貨而出諸境周以歲時循環不絕
凡八年京師權門多富鍔之財拜刑部尚書時淮南節度使杜佑屢
請代乃以鍔檢校兵部尚書充淮南副節度使鍔始見佑以趨拜悅

佑退坐司馬廳事數日詔杜佑以鍔代之鍔明習簿領善小數以持
下吏或有姦鍔畢究之嘗聽理有遺匿名書於前者左右取以授鍔
鍔内之鞾中鞾中先有他書以雜之及吏退鍔探取他書焚之人信
其以所匿名者焚也既歸省所告者異日乃以他微事連其所告者
固窮按驗之以譎衆下吏以爲神明鍔長於部領程作有法軍州所
用竹木其餘碎屑無所弃皆復爲用掾曹簾壞吏以新簾易之鍔察
知以故者付舡坊以替箬其他率如此每有饗宴輒録其餘以備後
用或云賣之收利皆自歸故鍔錢流衍天下在鎮四年累至司空元
和二年來朝真拜左僕射未幾除檢校司徒河中節度居三年兼太
子太傅移鎮太原時方討鎮州鍔緝綏訓練軍府稱理鍔受符節居
方面凡二十餘年九年加同平章事十年卒年七十六贈太尉鍔將
卒約束後事甚明如知其死日鍔附太原王翃爲從子以婚閥自炫
翃子弟多附鍔以致名官又嘗讀春秋左氏傳自稱儒者人皆笑之
子稷歷官鴻臚少卿鍔在藩鎮稷嘗留京師以家財奉權要視官高

下以進賂不待白其父而行之廣治第宅嘗奏請韉坊以益之作複
垣洞穴實金錢於其中貴官淸品溺其賞宴而遊不憚淸議及父卒
爲奴所告稷換鍔遺表隱没所進錢物上令鞫其奴於内仗又發中
使就東都驗責其家財宰臣裴度苦諫於是罷其使而殺奴稷長慶
二年爲德州刺史廣齎金寶僕妾以行節度使李全略利其貨而圖
之故致本州軍亂殺稷其室女爲全略所虜以妓媵處之稷子叔泰
開成四年滄州節度使劉約上言王稷爲李全略所殺家無遺類稷
男叔泰時年五歲郡人宋忠獻匿之獲免乃收養之今已成長臣奬
其義忠獻已補職叔泰津送以聞文宗詔曰王鍔累朝宣力王稷一
旦捐軀須録孤遺徵申憫念王叔泰委吏部與九品官令奉祭

閻巨源貞元十九年以勝州刺史攝振武行軍司馬屬希朝入覲遂
代爲節度以材力進無他智能初不知書而好文其言輒乖誤時人
多撫其談說以爲戲然以寬厚爲將卒所懷後爲邠寧節度使檢校
左僕射元和九年卒

孟元陽起於陳許軍中理戎整肅勤事善部署曲環之爲節度元陽
已爲大將環使董作西華屯元陽盛夏芒屩立稻田中須役者退而
後就舍故其田歲無不稔軍中足食環卒吳少誠寇許州元陽城守
外無救兵攻圍甚急而終不能傳其城賊乃罷兵韓全義五樓之敗
諸軍多私歸元陽及神策都將蘇元策宣州都將王幹各率部留軍
溵水破賊二千餘人兵罷加御史大夫元和初拜河陽節度檢校尚
書五年拜右僕射昭義節度入爲右羽林統軍封趙國公俄拜左金
吾大將軍復除統軍元和九年卒贈揚州大都督

趙昌字洪祚天水人祖不器父居貞皆有名於時李承昭爲昭義節
度辟昌在幕府貞元七年爲虔州刺史屬安南都護爲夷獠所逐拜
安南都護夷人率化十年因屋壞傷脛懇疏乞還以檢校兵部郎中
裴泰代之入拜國子祭酒及泰爲首領所逐德宗詔昌問狀昌時年
七十二而精健如少年者德宗奇之復命爲都護南人相賀憲宗即
位加檢校工部尚書尋轉戶部尚書充嶺南節度元和三年遷鎮荆
南徵爲太子賓客及得見拜工部尚書兼大理卿歲餘讓卿守本官
六年除華州刺史辭於麟德殿時年八十餘趨拜輕捷召對詳明上
退而歎異宜宰臣密訪其頤養之道以奏焉在郡三年入爲太子少
保九年卒年八十五贈揚州大都督謚曰成

史臣曰高崇文以律貞師勤於軍政戎麾指蜀遽立奇功可謂近朝
之良將也伊慎朱忠亮劉昌裔范希朝閻巨源孟元陽趙昌等各立
功立事亦一時之名臣王鍔明可照姦忠能奉主此乃垂名於後也
至若竹頭木屑曾無弃遺作事有程儉而足用則又士君子之爲也
如賤收貴出務積珠金唯利是求多財爲累則與夫淸白遺子孫者
遠矣凡百在位得不鑑之

贊曰崇文之功顯於西蜀伊慎之忠見乎南服朱劉范閻各有其目
元陽趙昌不無遺躅惟彼太原戰勳可録累在多財子孫不禄

唐書列傳卷第一百一

劉　昫　等修

聞人詮校刊沈桐同校

馬璘　郝廷玉

王栖曜子茂元　劉昌子士涇

李景略　張萬福

高固　郝玼

段佐　史敬奉　野詩良輔附

馬璘扶風人也祖正會右威衛將軍父晟右司禦率府兵曹參軍璘少孤落拓不事生業年二十餘讀馬援傳至大丈夫當死於邊野以馬革裹尸而歸慨然歎曰豈使吾祖勳業墜于地乎開元末杖劍從戎自効於安西以前後奇功累遷至左金吾衛將軍同正至德初王室多難璘統甲士三千自二庭赴于鳳翔肅宗奇之委以東討殄寇陝郊破賊河陽皆立殊効嘗從李光弼攻賊洛陽史朝義自領精卒拒王師于北邙營壘如山旌甲耀日諸將愕眙不敢動璘獨率所部橫戈而出入賊陣者數四賊因披靡潰去副元帥李光弼壯之曰吾用兵三十年未見以少擊衆有雄捷如馬將軍者遷試太常卿明年蕃賊寇邊詔璘赴援河西廣德初僕固懷恩不順誘吐蕃入寇代宗避狄陝州璘即日自河右轉鬭戎虜間至于鳳翔時蕃軍雲合鳳翔節度使孫志直方閉城自守璘乃持滿外向突入懸門不解甲背城出戰吐蕃奔潰璘以勁騎追擊俘斬數千計血流于野由是雄名益振代宗還宮召見慰勞之授兼御史中丞永泰初拜四鎮行營節度兼南道和蕃使委之禁旅俾清殘寇俄遷四鎮北庭行營節度及邠寧節度使兼御史大夫旋加檢校工部尚書以犬戎浸驕歲犯郊境涇州最鄰戎虜乃詔璘移鎮涇州兼權知鳳翔隴右節度副使涇原節度涇州刺史四鎮北庭行營節度使如故復以鄭滑二州隸之璘詞氣慷慨以破虜為已任既至涇州分建營堡繕完戰守之具頻破吐蕃以其生口俘馘來獻前後破吐蕃約三萬餘衆在涇州令寬而

肅人皆樂為之用鎮守凡八年雖無拓境之功而城堡獲全虜不敢犯加檢校右僕射知省事詔宰臣百寮於尚書省送上進封扶風郡王璘雖生於士族少無學術忠而能勇武幹絕倫艱難之中頗立忠節中興之猛將也年五十六大曆十二年卒德宗悼之廢朝贈司徒璘久將邊軍屬西蕃寇擾國家倚為屏翰前後賜與無算積聚家財不知紀極在京師治第舍尤為宏侈天寶中貴戚勳家已務奢靡而垣屋猶存制度然衛公李靖家廟已為嬖臣楊氏馬廄矣及安史大亂之後法度隳弛內臣戎帥競務奢豪亭館第舍力窮乃止時謂木妖璘之第經始中堂費錢二十萬貫他室降等無幾及璘卒於軍子弟護喪歸京師士庶觀其中堂或假稱故吏爭往赴弔者數十百人德宗在東宮宿聞其事及踐祚條舉格令第舍不得踰制仍詔毀璘中堂及內官劉忠翼之第璘之家園進屬官司自後公卿賜宴多於璘之山池子弟無行家財尋盡

郝廷玉者驍勇善格鬭事太尉李光弼為帳中愛將乾元中史思明再陷洛陽光弼拔東都之師保河陽時三城壁壘不完芻糧不支旬日賊將安太清等率兵數萬四面急攻光弼懼賊勢西犯河潼極力保孟津以掎其後晝夜嬰城血戰不解將士夷傷光弼召諸將訊之曰賊黨何面難抗或對曰西北隅最為勍敵乃亟召廷玉謂之曰兇渠攻西北者難奈爾為我決勝而還辭曰廷玉所領步卒也願得騎軍五百光弼以精騎三百授之光弼法令嚴峻是日戰不利而還者不解甲斬之廷玉奮命先登流矢雨集馬傷不能軍而退光弼登堞見之駭然曰廷玉奔還吾事敗矣促令左右取廷玉首來廷玉見使者曰馬中毒箭非敗也光弼命易馬而復徑騎衝賊陣馳突數四俄而賊黨大敗於河壖廷玉擒賊將徐璜而還繇是賊解中潬之圍信宿退去前後以戰功累授開府儀同三司試太常卿封安邊郡王從光弼鎮徐州光弼薨代宗用為神策將軍永泰初僕固懷恩誘吐蕃迴紇入犯京畿分命諸將屯於要害廷玉與馬璘率五千人屯於渭橋西黨底觀軍容使魚朝恩以廷玉善陣欲觀其教閱廷玉乃於營內列部伍

鳴鼓角而出分而爲陣箕張翼舒作鴈行令坐作進退其衆如一朝恩歎曰吾在兵間十餘年始見郡將軍之訓練耳治戎若此豈有前敵耶廷王僕然謝曰此非末校所長臨淮王之遺法也太尉善御軍賞罰當功過每校旗之日軍士小不如令必斬之以徇由是人皆自効而赴蹈馳突有心破膽裂者太尉薨變已來無復校旗之事此不足軍容見賞王縉爲河南副元帥詔以廷王爲其都知兵馬使累授泰州刺史大曆八年卒追錄舊勳贈工部尚書

王栖曜濮州濮陽人也初遊鄉學天寶末安祿山叛尚衡起義兵討之以栖曜爲牙將下兖鄆諸縣軍威稍振進爲衙前總管初逆將邢超然據曹州栖曜攻之超然乘城號令栖曜曰彼可取也一箭殪之城中氣懾遂拔曹州及衡居節制授右威衛將軍先鋒遊弈使隨衡入朝授試金吾衛將軍上元元年王璵爲浙東節度使奏爲馬軍兵馬使廣德中草賊袁晁起亂台州連結郡縣積衆二十萬盡有浙江之外御史中丞袁傪東討奏栖曜與李長爲偏將聯日十餘戰生擒

袁晁收復郡邑十六授常州別駕浙西都知兵馬使時江左兵荒誑內常侍馬日新領汴滑軍五千鎮之日新貪暴賊蕭庭蘭乘人怨訴逐之而劫其衆時栖曜遊弈近郊爲賊所脅進圍蘇州栖曜因其懈怠挺身登城率城中兵復出擊賊其衆大潰遷試金吾大將軍李靈曜叛于汴州浙西觀察使李涵俾栖曜將兵四千爲河南掎角以功加銀青光祿大夫累加至御史中丞李希烈既陷汴州乘勝東侵連陷陳留雍丘頓軍寧陵期襲宋州浙西節度使韓滉命栖曜將強弩數千夜入寧陵希烈不之知晨朝弩矢及希烈坐幄希烈驚曰此江淮弩士入矣遂不敢東去貞元初拜左龍武大將軍旋授鄜坊丹延節度觀察使檢校禮部尚書兼御史大夫貞元十九年卒於位子茂元

茂元幼有勇略從父征伐知名元和中爲右神策將軍大和中檢校工部尚書廣州刺史嶺南節度使在安南招懷蠻落頗立政能南中多異貨茂元積聚家財鉅萬計李訓之敗中官利其財掎摭其事言茂元因王涯鄭注見用茂元懼悉家財以賂兩軍以是授忠武軍節度陳許觀察使會昌中爲河陽節度使是時河北諸軍討劉稹茂元亦以本軍屯天井賊未平而卒

劉昌字公明汴州開封人也出自行間少學騎射及安祿山反昌始從河南節度張介然授易州遂城府左果毅及史朝義遣將圍宋州昌在圍中連月不解城中食盡賊垂將陷之刺史李岑計窘昌爲之謀曰今河陽有李光弼制勝且江淮足兵此處中有數千斤麴可以屑食計援兵不二十日當至東南隅之敵衆以爲危昌請守之昌遂被鎧持盾登城陳逆順以告諭賊賊衆畏服後十五日副元帥李光弼救軍至賊乃宵潰光弼聞其謀召置軍中超授試左金吾衛郎將光弼卒宰臣王縉令歸宋州爲牙門將轉太僕卿兼許州別駕李靈曜據汴州叛刺史李僧惠將受靈曜牽制昌密遣曾神表潛說僧惠僧惠召昌問計昌泣陳其逆順僧惠感之乃使神表奏表詣闕請討靈曜遂翦靈曜左翼汴州平李忠臣嫉僧惠功遂欲殺昌昌潛遁及

劉玄佐爲刺史乃復其職又轉太常卿兼華州別駕玄佐奏爲宋亳潁宣武軍節度使昌自下軍爲左廂兵馬使李納反以師救考城充行營諸軍馬步都虞候加檢校太子詹事兼御史中丞明年玄佐圍濮州昌攝濮州刺史李希烈既陷汴州玄佐遣將高翼以精兵五千保襄邑城陷翼赴水死自宋及江淮人心震恐時昌以三千人守寧陵希烈率五萬衆陣于城下昌深壍以遏地道凡四十五日不解甲冑躬勵士卒大破希烈希烈解圍攻陳州刺史李公廉計窮昌從劉玄佐以浙西兵合三萬人救之至陳州西五十里與賊遇昌晨壓其陣及未成列大破之生擒其將翟暉希烈退保蔡州自此不復侵軼詔加檢校左散騎常侍隨玄佐收汴州加檢校工部尚書增實封通前二百戶丁母憂加起復金吾衛大將軍贈其母梁國夫人貞元三年玄佐朝京師上因以宣武士衆八千委昌北出五原軍中有前卻沮事昌繼斬三百人遂行事以本官授京西北行營節度使歲餘授涇州刺史充四鎮北庭行營兼涇原節度支度營田等使昌躬率

士衆力耕三年軍食豐羡名聞闕下復築連雲堡受詔城平涼以扼
彈筝峽口昌命徒庀事旬餘而畢又於平涼西別築胡谷堡名曰彰
信平涼當四會之衝居北地之要分兵援戍遏其要衝遂以保寧邊
鄙加檢校右僕射昌初至平涼劫盟之所收聚亡歿將士骸骨坎瘞
之因感夢於昌有媿謝之意昌上聞德宗下詔深自尅責遣秘書少
監孔述睿及中使以御饌內造衣服數百襲令昌收其骸骨分為大
將三十人將士百人各具棺槥衣服葬於淺水原建二塚大將曰旌
義塚將士曰懷忠塚詔翰林學士撰銘志祭文昌盛陳兵設幕次具
牢饌祭之昌及大將皆素服臨之焚其衣服紙錢別立二石堆題以
塚名諸道師徒莫不感泣昌在西邊僅十五年強本節用軍儲豐羡
及嬰疾約以是日赴京求醫未發而卒年六十四廢朝一日贈司空
子士涇
士涇德宗朝尚主官至少列十餘年家富於財結託中貴交通權倖
憲宗朝遷太府卿制下給事中韋弘景等封還制書言士涇不合居

九卿辭語激切憲宗謂弘景曰士涇父有功於國又是戚屬制書宜下
弘景奉詔士涇善胡琴多遊權倖之門以此為之助時論鄙之
李景略幽州良鄉人也大父楷固父承悅檀州刺史密雲軍使景略以門
蔭補幽府功曹大曆末寓居河中闔門讀書李懷光為朔方節度招
在幕府五原有偏將張光者挾私殺妻前後不能斷光富於財貨獄
吏不能劾景略訊其實光竟伏法既而亭午有女厲被髮血身膝行
前謝而去左右有識光妻者曰光之妻也因授大理司直遷監察御
史及懷光屯軍咸陽反狀始萌景略時說懷光請復官闕迎大駕懷
光不從景略出軍門慟哭曰誰知此軍一日陷於不義軍士相顧甚
義之因退歸私家尋為靈武節度杜希全辟在幕府轉殿中侍御史
兼豐州刺史西受降城使豐州北扼迴紇迴紇使來中國豐乃其通
道前為刺史者多懦弱虜使至則敵禮抗坐時迴紇遣梅錄將軍隨
中官薛盈珍入朝景略欲以氣制之郊迎傳言欲先見中使梅錄初
未喻景略既見盈珍乃使謂梅錄曰知可汗初沒欲申弔禮乃登高

壠位以待之梅錄俯僂前哭景略因撫之曰可汗棄代助爾號慕虜
之驕容威氣索然盡矣遂以行呼景略自此迴紇使至景略皆拜之
于庭由是有威名杜希全忌之上表誣奏貶袁州司馬希全死徵為
左羽林將軍對于延英殿奏對衎衎有大臣風彩時河東李說有疾
詔以景略為太原少尹節度行軍司馬時方鎮節度使少徵入換代
者皆死亡乃命焉行軍司馬盡簡自上意受命之日人心以屬景略
居疑師之地勢已難處迴紇使梅錄將軍入朝說置宴會梅錄爭上
下坐說不能遏景略叱之梅錄前過豐州者也識景略語音疾趨前
拜曰非豐州李端公耶不拜麾下久矣何其瘠也又拜遂命之居次
坐將吏賓客顧景略悉加嚴憚說心不平厚賂中尉竇文場將去景
略使為內應歲餘風言迴紇將南下陰山豐州宜得其人上素知景
略在邊時事上方軫慮文場在旁言景略堪為邊任乃以景略為豐
州刺史兼御史大夫天德軍西受降城都防禦使迫塞苦寒土地鹵
瘠俗貧難處景略節用約已與士同甘苦將卒安之鑿咸應永清二

渠溉田數百頃公私利焉廩儲備器械具政令肅智略明二歲後軍
聲雄冠北邊迴紇畏之天下皆惜其理未盡景略之能貞元二十年
卒於鎮年五十五贈工部尚書
張萬福魏州元城人自曾祖至其父皆明經止縣令州佐萬福以父
祖業儒皆不達不喜為書生學騎射年十七八從軍遼東有功為將
而還累攝舒廬壽三州刺史舒廬壽三州都團練使州送租賦詣京
師至潁州界為盜所奪萬福領輕兵馳入潁州界討之賊不意萬福
至怍迫不得戰萬福悉聚而誅之盡得其所亡物并得前後所掠人
妻子財物牛馬等萬計悉還其家不能自致者萬福給船乘以遣之
尋眞拜壽州刺史淮南節度副使為節度使崔圓所忌失刺史改鴻
臚卿以節度副使將千人鎮壽州萬福不以為恨許杲以平盧行軍
司馬將卒三千人駐濠州不去有窺淮南意圓令萬福攝濠州刺史
杲聞即提卒去止當塗陳莊賊陷舒州圓又以萬福為舒州刺史督
淮南岸盜賊連破其黨大曆三年召赴京師代宗謂曰聞卿名久欲

一識卿面且將杲卿以許杲萬福拜謝因前奏曰陛下以一許杲召臣如河北諸將叛欲以屬何人代宗笑謂曰且與吾訶杲事方當大用卿以爲和州刺史行營防禦使督淮南岸盜賊至州杲懼移軍上元杲至楚州大掠節度使韋元甫命萬福追討之未至淮陰杲爲其將康自勸所逐自勸擁兵繼掠循淮而東萬福倍道追而殺之免者十二三盡得其所掠金帛婦人等皆送致其家元甫將厚賞將士萬福曰官健常慮費衣糧無所事今乃一小賴之不足過賞請用三之一代宗發詔以勞之賜衣一襲宮錦十雙久之詔以本鎮之兵千五百人防秋西京萬福詣揚州交所領兵會元甫死諸將皆願得萬福爲帥監軍使米重耀亦請萬福知節度事萬福曰某非幸人勿以此相待遂去之帶利州刺史鎮咸陽因留宿衛李正已反將斷江淮路令兵守埇橋渦口江淮進奏舡千餘隻泊渦下不敢過德宗以萬福爲濠州刺史召見謂曰先帝改卿名正者所以褒卿也朕以爲江淮草木亦知卿威名若從先帝所改恐賊不知是卿也復賜名萬福馳至渦口立馬岸上發進奉舡淄青兵馬倚岸睥睨不敢動諸道舡繼進改泗州刺史魏州飢父子相賣餓死者接道萬福曰魏州吾鄉里安可不救令其兄子將米百車往饟之又使人於汴口魏人自賣者給車牛贖而遣之爲杜亞所忌徵拜右金吾將軍召見德宗驚曰杜亞言卿昏耄卿乃如是健耶詔圖形於凌煙閣數賜酒饌衣服并勑度支籍口畜給其費及陽城等於延英門外請對論事伏閣不去德宗大怒不可測萬福揚言曰國有直臣天下太平矣萬福年已八十見此盛事閤前徧揖城等天下益重其名貞元二十一年以左散騎常侍致仕其年五月卒年九十萬福自始從軍至卒祿食七十餘年未嘗病一日典九郡皆有惠愛在泗州時遇德宗幸奉天李希烈反陳少遊悉令管內刺史送妻子在揚州以爲質萬福獨不送謂使者曰爲某白相公萬福妻老且醜不足煩相公寄意終不之遣由是爲人所稱

○高固高祖侃永徽中爲北庭安撫使有生擒車鼻可汗之功官至安東都護事具前錄固生微賤爲叔父所賣展轉爲渾瑊家奴號曰黃岑性敏惠有膂力善騎射好讀左氏春秋瑊大愛之養如己子以乳母之女妻之遂以固名取左氏傳高固之名也少隨瑊從戎於朔方德宗幸奉天固猶在瑊麾下是時賊兵已突入東塹門固引甲士亂揮長刀連斫數賊拽車塞闔一以當百賊乃退去衆咸壯之以功封渤海郡王李懷光旣反德宗再幸梁漢懷光發跡邠寧至是使留後張昕取將士萬餘人以資援河中固時在軍中乃伺便突入張昕帳中斬首以徇拜檢校右散騎常侍前軍兵馬使貞元十七年節度使楊朝晟卒軍中請固爲帥德宗念固功因授檢校工部尚書順宗即位就加檢校禮部尚書憲宗朝進檢校右僕射數年受代入爲統軍轉檢校左僕射兼右羽林統軍元和四年七月卒贈陝州大都督

郝玼者涇原之戍將也貞元中爲臨涇鎮將勇敢無敵聲振虜庭玼以臨涇地居險要當虜要衝白其帥曰臨涇草木豐茂宜畜牧西蕃入寇每屯其地請完壘益軍以折虜之入寇前帥不從及段佐節制

○涇原深然其策元和三年佐請築臨涇城朝廷從之仍以爲行涼州詔玼爲刺史以戍之自此西蕃入寇不過臨涇玼出自行間前無堅敵在邊三十年每戰得蕃俘必劓刵而歸其屍蕃人畏之如神贊普下令國人曰有生得郝玼者賞之以等身金蕃中兒啼者呼玼名以怖之十三年檢校左散騎常侍渭州刺史御史大夫充涇原行營節度平涼鎮遏都知兵馬使封保定郡王吐蕃畏其威綱紀欲圖之朝廷慮失驍將移授慶州刺史竟終牖下

段佐者亦以勇敢知名少事汾陽王子儀爲牙將從征邊朔績效居多貞元末爲涇原節度使繕卒保邊亦爲西蕃畏憚累至檢校工部尚書右神策大將軍元和五年卒

史敬奉靈武人少事本軍爲牙將元和十四年敬奉大破吐蕃於鹽州城下賜實封五十戶先是西戎頻歲犯邊敬奉白節度杜叔良請兵三千備一月糧深入蕃界叔良以二千五百人授之敬奉旣行十餘日人莫知其所向皆謂吐蕃盡殺之矣乃由他道深入突出蕃衆

之後戎人驚潰敬奉率衆大破之殺戮不可勝紀驅其餘衆於盧河獲羊馬駝牛萬數敬奉形甚短小若不能勝衣至於野外馳逐能擒奔馬自執鞍勒隨鞍躍上然後鞬帶弓矢在手前無強敵甥姪及僮使僅二百人每以自隨臨入敵輒分其隊爲四五隨逐水草每數日各不相知及相遇已皆有獲虜矣與鳳翔將野詩良輔涇原將郝玼各以名雄邊上吐蕃嘗謂漢使曰唐國旣與吐蕃和好何妄語也問曰何謂曰若不妄語何因遣野詩良輔作隴州刺史其畏憚如此

史臣曰自盜起中原河隴陷虜犬戎作梗屢犯郊畿謀臣運策以竭精武士荷戈而不暇如犇昌之材力扼腕奮命欲吞虜於背中郝史驍雄斬將搴旗將申威於塞外而竟不能北踰白道西出蕭關俾十九郡生民竟淪左衽僅能自保功何取焉雖運使時然亦將略有所未至栖曜萬福之節槃景略之負氣壯哉

贊曰馬劉史郝氣雄邊朔力扞獯虜終慙衛霍萬福義勇景略氣豪爲人所忌慷慨徒勞

○唐書列傳卷第一百二

劉　昫　等修

聞人詮校刊沈桐同校

姚南仲　劉迺 子伯芻 曾孫允章 附 孫端夫

袁高　段平仲

薛存誠 子廷老 延老子保遜 保遜子昭緯　盧坦

姚南仲華州下邽人乾元初制登科第授太子校書歷高陵昭應萬年三縣尉遷右拾遺轉右補闕大歷十三年貞懿皇后獨孤氏崩代宗悼惜不已令於近城爲陵墓冀朝夕臨望於目前南仲上疏諫曰伏聞貞懿皇后今於城東章敬寺北以起陵廟臣不知有司之請乎陛下之意乎陰陽家流希旨乎臣愚以爲非所宜也謹具疏陳論伏願暫留天睠而省察焉臣聞人臣宅於家君上宅於國長安城是陛下皇居也其可穿鑿興動建陵墓於其側乎此非宜一也夫葬者藏也欲人之不得見也是以古帝前王葬后妃莫不憑丘原遠郊郭今則西臨宮闕南迫康莊若使近而可見死而復生雖在西宮待之可也如骨肉歸土魂無不之章敬之北竟何所益視之兆庶則彰溺愛垂之萬代則累明德此非所宜二也夫帝王者居高明燭幽滯先皇所以因龍首建望春蓋爲此也今若起陵目前動傷宸慮天心一傷數日不平且匹夫向隅滿堂爲之不樂萬乘不樂人其可歡心乎又暇日起歌動鍾于內此地皆聞此非宜三也伏以貞懿皇后坤德合天母慈逮下陛下以切軫旒扆久侯蓍龜始謚之以貞懿終待之以褻近臣竊惑焉非所以稱述后德光被下泉也今國人皆曰貞懿皇后之陵邇於城下者主上將日省而時望焉斯有損於聖德無益於貞懿將欲寵之而返辱之此非宜四也凡此數事實玷大猷天下咸知伏惟陛下熟計而取其長也陛下方將偃武靖人一誤於此其傷實多臣恐君子是非史官褒貶大明忽虧於掩蝕至德翻後於堯舜不其惜哉今指日尚遥改卜何害抑皇情之殊眷成貞懿之美號疏奏帝甚嘉之賜緋魚袋特加五品階宣付史館與宰相常袞善袞貶官南仲坐出爲海鹽縣令浙江東西道觀察使韓滉辟爲推官奏授殿中侍御史內供奉充支使尋徵還歷左司兵部員外轉郎中遷御史中丞給事中同州刺史陝虢觀察使貞元十五年代李復爲鄭滑節度使監軍薛盈珍恃勢奪軍政南仲數爲盈珍讒毀德宗頗疑之十六年盈珍遣小使程務盈馳驛奉表誣奏南仲陰事南仲裨將曹文洽亦入奏事京師伺知盈珍表中語文洽私懷憤怒遂晨夜兼道追務盈至長樂驛及之與同舍宿中夜殺務盈沉盈珍表於廁中乃自殺日旰驛吏關門見血流塗地旁得文洽二緘一告于南仲一表理南仲之寃且陳首殺務盈上聞其事頗駭異之南仲慮釁深遂乞入朝德宗曰盈珍擾軍政耶南仲對曰盈珍不擾軍政臣自隳陛下法耳如盈珍輩所在有之雖羊杜復生撫百姓御三軍必不能成愷悌父母之政師律善陣之制矣上默然久之授尚書右僕射貞元十九年七月終于位年七十四贈太子太保謚曰貞

劉迺字冰夷洛州廣平人高祖武幹武德初拜侍中即中書侍郎林甫從祖兄子也父如璿昫山丞以迺貴贈民部郎中迺少聰穎志學暗記六經日數千言及長文章清雅爲當時推重天寶中舉進士尋丁父艱居喪以孝聞既終制從調選曹迺常以文部選才未爲盡善遂致書於知銓舍人宋昱曰虞書稱知人則哲能官人則惠魏魏唐虞舉以爲難今夫文部既始之以掄材終之以授位是則知人官人斯爲重任昔在禹稷皐陶之衆聖猶曰載采有九德考績以九載近代主司獨委一二小冢宰察言於一幅之判觀行於一揖之內古今遲速何不侔之甚哉夫判者以狹詞短韻語有定規爲體亦猶以一小冶而鼓衆金雖欲爲鼎爲鏞不可得也故曰判之在文至局促者夫銓者必以崇衣冠自媒耀爲賢斯又士之醜行君子所病若引文公尼父登之於銓廷則雖圖書易象之大訓以判體挫之曾不及徐庾雖有至德以喋喋取之曾不若嗇夫鳴呼彼干霄蔽日誠巨樹也當求尺寸之材必後於椽杙龍吟武嘯誠希聲也若尚頰舌之感必下於蛙黽觀察之際猶不悲夫執事慮過龜策文合雅詁豈拘以頭

頊故事曲折因循哉誠能先責以政事次徵以文學退觀其理家進察其臨節則庬鴻深沉之事亦可以窺其門戶矣其載補判縣尉改會稽尉宣州觀察使殷日用奏爲判官宣慰使李季卿又以表薦連授大理評事兼監察御史轉運使劉晏奏令巡覆江西多所蠲免改殿中侍御史檢校倉部員外民部郎中並充浙西留後佐晏徵賦頻有裨益晏甚任之大曆十二年元載旣誅以迺久在職召拜司門員外郎十四年崔祐甫秉政素與迺友善會加郭子儀尚父以冊禮久廢至是復行之祐甫令兩省官撰冊文未稱旨召迺至閣草之立就詞義典裁祐甫歎賞久之數日擢爲給事中尋遷權知兵部侍郎及楊炎盧杞爲相意多醜正以故五歲不遷建中四年夏但眞拜而已其冬涇師作亂駕幸奉天迺臥疾在私第賊泚遣使以甘言誘之迺稱疾篤又令其僞宰相蔣鎭自來招誘迺託瘖疾灸灼徧身鎭再至知不可劫脅乃歎息曰鎭亦嘗忝列曹郎苟不能死以至於斯寧以自厚羶腥僾欲汙穢賢哲乎歔欷而退及聞輿駕再幸梁州迺自投於牀搥膺呼天因是危惙絕食數日而卒時年六十德宗還京聞迺之忠烈追贈禮部尚書子伯芻

伯芻字素芝登進士第志行修謹淮南杜佑辟爲從事府罷屏居吳中久之徵拜右補闕遷主客員外郎以過從友人飲噱爲韋執誼密奏貶虔州掾曹復爲考功員外郎裴垍善其應對機捷遷考功郎中集賢院學士轉給事中裴垍罷相爲太子賓客未幾而卒李吉甫復入相與垍宿嫌不加贈官伯芻上疏論之贈垍太子少傅伯芻妻垍從㛅也或讒於吉甫以此論奏伯芻懼亟請散地因出爲虢州刺史吉甫卒裴度擢爲刑部侍郎俄知吏部選事元和十年以左常侍致仕卒年六十一贈工部尚書伯芻風姿古雅涉學善談笑而動與時適論者稱薄之子寬夫登進士第歷諸府從事寶曆中入爲監察御史寳上言曰近日攝祭多差王府官僚位望旣輕有乖嚴敬伏請今後攝太尉差尚書省三品已上及保傅賓詹等官如人少即令丞郎通攝之俄轉左補闕少列陳岾進注維摩經得濠州刺史寬夫與同列因對論之言岾因供奉僧進經以圖郡牧敬宗怒謂宰相曰陳岾不因僧得郡諫官安得此言須推排頭首來寬夫奏曰昨論陳岾之時不記發言前後唯握筆草狀即是微臣今論事不當臣合當罪若尋究推排恐傷事體帝嘉其引過欣然釋之寬夫弟端夫爲太常博士駮章綬諡議知名寬夫子允章煥章允章登進士第累官至翰林學士承旨禮部侍郎咸通九年知貢舉出爲鄂州觀察使檢校工部尚書後還東都留守黃巢犯洛陽允章不能拒賊不之害坐是廢于家以疾卒

袁高字公頤恕己之孫少慷慨慕名節登進士第累辟使府有贊佐裨益之譽代宗登極徵入朝累官至給事中御史中丞建中二年擢爲京畿觀察使以論事失旨貶韶州長史復拜爲給事中貞元元年德宗復用吉州長史盧杞爲饒州刺史令高草詔書高執詞頭以謁宰相盧翰劉從一曰盧杞作相三年矯詐陰賊退斥忠良朋附者咳唾立至靑雲睚眦者顧盼已擠溝壑傲很明德反易天常播越鑾輿瘡痍天下皆杞之爲也爰免族戮雖示貶黜尋以稍遷近地若更授

大郡恐失天下之望惟相公執奏之事尚可救翰從一不悅改命舍人草之詔出執之不下仍上奏曰盧杞爲政窮極兇惡三軍將校願食其肉百辟卿士嫉之若讐遂補陳京趙需裴佶宇文炫盧景亮張薦等上疏論奏矣日又上疏高又於正殿奏云陛下用盧杞獨秉鈞軸前後三年棄斥忠良附下罔上使陛下越在草莽皆杞之過且漢時三光失序雨旱不時皆宰相請罪小者免官大者刑戮杞罪合至死陛下好生惡殺赦杞萬死唯貶新州司馬旋復遷移今除刺史是失天下之望伏惟聖意裁擇上謂曰盧杞有不逮是朕之過復奏曰盧杞姦臣常懷詭詐非是不逮上曰朕已有赦高曰赦乃赦其罪不宜授刺史且赦文至優黎民今饒州大郡若命姦臣作牧是一州蒼生獨受其弊望引常參官顧問并擇謹厚中官令採聽於衆若億兆之人異臣之言臣當萬死於是諫官爭論於上前上良久謂曰若與盧杞刺史太優與上佐可乎曰可矣遂追饒州制翌日遣使宣慰高

云朕思卿言深理切當依卿所奏太子少保韋倫太府卿張獻恭等
奏表高所奏至當高是陛下一良臣望加優異貞元二年上以關輔
祿山之後百姓貧乏田疇荒穢詔諸道進耕牛待諸道觀察使各選
揀牛進貢委京兆府勸課民戶勘責有地無牛百姓量其地著以牛
均給之其田十畝已下人不在給限高上疏論之聖慈所憂切在貧
下有田不滿五十畝者尤是貧人請量三兩家共給牛一頭以濟農
事疏奏從之尋卒於官年六十中外歎惜憲宗朝宰臣李吉甫嘗言
高之忠鯁詔贈禮部尚書

段平仲字秉庸武威人隋人部尚書段達六代孫也登進士第杜佑
李復相繼鎮淮南皆表平仲為掌書記復移鎮華州滑州仍為從事
入朝為監察御史平仲磊落尚氣節嗜酒傲言時德宗春秋高多自
聽斷由是庶務壅隔事或不理中外畏上嚴察無敢言者平仲嘗謂
人曰主上聰明神武臣下畏懼不言自循默耳如平仲一得召見必
當大有開悟貞元十四年京師旱詔擇御史郎官各一人發廩賑恤

平仲與考功員外陳歸當奉使因辭得對乃入近御座粗陳本事上
察平仲意有所畜以歸在側不言及奏事畢退平仲獨不退欲有奏
啓上因兼畱歸問之聲色甚厲雜以他語平仲錯愕都不得言因誤
稱其名上怒叱出之平仲蒼黃又誤趨御障後歸下階連呼乃得出
由是坐廢七年然亦因此名顯後除屯田膳部二員外郎東都畱守
判官累拜右司郎中元和初遷諫議大夫內官吐突承璀為招討使
征鎮州無功而還平仲與呂元膺抗疏論列請加黜責轉給事中自
在要近朝廷有得失未嘗不論奏時人推其狷直轉尚書左丞以疾
改太子左庶子卒

薛存誠字資明河東人父勝能文嘗作拔河賦詞致瀏亮為時所稱
存誠進士擢第累辟使府入朝為監察御史知館驛元和初王師討
劉闢郵傳多事上特令中官為館驛使存誠密表論奏以為有傷公
體會諫官亦論奏上乃罷之轉殿中侍御史遷度支員外郎裴垍作
相用為起居郎轉司勳員外刑部郎中兼侍御史知雜事改兵部郎
中給事中瓊林庫使奏占工徒太廣存誠以為此皆姦人竄名以避
征役不可許咸陽縣尉袁儋與軍鎮相競軍人無理遂肆侵誣儋反
受罰二勑繼至存誠皆執之上聞甚悅命中使嘉慰之由是擢拜御
史中丞僧鑒虛者自貞元中交結權倖招懷賂遺倚中人為城社吏
不敢繩會于頔杜黃裳家私事發連逮鑒虛下獄存誠案鞫得姦贓
數十萬獄成當大辟中外權要更於上前保救上宣令釋放存誠不
奉詔明日又令中使詣臺宣旨曰朕要此僧面詰之非赦之也存誠
附中使奏曰鑒虛罪款已具陛下若召而赦之請先殺臣然後可取
不然臣期不奉詔上嘉其有守從之鑒虛竟笞死洪州監軍高重昌
誣奏信州刺史李位謀大逆追赴京師上令付仗內鞫問存誠一日
三表請付位於御史臺及推案無狀位竟得雪未幾再授給事中數
月中丞闕上思存誠前効謂宰相持憲無以易存誠遂復為御史中
丞未視事暴卒憲宗深惜之贈刑部侍郎存誠性和易於人無所不
容及當官御事即確乎不拔士友以是稱重之子廷老

廷老謹正有父風而性通鋭寶曆中為右拾遺敬宗荒恣宮中造清
思院新殿用銅鏡三千片黃白金薄十萬番廷老與同僚入閤奏事
曰臣伏見近日除拜往往不由中書進擬或是宣出伏恐綱紀漸壞
姦邪恣行敬宗厲聲曰更諫何事舒元褒對曰近日宮中修造太多
上色變曰何處修造元褒不能對廷老進曰臣等職是諫官凡有所
聞即合論奏莫知修造之所但見運瓦木絕多即知有用乞陛下勿
罪臣言帝曰所奏知尋加史館修撰時李逢吉秉權惡廷老言太切
直鄭權因鄭注得廣州節度權至鎮盡以公家珍寶赴京師以酬恩
地廷老上疏請按權罪中人由是切齒又論逢吉黨人張權輿程昔
範不宜居諫列逢吉大怒廷老告滿十旬逢吉乃出廷老為臨晉縣
令文宗即位入為殿中侍御史大和四年以本官充翰林學士與同
職李讓夷相善廷老之入內署讓夷薦挈之廷老性放逸嗜酒不持
檢操終日酣醉文宗知之不悅五年罷職守本官讓夷亦坐廷老罷
職守職方員外郎廷老尋拜刑部員外郎轉郎中遷給事中開成三

年卒廷老當官舉職不求虛譽偘偘於公卿之間甚有正人風望贈
刑部侍郎子保遜登進士第位亦至給事中保遜子昭緯乾寧中爲
禮部侍郎貢舉得人文章秀麗爲崔胤所惡出爲磎州刺史卒

盧坦字保衡河南洛陽人其先自范陽徙焉父巒贈鄭州刺史坦仕
爲義成軍判官節度使李復疾篤監軍使薛盈珍慮變遣封府庫入
其麾下五百人於使牙軍中恟恟坦密言於盈珍促收之及復卒坦
護喪歸東都後爲壽安令時河南尹徵賦限窮而縣人訴以機織未
就坦請延十日府不許坦令戶人但織而輸勿顧限也違之不過罰
令俸耳旣成而輸坦亦坐罰由是知名累遷至庫部員外郎兼侍御
史知雜事會李錡反有司請毀錡祖父廟墓坦常爲錡從事乃上言
曰淮安王神通有功於草昧且古之父子兄弟罪不相及況以錡故
累五代祖乎乃不毀因賜神通墓五戶以備灑掃及武元衡爲宰相
以坦爲中丞李元素爲大夫命坦分司東都未幾歸臺裴均爲僕射
在班踰位坦請退之均不受坦曰姚南仲爲僕射例如此均曰南仲
何人坦曰南仲是守正而不交權倖者也尋罷爲右庶子時人歸咎
於均旬月出爲宣歙池觀察使三年入爲刑部侍郎鹽鐵轉運使改
戶部侍郎判度支元和八年西受降城爲河徙浸毀宰相李吉甫請
移兵於天德故城坦與李絳叶議以爲西城張仁愿所築制匈奴上
策城當磧口居虜要衝美水豐草邊防所利今河流之決不過退就
二三里奈何捨萬代永安之策徇一時省費之謀況天德故城僻處
确瘠其北枕山與河絕遠烽候警備不相統接虜之唐突勢無由知
是無故而蹙國二百里非所利也及城使周懷義奏利害與坦議同
事旣不行未幾出爲劍南東川節度使在鎭累年後請收閏月軍吏
糧料以助軍行營人多非之貞元十二年九月卒年六十九贈禮部
尚書

史臣曰古之諍臣有死於言者其次引裾折檻不改其操亦難矣哉
袁高之執盧杞存誠之幾擊盧有古人之遺風焉平仲觸鱗之氣糾
其謬歟文洽奪章以攄府憤永夷絕食不飲盜泉節義之士也南仲

非葬之言盧坦西城之議畫之深也如數子道爲時無君子乃是厚
誣

贊曰蠹章指佞諫臣匡失惟袁與薛人中屈軼寬夫雀躍廷老鴻軒
姚盧啓奏君子之言

唐書列傳卷第一百三

唐書列傳卷第一百四

劉　昫　等修

聞人詮校刻沈桐同校

孔巢父 從子戡 戣　許孟容

呂元膺　劉栖楚

張宿　熊望

栢耆

孔巢父冀州人字弱翁父如珪海州司戶參軍以巢父贈工部郎中巢父早勤文史少時與韓準裴政李白張叔明陶沔隱於徂來山時號竹溪六逸永王璘起兵江淮聞其賢以從事辟之巢父知其必敗側身潛遁由是知名廣德中李季卿爲江淮宣撫使薦巢父授左衛兵曹參軍大曆初澤潞節度使李抱玉奏爲賓幕累授監察御史轉殿中檢校庫部員外郎出授歸州刺史建中初涇原節度留後孟皞表巢父試秘書少監兼御史中丞行軍司馬尋拜汾州刺史入爲諫議大夫出爲潭州刺史湖南觀察使未行會普王爲荊襄副元帥以巢父爲元帥府行軍司馬兼御史大夫尋屬涇師之難從德宗幸奉天遷給事中河中陝華等州招討使累獻破賊之謀德宗甚賞之尋兼御史大夫充魏博宣慰使巢父博辯多智對田悅之衆陳逆順利害君臣之道士衆欣悚喜抃曰不圖今日復覩王化及就宴悅酒酣自矜其騎射之藝拳勇之略因曰若蒙見用無堅不摧巢父謂之曰若如公言而不早歸國者但爲一好賊耳悅曰爲賊既曰好賊爲臣當作功臣巢父曰國方有虞待士而息悅起謝焉悅背叛日久其下厭亂且喜巢父之至數日田承嗣之子緒以失職怨望因人心之搖動遂構謀殺悅而與大將邢曹俊等稟命於巢父巢父因其衆意令田緒權知軍務以紓其難興元元年李懷光擁兵河中七月復以巢父兼御史大夫充宣慰使既傳詔旨懷光以巢父嘗使魏博田悅死於帳下恐禍及又朔方蕃渾之衆數千皆在行列頗驕悖不肅聞罷懷光兵權時懷光素服待命巢父不止之衆咸忿恚咄嗟曰太尉盡

無官矣方宣詔讙譟懷光亦不禁止巢父守盈並遇害上聞之震悼贈尚書左僕射仍詔收河中日備禮葬祭賜其家布帛米粟甚厚仍授一子正員官從子戡戣戡

戡巢父兄岑父之子方嚴有家法重然諾尚忠義盧從史鎮澤潞辟爲書記從史寖驕與王承宗田緒陰相連結欲效河朔事以固其位戡每秉筆至不軌之言極諫以爲不可從史怒戡歲餘謝病歸洛陽李吉甫鎮揚州召爲賓佐從史知之上疏論列請行貶逐憲宗不得已授衛尉丞分司洛陽初貞元中藩帥誣奏從事者皆不驗理便行降黜及戡詔下給事中呂元膺執之上令中使慰喻元膺制書方下戡不調而卒贈駕部員外郎

戣字君嚴登進士第鄭滑節度使盧羣辟爲從事羣卒命戣權掌留務監軍使以氣凌之戣無所屈降入爲侍御史累轉尚書郎元和初改諫議大夫侃然忠讜有諫臣體上疏論時政四條帝意嘉納六年十月內官劉希光受將軍孫璹賂二十萬貫以求方鎮事敗賜希光死時吐突承璀以出軍無功諫官論列坐希光事出爲淮南監軍試太子通事舍人李涉知上待承璀意未衰欲投匭上疏論承璀有功希光無事久委心腹不宜遽弃戣爲匭使得涉副章不受面詰責之涉乃進疏於光順門戣極論其與中官交結言甚激切詔貶涉爲陝州司倉侍臣聞之側目人爲危之戣高步公卿間以方嚴見憚俄兼太子侍讀遷吏部侍郎轉左丞九年信州刺史李位爲州將韋岳讒譖於本使監軍高重謙言位結聚術士以圖不軌追位至京師鞫於禁中戣奏曰刺史得罪合歸法司按問不合劾於內仗乃出付御史臺戣與三司訊鞫得其狀位好黃老道時修齋籙與山人王恭合鍊藥物別無逆狀以岳誣告決殺貶位建州司馬時非戣論諫罪在不測人士稱之愈爲中官所惡尋出爲華州刺史潼關防禦等使入爲大理卿改國子祭酒十二年嶺南節度使崔詠卒三軍請帥宰相奏擬皆不稱旨因入對上謂裴度曰嘗有上疏論南海進蚶菜者詞甚忠正此人何在卿第求之度退訪之或曰祭酒孔戣嘗論此事度徵

疏進之即日授廣州刺史兼御史大夫嶺南節度使戣剛正清儉在南海請刺史俸料之外絕其取索先是帥南海者京師權要多託買南人爲奴婢戣不受託至郡禁絕賣女口先是準詔禱南海神多令從事代祠戣每受詔自犯風波而往韓愈在潮州作詩以美之時桂管經略使楊旻桂仲武裴行立等騷動生蠻以求功伐遂至嶺表累歲用兵唯戣以清儉爲理不務邀功交廣大理敬宗即位召爲吏部侍郎長慶中或告戣在南海時家人受賂上不之責改右散騎常侍二年轉尚書左丞累請老詔以禮部尚書致仕優詔褒美仍令所司歲致羊酒如漢禮徵士故事長慶四年正月卒時年七十三子遵孺温裕皆登進士第大中已後迭居顯職温裕位京兆尹天平軍節度使遵孺子緯自有傳

戢字方舉戣母弟也以季父巢父死難德宗嘉其忠詔與一子正員官因授戢修武尉以長兄戡未仕固乞迴授舉明經登第判入高等授秘書省校書郎陽翟尉入拜監察御史轉殿中分司東都時昭義

節度判官徐玟以疫癘助成從史之惡從史既得罪孟元陽爲昭義節度復欲用玟爲賓佐戢遂牒澤潞收玟以俟命然後列狀上聞竟流玟播州轉侍御史庫部員外郎初涇師之亂朱泚署彭偃爲舍人至是偃子充符爲鄜坊從事或薦其才執事者召至京師戢謂京兆尹裴武曰朱泚爲僞詔指斥乘輿皆彭偃之詞也悖逆之子不能鳥竄獸伏乃違道以干舉子合效季孫行父之逐莒僕以勉事君者武即日逐充符還京兆尹出爲汝州刺史大理卿出爲潭州刺史湖南觀察使時兄戣爲嶺南兄弟皆居節鎮朝野榮之入爲右散騎常侍拜京兆尹時累月亢旱深軫聖情戢自禱雨於曲池是夕大雨文宗甚悅詔兼御史大夫大和三年正月卒贈工部尚書子温業登進士第大中後歷位通顯温業子晦

許孟容字公範京兆長安人也父鳴謙究通易象官至撫州刺史贈禮部尚書孟容少以文詞知名舉進士甲科後究王氏易登科授秘書省校書郎趙贊爲荊襄等道黜陟使表爲判官貞元初徐州節度使張建封辟爲從事四遷侍御史李納屯兵境上揚言入寇建封遣將吏數輩告諭不聽於是遣孟容單車詣納爲陳逆順禍福之計納即日發使追兵因請修好遂表孟容爲濠州刺史無幾德宗知其才徵爲禮部員外郎有公主之子請補弘文崇文館諸生孟容舉令式不許主訴於上命中使問狀孟容執奏竟得還本曹郎中德宗降誕日御麟德殿命孟容等登座與釋老之徒講論十四年轉兵部郎中未滿歲遷給事中十七年夏好時縣風雹傷麥上命品官覆視不實詔罰京兆尹顧少連已下勑出孟容執奏曰府縣上事不實罪止奪俸停官其於弘宥已是殊澤但陛下使品官覆視後更擇憲官一人再令驗察覆視轉審隱欺益明事宜觀聽法歸綱紀臣受官中謝日伏請詔勑有須詳議者則乞停留晷刻得以奏陳此勑既非急宣可以少駐詔雖不許公議是之十八年浙江東道觀察使裴肅卒以攝副使齊總爲衢州刺史時總爲肅剡下進奉以希恩寵受大郡物議喧然詔出孟容執奏曰陛下比者以兵戎之地或有不獲已超授者

今衢州無他虞齊總無殊績忽此超授羣情驚駭總是浙東判官今詔勑稱權知留後攝都團練副使向來無此勑命便用此詔尤恐不可若總必有可録陛下須要酬勞即明書課最超一兩資與改今舉朝之人不知總之功能衢州浙東大郡總自大理評事兼監察御史授之使遐邇不甘兇惡騰口如臣言不切乞陛下暫停此詔冤使人聽察必賀聖朝無私令齊總詔謹隨狀封進尋有諫官論列乃留中不下德宗召孟容對於延英諭之曰使百執事皆如卿朕何憂也自給事中袁高論盧杞後未嘗有可否及聞孟容之奏四方皆感上之聽納嘉孟容之當官十九年夏旱孟容上疏曰臣伏聞陛下數月已來齋居損膳爲兆庶心疚又勑有司走於羣望牲於百神而密雲不雨首種未入豈籲醪有闕祈祝非誠爲陰陽適然豈歉前定何聖意精至甘澤未答也臣歷觀自古天人交感事未有不由百姓利病之急者切者邦家教令之大者遠者京師是萬國所會强幹弱枝自古通規其一年稅錢及地租出入一百萬貫臣伏冀陛下即日下令全

放免之其次三分放二且使旱涸之際免更流亡若播種無望徵斂
如舊則必愁怨遷徙不顧墳墓臣愚以爲德音一發膏澤立應變
災爲福期在斯須戶部所收掌錢非度支歲計本防緩急別用今此
炎旱直支一百餘萬貫代京兆百姓一年差科實陛下巍巍睿謀天
下鼓舞歌揚者也復更省察庶政之中有流移征防當還而未還者
徒役禁錮當釋而未釋者逋懸饋送當免而未免者沉滯鬱抑當伸
而未伸者有一於此則特降明命令有司條列三日內聞奏其當還
當釋當免當伸者下詔之日所在即時施行臣愚以爲如此而神不
監歲不稔古未之有事雖不行物議嘉之貞元末坐裴延齡李齊運
等讒謗流貶者動十數年不量移故因旱歉孟容奏此以諷然終貞
元世罕有遷移者孟容以諷諭太切改太常少卿元和初遷刑部侍
郎尚書右丞四年拜京兆尹賜紫神策吏李昱假貸長安富人錢八
千貫滿三歲不償孟容遣吏收捕械繫克日命還之曰不及期當死
自興元已後禁軍有功又中貴之尤有渥恩者方得護軍故軍士日

益縱橫府縣不能制孟容剛正不懼以法繩之一軍盡驚冤訴於上
立命中使宣旨令送本軍孟容繫之不遣中使再至乃執奏曰臣誠
知不奉詔當誅然臣職司輦轂合爲陛下彈抑豪強錢未盡輸昱不
可得上以其守正許之自此豪右斂迹威望大震改兵部侍郎俄以
本官權知禮部貢舉頗抑浮華選擇才藝出爲河南尹亦有威名俄
知禮部選事徵拜吏部侍郎會十年六月盜殺宰相武元衡幷傷議
臣裴度時淮夷逆命兇威方熾王師問罪未有成功言事者繼上章
疏請罷兵是時盜賊竊發人情甚惑獨孟容詣中書雪涕而言曰昔
漢廷有一汲黯姦臣尚爲寢謀今主上英明朝廷未有過失而狂賊
敢爾無狀寧謂國無人乎然轉禍爲福此其時也莫若上聞起裴中
丞爲相令主兵柄大索賊黨窮其姦源後數日度果爲相而下詔行
誅時孟容議論人物有大臣風彩由太常卿爲尚書左丞奉詔宣慰
汴宋陳許河陽行營諸軍俄拜東都留守元和十三年四月卒年七
十六贈太子少保謚曰憲孟容方勁富有文學其折衷禮法考詳訓

典甚堅正論者稱焉而又好推轂樂善拔士士多歸之
呂元膺字景夫鄆州東平人曾祖紹宗右拾遺祖霈殿中侍御史父
長卿右衛倉曹參軍以元膺贈秘書監元膺質度瓌偉有公侯之器
建中初策賢良對問第授同州安邑尉同州刺史侯鐈聞其名辟爲
長春宮判官屬蒲賊侵軼鐈失所元膺遂潛跡不務進取貞元初論
惟明節制渭北延在賓席自是名達於朝廷惟明卒王栖曜代領其
鎮德宗俾栖曜留署使職咨以軍政累轉殿中侍御史徵入眞拜本
官轉侍御史丁繼母憂服闋除右司員外郎出爲蘄州刺史頗著恩
信嘗歲終閱郡獄囚囚有自告者曰某有父母在明日元正不得相
見因泣下元膺憫焉盡脫其械縱之與爲期守吏曰賊不可縱元膺
曰吾以忠信待之及期無後到者由是群盜感義相引而去元和初
徵拜右司郎中兼侍御史知雜事遷諫議大夫給事中規諫駁議大
舉其職及鎭州王承宗之叛憲宗將以吐突承璀爲招討處置使元
膺與給事中穆質孟簡兵部侍郎許孟容等八人抗論不可且曰承

璀雖貴寵然內臣也若爲帥總兵恐不爲諸將所伏指諭明切憲宗
納之爲改使號然猶專戎柄無功而還出爲同州刺史及中謝上問
時政得失元膺論奏辭氣激切上嘉之翌日謂宰相曰元膺有讜言
直氣宜留在左右使言得失卿等以爲何如李藩裴垍賀曰陛下納
諫超冠百王乃宗社無疆之休臣等不能廣求端士又不能數進忠
言孤負聖心合當罪戾請留元膺給事左右尋兼皇太子侍讀賜以
金紫尋拜御史中丞未幾除鄂岳觀察使入爲尚書左丞度支使潘
孟陽與太府卿王遂迭相奏論孟陽除散騎常侍遂爲鄧州刺史皆
假以美詞元膺封還詔書請明示枉直江西觀察使裴堪奏虔州刺
史李將順贓狀朝廷不覆按遽貶將順道州司戶元膺曰廉使奏刺
史贓罪不覆檢即謫去縱堪之詞足信亦不可爲天下法又封詔書
請發御史按問宰臣不能奪代權德輿爲東都留守檢校工部尚書
兼御史大夫都畿防禦使舊例留守賜旗甲與方鎭同及元膺受任
不賜朝論以淮西用兵特用元膺守洛不宜削其儀制以沮威望諫

官論列援華汝壽三州例上曰此數處並宜不賜留守不賜旗甲自元膺始十年七月鄆州李師道留邸伏甲謀亂初師道於東都置邸院兵謀雜以往來吏不敢辨因吳元濟北犯郊畿多警防禦兵盡戍伊闕師道伏甲百餘於邸院將焚宮室而肆殺掠已烹牛饗衆明日將出會小將李再興告變元膺追兵伊闕圍之半日無敢進攻者防禦判官王茂元殺一人而後進或有毀其墉而入者賊衆突出圍兵奔駭賊乃團結以其孥偕行出長夏門轉掠郊墅奪牛馬東濟伊水望山而去元膺誡境上兵重購以捕之數月有山棚鬻鹿於市賊遇山棚乃召集其黨引官兵圍於谷中盡獲之窮理其魁乃中岳寺僧圓淨年八十餘嘗爲史思明將偉悍過人初執之使折其脛鎚之不折圓淨罵曰脚猶不解折乃稱健兒乎自置其足教折之臨刑歎曰誤我事不得使洛城流血死者凡數十人留守防禦將二人都亭驛卒五人甘水驛卒三人皆潛受其職署而爲之耳目自始謀及將敗無知者初師道多買田於伊闕陸渾之間凡十餘處故以舍山棚而衣食之有訾嘉珍門察者潛部分之以屬圓淨以師道錢千萬僞理佛寺期以嘉珍竊發時舉火於山中集二縣山棚人作亂及窮按之嘉珍門察皆稱害武元衡者元膺以聞送之上都賞告變人楊進李再興錦綵三百匹宅一區授之郎將元膺因請募山河子弟以衞宮城從之盜發之日都城震恐留守兵寡弱不可倚而元膺坐皇城門指使部分氣意自若以故居人帖然數年改河中尹充河中節度等使時方鎮多事姑息元膺獨以堅正自處監軍使洎往來中貴無不敬憚入拜吏部侍郎因疾固讓改太子賓客元和十五年二月卒年七十二贈吏部尚書元膺學識深遠處事得體正色立朝有台輔之望初遊京師時故相齊映謂人曰吾不及識婁郝始斯人之類乎其業官行已始終無缺云

劉栖楚出於寒微爲吏鎮州王承宗甚奇之後有薦於李逢吉自鄧掾擢爲拾遺性果敢逢吉以爲鷹犬之用欲中傷裴度及殺李紳敬宗即位畋遊稍多坐朝常晚栖楚出班以額叩龍墀出血苦諫曰臣歷觀前王嗣位之初莫不躬勤庶政坐以待旦陛下即位已來放情嗜寢樂色忘憂安臥宮闈日晏方起西宮密邇未過山陵鼓吹之聲日喧於外伏以憲宗皇帝大行皇帝皆是長君恪勤庶政四方猶有叛亂陛下運當少主即位未幾惡德布聞臣慮福祚之不長也臣忝諫官致陛下有此請碎首以謝遂以額叩龍墀久之不已宰臣李逢吉出位宣曰劉栖楚休叩頭候詔旨栖楚捧首而起因更陳論搶頭見血上爲之動容以袖連揮令出栖楚又云不可臣奏臣即碎首死中書侍郎牛僧孺復宣示而出敬宗爲之動容無何遷起居郎至諫議俄又宣授刑部侍郎丞郎宣授未之有也改京兆尹權抑豪右甚有鈎距人多比之於西漢趙廣漢者後恃權寵常以詞氣凌宰相韋處厚遂出爲桂州觀察使逾年卒於任時大和元年九月

張宿者布衣諸生也憲宗爲廣陵王時因軍使張茂宗薦達出入邸第及上在東宮宿時入謁辯譎敢言洎監撫之際驟承顧擢授左拾遺以舊恩數召對禁中機事不密貶郴州郴縣丞十餘年徵入歷贊

善大夫左補闕比部員外郎宰相李逢吉惡之數於上前言其狡譎不可保信乃用爲濠州刺史制下宿自理乞留乃追制上欲以爲諫議大夫逢吉奏曰諫議職重當以能可否朝政者爲之宿細人不足以汙賢者位陛下必須用宿請先去臣即可上不悅又逢吉與裴度是非不同上方委度討伐乃出逢吉爲劍南東川節度乃用宿權知諫議大夫俄而內使宣授初宰相崔群王涯奏曰諫議大夫前時亦有拔自山林起於卒伍者其例則少用皆有由或道義彰明不求聞達或山林卓異出於群萃以此選求是愜公議或事迹未著恩由一時雖有例超升即時議未允宿本非文辭入用望實稍輕驟加不次之榮恐以身爲累臣等所以累有論諫依資且與郎中事異適中非於此人情有厚薄請授職方郎中上命如初群等乃請權知尋又宣授宿怨執政擯己頗加讒毀依附皇甫鎛等傷害清正之士陰事中要以圖進取十三年正月充淄青宣慰使至東都暴病卒於是正人相賀詔贈秘書監

能望者登進士第粗有文詞而性儉險可口辯往往得遊公卿間幸
以大言詭意指抉時政既由此而得進士第務進不已而京兆尹劉
栖楚以不次驟居清貫廣樹朋黨門庭無晝夜塡委不息望出入栖
楚之門有伺密機陰佐計畫人無知者昭愍嬉遊之隙學爲歌詩以
翰林學士崇重不可褻狎乃議別置東頭學士以備曲宴賦詩令採
卑官才堪任學士者爲之栖楚以望名薦送事未行而昭愍崩文宗
即位韋處厚輔政大去姦黨既逐栖楚又詔曰孔門高懸百行由至
順者其身必榮朝廷廣設衆官踐正途者其道必達前鄉貢進士熊
望因緣薄伎偷異褻幸營居中之密職擾惑朝經鼓偪下之蜚聲因
依邪隙及衆議波湧累月不寧司門驗繻累月至四考覆謬妄乃非
坦途朕大啓庠莊以端群望俾示投荒之典用正向方之流可漳州
司戶

栢耆者將軍良器之子素負志略學縱橫家流會王承宗以常山叛
朝廷猒兵欲以恩澤撫之耆於蔡州行營以畫干裴度請以朝旨奉

使鎮州乃自處士受左拾遺既見承宗以大義陳說承宗泣下請質
二男獻兩郡由是知名元和十年王承宗歸國移鎮滑州朝廷賜成
德軍賞錢一百萬貫令諫議大夫鄭覃宣慰軍人賞錢未至浩浩然
騰口穆宗詔耆往諭言耆至今承宗集三軍宣導上旨衆心乃安轉
兵部郎中太和初遷諫議大夫俄而李同捷叛兩河藩帥加兵滄德
宿師於野連年同捷窮蹙求降耆既宣諭訖與節度使李祐謀耆乃
帥數百騎入滄州取同捷赴京滄德平諸將害耆邀功爭上表論列
文宗不獲已貶循州司戶判官沈亞之貶虔州南康尉內官馬國亮
又奏耆於同捷處取婢九人再命長流愛州尋賜死

史臣曰人臣事君犯顏匡政不避死亡之誅議者以爲徇名臣惡其
許也如許京兆之劾軍吏呂尚書之封詔書詞義可觀聳動人聽以
爲沽激傷善何多而栖楚張宿之徒摩天下材爲人嗚吠誠可醜也
栢耆恃縱橫之筭欲俯拾卿相忘身蹈利旋踵而誅宜哉巢父使不
辱命志在致君遭羅喪亂竟陷虎吻而殲戩諸子世載忠貞大中之
後嗣爲昌蔑爲善之利豈虛言哉

贊曰君子重義小人徇利巢殞耆誅其道則異許呂封駁昭耀黃扉
死而可作吾誰與歸

唐書列傳卷第一百四

唐書列傳卷第一百五

劉　昫　等修

聞人詮校刻沈桐同校

穆寧 子贊 質 員 賞　崔邠 弟鄲 郾 鄯 郇

竇群 兄常 牟 弟庠 鞏　李遜 弟建

薛戎 弟放

穆寧懷州河內人也父元休以文學著撰洪範外傳十篇開元中獻之玄宗賜帛授偃師縣丞安陽令寧清慎剛正重交遊以氣節自任少以明經調授鹽山尉是時安祿山始叛偽署劉道玄爲景城守寧唱義起兵斬道玄首傳檄郡邑多有應者賊將史思明來寇郡寧以攝東光令將兵禦之思明遣使說誘寧立斬之郡懼賊怨深後大兵至奪寧兵及攝縣初寧佐採訪使巡按常過平原與太守顏眞卿密揣祿山必叛至是眞卿亦唱義舉郡兵以拒祿山會間使持書遺眞卿曰夫子爲衞君乎更無他詞眞卿得書大喜因奏署大理評事河北採訪支使寧以長子屬母弟曰惟爾所適苟不乏嗣吾無累矣因往平原謂眞卿曰先人有嗣矣古所謂死有輕於鴻毛者寧是也願佐公以定危難眞卿深然之其後寧計或不行眞卿迫蹙棄郡夜渡河而南見肅宗於鳳翔帝問拒賊之狀眞卿曰臣不用穆寧之言功業不成帝奇之發驛召寧將以右職待之會眞卿以抗直失旨事遂止上元二年累官至殿中侍御史佐鹽鐵轉運使副元帥李光弼以餉運不繼或惡寧者誣譖於光弼光弼揚言欲殺寧寧直抵徐州見光弼諭以大義不爲撓折光弼深重之寧得行其職寶應初轉侍御史爲河南轉運租庸鹽鐵等副使明年遷戶部員外郎無幾加兼御史中丞爲河南江南轉運使廣德初加庫部郎中是時河運不通漕輓由漢沔自商山達京師選鎮夏口者詔以寧爲鄂州刺史鄂岳沔都團練使及淮西鄂岳租庸鹽鐵沿江轉運使賜金紫時淮西節度使李忠臣貪暴不奉法設防戍以稅商賈又縱兵士剽劫行人殆絕與寧夾淮爲理憚寧威名寇盜輒止沔州別駕薛彥偉坐事忤旨寧

杖之致死寧坐貶虔州司馬再貶昭州平集尉大曆四年起授監察御史領轉運留後事於淄青閒一年改檢校司封郎中兼侍御史領轉運留後事於江西明年拜檢校秘書少監兼和州刺史理有善政居無何官罷代寧者以天寶版籍校見戶誣以逋亡多坐貶泉州司戶寧子贊守闕三年告冤詔遣御史按覆而人戶增倍詔書召寧除右諭德寧强毅不能事權貴執政者以爲不附已且憚其難制故處之散位寧默默不得志且曰時不我容我不時徇則非吾之進也在於退乎辭病居家請告幾十旬者數矣親友強之復一朝請上居奉天寧詣行在拜秘書少監興元初改右庶子德宗還京師寧曰可以行吾志矣因移病罷歸東都貞元六年就拜秘書監致仕寧好學善教諸子家道以嚴稱事寡姊以悌聞通達體命未嘗服藥每誡諸子曰吾聞君子之事親養志爲大直道而已愼無爲諂吾之志也貞元十年十月卒時年七十九四子贊質員賞

○贊字相明釋褐爲濟源主簿時父寧爲和州刺史以剛直不屈於廉使遂被誣奏貶泉州司戶參軍贊奔赴闕庭號泣上訴詔御史覆問寧方得雪詔曰令子申父之冤憲臣奉君之命楚劍不衝於牛斗秦臺自洗於塵埃由是知名累遷京兆兵曹參軍殿中侍御史轉侍御史分司東都時陝州觀察使盧岳妾裴氏以有子岳妻分財不及訴於官贊鞫其事御史中丞盧佋佐之令深繩裴罪贊持平不許宰臣竇參與佋善參佋俱持權怒贊以小事不受指使遂下贊獄侍御史杜倫希其意誣贊受裴之金鞭其使以成其獄甚急贊弟賞馳詣闕撾登聞鼓詔三司使覆理無驗出爲郴州刺史參敗徵拜刑部郎中因次對德宗嘉其才擢爲御史中丞時裴延齡判度支以姦巧承恩屬吏有贓犯贊鞫理承伏延齡請曲法出之贊三執不許以款狀聞延齡誣贊不平貶饒州別駕丁母憂再轉虔常二州刺史憲宗即位拜宣州刺史御史中丞充宣歙觀察使所莅皆有政聲永貞元年十一月卒時年五十八贈工部尚書贊與弟質員賞以家行人材爲搢紳所仰贊官達父母尚無恙家法淸嚴贊兄弟奉指使笞責如僮僕

贊最孝謹質強直應制策入第三等其所條對至今傳之自補闕至給事中時政得失未嘗不先論諫元和初掌賦使院多擅禁繫戶人而有笞掠至死者質乃論奏鹽鐵轉運司應決私鹽繫囚須與州府長吏監決自是刑名畫一憲宗以王承宗叛用內官吐突承璀爲招討使質率同列伏閤論奏言自古無以中官爲將帥者上雖改其名心頗不悅尋改質爲太子左庶子五年坐與楊憑善出爲開州刺史未幾卒貞工文辭尚節義杜亞爲東都留守辟爲從事檢校員外郎早卒有文集十卷質兄弟俱有令譽而和粹世以滋味目之贊俗而有格爲酪質美而多入爲酥貞爲醍醐賞爲乳腐近代士大夫言家法者以穆氏爲高

崔邠字處仁清河武城人祖結父倕官卑邠少舉進士又登賢良方正科貞元中授渭南尉遷拾遺補闕常疏論裴延齡爲時所知以兵部員外郎知制誥至中書舍人凡七年又權知吏部選事明年爲禮部侍郎轉吏部侍郎賜以金紫邠溫裕沈密尤敦清儉上亦器重之

裴垍將引爲相病難於承荅事竟寢兄弟同時奉朝請者四人頗以孝敬怡睦聞後改太常卿知吏部尚書銓事故事太常卿初上大閱四部樂於署觀者縱焉邠自私第去帽親導母輿公卿逢者迴騎避之衢路以爲榮居母憂歲餘卒元和十年三月也時年六十二贈吏部尚書謚曰文簡弟鄯郾鄲等六人子璀璜璀子彥融皆登進士第歷位臺閣

鄯少有文學舉進士元和中歷監察御史太和元年十月自太子詹事拜左金吾衛大將軍鄯昆弟六人仕官皆至三品邠郾鄲三人知貢舉掌銓衡冠族聞望爲時名德鄯大和九年冬爲左金吾大將軍無病暴亡不旬日有訓注之亂其亂始自金吾君子乃知鄯之亡崔氏積善之徵也贈禮部尚書子瑄

郾字廣略舉進士平判入等授集賢殿校書郎三命升朝爲監察御史刑部員外郎姿質秀偉神情重雅人望而愛之終不可捨不知者以爲事高簡拘靜默耳居內憂釋服爲吏部員外姦吏不敢欺孤寒無援者未嘗留滯銓敘之美爲時所稱再遷左司郎中元和十三年鄭餘慶爲禮儀詳定使選時有禮學者共事以郾爲詳定判官吏部郎中十五年遷諫議大夫穆宗即位荒於禽酒坐朝常晚郾與同列鄭覃等延英切諫穆宗甚嘉之畋遊稍簡長慶中轉給事中昭愍即位選侍講學士轉中書舍人入思政殿謝恩郾奏曰陛下用臣爲侍講半歲有餘未嘗問臣經義今蒙轉改實懸尸素有愧厚恩帝曰朕機務稍閑即當請益高鉞曰陛下意雖樂善既未延接儒生天下之人寧知重道帝深引咎賜之錦綵郾退與同列高重抄撮六經嘉言要道區分事類凡十卷名曰諸經纂要冀人主易於省覽上嘉之賜錦綵二百匹銀器等其年轉禮部侍郎東都試舉人凡兩歲掌貢士平心閱試賞拔藝能所擢者無非名士至大中咸通之代爲輔相名卿者十數人出爲陝州觀察使舊弊有上供不足奪吏俸以益之歲八十萬郾以廉使常用之直代之居二年政績聞於朝遷鄂岳安黃等州觀察使又五年移浙江西道都團練觀察使至用寬政安疲人

及居鄂渚則峻法嚴刑未嘗貰一死罪江湖之間萑蒲是叢因造蒙衝小艦上下千里不朞月而盡獲群盜凡三按廉車率由清簡少事財用有餘人遂寧泰開成元年卒年六十九贈吏部尚書謚曰德郾與兄邠弟鄲等皆有令譽而郾踈財恢廓昆仲所不及子瑤瓌瑾珮璆瑤大和三年登進士第出佐藩方入升朝列累至中書舍人大中六年知貢舉旋拜禮部侍郎出爲浙西觀察使又遷鄂州刺史鄂岳觀察使終於位瓌珮璆官至郎署給諫瑾大中十年登進士第累居使府歷尚書郎知制誥咸通十三年知貢舉選拔頗爲得人尋拜禮部侍郎出爲湖南觀察使

鄲登進士第累遷監察御史三遷考功郎中大和三年以本官充翰林學士轉中書舍人六年罷學士八年爲工部侍郎集賢殿學士權知禮部貢舉拜兵部侍郎本官判吏部東銓事文宗勤於政道每苦選曹訛弊延英謂宰臣曰吏部殊不選才安得擬實無濫可擇舉否李石對曰今錄可以商量他官且宜循舊上曰循舊如配官耳賢不肖

安能甄別帝召三銓謂之曰卿等比選令録如何注擬鄲對曰資叙
相當問其爲治之術視可否而擬之帝曰依資合得而才劣者何授
對曰與邊遠慢官帝曰如以不肖之才治邊民則疾苦可知也凡朝
廷求理遠近皆須得人茍非其才人受其弊矣尋拜吏部侍郎開成
二年出爲宣州刺史兼御史中丞宣歙觀察使四年入爲太常卿七
月以本官同中書門下平章事尋加中書侍郎銀青光禄大夫會昌
初李德裕用事與鄲弟兄素善鄲在相位累年歷方鎮太子師保卒
竇群字丹列扶風平陵人祖亶同昌郡司馬父叔向以工詩稱代宗
朝官至左拾遺群兄常牟弟庠鞏皆登進士第唯群獨爲處士隱居毗
陵以節操聞及母卒齧一指置棺中因廬墓次終喪後學春秋於啖
助之門人盧庇者著書三十四卷號史記名臣疏貞元中蘇州刺史
韋夏卿以丘園茂異薦兼獻其書不報及夏卿入爲吏部侍郎改京
兆尹中謝日因對復薦群徵拜左拾遺遷侍御史充入蕃使秘書監
張薦判官群因入對奏曰陛下即位二十年始自草澤擢臣爲拾遺

是難其進也今陛下以二十年難進之臣用爲和蕃判官一何易也
德宗異其言留之復爲侍御史王叔文之黨柳宗元劉禹錫皆慢群
群不附之其黨議欲貶群官韋執誼止之群嘗謁王叔文叔文命撤
榻而進群揖之曰夫事有不可知者叔文曰如何群曰去年李實伐
恩恃貴傾動一時此時公逡巡路旁乃江南一吏耳今公已處實形
勢又安得不慮路旁有公者乎叔文雖異其言竟不之用憲宗即位
轉膳部員外兼侍御史知雜出爲唐州刺史節度使于頔素聞其名
既謁見群危言激切頔甚悅奏留充山南東道節度副使檢校兵部
郎中兼御史中丞賜紫金魚袋宰相武元衡李吉甫皆愛重之召入
爲吏部郎中元衡輔政舉群代已爲中丞群奏刑部郎中呂溫羊士
諤爲御史吉甫以羊呂險躁持之數日不下群等怨吉甫三年八
月吉甫罷相出鎮淮南群等欲因失恩傾之吉甫嘗召術士陳登宿
于安邑里第翌日群令吏捕登考劾僞構吉甫陰事密以上聞帝召
登面訊之立辯其僞憲宗怒將誅群等吉甫救之出爲湖南觀察使

數日改黔州刺史黔州觀察使在黔中屬大水壞其城郭復築其城
徵督谿洞諸蠻程作頗急於是辰錦生蠻乘險作亂群討之不能定
六年九月貶開州刺史在郡二年改容州刺史容管經略觀察使九
年詔還朝至衡州病卒時年五十群性很戾頗復恩讐臨事不顧生
死是時徵入欲大用人皆懼駭聞其卒方安二子謙餘審餘兄
常字中行大曆十四年登進士第居廣陵之柳楊結廬種樹不求苟
進以講學著書爲事凡二十年不出貞元十四年鎮州節度使王武
俊聞其賢遣人致聘辟爲掌書記不就其年杜佑鎮淮南奏授校書
郎爲節度參謀元和六年自湖南判官入爲侍御史轉水部員外郎
出爲朗州刺史歷固陵潯陽臨川三郡守入爲國子祭酒求致仕寶
曆元年卒時年七十子弘餘會昌中爲黃州刺史
牟字貽周貞元二年登進士第試秘書省校書郎東都留守巡官歷
河陽昭義從事檢校水部郎中賜緋再爲留守判官入爲都官郎中
出爲澤州刺史入爲國子祭酒長慶二年卒時年七十四子周餘大

中年秘書監牟弟
庠字胄卿釋褐國子主簿吏部侍郎韓皐出鎮武昌辟爲推官皐移
鎮浙西奏庠爲節度副使殿中侍御史遷澤州刺史又爲宣歙副使
除奉天令登州刺史東都留守判官歷信婺二州刺史卒年六十三
子縣載
鞏字友封元和二年登進士第袁滋鎮滑州辟爲從事滋改荆襄二
鎮皆從之掌書記之任平盧薛平又辟爲副使入朝拜侍御史歷司
勳員外刑部郎中元稹觀察浙東奏爲副使檢校秘書少監兼御史
中丞賜金紫稹移鎮武昌鞏又從之鞏能五言詩昆仲之間與牟詩
俱爲時所賞重性溫雅多不能持論士友言議之際吻動而不發白
居易等目爲囁嚅翁終于鄂渚時年六十子六人景餘師裕最知名
李遜字友道後魏申公發之後於趙郡謂之申公房曾祖進德太子
中允祖珍玉昌明令父震雅州刖駕世寓於荆州之石首遜登進士
第辟襄陽掌書記復從事於湖南主其留務頗有聲績累拜池濠二

州刺史先是濠州之都將楊騰削刻士卒州兵三千人謀殺騰騰覺
之走揚州家屬皆死濠兵不自戢因行摽剽及遜至郡餘亂未殄徐
驅其間爲陳逆順利害之勢衆皆釋甲請罪因以寧息觀察使官限
外徵役皆不從入拜虞部郎中元和初出爲衢州刺史以政績殊尤
遷越州刺史兼御史大夫浙東都團練觀察使先是貞元初皇甫政
鎭浙東嘗福建兵亂逐觀察使吳詵政以所鎭實壓閩境請權益兵
三千俟賊平而罷賊平向三十年而所益兵仍舊遜視事數日舉奏
停之遜爲政以均一貧富扶弱抑強爲己任故所至稱理九年入爲
給事中遜以舊制隻日視事對群臣遜奏論曰事君之義有犯無隱
陳誠啓沃不必擇辰今君臣數奏乃候隻日是畢歲臣下覩天顏獻
可否能幾何憲宗嘉之乃許不擇時奏對俄遷戶部侍郎元和十年
拜襄州刺史充山南東道節度觀察等使襄陽前領八郡唐鄧隋在
焉是時方討吳元濟朝議以唐蔡鄰接遂以鄧隸唐州三郡別爲節
制命高霞寓領之專俟攻討遜以五州賦餉之時遜代嚴綬鎭襄陽
綬以八州兵討賊在唐州既而綬以無功罷兵柄命高霞寓代綬將
兵於唐州其襄陽軍隸于霞寓軍士家口在襄州者遜厚撫之士卒
多捨霞寓亡歸既而霞寓爲賊所敗乃移過于遜言供饋不時霞寓
本出禁軍內官皆佐之既貶官中人皆言遜撓霞寓軍所以致敗上
令中使至襄州聽察曲直奏言遜不直乃左授太子賓客分司又降
爲恩王傅十三年李師道効順命遜爲左散騎常侍馳赴東平諭之
師道得詔意動即請効順旋爲其下所惑而止遜還未幾除京兆尹
改國子祭酒十四年拜許州刺史充忠武節度陳許溵蔡等州觀察
處置等使是時新罷兵戰難遜完緝及遜至集大軍與之約束嚴具
示賞罰必信號令數百言士皆感悅長慶元年幽鎭繼亂遜請身先
討賊不許但命以兵一萬會于行營遜奉詔即日發兵故先諸軍而
至由是進位檢校吏部尚書尋改鳳翔節度使行至京師以疾陳乞
改刑部尚書長慶三年正月卒年六十三廢朝一日贈右僕射遜幼
孤寓居江陵與其弟建皆安貧苦易衣併食講習不倦遜兄造知二

賢日爲營丐成其志業建先遜一年卒兄弟同致休顯士君子多
之謚曰恭肅造早卒
建字杓直家素清貧無舊業與兄造遜於荆南躬耕致養嗜學力文
舉進士選授秘書省校書郎德宗聞其名用爲右拾遺翰林學士元
和六年坐事罷職降詹事府司直高郢爲御史大夫奏爲殿中侍御
史遷兵部郎中知制誥自以草詔思遲不願司文翰改京兆尹與宰
相韋貫之友善貫之罷相建亦出爲澧州刺史徵拜太常少卿尋以
本官知禮部貢舉建取捨非其人又惑於請託故其年選士不精坐
罰俸料明年除禮部侍郎竟以人情不洽改爲刑部建名位雖顯以
廉儉自處家不理垣屋士友推之長慶二年二月卒贈工部尚書三
子訥恪朴訥最知名官至華州刺史檢校尚書右僕射
薛戎字元夫河中寶鼎人少有學術不求聞達居於毗陵之陽羨山
年餘四十不易其操江西觀察使李衡辟爲從事使者三返方應故
相齊映代衡又留署職府罷歸山福建觀察使柳冕表爲從事累月
轉殿中侍御史會泉州闕刺史冕署戎權領州事是時姚南仲節制
鄭滑從事馬揔以其道直爲監軍使誣奏貶泉州別駕冕附會權勢
欲構成揔罪使戎按問曲成之戎以揔無辜不從冕意別白其狀戎
還自泉州冕盛氣據衙而見賓客戎遂歷東廂從容而入冕度勢未
可屈徐起以見一揖而退又構其罪以狀聞置戎于佛寺環以武夫
恣其侵辱如是累月誘令成揔之罪操心如一竟不動摇杜佑鎭淮
南知戎之寃乃上其表發書諭冕戎難方解遂辭職寓居於江湖間
後閻濟美爲福建觀察使備聞其事奏充副使又隨濟美移鎭浙東
改侍御史入拜刑部員外郎出爲河南令累改衢湖常三州刺史遷
浙東觀察使所莅皆以政績聞居數歲以疾辭官長慶元年十月卒
贈左散騎常侍戎檢身勵約不務虛名俸入之餘散於宗族身殁之
後人無譏焉兄弟五人季弟放最知名放登進士第性端厚寡言於
是非不甚繫意累佐藩府莅事幹敏官至試大理評事擢拜右拾遺
轉補闕歷水部兵部二員外遷兵部郎中遇憲宗以儲皇好書求端

士輔導經義選充皇太子侍讀及穆宗嗣位未聽政間放多在左右密參機命穆宗常謂放曰小子初承大寶懼不克荷先生宜爲相以匡不逮放叩頭曰臣實庸淺復侍冕旒固不足猥塵大位輔弼之任自有賢能其言無矯飾皆此類也穆宗深嘉其誠因召對思政殿賜以金紫之服轉工部侍郎集賢學士雖任非峻切而恩顧轉隆轉刑部侍郎職如故穆宗常謂侍臣曰朕欲習學經史何先放對曰經者先聖之至言仲尼之所發明皆天人之極致誠萬代不刊之典也史記前代成敗得失之迹亦足鑒其興亡然得失相參是非無準的固不可爲經典比也帝曰六經所尚不一志學之士白首不能盡通如何得其要對曰論語者六經之菁華孝經者人倫之本窮理執要眞可謂聖人至言是以漢朝論語首列學官光武令虎賁之士皆習孝經玄宗親爲孝經注解皆使當時大理四海乂寧蓋人知孝慈氣感和樂之所致也上曰聖人以孝爲至德要道其信然乎轉兵部侍郎禮部尚書判院事放閨門之內尤推孝睦孤孀百口家貧毋不給贍

常苦俸薄放因召對懇求外任其時偶以節制無闕乃授以廉問及鎭江西惟用清絜爲理一方之人至今思之寶曆元年卒於江西觀察使廢朝一日

史臣曰穆秘監之剛正不奪如寒松倚巖千丈勁節而實容州之敢決如鷙鳥逐雀英氣動人巖穴之流罕能及此然矯激過當君子不爲如塤如篪不通不介士行之美崔氏諸子有焉建遜之貞方戎放之道義元和已來稱爲令族宜哉

贊曰穆之贇質實之常群迹參時傑氣爽人文二李英英四崔濟濟韓氏三門難兄難弟

唐書列傳卷第一百五

唐書列傳卷第一百六

劉　昫　等修

閩人詮校刻沈桐同校

于頔 子敏 季友 方　韓弘 子公武 弘弟充

李質　王智興 子晏平 晏宰

于頔字允元河南人也周太師燕文公謹之後也始以蔭補千牛調授華陰尉黜陟使劉灣辟爲判官又以櫟陽主簿攝監察御史充入蕃使判官再遷司門員外郎兼侍御史賜紫充入西蕃計會使將命稱於時論以爲有出疆專對之能歷長安縣令駕部郎中出爲湖州刺史因行縣至長城方山其下有水曰西湖南朝疏鑿溉田三千頃久堙廢頔命設堤塘以復之歲獲秔稻蒲魚之利人賴以濟州境陸地褊狹其送終者往往不掩其棺槥頔葬朽骨凡十餘所改蘇州刺史濬溝瀆整街衢至今賴之吳俗事鬼頔疾其淫祀廢生業神宇皆撤去唯吳太伯伍員等三數廟存焉雖爲政有績然橫暴已甚追憾湖州舊尉封杖以計强決之觀察使王緯奏其事德宗不省及後頔累遷乃與緯書曰一蒙惡奏三度改官由大理卿遷陝虢觀察使自以爲得志益恣威虐官吏日加科罰其惴恐重足一跡掾姚峴不勝其虐與其弟況舟于河遂自投而死貞元十四年爲襄州刺史充山南東道節度觀察地與蔡州鄰吳少誠之叛頔率兵赴唐州收吳房朗山縣又破賊於濯神溝於是廣軍籍募戰士器甲犀利僴然專有漢南之地小失意者皆以軍法從事因請升襄州爲大都督府比鄆魏時德宗方姑息方鎮聞頔事狀亦無可柰何但允順而已頔奏請無不從於是公然聚斂恣意虐殺專以凌上威下爲務鄧州刺史元洪頔誣以贓罪奏聞朝旨不得已爲流端州命中使監焉至隋州棗陽縣頔命部將領士卒數百人劫洪至襄州拘留之中使奔歸京師德宗怒笞之數十頔又表洪其責太重復降中使景忠信宣旨慰諭遂除洪吉州長史然後洪獲赴謫所又怒判官薛正倫奏貶峽州長史及勅下頔怒已解復奏請爲判官德宗皆從之正倫卒未殯頔

以兵圍其宅令薛勇逼娶其嫡女頔累遷至左僕射平章事燕國公俄而不奉詔旨擅總兵據南陽朝廷幾爲之旰食及憲宗即位威肅四方頔稍戒懼以第四子季友求尚主憲宗以長安永昌公主降焉其第二子方屢諷其父歸朝入覲冊拜司空平章事元和中內官梁守謙掌樞密頗招權利有梁正言者勇於射利自言與守謙宗盟情厚頔子敏與之遊處正言取頔財賄言賂守謙以求出鎮久之無効敏責其貨於正言乃誘正言之僮支解棄于溷中八年春敏奴王再榮詣銀臺門告其事即日捕頔孔目官沈璧家僮十餘人於內侍獄鞫問尋出付臺獄詔御史中丞薛存誠刑部侍郎王播大理卿武少儀爲三司使按問乃搜死奴於其第獲之頔率其男贊善大夫正駙馬都尉季友素服單騎將赴闕下待罪於建福門門司不納退於街南負墻而立遣人進表閤門使以無引不受日沒方歸明日復待罪於建福門宰相喻令還第貶爲恩王傅敏長流雷州錮身發遣殿中少監駙馬都尉季友追奪兩任官階令其家循省左贊善大夫正祕書丞方並停見任孔目官沈璧決四十配流封州奴犀牛與劉幹同手殺人宜付京兆府決殺敏行至商山賜死梁正言僧鑒虛並付京兆府決殺頔其年十月改授太子賓客十年王師討淮蔡諸侯貢財助軍頔進銀七千兩金五百兩玉帶二詔不納復還之十三年頔表求致仕宰臣擬授太子少保御筆改爲太子賓客其年八月卒贈太保謚曰厲其子季友從獵苑中訴於穆宗賜謚曰思右丞張正甫封勅請還本謚右補闕高鉞上疏論之曰夫謚者所以懲惡勸善激濁揚清使忠臣義士知勸亂臣賊子知懼雖竊位於當時死加惡謚者所以懲暴戾垂沮勸孔子修春秋亂臣賊子懼蓋爲此也垂範如此而不能救況又隳紊其典法乎臣風聞此事是徐泗節度使李愬奏請李愬勳臣節將陛下寵其勳勞賜其爵禄車服第宅則可若亂朝廷典法將何以沮勸仲尼曰唯名與器不可以假人名器君之所司若以假人與之政也政亡則國家從之頔頃鎮襄漢殺戮不辜恣行兇暴移軍襄鄧迫脅朝廷擅留逐臣徼遮天使當先朝嗣位之始貴安

亥側以靖四方幸免鈇鉞之誅得全腰領而褒誄宜諡之繆厲以沮
兇邪豈可曲加美名以惠奸宄如此則是于頔生爲奸臣死獲美諡
竊恐天下有識之士謂聖朝無人有此倒置伏請速追前詔却依太
常諡爲厲使朝典無虧國章不濫太常博士王彥威又疏曰古之聖
王立諡法者所以彰善惡垂勸誡使一字之襃寵踰紱冕一言之貶
辱過朝市此有國之典禮陛下勸懲之大柄也頔頃擁節旄肆行暴
虐人神共憤法令不容擅興全師僭爲正樂侵辱中使擅止制囚殺
戮不辜誅求無度臣故定諡爲厲今陛下不忍改賜爲思誠出聖慈
實害聖政伏以陛下自臨宸扆懋建大中闡善若驚從諫不倦況當
統天立極之始所謂執法慎名之時一垂恩光大啓徼倖且如頔之
不法然而陛下不忍加懲臣恐今後不逞之徒如頔者衆矣死援頔
例陛下何以處之是恩曲於前而弊生於後若以李吉甫有賜諡之
例則甫之爲相也有犯上殺人之罪乎以頔況之恐非倫類如以頔
常入財助國政過來覲兩使絕域可以贖論夫傷物害人剝下奉上

納賄求幸尤不可長其漸焉自兩河宿兵垂七十年王師怠征瘡痏
未息及張茂昭以易定入覲陳權以滄景歸朝故恩禮殊尤以勸來
者而于頔以文吏之職居腹心之地而倨強犯命不獲已而入朝豈
茂昭之比乎縱有入財使遠之勤何以掩其惡迹伏望陛下恩由義
斷澤以禮成襃貶道存僥倖路絕則天下幸甚疏奏不報竟諡爲思
長慶中以戚里勳家諸貴引用于方復至和王傅家富於財方交結
遊俠務於速進元稹作相欲以其策平河朔羣盜方以策書干稹而
李逢吉之黨欲傾裴度乃令人告稹欲結客刺度事下法司按鞫無
狀而方竟坐誅

韓弘潁川人其祖父無聞世居滑之匡城少孤依母族劉玄佐即其
舅也事玄佐爲州掾累奏試大理評事玄佐卒子士寧被逐弘出汴
州爲宋州南城將劉全諒時爲都知兵馬使貞元十五年全諒卒汴
軍懷玄佐之惠又以弘長厚共請爲留後環監軍使請表其事朝廷
亦以玄佐故許之自試大理評事檢校工部尚書汴州刺史兼御史
大夫宣武軍節度副大使知節度事宋亳汴潁觀察等使時吳少誠
遣人至汴密與劉全諒謀因曲環卒襲陳許會全諒卒其人在傳舍
弘喜獲節鉞即斬其人以聞立出軍三千助禁軍共討少誠汴州自
劉士寧之後軍益驕恣及陸長源遇害頗輕主帥其爲亂魁黨數十
百人弘視事數月皆知其人有部將劉鍔者兇卒之魁也弘欲大振
威望一日引短兵於衙門召鍔與其黨三百數其罪盡斬之以徇血
流道中弘對賓僚言笑自若自是訖弘入朝二十餘年軍衆十萬無
敢怙亂者累授檢校左右僕射司空憲宗即位加同平章事時王鍔
檢校司空平章事致書于宰臣武元衡恥在王鍔之下憲宗方欲用
形勢以臨淮西乃授以司徒平章事班在鍔上及用嚴綬爲招討爲
賊所敗弘方鎭汴州當兩河賊之衝要朝廷慮其異志欲以兵柄授
之而令李光顏烏重胤實當旗鼓乃授弘淮西諸軍行營都統令兵
部郎中知制誥李程宣賜官告弘實不離理所唯令其子公武率師
三千隸李光顏軍弘雖居統帥常不欲諸軍立功陰爲逗撓之計每

聞獻捷輒數日不怡其危國邀功如是吳元濟誅以統帥功加檢校
司徒兼侍中封許國公罷行營都統十四年誅李師道收復河南二
州弘大懼其年七月盡攜汴之牙校千餘人入覲對於便殿拜舞之
際以其足疾命中使掖之宴賜加等預册徽號大禮進絹三十五萬
匹絁三萬匹銀器二百七十件三上章堅辭戎務願留京師奉朝請
詔曰納大忠樹嘉績爲臣所以明極節錫殊寵進高秩有國所以待
元臣況乎邦教誕敷王言揔會百辟攸寘四方式瞻永念于懷久虛
其位載揚成命僉曰休哉宣武軍節度副大使知節度事汴宋亳潁
等州觀察處置等使開府儀同三司守司徒兼侍中使持節汴州諸
軍事汴州刺史上柱國許國公食邑三千戶韓弘降神挺材積厚成
器中蘊深閎之量外標嚴重之姿有匡國濟時之心推誠不耀有吏
兇禁暴之略仗義益彰自鎭浚郊二十餘載師徒稟訓而咸肅吏士
奉法而愈明俗臻和平人用庶富威聲之重隱若山崇屬者淮濆灌
征命統羣帥克殄殘孽惟乃有指蹤之功及齊境興妖分師進討遂

梟元惡惟乃有略地之効既聞旋旆俄請執珪深陳魏闕之誠遠繼
韓侯之志朝天有慶就日方伸又抗表章固辭戎旅三加敦諭所守
彌堅于藩于宣諒切於注意我弼我輔難違其衷懇式遂良願載兼
上司論道之榮因之以齊八政中樞之長昇之以贊萬務玄袞赤舄
備于寵光不有其人孰膺斯任可守司徒兼中書令乃以吏部尚書
張弘靖兼平章事代弘鎮宣武憲宗崩以弘攝冢宰十五年六月以
本官灕中尹河中晉絳節度觀察等使時弘弟充爲鄭滑節度使子
公武爲鄜坊節度使父子兄弟皆秉節鉞人臣之寵冠絕一時二年
請老乞罷戎鎮三表從之依前守司徒中書令其年十二月病卒時
年五十八贈太尉賻絹二千匹布七百端米粟千碩初弘鎮大梁二
十餘載四州征賦皆爲已有未嘗上供有私錢百萬貫粟三百萬斛
馬七千匹兵械稱是專務聚財積粟峻法樹威而莊重寡言沉猜勇
斷鄰封如吳少誠李師道輩皆憚之詔使宣諭弘多倨待及齊蔡賊
平勢屈入覲兩朝寵待加等弘竟以名位始終人臣之幸也時公武

○已卒弘孫紹宗嗣公武自宣武馬步都虞候將兵誅蔡賊平檢校右
散騎常侍鄜州刺史鄜等州節度使丁所生憂起復金吾將軍仍舊
職十四年父弘入朝公武乞罷節度入爲右金吾將軍既而弘出鎮
河中季父充移鎮宣武公武歎曰二父聯居重鎮吾以孺子當執金
吾職家門之盛懼不克勝堅辭宿衛改右驍衛將軍性頗恭遜不以
富貴自處弘罷河中居永崇里第公武居宣陽里之北門因省父無
疾暴卒贈戶部尚書

充依舅劉玄佐歷河陽昭義牙將及兄弘節制宣武召歸主親兵奏
授御史大夫弘頗酷法人人不自保充獨謙恭執禮未嘗懈怠繇是
偏得士心然以親逼權重常不自安元和六年因獵近郊單騎歸于
洛陽時朝廷方姑息弘亦憐充之無異志擢拜右金吾衛將軍十二
月轉大將軍歷少府監十五年代姪公武爲鄜坊節度使檢校工部
尚書長慶二年幽鎮魏復亂朝廷以王承元有鼎卒數千在滑州恐
封疆相接復相勸誘命充與承元更換所守檢校左僕射是歲汴州

節度使李愿被三軍所逐立都將李㝏爲留後朝廷以充久在汴州
衆心悅附命充爲宣武節度使兼統義成之師往討㝏會㝏疽發腦
屬兵於紀綱李質質以計誅首亂送㝏歸京師充遂不戰而入大梁
時陳許李光顏亦奉詔討㝏軍於尉氏意欲必先收汴因大肆俘掠
汴州監軍使姚文壽亦欲招許下之師充在中牟聞其謀率衆徑至
城下汴人素懷充來皆踊躍相賀無復疑貳詔加檢校司空詔割頴
州隸滑州充既安堵密籍部伍間得嘗構惡者千餘人一日下令并
父母妻子立出之敢逡巡境內者斬自是軍政大理汴人無不愛戴
四年八月例加司徒詔未至暴疾卒時年五十五贈司徒謚曰肅充
雖內外皆將家素不事豪侈常以簡約自持臨機決策動無遺悔善
將者多之

李質者汴之牙將李㝏既爲留後倚質爲心腹及朝廷以㝏爲郡守
志邀節鉞質勸諭不從會㝏疽發首乃與監軍姚文壽謀斬㝏傳首
京師有詔以韓充鎮汴充未至質權知軍州事使衛牙兵二千人皆

○日給酒食物力爲之損屈充將至質曰若韓公始至頓去二千人日
膳人情必大去若不除之後當無繼不可留此弊以遺吾帥遂處分
停日膳而後迎充召爲金吾將軍長慶三年四月卒

王智興字匡諫懷州溫縣人也曾祖靖左武衛將軍祖環右金吾衛
將軍父縉太子詹事智興少驍銳爲徐州衙卒事刺史李洧及李納
謀叛欲害洧洧遣以徐州歸國納怒以兵攻徐甚急智興健行不四
五日齎表京師求援德宗發朔方軍五千人隨智興赴之淄青圍解
自是智興常以徐軍抗納累歷滕豐沛狄四鎮將自是二十餘年爲
徐將元和中王師誅吳元濟李師道與蔡賊謀撓沮王師頻出軍侵
徐徐帥李愿以所部步騎悉委智興以抗之鄆將王朝晏以兵攻沛
智興擊敗之賊又令姚海率勁兵二萬圍豐攻城甚急智興復擊敗
之於賊壁獲美妾智興懼軍士爭之乃曰軍中有女子安得不敗此
雖無罪違軍法也即斬之以徇累官至侍御史本軍都押衙十三年
王師誅李師道智興率徐軍八千會諸道之師進擊與陳許之軍大

破賊於金鄉拔魚臺俘斬萬計以功遷御史中丞賊平授沂州刺史長慶初河朔復亂徵兵進討穆宗素知智興善將遷檢校左散騎常侍兼御史大夫充武寧軍節度副使河北行營都知兵馬使初召智興以徐軍三千渡河徐之勁卒皆在部下節度使崔羣慮其前軍難制密表請追赴闕授以他官事未行會赦王廷湊諸道班師智興先期入境羣頗憂疑令府僚迎勞且誠之曰兵士悉輸甲仗於外副使以十騎入城智興既首肯僚聞之心動率歸師斬關而入殺軍中異己者十餘人然後詣衙謝羣曰此軍情也羣治裝赴闕智興遣兵士援送羣家屬至埇橋遂掠鹽鐵院緡幣及汴路進奉物商旅貲貨率十取七八逐濠州刺史侯弘度弘度棄城走朝廷以罷兵力不能加討遂授智興檢校工部尚書徐州刺史御史大夫充武寧軍節度徐泗濠觀察使自是智興務積財賄以賂權勢賈其聲譽用度不足税泗口以裒益之累加至檢校僕射司空太和初李同捷據滄德叛智興上章請躬督士卒討賊從之乃出全軍三萬自備五月糧餉朝

廷嘉之加檢校司徒同平章事兼滄德行營招撫使初同捷狂桀把命濟之以王廷湊王師經年無功及智興拔棣州賊大懼諸軍稍務進取以智興首功加守太傅封鴈門郡王賊平入朝上賜宴麟德殿賞賜珍玩名馬進位侍中改許州刺史忠武軍節度陳許蔡等州觀察使太和七年改授河中尹河中節度晉磁隰觀察等使智興因入朝九年五月改汴州刺史宣武軍節度宋亳汴潁觀察等使開成元年七月卒年七十九贈太尉不視朝三日葬于洛陽榆林之北原四鎮將校會葬者千人智興九子晏平晏宰晏皐晏實晏恭晏逸晏深晏斌晏韜而晏平晏宰最知名

晏平幼從父征伐以討李同捷功授檢校右散騎常侍靈州大都督府長史朔方靈鹽節度丁父憂奔歸洛陽晏平居官貪黷去鎮日擅將征馬四百餘匹及兵仗七千事自衞爲憲司所糺減死長流康州以父喪未赴流所告於河北三鎮三帥上表救解請從昭雪改授撫州司馬給事中韋温薛廷老盧弘宣封還制書改永州司戶韋温又執不下文宗令中使宣諭方行晏宰於昆仲間最稱偉器大中後歷上黨太原節度使扞迴鶻党項屢立邊功晏皐仕至左威衞將軍

史臣曰王燕公以儒家子逢時擾攘不持士範非義非俠健者不爲末塗淪躓固其宜矣韓王二帥乘險蹈利犯上無君豺狼噬人鵝鸛幸夜爵祿過當其可已乎謂之功臣恐多慚色

贊曰王子滴任輕犯彝章韓虐王剽專恣一方元和赫斯揮劍披攘擇肉之倫不距權藏

唐書列傳卷第一百六

劉　昫　等修

聞人詮校刻沈桐同校

王翃 翃兄翊　鄒士美

李鄘 鄘子柱 柱子磎　辛祕

馬摠　韋弘景

王彥威

王翃太原晉陽人也兄翊乾元中累官至京兆少尹性謙柔淡於聲利自商州刺史遷襄州刺史山南東道節度觀察等使入朝充北蕃宣慰使稱職代宗素重之及即位目爲純臣遷刑部侍郎御史中丞居憲司雖不能舉振綱條然以謹重知名大曆二年卒翃爲侍郎時翃自折衝授辰州刺史遷朗州有威望智術所莅立名大曆五年遷容州刺史容管經略使自安史之亂頻詔徵發嶺南兵募隸南陽魯炅軍炅與賊戰於葉縣大敗餘衆離散嶺南谿洞夷獠乘此相恐爲亂其首領梁崇牽自號平南十道大都統及其黨覃問等誘西原賊張侯夏永攻陷城邑據容州前後經略使陳仁琇李抗侯令儀耿慎惑元結長孫全緒等雖容州刺史皆寄理藤州或寄梧州及翃至藤州言於衆曰吾爲容州刺史安得寄理他邑乃出私財募將健許奏以好爵以是人各盡力不數月斬賊魁歐陽珪馳於廣州見節度使李勉求兵爲援勉曰容州陷賊已久羣獠方強卒難圖也若務速攻祇自敗耳郡不可復也翃請曰大夫如未暇出師但請移牒諸州揚言出千兵援助冀藉聲勢成萬一之功勉然之翃乃以手札告諭義州刺史陳仁璀藤州刺史李曉庭等盟約討賊翃復募三千餘人同力戰日數合節度使牒止翃用兵翃慮惑將士匿其牒奮起士卒大破賊數萬衆擒其帥梁崇牽賊遁數百里外盡復容州故境翃發使以聞奏置順州以遏餘寇前後大小百餘戰生擒賊帥上獻者七十餘人累加銀青光祿大夫兼御史中丞充招討處置使翃又令其將張利用李寔等分兵討襲西原遂收復鬱林諸州部內漸安後因哥

舒晃殺節度使呂崇賁嶺南復亂翃遣大將李寔悉所管兵赴援廣州西原賊率覃問復招合夷獠曰容州兵馬盡赴廣州郡可圖也於是悉衆來襲翃知其來伏兵禦之生擒覃問其衆大敗代宗聞而壯之遣中使慰勞加金紫光祿大夫時西蕃入寇河中元帥郭子儀統兵備之乃徵翃爲河中少尹充節度留後領子儀之務有悍將凌正者橫暴撓軍政約其徒夜譟斬關以逐翃有告者翃縮夜漏數刻以差其期賊驚而遁卒誅正軍城乂安歷汾州刺史京兆尹屬發涇原兵討李希烈軍次滻水翃備供頓肉敗糧臭衆怒以叛翃奔至奉天加御史大夫改將作監從幸山南車駕還京改大理卿出爲福州刺史福建觀察使入爲太子賓客貞元十二年檢校禮部尚書代董晉爲東都留守判尚書省事東畿汝防禦使凡開置二十餘屯市勁筋良鐵以爲兵器簡練士卒軍政頗修無何吳少誠阻命翃賦車籍甲不待完繕東畿之人賴之十八年卒時七十餘贈禮部尚書

○鄒士美字和夫高平金鄉人也父純字高卿爲李邕張九齡等知遇尤以詞學見推與顏真卿蕭穎士李華皆相友善舉進士繼以書判制策三中高第登朝歷拾遺補闕員外郎中諫議大夫中書舍人處事不迴爲元載所忌魚朝恩署牙將李琮爲兩街功德使琮暴橫於銀臺門毆辱京兆尹崔昭純詣元載抗論以爲國恥請速論奏載不從遂以疾辭退歸東洛凡十年自號伊川田父清名高節稱於天下及德宗即位崔祐甫作相召拜左庶子集賢學士到京以年老乞身表三上除太子詹事致仕東歸洛陽德宗召見屢加褒歎賜以金紫公卿大夫皆賦詩祖送於都門搢紳以爲美談有文集六十卷行於世士美少好學善記覽父友顏真卿蕭穎士輩嘗與之討論經傳應對如流既而相謂曰吾曹異日當交於二鄒之間矣未冠爲陽翟丞李抱真鎮潞州辟爲從事雅有參贊之績其後易二帥皆詔士美佐之由坊州刺史爲黔州刺史兼御史大夫持節黔中經略招討觀察鹽鐵等使時溪州賊帥向子琪連結夷獠控據山洞衆號七八千士美設奇略討平之詔書勞慰加檢校右散騎常侍封高平郡公再遷

京兆尹每別殿延問必咨訪大政出爲鄂州觀察使貞元十八年伊
慎有功特授安黃節度二十年慎卒朝其子宥主留事朝廷未能去
會宥毋卒於京師利主軍權不時發喪士美命從事託以他故過其
境宥果迎之告以凶問先備肩藍即日遣之元和五年拜河南尹明
年三月檢校工部尚書潞州大都督府長史充昭義節度前政之豐
給浮費至皆減損號令嚴肅及朝廷討王承宗士美遣兵馬使王獻
領勁兵一萬爲前鋒獻兇惡恃亂逗撓不進遽令召至數其罪斬之
下令曰敢後出者斬士美親鼓之兵既合而賊軍大敗下三營環柏
鄉屢以捷聞上大悅曰吾故知士美能辦吾事于時四面七八鎮兵
共十餘萬以環鎮異未有首功多犯法士美兵士勇敢畏法威聲甚
振承宗大懼指期有破亡之勢會詔班師至今兩河間稱之十二年
以疾徵爲工部尚書稍間拜忠武節度使檢校刑部尚書至鎮踰月
寢疾元和十四年九月卒年六十四贈尚書左僕射謚曰景士美善
與人交然諾之際豁如也當時名稱翕然

○李鄘字建侯江夏人北海太守邕之姪孫父暄官至起居舍人鄘大
曆中舉進士又以書判高等授祕書正字爲李懷光所辟累遷監察
御史及懷光據蒲津叛鄘與母妻陷賊中恐禍及親因僞白懷光曰
兄病在洛請毋往視之懷光許焉且戒妻子無得從鄘皆遣行後懷
光知責之對曰鄘名隸軍籍不得隨侍老母奈何不使婦隨姑行也
懷光無以罪之時與故相高郢同在賊廷乃密奏賊軍虛實及攻取
之勢德宗賜手詔以勞之後事泄懷光嚴兵召郢與鄘詰責鄘詞激
氣壯三軍義之懷光不敢殺囚之獄中懷光死馬燧就獄致禮表爲
河東從事尋以言不行歸養洛中襄州節度使嗣曹王皐致禮延辟
署從事奏兼殿中侍御史入爲吏部員外郎徐州張建封卒其子愔
爲將校所迫俾領軍務詔擇臨難不懾者即其軍以諭之遂命鄘爲
徐州宣慰使鄘直抵其軍召將士傳朝旨陳禍福脫監軍使桎梏令
復其位兇黨不敢犯及愔上表稱兵馬留後鄘以爲非詔令所加不
宜稱號立使削去方授其表遷吏部郎中順宗登極拜御史中丞遷

京兆尹尚書右丞元和初以京師多盜復選爲京兆尹擒奸禁暴威
望甚著尋拜檢校禮部尚書鳳翔尹鳳翔隴右節度使是鎮承前命
帥多用武將有神策行營之號初受命必詣軍修謁鄘既受命表陳
其不可詔遂去神策行營字但爲鳳翔隴右節度未幾遷鎮太原入
爲刑部尚書兼御史大夫諸道鹽鐵轉運使五年冬出爲揚州大都
督府長史淮南節度使鄘前在兩鎮皆以剛嚴操下遽變舊制人情
不安故未幾即改去至淮南數歲就加檢校左僕射政嚴事理府庫
充積及王師征淮夷鄆寇李師道表裏相援鄘發楚壽等州二萬餘
兵分壓賊境日費甚廣未嘗請於有司時憲宗以兵興國用不足命
鹽鐵副使程异乘馹諭江淮諸道俾助軍用鄘以境内富實乃大籍
府庫一年所蓄之外咸貢於朝廷諸道以鄘爲倡首悉索以獻自此
王師無匱乏之憂先是吐突承璀監淮南軍貴寵莫貳鄘亦以剛嚴
素著而差相敬憚未嘗相失承璀歸遂引以爲相十二年徵拜門下
侍郎同平章事鄘出入顯重素不以公輔自許年侵勢過頗安外鎮

○登祖筵聞樂而泣下曰宰相之任非吾所長也行頗緩至京師又辭
疾歸第既未朝謁亦不領政事竟以疾辭改授戶部尚書俄換檢校
左僕射兼太子賓客分司東都尋以太子少傅致仕元和十五年八
月卒贈太子太保謚曰肅鄘強直無私飾與楊憑穆質許孟容王仲
舒友善皆任氣自負然鄘當官嚴重爲吏以峻法立操所至稱理而
剛決少恩鎮揚州七年令行禁止擒擿生殺一委軍吏參佐束手居
人頗陷非法物議以此少之子柱官至浙東觀察使柱子磎字景望
博學多通文章秀絕大中十三年一舉登進士第歸仁晦鎮大梁穆
仁裕鎮河陽自監察殿中相次奏爲從事入爲尚書水部員外郎累
遷吏部郎中兼史館修撰拜翰林學士中書舍人廣明中分司洛下
過巢讓之亂逃於河橋光啓中避亂淮海有僞襄王詔命磎皆不從
王鐸鎮滑臺杖策詣之鐸表薦于朝昭宗雅重之復召入翰林爲學
士拜戶部侍郎遷禮部尚書景福二年十月與韋昭度並命中書門
下平章事宣制日水部郎中知制誥劉崇魯掠其麻哭之奏云李磎

好邪挾附權倖以忝學士不合爲相時宰臣薛昭緯與昭度及磎素不相協密遣崇魯沮之也乃左授太子少師磎因上十章及納諫論三篇自雪且數崇魯之惡議者重其才而鄙其訟昭宗素愛其才而急於大用至乾寧初又上第十一表乃復命爲相數月與昭度同爲王行瑜等所殺磎自在臺省聚書至多手不釋卷時人號曰李書樓所撰文章及注解書傳之闕疑僅百餘卷經亂悉亡王行瑜死德音昭雪贈司徒謚曰文子沇字東濟有俊才與父同日遇害詔贈禮部員外郎

辛秘隴西人少嗜學貞元年中累登五經開元禮科選授華元尉判入高等調補長安尉高郢爲太常卿嘉其禮學奏授太常博士遷祠部兵部員外郎仍兼博士山陵及郊丘二禮儀使皆署爲判官當時推其達禮元和初拜湖州刺史未幾屬李錡命將收支郡遂令大將監守五郡蘇常杭睦四州刺史或以戰敗或被拘執賊黨以秘儒者甚易之秘密遣衙門將丘知二勒兵數百人候賊將動逆戰大破之

知二中流矢墜馬起而復戰斬其將焚其營一州遂安賊平以功賜金紫由是僉以秘材堪將帥及太原節度范希朝領全師出討王承宗徵秘爲河東行軍司馬委以留務尋召拜左司郎中出爲汝州刺史九年徵拜諫議大夫改常州刺史遷爲河南尹苙職修政有可稱者十二年拜檢校工部尚書代郗士美爲潞州大都督府長史御史大夫充昭義軍節度澤潞磁洺邢等州觀察使是時以再討王承宗澤潞壁境凋費尤甚朝議以兵革之後思能完復者遂以命秘凡四歲府庫積錢七十萬貫餱粮器械稱是及歸道病先自爲墓誌將歿又爲書一通命緘致几上其家發之皆送終遵儉之旨久歷重任無豐財厚產爲時所稱元和十五年十二月卒年六十四贈左僕射謚曰昭

馬摠字會元扶風人少孤貧好學性剛直不妄交遊貞元中姚南仲鎮滑臺辟爲從事南仲與監軍使不叶監軍誣奏南仲不法及罷免摠坐貶泉州別駕監軍入掌樞密福建觀察使柳冕希旨欲殺摠從事穆贊辭摠贊稱無罪摠方免死後量移恩王傅元和初遷虔州刺史四年兼御史中丞充嶺南都護本管經略使摠敦儒學長於政術在南海累年清廉不撓夷獠便之於漢所立銅柱之處以銅一千五百斤特鑄二柱刻書唐德以繼伏波之迹以綏蠻功就加金紫八年轉桂州刺史桂管經略觀察使入爲刑部侍郎裴度宣慰淮西奏爲制置副使吳元濟誅度留摠蔡州知彰義軍留後尋檢校工部尚書蔡州刺史兼御史大夫充淮西節度使摠以申光蔡等州久陷賊寇人不知法威刑勸導咸令率化奏改彰義軍曰淮西賊之僞迹一皆削盪十三年轉許州刺史忠武軍節度陳許溵等州觀察處置等使明年改華州刺史潼關防禦鎮國軍等使十四年遷檢校刑部尚書鄆州刺史天平軍節度鄆曹濮等州觀察等使就加檢校尚書左僕射入爲戶部尚書長慶三年卒贈右僕射摠理道素優軍政多暇公務之餘手不釋卷所著奏議集年曆通曆子鈔等書百餘卷行於世

韋弘景京兆人後周逍遙公敻之後祖嗣立終宣州司戶父堯終洋州興道令弘景貞元中始舉進士爲汴州浙東從事元和三年拜左拾遺充集賢殿學士轉左補闕尋召入翰林爲學士普潤鎮使蘇光榮爲涇原節度使弘景草麻漏敘光榮之功罷學士改司門員外郎轉吏部員外左司郎中改吏部度支郎中張仲方貶李吉甫謚上怒貶仲方弘景坐與仲方善出爲綿州刺史宰相李夷簡出鎮淮南奏爲副使賜以金紫入爲京兆少尹遷給事中劉士經以駙馬交通邪倖穆宗用爲太僕卿弘景與給事薛存慶封還詔書論士經曰伏以司僕正卿位居九列在周之命伯冏其人所以惟月膺名象河稱重漢朝亦以石慶之謹愿陳萬年之行潔皆踐斯職謂之大寮今士經戚里常人班叙散秩以父任將帥家富貲財聲名不在於士林行義無聞於朝野忽長卿寺有瀆官常以親則人物未賢以勳則寵待常厚今叨顯任誠謂謬官傳曰惟名與器不可假人蓋士經之謂臣等職司違失實在守官其劉士經新除太僕卿勑未敢行下穆宗遣宰臣宣諭弘景等固執如前宰臣不得巳改衞尉少卿穆宗復遣諭弘

景曰士經父昌有邊功士經爲少列十餘年又尚雲安公主宜有加
恩朕思賞勞睦親之意竟行前命穆宗怒乃令弘景使安南邕容宣
慰時論翕然推重時蕭俛以清直在位弘景議論常所輔助遷刑部
侍郎轉吏部侍郎銓綜平允權邪憚其嚴勁不敢干以非道掌選二
歲改陝虢觀察使歲滿徵拜尚書左丞駮吏部授官不當者六十人
弘景素以鯁亮稱及居綱轄之地郎吏望風修整會吏部員外郎楊
虞卿以公事爲下吏所訕獄未能辨詔下弘景與憲司就尚書省詳
讞虞卿多朋游人多瞻附之弘景素所不悅時已請告在第及準詔
就召以公服來謁弘景謂之曰有勑推公虞卿失容自退轉禮部尚
書充東都留守判東都尚書省事繕完宮室至今賴之大和五年五
月卒年六十六贈尚書左僕射弘景歷官行事始終以直道自立議
論操持無所阿附當時風教尤爲倚賴自長慶已來目爲名卿

王彥威太原人世儒家少孤貧苦學尤通三禮無由自達元和中遊
京師求爲太常散吏卿知其書生補充檢討官彥威於禮閣掇拾自

隋已來朝廷沿革吉凶五禮以類區分成三十卷獻之號曰元和新
禮錄是知名特授太常博士憲宗晏駕未定謚淮南節度使李夷簡
以憲宗功高列聖宜特稱祖穆宗下禮官議彥威奏曰據禮經三代
之制始封之君謂之太祖太祖之外又祖有功而宗有德故夏后氏
祖顓頊而宗禹殷人祖契而宗湯周人郊祀后稷祖文王而宗武王
自東漢魏晉漸違經意沿革不一子孫以推美爲先自始祖已下並
有建祖之制蓋非典訓不可法也國朝祖宗制度本於周禮以景皇
帝爲太祖又祖神堯而宗太宗自高宗已降但稱宗謂之尊名可爲
成法不然則太宗造有區夏理致昇平玄宗掃清內難翊戴聖父肅
宗龍飛靈武收復兩都此皆應天順人撥亂返正至於廟號亦但稱
宗謹按經義祖者始也宗者尊也故傳曰始封必爲祖書曰德高可
宗故號高宗今宜本三代之定制去魏晉之亂法守貞觀開元之憲
章而擬議大名垂以爲訓大行廟號宜稱宗制從之故事祔廟之禮
先告於太極殿然後奉神主赴太廟祔禮畢不再告於太極殿時憲

宗祔廟禮畢執政詳舊典令有司再告紺享禮畢于太極殿彥威執
議以爲不可執政怒會宗正寺進祝版誤以憲宗爲睿宗執政銜其
強奏祝版參差博士之罪彥威坐削一階奪兩季俸彥威殊不低迴
每議禮事守正不阿附君子稱之累轉司封員外郎中弘文館舊不
置學士文宗特置一員以待彥威尋使魏博宣慰特賜金紫五年遷
諫議大夫朝廷自誅李師道收復淄青十二州未定戶籍乃命彥威
充十二州勘定兩稅使朝法振舉人不以爲煩以本官兼史館修撰
彥威通悉典故宿儒碩學皆讓之時以僕射上事儀注前後不定中
丞李漢奏定朝議未以爲允中書門下奏請依元和七年已前儀注
左右僕射上日請受諸司四品六品丞郎已下拜彥威奏論曰臣謹
按開元禮凡受冊官並與卑官荅拜國朝官品令三師三公正一品
尚書令正二品並是冊拜授官上之日亦無受朝官再拜之文僕射
班次三公又是尚書令副貳之職雖端揆之重有異百寮然與羣官
比肩事主禮曰非其臣即荅拜之又曰大夫之臣不稽首非尊家臣

以避君也即僕射上日受常叅官拜事頗非儀況元和七年已經奏議
酌爲定制編在國章近年上儀又有受拜之禮禮文乍變物論未安
請依元和七年勑爲定時李程爲左僕射宰執難於改革雖不從其
議論者稱之興平縣人上官興因醉殺人亡竄吏執其父下獄興自
首請罪以出其父京兆尹杜悰御史中丞宇文鼎以其首罪免父有
光孝義請減死配流彥威與諫官上言曰殺人者死百王共守若許
殺人不死是教殺人興雖免父不合減死詔竟許決流彥威詣中書
投宰相面論語訐氣盛執政怒左授河南少尹未幾改司農卿李宗
閔重之既秉政授青州刺史兼御史大夫充平盧軍節度淄青等觀
察使開成元年召拜戶部侍郎尋判度支彥威儒學雖優亦勤吏事
然貨泉之柄素非所長性既剛訐自恃有餘嘗紫宸廷奏曰臣自計
司按見管錢穀文簿皆量入以爲出使經費必足無所刻削且百口
之家猶有歲蓄而軍用錢物一切通用悉隨色額占定終歲支給無
臺釐之差儻臣一旦愚迷欲自欺竊亦不可得也名曰度支占額圖

既而又進供軍圖曰起至德乾元之際迄於貞觀元和之初天下有觀察者十節度二十有九防禦者四經畧者三掎角之師犬牙相制大都通邑無不有兵都計中外各額至八十餘萬長慶戶口凡三百三十五萬而兵額約九十九萬通計三戶資一兵今計天下租賦一歲所入總不過三千五百餘萬而上供之數三之一焉三萬之中二給衣賜自留州留使兵士衣賜之外其餘四十萬衆仰給度支伏以時逢理安運屬神聖然而兵不可弭食哉惟時憂勤之端兵食是切臣謬司邦計虔奉睿圖輒纂事功庶裨聖覽又纂集國初已來至貞元帝代功臣如左氏傳體敘事號曰唐典進之彥威既掌利權心希大用時內官仇士良魚弘志禁中用事先是左右神策軍多以所賜衣物於度支中估判使多曲從厚給其價開成初有詔禁止然趨利者猶希意從其請託至是彥威大結私恩凡內官請託無不如意物議鄙其躁妄後修王播舊事貢奉羨餘殆無虛日會邊軍上訴衣賜不時兼之朽故宰臣惡其所爲令攝度支人吏付臺推訊彥威略不介懷入司視事及人吏受罰左授衛尉卿停務方還私第三年七月檢校禮部尚書代殷侑爲許州刺史充忠武軍節度陳許溵觀察等使會昌中入爲兵部侍郎歷方鎮檢校兵部尚書卒贈僕射謚曰靖

史臣曰世以治軍戎決權變非儒者之事而王翃郗士美釋縫掖之儒衣奮將軍之旗鼓俾士赴湯火威振藩籬何其壯也所謂非秦無人吾謀適不用也二子遭遇英主伸其効用宜哉李建俟不屈於賊庭馬會元見伸於貝錦臨危挺操所謂貞臣將相之榮固其宜矣辛潞州之特達韋僕射之峻整王尚書之果敢皆一時之偉器也若以道自牧求福不回即能臣也而彥威欲爲巧官不亦疎乎

贊曰見危致命臨難不恐士美建侯仁者之勇弘景陸離駁正黃扉貪名喪道狂哉彥威

唐書列傳卷第一百七

唐書列傳卷第一百八

劉　昫　等修

聞人詮校刻沈桐同校

武元衡 從父弟儒衡

鄭餘慶 子澣 澣子允謨 茂休 處誨 從讜

韋貫之 兄綬 弟纁 貫之子澳 澳子庾 庠 序 雍 郊附

武元衡字伯蒼河南緱氏人曾祖德載天后從父弟官至湖州刺史祖平一善屬文終考功員外郎修文館學士事在逸人傳父就殿中侍御史以元衡貴追贈吏部侍郎元衡進士登第累辟使府至監察御史後爲華原縣令時畿輔有鎮軍督將恃恩矜功者多撓吏民元衡苦之乃稱病去官放情事外沉浮讌詠者久之德宗知其才召授比部員外郎一歲遷左司郎中時以詳整稱重貞元二十年遷御史中丞嘗因延英對罷德宗目送之指示左右曰元衡眞宰相器也順宗即位以病不親政事王叔文等使其黨以權利誘元衡元衡拒之時奉德宗山陵元衡爲儀仗使監察御史劉禹錫叔文之黨也求充

儀仗判官元衡不與其黨滋不悅數日罷元衡爲右庶子憲宗即位始冊爲皇太子元衡贊引因識之及登極復拜御史中丞持平無私綱條悉舉人甚稱重尋遷戶部侍郎元和二年正月拜門下侍郎平章事賜金紫兼判戶部事上爲太子時知其進退守正及是用爲宰相甚禮信之初浙西節度李錡請入覲乃拜爲右僕射令入朝既而又稱疾請至歲暮上問宰臣鄭絪請如錡奏元衡曰不可且錡自請入朝詔既許之即又稱疾是可否在錡今陛下新臨大寶天下屬耳目若使奸臣得遂其私則威令從茲去矣上以爲然遽追之錡果計窮而反先是高崇文平蜀因授以節度使崇文理軍有法而不知州縣之政上難其代者乃以元衡代崇文拜檢校吏部尚書兼門下侍郎平章事充劍南西川節度使將行上御安福門以臨慰之高崇文既發成都盡載其軍資金帛帟幕伎樂工巧以行元衡至則庶事節約務以便人比三年公私稍濟撫蠻夷約束明具不輒生事重慎端謹雖淡於接物而開府極一時之選八年徵還至駱谷重拜門下侍郎平章事時李吉甫李絳情不相叶各以事理曲直於上前元衡居中無所違附上稱爲長者及吉甫卒上方討淮蔡悉以機務委之時王承宗遣使奏事請赦吳元濟請事於宰相辭禮悖慢元衡叱之承宗因飛章詆元衡咎怨頗結元衡宅在靜安里九年六月三日將朝出里東門有暗中叱使滅燭者導騎訶之賊射之中肩又有匿樹陰突出者以棓擊元衡左股其徒馭已爲賊所格奔逸賊乃持元衡馬東南行十餘步害之批其顱骨懷去及衆呼偕至持火照之見元衡已踣於血中即元衡宅東北隅墻之外時夜漏未盡陌上多朝騎及行人鋪卒連呼十餘里皆云賊殺宰相聲達朝堂百官恟恟未知死者誰也須臾元衡馬走至遇人始辨之既明仗至紫宸門有司以元衡遇害聞上震慟却朝而坐延英召見宰相惋慟者久之爲之再不食冊贈司徒贈賻布帛五百匹粟四百碩輟朝五日謚曰忠愍元衡工五言詩好事者傳之往往被於管絃初八年元衡自蜀再輔政時太白犯上相歷執法占者言今之三相皆不利始輕末重月餘李絳

以足疾免明年十月李吉甫以暴疾卒至是元衡爲盜所害年五十八始元衡與吉甫齊年又同日爲宰相及出鎮分領揚益及吉甫再入元衡亦還吉甫先一年以元衡生月卒元衡後一年以吉甫生月卒吉凶之數若符會焉先是長安謠曰打麥麥打三三三既而旋其袖曰舞了也解者謂打麥者打麥時也麥打者蓋謂暗中突擊也三三三謂六月三日也舞了也謂元衡之卒也自是京師大恐城門加衛兵察其出入物色伺之其偉狀異製燕趙之音者多執訊之元衡從父弟儒衡

儒衡字庭碩才度俊偉氣直貌莊言不妄發與人交友終始不渝相國鄭餘慶不事華潔後進趨其門者多垢衣敗服以望其知而儒衡謁見未嘗輒易所好但與之正言直論餘慶因亦重之憲宗以元衡橫死王事嘗嗟惜之故待儒衡甚厚累遷戶部郎中十二年權知諫議大夫事尋兼知制誥皇甫鎛以宰相領度支剝下以媚上無敢言其罪者儒衡上疏論列鎛密訴其事帝曰勿以儒衡上疏卿將報怨

耶鑄不復敢言儒衡氣岸高雅論事有風彩羣邪惡之尤爲宰相令狐楚所忌元和末年垂將大用楚畏其明俊欲以計沮之以離其寵有狄兼謨者梁公仁傑之後時爲襄陽從事楚乃自草制詞召狄兼謨爲拾遺曰朕聽政餘暇躬覽國書知奸臣擅權之由見毋后竊位之事我國家神器大寶將遂傳於他人洪惟昊穹降鑒儲祉誕生仁傑保佑中宗使絕維更張明辟乃復宜福胄胤與國無窮及兼謨制出儒衡泣訴於御前言曾祖平一在天后朝辭榮終老當時不以爲累憲宗再三撫慰之自是薄楚之爲人然儒衡守道不回嫉惡太甚終不至大任尋正拜中書舍人時元稹依倚內官得知制誥儒衡深鄙之會食於閣下蠅集於上儒衡以扇揮之曰適從何處來而遽集於此同僚失色儒衡意氣自若還禮部侍郎長慶四年卒年五十六

鄭餘慶字居業滎陽人祖長裕官至國子司業終潁川太守長裕弟少微爲中書舍人刑部侍郎兄弟有名於當時父慈與元德秀友善官至太子舍人餘慶少勤學善屬文大曆中舉進士建中末山南節度使嚴震辟爲從事累官殿中侍御史丁父憂罷貞元初入朝歷左司兵部員外郎庫部郎中八年選爲翰林學士十三年六月遷工部侍郎知吏部選事時有玄法寺僧法湊爲寺衆所訴萬年縣尉盧伯達斷還俗後又復爲僧伯達上表論之詔中丞宇文邈刑部侍郎張彧大理卿鄭雲逵等三司與功德使判官諸葛述同按鞫議以述胥吏不合與憲臣等同入省按事餘慶上疏論列當時翕然稱重十四年拜中書侍郎平章事餘慶通究六經深旨奏對之際多以古義傅之與度支使于頔素善每奏事餘慶皆議可之未幾頔以罪貶時又歲旱人饑德宗與宰臣議將賑給禁衛六軍事未行爲中書吏所洩餘慶貶郴州司馬凡六載順宗登極徵拜尚書左丞憲宗嗣位之月又擢守本官平章事未幾屬夏州將楊惠琳阻命宰臣等論奏多議兵事餘慶復以古義上言夏州軍士皆仰給縣官又有介馬萬蹄之語時議以餘慶雖好古博雅而未適時有主書滑渙久司中書簿籍與內官典樞密劉光琦情通宰相議事與光琦異同者令渙達意未嘗

不遂所欲宰相杜佑鄭絪皆姑息之議者云佑私呼爲滑八四方書幣貲貨充集其門弟泳官至刺史及餘慶再入中書與同僚集議渙指陳是非餘慶怒其僭叱之尋而餘慶罷相爲太子賓客其年八月渙贓汚發賜死上竊聞餘慶叱渙事甚重之乃改爲國子祭酒尋拜河南尹三年檢校兵部尚書兼東都留守六年四月正拜兵部尚書餘慶再爲相罷免皆非大過尤以清儉爲時所稱洎中外踐更鬱爲耆德朝廷得失言成準的時京兆尹元義方戶部侍郎判度支盧坦皆以勳官前任至三品據令合立門戟各請戟立於其第時義方以加上柱國坦以前任宣州觀察使請戟近代立戟者率有銀青階而義方只據勳官有司不詳覆而給之議者非之臺司將劾而未果會餘慶自東都來發論大以爲不可繇是臺司移牒詰禮部左司郎中陸則禮部員外崔備皆罰俸奪元盧之門戟餘慶受詔撰惠昭太子哀冊其辭甚工有監工崔瓌自淮南小將爲黃州司馬勑至南省餘慶執之封還以爲諸道散將無故受正員五品官是開徼倖之路且無闕可供言或過理由是稍忤時權改太子少傅兼判太常卿事初德宗自山南還宮關輔有懷光吐蕃之虞都下驚憂遂詔太常集樂去大鼓至是餘慶始奏復用大鼓九年拜檢校右僕射兼興元尹充山南西道節度觀察使三歲受代十二年除太子少師尋以年及懸車請致仕詔不許時累有恩赦敘階及天子親謁郊廟行事官等皆得以恩授三品五品不復計考其使府賓吏又以軍功借賜命服而後入拜者十八九由是在朝衣綠者甚少郎官諫官有被紫垂金者又丞郎中謝泊郎官出使多賜章服以示加恩於是寵章尤濫當時不以服章爲貴遂詔餘慶詳格令立制條奏以聞十三年拜尚書左僕射自兵興以來處左右端揆之位者多非其人及餘慶以名臣居之人情美洽憲宗以餘慶諳練典章朝廷禮樂制度有乖故事專委餘慶參酌施行遂用爲詳定使餘慶復奏刑部侍郎韓愈禮部侍郎李程爲副使左司郎中崔郾吏部郎中陳珮刑部員外郎楊嗣復禮部員外郎庾敬休並充詳定判官朝廷儀制吉凶五禮咸有損益焉改

鳳翔尹鳳翔隴節度使十四年兼太子少師檢校司空封滎陽郡公
兼判國子祭酒事以太學荒毀日久生徒不振奏率文官俸給修兩
京國子監及穆宗登極以師傅之舊進位檢校司徒優禮甚至元和
十五年十一月卒詔曰故金紫光祿大夫檢校司徒兼太子少師上
柱國滎陽郡開國公食邑二千戶鄭餘慶始以衣冠禮樂行於山東
餘力文章遂成志學出入清近盈五十年再秉台衡屢分戎律凡所
要職無不踐更貴而能貧卑以自牧謇諤聞於臺閣柔睦化於閨門
受命有考父之恭待士比公孫之廣焚書逸禮盡可口傳古史舊章
如因心匠朕方咨稟庶罔昏踰神將祝予痛悼何及乞言既阻賵禮
宜優可贈太保時年七十五謚曰貞餘慶砥名礪行不失儒者之道
清儉率素終始不渝四朝居將相之任出入垂五十年祿賜所得分
給親黨其家頗類寒素自至德已來方鎮除授必遣中使領旌節就
第宣賜皆厚以金帛遺之求媚者唯恐其數不廣故王人一來有獲
錢數百萬者餘慶每受方任天子必誡其使曰餘慶家貧不得妄有

求取專欲振起儒教後生謁見者率以經學諷之而周其所急理家
理身極其儉薄及修官政則喜開廣鎮歧下一歲戎事可觀又創立
儒宮以來學者雖行已可學而往往近於沽激故當時議者不全德
許之上以家素清貧不辦喪事宜令所司特給一月俸料以充賻贈
用示哀榮有文集表疏碑誌詩賦共五十卷行於世兄承慶官不顯
弟賡甫官至主客員外郎中楚懷鄭三州刺史次弟具瞻羽客時然
皆官至縣令賓佐餘慶子瀚瀚本名涵以文宗藩邸時名同改名瀚
貞元十年舉進士以父諱官累年不任自秘書省校書郎遷洛陽尉
充集賢院修撰改長安尉集賢校理轉太常寺主簿職仍故遷太常
博士改右補闕獻疏切直人爲危之及餘慶入朝憲宗謂餘慶曰卿
之令子朕之直臣可更相賀遂遷起居舍人改考功員外郎刺史有
驅迫人吏上言政績請刊石紀政者瀚探得其情條責廉使巧跡遂
露人服其敏識時餘慶爲僕射請改省郎乃換國子博士史館修撰
丁母憂除喪拜考功郎中復丁內艱終制退居汜上長慶中徵爲司

封郎中史館修撰累遷中書舍人文宗登極擢爲翰林侍講學士上
命撰經史要錄二十卷書成上喜其精博因以十九書語類上親自
發問瀚應對無滯錫以金紫太和二年遷禮部侍郎典貢舉二年選
拔造秀時號得人轉兵部侍郎改吏部出爲河南尹皆著能名入爲
左丞旋拜刑部尚書兼判左丞事出爲山南西道節度觀察使檢校
戶部尚書興元尹兼御史大夫餘慶之鎮興元創立儒宮開設學館
至瀚之來復繼前美開成四年閏正月以戶部尚書徵詔下之日卒
于興元年六十四贈右僕射謚曰宣有文集制誥共三十卷行于世
瀚四子允謨茂諶處誨從讜允謨以蔭累官臺省歷蜀彭濠晉四州
刺史位終太子右庶子茂諶避國諱改茂休開成二年登進士第四
遷太常博士兵部員外郎吏部郎中絳州刺史位終秘書監處誨字
延美於昆仲間文章拔秀早爲士友所推太和八年登進士第釋褐
秘府轉監察拾遺尚書郎給事中累遷工部刑部侍郎出爲越州刺
史浙東觀察使檢校刑部尚書汴州刺史宣武軍節度觀察等使卒

于汴處誨族父朗初朗爲定州節度使時處誨爲工部侍郎因早朝
假寐於待漏院忽夢已爲浙東觀察使經過汴州而朗爲汴帥留連
飲餞仰視屋棟飾以黃土賓從皆所識明年朗果自定州鎮宣武辟
韋重掌書記重將行處誨告以所夢明年處誨轉刑部侍郎其年秋
授浙東觀察使行及潼關朗遣從事迎勞仍致手書令先踐所夢比
至汴宴于清暑亭賓佐悉符夢中朗仰視屋棟曰此亦黃土也四座
感歎移時後五年朗卒處誨繼爲汴州節度使乃賦詩一章刻于廳
事以盡思朗之悲處誨方雅好古且勤於著述撰集至多爲校書郎
時撰次明皇雜錄三篇行於世從讜字正求會昌二年登進士第釋
褐秘書省校書郎歷拾遺補闕尚書郎知制誥故相令狐綯魏扶皆
父貢舉門生爲之延譽尋遷中書舍人咸通三年知貢舉拜禮部侍
郎轉刑部改吏部侍郎典選平允時無屈人垂將作輔以權臣請託
不行改檢校刑部尚書太原尹北都留守河東節度觀察等使踰年
乞還不允改檢校兵部尚書汴州刺史宣武軍節度觀察等使朞年

報政美聲流聞當途者懼其大用改廣州刺史嶺南節度使五管爲
南詔蠻所擾天下徵兵時有龐勛之亂不暇邊事從讜在鎮北兵寡
弱夷獠棼然乃擇其士豪授之右職禦侮扞城皆得其効雖郡邑屢
陷而交廣晏然俄而懿宗厭代從讜以久在番禺不樂風土思歸戀
闕形於賦詠累上章求爲分司散秩僖宗徵還用爲刑部尚書尋以
本官同平章事乾符中盜起河南天下騷動陰山府沙陀都督李國
昌部族方強虎視北邊屬雲州防禦使段文楚軍儲不繼郡兵乏食
乃密引沙陀部攻城殺文楚遂據振武軍雲朔等州又令其子克章
克用大合諸部南侵忻代前帥竇瀚李侶李蔚相繼以重臣鎮并部
皆不能過俄而康傳圭爲三軍所殺軍士益驕矜功責賞動爲譟聚
加以河南河北七道兵帥雲合都下人不聊生沙陀連陷城邑朝廷
難於擇帥僖宗欲以宰臣臨制之詔曰開府儀同三司門下侍郎兼
兵部尚書充太清宮使弘文館大學士延資庫使上柱國滎陽郡開
國公食邑二千戶鄭從讜自處鈞衡屢來麟鳳才高應變動必研機

朕以北門興王故地以爾嘗施惠化尚有去思方當用武之時暫輟
調元之職佇殲兇醜副我憂勤可檢校司空同平章事太原尹北都
留守河東節度兼行營招討等使制下許自擇參佐乃奏長安令王
調爲副使兵部員外郎史館修撰劉崇龜爲節度判官前司勳員外
郎史館修撰趙崇爲觀察判官前進士劉崇魯充推官前左拾遺李
渥充掌書記前長安尉崔澤充支使開幕之盛冠於一時時中朝瞻
望者目太原爲小朝廷言名人之多也時新承軍亂之後殺掠攻摽
無日無之從讜親溫而氣勁沉機善斷奸無遁情凡兇謀盜發無不
落其彀中以是羣豪懾息舊府城都虞候張彥球者前帥令率兵三
千逐沙陀於百井中路而還縱兵破鑰殺故帥康傳圭及從讜至搜
索其魁誅之知彥球意善有方略召之開喩坦然無疑悉以兵柄委
之廣明初李鈞李涿繼率本道之師出鴈門爲沙陀所敗十二月黃
巢犯長安僖宗出幸傳詔諭從讜曰卿志安封域權揔戎麾夷夏具
瞻杜稷全賴今月五日草賊黃巢奔衝十六日駐驆梁漢上軫九廟

下媿萬方藩閫佇聞羣情應切尊差供奉官劉全及往彼慰喩卿宜
差熟本道兵士酌量多少付北面副招討使諸葛爽俾令入援從讜
承詔雪涕團結戎伍遣牙將論安後院軍使朱玫率步騎五千從諸
葛爽入關赴難時中和元年五月也論安軍次離石是月沙陀李克
用軍奄至營于汾東稱奉詔赴難入關從讜具廩餼犒勞信宿不發
克用傳城而呼曰本軍將南下欲與相公面言從讜登城謂之曰僕
射父子咸通以來奮激忠義血戰爲國天下之人受賜老夫歷事累
朝位忝將相今日羣盜擾攘輿駕奔播蕩覆神州不能荷戈討賊以
酬聖奬老夫之罪也然多難圖勳是僕射立功立事之時也所恨受
命守藩不敢辱命無以仰陪戎棨若僕射終以君親爲念破賊之後
車駕還宮却得待罪闕庭是所願也唯僕射自愛克用拜謝而去然
雜虜不戢肆掠近甸從讜遣大將王蟾薛威出師追擊之翌日契苾
部救兵至沙陀大敗而還初論安率師入關至陰地以數百卒擅歸
從讜集諸部校斬之於鞠場並以兵衆付朱玫赴難時鄭畋亦以宰

相鎮鳳翔與從讜宗人同年登進士畋亦舉兵岐下以遏賊巢廣明
首唱仗義斷賊首尾逆徒名爲二鄭國威復振二儒帥之功也二年
十一月代北監軍使陳景斯奉詔赦沙陀部許討賊自贖繇是沙陀
五部數萬人南下不敢蹈境乃自嵐石泝河而南唯李克用以數百
騎臨城叙別從讜遺之名馬器幣而訣三年克用破賊立功授河東
節度代從讜還至榆次遣使致禮謂從讜曰予家尊在鴈門且還
覲省相公徐治行裝勿遽首途從讜承詔即日牒監軍使周從寓請
知兵馬留後事書記劉崇魯知觀察留後事戒之曰俟面李公按籍
而還五月十五日從讜離太原時京城雖復車駕未還道途多寇行
次絳州唐彥謙爲刺史留駐數月冬詔使追赴行在復輔政歷司空
司徒正拜侍中光啓末固辭機務以疾還第卒有司諡曰文忠從讜
知人善任性不驕矜故所至有聲績在太原時大將張彥球強傑難
制前後帥守以疑間貽釁故軍旅不寧及從讜撫封四年知其才用
可委開懷任遇得其死力故抗虜全城多彥球之効也累奏爲行軍

司馬及再秉政用爲金吾將軍累郡刺史在絳州時彥謙判官陸扆嗜學有才思寓於郡齋日與之談宴無間先後乃稱之於朝位至清顯在汴時以兄處誨嘗爲鎮帥歿於是郡訖一政受代不於公署舉樂其友悌知禮操履如此國之名臣文忠有焉

韋貫之本名純以憲宗廟諱遂以字稱八代祖夐仕周號逍遙公父肇官至吏部侍郎有重名於時貫之即其第二子少舉進士貞元初登賢良科授校書郎秩滿從調判入等再轉長安縣丞德宗末年京兆尹李實權移宰相言其可否必數日而詔行人有以貫之名薦於實者答曰是其人居與吾同里亟聞其賢但吾得識其面而進於上舉笏示說者曰實已記其名氏矣說者喜驟以其語告於貫之且曰子今日謁實而明日受賀矣貫之唯唯數歲中不往然是後竟不遷永貞中始除監察御史上書舉季弟纁自代時議不以爲私轉右補闕而纁代爲監察元和元年杜從郁爲左補闕貫之與崔羣奏論尋降爲左拾遺又論遺補雖品不同皆是諫官父爲宰相子爲諫官若

○政有得失不可使子論父改爲秘書丞後與中書舍人張弘靖考制策第其名者十八人其後多以文稱轉禮部員外郎新羅人金忠義以機巧進至少府監廕其子爲兩館生貫之持其籍不與曰工商之子不當仕忠義以藝通權倖爲請者非一貫之持之愈堅既而疏陳忠義不宜汚朝籍詞理懇切竟罷去之改吏部員外郎三年復策賢良之士又命貫之與戶部侍郎楊於陵左司郎中鄭敬都官郎中李益同爲考策官貫之奏居上第者三人言實指切時病不顧忌諱雖同考策者皆難其詞直貫之獨署其奏遂出爲果州刺史道中黜巴州刺史俄徵爲都官郎中知制誥踰年拜中書舍人改禮部侍郎凡二年所選士大抵抑浮華先行實由是趨競者稍息轉尚書右丞中謝日面賜金紫明年以本官同中書門下平章事淮西之役鎮州盜竊發輦下殺宰相武元衡傷御史中丞裴度及度爲相二寇並征議者以物力不可貫之請釋鎮以養威攻蔡以專力上方急於太平未可其奏貫之進言陛下豈不知建中之事乎天下之兵始於蔡急魏應齊趙同惡德宗率天下兵命李抱眞馬燧急攻之物力用屈於是朱泚乘之爲亂朱滔隨而向闕致使梁漢爲府奉天有行皆陛下所聞見非他不能忍待次第速於撲滅故也陛下獨不能寬歲月俟拔蔡而圖鎮邪上深然之而業已下伐鎮詔後滅蔡而鎮自服如其策焉初王師征蔡以汴帥韓弘爲都統又命汝帥烏重胤許帥李光顏合兵而進貫之以爲諸將四面討賊各欲進取今若置統督復令二師連營則持重養威未可以歲月下也貫之議不四年而始尅蔡尋遷中書侍郎同列以張仲素段文昌進名爲學士憲宗阻之以行止未正不宜在內庭貫之爲相嚴身律下以清流品爲先故門無雜賓有張宿者有口辯得幸於憲宗擢爲左補闕將使淄青宰臣裴度欲爲請章服貫之曰此人得幸何要假其恩寵耶其事遂寢宿深銜之卒爲所搆誣以朋黨罷爲吏部侍郎不涉旬出爲湖南觀察使弟纁州刺史纁亦貶遠郡時兩河留兵國用不足命鹽鐵副使程异使諸道督課財賦异所至方鎮皆諷令捃拾進獻貫之謂兩稅外不忍橫

○賦加人所獻未滿异意遂率屬內六州留錢以繼獻由是罷爲太子詹事分司東都上即位擢爲河南尹徵拜工部尚書未行長慶元年卒於東都年六十二詔贈尚書右僕射貫之自布衣至貴位居室無改易歷重位二十年苞苴寶玉不敢到門性沉厚寡言與人交終歲無欵曲未嘗僞詞以悅人身歿之後家無羨財有文集三十卷伯兄綬德宗朝爲翰林學士貞元之政多參决於內署綬所議論常合中道然畏慎致傷晚得心疾故不極其用纁有精識與學爲士林所器閨門之內名教相樂故韋氏兄弟令稱推於一時纁累官至太常少卿貫之子澳潾

澳字子斐大和六年擢進士第又以宏詞登科性貞退寡欲登第後十年不仕伯兄溫與御史中丞高元裕友善溫請用澳爲御史謂澳曰高二十九持憲綱欲與汝相面汝必得御史澳不荅溫曰高君端士汝不可輕澳曰然恐無呈身御史竟不詣元裕之門周墀鎮鄭滑辟爲從事墀輔政以澳爲考功員外郎史館修撰墀初作相私謂澳曰

才小任重何以相救澳曰苟公重知願公無權足矣墀憮然不喻其旨澳曰爵賞刑罰非公共欲行者願不以喜怒憎愛行之但令百司羣官各舉其職則公歛袵於廟堂之上天下自理何要權耶墀深然之不周歲以本官知制誥尋召充翰林學士累遷戶部兵部侍郎學士承旨與同僚蕭寘深爲宣宗所遇毎二人同直無不召見詢訪時事毎有邦國刑政大事中使傳宣草詞澳心欲論諫即曰此一事須降御札方敢施行遲留至旦必論其可否上旨多從之出爲京兆尹不避權豪京師懾憚會判戶部宰相蕭鄴改判度支澳於延英對上曰戶部闕判使澳對以府事上言戶部闕判使者三又曰卿意何如澳對曰臣近年心力減耗不奈繁劇累曾陳乞一小鎮聖慈未垂矜允上默然不樂其奏澳甥柳玭知其對謂澳曰舅之獎遇特承聖知延英奏對恐未得中澳曰吾不爲時相所信忽自宸旨委以使務必以吾他岐得之何以自明我意不錯爾須知時事漸不堪是吾徒貪爵位所致爾宜志之大中十二年檢校工部尚書兼孟州刺史充河

陽三城懷孟澤節度等使辭於內殿上曰卿自求便我不去卿在河陽累年中使王居方使魏州令傳詔旨謂澳曰久別無恙知卿奉道得何藥術可具居方口奏澳因中使上章陳謝又曰方士殊不可聽金石有毒切不宜服食帝嘉其忠將召之而帝厭代懿宗即位遷檢校戶部尚書兼青州刺史平盧節度觀察處置等使入爲戶部侍郎轉吏部銓綜平允不受請託爲執政所惡出爲邠州刺史邠寧節度使宰相杜審權素不悅於澳會吏部發澳時簿籍吏緣爲奸坐罷鎮以秘書監分司東都嘗戲吟云莫將韋鑒同殷鑒錯認容身作保身此句聞於京師權幸尤怒之上表求致仕宰相疑其怨望拜河南尹制出累上章辭疾以松檟在秦川求歸樊川別業許之踰年復授戶部侍郎以疾不拜而卒贈戶部尚書謚曰貞澣亦登進士第無位而卒澣子庾序雍郊庾登進士第累佐使府入朝爲御史累遷兵部郎中諫議大夫從僖宗幸蜀改中書舍人累拜刑部侍郎判戶部事車駕還京充頓遞使至鳳翔病卒序雍郊皆登進士第序雍官至尚書郎郊文學尤高累歷清顯自禮部員外郎知制誥正拜中書舍人昭宗末召充翰林學士終官戶部侍郎學士承旨卒

史臣曰二武頭拔精裁爲時羽儀嫉惡太甚遭罹不幸傳刃喋血誠可哀哉令狐中傷爲惡滋甚君子之行其若是乎鄭貞公博雅好古一代儒宗文忠致君無忝乃祖衣冠之盛近代罕儔韋氏三宗世多才俊純纁忠懿爲時元龜作輔論兵言皆體國澳之貞亮不替祖風三代謚貞考行無愧

贊曰后族崢嶸平一辭榮高風襲慶鍾在二衛猗與貞公繼以文忠純纁文雅綽有父風

唐書列傳卷第一百八

唐書列傳卷第一百九

劉　昫　等修

閩人詮校刻沈桐同校

衛次公 子洙　鄭絪 絪子祗德　祗德子顥　韋處厚

崔群　路隨 父泌

衛次公字從周河東人器韻和雅弱冠舉進士禮部侍郎潘炎目爲國器擢居上第參選調吏部侍郎盧翰嘉其才補崇文館校書郎改渭南尉次公善鼓琴京兆尹李齊運使其子交歡意欲次公授之琴次公拒之由是終身未嘗操絃嚴震之鎮興元辟爲從事授監察轉殿中侍御史貞元八年徵爲左補闕尋兼翰林學士二十一年正月德宗昇遐時東宮疾恙方甚倉卒召學士鄭絪等至金鑾殿中人或云內中商量所立未定衆人未對次公遽言曰皇太子雖有疾地居冢嫡內外繫心必不得已當立廣陵王若有異圖禍難未已絪等隨而唱之衆議方定及順宗在諒闇外有王叔文輩操權樹黨無復經制次公與鄭絪同處內廷多所匡正轉司勳員外郎久之以本官知制誥賜紫金魚袋仍爲學士權知中書舍人尋知禮部貢舉斥浮華進貞實不爲時力所搖真拜中書舍人仍充史館修撰遷兵部侍郎知制誥復兼翰林學士與鄭絪善會鄭絪罷相次公左授太子賓客改尚書右丞兼判戶部事拜陝虢等州都防禦觀察處置等使請鑄錢三百萬人得蘇息政簡于朝徵爲兵部侍郎選人李勸徐有功之孫名在黜中次公召而謂之曰子之祖先勳在王府豈限常格並優秩而遣之改尚書左丞恩顧頗厚上方命爲相已命翰林學士王涯草詔時淮夷宿兵歲久次公累疏請罷會有捷書至相詔方出憲宗令追之遂出爲淮南節度使檢校工部尚書兼揚州大都督府長史御史大夫元和十三年十月受代歸朝道次病卒贈太子少保年六十六謚曰敬次公自少入仕歷大寮節操趨尚始終如一爲衆推重子洙登進士第尚憲宗女臨真公主累官至給事中駙馬都尉工部侍郎

鄭絪字文明父羨池州刺史絪少有奇志好學善屬文大曆中有儒學高名如張參蔣乂楊綰常袞皆相知重絪擢進士第登宏詞授祕書省校書郎鄠縣尉張延賞鎮西川辟爲書記入除補闕起居郎兼史職無幾擢爲翰林轉司勳員外郎知制誥德宗朝在內職十三年小心兢謙上遇之頗厚貞元末德宗晏駕順宗初即位遺詔不時宣下絪與同列衛次公密申正論中人不敢違及王伾王叔文朋黨擅權之際絪又能守道中立憲宗監國遷中書舍人依前學士俄拜中書侍郎平章事加集賢殿大學士轉門下侍郎弘文館大學士憲宗初勵精求理絪與杜黃裳同當國柄黃裳多所關決首建議誅惠琳斬劉闢及他制置絪謙默多無所事由是貶秩爲太子賓客出爲嶺南節度觀察等使廣州刺史檢校禮部尚書以廉政稱爲工部尚書轉太常卿又爲同州刺史長春宮使改東都留守入歷兵部尚書旋爲河中節度使太和二年入爲御史大夫檢校左僕射兼太子少保絪以文學進恬澹踐歷華顯出入中外者踰四十年所居雖無赫奕之稱而守道敦篤耽悅墳典與當時博聞好古之士爲講論名理之游時人皆仰其耆德焉及文宗即位以年力衰耄累表陳乞遂以太子太傅致仕三年十月卒年七十八贈司空謚曰宣子祗德祗德子顥登進士第結綬弘文館校書遷右拾遺內供奉詔授銀青光祿大夫遷起居郎尚宣宗女萬壽公主拜駙馬都尉歷尚書郎給事中禮部侍郎典貢士二年振拔滯才至今稱之遷刑部吏部侍郎大中十三年檢校禮部尚書河南尹顥居厎里有器度大中時恩澤無對及宣宗棄代追感恩遇嘗爲詩序曰去年壽昌節赴麟德殿上壽迴憩于長興里第昏然晝寢夢與十數人納涼於別館館宇蕭灑相與聯句予爲數聯同遊甚稱賞既寤不全記諸聯唯省十字云石門霧露白玉殿莓苔青乃書之于楹私怪語不祥不敢言於人不數日宣宗不豫廢朝會及宮車上僊方悟其事追惟顧遇續石門之句爲十韻云間歲流虹節歸軒出禁扃奔波陶畏景蕭灑夢殊庭境象非曾到崇嚴昔未經日車烏斂翼風動鶴飄翎異苑人爭集涼臺筆不停石

門霧露白玉殿莓苔青若匪災先兆何當思入冥御鑪虛伏馬華蓋
負云亭白日成千古金縢閟九齡小臣哀絕筆湖上泣青萍未幾顯
亦卒

韋處厚字德載京兆人父萬監察御史爲荆南節度參謀處厚本名
淳避憲宗諱改名處厚幼有至性事繼母以孝聞居父母憂廬於墓
次既免喪遊長安通五經博覽史籍而文思贍逸元和初登進士第
應賢良方正擢居異等授秘書省校書郎裴垍以宰相監修國史奏
以本官充直館改咸陽縣尉遷右拾遺並兼史職修德宗實錄五十
卷上之時稱信史轉左補闕禮部考功二員外早爲宰相韋貫之所
重時貫之以議兵不合旨出官處厚坐友善出爲開州刺史入拜戶
部郎中俄以本官知制誥穆宗以其學有師法召入翰林爲侍講學
士換諫議大夫改中書舍人侍講如故時張平叔以便佞詭詐他門
徒進自京兆少尹爲鴻臚卿判度支不數月宣授戶部侍郎平叔以
征利中穆宗意欲希大任以搉鹽舊法爲弊年深欲官自糶鹽可富

國強兵勸農積貨疏利害十八條詔下其奏令公卿議處厚抗論不
可以平叔條奏不周經慮未盡以爲利者返害爲簡者至煩乃取其
條目尤不可者發十難以詰之時平叔傾巧有恩自謂言無不允及
處厚條件駁奏穆宗稱善令示平叔平叔詞屈無以荅其事遂寢處
厚以幼主荒怠不親政務既居納誨之地宜有以啓導性靈乃銓擇
經義雅言以類相從爲二十卷謂之六經法言獻之錫以繒帛銀器
仍賜金紫以憲宗實錄未成詔處厚與路隨兼充史館修撰實錄未
成許二人分日入內仍放常參處厚俄又權兵部侍郎敬宗嗣位李
逢吉用事素惡李紳乃構成其罪禍將不測處厚與紳皆以孤進同
年進士心頗傷之乃上疏曰臣竊聞朋黨議論以李紳貶黜尚輕臣
受恩至深職備顧問事關聖聽不合不言紳先朝獎用擢在翰林無
過可書無罪可戮今群黨得志讒嫉大興詢於人情皆甚歎駭詩云
萋兮斐兮成是貝錦彼譖人者亦已太甚又曰讒言罔極交亂四國
自古帝王未有遠君子近小人而致太平者古人云三年無改於父

之道可謂孝矣李紳是前朝任使縱有罪愆猶宜洗釁滌瑕念舊忘
過以成無改之美今逢吉門下故吏遍滿朝行侵毀加誣何詞不有
所貶如此猶爲太輕蓋曾參有投杼之疑先師有拾塵之戒伏望陛
下斷自聖慮不惑奸邪則天下幸甚建中之初山東向化只緣宰相
朋黨上負朝廷楊炎爲元載復讎盧杞爲劉晏報怨兵連禍結天下
不平伏乞聖明察臣愚懇帝悟其事紳得減死貶端州司馬處厚正
拜兵部侍郎謝恩於思政殿時昭愍狂恣屢出畋遊每月坐朝不三
四日處厚因謝從容奏曰臣有大罪伏乞面首帝曰何也處厚對曰
臣前爲諫官不能先朝死諫縱先聖好畋及色以至不壽臣合當誅
然所以不死諫者亦爲陛下此時在春宮年已十五今則陛下皇子
始一歲矣臣安得更避死亡之誅上深感悟其意賜錦綵一百匹銀
器四事寶曆元年四月群臣上尊號御殿受冊肆赦李逢吉以李紳
之故所撰赦文但云左降官已經量移者與量移不言未量移者蓋
欲紳不受恩例處厚上疏曰伏見赦文節目中左降官有不該恩澤

者在宥之體有所未弘臣聞物議皆言逢吉恐李紳量移故有此節
若如此則應是近年流貶官因李紳一人皆不得量移事體至大豈
敢不言李紳先朝獎任曾在內廷自經貶官未蒙恩宥古人云人君
當記人之功忘人之過管仲拘囚齊桓舉爲國相冶長縲紲仲尼選
爲密親有罪猶宜滌蕩無辜豈可終累況鴻名大號冊禮重儀天地
百靈之所鑒臨億兆八紘之所瞻戴恩澤不廣實非所宜臣與逢吉
素無讎嫌與李紳本非親黨所論者全大體所陳者在至公伏乞聖
慈察臣肝膽儻蒙允許仍望宣付宰臣應近年左降官並編入赦條
令準舊例得量移近處帝覽奏其事乃追改赦文紳方霑恩例處厚
爲翰林承旨學士每立視草惓惓聖旨常奉急命於宣州徵鷹鷂及
揚益兩浙索奇文綾錦皆抗疏不奉命且引前時赦書爲證帝皆可
其奏寶曆季年急變中起文宗底綏內難詔命將降未有所定處厚
聞難奔赴昌言曰春秋之法大義滅親內惡必書以明逆順正名討
罪於義何嫌安可依違有所避諱遂奉藩教行焉是夕詔命制置及

踐祚禮儀不暇所司皆出於處厚之議及禮行之後皆叶舊章以佐
命功旋拜中書侍郎同中書門下平章事監修國史加銀青光祿大
夫進爵靈昌郡公處厚在相位務在濟時不爲身計中外補授咸得
其宜初貞元中宰相齊抗奏減冗員罷諸州別駕其在京百司當入
別駕者多處之朝列元和已來兩河用兵偏裨立功者往往擢在周
行率以儲寀王官雜補之皆盛服趨朝朱紫塡擁久次當進及受代
閑居者常數十人趨中書及宰相私第摩肩候謁繁於辭語及處厚
秉政復奏置六雄十望十緊三十四州別駕以處之而清流不雜朝
政清肅文宗勤於聽政然浮於決斷宰相奏事得請往往中變處厚
常獨論奏曰陛下不以臣等不肖用爲宰相參議大政凡有奏請初
蒙聽納尋易聖懷若出自宸衷即示臣等不信若出於橫議臣等何
名鼎司且裴度元勳宿德歷輔四朝孜孜竭誠人望所屬陛下固宜
親重竇易直良厚忠事先朝陛下固當委信微臣才薄首蒙陛下擢
用非出他門言旣不從臣宜先退即趨下再拜陳乞上矍然曰何至

此耶卿之志業朕素自知登庸作輔百職斯舉縱朕有所失安可遽
辭以彰吾薄德處厚謝之而去出延英門復令召還謂曰凡卿所欲
言並宜啓論處厚因對彰善癉惡歸之法制凡數百言又裴度勳高
望重爲人盡心切直宜久任可壯國威帝皆聽納自是宰臣數奏人
不敢橫議俄而滄州李同捷叛朝廷加兵魏博史憲誠中懷向背裴
度以宿舊自任待憲誠於不疑嘗遣親吏請事至中書處厚謂曰晉
公以百口於上前保爾使主處厚則不然但仰俟所爲自有朝典耳
憲誠聞之大懼自此輸竭竟有功於滄州又嘗以理財制用爲國之
本撰太和國計二十卷以獻李載義累破滄鎭兩軍兵士每有俘執
多遣剠剔處厚以書喩之載義深然其旨自此滄鎭所獲生口配隸
遠地前後全活數百千人處厚居家循易如不克任至於廷諍敷啓
及馭轄待胥吏勁確嶷然不可奪貿狀非魁偉如甚懦者而庶僚請
事畏惕相顧雖與語移晷不敢私謁急於用才酷嗜文學嘗病前古
有以浮議坐廢者故推擇群材往往棄瑕錄用亦爲時所譏雅信釋

氏因果晩年尤甚聚書踰萬卷多手自刊校奉詔修元和實錄未絕
筆其統例取捨皆處厚創起焉太和二年十二月因延英奏對造膝
之際忽奏臣病作遽退文宗命中官扶出歸第一夕而卒年五十六
贈司空處厚當國柄二周歲啓沃之謀頗叶時譽咸共惜之
崔群字敦詩清河武城人山東著姓十九登進士第又制策登科授
秘書省校書郎累遷右補闕元和初召爲翰林學士歷中書舍人群
在內職常以讜言正論聞於時憲宗嘉賞降宣旨云自今後學士進
狀並取崔群連署然與進來群以禁密之司動爲故事自爾學士或
惡直醜正則其下無由上言群堅不奉詔三疏論奏方允元和
七年惠昭太子薨穆宗時爲遂王憲宗以澧王居長又多內助將建
儲貳命群與澧王作讓表群上言曰大凡已合當之則有陳讓之儀
已不合當因何遽有讓表今遂王嫡長所宜正位青宮竟從其奏時
魏博節度使田季安進絹五千匹充助修開業寺群以爲事實無名
體尤不可請止其所進群前後所論多愜旨無不聽納遷禮部侍郎

選拔才行咸爲公當轉戶部侍郎二年七月拜中書侍郎同中書門
下平章事十四年誅李師道上顧謂宰臣曰李師古雖自襲祖父然
朝廷待之始終其妻於師道即嫂叔也雖云逆族君量罪輕重亦宜
降等又李宗奭雖抵嚴憲其情比之大逆亦有不同其妻士族也今
其子女俱在掖廷於法皆似稍深卿等留意否群對曰聖情仁惻罪
止元兇其妻近屬儻獲寬宥實合弘煦之道於是師古妻裴氏女宜
娘詔出於鄧州安置宗奭妻韋氏及男女先沒掖廷並釋放其奴婢
資貨皆復賜之又鹽鐵福建院官權長孺坐贓詔付京兆府決殺長
孺母劉氏求哀於宰相群因入對言之憲宗愍其母耄年乃曰朕將
屈法赦長孺何如群曰陛下仁惻即赦之當速令中使宣諭如待正
勑即無及也長孺竟得免死長流群之啓奏平恕多此類也時憲宗
急於盪寇頗奬聚斂之臣故藩府由是希旨往往捃拾目爲進奉虔
州刺史苗稷進羨餘錢七千貫群議以爲違詔受之則失信於天下
請却賜本州代貧下租稅時論美之度支使皇甫鎛陰結權倖以求

宰相群累疏其姧邪嘗因對面論語及天寶開元中事群曰安危在
出令存亡繫所任玄宗用姚崇宋璟張九齡韓休李元紘杜暹則理
用林甫楊國忠則亂人皆以天寶十五年祿山自范陽起兵是理亂
分時臣以爲開元二十年罷賢相張九齡專任姧臣李林甫理亂自
此已分矣用人得失所繫非小詞意激切左右爲之感動鎛深恨之
而憲宗終用鎛爲宰相無何群臣議上尊號皇甫鎛欲加孝德兩字
群曰有睿聖則孝德在其中矣竟爲鎛所構憲宗不樂出爲湖南觀
察都團練使穆宗即位徵拜吏部侍郎召見別殿謂群曰我昇儲位
知卿爲羽翼群曰先帝之意元在陛下頃者授陛下淮西節度使臣
奉命草制且曰能辨南陽之牘允符東海之貴若不知先帝深旨臣
豈敢輕言數日拜御史中丞浹旬授檢校兵部尚書兼徐州刺史武
寧軍節度徐泗濠觀察等使初幽鎮逆命詔授沂州刺史王智興爲
武寧軍節度副使領徐州兵討伐群以智興早得士心表請因授智
興旄鉞竟寢不報智興自河北迴戈城內皆是父兄開關延入群爲

智興所逐朝廷坐其失守授秘書監分司東都未幾改華州刺史兼
御史大夫復改宣州刺史歙池等州都團練觀察等使徵拜兵部尚
書久之改檢校吏部尚書江陵尹荆南節度觀察使踰歲改檢校右
僕射兼太常卿太和五年拜檢校左僕射兼吏部尚書六年八月卒
年六十一冊贈司空羣有沖識精裁爲時賢相清議以儉素之節其
終不及厥初群年未冠舉進士陸贄知舉訪於梁肅肅議其登第有才
行者肅曰崔群雖少年他日必至公輔果如其言群弟于登進士官
至郎署有令名子充亦以文學進歷三署終東都留守

路隨字南式其先陽平人高祖節高宗朝爲越王府東閣祭酒曾祖
惟恕官至睦州刺史祖傚之仕終太子通事舍人父泌字安期少好
學通五經尤嗜詩易左氏春秋能諷其章句皆究深旨博涉史傳工
五言詩性端亮寡言以孝悌聞於宗族建中末以長安尉從調與李
益韋綬等書判同居高第泌授城門郎屬德宗違難奉天泌時在京
師棄妻子潛詣行在所又從幸梁州排潰軍而出再爲流矢所中裂

裳濡血以築說渾瑊瑊深重之辟爲從事瑊討懷光累奏爲副元帥
判官檢校戶部郎中兼御史中丞河中平隨瑊與吐蕃會盟于平涼
因劫盟陷蕃在絕域累年棲心於釋氏之教爲蕃酋所重待以賓禮
卒於戎鹿貞元十九年吐蕃遣邊將書求和隨哀泣上疏願允其請
表三上德宗命中使諭旨朝廷徵其宿詐俟更要於後信訖數歲不
報元和中蕃使復欵塞隨復五獻封章請修和好又上書於宰執哀
訴裴垍李藩皆協力數奏憲宗可之命祠部郎中徐復報聘乃特於
詔中疏平涼陷蕃者名氏令歸中國吐蕃因復等還遣使來朝遂以
泌及鄭叔矩之喪與銘及遺錄至朝野傷歎憲宗憫之贈絳州刺史
賜絹二百四至葬日委所在官給喪事泌累贈太子少保泌陷蕃之
歲隨方在孩提後稍長成知父在蕃乃日夜啼號坐必西嚮饌不食
肉母氏言其形貌肖先君遂終身不照鏡後以通經調授潤州參軍
爲李錡所困使知市事隨翛然坐市中一不介意韋夏卿爲東都留
守聞而辟之由是聲名日振元和五年邊吏以計至隨居喪益以孝

聞服闋擢拜左補闕會李絳諷上納諫憲宗皇帝曰諫官路隨韋處
厚章疏相繼朕常深用其言自是識者敬伏焉俄遷起居郎轉司勳
員外郎自補闕至司勳員外皆充史館修撰穆宗即位遷司勳郎中
賜緋魚袋與韋處厚同入翰林爲侍講學士採三代皇王興衰著六
經法言二十卷奏之拜諫議大夫依前侍講學士將脩憲宗實錄復
命兼充史職敬宗登極拜中書舍人翰林學士仍賜紫有以金帛謝
除制者必叱而却之曰吾以公事接私財耶終無所納文宗即位韋
處厚入相隨代爲承旨轉兵部侍郎知制誥太和二年處厚薨隨代
爲相拜中書侍郎加監脩國史初韓愈撰順宗實錄說禁中事頗切
直內官惡之往往於上前言其不實累朝有詔改修及隨進憲宗實
錄後文宗復令改正永貞時事隨奏曰臣昨面奉聖旨以順宗實錄
頗非詳實委臣等重加刊正畢日聞奏臣自奉宣命取史本欲加筆
削近見衛尉卿周居巢諫議大夫王彥威給事中李固言史官蘇景
胤等各上章疏具陳刊改非甚便宜又聞班行如此議論頗亦臣伏

以史冊之作勸誡所存事有當書理宜歸實匹夫美惡尚不可誣人
君得失無容虛載聖言以前件實錄記貞元末數事稍非摭實蓋出
傳聞審知差舛便令刊正頃因坐日屢形聖言通計前後至于數日
臣及宗閔僧孺亦以永貞已來歲月至近禁中行事在外固難詳知
陛下所言皆是接於耳目既聞乖謬因述古今引前史直不疑盜嫂
之言及第五倫撾公之說皆多此比類難盡信書所異睿鑒詳於聽
言深宮慎於行事持此比類上開聰明特蒙降察稍恕前謬由是近
垂宣命令有改脩臣等伏以貞觀已來累朝實錄有經重撰不敢固
辭但欲粗刪深悞亦固盡存諸說宗閔僧孺相與商量緣此書成於
韓愈今史官李漢蔣係皆愈之子壻若遣參撰或致私嫌以臣既職
監脩盡令詳正及經奏請事遂施行今者庶僚競言不知本起表章
交奏似有他疑臣雖至昧容非自請既迫羣議輒冒上聞縱臣果獲
脩成必懼終爲時累且韓愈所書亦非已出元和之後已是相循縱
其密親豈害公理使歸本職實謂正名其實錄伏望條示舊記最錯

○悞者宣付史官委之修定則冀聖祖垂休永無慙於傳信下臣非據
獲減戾於侵官彰清朝立政之方表公器不私之義流言自弭時論
攸宜詔曰其實錄中所書德宗順宗朝禁中事尋訪根柢蓋起謬傳
諒非信史宜令史官詳正刊去其他不要更修餘依所奏四年轉門
下侍郎加崇文館大學士七年兼太子太師備禮冊拜表上史官所
修憲宗穆宗實錄八年辭疾不得謝會李德裕連貶至袁州長史隨
不署奏狀始爲鄭注所忌九年四月拜檢校尚書右僕射同中書門
下平章事兼潤州刺史鎮海軍節度浙江西道觀察等使太和九年
七月遘疾于路薨于揚子江之中流年六十冊贈太保謚曰貞隨有
學行大度爲諫官能直言在內庭匡益自實曆初爲承旨學士即參
大政矣後十五年在相位宗閔德裕朋黨交興攘臂於其間李訓鄭
注始終奸詐接武於其後而隨藏器韜光隆污一致可謂得君子中
庸而常居之也

史臣曰衛次公鄭絪韋處厚崔群路隨等皆以文學飾身致位崇極
兼之忠讜垂名簡書茲實有足多也絪有其位有其時懷獨善之謀
昧衆濟之道左遷非不幸也夫公因獻捷之書報已成之詔命也夫
處厚危言切議振士友之戀稱同列之善君子哉

贊曰衛鄭韋路蕭之傳陵文學政事爲時所稱

唐書列傳卷第一百九

劉　昫　等修

閩人詮校刻沈桐同校

韓愈　張籍　孟郊　唐衢　李翺

宇文籍　劉禹錫　柳宗元　韋辭

韓愈字退之昌黎人父仲卿無名位愈生三歲而孤養於從父兄愈自以孤子幼刻苦學儒不俟奬勵大曆貞元之間文士多尚古學効楊雄董仲舒之述作而獨孤及梁肅最稱淵奥儒林推重愈從其徒遊鋭意鑽仰欲自振於一代洎舉進士投文於公卿間故相鄭餘慶頗爲之延譽由是知名於時尋登進士第宰相董晉出鎭大梁辟爲巡官府除徐州張建封又請爲其賓佐愈發言眞率無所畏避操行堅正拙於世務調授四門博士轉監察御史德宗晚年政出多門宰相不專機務宮市之弊諫官論之不聽愈嘗上章數千言極論之不聽怒貶爲連州山陽令量移江陵府掾曹元和初召爲國子博士遷

○都官員外郎時華州刺史閻濟美以公事停華陰令柳澗縣務俾攝掾曹居數月濟美罷郡出居公館澗遂諷百姓遮道索前年軍頓役直後刺史趙昌按得澗罪以聞貶房州司馬愈因使過華知其事以爲刺史相黨上疏理澗留中不下詔監察御史李宗奭按驗得澗贓狀再貶澗封溪尉以愈妄論復爲國子博士愈自以才高累被擯黜作進學解以自喻曰國子先生晨入太學召諸生立館下誨之曰業精于勤荒于嬉行成于思毀于隨方今聖賢相逢治具畢張拔去兇邪登崇俊良占小善者率以錄名一藝者無不庸爬羅剔抉刮垢磨光蓋有幸而獲選孰云多而不揚諸生業患不能精無患有司之不明行患不能成無患有司之不公言未既有笑于列者曰先生欺予哉弟子事先生于兹有年矣先生口不絕吟於六藝之文手不停披於百家之編記事者必提其要纂言者必鉤其玄貪多務得細大不捐焼膏油以繼晷常矻矻以窮年先生之業可謂勤矣觝排異端攘斥佛老補苴罅漏張皇幽眇尋墜緒之茫茫獨旁捜而遠紹障百川

而東之廻狂瀾於既倒先生之於儒可謂有勞矣沉浸醲郁含英咀華作爲文章其書滿家上規姚姒渾渾無涯周誥殷盤佶屈聱牙春秋謹嚴左氏浮誇易奇而法詩正而葩下逮莊騷太史所錄子雲相如同工異曲先生之於儒可謂閎其中而肆其外矣少始知學勇於敢爲長通於方左右具宜先生之於爲人可謂成矣然而公不見信於人私不見助於友跋前躓後動輒得咎暫爲御史遂竄南夷三爲博士冗不見治命與仇謀取敗幾時冬煖而兒號寒年豐而妻啼饑頭童齒豁竟死何裨不知慮此而反教人爲先生曰吁子來前夫大木爲杗細木爲桷欂櫨侏儒椳闑扂楔各得其宜施以成室者匠氏之工也玉札丹砂赤箭青芝牛溲馬勃敗鼓之皮俱收並蓄待用無遺者醫師之良也登明選公雜進巧拙紆餘爲姸卓犖爲傑校短量長唯器是適者宰相之方也昔者孟軻好辯孔道以明轍環天下卒老于行荀卿守正大論是弘逃讒于楚廢死蘭陵是二儒者吐辭爲經舉足爲法絕類離倫優入聖域其遇于世何如也今先生學雖勤

○不繇其統言雖多不要其中文雖奇不濟其用行雖修不顯於衆猶且月費俸錢歲靡廩粟子不知耕婦不知織乘馬從徒安坐而食踵常途之促促窺陳編以盜竊然而聖主不加誅宰臣不見斥此非其利哉動而得謗名亦隨之投閑置散乃分之宜若夫商財賄之有無計班資之崇庳忘量己之所稱指前人之瑕疵是所謂詰匠氏之不以杙爲楹而訾醫師以昌陽引年欲進其猪苓也執政覽其文而憐之以其有史才改比部郎中史館修撰踰歲轉考功郎中知制誥拜中書舍人俄有不悅愈者摭其舊事言愈前左降爲江陵掾曹荊南節度使裴均館之頗厚均子鍔凡鄙近者鍔還省父愈爲序餞鍔仍呼其字此論喧於朝列坐是改太子右庶子元和十二年八月宰臣裴度爲淮西宣慰處置使兼彰義軍節度使請愈爲行軍司馬仍賜金紫淮蔡平十二月隨度還朝以功授刑部侍郎仍詔愈撰平淮西碑其辭多敘裴度事時先入蔡州擒吳元濟李愬功第一愬不平之愬妻出入禁中因訴碑辭不實詔令磨愈文憲宗命翰林學士段文

昌重撰文勒石鳳翔法門寺有護國眞身塔塔內有釋迦文佛指骨一節其書本傳法三十年一開開則歲豐人泰十四年正月上令中使杜英奇押宮人三十人持香花赴臨皋驛迎佛骨自光順門入大內留禁中三日乃送諸寺王公士庶奔走捨施唯恐在後百姓有廢業破產燒頂灼臂而求供養者愈素不喜佛上疏諫曰伏以佛者夷狄之一法耳自後漢時始流入中國上古未嘗有也昔黃帝在位百年年百一十歲少昊在位八十年年百歲顓頊在位七十九年年九十八歲帝嚳在位七十年年百五歲堯帝在位九十八年年百一十八歲帝舜及禹年皆百歲此時天下太平百姓安樂壽考時中國未有佛也其後殷湯亦年百歲湯孫太戊在位七十五年武丁在位五十年書史不言其壽推其年數蓋不減百歲周文王年九十七歲武王年九十三歲穆王在位百年此時佛法亦未至中國非因事佛而致此也漢明帝時始有佛法明帝在位纔十八年耳其後亂亡相繼運祚不長宋齊梁陳元魏已下事佛漸謹年代尤促唯梁武帝在位

四十八年前後三度捨身施佛宗廟之祭不用牲牢晝日一食止於菜菓其後竟爲侯景所逼餓死臺城國亦尋滅事佛求福乃更得禍由此觀之佛不足信亦可知矣高祖始受隋禪則議除之當時群臣識見不遠不能深究先王之道古今之宜推闡聖明以救斯弊其事遂止臣嘗恨焉伏惟皇帝陛下神聖英武數千百年已來未有倫比即位之初即不許度人爲僧尼道士又不許別立寺觀臣當時以爲高祖之志必行於陛下之手今縱未能即行豈可恣之轉令盛也今聞陛下令群僧迎佛骨於鳳翔御樓以觀舁入大內令諸寺遞迎供養臣雖至愚必知陛下不惑於佛作此崇奉以祈福祥也直以豐年之樂徇人之心爲京都士庶設詭異之觀戲玩之具耳安有聖明若此而肯信此等事哉然百姓愚冥易惑難曉苟見陛下如此將謂眞心信佛皆云天子大聖猶一心敬信百姓微賤於佛豈合惜身命所以灼頂燔指百十爲羣解衣散錢自朝至暮轉相倣效唯恐後時老幼奔波棄其生業若不即加禁遏更歷諸寺必有斷臂臠身以爲供

養者傷風敗俗傳笑四方非細事也佛本夷狄之人與中國言語不通衣服殊製口不道先王之法言身不服先王之法物不知君臣之義父子之情假如其身尚在奉其國命來朝京師陛下容而接之不過宣政一見禮賓一設賜衣一襲衛而出之於境不令惑於衆也況其身死已久枯朽之骨凶穢之餘豈宜以入宮禁孔子曰敬鬼神而遠之古之諸侯行弔於國尚令巫祝先以桃茢祓除不祥然後進弔今無故取朽穢之物觀視之巫祝不先桃茢不用羣臣不言其非御史不舉其失臣實恥之乞以此骨付之水火永絕根本斷天下之疑絕後代之惑使天下之人知大聖人之所作爲出於尋常萬萬也豈不盛哉豈不快哉佛如有靈能作禍祟凡有殃咎宜加臣身上天鑒臨臣不怨悔疏奏憲宗怒甚間一日出疏以示宰臣將加極法裴度崔群奏曰韓愈上忤尊聽誠宜得罪然而非內懷忠懇不避黜責豈能至此伏乞稍賜寬容以來諫者上曰愈言我奉佛太過我猶爲容之至謂東漢奉佛之後帝王咸致夭促何言之乖剌也愈爲人臣敢

爾狂妄固不可赦于是人情驚惋乃至國戚諸貴亦以罪愈太重因事言之乃貶爲潮州刺史愈至潮陽上表曰臣今年正月十四日蒙恩授潮州刺史即日馳驛就路經涉嶺海水陸萬里臣所領州在廣府極東去廣府雖云二千里然來往動皆踰月過海口下惡水濤瀧壯猛難計期程颶風鱷魚患禍不測州南近界漲海連天毒霧瘴氛日夕發作臣少多病年纔五十髮白齒落理不久長加以罪犯至重所處又極遠惡憂惶慚悸死亡無日單立一身朝無親黨居蠻夷之地與魑魅同羣苟非陛下哀而念之誰肯爲臣言者臣受性愚陋人事多所不通唯酷好學問文章未嘗一日暫廢實爲時輩推許臣於當時之文亦未有過人者至於論述陛下功德與詩書相表裏作爲歌詩薦之郊廟紀太山之封鏤白玉之牒鋪張對天之宏休揚厲無前之偉蹟編於詩書之策而無愧措於天地之間而無虧雖使古人復生臣未肯多讓伏以大唐受命有天下四海之內莫不臣妾南北東西地各萬里自天寶之後政治少懈文致未復武剋不綱孽臣姦

隷外順内悖父死子代以祖以孫如古諸侯自擅其地不朝不貢六
七十年四聖傳序以至陛下躬親聽斷干戈所麾無不從順宜定樂
章以告神明東廵泰山奏功皇天使永永萬年服我成烈當此之際
所謂千載一時不可逢之嘉會而臣負罪嬰舋自拘海島戚戚嗟嗟
日與死迫曾不得奏薄伎於從官之内隷御之間窮思畢精以贖前
過懷痛窮天死不閉目瞻望宸極魂神飛去伏惟陛下天地父母哀
而憐之憲宗謂宰臣曰昨得韓愈到潮州表因思其所諫佛骨事大
是愛我我豈不知然愈爲人臣不當言人主事佛乃年促也我以是
惡其容易上欲復用愈故先語及觀宰臣之奏對而皇甫鎛惡愈狷
直恐其復用率先對曰愈終太狂踈且可量移一郡乃授袁州刺史
初愈至潮陽既視事詢吏民疾苦皆曰郡西湫水有鱷魚卵而化長
數丈食民畜産將盡以是民貧居數日愈往視之令判官秦濟炮一
豚一羊投之湫水呪之曰前代德薄之君棄楚越之地則鱷魚涵泳
於此可也今天子神聖四海之外撫而有之況揚州之境刺史縣令

之所治出貢賦以共天地宗廟之祀鱷魚豈可與刺史雜處此土哉
刺史受天子命令守此土而鱷魚睅然不安谿潭食民畜熊鹿麞豕以
肥其身以繁其卵與刺史爭爲長刺史雖駑弱安肯爲鱷魚低首而
下哉今潮州大海在其南鯨鵬之大蝦蠏之細無不容鱷魚朝發而
夕至今與鱷魚約三日乃至七日如頑而不徙須爲物害則刺史選
材伎壯夫操勁弓毒矢與鱷魚從事矣呪之夕有暴風雷起於湫中
數日湫水盡涸徙於舊湫西六十里自是潮人無鱷患袁州之俗男
女隷於人者踰約則没入出錢之家愈至設法贖其所没男女歸其
父母仍削其俗法不許隷人十五年徵爲國子祭酒轉兵部侍郎會
鎭州殺田弘正立王廷湊令愈往鎭州宣諭愈既至集軍民諭以逆
順辭情切至廷湊畏重之改吏部侍郎轉京兆尹兼御史大夫以不
臺參爲御史中丞李紳所劾愈不伏言準勑仍不臺參紳愈性皆褊
僻移刺往來紛然不止乃出紳爲浙西觀察使愈亦罷尹爲兵部侍
郎及紳面辭赴鎭泣涕陳敘穆宗憐之乃追制以紳爲兵部侍郎愈

復爲吏部侍郎長慶四年十二月卒時年五十七贈禮部尚書謚曰
文愈性弘通與人交榮悴不易少時與洛陽人孟郊東郡人張籍友
善二人名位未振愈不避寒暑稱薦於公卿間而籍終成科第榮於
禄仕後雖通貴每退公之隙則相與談讌論文賦詩如平昔焉而觀
諸權門豪士如僕隷焉瞪然不顧而頗能誘厲後進館之者十六七
雖晨炊不給怡然不介意大抵以興起名教弘奬仁義爲事凡嫁内
外及友朋孤女僅十人常以爲自魏晉已還爲文者多拘偶對而經
誥之指歸遷雄之氣格不復振起矣故愈所爲文務反近體抒意立
言自成一家新語後學之士取爲師法當時作者甚衆無以過之故
世稱韓文焉然時有恃才肆意亦有盩孔孟之旨若南人妄以柳宗
元爲羅池神而愈譔碑以實之李賀父名晉不應進士而愈爲賀作
諱辨令舉進士又爲毛穎傳譏戲不近人情此文章之甚紕繆者時
謂愈有史筆及撰順宗實録繁簡不當敘事拙於取捨頗爲當代所
非穆宗文宗嘗詔史臣添改時愈壻李漢蔣係在顯位諸公難之而

韋處厚竟別撰順宗實録三卷有文集四十卷李漢爲之序子昶亦
登進士第
張籍者貞元中登進士第性詭激能爲古體詩有警策之句傳於時
調補太常寺太祝轉國子助教秘書郎以詩名當代公卿裴度令狐
楚才名如白居易元稹皆與之遊而韓愈尤重之累授國子博士水
部員外郎轉水部郎中卒世謂之張水部云
孟郊者少隱於嵩山稱處士李翺分司洛中與之遊薦於留守鄭餘
慶辟爲賓佐性孤僻寡合韓愈一見以爲忘形之契常稱其字曰東
野與之唱和於文酒之間鄭餘慶鎭興元又奏爲從事辟書下而卒
餘慶給錢數萬葬送贍給其妻子者累年
唐衢者應進士久而不第能爲歌詩意多感發見人文章有所傷歎
者讀訖必哭涕泗不能已每與人言論既相别發聲一號音辭哀切
聞之者莫不悽然泣下嘗客遊太原屬戎帥軍宴衢得預會酒酣言
事抗音而哭一席不樂爲之罷會故世稱唐衢善哭左拾遺白居易

遺之詩曰賈誼哭時事阮籍哭路歧唐生今亦哭異代同其悲唐生者何人五十寒且饑不悲口無食不悲身無衣所悲忠與義悲甚則哭之太尉擊賊日尚書叱盜時大夫死凶寇諫議謫蠻夷每見如此事聲發涕輒隨我亦君之徒鬱鬱何所爲不能發聲哭轉作樂府辭其爲名流稱重若此竟不登一命而卒

李翺字習之涼武昭王之後父楚金貝州司法參軍翺幼勤於儒學博雅好古爲文尚氣質貞元十四年登進士第授校書郎三遷至京兆府司錄參軍元和初轉國子博士史館修撰十四年太常丞王涇上疏請去太廟朔望上食詔百官議議者以開元禮太廟每歲約祠烝嘗臘凡五享天寶末玄宗令尚食每月朔望具常饌令宮闈令上食於太廟後遂爲常由是朔望不視朔比之大祠翺奏議曰國語曰王者日祭禮記曰王立七廟皆月祭之周禮不祭禴祠烝嘗漢氏皆雜而用之蓋遭秦火詩書禮經燼滅編殘簡缺漢乃求之先儒穿鑿各伸已見皆託古聖賢之名以信其語故所記各不同也古者廟有寢而不墓祭秦漢始建寢廟於園陵而上食焉國家因之而不改貞觀開元禮並無宗廟日祭月祭之禮蓋以日祭月祭既已行於陵寢矣故太廟之中每歲五饗六告而已不然者房玄齡魏徵輩皆一代名臣窮極經史豈不見國語禮記有日祭月祭之詞乎斯足以明矣伏以太廟之饗籩豆牲牢三代之通禮是貴誠之義也園陵之奠改用常饌秦漢之權制乃食味之道也今朔望上食於太廟豈非用常褻味而貴多品乎且非禮所謂至敬不饗味而貴氣臭之義也傳稱屈到嗜芰有疾召其宗老而屬之曰祭我必以芰及祭薦芰其子違命去芰而用羊饋籩豆脯醢君子是之言事祖考之義當以禮爲重不以其生存所嗜爲獻蓋明非食味也然則薦常饌於太廟無乃與芰爲比乎且非三代聖王之所行也況祭器不陳俎豆祭官不命三公執事者唯宮闈令與宗正卿而已謂之上食也安得以爲祭乎且時享于太廟有司攝事祝文曰孝曾孫皇帝臣某謹遣太尉臣名敢昭告于高祖神堯皇帝祖妣太穆皇后竇氏時惟孟春永懷罔極謹

以一元大武柔毛剛鬣明粢薌萁嘉蔬嘉薦醴齊敬脩時享以申追慕此祝辭也前享七日質明太尉誓百官於尚書省曰某月某日時享于太廟各揚其職不供其事國有常刑凡陪享之官散齋四日致齋三日然後可以爲祭也宗廟之禮非敢擅議雖有知者其誰敢言故六十餘年行之不廢今聖朝以弓矢既櫜禮樂爲大故下百寮可得詳議臣等以爲貞觀開元禮並無太廟上食之文以禮斷情罷之可也至若陵寢上食採國語禮記日祭月祭之詞因秦漢之制脩而存之以廣孝道可也如此則經義可據故事不遺大禮既明永息異論可以繼二帝三王而爲萬代法與其瀆禮越古貴因循而憚改作猶天地之相遠也知禮者是之事竟不行翺性剛急論議無所避執政雖重其學而惡其激訐故久次不遷翺以史官記事不實奏狀曰臣謬得秉筆史館以記注爲職夫勸善懲惡正言直筆紀聖朝功德述忠賢事業載姦臣醜行以傳無窮者史官之任也凡人事迹非大善大惡則衆人無由得知舊例皆訪於人又取行狀諡議以爲一據今之作行狀者多是其門生故吏莫不虛加仁義禮智妄言忠肅惠和此不唯其處心不實苟欲虛美於受恩之地耳蓋爲文者又非游夏遷雄之列務於華而忘其實溺於文而棄其理故爲文則失六經之古風紀事則非史遷之實錄臣今請作行狀者但指事實直載事功假如作魏徵傳但記其諫諍之辭足以爲正直叚秀實但記其倒用司農印以追逆兵以象笏擊朱泚足以爲忠烈若考功視行狀不依此者不得受依此則考功下太常牒史館然後定諡伏乞以臣此奏下考功從之尋權知職方員外郎十五年六月授考功員外郎並兼史職翺與李景儉友善初景儉拜諫議大夫舉翺自代至是景儉貶黜七月出翺爲朗州刺史俄而景儉復爲諫議大夫翺亦入爲禮部郎中翺自負辭藝以爲合知制誥以久未如志鬱鬱不樂因入中書謁宰相面數李逢吉之過失逢吉不之校翺心不自安乃請告滿百日有司準例停官逢吉奏授廬州刺史太和初入朝爲諫議大夫尋以本官知制誥三年二月拜中書舍人初諫議大夫柏耆將使滄

州軍前宣諭翱嘗贊成此行栢耆等以擅入滄州得罪翱坐謬舉左授少府少監俄出爲鄭州刺史五年出爲桂州刺史御史中丞充桂管都防禦使七年改授潭州刺史湖南觀察使八年徵爲刑部侍郎九年轉戶部侍郎七月檢校戶部尚書襄州刺史充山南東道節度使會昌中卒於鎮謚曰文

宇文籍字夏龜父滔官卑少好學尤通春秋竇羣自處士徵爲右拾遺表籍自代由是知名登進士第宰相武元衡出鎮西蜀奏爲從事以咸陽尉直史館與韓愈同脩順宗實錄遷監察御史王承宗叛詔捕其弟駙馬都尉承系其賓客中有爲惧識者又蘇表以破淮西策干宰相武元衡元衡不用以籍嘗從事令召表訊之籍因以表押元衡怒坐貶江陵府戶曹參軍至任節度使孫簡知重之欲令兼幕府職事籍辭曰籍以君命譴黜亦當以君命升假榮偷奬非所願也後考滿連辟藩府入爲侍御史轉著作郎遷駕部員外郎史館修撰與韋處厚韋表微路隨沈傳師同脩憲宗實錄俄以本官知制誥轉庫部郎中太和中遷諫議大夫專掌史筆罷知制誥籍性簡澹寡合耽玩經史精於著述而風望峻整爲時輩推重大和二年正月卒時年五十九贈工部侍郎子臨大中初登進士第

劉禹錫字夢得彭城人祖雲父漵仕歷州縣令佐世以儒學稱禹錫貞元九年擢進士第又登宏辭科禹錫精於古文善五言詩今體文章復多才麗從事淮南節度使杜佑幕典記室尤加禮異從佑入朝爲監察御史與吏部郎中韋執誼相善貞元末王叔文於東宮用事後輩務進多附麗之禹錫尤爲叔文知奬以宰相器待之順宗即位久疾不任政事禁中文誥皆出於叔文引禹錫及柳宗元入禁中與之圖議言無不從轉屯田員外郎判度支鹽鐵案兼崇陵使判官頗怙威權中傷端士宗元素不悅武元衡時武元衡爲御史中丞乃左授右庶子侍御史竇羣奏禹錫挾邪亂政不宜在朝羣即日罷官韓皐憑藉貴門不附叔文黨出爲湖南觀察使既任喜怒凌人京師人士不敢指名道路以目時號二王劉柳叔文敗坐貶連州刺史在道貶朗州司馬地居西南夷土風僻陋舉目殊俗無可與言者禹錫在朗州十年唯以文章吟詠陶冶情性蠻俗好巫每淫祠鼓舞必歌俚辭禹錫或從事於其間乃依騷人之作爲新辭以教巫祝故武陵谿洞間夷歌率多禹錫之辭也初禹錫宗元等八人犯衆怒憲宗亦怒故再貶制有逢恩不原之令然執政惜其才欲洗滌痕累漸序用之會程异復掌轉運有詔以韓皐及禹錫等爲遠郡刺史屬武元衡在中書諫官十餘人論列言不可復用而止禹錫積歲在湘澧間鬱悒不怡因讀張九齡文集乃叙其意曰世稱曲江爲相建言放臣不宜於善地多徙五谿不毛之鄉今讀其文章自內職牧始安有瘴癘之歎自退相守荆州有拘囚之思託諷禽鳥寄辭草樹鬱然與騷人同風嗟夫身出於遐陬一失意而不能堪矧華人士族而必致醜地然後快意哉議者以曲江爲良臣識胡雛有反相羞與凡器同列密啓廷諍雖古哲人不及而燕翼無似終爲餒魂豈忮心失恕陰謫最大雖二美莫贖耶不然何袁公一言明楚獄而鍾祉四葉以是相較神可誣乎元和十年自武陵召還宰相復欲置之郎署時禹錫作遊玄都觀詠看花君子詩語涉譏刺執政不悅復出爲播州刺史詔下御史中丞裴度奏曰劉禹錫有母年八十餘今播州西南極遠猿狖所居人迹罕至禹錫誠合得罪然其老母必去不得則與此子爲死別臣恐傷陛下孝理之風伏請屈法稍移近處憲宗曰夫爲人子每事尤須謹愼常恐貽親之憂今禹錫所坐更合重於他人卿豈可以此論之度無以對良久帝改容而言曰朕所言是責人子之事然終不欲傷其所親之心乃改授連州刺史去京師又十餘年連刺數郡大和二年自和州刺史徵還拜主客郎中禹錫銜前事未已復作遊玄都觀詩序曰予貞元二十一年爲尚書屯田員外郎時此觀中未有花木是歲出牧連州尋貶朗州司馬居十年召還京師人人皆言有道士手植紅桃滿觀如爍晨霞遂有詩以志一時之事旋又出牧于今十有四年得爲主客郎中重遊茲觀蕩然無復一樹唯兔葵燕麥動揺於春風因再題二十八字以俟後遊其前篇有玄都觀裏桃千

樹揔是劉郎去後栽之句後篇有種桃道士今何在前度劉郎又到
來之句人嘉其才而薄其行禹錫甚怒武元衡李逢吉而裴度稍知
之太和中度在中書欲令知制誥執政又聞詩序滋不悅累轉禮部
郎中集賢院學士度罷知政事禹錫求分司東都終以恃才褊心不
得久處朝列六月授蘇州刺史就賜金紫秩滿入朝授汝州刺史遷
太子賓客分司東都禹錫晚年與少傅白居易友善詩筆文章時無
在其右者常與禹錫唱和往來因集其詩而序之曰彭城劉夢得詩
豪者也其鋒森然少敢當者予不量力往往犯之夫合應者聲同交
爭者力敵一往一復欲罷不能由是每制一篇先於視草視竟作與
作則文成一二年來日尋筆硯同和贈答不覺滋多太和三年春已
前紙墨所存者凡一百三十八首其餘乘興杖醉率然口號者不在
此數因命小姪龜兒編勒成兩軸仍寫二本一付龜兒一授夢得小
男崙郎各令收藏附兩家文集予頃與元微之唱和頗多或在人口
嘗戲微之云僕與足下二十年來為文友詩敵幸也亦不幸也吟詩

情性播揚名聲其適遺形其樂忘老幸也然江南士女語才子者多
云元白以子之故使僕不得獨步於吳越間此亦不幸也今垂老復
遇夢得夢得非重不幸耶夢得文之神妙莫先於是若 妙與神則
吾豈敢如夢得雪裏高山頭白早海中仙果子生遲沉舟側畔千帆
過病樹前頭萬木春之句之類真謂神妙矣在在處處應有靈物護
持豈止兩家子弟秘藏而已其為名流許與如此夢得嘗為西塞懷
古金陵五題等詩江南文士稱為佳作雖名位不達公卿大寮多與
之交開成初復為太子賓客分司俄授同州刺史秩滿檢校禮部尚
書太子賓客分司會昌二年七月卒時年七十一贈戶部尚書子承
雍登進士第亦有才藻

柳宗元字子厚河東人後魏侍中濟陰公之系孫曾伯祖奭高祖朝
宰相父鎮太常博士終侍御史宗元少聰警絕衆尤精西漢詩騷下
筆構思與古為侔精裁密緻璨若珠貝當時流輩咸推之登進士第
應舉宏辭授校書郎藍田尉貞元十九年為監察御史順宗即位王
叔文韋執誼用事尤奇待宗元與監察呂溫密引禁中與之圖事轉
尚書禮部員外郎叔文欲大用之會居位不久叔文敗與同輩七人
俱貶宗元為邵州刺史在道再貶永州司馬既罹竄逐涉履蠻瘴崎
嶇堙厄蘊騷人之鬱悼寫情敘事動必以文為騷文十數篇覽之者
為之悽惻元和十年例移為柳州刺史時朗州司馬劉禹錫得播州
刺史制書下宗元謂所親曰禹錫有母年高今為郡蠻方南絕域往
復萬里如何與母偕行如母子異方便為永訣吾於禹錫為執友胡
忍見其若是即草章奏請以柳州授禹錫自往播州會裴度亦奏其
事禹錫終易連州柳州土俗以男女質錢過期則沒入錢主宗元革
其鄉法其已沒者仍出私錢贖之歸其父母江嶺間為進士者不遠
數千里皆隨宗元師法凡經其門必為名士著述之盛名動於時時
號柳州云有文集四十卷元和十四年十月五日卒時年四十七子
周六周七纔三四歲觀察使裴行立為營護其喪及妻子還於京師
時人義之

韋辭字踐之祖召卿洛陽丞父翃官至侍御史辭少以兩經擢第判
入等為秘書省校書郎貞元末東都留守韋夏卿辟為從事後累佐
使府皆以參畫稱職元和九年自藍田令入拜侍御史以事累出為
朗州刺史再貶江州司馬長慶初韋處厚路隨以公望居顯要素知
辭有文學理行亟稱薦之擢為戶部員外轉刑部郎中充京西北和
糴使尋為戶部郎中兼御史中丞充鹽鐵副使轉吏部郎中文宗即
位韋處厚執政且以澄汰浮華登用藝實為事乃以辭與李翺同拜
中書舍人辭素無清藻文筆不過中才然處事端實游官無黨與李
翺特相善俱擅文學高名踈達自用不事檢操處厚以激時用頗不
厭公論辭亦倦於潤色苦求外任乃出為潭州刺史御史中丞湖南
觀察使在鎮二年吏民稱治太和四年卒時年五十八贈右散騎常
侍

史臣曰貞元太和之間以文學聳動搢紳之伍者宗元禹錫而已其
巧麗淵博屬辭比事誠一代之宏才如俾之詠歌帝載黼藻王言足

以平擣古賢氣吞時輩而蹈道不謹暱比小人自致流離遂隳素業
故君子羣而不黨戒懼慎獨正為此也韓李二文公於陵遲之末遑
遑仁義有志於持世範欲以人文化成而道未果也至若抑楊墨排
釋老雖於道未弘亦端士之用心也
贊曰天地經綸無出斯文愈翺揮翰語切典墳犧雞斷尾害馬敗羣
僻塗自噬劉柳諸君

唐書列傳卷第一百一十

劉　昫　等修

聞人詮校刻沈桐同校

李光進 弟光顏　烏重胤

王沛 子逢　李珙

李祐　董重質

楊元卿 子延宗　劉悟 子從諫　孫稹

劉沔　石雄

李光進本河曲部落稽阿跌之族也父良臣襲雞田州刺史隸朔方軍光進姊適舍利葛旃殺僕固瑒而事河東節度使辛雲京光進兄弟少依葛旃因家于太原光進勇毅果敢其武藝兵略次于葛旃肅宗自靈武觀兵光進從郭子儀破賊收兩京累有戰功至德中授代州刺史封范陽郡公食邑二百戶上元初郭子儀爲朔州節度以軍討大同橫野清夷范陽及河北殘寇用光進爲都知兵馬使尋遷渭

北節度使永泰初進封武威郡王大曆四年檢校戶部尚書知省事未幾又轉檢校刑部尚書兼太子太保是歲冬十月葬母於京城之南原將相致祭者凡四十四幄窮極奢靡城內士庶觀者如堵元和四年王承宗叛范希朝引師救易定表光進爲步都虞候戰於木刀溝光進有功六年拜銀青光祿大夫檢校工部尚書充單于大都護振武節度使詔以光進夙有誠節克著茂勳賜姓李氏其弟光顏除洺州刺史克本州團練使兄弟恩澤同時人皆歎異八年遷靈武節度使光進嘗從馬燧救臨洺戰洹水收河中皆有功前後軍中之職無所不歷中丞大夫悉曾兼帶先是救易定之師光進光顏皆在其行故軍中呼光進爲大大夫光顏爲小大夫十年七月卒光進兄弟少以孝睦推於軍中及居母喪三年不歸寢室光顏先娶妻其母委以家事母卒光進娶光顏使其妻奉管籥家籍財物歸于其姒光進命反之且謂光顏曰新婦逮事母嘗命以主家不可改也因相持泣良久乃如初卒時年六十五贈尚書左僕射

光顏與兄光進以葛旃善騎射兄弟自幼皆師之葛旃獨許光顏之勇健已不能逮及長從河東軍爲裨將討李懷光楊惠琳皆有功後隨高崇文平蜀搴旗斬將出入如神由是稍稍知名自憲宗元和已來歷授代洺二州刺史兼御史大夫九年將討淮蔡九月遷陳州刺史充忠武軍都知兵馬使踰月遷忠武軍節度使檢校工部尚書會朝廷徵天下兵環申蔡而討吳元濟詔光顏以本軍獨當一面光顏於是引兵臨溵水抗洄曲明年五月破元濟之師於時曲初賊衆晨壓光顏之壘而陣光顏不得出乃自毀其柵之左右出騎以突之光顏將數騎冒堅而衝之出入者數四賊衆盡識矢集於身如蝟其子攬光顏馬鞅止其深入光顏舉刃叱之乃退於是人爭奮躍賊乃大潰死者數千人捷聲至京師人人相賀時伐蔡之師大小凡十餘鎮自裴度使還唯奏光顏勇而知義終不辱命至是果立功焉是歲十一月光顏又與懷汝節度烏重胤同破元濟之衆於小溵河平其柵初都統韓弘令諸軍齊攻賊城賊又徑攻烏重胤之壘重胤禦之中

數槍馳請救於光顏光顏以小溵橋賊之堡也乘其無備使田潁宋朝隱襲而取之乃平其城壍由是克救重胤韓弘以光顏違令取潁及朝隱將戮之潁及朝隱勇而材軍中皆惋惜之光顏畏弘不敢留會中使景忠信至知其情乃矯詔令所在械繫之走馬入見具以本末聞憲宗赦忠信矯詔罪令即往釋潁及朝隱弘及光顏迭以表論憲宗謂弘使曰潁等違都統令固當處死但光顏以其襲賊有功亦可宥之軍有三令五申宜捨此以收來效及以詔諭弘弘不悅十一年光顏連敗元濟之衆拔賊凌雲柵憲宗大悅賜其告捷者奴婢銀錦進位檢校尚書左僕射十二年四月光顏敗元濟之衆三萬于郾城其將張伯良奔于蔡州殺其賊什二三獲馬千匹器甲三萬聯皆畫雷公符仍書云速破城北軍尋而郾城守將鄧懷金請以城降光顏許之而收郾城初鄧懷金以官軍圍青陵城絕其歸路懷金懼謀於郾城令董昌齡母素誡昌齡令降昌齡因此勸懷金歸欵于光顏且曰城中之人父母妻子皆質于蔡州如不屈而降則家盡屠矣請

來攻城我則舉烽求救救兵將至官軍逆擊之必敗此時當以城降
光顏從之賊果敗走於是昌齡執印師吏列于門外懷金與諸將素
服倒戈列于門內光顏受降乃入羅城其城自壞五十餘步時韓弘
爲汴帥驕矜倔强常倚賊勢索朝廷姑息惡光顏力戰陰圖撓屈計
無所施遂舉大梁城求得一美婦人教以歌舞絃管六博之藝飾之
以珠翠金玉衣服之具計費數百萬命使者送遺光顏一見悅惑而
怠於軍政也使者即賫書先造光顏壘曰本使令公德公私愛憂公
暴露欲進一妓以慰公征役之思謹以候命光顏曰今日已暮明旦
納焉詰朝光顏乃大宴軍士三軍咸集命使者進妓妓至則容止端
麗殆非人間所有一座皆驚光顏乃於座上謂來使曰令公憐光顏
離家室久捨美妓見贈誠有以荷德也然光顏受國家恩深誓不與
逆賊同生日月下今戰卒數萬皆背妻子蹈白刃光顏奈何以女色
爲樂言訖涕泣嗚咽堂下兵士數萬皆感激流涕乃厚以縑帛酬其
來使俾領其妓自席上而廻謂使者曰爲光顏多謝令公光顏事君

○許國之心死無貳矣自此兵衆之心彌加激勵及裴度至行營率賓
從於方城池口觀板築五溝賊遽至注弩挺刃勢將及度光顏決戰
於前以却之時光顏預慮其來先使田布以二百騎伏於溝中出賊
不意交擊之度方獲免布又先扼其溝中歸路賊多棄騎越溝相牽
墜壓而死者千餘人是日微光顏之救度幾陷矣是月賊知光顏勇
冠諸將乃悉其衆出當光顏之師時李愬乘其無備急引襲蔡州拔
之獲元濟董重質棄洄曲軍入城降愬光顏知之躍馬入賊營大呼
以降賊衆萬餘人皆解甲投戈請命賊平加檢校司空十三年春命
中官宴光顏於居第賜糲米二十餘車憲宗又御麟德殿召對賜金
帶錦綵朝廷東討李師道授光顏義成軍節度使至鎮尋赴行營數
旬之內再敗賊軍於濮陽殺戮數千人進軍深入十四年西蕃入寇
移授邠寧節度使時鹽州爲吐蕃所毀命李文悅爲刺史令重胤充
勾當修築鹽州城使仍許以陳許六千人隨赴邠寧是歲吐蕃侵涇
原自田縉鎮夏州以貪很侵撓党項羌乃吐蕃入寇及蕃軍攻涇州

邊將郝玼血戰始退初光顏聞賊攻涇州料兵赴救邠師諠然曰人
給五十千而不識戰陣彼何人也常額衣資不得而前蹈白刃此何
人也憤聲恟恟不可遏光顏素得志曲爲陳說大義言發涕流三軍
感之亦泣下乃忻然即路擊賊退之穆宗即位就加特進仍與一子
四品正員官尋詔赴闕賜開化里第進加同中書門下平章事穆宗
以光顏功冠諸將故召赴闕讌賜優給已而帶平章復鎮所以報勳
臣也長慶初遷鳳翔節度使依前檢校司空同中書門下平章事歲未
復授許州節度使朝廷以光顏昔鎮陳許頗得士心將討鎮冀故有
此拜赴鎮日宰相百寮以故事送別於章敬寺穆宗御通化門臨送
之賜錦綵銀器良馬玉帶等物二年討王廷湊命光顏兼深州行營
諸軍節度使光顏既受命而行懸軍討賊艱於饋運朝廷又以滄景
德棣等州俾之兼管以其鄰賊之郡可便飛輓光顏以朝廷制置乖
方賊帥連結未可朝夕平定事若差跌即前功悉棄乃懇辭兼鎮尋
以疾作表祈歸鎮朝廷果討賊無功而赦廷湊四年敬宗即位正拜

○司徒汴州李尒逐其帥叛詔光顏率陳許之師討之營于尉氏俄而
誅尒遷太原尹北京留守河東節度使進階開府儀同三司仍於正
衙受冊司徒兼侍中二年九月卒年六十六廢朝三日贈太尉諡曰
忠

烏重胤潞州牙將也元和中王承宗叛王師加討潞帥盧從史雖出
軍而密與賊通時神策行營吐突承璀與從史軍相近承璀與重胤
謀縛從史於帳下是日重胤戒嚴潞軍無敢動者憲宗賞其功授潞
府左司馬遷懷州刺史兼充河陽三城節度使會討淮蔡用重胤壓
境仍割汝州隸河陽自王師討淮西三年重胤與李光顏掎角相應
大小百餘戰以至元濟誅就加檢校尚書右僕射轉司空蔡將有李
端者過溵河降重胤其妻爲賊束縛於樹臠食至死將絕猶呼其夫
曰善事烏僕射其得人心如此元和十三年代鄭權爲橫海軍節度
使既至鎮上言曰臣以河朔能拒朝命者其大略可見蓋刺史失其
職反使鎮將領兵事若刺史各得職分又有鎮兵則節將雖有祿山

思明之蘇豈能據一州爲叛哉所以河朔六十年能拒朝命者秖以
奪刺史縣令之職自作威福故也臣所管德棣景三州已舉公牒各
還刺史職事訖應在州兵並令刺史收管又景州本是弓高縣請卻
廢爲縣歸化縣本是草市請廢縣依舊屬德州詔並從之由是法制
修立各歸名分及屯軍深州重胤以朝廷制置失儀賊方瀕淩未可
輕進觀望累月穆宗急於誅叛遂以杜叔良代之以重胤檢校司徒
兼興元尹充山南西道節度使召至京師復以本官爲天平軍節度
鄆曹濮等州觀察等使李同捷據滄州請襲父位朝廷不從議者慮
狡童拒命欲以重臣代乃移鎮兗海加太子太師平章事仍兼領滄
景節度仍舊割齊州隸之蓋望不勞師而底定制出旬日重胤卒贈
太尉重胤出自行間及爲長帥赤心奉上能與下同甘苦所至立功
未嘗矜伐而善待賓僚禮分同至當時名士咸願依之身歿之日軍
士二十餘人皆割股肉以爲祭酹雖古之名將無以加焉子漢弘尉
趣復授左領軍衛將軍漢弘上表乞終服紀文宗嘉詔從之服闋方
授官

○王沛許州人年十八有勇決許州節度使上官涚奇其才以女妻之
署爲牙門將及涚卒子壻田偁迫脅涚子欲邀襲位懼監軍使不順
其事將結謀伏兵以圖之沛竊知其謀密告監軍因盡擒其黨於伏
匿之所監軍范日用以其事聞德宗乃以陳許行軍司馬劉昌裔總
統其軍賜沛手詔令護涚之子赴上都既至召見德宗謂之曰據卿
忠義寵宜加等但昌裔所奏秖請加監察御史朕意殊爲不足卿速
歸使宣付昌裔更令奏來遂馹騎而還未至許州拜開府儀同三司
兼御史中丞依前本職吳元濟反李光顏受命攻討奇沛節槩署行
營兵馬使別統勁兵屯于近郊及軍合連破蔡寇頻詔進軍諸將觀
望無敢先渡溵河沛率兵五千夜渡溵河合流口徑扼賊喉而成城
自是河陽宣武太原魏博等軍繼渡掎角進攻郾城沛先結壘與賊
對賊將鄧懷金率衆面縛而降蔡賊平沛隨李光顏入朝光顏具陳
沛功加御史大夫既還鎮光顏受詔討鄆寇及李師道誅詔分許州
兵戍于邠以沛爲都將救鹽州擊退吐蕃以功加寧州刺史遷陳州
李介反詔沛兼忠武節度副使率師討介介平加檢校右散騎常侍
遷兗海沂密節度觀察等使此邦新造人情獷驁沛明申法令選蒐
軍政朞年大理明年改檢校工部尚書充忠武軍節度陳許蔡觀察
等使卒于鎭贈右僕射子逢
逢少沉勇從父征伐有功爲忠武都知兵馬使太和中入宿衞歷諸
衞將軍從石雄劉沔破迴紇于天德性果決用法嚴其時有二千人
不上陣官賜賞給逢皆不與或非之逢曰健兒向前冒白刃若不行
賜賞其如冒刃者何王宰攻劉稹逢領陳許七千人屯翼城代田令
昭賊平檢校左散騎常侍累遷至忠武軍節度陳許觀察等使
李珙山東甲姓代修婚姻至珙不好讀書唯以弓馬爲務長六尺餘
氣貌魁岸嘗詣澤潞謁李抱眞異之將還爲衙門將旋以酒酣使氣
復欲棄之都將王虔休謂抱眞曰李珙奇士也若不能用不如殺之
無爲他人所得抱眞死虔休爲帥乃依虔休累爲昭義大將吐突承

璀之擒盧從史烏重胤實預其謀珙初不知將救從史聞重胤受朝
旨乃觀望不進重胤以此德之後領河陽乃置於麾下然朝廷已與
從史厚善竟出爲北邊一校元和十年征淮西重胤懇表爲諸道行
營都虞候詔特從之俄以母憂去職服闋除右武衞上將軍長慶四
年八月卒年六十四廢朝一日
○李祐本蔡州牙將事吳元濟驍勇善戰自王師討淮西祐爲行營將
每抗官軍皆憚之元和十二年爲李愬所擒愬知祐有膽略釋其死
厚遇之推誠定分與同寢食往往帳中密語達曙不寐人有耳屬於
外者但屢聞祐感泣聲而軍中以前時爲祐殺傷者多營壘諸卒會
議皆恨不殺祐愬以衆情歸怨慮不能全因送祐於京師乃上表救
之憲宗特恕遂遣祐賜愬愬大喜即以三千精兵付之祐所言無有
所疑竟以祐破蔡擒元濟以功授神武將軍遷金吾將軍檢校左散
騎常侍夏州刺史御史大夫夏綏銀宥節度使寶曆初入爲右金吾
大將軍尋以吐蕃入寇出爲涇州刺史涇原節度使太和初討李同

捷遷檢校戶部尚書滄州刺史滄德景節度使大和三年五月卒
董重質本淮西牙將吳少誠之子壻也性勇悍識軍機善用兵及元濟拒命重質又爲謀主領大軍當王師連歲不拔皆重質之謀也元和十二年宰相裴度督兵淮西至郾城元濟乃悉發左右及守城之卒委重質而拒度特李愬乘虛入蔡既擒元濟重質之家在蔡愬乃安郵之仍使其子持書禮以召重質重質見其子知城已陷及元濟囚窘之狀乃慨然以單騎歸愬白衣叩伏愬揖登堦以賓禮與之食憲宗欲殺之愬奏許以不死而來降請免之且乞於本軍驅使於是貶春州司戶參軍明年轉太子少詹事委武寧軍收管驅使仍加金紫十五年徵入授左神武軍將軍知軍事兼御史中丞仍賜金帛與有功者等尋授鹽州刺史又遷左右神策及諸道劍南西川行營節度使檢校左散騎常侍太和四年又轉夏綏銀宥節度使五年就加檢校工部尚書重質訓兵立法羌戎畏服八年八月卒贈尚書右僕射
楊元卿祖子華德州安陵縣丞父寓申州鍾山縣令元卿少孤慷慨

有才略及冠尚漂蕩江嶺之表縱遊放言人謂之狂生時吳少誠專蔡州朝廷姑息之元卿白衣謁見署以劇縣旋辟爲從事奏授試大理評事亦事少陽後奏轉監察裏行因上奏宰相李吉甫深加慰納自是一歲或再隨奏至京師元卿每與少陽言諭以大義乃爲兇黨所擠賴節度判官蘇肇保持故免元卿潛奉朝廷內耗少陽之事及少陽死其子元濟繼立元卿説曰先尚書性忞諸將皆飢寒今須布惠以自固也府中有無元卿熟知之曷若散聘諸道卑辭厚禮以丈人行呼摹帥庶幾一助而諸將大獲矣元卿願將留後表上聞朝廷安得不從哉元濟許之元卿即日離蔡以賊勢盈虛條奏潛請詔諸道拘留使者及元濟覺元卿妻陳氏并四男並爲元濟所殺同垢一射垛蘇肇以保持元卿亦同日被害詔授元卿岳王府司馬尋遷太子僕射元和十三年授蔡州刺史兼御史中丞未行改授光祿少卿初朝廷比令元卿與李愬會議於唐州東境選要便處權置行蔡州如百姓宜健有歸順者便準勑優恤必令全活既而召見元卿遂奏請借度支錢及言事頗多不合旨宰相裴度亦以諸將討賊三年功成在旦暮如更分土地與元卿即恐相侵生事故罷前命而改授焉是歲既平淮西元卿奏曰淮西甚有寶貨及犀帶臣知之往取必得上曰朕本討賊爲人除害今賊平人安則我求之得矣寶貨犀帶非所求也勿復此言是月詔授左金吾衛將軍未幾改汾州刺史復徵爲左金吾衛將軍長慶初易置鎮魏守臣元卿詣宰相深陳利害并見表其事後穆宗感悟賜白玉帶旋授檢校左散騎常侍涇州刺史涇原渭節度觀察等使兼克四鎮北庭行軍元卿乃奏置屯田五千頃每屯築牆高數仞鍵閉牢密卒然寇至盡可保守加檢校工部尚書營田成復加使號居六年涇人論奏爲立德政碑移授懷州刺史克河陽三城節度觀察等使大和五年就加檢校司空進階光祿大夫以其營田納粟二十萬石以裨經費故也是歲改授汴宋亳觀察等使凡所廢置皆有弘益詔並從之年七十寢疾歸洛陽詔授太子太保是歲八月卒廢朝三日贈司徒元卿始以毀家効順累授方

鎮然性險巧所至好聚斂善結交涇人得情亦由此也子延宗開成中爲磁州刺史坐謀逐河陽節度使以自立爲其黨所告臺司推鞫得實誅之
劉悟正臣之孫也正臣本名客奴天寶末祿山叛平盧軍節度使柳知晦受賊僞署客奴時職居牙門襲殺知晦馳章以聞授平盧軍節度使賜名正臣悟少有勇力叔逸淮爲汴帥積緡錢數百萬於洛中悟輒破扃鐍悉盜用之既而懼亡歸李師古始亦未甚知後因擊毬馳突衝師古馬仆師古怒將斬之悟猛以氣語押觸師古師古奇而免之因令管壯士將後軍累署牙門右職奏授淄青節度都知兵馬使兼監察御史元和末憲宗既平淮西下詔誅師道遣悟將兵拒魏博軍而數促悟戰悟未及進驅使召之悟度使來必殺己乃僞疾不出令都虞候往迎之使者亦果以誠告其人云奉命殺悟以代悟都虞候即時先還悟刻之得其實乃召諸將與謀曰魏博田弘正兵強出戰必敗不出則死今天子所誅者司空一人而已悟與公等皆爲

所驅迫使就其死何如殺其來使整戈以取鄆立大功轉危亡爲富
貴耶衆咸曰善唯都將所命悟於是立斬其使以兵取鄆圍其內城
兼以火攻其門不數刻擒師道并男二人並斬其首以獻擢拜悟檢
校工部尚書兼御史大夫義成軍節度使封彭城郡王仍賜實封五
百戶錢二萬貫莊宅各一區十五年正月入覲又加檢校兵部尚書
餘如故穆宗即位以恩例遷檢校尚書右僕射是歲十月移鎮澤潞
旋以本官兼平章事長慶元年幽州大將朱克融叛囚其帥張弘靖
朝廷求名將以鎮漁陽乃加悟檢校司空平章事充盧龍軍節度使
悟以幽州方亂未克進討請授之節鉞徐圖之乃復以悟爲澤潞節
度拜檢校司徒兼太子太傅依前平章事時監軍劉承偕頗恃恩權
常對衆辱悟又縱其下亂法悟不能平異日有中使至承偕宴之請
悟悟欲往左右皆曰往則必爲其困辱矣軍衆因亂悟不止之乃擒
承偕至牙門殺其二僕欲并害承偕悟救之獲免朝廷不獲已貶承
偕自是悟頗縱恣欲効河朔三鎮朝廷失意不逞之徒多投寄潞州

以求援往往奏章論事辭旨不遜寶曆元年九月病卒贈太尉遺表
請以其子從諫繼續戎事敬宗下大臣議僕射李絳以澤潞內地與
三鎮事理不同不可許宰相李逢吉中尉王守澄受其賂曲爲奏請
從諫自將作監主簿起復雲麾將軍守金吾衛大將軍同正檢校左
散騎常侍兼御史大夫充昭義節度副大使知節度觀察等留後二
年加金吾上將軍檢校工部尚書充昭義節度等使文宗即位進檢
校司空六年十二月入覲七年春歸藩加同中書門下平章事九年
李訓事敗宰相王涯等四人被禍時涯兼掌邦計雖不與李訓同謀
然不自異於其間既死非其罪悟素德涯之私恩心頗不平四上章
請涯等罪名仇士良輩深憚之是時中官頗橫天子不能制朝臣日
憂陷族賴從諫論列而鄭覃李石方能粗秉朝政先是有蕭洪者詐
稱太后弟因仇士良保任許之厚賂及洪累受方鎮納賂不滿士良
之志士良怒遺人上書論洪非太后之親又以蕭本者爲太后弟從
諫深知內官之故乃自潞府飛章論之曰臣聞造僞以亂眞者匹夫

知之尚不可況天下皆知乎孰疎以爲親者在匹夫之家尚不可況
處大國之朝乎臣受國恩深奉公心切知有此失安敢不言伏惟皇
帝陛下仁及萬方孝敦九族而推心無黨唯理是求微臣所以不避
直言切論深事伏見金吾將軍蕭本稱是太后親弟受此官榮今喧
然國都殆聞藩府自上及下異口同音皆言蕭弘是眞蕭本是僞臣
傍聽衆論遍察羣情咸思發明以正名分今年二月其蕭弘投臣當
道求臣上聞自言此者福建觀察使唐扶及監軍劉行立具審根源
已嘗論奏其時屬蕭本得爲外戚來自左軍臺司既不敢研窮聖意
遂勒還鄉里自茲議論轉益沸騰臣亦令潛問左軍權論大體而士
良推至公之道發不黨之言盡蕭本自度孤危妄有憑恃伏以名居
國舅位列朝班而眞僞不分中外所耻切慮皇太后受此罔惑已有
恩情若含垢於一時終取笑於千古伏乞追蕭弘赴闕與蕭本對推
細詰根源必辨眞僞詔令三司使推按帝以二蕭雖詐託名太后之
宗不欲誅之俱流嶺表從諫進位檢校司徒會昌三年卒大將郭誼

等匿喪用其姪稹權領軍務時宰相李德裕用事素惡從諫之姦回
奏請劉稹護喪歸洛以聽朝旨稹竟叛德裕用中丞李回奉使河朔
說令三鎮加兵討稹乃削奪稹官命徐許滑孟魏鎮幽并八鎮之師
四面進攻四年郭誼斬稹傳首京師從諫妻裴氏初稹拒命裴氏召
集大將妻同宴以酒爲壽泣下不能已諸婦請命裴曰新婦各與汝
夫文字勿忘先相公之拔擢莫効李丕背恩走投國家子母爲託故
悲不能已也諸婦亦泣下故潞將叛志益堅稹死裴亦以此極刑稹
族屬昆仲九人皆誅

劉沔許州牙將也少事李光顏爲帳中親將元和末光顏討吳元濟常
用沔爲前鋒蔡將有董重質者守洄曲其部下乘騾即戰號騾子軍
最爲勁悍官軍常警備之沔驍銳善騎射每與騾軍接戰必冒刃陷
堅俘馘而還故忠武一軍破賊第一淮蔡平隨光顏入朝憲宗留宿
衛歷三將軍歷鹽州刺史天德軍防禦使在西北邊累立奇効太和
末河西党項羌叛沔以天德之師屢誅其酋渠移授振武節度使檢

校右散騎常侍單于大都護開成中党項雜虜大擾河西沔率吐渾契苾沙陀三部落等諸族萬人馬三千騎徑至銀夏討襲大破之俘獲萬計告捷而還以功加檢校戶部尚書會昌初迴紇部飢烏介可汗奉太和公主至漢南求食過把頭烽犯雲朔北川朝廷以太原重地控扼諸戎乃移沔河東節度使檢校尚書左僕射太原尹北京留守詔與幽州張仲武協力招撫迴鶻竟破虜寇迎公主還宮以功進位檢校司空尋改滑州刺史義成軍節度使四年潞帥劉從諫卒子稹匿喪擅主留務要求旄鉞武宗怒命忠武節度使王宰徐州節度李彥佐等充路府西南面招撫使遂復授沔太原節度充路府北面招討使沔與張仲武不協方徵兵幽州乃移沔爲鄭滑節度使進位檢校司徒既而以疾求歸洛陽授太子太保卒初沔爲忠武小校從李光顏討淮西爲捉生將前後遇賊血戰鋒刃所傷幾死者數四嘗傷重臥草中月黑不知歸路昏然而睡夢人授之雙燭曰子方大貴此行無患可持此而還既行炯然有雙光在前自後破虜危難每行

常有此光及罷鎮後雙光息五年李德裕出鎮罷沔爲太子太保明年以太子太保致仕卒

石雄徐州牙校也王智興之討李同捷以雄爲右廂捉生兵馬使勇敢善戰氣凌三軍自智興以兵臨賊境率先收棣州雄先驅渡河前無堅陣徐人伏雄之撫待惡智興之虐欲逐之而立雄智興以軍在賊境懼其變生因其立功請授一郡刺史朝廷徵赴京師授壁州刺史智興尋殺雄之素相善諸將士百餘人仍奏雄搖動軍情請行誅戮文宗雅知其能惜之乃長流白州大和中河西党項擾亂選求武士乃召還隸振武劉沔軍爲裨將累立破羌之功文宗以智興故未甚提擢而李紳李德裕以崔羣舊將素嘉之會昌初迴鶻寇天德詔命劉沔爲招撫迴鶻使三年迴鶻大掠雲朔北邊牙於五原沔以太原之師屯於雲州沔謂雄曰黠虜離散不足驅除國家以公主之故不欲急攻今觀其所爲氣凌我輩若稟朝旨或恐依違我輩捍邊但能除患事之可也公可選驍健乘其不意徑趨虜帳彼以疾雷之勢

不暇枝梧必棄公主亡竄事苟不捷吾自繼進亦無患也雄授教自選勁騎得沙陀李國昌三部落兼契苾拓拔雜虜三千騎月暗夜發馬邑徑趨烏介之牙時虜帳逼振武雄既入城登堞視其衆寡見氈車數十從者皆衣朱碧類華人服飾雄令諜者訊之此何大人虜曰此公主帳也雄喻其人曰國家兵馬欲取可汗公主至此家國也須謀歸路俟兵合時不得動帳幕雄乃大率城內牛馬雜畜及大鼓夜穴城爲十餘門遲明城上立旗帳炬火乃於諸門縱其牛畜鼓譟從之直犯烏介牙帳炬火燭天鼓譟動地可汗惶駭莫測率騎而奔雄率勁騎追至殺胡山急擊之斬首萬級生擒五千羊馬車帳皆委之而去遂迎公主還太原以功加檢校左散騎常侍豐州刺史兼御史大夫天德防禦等使雄沉勇徇義臨財甚廉每破賊立功朝廷特有賜與皆不入私室置於軍門首取一分餘並分給以此軍士感義皆思奮發累遷檢校左僕射河中尹河中晉絳節度使俄而昭義劉從諫卒其子稹擅主軍務朝議問罪令徐帥李彥佐爲潞府西南面招

撫使以晉州刺史李丕爲副時王宰在萬善柵劉沔在石會相顧未進雄受代之翌日越烏嶺破賊五砦斬獲千計武宗聞捷大悅謂侍臣曰今之義而有勇罕有雄之比者雄既率先破賊不旬日王宰收天井關何弘敬王元逵亦收磁洺等郡先是潞州狂人折腰於市謂人曰雄七千人至矣劉從諫捕而誅之及稹危蹙大將郭誼密款請斬稹歸朝軍中疑其詐雄倡言曰賊稹之叛郭誼爲謀主今請斬稹即誼自謀又何疑焉武宗亦以狂人之言詔雄以七千兵受降雄即徑馳潞州降誼盡擒其黨與賊平進加檢校司空王宰智興之子於雄不足雄以轅門子弟善禮之然討潞之役雄有始卒之功宰心惡之及李德裕罷相宰黨排擯雄罷鎮既而聞德裕貶發疾而卒

史臣曰古所謂名將者不必蒙輪拔距之材拉虎批熊之力要當以義終始好謀而成而阿跌昆仲稟氣陰山率多令範讓家權於主婦拒美妓於姦臣章武恢復之功義師之効也重胤忠於事上仁於撫下淮蔡之役勳亞光顏殿邦之臣也不可多得王沛之擒僚將李祐

之執賊渠皆因事立功轉禍爲福智則智矣仁者不爲而劉悟自恃
太尤世邀續襲至於赤族報亦晚耶雄沔負羽邊城聲馳沙漠奉迎
貴主摧破昆戎不亦壯乎雄能感於已知不爲無義美哉
贊曰淮鄆砥平義將輸誠二凶受縛亦其同惡毀義棄忠必殄爾宗
孰稱善將劉沔石雄

唐書列傳卷第一百一十一

劉　昫　等修

聞人詮校刻沈桐同校

潘孟陽　李鄘　王遂　曹華

韋綬　鄭權　盧士玫　韓全義

高霞寓　高瑀　崔戎　陸亘

張正甫 正甫子毅夫 毅夫子禕

潘孟陽禮部侍郎炎之子也孟陽以父蔭進登博學宏辭科累遷殿中侍御史降爲司議郎孟陽母劉晏女也公卿多父友及外祖賓從故得薦用累至兵部郎中德宗末王紹以恩倖數稱孟陽之材因擢授權知戶部侍郎年未四十順宗即位永貞內禪王叔文誅杜佑始專判度支請孟陽代叔文爲副時憲宗新即位乃命孟陽巡江淮省財賦仍加鹽鐵轉運副使且察東南鎮之政理時孟陽以氣豪權重領行從三四百人所歷鎮府但務遊賞與婦女爲夜飲至鹽鐵轉運院廣納財賄補吏職而已及歸大失人望罷爲大理卿三年出爲華州刺史遷梓州刺史劒南東川節度使與武元衡有舊元衡作相復召爲戶部侍郎判度支兼京北五城營田使以和糴使韓重華爲副太府卿王遂與孟陽不協議以營田非便持之不下孟陽忿憾形於言二人俱請對上怒不許乃罷孟陽爲左散騎常侍明年復拜戶部侍郎孟陽氣尚豪俊不拘小節居第頗極華峻憲宗微行至樂遊原見其宏敞工猶未已問之左右以孟陽對孟陽懼而罷工作性喜宴公卿朝士多與之遊時指怒者不一俄以風緩不能行改左散騎常侍元和十年八月卒贈兵部尚書憲宗每事求理常發江淮宣慰使左司郎中鄭敬奉使辭上誡之曰朕宮中用度一匹已上皆有簿籍唯賑卹貧民無所計算卿經明行修今登車傳命宜體吾懷勿學潘孟陽奉使所至但務酣飲遊山寺而已其爲人主所薄如此

李鄘不知何許人起於寒賤以莊憲皇后妹壻元和已來驟階仕進以恩澤至坊州絳州刺史無他才性纖巧承迎常飾廚傳以奉往來中使及禁軍中尉賓客以求善譽治民蒞事粗有政能上以爲才召拜司農卿遷京兆尹十年莊憲太后崩鄘爲山陵橋道置頓使恃能惜費每事減損靈駕至灞橋頓從官多不得食及至渭城北門門壞先是橋道司請改造渭城北門計錢三萬鄘以勞費不從令深鑿軌道以通靈駕掘土既深旁柱皆懸因而頓壞所不及輼輬車者數步而已初欲壞城之東北墉以出靈駕中人皆不可乃停駕徹去壞門土木而後行鄘懼誣奏輼輬軸折山陵使李逢吉令御史封其車軸自陵還奏請免鄘官上以用兵務集財賦以鄘前後進奉不之責但罰俸而已逢吉極言其罪乃削銀青階翌日復賜金紫自此朝廷端士多竊譏毀義士爲之側目時宿師於野饋運不集浙西重鎮號爲殷阜乃以鄘爲潤州刺史浙西觀察使令設法鳩聚財貨淮西用兵頗賴其賦十四年以病求還京師未朝謁而卒

王遂宰相方慶之孫也以吏能聞於時尤長於興利銳於操下法頗嚴酷累遷至鄧州刺史以曉達錢穀入爲太府卿潘孟陽判度支與遂私憾互有爭論遂爲西北供軍使言營田非便與孟陽會議相非各求請對上怒俱不見出遂爲柳州刺史遂親吏韋行素柳季常請課料於兩池務屬遂罷務季常等爲吏所誣各笞四十遂柳州制出左丞呂元膺執奏曰遂以補吏犯贓法當從坐其除官制云清能業官據遂犯狀不宜有清字柳州大郡出守爲優謹封還制書上令喻之方行數年用兵淮西天子藉錢穀吏以集財賦知遂強幹乃用爲宣州刺史宣歙觀察使淮蔡平王師東討召拜光祿卿充淄青行營諸軍糧料使以光祿職當祠祭改檢校左散騎常侍兼御史大夫初師之出也歲計兵食三萬石及鄆賊誅遂進羨餘一百萬上以爲能時分師東道所據十二州爲三鎮乃以遂爲沂州刺史沂兖海等州觀察使遂性狷忿不存大體而軍州民吏久染汙俗率多獷戾而遂數因公事訾詈將卒曰反虜將卒不勝其忿牙將王弁乘人心怨怒十四年七月遂方宴集弁謀集其徒害遂於席判官張實李甫等同遇害及曹華代遂至鎮盡擒亂黨王弁等誅之遂器用不弘僻於聚

斂而非兼撫之才但峻威刑以繩亂俗其所製笞杖率踰常制遂既死監軍使封其杖進呈上令出示於朝以誡廉使

曹華宋州楚丘人仕宣武軍為牙校貞元末吳少誠叛本軍以華驍果有智算用為襄城戍將蔡賊攻襄城華屢敗之德宗特賜旗甲元和九年以功授寧州刺史未行而吳元濟叛朝廷命河陽帥烏重胤討賊重胤請華為懷汝節度行營副使前後數十戰大破賊於青陵城賊平授棣州刺史封陳留郡王棣隣於鄆賊屢侵逼華招募群盜之勁者補之軍卒分據要路其後賊至皆擊敗之鄆人不敢北顧及李師道誅分所管十二州為三鎮王遂為沂兗海觀察使福刻不能馭衆為牙將王弁所害朝廷遂授華左散騎常侍沂州刺史沂海兗觀察使華至鎮視事三日宴將吏伏甲士千人於幕下群校既集華喻之曰吾授命廉問奉聖旨以鄆州將士分割三處有道途轉徙之勞今有頒給此州兵稍厚鄆州士卒處右州兵處左冀易以區別分定並令州兵出外既出闔門乃謂鄆卒曰天子深知鄆人之勞然前

害主帥者不能免罪甲士自幕中出周環之凡鄆一千二百人立斬于庭血流成渠是日門屛之間有赤霧高丈餘久之方散自是海沂之人重足股慄無敢為盜者華惡沂之地褊請移理於兗許之初李正己盜有青鄆十二州傳襲四世垂五十年人俗頑驁不知禮教華令將吏曰鄒魯儒者之鄉不宜忘於禮義乃躬禮儒士習俎豆之容春秋釋奠於孔子廟立學講經儒冠四集出家財贍給俾成名入仕其往者如歸及鎮州軍亂殺田弘正華表請以本軍進討就加檢校工部尚書昇兗海為武寧節度賜之節鉞李岕叛於大梁華不俟命赴討岕方遣兵三千人取宋州華逆擊敗之由是宋亳不從介亂介平以功加檢校尚書右僕射以河朔拒命移華為滑州刺史義成軍節度使長慶三年七月卒於鎮時年六十九華雖出自戎行而動必由禮尤重士大夫未嘗以富貴驕人下逮僕隸走使之徒必待之以誠信人以為難贈司空

韋綬字子章京兆人少有至性喪父刺血寫佛經初為長安縣尉遭朱泚之亂變服乘驢赴奉天于頔鎮襄陽辟為賓佐嘗因言政而刺頔之縱恣入朝為工部員外轉屯田郎中元和十年改職方郎中充太子諸王侍讀再遷諫議大夫時穆宗在東宮方幼好戲綬講書之隙頗以嘲誚悅之嘗密齎家所造食入宮餉太子憲宗嘗召對綬奏曰太子學書至依字輒去旁人臣問之太子云君父以此字可天下奏事臣子不合全書上益嘉太子之賢賜綬錦綵綬無威儀時以人間鄙說戲言以取悅太子太子因入侍道綬語憲宗不悅謂侍臣曰凡侍讀者當以經義輔導太子納之軌物而綬語及此予何望耶乃罷侍讀出為虔州刺史穆宗即位以師友之恩召為尚書右丞兼集賢院學士甚承恩顧出入禁中綬以七月六日是穆宗載誕節請以是日百官詣光順門賀太后然後上皇帝壽時政道頗僻勅出人不敢議久之宰臣奏古無生日稱賀之儀其事終寢綬在集賢遇重陽賜宰臣百官曲江宴綬請與集賢學士別為一會從之長慶元年三月轉禮部尚書判集賢院事帝嘗問禳災祈福其可必乎綬對曰昔

宋景公以一善言而法星退之三舍此禳災以德也漢文帝除秘祝每於祠祭盡敬而已言無所祈以明福不可以求致也而二君卒能變巳變之災享自致之福著於史傳其理甚明如失德以祈災消媚神以祈福至神苟有知當因以致譴非祈禳之道也時人主失德綬因以諷之二年十月檢校戶部尚書興元尹山南西道節度使辭日請門戟十二自將赴鎮又訴家貧請賜錢二百萬又面乞授子元弼官上皆可之綬御事無術洎臨戎鎮厥政廢紊二年八月卒贈尚書右僕射博士劉端夫請謚為通殿中侍御史孟琯上言以為非當博士權安請謚為謬竟不施行

鄭權滎陽開封人也登進士第釋褐涇原從事節度使劉昌符病亟請入覲慮軍情必變以權寬厚容衆俾主留務及昌符上路兵果亂權挺身入白刃中抗辭喻以逆順因殺其首亂者數人三軍畏伏德宗聞而嘉之時天子猒兵藩鎮將吏得軍情者多超授官爵自試衛佐擢授行軍司馬御史中丞入朝為倉部郎中累遷至河南尹十一

年代李遜爲襄州刺史山南東道節度使十二年轉華州刺史潼關
防禦鎮國軍使十三年遷德州刺史德棣滄景節度使時朝廷用兵
討李師道權以德棣之兵臨境奏於平原安德二縣之間置歸化縣
以集降民滄州刺史李宗奭與權不協每事多違不稟節制權奏之
上令中使追之宗奭諷州兵留已上言懼亂未敢離郡乃以烏重胤
鎮横海代權歸朝滄洲將吏懼共逐宗奭宗奭方奔歸京師詔以悖
慢之罪斬於獨柳之下其弟宗爽長流汀州授權邠寧節度會天德
軍使上章論宗奭之冤爲權誣奏權降受原王傅尋遷右金吾衛大
將軍充左街使穆宗即位改左散騎常侍充入迴鶻告哀使憚其遠
役辭以足疾不獲免肩輿而行權器度魁偉有辭辯既至虜廷與虜
主爭論曲直言辭激壯可汗深敬異之長慶元年使還出爲河南尹
入拜工部侍郎遷本曹尚書以家人數多俸入不足求爲鎮守旬月
檢校右僕射廣州刺史嶺南節度使初權出鎮有中人之助南海多
珍貨權頗積聚以遺之大爲朝士所嗤四年十月卒

盧士玫山東右族以文儒進性端厚與物雅有令聞始爲吏部員外
郎稱職轉郎中京兆少尹奉憲宗園寢刑簡事集時論推其有才權
知京兆尹事會幽州劉總願釋兵柄入朝請用張弘靖代已復請析
瀛漠兩州用士玫爲帥朝廷一皆從之士玫遂授檢校右常侍充瀛
漠兩州都防禦觀察使無何幽州亂害賓介縶弘靖取裨將朱克融
領軍務遣兵襲瀛漠朝廷慮防禦之名不足抗凶逆即日除士玫檢
校工部尚書充瀛漠節度使士玫亦罄家財助軍用堅拒叛徒者累
月竟以官軍救之不至又瀛漠之卒親愛多在幽州遂爲其下陰導
克融之兵以潰士玫及從事皆被拘執送幽州囚於賓館及朝廷宥
克融之罪士玫方得歸東洛尋拜太子賓客留司洛中旋除虢州刺
史復爲賓客寶曆元年七月卒贈工部尚書

韓全義出自行間少從禁軍事竇文場及文場爲中尉用全義爲帳
中偏將典禁兵在長武城貞元十三年爲神策行營節度長武城使
代韓潭爲夏綏銀宥節度詔以長武兵赴鎮全義貪而無勇短於撫

御制未下軍中知之相與謀曰夏州沙磧之地無耕蠶生業盛夏移
徙吾所不能是夜戍卒鼓譟爲亂全義踰城而免殺其親將王棲巖
趙虔曜等賴都虞候高崇文誅其亂首而止之全義旁獲赴鎮明年
吳少誠拒命詔徵十七鎮之師討之時軍無統帥兵無多少皆以内
官監之師之進退不由主將十五年冬王師爲賊所敗于小溵河德
宗以文場素待全義乃用爲蔡州四面行營招討使仍以陳許節度
使上官涗副之諸鎮之師皆取全義節度全義將略非所長能以巧
佞財賄結中貴人以被薦用及師臨賊境又制在監軍每議兵出一
帳之中中人十數紛然爭論莫決蔡賊聞之屢求決戰十六年五月
遇賊於溵水南廣利城旗鼓未交諸軍大潰爲賊所乘全義退保五
樓賊對壘相望潰兵未集乃與監軍賈英秀賈國良等保溵水縣賊
距溵水五六里而軍全義懼其凌突退保陳州其汴宋河北之軍皆
亡歸本鎮唯陳許將孟元陽神策將蘇光榮等數千人守溵水全義
誘潞州大將夏侯仲宣滑將時昂河陽將權文度河中將郭湘等誅

之繇是軍情稍固少誠知王師無能爲致書幣以告監軍願求昭洗
德宗召大臣議宰相賈躭曰昨全義五樓退軍賊不追躡者應望國
家恩貸臣伏恐須開生路上然之又得監軍等奏即下制洗滌加其
爵秩十七年全義自陳州班師而中人掩其敗迹上待之如初全義
武臣不達朝儀託以足疾不任謁見全義司馬崔放入對德宗勞問
放引過言招撫無功德宗曰全義爲招討使招得吳少誠歸國其功
大矣何必殺人乃爲功耶旋命還鎮令中使就第賜宴錫賚頗厚自
還至辭都不謁見而去議者以隳敗法制從古已還未如貞元之甚
憲宗在藩常惡其事及即位全義懼求入覲詔以太子太保致仕其
年七月卒

高霞寓范陽人祖仙父栖鶴皆以孝聞凡五代同爨德宗朝採訪使
洪經綸奏旌表其門閭鄉里稱美其事霞寓少讀左氏春秋及孫吳
兵法好大言頗以節槩自許貞元中徒步造長武城使高崇文待以
猶子之分擢授軍職累奏憲宗甚見委信元和初詔授兼御史大夫

從崇文將兵擊劍關連戰皆克下鹿頭城降李文悅仇良輔蜀平以
功拜彭州刺史尋繼崇文爲長武城使封感義郡王元和五年以左
威衛將軍隨吐突承璀擊王承宗又加左散騎常侍明年改豐州刺
史三城都團練防禦使六遷至檢校工部尚書元和十年朝廷討吳
元濟以霞寓宿將乃析山南東道爲兩鎮以霞寓爲唐鄧隋節度使
霞寓雖稱勇敢素昧機略至於統制尤非所長及達所部乃率兵趣
蕭陵與賊決戰既小勝又進至文城柵賊軍僞敗而退霞寓逐之不
巳因爲伏兵所掩王師大敗霞寓僅以身免坐貶歸州刺史後以恩
例徵爲右衛大將軍十三年出爲振武節度使入爲左武衛大將軍
長慶元年授邠寧節度使三年就加檢校右僕射四年加檢校司空
又加司徒寶曆二年疽發首不能理事求歸闕下其夏授右金吾衛
大將軍檢校司徒途次奉天而卒年五十五贈太保霞寓卒伍常材
始因宦官進用遂階節將位望既高言多不遜朝廷知之欲議移罷
霞寓頗懷憂恐捨私第爲佛寺上言請額爲懷恩用資聖福大率姦
妄兇狡如此又非斥朝列侮慢僚屬鄙辭俚語日聞於時

高瑀渤海蓨人少好論兵釋褐右金吾胄曹累辟諸府從事歷陳蔡
二郡刺史入爲太僕卿大和初忠武節度使王沛卒物議以陳許軍
四征有功必自擇帥或以禁軍之將得之宰相裴度韋處厚議瑀深
沉方雅曾刺陳蔡人懷良政又熟忠武軍情欲請用瑀事未聞陳許
表至果請瑀爲帥乃授檢校左散騎常侍許州刺史忠武節度使自
大曆已來節制之除拜多出禁軍中尉凡命一帥必廣輸重賂禁軍
將校當爲帥者自無家財必取資於人得鎮之後則膏血疲民以償
之及瑀之拜以內外公議搢紳相慶曰韋公作相債帥鮮矣三年就
加檢校戶部尚書比年水旱人民荐饑瑀召集州民繞郭立堤塘一百
八十里蓄洩既均人無饑年加檢校右僕射六年移授徐州刺史武
寧軍節度等使議者以徐泗王智興之後軍士驕恣宜得雄帥鎮之
乃以太府卿崔珙代瑀徵爲刑部尚書以疾求分司拜太子少傅其
月復授檢校右僕射陳許蔡節度使八年六月卒贈司空瑀性寬和

有體量爲官雖無赫赫之譽所至皆理尤得士心論者美之

崔戎字可大高伯祖玄暐神龍初有大功封博陵郡王祖嬰鄧州刺
史父貞固太原榆次尉戎舉兩經登科授太子校書調判入等授藍
田主簿爲藩鎮名公交辟裴度領太原署爲參謀時王承宗擄鎮州
叛度請戎單車往諭之承宗感泣受教入爲殿中侍御史累拜吏部
郎中遷諫議大夫尋爲劍南東西兩川宣慰使西川承蠻寇之後戎
既宣撫兼再定征稅廢置得所公私便之還拜給事中駮奏爲當時
所稱改華州刺史遷兗海沂密都團練觀察等使將行州人戀惜遮
道至有解鞾斷鐙者理兗一年太和八年五月卒贈禮部尚書

陸亘字景山吳郡人祖元明睦州司馬父持詮惠陵臺令亘以書判
授集賢殿正字華原縣尉應制舉授萬年縣丞自京兆府兵曹參軍
拜太常博士寺有禮生孟眞久於其事凡吉凶大儀禮官不能達率
訪眞眞亦賴是須要姑息元和七年冊皇太子將撰儀注眞亦欲參
預亘答之由是禮儀不專於胥吏自虞部員外郎出爲鄧州刺史其
後入爲戶部郎中秘書少監太常少卿歷刺兗蔡虢蘇四郡遷越州
刺史浙東團練觀察等使移宣歙觀察使加御史大夫大和八年九
月卒年七十一贈禮部尚書亘強明嚴毅所至稱理初赴兗州延英
面奏曰凡節度使握兵分屯屬郡者刺史不能制遂爲一州之弊宜
有處分因詔天下兵分屯屬郡者隸于刺史越之永嘉郡城于海壖
常陷寇境集官吏廩祿之半以代常賦因循相踵吏返爲倖亘按舉
贓罪表請郡守已降增給其俸人皆賴之

張正甫字踐方南陽人曾祖大禮坊州刺史祖紹貞尚書右丞父沘
蘇州司馬正甫登進士第從樊澤爲襄陽從事累轉監察御史于頔
代澤辟留正甫正甫堅辭之遂誣奏貶郴州長史後由邕府徵拜殿
中侍御史遷戶部員外郎轉司封員外兼侍御史知雜事遷戶部郎
中改河南尹由尚書右丞爲同州刺史入拜左散騎常侍集賢殿學
士判院事轉工部尚書五年檢校兵部尚書太子詹事明年以吏部
尚書致仕正甫仁而端亮歷官清強居外任所至稱理太和八年九

月卒年八十三累贈太師子毅夫

毅夫登進士第初正甫兄式大曆中進士登第繼之以正甫式子元夫儔夫徵夫又相次登科太和中文章之盛世共稱之元夫太和初兵部郎中知制誥遷中書舍人出為汝州刺史毅夫位至戶部侍郎弘文館學士判院事諸壻從登第者數人而毅夫子禕最知名

禕字冠章釋褐汴州從事戶部判官入為藍田尉集賢校理趙隱鎮浙西劉鄴鎮淮南皆辟為賓佐入為監察御史遷左補闕乾符中詔入翰林為學士累官至中書舍人黃巢犯京師從僖宗幸蜀拜工部侍郎判戶部事奉使江淮還為當塗者不協改太子賓客左散騎常侍轉吏部侍郎歷刑部兵部尚書從昭宗在華為韓建所構貶衡州司馬昭宗還京徵拜禮部尚書太常卿充禮儀使遷兵部尚書禕苦心為文老而益壯為刑部時劉鄴子覃當巢寇時避禍於金吾將軍張直方之第被害僖宗還京而惡覃者以託附逆黨死不以義下三司詳罪禕上章申理言覃父子併命於賊廷豈附逆耶其家竟獲洗雪覃亦贈官其行義始終皆如此類

史臣曰孟陽王遂儒雅之曹才有可稱竟以財媚時君陷為俗吏蹈道之論可不懼耶全義官由妄進霞寓位以卒升勇毅不足以啓行謀慮不足以應變敗亡之辱不亦宜乎朝無責帥之刑盍自恥也權瑀長者末塗喪眞雖牽於食貧純則偽矣

贊曰蘊仁則哲蘊利則狂措紳之論勿效藩王全義逃責貞元失策霞寓薄刑元和後典

唐書列傳卷第一百十二

劉　昫　等修

聞人詮校刻沈桐同校

孟簡　胡証（証子溵湘）　崔元略（元略子鉉 鉉子沆 元略弟元受元儒元式 元式子鍇）

杜元穎（崔弘禮）　李虞仲　王質

盧簡辭（兄簡能 弟弘正 簡求 簡能子知猷）

孟簡字幾道平昌人天后時同州刺史詵之孫工詩有名擢進士第登宏辭科累官至倉部員外郎戶部侍郎王叔文竊政簡爲子司多不附之叔文惡之雖甚亦不至擯斥尋遷司封郎中元和四年超拜諫議大夫知匭事簡明於內典六年詔與給事中劉伯芻工部侍郎歸登右補闕蕭俛等同就醴泉佛寺翻譯大乘本生心地觀經簡最擅其理王承宗叛詔以吐突承璀爲招討使簡抗疏論之坐語訐出爲常州刺史八年就加金紫光祿大夫簡始到郡開古孟瀆長四十一里灌溉沃壤四千餘頃爲廉使舉其課績是有就加之命是歲徵拜爲給事中九年出爲越州刺史兼御史中丞浙東觀察使承李遜抑遏士族恣縱編戶之後及簡爲政一皆反之而農估多受其弊當時以爲兩未可也十二年入爲戶部侍郎十三年代崔元略爲御史中丞仍兼戶部侍郎是歲出爲襄州刺史山南東道節度使十四年勑於穀城縣置群牧命曰臨漢監令簡充使簡奏請均州鄖鄉縣鎮遏使趙潔充本縣令臺司奏有虧刑典罰一月俸是歲改授太子賓客分司東都十五年穆宗即位貶吉州司馬員外置同正員初簡在襄陽以腹心吏陸翰知上都進奏委以關通中貴翰持簡陰事漸不可制簡怒追至州以土囊殺之且欲滅口翰子弟詣闕進狀訴冤且告簡贓狀御史臺按驗獲簡賂吐突承璀錢帛等共計七千餘貫匹事狀明白故再貶之長慶元年大赦量移睦州刺史二年移常州刺史三年入爲太子賓客分司東都其年十二月卒簡性俊拔尚義早歲交友先歿者視其孤每厚於周卹議者以爲有前輩風然溺於浮圖之教爲儒曹所誚

胡証字啓中河東人父瑱伯父玫登進士第証貞元中繼登科咸寧王渾瑊辟爲河中從事自殿中侍御史拜韶州刺史以母年高不可適遠改授太子舍人襄陽節度使于頔請爲掌書記檢校祠部員外郎元和四年由侍御史歷左司員外郎長安縣令戶部郎中田弘正以魏博內屬請除副貳乃兼御史中丞充魏博節度副使仍兼左庶子入遷左諫議大夫九年以党項寇邊以証有安邊才略乃授單于都護御史大夫振武軍節度使前任將帥非統馭之才邊事曠廢朝廷故特用証以鎮十三年徵爲金吾大將軍依前兼御史大夫十四年充京西京北巡邊使訪其利害以聞長慶元年太和公主出降迴紇詔以本官檢校工部尚書充和親使舊制以使車出境有行人私覿之禮官不能給召富家子納貲於使者而命之官及証將行首請釐革儉受省費以絕鬻官之門行及漠南虜騎繼至狼心犬態一日千狀欲以戎服變革華服又欲以王姬疾驅徑路証抗志不撓守漢儀黜夷法竟不辱君命使還拜工部侍郎敬宗即位之初檢校戶部尚書守京兆尹數月遷左散騎常侍寶曆初拜戶部尚書判度支上表乞免願効藩服二年檢校兵部尚書廣州刺史充嶺南節度使大和二年以疾上表求還京師是歲十月卒于嶺南時年七十一廢朝一日贈左僕射廣州有海之利貨貝狎至証善蓄積務華侈厚自奉養童奴數百於京城脩行里起第連亘閭巷嶺表奇貨道途不絕京邑推爲富家証素與賈餗善及李訓事敗禁軍利其財稱証子溵匿餗乃破其家一日之內家財並盡軍人執溵入左軍仇士良命斬之以狥時溵弟湘爲太原從事忽白晝見綠衣人無首血流被地入于室湘惡之翌日溵凶問至而湘獲免

崔元略博陵人祖渾之父儆貞元中官至尚書左丞元略舉進士歷佐使府元和八年拜殿中侍御史十二年遷刑部郎中知臺雜事擢拜御史中丞元和十三年以李夷簡自西川徵拜御史大夫乃命元略留司東臺尋除京兆少尹知府事仍加金紫數月眞拜京兆尹明年改左散騎常侍穆宗即位命元略使党項宣撫辭疾不行出爲黜

南觀察使兼御史中丞初元略受命使党項意宰臣以私憾排斥頗出怨言宰相崔植奏曰比以聖意切在安撫党項乃差元略往使受命之後苦不樂行言辭之間頗乖去就豈有身忝重恩不思報效苟非便己即不肯行須有薄懲以肅在位請出爲黔中觀察使初崔植任吏部郎中元略任刑部郎中知雜時中丞攺京兆尹物議以植有風憲之望元略因入閤妄糾植失儀命御史彈之時二人皆進擬爲中丞中旨果授元略植深銜之及植爲相元略以左散騎常侍使於党項元略意植之見排辭疾不行被譴出踰年轉鄂州刺史鄂岳都團練觀察使長慶四年入爲大理卿敬宗即位復爲京兆尹尋兼御史大夫以悮徵畿甸經赦免放緡錢萬柒阡貫爲侍御史蕭澈彈劾有詔刑部郎中趙元亮大理正元從質侍御史温造充三司覆理元略有中助止於削兼大夫初元略有宰相望及是事望益減寶曆元年遷戶部侍郎議者以元略版圖之拜出於宣授時諫官有疏指言内常侍崔潭峻方有權寵元略以諸父事之故雖被彈劾而遽遷顯

要元略亦上章自辨且曰一昨府縣條疏臺司舉劾孤立無黨誘言益彰不謂詔出宸衷恩延望外處南宮之重位列左戶之清班豈臣庸虛敢自干冒天心所擇雖驚特進之恩衆口相非乃致因緣之説詔答之曰朕所命官豈非公選卿能稱職奚恤人言然元略終不能逃父事潭峻之名寶曆貳年四月京兆府以元略前任尹日爲橋道使造東渭橋時被本典鄭位判官鄭復虛長物價擡估給用不還人工價直率斂工匠破用計贓二萬一千七百九貫勅云元略不能檢下有涉慢官罰一月俸料時劉栖楚自爲京兆尹有覬覦相位之意元略方在次對又多遊裴度門栖楚恐礙已以計擠之乃按舉山陵時錢物以汚之太和三年轉戶部尚書四年判度支五年檢校吏部尚書出爲東都留守畿汝等防禦使是歲又遷滑州刺史義成軍節度使十二月卒廢朝三日贈尚書左僕射子鉉

鉉字台碩登進士第三辟諸侯府判南西蜀掌書記會昌初入爲左拾遺再遷員外郎知制誥召入翰林充學士累遷戶部侍郎承旨會昌末以本官同平章事爲同列李德裕所嫉罷相爲陝虢觀察使檢校刑部尚書宣宗即位遷檢校兵部尚書河中尹博陵縣開國子食邑五百戶大中三年召拜御史大夫尋加正議大夫中書侍郎同平章事累遷金紫光祿大夫守左僕射門下侍郎太清宮使弘文館大學士博陵縣開國公食邑至二千戶七年以館中學士崔瑑薛逢等撰續會要四十卷獻之九年檢校司徒揚州大都督長史進封魏國公淮南節度使宣宗於太液亭賦詩宴餞有七載秉鈞調四序之句儒者榮之咸通初移鎮襄州咸通八年徐州戍將龐勛自桂管擅還道途剽掠鉉時爲荆南節度聞徐州軍至湖南盡率州兵點募丁壯分扼江湘要害欲盡擒之徐寇聞之踰嶺自江西淮右北渡朝議壯之卒於江陵子沆汀潭沂

沆登進士第官至員外郎知制誥拜中書舍人坐事貶循州司戶乾符初復拜舍人尋遷禮部侍郎典貢舉選名士十數人多至卿相乾符末本官同平章事遇京國盜據從駕不及而卒沂後官亦隆顯

元略弟元受元式元儒元受登進士第高陵尉直史館元和初于臯謨爲河北行營糧料使元受與韋岵薛巽王湘等皆爲臯謨判官分督供饋既罷兵或以臯謨隱沒贓罪除名賜死元受從坐皆逐嶺表竟坎壈不達而卒子鈞銂銖相繼登進士第辟諸侯府

元式會昌三年檢校左散騎常侍河中尹河中晉絳觀察使四年檢校禮部尚書太原尹北都留守河東節度使六年入爲刑部尚書宣宗朝以領度支以本官同平章事

元儒元和五年登進士第元式子鍇仕至京兆尹

杜元穎萊公如晦裔孫也父佐官卑元穎貞元末進士登第再辟使府元和中爲左拾遺右補闕召入翰林充學士手筆敏速憲宗稱之吳元濟平以書詔之勤賜緋魚袋轉司勳員外郎知制誥穆宗即位召對思政殿賜金紫超拜中書舍人其年冬拜戶部侍郎承旨長慶元年三月以本官同平章事加上柱國建安男元穎自穆宗登極自補闕至侍郎不周歲居輔相之地辭臣速達未有如元穎之比也三

年冬帶平章事出鎮蜀川穆宗御安福門臨餞昭愍即位童心多僻
務爲奢侈而元穎求蜀中珍異玩好之具貢奉相繼以固恩寵以故
箕歛刻削工作無虛日軍民嗟怨流聞于朝太和三年南詔蠻攻陷
戎巂等州徑犯成都兵及城下一無備擬方率左右固牙城而已蠻
兵大掠蜀城玉帛子女工巧之具而去是時蠻三道而來東道攻梓
州郭釗禦之而退時元穎幾陷賴郭釗擊敗其衆方還蠻驅蜀人至
大渡河謂之曰此南吾境放爾哭別鄉國數萬士女一時慟哭風日
爲之慘悽哭已赴水而死者千餘怨毒之聲累年不息蠻首領箋顛
遣人上表曰蠻軍比修職貢遽敢侵邊但杜元穎不恤三軍令入蠻
疆作賊移文報彼都不見信故蜀部軍人繼爲鄉導蓋蜀人怨苦之
深祈我此行誅虐帥也誅之不遂無以慰蜀士之心願陛下誅之監
軍小使張士謙至備言元穎之咎坐貶循州司馬判官崔璜連州司
馬紇干臮郢州長史盧弁唐州司馬皆以佐元穎無狀也六年卒於
貶所臨終上表乞贈官贈湖州刺史元穎元絳位終太子賓客絳子
審權位至宰相自有傳

崔弘禮字從周博陵人北齊儦遠之七代孫祖育常州江陰令父孚
湖州長城令弘禮風貌魁偉磊落有大志舉進士累佐藩府官至侍
御史元和中呂元膺爲東都留守以弘禮爲從事時淮西吳少陽初
死吳元濟阻兵拒命山東反側之徒爲之影援東結李師道謀襲東
洛以脅朝廷弘禮爲元膺籌畫部分兵衆以固東都卒亦無患累除
汾州棣州刺史會田弘正請入覲請副使乃授弘禮衛州刺史充魏
博節度副使歷鄭州刺史長慶元年劉總入覲張弘靖移鎮范陽復
加弘禮檢校左散騎常侍充幽州盧龍軍節度副使未及境幽鎮兵
亂改爲絳州刺史明年汴州李㝏反急詔追弘禮爲河南尹兼御史
大夫東都畿汝都防禦副使㝏平遷河陽節度使整練戈矛頗壯戎
備又上言請於秦渠下闢荒田二百頃歲收粟二萬斛詔皆從之以
疾連表請代數歲拜檢校戶部尚書華州刺史會天平軍節度烏重
胤卒朝廷難其人復以弘禮爲 天平軍節度使仍詔即日乘遽赴鎮

文宗即位就加檢校左僕射理鄆三載改授東都留守仍遷刑部尚
書詔赴闕以疾未至大和四年十月復除留守是歲十二月卒年六
十四贈司空弘禮少時專以倜儻意氣自任通涉兵書留心軍旅之
要用此累更選用歷踐藩鎮所居無可尚之績雖繕完有素然善治
生蓄積物議少之

李虞仲字見之趙郡人祖震大理丞父端登進士第工詩大曆中與
韓翃錢起盧綸等文詠唱和馳名都下號大曆十才子時郭尚父少
子曖尚代宗女昇平公主賢明有才思尤喜詩人而端等十人多在
曖之門下每宴集賦詩公主坐視簾中詩之美者賞百縑曖因拜官
會十子曰詩先成者賞時端先獻警句云薰香荀令偏憐小傅粉何
郎不解愁主即以百縑賞之錢起曰李校書誠有才此篇宿構也願
賦一韻正之請以起姓爲韻端即襞牋而獻曰方塘似鏡草芊芊初
月如鉤未上弦新開金埒教調馬舊賜銅山許鑄錢曖曰此愈工也
起等始服端自校書郎移疾江南授杭州司馬而卒虞仲亦工詩元
和初登進士第又以制策登科授弘文校書從事荊南入爲太常博
士遷兵部員外司勳郎中寶曆中考制策甚精轉兵部郎中知制誥
拜中書舍人大和四年出爲華州刺史兼御史大夫入拜左散騎常
侍兼秘書監八年轉尚書右丞九年爲兵部侍郎尋改吏部開成元
年四月卒時年六十五虞仲簡澹寡欲立性方雅奕代文學達而不
矜士友重之

王質字華卿太原祁人五代祖通字仲淹隋末大儒號文中子通生
福祚終上蔡主簿福祚生勉登進士第制策登科位終寶鼎令勉生
怡終渝州司戶怡生潛揚州天長丞質則潛之第五子少負志操以
家世官卑思立名於世以大其門寓居壽春躬耕以養母專以講學
爲事門人授業者大集其門年甫強仕不求聞達親友規之曰以華
卿之才取名位如俯拾地芥耳安自苦於闒茸者乎揚名顯親非耕
稼可致也質乃白於母請赴鄉舉元和六年登進士甲科釋褐嶺南
管記歷佐淮蔡許昌梓潼興元四府累奏兼監察御史入朝爲殿中

遷侍御史戶部員外郎爲舊府延薦檢校司封郎中賜金紫充興元節度副使入爲戶部郎中遷諫議大夫大和中王守澄構陷宰相宋申錫文宗怒欲加極法質與常侍崔玄亮雨泣切諫請付外推申錫方從輕典質爲中人側目執政出爲虢州刺史質射策時深爲李吉甫所器及德裕爲相甚禮之事必咨決尋召爲給事中河南尹八年爲宣州刺史兼御史中丞宣歙團練觀察使在政三年開成元年十二月無疾暴卒時年六十八贈左散騎常侍謚曰定質清廉方雅爲政有聲雖權臣待之厚而行已有素不涉朋比之議在宣城辟崔珦劉蕡裴夷直趙晳爲從事皆一代名流視其所與人士重之子曰慶存

盧簡辭字子策范陽人後徙家于蒲祖翰父綸天寶末舉進士遇亂不第奉親避地於鄱陽與郡人吉中孚爲林泉之友大曆初還京師宰相王縉奏爲集賢學士秘書省校書郎王縉兄弟有詩名於世縉既官重凡所延辟皆辭人名士以綸能詩禮待逾厚會縉得罪坐累

久之調陝府戶曹河南密縣令建中初爲昭應令朱泚之亂咸寧王渾瑊充京城西面副元帥乃拔綸爲元帥判官檢校金部郎中貞元中吉中孚爲翰林學士戶部侍郎典邦賦薦綸于朝會丁家艱而中孚卒太府卿韋渠牟得幸於德宗綸即渠牟之甥也數稱綸之才德宗召之內殿令和御製詩超拜戶部郎中方欲委之掌誥居無何卒初大曆中詩人李端錢起韓翃輩能爲五言詩而辭情捷麗綸作尤工至貞元末錢李諸公凋落綸嘗爲懷舊詩五十韻叙其事曰吾與吉侍郎中孚司空郎中曙苗員外發崔補闕峒耿拾遺湋李校書端風塵追遊向三十載數公皆負當時盛稱榮耀未幾俱沉下泉傷悼之際常暢博士追感前事賦詩五十韻見寄輒有所酬以申悲舊兼寄夏侯審侍御其歷言諸子云侍郎文章宗傑出淮楚靈掌賦若吹籟司言如建瓴郎中善慶餘雅韻與琴清鬱鬱松帶雪蕭蕭鴻入冥員外眞貴儒弱冠被華纓月香飄桂實乳溜瀝瓊英補闕思冲融巾拂藝示精彩蝶戲芳園瑞雲滋翠屏拾遺興難侔逸調曠無程九醞貯彌潔三花寒轉馨校書才智雄舉世一娉婷賭墅鬼神變屬辭鸞鳳驚差肩曳長裾揔轡奉和鈴共賦瑶臺雪同觀金谷箏倚天方比劍沉水忽如瓶君持玉盤珠寫我懷袖盈讀罷涕交頤願言躋百齡綸之才思皆此類也文宗好文尤重綸詩嘗問侍臣曰盧綸集幾卷有子弟否李德裕對曰綸有四男皆登進士第今員外郎簡能侍御史簡辭是也即遣中使詣其家令進文集簡能盡以所集五百篇上獻優詔嘉之簡辭元和六年登第三辟諸侯府長慶末入朝爲監察轉侍御史文雅之餘尤精法律歷朝簿籍靡不經懷寶曆中故京兆尹黎幹男煟詣臺治父葉縣舊業臺司莫知本末簡辭曰幹坐魚朝恩黨誅田產籍沒大曆已來多少赦令豈有雪朝恩黎幹節文況其田產分給百姓將及百年而煟侍中助而冒論耶乃移汝州刺史裴通準大曆元年勑給百姓又福建鹽鐵院官盧昂坐贓三十萬簡辭按之於其家得金牀瑟瑟枕大如斗昭愍見之曰此宮中所無而盧昂爲吏可知也尋轉考功員外郎轉郎中太和中坐事自太僕卿出

爲衢州刺史會昌中入爲刑部侍郎轉戶部大中初轉兵部侍郎檢校工部尚書許州刺史御史大夫忠武軍節度使遷檢校刑部尚書襄州刺史山南東道節度使卒簡辭兄簡能

簡能字子拙登第後再辟藩府入爲監察御史太和九年由駕部員外檢校司封郎中充鳳翔節度判官時鄭注得幸李訓與之謀誅宦俾注鎮鳳翔仍妙選當時才俊以爲賓佐簡能與蕭俛弟傑錢起子可復皆爲訓所選從注及訓敗注誅簡能蕭傑等四人皆爲監軍使所害簡辭弟弘正簡求

弘正字子強元和末登進士第累辟使府掌書記入朝爲監察御史侍御史大和中華州刺史宇文鼎戶部員外盧允中坐贓弘正按之文宗怒將殺鼎弘正奏曰鼎職待綱憲繩糾之官今爲近輔刺史以贓汙聞死固常典但取受之首罪在允中監司之責鼎當連坐文宗釋之鼎方減等三遷兵部郎中給事中會昌末王師討劉稹時詔河北三帥收山東州郡俄而何弘敬王元逵得刑洺磁三郡宰臣奏議

曰山東三郡以賊稹未誅宜且立留後如弘敬元逵有所陳請則朝廷難以依違上曰然誰可任者李德裕曰給事中盧弘正嘗為昭義判官性又通敏推擇攸宜即命為邢洺磁團練觀察留後未行而稹誅乃令弘正銜命宣諭河北三鎮使還拜工部侍郎大中初轉戶部侍郎充鹽鐵轉運使前是安邑解縣兩池鹽法積弊課入不充弘正令判官司空輿至池務檢察特立新法仍奏輿為兩池使三年課入加倍其法至今賴之檢校戶部尚書出為徐州刺史武寧軍節度使徐泗濠觀察等使徐方自智興之後軍士驕怠有銀刀都尤勞姑息前後屢逐主帥弘正在鎮朞年皆去其首惡喻之忠義訖於受代軍旅無譁鎮徐四年遷檢校兵部尚書汴州刺史宣武軍節度宋亳潁觀察等使卒于鎮

簡求字子臧長慶元年登進士第釋褐江西王仲舒從事又從元稹為浙東江夏二府掌書記裴度鎮襄陽保釐洛都皆辟為賓佐奏殿中侍御史入朝拜監察裴度鎮太原復奏為記室入為殿中賜緋牛

僧孺鎮襄漢辟為觀察判官入為水部戶部二員外郎會昌末討劉稹詔以許帥李彥佐為招討使朝廷以簡求累佐使府達於機略乃以簡求為忠武節度副使知節度事本道供軍使入為吏部員外轉本司郎中求為蘇州刺史時簡辭鎮漢南弘正為侍郎領使務昆仲皆居顯列時人榮之既而宰執不恊弘正出鎮罷簡求為左庶子分司數年出為壽州刺史九年党項叛以簡求為四鎮北庭行軍涇州刺史涇原渭武節度押蕃落等使檢校左散騎常侍上柱國范陽縣男食邑三百戶十一年遷檢校工部尚書定州刺史御史大夫義武軍節度北平軍等使十三年檢校刑部尚書鳳翔尹鳳翔隴西節度觀察等使十四年八月代裴休為太原尹北都留守充河東節度觀察等使簡求辭翰縱橫長於應變所歷四鎮皆控邊陲屬雜虜寇邊因之移授所至撫御邊鄙晏然太原軍素管退渾契苾沙陁三部落或撫納不至多為邊患前政或要之詛盟質之子弟然為盜不息簡求開懷撫待接以恩信所質子弟一切遣之故五部之人忻然聽命

咸通初以疾辭表章瀝懇制以太子太師致仕還於東都都城有園林別墅歲時行樂子弟侍側公卿在席詩酒賞詠竟日忘歸如是者累年五年十月卒時年七十六贈尚書左僕射簡能子知猷

知猷登進士第釋褐秘書省正字宰臣蕭鄴鎮江陵成都辟爲兩府記室入拜左拾遺改右補闕史館脩撰轉員外郎出爲饒州刺史入拜兵部郎中賜緋魚改吏部郎中太常少卿出爲商州刺史徵拜給事中轉中書舍人僖宗幸山南襄王僞署乃避地金州駕還徵拜工部侍郎轉戶部判史館遷尚書右丞兵部侍郎歷太常卿工部戶部尚書復領太常卿昭宗在華下加檢校右僕射守太子少師進位太子太師檢校司空卒於華下知猷器度長厚文辭美麗尤工書落筆措翰人爭摸倣子文度位亦至丞郎簡辭無子以簡求子貽殷玄禧入繼貽殷終光祿少卿玄禧登進士第終國子博士弘正子虔灌有俊才進士登第所著文筆爲時所稱位終祕書監簡求十子而嗣業汝弼最知名嗣業進士登第累辟使府廣明初以長安尉直昭文館

左拾遺右補闕王鐸徵兵收兩京辟爲都統判官檢校禮部郎中卒汝弼登進士第累遷至祠部員外郎知制誥從昭宗遷洛屬柳璨黨附賊臣誣陷士族汝弼懼移疾退居客遊上黨遇潞府爲太原所攻節度使丁會歸降從會至太原李克用奏爲節度副使累奏戶部侍郎太原使府有龍泉亭簡求節制時手書詩一章在亭之西壁汝弼復爲亞帥每亭中讌集未嘗居賓位西向俛首而已人士嘉之盧氏兩世貴盛六卿方鎮相繼而未有居輔相者至中興嗣業子文紀仕至尚書中書侍郎平章事

史臣曰孟襄陽之清節胡廣州之堅正卒以結權倖而敗積貨賄而亡人如面焉固難知也二崔以綱憲相傾元穎以獻奇取媚雖遭時多僻位至鼎司言之正人亦孔之醜而父事宦者何所逃譏以端綸之才任不踰元士而盧簡辭之昆仲雲摶水擊鬱爲鼎門非德及慶鍾安能及此辭人之後不亦休哉

贊曰君子喻義小人近利孟譴胡亡家財掃地鑿勢相傾崔杜醜名

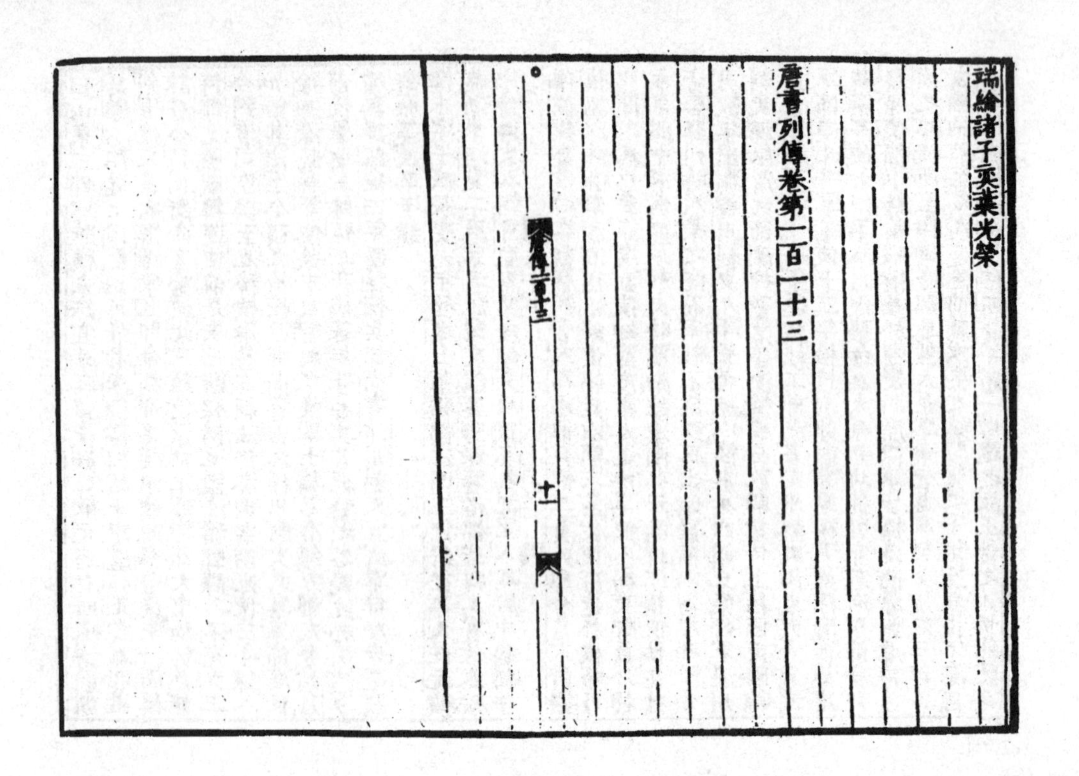

瑞綸諸子奕葉光榮

唐書列傳卷第一百一十三

唐傳一百十三　十一

唐書列傳卷第一百一十四

劉 昫 等修

聞人詮校刻沈桐同校

王播 播弟炎 起 起子龜 龜子蕘 炎子鐸 李絳 絳子璋 頊

楊於陵 子景復 紹復 嗣復 師復

王播字明歇曾祖璡嘉州司馬祖昇咸陽令父恕揚府參軍播擢進士第登賢良方正制科授集賢校理再遷監察御史轉殿中歷侍御史貞元末佞臣李實爲京兆尹恃恩頗橫嘗遇播於途不避故事尹避臺官播移文詆之實怒後奏播爲三原令欲挫之播受命趨府謁謝盡府縣之儀及臨所部政理脩明恃勢豪門未嘗貸法歲終考課爲畿邑之最實以其人有政術甚禮重之頻薦之于上德宗奇之將不次拔用會母喪順宗即位除駕部郎中改長安令歲中遷工部郎中知臺雜刺舉綱憲爲人所稱轉考功郎中出爲虢州刺史李巽領鹽鐵奏爲副使兵部郎中元和五年代李夷簡爲御史中丞振舉朝章百職脩舉十月代許孟容爲京兆尹時禁軍諸鎭布列畿內軍人出入屬鞬佩劍往往盜發難以擒姦而播奏請畿內軍鎭將卒出入不得持戎具諸王駙馬權豪之家不得於畿內按試鷹犬畋獵之具詔從之自是姦盜弭息六年三月轉刑部侍郎充諸道鹽鐵轉運使播長於吏術雖案牘鞅掌剖析如流黠吏詆欺無不彰敗時天下多故法寺議讞科條繁雜播備舉前後格條置之座右凡有詳決疾速如神當時屬僚歎服不暇十年四月改禮部尚書領使如故先是李巽以程异爲江淮院官异又通泉貨及播領使奏之爲副當王師討吳元濟令异乘傳往江淮賦輿大集以至賊平深有力焉及皇甫鎛用事恐播大用乃請以使務命程异領之播守本官而已十三年檢校戶部尚書成都尹劍南西川節度使穆宗即位皇甫鎛貶播累表求還京師長慶元年七月徵還拜刑部尚書復領鹽鐵轉運等使十月兼中書侍郎平章事領使如故長慶中內外權臣率多假借播因銅鹽權居輔弼專以承迎爲事而安危啓沃不措一言時河北復叛

朝廷用兵會裴度自太原入覲朝野物論言度不宜居外明年三月留度復知政事以播代度爲淮南節度使檢校右僕射領使如故仍請攜鹽鐵印赴鎭上都院印請別給賜從之播至淮南屬歲旱儉人相啖食課最不充設法掊斂比屋嗟怨敬宗即位就加銀青光祿大夫檢校司空罷鹽鐵轉運使時中尉王守澄用事播自落利權廣求珍異令腹心吏內結守澄以爲之助守澄乘間啓奏言播有才上於延英言之諫議大夫獨孤朗張仲方起居郎孔敏行柳公權宋申錫補闕韋仁實劉敦儒拾遺李景讓薛廷老等請開延英面奏播之姦邪交結龍倖復求大用天子沖幼不能用其言自是物議紛然不息明年正月播復領鹽鐵轉運使播既得舊職乃於銅鹽之內巧爲賦斂以事月進名爲羨餘其實正額務希獎擢不恤人言時揚州城內官河水淺遇旱即滯漕船乃奏自城南閶門西七里港開河向東屈曲取禪智寺橋通舊官河開鑿稍深舟航易濟所開長一十九里其工役料度不破省錢當使方圓自備而漕運不阻後政賴之文宗即位就加檢校司徒大和元年五月自淮南入覲進大小銀盌三千四百枚綾絹二十萬匹六月拜尚書左僕射同平章事領使如故二年進封太原公太清宮使四年正月患喉腫暴卒時年七十二廢朝三日贈太尉播出自單門以文辭自立踐昇華顯鬱有能名而隨勢沉浮不存士行姦邪進取君子恥之然天性勤於吏事使務填委胥吏盈廷取決簿書堆案盈机他人若不堪勝而播用此爲適播子式第炎起

炎貞元十五年登進士第累官至太常博士早世子鐸鐐起字舉之貞元十四年擢進士第釋褐集賢校理登制策直言極諫科授藍田尉宰相李吉甫鎭淮南以監察充掌書記入朝爲殿中遷起居郎司勳員外郎直史館元和十四年以比部郎中知制誥穆宗即位拜中書舍人長慶元年遷禮部侍郎其年錢徽掌貢士爲朝臣請託人以爲濫詔起與同職白居易覆試覆落者多徽貶官起遂代徽爲禮部侍郎掌貢二年得士尤精先是貢舉猥濫勢門子弟交相酬酢寒門

俊造十業六七及元稹李紳在翰林深怒其事故有覆試之科及起
考貢士奏當司所選進士據所考雜文先送中書令宰臣閱視可否
然後下當司放牓從之議者以爲起雖避是非失貢職也故出爲河
南尹入爲吏部侍郎文宗即位加集賢學士判院事以兄播爲僕射
輔政不欲典選部改兵部侍郎大和二年出爲陝虢觀察使兼御史
大夫四年入拜尚書左丞居播之喪號毀過禮友悌尤至遷戶部尚
書判度支以西北邊備歲有和市以給軍勞人饋輓奏於靈武邠寧
起營田六年檢校吏部尚書河中尹河中晉絳節度使時屬蝗旱粟
價暴踊豪門閉糴以邀善價起嚴誡儲蓄之家出粟於市隱者致之
於法繇是民獲濟焉七年入爲兵部尚書八年檢校右僕射襄州刺
史充山南東道節度江漢水田前政撓法塘堰缺壞起下車命從事
李業行屬郡檢視而補繕特爲水法民無凶年九年就加銀青光祿
大夫時李訓用事訓即起貢舉門生也欲援起爲相八月詔拜兵部
侍郎判戶部事其冬訓敗起以儒素長者人不以爲累但罷判戶部

○事文宗好文尤尚古學鄭覃長於經義起長於博洽俱引翰林講論
經史起僻於嗜學雖官位崇重耽玩無斁夙夜孜孜殆忘寢食書無
不覽經目靡遺轉兵部尚書以莊恪太子登儲欲令儒者授經乃兼
太子侍讀判太常卿充禮儀詳定使創造禮神九玉奏議曰邦國之
禮祀爲大事珪璧之議經有前規謹按周禮天地四方以蒼璧禮天
黃琮禮地青珪禮東方赤璋禮南方白琥禮西方黑璜禮北方又云
四圭有邸以祀天兩圭有邸以祀地圭璧以祀日月星辰凡此九器
皆祀神之玉也又云以禋祀祀昊天上帝鄭玄云禋煙也爲玉幣祭
訖燔之而升煙以報陽也今與開元禮義同此則焚玉之驗也又周
禮掌國之玉鎮大寶器若大祭既事而藏之此則收玉之證也梁代
崔靈恩撰三禮義宗云凡祭天神各有二玉一以禮神一則燔之禮
神者訖事却收祀神者與牲俱燎則靈恩之義合于禮經今國家郊
天祀地祀神之玉常用守經據古禮神之玉則無臣等請下有司精
求良玉創造蒼璧黃琮等九器祭訖則藏之其燎玉即依常制從之

爲太子廣五運圖及文場秀句等獻之三年以本官充翰林侍講學
士莊恪太子薨詔起爲哀册文辭情婉麗四年遷太子少師判兵部
事侍講如故以其家貧特詔每月割仙韶院月料錢三百千添給起
富於文學而理家無法俸料入門即爲僕妾所有帝以師友之恩特
加周給議者以與伶官分給可爲恥之武宗即位八月充山陵鹵簿
使樞密使劉弘逸薛季稜懼誅欲因山陵兵士謀廢立起與山陵使
知其謀密奏皆伏誅尋檢校左僕射東都留守判東都尚書省事會
昌元年徵拜吏部尚書判太常卿事三年權知禮部貢舉明年正拜
左僕射復知貢舉起前後四典貢部所選皆當代辭藝之士有名於
時人皆賞其精鑒徇公也其年秋出爲興元尹兼同平章事充山南
東道節度使赴鎮日延英辭帝謂之曰卿國之耆老宰相無內外朕
有闕政飛表以聞宴賜頗厚在鎮二年以老疾求代不許大中元年
卒于鎮時年八十八廢朝三日贈太尉諡曰文懿文集一百二十卷
五緯圖十卷寫宣十卷起侍講時或僻字疑事令中使口宣即以牓

○子對故名曰寫宣子龜嗣
龜字大年性簡澹蕭灑不樂仕進少以詩酒琴書自適不從科試京
城光福里第起兄弟同居斯爲宏敞龜意在人外倦接朋游乃於永
達里園林深僻處創書齋吟嘯其間目爲半隱亭及從父起在河中
於中條山谷中起草堂與山人道士遊朔望一還府第後人目爲郎
君谷及起保釐東周龜於龍門西谷構松齋棲息往來放懷事外起
鎮興元又於漢陽之龍山立隱舍每浮舟而往其閑逸如此武宗知
之以左拾遺徵久之方至殿廷一謝陳情曰臣才疎散無用於時加
以疾病所嬰不任祿仕臣父年將九十作鎮遠藩喜懼之年關於供
侍乞罷今職以奉晨昏上優詔許之明年丁父憂服闋以右補闕徵
遷侍御史尚書郎大中末出爲宣歙團練觀察副使賜緋入爲祠部
郎中史館修撰前從崔璵貳宣歙及璵鎮河中又奏爲副使入爲兵
部郎中賜金紫尋知制誥咸通末以弟鐸在中書不欲在禁掖改太
常少卿尋檢校右散騎常侍同州刺史牙將白約者甚狡獪前後防

禦使不能制龜因事笞死以徇人皆畏威自效十四年轉越州刺史御史大夫浙東團練觀察使先是龜兄式撫臨此郡有惠政聞龜復至舞抃迎之屬徐泗之亂江淮盜起山越亂攻郡爲賊所害贈工部尚書子蕘

蕘苦學善屬文以季父作相避嫌不就科試乾符初崔瑾廉察湖南崔湑鎮江陵皆辟爲從事蕭遘作相奏授藍田尉直史館遷左拾遺右補闕中丞盧渥奏爲侍御史從僖宗幸山南拜右司員外郎卒子權中興仕至兵部尚書式以門蔭累遷監察御史轉殿中亦巧宦大和中依倚鄭注謁王守澄爲中丞歸融所劾出爲江陵少尹大中後踐更省署咸通初爲浙東觀察使草賊仇甫據明州叛來攻會稽式計平之式有威略三年徐州銀刀軍叛以式爲徐州節度使式至鎮盡誅銀刀等七軍徐方平定天子嘉之後累歷方任卒

鐸字昭範會昌初進士第兩辟使府大中初入爲監察御史咸通初由舊部郎中知制誥拜中書舍人五年轉禮部侍郎典貢士兩歲時

稱得人七年以戶部侍郎判度支遷禮部尚書十二年以本官同平章事時宰相韋保衡以拔擢之恩事鐸尤謹累兼刑部吏部尚書僖宗即位加右僕射保衡得罪以鐸檢校右僕射出爲汴州刺史宣武軍節度使鐸有經世大志以安邦爲已任士友推之乾符二年河南江左相繼寇盜結集內官田令孜素聞鐸名乃復召鐸拜右僕射門下侍郎同平章事四年賊陷江陵楊知溫失守宋威破賊失策朝議統率宰相盧攜稱高駢累立戰功宜付軍柄物議未允鐸廷奏曰臣忝宰執之長在朝不足分陛下之憂臣願自率諸軍盪滌羣盜朝議然之五年以鐸守司徒門下侍郎同平章事兼江陵尹荊南節度使充諸道行營兵馬都統鐸至鎮綏懷流散完葺軍戎朞年之間武備嚴整時兗州節度使李係者西平王晟之孫以其家世將才奏用爲都統都押衙兼湘南團練使時黃巢在嶺南鐸悉以精甲付係令分兵扼嶺路係無將略徒有口才軍政不理廣明初賊自嶺南寇湖南諸郡係守城自固不敢出戰賊編木爲栰沿湘而下急攻潭州陷之係甲兵五萬皆爲賊所殺投屍於江鐸聞係敗令部將董漢宏守江陵自率兵萬餘會襄陽之師江陵竟陷於賊天子不之責罷相守太子太師宰相盧攜用事竟以淮南高駢代鐸爲都統其年秋賊焚剽淮南高駢挫敗及賊陷兩京盧攜得罪天子用鄭畋爲兵馬都統明年畋病歸行在朝議復以鐸爲侍中滑州刺史義武軍節度使充諸道行營都統率禁軍山南東蜀之師三萬營於東盩厔進屯靈感寺明年春兗鄆徐許鄭滑邠寧鳳翔十鎮之師大集關內時賊巳僭名號以前浙東觀察使崔璆尚讓爲宰相傳僞命天下藩帥多持兩端旣聞鐸傳檄四方諸侯翻然景附賊之號令東西不過岐華南北止及山河而勁卒驍將日馳突於國門羣賊由是離心其年秋賊將朱溫降收同州十一月賊華州戍卒七千來奔三年二月沙陁軍至收華州四月敗賊於良田坡遂收京城封鐸晉國公鐸加中書令以收城諸將量其功伐高下承制爵賞以聞是時國命危若綴旒天子播越蠻陬大事去矣若非鄭畋之奮發鐸之忠義則土運之隆替未可

知也自巢讓之亂關東方鎮牙將皆逐主帥自號藩臣時溥據徐州朱瑄據鄆州朱瑾據兗州王武俊據青州周岌據許州王重榮據河中諸葛爽據河陽皆自擅一藩職貢不入賞罰由己旣逐賊出關尤恃功伐朝廷姑息不暇巢賊出關東與蔡帥秦宗權合縱時溥舉兵徐方請身先討賊乃授溥都統之命十軍軍容使田令孜以內官楊復光有監護用師之功尤忌儒臣立事故有時溥之授初鐸出軍兼鄭滑節度使以便供饋至是罷鐸都統之權令仗節歸藩鐸以朱全忠於已有恩倚爲藩蔽初全忠辭禮恭順旣而全忠軍旅稍集其意漸倨鐸知不可依表求還朝其年冬僖宗自蜀將還乃以鐸爲滄景節度使時楊全玫在滄州聞鐸之來訴於魏州樂彥貞鐸受命赴鎮至魏州旬日彥貞迎謁宴勞甚至鐸以上台元老功蓋羣后行則肩輿妓女夾侍賓僚服御盡美一時彥貞子從訓兇戾無行竊所慕之令甘陵州卒數百人伏於漳南之高雞陌及鐸行李至皆爲所掠鐸與賓客十餘人皆遇害時光啓四年十二月也鐸弟鐐累官至汝州

刺史王仙芝陷郡城被害

李絳字深之趙郡贊皇人也曾祖貞簡祖剛官終宰邑父元善襄州録事叅軍絳舉進士登宏辭科授秘書省校書郎秩滿補渭南尉貞元末拜監察御史元和二年以本官充翰林學士未幾改尚書主客員外郎踰年轉司勳員外郎五年遷本司郎中知制誥皆不離内職孜孜以匡諫爲已任憲宗即位叛臣李錡阻兵於浙右錡既誅朝廷將輦其所沒家財絳上言曰李錡凶狡叛戾僭侈誅求刻剥六州之人積成一道之苦聖恩本以叛亂致討蘇息一方今輦運錢帛播聞四海非所謂式遏亂略惠綏困窮伏望天慈並賜本道代貧下戶今年租稅則萬姓欣戴四海謳詠矣憲宗嘉之時中官吐突承璀自藩邸承恩寵爲神策護軍中尉乃於安國佛寺建立聖政碑大興功作仍請翰林爲其文絳上言曰陛下布惟新之政剗積習之弊四海延頸日望德音今忽立聖政碑示天下以不廣易稱大人者與天地合德與日月合明執契垂拱勵精求理豈可以文字而盡聖德碑表而

贊皇猷若可敘述是有分限虧損盛德豈謂敷揚至道哉故自堯舜禹湯文武並無建碑之事至秦始皇荒逸之君煩酷之政然有罘嶧之碑揚誅伐之功紀巡幸之跡適足爲百王所笑萬代所譏至今稱爲失道亡國之主豈可擬議於此陛下嗣高祖太宗之業舉貞觀開元之政思理不遑食從諫如順流固可以堯舜禹湯文武方駕而行又安得追秦皇暴虐不經之事而自損聖政近者閻巨源請立紀聖功碑陛下詳盡事宜皆不允許今忽令立此與前事頗乖況此碑既在安國寺不得不敘載遊觀崇飾之事述遊觀且乖理要敘崇飾又匪政經固非哲王所宜行也其碑伏乞聖恩特令寢罷憲宗深然之其碑遂止絳後因浴堂北廊奏對極論中官縱恣方鎮進獻之事憲宗怒厲聲曰卿所論奏何太過耶絳前論不已曰臣所諫論於臣無利是國家之利陛下不以臣愚使處腹心之地豈可見事虧聖德致損清時而惜身不言仰屋竊歎是臣負陛下也若不顧患禍盡誠奏論旁忤倖臣上犯聖旨以此獲罪是陛下負臣也且臣與中官素不相識又無嫌隙秖是威福太盛上損聖朝臣所以不敢不論耳使臣緘默非社稷之福也憲宗見其誠切改容慰喻之曰卿盡節於朕人所難言者卿悉言之使朕聞所不聞眞忠正誠節之臣也他日南面亦須如此絳拜恩而退遽宣宰臣令與改官乃授中書舍人依前翰林學士翌日面賜金紫帝親爲絳擇良笏賜之前後朝臣裴武柳公綽白居易等或爲姦人所排陷特加貶黜絳每以密疏申論皆獲寬宥及鎭州節度使王士眞死朝廷將用兵討除絳深陳以爲未可絳既盡心匡益帝每有詢訪多恊事機六年猶以中人之故罷學士守戶部侍郎判本司事嘗因次對憲宗曰戶部比有進獻至卿獨無何也絳曰將戶部錢獻入内藏是用物以結私恩上聳然益嘉其直吐突承璀恩寵莫二是歲將用絳爲宰相前一日出承璀爲淮南監軍翌日降制以絳爲中書侍郎同中書門下平章事同列李吉甫便僻善逢迎上意絳梗直多所規諫故與吉甫不恊時議者以吉甫通於承璀故絳尤惡之絳性剛訐每與吉甫爭論人多直絳憲宗察絳忠

正自立故絳論奏多所允從上嘗謂絳曰卜筮之事習者罕精或中或否近日風俗尤更崇尚何也對曰臣聞古先哲王畏天命示不敢專邦有大事可疑者故先謀於卿士庶人次決於卜筮俱恊則行之末俗浮僞幸以徼福正行慮危邪謀覬安遲疑昏惑謂小數能決之而愚夫愚婦假時日鬼神者欲利欺詐參之見聞用以刺射小近其事神而異之近者風俗近巫此誠弊俗聖旨所及實辯邪源但存而不論弊斯息矣他日延英上曰朕讀玄宗實録見開元致理天寶兆亂事出一朝治亂相反何也絳對曰臣聞理生於危心亂生於肆志玄宗自天后朝出居藩邸嘗莅官守接時賢於外知人事之艱難臨御之初任姚崇宋璟二人皆忠鯁上才動以致主爲心明皇乗思理之初亦勵精聽納故當時名賢在位左右前後皆尚忠正是以君臣交泰内外寧謐開元二十年已後李林甫楊國忠相繼用事專引柔佞之人分居要劇苟媚于上不聞直言嗜慾轉熾國用不足姦臣說以興利武夫說以開邊天下騷動姦盜乗隙遂至兩都覆敗四海沸

勝乘輿播遷幾至難復蓋小人啓導縱逸生驕之致也至今兵宿兩河西疆削盡畊戶凋耗府藏空虛皆因天寶喪亂以至於此安危理亂實繫時主所行陛下思廣天聰親覽國史垂意精賾鑒于化源實天下幸甚上又曰凡人行事當患不通於理巳然之失追悔誠難古人處此復有道否絳對曰行事過差聖哲皆所不免故天子致諍臣以匡其失故主心理於中臣論政於外制理於未亂銷患於未萌主或過舉則諫以正之故上下同體猶手足之於心膂交相爲用以致康寧此亦常理非難遵之事但矜得護失常情所蔽古人貴改過不恡從善如流良爲此也臣等備位無所發明但陛下不廢芻言則端士賢臣必當自效帝曰朕擢用卿等所冀直言各宜盡心無隱以匡不逮無以護失爲慮也其秋魏博節度使田季安死其子懷諫幼弱軍中立其大將田興使主軍事興卒以六州之地歸命其經始營創皆絳之謀也時教坊忽稱密旨取良家士女及衣冠別第妓人京師囂然絳謂同列曰此事大虧損聖德須有論諫或曰此嗜欲間事自

有諫官論列絳曰相公居常病諫官論事此難事即推與諫官可乎乃極言論奏翌日延英憲宗舉手謂絳曰昨見卿狀所論採擇事非卿盡忠於朕何以及此朕都不知向外事此是教坊罪過不諭朕意以至於此朕緣丹王已下四人院中都無侍者朕令於樂工中及閭里有情願者厚其錢帛祇取四人四王各與一人伊不會朕意便如此生事朕已令科罰其所取人並已放歸若非卿言朕寧知此過八年封高邑縣男絳以足疾拜章求免九年罷知政事授禮部尚書十年檢校戶部尚書出爲華州刺史未幾入爲兵部尚書丁母憂十四年檢校吏部尚書出爲河中觀察使河中舊爲節制皇甫鎛惡絳祇以觀察命之十五年鎛得罪絳復爲兵部尚書穆宗即位改御史大夫穆宗亟於畋遊行幸絳於延英切諫帝不能用絳以疾辭復爲兵部尚書長慶元年轉吏部尚書是歲加檢校尚書右僕射判東都尚書省事充東都留守二年正月檢校本官兗州刺史兗海節度觀察等使三年復爲東都留守四年就加檢校司空寶曆初入爲尚書左

僕射二年九月昭義節度使劉悟卒遺表請以子從諫嗣襲將吏詣闕論請絳密奏請速除近澤潞四面將帥一人以充節度令倍程赴鎮使從諫未及拒命新使已到所謂疾雷不及掩耳潞州軍心自有所繫從諫無位何名主張時宰相李逢吉王守澄已受從諫賂俱請以從諫留後不能用絳言絳以直道進退聞望傾於一時然剛腸嫉惡賢不肖太分以此爲非正之徒所忌又嘗與御史中丞王播相遇於道播不爲之避絳奏論事體勑令兩省詳議咸以絳論奏是李逢吉佑播惡絳乃罷絳僕射改授太子少師分司東都文宗即位徵爲太常卿二年檢校司空出爲興元尹山南西道節度使三年冬南蠻寇西蜀詔徵赴援絳於本道募兵千人赴蜀及中路蠻軍已退所募皆還興元兵額素定募卒悉令罷歸四年二月十日絳晨興視事召募卒以詔旨諭而遣之仍給以廩麥皆怏怏而退監軍使楊叔元貪財怙寵怒絳不奉已乃因募卒賞薄衆辭之際以言激之欲其爲亂以逞私憾募卒因監軍之言怒氣益甚乃譟聚趨府劫庫兵以入使

衙絳方與賓僚會宴不及設備聞亂北走登陴衙將王景延力戰以禦之兵折矢窮景延死絳乃爲亂兵所害時年六十七絳初登陴左右請絳縋城可以避免絳不從乃并從事趙存約薛齊俱死焉文宗聞奏震悼下制曰朝有正人時稱令德入參廟筭出總師干方當寵任之臣橫罹不幸之酷殄瘁興歎搢紳所同故山南西道節度管內觀察處置等使銀青光祿大夫檢校司空兼興元尹御史大夫上柱國趙郡開國公食邑二千戶李絳神授聰明天賦清直抱仁義以希前哲立標準以程後來抑揚時情坐致台輔佐我烈祖格于皇天伏鉞宣風聯居樂土乘軒鳴玉嘗極清班先聲而物議皆歸不約而羣情自許漢中名郡俾遂便安而變起不圖禍生無兆殲良之慟聞訃增傷是極哀榮用優典禮三公正秩品數甚崇式表異恩以攄沉痛可贈司徒仍令所司擇日備禮冊命賻布帛三千段米粟二百碩子璋頊

璋登進士第盧鈞鎮太原辟爲從事大中末入朝爲監察轉侍御史

出刺兩郡終宣歙觀察使子德林
楊於陵字達夫弘農人漢太尉震之第五子奉之後曾祖珪爲辰州掾曹祖冠俗奉先尉父太清宋州單父尉於陵天寶末家寄河朔祿山亂其父歿於賊於陵始六歲及長客於江南好學有奇志弱冠舉進士釋褐爲潤州句容主簿時韓滉節制金陵滉性剛嚴少所接與及於陵以屬吏謁謝滉甚奇之謂其妻柳氏曰夫人常擇佳壻吾閱人多矣無如楊主簿者後竟以女妻之秩滿爲鄂岳江南二府從事累官至侍御史韓滉自江南入朝總將相財賦之任頗承顧遇權傾中外於陵自江西府罷以婦翁權幸方熾不欲進取乃卜築於建昌以讀書山水爲樂滉歿貞元八年始入朝爲膳部員外郎歷考功吏部三員外判南曹時宰相有密親調集文書不如式於陵駁之大協物論遷右司郎中復轉吏部郎中改京兆少尹出爲絳州刺史德宗雅聞其名將辭赴郡詔留之拜中書舍人時李實爲京兆尹恃承恩寵於陵與給事中許孟容俱不附協爲實媒孽孟容改太常少卿於○陵爲秘書少監貞元末實輩敗遷於陵爲華州刺史充潼關防禦鎭國軍等使未幾遷浙江東道都團練觀察等使政聲流聞入拜戶部侍郎復改京兆尹先是禁軍影占編戶無以區別自於陵請致挾名每五丁者得兩丁入軍四丁三丁者各以條限由是京師豪強復知所畏再遷戶部侍郎元和初以考策昇直言極諫牛僧孺等爲執政所怒出爲嶺南節度使會監軍使許遂振悍戾貪恣干撓軍政於陵奉公絜己遂振無能奈何乃以飛語上聞憲宗驚惑賴宰相裴垍爲於陵申理憲宗感悟五年入爲吏部侍郎遂振終自得罪於陵爲吏部凡四周歲檢察姦吏調補平允當時稱之初吏部試判別差考判官三人校能否元和初罷之七年吏部尚書鄭餘慶以疾請告乃復置考判官以兵部員外郎韋顗屯田員外張仲素太學博士陸亘等爲之於陵自東都來言曰本司考判自當公心非次置官不知曹內公事考官秖論判之能否不計闕員本司秖計員闕幾何定其留放置官不便牽執以已置顗等秖令考科目選人其餘常調委本司自

老於陵又以甲曆年深朽斷吏緣爲姦奏換大曆七年至貞元二十年甲庫曆令本司郎官監換九年妖人楊叔高自廣州來干於陵請爲巳轄於陵執奏殺之改兵部侍郎判度支時淮西用兵於陵用所親爲唐鄧供軍使節度使高霞寓以供軍有闕移牒度支於陵不爲之易其闕如舊霞寓軍屢有摧敗詔書督責之乃奏以度支饋運不繼憲宗怒十一年貶於陵爲桂陽郡守量移原王傅復遷戶部侍郎知吏部選事會誅李師道分其地爲三鎭朝人思有所制置以於陵兼御史大夫充淄青十二州宣慰使還奏合旨穆宗即位遷戶部尚書長慶初拜太常卿充東都留守年高拜章辭位寶曆二年授檢校右僕射兼太子太傅旋以左僕射致仕詔給全俸懇讓不受於陵器度弘雅進止有常居朝三十餘年踐更中外始終不失其正居官奉職亦善操守時人皆仰其風德太和四年十月卒年七十八冊贈司空謚貞孝子四人景復嗣復紹復師復嗣復自有傳
景復位終同州刺史
○紹復進士擢第宏辭登科位終中書舍人
師復位終大理卿大中後楊氏諸子登進士第者十人
嗣復子授技拭攜紹復子擢拯據撲師復子拙振等擢終給事中拯司封員外郎據右補闕撲左諫議大夫拙左庶子振左拾遺
史臣曰王氏三英播起位崇將相善始令終而炎薄祐短齡美鐘於鑠而能驟首矯翼凌厲亨衢仗鉞秉衡扶持衰運天胡罰善遇盜而殂悲哉李趙公頡頏禁林訏謨相府嘉言啓沃不以身爲糜軀將壇沒有餘裕楊僕射避婦翁之當軸疏驕尹之怙權守道居貞壽考終吉行已始卒人以爲難美哉
贊曰王氏儒宗一門三相趙公排擯言猶鯁亮干將雖折不改其剛楊君之德韶夏洋洋

唐書列傳卷第一百一十四

唐書列傳卷第一百一十五

劉　昫　撰

韋夏卿　王正雅（正雅族孫凝）　柳公綽（公綽子仲郢　公綽弟公權）

崔玄亮　溫造（造子璋）　郭承嘏

殷侑（侑孫盈孫）　徐晦

韋夏卿字雲客，杜陵人。父迢，檢校都官郎中、嶺南節度行軍司馬。夏卿苦學，大曆中與弟正卿俱應制舉，同時策入高等，授高陵主簿，累遷刑部員外郎。時久旱蝗，詔於郎官中選赤畿令，改奉天縣令，以課最第一，轉長安令，改吏部員外郎，轉本司郎中，拜給事中，出為常州刺史。夏卿深於儒術，所至招禮通經之士。時處士竇羣寓於郡界，夏卿以其所著史論薦之于朝，遂為門人。改蘇州刺史。貞元末，徐州張建封卒，初授夏卿徐州行軍司馬，尋授徐泗濠節度使。夏卿未至，建封子愔為軍人立為留後，因授旄鉞，徵夏卿為吏部侍郎，轉京兆尹、太子賓客、檢校工部尚書、東都留守，遷太子少保，卒，時年六十四，贈左僕射。夏卿有風韻，善談讌，與人同處，終年而喜慍不形於色。撫孤姪，恩踰己子，早有時稱。其所與游辟之賓佐，皆一時名士。為政務通適，不喜改作。始在東都，傾心辟士，頗得才彥，其後多至卿相，世謂之知人。

王正雅字光謙。其先太原尹、東都留守翃之子。伯父翊，代宗朝御史大夫，以貞亮鯁直名於當代，卒謚曰忠惠。正雅少時以孝行修謹聞。元和初，舉進士，登甲科，禮部侍郎崔邠甚知之。累從職使府。元和十一年，拜監察御史，三遷為萬年縣令。當穆宗時，京邑號為難理，正雅抑強扶弱，政甚有聲。會柳公綽為京兆尹，上前褒稱，穆宗命以緋衣銀章就縣宣賜。遷戶部郎中，尋加知臺雜事，再遷太常少卿，出為汝州刺史，充本州防禦使。有中人為監軍，怙權干政，正雅不能堪，乃謝病免。入為大理卿。會宋申錫事起，獄自內出，卒無證驗。是時王守澄之威權，鄭注之寵勢，雖宰相重臣無敢顯言其事者，唯正雅與京兆尹崔綰上疏，請出造事者付外考驗其事，別具狀聞。由是獄情稍緩，申錫止於貶官，中外翕然推重之。大和五年十一月卒，贈左散騎常侍。

正雅從弟重，翊之子也，位止河東令。重子衆仲，登進士第，累官衡州刺史。衆仲子凝。

凝字致平，少孤，宰相鄭肅之甥，少依舅氏。十五兩經擢第，嘗著京城六崗銘，為文士所稱。再登進士甲科，崔璵領鹽鐵，辟為巡官，歷佐梓潼、宣歙使幕。宰相崔龜從奏為鄠縣尉、集賢校理，遷監察御史，轉殿中。宰相崔鉉出鎮揚州，奏為節度副使。入為起居郎，歷禮部、兵部、考功三員外，遷司封郎中、長安令。中丞鄭處誨奏知臺雜，換考功郎中，遷中書舍人。時政不協，出為同州刺史，賜金紫。暮年移疾華州敷水別墅，踰年以禮部侍郎徵。凝性堅正，貢闈取士，拔其寒俊，而權豪請託不行，為其所怒，出為商州刺史。明年，檢校右散騎常侍、潭州刺史、湖南團練觀察使，入為兵部侍郎，領鹽鐵轉運使，又以不奉權倖，改秘書監，出為河南尹，檢校禮部尚書、宣州刺史、宣歙觀察使。凝咸通中兩佐宣城使幕，備究人之利病，滌除積弊，民俗阜康。踰歲，黃巢以嶺表北歸，大掠淮南，攻圍和州，凝令牙將樊儔率師據採石以援之。儔犯令，凝即斬之以徇。命別將烏頡代儔赴援，竟解歷陽之圍。賊怒，引衆攻宣城。大將王涓請出軍逆戰，凝曰：「賊忿恚而來，宜持重待之，彼衆我寡，萬一不捷，則州城危矣。」涓銳意請行，凝即閱集丁壯，分守要害，登陴設備。涓果戰死，賊乘勝而來，則守有備矣。賊為梯衝之具，急攻數月，禦備力殫，吏民請曰：「賊之兇勢不可當，願尚書歸款退之，懼覆尚書家族。」凝曰：「人皆有族，予豈獨全？誓與此城同存亡也。」既而賊已退去，時乾符五年也。其年夏疾甚，有大星墜於正寢，八月卒于郡，時五十八。無子，以弟子鐮為嗣。鐮允鉅位終兵部侍郎。

柳公綽字起之，京兆華原人也。祖正禮，邠州士曹參軍。父子溫，丹州刺史。公綽幼聰敏，年十八應制舉，登賢良方正直言極諫科，授秘書省校書郎，貞元元年也。貞元四年，復應制舉，再登賢良方正科，時年二十一，制出，授渭南尉。公綽性謹重，動循禮法。屬歲飢，其家雖給而

每飯不過一器歲稔復初家甚貧有書千卷不讀非聖之書爲文不
尚浮靡憲隰觀察使姚齊梧奏爲判官得殿中侍御史冬薦授開州
刺史入爲侍御史再遷吏部員外郎武元衡罷相鎮西蜀與裴度俱
爲元衡判官尤相善先度入爲吏部郎中度以詩餞別有兩人同日
事征西今日君先捧紫泥之句元和初憲宗頗出遊畋銳意用兵
公綽欲因事諷諫五年十一月獻大醫箴一篇其辭曰天布寒暑
不私於人品類既一崇高以均惟謹好愛能保其身清淨無瑕輝
光以新寒暑滿天地之間浹肌膚之外好愛溢耳目之前誘心知
於內清潔爲隄奔射猶敗氣行無間隙不在大睿聖之姿清明絕
俗心正無邪志高寡欲謂天高矣氣蒙晦之謂地厚矣橫流潰之
聖德超邁萬方賴之飲食所以資身也過則生患衣服所以稱德
也侈則生慢唯過與侈心必隨之氣與心流疾亦伺之聖心不惑
孰能移之畋遊恣樂流情蕩志馳騁勞形咤叱傷氣惟天之重從
禽爲累不養其外前脩所忌聖心非之孰敢違之人乘氣生嗜欲

以萌氣離有患氣凝則成巧必喪眞智必誘情去彼煩慮在此誠
明醫之上者理於未然患居慮後防處事先心靜樂行體和道全
然後能德施萬物以享億年聖人在上各有攸處庶政有官群藝
有署臣司太醫敢告諸御憲宗深嘉之翊日降中使獎勞之曰卿
所獻之文云氣行無間隙不在大何憂朕之深也踰月拜御史中
丞公綽素與裴垍厚李吉甫出鎮淮南深怨垍六年吉甫復輔政
以公綽爲潭州刺史兼御史中丞充湖南觀察使湖南地氣卑濕
公綽以母在京師不可迎侍致書宰相乞分司洛陽以便奉養久
不許八年移爲鄂州刺史鄂岳觀察使乃迎母至江夏九年吳元
濟據蔡州叛王師討伐詔公綽以鄂岳兵五千隸安州刺史李聽
率赴行營公綽曰朝廷以吾儒生不知兵耶即日上奏願自征行
許之公綽自鄂濟湘江直抵安州李聽以廉使之禮事之公綽謂
之曰公所以屬鞬負弩者豈非爲兵事耶若去戎容被公服兩郡
守耳何所統攝乎以公名家曉兵若吾不足以指麾則當赴闕不

然吾且署職名以兵法從事矣聽曰唯公所命即署聽爲鄂岳都
知兵馬使中軍先鋒行營兵馬都虞候三牒授之乃選卒六千屬
聽戒其部校曰行營之事一決都將聽感恩畏威如出麾下其知
權制變甚爲當時所稱鄂軍既在行營公綽時令左右省問其家
如疾病養生送死必厚廩給之軍士之妻冶容不謹者沉之于江
行卒相感曰中丞爲我輩知家事何以報効故鄂人戰每剋捷十
一年入爲給事中李師道歸朝遣公綽往鄆州宣諭使還拜京兆
尹以母憂免十四年起爲刑部侍郎領鹽鐵轉運使轉兵部侍郎
兼御史大夫領使如故長慶元年罷使復爲京兆尹兼御史大夫
時河朔復叛朝廷用兵補授行營諸將朝令夕改驛騎相望公綽
奏曰自幽鎮用兵使命繁併館遞匱乏鞍馬多闕又敕使行李人
數都無限約其衣緋紫乘馬者二十三十匹衣黃綠者不下十匹五匹
驛吏不得視券牒隨口即供驛馬既盡遂奪路人鞍馬衣冠士庶
驚擾怨嗟遠近喧騰行李將絕伏望聖慈聊爲定限乃下中書條

疏人數自是吏不告勞以言直爲北司所惡尋轉吏部侍郎二年
九月遷御史大夫韓弘病自河中入朝以弘守司徒中書令詔百寮
問疾弘遣其子達情言不能接見公綽謂其子曰聖上以公官重令
百司省問異禮也如拜君賜宜力疾公見安有臥令子弟傳言耶
弘懼扶牀而出人皆聳然三年改尚書左丞又拜檢校戶部尚書
襄州刺史山南東道節度使行部至鄧縣縣二吏犯法一贓賄一舞文
縣令以公綽守法必殺贓吏獄具判之曰贓吏犯法法在姦吏壞法
法亡誅舞文者公綽馬害圉人命斬之賓客進言曰可惜良馬圉人
自防不至公綽曰安有良馬害人乎亟命殺之牛僧孺罷相鎮江夏
公綽具戎容於鄧舍候之軍吏自以漢上地高於鄂禮太過公綽
曰奇章纔離台席方鎮重宰相是尊朝廷也竟以戎容見有道士
獻丹藥試之有驗問所從來曰鍊此丹於薊門時朱克融方叛公
綽遽謂之曰惜哉至藥來於賊臣之境雖驗何益乃沉之于江而逐
道士鄧縣人鄭懷政病狂妄稱天子公綽捕而殺之敬宗即位加

檢校左僕射寶曆二年入爲刑部尚書二年授邠州刺史邠寧慶
節度使所部有神策諸鎮屯列要地承前不受節度使制置遂致
北虜深入公綽上疏論之因詔諸鎮皆稟邠寧節度使制置三年
入爲刑部尚書京兆人有姑鞭婦致死者府斷以償死公綽議曰
尊毆卑非鬭且其子在以妻而戮其母非敎也竟減死大和四年復
檢校左僕射太原尹北都留守河東節度觀察等使是歲北虜遣
梅祿將軍李暢以馬萬匹來市託云入貢所經州府守帥假之禮分
嚴其兵備留館則戒卒於外懼其襲奪太原故事出兵送之暢及
界上公綽使牙將祖孝恭單馬勞問待以修好之意暢感義出涕
徐驅道中不妄馳獵及至闢牙門令譯引謁宴以常禮及市馬而
還不敢侵犯陘北有沙陀部落自九姓六州皆畏避之公綽至鎮召
其酋朱耶執宜直抵雲朔塞下治廢柵十一所募兵三千付之留屯塞
上以禦匈奴其妻母來太原者請梁國夫人對酒食問遺之沙陀感
之深得其效六年以病求代三月授兵部尚書徵還京師四月卒贈

太子太保謚曰成公綽天資仁孝初丁母崔夫人之喪三年不沐浴事
繼親薛氏三十年姻戚不知公綽非薛氏所生外兄薛宮早卒一女孤
配張毅夫資遺甚於己子性端介寡合與錢徽蔣乂杜元穎薛存
誠文雅相知交情款密凡六開府幕得人尤盛錢徽掌貢之年鄭
朗覆落公綽將赴襄陽首辟之朗竟爲名相盧簡辭崔璵夏侯孜
韋長李續李拭皆至公卿爲吏部侍郎與舅左丞崔從同省人士
榮之子仲郢第公權公諒

仲郢字諭蒙元和十三年進士擢第釋褐秘書省校書郎牛僧孺鎮
江夏辟爲從事仲郢有父風動脩禮法僧孺歎曰非積習名敎安
能及此入爲監察御史五年遷侍御史富平縣人李秀才籍在禁軍
誣鄉人斫父墓栢射殺之法司以專殺論文宗以中官所庇決杖配流
右補闕蔣係上疏論之不省仲郢執奏曰聖王作憲殺人有必死之
令聖明在上當官無壞法之臣今秀才犯殺人之科愚臣備監決之
任此賊不死是亂典章臣雖至微豈敢曠職其秀才未敢行決望

別降敕處分乃詔御史蕭傑監之傑又執奏帝遂詔京兆府行決
不用監之然朝廷嘉其守法會昌中三遷吏部郎中李德裕頗知
之武宗有詔減冗官吏部條流欲牒天下州府取戶額官員仲郢
曰諸州每冬申闕何須牒耶俾門頭塞仲郢條理旬日減一千二百
員時議爲愜遷諫議大夫五年淮南奏吳湘獄御史崔元藻覆
按得罪仲郢上疏理之人皆危懼德裕知其無私益重之武宗築仙
臺仲郢累疏切諫帝召諭之曰聊因舊趾增葺愧卿忠言德裕奏
爲京兆尹謝曰言曰下官不期太尉恩獎及此仰報厚德敢不如奇
章門館德裕一不以爲嫌時廢浮圖法以銅像鑄錢仲郢爲京畿鑄
錢使錢工欲於模加新字仲郢止之唯淮南加新字後竟爲僧人取
之爲像設鍾磬紀于泉訴表甥劉詡毆母詡爲禁軍小校仲郢不
俟奏下杖殺爲北司所譖改右散騎常侍權知吏部尚書銓事宣宗
即位德裕罷相出仲郢爲鄭州刺史周墀自江西移鎮滑臺過鄭
觀其境內大理甚獎之俄而墀入輔政遷爲河南尹莅事踰月召

拜戶部侍郎居無何墀罷知政事同列有疑仲郢與墀善左授秘
書監數月復出爲河南尹以寬惠爲政言事者以爲不類京兆之
政仲郢曰輦轂之下彈壓爲先郡邑之治惠養爲本何取類耶大
中年轉梓州刺史劒南東川節度使孔目吏邊章簡者以貨交近
倖前後廉使無如之何仲郢因事決殺部內肅然不俟行法而自
理在鎮五年美績流聞徵爲吏部侍郎入朝未謝改兵部侍郎充
諸道鹽鐵轉運使大中十二年罷使守刑部尚書咸通初轉兵部加
金紫光祿大夫河東男食邑三百戶俄出爲興元尹山南西道節
度使鳳州刺史盧方乂以輕罪決部民數日而斃其妻列訴又旁
引他吏械繫滿獄仲郢召其妻謂之曰刺史科小罪誠人但本非
死刑雖未出辜其實病死罰方乂百直繫者皆釋郡人深感之因
決贓吏過當以太子賓客分司東都踰年爲虢州刺史數月檢校
尚書左僕射東都留守盜發先人墓棄官歸華原除華州刺史不
拜數月以本官爲鄆州刺史天平軍節度觀察等使授節鉞於

華原別墅卒於鎭初仲郢自拜諫議後每遷官羣烏大集於昇平
里第廷樹戟架皆滿凡五日而散詔下不復集家人以爲候唯除天
平烏不集仲郢領鹽鐵時取德裕兄子從質爲推官知蘇州院事令
祿仕者仲郢嚴禮法重氣義嘗感李德裕之知大中朝李氏無
以祿利贍南宅令狐綯爲宰相頗不悅仲郢與綯書自明其要云
任安不去常自愧於昔人吳詠自裁亦何施於今日李太尉受責既
久其家已空遂絕蒸嘗誠增痛惻綯深感歎尋與從質正員官仲
郢以禮法自持私居未嘗不拱手內齋未嘗不束帶三爲大鎭廏
無名馬衣不薰香退公布卷不捨晝夜九經三史一鈔魏晉已來南
北史再鈔手鈔分門三十卷號柳氏自備又精釋典瑜伽智度大論
皆再鈔自餘佛書多手記要義小楷精謹無一字肆筆撰尚書二
十四司箴韓愈柳宗元深賞之有文集二十卷子珪璧玭
珪字鎭方大中五年登進士第累辟使府早卒
璧大中九年登進士第文格高雅嘗爲馬嵬詩詩人韓琮李商隱

嘉之馬植鎭陳許辟爲掌書記又從植汴州李璜鎭桂管奏爲觀
察判官軍政不愜璧極言不納拂衣而去桂府尋亂入爲右補闕
僖宗幸蜀召充翰林學士累遷諫議大夫充職
玭應兩經舉釋褐祕書正字又書判拔萃高湜辟爲度支推官踰
年拜右補闕湜出鎭澤潞奏爲節度副使入爲殿中侍御史李蔚
鎭襄陽辟爲掌書記湜再鎭澤潞復爲副使入爲刑部員外湜爲
亂將所逐貶高要尉玭三上跡申理湜見跡本歎曰我自辨析亦不
及此尋出廣州節度副使明年黃巢陷廣州郡人鄧承勳以小舟
載玭脫禍召爲起居郎賊陷長安爲刃所傷出奔行在歷諫議給
事中位至御史大夫玭嘗著書誡其子弟曰夫門地高者可畏不
可恃可畏者立身行已一事有墜先訓則罪大於他人雖生可以苟
取名位死何以見祖先於地下不可恃者門高則自驕族盛則人之
所嫉實藝懿行人未必信纖瑕微累十手爭指矣所以承世冑者倍
已不得不懇爲學不得不堅夫人生世以無能望他人用以無善望他

人愛用愛無狀則曰我不遇時時不急賢亦由農夫鹵莽而種而
怨天澤之不潤雖欲弗飢其可得乎予幼聞先訓講論家法立身
以孝悌爲基以恭默爲本以畏怯爲務以勤儉爲法以交結爲末
事以氣義爲凶人肥家以忍順保交以簡敬百行備疑身之未周三
緘密慮言之或失廣記如不及求名如儻來去吝與驕庶幾減過
蒞官則潔已省事而後可以言守法守法而可以言養人直不近禍
廉不沽名廩祿雖微不可易黎甿之膏血榎楚雖用不可恣褊狹
之胸襟憂與福不偕潔與富不並比見門家子孫其先正直當官
耿介特立不畏強禦及其衰也唯好犯上更無他能如其先遜順
處己和柔保身以遠悔尤及其衰也但有暗劣莫知所宗此際幾
微非賢不達夫壞名災己辱先喪家其失尤大者五宜深誌之其
一自求安逸靡甘澹泊苟利於己不恤人言其二不知儒術不悅古
道懵前經而不恥論當世而解頤身既寡知惡人有學其三勝己
者猒之佞己者悅之唯樂戲譚莫思古道聞人之善嫉之聞人之惡

揚之浸漬頗僻銷刻德義簪裾徒在廝養何殊其四崇好慢遊耽
嗜麯糵以銜杯爲高致以勤事爲俗流習之易荒覺已難悔其五
急於名宦匿近權要一資半級雖或得之衆怒羣猜鮮有存者茲
五不是甚於痤疽痤疽則砭石可瘳五失則巫醫莫及前賢誡
方冊具存近代覆車聞見相接夫中人已下修辭力學者則躁進
患失思展其用審命知退者則業荒文蕪一不足採唯上智則研其
慮博其聞堅其習精其業用之則行捨之則藏苟異於斯豈爲君
子初公綽理家甚嚴子弟克稟誡訓言家法者世稱柳氏云
公權字誠懸幼嗜學十二能爲辭賦元和初進士擢第釋褐祕書
省校書郎李聽鎭夏州辟爲掌書記穆宗即位入奏事帝召見謂
公權曰我於佛寺見卿筆蹟思之久矣即日拜右拾遺充翰林侍
書學士遷右補闕司封員外郎穆宗政僻嘗問公權筆何盡善對
曰用筆在心心正則筆正上改容知其筆諫也歷穆敬文三朝侍書
中禁公綽在太原致書于宰相李宗閔云家弟苦心辭藝先朝以

侍書見用頗偕工祝心實恥之乞換一散秩乃遷右司郎中累換司
封兵部二郎中弘文館學士文宗思之復召侍書遷諫議大夫俄
改中書舍人充翰林書詔學士每浴堂召對繼燭見跋語猶未盡
不欲取燭宮人以蠟淚揉紙繼之從幸未央宮苑中駐輦謂公權
曰我有一喜事邊上衣賜久不及時今年二月給春衣訖公權前奉
賀上曰單賀未了卿可賀我以詩宮人迫其口進公權應聲曰去
歲雖無戰今年未得歸皇恩何以報春日得春衣上悅激賞久之
便殿對六學士上語及漢文恭儉帝舉袂曰此澣濯者三矣學士
皆贊詠帝之儉德唯公權無言帝留而問之對曰人主當進賢良退
不肖納諫諍明賞罰服澣濯之衣乃小節耳時周墀同對爲之股
慄公權辭氣不可奪帝謂之曰極知舍人不合作諫議以卿言事
有諍臣風彩却受卿諫議大夫翌日降制以諫議知制誥學士如
故開成三年轉工部侍郎充職嘗入對上謂之近日外議如何公權
對曰自郭皎除授邠寧物議頗有臧否帝曰皎是尚父之從子太皇

太后之季父在官無過自金吾大將授邠寧小鎮何事議論耶公
權曰以皎勳德除鎮攸宜人情論議者言皎進二女入宮致此除拜
此信乎帝曰二女入宮參太后非獻也公權曰瓜李之嫌何以戶曉
因引王珪諫太宗出廬江王妃故事帝即令南內使張日華送二
女還皎公權忠言匡益皆此類也累遷學士承旨武宗即位罷內
職授右散騎常侍宰相崔珙用爲集賢學士判院事李德裕素待
公權厚及爲珙奏薦頗不悅左授太子詹事改賓客累遷金紫光
祿大夫上柱國河東郡開國公食邑二千戶復爲左常侍國子祭
酒歷工部尚書咸通初改太子少傅改少師居三品二品班三十年
六年卒贈太子太師時年八十八公權初學王書遍閱近代筆法體
勢勁媚自成一家當時公卿大臣家碑板不得公權手筆者人以爲
不孝外夷入貢皆別署貨貝曰此購柳書上都西明寺金剛經碑
備有鍾王歐虞褚陸之體尤爲得意文宗夏日與學士聯句帝曰
人皆苦炎熱我愛夏日長公權續曰薰風自南來殿閣生微涼時

丁袁五學士皆屬繼帝獨諷公權兩句曰辭清意足不可多得乃
令公權題於殿壁字方圓五寸帝視之歎曰鍾王復生無以加焉大
中初轉少師中謝宣宗召升殿御前書三紙軍容使西門季玄捧
硯樞密使崔巨源過筆一紙眞書十字曰衞夫人傳筆法於王右
軍一紙行書十一字曰永禪師眞草千字文得家法一紙草書八字
曰謂語助者焉哉乎也賜錦綵瓶盤等銀器仍令自書謝狀勿拘
眞行帝尤奇惜之公權志耽書學不能治生爲勳戚家碑板問遺
歲時鉅萬多爲主藏豎海鷗龍安所竊別貯酒器杯盂一笥緘滕
如故其器皆亡訊海鷗乃曰不測其亡公權哂曰銀杯羽化耳不復
更言所寶唯筆硯圖畫自扃鐍之常評硯以青州石末爲第一言
墨易冷絳州黑硯次之尤精左氏傳國語尚書毛詩莊子每說一
義必誦數紙性曉音律不好奏樂常云聞樂令人驕怠故也
公綽伯父子華永泰初爲嚴武西蜀判官奏爲成都令累遷池州
刺史入爲昭應令知府東十三縣捕賊尋檢校金部郎中修萼華

清宮使元載欲用爲京兆尹未拜而卒自知死日預爲墓誌有知
人之明公綽生三日視之謂其弟子溫曰保惜此兒福祚吾兄弟不
能及興吾門者此兒也因以起之爲公綽字子華二子公器公度善
攝生年八十餘步履輕便或祈其術曰吾初無術但未嘗以元氣
佐喜怒氣海常溫耳位止光祿少卿公器子遵遵子璨璨仕至宰
相自有傳

崔玄亮字晦叔山東慈州人也玄亮貞元十一年登進士第從事諸
侯府性雅澹好道術不樂趨競久遊江湖至元和初因知己薦達
入朝再遷監察御史轉侍御史出爲密湖曹三郡刺史每一遷秩
謙讓輒形於色大和初入爲太常少卿四年拜諫議大夫中謝日面
賜金紫朝廷推其名望遷右散騎常侍來年宰相宋申錫爲鄭注
所構獄自內起京師震懼玄亮首率諫官十四人詣延英請對與文
宗往復數百言文宗初不省其諫欲眞申錫於法玄亮泣奏曰孟
軻有言衆人皆曰殺之未可也卿大夫皆曰殺之未可也天下皆

曰殺之然後察之方寘於法今至聖之代殺一凡庶尚須合於典法況無辜殺一宰相乎臣爲陛下惜天下法實不爲申錫也言訖俯伏嗚咽文宗爲之感悟玄亮繇此名重於朝七年以疾求爲外任宰相以弘農便其所請乃授檢校左散騎常侍虢州刺史是歲七月卒於郡所中外無不歎惜始玄亮登第弟純亮寅亮相次昇進士科藩府辟召玄亮最達玄亮孫貽孫位至侍郎

溫造字簡輿河內人祖景倩南鄭令父輔國太常丞造幼嗜學不喜試吏自負節槩少所降志隱居王屋以漁釣逍遙爲事壽州刺史張建封聞風致書幣招延造欣然謂所親曰此可人也徙家從之造動靜咨詢而不敢縻以職任及建封授節彭門造歸下邳有高天下之心建封恐一旦失造乃以兄女妻之時李希烈方悖侵寇藩隣屢陷郡邑天下城鎮恃兵者從而動搖多逐主帥自立留後邀求節鉞德宗患之以范陽劉濟方輸忠款但未能盡達朝廷倚賴之意乃密詔建封選特達識略之士往諭之建封乃强署造節

度參謀使于幽州造與語未訖濟俯伏流涕曰濟僻在遐裔不知天子神聖大臣忠盡願得率先諸侯效以死節造還建封以其名上聞德宗愛其才召至京師謂之曰卿誰家子年復幾何造對曰臣五代祖大雅外五代祖李勣臣犬馬之年三十有二德宗奇之欲用爲諫官以語泄事寢長慶元年授京兆府司錄參軍奉使河朔稱旨遷殿中侍御史既而幽州劉總請以所部九州聽朝旨穆宗選可使者或薦造帝召而謂之曰朕以劉總輸忠雖書詔便蕃未盡朕之深意以卿素能辦事爲朕此行造對曰臣府縣走吏初受憲職望輕事重恐辱國命無能論諭旨帝曰我在東宮時聞劉總請覲及我即位比年上書不絕及約以行期即瘖默不報卿識機知變往諭我懷無多讓也乃拜起居舍人賜緋魚袋充太原鎮州幽州宣諭使造初至范陽劉總具櫜鞬郊迎乃宣聖旨示以禍福總俯伏流汗若兵加於頸矣及造使還總遂移家入覲朝廷遂以張弘靖代之及朱克融逐弘靖鎮州殺田弘正朝廷用兵乃先令造銜

命河東魏博澤潞橫海深冀易定等道諭以軍期事皆稱旨俄而坐與諫議大夫李景儉史館飲酒景儉醉謁丞相出造爲朗州刺史在任開後鄉渠九十七里溉田二千頃郡人獲利乃名爲右史渠居四年召拜侍御史請復置彈事朱衣豸冠於外廊大臣阻而不行李祐自夏州入拜金吾違制進馬一百五十四造正衙彈奏祐股戰汗流祐私謂人曰吾夜踰蔡州城擒吳元濟未嘗心動今日膽落于溫御史吁可畏哉遷左司郎中再知雜事尋拜御史中丞大和二年十一月宮中昭德寺火寺在宣政殿東隔垣火勢將及宰臣兩省京兆尹中尉樞密皆環立於日華門外令神策兵士救之晡後稍息是日唯臺官不到造奏曰昨宮中遺火緣臺有繫囚恐緣爲姦追集人吏隄防所以至朝堂在後臣請自罰三十直其兩巡使崔蠡姚合火滅方到請別議責罰勑曰事出非常臺有囚繫官曹警備亦爲周慮即合待罪朝堂候取進旨量罰自許事涉乖儀溫造姚合崔蠡各罰一月俸料造性剛褊人或激觸不顧貴勢以氣凌

籍嘗遇左補闕李虞於街怒其不避捕祗承人決脊十下左拾遺舒元褒等上疏論之曰國朝故事供奉官街中除宰相外無所迴避溫造蔑朝廷典禮凌陛下侍臣恣行胷臆曾無畏忌凡事有小而關分理者不可失也分理一失亂由之生遺補官秩雖卑陛下侍臣也中丞雖高法吏也侍臣見凌是不廣敬法吏壞法何以持繩前時中書舍人李虞仲與造相逢造乃曳去引馬知制誥崔咸與造相逢造又捉其從人當時緣不上聞所以悉犯益甚臣聞元和長慶中中丞行李不過半坊今乃遠至兩坊謂之籠街喝道但以崇高自大不思僭擬之嫌若不糾繩實虧彝典勑曰憲官之職在指佞觸邪不在行李自大侍臣之職在獻可替否不在道路相高並列通班令知名分如聞喧競亦以再三既招人言甚損朝體其臺官與供奉官同道聽先後而行道途即祗揖而過其參從人則各隨本官之後少相僻避勿言衝突又聞近日已來應合導從官事力多者街衢之中行李太過自今後傳呼前後不得過三百步然

造之舉奏無所吐茹朝廷有喪不以禮配不以類者悉劾之獲僞官王果等九十餘人杖殺南曹吏李賓等六人刑於都市遷尚書右丞加太中大夫封祁縣開國子賜金紫四年興元軍亂殺節度使李絳文宗以造氣豪嫉惡乃授檢校右散騎常侍興元尹山南西道節度使造辭赴鎮以興元兆亂之狀奏之文宗盡悟其根本許以便宜從事帝慮用兵勞費造奏曰臣計諸道征蠻之兵已迴俟臣行程至褒縣望賜臣密詔使受約束比臣及興元諸軍相續而至臣用此足矣乃授造手詔四通神策行營將董重質河中都將溫德彝郃陽都將劉士和等咸令稟造之命造行至褒城會興元都將衛志忠征蠻迴謁見造即留以自衛密與志忠謀又召亞將張丕李少直各諭其旨暨發褒城以八百人爲牙隊五百人爲前軍前軍入府分守諸門造下車置宴所司供帳於廳事造曰此隘狹不足以饗士卒移之牙門坐定將卒羅拜志忠兵周環之造曰吾欲問新軍去住之意可悉前舊軍無得錯雜勞問既畢傳言令

○坐有未至者因令舁酒巡行及酒匝未至者皆至牙兵圍之亦合坐卒未悟席上有先覺者揮令起造傳言叱之因帖息不敢動即召坐卒詰以殺絳之狀志忠張丕夾階立拔劍呼曰殺圍兵齊奮其賊首教練使丘鑄等并官健千人皆斬首於地血流四注監軍楊叔元在座遽起求哀擁造靴以請命遣兵衛出之以俟朝旨敕旨配流康州其親刃絳者斬一百斷號令者斬三斷餘並斬首內一百首祭李絳三十首祭王景延趙存約等並投屍於江造功就加檢校禮部尚書五年四月入爲兵部侍郎以耳疾求退七月檢校戶部尚書東都留守判東都尚書省事東畿汝防禦使造至洛中九月制改授河陽懷節度觀察等使造以河內膏腴民戶凋瘵奏開浚懷州古秦渠枋口堰役工四萬溉濟源河內溫武陟四縣田五千餘頃七年十一月入爲御史大夫造初赴鎮漢中遇大雨平地水深尺餘乃禱雞翁山祈晴俄而疾風驅雲即時開霽文宗嘗聞其事會造入對言之乃詔封雞翁山爲侯九年五月轉禮部尚書其年六月病卒時年七十贈右僕射有文集八十卷造於晚年積聚財貨一無散施時頗譏之子璋嗣

璋以蔭入仕累佐使府歷三郡刺史咸通末爲徐泗節度使徐州牙卒曰銀刀軍頗驕橫璋至誅其惡者五百餘人自是軍中畏法入爲京兆尹持法太深豪右皆屏迹會同昌公主薨懿宗怒殺醫官其家屬宗枝下獄者三百人璋上疏切諫以爲刑法太深帝怒貶璋振州司馬制出璋歎曰生不逢時死何足惜是夜自縊而卒

郭承嘏字復卿曾祖尚父汾陽王祖晞諸衛將軍父鈞承嘏生而秀異乳保之年即好筆硯比及成童能通五經元和四年禮部侍郎張弘靖知其才擢升進士第累辟使幕歷渭南尉入朝爲監察御史遷起居舍人丁內艱以孝聞終喪爲侍御史職方兵部二員外兵部郎中大和六年拜諫議大夫頻上疏言時政得失文宗以鄭注爲太僕卿承嘏論諫激切注甚懼之本官知匭院事九年轉給事中開成元年出爲華州刺史兼御史中丞詔下兩省迭詣中書

○求承嘏出歷之由給事中盧載封還詔書奏曰承嘏自居此官繼有封駁能奉其職宜在瑣闥牧守之才易爲推擇文宗謂宰臣曰承嘏久在黃扉欲優其祿俸暫令廉問近闕而諫列拜章惜其稱職甚美事也乃復爲給事中文宗以淮南諸道累歲大旱租賦不登國用多闕及是以度支戶部分命宰臣領之承嘏論之曰宰相者上調陰陽下安黎庶致君堯舜致時清平俾之閱簿書算緡帛非所宜也帝深嘉之遷刑部侍郎時因朔望以刑法官得對文宗從容顧問恩禮甚厚未及大用以二年二月卒承嘏身歿之後家無餘財喪祭所費皆親友共給而後具搢紳之流無不痛惜贈吏部尚書

殷侑陳郡人父懌侑爲兒童時勵志力學不問家人資產及長通經以講習自娛貞元末以五經登第精於歷代沿革禮元和中累爲太常博士時迴紇請和親朝廷計費五百萬緡朝廷方用兵伐叛費用百端欲緩其期乃命宗正少卿李孝誠奉使宜命以侑

爲副侑謹重有節槩臨事侅辯既至虜庭可汗初待漢使盛陳兵
甲欲臣漢使而不荅拜侑堅立不動宣諭畢可汗責其倨宣言欲
留而不遣行者皆懼侑謂虜使曰可汗是漢家子壻欲坐受使臣
拜是可汗失禮非使臣之倨也可汗憚其言卒不敢逼使還拜虞部
員外郎王承宗拒命遣侑銜命招諭之承宗尋稟朝旨獻德棣二
州遣二子入朝遷侑諫議大夫凡朝廷之得失悉以陳論前後上八
十四章以言激切出爲桂管觀察使寶曆元年檢校右散騎常侍
洪州刺史轉江西觀察使所至以絜廉著稱入爲衞尉卿文宗初
即位滄州李同捷叛而王廷湊助逆欲加兵鎮州詔五品已上都
省集議時上銳於破賊宰臣莫敢異議獨侑以廷湊再亂河朔方
徇招懷雖附兇徒未甚彰露宜且含容專討同捷其跡未云伏願
以宗社安危爲大計以善師攻心爲神武以含垢安人爲遠圖以網
漏吞舟爲至誠文宗雖不納深所嘉之滄景平以侑嘗爲滄州行
軍司馬大和四年加檢校工部尚書滄齊德觀察使時大兵之後

○滿目荆榛遺骸蔽野寂無人煙侑不以妻子之官始至空城而已
侑攻苦食淡與士卒同勞苦周歲之後流民繈負而歸侑上表請
借耕牛三萬以給流民乃詔度支賜綾絹五萬匹買牛以給之數
年之後戶口滋饒倉廩盈積人皆忘亡初州兵三萬悉取給於度
支侑一歲而賦入自贍其半二歲而給用悉周請罷度支給賜而
勸課多方民吏胥悅上表請立德政碑以功加檢校吏部尚書侑
以郭下淸池縣在子城北非便奏移於南郭之內六年入爲刑部尚
書尋復檢校吏部尚書鄆州刺史兼御史大夫充天平軍節度鄆
曹濮觀察等使自元和末收復師道十二州爲三鎮朝廷務安反
側征賦所入盡留贍軍貫緡尺帛不入王府侑以軍賦有餘賦不
上供非法也乃上表起大和七年請歲供兩稅榷酒等錢十五萬
貫粟五萬碩詔曰鄆曹濮等州元和已來地本殷實自分三道十
五餘年雖頒詔書竟未入賦殷侑承兵戈之後當歉旱之餘勤力
奉公謹身守法纔及周歲以致阜安而又體國輸忠率先入貢成

三軍奉上之志陳一境樂輸之心尋有表章良用嘉歎尋就加檢
校右僕射九年御史大夫溫造劾侑不由制旨增監軍俸入賦斂
於人上不問以庾承宣代還其年濮州錄事參軍崔元武於五縣
人吏率歛及縣官料錢以私馬擡估納官計絹一百二十四大理寺
斷三犯俱發以重者論祇以中私馬爲重止令削三任官而刑部
覆奏令決杖配流獄未決侑奏曰法官不習法律三犯不同即坐
其所重元武所犯皆枉法取受准律枉法十五匹已上絞律踈云
即以贓致罪頻犯者並累科據元武所犯令當入處絞刑跡奏元
武依刑部奏決六十流賀州乃授侑刑部尚書八月檢校右僕射
復爲天平軍節度使上以溫造所奏深文故也開成元年復召爲
刑部尚書時初經李訓之亂上問侑治安之術侑極言委任責
成宜任朝之耆德新進小生無宜輕用帝深嘉之賜錦綵三百匹
及中謝又令中使就第賜金十斤其年七月檢校左僕射出爲襄
州刺史山南東道節度使二年三月以病求代以太子賓客分司

○東都十一月復檢校右僕射出爲忠武節度陳許蔡觀察等使
三年七月卒于鎮時年七十二贈司空侑以通經入仕觀風撫俗所
莅有聲而晚年急於大用稍通權倖物望減於往時子羽
羽大和五年登進士第藩府辟召不至通顯子盈孫
盈孫乾符末爲成都掾駕在西川用爲太常博士禮學有祖風光
啓二年冬隨駕自成都還三年二月駐蹕鳳翔時宗廟爲賊所焚
車駕至京告享無所四月盈孫謂宰執曰太廟十一室并祧廟八室
及三太后三室因光啓元年十二月二十五日車駕出宮其祿室法物
神主本司載行至鄠縣並被盜剽奪皇帝還宮合先製造宰相
鄭延昌奏曰太廟太殿二十二間功績至大計料支費不少兼宗廟
制度損益重難今未審依元料修奉爲復別有商量勑付禮院詳
議時博士四人杜用勵在利州崔澄在河中封舜卿在巴南獨盈孫
獻議曰太廟制度歷代參詳皆符典經難議損益謹按舊制十一
室二十三間十一架垣墉廣袤之度堂室淺深之規階陛等級之

差棟宇崇低之則前古所謂奢不能侈儉不能踰者也今以朝廷
帑藏方虛費用稍廣須資變禮將務從宜固不可易前聖之規
模狹大朝之制度當爲與實別有參詳謹按至德二年以太廟方
修新作神主於長安殿安置便行饗告之禮如同宗廟之儀以俟
廟成方爲遷祔當時議論無所是非竊知今者京城除大內正衙
外別無殿宇伏聞先有詔旨且以少府監大廳權充太廟伏緣十
一室於五間之中陳設隘狹伏請接續廳之兩頭成一十室薦饗之
三太后廟即於監內西南別取屋宇三間且充廟室俟太廟修奉
畢日別議遷祔勑旨依奏其神主法物樂懸皆盈孫奏重修製知
禮者稱爲博洽龍紀元年十一月昭宗郊祀圜丘兩中尉楊復恭及
兩樞密皆請朝服盈孫上䟽曰臣昨赴齋宮見中尉樞密內臣皆
具朝服臣尋前代及國朝典令無內官朝服制度伏以皇帝陛下
承天御歷聖祚中興祗見宗祧克陳大禮皆稟高祖太宗之成制
必循虞夏商周之舊經軒冕服章式遵彝憲若內官要衣朝服令

○依所守官本品之服事雖無據粗可行之臣忝禮司合具陳奏時
中貴皆如宰相大臣朝服故盈孫論之帝雖不從嘉其所守轉祕
書少監卒
徐晦進士擢第登直言極諫制科授櫟陽尉皆自楊憑所薦及憑
得罪貶臨賀尉交親無敢祖送者獨晦送至藍田與憑言別時故
相權德輿與憑交分最深知晦之行因謂晦曰今日送臨賀誠爲厚
矣無乃爲累乎晦曰晦自布衣受楊公之眷方茲流播爭忍無言而
別如他日相公爲姦邪所譖失意於外晦安得與相公輕別德輿
嘉其貞懇大稱之於朝不數日御史中丞李夷簡請爲監察晦白
夷簡曰生平不踐公門公何取信而見奬拔夷簡曰聞君送楊臨
賀不顧犯難肯負國乎由是知名歷殿中侍御史尚書郎出爲晉
州刺史入拜中書舍人寶曆元年出爲福建觀察使二年入爲工
部侍郎出爲同州刺史兼御史中丞大和四年徵拜兵部侍郎五
年爲太子賓客分司東都晦性強直不隨世態當官守正唯嗜酒

太過晚年喪明乃至沈廢以禮部尚書致仕開成三年三月卒贈
兵部尚書
史臣曰溫柳二公以文行飾躬砥礪名節當官守法侃侃有大臣
之節而竟不登王事位止正卿所以知公輔之量以和爲貴漢武帝
畏汲黯而相孫弘太宗重魏徵而委玄齡其旨遠也韋崔名士薦
賢致主繩有古風彤司空治民斯爲循吏而忠規壯節至晚不衰
徐郭讜言鬱爲佳士如數君者寡爲令人
贊曰柳氏禮法公忠節槩搏擊爲優彌綸則隘夏卿獎拔晦叔
賢將徐郭之議金玉鏘鏘

唐書列傳卷第一百一十五

左奉議郎充紹興府府學教授朱倬校正

元稹　龐嚴　白居易　行簡　敏中附

元稹字微之河南人後魏昭成皇帝稹十代祖也兵部尚書昌平公巖六代祖也曾祖延景岐州參軍祖悱南頓丞父寬比部郎中舒王府長史以稹貴贈左僕射稹八歲喪父其母鄭夫人賢明婦人也家貧爲稹自授書教之書學稹九歲能屬文十五兩經擢第二十四調判入第四等授秘書省校書郎二十八應制舉才識兼茂明於體用科登第者十八人稹爲第一元和元年四月也制下除右拾遺稹性鋒鋭見事風生既居諫垣不欲碌碌自滯事無不言即日上疏論諫職又以前時王叔文王伾以猥褻待詔蒙幸太子永貞之際大撓朝政是以訓導太子宮官宜選正人乃獻教本書曰臣伏見陛下降明詔修廢學增胄子選司成大哉堯之爲君伯夷典禮夔教胄子之深旨也然而事有萬萬於此者臣敢冒昧殊死而言之臣聞諸賈生曰三代之君仁且久者教之然也誠哉是言且夫周成王人之中才也近管蔡則讒入有周召則義聞豈可謂天聰明哉然而克終于道者得不謂教之然耶俾伯禽唐叔與之游禮樂詩書爲之習目不得閱淫豔妖誘之色耳不得聞優笑褻亂之音口不得習操斷擊搏之書居不得近容順陰邪之黨游不得縱追禽逐獸之樂玩不得有遐異僻絶之珍凡此數者非謂備之於前而不爲也亦將不得見之矣及其長而爲君也血氣既定游習既成雖有放心快已之事日陳于前固不能奪已成之習已定之心矣則彼忠直道德之言固吾之所習聞也陳之者有以諭焉故庸佞違道之說固吾之所積懼也諂之者有以辨焉人之情莫不欲耀其所能而當其所近苟將得志則必快其所蘊矣物之性亦然是以魚得水而游馬逸駕而走鳥得風而翔火得薪而熾此皆物之快其所蘊也今夫成王所蘊道德也所近聖賢也是以舉其近則周公左而召公右伯禽魯而太公齊快其蘊則興禮樂而

朝諸侯措刑罰而美教化之至也可不謂信然哉及夫秦則不然滅先王之學曰將以愚天下黜師保之位曰將以明君臣胡亥之生也詩書不得聞聖賢不得近彼趙高者詐官之戮人也而傅之以殘忍戕賊之術且曰恣睢天下之人人未盡愚而胡亥固已不能分獸畜矣趙高之威懾天下而胡亥固以自幽於深宮矣彼李斯秦之寵丞相也因讒冤死無所自明而況于疏遠之臣庶乎若秦則亡有以致之也漢高承之以兵革漢文守之以廉謹卒不能蘇復大訓是景武昭宣天資甚美才可以免禍亂哀平之間則不能虞篡弑矣然而惠帝廢易之際猶賴羽翼以勝邪心是後有國之君議教化者莫不興廉舉孝設學崇儒爲意曾不知教化之不行自貴始略其貴者教其賤者無乃降於倒置乎洎我太宗文皇帝之在藩邸以爲太子也選知道德者十八人與之遊習即位之後雖遊宴飲食之間若十八人者實在其中上失無不言下情無不達不四三年而名高盛古豈一日二日而致是乎遊習之漸也貞觀已還師傅皆宰相兼領其餘宮寮亦甚重焉馬周以位高恨不得爲司議郎此其驗也文皇之後漸疏賤之用至母后臨朝翦棄王室當中睿二聖勤勞之際雖有骨鯁敢言之士既不得在調護保安之職終不能吐扶衛之一辭而令醫匠胡安金剖腹以明之豈不大哀哉耶兵興已來茲弊尤甚師資保傅之官非疾廢眊瞶不任事者爲之即休戎罷帥不知書者處之至于友諭贊議之徒疏冗散賤之甚者搢紳恥由之夫以匹士之愛其子者猶求明哲慈惠之師以教之直諒多聞之友以成之豈天下之元良而可以疾廢眊瞶不知書者爲之師乎疏冗散賤不適用者爲之友乎此何不及上古之甚也近制宮寮之外往往沉滯僻老之儒充侍直侍讀之選而又疏棄斥逐之越月踰時不得召見彼又安能傳成道德而保養其身躬哉臣以爲積此弊者豈不以皇天眷佑祚我唐德以舜繼堯傳陛下十一聖矣莫不生而神明長而仁聖以是爲屑屑習儀者故不之省耳臣獨以爲於列聖之謀則可也計傳後嗣則不

可脫或萬代之後若有周成之中才而又生於深宮優笑之間無周
召保助之教則將不能知喜怒哀樂之所自矣況稼穡艱難乎今
陛下以上聖之資肇臨海內是天下之人傾耳注心之日特願陛下
思成王訓導之功念文皇將習之漸選重師保慎擇宮寮皆用
博厚弘深之儒而又明達機務者爲之更相進見日就月將因令
皇子聚諸生定齒胄講業之儀行嚴師問道之禮至德要道以
成之徽膳記過以警之血氣未足則去禽色之娛以就學聖賢已
備則資遊習之善以弘德此所謂一人元良萬方以貞之化也豈直
修廢學選司成而足倫匹其盛哉則俾知百王莫不幼同師長同
術識君道之素定知天倫之自然然後選用賢良樹爲藩屏出
則有晉鄭魯衞之盛入則有東平朱虛之強蓋所謂宗子維城犬
牙盤石之勢也又豈與夫魏晉以降因睽其兄弟而翦其本枝者
同年而語哉憲宗覽之甚悅又論西北邊事皆朝政之大者憲宗
召對問方略爲執政所忌出爲河南縣尉丁母憂服除拜監察御

史四年奉使東蜀劾奏故劍南東川節度使嚴礪違制擅賦又
籍沒塗山甫等吏民八十八户田宅一百一十一奴婢二十七人草千五百
東錢七千貫時礪已死七州刺史皆責罰稹雖舉職而執政有
與礪厚者惡之使還令分務東臺浙西觀察使韓皐封杖決湖
州安吉令孫澥四日內死徐州監軍使孟昇卒節度使王沼傳送
昇喪柩還京給券乘驛仍於郵舍安喪柩稹並劾奏以法河南尹
房式爲不法事稹欲追攝擅令停務既飛表聞奏罰式一月俸仍
召稹還京宿敷水驛內官劉士元後至爭廳士元怒排其戶稹襪
而走廳後士元追之後以箠擊稹傷面執政以稹少年後輩務作
威福貶爲江陵府士曹參軍稹聰警絕人年少有才名與太原白
居易友善工爲詩善狀詠風態物色當時言詩者稱元白焉自衣
冠士子至閭閻下俚悉傳諷之號爲元和體既以俊爽不容於朝
流放荊蠻者僅十年俄而白居易亦貶江州司馬稹量移通州司
馬雖通江懸邈而二人來往贈答凡所爲詩自有三十五十韻乃

至百韻者江南人士傳道諷誦流聞闕下里巷相傳爲之紙貴觀
其流離放逐之意靡不悽惋十四年自虢州長史徵還爲膳部員
外郎宰相令狐楚一代文宗雅知稹之辭學謂稹曰嘗覽足下製作
所恨不多遲之久矣請出其所有以豁予懷稹因獻其文自敘曰
稹初不好文徒以仕無他歧強由科試及有罪譴棄之後自以爲
廢滯潦倒不復爲文字有聞於人矣曾不知好事者抉擿芻蕘塵
瀆尊重竊承相公特於廊廟間道稹詩句昨又面奉教約令獻舊
文戰汗悚踊慙忝無地稹自御史府謫官於今十餘年矣閑誕無
事遂專力於詩章日益月滋有詩句千餘首其間感物寓意可備
矇瞽之風者有之辭直氣麤罪尤是懼固不敢陳露於人唯杯
酒光景間屢爲小碎篇章以自吟暢然以爲律體卑庳格力不揚
苟無姿態則陷流俗常欲得思深語近韻律調新屬對無差而風
情宛然而病未能也江湖間多新進小生不知天下文有宗主妄相
倣效而又從而失之遂至於支離褊淺之辭皆目爲元和詩體稹

與同門生白居易友善居易雅能詩就中愛驅駕文字窮極聲
韻或爲千言或五百言律詩以相投寄小生自審不能過之往往
戲排舊韻別創新辭名爲次韻相酬蓋欲以難相排自爾江湖間
爲詩者復相倣效力或不足則至於顛倒語言重複首尾韻同意
等不異前篇亦自爲元和詩體而司文者考變雅之由往往歸咎
於稹嘗以爲雕蟲小事不足以自明始聞相公記憶累旬已來實
慮糞土之牆庇之以大廈使不復破壞永爲板築者之娛輒寫古體
歌詩一百首百韻至兩韻律詩一百首爲五卷奉啓跪陳或希構
廈之餘一賜觀覽知小生於章句中欒櫨榱桷之材盡曾量度則
十餘年之邅迴不爲無用矣楚深稱賞以爲今代之鮑謝也穆宗
皇帝在東宮有妃嬪左右嘗誦稹歌詩以爲樂曲者知稹所爲嘗
稱其善宮中呼爲元才子荊南監軍崔潭峻甚禮接稹不以掾
吏遇之常徵其詩什諷誦之長慶初潭峻歸朝出稹連昌宮辭等
百餘篇奏御穆宗大悅問稹安在對曰今爲南宮散郎即日轉祠

部郎中知制誥朝廷以書命不由相府甚鄙之然辭誥所出夐然
與古爲侔遂盛傳於代由是極承恩顧嘗爲長慶宮辭數十百篇
京師競相傳唱居無何召入翰林爲中書舍人承旨學士中人以潭
峻之故爭與稹交而知樞密魏弘簡尤與稹相善穆宗愈深知重
河東節度使裴度三上疏言稹與弘簡爲刎頸之交謀亂朝政言
甚激訐穆宗顧中外人情乃罷稹內職授工部侍郎上恩顧未衰
長慶二年拜平章事詔下之日朝野無不輕笑之時王廷湊朱克
融連兵圍牛元翼於深州朝廷俱赦其罪賜節鉞令罷兵俱不奉
詔稹以天子非次拔擢欲有所立以報上有和王傅于方者故司
空頔之子干進於稹言有奇士王昭王友明二人嘗客於燕趙間頗
與賊黨通熟可以反間而出元翼仍自以家財資其行仍賂兵吏
部令史爲出告身二十通以便宜給賜稹皆然之有李賞者知于
方之謀以稹與裴度有隙乃告度云于方爲稹所使欲結客王昭
等刺度度隱而不發及神策軍中尉奏于方之事乃詔三司使韓

○皐等訊鞫而害裴事無驗而前事盡露遂俱罷稹度平章事乃
出稹爲同州刺史度守僕射諫官上疏言責度太重稹太輕上心
憐稹止削長春宮使稹初罷相三司獄未奏京兆尹劉遵古遣坊
所由潛邏稹居第稹奏訴之上怒罰遵古遣中人撫諭稹稹至同
州因表謝上自敘曰臣稹辜負聖明辱累恩獎便合自求死所豈
謂尚忝官榮臣稹死罪臣八歲喪父家貧無業母兄乞丐以供資
養衣不布體食不充腸幼學之年不蒙師訓因感鄰里兒稚有父
兄爲開學校涕咽發憤願知詩書慈母哀臣親爲教授年十有五
得明經出身由是苦心爲文夙夜強學年二十四登吏部乙科授校
書郎年二十八蒙制舉首選授左拾遺始自爲學止於昇朝無朋
友爲臣吹噓無親戚爲臣援庇莫非苦己實不因人獨立性成遂
無交結任拾遺日屢陳時政蒙先皇帝召問於延英旋爲宰相所
憎出臣河南縣尉及爲監察御史又不規避專心糾繩復爲宰相
怒臣不庇親黨因以他事貶臣江陵判司廢棄十年分死溝瀆元

和十四年憲宗皇帝開釋有罪始授臣膳部員外郎與臣同省署
者多是臣登朝時舉人任卿相者半是臣同諫院時拾遺補闕愚
臣既不料陛下天聽過卑知臣薄藝朱書授臣制誥延英召臣賜
緋宰相惡臣不出其門由是百萬侵毀陛下察臣無罪寵獎踰
深召臣面授舍人遣充承旨翰林學士金章紫服光飾陋軀人生
之榮臣亦至矣然臣益遭誹謗日夜憂危唯陛下聖鑒昭臨彌加
保任竟排羣議擢授台司臣忝有肺肝豈並尋常宰相況當行營
退散之後牛元翼未出之間每聞陛下軫念之言愚臣恨不身先
士卒所問于方計策遣王友明等救解深州蓋欲上副聖情豈是
別懷他意不料姦人疑臣殺害裴度妄有告論塵瀆聖聰愧羞
天地臣本待辨明亦了便擬殺身謝責豈料聖慈尚加薄貶同州
雖遠咫尺之間不遠郊圻之境伏料必是宸衷獨斷乞臣此官若
遣他人商量乍可與臣遠處方鎮豈肯遣臣俯近闕廷所恨今月
三日尚蒙召對延英此時不解泣血仰辭天顏乃至今日竄逐臣

○自離京國目斷魂銷每至五更朝謁之時實制淚不已臣若餘生
未死他時萬一歸還不敢更望得見天顏但得再聞京城鍾鼓之
音臣雖黃土覆面無恨九泉臣無任自恨自慚攀戀聖慈之至在
郡二年改授越州刺史兼御史大夫浙東觀察使會稽山水奇秀
稹所辟幕職皆當時文士而鏡湖秦望之遊月三四焉而諷詠詩
什動盈卷帙副使竇鞏海內詩名與稹酬唱最多至今稱蘭亭絕
唱稹既放意娛遊稍不修邊幅以瀆貨聞於時凡在越八年大和
初就加檢校禮部尚書三年九月入爲尚書左丞振舉紀綱出郎官
頗乖公議者七人然以稹素無檢操人情不厭服會宰相王播倉
卒而卒稹大爲路歧經營相位四年正月檢校戶部尚書兼鄂州
刺史御史大夫武昌軍節度使五年七月二十二日暴疾一日而卒于
鎮時年五十三贈尚書右僕射有子曰道護時年三歲稹仲兄司
農少卿積營護喪事所著詩賦詔冊銘誄論議等雜文一百卷
號曰元氏長慶集又著古今刑政書三百卷號類集並行於代

稹長慶末因編删其文藁自叙曰劉歆云制不可削予以為有可得而削之者貞謀猷持嗜慾君有之則譽歸于上臣專之則譽歸於下苟而存之其讓也非道也經制度明利害區邪正辨嫌惑存之則事分著去之則是非泯苟而削之其過也非道也元和初章武皇帝新即位臣下未有以言刲視聽者予時始以對詔在拾遺中供奉由是獻教本書諫職論事等表十數通仍為裴度李正辭韋熏訟所言當而宰相曲道上語上頗悟召見問狀宰相大惡之不一月出為河南尉後累歲補御史使東川謹以元和赦書劾節度使嚴礪籍塗山甫等八十八家過賦梓遂之民數百萬朝廷異之奪七刺史料悉以所籍歸於人會潘孟陽代礪為節度使貪過礪且有所承迎雖不敢盡廢詔因命當得所籍者皆入資過其稱摧薪鹽賦無不為仍為礪密狀不當得醜謚予自東川還朋礪者潛切齒矣無何分莅東都臺天子久不在都都下多不法者百司皆牢獄有裁接吏械人逾歲而臺府不得而知之者予因飛奏

絕百司專禁錮河南尉叛官予劾之忤宰相旨監徐使死於軍徐帥鄆傳其柩柩至洛其下毆詬主郵吏予命吏徙柩於外不得復乘傳浙西觀察使封杖決安吉令至死河南尹誣奏書生尹太階請死之飛龍使誘趙寔家逃奴為養子田季安盜娶洛陽衣冠女汴州沒入死商錢且千萬滑州賦於民以千授於人以八伯朝廷饋東師主計者悞命牛車四千三百乘飛芻越太行類是數十事或移或奏皆止之貞元已來不慣用文法內外寵臣皆喑嗚會河南尹房式詐諼事發奏攝之前所喑嗚者叫譟宰相素以劾叛官事相銜乘是黜予江陵掾後十年始為膳部員外郎穆宗初宰相更相用事丞相段公一日獨得對因請亟用兵部郎中薛存慶考功員外郎牛僧孺予亦在請中上然之不十數日次用為給舍他忿恨者日夜構飛語予懼罪比上書自明上憐之三召與語語及兵賦洎西北邊事因命經紀之是後書奏及進見皆言天下事外間不知多臆度陛下益憐其不漏禁中語召入禁林且欲亟用

為宰相是時裴度在太原亦有宰相望巧者謀欲俱廢之乃以予所無構於裴裴奏至驗之皆失實上以裴方握兵不欲校曲直出予為工部侍郎而相裴之期亦衰矣不累月上盡得所構者雖不能暴揚之遂果初意卒用予與裴俱為宰相復有購狂民告予借客刺裴者鞫之復無狀然而裴與予以故俱罷免始元和十五年八月得見上至是未二歲僭忝恩寵無是之速者遭罹謗咎亦無是之甚者是以心腹腎腸糜費於扶衛危亡之不暇又惡暇經紀陛下之所付哉然而造次顛沛之中前後列上兵賦邊防之狀可得而存者一百二十五苟而削之是傷先帝之器使也至于陳暢辨謗之章去之則無以自明於朋友矣其餘郡縣之奏請賀慶之禮因亦附於件目始教本書至於為人雜奏二十有七軸凡二百二十有七奏終殁吾世貽之子孫式所以明經制之難行而銷毀之易至也其自敘如此欲知其作者之意備於此篇稹文友與白居易最善後進之士最重龐嚴言其文體類已保薦之

○龐嚴者壽春人父景昭嚴元和中登進士第長慶元年應制舉賢良方正能直言極諫科策入三等冠制科之首是月拜左拾遺聰敏絕人文章峭麗翰林學士元稹李紳頗知之明年二月召入翰林為學士轉左補闕再遷駕部郎中知制誥嚴與右拾遺蔣防俱為稹紳保薦至諫官內職四年昭愍即位李紳為宰相李逢吉所排貶端州司馬嚴坐累出為江州刺史給事中于敖素與嚴善制既下敖封還時人凜然相顧曰于給事犯宰相怒而為知己不亦危乎及覆制出乃知敖駁制書貶嚴太輕中外無不嗤誚以為口實初李紳謫官朝官皆賀逢吉唯右拾遺吴思不賀逢吉怒改為殿中侍御史充入蕃告哀使嚴復入為庫部郎中大和二年二月上試制舉人命嚴與左散騎常侍馮宿太常少卿賈餗為試官以裴休為甲等制科之首有應直言極諫舉人劉蕡條對激切凡數千言不中選人咸以為屈其所對策大行於時登科者有請以身名授蕡者嚴再遷太常少卿五年權知京兆尹以強幹不避權豪

稱然無士君子之檢操貪勢嗜利因醉而卒

白居易字樂天太原人北齊五兵尚書建之仍孫建生士通皇朝利州都督士通生志善尚衣奉御志善生溫檢校都官郎中溫生鍠歷酸棗鞏二縣令鍠生季庚建中初爲彭城令時李正己據河南十餘州叛正己宗人洧爲徐州刺史季庚說洧以彭門歸國因授朝散大夫大理少卿徐州別駕賜緋魚袋兼徐泗觀察判官歷衢州襄州別駕自鍠至季庚世敦儒業皆以明經出身季庚生居易初建立功於高齊賜田於韓城子孫家焉遂移籍同州至溫徙於下邽今爲下邽人焉居易幼聰惠絕人襟懷宏放年十五六時袖文一編投著作郎吳人顧況況能文而性浮薄後進文章無可意者覽居易文不覺迎門禮遇曰吾謂斯文遂絕復得吾子矣貞元十四年始以進士就試禮部侍郎高郢擢昇甲科吏部判入等授秘書省校書郎元和元年四月憲宗策試制舉人應才識兼茂明於體用科策入第四等授盩厔縣尉集賢校理居易文辭富豔尤

○ 五十 唐列百十六 九 余全

精於詩筆自讎校至結綬畿甸所著歌詩數十百篇皆意存諷賦箴時之病補政之缺而士君子多之而往往流聞禁中章武皇帝納諫思理渴聞讜言二年十一月召入翰林爲學士三年五月拜左拾遺居易自以逢好文之主非次拔擢欲以生平所貯仰酬恩造拜命之日獻疏言事曰蒙恩授臣左拾遺依前翰林學士已與崔羣同狀陳謝但言忝冒未吐衷誠今再瀆宸嚴伏惟重賜詳覽臣謹案六典左右拾遺掌供奉諷諫凡發令舉事有不便於時不合於道者小則上封大則廷諍其選甚重其秩甚卑所以然者抑有由也大凡人之情位高則惜其位身貴則愛其身惜位則偷合而不言愛身則苟容而不諫此必然之理也故拾遺之置所以卑其秩者使位未足惜身未足愛也所以重其選者使下不忍負心上不忍負恩也夫位不足惜恩不忍負然後能有闕必規有違必諫朝廷得失無不察天下利病無不言此國朝置拾遺之本意也由是而言豈小臣愚劣暗懦所宜居之哉況臣本鄉校豎儒府縣

走吏委心泥滓絕望煙霄豈意聖慈擢居近職每宴飲無不先預每慶賜無不先霑中廐之馬代其勞內廚之膳給其食朝慚夕惕已逾半年塵曠漸深憂愧彌劇未申微効又擢清班臣所以授官已來僅經十日食不知味寢不遑安唯思粉身以荅殊寵但未獲粉身之所耳今陛下肇臨皇極初受鴻名夙夜憂勤以求致理每施一政舉一事無不合於道便於時者萬一事有不便於時者陛下豈不欲聞之乎萬一政有不合於道者陛下豈不欲知之乎儻陛下言動之際詔令之間小有闕遺稍關損益臣必密陳所見潛獻所聞但在聖心裁斷而已臣又職在禁中不同外司欲竭愚誠合先陳露伏希天鑒深察赤誠居易與河南元稹相善同年登制舉交情隆厚稹自監察御史謫爲江陵府士曹掾翰林學士李絳崔羣上前面論稹無罪居易累疏切諫曰臣昨緣元稹左降頻已奏聞臣內察事情外聽眾議元稹左降有不可者三何者元稹守官正直人所共知自授御史已來舉奏不避權勢秖如奏李佐公等事多是朝廷

○ 五十 唐傳百十六 十 張来

親情人誰無私因以挾恨或假公議將報私嫌遂使誣謗之聲上聞天聽臣恐元稹左降已後凡在位者每欲舉職必先以稹爲誡無人肯爲陛下當官守法無人肯爲陛下嫉惡繩愆內外權貴親黨縱有大過大罪者必相容隱而已陛下從此無由得知此其不可者一也昨元稹所追勘房式之事心雖徇公事稍過當既從重罰足以懲違況經謝恩旋又左降雖引前事以爲責辭然外議喧喧皆以爲稹與中使劉士元爭廳因此獲罪至於爭廳事理已具前狀奏陳況聞士元蹋破驛門奪將鞍馬仍索弓箭嚇辱朝官承前已來未有此事今中官有罪未聞處置御史無過却先貶官遠近聞知實損聖德臣恐從今已後中官出使縱暴益甚朝官受辱必不敢言縱有被凌辱毆打者亦以元稹爲戒但吞聲而已陛下從此無由得聞此其不可二也臣又訪聞元稹自去年已來舉奏嚴礪在東川日枉法沒入平人資產八十餘家又奏王紹違法給券令監軍神柩及家口入驛又奏裴玢違勅徵百姓草又奏韓皋使

軍將封杖打殺縣令如此之事前後甚多屬朝廷法行悉有懲罰
計天下方鎮皆怨元稹守官今貶爲江陵判司即是送與方鎮從
此方便報怨朝廷何由得知臣伏聞德宗時有崔善貞者告李
錡必反德宗不信送與李錡錡掘坑熾火燒殺善貞曾未數年李
錡果反至今天下爲之痛心臣恐元稹貶官方鎮有過無人敢言
陛下無由得知不法之事此其不可者三也若無此三不可假如
朝廷誤左降一御史蓋是小事臣安敢煩瀆聖聽至于再三誠以
所損者深所關者大以此思慮敢不極言疏入不報又淄青節度
使李師道進絹爲魏徵子孫贖宅居易諫曰徵是陛下先朝宰相
太宗嘗賜殿材成其正室尤與諸家第宅不同子孫典貼其錢不
多自可官中爲之收贖而令師道掠美事實非宜憲宗深然之上
又欲加河東王鍔平章事居易諫曰宰相是陛下輔臣非賢良不
可當此位鍔誅剝民財以市恩澤不可使四方之人謂陛下得王
鍔進奉而與之宰相深無益於聖朝乃止王承宗拒命上令神策

○中尉吐突承璀爲招討使諫官上章者十七八居易面論辭情切
至既而又請罷河北用兵凡數千百言皆人之難言者上多聽納
唯諫承璀事切上頗不悅謂李絳曰白居易小子是朕拔擢致名
位而無禮於朕朕實難奈絳對曰居易所以不避死亡之誅事無
巨細必言者蓋酬陛下特力拔擢耳非輕言也陛下欲開諫諍之
路不宜阻居易言上曰卿言是也繇是多見聽納五年當改官上
謂崔羣曰居易官卑俸薄拘於資地不能超等其官可聽自便
奏來居易奏曰臣聞姜公輔爲內職求爲京府判司爲奉親也臣
有老母家貧養薄乞如公輔例於是除京兆府戶曹參軍六年
四月丁母陳夫人之喪退居下邽九年冬入朝授太子左贊善大
夫十年七月盜殺宰相武元衡居易首上疏論其冤急請捕賊
以雪國恥宰相以宮官非諫職不當先諫官言事會有素惡居易
者掎摭居易言浮華無行其母因看花墮井而死而居易作賞花
及新井詩甚傷名教不宜寘彼周行執政方惡其言事奏貶爲江

表刺史詔出中書舍人王涯上疏論之言居易所犯狀迹不宜治
郡追詔授江州司馬居易儒學之外尤通釋典常以忘懷處順爲
事都不以遷謫介意在湓城立隱舍於廬山遺愛寺嘗與人書言
之曰予去年秋始遊廬山到東西二林間香鑪峯下見雲木泉石
勝絕第一愛不能捨因立草堂前有喬松十數株脩竹千餘竿青
蘿爲牆援白石爲橋道流水周於舍下飛泉落於簷間紅榴白蓮
羅生池砌居易與湊滿朗晦四禪師追永遠宗雷之迹爲人外之
交每相攜遊詠躋危登險極林泉之幽邃至於翛然順適之際幾
欲忘其形骸或經時不歸或踰月而返郡守以朝貴遇之不之責
時元稹在通州篇詠贈荅往來不以數千里爲遠嘗與稹書因論
作文之大旨曰夫文尚矣三才各有文天之文三光首之地之文五
材首之人之文六經首之就六經言詩又首之何者聖人感人心
而天下和平感人心者莫先乎情莫始乎言莫切乎聲莫深乎
義詩者根情苗言華聲實義上自賢聖下至愚騃微及豚魚幽

○及鬼神羣分而氣同形異而情一未有聲入而不應情交而不感
者聖人知其然因其言經之以六義緣其聲緯之以五音音有韻
義有類韻協則言順言順則聲易入類舉則情見情見則感易交
於是乎孕大含深貫微洞密上下通而二氣泰憂樂合而百志熙二
帝三王所以直道而行垂拱而理者揭此以爲大柄決此以爲大寶
也故聞元首明股肱良之歌則知虞道昌矣聞五子洛汭之歌則
知夏政荒矣言者無罪聞者作誡言者聞者莫不兩盡其心焉
洎周衰秦興採詩官廢上不以詩補察時政下不以歌洩導人情
用至於諂成之風動救失之道缺于時六義始刓矣國風變爲騷
辭五言始於蘇李詩騷皆不遇者各繫其志發而爲文故河梁之
句止於傷別澤畔之吟歸于怨思彷徨抑鬱不暇及他耳然去詩
未遠梗槩尚存故興離別則引雙鳧一鴈爲喻諷君子小人則引
香草惡鳥爲比雖義類不具猶得風人之什二三焉于時六義始
缺矣晉宋已還得者蓋寡以康樂之奧博多溺於山水以淵明之

高古偏放於田園江鮑之流又狹於此如梁鴻五噫之例者百無一二
于時六義寖微矣陵夷至于梁陳間率不過嘲風雪弄花草而已
噫風雪花草之物三百篇中豈捨之乎顧所用何如耳設如北風
其涼假風以刺威虐雨雪霏霏因雪以愍征役棠棣之華感華以
諷兄弟采采芣苡美草以樂有子也皆興發於此而義歸於彼反
是者可乎哉然則餘霞散成綺澄江淨如練歸花先委露別葉乍
辭風之什麗則麗矣吾不知其所諷焉故僕所謂嘲風雪弄花草
而已于時六義盡去矣唐興二百年其間詩人不可勝數所可舉
者陳子昂有感遇詩二十首鮑防感興詩十五篇又詩之豪者世
稱李杜李之作才矣奇矣人不逮矣索其風雅比興十無一焉杜詩
最多可傳者千餘首至於貫穿今古覼縷格律盡工盡善又過於
李焉然撮其新安石壕潼關吏蘆子關花門之章朱門酒肉臭
路有凍死骨之句亦不過三四十杜尚如此況不逮杜者乎僕常痛
詩道崩壞忽忽憤發或廢食輟寢不量才力欲扶起之嗟乎事有

大謬者又不可一二而言然亦不能不粗陳於左右僕始生六七月
時乳母抱弄於書屏下有指之字無字示僕者僕口未能言心已
默識後有問此二字者雖百十其試而指之不差則知僕宿習之
緣已在文字中矣及五六歲便學為詩九歲暗識聲韻十五六始
知有進士苦節讀書二十已來晝課賦夜課書間又課詩不遑寢
息矣以至于口舌成瘡手肘成胝既壯而膚革不豐盈未老而齒
髮早衰白瞀然如飛蠅垂珠在眸子中者動以萬數蓋以苦學力
文之所致又自悲家貧多故年二十七方從鄉賦既第之後雖專
於科試亦不廢詩及授校書郎時已盈三四百首或出示交友如
足下輩見皆謂之工其實未窺作者之域耳自登朝來年齒漸長
閱事漸多每與人言多詢時務每讀書史多求理道始知文章合
為時而著歌詩合為事而作是時皇帝初即位宰府有正人屢降
璽書訪人急病僕當此日擢在翰林身是諫官月請諫紙啓奏
之間有可以救濟人病裨補時闕而難於指言者輒詠歌之欲稍稍

進聞於上上以廣宸聽副憂勤次以酬恩奬塞言責下以復吾平
生之志豈圖志未就而悔已生言未聞而謗已成矣又請為左右
終言之凡聞僕賀雨詩衆口籍籍以為非宜矣聞僕哭孔戡詩衆面
脈脈盡不悅矣聞秦中吟則權豪貴近者相目而變色矣聞登
樂遊園寄足下詩則執政柄者扼腕矣聞宿紫閣村詩則握軍要
者切齒矣大率如此不可徧舉不相與者號為沽譽號為詆訐號
為訕謗苟相與者則如牛僧孺之誡焉乃至骨肉妻孥皆以我為
非也其不我非者舉世不過三兩人有鄧魴者見僕詩而喜無何
魴死有唐衢者見僕詩而泣未幾而衢死其餘即足下足下又十
年來困躓若此嗚呼豈六義四始之風天將破壞不可支持耶抑
又不知天意不欲使下人病苦聞于上耶不然何有志於詩者不
利若此之甚也然僕又自思關東一男子耳除讀書屬文外其
他懵然無知乃至書畫碁博可以接羣居之歡者一無通曉即其
愚拙可知矣初應進士時中朝無緦麻之親達官無半面之舊策

蹇步於利足之途張空拳於戰文之場十年之間三登科第名落
衆耳迹昇清貫出交賢俊入侍冕旒始得名於文章終得罪於文
章亦其宜也日者聞親友間說禮吏部舉選人多以僕私試賦判
為準的其餘詩句亦往往在人口中僕恧然自愧不之信也及再
來長安又聞有軍使高霞寓者欲聘倡妓妓大誇曰我誦得白學
士長恨歌豈同他哉由是增價又足下書云到通州日見江館柱
間有題僕詩者何人哉又昨過漢南日適遇主人集衆娛樂他賓
諸妓見僕來指而相顧曰此是秦中吟長恨歌主耳自長安抵江
西三四千里凡鄉校佛寺逆旅行舟之中往往有題僕詩者士庶
僧徒孀婦處女之口每有詠僕詩者此誠雕篆之戲不足為多然
今時俗所重正在此耳雖前賢如淵雲者前輩如李杜者亦未能
忘情於其間哉古人云名者公器不可多取僕是何者竊時之名
已多既竊時名又欲竊時之富貴使己為造物者肯兼與之乎今
之屯窮理固然也況詩人多蹇如陳子昂杜甫各授一拾遺而屯

剝至死孟浩然輩不及一命窮悴終身近日孟郊六十終試協律
張籍五十未離一太祝彼何人哉況僕之才又不逮彼今雖謫佐
遠郡而官品至第五月俸四五萬寒有衣飢有食給身之外施及
家人亦可謂不負白氏子矣微之微之勿念我哉僕數月來檢討
囊秩中得新舊詩各以類分分爲卷目自拾遺來凡所遇所感關
於美刺興比者又自武德至元和因事立題題爲新樂府者共一
百五十首謂之諷諭詩又或退公或卧病閑居知足保和吟玩性
情者一百首謂之閑適詩又有事物牽於外情理動於內隨感遇
而形於歎詠者一百首謂之感傷詩又有五言七言長句絕句自
百韻至兩韻者四百餘首謂之雜律詩凡爲十五卷約八百首異
時相見當盡致於執事微之古人云窮則獨善其身達則兼濟天
下僕雖不肖常師此語大丈夫所守者道所待者時時之來也爲
雲龍爲風鵬勃然突然陳力以出時之不來也爲霧豹爲冥鴻寂
兮寥兮奉身而退進退出處何往而不自得哉故僕志在兼濟行

在獨善奉而始終之則爲道言而發明之則爲詩謂之諷諭詩兼
濟之志也謂之閑適詩獨善之義也故覽僕詩者知僕之道焉其
餘雜律詩或誘於一時一物發於一笑一吟率然成章非平生所尚者
但以親朋合散之際取其釋恨佐歡今銓次之間未能刪去他時
有爲我編集斯文者略之可也微之夫貴耳賤目榮古陋今人之
大情也僕不能遠徵古舊如近歲韋蘇州歌行才麗之外頗近興
諷其五言詩又高雅閑澹自成一家之體今之秉筆者誰能及之
然當蘇州在時人亦未甚愛重必待身後人始貴之今僕之詩人
所愛者悉不過雜律詩與長恨歌已下耳時之所重僕之所輕
至於諷諭者意激而言質閑適者思澹而辭迂以質合迂宜人
之不愛也今所愛者並世而生獨足下耳然百千年後安知復無
如足下者出而知愛我詩哉故自八九年來與足下小通則以詩
相戒小窮則以詩相勉索居則以詩相慰同處則以詩相娛知吾
罪吾率以詩也如今年春遊城南時與足下馬上相戲因各誦新

豔小律不雜他篇自皇子陂歸昭國里迭吟遞唱不絕聲者二十里
餘樊李在傍無所措口知我者以爲詩仙不知我者以爲詩魔何
則勞心靈役聲氣連朝接夕不自知其苦非魔而何偶同人當美
景或花時宴罷或月夜酒酣一詠一吟不覺老之將至雖驂鸞鶴遊
蓬瀛者之適無以加於此焉又非仙而何微之微之此吾所以與足
下外形骸脫蹤迹傲軒鼎輕人寰者又以此也當此之時足下興
有餘力且欲與僕悉索還往中詩取其尤長者如張十八古樂府
李二十新歌行盧楊二秘書律詩竇七元八絕句博搜精掇編而
次之號爲元白往還集衆君子得擬議於此者莫不踴躍欣喜以
爲盛事嗟乎言未終而足下左轉不數月而僕又繼行心期索然
何日成就又可爲之太息矣僕常語足下凡人爲文私於自是不
忍於割截或失於繁多其間妍媸益又自惑必待交友有公鑒無
姑息者討論而削奪之然後繁簡當否得其中矣況僕與足下
爲文尤患其多已尚病況他人乎今且各纂詩筆粗爲卷第待與

足下相見日各出所有終前志焉又不知相遇是何年相見是何
地溘然而至則如之何微之知我心哉潯陽臘月江風苦寒歲暮鮮
歡夜長少睡引筆鋪紙悄然燈前有念則書言無銓次勿以繁雜
爲倦且以代一夕之話言也居易自敘如此文士以爲信然十三年冬
量移忠州刺史自潯陽浮江上峽十四年三月元稹會居易於峽口
停舟夷陵三日時季弟行簡從行三人於峽州西二十里黃牛硤口
石洞中置酒賦詩戀戀不能訣南賓郡當峽路之深險處也花木
多奇居易在郡爲木蓮荔枝圖寄朝中親友各記其狀曰荔枝
生巴峽間形圓如帷蓋葉如桂冬青華如橘春榮實如丹夏熟朵
如蒲萄核如枇杷殼如紅繒膜如紫綃瓤肉瑩白如冰雪漿液甘酸
如醴酪大略如此其實過之若離本枝一日而色變二日而香變三
日而味變四五日外色香味盡去矣木蓮大者高四五丈巴民呼
爲黃心樹經冬不凋身如青楊有白文葉如桂厚大無脊花如蓮
香色豔膩皆同房獨蕊有異四月初始開自開迨謝僅二十日元

和十四年夏命道士毋丘元志寫之惜其遐僻因以三絕賦之有天教抛擲在深山之句咸傳於都下好事者喧然模寫其年冬召還京師拜司門員外郎明年轉主客郎中知制誥加朝散大夫始著緋時元稹亦徵還爲尚書郎知制誥同在綸閣長慶元和三月受詔與中書舍人王起覆試禮部侍郎錢徽下及第人鄭朗等十四人十月轉中書舍人十一月穆宗親試制舉人又與賈餗陳岵爲考策官凡朝廷文字之職無不首居其選然多爲排擯不得用其才時天子荒縱不法執政非其人制御乖方河朔復亂居易累上疏論其事天子不能用乃求外任七月除杭州刺史俄而元稹罷相自馮翊轉浙東觀察使交契素深杭越隣境篇詠往來不間旬浹嘗會于境上數日而別秩滿除太子左庶子分司東都寶曆中復出爲蘇州刺史文宗即位徵拜秘書監賜金紫九月上誕節召居易與僧惟澄道士趙常盈對御講論於麟德殿居易論難鋒起辭辯泉注上疑宿構深嗟挹之大和二年正月轉刑部侍郎封晉

陽縣男食邑三百戶三年稱病東歸求爲分司官尋除太子賓客居易初對策高第擢入翰林蒙英主特達顧遇頗欲奮厲効報茍致身於訏謨之地則兼濟生靈蓄意未果望風爲當路者所擠流徙江湖四五年間幾淪蠻瘴自是宦情衰落無意於出處唯以逍遙自得吟詠情性爲事大和已後李宗閔李德裕朋黨事起是非排陷朝升暮黜天子亦無如之何楊穎士楊虞卿與宗閔善居易妻穎士從父妹也居易愈不自安懼以黨人見斥乃求致身散地冀於遠害凡所居官未嘗終秩率以病免固求分務識者多之五年除河南尹七年復授太子賓客分司初居易罷杭州歸洛陽於履道里得故散騎常侍楊憑宅竹木池館有林泉之致家妓樊素蠻子者能歌善舞居易既以尹正罷歸每獨酌賦詠於舟中因爲池上篇曰都城風土水木之勝在東南偏東南之勝在履道里里之勝在西北隅西閈北垣第一第即白氏叟樂天退老之地地方十七畝屋室三之一水五之一竹九之一而島樹橋道間之初樂

天既爲主喜且曰雖有池臺無粟不能守也乃作池東粟廩又曰雖有子弟無書不能訓也乃作池北書庫又曰雖有賓朋無琴酒不能娛也乃作池西琴亭加石樽焉樂天罷杭州刺史得天竺石一華亭鶴二以歸始作西平橋開環池路罷蘇州刺史時得太湖石五白蓮折腰菱青板舫以歸又作中高橋通三島逕罷刑部侍郎時有粟千斛書一車洎臧獲之習管磬絃歌者指百以歸先是潁川陳孝仙與釀酒法味甚佳博陵崔晦叔與琴韻甚清蜀客姜發授秋思聲甚澹弘農楊貞一與青石三方長平滑可以坐居大和三年夏樂天始得請爲太子賓客分秩於洛下息躬於池上凡三任所得四人所與洎吾不才身今率爲池中物每至池風春池月秋水香蓮開之旦露清鶴唳之夕拂楊石舉陳酒援崔琴彈秋思頹然自適不知其他酒酣琴罷又命樂童登中島亭合奏霓裳散序聲隨風飄或凝或散悠揚於竹煙波月之際者久之曲未竟而樂天陶然石上矣睡起偶詠非詩非賦阿龜握筆因題石間視其粗成

韻章命爲池上篇云十畝之宅五畝之園有水一池有竹千竿勿謂土狹勿謂地偏足以容膝足以息肩有堂有亭有橋有船有書有酒有歌有絃有叟在中白鬚飄然識分知足外無求焉如鳥擇木姑務巢安如蛙作坎不知海寬靈鶴怪石紫菱白蓮皆吾所好盡在我前時引一杯或吟一篇妻孥熙熙雞犬閑閑優哉游哉吾將老乎其間又効陶潛五柳先生作醉吟先生以自況文章曠達皆此類也大和末李訓構禍衣冠塗地士林傷感居易愈無宦情開成元年除同州刺史辭疾不拜尋授太子少傅進封馮翊縣開國侯四年冬得風病伏枕者累月乃放諸妓女樊蠻等仍自爲墓志病中吟詠不輟自言曰予年六十有八始患風痺之疾體瘵首眩左足不支蓋老病相乘有時而至耳予栖心釋梵浪迹老莊因疾觀身果有所得何則外形骸而內忘憂恚先禪觀而後順醫治旬月以還厥疾少間杜門高枕澹然安閑吟詠興來亦不能遏遂爲病中詩十五篇以自諭會昌中請罷太子少傅以刑部尚書致仕

與香山僧如滿結香火社每肩輿往來白衣鳩杖自稱香山居士大中元年卒時年七十六贈尚書右僕射有文集七十五卷經史事類三十卷並行於世長慶末浙東觀察使元稹爲居易集序曰樂天始未言試指之無字能不誤始既言讀書勤敏與他兒異五六歲識聲韻十五志辭賦二十七舉進士貞元末進士尚馳競不尚文就中六籍尤擯落禮部侍郎高郢始用經藝爲進退樂天一舉擢上第明年中拔萃甲科由是性習相近遠玄珠斬白蛇等賦洎百節判新進士競相傳於京師會憲宗皇帝策召天下士對詔稱旨又甲科未幾選入翰林掌制誥比比上書言得失因爲賀雨詩秦中吟等數十章指言天下事時人比之風騷焉予始與樂天同祕書之後多以詩章相贈答予譴掾江陵樂天猶在翰林寄予百韻律體及雜體前後數十詩是後各佐江通復相酬寄巴蜀江楚間洎長安中少年遞相倣效競作新辭自謂爲元和詩而樂天秦中吟賀雨諷諭閑適等篇時人罕能知者然而二十年間禁省觀

寺郵候牆壁之上無不書王公妾婦牛童馬走之口無不道其繕寫摸勒衒賣於市井或因之以交酒茗者處處皆是其甚有至盜竊名姓苟求自售雜亂間廁無可奈何予常於平水市中見村校諸童競習歌詠召而問之皆對曰先生教我樂天微之詩固亦不知予爲微之也又雞林賈人求市頗切自云本國宰相每以一金換一篇甚僞者宰相輒能辯別之自篇章已來未有如是流傳之廣者長慶四年樂天自杭州刺史以右庶子召還予時刺會稽因得盡徵其文手自排纘成五十卷凡二千二百五十一首前輩多以前集中集爲名予以爲陛下明年當改元長慶訖於是矣因號白氏長慶集大凡人之文各有所長樂天長可以爲多矣夫諷諭之詩長於激閑適之詩長於遣感傷之詩長於切五字律詩百言而上長於贍五字七字百言而下長於情賦贊箴誡之類長於當碑記敘事制誥長於實啓奏表狀長於直書檄詞冊剖判長於盡總而言之不亦多乎哉人以爲稹序盡其能事居易嘗寫其文集送江州東西二林寺洛城香山聖善等寺如佛書雜傳例流行之無子以其姪孫嗣遺命不歸下邽可葬於香山如滿師塔之側家人從命而葬焉

行簡字知退貞元末登進士第授祕省校書郎元和末中盧坦鎮東蜀辟爲掌書記府罷歸潯陽居易授江州司馬從兄之郡十五年居易入朝爲尚書郎行簡亦授左拾遺累遷司門員外郎主客郎中長慶末振武奏水運營田使賀拔志言營田數過實詔令行簡按覆之不實志弘自刺死行簡寶曆二年冬病卒有文集二十卷行簡文筆有兄風辭賦尤稱精密文士皆師法之居易友愛過人兄弟相待如賓客行簡子龜兒多自教習以至成名當時友悌無以比焉

敏中字用晦居易從父弟也祖鏻位終揚府錄事參軍父季庚溧陽令敏中少孤爲諸兄之所訓厲長慶初登進士第佐李聽歷河東鄭滑邠寧三府節度掌書記試大理評事大和七年丁母憂退

居下邽會昌初爲殿中侍御史分司東都尋除戶部員外郎還京武宗皇帝素聞居易之名及即位欲徵用之宰相李德裕言居易衰病不任朝謁因言從弟敏中辭藝類居易即日知制誥召入翰林充學士遷中書舍人累至兵部侍郎學士承旨會昌末同平章事兼刑部尚書集賢史館大學士宣宗即位加右僕射金紫光祿大夫太清宮使太原郡開國公食邑二千戶及李德裕再貶嶺南敏中居四輔之首雷同毀譽無一言伸理物論罪之五年罷相檢校司空出爲邠州刺史邠寧節度招撫党項都制置等使七年進位特進成都尹劍南西川節度副大使知節度等使十一年二月檢校司徒平章事江陵尹荊南節度使懿宗即位徵拜司徒門下侍郎平章事復輔政尋加侍中三年罷相爲河中尹河中晉絳節度使累遷中書令太子太師致仕卒

史臣曰舉才選士之法尚矣自漢策賢良隋加詩賦罷中正之法委銓舉之司繇是爭務雕蟲罕趨函杖矯首皆希於屈宋駕肩並

擬於風騷或侔箴闕之篇或勒補亡之句咸欲錙銖採寫懷撫獲
沙較麗藻於碧雞鬬新奇於白鳳暨編之簡牘播在管絃未逃
季緒之詆訶孰望子虛之稱賞迨今千載不乏辭人統論六義之
源較其三變之體如二班者蓋寡類七子者幾何至潘陸情致之
文鮑謝清便之作迨於徐庾踵麗增華纂組成而耀以珠璣瑤臺
搆而間之金碧國初開文館高宗禮茂才虞許擅價於前蘇李
馳聲於後或位昇台鼎學際天人潤色之文咸布編集然而向古
者傷於太僻徇華者或至不經齷齪者局於宮商放縱者流於鄭
衛若品調律度揚搉古今賢不肖皆賞其文未如元白之盛也昔
建安才子始定霸於曹劉永明辭宗先讓功於沈謝元和主盟微
之樂天而已臣觀元之制策白之奏議極文章之壼奧盡治亂之
根荄非徒謠頌之片言盤盂之小說就文觀行居易為優放心於
自得之場置器於必安之地優游卒歲不亦賢乎

贊曰文章新體建安永明沈謝既往元白挺生但留金石長有莖
英不習孫吳焉知用兵

唐書列傳卷第一百一十六

左奉議郎紹興府府學教授朱　倬　校勘

唐書列傳卷第一百一十七

劉　昫

趙宗儒　竇易直　李逢吉

段文昌子成式　宋申錫　李程

趙宗儒字秉文八代祖彤仕後魏爲征南將軍父驊爲秘書少監宗儒舉進士初授弘文館校書郎滿歲又以平判入高等補陸渾主簿數月徵拜右拾遺充翰林學士時父驊秘書少監與父並命出於一日當時榮之建中四年轉屯田員外郎內職如故居父憂免喪授司門司勳二員外郎貞元六年領考功事定百吏考績黜陟公當無所畏避右司郎中獨孤良器殿中侍御史杜倫各以過黜之尚書左丞裴郁御史中丞盧紹比皆考中上宗儒貶之中中又秘書少監鄭雲逵考其同官孫昌裔入上下宗儒復入中上凡考之中上者不過五十人餘多減入中中德宗聞而善之遷考功郎中丁母憂終喪授吏部郎中十一年遷給事中十二年與諫議

大夫崔損同日以本官同中書門下平章事俱賜紫金魚袋十四年罷相爲右庶子宗儒端居守道勤奉朝請而已德宗聞而嘉之二十年遷吏部侍郎召見勞之曰知卿閉關六年故有此拜憂者與先臣並命尚念之耶宗儒因俯伏流涕德宗崩順宗命爲德宗哀冊文辭頗悽惋元和初檢校禮部尚書判東都尚書省事兼御史大夫充東都留守畿汝都防禦使入爲禮部戶部二尚書尋檢校吏部尚書守江陵尹兼御史大夫荊南節度營田觀察等使散冗食之戍二千人六年又入爲刑部尚書八年轉檢校吏部尚書興元尹兼御史大夫充山南西道節度觀察等使九年召拜御史大夫俄遷檢校右僕射河中尹兼御史大夫晉絳慈隰節度觀察等使赴鎮後擅用供軍錢八千餘貫坐罰一月俸十二年七月入爲兵部尚書九月改太子少傅權知吏部尚書銓事十四年九月拜吏部尚書穆宗即位以初釋服令尚書省官試先朝所徵集應制舉人宗儒奏曰準今月十五日勅比者先朝徵集應制人等已及時限恐皆來自遠方難於久住酌宜審事遂委有司定日就試如聞所集之人多已分散須知審的然後裁定宜令所司商量聞奏者伏以制科所設本在親臨南省試人亦非舊典今覃恩既畢庶政惟新況山陵日近公務繁迫待問之士就試非多臣等商量恐須權罷從之復拜太子少傅判太常卿事長慶元年二月檢校右僕射守太常卿太常有師子樂備五方之色非會朝聘享不作幼君荒誕伶官縱肆中人掌教坊者移牒取之宗儒不敢違以狀白宰相宰相以爲事在有司執守不合關白以宗儒怯不任事改太子少師寶曆元年遷太子太保昭肅晏駕爲大明宮留守太和四年拜檢校司空兼太子太傅文宗召見詔以理道對曰堯舜之化慈儉而已願陛下守而勿失文宗嘉納之五年宋申錫被誣上召師保已下議其刑上以宗儒高年宜令不拜尋拜疏請老六年詔以司空致仕是歲九月卒年八十七廢朝冊贈司徒宗儒以文學進前後三鎮方任八領選部略於儀矩切於治生時論以此少之

○竇易直字宗玄京兆人祖元昌彭州九隴縣令父或廬州刺史易直舉明經爲秘書省校書郎再以判等授藍田尉累歷右司兵部吏部三郎中元和六年遷御史中丞謝日賜緋魚袋八年改給事中九月出爲陝虢都防禦觀察使仍賜紫入爲京兆尹萬年尉韓晤姦贓事發易直令曹官韋正晤訊之得贓三十萬上意其未盡詔重鞫坐贓三百萬貶易直金州刺史正晤長流昭州十三年六月遷宣州刺史宣歙池都團練觀察等使長慶二年七月汴州將李介逐其帥李愿易直聞之欲出官物以賞軍或謂易直曰賞給無名卻恐生患乃已軍士已聞之時江淮旱水淺轉運司錢帛委積不能漕州將王國清指以爲賞激諷州兵謀亂先事有告者乃收國清下獄其黨數千大呼入獄中篡取國清而出之因欲大剽易直登樓謂將吏曰能誅爲亂者每獲一人賞千萬衆喜倒戈擊亂黨並擒之國清等三百餘人皆斬之九月以李德裕代還爲吏部侍郎十一月改戶部兼御史大夫判度支四年五月以本官同

平章事判使如故改門下侍郎封晉陽郡公寶曆元年七月罷判
度支大和二年十月罷相檢校左僕射平章事襄州刺史山南西
道節度使五年入爲左僕射判太常卿事十一月檢校司空鳳翔尹
鳳翔隴節度使六年以疾求還京師七年四月卒贈司徒謚曰恭
惠易直自入仕十年餘常居散秩不應請辟及居方任亦以公廉
聞在相位未嘗論用親黨凡於公舉即無所避然元和中吏部尚
書鄭餘慶議僕射上日儀制不與隔品官亢禮易直時爲御史中
丞奏駁餘慶所議及易直爲右僕射却行隔品致敬之禮時論非之
李逢吉字虛舟隴西人貞觀中學士李玄道曾孫祖顏父歸期逢
吉登進士第釋褐振武節度掌書記入朝爲左拾遺左補闕改
侍御史充入吐蕃冊命副使工部員外郎又充入南詔副使元和
四年使還拜祠部郎中轉右司六年遷給事中七年與司勳員外
郎李巨並爲太子諸王侍讀九年改中書舍人十一年二月權知禮
部貢舉騎都尉賜緋四月加朝議大夫門下侍郎同平章事賜金

紫其貢院事仍委禮部尚書王播署牓逢吉天與姦回妬賢傷善
時用兵討淮蔡憲宗以兵機委裴度逢吉慮其成功密沮之繇是
相惡及度親征學士令狐楚爲度制辭言不合旨楚與逢吉相善
帝皆黜之罷楚學士罷逢吉政事出爲劒南東川節度使檢校兵
部尚書穆宗即位移襄州刺史山南東道節度使逢吉於帝有侍
讀之恩遣人密結倖臣求還京師長慶二年三月召爲兵部尚書
時裴度亦自太原入朝以度招懷河朔功復留度與工部侍郎元
稹相次拜平章事度在太原時嘗上表論稹姦邪及同居相位逢
吉以爲勢必相傾乃遣人告和王傅于方結客欲爲元稹刺裴度及
捕于方鞫之無狀稹度俱罷相位逢吉代度爲門下侍郎平章事
自是竊以恩澤結朝臣之不逞者造作謗言百端中傷裴度賴學
士李紳韋處厚等顯於上前言度爲逢吉排斥而度於國有功不
宜擯棄故得以僕射在朝時已失河朔而王智興擅據徐州李㝏
據汴州國威不振天下延頸俟度再秉國鈞以攘暴亂及爲逢吉

嫁禍奪其權四海爲之側目朝士上疏論列者十餘人屬時君荒
淫政出羣小而度竟逐外藩學士李紳有寵逢吉惡之乃除爲中
丞又欲出於外乃以吏部侍郎韓愈爲京兆尹兼御史大夫放臺
叅以紳褊直必與愈爭及制出紳果移牒往來愈性木強遂至語
辭不遜喧論於朝逢吉乃罷愈爲兵部侍郎紳爲江西觀察使紳
中謝日帝留而不遣翼城人鄭注以醫藥得幸於中尉王守澄逢
吉令其從子仲言賂注求結於守澄仲言辯譎多端守澄見之甚
悅自是逢吉有助事無違者敬宗初即位年方童丱守澄從容奏
曰陛下得爲太子逢吉之力也是時杜元穎李紳堅請立深王爲
太子乃貶紳端州司馬朝士代逢吉鳴吠者張又新李續之張權
輿劉栖楚李虞程昔範姜洽李仲言時號八關十六子又新等八
人居要劇而胥附者又八人有求於逢吉者必先經此八人納賂
無不如意者逢吉尋封涼國公邑千戶兼右僕射昭愍即位左右
屢言裴度之賢曾立大勳帝甚嘉之因中使往興元即令問訊寶

曆初度連上章請入覲逢吉之黨坐不安席如矢攢身乃相與爲
謀欲沮其來張權輿撰非衣小兒之謠傳於閭巷言度相有天分
應謡讖而韋處厚於上前解析言權輿所撰之言既不能沮又令
衛尉卿劉遵古從人安再榮告武昭謀害逢吉武昭者有才力裴
度破淮蔡時獎用之累奏爲刺史及度被斥昭以門吏久不見用
客于京師途窮頗有怨言逢吉與法司鞫昭行止則顯裴度任用
以沮入朝之行逢吉又與同列李程不協太學博士李涉金吾兵曹
茅彙者於京師貴遊間以氣俠相許二人出入程及逢吉之門水部
郎中李仍叔程之族知武昭鬱鬱恨不得官仍叔謂昭曰程欲與
公官但逢吉沮之昭愈憤怒因酒與京師人劉審張少騰說刺逢
吉之言審以昭言告張權輿乃聞於逢吉即令茅彙召昭相見逢
吉厚相結託自是疑怨之言稍息逢吉待茅彙尤厚嘗與彙書云
足下當字僕爲自求僕當字足下爲利見文字往來其間甚密及
裴度求覲無計沮之即令訐武昭事以暴揚其迹再榮既告李仲

言議彙曰言武昭與李程同謀則活否則亦死彙曰寃死甘心誣人以自免予不爲也及昭下獄逢吉之醜跡皆彰昭死仲言流象州茅彙流崖州李涉流康州李虞自拾遺爲河南士曹敬宗待裴度益厚乃自漢中召還復知政事逢吉檢校司空平章事襄州刺史山南東道節度使仍請張又新李續之爲參佐大和二年改汴州刺史宣武軍節度使五年八月入爲太子太師東都留守東畿汝防禦使加開府儀同三司八年李訓用事三月徵拜左僕射兼守司徒時逢吉已老病足不任朝謁即以司徒致仕九年正月卒時年七十八贈太尉謚曰成

段文昌字墨卿西河人高祖志玄陪葬昭陵圖形凌煙閣祖德皎贈給事中父諤循州刺史贈左僕射文昌家于荆州倜儻有氣義節度使裴胄知之而不能用韋皐在蜀表授校書郎李吉甫刺忠州文昌嘗以文干之及吉甫居相位與裴垍同加獎擢授登封尉集賢校理俄拜監察御史遷左補闕改祠部員外郎元和十一年守本

官充翰林學士文昌武元衡之子壻也元衡與宰相韋貫之不協憲宗欲召文昌爲學士貫之奏曰文昌志尚不修不可擢居近密至是貫之罷相李逢吉乃用文昌爲學士轉祠部郎中賜緋依前充職十四年加知制誥十五年穆宗即位正拜中書舍人尋拜中書侍郎平章事長慶元年拜章請退朝廷以文昌少在西蜀詔授西川節度使同中書門下平章事文昌素洽蜀人之情至是以寬政爲治嚴靜有斷蠻夷畏服二年雲南入寇黔中觀察使崔元略上言朝廷憂之乃詔文昌禦備文昌走一介之使以諭之蠻寇即退敬宗即位徵拜刑部尚書轉兵部兼判左丞事文宗即位遷御史大夫尋檢校尚書右僕射揚州大都督府長史同平章事淮南節度使大和四年移鎮荆南文昌於荆蜀皆有先祖故第至是贖爲浮圖祠又以先人墳墓在荆州別營居第以置祖禰影堂歲時伏臘良辰美景享薦之徵祭即以音聲歌舞繼之如事生者搢紳非焉六年復爲劍南西川節度九年三月賜春衣中使至受宜畢無疾而卒年六十三贈太尉有文集三十卷文昌布素之時所向不偶及其達也楊歷顯重出入將相洎二十年其服飾玩好歌鍾妓女苟悅於心無所愛惜乃至奢侈過度物議貶之子成式

成式字柯古以蔭入官爲秘書省校書郎研精苦學秘閣書籍披閱皆徧累遷尚書郎咸通初出爲江州刺史解印寓居襄陽以閑放自適家多書史用以自娛尤深於佛書所著酉陽雜俎傳於時

宋申錫字慶臣祖素父叔夜申錫少孤貧有文學登進士第釋褐秘書省校書郎韋貫之罷相出湖南辟爲從事其後累佐使府長慶初拜監察御史二年遷起居舍人寶曆二年轉禮部員外郎尋充翰林侍講學士申錫始自策名及在朝行清慎介潔不趨黨與當長慶寶曆之間時風囂薄朋比大扇及申錫被用時論以爲激勸文宗即位拜戶部郎中知制誥大和二年正拜中書舍人復爲翰林學士初文宗常患中人權柄太盛自元和寶曆比致宮禁之禍及王守澄之須禁兵恃其宿舊蹤蹟尤甚有鄭注者依恃守澄爲

姦利出入禁軍賣官販權中外咸扼腕視之文宗雅知之不能堪申錫時居內廷文宗察其忠厚可任以事嘗因召對與申錫從容言及守澄無可奈何令與外庭朝臣謀去之且約命爲宰相申錫頓首謝之未幾拜左丞踰月加平章事申錫素能謹直寵遇超輩時情大爲屬望及到中書剸斷循常望實頗不相副大和五年忽降中人召宰相入赴延英路隋李宗閔牛僧孺等既至中書東門中人云所召無宋申錫申錫始知被罪望延英以笏叩頭而退隋等至文宗以神策軍中尉王守澄所奏得本軍虞候豆盧著狀告宋申錫與漳王謀反隋等相顧愕然初守澄於浴堂以鄭注所構告于文宗守澄即時於市肆追捕又將以二百騎就靖恭里屠申錫之家會內官馬存亮同入諍於文宗曰謀反者適宋申錫耳何不召南司會議今卒然如此京師企足自爲亂矣守澄不能難乃止乃召三相告之又遣右軍拳人於申錫宅捕孔目官張全眞家人買子信綠等又於十六宅及市肆追捕胥吏以成其獄文宗又召師

保僕射尚書丞郎常侍給事諫議舍人御史中丞京兆尹大理卿同於中書及集賢院參驗其事翌日開延英召宰臣及諫議官帝自詢問左常侍崔玄亮給事中李固言諫議大夫王質補闕盧鈞之舒元褒羅泰蔣係裴休韋宗直韋溫拾遺李羣韋端符丁居晦袁都等二十四人皆伏玉階下奏以申錫獄付外請不於禁中訊鞫文宗曰吾已謀於公卿大僚卿等且出玄亮固言援引今古辭理懇切玄亮泣涕久之文宗意稍解貶申錫爲右庶子漳王爲巢縣公再貶申錫爲開州司馬初申錫既得密旨乃除王璠爲京兆尹以密旨諭之璠不能謀而往與守澄知之階爲其備漳王湊文宗之愛弟也賢而有人望豆盧著者職屬禁軍與往親表文宗不省其詐乃罷申錫爲庶子時京城恟恟衆所讙言以爲宰相眞連十宅謀反百寮震駭居二三日方審其詐諫官伏閤懇論文宗震怒叱諫官令出者數四時中外屬望大寮三數人廷辯其事僕射竇易直曰人臣無將將而必誅聞者愕然唯京兆尹崔琯大理卿

王正雅連上疏請出內獄曰且曰王師文未獲即獄未具請出豆盧著與申錫同付外廷勘當時人情翕然推重初議申錫抵死賴物論不可又將投於嶺表文宗終俟外廷之言乃有開州之命初申錫既被罪怡然不以爲意自中書歸私第止於外廳素服以俟命其妻出謂之曰公爲宰相人臣位極於此何負天子反乎申錫曰吾自書生被厚恩擢相位不能鋤去姦亂反爲所羅織夫人察申錫豈反者乎因相與泣下申錫自居內廷及爲宰相以時風侈靡居要位者尤納賄賂遂成風俗不暇更方遠害且與貞元時甚相背矣申錫至此約身謹潔尤以公廉爲己任四方問遺悉無所受既被罪爲有司驗劾多獲其四方受領所還問遺之狀朝野爲之歎息七年七月卒於開州詔曰申錫雖不能周慎自抵憲章聞其亡歿遐荒良用悲惻宜許其歸葬鄉里以示寬恩開成元年九月詔復申錫正議大夫尚書左丞同中書門下平章事上柱國賜紫金魚袋贈兵部尚書仍以其子愼微爲城固縣尉

李程字表臣隴西人父鵜伯程貞元十二年進士擢第又登宏辭科累辟使府二十年入朝爲監察御史其年秋召充翰林學士順宗即位爲王叔文所排罷學士三遷爲員外郎元和中出爲劍南西川節度行軍司馬十年入爲兵部郎中尋知制誥韓弘爲淮西都統詔程銜命宣諭明年拜中書舍人權知京兆尹事十二年權知禮部貢舉十三年四月拜禮部侍郎六月出爲鄂州刺史鄂岳觀察使入爲吏部侍郎封渭源男食邑三百戶敬宗即位之五月以本官同平章事敬宗沖幼好治宮室畋遊無度欲於宮中營新殿程諫曰自古聖帝明王以恭儉化天下陛下在諒闇之中不宜興作願以瓦木迴奉園陵上欣然從之程又奏請置侍講學士數陳經義程辯給多智筭能移人主之意尋加中書侍郎進封彭原郡公寶曆二年罷相檢校兵部尚書同平章事太原尹北京留守河東節度使大和四年三月檢校尚書左僕射平章事河中尹河中晉絳節度使六年就加檢校司空七月徵爲左僕射中謝日奏曰臣所

忝官上禮前後儀注不同在元和長慶中僕射數人上日不受四品已下官拜近日再定儀注四品已下官悉許受拜王涯竇易直已行之於前今御史臺云已聞奏太常寺定取十五日上臣進退未知所據時中丞李漢以爲受四品已下拜太重勑曰僕射上儀近已詳定所緣拜禮皆約令文已經施行不合更改宜準大和四年十一月六日勑與分程藝學優深然性放蕩不修儀檢滑稽好戲而居師長之地物議輕之七年六月檢校司空汴州刺史宣武軍節度使九年復爲河中晉絳節度使就加檢校司徒開成元年五月入復爲右僕射兼判太常卿事十一月兼判吏部尚書銓事二年三月檢校司徒出爲襄州刺史山南東道節度使卒有司謚曰繆子廓廓進士登第以詩名聞於時大中末累官至潁州刺史再爲觀察使廓子晝亦登進士第

史臣曰宗儒易直以寬柔養望坐致公台與時沉浮壽考終吉可謂能奉身矣逢吉起徒步而至鼎司欺蔽幼君依憑內豎蛇虺其

腹毒害正人而不與李訓同誅天道福淫明矣申錫小器大謀貶
死爲幸程不持士氣殁獲醜名君子操修豈宜容易
贊曰趙寶優柔坐享公侯蝮蛇冶葛逢吉之流豈無令人主輔
謨猷程錫弼諧于道難周

唐書列傳卷第一百一十七

左奉議郎充紹興府府學教授朱倬校正

劉　昫　等修

韋溫　蕭祐　獨孤郁 郁弟朗　錢徽 徽子可復 可及

高釴 釴弟銖 鍇　馮宿 弟定 審　封敖

韋溫字弘育京兆人祖肇吏部侍郎父綬德宗朝翰林學士以散騎常侍致仕綬弟貫之憲宗朝宰相自有傳溫七歲時日念毛詩一卷年十一歲應兩經舉登第釋褐太常寺奉禮郎以書判拔萃調補秘書省校書郎時綬致仕田園聞溫登第愕然曰判入高等在羣士之上得非交結權幸而致耶令設席於廷自出判目試兩節溫命筆即成綬喜曰此無愧也調授咸陽尉入為監察御史以父在田里憲府禮拘難於省謁不拜換著作郎一謝即還侍省父疾溫侍醫藥衣不解帶垂二十年父憂毀瘠踰制免喪久之為右補闕忠鯁敢時宋申錫被誣溫倡言曰宋公履行有素身居台輔不當有此是姦人陷害也吾輩諫官豈避一時之雷電而致聖君賢

相蒙蔽惑之咎耶因率同列伏閤切爭之由是知名大和五年太廟第四第六室缺漏上怒罰宗正卿李銳將作王融乃詔中使鳩工補葺之溫上疏曰臣聞吏舉其職國家所以治事歸於正朝廷所以尊夫設制度立官司事存典故國有經費而最重者奉宗廟也伏以太廟當修詔下踰月有司弛墮曾不加誠宜黜慢官以懲不恪之罪擇可任者責以締宇之功此則事歸于正吏舉其職也而聖恩不勞百職無曠今慢官不恪止于罰俸宗廟所切便委內臣是許百司之官公然廢職以宗廟之重為陛下所私羣官有司便同委弃此臣竊為聖朝惜此事也事關宗廟皆書史策苟非舊典不可率然伏乞更下詔書得委所司營繕則制度不紊官業交修上乃止內使羣臣上尊號溫上疏曰德如三皇止稱皇功如五帝止稱帝徽號之來乃聖王之末事今歲三川水災江淮旱歉恐非崇飾徽稱之時帝深嘉之乃止改侍御史李德裕作相遷禮部員外郎或以溫厚於牛僧孺言於德裕德裕曰此人堅正中立君子也

鄭注鎮鳳翔自知不為所齒求德門子弟為參佐請溫為副使或以為理不可非拒則生患溫曰擇禍莫若輕拒之止於遠貶從之有不測之禍鄭注誅轉考功員外郎尋知制誥召入翰林為學士以父職禁廷憂畏成病遺誡不令居禁職懇辭不拜俄兼太子侍讀每晨至少陽院午見莊恪太子溫曰殿下盛年宜早起學周文王為太子雞鳴時問安西宮太子幼不能行其言稱疾上不悅改太常少卿未幾拜給事中王晏平為靈武刻削軍士贓罪發帝以智興之故減死貶官溫三封詔書文宗深獎之莊恪得罪召百寮諭之溫曰太子年幼陛下訓之不早到此非獨太子之過遷尚書右丞吏部員外郎張文規父弘靖長慶初在幽州為朱克融所囚文規不時省赴人士喧然罪之溫居綱轄首糾其事出文規為安州刺史鹽鐵判官姚勗知河陰院嘗雪冤獄鹽鐵使崔珙奏加酬獎乃令權知職方員外郎制出令勗省上溫執奏曰國朝已來郎官最為清選不可以賞能吏上令中使宣諭言勗能官且放入省

溫堅執不奉詔乃改勗檢校禮部郎中翌日帝謂楊嗣復曰韋溫不放姚勗入省有故事否嗣復對曰韋溫志在銓擇清流然姚勗士行無玷梁公元崇之孫自殿中判鹽鐵案陛下獎之宜也若人有吏能不入清流孰為陛下當煩劇者此衰晉之風也上素重溫亦不奪其操出為陝虢觀察使武宗即位李德裕用事召拜吏部侍郎欲引以為相時李漢以家行不謹貶汾州司馬溫從容白德裕曰李漢不為相公所知昨以不孝之罪絀免乞加按問德裕曰親情耶溫曰雖非親昵久相知耳德裕不悅居無何出溫為宣歙觀察使辟鄭處誨為觀察判官德裕愈不悅池州人訟郡守溫按之無狀杖殺之明年瘍生於首謂愛壻張復魯曰予任校書郎時夢二黃衣人齎符來追及灘將渡一人續至曰彼墳至大功須萬日遂不涉而寤計今萬日矣與公訣矣明日卒贈工部尚書謚曰孝溫在朝時與李珏楊嗣復周旋及楊李禍作歎曰楊三李七若取我語豈至是耶初溫以楊李與德裕交怨及居位溫勸楊李用

德輿釋憾解慍二人不能用故及禍溫無子女適薛蒙善著文續
曹大家女訓十二章士族傳寫行于時溫剛腸寡合人多疏簡唯
與常侍蕭祐善
蕭祐者蘭陵人少孤貧耿介苦學事親以孝聞自處士徵拜左
拾遺累遷至考功郎中祐博雅好古尤喜圖畫嘗前代鍾王遺法蕭
張筆勢編序眞僞爲二十卷元和末進御優詔嘉之授兵部郎中
出爲虢州刺史御史入爲太常少卿轉諫議大夫踰月爲桂州刺
史中丞桂管防禦觀察使大和二年八月卒于官贈右散騎常侍
祐閑澹貞退善鼓琴賦詩書畫盡妙遊心林壑嘯詠終日而名
人高士多與之遊給事中韋溫尤重之結爲林泉之友
獨孤郁河南人父及天寶末與李華蕭穎士等齊名善爲文所著
仙掌銘大爲時流所賞位終常州刺史郁貞元十四年登進士第文
學有父風尤爲舍人權德輿所稱以子妻之貞元末爲監察御史
元和初應制舉才識兼茂明於體用策入第四等拜左拾遺太子

司議郎杜從郁拜左補闕郁與同列論之曰從郁是宰臣佑之子
父居宰執從郁不宜居諫列乃改爲左拾遺又論曰補闕之與拾
遺資品雖殊同是諫官若時政或有得失不可令子論父從郁竟
改他官四年轉右補闕又與同列拜章論中官吐突承璀不宜爲
河北招討使乃改招撫宣慰使五年兼史館修撰尋召充翰林學
士遷起居郎權德輿作相郁以婦公辭內職憲宗曰德輿乃有此
佳壻因詔宰相於士族之家選尚公主者遷郁考功員外郎充史
館修撰判館事預修德宗實錄七年以本官復知制誥八年轉
駕部郎中其年十月復召爲翰林學士九年以疾辭內職十一月
改秘書少監卒郁弟朗嘗居諫官請罷淮西用兵不協旨貶興元
戶曹入爲監察御史轉殿中十五年兼充史館修撰遷都官員外
郎長慶初諫議大夫李景儉於史館飲酒憑醉謁宰相語辭侵侮
朗坐同飲出爲韶州刺史入爲左司員外郎遷諫議大夫揚州節
度使王播罷兼鹽鐵使行賂於中人求復領銅鹽朗上章論之

寶曆元年十一月拜御史中丞二年六月賜金紫之服侍御史李
道樞乘醉謁朗朗劾之左授司議郎憲府故事三院御史由大夫
中丞自辟請命于朝時崔晃鄭居中不由憲長而除皆丞相之僚
舊也勅命雖行朗拒而不納晃貴改太常博士居中分司東臺其
年十月高少逸入閤失儀朗不彈奏宰相銜阻崔晃事左授少逸
贊善大夫朗亦罰俸朗稱執法不稱乞罷中丞敬宗令中使諭之
不允其讓文宗即位改工部侍郎大和元年八月出爲福州刺史
御史中丞福建觀察使是月赴官暴卒於路贈右散騎常侍郁子
庠亦登進士第大中後官達亦至侍郎
錢徽字蔚章吳郡人父起天寶十年登進士第起能五言詩初從
鄉薦寄家江湖嘗於客舍月夜獨吟遽聞人吟於庭曰曲終人不
見江上數峯青起愕然攝衣視之無所見矣以爲鬼怪而志其一十
字起就試之年李暐所試湘靈鼓瑟詩題中有青字起即以鬼謠
十字爲落句暐深嘉之稱爲絕唱是歲登第釋褐秘書省校書郎

大曆中與韓翃李端輩十人俱以能詩出入貴遊之門時號十才
子形於圖畫起位終尚書郎徽貞元初進士擢第從事戎幕元和
初入朝三遷祠部員外郎召充翰林學士六年轉祠部郎中知制
誥八年改司封郎中賜緋魚袋內職如故九年拜中書舍人十一年
王師討淮西詔朝臣議兵徽上疏言用兵累歲供饋力殫宜罷淮
西之征憲宗不悅罷徽學士之職守本官長慶元年爲禮部侍郎時
宰相段文昌出鎭蜀川文昌好學尤喜圖書古畫故刑部侍郎楊
憑兄弟以文學知名家多書畫鍾王張鄭之蹟在書斷書品者兼
而有之憑子渾之求進盡以家藏書畫獻文昌求致進士第文昌
將發面託錢徽繼以私書保薦翰林學士李紳亦託舉子周漢賓
於徽及牓出渾之漢賓皆不中選李宗閔與元稹素相厚善初稹
以直道譴逐久之及得還朝大改前志由逕以徼進達宗閔亦急於
進取二人遂有嫌隙楊汝士與徽有舊是歲宗閔子壻蘇巢及汝
士季弟殷士俱及第故文昌李紳大怒文昌赴鎭辭日內殿面奏

書徽所放進士鄭朗等十四人皆子弟藝薄不當在選中穆宗以其事訪於學士元稹李紳二人對與文昌同遂命中書舍人王起主客郎中知制誥白居易於子亭重試內出題目孤竹管賦鳥散餘花落詩而十人不中選詔曰國家設文學之科本求才實苟容僥倖則異至公訪聞近日浮薄之徒扇爲朋黨謂之關節干撓主司每歲策名無不先定永言敗俗深用興懷鄭朗等昨令重試意在精覈藝能不於異書之中固求深僻題目貴令所試成就以觀學藝淺深孤竹管是祭天之樂出於周禮正經閱其呈試之文都不知其本事辭律鄙淺蕪累亦多比令宣示錢徽庶其深自懷愧誠宜盡棄以警將來復以四海無虞人心方泰用弘寬假式示殊恩特掩爾瑕庶明予志孔溫業趙存約竇洵直所試粗通與及第裴譔特賜及第鄭朗等十人並落下自今後禮部舉人宜準開元二十五年勅及第訖所試雜文并策送中書門下詳覆尋貶徽爲江州刺史中書舍人李宗閔劍州刺史右補闕楊汝士開江令初議貶徽宗閔

汝士令徽以文昌李紳私書進呈上必開悟徽曰不然苟無愧心得喪一致脩身慎行安可以私書相證耶令子弟焚之人士稱徽長者旣而穆宗知其朋比之端乃下詔曰昔者卿大夫相與讓於朝士庶人相與讓於列周成王刑措不用漢文帝恥言人過眞理古也朕甚慕焉中代已還爭端斯起掩抑其言則專廢誘掖其說則侵諛自非責實循名不能彰善癉惡故孝宣必有告訐下光武不以單辭遽行譖訴訕上之非律有匿名之禁皆以防三至之毀重兩造之明是以爵人於朝則皆勸刑人於市則皆懼罪有歸而賞當事也末代偷巧內荏外剛卿大夫無進思盡忠之誠多退有後言之謗士庶人無切磋琢磨之益多銷鑠浸潤之讒進則諛言諂笑以相求退則羣居州處以相議留中不出之請蓋發其陰私公論不容之誅是生於朋黨擢一官則曰恩皆自我黜一職則曰事出他門比周之迹已彰尚矜介特由徑之蹤盡露自謂貞方居省寺者不以勤恪蒞官而曰務從簡易提紀綱者不以準繩檢下而曰密奏

風聞獻章疏者更相是非備顧問者互有憎愛苟非秦鏡照膽堯羊觸邪時君聽之安可不惑參斷一謬俗化益訛禍發齒牙言生枝葉率是道也朕甚憫焉我國家貞觀開元同符三代風俗歸厚禮讓皆行兵興已來人散久矣始欲導之以德不欲驅之以刑然而信有未孚理有未至曾無恥格益用雕刓小則綜覈之權見侵於下輩大則樞機之重旁撓於薄徒尚念因而化之亦冀去其尤者而宰臣懼其浸淼未克澄清備引祖宗之書願垂勸誡之詔遂伸告諭頗用殷勤各當自省厥躬與我同底于道元稹之辭也制出朋比之徒如撻於市咸睚眦於紳稹徽明年遷華州刺史潼關防禦鎮國軍等使文宗即位徵拜尚書左丞大和元年十二月復授華州刺史二年秋以疾辭位授吏部尚書致仕三年三月卒時年七十五子可復可及皆登進士第可復累官至禮部郎中大和九年鄭注出鎮鳳翔李訓選名家子以爲賓佐授可復檢校兵部郎中兼御史中丞充鳳翔節度副使其年十一月李訓敗鄭注誅可復爲鳳翔監軍使所害

高釴字翹之祖郎賓宋州寧陵令父去疾橋監察御史釴元和初進士及第判入等補秘書省校書郎累遷至右補闕充史館修撰十四年上疏請不以內官爲京西北和糴使十五年轉起居郎依前充職釴孤貞無黨而能累陳時政得失長慶元年穆宗憐之面賜緋於思政殿仍命以本官充翰林學士二年遷兵部員外郎依前充職四年四月禁中有張韶之變敬宗幸左軍是夜釴從帝宿於左軍翌日賊平賞從臣賜釴錦綵七十匹轉戶部郎中知制誥十二月正拜中書舍人充職如故謝恩於思政殿因諫敬宗以求理莫若躬親用示憂勤之旨也帝深納其言又賜錦綵五十匹寶曆二年三月罷學士守本官大和三年七月授刑部侍郎四年冬遷吏部侍郎銓綜之司官業振舉七年出爲同州刺史兼御史中丞八年六月卒贈兵部尚書遺命薄葬釴少時孤貧絜己力行與弟銖鍇皆以檢靜自立致位崇顯居家友睦爲搢紳所重

鉥元和六年登進士第穆宗即位入朝爲監察御史累遷員外郎
吏部郎中大和五年拜給事中七年爲外官監考使八年十月文
宗用國子助教李仲言爲侍講鉥率諫官伏閤論曰仲言素行纖
邪若聽用必亂國經上令中使宣諭曰朕要仲言講書非有聽用
也是歲先旱後水京師穀價騰踊彗星爲變舉選皆停人情雜然
流議鄭注姦謀日聞于外鉥等犯難論諍冀上省悟旣奉宣傳相
顧失色以其危亡可翹足而待也明年訓注竊權惡鉥不附己五
月出爲越州刺史御史中丞浙東觀察使開成三年就加檢校左
散騎常侍尋入爲刑部侍郎四年七月出爲河南尹會昌末爲
吏部侍郎
錯元和九年登進士第昇宏辭科累遷吏部員外大和三年準勑
試別頭進士明經鄭齊之等十八人牓出之後語辭紛競監察御史
姚中立以聞詔錯審定乃昇李景王淑等八人以爲公六年二月自司
勳郎中轉諫議大夫七年遷中書舍人九年十月以本官權知禮

部貢舉開成元年春試畢進呈及第人名文宗謂侍臣曰從前文
格非佳昨出進士題目是朕出之所試似勝去年鄭覃曰陛下改
詩賦格調以正頹俗然高錯亦能勵精選士仰副聖旨帝又曰近
日諸侯章奏語太浮華有乖典實宜罰掌書記以誡其流李石
曰古人因事爲文今人以文害事懲弊抑末實在盛時乃以錯爲
禮部侍郎凡掌貢部三年每歲登第者四十人三年勝出後勑曰
進士每歲四十人其數過多則乖精選官途塡委要窒其源宜改
每年限放三十人如不登其數亦聽然錯選擢雖多頗得實才抑
豪華擢孤進至今稱之尋轉吏部侍郎其年九月出爲鄂州刺史
御史大夫鄂岳觀察使卒錢子湜錯子湘偕登進士第
湜咸通十二年爲禮部侍郎
湘自員外郎知制誥正拜中書舍人咸通年改諫議大夫坐宰相
劉瞻親厚貶高州司馬乾符初復爲中書舍人三年遷禮部侍郎
選士得人出爲潞州大都督府長史昭義節度澤潞觀察等使卒

馮宿東陽人父子華廬祖墓有靈芝白兔之祥宿昆弟三
人皆幼有文學宿登進士第徐州節度張建封辟爲掌書記後建
封卒其子愔爲軍士所立李師古欲乘喪襲取時王武俊且觀其
釁愔恐懼計無所出宿乃以檄書招師古而說武俊曰張公與君
爲兄弟欲同力驅兩河歸天子衆所知也今張公歿幼子爲亂兵
所脅內則誠款隔絕於朝廷外則境土侵逼於強寇孤危若此公
安得坐視哉誠能奏天子念先僕射之忠勳捨其子之迫脅使得
束身自歸則公於朝廷有靖亂之功於張氏有繼絕之德矣武俊
大悅即以表聞由是朝廷賜愔節鉞仍贈建封司徒宿以嘗從建
封不樂與其子處乃從浙東觀察使賈全府辟愔恨其去已奏貶
泉州司戶從爲太常博士王士眞死以其子承宗不順不加謚宿
以爲懷柔之義不可遺其忠勞乃加之美謚轉虞部都官二員外
郎元和十二年從裴度東征爲彰義軍節度判官淮西平拜比部郎
中會韓愈論佛骨時宰疑宿草疏出爲歙州刺史爲刑部郎中

十五年權判考功宿以宰臣及三品已下官故事內校考別封以進
翰林學士職居內署事莫能知請依前書上考諫官御史亦請仍
舊並書中上考長慶元年以本官知制誥二年轉兵部郎中依前
充職牛元翼以深州不從王庭湊詔授襄州節度使元翼未出深
州爲庭湊所圍二年以宿檢校右庶子兼御史中丞賜紫金魚袋
往揔留務監軍使周進榮不遵詔命宿以狀聞元翼旣至宿歸朝
拜中書舍人轉太常少卿敬宗即位宿常導引乘輿出爲華州
刺史以父名拜章乞罷改左散騎常侍兼集賢殿學士充考制
策官大和二年拜河南尹時洛苑使姚文壽縱部下侵欺百姓吏
不敢捕一日遇大會賞所捕者傲睨於文壽之側宿知而掩之杖
死大和四年入爲工部侍郎六年遷刑部侍郎修格後勑三十卷
遷兵部侍郎九年出爲劍南東川節度使檢校禮部尚書開成元
年十二月卒廢朝贈吏部尚書謚曰懿有文集四十卷子圖陶韜
三人皆登進士揚歷清顯宿弟定字介夫儀貌壯偉與宿俱有文

學而定過之貞元中皆舉進士時人比之漢朝二馮君子頔牧姑蘇
也定寓焉頔友於布衣間後頔帥襄陽定乘驢詣軍門吏不時白
定不留而去頔慙笞軍吏馳載錢五十萬及境謝之定飯逆旅復
書責以貴傲而返其遺頔深以爲恨權德輿掌貢士擢居上第後
於潤州佐薛苹幕得校書郎尋爲鄠縣尉充集賢校理定先時
居父憂因號毀得肺病趨府或不及時大學士疑其恃才簡怠乃
奪其職俾爲大理評事登朝爲太常博士轉祠部員外郎寶曆
二年出爲鄆州刺史長壽縣尉馬洪紹告定強奪人妻及擅闕官
職田祿粟入己費用詔監察御史李顧行鞫之獄具上聞制曰馮
定經使臣推問無入己贓私所告罰錢又皆公用然長吏之體頗
涉無儀刑賞或乖宴遊不節緣經恩赦難更科書猶持郡符公
議不可宜停見任尋除國子司業河南少尹大和九年八月爲太常
少卿文宗每聽樂鄙鄭衛聲詔奉常習開元中霓裳羽衣舞以
雲韶樂和之舞曲成定總樂工閱於庭定立於其間文宗以其端
凝若植問其姓氏翰林學士李玨對曰此馮定也文宗喜問曰豈非

能爲古章句者耶乃召昇階文宗自吟定送客西江詩吟罷益喜
因錫禁中瑞錦仍令大錄所著古體詩以獻尋遷諫議大夫知匭
事是歲李訓事敗伏誅衣冠橫羅其禍中外危疑及改元御殿中
尉仇士良請用神策仗衛在殿門定抗疏論罷人情危之又請許
左右史隨宰臣入延英記事宰臣不樂二年改太子詹事三年宰臣
鄭覃拜太子太師欲於尚書省上事定奏曰據六典太師居詹事
府不合於都省禮上乃詔於本司上事人推美之四年遷衛尉卿
是歲上章請老詔以左散騎常侍致仕會昌六年改工部尚書而
卒先長慶中源寂使新羅國見其國人傳寫諷念定所爲黑水碑
畫鶴記韋休符之使西番也見其國人寫定商山記於屏障其文
名馳於戎夷如此子衮顓軒巖四人皆進士登第咸通中歷位臺
省宿從弟審寬

審父子郁審貞元十二年登進士第累辟使府入爲監察御史累遷
至兵部郎中開成三年遷諫議大夫四年九月出爲桂州刺史桂
管觀察使入爲國子祭酒國子監有孔子碑睿宗篆額加大周兩
字蓋武后時篆也審請琢去偽號復大唐字從之咸通中卒於秘
書監審弟寬子緘皆進士擢第知名於時

封敖字碩夫其先渤海蓨人祖希奭父諒官卑敖元和十年登進
士第累辟諸侯府大和中入朝爲右拾遺會昌初以員外郎知制
誥召入翰林爲學士拜中書舍人敖構思敏速語近而理勝不務
奇澀武宗深重之嘗草賜陣傷邊將詔警句云傷居爾體痛在
朕躬帝覽而善之賜之宮錦李德裕在相位定策破迴鶻誅劉稹
議兵之際同列或有不可之言唯德裕籌計指畫竟立奇功武宗
賞之封衛國公守太尉其制語有遏橫議於風波定奇謀於掌握
逆稹盜兵壺關晝鏁造膝嘉話開懷靜思意皆我同言不他惑制
出敖往慶之德裕口誦此數句撫敖曰陸生有言所恨文不迨意
如卿此語秉筆者不易措言座中解其所賜玉帶以遺敖深禮重

之然敖不持士範人重其才而輕其所爲德裕不能大用之德裕
罷相敖亦罷內職宣宗即位遷禮部侍郎大中二年典貢部多擢
文士轉吏部侍郎渤海男食邑七百戶四年出爲興元尹御史大
夫山南西道節度使歷左散騎常侍十一年拜太常卿出爲淄青
節度使入爲戶部尚書卒子彥卿望卿從子特卿皆進士及第咸
通後歷位清顯

史臣曰韋公骾亮守官犯而得禮蕭子恬於吏隱抑亦名賢蔚
章操韻非高而從容長者郁朗襟槩有世風三高並秀於一時
二馮爭驅於千里咸以擒英掞藻華國揚名潤色之能封無與讓
壽考垂慶儒何負哉

贊曰伏蒲進諫深翰爲文獨孤韋氏志在匡君馮高諸子綺繡繽
紛禁垣擅美渤海凌雲

唐書列傳卷第一百一十八 左奉議郎充紹興府府學教授朱倬整

唐書列傳卷第一百一十九

劉　　昫　等修

李訓　鄭注　王涯　王璠　賈餗

舒元輿　郭行餘　羅立言　李孝本

李訓肅宗時宰相揆之族孫也始名仲言進士擢第形貌魁梧神情灑落辭敏智捷善揣人意寶曆中從父逢吉爲宰相以訓陰險善計事愈親厚之初與茅彙等欲中傷李程及武昭事發訓坐長流嶺表會赦得還丁母憂居洛中時逢吉爲留守思復爲宰相且深怨裴度居常憤鬱不樂訓揣知其意即以奇計動之自言與鄭注善逢吉以爲然遣訓金帛珍寶數百萬令持入長安以賂注注得賂甚悅乘間薦于中尉王守澄乃以注之藥術訓之易道合薦于文宗守澄以訓縗粗難入禁中帝令訓戎服號王山人與注入內帝見其指趣甚奇之及訓釋服在京師大和八年自流人補四門助教召入內殿面賜緋魚其年十月遷國子周易博士充翰林侍

○講學士入院日賜宴宣法曲弟子二十人就院奏法曲以寵之兩省諫官伏閤切諫言訓姦邪海內聞知不宜令侍宸扆終不聽文宗性守正嫉惡以宦者權寵太過繼爲禍胎元和末弒逆之徒尚在左右雖外示優假心不堪之思欲芟落本根以雪讎恥九重深處難與將相明言前與侍講宋申錫謀謀之不臧幾成反噬自是巷伯尤橫因鄭注得幸守澄俾之援訓冀黃門之不疑也訓既在翰林解易之際或語及巷伯事則再三憤激以動上心以其言論縱橫謂其必能成事遂以真誠謀於訓注自是二人寵幸言無不從而深秘之謀往往流聞於外上慮中人猜慮乃䟽易義五條示於百辟有能出訓之意者賞之蓋欲知上以師友寵之九年七月改兵部郎中知制誥充翰林學士九月遷禮部侍郎同平章事仍賜金紫之服詔以平章之暇三五日一入翰林訓既秉權衡即謀誅內豎中官陳弘慶者自元和末負弒逆之名忠義之士無不扼腕時爲襄陽監軍乃召自漢南至靑泥驛遣人封杖決殺王守澄自

長慶已來知樞密典禁軍作威作福訓既作相以守澄爲六軍十二衛觀軍容使罷其禁旅之權尋賜酖殺之訓愈承恩顧每別殿奏對他宰相莫不順成其言黃門禁軍迎拜戢斂訓本以纖達門庭趨附之士率皆狂怪險異之流時亦能取正人偉望以鎮人心天下之人有異訓以致太平者不獨人主惑其言訓雖爲鄭注引用及祿位俱大勢不兩立託以中外應赴之謀出注爲鳳翔節度使俟誅內豎即兼圖注約以其年十一月誅中官須假兵力乃以大理卿郭行餘爲邠寧節度使戶部尚書王璠爲太原節度使京兆少尹羅立言權知大尹事太府卿韓約爲金吾街使刑部郎中知雜李孝本權知中丞事皆訓之親厚者冀王璠郭行餘未赴鎮間廣令召募豪俠及金吾臺府之從者俾集其事是月二十一日帝御紫宸班定韓約不報平安奏曰金吾左仗院石榴樹夜來有甘露臣已進狀訖乃蹈舞再拜宰相百官相次稱賀李訓奏曰甘露降祥俯在宮禁陛下宜親幸左仗觀之班退上乘軟舁出紫宸門

○由含元殿東階昇殿宰相侍臣分立於副階文武兩班列於殿前上令宰相兩省官先往視之既還曰臣等恐非真甘露不敢輕言言出四方必稱賀也上曰韓約妄耶乃令左右軍中尉樞密內臣往視之既去訓召王璠郭行餘曰來受勑旨璠恐悚不能前行餘獨拜殿下時兩鎮官健皆執兵在丹鳳門外訓已令召之唯璠從兵入邠寧兵竟不至中尉樞密至左仗聞幕下有兵聲驚恐走出閽者欲扃鎖之爲中人所叱執關而不能下內官迴奏韓約氣懾汗流不能舉首中官謂之曰將軍何及此耶又奏曰事急矣請陛下入內即舉軟輿迎帝訓殿上呼曰金吾衛士上殿來護乘輿者人賞百千內官決殿後罘罳舉輿疾趨訓攀呼曰陛下不得入內金吾衛士數十人隨訓而入羅立言率府中從人自東來李孝本率臺中從人自西來共四百餘人上殿縱擊內官死傷者數十人訓時愈急邐迤入宣政門帝瞋目叱訓內官郗志榮奮拳擊其胷訓即偃仆於地帝入東上閤門門即闔內官呼萬歲者數四須臾

內官率禁兵五百人露刃出閤門遇人即殺宰相王涯賈餗舒元輿方中書會食聞難出走諸司從吏死者六七百人是日訓中拳而仆知事不濟乃單騎走入終南山投寺僧宗密訓與宗密素善欲剃其髮匿之從者止之乃趨鳳翔欲依鄭注出山為盩厔鎮將宗楚所得械送京師至昆明池訓恐入軍別受搒掠乃謂兵士曰所在有兵得我者即富貴不如持我首行被奪取乃斬訓持首而行訓弟仲景再從弟戶部員外郎元皐皆伏法仇士良以宗密容李訓遣人縛入左軍責以不告之罪將殺之宗密怡然曰貧僧識訓年深亦知反叛然本師教法遇苦即救不愛身命死固甘心中尉魚弘志嘉之奏釋其罪

鄭注絳州翼城人始以藥術游長安權豪之門本姓魚冒姓為鄭氏故時號魚鄭注用事時人目之為水族元和十三年李愬為襄陽節度使注往依之愬得其藥力因厚遇之署為節度衙推從愬移鎮徐州又為職事軍政可否愬與之參決注詭辯陰狡善探人意旨與愬籌謀未嘗不中其意然挾邪任數專作威福軍府患之時王守澄監徐軍深怒注一日以軍情患注白于愬愬曰彼雖如此實奇才也將軍試與之語苟不如旨去未為晚愬即令謁監軍守澄初有難色及延坐與語機辯縱衡盡中其意遂延于內室促膝投分恨相見之晚翌日守澄謂愬曰誠如公言實奇士也自是出入守澄之門都無限隔愬署為巡官齒於賓席及守澄入知樞密當長慶寶曆之際國政多專於守澄注晝伏夜動交通賂遺初則讒邪藝巧之徒附之以圖進取數年之後達僚權臣爭湊其門累從山東京西諸軍歷衛佐評事御史又檢校庫部郎中為昭義節度副使既以陰事誣陷宋申錫守道正人始側目焉大和七年罷邠寧行軍司馬入京師御史李款閤內彈之曰鄭注內通勅使外結朝官兩地往來卜射財貨晝伏夜動干竊化權人不敢言道路以目請付法司旬日內諫章十數文宗不納尋授注通王府司馬充右神策判官中外駭歎八年九月注進藥方一卷今守

澄召注對浴堂門賜錦綵召對之夕彗出東方長三尺光耀甚緊其年十二月拜太僕卿兼御史大夫注起第善和里通於永巷長廊複壁日聚京師輕薄子弟方鎮將吏以招權利閒日入禁軍與守澄款密語必移時或通夕不寐李訓既附注以進承間入謁而輕浮躁進者盈於注門九年八月遷工部尚書充翰林侍講學士召自九仙門帝面賜告身時李訓已在禁庭二人相洽日侍君側講貫太平之術以為朝夕可致昇平兩姦合從天子益惑其說是時訓注之權赫於天下既得行其志生平恩讎絲毫必報因楊虞卿之獄挾忌李宗閔李德裕心所惡者目為二人之黨朝士相繼斥逐班列為之一空人人惴慄若崩厥角帝微知之下詔慰喻人情稍安訓注天資狂妄偷合苟容至於經略謀猷無可稱者初浴堂召對上訪以富人之術乃以榷茶為對其法欲以江湖百姓茶園官自造作量給直分命使者主之帝惑其言乃命王涯兼榷茶使又言秦中有災宜興工役以禳之文宗能詩嘗吟杜甫江頭篇云江頭宮殿鎖千門細柳新蒲為誰綠始知天寶已前環曲江四岸有樓臺行宮廨署心切慕之既得注言即命左右神策軍差人淘曲江昆明二池仍許公卿士大夫之家於江頭立亭館以時追賞時兩軍造紫雲樓彩霞亭內出樓額以賜之注言無不從皆此類也九月檢校尚書左僕射鳳翔尹鳳翔節度使詔與李訓謀事有期欲中外協勢十一月注聞訓事發自鳳翔率親兵五百餘人赴闕至扶風聞訓敗乃還監軍使張仲清已得密詔迎而勞之召至監軍府議事注倚兵衛即赴之仲清已伏兵幕下注方坐伏兵發斬注傳首京師部下潰散注家屬屠滅靡有孑遺初未獲注京師憂恐至是人人相慶注兩目不能遠視自言有金丹之術可去痿弱重膇之疾始李愬自云得效乃移之守澄亦神其事繇是中官視注皆憐之卒以是售其狂謀而守澄自貽其患復致衣冠塗地豈一時之沴氣歟既籍沒其家財得絹一百萬匹他貨稱是

王涯字廣津太原人父晃涯貞元八年進士擢第登宏辭科釋褐

藍田尉貞元二年十月召充翰林學士拜右拾遺左補闕起居舍人皆充內職元和三年為宰相李吉甫所怒罷學士守都官員外郎再貶虢州司馬五年入為吏部員外七年改兵部員外郎知制誥九年八月正拜舍人十年轉工部侍郎知制誥加通議大夫清源縣開國男學士如故十一年十二月加中書侍郎同平章事十三年八月罷相守兵部侍郎尋遷吏部穆宗即位以檢校禮部尚書梓州刺史劍南東川節度使其年十二月吐蕃南北掎角入寇西北邊騷動詔兩川兵拒之時蕃軍逼雅州涯上疏曰臣當道出軍徑入賊腹有兩路一路從龍州清川鎮入蕃界徑抵故松州城是吐蕃舊置節度之所一路從綿州威蕃柵入蕃界徑抵棲雞城皆吐蕃險要之地又曰臣伏見方今天下無犬吠之警海內同覆盂之安每蕃戎一警則中外咸震致陛下有旰食軫懷之憂斯乃臣等居大官受重寄者之深責也雖承詔發卒心馳寇廷其於為國討除使戎人芟剪晝夜思忖何補涓毫所以懷憤愚心願陳萬一臣觀自古長策昭然可徵在於實邊兵選良將明斥候廣資儲杜其要謀險其走集此立朝士大夫皆知不獨微臣知之也秖在舉行之耳然臣愚見所及猶欲布露者誠願陛下不愛金帛之費以鈞北虜之心臨遣信臣與之定約曰犬戎悖亂負恩為邊鄙患者數矣能制而服之者唯在北蕃如能發兵深入殺若干人取若干地則受若干之賞開懷以示之厚利以啗之所以勸誓要約者異於他日則匈奴之銳可得出矣一戰之後西戎之力衰矣穆宗不能用其謀長慶元年幽鎮復亂王師征之未聞克捷涯在鎮上書論用兵曰伏以幽鎮兩州悖亂天紀迷亭育之厚德肆豺虎之非心囚縶鼎臣戕賊戎帥毒流列郡釁及賓僚凡在有情孰不扼腕咸欲橫戈荷戟問罪賊廷伏以國家文德誕敷武功繼立遠無不服邇無不安矧茲二方敢逆天理臣竊料詔書朝下諸鎮夕驅以貔貅問罪之師當猖狂失節之寇傾山壓卵決海灌熒勢之相懸不是過也但以常山薊郡虞虢相依一時興師恐費財力且夫罪有輕重事

有後先攻堅宜從易者如聞范陽擘亂出自一時事非宿謀情亦可驗鎮州構禍殊匪偶然扇動屬城以兵拒境如此則幽薊之衆可示寬刑鎮冀之戎必資先討況廷湊闒茸不席父祖之恩成德分離人多迫脅之勢今以魏博思復讎之衆昭義願盡敵之師參之晉陽輔以滄易掎角而進易若建瓴盡屠其城然後北首燕路在朝廷不為失信於軍勢實得機宜臣之愚忠輒在於此臣又聞用兵若鬬先扼其喉今瀛莫易定兩賊之咽喉也誠宜假之威柄戎以重兵俾其死生不相知間諜無所入而以大軍先迫冀趙次下井陘此百舉百全之勢也臣受恩深至無以上酬輕冒陳聞不勝戰越伏涯跡至盧士玫已為賊劫陷瀛莫州凶孔勢不可遏俄而二兇俱宥之三年入為御史大夫敬宗即位改戶部侍郎兼御史大夫充鹽鐵轉運使俄遷禮部尚書充職寶曆二年檢校尚書左僕射興元尹山南西道節度使就加檢校司空大和三年正月入為太常卿文宗以樂府之音鄭衛太甚欲聞古樂命涯詢於舊工取開元時雅樂選樂童按之名曰雲韶樂樂曲成涯與太常丞李廓少府監庾承憲押樂工獻於梨園亭帝按之於會昌殿上悅賜涯等錦綵四年正月守吏部尚書檢校司空復領鹽鐵轉運使其年九月守左僕射領使奏李師道前據河南十二州其兗鄆淄青濮州界舊有銅鐵冶每年額利百餘萬自收復未有稅額請復係鹽鐵司依建中元年九月敕例制置從之七年七月以本官同平章事進封代國公食邑二千戶八年正月加檢校司空門下侍郎弘文館大學士大清宮使九年五月正拜司空仍令所司冊命加開府儀同三司仍兼領江南榷茶使十一月二十一日李訓事敗文宗入內涯與同列歸中書會食未下筯吏報有兵自閤門出逢人即殺涯等蒼惶步出至永昌里茶肆為禁兵所擒并其家屬奴婢皆繫於獄仇士良鞫涯反狀涯實不知其故械縛既急搒笞不勝其酷乃令手書反狀自誣與訓同謀獄具左軍兵馬三百人領涯與王璠羅立言右軍兵馬三百人領賈餗舒元輿李孝本先

赴郊廟徇兩市乃腰斬於子城西南隅獨柳樹下涯以搉茶事百姓怨恨詬罵之投瓦礫以擊之中書房吏焦寓焦璿臺吏李楚等十餘人吏卒爭取殺之籍没其家涯子工部郎中集賢殿學士孟堅太常博士仲翔其餘稚小妻女連襟係頸送入兩軍無少長盡誅之自涯已下十一家資貨悉為軍卒所分涯積家財鉅萬計兩軍士卒及市人亂取之竟日不盡涯博學好古能為文以辭藝登科踐揚清峻而貪權固寵不遠邪佞之流以至赤族涯家書數萬卷侔於書府前代法書名畫人所保惜者以厚貨致之不受貨者即以官爵致之厚為垣竅而藏之複壁至是人破其垣取之或剔取函奩金寶之飾與其玉軸而弃之涯之死也人以為冤昭義節度使劉從諫三上章求示涯等三相罪名仇士良頗懷憂恐初宦官縱毒凌藉南司及從諫奏論兇燄稍息人士賴之

王璠字魯玉父礎進士文辭知名元和五年擢進士第登宏辭科風儀脩飾操履甚堅累辟諸侯府元和中入朝為監察御史再

遷起居舍人副鄭覃宣慰於鎮州長慶中累歷員外郎十四年以職方郎中知制誥寶曆元年二月轉御史中丞時李逢吉為宰相與璠親厚故自郎官掌誥便拜中丞恃逢吉之勢稍橫嘗與左僕射李絳相遇於衢交車而不避絳上疏論之曰左右僕射師長庶寮開元中名之丞相其後雖去三事機務猶總百司之權表狀之中不署其姓尚書已下每月合衙上日百寮列班宰相居上中丞御史列位於廷禮儀之崇中外特異所以自武德貞觀已來聖君賢臣布政除弊不革此禮謂為合宜苟有不安尋亦合廢近年緣有才不當位恩加特拜者遂從權便不用舊儀酌於群情事實未當今或有僕射初除就中丞院門相看即與欲參何殊或中丞新授亦無見僕射處又參賀處或僕射先至中丞後來憲度乖宜尊卑倒置儻人才忝位自合別授賢良若朝命守官豈得有虧法制伏望下百寮詳定事體使永可遵行敕旨令兩省詳議兩省奏曰元和中伊慎忝居師長之位太常博士韋謙削去舊儀今李絳所論於禮甚當逢吉素惡絳之直天子雖許行舊儀中書竟無處分乃罷璠中丞遷工部侍郎尋罷絳僕射以太子少師分司東都其弄權怙寵如此璠二年七月出為河南尹大和二年以本官權知東都選十月轉尚書右丞勅選畢入朝三年改吏部侍郎四年七月拜京兆尹兼御史大夫十二月遷左丞判太常卿事六年八月檢校禮部尚書潤州刺史浙西觀察使八年李訓得幸累薦于上召還復拜右丞璠以逢吉故吏自是傾心於訓權倖傾朝九年五月遷戶部尚書判度支訓日召對浴堂錫之錦綵其年十一月李訓將誅內官令璠召募豪俠乃授太原節度使託以募爪牙為名訓敗之日璠歸長興里第是夜為禁軍所捕舉家下獄斬璠於獨柳樹家無少長皆死璠子遐休直弘文館李訓舉事之日遐休於館中禮上同職駕部郎中令狐定等五六人送之是日恐為亂兵所執定以兄楚為僕射軍士釋之獨執遐休誅之初璠在浙西繕城壕役人掘得方石上有十二字云山有石石有玉玉有瑕瑕即休璠覌

莫知其旨京口老人講之曰此石非尚書之吉兆也尚書祖名崟崟生礎是山有石也礎生尚書是石有玉也尚書之子名遐休休絶也此非吉徵果赤族

賈餗字子美河南人祖渭父寧餗進士擢第又登制策甲科文史兼美四遷至考功員外郎長慶初策召賢良選當時名士考策餗與白居易俱為考策官選文人以為公平尋以本官知制誥遷庫部郎中充職四年為張又新所構出為常州刺史大和初入為太常少卿二年以本官知制誥三年七月拜中書舍人四年九月權知禮部貢舉五年勝出後正拜禮部侍郎凡典禮闈三歲所選士七十五人得其名人多至公卿者七年五月轉兵部侍郎八年十一月遷京兆尹兼御史大夫九年四月檢校禮部尚書潤州刺史浙西觀察使制出未行拜中書侍郎同平章事進金紫階封姑臧男食邑三百戶未幾加集賢殿學士監修國史其年十一月李訓事發兵交殿廷禁軍肆掠餗易服步行出內潛身人間翌日自投神

策軍與王涯等皆族誅餗雖中立自持然不能以身犯難排斥姦
纖脂韋其間遂至覆族逢時多僻死非其罪世多寃之
舒元輿者江州人元和八年登進士第釋褐諸府從事大和初入
朝爲監察轉侍御史初天寶中玄宗祀九宮壇次郊壇行事御
署祝板元輿爲監察監祭事以爲太重奏曰臣伏見祀九宮貴神
祝板九片陛下親署御名及稱臣於九宮之神臣伏以天子之尊
除祭天地宗廟之外無合稱臣者王者父天母地兄日姊月而貴
神以九宮爲目是宜分方而守其位臣數其名號太一天一招摇
軒轅咸池青龍太陰天符攝提也此九神於天地猶子男也於日
月猶侯伯也陛下爲天子豈可反臣於天之子男耶臣竊以爲過
縱陰陽者流言其合祀則陛下當合稱皇帝遣某官致祭于九宮
之神不宜稱臣與名臣雖愚瞽未知其可乞下禮官詳議從之尋
轉刑部員外郎元輿自負奇才銳於進取乃進所業文章乞試效
用宰執謂其躁競五年八月改授著作郎分司東都時李訓丁母

憂在洛與元輿性俱詭激乘險蹈利相得甚歡及訓爲文宗寵遇
復召爲尚書郎九年以右司郎中知臺雜七月權知中丞事九年
拜御史中丞兼判刑部侍郎是月以本官同平章事與訓同知政
事而深謀詭筭熒惑主聽皆生於二兇也訓竊發之日兵自內
出元輿易服單馬出安化門爲追騎所擒送左軍族誅之
鄭行餘者亦登進士第大和初累官至楚州刺史五年移刺汝州
兼御史中丞九月入爲大理卿李訓在東都時與行餘親善行餘
數相餉遺至是用爲九列十一月訓欲竊發令其募兵乃授邠寧節
度使訓敗族誅
羅立言者父名歡貞元末登進士第寶曆初檢校主客員外郎爲
鹽鐵河陰院官二年坐糴米不實計贓一萬九千貫鹽鐵使惜其
吏能定罪止削所兼侍御史大和中爲司農少卿主太倉出納物
以貨厚賂鄭注李訓亦重之訓將竊發須兵集事以京兆府多吏
卒用立言爲京兆少尹知府事訓敗日梟誅長安縣令孟琯貶硤
州長史萬年縣令姚中立朗州長史以兩縣捕賊官受立言指使
故也初立言集兩縣吏卒萬年捕賊官鄭洪懼禍託疾既而詐死
令家人喪服聚哭姚中立陰知其故恐以詐聞不免其累乃以狀
告洪之詐仇士良拘洪入軍洪銜中立之告謂士良曰追集所由皆
因縣令與分子何罪也故中立坐貶洪免死
李孝本者宗室之子也累官至刑部郎中而依于訓注以求進舒
元輿作相訓用孝本知臺雜權知中丞事最預訓謀竊發之日孝
本從人殺內官十餘人於殿廷知事不濟單騎走投鄭注至咸陽
西原爲追騎所捕族誅之坐訓注而族者凡十一家人以爲冤
史臣曰王者之政以德霸者之政以權古先后王率由茲道而遂
能息人靖亂垂統作則者如梓人共柯而殊工良弈同枰而獨勝
蓋任得其術則事無後艱昭獻皇帝端冕深帷憤其厮養欲鏟
宮居之弊載澄刑政之源當宜禮一代正人訪先朝耆德脩文教而
厚風俗設武備以服要荒俾西被東漸皆陶於景化柔祇耆旻必

降於御名祥自然懷德以寧無思不服況區區宦者獨能悖化哉故
豎刁易牙不廢齊桓之霸韓嫣籍孺何妨漢帝之明蓋有管仲亞
夫之賢屬之以大政故也此二君者制御閹寺得其道也而昭獻
忽君人之大體惑纖狡之庸儒雖終日横經連篇屬思但得好文
之譽庸非致治之先且李訓者俎詐百端陰險萬狀背守澄而勸
酖出鄭注以擅權秖如晝隕四星兼權八校小人方寸即又難知但
慮爲蟊蝨而採溪蓀翦獲蝮蜓之患也嗚呼明主夫何不思遠致
血濺黃門兵交青瑣苟無藩后之勢黃屋危哉涯餗綽有士風晚
爲利喪致身鬼蜮之伍何逃瞰室之災非天不仁子失道也
贊曰奭旦興周斯高亡秦禍福非天治亂由人訓注姦僞血頳象
魏非時之賢君迷倒置

唐書列傳卷第一百一十九

左奉議郎充紹興府府學教授朱倬校正

劉昫 等修

聞人詮校刊沈桐同校

裴度

裴度字中立河東聞喜人祖有鄰濮州濮陽令父溆河南府澠池丞度貞元五年進士擢第登宏辭科應制舉賢良方正能直言極諫科對策高等授河陰縣尉遷監察御史密疏論權倖語切忤旨出爲河南府功曹遷起居舍人元和六年以司封員外郎知制誥尋轉本司郎中七年魏博節度使田季安卒其子懷諫幼年不任軍政牙軍立小將田興爲留後興布心腹於朝廷請守國法除吏輸常賦憲宗遣度使魏州宣諭興承僭侈之後車服垣屋有踰制度視事齋閣尤加宏敞興惡之不於其間視事乃除舊採訪使廳居之請度爲壁記述興謙降奉法魏人深德之興又請度遍至屬郡宣述詔旨魏人郊迎感悅使還拜中書舍人九年十月改御史中丞宣徽院五坊小使每歲秋按鷹犬於畿甸所至官吏必厚邀供餉小不如意即恣其須索百姓畏之如寇盜先是貞元末此輩暴橫尤甚乃至張網羅於民家門及井不令出入汲水曰驚我供奉鳥雀又羣聚於賣酒食家肆情飲啖將去留蛇一篋誡之曰吾以此蛇致供奉鳥雀可善飼之無使飢渴主人賂而謝之方肯携蛇篋而去至元和初雖數治其弊故態未絕小使嘗至下邽縣縣令裴寰性嚴刻嫉其兇暴公館之外一無曲奉小使怒構寰出慢言及上聞憲宗怒促令攝寰下獄欲以大不敬論宰相武元衡等以理開悟帝怒不解度入延英奏事因極言論列言寰無罪上愈怒曰如卿之言寰無罪即決五坊小使如小使無罪即決裴寰度對曰按罪誠如聖旨但以裴寰爲令長憂惜陛下百姓如此豈可加罪上怒色遽霽翌日令釋寰尋以度兼刑部侍郎奉使蔡州行營宣諭諸軍既還帝問諸將之才度曰臣觀李光顏見義能勇終有所成不數日光顏奏大破賊軍於時曲帝尤歎度之知人十六年月王承宗李師道俱遣刺客刺宰相武元衡亦令刺度是日

度出通化里盗三以劍擊度初斷鞾帶次中背纔絕單衣後微傷其首度墮馬會度帶氊帽故瘡不至深賊又揮刃追度度從人王義乃持賊連呼甚急賊反刃斷義手乃得去度已墮溝中賊謂度已死乃捨去居三日詔以度爲門下侍郎同中書門下平章事度勁正而言辯尤長於政體凡所陳諭感動物情自魏博使還宣達稱旨帝深嘉屬又自蔡州勞軍還益聽其言尚以元衡秉政大用未果自盜發都邑便以大計屬之初元衡遇害獻計者或請罷度官以安二鎮之心憲宗大怒曰若罷度官是姦計得行朝綱何以振舉吾用度一人足以破此二賊矣度亦以平賊爲已任度以所傷請告二十餘日詔以衛兵宿度私第中使問訊不絕未拜前一日宣旨謂度曰不用宣政衙假即延英對來及度入對撫諭周至時羣盜干紀變起都城朝野恐駭及度命相制下人情始安以爲必能殄寇自是誅賊之計日聞獻替用軍愈急十一年莊憲皇后崩度爲禮儀使上不聽政欲準故事置冢宰以揔百司度獻議曰冢宰是殷周六官之首既掌邦理實統百司故王者諒闇百官有權聽之制後代設官既無此號不可虛設且國朝故事或置或否古今異制不必因循勅旨曰諸司公事宜權取中書門下處分識者是之六月蔡州行營唐鄧節度使高霞寓敗兵于鐵城中外恟駭先是詔羣臣各獻誅吳元濟可否之狀朝臣多言罷兵赦罪爲便翰林學士錢徽蕭俛語尤切唯度言賊不可赦及霞寓敗宰相以上必猒兵欲以罷兵爲對延英方奏憲宗曰夫一勝一負兵家常勢若帝王之兵不合敗則自古何難於用兵累聖不應留此兇賊今但論此兵合用與否及朝廷制置當否卿等唯須要害處置將帥有不可者去之勿疑兵力有不足者速與應接何可以一將不利便沮成計於是宰臣不得措言朝廷無敢言罷兵者故度計得行王稷家二奴告稷換父遺表隱沒進奉物留其奴於仗內遣中使往東都檢責稷之家財度奏曰王鍔身歿之後其家進奉已多今因其奴告檢責其家事臣恐天下將帥聞之必有以家爲計者憲宗即日遣中使還二奴付京兆府決殺十二年李愬李光顏屢奏破

賊然國家聚兵淮右四年度支供餉不勝其弊諸將玩寇相視未有
成功上亦病之宰相李逢吉王涯等三人以勞師弊賦意欲罷兵見
上互陳利害度獨無言帝問之對曰臣請身自督戰明日延英重議
逢吉等出獨留度謂之曰卿必能爲朕行乎度俯伏流涕曰臣誓不
與此賊偕全上亦爲之改容度復奏曰臣昨見吳元濟乞降表料此
逆賊勢實窘蹙但諸將不一未能迫之故未降耳若臣自赴行營則
諸將各欲立功以固恩寵破賊必矣上然之翌日詔曰輔弼之臣軍
國是賴興化致理秉鈞以居取威定功則分閫而出所以同君臣之
體一中外之任焉屬者問罪汝南致誅淮右蓋欲刷其汙俗弔彼頑
人雖挈地求生者實繁有徒而嬰城執迷者未翦其類何獸困而猶
鬬豈鳥窮之無歸歟由是遥聽鼓鼙更張琴瑟煩我台席董茲戎旃
朝議大夫守中書侍郎同平章事飛騎尉賜紫金魚袋裴度爲時降
生協朕夢卜精辨宣力堅明納忠當軸而才謀老成運籌而智略有
定司其樞務備知四方之事付以兵要必得萬人之心是用禱于上

玄揀此吉日帶丞相之印綬所以尊其名賜諸侯之斧鉞所以重其
命爾宜宣布清問恢壯皇猷感勵連營蕩平多壘招懷孤疾字撫夷
傷況淮西一軍素効忠節過海赴難史冊書勳建中初攻破襄陽擒
滅崇義比者脅於凶逆歸命無由每念前勞常思安撫所以內輟輔
臣俾爲師率實欲保全慰諭各使得宜汝往欽哉無越我丕訓可門
下侍郎同中書門下平章事蔡州刺史充彰義軍節度申光蔡觀察
等使仍充淮西宣慰招討處置使詔出度以韓弘爲淮西行營都統
不欲更爲招討請祗稱宣慰處置使又以此行既兼招撫請改翦其
類爲革其志又以弘已爲都統請改更張琴瑟爲近輟樞衡請改煩
我台席爲授以成算皆從之仍奏刑部侍郎馬揔爲宣慰副使太子
右庶子韓愈爲彰義行軍司馬司勳員外郎李正封都官員外郎馮
宿禮部員外郎李宗閔等爲兩使判官書記皆從之初德宗朝政多
僻朝官或相過從多令金吾伺察密奏宰相不敢於私第見賓客及
度輔政以羣賊未誅宜延接奇士共爲籌畫乃請於私居接延賓客

憲宗許之自是天下賢俊得以効計議於丞相接士於私第由度之
請也自討淮西王師屢敗論者以殺傷滋甚轉輸不迨擬議密疏紛
紜交進度以腹心之疾不時去之終爲大患不然兩河之盜亦將視
此爲高下遂堅請討伐上深委信故聽之不疑度既受命召對於延
英奏曰主憂臣辱義在必死賊滅則朝天有日賊在則歸闕無期上
爲之惻然流涕十二年八月三日度赴淮西詔以神策軍三百騎衛
從上御通化門慰勉之度樓下銜涕而辭賜之犀帶度名雖宣慰其
實行元帥事仍以郾城爲治所上以李逢吉與度不協乃罷知政事
出爲劍南東川節度既離京淮西行營大將李光顏烏重胤謂監軍
梁守謙曰若侯度至而有功即非我利可疾戰先事立功是月六日
將出兵與賊戰於賈店爲賊所敗度二十七日至郾城巡撫諸軍宣
達上旨士皆賈勇時諸道兵皆有中使監陣進退不由主將戰勝則
先使獻捷偶衄則淩挫百端度至行營並奏去之兵柄專制之於將
衆皆喜悅軍法嚴肅號令畫一以是出戰皆捷度遣使入蔡州元濟

與度書曰比密有降款而索日進隔河大呼遂令三軍防元濟故歸
首無路十月十一日唐鄧節度使李愬襲破懸瓠城擒吳元濟度先
遣宣慰副使馬揔入城安撫明日度建彰義軍節領洄曲降卒萬人
繼進李愬具櫜鞬以軍禮迎度拜之路左度既視事蔡人大悅舊令
途無偶語夜不燃燭人或以酒食相過從者以軍法論度乃約法唯
盜賊鬬殺外餘盡除之其往來者不復以晝夜爲限於是蔡之遺黎
始知有生人之樂初度以蔡卒爲牙兵或以爲反側之子其心未安
不可自去其備度笑而荅曰吾受命爲彰義軍節度使元惡就擒蔡
人即吾人也蔡之父老無不感泣申光之民即時平定十一月二十
八日度自蔡州入朝留副使馬揔爲彰義軍留後初度入蔡州或譖
度沒入元濟婦女珍寶聞上頗疑之上欲盡誅元濟舊將封二劍以
授梁守謙使往蔡州度迴至郾城遇之乃復與守謙入蔡州量罪加
刑不盡如詔守謙固以詔止度先以疏陳乃徑赴闕下二月詔加度
金紫光祿大夫弘文館大學士賜勳上柱國封晉國公食邑三千戶

後知政事憲宗以淮西賊平因功臣李光顏等來朝欲開內宴詔六
軍使修麟德殿之東廊軍使張奉國以公費不足出私財以助用詣
於執政度從容啓曰陛下營造有將作監等司局豈可使功臣破產
營繕上怒奉國泄漏乃令致仕其父龍首渠起凝暉殿雕飾綺煥徙
佛寺花木以植于庭有程异皇甫鎛者姦纖用事二人領度支鹽鐵
數貢羨餘錢助帝營造帝又以异鎛平蔡時供饋不乏二人並命拜
同平章事度延英面論曰程异皇甫鎛錢穀吏耳非代天理物之器
也陛下徇耳目之欲拔置相位天下人騰口掉舌以爲不可於陛下
無益願徐思其宜帝不省納度三上疏論之請罷己相位上都不省
事見鎛傳又賈人張陟負五坊使楊朝汶息利錢潛匿朝汶於陟家
得私簿記有負錢人盧載初云是故西川節度使盧坦大夫書迹朝
汶即捕坦家人拘之坦男不敢申理即以私錢償之及徵驗書迹乃
故鄭滑節度盧羣手書也坦男理其事朝汶曰錢已進過不可復得
御史中丞蕭俛及諫官上疏陳其暴橫之狀度與崔羣因延英對極

○言之憲宗曰且欲與卿商量東軍此小事我自處置度奏曰用兵小
事也五坊追捕平人大事也兵事不理秖憂山東五坊使暴橫恐亂
輦轂上不悅帝久方省悟召朝汶數之曰向者爲爾使我羞見宰
相遂命誅之初淮蔡既平鎮冀王承宗甚懼度遣辯士遊說客於趙
魏間使說承宗令割地入質以效順故承宗求援於田弘正由度使
客諷動之故兵不血刃而承宗鼠伏十三年李師道翻覆違命詔宣
武義成武寧橫海四節度之師與田弘正會軍討之弘正奏請取黎
陽渡河會李光顏等軍齊進帝召宰臣於延英議可否皆曰閫外之
事大將制之既有奏陳且遂其請度獨以爲不可奏曰魏博一軍不
同諸道過河之後却退不得便須進擊方見成功若取黎陽渡河既
纔離本界便至滑州徒有供餉之勞又生顧望之勢況弘正光顏並
少威斷更相疑惑必恐遷延然兵士不從中制一定處分或慮不可
若欲於河南持重則不如河北養威不然則且秣馬厲兵候霜降水
落於楊劉渡河直抵鄆州但得至陽穀已來下營則兵勢自盛賊形

自撓上曰卿言是矣乃詔弘正取楊劉渡河及弘正軍既濟河而南
距鄆州四十里築壘賊勢果蹙頃之誅師道度執性不回忠於事上
時政或有所闕靡不極言之故爲姦臣皇甫鎛所構憲宗不悅十四
年檢校左僕射同中書門下平章事太原尹北都留守河東節度使
穆宗即位長慶元年秋張弘靖爲幽州軍所囚田弘正於鎮州遇害
朱克融王廷湊復亂河朔詔度以本官充鎮州四面行營招討使時
驕主荒僻輔相庸才制置非宜致其復亂雖李光顏烏重胤等稱爲
名將以十數萬兵擊賊無尺寸之功蓋以勢既橫流無能復振然度
授命之日蒐兵補卒不遑寢息自董西師臨於賊境屠城斬將屢以
捷聞穆宗深嘉其忠款中使撫諭無虛月進位檢校司空兼充押北
山諸蕃使時翰林學士元稹交結內官求爲宰相與知樞密魏弘簡
爲刎頸之交稹雖與度無憾然頗忌前達加於己上度方用兵山東
每處置軍事有所論奏多爲稹輩所持天下皆言稹恃寵熒惑上聽
度在軍上疏論之曰臣聞主聖臣直今既遇聖主輒爲直臣上答殊

○私下塞羣謗誓除國蠹無以家爲苟獻替之可行何性命之足惜伏
惟皇帝陛下恭承丕業光啓雄圖方殄頑人之風以立太平之事而
逆豎構亂震驚山東姦臣作朋撓敗國政陛下欲掃蕩幽鎮宜肅清
朝廷何者爲患有大小議事有先後河朔逆賊秖亂山東禁闈姦臣
必亂天下是則河朔患小禁闈患大小者臣等與諸戎臣必能翦滅
大者非陛下制斷非陛下覺悟無計驅除今文武百寮中外萬品有
心者無不憤怨有口者無不咨嗟直以威權方重獎用方深無所畏
避不敢抵觸恐事未行而禍已及不爲國計且爲身謀臣比者猶思
隱忍不願發明一則以罪惡如山怨謗如電伏料聖明必自誅殛一
則以四方無事萬樞且過雖紀綱潛壞賄賂公行俟其貫盈必自顛
覆今屬兇徒攘攘宸衷憂軫凡有制命計於安危痛此姦邪恣行欺
罔干亂聖略非止一途又翰苑舊臣結爲朋黨陛下聽其所說更訪
於近臣私相計會更唱迭和蔽惑聰明所以臣自兵興已來所陳章
疏事皆要切所奏書詔多有參差惜陛下委付之意不輕被姦臣抑

損之事不少臣素知佞倖亦無讎嫌秖是昨者臣請乘傳詣闕面陳戎事姦臣之徒最所畏懼知臣若到御坐之前必能悉數其過以此百計止臣此行臣又請領兵齊進逐便攻討姦臣之黨曲加阻礙恐臣統率諸道或有成功進退皆受羈牽意見悉遭蔽塞復共一二儉狡同辭合力或兩道招撫逗留旬時或遣蔚州行營拖曳日月但欲令臣失所使臣無成則天下理亂山東勝負悉不顧矣爲臣事君一至於此且陛下左右前後忠良至多亦有熟會興章亦有飽諳師旅足得任使何獨斯人以臣愚見若朝中姦臣盡去則河朔逆賊不討而自平若朝中姦臣尚在則逆賊縱平無益臣讀國史知代宗朝蕃戎侵軼直犯都城代宗不知蓋被程元振蒙蔽幾危社稷當時柳伉乃太常一博士耳猶能抗表歸罪爲國除害今臣所處兼總將相豈肯坐觀凶邪有虧日月不勝感憤嫉惡之至謹附中使趙奉國以聞儻陛下未信忠言猶惑姦黨伏乞出臣此表令三事大夫與百寮集議彼不受責臣合伏辜天鑒孔明照臣肝血但得天下之人知臣不負陛下則雖死之日猶生之年繼上三章辭情激切穆宗雖不悅然懼大臣正議乃以魏弘簡爲弓箭庫使罷元稹內職然寵稹之意未衰俄拜稹平章事尋罷度兵權守司徒同平章事充東都留守諫官相率伏閤詣延英門者日二三帝知其諫不即被召皆上疏言時未偃兵度有將相全才不宜置之散地帝以章疏旁午無如之何知人情在度遂詔度自太原由京師赴洛及元稹爲相請上罷兵洗雪廷湊克融解深州之圍蓋欲罷度兵柄故也二年三月度至京師既見先叙克融廷湊暴亂河朔受命討賊無功次陳除職東都許令入覲辭和氣勁感動左右度伏奏龍墀涕泗嗚咽帝爲之動容曰自諭之曰所謝知朕於延英待卿初入以度無左右之助爲姦邪排擯雖度勳德恐不能感動人主及度奏河北事慷慨激切揚於殿廷在位者無不聳動雖武夫賁介亦有咨嗟出涕者翌日以度守司徒揚州大都督府長史充淮南節度使進階光祿大夫時朱克融王廷湊雖授朝廷節鉞未解深州之圍度初發太原與二鎭書諭以大義克融解

圍而去廷湊亦退舍有中使自深州來言之穆宗甚喜即日又遣中使往深州取牛元翼更命度致書與廷湊度沿路奉詔中使得度書云朝謝後即歸留務恐廷湊知度無兵權即背前約請度易之中使乃進度書草具奏其事及度至京師進退明辯帝方憂深州之圍遂授度淮南節度使先是監軍使劉承偕恃寵凌節度使劉悟三軍憤發大譟擒承偕欲殺之已殺其二僕悟救之獲免而囚承偕詔遣歸京悟託以軍情不時奉詔至是宰臣延英奏事度亦在列上顧謂度曰劉悟拘承偕而不遣如何處置度辭以藩臣不合議軍國事上固問之且曰劉悟負我我以僕射寵之近又賜絹五百萬疋不思報功翻縱軍衆凌辱監軍我實難柰此事度對曰承偕在昭義不法臣盡知之昨劉悟在行營與臣書數論其事是時有中使趙弘亮在臣軍仍持悟書將去欲自奏不知奏否上曰我都不知悟何不密奏其事我豈不能處置度曰劉悟武臣不知大臣體例雖然臣竊以悟縱有密奏陛下必不能處置今日事狀如此臣等面論陛下猶未能決悟

單辭豈能動聖聽哉上曰前事勿論直言此時如何處置度曰陛下必欲收忠義之心使天下戎臣爲陛下死節唯有下半紙詔書言任使不明致承偕亂法如此今悟集三軍斬之如此則萬方畢命羣盜破膽天下無事矣苟不能如此雖與劉悟改官賜絹臣亦恐於事無益上俛首良久曰朕不惜承偕緣是太后養子今被囚縶太后未知如卿處置未得可更議其宜度與王播等復奏曰但配流遠惡處承偕必得出上以爲然承偕果得歸度方受冊司徒徐州奏節度副使王智興自河北行營率師還逐節度使崔羣自稱留後朝廷駭懼即日宣制以度守司徒同平章事復知政事乃以宰相王播代度鎭淮南度與李逢吉素不恊度自太原入朝而惡度者以逢吉善於陰計足能構度乃自襄陽召逢吉入朝爲兵部尚書度既復知政事而魏弘簡劉承偕之黨在禁中逢吉用族子仲言之謀因醫人鄭注與中尉王守澄交結內官皆爲之助五月左神策軍奏告事人李賞稱和王府司馬于方受元稹所使結客欲刺裴度詔左僕射韓皐給事中

鄭覃與李逢吉二人鞫于方之獄未竟罷元稹爲同州刺史罷度爲左僕射李逢吉代度爲宰相自是逢吉之黨李仲言張又新李續等内結中官外扇朝士立朋黨以沮度時號八關十六子皆交結相關之人數也而度之醜聲日聞俄出度爲山南西道節度使不帶平章事長慶四年襄陽節度使牛元翼卒其家先在鎮州朝廷累遣中使取之王廷湊遷延不遣至是聞元翼卒乃盡屠其家昭愍皇帝聞之嗟惋累日因歎宰輔非才致姦臣悖逆如此翰林學士韋處厚上言曰臣聞汲黯在朝淮南不敢謀叛干木處魏諸侯不敢加兵王霸之理皆以一士而止百萬之師以一賢而制千里之難臣伏以裴度勳高中夏聲播外夷廷湊克融皆憚其用吐蕃迴鶻悉服其名今若置之巖廊委其參決西夷北虜未測中華河北山東必稟朝算況幽鎮未靜尤資重臣管仲曰人離而聽之則愚合而聽之則聖理亂之本非有他術順人則理違人則亂伏承陛下當食歎息恨無蕭曹今有一裴度尚不留驅使此馮生所以感悟漢文云雖有廉頗李牧不能

○用也夫御宰相當委之信之親之禮之如於事不効於國無勞則置之散寮黜之遠郡如此則在位者不敢不勵將進者不敢苟求陛下存終始之分但不永棄則君臣之厚也今進皆負四海責望退不失六部尚書不肖者無因而勸臣與李逢吉素無讎嫌臣嘗被裴度因事貶黜今之所陳上荅聖明下達羣議披肝感激伏地涕流伏望鑒臣愛君矜臣體國則天下幸甚昭愍悟然省悟見度奏狀不帶平章事謂處厚曰度嘗爲宰相何無平章事處厚因奏爲逢吉所擠度自僕射出鎮興元遂於舊使銜中減落帝曰何至是也翌日下制復兼同平章事然逢吉之黨巧爲毁沮恐度復用有陳留人武昭者性果敢而辯舌度之討淮西也昭求進於軍門乃令入蔡州說吳元濟元濟臨之以兵昭氣色自若善待而還度以爲可用署之軍職隨度鎮太原奏授石州刺史罷郡除袁王府長史昭既在散位心微悒鬱而有怨逢吉之言而茅彙邪之黨使衛尉卿劉遵古從人安再榮告事言武昭欲謀害李逢吉獄具而武昭死蓋欲訐度舊事以汚之也然士君

子公論皆佑度而罪逢吉天子漸明其端每中使過興元必傳密旨撫諭且有徵還之約寶曆元年十一月度疏請入覲京師明年正月度至帝禮遇隆厚數日宣制復知政事而逢吉黨有左拾遺張權輿者尤出死力度自興元請入朝也權輿上疏曰度名應圖讖宅據岡原不召自來其心可見先是姦黨忌度作謠辭云非衣小兒坦其腹天上有口被驅逐天口言度嘗平吳元濟也又帝城東西橫亘六崗合易象乾卦之數度平樂里第偶當第五崗故權輿取爲語辭昭愍雖少年深明其誣謗奬度之意不衰姦邪無能措言時昭愍欲行幸洛陽宰相李逢吉及兩省諫官累疏論列帝正色曰朕去意已定其從官宫人悉令自備糗糧不勞百姓供饋逢吉頓首言曰東都千里而近宫闕具存以時巡遊固亦常典但以法駕一動事須備儀千乘萬騎不可減省縱不費用絕廣亦須豐儉得宜豈可自備糗糧頓失大體今干戈未甚戢邊鄙未甚寧恐人心動揺伏乞稍迴宸慮帝不聽令度支員外郎盧貞往東都已來檢計行宫及洛陽大内朝廷方

○懷憂恐會度自興元來因延英奏事帝語及巡幸度曰國家營創兩都蓋備巡幸然自艱難已來此事遂絕東都宫闕及六軍營壘百司廨署悉多荒廢陛下必欲行幸亦須稍稍修葺一年半歲後方可議行帝曰羣臣意不及此但云不合去若如卿奏不行亦得止後期旋又朱克融史憲誠各請以丁匠五千助修東都帝遂停東幸幽州朱克融執留賜春衣使楊文端奏稱衣段疏薄又奏今歲三軍春衣不足擬於度支請給一季春衣約三十萬端匹又請助丁匠五千修東都上憂其不遜問宰臣曰克融所奏如何處分我欲遣一重臣往宣慰便索春衣使可乎度對曰克融家本兇族無故又行凌悖必將滅亡陛下不足爲慮譬如一豺虎於山林間自吼自躍但不以爲事則自無能爲此賊秖敢於巢穴中無禮動即不得今亦不須遣使宣慰亦不要索所留勅使但更緩旬日已來與一詔云聞中官到彼稍失去就待到我當有處分所賜卿春衣有司製造不謹我甚要知之已令科處所請丁匠五千人及兵馬赴東都固是虛語臣料賊中必出

不得令欲直挫其姦意即報云卿所請丁匠修宮闕可速遣來已勅
魏博等道令所在排比供擬料得此詔必章惶失計若未能如此猶
示含容則報云東都宮闕所要修葺事在有司不假卿遣丁匠遠來
又所言三軍春衣自是本道常事比來朝廷或有事賜與皆緣徵發
須是優恩若尋常則無此例我固不惜三二十萬端疋祇是事體不
可獨與范陽卿宜知悉祇如此處分即得陛下更不要介意上從之
遂進詔草至皆如度所料不旬日幽州殺克融并其二子時帝童年
驕縱倦接羣臣度從容奏曰比者陛下每月約六七度坐朝天下人
心無不知陛下躬親庶政乃至河北賊臣遠聞亦皆聳聽自兩月已
來入閤開延英稍稀或恐大段公事須稟奏者有所擁滯伏冀陛
下乘涼數坐以廣延問伏以頤養聖躬在於順適時候若飲食有節
寢興有常四體惟和萬壽可保道書云春夏早起取雞鳴時秋冬晏
起取日出時蓋在陽則欲及陰涼在陰則欲及溫煖今陛下憂勤庶
政親覽萬機每御延英召臣等奏對方屬盛夏宜在清晨如至巳午

之間即當炎赫之際雖日昃忘食不憚其勞御膳屬旅亦似煩熱臣
等已曾陳論切望聽納自後視事稍頻未幾兼領度支屬盜起禁闈
宮車晏駕度與中貴人密謀誅劉克明等迎江王立爲天子以功加
門下侍郎集賢殿大學士太清宮使餘如故以贊導之勳進階特進
時滄景節度使李全略死其子同捷竊弄兵柄以求繼襲度請行誅
伐踰年而同捷誅因拜跡上陳調兵食非宰相事請歸諸有司詔從
之賜實封三百戶度年高多病上疏懇辭機務恩禮彌厚文宗遣御
醫診視日令中使撫問四年六月詔曰昔漢以孔光降置几之詔晉
以鄭沖申奉冊之命雖優隆耆德顯重元臣而議政不及於咨詢用
禮止在於安逸朕勤求至理所注唯賢顧諟舊勞敢不加敬繇是委
宰制於大政釋叅決於繁務時因聽斷誠望猷諧遂秩上公式是殊
寵特進守司徒兼門下侍郎同中書門下平章事充集賢殿大學士
上柱國晉國公食邑三千戶食實封三百戶裴度稟河嶽之英靈受
乾坤之間氣珪璋特達城府洞開外茂九功內苞一德器爲社稷之

鎮才實邦國之楨故能祗事累朝宣融景化在憲宗時掃滌區宇爾
則有出車殄寇之勳在穆宗時混同文軌爾則有叅戎入輔之績在
敬宗時阜康兆庶爾則有活國庇人之勤迨弼朕躬撫齊方夏爾則
有弔伐底寧之力皆不遺廟筭布在簡編功利及人不可悉數而朝
論益重我心實知方用皋陶之謨適值留侯之疾瀝懇牢讓備列奏
章塞詔上言動形顏色果聞勿藥之喜更俟調鼎之功而體力未和
音容尚阻不有優崇之命孰彰寵待之恩宜其協贊機衡弘敷教典
論道而儀刑卿士宣德而鎮撫華夷當養精神保綏福履爲國元老
眂予一人可司徒平章軍國重事待疾損日每三日五日一度入中
書散官勳封實封如故仍備禮冊命度表辭曰伏以公台崇禮典冊
盛儀庸臣當之實謂忝越況累承寵命亦爲便蕃前後三度已行此
禮令臣猶忝樞近竊懼無以弼諧重此勞煩有覥面目伏乞天恩且
課臣効官責臣實事冊命之儀特賜停罷則素餐高位空負恥於中
心并冕輕車免幾誚於衆口優詔從之九月加守司徒兼侍中襄州

刺史充山南東道節度觀察臨漢監牧等使度素稱堅正事上不回
故累爲姦邪所排幾至顛沛及晚節稍浮沉以避禍初度支鹽鐵使
王播廣事進奉以希寵度亦掇拾羨餘以効播士君子少之復引韋
厚叔南卓爲補闕拾遺俾彌縫結納爲自安之計而後進宰相李宗
閔牛僧孺等不悅其所爲故因度謝病罷相位復出爲襄陽節度初
元和十四年於襄陽置臨漢監牧廢百姓田四百頃其牧馬三千二
百餘匹度以牧馬數少虛廢民田奏罷之除其使名八年三月以本
官判東都尚書省事充東都留守九年十月進位中書令十一月誅
李訓王涯賈餗舒元輿等四宰相其親屬門人從坐者數十百人下
獄訊劾欲加流竄度上疏理之全活者數十家自是中官用事衣冠
道喪度以年及懸輿王綱版蕩不復以出處爲意東都立第於集賢
里築山穿池竹木叢萃有風亭水榭梯橋架閣島嶼迴環極都城之
勝槩又於午橋創別墅花木萬株中起涼臺暑館名曰綠野堂引甘
水貫其中釃引脉分映帶左右度視事之隙與詩人白居易劉禹錫

酬宴終日高歌放言以詩酒琴書自樂當時名士皆從之遊每有人
士自都還京文宗必先問之曰卿見裴度否上以其足疾不便朝謁
而年未甚衰開成二年五月復以本官兼太原尹北都留守河東節
度使詔出度累表固辭老疾不願更典兵權優詔不允文宗遣吏部
郎中盧弘往東都宣旨曰卿雖多病年未甚老爲朕臥鎮北門可也
促令上路度不獲已之任三年冬病甚乞還東都養病四年正月詔
許還京拜中書令以疾未任朝謝詔曰司徒中書令度綽有大勲累
居台鼎今以疾恙未任謝上其本官俸料宜自想日支給又遣國醫
就第診視屬上巳曲江賜宴羣臣賦詩度以疾不能赴文宗遣中使
賜度詩曰注令待元老識君恨不早我家柱石衰憂來學丘禱仍賜
御札曰朕詩集中欲得見卿唱和詩故令示此卿疾恙未痊固無心
力但異日進來春時俗說難於將攝勉加調護速就和平千百胷懷
不具一二藥物所須無憚奏請之煩也御札及門而度已薨四年三
月四日也上聞之震悼久之重令繕寫置之靈座時年七十五冊贈

○太傅輟朝四日賵賻加等詔京兆尹鄭復監護喪事所須皆官給上
恠度無遺表中使問之家人進其藁草其旨以未定儲貳爲憂言不
及家事度始自書生以辭策中科選數年之間翔泳清切逢時艱否
而能奮命決策橫身討賊爲中興宗臣當元和長慶間亂臣賊子蓄
斂喪氣憚度之威稜度狀貌不踰中人而風彩俊爽占對雄辯觀聽
者爲之聳然時有奉使絕域者四夷君長必問度之年齡幾何狀貌
孰似天子用否其威名播於憬俗爲華夷畏服也如此時威望德業
侔於郭子儀出入中外以身繫國之安危時之輕重者二十年凡命
將相無賢不肖皆推度爲首其爲士君子愛重也如此雖江左王導
謝安坐鎮雅俗而訏謨方略度又過之有子五人識譔讓諗議
識以蔭授官累遷至通議大夫檢校右散騎常侍壽州刺史本州團
練使上柱國襲晉國公食邑三千戶實封一百五十戶賜紫金魚袋
大中初改潭州刺史御史中丞充河南都團練觀察使八年加檢校
戶部尚書鳳翔尹鳳翔隴右節度使十一年本官移許州刺史忠武
軍節度陳許觀察等使
譔長慶元年登進士第
讓初任京兆府叅軍大和中度鎮襄陽奏乞讓從行
諗大中五年自大中大夫檢校右散騎常侍御史大夫宣州刺史宣
歙觀察使上柱國河東男食邑三百戶賜紫金魚袋入朝權知刑部
侍郎兄弟並列方鎮時人榮之
史臣曰德宗懲建中之難姑息藩臣貞元季年威令衰削章武皇帝
志攄宿憤廷訪嘉猷始得杜邠公用高崇文誅劉闢中得武丞相
籌訓戎賛成睿斷終得裴晉公耀武伸威竟殄兩河宿盜雄哉章武
之果斷也晉公以書生素業致位台衡逢時遘屯扼腕兇醜誓以身
徇不亦壯乎夫人臣事君雅忠與義大則以訏謨排禍難小則以讜
正匡過失內不慮身計外不恤人言古之所難也晉公能之誠社稷
之良臣股肱之賢相元和中興之力公胡讓焉昔仲尼歎周室陵遲
齊桓霸翼而有微管之論當承宗師道之濟惡也姦人遍四海刺客

○滿京師乃至闕吏禁兵附賊陰計議臣言未出口刃以揕胷苟非
義之臣孰肯橫身冒難以輔天子者苟裴令不用元和之世則時運
未可知也臣所以明左衽之歎宣聖奬賢之深
賛曰晉公伐叛以身犯難用之則治捨之則亂公去巖廊復失巽方
穎植之謀佸爲不臧

唐書列傳卷第一百二十

劉　昫　等修
聞人詮校刻沈桐同校

李渤　張仲方
裴潾 張臯附　李中敏
李甘　高元裕 元裕兄少逸
李漢　李景儉

李渤字濬之後魏橫野將軍申國公發之後祖玄珪衛尉寺主簿父鈞殿中侍御史以毋喪不時舉流于施州渤恥其家汚堅苦不仕勵志於文學不從科舉隱於嵩山以讀書業文爲事元和初戶部侍郎鹽鐵轉運使李巽諫議大夫韋況更薦之以山人徵爲左拾遺渤託疾不赴遂家東都朝廷政有得失附章疏陳論又撰御戎新録二十卷表獻之九年以著作郎徵之詔曰特降新恩用清舊議渤於是赴官歲餘遷右補闕連上章疏忤旨改丹王府諮議參軍分司東都十

二年遷贊善大夫依前分司十三年遣人上疏論時政凡五事一禮樂二食貨三刑政四議都五辯讎渤以散秩在東都以上章疏爲已任前後四十五封再遷爲庫部員外郎時皇甫鎛作相剝下希旨會澤潞節度使郗士美卒渤充吊祭使路次陝西渤上疏曰臣出使經行歷求利病竊知渭南縣長源鄉本有四百戶今纔一百餘戶閿鄉縣本有三千戶今纔有一千戶其他州縣大約相似訪尋積弊始自均攤逃戶凡十家之內太半逃亡亦須五家攤稅似投石井中非到底不止攤逃之弊苛虐如斯此皆聚斂之臣剝下媚上唯思竭澤不慮無魚乞降詔書絕攤逃之弊其逃亡戶以其家產錢數爲定徵有所欠乞降特恩免之計不數年人必歸於農矣夫農者國之本本立然後可以議太平若不由兹而云太平者謬矣又言道途不修驛馬多死憲宗覽疏驚異即以飛龍馬數百匹付畿內諸驛渤既以草疏切直大忤宰相乃謝病東歸穆宗即位召爲考功員外郎十一月定京官考不避權幸皆行昇黜奏曰宰臣蕭俛段文昌崔植是陛下君臨之初用爲輔弼安危理亂決在此時況陛下思天下和平敬大臣禮切固未有昵比左右傒滿自賢之心而宰相之權宰相之事陛下十以付之實君義臣行千載一遇之時也此時若失他更無時而俛等上不能推至公申炯誡陳先王道德以沃君心又不能正色匪躬振舉舊法復百司之本俾教化大立臣聞政之興廢在於賞罰俛等作相已來未聞獎一人德義舉守官奉公者使天下在官之徒有所激勸又不聞黜一人職事不理持祿養驕者使尸祿之徒有所懼如此則刑法不立矣邪正莫辯混然無章教化不行賞罰不設天下之事復何望哉一昨陛下遊幸驪山宰相翰林學士是陛下股肱心腹宜皆知之蕭俛等不能先事未形忘軀懇諫而使陛下有忽諫之名流於史冊是陷君於過也孔子曰所謂大臣者以道事君不可則止若俛等言行計從不當如是若言不行計不從須奉身速退不宜尸素於化源進退戾也何所避辭其蕭俛段文昌崔植三人并翰林學士杜元穎等並請考中下御史大夫李絳左散騎常侍張惟素右散

騎常侍李益等諫幸驪山鄭覃等諫畋遊是皆恐陛下行幸不息恣情無度又恐馬有銜蹶不測之變風寒生疾之憂急奏無所詣國璽委於婦人中倖之手絳等能率御史諫官論列於朝有懇激事君之體其李絳張惟素李益三人伏請賜上下考外特與遷官以彰陛下優忠賞諫之美其崔元略冠供奉之首合考上下緣與于暈上下考于暈以犯贓處死準令須降請賜考中中大理卿許季同任使于暈韋道沖韋正牧皆以犯贓或左降或處死合考中下然頃者陷劉闢之亂弃家歸朝忠節明著今宜以功補過請賜考中中少府監裴通職事修舉合考中上以其請追封所生母而捨嫡母是明罔於君幽欺其先請考中下伏以昔在宰夫入寢擅飲師曠李調令愚臣守官請書宰相學士中下考上黷聖運下振頹綱故臣懼不言之爲罪不懼言之爲罪也其三品官考伏緣限在今月內進輒先具如前其四品以下官續具條疏聞奏狀入留中不下議者以宰輔曠官自宜上疏論列而渤越職釣名非盡事君之道未幾渤以墜馬傷足請告會

魏博節度使田弘正表渤爲副使杜元穎奏曰渤賣直沽名動多狂躁聖恩矜貸且使居官而干進多端外交方鎮遠求奏請不能自安久留在朝輒恐生事乃出爲虔州刺史渤至州奏還鄰境信州所移兩稅錢二百萬免稅米二萬斛減所由一千六百人觀察使以其事上聞未滿歲遷江州刺史張平叔判度支奏徵久遠逋懸渤在州上疏曰伏奉詔勑云度支使所奏令臣設計徵填當州貞元二年逃戶所欠錢四千四百一十貫臣當州管田二千一百九十七頃今已旱死一千九百頃有餘若更勒徇度支使所爲必懼史官書陛下於大旱中徵三十六年前逋懸臣任刺史罪無所逃臣既上不副聖情下不忍鞭笞黎庶不敢輕持符印特乞放臣歸田乃下詔曰江州所奏實爲懇誠若不蠲容必難存濟所訴逋欠並放長慶二年入爲職方郎中三年遷諫議大夫敬宗沖年即位坐朝常晚一日入閤久不坐羣臣候立紫宸門外有耆年衰病者幾將頓仆渤出次白宰相曰昨日拜疏陳論今坐益晚是諫官不能迴人主之意渤之罪也請先出閤待罪於金吾仗語次喚仗乃止渤又以左右常侍職參規諷而循默無言論之曰若設官不責其事不如罷之以省經費若未能罷則請責職業渤充理匭使奏曰事之大者聞奏次申中書門下次移諸司諸司處理不當再來投匭即具事奏聞如妄訴無理本罪外加一等準勑告密人付金吾留身待進止今欲留身後牒臺府冀止絕兇人從之長慶寶曆中政出多門事歸邪倖渤不顧患難章疏論列曾無虛日帝雖昏縱亦爲之感悟轉給事中面賜金紫寶曆元年改元大赦先是鄠縣令崔發聞門外喧鬬縣吏言五坊使下毆擊百姓發怒命吏捕之曳挋既至時已曛黑不問色目良久與語乃知是一內官天子聞之怒收發繫御史臺御樓之日放繫囚發亦在雞竿下時有品官五十餘人持仗毆發縱橫亂擊發破面折齒臺吏以席蔽之方免是日繫囚皆釋發獨不免渤疏論之曰縣令不合曳中人中人不合毆御囚其罪一也然縣令所犯在恩前中人所犯在恩後中人橫暴一至於此是朝廷馴致使然若不早正刑書臣恐四夷之人及藩鎮奏事傳道此語則慢易之心萌矣渤又宣言于朝云郊禮前一日兩神策軍於青城內奪京兆府進食牙盤不時處置致有毆擊崔發之事上聞之按問左右皆言無奪食事以渤黨發出爲桂州刺史兼御史中丞充桂管都防禦觀察使渤雖被斥正論不已而諫官繼論其屈後宰相李逢吉竇易直李程因延英上語及崔發逢吉等奏曰崔發凌轢中人誠大不敬然發母是故相韋貫之姊年僅八十自發下獄積憂成疾伏以陛下孝治天下稍垂恩宥帝愍然良久曰比諫官論奏但言發屈未嘗言不敬之罪亦不言有老母如卿等言寧無愍惻即遣中使送發至其家兼撫問發母韋夫人號哭對中使杖發四十拜章謝恩帝又遣中使慰安之渤在桂管二年風恙求代罷歸洛陽大和五年以太子賓客徵至京師月餘卒時年五十九贈禮部尚書渤孤貞力行操尚不苟合而闒茸之流非其沽激至於以言擯退終不息言以救時病服名節者重之子祝會昌中登進士第辟諸侯府

張仲方韶州始興人祖九皐廣州刺史殿中監嶺南節度使父抗贈右僕射仲方伯祖始興文獻公九齡開元朝名相仲方貞元中進士擢第宏辭登科釋褐集賢校理丁母憂免服闋補祕書省正字調授咸陽尉出爲邠州從事入朝歷侍御史倉部員外郎會呂溫羊士諤誣告宰相李吉甫陰事二人俱貶仲方坐呂溫貢舉門生出爲金州刺史吉甫卒入爲度支郎中時太常定吉甫謚爲恭懿博士尉遲汾請爲敬憲仲方駮議曰古者易名請謚禮之典也處大位者取其巨節茂諸細行垂範當代昭示後人然後書之垂于不朽善善惡惡不可以誣故稱一字則至明矣定襃貶是非之宜泯同異紛綸之論賜司徒吉甫稟氣生材乘時佐治博涉多藝含章炳文爕贊陰陽經緯邦國惜乎通敏資性便媚取容故載踐樞衡疊致台衮大權在已沈謀罕成好惡徇情輕諾寡信謟淚在臉遇便則流巧言如簧應機必發夫人臣之翼戴元后者端恪致治孜孜夙夜緝熙庶績平章百揆兵者凶器不可從我始及乎伐罪則料敵以成功至使內有害輔臣

之盜外有慓毒之蠻師徒暴野戎馬生郊皇上旰食宵衣公卿大夫且慙且恥農人不得在畝緝婦不得在桑耗斂賦之常賞散帑之中積徵邊徼之備竭運輓之勞僵尸血流胔骼成岳酷毒之痛號訴無辜勦絕羣生迨今四載禍胎之兆寔始其謀遺君父之憂而豈謂之先覺者乎夫論大功者不可以妄取不可以枉致爲資畫者體理不顯不競而豈妨令美當削平西蜀乃言語侍從之臣擒翦東吳則討謨廊廟之輔較其功則有異言其力則不倫何捨其所重而録其所輕收其所小而略其所大且奢靡是嗜而曰愛人以儉受授無守而曰慎才以補斥諫諍之士于外豈不近之蔽聰乎舉忠烈之廟于內豈不近之聽愛也焉有蔽聰聽愛家範無制而能垂法作程憲章百度乎謹按謚法敬以直內內而不肅何以刑于外憲者法也戴記曰憲章文武又曰發慮憲義以爲敬恪終始載考歷位未嘗効一法官議一小獄及居重位以安和平易寛柔自處考其名與其行不類研其事與其道不侔一定之辭惟精惟審異日詳制貽諸史官請

○侯蔡寇将平天下無事然後都堂聚議謚亦未遲憲宗方用兵惡仲方深言其事怒甚貶爲遂州司馬量移復州司馬遷河東少尹未幾拜鄭州刺史滎陽大海佛寺有高祖爲隋鄭州刺史日爲太宗疾祈福於此寺造石像一軀凡刊勒十六字以誌之歲久刓缺滎陽令李光慶重加脩飾仲方再刊石記之以聞及敬宗即位李程作相與仲方同年登進士第召仲方爲右諫議大夫敬宗童年戲慢詔淮南王播造上巳競渡船三十隻播將船材於京師造作計用半年轉運之費方得成仲方詣延英面論言甚懇激帝只令造十隻以進帝又欲幸華清宮仲方諫曰萬乘所幸出須備儀無宜輕行以失威重帝雖不從慰勞之大和初出爲福州刺史兼御史中丞福建觀察使三年入爲太子賓客五年四月轉右散騎常侍七年李德裕輔政出爲太子賓客分司八年德裕罷相李宗閔復召仲方爲常侍九年十一月李訓之亂四宰相中丞京兆尹皆死翌日兩省官入朝宣政衙門未開百官錯立於朝堂無人交引接逡巡閤門使馬元贄斜開宣政衙門傳宣曰有敕召左散騎常侍張仲方仲方出班元贄宣曰仲方可京兆尹然後衙門大開喚仗月餘鄭覃作相用薛元賞爲京兆尹出仲方爲華州刺史開成元年五月入爲秘書監外議以鄭覃黨李德裕排擯仲方覃恐涉朋黨因紫宸奏事覃啓曰丞郎闕人臣欲用張仲方文宗曰中臺侍郎朝廷華選仲方作牧守無政安可以丞郎處之累加銀青光祿大夫上柱國曲江縣開國伯食邑七伯戶二年四月卒仲方貞確自立綽有祖風自駮謚之後爲德裕之黨擯斥坎坷而歿人士悲之有文集三十卷兄仲端位終都昌令弟仲平登進士第爲監察御史

裴潾河東人也少篤學善隸書以門蔭入仕元和初累遷右拾遺轉左補闕元和中兩河用兵初憲宗寵任內官有至專兵柄者又以內官充館驛使有曹進玉者恃恩暴戾遇四方使多倨有至捽辱者宰相李吉甫奏罷之十二年淮西用兵復以內官爲使潾上疏曰館驛之務每驛皆有專知官畿內有京兆尹外道有觀察使刺史迭相監

○臨臺中又有御史充館驛使專察過闕伏知近有敗事上聞聖聰但明示科條督責官吏據其所犯重加貶黜敢不惕懼日夜厲精若令宮闈之臣出參館驛之務則內臣外事職分各殊切在塞侵官之源絕出位之漸事有不便必誡以初令或有妨不必在大當掃靜妖氛之日開太平至理之風澄本正名實在今日言雖不用帝意嘉之遷起居舍人憲宗季年銳於服餌詔天下搜訪奇士宰相皇甫鎛與金吾將軍李道古挾邪固寵薦山人柳泌及僧大通鳳翔人田佐元皆待詔翰林憲宗服泌藥日增躁渴流聞于外潾上疏諫曰臣聞除天下之害者受天下之利共天下之樂者饗天下之福故上自黃帝顓頊堯舜禹湯下及周文王武王咸以功濟生靈德配天地故天皆報之以上壽垂祚於無疆伏見陛下以大孝安宗廟以至仁牧黎元自踐祚已來剗積代之妖兇開削平之洪業而禮敬宰輔待以終始內能大斷外寛小故夫此神功聖化皆自古聖主明君所不及陛下躬親行之實光映千古矣是則天地神祇必報陛下以山岳之壽宗廟

聖靈必福陛下以億萬之齡四海蒼生咸祈陛下以覆載之永自然萬靈保祐聖壽無疆伏見自去年已來諸處頻薦藥術之士有韋山甫柳泌等或更相稱引迄今狂謬薦送漸多臣伏以眞仙有道之士皆匿其名姓無求於代潛遁山林滅影雲壑唯恐人見唯懼人聞豈肯干謁公卿自鬻其術今者所有誇衒藥術者必非知道之士咸爲求利而來自言飛鍊爲神以誘權貴賄賂大言怪論驚聽惑時及其假僞敗露曾不恥於逃遁如此情狀豈可保信其術親餌其藥哉禮曰夫人食味別聲被色而生者也春秋左氏傳曰味以行氣氣以實志又曰水火醯醢鹽梅以烹魚肉宰夫和之齊之以味君子食之以平其心夫三牲五穀稟自五行發爲五味蓋天地生之所以奉人也是以聖人節而食之以致康強逢吉之福若夫藥石者前聖以之療疾蓋非常食之物況金石皆含酷烈熱毒之性加以燒治動經歲月既兼烈火之氣必恐難爲防制若乃遠徵前史則秦漢之君皆信方士如盧生徐福欒大李少君其後皆姦僞事發其藥竟無所成事著

史記漢書皆可驗視禮曰君之藥臣先嘗之親之藥子先嘗之臣子一也臣願所有金石鍊藥人及所薦之人皆先服一年以考其眞僞則自然明驗矣伏惟元和聖文神武法天應道皇帝陛下合日月照臨之明稟乾元利貞之德崇正若指南受諫如轉規是必發精金之刃斷可疑之網所有藥術虛誕之徒伏乞特賜罷遣禁其幻惑使浮雲盡徹朗日增輝道化侔羲農悠久配天地實在此矣伏以貞觀已來左右起居有褚遂良杜正倫呂向韋述等咸能竭其忠誠悉心規諫小臣謬參侍從職奉起居侍從之中最近左右傳曰近臣盡規則近侍之臣上達忠款實其本職也疏奏忤旨貶爲江陵令穆宗即位柳泌等誅徵潾爲兵部員外郎遷刑部郎中有前率府倉曹曲元衡者杖殺百姓柏公成母法官以公成母死在辜外元衡父任軍使使以父蔭徵銅柏公成私受元衡資貨母死不聞公府法寺以經恩免罪潾議曰典刑者公柄也在官者得施於部屬之內若非在官又非部屬雖有私罪必告於官官爲之理以明不得擅行鞭捶於齊人也且元衡身非在官公成母非部屬而擅憑威力橫此殘虐豈合拘於常典柏公成取貨於讎利母之死悖逆天性犯則必誅奏下元衡杖六十配流公成以法論至死公議稱之轉考功吏部二郎中寶曆初拜給事中大和四年出爲汝州刺史兼御史中丞賜紫坐違法杖殺人貶左庶子分司東都七年遷左散騎常侍充集賢殿學士集歷代文章續梁昭明太子文選成三十卷目曰大和通選幷音義目錄一卷上之當時文士非素與潾遊者其文章少在其選時論咸薄之八年轉刑部侍郎尋改華州刺史九年復拜刑部侍郎開成元年轉兵部侍郎二年加集賢院學士判院事尋出爲河南尹入爲兵部侍郎三年四月卒贈戶部尚書謚曰敬潾以道義自處事上盡心尤嫉朋黨故不爲權幸所知憲宗竟以藥忤不壽君子以潾爲知言穆宗雖誅柳泌既而自惑左右近習稍稍復進方士時有處士張皐上疏曰神慮澹則血氣和嗜欲勝則疾疹作和則必臻於壽考作則必致於傷殘是以古之聖賢務自頤養不以外物撓耳目不徇聲色敗性情

由是和平自臻福慶斯集故易曰無妄之疾勿藥有喜詩曰自天降康降福穰穰此皆理合天人著在經訓然則藥以攻疾無疾固不可餌之也高宗朝處士孫思邈者精識高道深達攝生所著千金方三十卷行之於代其序論云凡人無故不宜服藥藥氣偏有所助令人臟氣不平思邈此言可謂洞於事理也或寒暑爲冦節宜有乖事資醫方尚須重愼故禮云醫不三代不服其藥施於凡庶猶且如此況在天子豈得自輕先朝暮年頗好方士徵集非一嘗試亦多果致危疾聞於中外足爲殷鑒皆陛下素所詳知必不可更蹤前車自貽後悔今朝野之人紛紜竊議直畏忤旨莫敢獻言臣蓬艾微生麋鹿同處既非邀寵亦又何求但泛覽古今粗知忠義有聞而默於理不安願陛下無忽芻蕘庶裨萬一穆宗歎獎其言尋令訪皐不獲

李中敏隴西人父嬰中敏元和末登進士第性剛褊敢言與進士杜牧李甘相善文章趣向大率相類中敏累從府辟入爲監察歷侍御史大和中爲司門員外郎六年夏旱時王守澄方寵鄭注及誣構宋

申錫後人側目晏之上以久旱詔求致雨之方中敏上言曰仍歲大旱非聖德不至直以宋申錫之冤滥鄭注之姦弊今致雨之方莫若斬鄭注而雪申錫士大夫皆危之疏留中不下明年中敏謝病歸洛陽及訓注誅竟雪申錫召中敏爲司勲員外郎尋遷刑部郎中知臺雜其年拜諫議大夫充理匭使上言曰據舊例投匭進狀人先以副本呈匭使或詭異難行者不令進入臣檢尋文按不見本勅所由但今云貞元奉宣恐是一時之事臣以爲本置匭函每日從内將出日暮進入意在使冤滥無告有司不爲申理者或論時政或陳利害宜開其必達之路所以廣聰明而慮幽枉也若今有司先見裁其可否即非重密其事俾壅塞自伸於九重之意臣伏請今後所有進狀及封事臣但爲引進取捨可否斷自中旨庶使名實在兹以明置匭之本從之尋拜給事中

李甘字和鼎長慶末進士擢第又制策登科大和中累官至侍御史鄭注入翰林侍講舒元輿既作相注亦求入中書甘唱於朝曰宰相

○者代天理物先德望而後文藝注乃何人敢茲叨竊白麻若出吾必壞之會李訓亦惡注之所求相注之事竟寢訓不獲已貶甘封州司馬又有李款者與中敏同時爲侍御史鄭注邠寧入朝款伏閤彈注云内通勅使外結朝官兩地往來卜射財貨文宗不之省及注用事款亦被逐開成中累官至諫議大夫出爲蘇州刺史遷洪州刺史江西觀察使杜牧自有傳

高元裕字景圭渤海人祖㠯父集官卑元裕登進士第本名允中大和初爲侍御史奏改元裕累遷左司郎中李宗閔作相用爲諫議大夫尋改中書舍人九年宗閔得罪南遷元裕出城餞送爲李訓所怒出爲閬州刺史時鄭注入翰林元裕草注制辭言注以醫藥奉君親注怒會送宗閔乃貶之訓注既誅復徵爲諫議大夫開成三年充翰林侍講學士文宗寵莊恪太子欲正人爲師友乃兼太子賓客四年改御史中丞風望峻整上言曰御史府紀綱之地官屬選用宜得實才其不稱者臣請出之監察御史杜宣猷柳瓌崔郢侍御史魏中庸高弘簡並以不稱出爲府縣之職尋而藍田縣人賀蘭進與里内五十餘人相聚念佛神策鎮將皆捕之以爲謀逆當大辟元裕疑其冤上疏請出賀蘭進等付臺覆問然後行刑從之會昌中爲京兆尹大中初爲刑部尚書二年檢校吏部尚書襄州刺史加銀青光祿大夫渤海郡公山南東道節度使入爲吏部尚書卒元裕兄少逸元恭

少逸長慶末爲侍御史坐弟元裕貶官左授贊善大夫累遷左司郎中元裕爲中丞少逸遷諫議大夫代元裕爲侍講學士兄弟迭處禁密時人榮之會昌中爲給事中多所封奏大中初檢校禮部尚書華州刺史潼關防禦鎮國軍使入爲左散騎常侍工部尚書卒元裕子璩登進士第大中朝由内外制歷丞郎判度支咸通中守中書侍郎平章事

李漢字南紀宗室淮陽王道明之後道明生景融景融生務該務該生思思生岌岌已上無名位至岌爲蜀州晉原尉岌生荆荆爲陝州司馬荆生漢漢元和七年登進士第累辟使府長慶末爲左拾遺敬

○宗好治宮室波斯賈人李蘇沙獻沈香亭子材漢上疏論之曰若以沈香爲亭子即與瑶臺瓊室事同寶曆中王政日僻漢與同列薛延老因入閣廷奏曰近日除授不由中書擬議多是宣出施行臣恐自此紀綱大壞姦邪恣行願陛下各勑有司稍存典故坐言忤旨出爲興元從事文宗即位召爲屯田員外郎史館脩撰漢韓愈子壻少師愈爲文長於古學剛訐亦類愈預修憲宗實録尤爲李德裕所憎大和四年轉兵部員外郎李宗閔作相用爲知制誥尋遷駕部郎中入年代宇文鼎爲御史中丞時李程爲左僕射以儀注不定奏請定制先是大和三年兩省官同定左右僕射儀注御史中丞已下與僕射相遇依令致敬斂馬側立待僕射謝官日大夫中丞三院御史就幕次參見其觀象門外立班既以後至爲重大夫中丞到班後朝堂所由引僕射就位傳呼贊導如大夫就列之儀班退贊導亦如之御史大夫與僕射道途相遇則分道而行舊事左右僕射已上御史中丞吏部侍郎已下羅拜四年中書奏曰僕射受中丞侍郎拜則似太重

荅郎官巳下拜則太輕起今後諸司四品巳下官及御史臺六品巳下幷郎官並望準故事餘依元和七年勑處分可之至是因李程奏漢議曰左右僕射初上受左右丞諸曹侍郎諸司四品及御史中丞巳下拜謹按開元禮及六典並無此儀注不知所起之由或以爲僕射師長百寮此語亦無證據唯有曹魏時賈詡讓官表中一句語耳且尚書令是正長尚無受拜之文故事與御史中丞司隸校尉號三獨坐伏以朝廷比肩同事聖主南面受拜臣下何安縱有明文尚須釐革故禮記曰君於士不荅拜非其臣則荅之況御史中丞駁中御史是供奉官尤爲不可儀制令雖有隔品之文不知便是受拜否及御史大夫亦曾受御史巳下拜今並不行蓋以禮數僭逼非人臣所安元和六年七月詔崔邠段平仲與當時禮官王涇韋公肅等同議其事理甚精詳今請舉而行之庶爲折衷時程入省竟依舊儀議者以漢奏爲是七年轉禮部侍郎八年改戶部侍郎九年四月轉吏部侍郎六月李宗閔得罪罷相漢坐其黨出爲邠州刺史宗閔再貶漢亦改汾州司馬仍三二十年不得録用會昌中李德裕用事漢竟淪

躓而卒漢弟澣洗潘皆登進士第潘大中初爲禮部侍郎漢子旣亦登進士第

李景儉字寬中漢中王瑀之孫父褚太子中舍景儉貞元十五年登進士第性俊朗博聞強記頗閱前史詳其成敗自負王霸之略於士大夫間無所屈降貞元末韋執誼王叔文東宮用事尤重之待以管葛之才叔文竊政屬景儉居母喪故不及從坐韋夏卿留守東都辟爲從事竇羣爲御史中丞引爲監察御史羣以罪左遷景儉坐貶江陵戶曹累轉忠州刺史元和末入朝執政惡之出爲澧州刺史與元稹李紳相善時紳稹在翰林屢言於上前及延英辭日景儉自陳巳屈穆宗憐之追詔拜倉部員外郎月餘驟遷諫議大夫性旣矜誕寵擢之後凌蔑公卿大臣使酒尤甚中丞蕭俛學士段文昌相次輔政景儉輕之形於談謔二人俱訴之穆宗不獲巳貶之制曰諫議大夫李景儉擢自宗枝嘗探儒術荐歷臺閣亦分郡符動或違仁行不由義附權幸以虧節通姦黨之陰謀衆情皆疑羣議難息據因緣之狀當寘嚴科順長養之時特從寬典勉宜省過無或徇非可建州刺史未幾元稹用事自郡召還復爲諫議大夫其年十二月景儉朝退與兵部郎中知制誥馮宿庫部郎中知制誥楊嗣復起居舍人温造司勳員外郎李肇刑部員外郎王鎰等同謁史官獨孤朗乃於史館飲酒景儉乘醉詣中書謁宰相呼王播崔植杜元穎名面疏其失辭頗悖慢宰相遜言止之旋奏貶漳州刺史是日同飲於史館者皆貶逐景儉未至漳州而元稹作相改授楚州刺史議者以景儉使酒凌忽宰臣詔令纔行遽遷大郡稹懼其物議追還授少府少監從坐者皆召還而景儉竟以忤物不得志而卒景儉疏財尚義雖不厲名節死之日知名之士咸惜之景儉弟景儒景信景仁皆有藝學知名於時景信景仁皆登進士第

史臣曰仲尼有言不得中行而與之必也狂狷乎而渤論考第仲方駮謚誠知後悔不能息言可謂狷歟當賊注挾邪之辰羣公結舌而

寢默而中敏李甘元裕或肆其言或奮其筆暴揚醜迹不憚擦鬚譖之爲狂即有遺恨比夫請劒斷佞亦可同年而語也南紀有良史才足以自立而恊比權幸顛沛終身君子愼獨庸可忽諸景儉自負太過蕩而無檢良驥跅弛之患也

贊曰張李切言利刃決雲裴諫方士深誠愛君言排賊注高李不羣漢儉朋比夫何足云

唐書列傳卷第一百二十一

劉　昫　等修

聞人詮校刻沈桐同校

令狐楚 從弟定 楚子緒 綯 綯子滈 渙

牛僧孺 僧孺子蔚 藂 蔚子徽

蕭俛 從弟傑 俶 從弟倣 倣子廩

李石 石弟福

令狐楚字殼士自言國初十八學士德棻之裔祖崇亮綿州昌明縣令父承簡太原府功曹家世儒素楚兒童時已學屬文弱冠應進士貞元七年登第桂管觀察使王拱愛其才欲以禮辟召懼楚不從乃先聞奏而後致聘楚以父祿太原有庭闈之戀又感拱厚意登第後徑往桂林謝拱不預宴遊乞歸奉養即還太原人皆義之李說嚴綬鄭儋相繼鎮太原高其行義皆辟爲從事自掌書記至節度判官歷殿中侍御史楚才思俊麗德宗好文每太原奏至能辨楚之所爲頗稱之鄭儋在鎮暴卒不及處分後事軍中喧譁將有急變中夜十數騎持刃迫楚至軍門諸將環之令草遺表楚在白刃之中搦管即成讀示三軍無不感泣軍情乃安自是聲名益重丁父憂以孝聞免喪徵拜右拾遺改太常博士禮部員外郎母憂去官服闋以刑部員外郎徵轉職方員外郎知制誥楚與皇甫鎛蕭俛同年登進士第元和九年鎛初以財賦得幸薦俛楚俱入翰林充學士遷職方郎中中書舍人皆居內職時用兵淮西言事者以師久無功宜宥賊罷兵唯裴度與憲宗志在殄寇十二年夏度自宰相兼彰義軍節度淮西招撫宣慰處置使宰相李逢吉與度不協與楚相善楚草度淮西招撫使制不合度旨度請改制內三數句語憲宗方責度用兵乃罷逢吉相任亦罷楚內職守中書舍人元和十三年四月出爲華州刺史其年十月皇甫鎛作相其月以楚爲河陽懷節度使十四年四月裴度出鎮太原七月皇甫鎛薦楚入朝自朝議郎授朝議大夫中書侍郎同平章事與鎛同處台衡深承顧待十五年正月憲宗崩詔楚爲山陵使仍撰哀册文時天下怨皇甫鎛之奸邪穆宗即位之四日群臣素服班於月華門外宣詔貶鎛將殺之會蕭俛作相託中官救解方貶崖州物議以楚因鎛作相而逐裴度群情共怒以蕭俛之故無敢措言其年六月山陵畢會有告楚親吏贓汙事發出爲宣歙觀察使楚充奉山陵時親吏韋正牧奉天令于翬翰林陰陽官等同隱官錢不給工徒價錢移爲羨餘十五萬貫上獻怨訴盈路正牧等下獄伏罪皆誅楚再貶衡州刺史時元稹初得幸爲學士素惡楚與鎛膠固希寵稹草楚衡州制略曰楚早以文藝得踐班資憲宗念才擢居禁近異端斯害獨見不明密隳討伐之謀潛附奸邪之黨因緣得地進取多門遂忝台階實妨賢路楚深恨稹長慶元年四月量移郢州刺史遷太子賓客分司東都二年十一月授陝州大都督府長史兼御史大夫陝虢觀察使制下旬日諫官論奏言楚所犯非輕未合居廉察之任上知之遽令追制時楚已至陝州視事一日矣復授賓客歸東都時李逢吉作相極力援楚以李紳在禁密沮之未能擅柄敬宗即位逢吉逐李紳尋用楚爲河南尹兼御史大夫其年九月檢校禮部尚書汴州刺史宣武軍節度汴宋亳觀察等使汴軍素驕累逐主帥前後韓弘兄弟率以峻法繩之人皆偷生未能革志楚長於撫理前鎮河陽代烏重胤移鎮滄州以河陽軍三千人爲牙卒卒咸不願從中路叛歸又不敢歸州聚於境上楚初赴任聞之乃疾驅赴懷州潰卒亦至楚單騎喻之咸令櫜弓解甲用爲前驅卒不敢亂及莅汴州解其酷法以仁惠爲治去其太甚軍民咸悅翕然從化後竟爲善地汴帥前例始至率以錢二百萬實其私藏楚獨不取以其羨財治廨舍數百間大和二年九月徵爲戶部尚書三年三月檢校兵部尚書東都留守東畿汝都防禦使其年十一月進位檢校右僕射鄆州刺史天平軍節度鄆曹濮觀察等使奏故東平縣爲天平縣屬歲旱儉人至相食楚均富贍貧而無流亡者六年二月改太原尹北都留守河東節度等使楚久在并州練其風俗因人所利而利之雖屬歲旱人無轉徙楚始自書生隨計成名皆在太原實如故里及是秉旄作鎮邑老歡迎楚綏撫有方軍民胥悅七年六月入爲吏部尚書仍檢校右僕射故事檢校官高者便從其班楚以正官三品不宜從二品

之列請從本班優詔嘉之九年六月轉太常卿十月守尚書左僕射進封彭陽郡開國公十一月李訓兆亂京師大擾訓亂之夜文宗召右僕射鄭覃與楚宿于禁中商量制勑上皆欲用爲宰相楚以王涯賈餗寃死敘其罪狀浮泛仇士良等不悅故輔弼之命移於李石乃以本官領鹽鐵轉運等使先是鄭注上封置榷茶使額鹽鐵使兼領之楚奏罷之曰伏以江淮數年已來水旱疾疫凋傷頗甚愁歎未平今夏及秋稍校豐稔方須惠卹各使安存昨者忽奏榷茶實爲蠹政蓋是王涯破滅將至怨怒合歸豈有令百姓移茶樹於官場中栽植摘茶葉於官場中造作有同兒戲不近人情方在恩權孰敢沮議朝班相顧而失色道路以目而吞聲今宗社降靈姦兇盡戮聖明垂祐黎庶合安微臣蒙恩兼領使務官銜之內猶帶此名俯仰若驚夙宵知懼伏乞特迴聖聽下鑒愚誠速委宰臣除此使額緣軍國之用或闕山澤之利有遺許臣條疏續具聞奏採造將及妨廢爲虞前月二十一日內殿奏對之次鄭覃與臣同陳論訖伏望聖慈早賜處分一

依舊法不用新條惟納榷之時須節級加價商人轉賣必校稍貴即是錢出萬國利歸有司既不害茶商又不擾茶戶上以彰陛下愛人之德下以竭微臣憂國之心遠近傳聞必當感悅從之先是元和十年出內庫弓箭陌刀賜左右街使充宰相入朝以爲翼衛及建福門而止至是因訓注之亂悉罷之楚又奏諸道新授方鎮節度使等具帑抹帶器仗就尚書省兵部參辭伏以軍國異容古今定制若不由舊斯爲改常未聞省閤之門忽內弓刀之器鄭注外蒙恩寵內蓄兇狂首創姦謀將興亂兆致王璠郭行餘之輩敢驅將吏直詣闕庭震驚乘輿騷動京國血濺朝路尸僵禁街史冊所書人神共憤既往不咎其源尚開前件事宜伏乞速令停罷如須參謝即具公服從之又奏請罷修曲江亭絹一萬三千七百匹迴修尚書省從之開成元年上巳賜百寮曲江亭宴楚以新誅大臣不宜賞宴獨稱疾不赴論者美之以權在內官累上疏乞解使務其年四月檢校左僕射興元尹充山南西道節度使二年十一月卒于鎮年七十二冊贈司空謚曰

文楚風儀嚴重若不可犯然寬厚有禮門無雜賓嘗與從事宴語方酣有非類偶至立命徹席毅然色變累居重任貞操如初未終前三日猶吟詠自若疾甚諸子進藥未嘗入口曰修短之期分以定矣何須此物前一日召從事李商隱曰吾氣魄已殫情思俱盡然所懷未已強欲自寫聞天恐辭語乖舛子當助我成之即秉筆自書曰臣永惟際會受國深恩以祖以父皆蒙褒贈有弟有子並列班行全腰領以從先人委體魄而事先帝此不自達誠爲甚愚但以永去泉扃長辭雲陛更陳尸諫猶進瞽言雖號叫而不能豈誠明之敢忘今陛下春秋鼎盛寰海鏡清是修教化之初當復理平之始然自前年夏秋已來貶譴者至多誅戮者不少望普加鴻造稍霽皇威殁者昭洗以雲雷存者霑濡以雨露使五穀嘉熟兆人安康納臣將盡之苦言慰臣永蟄之幽魄書訖謂其子緒綯曰吾生無益於人勿請謚號葬日勿請鼓吹唯以布車一乘餘勿加飾銘誌但志宗門秉筆者無擇高位當殁之夕有大星隕於寢室之上其光燭廷楚端坐與家人告訣

言已而終嗣子奉行遺旨詔曰生爲名臣殁有理命終始之分可謂兩全鹵簿哀榮之末節難違往意誄謚國家之大典須守彝章鹵簿宜停易名須準舊例後綯貴累贈至太尉有文集一百卷行於時所撰憲宗哀冊文辭情典鬱爲文士所重

楚弟定字履常元和十一年進士及第累辟使府大和九年累遷至職方員外郎弘文館直學士檢校右散騎常侍桂州刺史桂管都防禦觀察等使卒贈禮部尚書

緒以蔭授官歷隨壽汝三郡刺史在汝州日有能政郡人請立碑頌德緒以弟綯在輔弼上言曰臣先父元和中特承恩顧弟綯官不因人出自宸衷臣伏覩詔書以臣刺汝州日粗立政勞吏民求立碑頌尋乞追罷臣任隨州日郡人乞留得上下考及轉河南少尹加金紫此名已聞於日下不必更立碑頌乞賜寢停宣宗嘉其意從之

綯字子直大和四年登進士第釋褐弘文館校書郎開成初爲左拾遺二年丁父喪服闋授本官尋改左補闕史館修撰累遷庫部戶部

員外郎會昌五年出爲湖州刺史大中二年召拜考功郎中尋知制誥其年召入充翰林學士三年拜中書舍人襲封彭陽男食邑三百戶尋拜御史中丞四年轉戶部侍郎判本司事其年改兵部侍郎同中書門下平章事綯以舊事帶尚書省官合先省上上日同列集於少府監時白敏中崔龜從曾爲太常博士至相位欲榮其舊署乃改集於太常禮院龜從手筆志其事於壁綯輔政十年累官至吏部尚書右僕射涼國公食邑二千戶十三年罷相檢校司空同中書門下平章事河中尹河中晉絳等節度使咸通二年改汴州刺史宣武軍節度使三年冬遷揚州大都督府長史淮南節度副大使知節度事累加開府儀同三司檢校司徒進食邑至三千戶九年徐州戍兵龐勛自桂州擅還七月至浙西沿江自白沙入濁河剽奪舟船而進綯聞勛至遣使慰撫供給芻米都押衙李湘白綯曰徐兵擅還必無好意雖無詔命除討權變制在藩方盱其黨來投言其數不踰二千而虛張舟航旗幟恐人見其實涉境已來心頗憂惴計其水路須出高

○郵縣界河岸斗峻而水深狹若出奇兵邀之俾荻舩縱火於前勁兵奮擊於後敗走必矣若不於此誅鋤俟濟淮泗合徐人負怨之徒不下十萬則禍亂非細也綯性懦緩又以不奉詔命謂湘曰長淮已南他不爲暴從他過去餘非吾事也其年冬龐勛殺崔彥曾據徐州聚衆六七萬徐無兵食乃分遣賊帥攻剽淮南諸郡滁和楚壽繼陷穀食既盡淮南之民多爲賊所斷時兩淮郡縣多陷惟杜慆守泗州賊攻之經年不能下初詔綯爲徐州南面招討使賊攻泗州急綯令李湘將兵五千人援之賊聞湘來援遣人致書于綯辭情遜順言朝廷累有詔赦宥但抗拒者三兩人耳旦夕圖去之即束身請命願相公保任之綯即奏聞請賜勛節鉞仍誡李湘但戍淮口賊已招降不得立異緣是湘軍解甲安寢去警徹備日與賊軍相對歡笑交言一日賊軍乘間步騎徑入湘壘淮卒五千人皆被生縶送徐州爲賊蒸而食之湘與監軍郭厚本爲龐勛斷手足以徇於康承訓軍時浙西杜審權發軍千人與李湘約會兵大將翟行約勇敢知名浙軍未至而湘軍敗賊乃分兵立淮南旗幟爲交鬬之狀行約軍望見急趨之千人並爲賊所縛送徐州綯既喪師朝廷以左衛大將軍徐州西南面招討使馬擧代綯爲淮南節度使十二年八月授檢校司徒太子太保分司東都十三年以本官爲鳳翔尹鳳翔隴節度使進封趙國公食邑三千戶卒子滈渙渢

滈少擧進士以父在內職而止及綯輔政十年滈以鄭顥之親驕縱不法日事游宴貨賄盈門中外爲之側目以綯黨援方盛無敢措言及懿宗即位訟者不一故綯罷權軸既至河中上言曰臣男滈爰自孩提便從師訓至於詞藝頗及輩流會昌二年臣任戶部員外郎時已令應擧至大中二年猶未成名臣自湖州刺史蒙先帝擢授考功郎中知制誥尋充學士繼叨渥澤遂忝樞衡事體有妨因令罷擧自當廢絕一十九年每遣退藏更令勤勵臣以祿位逾分齒髮已衰男滈年過長成未霑一第犬馬私愛實切憫傷臣二三年來頻乞罷免每年取得文解意待纔離中書便令赴擧昨蒙恩制寵以近藩伏緣

○已逼禮部試期便令就試至於與奪出自主司臣固不敢撓其衡柄臣初離機務合具上聞昨延英奉辭本擬面奏伏以戀恩方切陳誠至難伏冀宸慈察臣丹懇詔令就試是歲中書舍人裴坦權知貢擧登第者三十人有鄭羲者故戶部尚書澣之孫裴弘餘故相休之子魏簹故相扶之子及滈皆名臣子弟言無實才諫議大夫崔瑄上疏論之曰令狐滈昨以父居相位權在一門求請者詭黨風趨妄動者群邪雲集每歲貢闈登第在朝清列除官事望雖出於綯取捨全由於滈喧然如市旁若無人權動寰中勢傾天下及綯罷相作鎭之日便令滈納卷貢闈豈可以父在樞衡獨撓文柄請下御史臺按問文解日月者奏疏不下滈既及第釋褐長安尉集賢校理咸通二年遷右拾遺史館修撰制出左拾遺劉蜕起居郎張雲各上疏極論滈云恃父秉權恣受貨賂取李琢錢除琢安南都護遂致蠻陷交州張雲言大中十年綯以諫議大夫豆盧籍刑部郎中李鄴爲夔王已下侍讀欲立夔王爲東宮欲亂先朝子弟之序滈內倚鄭顥人誰敢言時

綯在淮南累表自雪懿宗重傷大臣意貶雲為興元少尹蛻為華陰
令改高詹事府司直高為衆所非官名不達渙風俱登進士第渙位
至中書舍人定子緘緘子澄湘澄亦以進士登第累辟使府
牛僧孺字思黯隋僕射奇章公弘之後祖紹父幼簡官卑僧孺進士
擢第登賢良方正制科釋褐伊闕尉遷監察御史轉殿中歷禮部員
外郎元和中改都官知臺雜尋換考功員外郎充集賢直學士穆宗
即位以庫部郎中知制誥其年十一月改御史中丞以州府刑獄淹
滯人多冤抑僧孺條疏奏請按劾相繼中外肅然長慶元年宿州刺
史李直臣坐贓當死直臣賂中貴人為之申理僧孺堅執不回穆宗
面諭之曰直臣事雖僭失然此人有經度才可委之邊任朕欲貸其
法僧孺對曰凡人不才止於持祿取容耳帝王立法束縛姦雄正為
才多者祿山朱泚以才過人濁亂天下況直臣小才又何屈法哉上
嘉其守法面賜金紫二年正月拜戶部侍郎三年三月以本官同平
章事初韓弘入朝以宣武舊事人多流言其子公武以家財厚賂權

幸及多言者班列之中悉受其遺俄而父子俱卒孤孫幼小穆宗恐
為厮養竊盜乃命中使至其家閱其宅簿以付家老而簿上具有納
賂之所唯於僧孺官側朱書曰某月日送牛侍郎物若干不受却付
訖穆宗按簿甚悅居無何議命相帝首可僧孺之名敬宗即位加中
書侍郎銀青光祿大夫封奇章子邑五百戶十二月加金紫階進封
郡公集賢殿大學士監修國史寶曆中朝廷政事出於邪倖大臣朋
比僧孺不奈群小拜章求罷者數四帝曰俟予郊禮畢放卿及穆宗
祔廟郊報後又拜章陳退乃於鄂州置武昌軍額以僧孺檢校禮部
尚書同中書門下平章事鄂州刺史武昌軍節度鄂岳蘄黃觀察等
使江夏城風土散惡難立垣墉每年加板築賦菁茆以覆之吏緣為
姦蠹弊綿歲僧孺至計茆苫板築之費歲十餘萬即賦之以塼以當
苫築之價凡五年墉皆甃葺蠹弊永除屬郡沔州與鄂隔江相對虛
張吏員乃奏廢之以其所管漢陽汶川兩縣隸鄂州文宗即位就加
檢校吏部尚書凡鎮江夏五年大和三年李宗閔輔政屢薦僧孺有

才不宜居外四年正月召還守兵部尚書同平章事五年正月幽州
軍亂逐其帥李載義文宗以載義輸忠於國遽聞失帥駭然急召宰
臣謂之曰范陽之變奈何僧孺對曰此不足煩聖慮且范陽得失不
繫國家休戚自安史已來翻覆如此前時劉總以土地歸國朝廷耗
費百萬終不得范陽尺帛斗粟入于天府尋復為梗至今日誠亦由
前也載義但因而撫之俾扞奚契丹不令入寇朝廷所賴也假以節
旄必自陳力不足以逆順治之帝曰吾初不詳思卿言是也即日命
中使宣慰尋加門下侍郎弘文館大學士六年吐蕃遣使論董勃義
入朝修好俄而西川節度李德裕奏吐蕃維州守將悉怛謀以城降
德裕又上利見云若以生羌三千出戎不意燒十三橋擣戎之腹心
可以得志矣上惑其事下尚書省議衆狀請如德裕之策僧孺奏曰
此議非也吐蕃疆土四面萬里失一維州無損其勢況論董勃纔還
劉元鼎未到比來修好約罷戎兵中國禦戎守信為上應敵次之今
一朝失信戎醜得以為詞聞贊普牧馬茹川俯於秦隴若東襲隴坂

徑走回中不三日抵咸陽橋而發兵枝梧駭動京國事或及此雖得
百維州亦何補也上曰然遂詔西川不內維州降將僧孺素與德裕
仇怨雖議邊公體而怙德裕者以僧孺害其功謗論沸然帝亦以為
不直其年十二月檢校左僕射兼平章事揚州大都督府長史淮南
節度副大使知節度事時中尉王守澄用事多納纖人竊議時政禁
中事密莫知其說一日延英對宰相文宗曰天下何由太平卿等有
意於此乎僧孺奏曰臣等待罪輔弼無能康濟然臣思太平亦無象
今四夷不至交侵百姓不至流散上無淫虐下無怨讟私室無強家
公議無壅滯雖未及至理亦謂小康陛下若別求太平非臣等所及
旣退至中書謂同列曰吾輩為宰相天子責成如是安可久處茲地
耶旬日間三上章請退不許會德裕黨盛垂將入朝僧孺故得請上
旣受左右邪說急於太平姦人伺其銳意故訓注見用數年之間幾
危宗社而僧孺進退以道議者稱之開成初搢紳道喪閹寺弄權僧
孺嫌處重藩求歸散地累拜章不允凡在淮甸六年開成二年五月

加檢校司空食邑二千戶判東都尚書省事東都留守東畿汝都防禦使僧孺識量弘遠心居事外不以細故介懷洛都築第於歸仁里任淮南時嘉木怪石置之階廷館宇清華竹木幽邃常與詩人白居易吟詠其間無復進取之懷三年九月徵拜左僕射仍令左軍副使王元直賫告身宣賜舊例留守入朝無中使賜詔恐僧孺退讓促令赴闕僧孺不獲已入朝屬莊恪太子初薨延英中謝日語及太子乃懇陳父子君臣之義人倫大經不可輕移國本上為之流涕是時宰輔皆僧孺僚舊未嘗造其門上頻宣召託以足疾久之上謂楊嗣復曰僧孺稱疾不任趨朝未可即令自便四年八月復檢校司空兼平章事襄州刺史山南東道節度使加食邑至三千戶辭日賜觚散樽杓等金銀古器令中使喻之曰以卿正人賜此古器卿且少留僧孺奏曰漢南水旱之後流民待理不宜淹留再三請行方允武宗即位就加檢校司徒會昌二年李德裕用事罷僧孺兵權徵為太子少保累加太子少師大中初卒贈太子太師謚曰文貞僧孺少與李宗閔同門生尤為德裕所惡會昌中宗閔棄斥不為生還僧孺數為德裕掎摭欲加之罪但以僧孺貞方有素人望式瞻無以伺其隙德裕南遷所著窮愁志引里俗犢子之讖以斥僧孺又目為太牢公其相憎恨如此僧孺二子蔚藂

蔚字大章十五應兩經舉大和九年復登進士第三府辟署為從事入朝為監察御史大中初為右補闕屢陳章疏指斥時病宣宗嘉之曰牛氏子有父風差慰人意尋改司門員外郎出為金州刺史入拜禮吏二郎中以祀事準禮天官司所掌班列有特權越職者蔚奏正之為時權所忌左授國子博士分司東都踰月權臣罷免復徵為吏部郎中兼史館修撰遷左諫議大夫咸通中為給事中延英謝日面賜金紫蔚封駮無避帝嘉之踰歲遷戶部侍郎襲封奇章侯以公事免歲中復本官歷工禮刑三尚書咸通末檢校兵部尚書興元尹山南西道節度使在鎮三年時中官用事急於賄賂屬徐方用兵兩中尉諷諸藩貢奉助軍蔚悉索軍府之有三十萬端匹隨表進納中官

怒即以神策將吳行魯代還及黃巢犯闕乃自京師奔道避地山南拜章請老以尚書左僕射致仕卒累贈太尉子循徽

徽咸通八年登進士第三佐諸侯府得殿中侍御史賜緋魚入朝為右補闕再遷吏部員外郎乾符中選曹猥濫吏為姦弊每歲選人四千餘員徽性貞剛特為起請由是銓敘稍正能否旌別物議稱之巢賊犯京師父蔚方病徽與其子自扶藍輿投竄山南閣路險狹盜賊縱橫谷中遇盜擊徽破首流血被體而捉輿不輟盜苦迫之徽拜之曰父年高疾甚不欲驚動人皆有父幸相垂恤盜感之而止及前谷又逢前盜相告語曰此孝子也即同舉輿延於其家以帛封瘡饘飲奉蔚留之信宿得達梁州故吏感恩爭來奔問時僖宗已幸成都徽至行朝拜章乞歸侍疾已除諫議大夫不拜謂宰相杜讓能曰願留兄循在朝以當門戶乞侍醫藥時循為給事中丞相許之其年鍾家艱執喪梁漢既除以中書舍人徵未赴疾作以舍人綸制之地不可曠官請授散秩改給事中從駕還京至陳倉疾甚經年方間宰相張濬為招討使奏徽為判官檢校左散騎常侍詔下鳳翔促令赴闕徽謂所親曰國步方艱皇居初復帑廩皆虛正賴群臣協力同心王室而於破敗之餘圖雄霸之舉俾諸侯離心必貽後悔也以吾衰疾之年安能為之扞難辭疾不起明年濬敗召徽為給事中楊復恭叛歸山南李茂貞上表請自出兵糧問罪但授臣招討使奏不待報茂貞與王行瑜軍已出疆上怒其專不時可之茂貞恃強章疏不已昭宗延英召諫官宰相議可否以邠鳳皆有中人內應不敢極言相顧辭遜上情不悅徽奏曰兩朝多難茂貞實有翼衞之功惡諸楊阻兵意在嫉惡所造次者不俟命而出師也近聞兩鎮兵入界多有殺傷陛下若不處分梁漢之民盡矣須授以使名明行約束則軍中爭不畏法帝曰此言極是乃以招討之命授之及茂貞平賊自恃寵驕多撓國政命杜讓能料兵討之徽諫曰岐是國門茂貞倔強不顧禍患萬一蹉跌挫國威也不若漸以制之及師出復召徽謂之曰卿能斟酌時事岐軍烏合朕料必平卿以為捷在何日徽對曰臣忝侍從諫諍

之列所言軍國據理陳聞如破賊之期在陛下考蓍龜責將帥非臣之職也而王師果衄大臣被害徽壽改中書舍人歲中遷刑部侍郎封奇章男崔胤連結汴州惡徽言事改散騎常侍不拜換太子賓客天復初賊臣用事朝政不綱拜章請罷詔以刑部尚書致仕乃歸樊川別墅病卒贈吏部尚書

藝字表齡開成二年登進士第出佐使府歷踐臺省乾符中位至劍南西川節度使黃巢之亂從幸西川拜太常卿以病求為巴州刺史不許駕還拜吏部尚書襄王之亂避地太原卒子嶠位至尚書郎

蕭俛字思謙曾祖太師徐國公嵩開元中宰相祖華襲徐國公肅宗朝宰相父恒贈吏部尚書皆自有傳俛貞元七年進士擢第元和初復登賢良方正制科拜右拾遺遷右補闕元和六年召充翰林學士七年轉司封員外郎九年改駕部郎中知制誥內職如故坐與張仲方善仲方駁李吉甫謚議言用兵徵發之弊由吉甫而生憲宗怒貶仲方俛亦罷學士左授太僕少卿十三年皇甫鎛用事言於憲宗拜俛御史中丞俛與鎛及令狐楚同年登進士第明年鎛援楚作相二人雙薦俛於上自是顧眄日隆進階朝議郎飛騎尉襲徐國公賜緋魚袋穆宗即位之月議命宰相令狐楚援之拜中書侍郎平章事仍賜金紫之服八月轉門下侍郎十月吐蕃寇涇原命中使以禁軍援之穆宗謂宰臣曰用兵有必勝之法乎俛對曰兵者凶器戰者危事聖主不得已而用之以仁討不仁以義討不義先務招懷不為掩襲古之用兵不斬祀不殺厲不擒二毛不犯田稼安人禁暴師之上也如救之甚於水火故王者之師有征無戰此必勝之道也如或縱肆小忿輕動干戈使敵人怨結師出無名非惟不勝乃自危之道也固宜深慎帝然之時令狐楚左遷西川節度使王播廣以貨幣賂中人權幸求為宰相而宰相段文昌復左右之俛性嫉惡延英面言播之纖邪納賄喧於中外不可以汙台司事已垂成帝不之省俛三上章求罷相任長慶元年正月守左僕射進封徐國公罷知政事俛居相位孜孜正道重慎名器每除一官常慮乖當故鮮有簡拔而涉剋深

然志嫉姦邪脫屣重位時論稱之穆宗乘章武恢復之餘即位之始兩河廓定四鄙無虞而俛與段文昌屢獻太平之策以為兵以靜亂時已治矣不宜黷武勸穆宗休兵偃武又以兵不可頓去請密詔天下軍鎮有兵處每年百人之中限八人逃死謂之消兵帝既荒縱不能深料遂詔天下如其策而行之而藩籍之卒合而為盜伏於山林明年朱克融王廷湊復亂河朔一呼而遺卒皆至朝廷方徵兵諸藩籍既不充尋行招募烏合之徒動為賊敗由是復失河朔蓋消兵之失也俛性介獨持法守正以己輔政日淺超擢太驟三上章懇辭僕射不拜詔曰蕭俛以勤事國以疾退身本末初終不失其道既罷樞務俾居端揆朕欲加恩超等復吾前言而繼有讓章至於三四敦諭頗切陳乞彌堅成爾謙光移之選部可吏部尚書俛又以選曹簿書煩雜非攝生之道乞換散秩其年十月改兵部尚書二年以疾表求分司不許三月改太子少保尋授同州刺史寶曆二年復以少保分司東都文宗即位授檢校左僕射守太子少師俛稱疾篤不任赴闕乞罷所授官詔曰新除太子少師蕭俛代炳台耀躬茂天爵文可以經緯邦俗行可以感動神祇夷澹粹和精深敏直進退由道周旋令名近以師傅之崇嚮于舊德俾從優逸兾保養頤而抗疏懇辭勇退知止嘗亦敦諭確乎難拔遂茲牢讓以厚時風可銀青光祿大夫守尚書左僕射致仕俛趣尚簡潔不以聲利自汚在相位時穆宗詔撰故成德軍節度使王士眞神道碑對曰臣器褊狹此不能強王承宗先朝阻命事無可觀如臣秉筆不能溢美或撰進之後例行貺遺臣若公然阻絕則違陛下撫納之宜僶俛受之則非微臣平生之志臣不願為之秉筆帝嘉而免之俛家行尤孝母韋氏賢明有禮理家甚嚴俛雖為宰相侍母左右不異褐衣時丁母喪毀瘠踰制免喪文宗徵詔懇以疾辭既致仕于家以洛都官屬賓友避歲時請謁之煩乃歸濟源別墅逍遙山野嘯詠窮年八年以莊恪太子在東宮上欲以耆德輔導復以少師徵之俛令弟傑奉表京師復納制書堅辭痼疾詔曰不待年而求謝於理身之道則至矣其如朝廷之望何朕以肇

建元良精求師傳遐想漢朝故事玄成石慶皆時重德咸歷此官吾
以元子幼冲切於師訓欲以賴汝發明古今興忠孝之規日聞于耳
特遣左右至於林園而卿高道脩然屏絕趨進復遣令弟還吾詔書
天爵自優冥鴻方遠不轉之志其堅若山循省來章致煩爲愧終以
呂尚之秩遂其疎曠之心勵俗激貪所補多矣有益於政寄聲以聞
亦有望於舊臣矣可太子太傅致仕開成二年俛弟僦授楚州刺史
辭日文宗謂僦曰蕭俛先朝名相筋力未衰可一來京國朕賜俛詔
書匹帛卿便賫至濟源道吾此意詔曰卿道冠時髦業高儒行著作
礪濟川之効弘致君臣國之規留芳巖廊逸老林壑累降褒詔亟加
崇秩而志不可奪情見乎辭鴻飛入冥吟想增歎今賜絹三百匹便
令蕭僦宣示俛竟不起卒
傑字豪士元和十二年登進士第累官侍御史遷主客員外郎大和
九年十月鄭注爲鳳翔節度使愼選參佐李訓以傑檢校工部郎中
充鳳翔隴觀察判官其年十一月鄭注誅傑爲鳳翔監軍使所害僦

。以蔭授官大和中累遷至河南少尹九年五月拜諫議大夫開成二
年出爲楚州刺史四年三月遷越州刺史御史中丞浙東都團練觀
察使會昌中入爲左散騎常侍遷檢校刑部尚書華州刺史潼關防
禦等使大中初坐在華州時斷獄不法授太子賓客分司四年檢校
戶部尚書兗州刺史兗沂海節度使復入爲太子賓客大中十二年
以太子少保分司東都卒俛從父弟倣
倣父悟恒之弟也悟仕至大理司直倣大和元年登進士第大中朝
歷諫議大夫給事中咸通初遷左散騎常侍懿宗怠臨朝政僻於奉
佛內結道場聚僧念誦又數幸諸寺施與過當倣上疏論之曰臣聞
玄祖之道由慈儉爲先而素王之風以仁義爲首相沿百代作則千
年至聖至明不可易也如佛者生於天竺去彼王宮割愛中之至難
取滅後之殊勝名歸象外理絕塵中非爲帝王而所能慕也昔貞觀
中高宗在東宮以長孫皇后疾亟嘗上言曰欲請度僧以資福事后
曰爲善有徵吾未爲惡善或無報求福非宜且佛者異方之教所可

存而勿論豈以一女子而紊王道乎故諡爲文德曰母后之論尚能
如斯哲王之謨安可反是伏覩陛下留神天竺屬意桑門內設道場
中開講會或手錄梵筴或口揚佛音雖時啓於延英從容四輔尙稍
稀於聽政廢失萬機居安思危不可忽也夫從容者君也必曉咨於
臣盡忠匡救外逆其耳內沃其心陳皐陶之謨述仲虺之誥發揮王
道恢益帝圖非賜對之間徒侍坐而已夫廢失者上拒其諫下希其
旨言則狎玩意在順從漢重神仙東方朔著十洲之記梁崇佛法劉
孝儀詠七覺之詩致祠禱無休講誦不已以至大空海內中輟江東
以此言之是廢失也然佛者當可以悟取不可以相求漢晉已來互
興寶剎姚石之際亦有高僧或問以苦空究其不滅止聞有性多白
忘言執著貪緣非其旨也必乞陛下力求民瘼虔奉宗祧思繆賞與
濫刑其殃立至侯勝殘而去殺得福甚多幸罷講筵頻親政事昔年
韓愈已得罪於憲宗今日微臣固甘心於遐徼疏奏帝甚嘉之四年
本官權知貢舉遷禮部侍郎轉戶部以檢校工部尚書出爲滑州刺

。史充義成軍節度鄭滑潁觀察處置等使在鎭四年滑臨黃河頻年
水潦河流泛溢壞西北隄倣奏移河四里兩月畢功畫圖以進懿宗
嘉之就加刑部尚書入爲兵部尚書判度支轉吏部尚書選序平允
咸通末復爲兵部尚書判度支尋以本官同平章事累遷中書門下
二侍郎兼戶部兵部尚書遷左右僕射改司空弘文館大學士蘭陵
郡開國侯俄而盜起河南內官握兵王室濁亂倣氣勁論直同列忌
之罷知政事出爲廣州刺史嶺南節度使倣性公廉南海雖富珍奇
月俸之外不入其門家人疾病醫工治藥須烏梅左右於公廚取之
倣知而命還促買於市遇亂不至京師而卒
子廩咸通三年進士擢第累遷尚書郎乾符中以父出鎭南海免官
侍行中和中徵爲中書舍人再遷京兆尹僖宗再幸山南廩以疾不
能從襄王僭竊廩宗人遘受僞署廩懼自洛避地河朔鎭冀節度使
王鎔館之於深州光化三年卒廩貞退寡合綽有家法初從父南海
地多穀紙倣勑子弟繕寫缺落文史廩白曰家書缺者誠宜補葺然

此去京師水陸萬里不可蹔齎當須篋笥人觀兼乘謂是貨財古人
薏苡之嫌得爲深誡做曰吾不之思也故濁亂之際克保令名子頎
亦登進士第後官位顯達

李石字中玉隴西人祖堅父明石元和十三年進士擢第從涼國公
李聽歷四鎮從事石機辯有方略尤精吏術藩府稱之自聽征伐常
司留使務事無不辦大和三年爲鄭滑行軍司馬時聽握兵河北令
石入朝奏事占對明辯文宗目而嘉之府罷入爲工部郎中判鹽鐵
案五年改刑部郎中由兵部郎中令狐楚請爲太原節度副使七年
拜給事中九年七月權知京兆尹事十月遷戶部侍郎判度支事文
宗自德裕宗閔朋黨相傾大和七年已後宿素大臣疑而不用意在
擢用新進孤立庶幾無黨以革前弊故賈餗舒元輿驟階大用及訓
注伏誅欲用令狐楚尋而中輟石自朝議郎加朝議大夫以本官同
平章事判使如故石器度豁如當官不撓自京師變亂之後宦者氣
盛凌轢南司延英議事中貴語必引訓以折文臣石與鄭覃嘗謂之

曰京師之亂始自訓注而訓注之起始自何人仇士良等不能對其
勢稍抑搢紳賴之是時踰月人情不安帝謂侍臣曰如聞人心尚未
安帖比日何如石對曰比日苦寒蓋刑殺太過致此陰沴昨聞鄭注
到鳳翔招募士卒不至捕索誅夷不已臣恐邊上聞之乘此生事宜
降詔安喩其心從之江西湖南兩道觀察使以新經訓注之亂吏卒
多死進官健衣糧一百二十分充宰相募召從人石奏曰宰相上弼
聖政下理群司若忠正無私宗社所祐縱逢盜賊兵不能傷若事涉
隱欺心懷矯妄雖有防衞鬼得而誅臣等願推赤心以荅聖獎孟軻
知非臧氏孔子不畏匡人其兩道所進衣糧並望停寢依從前制置
祇以金吾手力引從可之帝又曰宰相之任在選賢任能石曰臣與
鄭覃常以此事爲切但以人各有求苟遂所欲則美譽至稍不如意
則謗議生只宜各委所司薦用臣等擇可授之則物議息矣其年十
二月中使田令操劉行深巡邊迴走馬入金光門從者訛言兵至百
官朝退倉惶駭散有不及束帶韈而乘者市人叫譟塵坌四起二相

在中書人吏稍散鄭覃曰耳目頗異且宜出去石曰事勢不可知但
宜堅坐鎭之冀將寧息若宰相亦走則中外亂矣必若繼亂走亦何
逃任重官崇人心所屬不可忽也石視簿書沛然自若京城無賴之
徒皆戎服兵仗北望闕門以俟變內使連催閉皇城門金吾大將軍
陳君賞率其徒立望仙門下謂中使曰假如有賊閉門不晚請徐觀
其變無宜自弱晡晚方定是日苟非石之鎭靜君賞之禦侮幾將亂
矣開成元年改元大赦石等商量節文放京畿一年租稅及正至端
午進奉並停三年其錢代充百姓紐配錢諸道除藥物口味茶菓外
不得進獻諸司宣索製造並停三年赦後紫宸宣對鄭覃曰陛下改
元御殿全放京畿一年租稅又停天下節鎭進奉恩澤所該實當要
切近年赦令皆不及此上曰朕務行其實不欲崇長空文石對曰赦
書須內置一本陛下時省覽之十道黜陟使發日付與公事根本令
與長吏詳擇施行方盡利害之要石以從前德音雖降人君不能守
姦吏從而違之故有內置之奏以諷之尋加中書侍郎集賢殿大學

士領鹽鐵轉運使上御紫宸論政曰爲國之道致治甚難石對曰朝
廷法令行則易臣聞文王陟降在上陛下推赤誠上達于天何憂不
治上又曰治亂由人耶正由時運耶鄭覃對曰由聖帝由忠臣是由
人也石曰亦由時運九廟聖靈鍾德於陛下時也陛下行已之道則
是由人而前代帝王甚有德者當亂離無奈何之際又安得不推運
耶帝曰卿言是也石又奏咸陽令韓遼請開興成渠舊漕在咸陽縣
西十八里東達永豐倉自秦漢已來疏鑿其後堙廢昨遼計度用功
不多此漕若成自咸陽抵潼關三百里內無車輓之勤則轅下牛盡
得歸耕永利秦中矣李固言曰王涯已前已曾陳奏實秦中之利但
恐徵役今非其時上曰莫有陰陽拘忌否苟利於人朕無所慮也石
辭領使務八月罷鹽鐵轉運使石用金部員外郎韓益判度支案益
坐贓繫臺石奏曰臣以韓益曉錢穀録用之不謂貪猥如此帝曰宰
相但知人則用有過則懲卿所用人且不掩其惡可謂至公從前宰
相用人有過曲爲蔽之不欲人彈劾此大謬也但知能則舉舉不失

職則獎之自然易得其人何必容隱二年正月五日石自親仁里將曙入朝盜發於故郭尚父宅引弓追及矢纔破膚馬逸而廻盜已伏坊門揮刀斫石斷馬尾竟以馬逸得還私第上聞之駭愕遣中使撫問賜金瘡藥因差六軍兵士三十人衛從宰相是日京師大恐常叅官入朝者九人而已旬日方安石拜章辭位者三乃加金紫光祿大夫中書侍郎同平章事江陵尹荊南節度使李訓之亂人情危迫天子起石於常寮之中付以衡柄石以身徇國不顧患難振舉朝綱國威再復而中官仇士良切齒惡之而伏戎加害天子深知其故畏偪而不能理乃至罷免及石赴鎮賜宴之儀並闕人士傷之恥君子之道消也石至鎮表讓中書侍郎乃加檢校兵部尚書兼平章事武宗即位就加檢校尚書右僕射會昌三年十月加檢校司空平章事隴西郡開國伯食邑七百戶太原尹北都留守河東節度觀察等使時澤潞劉稹阻兵以石嘗爲太原副使諳練北門軍政故代劉沔鎮之初沔以兵三千人戍橫水王師之討澤潞也王逢軍於榆社訴兵少請益之詔石以太原之卒赴榆社石乃割橫水戍卒一千五百人令別將楊弁率之以赴王逢舊例發軍人給二縑石以支計不足量減一匹軍人聚怨又將及歲除促令上路衆愈不悅楊弁乗其釁謀亂出言激動軍人四年正月軍亂逐石朝廷乃以晉絳觀察使崔元式代還五年檢校司徒東都留守判東都尚書省事徵汝都防禦使以太子少保分司卒

石弟福字能之太和七年登進士第累辟使府石爲宰相自薦弟於延英言福才堪理人授監察御史累遷尚書郎出爲商鄭汝潁四州刺史大中時檢校工部尚書滑州刺史兼御史大夫充義成軍節度鄭滑潁觀察使入爲刑部侍郎累遷刑部戶部尚書乾符初以檢校右僕射襄州刺史兼御史大夫充山南東道節度四年草賊王仙芝徒黨數萬寇掠山南福團練鄉兵屯集要路賊不敢犯其秋賊陷岳鄂饒信等州十二月逼江陵節度使楊知溫求援於福福即自率州兵及沙陁五百騎赴援時賊已陷江陵之郛聞福兵至乃退去僖宗嘉之就加檢校司空同平章事歸朝終於太子太傅

史臣曰彭陽奇章起徒步而昇台鼎觀其人文彪炳潤色邦典射策命中橫絕一時誠俊賢也而峩冠曳組論道於皐夔之伍孰曰不然如能蹈道匪躬中立無黨則其善盡矣蕭太師貞獨嫉惡不爲利回不以夷惠擬之俾之經綸則其道至矣開成之始帝道方淪石於此時欲振頹緒幾嬰戕賊可爲咄嗟多僻之時止堪太息○贊曰喬松孤立蘿蔦爭緣柔附凌雲豈曰能賢嗚呼楚孺道喪曲全蕭李相才致之外篇

舊唐書列傳卷第一百二十二

舊唐書列傳卷第一百二十三

劉昫　等修

聞人詮校刻　沈桐同校

鄭覃 弟朗　陳夷行　李紳　吳汝訥

李回　李珏　李固言

鄭覃故相珣瑜之子以父蔭補弘文校理歷拾遺補闕考功員外郎刑部郎中元和十四年二月遷諫議大夫憲宗用內官五人爲京西北和糴使覃上疏論罷穆宗不恤政事喜遊宴即位之始吐蕃寇邊覃與同職崔玄亮等廷奏曰陛下即位已來宴樂過多畋遊無度今蕃寇在境緩急奏報不知乘輿所在臣等忝備諫官不勝憂惕伏願稍減遊縱留心政道伏聞陛下晨夜昵狎倡優近習之徒賞賜太厚凡金銀貨幣皆出自生靈膏血不可使無功之人濫霑賜與縱內藏有餘亦乞用之有節如邊上警急即支用無闕免令有司重斂百姓實天下幸甚帝初不悅其言顧宰相蕭俛曰此輩何人俛對曰諫官

也帝意稍解乃曰朕之過失臣下盡規忠也乃謂覃曰閤中奏事殊不從容今後有事面陳朕與卿延英相見時久無閤中奏事覃等抗論人皆相賀鎮冀節度使王承宗死其弟承元聽朝旨移授鄭滑節度鎮之三軍留承元以難不能赴鎮承元乞重臣宣諭乃以覃爲宣諭使起居舍人王璠副之初鎮卒辭語不遜覃至宣詔諭以大義軍人釋然聽命長慶元年十一月轉給事中四年遷御史中丞十一月權知工部侍郎寶曆元年拜京兆尹文宗即位改左散騎常侍三年以本官充翰林侍講學士四年四月拜工部侍郎覃長於經學稽古守正帝尤重之覃從容奏曰經籍訛謬博士相沿難爲改正請召宿儒奧學校定六籍準後漢故事勒石於太學永代作則以正其闕從之五年李宗閔牛僧孺輔政宗閔以覃與李德裕相善薄之時德裕自浙西入朝復爲閔孺所排出鎮蜀川宗閔惡覃禁中言事奏爲工部尚書罷侍講學士文宗好經義心頗思之六年二月復召爲侍講學士七年春德裕作相五月以覃爲御史大夫文宗嘗於延英謂宰相曰殷侑通經學爲人頗似鄭覃宗閔曰覃侑誠有經學於議論不足聽覽李德裕對曰殷鄭之言他人不歆聞唯陛下切欲聞之覃嘗嫉人朋黨爲宗閔所薄故也八年遷戶部尚書其年德裕罷相宗閔復知政與李訓鄭注同排斥李德裕李紳二人貶黜覃亦左授秘書監九年六月楊虞卿李宗閔得罪長流復以覃爲刑部尚書十月遷尚書右僕射兼判國子祭酒訓注伏誅召覃入禁中草制勅明日以本官同平章事封滎陽郡公食邑二千戶覃雖精經義不能爲文嫉進士浮華開成初奏禮部貢院宜罷進士科初紫宸對上語及選士覃曰南北朝多用文華所以不治士以才堪即用何必文辭帝曰進士及第人已曾爲州縣官者方鎮奏署即可之餘即否覃曰此科率多輕薄不必盡用帝曰輕薄敦厚色色有之未必獨在進士此科置已二百年亦不可遽改覃曰亦不可過有崇樹帝嘗謂宰臣曰百司弛慢要重條舉因指前香爐曰此爐始亦華好用之既久乃無光彩若不加飾何由復初覃對曰丕變風俗當考實效自三十年已來多

不務實取於顏情如嵇阮之流不攝職事黃石云此本因治平人人無事安逸所致今之人俗亦慕王夷甫恥不能及之上曰卿等輔朕在振舉法度而已時太學勒石經覃奏起居郎周墀水部員外郎崔球監察御史張次宗禮部員外郎溫業等校定九經文字旋令上石加門下侍郎弘文館大學士監修國史上嘗於延英論古今詩句工拙覃曰孔子所刪三百篇是也降此五言七言辭非雅正不足帝王賞詠夫詩之雅頌皆下刺上所爲非上化下而作王者採詩以考風俗得失仲尼刪定以爲世規近代陳後主隋煬帝皆能章句不知王者大端終有季年之失章句小道願陛下不取也覃以宰相兼判國子祭酒奏太學置五經博士各一人緣無職田請依王府官例賜祿粟從之又進石壁九經一百六十卷其年李固言復爲宰相固言與李宗閔楊嗣復善覃憎之因起居郎闕固言奏曰周敬復崔球張次宗等三人皆堪此任覃曰崔球遊宗閔之門且赤墀下秉筆爲千古法不可朋黨如裴中孺李讓夷臣不敢有纖芥異論乃止三年楊嗣

復自西川入拜平章事與覃尤相矛盾加之以固言李珏入對之際
是非蜂起二月覃進位太子太師文宗以旱放繫囚出宮人劉好奴
等五百餘人送兩街寺觀任歸親戚紫宸對李珏曰陛下放宮女數
多德邁千古漢制入月選人晉武平吳亦多採擇仲尼所謂未見好
德如好色今陛下以爲無益放之微臣敢賀覃曰晉武帝以採擇之
失中原化爲左衽陛下以爲殷鑒放去攸宜其年十二月三上章求
罷詔落太子太師餘如故仍三五日一入中書商量政事四年五月
罷相守左僕射武宗即位李德裕用事款採爲宰相固以足疾不任
朝謁會昌二年守司徒致仕卒子裔綽以蔭授渭南尉直弘文館覃
少清苦貞退不造次與人款狎位至相國所居未嘗增飾纔庇風雨
家無媵妾人皆仰其素風然嫉惡太過多所不容衆憚而惡之覃弟
朗潛
朗字有融長慶元年登進士甲科再遷右拾遺開成中爲起居郎初
大和末風俗稍奢文宗恭勤節儉冀革其風宰臣等言曰陛下節儉

省用風俗已移長裾大袂漸以減損若更令戚屬絕其侈靡不慮下
不從教帝曰此事亦難戶曉但去其泰甚自以儉德化之朕聞前時
内庫唯二錦袍飾以金鳥一袍玄宗幸溫湯御之一即與貴妃當時
貴重如此如今奢靡豈復貴之料今富家往往皆有左衞副使張元
昌便用金唾壺昨因李訓已誅之矣時朗執筆螭頭下宰臣退上謂
朗曰適所議論卿記錄未吾試觀之朗對曰臣執筆所記便名爲史
伏準故事帝王不可取觀昔太宗欲覽國史諫議大夫朱子奢云史
官所述不隱善惡或主非上智飾非護失見之則致怨所以義不可
觀又褚遂良曰今之起居郎古之左右史也記人君言行善惡必書
庶幾不爲非法不聞帝王躬自觀史帝曰適來所記無可否藏見亦
何爽乃宣謂宰臣曰鄭朗引故事不欲朕見起居注夫人君之言善
惡必書朕恐平常閑話不關理體垂諸將來竊以爲恥異日臨朝庶
幾稍改何妨一見以誡醜言朗遂進之朗轉考功郎中四年遷諫議
大夫會昌初爲給事中出爲華州刺史入爲御史中丞戶部侍郎判

本司事大中朝出爲定州刺史義武軍節度易定觀察北平軍等使
尋遷檢校戶部尚書汴州刺史宣武軍節度宋亳汴潁觀察等使入
爲工部尚書判度支遷御史大夫改禮部尚書以本官同平章事加
中書侍郎集賢殿大學士修國史大中十年以疾辭位進加檢校右
僕射守太子少師十一年十月卒詔曰故通議大夫檢校尚書右僕
射兼太子少師上柱國賜紫金魚袋鄭朗植操端方稟氣莊重謂若
瑞玉濬如澄川智略合乎蓍龜誠信服于僚友自膺寵寄頗負全才
竭匪躬于諫垣彰盡瘁于瑣闥載踐方嶽亟登師壇觀風推惠愛之
心訓士得撫循之術政譽聞聽念茲徵還位冠冬卿職重邦計經費
有節財用不虧緊彼休功明我推擇爰嘉峭峻俾揔紀綱公望表儀
典彝具舉式諧注意且沃深衷俄叅化源以提政柄二事仰清廉之
節百度見損益之能近煦和風遠凄膏雨方俟坐鎮雅俗表率庶官
願養或乖勝理生疾屢陳章疏乞遂退閑既堅乃誠式允其請冊圖
舊績唯與有瘳何竟至於彌留而遽聞於捐代閱奏興悼臨軒載懷

將輟視朝之儀兼列上公之秩慰茲幽壤期爾有知可贈司空潛字
無悶亦登進士第
陳夷行字周道潁川人祖忠父邑夷行元和七年登進士第累辟使
府寶曆末由侍御史改虞部員外郎皆分務東都大和三年入爲起
居郎史館修撰預修憲宗實錄四年獻上轉司封員外郎五年遷吏
部郎中四月召充翰林學士八年兼充皇太子侍讀詔五日一度入
長生院侍太子講經上召對面賜緋衣牙笏遷諫議大夫知制誥餘
職如故九年八月改太常少卿知制誥學士侍講如故開成二年四
月以本官同平章事三年楊嗣復李珏繼入輔政夷行介特素惡其
所爲每上前議政語侵嗣復遂至往復性不能堪上表稱足疾辭位
不許詔中使就第宣勞七月以王彥威爲忠武節度使史孝章爲邠
寧節度使皆嗣復擬議因延英對上問夷行曰昨除二鎮當否夷行
對曰但出自聖心即當楊嗣復曰若出自聖心當即人情皆愜如事
或過當臣下安得無言帝曰誠如此朕固無私也夷行曰自三數年

天下姦臣竊權陛下不可倒持太阿授人鐏柄嗣復曰齊桓用管仲於讎虜豈有太阿之慮乎上不悅仙韶院樂官尉遲璋授王府率右拾遺竇洵直當衙論曰伶人自有本色官不合授之清秩鄭覃曰此小事何足當衙論列王府率是六品雜官謂之清秩與洵直得否此近名也嗣復曰嘗聞洵直幽今當衙論一樂官幽則有之亦不足懲夷行曰諫官當衙秪合論宰相得失不合論樂官然業已陳論須與處置今後樂人每七八年與轉一官不然則加手力課三數人帝曰別與一官乃授光州長史賜洵直絹百疋夷行尋轉門下侍郎上紫宸議政因曰天寶中政事實不甚佳當時姚宋在否李珏曰姚已而宋罷珏因言人君明哲終始尤難玄宗嘗云自即位已來未嘗殺一不辜而任林甫陷害破人家族不亦惑乎夷行曰陛下不可移權與人嗣復曰夷行之言容易且太宗用房玄齡十六年魏徵十五年何嘗失道臣以為用房魏多時不為不理用邪佞一日便足夷行之言皆指嗣復專權文宗用郭薳為坊州刺史右拾遺宋祁論列以為不可

既而薳坐贓帝謂宰相曰宋祁論事可嘉祁授官未幾時嗣復曰去年因曰諫官論事陛下但記其姓名稍加優獎如不當亦須令知夷行曰諫官論事是其本職若論一事即加一官則官何由得不免有情帝曰情固不免理平之時亦不可免上竟以夷行議論太過恩禮漸薄尋罷知政事守吏部尚書四年九月檢校禮部尚書出為華州刺史五年武宗即位李德裕秉政七月自華召入復為中書侍郎平章事會昌三年十一月檢校司空平章事河中尹河中晉絳節度使卒贈司徒弟玄錫夷簡皆進士擢第玄錫又制策登科

李紳字公垂潤州無錫人本山東著姓高祖敬玄則天朝中書令封趙國文憲公自有傳祖守一成都郫縣令父晤歷金壇烏程晉陵三縣令因家無錫紳六歲而孤母盧氏教以經義紳形狀眇小而精悍能為歌詩鄉賦之年諷誦多在人口元和初登進士第釋褐國子助教非其好也東歸金陵觀察使李錡愛其才辟為從事紳以錡所為專恣不受其書幣錡怒將殺紳遁而獲免錡誅朝廷嘉之召拜右拾

遺歲餘穆宗召為翰林學士與李德裕元稹同在禁署時稱三俊情意相善尋轉右補闕長慶元年三月改司勳員外郎知制誥二年二月超拜中書舍人內職如故俄而稹作相尋為李逢吉教人告稹陰事稹罷相出為同州刺史時德裕與牛僧孺俱有相望德裕恩顧稍深逢吉欲用僧孺懼紳與德裕沮於禁中二年九月出德裕為浙西觀察使乃用僧孺為平章事以紳為御史中丞冀離內職易掎摭而逐之乃以吏部侍郎韓愈為京兆尹兼御史大夫放臺參知紳剛褊必與韓愈忿爭制出紳果移牒往來論臺府事體而愈復性訐言辭不遜大喧物論由是兩罷之愈改兵部侍郎紳為江西觀察使天子待紳素厚不悟逢吉之嫁禍為其心希外任乃令中使就第宣勞賜之玉帶紳對中使泣訴其事言為逢吉所排戀闕之情無已及中謝日面自陳訴帝方省悟乃改授戶部侍郎中尉王守澄用事逢吉令門生故吏結託守澄為援以傾紳晝夜計畫會紳族子虞文學知名隱居華陽自言不樂仕進時來京師省紳虞與從伯耆進士程昔範

皆依紳及耆拜左拾遺虞在華陽寓書與耆求薦書誤達於紳紳以其進退二三以書誚之虞大怨望及來京師盡以紳嘗所密話言逢吉姦邪附會之語告逢吉逢吉大怒問計于門人張又新李續之咸曰搢紳皆自惜毛羽孰肯為相公搏擊須得非常奇士出死力者有前鄧州司倉劉栖楚者嘗為吏鎮州王承宗以事繩之栖楚以首觸地固爭而承宗竟不能奪其果銳如此若相公取之為諫官令伺紳之失一旦於上前暴揚其過恩寵必替事苟不行過在栖楚亦不足惜也逢吉乃用李虞程昔範劉栖楚皆擢為拾遺以伺紳隙俄而穆宗晏駕敬宗初即位逢吉快紳失勢慮嗣君復用之張又新等謀逐紳會荊州刺史蘇遇入朝遇能決陰事衆問計於遇遇曰上聽政後當開延英必有次對官欲拔本塞原先以次對為慮餘不足恃羣黨深然之逢吉乃以遇為左常侍王守澄每從容謂敬宗曰陛下登九五逢吉之助也先朝初定儲貳唯臣備知時翰林學士杜元穎李紳勸立深王而逢吉固請立陛下而李續之李虞繼獻章疏帝雖沖年

亦疑其事會逢吉進擬言李紳在內署時嘗不利於陛下請行貶逐帝初即位方倚大臣不能自執乃貶紳端州司馬貶制既行百寮中書賀宰相唯右拾遺吳思不賀逢吉怒改爲殿中侍御史充入吐蕃告哀使紳之貶也正人腹誹無敢有言唯翰林學士韋處厚上疏極言逢吉姦邪誣摭紳罪語在處厚傳天子亦稍開悟會禁中檢尋舊事得穆宗時封書一篋發之得裴度杜元穎與紳三人所獻疏請立敬宗爲太子帝感悟興歎悉命焚逢吉黨所上謗書由是讒言稍息紳黨得保全及寶曆改元大赦逢吉定赦書節文不欲紳量移但云左降官已經量移者與量移不言左降官與量移韋處厚復上疏論之語在處厚傳帝特追赦書添節文云左降官與量移紳方移爲江州長史再遷太子賓客分司東都大和七年李德裕作相七月檢校左常侍越州刺史浙東觀察使九年李訓用事李宗閔復相與李訓鄭注連衡排擯德裕罷相紳與德裕俱以太子賓客分司開成元年鄭覃輔政起德裕爲浙西觀察使紳爲河南尹六月檢校戶部尚書

汴州刺史宣武節度宋亳汴潁觀察等使二年夏秋旱大蝗獨不入汴宋之境詔書褒美又於州置利潤樓店四年就加檢校兵部尚書武宗即位加檢校尚書右僕射揚州大都督府長史知淮南節度大使事會昌元年入爲兵部侍郎同平章事改中書侍郎累遷守右僕射門下侍郎監修國史上柱國趙國公食邑二千戶四年暴中風恙足緩不任朝謁拜章求罷十一月守僕射平章事復出爲淮南節度六年卒紳始以文藝節操進用受顧禁中後爲朋黨所擠瀕於禍患賴正人匡救得以功名始終殁後宣宗即位李德裕失勢罷相歸洛陽而宗閔嗣復之黨崔鉉白敏中令狐綯欲害德裕深罪大中初教人發紳鎮揚州時舊事以傾德裕初會昌五年揚州江都縣尉吳湘坐贓下獄準法當死具事上聞諫官疑其冤論之遣御史崔元藻覆推與揚州所奏多同湘竟伏法及德裕罷相羣冤方搆湘兄進士汝納詣闕訴冤言紳在淮南恃德裕之勢枉殺臣弟德裕既貶紳亦追削三任官告

吳汝納者澧州人故韶州刺史武陵兄之子武陵進士登第有史學與劉軻並以史才直史館武陵撰十三代史駮議二十卷自尚書員外郎出爲忠州刺史改韶州坐贓貶潘州司戶卒汝納亦進士擢第以季父贓罪久之不調會昌中爲河南府永寧縣尉初武陵坐贓時李德裕作相貶之故汝納以不調挾怨而附宗閔嗣復之黨同作謗言會汝納弟湘爲江都尉爲部人所訟贓罪兼娶百姓顏悅女爲妻有踰格律李紳令觀察判官魏鉶鞫之贓狀明白伏法湘妻顏顏繼母焦皆笞而釋之仍令江都令張弘思以船監送湘妻顏及兒女送澧州及揚州上具獄物議以德裕素憎吳氏疑李紳織成其罪諫官論之乃差御史崔元藻爲制使覆吳湘獄據款伏妄破程糧錢計贓準法其侍官娶百姓顏悅女爲妻則稱悅是前青州衙推悅先娶王氏是衣冠女非繼室焦所生與揚州案小有不同德裕以元藻無定奪奏貶崖州司戶及汝納進狀追元藻覆問元藻既恨德裕陰爲崔鉉白敏中令狐綯所利誘即言湘雖坐贓罪不至死又云顏悅實非百姓此獄是鄭亞首唱元壽協李恪鍛成李回便奏遂下三司詳鞫故德裕再貶李回鄭亞等皆竄逐吳汝納崔元藻爲崔白令狐所奬數年並至顯官

李回字昭度宗室郇王禕之後父如仙回本名躔以避武宗廟諱長慶初進士擢第又登賢良方正制科釋褐滑臺從事揚州掌書記得監察御史入爲京兆府戶曹轉司錄參軍登朝爲左補闕起居郎尤爲宰相李德裕所知回強幹有吏才遇事通敏官曹無不理授職方員外郎判戶部案歷吏部員外郎判南曹以刑部員外郎知臺雜賜緋開成初以庫部郎中知制誥拜中書舍人賜金紫服武宗即位拜工部侍郎轉戶部侍郎判本司事三年兼御史中丞會昌三年劉稹據潞州邀求旄鉞朝議不允加兵問罪武宗懼稹陰附河朔三鎮以沮王師乃命回奉使河朔魏博何弘敬鎮冀王元逵皆具櫜鞬郊迎回喻以朝旨言澤潞密邇王畿不同河北自艱難已來唯魏鎮兩藩列聖皆許襲而稹無功欲效河朔故事理即太悖聖上但以山東三

郡境連魏鎮用軍便近王師不欲輕出山東請魏鎮兩藩秪收山東
三郡弘敬元逵俯僂從命幽州張仲武與太原劉沔攻迴鶻時兩人
不協朝廷方用兵不欲藩帥不和回至幽州諭以和協之音仲武欣
然釋憾乃移劉沔鎮滑臺命仲武領太原軍攻潞賊平以本官同平
章事累加中書侍郎轉門下歷戶吏二尚書武宗崩回充山陵使祔
廟竟出爲成都尹劍南西川節度大中元年冬坐與李德裕親善改
潭州刺史湖南觀察使再貶撫州刺史白敏中令狐綯罷相入朝爲
兵部尚書復出爲成都尹劍南西川節度使卒贈司徒謚曰文懿
李珏字待價趙郡人父仲朝珏進士擢第又登書判拔萃科累官至右
拾遺穆宗荒於酒色纔終易月之制即與勳臣飲宴珏與同列上疏
論之曰臣聞人臣之節本於忠藎苟有所見即宜上陳況爲陛下諫
官食陛下厚禄豈敢腹誹巷議辜負恩榮臣等聞諸道路不知信否
皆云有詔追李光顏李愬欲於重陽節日合宴羣臣儻誠有之乃陛
下念羣臣歎惠澤之慈旨也然元朔未改園陵尚新雖陛下執易月

之期俯從人欲而禮經著三年之制猶服心喪今遵同軌之會適去
於中邦告遠夷之使未復其來命遐密弛禁蓋爲齊人合宴內庭事
將未可夫明王之舉動爲天下法王言既降其出如綸苟玷皇猷徒
章直諫臣等是以昧死上聞且光顏李愬久立忠勞今方盛秋務拓
邊境如或召見詔以謀猷褒其宿勳付以疆事則與歌鍾合宴酒食
遊歡不得同年而語也陛下自纘嗣以來發號施令無非孝理因心
形于詔勑固以感動於人倫更在敬慎威儀保持聖德而已上雖不
用其言慰勞遣之長慶元年鹽鐵使王播增茶稅初稅一百增之五
十珏上疏論之曰榷率救弊起自干戈天下無事即宜蠲省況稅茶
之事尤出近年在貞元元年中不得不爾今四海鏡清八方砥平厚
斂於人殊傷國體其不可一也茶爲食物無異米鹽於人所資遠近
同俗既祛竭乏難捨斯須田閭之間嗜好尤切今增稅既重時估必增
流弊於民先及貧弱其不可二也且山澤之饒出無定數量斤論稅
所冀長多價高則市者稀價賤則市者廣歲終上計其利幾何未見

阜財徒聞斂怨其不可三也臣不敢遠徵故事直以目前所見陳之
伏望暫留聰明稍垂念慮特追成命更賜商量陛下即位之初已懲
聚斂外官押貫旋有詔停洋洋德音千古不朽今若榷茶加稅頗失
人情臣忝諫司不敢緘默時禁中造百尺樓國計不充王播希恩增
稅奉帝嗜慾疏奏不省遷吏部員外郎轉司勳員外郎知制誥大和
五年李宗閔牛僧孺在相與珏親厚改度支郎中知制誥遂入翰林
充學士七年三月正拜中書舍人九年五月轉戶部侍郎充職七月
宗閔得罪珏坐累出爲江州刺史開成元年四月以太子賓客分司
東都遷河南尹二年五月李固言入相召珏復爲戶部侍郎判本司
事三年楊嗣復輔政薦珏以本官同平章事珏與固言嗣復相善自
固言得位相繼援引居大政以傾鄭覃陳夷行李德裕三人凡有奏
議必以朋黨爲謀屢爲覃所廷折之珏自朝議郎進階正議大夫其
年十二月上疏求罷不許四年三月文宗謂宰臣曰朕在位十四年
屬天下無事雖未至理亦少有如今日之無事也珏對曰邦國安危

亦如人之身當四體和平之時長且調適以順寒暄之節如恃安自
忽則疾患旋生朝廷當無事之時思省闕失而補之則禍難不作矣
文宗以杜悰領度支稱職欲加戶部尚書因紫宸言之陳夷行曰一
切恩權合歸君上陛下自看可否珏對曰太宗用宰臣天下事皆先
平章謂之平章事代天理物上下無疑所以致太平者也若拜一官
命一職事事皆決於君上即焉用彼相昔隋文帝一切自勞心力臣
下發論則疑凡臣下用之則宰相不用則常參尋自保陛下常語臣
云竇易直勸我宰相進擬但五人留二人兩人勾一人渠即合勸我
擇宰相不合勸我疑宰相帝曰易直此言甚鄙又曰韋處厚作相三
日薦六度師亦大可怪珏曰處厚注於奉佛不悟其是非也其年五
月上謂宰臣曰貞元政事初年至好珏曰德宗中年好貨方鎮進奉
即加恩澤租賦出自百姓更令貪吏剝削聚貨以希恩理道故不可
也上曰人君聚斂猶自不可但輕賦節用可也珏又曰貞觀中房杜
王魏啓告文皇意秪在此請不易初心自古好事克終實難上曰朕

心終不改也尋封贊皇男食邑三百戶武宗即位之年九月與楊嗣復俱罷相出爲桂州刺史桂管觀察使三年長流驩州大中二年崔鉉白敏中逐李德裕徵入朝爲戶部尚書出爲河陽節度使入爲吏部尚書累遷金紫光祿大夫檢校尚書右僕射揚州大都督府長史淮南節度使上柱國贊皇郡開國公食邑一千五百戶大中七年卒贈司空

李固言趙郡人祖并父現固言元和七年登進士甲科太和初累官至駕部郎中知臺雜四年李宗閔作相用爲給事中五年宋申錫爲王守澄誣陷固言與同列伏閤論之將作監王堪修奉太廟㢮慢罰俸仍改官爲太子賓客制出固言封還曰東宮調護之地不可令㢮慢被罰之人處之改爲均王傅六年遷工部侍郎七年四月轉尚書左丞奉詔定左右僕射上事儀注八年李德裕輔政出爲華州刺史其年十月宗閔復入召拜吏部侍郎九年五月遷御史大夫六月宗閔得罪固言代爲門下侍郎平章事尋加崇文館大學士時李訓鄭注用

事自欲竊輔相之權宗閔既逐外示公體爰立固言其實惡與宗閔朋黨九月兵部尚書出爲興元節度使李訓自代固言爲平章事訓注誅文宗思其讜正開成元年四月復召爲平章事判戶部事二年羣臣上徽號上紫宸言曰中外上章請加徽號朕思理道猶鬱實愧岳牧之請如聞州郡甚有無政處固言曰人言鄧州王堪衰老隋州鄭襄無政帝曰堪是貞元時御史秪有此一人鄭覃曰臣以王堪舊人舉爲刺史鄭襄比來守官亦無敗事若言外郡不理何止二人帝曰濟濟多士文王以寧德宗時班行多闕員豈時乏才耶李石對曰十室之邑必有忠信安有大國無人蓋貞元中仕進路塞所以有才之人或託迹他所此乃不敘進人才之過也固言曰求才之道有人保任便宜獎用隨其稱職與否昇黜之上曰宰相薦人莫計親踈竇易直作相未嘗論用親情若已非相才自宜引退若是公舉親亦何嫌人鮮全才但用其所長爾尋進階金紫判戶部事其年十月以門下侍郎平章事出爲成都尹劍南西川節度使代楊嗣復上表讓門下侍郎乃檢校左僕射會昌初入朝歷兵戶二尚書宣宗即位累授檢校司徒東都留守東畿汝都防禦使大中末以太常卿孫簡代之拜太子太傅分司東都卒

史臣曰陳鄭諸公章疏議論綽有端士之風天子待以賢能付之以鼎職延英獻納罕聞康濟之謨文饒數啟莫副具瞻之望加以互生傾奪競起愛憎惟回奉使命而諭藩臣救危邦而除宿憾況昭獻文章可爲世範德行可以爲人師有啓誦之上才非桓靈之失道詎可不思已過秪務面欺輔弼之宜安可垂訓若俾韓非之言進矣子輩安可逃乎土運之衰斯爲罔極悲夫

贊曰愛而知惡憎不忘善平心救非可居鼎鉉吠聲濟惡結黨尊朋謀身壞國何名燮調

唐書列傳卷第一百二十三

劉　昫　等修
聞人詮校刻沈桐同校

李德裕　德裕子燁

李德裕字文饒趙郡人祖栖筠御史大夫父吉甫趙國忠公元和初宰相祖父自有傳德裕幼有壯志苦心力學尤精西漢書左氏春秋恥與諸生從鄉賦不喜科試年纔及冠志業大成貞元中以父譴逐蠻方隨侍左右不求仕進元和初以父再秉國鈞避嫌不仕臺省累辟諸府從事十一年張弘靖罷相鎮太原辟為掌書記由大理評事得殿中侍御史十四年府罷從弘靖入朝眞拜監察御史明年正月穆宗即位召入翰林充學士帝在東宮素聞吉甫之名既見德裕尤重之禁中書詔大手筆多詔德裕草之是月召對思政殿賜金紫之服踰月改屯田員外郎穆宗不持政道多所恩貸戚里諸親邪謀請謁傳導中人之言與權臣往來德裕嫉之長慶元年正月上疏論之

○曰伏見國朝故事駙馬緣是親密不合與朝廷要官往來玄宗開元中禁止尤切訪聞近日駙馬輒至宰相及要官私第此輩無他才伎可以延接唯是洩漏禁密交通中外群情所知以為甚弊其朝官素是雜流則不妨來往若職在清列豈可知聞伏乞宣示宰臣其駙馬諸親今後公事即於中書見宰相請不令詣私第上然之尋轉考功郎中知制誥二年二月轉中書舍人學士如故初吉甫在相位時牛僧孺李宗閔應制舉直言極諫科二人對詔深詆時政之失吉甫泣訴於上前由是考策官皆貶事在李宗閔傳元和初用兵伐叛始於杜黃裳誅蜀吉甫經畫欲定兩河方欲出師而卒繼之元衡裴度而韋貫之李逢吉沮議深以用兵為非而韋李相次罷相故逢吉常怒吉甫裴度而德裕於元和時久之不調而逢吉僧孺宗閔以私怨恒排擯之時德裕與李紳元稹俱在翰林以學識才名相類情頗款密而逢吉之黨深惡之其月罷學士出為御史中丞時元稹自禁中出拜工部侍郎平章事三月裴度自太原復輔政是月李逢吉亦在襄

陽入朝乃密賂纖人構成于方獄六月元稹裴度俱罷相稹出為同州刺史逢吉代裴度為門下侍郎平章事既得權位銳意報怨時德裕與牛僧孺俱有相望逢吉欲引僧孺懼紳與德裕禁中沮之九月出德裕為浙西觀察使尋引僧孺同平章事繇是交怨愈深潤州承王國清兵亂之後前使竇易直傾府藏賞給軍旅寖驕財用殫竭德裕儉於自奉留州所得盡以贍軍雖施與不豐將卒無怨二年之後賦輿復集德裕壯年得位銳於布政凡舊俗之害民者悉革其弊江嶺之間信巫祝惑鬼怪有父母兄弟厲疾者舉室棄之而去德裕欲變其風擇鄉人之有識者諭之以言繩之以法數年之間弊風頓革屬郡祠廟按方志前代名臣賢后則祠之四郡之內除淫祠一千一十所又罷私邑山房一千四百六十以清寇盜人樂其政優詔嘉之昭愍皇帝童年纘曆頗事奢靡即位之年七月詔浙西造銀盝子粧具二十事進內德裕奏曰臣百生多幸獲遇昌期受寄名藩常憂曠職孜孜夙夜上報國恩數年已來災旱相繼罄竭微慮粗免流亡物

○力之間尚未完復臣伏準今年三月三日赦文常貢之外不令進獻此則陛下至聖至明細微洞照一恐聚斂之吏緣以成奸一恐凋瘵之人不勝其弊上弘儉約之德下敷惻憫之心萬國群甿鼓舞未息昨奉五月二十三日詔書令訪茅山眞隱將欲師處謙守約之道發務實去華之美雖無人上塞丹詔實率土已偃玄風豈止微臣獨懷抃賀況進獻之事臣子常心雖有敕文不許亦合竭力上貢唯臣當道素號富饒近年已來比舊即異貞元中李錡任觀察使日職兼鹽鐵百姓除隨貫出榷酒錢外更置官酤兩重納榷獲利至厚又訪聞當時進奉亦兼用鹽鐵羨餘貢獻繁多自後莫及至薛苹任觀察使時又奏置榷酒上供之外頗有餘財軍用之間實為優足自元和十四年七月三日敕却停榷酤又準元和十五年五月七日赦文諸州羨餘不令送使唯有留使錢五十萬貫每年支用猶欠十三萬貫不足常須是事節儉百計補塡經費之中未免懸欠至於綾紗等物猶是本州所出易於方圓金銀不出當州皆須外處迴市去二月中奉

宣令進盝子計用銀九千四百餘兩其時貯備都無二三百兩乃諸
頭收市方獲制造上供昨又奉宣旨令進粧具二十件計用銀一萬
三千兩金一百三十兩尋令併合四節進奉金銀造成兩具進納訖
今差人於淮南收買旋到旋造星夜不輟雖力營求深憂不迨臣若
因循不奏則負陛下任使之恩若分外誅求又累陛下慈儉之德伏
乞陛下覽前件推酤及諸州羨餘之目則知臣軍用褊短本末有由
伏料陛下見臣奏論必賜詳悉知臣竭愛君守事之節盡納忠罄直
之心伏乞聖慈宣令宰臣商議何以遣臣上不違宣索下不闕軍儲
不困疲人不斂物怨前後詔勅並可遵承輒冒宸嚴不勝戰汗之至
時準赦不許進獻踰月之後徵貢之使道路相繼故德裕因訴而諷
之事奏不報又詔進可幅盤條繚綾一千匹德裕又論曰臣昨緣宣
索已具軍資歲計及近年物力聞奏伏料聖慈必垂省覽又奉詔旨
令織定羅紗袍段及可幅盤條繚綾一千匹伏讀詔書倍增惶灼臣
伏見太宗朝臺使至涼州見名鷹諷李大亮獻之大亮密表陳誠太

宗賜詔云使遣獻之遂不曲順再三嘉歎載在史書又玄宗命中使
於江南採鵁鶄諸鳥汴州刺史倪若水陳論玄宗亦賜詔嘉納其鳥
即時皆放又令皇甫詢於益州織半臂背子琵琶捍撥鏤牙合子等
蘇頲不奉詔書輒自停織太宗玄宗皆不加罪欣納所陳臣竊以鵁
鶄鏤牙至爲微細若水等尚以勞人損德瀝款效忠當聖祖之朝有
臣如此豈明王之代獨無其人蓋有位者蔽而不言必非陛下拒而
不納又伏覩四月二十三日德音云方召侯伯有位之士無或棄吾
謂不可教其有違道傷理徇欲懷安面刺廷攻無有隱諱則是陛下
納誨從善道光祖宗不盡忠規過在臣下況玄鵝天馬椈豹盤條文
彩珍奇只合聖躬自服今所織千匹費用至多在臣愚誠亦所未諭
昔漢文帝衣弋綈之衣元帝罷輕纖之服仁德慈儉至今稱之伏乞
陛下覽太宗玄宗之容納遠思漢文孝元之恭己以臣前表宣示群
臣酌臣當道物力所宜更賜節減則海隅蒼生無不受賜臣不勝懇
切兢惶之至優詔報之其繚綾罷進元和以來累勑天下州府不得

私度僧尼徐州節度使王智興聚貨無猒以敬宗誕月請於泗州置
僧壇度人資福以邀厚利江淮之民皆群黨渡淮德裕奏論曰王智
興於所屬泗州置僧尼戒壇自去冬於江淮已南所在懸牓招置江
淮自元和二年後不敢私度自聞泗州有壇戶有三丁必令一丁落
髮意在規避王傜影庇資產自正月已來落髮者無筭臣今於蒜山
渡點其過者一日一百餘人勘問唯十四人是舊日沙彌餘是蘇常
百姓亦無本州文憑尋已勒還本貫訪聞泗州置壇次第凡僧徒到
者人納二緡給牒即廻別無法事若不特行禁止比到誕節計江淮
已南失却六十萬丁壯此事非細繫於朝廷法度狀奏即日詔徐州
罷之敬宗荒僻日甚遊幸無恒踈遠賢能昵比群小坐朝月不二三
度大臣罕得進言海內憂危慮移宗社德裕身居廉鎮傾心王室遣
使獻丹扆箴六首曰臣聞心乎愛矣遐不謂矣此古之賢人所以篤
於事君者也夫迹疎而言親者危地遠而意忠者忤然臣竊念拔自
先聖偏荷寵光若不愛君以忠則是上負靈鑒臣頃事先朝屬多陰

沴嘗獻大明賦以諷頗蒙先朝嘉納臣今日盡節明主亦由是心昔
張敞之守遠郡梅福之在遐徼尚竭誠盡忠不避尤悔況臣嘗學舊
史頗知箴諷雖在踈遠猶思獻替謹獻丹扆箴六首仰塵睿鑒伏積
兢惶其宵衣箴曰先王聽政昧爽以俟雞鳴既盈日出而視伯禹大
聖寸陰爲貴光武至仁反支不忌無俾姜后獨去簪珥彤管記言克
念前志其正服箴曰聖人作服法象可觀雖在宴遊尚不懷安汲黯
莊色能正不冠楊阜毅然亦譏縹紈四時所御各有其官非此勿服
惟辟所難其罷獻箴曰漢文罷獻詔還騄耳鑾輅徐驅焉用千里厥
後令王亦能恭己翟裘既焚筒布則毀道德爲麗慈仁爲美不過天
道斯爲至理其納誨箴曰惟后納誨以求厥中從善如流乃能成功
漢驚流湎舉白浮鍾魏叡侈汰陵霄作宮忠雖不忤而善亦從以視
爲瑱是謂塞聰其辯邪箴曰居上處深在察微萌雖有讒慝不能蔽
明漢之有昭德過周成上書知僞照姦得情燕蓋既折王猷洽平百
代之後乃流淑聲其防微箴曰天子之孝敬遵王度安必思危乃無

遺虞亂臣猖蹶非可遽數玄黃莫辨觸瑟始仆栢谷微行豺豕塞路
睹兒獻飧斯可誡懼帝手詔答曰卿文雅大臣方隅重寄表率諸部
肅清全吳化洽行春風澄坐嘯眷言善政想歎在懷卿之宗門累著
聲績冠內廷者兩代襲侯伯者六朝果能激愛君之誠喻詩人之旨
在遠而不忘忠告諷上而常深慮微博我以端躬約予以循禮三復
規諫累夕稱嗟置之座隅用比韋弦之益銘諸心腑何啻藥石之功
卿既以投誠朕每懷開諫苟有過舉無忘密陳山川既遐睠屬何已
必當克己以副乃誠德裕意在切諫不欲斥言託箴以盡意宵衣諷
坐朝稀晚也正服諷服御乖異也罷獻諷徵求玩好也納誨諷侮棄
讜言也辨邪諷信任群小也防微諷輕出遊幸也帝雖不能盡用其
言命學士韋處厚殷勤答詔頗嘉納其心焉德裕久留江介心戀闕
廷因事寄情望迴聖獎而逢吉當軸枳棘其塗竟不得內徙寶曆二
年亳州言出聖水飲之者愈疾德裕奏曰臣訪聞此水本因妖僧誑
惑狡計丐錢數月已來江南之人奔走塞路每三二十家都顧一人

取水擬取之時疾者斷食葷血既飲之後又二七日蔬飧危疾之人
俟之愈病其水斗價三貫而取者益之他水沿路轉以市人老疾飲
之多至危篤昨點兩浙福建百姓渡江者日三五十人臣於蒜山渡
已加捉搦若不絕其根本終恐無益黎甿昔吳時有聖水宋齊有聖
火事皆妖妄古人所非乞下本道觀察使令狐楚速令填塞以絕妖
源從之敬宗為兩街道士趙歸真說以神仙之術宜訪求異人以師
其道僧惟貞齊賢正簡說以祠禱修福以致長年四人皆出入禁中
日進邪說山人杜景先進狀請於江南求訪異人至浙西言有隱士
周息元壽數百歲帝即令高品薛季稜往潤州迎之仍詔德裕給公
乘遣之德裕因中使還獻疏曰臣聞道之高者莫若廣成玄元人之
聖者莫若軒黃孔子昔軒黃問廣成子理身之要何以長久對曰無
視無聽抱神以靜形將自正神必自清無勞子形無搖子精乃可長
生慎守其一以處其和故我修身千二百歲矣吾形未嘗衰又云得
吾道者上為皇而下為王玄元語孔子曰去子之驕氣與多欲態色

與淫志是皆無益於子之身吾所告子者是已故軒黃發謂天之歎
孔子興猶龍之感前聖於道不其至乎伏惟文武大聖廣孝皇帝陛
下用玄祖之訓修軒黃之術凝神閑館物色異人將以覿冰雪之姿
屈順風之請恭惟聖感必降真仙若使廣成玄元混迹而至語陛下
之道授陛下之言以臣度思無出於此臣所慮赴召者必迂怪之士
苟合之徒使物淖冰以為小術衒耀邪僻蔽欺聰明如文成五利一
無可驗臣所以三年之內四奉詔書未敢以一人塞詔實有所懼臣
又聞前代帝王雖好方士未有服其藥者故漢書稱黃金可成以為
飲食器則益壽又高宗朝劉道合玄宗朝孫甑生皆成黃金二祖竟
不敢服豈不以宗廟社稷之重不可輕易此事炳然載於國史以臣
微見儻陛下睿慮精求必致真隱唯問保和之術不求餌藥之功縱
使必成黃金止可充於玩好則九廟靈鑒必當慰悅寰海兆庶誰不
歡心臣思竭愚衷以裨玄化無任兢憂之至息元至京帝館之於山
亭問以道術自言識張果葉靜能詔寫真待詔李士昉問其形狀圖

之以進息元山野常人本無道學言事誕妄不近人情及昭愍遇盜
而殂文宗放還江左德裕深識守正皆此類也文宗即位就加檢校
禮部尚書大和三年八月召為兵部侍郎裴度薦以為相而吏部侍
郎李宗閔有中人之助是月拜平章事懼德裕大用九月檢校禮部
尚書出為鄭滑節度使德裕為逢吉所擯在浙西八年雖遠闕庭每
上章言事文宗素知忠藎採朝論徵之到未旬時又為宗閔所逐中
懷於悒無以自申賴鄭覃侍講禁中時稱其善雖朋黨流言帝乃心
未已宗閔尋引牛僧孺同知政事二憾相結凡德裕之善者皆斥之
於外四年十月以德裕檢校兵部尚書成都尹劍南西川節度副大
使知節度事管內觀察處置西山八國雲南招撫等使裴度於宗閔
有恩度征淮西時請宗閔為彰義觀察判官自後名位日進至是恨
度援德裕罷度相位出為興元節度使牛李權赫於天下西川承蠻
寇剽虜之後郭釗撫理無術人不聊生德裕乃復葺關防繕完兵守
又遣人入南詔求其所俘工匠得僧道工巧四千餘人復歸成都五

年九月吐蕃維州守將悉怛謀請以城降其州南界江陽岷山連嶺而西不知其極北望隴山積雪如玉東望成都若在井底一面孤峯三面臨江是西蜀控吐蕃之要也至德後河隴陷蕃唯此州尚存吐蕃利其險要將婦人嫁與此州闍者二十年後婦人生二子成長及蕃兵攻城二子內應其州遂陷吐蕃得之號曰無憂城貞元中韋皐鎮蜀經畧西山八國萬計取之不獲至是悉怛謀遣人送款德裕疑其詐遣人送錦袍金帶與之託云候取進止悉怛謀乃盡率郡人歸成都德裕乃發兵鎮守因陳出攻之利害時牛僧孺沮議言新與吐蕃結盟不宜敗約語在僧孺傳乃詔德裕却送悉怛謀一部之人還維州贊普得之皆加虐刑德裕六年復修邛峽關移巂州於臺登城以扞蠻德裕所歷征鎮以政績聞其在蜀也西拒吐蕃南平蠻蜑數年之內夜犬不驚瘡痏之民粗以完復會監軍王踐言入朝知樞密嘗於上前言悉怛謀縛送以快戎心絕歸降之義上頗尤僧孺其年冬召德裕為兵部尚書僧孺罷相出為淮南節度使七年二月德裕

○以本官平章事進封贊皇伯食邑七百戶六月宗閔亦罷德裕代為中書侍郎集賢大學士其年十二月文宗暴風恙不能言者月餘八年正月十六日始力疾御紫宸見百寮宰臣退問安否上歎駭無名工者久之由是王守澄進鄭注初注構宋申錫事帝深惡之欲令京兆尹杖殺之至是以藥稍効始善遇之守澄復進李訓善易其年秋上欲授訓諫官德裕奏曰李訓小人不可在陛下左右頃年惡積天下皆知無故用之必駭視聽上曰人誰無過俟其悛改朕以逢吉所託不忍負言德裕曰聖人有改過之義訓天性姦邪無悛改之理上顧王涯曰商量別與一官遂授四門助教制出給事中鄭肅韓佽封之不下王涯召肅面喻令下俄而鄭注亦自絳州至訓注惡德裕排己九月十日復召宗閔於興元授中書侍郎平章事代德裕出德裕為興元節度使德裕中謝日自陳戀闕不願出藩追勅守兵部尚書宗閔奏制命已行不宜自便尋改檢校尚書左僕射潤州刺史鎮海軍節度蘇常杭潤觀察等使代王璠德裕至鎮奉詔安排宮人杜仲

陽於道觀與之供給仲陽者漳王養母王得罪放仲陽於潤州故也九年三月左丞王璠戶部侍郎李漢進狀論德裕在鎮厚賂仲陽結託漳王圖為不軌四月帝於蓬萊殿召王涯李固言路隨王璠李漢鄭注等面證其事璠漢加誣構結語甚切至路隨奏曰德裕實不至此誠如璠漢之言微臣亦合得罪群論稍息尋授德裕太子賓客分司東都其月又貶袁州長史路隨坐證德裕罷相出鎮浙西其年七月宗閔坐救楊虞卿貶處州李漢坐黨宗閔貶汾州十一月王璠與李訓造亂伏誅而文宗深悟前事知德裕為朋黨所誣明年三月授德裕銀青光祿大夫量移滁州刺史七月遷太子賓客十一月檢校戶部尚書復浙西觀察使德裕凡三鎮浙西前後十餘年開成二年五月授揚州大都督府長史淮南節度副大使知節度事代牛僧孺初僧孺聞德裕代己乃以軍府事交付副使張鷺即時入朝時揚州府藏錢帛八十萬貫匹及德裕至鎮奏領得一十四萬仍半為張鷺支用訖僧孺上章訟其事詔德裕重檢括果如僧孺之數德裕稱初

○到鎮疾病為吏隱欺請罰詔釋之補闕王績魏謨崔黨韋有翼拾遺令狐綯韋楚老樊宗仁等連章論德裕妄奏錢帛以傾僧孺上竟不問四年四月就加檢校尚書左僕射五年正月武宗即位七月召德裕於淮南九月授門下侍郎同平章事初德裕父吉甫年五十一出鎮淮南五十四自淮南復相今德裕鎮淮南復入相一如父之年亦為異事會昌元年兼左僕射開成末迴紇為黠戛斯所攻戰敗部族離散烏介可汗奉太和公主南來會昌二年二月牙於塞上遣使求助兵糧收復本國權借天德軍以安公主時天德軍使田牟請以沙陀退渾諸部落兵擊之上意未決下百寮商議議者多云如牟之奏德裕曰頃者國家艱難之際迴紇繼立大功今國破家亡竄投無所自居塞上未至侵淫以窮來歸遽行殺伐非漢宣待呼韓邪之道也不如聊濟資糧徐觀其變宰相陳夷行曰此借寇兵而資盜糧非計也不如擊之便德裕曰田牟韋仲平言沙陀退渾並願擊賊此緩急不可恃也夫見利則進遇敵則散是雜虜之常態必不肯為國家扞

禦邊境天德一城戍兵寡弱而欲與勁虜結讎陷之必矣不如以理
卹之俟其越軼用兵爲便帝以爲然許借米三萬碩俄而迴紇宰相
嗢沒斯殺赤心宰相以其衆來降赤心部族又投幽州烏介勢孤而
不與之米其衆饑乏漸近振武保大柵把頭峯突入朔州川界沙陁
退渾皆以其家保山險雲州張獻節嬰城自固虜大縱掠卒無拒者
上憂之與宰臣計事德裕曰把頭峯北便是沙磧彼中野戰須用騎
兵若以步卒敵之理難必勝今烏介所恃者公主如令勇將出奇奪
得公主虜自敗矣上然之即令德裕草制處分代北諸軍固關防以
出奇形勢授劉沔沔令大將石雄急擊可汗于殺胡山敗之迎公主
還宮語在石雄傳尋進位司空三年二月趙蕃奏黠戛斯攻安西北
庭都護府宜出師應援德裕奏曰據地志安西去京七千一百里北
庭去京五千二百里承平時向西路自河西隴右出玉門關迤邐是
國家州縣所在皆有重兵其安西北庭要兵便於側近徵發自艱難
已後河隴盡陷吐蕃若通安西北庭須取迴紇路去今迴紇破滅又

不知的屬黠戛斯否縱令救得便須却置都護須以漢兵鎮守每處
不下萬人萬人從何徵發饋運取何道路今天德振武去京至近兵
力常苦不足無事時貯粮不支得三年朝廷力猶不及況保七千里
安西哉臣所以謂縱令得之實無用也昔漢宣帝時魏相請罷車師
之田漢元帝時賈捐之請棄珠崖郡國朝賢相狄仁傑亦請棄四鎮
立斛瑟羅爲可汗又請棄安東却立高氏蓋不欲貪外虛內耗竭生
靈此二臣者當自有之時尚欲棄之以肥中國況隔越萬里安能救
之哉臣恐蕃戎多計知國力不及僞且許之邀求中國金帛陛下不
可中悔此則將實費以換虛事即是滅一迴紇而又生之恐計非便
乃止德裕又以大和五年吐蕃維州守將以城降爲牛僧孺所沮終
失維州奏論之曰臣在先朝出鎮西蜀其時吐蕃維州首領悉怛謀
雖是雜虜久樂皇風將彼堅城降臣本道臣尋差兵馬入據其城飛
章以聞先帝驚歎其時與臣不足者望風嫉臣遽獻疑言上罔宸聰
以爲與吐蕃盟約不可背之必恐將此爲辭侵犯郊境詔臣還却此

城兼執送悉怛謀等令彼自戮復降中使迫促送還昔白起殺降終
于杜郵致禍陳湯見徙是爲郅支報讎感歎前事愧心終日今者幸
逢英主忝備台司輒敢追論伏希省察且維州據高山絕頂三面臨
江在戎虜平川之衝是漢地入兵之路初河隴盡沒此州獨存吐蕃
潛將婦人嫁與此州門子二十年後兩男長成竊開壘門引兵夜入
因兹陷沒號曰無憂因併力於西邊遂無虞於南路憑陵近甸旰宵
累朝貞元中韋皐欲經略河湟須以此城爲始盡銳萬旅急攻累年
吐蕃愛惜既甚遂遣舅論莽熱來援雉堞高峻臨衝難及於層霄烏
逕屈盤猛士多糜於礧石莫展公輸之巧空擒莽熱而還及南蠻負
恩掃地驅劫臣初到西蜀衆心未安外揚國威中緝邊備其維州熟
臣信令乃送款與臣臣告以須俟奏聞所冀探其情僞其悉怛謀尋
率一城之兵衆并州印甲仗塞途相繼空壁歸臣臣即大出牙兵受
其降禮南蠻在列莫敢仰視況西山八國隔在此州比帶使名都成
虛語諸羌久苦蕃中征役願作大國王人自維州降後皆云但得臣

信牒帽子便相率內屬其蕃界合水棲雞等城既失險阨自須抽歸
可減八處鎮兵坐收千里舊地臣見莫大之利乃爲恢復之基繼具
奏聞請以酬賞臣自與錦袍金帶顒俟詔書且吐蕃維州未降已前
一年猶圍魯州以此言之豈守盟約況臣未嘗用兵攻取彼自感化
來降又沮議之人不知事實犬戎遲鈍土曠人稀每欲乘秋犯邊皆
須數歲就食臣得維州踰月未有一使入疆自此之後方應破膽豈
有慮其後怨鼓此游詞臣受降之時指天爲誓寧忍將三百餘人性
命棄信偷安累表上陳乞垂矜赦答詔嚴切竟令執還加以體披桎
梏舁於竹畚及將就路寃叫呼天將吏對臣無不流涕其部送者便
遭蕃帥譏誚曰既以降彼何須送來乃却將此降人戮于漢界之上
恣行殘害用固攜離乃至擲其嬰孩承以槍槊臣聞楚靈誘殺蠻子
春秋明譏周文外送鄧叔簡冊深鄙況乎大國負此異類絕忠款之
路快兇虐之情從古以來未有此事臣實痛悉怛謀舉城受酷由臣
陷此無辜乞慰忠魂特加褒贈帝意傷之尋賜贈官其年德裕兼守

司徒四月澤潞節度使劉從諫卒軍人以其姪稹擅總留後三軍請
降旌鉞帝與宰臣議可否德裕曰澤潞國家內地不同河朔前後命
帥皆用儒臣頃者李抱眞成立此軍身歿之後德宗尚不許繼襲令
李緘護喪歸洛洎劉悟作鎮長慶中頗亦自專屬敬宗因循遂許從
諫繼襲開成初於長子屯軍欲與晉陽之甲以除君側與鄭注李訓
交結至深外託効忠實懷窺伺自疾病之初便令劉稹管兵馬若不
加討伐何以號令四方若因循授之則藩鎮相効自玆威令去矣帝
曰卿筭用兵必尅否對曰劉稹所恃者河朔三鎮耳但得魏鎮不與
稹同破之必矣請遣重臣一人傳達聖旨言澤潞命帥不同三鎮自
艱難已來列聖皆許三鎮嗣襲已成故事今國家欲加兵誅稹禁軍
不欲出山東其山東三州委鎮魏出兵攻取上然之乃令御史中丞
李回使三鎮諭旨賜魏鎮詔書云卿勿爲子孫之謀欲存輔車之勢
何弘敬王元逵承詔聳然從命初議出兵朝官上疏相繼請依從諫
例許之繼襲而宰臣四人亦有以出師非便者德裕奏曰如師出無

功臣請自當罪戾請不累李紳讓夷等及弘敬元逵出兵德裕又奏
曰貞元大和之間朝廷伐叛詔諸道會兵纔出界便費度支供餉遲
留逗撓以困國力或密與賊商量取一縣一柵以爲勝捷所以師出
無功今請處分元逵弘敬只令收州勿攻縣邑帝然之及王宰石雄
進討經年未拔澤潞及弘敬元逵收邢洺磁三州稹黨遂離以至平
殄皆如其筭時王師方討澤潞三年十二月太原橫水戍兵因移戍
榆社乃倒戈入太原城逐節度使李石推其都將楊弁爲留後武宗
以賊稹未殄又起太原之亂心頗憂之遣中使馬元貫往太原宣諭
覘其所爲元貫受楊弁賂欲保祐之四年正月使還奏曰楊弁兵馬
極多自牙門列隊至柳子十五餘里明光甲曳地德裕奏曰李石比
以城內無兵抽橫水兵一千五百人赴榆社安能朝夕間便致十五
里兵甲耶元貫曰晉人驍敢盡可爲兵重賞招致耳德裕曰招召須
財昨橫水兵亂止爲欠絹一匹李石無處得楊弁從何致耶又太原
有一聯甲並在行營安致十五里明光耶元貫詞屈德裕奏曰楊弁

微賊決不可恕如國力不及寧捨劉稹即時請降詔令王逢起榆社
軍又令王元逵兵自土門入會于太原河東監軍呂義忠聞之即日
召榆社本道兵誅楊弁以聞自開成五年冬迴紇至天德至會昌四
年八月平澤潞首尾五年其籌度機宜選用將帥軍中書詔奏請雲
合起草指蹤皆獨決於德裕諸相無預焉以功兼守太尉進封衛國
公三千戶五年武宗上徽號後累表乞骸不許德裕病月餘堅請解
機務乃以本官平章事兼江陵尹荊南節度使數月追還復知政事
宣宗即位罷相出爲東都留守東畿汝都防禦使德裕特承武宗恩
顧委以樞衡決策論兵舉無遺悔以身扞難功流社稷及昭肅棄天
下不逞之伍咸害其功白敏中令狐綯在會昌中德裕不以朋黨疑
之置之臺閣顧待甚優及德裕失勢抵掌戟手同謀斥逐而崔鉉亦
以會昌末罷相怨德裕大中初敏中復薦鉉在中書乃相與掎摭構
致令其黨人李咸者訟德裕輔政時陰事乃罷德裕留守以太子少
保分司東都時大中元年秋尋再貶潮州司馬敏中等又令前永寧

縣尉吳汝納進狀訟李紳鎮揚州時謬斷刑獄明年冬又貶潮州司
戶德裕既貶大中二年自洛陽水路經江淮赴潮州其年冬至潮陽
又貶崖州司戶至三年正月方達珠崖郡十二月卒時年六十三德
裕以器業自負特達不群好著書爲文獎善嫉惡雖位極台輔而讀
書不輟有劉三復者長於章奏尤奇待之自德裕始鎮浙西迄於淮
甸皆參佐賓筵軍政之餘與之吟詠終日在長安私第別構起草院
院有精思亭每朝廷用兵詔令制置而獨處亭中凝然握管左右侍
者無能預焉東都於伊闕南置平泉別墅清流翠篠樹石幽奇初未
仕時講學其中及從官藩服出將入相三十年不復重遊而題寄歌
詩皆銘之於石今有花木記歌詩篇錄二石存焉有文集二十卷記
述舊事則有次柳氏舊聞御臣要略伐叛志獻替錄行於世初貶潮
州雖蒼黃顛沛之中猶留心著述雜序數十篇號曰窮愁志其論冥
數曰仲尼罕言命不語神非謂無也欲人嚴三綱之道奉五常之教
修天爵而致人爵不欲信富貴于天命委福祿於冥數昔衛卜協于

沙丘爲謚巳久秦塞驪於臨洮名子不悟朝歌未滅而國流冊烏白
帝尚在而漢斷素虵皆兆發於先而符應於後不可以智測也周孔
與天地合德與神明合契將來之數無所遁情而狼跋於周鳳衰于
楚豈親戚之義不可去也人倫之教不可廢也條侯之貴鄧通之富
死於兵革可也死于女室可也准不宜以餒終此又不可以理得也
命偶時來盜有名器者謂禍福出於胸懷榮枯生於口吻沛然而安
溘然而笑曾不知黃雀遊於茂樹而挾彈者在其後也乙丑歲予自
荆楚保釐東周路出方城間有隱者困于泥塗不知其所如謂方城
長曰此官人居守後二年南行萬里則知憾予者必因天譴譖予者
乃自鬼謀雖抱至冤固不爲恨予嘗三遇異人非卜祝之流皆適世
者初掌記北門管涔隱者謂予曰君明年當在人君左右爲文翰之
職須值少主予聞之愕然變色隱者亦悔失言避席求去予問曰何
爲事少主對曰君與少主已有宿緣其年秋登朝至明年正月穆宗
纘緒召入禁苑及爲中丞閩中隱者叩門請見予下榻與語曰時事
非久公不早去冬必作相禍將至矣君若亟請居外則代公者受患公
後十年終當作相自西而入是秋出鎮吳門時年三十六歲經八稔
尋又伏鉞南燕秋暮有邑子于生引鄴郡道士至纔升階未及命席
謂予曰公當爲西南節制孟冬望舒前符節至矣三者皆與之協不
差歲月自憲闈竟十年居相位由西蜀而入代予持憲者俄亦竄逐
唯再謫南荒未嘗有前知之士爲予言之豈禍患不可移者神道所
秘莫得預聞其自序如此斯論可以警夫躁競者故書於事末德裕
三子燁檢校祠部員外郎汴宋亳觀察判官大中二年坐父貶象州
立山尉二子幼從父歿於崖州燁咸通初量移郴州郴縣尉卒於桂
陽子延古

史臣曰臣總角時亟聞耆德言衛公故事是時天子神武明於聽斷
公亦以身犯難酬特達之遇言行計從功成事遂君臣之分千載一
時觀其禁掖彌綸巖廊啓奏料敵制勝襟靈獨斷如由基命中罔有
虛發實奇才也語文章則嚴馬扶輪論政事則蕭曹避席罪其竊位
即太深文所可讓者不能釋憾解仇以德報怨泯是非於度外齊彼
我於環中與夫市井之徒力戰錐刀之末淪身瘴海可爲傷心古所
謂攫金都下忽於市人离婁不見於眉睫才則才矣語道則難

贊曰公之智決利若青萍破虜誅叛摧枯建瓴功成北闕骨葬南溟
嗚呼煙閣誰上丹青

唐書列傳卷第一百二十四

唐書列傳卷第一百二十五

劉　昫　等修

聞人詮校刻沈桐同校

憲宗二十子　穆宗五子　敬宗五子　文宗二子
武宗五子　宣宗十一子　懿宗八子　僖宗二子
昭宗十子

憲宗二十子穆宗皇帝宣宗皇帝惠昭太子寧澧王惲深王悰洋王
忻絳王悟建王恪鄜王憬瓊王悅沔王恂婺王懌茂王愔淄王協衡
王憺澶王惋棣王惴彭王惕信王憻榮王㥛

惠昭太子寧憲宗長子也母曰紀美人貞元二十一年四月封平原
郡王元和元年八月進封鄧王四年閏三月立爲皇太子改名宙尋
復今名其年有司將行冊禮以孟夏孟秋再卜日臨事皆以雨罷至
十月方行冊禮元和六年十二月薨年十九廢朝十三日時勑國子
司業裴茝攝太常博士西内勾當茝通習古今禮儀嘗為太常博士

及官至郎中每兼其職至改司業方罷兼領国典無皇太子薨禮故
又命茝領之廢朝十三日蓋用期服以日易月之制也謚曰惠昭

澧王惲憲宗第二子也本名寛貞元二十一年封同安郡王元和元
年進封澧王七年改今名時吐突承璀恩寵特異惠昭太子薨議立
儲副承璀獨排群議屬澧王欲以威權自樹賴憲宗明斷不惑上將
冊拜太子詔翰林學士崔群代澧王作讓表一章群奏曰凡事已合
當之而不為則有退讓焉上深納之及憲宗晏駕承璀死王亦薨於
其夕以元和十五年四月丁丑發喪廢朝三日長子漢東陽郡王次
子源安陸郡王第三子演臨安郡王

深王悰本名察憲宗第四子也貞元二十一年封彭城郡王元和元
年進封深王改今名長子潭河内郡王次子淑吳興郡王

洋王忻本名寰憲宗第五子也貞元二十一年封為高密郡王元和
元年進封洋王七年改今名大和二年薨長子沛大和八年封潁川
郡王

絳王悟本名寮憲宗第六子也貞元二十一年封文安郡王元和元
年進封絳王七年改今名寶曆二年冬遇害長子洙大和八年封新
安郡王第二子滂封高平郡王

建王恪本名審憲宗第十子也元和元年八月淄青節度李師古卒
其弟師道擅領軍務以邀符節朝廷方興討罰之師不欲分兵兩地
乃封審爲建王間一日授開府儀同三司鄆州大都督充平盧軍淄
青等州節度營田觀察處置陸運海運押新羅渤海兩蕃等使而以
師道爲節度留後不出閤七年改今名長慶元年薨○鄜王憬長慶元
年封開成四年七月薨長子溥平陽郡王

瓊王悅長慶元年封第二子津河間郡王　沔王恂長慶元年封
長子瀛晉陵郡王　婺王懌長慶元年封長子清新平郡王
茂王愔長慶元年封長子滮武功郡王　淄王協憲宗第十四子
也長慶元年封開成元年薨長子澣大和八年八月封許昌郡王第
三子渙馮翊郡王　衡王憺長慶元年封長子涉晉平郡王

澶王惋長慶元年封長子滐鴈門郡王　棣王惴大中六年封咸
通三年薨　彭王惕大中三年封　信王憻大中十四年封咸
通八年薨　榮王㥛咸通三年封廣明元年八月十九日授開府
儀同三司守司空其年十月九日封其子令平嗣王

穆宗五子敬宗皇帝文宗皇帝武宗皇帝懷懿太子湊安王溶

懷懿太子湊穆宗第六子少寛和温雅齊莊有度長慶初封漳王文
宗以王守澄恃權深怒閹官欲盡誅之密令宰相宋申錫與外臣謀
盡其計守澄門人鄭注伺知其事欲先事誅申錫以漳王賢而有望
乃令神策虞候豆盧著告變言十六宅宮市典晏敬則朱訓與申錫
親事王師文同謀不軌朱訓與王師文言聖上多病太子年小若立
兄弟次是漳王要先結託乃於師文處得銀五鋌絹八百匹又晏敬
則於十六宅將出漳王吳綾汗衫一領熟線綾一匹以荅申錫其事
皆鄭注憑虛結構而擒朱訓等於黃門獄鍛鍊僞成其款居三四日
朝臣方悟其誣構諫官崔玄亮等閤中極諫叩頭出血請出申錫獄

付外勘鞫鄭注輩恐其僞迹敗露乃請行貶黜制曰王者敎先入愛
義不遺親豈於同氣之中可致異詞之間如或愼修不至詿誤有聞
構爲厲階犯我邦紀未加殛竄尚屈彝章漳王湊手足之親盤石是
固居宗寵秩列在戚藩頃多克順之心亦有尚賢之志而潛爲生患
敗覆是圖姦宄會同謀議聯及汚我皇化彰于外朝初駭予衷再驚
羣聽尚以未具獄詞猶資審愼建侯之命姑務從寬可降封巢縣公
制下上令中使齎巢縣官告就十宅賜湊言國法須此爾宜寬勉八
年薨贈封齊王鄭注伏誅帝思湊被陷而心傷之開成三年正月制
曰褒善飾終王者常典況我友于之愛手足之親永言痛悼之懷用
錫元良之命故齊王湊孕靈天宇擢秀本枝孝敬知於孩提惠和洽
於親愛將固磐石遂分茅社學探蟻術之精智有象舟之妙好書樂
善造次不失其清規置醴尊師風雨不忘其至敬方期台耇以保怡
怡天胡不仁殲我同氣念周宣好愛之分長慟莫追覽魏文榮樂之
言軫懷無已繇是稽諸前典式展追榮特峻彝章表恩泉壤雖禮命

之儀則爾而天倫之恨何攄遐想幽魂宜膺寵數可贈懷懿太子有
司擇日冊命

安王溶穆宗第八子母楊賢妃長慶元年封太和八年授開府儀同
三司檢校吏部尚書開成初勑安王穎王並依百官例逐月給料錢
武宗卽位李德裕秉政或告文宗崩時楊嗣復以與賢妃宗家欲立
安王爲嗣故王受禍嗣復貶官

敬宗五子悼懷太子普梁王休復襄王執中紀王言揚陳王成美

悼懷太子普敬宗長子也母曰郭妃寶曆元年封晉王太和二年薨年
五歲上撫念之甚厚冊贈悼懷太子

梁王休復開成二年八月詔曰王者胙土畫疆封建子弟所以承衛
帝室蕃茂本枝祖宗成式朕曷敢廢況天付正性夙奉至訓尊賢好
善體仁由禮是可舉建侯之命膺分社之榮親親賢賢於是乎在敬
宗皇帝第二子休復第三子執中第四子言揚第六子成美皆氣蘊
冲和行推敬慎游泳墳索佩服師言宜開土宇之封用申睦族之典
休復可封梁王執中可封襄王言揚可封紀王成美可封陳王宜令
有司擇日備禮冊命

襄王執中與梁王同時授封第三男宗樂平郡王紀王與襄王同時
授封陳王成美與紀王言揚同時授封開成四年十月詔曰古先哲
王之有天下也何甞不正國本而承天序建儲貳而主重離朕以寡
昧祗荷丕圖虔恭寅畏思固鴻業愼擇全懿曠于旬時而卿士獻謀
龜筮告吉以爲少陽虛位願舉盛儀列聖垂休俾合予志選賢而立
式表無私敬宗皇帝第六男陳王成美天假忠孝日新道德溫文合
雅謙敬保和裕端明之體度尚詩書之辭訓言皆中禮行不違仁是
可以訓考舊章欽若成命授之七鬯以奉粢盛宜迴朱邸之榮俾踐
青宮之重可立爲皇太子宜令所司擇日備禮冊命自莊恪太子薨
將相大臣洎職言者拜章面陳凡累月上遂命立陳王未行冊禮復
降仍舊其年殂於藩邸第十九男儼宜城郡王

文宗二子莊恪太子永蔣王宗儉

莊恪太子永文宗長子也母曰王德妃太和四年正月封魯王六年
上以王年幼思得賢傅輔導之時王傅和元亮因待制召問元亮出
於卒吏不知書一不能對後宰相延英奏事上從容曰魯王質性可
教宜擇賢士大夫爲官屬不可復用和元亮之輩因以戶部侍郎庾
敬休守本官兼魯王傅太常卿鄭肅守本官兼王府長史戶部郎中
李踐方守本官兼王府司馬其年十月降詔冊爲皇太子上自卽位
承敬宗盤遊荒怠之後恭儉惕愼以安天下以晉王謹愿且欲建爲
儲貳未幾晉王薨上哀悼甚不復言東宮事久之今有是命中外慶
悅後以王起陳夷行爲侍讀開成三年上以皇太子宴遊敗度不可
教導將議廢黜特開延英召宰臣及兩省御史臺五品已上南班四
品已上官對宰臣及衆官以爲儲后年小可俟改過國本至重願寛
宥御史中丞狄兼謩上前雪涕以諫詞理懇切翌日翰林學士六人
洎神策六軍軍使十六人又進表陳論上意稍解其日一更太子歸
少陽院以中人張克己栢常心充少陽院使如京使王少華判官表

載和及品官白身內園小兒官人等數十人連坐至死及剥色流竄
尋詔侍讀竇宗直周敬愼依前隔日入少陽院其年薨勑兵部尚書
王起撰哀冊文曰維大唐開成三年歲次戊午十月乙酉朔十六日
庚子皇太子薨于少陽院十七日辛丑遷座于大吉殿十一月乙卯
朔二十四日戊寅命冊使太子太師兼右僕射門下侍郎國子祭酒
平章事鄭覃副使中書侍郎平章事楊嗣復持節冊謚曰莊恪十二
月乙酉朔十二日丙申葬于驪山之北原莊恪陵禮也玉琯歲窮金
壺漏盡祖奠告徹哀笳將引庭滅燎而月寒路搖旍而風緊皇帝念
主鬯之缺位悼佩觿之夭年銅樓已閉銀牓徒懸方追思於對日遽
冥寞而賓天典冊具舉文物咸備爰詔侍臣顯揚上嗣其詞曰皇矣
帝緒肇基緜古種德尊道宗文祖武上聖開成天下和平儲祉發祥
是生元良單訏之初岐嶷用彰蘊才游藝玉裕金相旣免孩提是加
封殖俾維城於東晉錫介珪於上國辭榮朱邸正位青宮尊師重傅
養德含聰畏馳道而不絕問寢門而益恭招賢警戒齒冑謙冲異日
○蹐於三善奉天慈於九重漢莊好學旣顯於外魏丕能文方循於內
美不二於顏過嘉得三於鯉退焜燿甲觀鏗鏘瑜珮方積善於爲山
何反眞而游岱嗚呼哀哉憂兢損壽沉痾始遘群望並走百靈宜祐
昊穹之問徒爲越人之方靡救占前星之掩曜知東朝之降咎天垂
象而則然人由己而何有嗚呼哀哉稅駕乘華兮即宮夜臺鳳笙長
絕兮蜃輅徐來啓青宮而右出歷玄灞而左迴度樹林兮魂斷入曠
野兮心摧水助挽而幽咽雲帶翣而徘徊悲佳城之已掩見新廟之
方開嗚呼哀哉授經兮曷期執紼兮增欷九原作兮何嗟及七日還
兮安可希有少海之波逝無西園之蓋飛商山之羽翼已散望苑之
賓客咸歸瑟彼玉簡閟于泉扉用寘信於文字願不昧於音徽嗚呼
哀哉初上以太子稍長不循法度昵近小人欲加廢黜迫於公卿之
請乃止太子終不悛改至是暴薨時傳云太子德妃之出也晚年寵
衰賢妃楊氏恩渥方深懼太子他日不利於己故日加誣譖太子終
不能自辨明也太子旣薨上意追悔四年因會寧殿宴小兒緣撞有

一夫在下憂其墮地有若狂者上問之乃其父也上因感泣謂左右
曰朕富有天下不能全一子遂召樂官劉楚材宮人張十十等責之
曰陷吾太子皆爾曹也今已有太子更欲踵前耶立命殺之
蔣王宗儉文宗第二子開成二年封　武宗五子杞王峻開成五
年封益王峴　兗王岐德王嶧昌王嵯皆會昌二年封　宣宗十
一子懿宗皇帝餘並封王靖懷太子漢會昌六年封雍王大中六年
薨冊贈靖懷太子　雅王涇宣宗第二子大中元年封　衛王
灌大中十一年封十四年薨　夔王滋宣宗第三子也會昌六年
封咸通四年薨　慶王沂第四子也會昌六年封大中十四年薨
濮王澤第五子也大中二年封　鄂王潤第六子也大中五年封
乾符三年薨　懷王洽第七子也大中八年封　昭王汭第八
子也大中八年封乾符三年薨　康王汶大中八年封　廣王
澭大中十一年封　懿宗八子僖宗皇帝昭宗皇帝餘並封王
魏王佾咸通三年封　涼王健咸通三年封乾符六年薨　蜀
○王佶咸通三年封　威王偘咸通六年封鄆王十年改封今王
吉王保咸通十三年封文德元年八月九日授開府儀同三司檢校
太傅仍加食邑三百戶　睦王倚咸通十三年封　僖宗二子
建王震中和元年九月十六日封　益王陞光啓三年十一月十
四日封　昭宗十子哀帝餘並封王　德王裕昭宗長子也大
順二年六月二十八日封乾寧四年二月十四日冊爲皇太子時駕
在華州韓建畏諸王主兵誘防城卒張行思花重武相次告通王以
下欲殺建建他日又造訛言云諸王欲劫遷車駕別幸藩鎭諸王懼
詣建自陳建乃延入所內密遣人奏云今日睦王濟王韶王通王彭
王韓王儀王陳王等八人到臣理所不測事由臣竊量事體不合與
諸王相見兼恐久在臣所於事非宜忽然及門意不可測又上疏抗
請歸十六宅如是者數四帝不允建懼爲諸王所圖乃以精甲數千
圍行宮請誅定州護駕軍都將李筠帝懼甚詔斬筠於大雲橋其三
都軍士尋放還本道殿後都亦與三都元繞行宮扈蹕至是並急詔

散之罷諸王兵柄建處上不悅乃上表請立德王爲皇太子其年八
月嗣延王戒丕自太原還詔與通王已下八王並賜死于石堤谷光
化末樞密使劉季述王仲先等幽昭宗於東内冊裕爲帝及天復初
誅季述仲先與寺人藏於右軍群臣請殺之昭宗曰太子冲幼爲賊
輩所立依舊令歸少陽院及朱全忠自鳳翔迎駕還京以德王眉目
踈秀春秋漸盛常惡之謂崔胤曰德王曾竊居寶位天下知之大義
滅親何得久留是敎後代以不孝也請公密啓胤然之昭宗不納他
日言於全忠全忠曰此國家大事臣安敢竊議乃崔胤賣臣也尋以
哀帝爲天下兵馬元帥後昭宗至洛下一日幸福先寺謂樞密使蔣
玄暉曰德王朕之愛子全忠何故須令廢之又欲殺之言訖淚下因
齧其中指血流玄暉具報全忠由是轉恚昭宗遇弑之日蔣玄暉於
内西置社筵酒酣德王已下六王皆爲玄暉所殺投屍九曲池
棣王祤乾寧元年十月八日封　虔王禊沂王禋遂王禕並與棣
王同時封冊　景王祕乾寧四年十月二十二日封　祁王祺
○與景王同時封冊　雅王禛瓊王祥並光化元年十一月九日封

嗣
襄王熅性柔善無他能光啓二年春車駕在寶雞西軍逼請幸岐隴
帝以數十騎自大散關幸興元時熅有疾不能從因爲朱玫所挾至
鳳翔有臺省官從行未及者僅百人四月玫乃與宰相蕭遘裴徹率
群寮冊熅爲監國熅以鄭昌圖判度支而鹽鐵戶部各置副使三司
之事一以委焉目曰廢置相公五月熅遣僞戶部侍郎栁陟等十餘
人分諭關東河北諸道納僞命者甚衆十月朱玫率蕭遘等冊熅爲
帝改元曰永貞遥尊僖宗爲太上元皇聖帝初河中王重榮表率東
諸侯進貢唯蔡賊與太原不順秦宗權自僭號太原不協于朱玫故
也及王行瑜殺朱玫熅奔至渭上王重榮使人迎之熅與僞百官泣
別謂曰朕見重榮當令與卿等各備所服以接卿殺朱玫之明日熅
爲鄜州亂軍所殺行瑜遂函首送行在熅四月監國至十二月死凡
在僞位九月矣　朱玫者邠州人也少從邊以功歷郡守乾符末
領邠寧節制中和中收復京師與太原李克用東方逵同制加使相
光啓元年冬受詔招討河中軍敗以軍容使田令孜失策時諸軍皆
怒乃徇人情表請誅令孜令孜與楊復恭挾帝西幸玫又失策乃虜
嗣襄王熅與蕭遘等同立爲帝大行封拜以啖諸侯而天下之人歸
者十五六焉與李昌符始謀冊立及後玫自稱大丞相吐握在己昌
符怒之乃以表送款行在復密結樞密使楊復恭人心乃離時行在
出令有能斬朱玫首者則授以邠帥賊將王行瑜以大唐峯不利退
保鳳州終慮得罪與腹心密謀徑入京師時玫有第在和善里行瑜
率兵伏入見玫猶責以擅還行瑜曰我要代爾領邠州節制何復多
言遂斬之

王行瑜者邠州人也少隸本軍事朱玫爲偏將平巢
寇有功光啓二年玫冊嗣襄王熅爲僞帝授天平軍節度使領兵守
大散關攻大唐峯爲李鋋所敗乃送款行在以部下反攻朱玫于關
下斬之因授邠州節度使後平楊守亮于山南以功累加至中書令
景福中逼朝廷加尚書令宰臣韋昭度密奏不可會韓建李茂貞稱
○兵入覲欲行廢立不果乃請殺昭度與李磎是歲又遣弟行約攻河

中河中引太原軍至由是大敗行約行實劫駕不獲遂歸邠州行瑜
率兵屯梨園王師圍急行實行約先敗次保龍泉行瑜又遁至邠州
不能守乾化二年十一月挈族至慶州爲部下所殺○史臣曰自天寶
已降内官握禁旅中闈纂繼皆出其心故手纔攬於萬機目已睨於
六宅防閑禁錮不近人情文宗好古睦親至敦友悌悔前非於齊癸
襄以儲闈付後事於陳王歸其胄席或降輿朱邸對食瓊筵怡申
肺腑之情穆穆盡棣華之義近朝盛美可洽風謠昭肅惑讒毒流安
邸雖覽大臣之議欲使磐維竟無出閤之儀終身幽枉谷風之怨可
爲傷心大中咸通已來寶圖世及犬牙麟趾雖不迨於姬周豆什布
謡未甚悲於宗籍於姬不足比魏有餘○贊曰周封子弟運祚綿長管
蔡勳絕魯魏克昌誅叛賞順王者大綱法不私親棣萼其芳

唐書列傳卷第一百二十五

唐書列傳卷第一百二十六

劉昫 等修

聞人詮校刻沈桐同校

李宗閔 楊嗣復子授損技拭撝

楊虞卿從漢公 虞卿從兄汝士 汝士子知溫 知遠 汝士從子知權附 馬植

李讓夷 魏謩 周墀 崔龜從 鄭肅

盧商

李宗閔字損之宗室鄭王元懿之後祖自仙楚州別駕父曶宗正卿出爲華州刺史鎭國軍潼關防禦等使曶兄夷簡元和中宰相宗閔貞元二十一年進士擢第元和四年復登制舉賢良方正科初宗閔與牛僧孺同年登進士第又與僧孺同年登制科應制之歲李吉甫爲宰相當國宗閔僧孺對策指切時政之失言甚鯁直無所廻避考策官楊於陵韋貫之李益等又第其策爲中等又爲不中第者注解牛李策語同爲唱誹又言翰林學士王涯甥皇甫湜中選考覈之際不先上言裴垍時爲學士居中覆視無所異同吉甫泣訴於上前憲宗不獲已罷王涯裴垍學士垍守戶部侍郎涯守都官員外郎吏部尚書楊於陵出爲嶺南節度使吏部員外郎韋貫之出爲果州刺史王涯再貶虢州司馬貫之再貶巴州刺史僧孺宗閔亦久之不調隨牒諸侯府七年吉甫卒方入朝爲監察御史累遷禮部員外郎元和十二年宰相裴度出征吳元濟奏宗閔爲彰義軍觀察判官賊平遷駕部郎中又以本官知制誥穆宗即位拜中書舍人時曶自宗正卿出刺華州父子同時承恩制人士榮之長慶元年子壻蘇巢於錢徽下進士及第其年巢覆落宗閔涉請託貶劍州刺史時李吉甫子德裕爲翰林學士錢徽榜出德裕與同職李紳元稹連衡言於上前云徽受請託所試不公故致重覆比相嫌惡因是列爲朋黨皆挾邪取權兩相傾軋自是紛紜排陷垂四十年復入爲中書舍人三年冬權知禮部侍郎四年貢舉事畢權知兵部侍郎寶曆元年正拜兵部侍郎父憂免大和二年起爲吏部侍郎賜金紫之服三年八月以本官

同平章事時裴度薦李德裕將大用德裕自浙西入朝爲中人助宗閔者所沮復出鎭尋引牛僧孺同知政事二人唱和凡德裕之黨皆逐之累轉中書侍郎集賢大學士七年德裕作相六月罷宗閔知政事檢校禮部尚書同平章事興元尹山南西道節度使宗閔爲吏部侍郎時因駙馬都尉沈𥹀結託女學士宋若憲及知樞密楊承和二人數稱之於上前故獲徵用及德裕秉政群邪不悅而鄭注李訓深惡之文宗乃復召宗閔於興元爲中書侍郎平章事命德裕代宗閔爲興元尹既再得權位輔之以訓注尤恣所欲進封襄武侯食邑千戶九年六月京兆尹楊虞卿得罪宗閔極言救解文宗怒叱之曰爾嘗謂鄭覃是妖氣今作妖覃耶爾耶翌日貶明州刺史尋再貶處州長史七月鄭注發沈𥹀宋若憲事內官楊承和韋元素沈𥹀及若憲姻黨坐貶者十餘人又貶宗閔潮州司戶時訓注竊弄威權凡不附己者目爲宗閔德裕之黨貶逐無虛日中外震駭連月陰晦人情不安九月詔曰朕承天績曆燭理不明勞虛襟以求賢勵寬德以容衆頃者或台輔乖弼違之道而具寮扇朋附之風翕然相從實斁彝憲致使薰蕕共器賢不肖並馳退迹者成後時之夫登門者有迎吠之客繆戾之氣堙鬱和平而望陰陽順時疵癘不作朝廷清肅班列和安自古及今未嘗有也今既再申朝典一變澆風掃清朋比之徒匡飭貞廉之俗凡百卿士惟新令猷如聞周行之中尚蓄疑懼或有妄相指目令不自安今斯曠然明喻朕意應與宗閔德裕或親或故及門生舊吏等除今日已前黜遠之外一切不問各安職業勿復爲嫌文宗以二李朋黨繩之不能去嘗謂侍臣曰去河北賊非難去此朋黨實難宗閔雖驟放黜竟免李訓之禍開成元年量移衢州司馬三年楊嗣復輔政與宗閔厚善欲拔用之而畏鄭覃沮議乃託中人密諷於上上以嗣復故因紫宸對謂宰相曰宗閔在外四五年宜別受一官鄭覃曰陛下憐其地遠宜移近內地三五百里不可再用姦邪陛下若欲用宗閔臣請先退陳夷行曰比者宗閔得罪以朋黨之故恕死爲幸寶曆初李續之張又新蘇景胤等朋比姦險幾傾朝廷時

號八關十六子李珏曰主此事者罪在逢吉李續之居喪服闋不可
不與一官臣恐中外衣冠交興議論非爲續之輩也夷行曰昔舜逐
四凶天下治朝廷求理何惜此十數纖人嗣復曰事貴得中不可但
徇憎愛上曰與一郡可也鄭覃曰與郡太優止可洪州司馬耳夷行
曰宗閔養成鄭注之惡幾覆邦家國之巨蠹也嗣復曰比者陛下欲
加鄭注官宗閔不肯陛下亦當記憶覃曰嗣復黨庇宗閔臣觀宗閔
之惡甚於李林甫嗣復曰覃語太過昔玄宗季年委用林甫妬賢害
能破人家族宗閔在位固無此事況大和末宗閔德裕同時得罪二
年之間德裕再領重鎮而宗閔未離貶所陛下懲惡勸善進退之理
宜均非臣獨敢黨庇昨殷侑與韓益奏官及章服臣以益前年犯贓
未可其奏鄭覃託臣云幸且勿論孰爲黨庇翌日以宗閔爲杭州刺
史四年冬遷太子賓客分司東都時鄭覃陳夷行罷相嗣復方再拔
用宗閔知政事俄而文宗崩會昌初李德裕秉政嗣復李珏皆竄嶺
表三年劉稹據澤潞叛德裕以宗閔素與劉從諫厚上黨近東都宗

閔分司非便出爲封州刺史又發其舊事貶郴州司馬卒於貶所子
琨瓚大中朝皆進士擢第令狐綯作相特加獎拔瓚自員外郎知制
誥歷中書舍人翰林學士綯罷相出爲桂管觀察使御軍無政爲卒
所逐貶死自天寶艱難之後宗室子弟賢而立功者唯鄭王曹王子
孫耳夷簡廉從李父汧國公勉德宗朝宰相夷簡諸弟夷亮夷則夷
範皆登進士第宗閔第宗冉宗冉子深湯湯累官至給事中咸通中
踐更臺閣知名於時○楊嗣復字繼之僕射於陵子也初於陵十九登
進士第二十再登博學宏詞科調補潤州句容尉浙西觀察使韓滉
有知人之鑒見之甚悅滉有愛女方擇佳壻謂其妻柳氏曰吾閱人
多矣無如楊生貴而有壽生子必爲宰相於陵秩滿寓居揚州而生
嗣復後滉見之撫其首曰名位果踰於父楊門之慶也因字曰慶門
嗣復七八歲時已能秉筆爲文年二十進士擢第二十一又登博學
宏詞科釋褐秘書省校書郎遷右拾遺直史館以嗣復深於禮學改
太常博士元和十年累遷至刑部員外郎鄭餘慶爲詳定禮儀使奏

爲判官改禮部員外郎時父於陵爲戶部侍郎嗣復上言與父同省
非便請換他官詔曰應同司官有大功已下親者但非連判及勾檢
之官并官長則不在迴避之限如官署同職司異雖父子兄弟無所
避嫌再遷兵部郎中長慶元年十月以庫部郎中知制誥正拜中書
舍人嗣復與牛僧孺李宗閔權德輿貢舉門生情義相得進退取
捨多與之同四年僧孺作相欲薦拔大用又以於陵爲東都留守未
歷相位乃令嗣復權知禮部侍郎寶曆元年二月選貢士六十八人
後多至達官文宗即位拜戶部侍郎以父於陵太子少傅致仕年高
多疾懇辭侍養不之許大和四年丁父憂免七年三月起爲尚書左
丞其年宗閔罷相德裕輔政七月以嗣復檢校禮部尚書梓州刺史
劍南東川節度觀察等使九年宗閔復知政事三月以嗣復檢校戶
部尚書成都尹劍南西川節度副大使知節度事觀察處置等使開
成二年十月入爲戶部侍郎領諸道鹽鐵轉運使三年正月與同列
李珏並以本官同平章事領使如故進階金紫弘農伯食邑七百戶

上以幣輕錢重問鹽鐵使何以去其大甚嗣復曰此事累朝制置未
得但且禁銅未可變法法變擾人終亦未能去弊李珏曰禁銅之令
朝廷常典但行之不嚴不如無令今江淮已南銅器成肆市井逐利
者銷錢一緡可爲數器售利三四倍遠民不知法令率以爲常縱國
家加鑪鑄錢何以供銷鑄之弊所以禁銅之令不得不嚴八月紫宸
奏事曰聖人在上野無遺賢陸洿上疏論兵雖不中時事意亦可獎
閑居蘇州累年宜與一官李珏曰士子趨競者多若獎陸洿貪夫知
勸矣昨竇洵直論事陛下賞之以幣帛況與陸洿官耶帝曰洵直獎
其直心不言事之當否鄭覃曰若苞藏則不可知嗣復曰臣深知洵
直無邪惡所奏陸洿官尚未奉聖旨鄭覃曰陛下須防朋黨嗣復曰
鄭覃疑臣朋黨乞陛下放臣歸去因拜乞罷免李珏曰比來朋黨近
亦稍弭覃曰近有小朋黨生帝曰此輩凋喪向盡覃曰楊漢公張又
新李續之即今尚在珏曰今有邊事論奏覃曰論邊事安危臣不如
珏嫉惡則珏不如臣嗣復曰臣聞左右佩劍彼此相笑臣今不知鄭

覃指誰為朋黨因當香案前奏曰臣待罪宰相不能申夔龍之道唯以朋黨見譏必乞陛下罷臣是非職上慰勉之文宗方以政事委嗣復惡覃言切帝延英謂宰臣曰人傳符讖之語自何而來嗣復對曰漢光武好以讖書決事近代隋文帝亦信此言自是此說日滋只如班彪王命論所引蓋矯意以止賊亂非所重也李珏曰襃亂之時佐命者務神符命理平之代只合推諸人事上曰卿言是也帝又曰天后用人有自布衣至宰相者當時還得力否嗣復曰天后重行刑辟輕用官爵皆自圖之計耳凡用人之道歷試方見其能否當艱難之時或須拔擢無事之日不如且循資級古人拔卒為將非治平之時甚不獲已而用之也上又問新修開元政要敘致何如嗣復曰臣等未見陛下若欲遺之子孫則請宣付臣等參詳可否玄宗或好遊畋或好聲色與貞觀之政不同故取捨須當方堪流傳四年五月上問延英政事逐日何人記錄監修李珏曰是臣職司陳夷行曰宰相所錄必當自伐聖德即將掩之臣所以頻言不欲威權在下珏曰夷行此

○言是疑宰相中有賣威權貨刑賞者不然何自為宰相而出此言臣累奏求退若得王傅臣之幸也鄭覃曰陛下開成元年二年政事至好三年四年漸不如前嗣復曰元年二年是鄭覃夷行用事三年四年臣與李珏同之臣蒙聖慈擢處相位不能悉心奉職鄭覃云三年之後一年不如一年臣之罪也陛下縱不誅夷臣合自求泯滅因叩頭曰臣今日便辭玉階不敢更入中書即趨去上令中使召還勞之曰鄭覃失言卿何及此覃起謝曰臣性愚拙言無顧慮近日事亦漸好未免些些不公亦無甚處臣亦不獨斥嗣復遽何至此所為若是乃嗣復不容臣耳嗣復曰陛下不以臣微才用為中書侍郎時政善否其責在臣陛下月賚俸錢數十萬時新珍異必先賜與蓋欲輔佐聖明臻于至理既一年不如一年非惟臣合得罪亦上累聖德伏請別命賢能許臣休退上曰鄭覃之言偶然耳奚執咎耶嗣復數日不入上表請罷帝方委用乃罷鄭覃夷行知政事自是政歸嗣復進加門下侍郎明年正月文宗崩先是以敬宗子陳王為皇太子中尉仇

士良違遺令立武宗武宗之立既非宰相本意甚薄執政之臣其年秋李德裕自淮南入輔政九月出嗣復為湖南觀察使明年誅樞密薛季稜劉弘逸中人言二人頃附嗣復李珏不利於陛下武宗性急立命中使往湖南桂管殺嗣復與珏宰相崔鄲崔珙等亟請開延英因極言國朝故事大臣非惡逆顯著未有誅戮者願陛下復思其宜帝良久改容曰朕纘嗣之際宰相何嘗比數李珏季稜志在扶冊陳王嗣復弘逸志在樹立安王立陳王猶是文宗遺旨嗣復欲立安王全是希楊妃意旨嗣復嘗與妃書云姑姑何不斅則天臨朝珙等曰此事曖昧真虛難辨帝曰楊妃曾臥疾妃弟玄思文宗令入內侍疾月餘此時通導意旨朕細問內人情狀皎然我不欲宣出於外向使安王得志我豈有今日然為卿等恕之乃追潭桂二中使再貶嗣復潮州刺史宣宗即位徵拜吏部尚書大中二年自潮陽還至岳州病一日而卒時年六十六贈左僕射諡曰孝穆子損授拔拭撝而授最賢

○授字得符大中九年進士擢第釋褐從事諸侯府入為鄠縣尉集賢校理歷監察御史殿中分務東臺再遷司勳員外郎洛陽令兵部員外郎李福為東都留守奏充判官改兵部郎中由吏部拜左諫議大夫給事中出為河南尹盧攜作相召拜工部侍郎黃巢犯京師僖宗幸蜀徵拜戶部侍郎以母病求散秩改秘書監分司車駕還拜兵部侍郎宰相有報怨者改左散騎常侍國子祭酒又轉太子賓客從昭宗在華下改刑部尚書太子少保卒贈左僕射子煚字公隱進士及第再遷左拾遺昭宗初即位喜遊宴不恤時事煚上疏極諫帝面賜緋袍象笏崔安潛出鎮青州辟為支使不至鎮改太常博士歷主客戶部二員外郎關中亂崔胤引朱全忠入京師乃挈家避地湖南官終諫議大夫

損字子默以蔭受官為藍田尉三遷京兆府司錄參軍入為殿中侍御史家在新昌里與宰相路巖第相接巖以地狹欲易損馬廄廣之遣人致意時損伯叔昆仲在朝者十餘人相與議曰家門損益恃時

相何可拒之損曰非也凡尺寸地非吾等所有先人舊業安可以奉
權臣窮達命也巖不悅會差制使鞫獄黔中乃遣損使焉踰年而還
改戶部員外郎洛陽縣令入爲吏部員外出爲絳州刺史路巖罷相
徵拜給事中遷京兆尹盧攜作相有宿憾復拜給事中出爲陝虢觀
察使時軍亂逐前使崔蕘損至盡誅其亂首踰年改青州刺史御史
大夫淄青節度使又檢校刑部尚書鄆州刺史天平軍節度使未赴
鄆復留青州卒於鎮技進士及第位至中書舍人拭官終考功員外
郎攜終兵部郎中拭攜並進士擢第○楊虞卿字師皐虢州弘農人祖
燕客父寧貞元中爲長安尉少有楨遁之志以處士徵入朝有口辯
優游公卿間竇參尤重之會參貶仕進不達而卒虞卿元和五年進
士擢第又應博學宏辭科元和末累官至監察御史穆宗初即位不
修政道盤遊無節虞卿上疏諫曰臣聞鳶烏遇害則仁鳥逝誹謗不
誅則良言進況詔旨勉諭許陳愚誠故臣不敢避誅以獻狂瞽竊聞
堯舜受命以天下爲憂不聞以位爲樂況北虜猶梗西戎未賓兩河

之瘡痏未平五嶺之妖氛未解生人之疾苦盡在朝廷之制度資修
邊儲屢空國用猶屈固未可以高枕無虞也陛下初臨萬寓有憂天
下之志宜日延輔臣公卿百執事埀旒而問造膝以求使四方內外
有所觀焉自聽政已來六十日矣八開延英獨三數大臣仰龍顏承
聖問其餘侍從詔誥之臣皆入而齊出何足以聞政事哉諫臣盈廷
忠言未聞於聖聽臣實羞之蓋由主恩尚疎而衆正之路未啓也夫
公卿大臣宜朝夕接見論道賜與從容則君臣之情相接而理道備
聞矣今自宰相已下四五人時得頃刻侍坐天威不遠鞠躬隕越隨
言上下無能往來此由君太尊臣太卑故也自公卿已下雖歷踐清
地曾未祇奉天聰以承下問鬱塞正路偷安倖門況陛下神聖如五
帝臣下莫能望清光所宜周偏顧問惠其氣色使支體相輔君臣喻
明陛下求理於公卿公卿求理於臣輩自然上下孜孜相問使進忠
若趨利論政若訴冤如此而不聞過失不致昇平者未之有也自古
帝王居危思安之心不相殊而居安慮危之心不相及故不得皆爲

聖帝明王小臣疎賤豈宜及此獨不忍冒榮偷祿以負聖朝惟陛下
圖之帝深嘉其言尋令奉使西北邊犒賞戍卒遷侍御史再轉禮部
員外郎史館修撰長慶四年八月改吏部員外郎大和二年南曹令
史李賨等六人僞出告身籤符賣鑿空僞官令赴任者六十五人取
受錢一萬六千七百三十貫虞卿按得僞狀捕賨等移御史臺鞫劾
賨稱六人共率錢二千貫與虞卿廳典溫亮求不發舉僞濫事迹乃
詔給事中嚴休復中書舍人高鉞左丞韋景休充三司推案而溫亮
逃竄賨等既伏誅虞卿以檢下無術停見任及李宗閔牛僧孺輔政
起爲左司郎中五年六月拜諫議大夫充弘文館學士判院事六年
轉給事中七年宗閔罷相李德裕知政事出爲常州刺史虞卿性柔
佞能阿附權幸以爲姦利每歲銓曹貢部爲舉選人馳走取科第占
員闕無不得其所欲升沉取捨出其脣吻而李宗閔待之如骨肉以
能朋比唱和故時號黨魁八年宗閔復入相尋召爲工部侍郎九年
四月拜京兆尹其年六月京師訛言鄭注爲上合金丹須小兒心肝

密旨捕小兒無算民間相告語扃鎖小兒甚密街肆恟恟上聞之不
悅鄭注頗不自安御史大夫李固言素嫉虞卿朋黨乃奏曰臣昨窮
問其由此語出於京兆尹從人因此扇於都下上怒即令收虞卿下
獄虞卿弟漢公并男知進等八人自繫撾鼓訴冤詔虞卿歸私第翌
日貶虔州司馬再貶虔州司戶卒於貶所子知退知進堪弟漢公皆
登進士第知退歷都官戶部二郎中堪庫部吏部二員外郎漢公大
和八年擢進士第又書判拔萃釋褐爲李絳興元從事絳遇害漢公
遁而獲免累遷戶部郎中史館修撰大和七年遷司封郎中漢公子
範籌譚皆登進士第累辟使府虞卿初從兄汝士汝士字慕巢元和四
年進士擢第又登博學宏詞科累辟使府長慶元年爲右補闕坐弟
殷士貢舉覆落貶開江令入爲戶部員外再遷職方郎中大和三年
七月以本官知制誥時李宗閔牛僧孺輔政待汝士厚尋正拜中書
舍人改工部侍郎八年出爲同州刺史九年九月入爲戶部侍郎開
成元年七月轉兵部侍郎其年十二月檢校禮部尚書梓州刺史劍

南東川節度使時宗人嗣復鎮西川兄弟對居節制時人榮之四年九月入爲吏部侍郎位至尚書卒子知温知遠知權皆登進士第知温累官至禮部郎中知制誥入爲翰林學士戶部侍郎轉左丞出爲河南尹陜虢觀察使遷檢校兵部尚書襄州刺史山南東道節度使知温弟知至累官至比部郎中知制誥坐故府劉瞻罷相貶官知至亦貶瓊州司馬入爲諫議大夫累遷京兆尹工部侍郎知温知至皆位至列曹尚書汝士弟魯士

魯士字宗尹本名殷士長慶元年進士擢第其年詔翰林覆試殷士與鄭朗等覆落因改名魯士復登制科位不達而卒初汝士中第有時名遂歷清貫其後諸子皆至正卿鬱爲昌族所居靜恭里知温兄弟竝列門戟咸通中昆仲子孫在朝行方鎮者十餘人○馬植扶風人父曛植元和十四年進士擢第又登制策科釋褐壽州團練副使得秘書省校書郎三遷饒州刺史開成初遷安南都護御史中丞安南招討使植文雅之餘長於吏術三年奏當管羈縻州首領或居巢穴

自固或爲南蠻所誘不可招諭事有可虞臣自到鎮約之以信誠曉之以逆順今諸首領惣發忠言願納賦稅其武陸縣請升爲州以首領爲刺史從之又奏陸州界廢珠池復生珠以能政就加檢校左散騎常侍加中散大夫轉黔中觀察使會昌中入爲大理卿植以文學政事爲時所知久在邊遠及還朝不復顯官心微有望李德裕素不重之宣宗即位宰相白敏中與德裕有隙凡德裕所薄者必不次拔擢之乃加植金紫光祿大夫行刑部侍郎充諸道鹽鐵轉運使轉戶部侍郎領使如故俄以本官同平章事遷中書侍郎兼禮部尚書敏中罷相植亦罷爲太子賓客分司東都數年出爲許州刺史檢校刑部尚書忠武軍節度觀察等使大中末遷汴州刺史宣武軍節度觀察等使卒于鎮○李讓夷字達心隴西人祖悅父應規讓夷元和十四年擢進士第釋褐諸侯府大和初入朝爲右拾遺召充翰林學士轉左補闕三年遷職方員外郎左司郎中充職九年拜諫議大夫開成元年以本官兼知起居舍人事時起居舍人李褒有痼疾請罷官宰臣李石奏闕官上曰褚遂良爲諫議大夫嘗兼此官卿可盡言今諫議大夫姓名石遂奏李讓夷馮定孫簡蕭俶帝曰讓夷可也李固言欲用崔球張次宗鄭覃曰崔球遊宗閔之門赤墀下秉筆記注爲千古法不可用朋黨如裴中孺李讓夷臣不敢有纖芥異論其爲人主大臣知重如此二年拜中書舍人以鄭覃此言深爲李珏楊嗣復所惡終文宗世官不達及德裕秉政驟加拔擢歷工戶二侍郎轉左丞累遷檢校尚書右僕射俄拜中書侍郎同平章事宣宗即位罷相以太子賓客分司卒

魏謩字申之鉅鹿人五代祖文貞公徵貞觀朝名相曾祖殷汝陽令祖明亦爲縣令父馮獻陵臺令謩大和七年登進士第楊汝士牧同州辟爲防禦判官得秘書省校書郎汝士入朝薦爲右拾遺文宗以謩魏徵之裔頗奇待之前邕管經略使董昌齡枉殺録事參軍衡方厚坐貶漵州司戶至是量移硤州刺史謩上疏論之曰王者施渙汗之恩以赦有罪唯故意殺人無赦昌齡此者録以微効受之方隅不

能祗慎寵光恣其狂暴無辜專殺事跡顯彰妻孥銜寃萬里披訴及按鞫伏罪貸以微生中外議論以爲屈法今若授之牧守以理疲人則殺人者抜擢而寃苦者何伸交紊憲章有乖至理疏奏乃改爲洪州別駕御史中丞李孝本皇族也坐李訓誅有女沒入掖廷謩諫曰臣聞治國家者先資於德義德義不修家邦必壞故王者以德服人以義使人服使之術要在修身修身之道在於孜孜夫一失百虧之戒存乎久要之源前志曰勿以小惡而爲之勿以小善而不爲斯則懼於漸也臣又聞君如日焉顯晦之徵人皆瞻仰照臨之大何以掩藏前代設敢諫之鼓立誹謗之木貴聞其過也陛下即位已來誕敷文德不恱聲色出後宮之怨婦配在外之鰥夫洎今十年未嘗採擇自數月已來天睠稍迴留神妓樂教坊百人二百人選試未已莊宅司收市壹壹有聞昨又宣取李孝本之女入內宗姓不異寵幸何名此事深累慎修有虧一簣陛下九重之內不得聞知凡此之流大生物議實傷理道之本未免塵穢之嫌夫欲人不知莫若勿爲諺曰止

寡莫若重裘止謗莫若自修伏希陛下照鑒不惑崇千載之盛德去
一旦之玩好敎坊停息宗女遣還則大正人倫之風深弘王者之體
疏奏帝即日出孝本女遷謩右補闕詔曰昔乃先祖貞觀中諫書十
上指事直言無所避諱每覽國史未嘗不沉吟伸卷嘉尚久之爾爲
拾遺其風不墜貽厥章疏必道其所以至於備灑掃於諸王非自廣
其聲妓也恤髫亂之宗女固無嫌於徵取也雖然疑似之間不可家
至而戶曉爾能詞言深切是博我之意多也噫人能匪躬謇諤似其
先祖吾豈不能虛懷延納仰希貞觀之理歟而謩居官日淺未當敘
進吾豈限以常典以待直臣可右補闕帝謂宰臣曰昔太宗皇帝得
魏徵裨補闕失弼成聖政我得魏謩於疑似之間必能極諫不敢希
貞觀之政庶幾處無過之地矣敎坊副使雲朝霞善吹笛新聲變律
深愜上旨自左驍衛將軍宣授兼揚府司馬宰臣奏曰揚府司馬品
高郎官刺史迭處不可受伶官上意欲授之因宰臣對亟稱朝霞之
善謩聞之累疏陳論乃改授潤州司馬荆南監軍使呂令琮從人擅

入江陵縣毆罵縣令韓忠觀察使韋長申狀與樞密使訴之謩上疏
曰伏以州縣侵屈只合上聞中外關連須存舊制韋長任廉使體
合精詳公事都不奏聞私情擅爲論越況事無巨細不可將迎縣令
官業有乖便宜理罪監軍職司侵越即合聞天或以慮煩聖聽何不
但申門下令則首紊常典理合糺繩伏望聖慈速加懲誡疏奏不出
時論惜之三年轉起居舍人紫宸中謝帝謂之曰以卿論事忠切有
文貞之風故不循月限授卿此官又謂之曰卿家有何舊書詔對曰
比多失墜惟簪笏見存上令進來鄭覃曰在人不在笏上曰鄭覃不
會我意此即甘棠之義非在笏而已謩將退又召誡之曰事有不當
即須奏論謩曰臣頃爲諫官合伸規諷今居史職職在記言臣不敢
氣踰職分帝曰凡兩省官並合論事勿拘此言謩以本官直弘文館
四年拜諫議大夫仍兼起居舍人判弘文館事紫宸入閤遣中使取
謩起居注欲視之謩執奏曰自古置史官書事以明鑒誡陛下但爲
善事勿畏臣不書如陛下所行錯忤臣縱不書天下之人書之臣以

陛下爲文皇帝陛下比臣如褚遂良帝又曰我嘗取觀之謩曰由史
官不守職分臣豈敢陷陛下爲非法陛下一覽之後自此書事須有
迴避如此善惡不直非史也遺後代何以取信乃止謩初立朝爲李
固言李珏楊嗣復所引數年之內至諫議大夫武宗即位李德裕用
事謩坐楊李之黨出爲汾州刺史楊李貶官謩亦貶信州長史宣宗
即位白敏中當國量移郢州刺史尋換商州二年內徵爲給事中遷
御史中丞謝日面賜金紫之服彈駙馬都尉杜中立贓罪貴戚憚之
兼戶部侍郎判本司事謩奏曰御史臺紀綱之地不宜與泉貨吏雜
處乞罷中司專綜戶部公事從之尋以本官同平章事判使如故謝
日奏曰臣無夔契之才驟叨夔契之任將何以仰報鴻私今邊戍粗
安海內寧息臣愚所切者陛下未立東宮俾正人傅導以存副貳之
重因泣下上感而聽之先是累朝人君不欲人言立儲貳若非人主
已欲臣下不敢獻言宣宗春秋高嫡嗣未辨謩作相之日率先啓奏
人士重之尋兼集賢大學士詹吡國獻象謩以其性不安中土請還

其使從之太原節度使李業縱降虜北邊大擾業有所恃人不敢非
謩即奏其事乃移業滑州加中書侍郎大理卿馬曙從人王慶告曙
家藏兵甲曙坐貶官而慶無罪謩引法律論之竟杖殺慶進階銀青
光祿大夫兼禮部尚書監修國史修成文宗實錄四十卷上之其修
史官給事中盧耽太常少卿蔣偕司勳員外郎王渢右補闕盧告膳
部員外郎牛叢皆頒賜錦綵銀器序遷職秩謩轉門下侍郎兼戶部
尚書大中十年以本官平章事成都尹劒南西川節度副大使知節
度事十一年以疾求代徵拜吏部尚書以疾未痊乞授散秩改檢校
右僕射守太子少保十二年十二月卒時年六十六贈司徒謩儀容
魁偉言論切直與同列上前言事他宰相必委曲規諷唯謩讜言無
所畏避宣宗每曰魏謩綽有祖風名公子孫我心重之然竟以語辭
太剛爲令狐綯所忌罷之謩嘗鈔撮子書要言以類相從二十卷號
曰魏氏手略有文集十卷子潛滂潛登進士第潛子敎甥後琮爲相
潛歷顯官

周墀字德升汝南人祖頲父霈墀長慶二年擢進士第大和末累遷至起居郎墀能爲古文有史才文宗重之補集賢學士轉考功員外郎仍兼起居舍人事開成二年冬以本官知制誥尋召充翰林學士三年遷職方郎中四年十月正拜中書舍人內職如故武宗即位出爲華州刺史鎮國軍潼關防禦等使改鄂州刺史御史中丞鄂岳觀察使會昌六年十一月遷洪州刺史江南西道觀察使大中初檢校禮部尚書滑州刺史義成軍節度鄭滑觀察等使上柱國汝南男食邑三百戶入朝爲兵部侍郎判度支尋以本官同平章事累遷銀青光祿大夫中書侍郎監修國史兼刑部尚書罷相檢校刑部尚書梓州刺史御史大夫劒南東川節度使未行追制改檢校右僕射加食邑五百戶歷方鎮卒

崔龜從字玄告清河人祖璜父誠官微龜從元和十二年擢進士第又登賢良方正制科及書判拔萃二科釋褐拜右拾遺太和二年改太常博士龜從長於禮學精歷代沿革問無不通時饗宗廟於敬宗

室祝板稱皇帝孝弟龜從議曰臣審詳孝字載考禮文義本主於子孫理難施於兄弟按禮記卜虞之文子孫曰哀兄弟曰某然則虞之稱哀與祭之稱孝其義一也於祖禰則理宜稱考於伯仲則止可稱名又東晉溫嶠議宗廟祝辭於孝字非子者則不稱傍親直言敢告當時朝議咸以爲宜今臣上考禮經無兄弟稱孝之義下徵晉史有不稱傍親之文臣謂饗敬宗廟宜去孝弟兩字又以祀九宮壇舊是大祠龜從議曰九宮貴神經典不載天寶中術士奏請遂立祠壇事出一時禮同郊祀臣詳其圖法皆主星名織司水旱兵荒品秩不過列宿今者五星悉是從祀日月猶在中祠豈容九宮獨越常禮備列王事誠替百官尊卑乖儀莫甚於此若以嘗在祀典不可廢除臣請降爲中祠制從之龜從又以大臣薨謝不於聞哀日輟朝奏議曰伏以廢朝軫悼義重君臣所貴及哀尤宜示信自頃已來輟朝非奏報之時備禮於數日之外雖遵常制似不本情臣不敢遠徵古書請引國朝故事貞觀中任瓌卒有司對仗奏聞太宗責其乖禮岑文本既歿其夕爲罷警嚴哭公謹之亡哭之不避辰日是知閔悼之意不宜過時臣謂大臣薨禮合輟朝縱有機務急速便殿須召宰臣不臨正朝無爽事體如此則由衷之信載感於幽明稱情之文無虧於典禮又奏文武三品官薨卒輟朝有未經親重之官今任又是散列者爲之禮變誠恐非宜自今後文武三品以上官非曾任將相及曾在密近宜加恩禮者餘請不在輟朝之限從之累轉考功郎中史館修撰九年轉司勳郎中知制誥十二月正拜中書舍人開成初出爲華州刺史三年三月入爲戶部侍郎判本司事四年權判吏部尚書銓事大中四年爲中書侍郎同平章事兼吏部尚書五年七月撰成續唐曆三十卷上之六年罷相檢校吏部尚書汴州刺史宣武軍節度觀察等使累歷方鎮卒

鄭肅滎陽人祖烈父閱世儒家肅苦心力學元和三年擢進士第又以書判拔萃歷佐使府大和初入朝爲尚書郎六年轉太常少卿肅能爲古文長於經學左丘明三禮儀注疑議博士已下必就肅決之

時魯王永有寵文宗擇名儒爲其府寮用戶部侍郎庾敬休兼王傅戶部郎中李踐方兼司馬以肅本官兼長史由是知名明年魯王爲太子肅加給事中九年改刑部侍郎尋改尚書右丞權判吏部西銓事開成初出爲陝虢都防禦觀察使兼御史大夫二年九月召拜吏部侍郎帝以肅常侍太子言論典正復令兼太子賓客爲東宮受經既而太子失寵上不悅有廢斥意肅因召見深陳邦國大本君臣父子之義上改容嘉之而太子竟以楊妃故得罪乃以肅檢校禮部尚書兼河中尹河中節度晉絳觀察等使會昌初武宗思太子永之無罪追誅陷永之黨朝議稱肅忠正有大臣之節召拜太常卿累遷戶部兵部尚書五年以本官同平章事加中書門下二侍郎監修國史兼尚書右僕射素與李德裕親厚宣宗即位德裕罷知政事肅亦罷相復爲河中節度使以疾辭拜太子太保卒子洎咸通中累官尚書郎出爲刺史洎子仁規仁表俱有俊才文翰高逸仁規累遷拾遺補闕尚書郎湖州刺史尚書郎知制誥正拜中書舍人卒仁表擢第後

從杜審權趙隲爲華州河中掌書記入爲起居郎仁表文章尤稱俊拔然恃才傲物人士薄之自謂門地人物文章具美嘗曰天瑞有五色雲人瑞有鄭仁表劉鄴少時投文於洎仁表兄弟嗤鄙之咸通末鄴爲宰相仁表竟貶死南荒

盧商字爲臣范陽人祖昂澧州刺史父廣河南縣尉商元和四年擢進士第又書判拔萃登科少孤貧力學釋褐秘書省校書郎范傳式廉察宣歙辟爲從事王播段文昌相繼鎮西蜀商皆佐職爲記室累改禮部員外郎入朝爲工部員外郎河南縣令歷工部度支司封三郎中大和九年改京兆少尹權大理卿事開成初出爲蘇州刺史中謝日賜金紫之服初郡人苦鹽法太煩姦吏侵漁商至籍見戶量所要自售無定額蘇人便之歲課增倍宰相領鹽鐵以其績上遷潤州刺史浙西團練觀察使入爲刑部侍郎轉京兆尹三年朝廷用兵上黨飛輓越太行者環地六七鎮以商爲戶部侍郎判度支兼供軍使軍用無闕逆稹盪平加檢校禮部尚書梓州刺史劍南東川節度使宣宗即位入爲兵部侍郎尋以本官同平章事范陽郡開國公食邑二千戶加兼工部尚書數年檢校工部尚書出爲鄂岳觀察使就加檢校兵部尚書大中十三年以疾求代徵拜戶部尚書其年八月卒于漢陰驛時年七十一子知遠知微知宗僧朗堯

史臣曰宗閔嗣復承宗室世家之地胄有文學政事之美名徊翔清華出入隆顯皆能義以爲上群而不黨議太平於稷契之列致人主於勳華之盛遭時得位誰曰不然而捨彼鴻猷狎茲鼠輩養虞卿而射利抗德裕以報仇矛盾相攻幾傾王室沒身蠻瘴其利伊何古者廉藺解仇異全國體而邀權釋憾寔亂大倫世道銷刓一至於此崔魏二丞相嘉言啓奏無忝正人揖讓史才肅之禮學商之長者或登三事或踐六卿以道始終夫何不韙

贊曰漢誅鉤黨魏破疽囊何鄧之後二李三楊偷權報怨任國存亡書茲覆轍敢告巖廊

唐書列傳卷第一百二十六

劉昫　等修

聞人詮校刻　沈桐同校

崔慎由字敬止清河武城人高祖融位終國子司業謚曰文自有傳曾祖翹位終禮部尚書東都留守祖異位終渠州刺史父從少孤貧寓居太原與仲兄能同隱山林苦心力學屬歲兵荒至於絕食弟兄採梠拾橡實飲水棲衡而講誦不輟怡然終日不出山巖如是者十年貞元初進士登第釋褐山南西道推官府公嚴震待以殊禮以父憂免弟兄廬于父墓手植松栢免喪不應辟命久之西川節度使韋皐開西南夷置兩路運糧使奏從掌西山運務後權知邛州事及皐薨副使劉闢阻命欲并東川以謀告從從以書諭闢闢怒出兵攻之從嬰城拒守卒不從之高崇文平蜀從事坐累多伏法惟從以拒闢免盧坦在宣州辟爲團練觀察副使元和初入朝累遷吏部員外郎九年裴度爲中丞奏從爲侍御史知雜守右司郎中度作相用從自代爲中丞從氣貌嚴峻正色立朝彈奏不避權幸事關臺閣或付伏內者必抗章論列請歸有司選辟御史必先質重貞退者改給事中數月出爲陝州大都督府長史陝虢團練觀察使兼御史中丞賜紫金魚袋入爲尚書右丞淄青賊平鎮州王承宗懼上章請割德棣二州自贖又令二子入侍憲宗選使臣宣諭以從中選議者以承宗罪惡貫盈每多姦譎入朝二子必非血胤人頗憂之從次魏州田弘正以路由寇境欲以五百騎援之從辭之以童奴十數騎徑至鎮州於鞠場宣勑三軍大集從諭以逆順辭情慷慨軍士感動承宗泣下禮貌益恭遂按德棣戶口符印而還其年八月出爲興元尹御史大夫山南西道節度觀察等使監軍使知上意欲大用之每爲中貴偉達

意言欲其賂遺從終不答穆宗即位召拜尚書左丞長慶二年檢校禮部尚書鄜州刺史鄜坊丹延節度等使鄜時內接畿甸神策軍鎮相望踰禁犯法累政不能制而從撫遏舉奏軍士惕然党項羌有以羊馬來市者必先遺帥守從皆不受撫諭遣之群羌不敢爲盜四年入爲吏部侍郎尋改太常卿寶曆二年檢校吏部尚書充東都留守大和三年入爲戶部尚書李宗閔秉政以從與裴度李德裕厚善惡之改檢校尚書右僕射太子賓客東都分司從請告百日罷官物論咎執政宗閔懼四年三月召拜檢校左僕射兼揚州大都督府長史御史大夫充淮南節度副大使知節度事揚府舊有貨麴之利資產奴婢交易者皆有貫率羊有口筭每歲收利以給用從悉除之舊制官吏祿俸有布帛加估之給節度使獨不在此例從至一例估折給之六年十月卒于鎮贈司空謚曰貞從少以貞晦恭讓自處不交權利忠厚方嚴正人多所推仰階品合立門戟終不之請四爲大鎮家無妓樂士友多之

○慎由大和初擢進士第又登賢良方正制科聰敏強記宇量端厚有父風釋褐諸侯府大中初入朝爲右拾遺員外郎知制誥正拜舍人召充翰林學士戶部侍郎再歷方鎮入朝爲工部尚書十年以本官同平章事兼集賢殿大學士轉監修國史上柱國加太中大夫兼禮部尚書初慎由與蕭鄴同在翰林情不相洽及慎由作相罷鄴學士俄而鄴自判度支爲平章事恩顧甚隆鄴引劉瑑同知政事十二年二月詔曰太中大夫中書侍郎兼禮部尚書同中書門下平章事監修國史上柱國賜紫金魚袋崔慎由繼奕德門承家貴位搢紳偉望禮樂上流挺松筠之貞姿服蘭蓀之懿行自居名器累歷清華禁林才擅於多能綸閣詞推於巨麗物情愈茂延譽甚高再列二卿之崇要聞六條之化爰加獎任益委重難屢啓嘉謨俄忝大柄而周涉寒暑備見甚能道已著於始終恩豈殊於中外可檢校禮部尚書梓州刺史兼御史大夫劍南東川節度使咸通初改爲華州刺史潼關防禦鎮國軍等使加檢校司空河中尹河中晉絳節度使入爲吏部尚

書移疾請老拜太子太保分司東都卒子胤弟安潛安潛字進之大中三年登進士第咸通中累歷清顯出爲許州刺史忠武軍節度觀察等使乾符中遷成都尹劍南西川節度等使黃巢之亂從僖宗幸蜀王鐸爲諸道行營都統奏安潛爲副收復兩京以功累加至檢校侍中龍紀初青州王敬武卒以安潛代敬武子師範拒命安潛赴鎮至棣州刺史張蟾出州兵攻青州爲師範所敗朝廷竟授之節鉞安潛還京師累加太子太傅卒贈太師謚曰貞孝子柅纖柅景福中爲起居郎纖爲右拾遺柅累官至尚書從兄能少勵志苦學累辟使府元和初爲蜀州刺史六年轉黔中觀察使坐爲南蠻所攻陷郡邑貶永州刺史穆宗即位弟從居顯列召拜將作監長慶四年九月出爲廣州刺史御史大夫嶺南節度使卒子彥曾有幹局大中末歷三郡刺史咸通初累遷太僕卿七年檢校左散騎常侍徐州刺史御史大夫充武寧軍節度使彥曾通於法律性嚴急以徐軍驕命彥曾治之長於撫養而短於軍政用親吏尹戡徐行儉當要職

二人貪猥不恤軍旅士卒怨之先是六年南蠻寇五管陷交阯詔徐州節度使孟球召募二千人赴援分八百人戍桂州舊三年一代至是戍卒求代尹戡以軍帑匱乏難以發兵且留舊戍一年其戍卒家人飛書桂林戍卒怒牙官許佶趙可立王幼誠劉景傅寂張實王弘立孟敬文姚周等九人殺都頭王仲甫立糧料判官龐勛爲都將群伍突入監軍院取兵甲乃剽湘潭衡山兩縣虜其丁壯乃擅迴戈沿江自浙西入淮南界由濁河達泗口其衆千餘人每將過郡縣先令倡卒弄傀儡以觀人情處其邀擊既離泗口彥曾令押牙田厚簡慰喻又令都虞候元密伏兵任山館龐勛遣吏送狀啓訴以軍士思歸勢不能遏願至府外解甲歸兵便還家彥曾怒誅之勛等擁衆攻宿州陷之出官帑召募翌日得兵六二千人乃虜奪舟船五千餘艘步卒在船騎軍來岸鼓譟而進元密發伏邀之爲賊所敗時亡命者歸賊如市彥曾驅城中丁男城守九年九月十四日賊逼徐州十五日後每旦大霧不開十六日彥曾並誅逆卒家口十七日昏霧尤甚賊四面斬關而入龐勛先謁漢高祖廟便入牙城監軍張道謹相見不交一言乃止大彭館收尹戡徐行儉及判官焦璐李棁崔蘊溫廷皓韋廷乂並殺之翌日賊將趙可立害彥曾龐勛自稱武寧軍節度使慎由子胤

胤字昌遐乾寧二年登進士第王重榮鎮河中辟爲從事入朝累遷考功吏部二員外郎轉郎中給事中中書舍人大順中歷兵部吏部二侍郎尋以本官同平章事時王室多故南北司爭權咸樹朋黨外結藩帥胤長於陰計巧於附麗外示凝重而心險躁自李茂貞王行瑜怙亂兵勢不遜杜讓能韋昭度繼遭誅戮而宰臣崔昭緯深結行瑜以自固而待胤以宗人之分屢加薦用累遷中書侍郎判戶部事昭宗出幸石門胤與同列徐彥若王摶等從車駕還宮加禮部尚書並賜號扶危匡國致理功臣三年李茂貞犯京師邑昭宗幸華州帝復雪杜讓能韋昭度李谿之枉懲昭緯之前惡罷胤政事檢校兵部尚書廣州刺史嶺南東道節度等使時朱全忠方霸於關東胤密致

書全忠求援全忠上疏理胤之功不可離輔弼之地胤已至湖南復召拜平章事胤既獲汴州之援頗弄威權恨徐彥若王摶發昭緯前事深排抑之俄出彥若爲南海節度又撫王摶交結勅使同危宗社令全忠上疏論之光化中貶摶溪州司馬賜死於藍田驛誅中尉宋道弼景務修自是朝廷權政皆歸於己兼領三司使務宦官側目不勝其忿及劉季述幽昭宗於東內以德王監國季述畏全忠之強不敢殺胤但罷知政事落使務守本官而已胤復致書於全忠請出師反正故全忠令大將張存敬急攻晉絳河中胤以天子幽囚諸侯觀釁有神策軍巡使孫德昭者頗怒季述之廢立胤伺知之令判官石戩與德昭遊伺其深意每酒酣德昭泣下戩知其誠乃與之謀曰今中外大臣自廢立已來無不含怒至於軍旅亦懷憤惋今謀反者獨季述仲先耳足下誅此二豎復帝寶位垂名萬代令正其時持疑不斷則功落他人之手也德昭謝曰予軍吏耳社稷大計不敢自專如相公委使不敢避也胤乃割衣帶手書以通其意十二月晦德昭伏

兵誅季述昭宗反正胤進位司空復知政事兼領度支鹽鐵三司等
使明年夏朱全忠攻陷河中晉絳進兵至同華中尉韓全誨以胤交
結全忠慮汴軍逼京師請罷知政事落使務其年冬全誨挾帝幸鳳
翔胤怨帝曆熙不履從遣使告全忠請於岐陽迎駕令太子太師盧
知猷率百官迎全忠入京師初全忠至華州遣掌書記裴鑄入奏鳳
翔言欲以兵士迎駕及入京師又上表曰臣獨兼四鎮迨事兩朝分
數千里之封疆受二十年之恩渥微同物類猶解感知忝齒人倫寧
忘報効臣昨將兵士奔赴闕庭尋過京畿遠迎車駕初因幕吏面奉
德音尋有宰臣頻飛密札或以京都紛擾委制置於中朝或以鑾輅
播遷俾奉迎於近甸臣是以遠離藩鎮不憚疲勞昨奉詔書兼宣口
勅令臣速抽兵士且歸本藩仍遣百官俾赴行在覩綸言於鳳紙若
面丹墀認御札於龍衣如親翠華然知從來書詔出自宰臣每降宣
傳皆非聖旨致臣俟將師旅遠入關畿比令迎駕之行翻挂脅君之
過臣今見與茂貞要約釋兩地猜嫌早致萬乘歸京以副八紘顒望

其宰臣百官已下非臣輒有阻留伏乞詔赴行朝以備還駕昭宗得
全忠表怒胤尤甚是月二十六日詔曰食君之祿合務於盡忠秉國
之鈞宜思於致理其有叨膺異渥繼執重權遽萌狂悖之心忽搆傾
危之計人知不可天固難容扶危定亂致理功臣開府儀同三司守
司空兼門下侍郎同平章事充太清宮使弘文館大學士延資庫使
諸道鹽鐵轉運等使判度支上柱國魏國公食邑五千戶崔胤奕葉
公台蟬聯珪組冠歲名升於甲乙壯年位列於公卿趣向有闕行藏
可尚朕採於群議詢彼輿情有異小康遂登大用殊不知滿巵難滿
小器易盈曾無報國之心但作危邦之計四居極位一無可稱豈有
都城合聚兵甲暗養死士將亂國經聚鵰武以保其一坊致刀斗遠
連於右輔始則將京兆府官錢委元規召卒後則用度支使權利令
陳班聚兵事去公朝權歸私室百辟休戚由其顧眄之間四方是非
繫彼指呼之際令徵漁姦織有素操守無堪用作腹心共張聲勢遂
令濫居深密日在禁闈罔惑朕躬僞行書詔致茲播越職爾之由豈

有權重位崇恩深獎厚曾無惕厲轉恣睢盱顯構外兵將圖不軌朕
以士庶流散兵革繁多遂命宰臣與之商議五降內使一貢表章堅
臥不來拒召如此況又拘留庶吏廢闕晨趨人既奔驚朕須巡幸果
見兵纏輦轂火照宮闈煙塵漲天干戈匝野致朕奔迫及於岐陽舉
輦未安鐵騎旋至圍逼行在焚燒屋廬覩此阽危咎將誰執近省全
忠章表兼遣幕吏敷陳言宰臣繼飛密緘促其兵士西上靜詳構扇
孰測包藏無功及人為國生事於戲君人之道委之宰衡庶務殷繁
豈能親理盡將機事付爾主張負我何多構亂至此仍存大體不謂
無恩可責授朝散大夫守工部尚書初天復反正之後宦官尤畏胤
事無大小咸稟之每內殿奏對夜則繼之以燭常說昭宗請盡誅內
官但以宮人掌內司事中尉韓全誨張弘彥袁易簡等伺知之於帝
前求哀請命乃詔胤密事進囊封勿更口奏宦官無由知其謀乃求
知書美婦人進內以偵陰事由是胤謀頗泄宦官每相聚流涕愈不
自安故全誨等為劫幸之謀由胤忌嫉之太過也及全忠攻鳳翔胤

寓居華州為全忠畫圖王之策天復二年全忠自岐下還河中胤迎
謁于渭橋捧卮上壽持板為全忠唱歌仍自撰歌辭贊其功業三年
李茂貞殺韓全誨等與全忠通和昭宗急詔徵胤赴行在凡四降詔
三賜朱書御札稱病不赴及帝出鳳翔胤乃迎於中路即日降制復
舊官知政事進位司徒兼判六軍諸衛事仍詔移家入左軍賜帳幄
器用十車胤奏京兆尹鄭元規為六軍副使胤與全忠奏罷左右神
策內諸司等使及諸道監軍副監小使內官三百餘人同日斬之于
內侍省諸道監軍隨處斬首以聞昭宗初幸鳳翔命盧光啓韋貽範
蘇檢等作相及還京胤皆貶斥之又貶陸扆為沂王傅王溥太子賓
客學士薛貽矩夔州司戶韓偓濮州司戶姚洎景王府咨議應從幸
群官貶逐者三十餘人唯用裴贄為相以其孤立易制也內官既盡
屠戮諸使悉罷天子宣傳詔命惟令宮人寵顏等宣事而欺君蠹國
所不忍聞胤所悅者闒茸下輩所惡者正人君子人人悚懼朝不保
夕其年十月全忠子友倫宿衛京師因擊鞠墜馬而卒全忠愛之致

會鞠者十餘人而疑胤陰謀由是怒胤初天子還宮全忠東歸胤以專權在己慮全忠急於篡代乃與鄭元規謀切致兵甲以扞茂貞爲辭全忠知其意從之胤毀城外木浮圖取銅鐵爲兵仗全忠令汴州軍人入關應募者數百人及友倫死全忠怒遣其子宿衛軍使友諒誅胤而應募者突然而出四年正月初貶太子賓客尋爲汴軍所殺胤傾險樂禍外示寬弘初拜平章事其季父安潛謂所親曰吾父兄刻苦樹立門戶一旦終當爲緇郎所壞果如其言胤累加至侍中封魏國公初朱全忠雖竊有河南方鎮憚河朔河東未萌問鼎之志及得胤爲鄉導乃電擊潼關始謀移國自古與盜合從覆亡宗社無如胤之甚也子有鄰

崔珙博陵安平人祖懿父頲貞元初進士登第元和初累官至少府監四年出爲同州刺史卒頲有子八人皆至達官時人比漢之荀氏號曰八龍長曰琯貞元十八年進士擢第又制策登科釋褐諸侯府入朝爲尚書郎大和初累遷給事中宣慰幽州稱旨俄而興元兵亂

殺李絳命琯平亂衷中三軍寂然從命使還改工部侍郎四年冬拜京兆尹五年四月改尚書右丞六年十二月出爲江陵尹御史大夫荊南節度使八年入爲兵部侍郎轉吏部權判左丞事開成二年眞拜左丞時弟珙爲京兆尹兄弟並居顯列以本官權判兵部西銓吏部東銓事三年檢校戶部尚書判東都尚書省事東都留守東畿汝都防禦等使會昌中遷銀青光祿大夫檢校吏部尚書興元尹充山南西道節度使以弟珙罷相貶官琯以罷鎮歸東都五年卒詔曰孔氏以顏冉之行首於四科漢代以荀陳之門方之八凱乃睠時哲得茲令名用舉飾終之恩以抒殲良之歎故山南西道節度使崔琯誠明履正粹密鄰幾有子政之精忠得公綽之不欲禮樂二事以爲身文仁義五常自成家範往以茂器列于大寮屬賢相受誣蘭堂議法由長儒之道以估正人微京兆之言豈聞非罪既是魏其之直益彰王鳳之邪莊色于朝辭公肇視議詞不撓淑問攸歸歷踐名藩皆留遺愛居常慎獨清則畏知爰自青衿迄于白首厲翼之志始終不渝未陟台階實允僉論追榮左相式示優崇可贈尚書左僕射

珙琯之母弟也以書判拔萃高等累佐使府性威重尤精吏術大和初累官泗州刺史入爲太府卿七年正月拜廣州刺史嶺南節度使延英中謝帝問以撫理南海之宜珙奏對明辯帝深嘉之時高瑀鎮徐州承智興之後軍驕難制軍士數犯法上欲擇威望之帥以臨之久難其才會珙言事慷慨謂宰臣曰崔珙言事神氣精爽此可以臨徐人即以王茂元代珙鎮廣南授珙兼檢校工部尚書徐州刺史兼御史大夫充武寧軍節度徐泗濠觀察使開成初就加檢校兵部尚書二年檢校吏部尚書右金吾大將軍充街使六月遷京兆尹是歲京畿旱珙奏涇水入內者十分量減九分賜貧民溉田從之三年正月盜發親仁里欲殺宰相李石其賊出於禁軍珙坐捕盜不獲罰俸料會昌初李德裕用事與珙親厚累遷戶部侍郎充諸道鹽鐵轉運等使尋以本官同中書門下平章事累兼刑部尚書門下侍郎進階銀青光祿大夫兼尚書左僕射素與崔鉉不叶及李讓夷引鉉輔政

代珙領使務乃掎摭珙領使日妄破宋滑院鹽鐵錢九十萬貫又言珙嘗保護劉從諫坐貶澧州刺史再貶恩州司馬宣宗即位以赦召還爲太子賓客出爲鳳翔節度使三年崔鉉復知政事珙辭疾請罷制曰將相大臣與國同體誠欲自便豈宜不從苟非其時涉于避事前鳳翔隴州節度觀察處置等使光祿大夫檢校尚書右僕射兼鳳翔尹御史大夫上柱國安平郡開國公食邑二千戶崔珙早以器能周歷顯重行己每稱其友悌在公亦竭其精忠自負讜前朝遠移南徼及我嗣守頗聞嘉名由是剖竹近關揚旌右輔爲國垣翰適資謀猷近者犬戎輸誠歸我故地下議納款且籌開疆宜其率先啓行副此寵待忽覽退閑之請頗乖毗倚之誠陳力之方豈無其道匪躬之故或異於是以其故老特爲優容俾居青宮之輔仍從分洛之命君臣禮分予無愧焉可太子少師分司東都未幾卒子涓大中四年進士擢第珙弟璠璪璵球珦

璠以書判拔萃開成中累遷至刑部郎中會昌中歷三郡刺史位終

方鎮璵開成初爲吏部郎中轉給事中會昌初出爲陝虢觀察使遷河南尹入爲御史中丞轉吏部侍郎大中初改兵部侍郎充諸道鹽鐵轉運使崔鉉再輔政罷璵使務檢校兵部尚書兼河中尹御史大夫充河中晉絳慈隰等州節度觀察使七年入爲左丞再遷刑部尚書子滔大中初登進士第

瑑字朗士長慶初進士擢第又制策登科開成末累遷至禮部員外郎會昌初以考功郎中知制誥拜中書舍人大中五年遷禮部侍郎六年選士時謂得才七年權知戶部侍郎進封博陵子食邑五百戶轉兵部侍郎子澹

澹大中十三年登進士第累遷禮部員外郎位終吏部侍郎澹子遠

遠龍紀元年進士登第大順初以員外郎知制誥召充翰林學士正拜中書舍人乾寧三年轉戶部侍郎博陵縣男食邑三伯戶轉兵部侍郎承旨尋以本官同平章事遷中書侍郎兼吏部尚書天祐初從昭宗東遷洛陽罷相守右僕射二年爲柳璨希朱全忠旨累貶白州長史行至滑州被害於白馬驛遠文才清麗風神峻整人皆慕其爲人當時目爲釘座梨言席上之珍也

列傳一百二十七　九

球字叔休寶曆二年登進士第會昌中爲鳳翔節度判官入朝爲尚書郎子沆

沆大中末亦進士登第崔氏咸通乾符間昆仲子弟紆組拖紳歷臺閣踐藩岳者二十餘人大中已來盛族時推甲等

盧鈞字子和本范陽人祖炅父繼鈞元和四年進士擢第又書判拔萃補校書郎累佐諸侯府大和五年遷左補闕與同職理宋申錫之枉由是知名歷尚書郎出爲常州刺史九年拜給事中開成元年出爲華州刺史潼關防禦鎮國軍等使其年冬代李從易爲廣州刺史御史大夫嶺南節度使南海有蠻舶之利珍貨輻湊舊帥作法興利以致富凡爲南海者靡不捆載而還鈞性仁恕爲政廉潔請監軍領市舶使已一不干預自貞元已來衣冠得罪流放嶺表者因而物故子孫貧悴雖遇赦不能自還凡在封境者鈞減俸錢爲營槥櫝其家疾病死喪則爲之醫藥殯斂孤兒稚女爲之婚嫁凡數百家由是山越之俗服其德義令不嚴而人化三年將代華蠻數千人詣闕請立生祠銘功頌德先是土人與蠻獠雜居婚娶相通吏或撓之相誘爲亂鈞至立法俾華蠻異處婚娶不通蠻人不得立田宅由是徼外肅清而不相犯會昌初遷襄州刺史山南東道節度使四年誅劉稹以鈞檢校兵部尚書兼潞州大都督府長史昭義節度澤潞邢洺磁觀察等使是冬詔鈞出潞軍五千戍代北鈞升城門餞送其家設幄觀之潞卒素驕因與家人訣別乘醉倒戈攻城門監軍以州兵拒之至晚撫勞方定詔鈞入朝拜戶部侍郎判度支遷戶部尚書大中初檢校尚書右僕射汴州刺史御史大夫宣武軍節度宋亳汴潁觀察等使就加檢校司空四年入爲太子少師進位上柱國范陽郡開國公食邑二千戶六年復檢校司空太原尹北都留守河東節度使九年詔曰河東軍節度使盧鈞長才博達敏識宏深藹山河之靈抱瑚璉之器多能不耀用晦而彰由嶺表而至太原五換節鉞仁聲載路公論彌高向藩垣之和氣不衰臺閣之清風常在宜升揆路以表群寮可尚書左僕射鈞踐歷中外事功益茂後輩子弟多至台司至是急徵謂當輔弼雖居端揆心殊失望常移病不視事與親舊遊城南別墅或累日一歸宰臣令狐綯惡之乃罷僕射仍加檢校司空守太子太師物議以鈞長者罪綯弄權綯懼十一年九月以鈞檢校司徒同中書門下平章事興元尹充山南西道節度使入爲太子太師卒

列傳一百二十七　十

裴休字公美河內濟源人也祖宣父肅肅貞元中自常州刺史兼御史中丞越州刺史浙東團練觀察等使時山賊栗鍠誘山越爲亂陷浙東郡縣肅召州兵討平之因紀其事號平戎記上之德宗嘉賞肅生三子儔休俅皆登進士第休志操堅正童齔時兄弟同學于濟源別墅休經年不出墅門晝講經籍夜課詩賦虞人有以鹿贄儔者儔俅烹之召休食休曰我等窮生菜食不充今日食肉翌日何繼無宜改饌獨不食長慶中從鄉賦登第又應賢良方正升甲科大和初歷諸藩辟召入爲監察御史右補闕史館修撰會昌中自尚書郎歷典數郡大中初累官戶部侍郎充諸道鹽鐵轉運使轉兵部侍郎兼御

史大夫領使如故六年八月以本官同平章事判使如故自大和巳
來重臣領使者歲漕江淮米不過四十萬石能至渭河倉者十不三
四漕吏狡蠹敗溺百端官舟沉溺者歲七十餘隻緣河姦吏大紊劉
晏之法洎休領使分命僚佐深按其弊因是所過地里悉令縣令兼
董漕事能者獎之自江津達渭口以四十萬之傭歲計緡錢二十八
萬貫悉使歸諸漕吏巡院無得侵牟舉新法凡十條奏行之又立稅
茶法十二條奏行之物議是之初休典使三歲漕米至渭河倉者一
百二十萬斛更無沉舟之弊累轉中書侍郎兼禮部尚書休在相位
五年十年罷相檢校戶部尚書汴州刺史御史大夫充宣武軍節度使
其年冬進階金紫光祿大夫上柱國河東縣子食邑五百戶守太子
少保分司東都十一年冬檢校戶部尚書潞州大都督府長史御史
大夫充昭義節度潞磁邢洺觀察使十三年十月加檢校吏部尚書
太原尹北都留守河東節度觀察等使十四年八月以本官兼鳳翔
尹充鳳翔隴州節度使咸通初入為戶部尚書累遷吏部尚書太子

○少師卒休性寬惠為官不尚皦察而吏民畏服善為文長於書翰自
成筆法家世奉佛休尤深於釋典太原鳳翔近名山多僧寺視事之
隙遊踐山林與義學僧講求佛理中年後不食葷血常齋戒屏嗜慾
香爐貝典不離齋中詠歌贊唄以為法樂與尚書紇干臮皆以法號
相字時人重其高潔而鄙其太過多以詞語嘲之休不以為忤休字
延識亦登進士第休子弦

楊收字藏之同州馮翊人自言隋越公素之後高祖悟虛應賢良制
科擢第位終湖州司馬曾祖幼烈位終寧州司馬祖藏器邠州三水
丞父遺直位終濠州録事參軍家世為儒遺直客於蘇州講學為事
因家于吳遺直生四子發假收嚴

發字至之大和四年登進士第又以書判拔萃釋褐校書郎湖南觀
察推官再辟西蜀從事入朝為監察轉侍御史累遷至禮部郎中大
中三年改左司郎中宣宗追尊順宗憲宗等尊號禮院奏廟中神主
巳題舊號請改造及重題詔禮官議發與都官郎中盧摶獻議曰臣

等伏尋禮典果主升祔之後在禮無改造之文亦無重加尊謚改題
神主之例求之曠古曾無其文周加太王王季文王之謚但以德合
王周遂加主號未聞改謚易主且文物大備禮法可稱最在兩漢並
無其事光武中興都洛陽遣大司馬鄧禹入關奉高祖已下十一帝
后神主祔洛陽宗廟蓋神主不合新造故也自魏晉迄於周隋雖代
有放恣之君亦有知禮講學之士不聞加謚追尊改主重題書之史
策可以覆視今議者唯引東晉重造鄭太后神主事為證伏以鄭太
后本瑯琊王妃薨後已祔瑯琊邸廟其後母以子貴將升祔太廟賀
循請重造新主改題皇后之號備禮告祔當時用之伏以諸侯廟主
與天子廟主長短不同若以王妃八寸之主上配至極禮似不同時
謟神含君之私用此謬禮改造神主比量晉事又絕非宜且宣懿非
穆宗之后寶武宗之母母以子之貴已祔別廟正為得禮饗薦無虧
今若從祀至尊題主稱為太后因臣因子正得其宜今乃別造新主
題去大字即是穆宗上僊之後臣下追致作嬪之禮瀆亂正經實駭

○有識臣當時並列朝行實知謬戾以漢律擅論宗廟者以大不敬論
又其時無詔下議遂默塞不敢出言今又欲重用東晉謬禮穢媟聖
朝大典彼蒙下問敢不盡言臣謹按國朝前例甚有明文武德元年
五月備法駕於長安通義里舊廟奉迎宣簡公懿王景皇帝神主升
祔太廟既言於舊廟奉迎足明必奉舊主其加謚追尊之禮自古本
無其事自則天太后攝政之後累有之自此之後數用其禮歷檢國
史並無改造重題之文若故事有之無不書於簡冊臣等愚見宜但
告新謚于廟而止其改造重題之文開元初太常卿韋縚以高宗廟
題武后神主云天后聖帝武氏縚奏請削去天后聖帝之號別題云
則天順聖皇后武氏詔從之即不知其時削舊題耶重造主耶亦不
知用何代典禮禮之疑者決在宸衷以臣所見但以新謚寶冊告陵
廟正得其宜改造重題恐乖禮意時宰相覆奏祔神主改題而知禮
者非之以發議為是改授太常少卿出為蘇州刺史蘇發之鄉里也
恭長慈幼人士稱之遷改福州刺史福建觀察使甌閩之人美其能

政養老以晉績聞朝廷以發長於邊事移授廣州刺史嶺南節度使
爲前政不率蠻夏咸怨發以嚴爲理軍亂爲軍人所囚致於鄖舍坐
貶婺州刺史卒于治所子乘亦登進士第有俊才尤能爲歌詩歷顯
職
假字仁之進士擢第故相鄭覃刺華州署爲從事從覃鎮京口得大
理評事入爲監察轉侍御史由司封郎中知雜事轉太常少卿出爲
常州刺史卒官初遺直娶元氏生發假繼室長孫氏生收嚴收長六
尺二寸廣顙深頤踈眉秀目寡言笑方於事上博聞强記初家寄涔
陽甚貧收七歲喪父居喪有如成人而長孫夫人知書親自教授十
三略通諸經義善於文詠吳人呼爲神童兄發戲令詠蛙即曰兔邊
分玉樹龍底耀銅儀會當同鼓吹不復問官私又令詠筆仍賦鑽字
郎曰雖匪囊中物何堅不可鑽一朝操政事定使冠三端每良辰美
景吳人造門觀神童請爲詩什觀者壓敗其藩收嘲曰爾幸無羸角
何用觸吾藩若是升堂者還應自得門收以母奉佛幼不食肉母亦

○勗之曰侯爾登進士第可肉食也收以仲兄假未登第久之不從鄉
賦開成末假擢第是冬收之長安明年一舉登第年纔二十六時發
爲潤州從事因家金陵收得第東歸路由淮右故相司徒杜悰鎮揚
州延收署節度推官奏授校書郎悰領度支以收爲巡官悰罷相鎮
東蜀奏授掌書記得協律郎悰移鎮西川復管記室宰相馬植奏授
渭南尉充集賢校理改監察御史收辭曰僕兄弟進退以義頃仲兄
假鄉賦未第收不出衡門今假從事侯府僕不忍先爲御史相公必
欲振恤孤生俟僕稟兄言命可也馬公嘉之收即密達意於西蜀杜
公願復爲參佐悰即表爲節度判官馬公乃以收弟嚴爲渭南尉集
賢校理代收之任周墀罷相鎮東蜀表嚴爲掌書記墀至鎮而卒悰
乃辟嚴爲觀察判官兄弟同幕爲兩使判官時人榮之俄而假自浙
西觀察判官入爲監察御史收亦自西川入爲監察兄弟並居憲府
特爲新例裴休作相以收深於禮學用爲太常博士時收弟嚴亦自
揚州從事入爲監察尋丁母喪歸蘇州既除崔珙罷相鎮淮南以收

爲觀察支使入爲侍御史改職方員外郎分司東都宰相夏侯孜領
度支用收爲判官罷職改司勳員外郎長安令秩滿改吏部員外郎
上言先人未葬旅殯毗陵擬遷卜於河南之偃師請兄弟自往從之
及葬東周會葬者千人時故府杜悰夏侯孜皆在洛二公聯薦收於
執政宰相令狐綯用收爲翰林學士以庫部郎中知制誥正拜中書
舍人賜金紫轉兵部侍郎學士承旨左軍中尉楊玄价以收宗姓深
左右之乃加銀青光祿大夫中書侍郎同平章事累遷門下侍郎刑
部尚書收以交阯未復南蠻擾亂請治軍江西以壯出嶺之師乃於
洪州置鎮南軍屯兵積粟以餉南海天子嘉之進位尚書右僕射太
清太微宮使弘文館大學士晉陽縣男食邑三百戶收居位稍務華
靡頗爲名輩所譏而門吏僮奴倚爲姦利時楊玄价弟兄掌機務招
來方鎮之賂屢有請託收不能盡從玄价以爲背己由是傾之八年
十月罷知政事檢校工部尚書出爲宣歙觀察使韋保衡作相又發
收陰事言前用嚴譔爲江西節度納賂百萬明年八月貶爲端州司

○馬尋盡削官封長流驩州又令內養郭全穆齎詔賜死九年三月十
五日全穆追及之宣詔訖收謂全穆曰收爲宰相無狀得死爲幸心
所悲者弟兄淪喪將盡只有弟嚴一人以奉先人之祀子欲昧死上
塵天聽可容一刻之命以俟秉筆乎全穆許之收自書曰臣昧甿下
才謬當委任心乖報國罪積彌天特舉朝章賜之顯戮臣誠悲誠感
頓首死罪臣出自寒門旁無勢援幸逢休運累污清資聖獎曲流遂
叨重任上不能罄輸臣節以答寵光下不能迴避禍胎以延俊乂苟
利尸素頻歷歲時果至聖朝難寬大典誠知一死未塞深愆固不合
將泉壤之詞上塵天聽伏乞陛下哀臣愚蠢稍緩雷霆臣頃蒙擢在
台衡不敢令弟嚴守官闕下旋蒙聖造令刺浙東所有罪愆是臣自
負伏乞聖慈貸嚴微命臣血屬皆幼更無近親只有弟嚴才力尪悴
家族所恃在嚴一人俾存殁曲全在陛下弘覆臣無任魂魄望恩之
至全穆復奏懿宗愍然有嚴判官朱侶常滿闓均族人楊公慶嚴季
寔楊全益何師玄李孟勳馬全祐李羽王彥復等皆配流嶺表收子

鑒鉅鏻皆登進士第鉅乾寧初以尚書郎知制誥召充翰林學士拜
中書舍人戶部侍郎封晉陽男食邑三百戶從昭宗東遷爲左散騎
常侍卒鏻登第後補集賢校理藍田尉乾寧中累遷尚書郎
嚴字凜之會昌四年進士擢第是歲僕射王起典貢部選士三十人
嚴與楊知至竇緘源重鄭朴五人試文合格物議以子弟非之起復
奏武宗勑曰楊嚴一人可及第餘四人落下嚴釋褐諸侯府咸通中
累遷吏部員外轉郎中拜給事中工部侍郎尋以本官充翰林學士
兄收作相封章請外職拜越州刺史御史中丞浙東團練觀察使收
罷相貶官嚴坐貶召州刺史收得雪嚴量移吉王傅乾符四年累遷
兵部侍郎五年判度支其年病卒二子涉注涉乾符二年登進士第
昭宗朝累遷吏部郎中禮刑二侍郎乾符四年改吏部侍郎天祐初
轉左丞從昭宗遷洛陽改吏部尚書輝王即位本官平章事加中書
侍郎涉性端厚秉禮乾寧之後賊臣竊發王室寖微及天祐東遷大
事去矣涉爲時所嬰不能自退及命相之日與家人相向灑泣曰吾
不能脫此網羅禍將至矣謂其子凝式曰今日之命吾家重不幸矣
必累爾等涉謙退善處竟以令終注中和二年進士登第昭宗朝累
官考功員外刑部郎中尋知制誥正拜中書舍人召充翰林學士累
遷戶部侍郎輝王纘曆兄涉爲宰相注避嫌辭內職守戶部侍郎
韋保衡者字蘊用京兆人祖元貞父慤皆進士登第慤字端士大和
初登第後累佐使府入朝亟歷臺閣大中四年拜禮部侍郎五年遷
士頗得名人載領方鎮節度卒保衡咸通五年登進士第累拜起居
郎十年正月尚懿宗女同昌公主公主郭淑妃所生妃有寵出降之
日傾宮中珍玩以爲贈送之資尋以保衡爲翰林學士轉郎中正拜
中書舍人兵部侍郎承旨不朞年以本官平章事保衡恃恩權素所
不悅者必加排斥王鐸貢舉之師蕭遘同門生以素薄其爲人皆擯
斥之以楊收路嚴在中書不加禮接媒孽逐之自起居郎至宰相二
年之間階至特進扶風縣開國侯食邑二千戶集賢殿大學士十一
年八月公主薨自後恩禮漸薄咸通末淮徐盜起素所怨者發其陰

事保衡竟得罪賜死弟保乂進士登第尚書郎知制誥召充翰林學
士歷禮戶兵三侍郎學士承旨坐保衡免官○路巖者字魯瞻陽平
冠氏人也祖季登大曆六年登進士第累辟諸侯府升朝爲尚書郎
還左諫議大夫卒生三子群庠單皆登進士第群字正夫既擢進士
又書判拔萃累佐使府入朝爲監察御史穆宗初即位遣使西北邊
稿宴軍士稱旨累加兵部郎中大和二年遷諫議大夫以本官充侍
講學士四年罷侍講爲翰林學士五年正拜中書舍人學士如故群
精經學善屬文性仁孝志行貞潔父母歿後終身不茹葷血歷踐臺
閣受時君異寵未嘗以勢位自矜與士友結交榮達如一八年正月
病卒君子惜之二子嶽巖大中中相次進士登第巖幼聰敏過人父
友踐方鎮書幣交辟久之方就數年之間出入禁署累遷中書舍人
戶部侍郎咸通三年以本官同平章事年始三十六在相位八年累
兼左僕射懿宗時王政多僻宰臣用事巖既承委遇稍務奢靡頗通
賂遺及韋保衡尚公主素惡巖爲人保衡作相罷巖知政事以檢校
左僕射出爲成都尹劍南西川節度使未幾改荊南節度詔令六月
下峽赴鎮尋復罷之獄歷兩郡刺史入爲給事中子德延
夏侯孜字好學本譙人父審封孜寶曆二年登進士第釋褐諸侯府
累遷婺絳二郡刺史入爲諫議大夫轉給事中十年改刑部侍郎十
一年兼御史中丞遷尚書右丞上柱國賜紫金魚袋十一年二月遷
朝議大夫守戶部侍郎判戶部事再加兵部侍郎克諸道鹽鐵轉運
等使懿宗即位以本官同平章事領使如故累加左僕射門下侍郎
封譙郡侯與路巖楊收同輔政咸通八年罷相檢校司空同平章事
兼成都尹充劍南西川節度使屬南蠻入寇蜀中飢饉軍儲不備蠻
陷巂州蜀川大擾尋移孜爲河中尹檢校司徒河中晉絳節度使九
年龐勛據徐州南蠻深入天子懲孜治蜀無政詔曰河中晉絳磁隰
節度使開府儀同三司檢校司徒同中書門下平章事河中尹上柱
國譙郡開國公食邑二千戶夏侯孜早以文詞遂登科第累更清貫
亦有能名東陽推撫俗之能故絳著臨人之稱其後用司風憲寵領

藩條皆以公才不辜時選洎掌于經費備歷重難居然要會之權頗
得均平之道録其績効擢處鈞衡造膝之時亦聞其算盡沃心之際
備見其謀猷於是念彼邊陽控臨巴蜀藉其才術再靜蠻陬翻致蔡
虜空虛軍資窘竭究深閩境寇逼連甍雖易帥巳來頻移星琯而無
備之後歲有干戈昨者徼障初安瘡痍復業敷尋事實果驗根由既
乖經濟之源益昧君臣之義出於物論非獨于懷是議難處近藩要
更散秩可太子少保分司東都未幾卒子潭澤皆登進士第潭累官
至禮部侍郎中和三年選士多至卿相子坦

劉瞻字幾之彭城人祖升父景贈太中初進士擢第四年又登博學
宏詞科歷佐使府咸通初升朝累遷太常博士劉瑑作相以宗人遇
之薦爲翰林學士轉員外郎中正拜中書舍人戶部侍郎承旨出爲
太原尹河東節度使入拜京兆尹復爲戶部侍郎翰林學士十年以
本官同平章事加中書侍郎兼刑部尚書集賢殿大學士十一年八
月同昌公主薨懿宗尤嗟惜之以翰林醫官韓宗召康仲殷等用藥

無効收之下獄兩家宗族枝蔓盡捕三百餘人狴牢皆滿瞻召諫官
令上疏無敢極言瞻自上疏曰臣聞修短之期人之定分賢愚共一
今古攸同喬松彝花稟氣各異至如籛鏗壽考不因有智而延齡顏
子早亡不爲不賢而促壽此皆含靈稟氣修短自然之理也一昨同
昌公主久嬰危疾深軫聖慈醫藥無徵幽明遽隔陛下過鍾宸愛痛
切追思爰責醫工令從嚴憲然韓宗召等因緣藝術備荷寵榮想於
診候之時無不盡其方術亦欲病如沃雪藥暫通神其奈禍福難移
竟成差跌原其情狀亦可哀矜而差悞之愆死未塞責自陛下雷霆
一怒朝野震驚囚九族於狴牢因兩人之藥悞老幼械繫三百餘人
咸云宗召荷恩之日寸祿不霑進藥之時又不同議此乃禍從天降
罪匪巳爲物議沸騰道路嗟嘆陛下以寬仁厚德御宇十年四海萬
邦咸歌聖政何事遽移前志頓易初心以達理知命之君涉肆暴不
明之謗且殉宮女而違道囚平人而結冤此皆陛下安不思危忿不
顧難者也陛下信崇釋典留意生天大要不過喜捨慈悲方便布施
不生惡念所謂福田則業累盡消往生忉利比居濁惡未可同年伏
望陛下盡釋繫囚易怒爲喜虔奉空王之教以資愛主之靈中外臣
寮同深懇激帝閱疏大怒即日罷瞻相位檢校刑部尚書同平章事
江陵尹充荊南節度等使再貶康州刺史量移虢州刺史入朝爲太
子賓客分司翰林學士戶部侍郎鄭畋右諫議大夫高湘比部郎中
知制誥楊知至禮部郎中魏簹兵部員外張顏刑部員外崔彥融御
史中丞孫瑝等皆坐瞻親善貶逐京兆尹溫璋仰藥而卒

劉瑑者彭城人祖璠父煟瑑開成初進士擢第會昌末累遷尚書郎
知制誥正拜中書舍人大中初轉刑部侍郎瑑精於法律選大中巳
前二百四十四年制勑可行用者二千八百六十五條分爲六百四
十六門議其輕重別成一家法書號大中統類奏行用之出爲河南
尹遷檢校工部尚書汴州刺史宣武軍節度使十一年五月加檢校
禮部尚書太原尹北都留守河東節度觀察等使其年十二月入朝
拜戶部侍郎判度支尋以本官同平章事領使如故十二年累加集

賢殿大學士罷相又歷方鎮卒弟頊亦登進士第

曹確字剛中河南人父景伯貞元十九年進士擢第又登制科確開
成二年登進士第歷聘藩府入朝爲侍御史以工部員外郎知制誥
轉郎中入內署爲學士正拜中書舍人賜金紫權知河南尹事入爲
兵部侍郎咸通五年以本官同平章事加中書侍郎監修國史確精
儒術器識謹重動循法度懿宗以伶官李可及爲威衛將軍確執奏
曰臣覽貞觀故事太宗初定官品令文武官共六百四十三員顧謂
房玄齡曰朕設此官員以待賢士工商雜色之流假令術踰儕類止
可厚給財物必不可超授官秩與朝賢君子比肩而立同坐而食大
和中文宗欲以樂官尉遲璋爲王府率拾遺竇洵直極諫乃改授光
州長史伏乞以兩朝故事別授可及之官帝不之聽可及善音律尤
能轉喉爲新聲音辭曲折聽者忘倦京師屠沽效之呼爲拍彈同昌
公主除喪後帝與淑妃思念不巳可及乃爲歎百年舞曲舞人珠翠
盛飾者數百人畫魚龍地衣用官絁五千匹曲終樂闋珠璣覆地詞

諮懷惻聞者涕流帝故寵之嘗於安國寺作菩薩蠻舞如佛降生帝
益憐之可及嘗爲子娶婦帝賜酒二銀榼啓之非酒乃金翠也人無
敢非之者唯確與中尉西門季玄屢論之帝猶顧待不衰僖宗即位
崔彥昭奏逐之死於嶺表確累加右僕射判度支事在相位六年九
年罷相檢校司徒平章事潤州刺史鎮海軍節度觀察等使以出師
扞龐勛功就加太子太師弟汾亦進士登第累官尚書郎知制誥正
拜中書舍人出爲河南尹遷檢校工部尚書許州刺史忠武軍節度
觀察等使入爲戶部侍郎判度支弟兄並列將相之任人士榮之確
與畢諴俱以儒術進用及居相位廉儉貞苦君子多之稱爲曹畢
畢諴者字存之鄆州須昌人也伯祖構高宗時吏部尚書構弟栩鄆
王府司馬生凌凌爲汾州長史生勻勻爲協律郎勻生諴少孤貧燃薪
讀書刻苦自勵既立博通經史尤能歌詩端慤好古交遊不雜大和
中進士擢第又以書判拔萃尚書杜悰鎮許昌辟爲從事悰領度支
諴爲巡官悰鎮揚州又從之悰入相諴爲監察轉侍御史武宗朝宰

相李德裕專政出悰爲東蜀節度悰之故吏莫敢餞送問訊唯諴無
所顧慮問遺不絕德裕怒出諴爲磁州刺史宣宗即位德裕得罪凡
被譴者皆徵還諴入爲戶部員外郎分司東都歷駕部員外郎倉部
郎中故事勢門子弟鄙倉駕二曹居之者不悅唯諴受命恬然恭遜
口無異言執政多之改職方郎中兼侍御史知雜朞年召爲翰林學
士中書舍人遷刑部侍郎自大中末党項羌叛屢擾河西懿宗召學
士對邊事諴即援引古今論列破羌之狀上悅曰吾方擇能帥安集
河西不期頗牧在吾禁署卿爲朕行乎諴忻然從命即用諴爲邠寧
節度河西供軍安撫等使諴至軍遣使告喻叛徒諸羌率化又以邊
境禦戎以兵多積穀爲上策乃召募軍士開置屯田歲收穀三十萬
石省度支錢數百萬詔書嘉之就加檢校工部尚書移鎮澤潞充昭
義節度使二年改太原尹北都留守河東節度使太原近胡九姓爲
亂諴明賞罰謹斥候朞年諸部革心就加檢校尚書左僕射移授汴
州刺史充宣武軍節度宋亳汴觀察等使其年入爲戶部尚書領度

支月餘改禮部尚書同平章事累遷中書侍郎兵部尚書集賢大學
士在相位三年十月以疾固辭位詔守兵部尚書以其本官同平章
事出鎮河中十二月二十三日卒于鎮時年六十二諴謹重長於文
學尤精吏術在相位以同官任情不法固辭而免君子美之子紹顏
知顏登進士第累歷顯官
杜審權字殷衡京兆人也國初萊成公如晦六代孫祖佐位終大理
正佐生二子元穎元絳元穎穆宗朝宰相絳位終太子賓客絳生二
子審權蔚並登進士第審權釋褐江西觀察判官又以書判拔萃拜
右拾遺轉左補闕大中初遷司勳員外郎轉郎中知雜又以本官知
制誥正拜中書舍人十年權知禮部貢舉十一年選士三十人後多
至達官正拜禮部侍郎其年冬出爲陝州大都督府長史陝虢都團
練觀察使加檢校戶部尚書河中尹河中晉絳節度使懿宗即位召
拜吏部尚書三年以本官同平章事累加門下侍郎右僕射九年罷
相檢校司空兼潤州刺史鎮海軍節度使蘇杭常等州觀察使時徐

州戍將龐勛自桂州擅還據徐泗大擾淮南審權與淮南節度使令
狐綯荊南節度使崔鉉奉詔出師犄角討賊而浙西饋運不絕繼破
徐戎賊平召拜尚書左僕射十一年制曰開府儀同三司檢校司空
守尚書左僕射上柱國襄陽郡開國公食邑二千戶杜審權韻合黃
鍾行貞白璧沖粹孕靈嶽之秀精明涵列宿之光塵外孤標雲間獨
步踐歷華貫餘二十年鑒裁名流凡幾百輩清切之任無不試重難
之務無不經靜而立名嚴以肅物絕分毫徇己之意秉尺寸度量之
懷貞方飾躬溫茂繕性儉不偪下畏以居高語默適時喜慍莫見頃
罷機務鎮于金陵值淮夷猖狂干戈悖起累發猛士挫彼賊鋒廣備
糗糧助茲軍食深惟將相之大體頗覩文武之全才王導以蕭灑之
名不忘戎事謝安以恬澹之德亦在兵間及駟馬來朝擢居端揆嚴
重自處恬曠不渝虞芮之故都前蹤尚爾郇瑕之舊地往事依然兼
以股肱之良爲吾腹心之寄改佩相印更握兵符仍五教之崇名極
一時之盛禮可檢校司徒同平章事河中尹充河中晉絳節度觀察

等使數年以本官兼許州刺史忠武軍節度觀察等使入為太子太
傅分司東都卒贈太師諡曰德三子讓能彥林弘徽讓能咸通十四
年登進士第釋褐咸陽尉宰相王鐸鎮汴奏為推官入為長安尉集
賢校理丁毋憂以孝聞服闋淮南節度使劉鄴辟掌記室得殿中賜
緋入為監察牛蔚鎮興元奏為節度判官入為右補闕歷侍御史起
居郎禮部兵部員外郎蕭遘領度支以本官判度支案黃巢犯京師
奔赴行在拜禮部郎中史館修撰尋以本官知制誥正拜中書舍人
謝日面賜金紫之服尋召充翰林學士六飛在蜀關東用兵徵發招
懷書詔雲委讓能詞才敏速筆無點竄動中事機僖宗嘉之累遷戶
部侍郎從駕還京加禮部尚書進階銀青光祿大夫封建平縣開國
子食邑五伯戶轉兵部尚書學士承旨沙陀逼京師僖宗蒼黃出幸
是夜讓能宿直禁中聞難作步出從駕出城十餘里得遺馬一匹無
羈勒以紳束首而乘之駕在鳳翔朱玫兵遽至僖宗急幸寶雞近臣
唯讓能獨從翌日孔緯等六七人至邠師攻關帝幸梁漢棧道為石

協所毀崎嶇險阻之間不離左右帝顧謂之曰朕之失道再致播遷
險難之中卿常在側古所謂忠于所事卿無負矣讓能謝曰臣家世
歷重任蒙國厚恩陛下不以臣愚擢居近侍臨難茍免臣之恥也得
扞牧圉臣之幸也至褒中加金紫光祿大夫改兵部侍郎同平章事
時朱玫立襄王稱制天下牧伯附之者十六七貢賦追絕朝士纔十
數人行帑無寸金衛兵不宿飽帝垂泣側席無如之何讓能首陳大
計請以重臣使河中諭王重榮以大義果承詔請雪以圖討逆京師
平拜特進中書侍郎兼兵部尚書集賢殿大學士進封襄陽郡開國
公食邑二千戶駕在鳳翔李昌符作亂倏然變起讓能單步入侍時
朝臣受偽署者衆法司請行極法以戒事君讓能固爭之獲全者十
七八昭宗纂嗣賜扶危啓運保乂功臣加開府儀同三司尚書左僕
射封晉國公增邑千戶仍賜鐵券誅秦宗權許蔡平定加司空門下
侍郎監修國史昭宗郊禮畢進位司徒太清宮使弘文館大學士延
資庫使諸道鹽鐵轉運等使加食邑一千戶明年冊拜太尉加食邑

一千戶自大順已來鳳翔李茂貞大聚兵甲恃功驕恣會楊復恭走
山南茂貞欲兼有梁漢之地亟請問罪詔未允而出師昭宗怒其專
不得已而從之及山南平詔授以茂貞鎮興元徐彥若鎮鳳翔仍割
果閬兩州隸武定軍茂貞怒上章論列語辭不遜又與讓能書曰宰
相之職外撫四夷內安百姓陰陽不順循資變理之功宇宙將傾須
假扶持之力即萬靈紓慘四海安危盡繫朝綱咸由廟算既為重任
方屬元臣況今國步猶艱皇居未壯曩日九衢三市草擁荒墟當時
萬戶千門霜凝白骨大廈傾欹而未已沉痾綿息以無餘皆云非賢
后無以拯社稷之危非真宰無以革寰區之弊今明公捨築入夢投
竿為師踐履中台制臨外閫不究興亡之理罕聞沉斷之機盡意有
所不平心有所未悟輒思上問願審臧謀竊見楊守亮擅舉干戈阻
艱西道將圖割據吞併東川居巴賨為一窟狩狼在梁漢致十年荊
棘果聞敗衄尋挫兇狂既前去而不諸思卻歸而無地當道與邠州
見為隔絕綱運方舉問罪兵師忽聞朝廷授武定之雙旌割果閬之

兩郡未審是何名目酬何功勞秦大國之紀綱盡天子之州縣非惟
取笑於童稚抑亦包羞於馬牛自謂奇謀信為獨見伏慮是明公賞
凶黨無君之輩挫忠臣奉國之心要助姦邪須摧正直又聞公切於
保位利在安家商量不自於中書割全通於內地雖知深奧罕測
津涯亦聞駭異群情頗是喧騰衆口其悖戾如此京師百姓聞茂貞
聚兵甲群情恟恟數千百人守闕門候中尉西門重遂出擁馬論列
曰乞不分割山南請姑息鳳翔與百姓為主重遂曰此非吾事出於
宰相也昭宗怒詔讓能只在中書調發畫計不歸第月餘宰相崔昭
緯陰結邠岐為城社凡讓能出一言即日達於茂貞行瑜茂貞令健
兒數百人雜市人於街崔昭緯鄭延昌歸第市人擁肩輿訴曰岐帥
無罪幸相公不加討伐致都邑不寧二相輿中喻之曰大政聖上委
杜太尉吾等不預市豪褰簾熟視又不之識因投瓦石擊二相之輿
崔鄭下輿散走匿身獲免是日喪堂印公服天子怒捕魁首誅之由
是用兵之意愈堅京師之人相與藏竄嚴刑不能已讓能奏曰陛下

初臨大寶國步未安自艱難已來且行貞元故事姑息藩鎮茂貞遣
在國門不宜起怨臣料此時未可行也帝曰政刑削弱詔令不出城
門此賈生慟哭之際也又書不云乎藥不瞑眩厥疾弗瘳朕不能孱
孱度日坐觀凌弱卿爲我主張調發用兵吾委諸王讓能對曰陛下
憤藩臣之倔强必欲强幹弱枝以隆王室此則中外大臣所宜戮力
以成陛下之志不宜獨任微臣帝曰卿位居元輔與朕同休共戚無
宜避事讓能泣辭曰臣待罪台司未乞骸骨者思有以報國恩耳安
敢愛身避事況陛下之心憲祖之志也但時有所不便勢有所必然
他日臣雖受晁錯之誅但不足以殄七國之患敢不奉詔繼之以死
景福二年秋上以嗣覃王爲招討使神策將李鐬副之率禁軍三萬
送彥若赴鎮崔昭緯密與邠鳳結託心害讓能言討伐非上意出於
太尉也九月茂貞出軍逆戰王師敗于盩厔岐兵乘勝至三橋讓能
奏曰臣固預言之矣請歸罪於臣可以紓難上涕下不能已曰與卿
訣矣即日貶爲雷州司戶茂貞在臨皋驛請誅讓能尋賜死時年五

十三駕自石門還京念讓能之冤追贈太師子光乂曉以父枉橫不
求聞達曉入梁位亦至宰輔彥林弘徽乾符中相次登進士第彥林
光化中累官至尚書郎知制誥拜中書舍人天祐初爲御史中丞弘
徽累官至中書舍人遷戶部侍郎充弘文館學士判館事與兄同日
被害

劉鄴字漢藩潤州句容人也父三復聰敏絶人幼善屬文少孤貧母
有廢疾三復丐食供養不離左右久之不遂鄉賦長慶中李德裕拜
浙西觀察使三復以德裕禁密大臣以所業文詣郡干謁德裕閱其
文倒屣迎之乃辟爲從事管記室母亡哀毀殆不勝喪德裕三爲浙
西凡十年三復皆從之大和中德裕輔政用爲員外郎居無何罷相
復鎮浙西三復從之汝州刺史劉禹錫以宗人遇之深重其才嘗爲
詩贈三復序曰從弟三復三爲浙右從事凡十餘年往年主公入相
驀用登朝中復從公之京口未幾而罷昨以尚書員外郎奉使至潞
旋承新命改轅而東三從公皆在舊地徵諸故事蓋無其比因賦詩

餞別以志之又從德裕歷滑臺西蜀揚州累遷御史中丞會昌中德
裕用事自諫議給事拜刑部侍郎弘文館學士判館事朝廷用兵誅
劉稹澤潞既平朝議以劉從諫妻裴氏是裴問之妹欲原之法司定
罪以劉稹之叛裴以酒食會潞州將校妻女泣告以固逆謀三復奏
曰劉從諫苞藏逆謀比雖已露今推窮僕妾尤得事情據其圖謀語
言制度服物人臣僭亂一至於斯雖生前幸免於顯誅而死後已從
於追戮凡在朝野同深慶快且自古人臣叛逆合有三族之誅尚書
曰乃有顛越不恭我則劓殄滅之無遺育無俾易種于茲新邑如此
則阿裴已不得免於極法矣又況從諫死後主張狂謀罪狀非一劉
稹年既幼小逆節未深裴爲母氏固宜誡誘若廣說忠孝之道深陳
禍福之源必冀虺毒不施梟音全革而乃激厲兇黨膠固叛心廣招
將校之妻適有酒食之宴號哭激其衆意贈遺結其群情遂使叛黨
稽不捨之誅孽童延必死之命以至周歲方就誅夷此阿裴之罪也
雖以裴問之功或希減等而國家有法難議從輕伏以管叔周公之

親弟也有罪而且誅之以周公之賢尚不捨兄弟之罪況裴問之功
効安能破朝廷法耶據阿裴廢臣妾之道懷逆亂之謀裴問如周公
之功尚合行周公之戮況於朝典固在不疑阿裴請準法從之三復
未幾病卒鄴六七歲能賦詩李德裕尤憐之與諸子同硯席師學大
中初德裕貶逐鄴無所依以文章客遊江浙每有制作人皆稱誦高
元裕廉察陝虢署團練推官得秘書省校書郎咸通初劉瞻高璩居
要職以故人子薦爲左拾遺召充翰林學士轉尚書郎中知制誥正
拜中書舍人戶部侍郎學士承旨鄴以李德裕貶死珠崖大中朝以
令狐綯當權累有赦宥不蒙恩例懿宗即位綯在方鎮屬郊天大赦
鄴奏論之曰故崖州司戶參軍李德裕其父吉甫元和中以直道明
誠高居相位中外咸理訏謨有功德裕以偉望宏才繼登台衮險夷
不易勁正無群稟周勃厚重之姿慕楊秉忠貞之節頃以微累竄于
遐荒既追衰殘竟歸冥寞其子燁坐貶象州立山縣尉去年遇陛下
布惟新之命草作解之恩移授郴州郴縣尉今已歿於貶所燁德裕

猶有覬覦可期振揚微臣固不敢上論以招浮議今骨肉將盡生涯已空皆傷棨戟之門遽作荊榛之地孤骨未歸於塋兆一男又沒於湘江特乞聖明俯垂哀愍俾還遺骨兼賜贈官上弘錄舊之仁下激徇公之節詔從之鄴尋以本官領諸道鹽鐵轉運使其年同平章事判度支轉中書侍郎兼吏部尚書累加太清宮使弘文館大學士僖宗即位蕭倣崔彥昭秉政素惡鄴乃罷鄴知政事檢校尚書左僕射同平章事揚州大都督府長史淮南節度使是日鄴押班宣麻竟遍事引鄴內殿謝不及笏記鄴自敘十餘句語云霖雨無功深愧代天之用煙霄失路未知歸骨之期帝為之惻然黃巢渡淮而南詔以浙西高駢代還尋除鳳翔尹鳳翔隴右節度使以疾辭拜左僕射巢賊犯長安鄴從駕不及與崔沆豆盧瑑匿於金吾將軍張直方之家旬日賊嚴切追捕三人夜竄為賊所得迫以偽命稱病不應俱為賊所害

豆盧瑑者河東人祖愿父籍皆以進士擢第瑑大中十三年亦登進士科咸通末累遷兵部員外郎轉戶部郎中知制誥召充翰林學士

正拜中書舍人乾符中累遷戶部侍郎學士承旨六年與吏部侍郎崔沆同日拜平章事宣制日大風雷雨拔樹左丞韋蟾與瑑善往賀之瑑言及雷雨之異蟾曰此應相公為霖作解之祥也瑑笑答曰霖何甚耶及巢賊犯京師從僖宗出開遠門為盜所制乃匿於張直方之家遇害識者以風雷不令之兆也弟瓚璨皆進士登第累歷清要璨子革中興位亦至宰輔

史臣曰近代衣冠人物門族昌盛從顯之後寔富名流而彥曾屬徐亂之秋沆接李亡之數計則繆矣天可逃乎楊劉曹畢諸族門非世冑位以藝升伏膺典墳俯拾青紫而收得位求後以至敗名行已飭躬此為深誡杜氏三世相輔太尉陷於橫流臨難忘身可為流涕

贊曰漢代荀陳我朝崔杜有子有弟多登宰輔裴士敗節楊子敗名膏粱稼性信而有徵

唐書列傳卷第一百二十七

唐書列傳卷第一百二十八

劉昫　等修

聞人詮校刻　沈桐同校

趙隱 隱弟騭 隱子光逢 光裔 光胤　張裼 裼子文蔚 濟美 貽憲

李蔚 蔚子滻 渥　崔彥昭

鄭畋 畋子凝績 盧攜附　王徽

趙隱字大隱京兆奉天人也祖植建中末朱泚之亂德宗幸奉天時倉卒變起羽衛不集數日閒賊來攻城植以家人奴客奮力拒守仍獻家財以助軍賞天子嘉之賊平咸寧王渾瑊辟為推官累遷殿中侍御史貞元初遷鄭州刺史鄭滑節度使李融奏兼副使十年融病軍府之政委於植大將宋朝晏構三軍為亂中夜火發植與監軍列卒待之遲明亂卒自潰即日誅斬皆盡帝優詔嘉之入為衛尉少卿三遷尚書工部侍郎十七年出為廣州刺史兼御史大夫嶺南東道節度觀察等使卒於鎮子存約滂存約大和三年為興元從事是時軍亂存約與節度使李絳方宴語吏報新軍亂突入府廨公宜避之絳曰吾為帥臣去之安往麾存約令避存約曰荷公厚德獲奉賓階背恩苟免非吾志也即欲部分左右拒賊是日與絳同遇害隱以父罹非禍泣守松楸十餘年杜門讀書不應辟命會昌中父友當權要敦勉仕進方應弓招累為從事大中三年應進士登第累遷郡守尚書郎給事中河南尹歷戶兵二侍郎領鹽鐵轉運等使咸通末以本官同平章事加中書侍郎兼禮部尚書進階特進天水伯食邑七伯戶隱性仁孝與弟騭尤稱友悌少孤貧弟兄力耕稼以奉親造次不干親戚既居宰輔不以權位自高退朝易衣弟兄侍母左右歲時伏臘公卿大臣盈門通訊而大臣及母之榮無如其比乾符中罷相檢校兵部尚書潤州刺史浙西觀察等使入為太常卿轉吏部尚書累加尚書左僕射廣明中卒子光逢光裔光胤弟騭亦以進士登第大中末與兄隱並踐省閣咸通初以兵部員外郎知制誥轉郎中正拜中書舍人六年權知貢舉七年選士多得名流拜禮部侍郎御史中

丞累遷華州刺史潼關防禦鎮國軍等使子光逢乾符五年登進士第釋褐鳳翔推官入朝為監察御史丁父憂免僖宗還京授太常博士歷禮部司勳吏部三員外郎集賢殿學士轉禮部郎中景福中以祠部郎中知制誥尋召充翰林學士正拜中書舍人戶部侍郎學士承旨改兵部侍郎尚書左丞學士如故乾寧三年從駕幸華州拜御史中丞改禮部侍郎劉季述廢立之後宰相崔胤與黃門爭權衣冠道喪光逢移疾退居洛陽閉關却埽六七年昭宗遷洛起為吏部侍郎復為左丞歷太常卿尋沒於梁累官至宰輔封齊國公

光裔光啓三年進士擢第乾寧中累遷司勳郎中弘文館學士改膳部郎中知制誥賜金紫之服弟兄對掌內外制命時人榮之季述廢立之後光胤歸洛光裔旅遊江表以避患嶺南劉隱深禮之奏為副使因家嶺外光胤大順二年進士登第天祐初累官至駕部郎中入梁歷顯位中興用為宰輔

張裼字公表河間人父君卿元和中舉進士詞學知名累歷郡守裼會昌四年進士擢第釋褐壽州防禦判官于琮布衣時客遊壽春郡守待之不厚裼以琮衣冠子異禮遇之琮將別謂裼曰吾餉逆旅翁五十千郡將之惠不登其數如何裼方奉母家貧適得俸絹五十匹盡以遺琮約曰他時出處窮達交相郵也裼累辟太原掌書記大中朝琮為翰林學士俄登宰輔判度支琮召裼為司勳員外郎判度支案用為翰林學士轉郎中知制誥拜中書舍人戶部侍郎學士承旨咸通末琮為韋保衡所構譴逐裼坐貶封州司馬保衡誅琮得雪裼量移入朝為太子賓客遷吏部侍郎京兆尹乾符三年出為華州刺史其年冬檢校吏部尚書鄆州刺史天平軍節度觀察等使四年卒于鎮時年六十四子文蔚濟美貽憲

文蔚乾符二年進士擢第累佐使府龍紀初入朝為尚書郎乾寧中以祠部郎中知制誥正拜中書舍人賜紫崔胤擅朝政與蔚同年進士尤相善用為翰林學士戶部侍郎轉兵部從昭宗遷洛陽輝王時拜中書侍郎平章事入梁卒濟美貽憲相繼以進士登第貽憲復試

洛轄為戶部巡官集賢校理
李蔚字茂休隴西人祖上公位司農卿元和初為陜虢觀察使父景
素大和中進士蔚開成末進士擢第釋褐襄陽從事會昌末調選又
以書判拔萃拜監察御史轉殿中監大中七年以員外郎知臺雜事
知制誥轉郎中正拜中書舍人咸通五年權知禮部貢舉六年拜禮
部侍郎轉尚書右丞懿宗奉佛太過常於禁中飯僧親為贊唄以旃
檀為二高座賜安國寺僧徹逢入飯萬僧蔚上疏諫曰臣聞孔丘聖
者也言則引周任之言符融賢者也諫必稱王猛之議誠以事求師
古詞貴達情陛下自纘帝圖克崇佛事止當修外未甚得中臣畧採
本朝名臣啓奏之言以證奉佛初終之要天后時曾營大像功費百
萬狄仁傑諫曰夫寶珓殫于綴飾瓌材竭于輪奐功不使鬼必在役
人物不天來皆從地出非苦百姓物何以求物生有時用之無度臣
身思惟實所悲痛至如往在江表像法盛興梁武簡文施捨無限及
乎三淮沸浪五嶺騰煙列剎盈衢無救危亡之禍緇衣蔽路豈益勤

王之師況近年已來風塵屢擾水旱失節征役稍繁必若多費官財
又苦人力一隅有難將何以救此切當之言一也中宗時公主外戚
奏度僧尼姚崇諫曰佛不在外求之于心佛圖澄最賢無益於後趙
羅什多藝不救於姚秦何充符融皆遭敗滅齊襄梁武未免災殃但
志發慈悲心行利益若蒼生安樂即是佛身此切當之言二也睿宗
為金仙玉眞二公主造二道宮辛替否諫曰自夏已來淫雨不解穀
荒于壠麥爛于場入秋已來元旱為災苗而不實霜損蟲暴草菜枯
黃下人咨嗟未加賑貸陛下愛兩女而造兩觀燒瓦運木載土塡沙
道路流言皆云用錢百萬陛下聖人也遠無不知陛下明君也細無
不見既知且見知倉有幾年之儲庫有幾年之帛知百姓之間可存
活乎三邊之士可轉輸乎今發一卒以扞邊陲追一兵以衛社稷多
無衣食皆帶飢寒賞賜之間迥無所出軍旅驟敗莫不由斯而陛下
破百萬貫錢造不急之觀以賈六合之怨以違萬人之心此切當之
言三也替否又諫造寺曰釋教以清淨為基慈悲為主常體道以濟

物不利已而害人每去已以全眞不營身以害教今三時之月築山
穿池損命也殫府虛藏損人也廣殿長廊營身也損命則不慈悲損
人則不濟物營身則不清淨豈大聖至神之心乎佛書曰一切有為
法如夢幻泡影如露亦如電臣以為減雕琢之費以賑貧人是有如
來之德息穿掘之苦以全昆蟲是有如來之仁罷營葺之直以給邊
陲是有湯武之功迴不急之祿以購清廉是有唐虞之治陛下緩其
所急急其所緩親未來而疎見在失眞實而與虛無重俗人之所為
輕天子之功業臣實痛之此切當之言四也臣觀仁傑天后時上公
也姚崇開元時賢相也替否睿宗之直臣也臣每覽斯言未嘗不廢
卷而太息痛其言之不行也伏以陛下深重緇流妙崇佛事其為樂
善實邁前蹤但細詳時代之安危耿鑒昔賢之敷奏則思過半矣道
遠乎哉臣過忝渥恩言虧臣諫但舉從繩之義少裨負扆之明營繕
之間稍宜停減優詔嘉之尋拜京兆尹太常卿尋以本官同平章事
加中書侍郎與盧攜鄭畋同輔政罷相出為襄州刺史山南東道節

度使入為吏部尚書加檢校尚書右僕射汴州刺史宣武軍節度觀
察等使咸通十四年轉揚州大都督府長史淮南節度副大使知節
度事乾符三年受代百姓詣闕乞留一年從之四年復為吏部尚書
尋遷檢校司空東都留守東畿汝都防禦使六年河南軍亂殺崔季
康詔以邠寧李偘鎮太原軍情不伏以蔚嘗為太原從事軍民懷之
八月以蔚為太原尹北都留守河東節度觀察等使其年十月到鎮
下車三日暴病卒弟緒從兄繪累官至刺史蔚三子渥洵澤渥咸通
末進士及第釋褐太原從事累拜中書舍人禮部侍郎光化三年選
貢士洵至福建觀察使
崔彥昭字思文清河人父豈彥昭大中三年進士擢第釋褐諸侯府
咸通初累遷兵部員外郎轉郎中知制誥拜中書舍人再遷戶部侍
郎判本司事彥昭長於經濟儒學優深精於吏事前治數郡所莅有
聲勳多遺愛十年檢校禮部尚書孟州刺史河陽懷節度使進階金
紫十二年正月加檢校刑部尚書太原尹北都留守河東節度管內

觀察等使時徐泗用兵之後北戎多冠邊沙陀諸部動干紀律彥昭柔以恩惠來以兵威三年之間北門大治軍民歌之考滿受代耆老數千詣闕乞留詔報曰彥昭早著令名累更劇任入司邦計開張用經緯之文出統藩維撫馭得韜鈐之術自臨并部殷若長城但先和衆安人不欲恃險與馬遂致三軍百姓瀝懇同詞備述政能唯恐罷去顧茲重鎮方委長材既獲便安未議移替想當知悉僖宗即位就加檢校吏部尚書時趙隱高璩知政事與彥昭同年進士薦彥昭長於治財賦十五年三月召為吏部侍郎充諸道鹽鐵轉運使乾符初以本官同平章事判度支先是楊收路巖韋保衡皆以朋黨好賂得罪蕭倣秉政頗革前弊而彥昭輔政數月百職斯舉察而不煩士君子稱之二年因其轉官僖宗誡曰彥昭歷試有勞僉諧無媿涉於六月秉是一心修乃文可以典文教勵乃武可以成武功重整前規兩司大計清能壁立政乃風行姦欺屏絕於多岐請託銷權於正議不煩內庫有助涓毫不假外藩有進絲髮軍食所入餘剩於明年郊廟

所供克辦於今歲頗符神化真謂廟謀不有良臣安能富國宜酬勲於黃閣俾正位於紫垣敬服誡詞永堅茂業嗚呼秉鈞之道何所難哉覆車之塗近已多矣與其樹黨不若修身與其收恩不如秉直買暫勝者貽其永敗沽小智者褻其大愚不貴及人唯爭自我初誡潤屋尋以危家金玉滿堂莫之能守縱經營而得位用枉撓而當辜唯爾選自朕心採於人望宣詔既畢閉門未知來遂奔車退無私謝獨推元老曾請急徵以守道而自臻實榮親之最重爾其堅持正直允執規程但畏幽陰必歸公當甘言可憚叙往可嗤獎善須明懲姦須銳利於人者雖難必舉利於已者雖易勿為頻念孤寒每思耕織常自勤於數事便有望於中興彰朕知臣在卿匡國必使恩從下布法自上行但立直標終無曲影茍致我於堯舜亦比爾於皐夔可中書侍郎依前判度支事彥昭事母至孝雖位居宰輔退朝侍膳與家人終處承奉左右未嘗高言歲時慶賀公卿拜廡時人榮之累遷門下侍郎兼刑部尚書充太清宮使弘文館大學士與鄭畋李蔚同知政事三加兼官皆領度支如故進階特進累兼尚書右僕射罷相歷方鎮以太子太保分司卒子保謙

鄭畋字台文滎陽人也曾祖鄰祖穆父亞並登進士第亞字子佐元和十五年擢進士第又應賢良方正直言極諫制科吏部調選又以書判拔萃數歲之內連中三科聰悟絕倫文章秀發李德裕在翰林亞以文干謁深知之出鎮浙西辟為從事累屬家艱人多忌嫉久之不調會昌初始入朝為監察御史累遷刑部郎中中丞李回奏知雜遷諫議大夫給事中五年德裕罷相鎮渚宮授亞正議大夫出為桂州刺史御史中丞桂管都防禦經畧使大中二年吳汝納訴冤德裕再貶潮州亞亦貶循州刺史卒畋年十八登進士第釋褐汴宋節度推官得祕書省校書郎二十二吏部調選又以書判拔萃授渭南尉直史館事未行亞出桂州畋隨侍左右大中朝白敏中令狐綯相繼秉政十餘年素與德裕相惡凡德裕親舊多廢斥之畋久不偕於士伍咸通中令狐綯出鎮劉瞻鎮北門辟為從事入朝為虞部員外郎

右丞鄭薰令狐之黨也摭畋舊事覆奏不放入省畋復出為從事五年入為刑部員外郎轉萬年令九年劉瞻作相薦為翰林學士轉戶部郎中畋以久羅擯弃幸承拔擢因授官自陳曰臣十八進士及第二十二書判登科此時結綬王畿便貯青雲之望洎一沉風水久換星霜猒外府之縛羈渴明庭之禮樂咸通五年方始登朝若匪遭逢聖君無以發揚幽迹臣任刑部員外郎日累於閤內對敭去冬蒙擢宰萬年又得延英中謝傾葵幸依於白日捨盆終覩於青天昨以京縣浩穰苦心為政疲羸粗息強禦無蹤方專宰字之心用副憂勤之化陛下過垂採聽超授恩榮擢於百里之中致在三清之上纔超翰苑遽改郎曹尋加知制誥又自陳曰臣會昌二年進士及第大中首歲書判登科其時替故昭義節度使沈詢作渭南縣尉兩考罷免楊收以結綬替臣詢則備歷顯榮歿經數載收則寵極台輔紲已三年臣則外困賓筵內甘散秩仰窺霄漢空歎雲泥雖云賦命之奇實以遭人排忌其因事自洗條如此俄遷中書舍人十年王師討徐方禁

廢書詔旁午畋灑翰泉涌動無滯思言皆破的同僚閣筆推之尋遷
戶部侍郎龐勛平以本官充承旨畋以德望先達淪滯久之既冠禁
庭當為宰輔因謝承旨自陳曰禁林素號清嚴承旨尤稱峻重偏膺
顧問首冠英賢今之宰輔四人三以此官騰躍其為盛美更異尋常
豈謂凡流繼茲芳躅臣所以憂不稱承旨之任也至若繼劉瞻之慎
密守保衡之規程瀝懇事君披肝翊聖以貞方為介胄用忠信作藩
籬丹青帝文金玉王度臣亦不敢讓承旨之職況沉舟墜羽因聖主
發揚有薄藝微才受鴻恩知遇再周寒暑六忝官榮由郎吏以至於
貳卿自末僚而遷於上列其切於大用如此其年八月劉瞻以諫因
暨工宗族罷相出為荊南節度使畋草制過為美詞懿宗省之甚怒
責之曰畋頃以行跡玷穢為時棄捐朝籍周行無階踐歷竟因由徑
遂致叨居塵忝既多狡蠹尤甚且居承旨合體朕懷一昨劉瞻出藩
朕豈無意爾次當視草過為美詞逞譎詭於筆端籠愛憎於形內徒
知報聽敫嗟之惠誰思巽我拔擢之恩載詳言偽而堅果明同惡相

濟人之多僻一至於斯宜行竄逐之科用屏回邪之黨可梧州刺史
僖宗即位召還授右散騎常侍改兵部侍郎乾符四年遷吏部侍郎
尋降制曰頃者時虧正途權歸邪幸爾畋執心無惑秉節被讒徵復
篤行愈洽人望既負彌綸之業宜居輔弼之司可本官同平章事僖
宗上尊號禮畢進加中書侍郎進階特進轉門下　郎兼禮部尚書
集賢殿大學士五年黃巢起曹鄆南犯荊襄東渡江淮衆歸百萬所
經屢陷郡邑六年陷安南府據之致書與浙東觀察使崔璆求鄆州
節鉞璆言賊勢難圖宜以授之以絕北顧之患天子下百寮議初黃
巢之起也宰相盧攜以浙西觀察使高駢素有軍功奏為淮南節度
使令扼賊衝尋以駢為諸道行營都統及崔璆之奏朝臣議之有請
假節以紓患者畋採群議欲以南海節制縻之攜以始用高駢欲立
奇功以圖勝攜曰高駢將略無雙淮土甲兵甚銳今諸道之師方集
蕞爾纖寇不足平殄何事捨之示怯而令諸軍解體耶畋曰巢賊之
亂本因饑歲人以利合乃至寔繁江淮以南荐食殆半國家久不用

兵士皆忘戰所在節將閉門自守尚不能枝不如釋咎包容權降恩
澤彼本以饑年利合一遇豐歲孰不懷思鄉土其衆一離則巢賊几
上肉耳此所謂不戰而屈人兵也若此際不以計攻全恃兵力恐天
下之憂未艾也群議然之而左僕射于琮曰南海有市舶之利歲貢
珠璣如令妖賊所有國藏漸當廢竭上亦望駢成功乃依攜議及中
書商量制勅畋曰妖賊百萬橫行天下高公遷延玩寇無意翦除又
從而保之彼得計矣國祚安危在我輩三四人畫度公倚淮南用兵
吾不知稅駕之所矣攜怒拂衣而起袂染於硯因投之僖宗聞之怒
曰大臣相詬何以表儀四海二人俱罷政事以太子賓客分司東都
廣明元年賊自嶺表北渡江浙虜崔璆陷淮南郡縣高駢止令張璘
控制衝要閉壁自固天子始思畋前言二人俱徵還拜畋禮部尚書
尋出為鳳翔右節度使是冬賊陷京師僖宗出幸畋聞難作候駕於
斜谷迎謁垂泣曰將相誤陛下以至於此臣實罪人請死以懲無狀
上曰非卿失也朕以狂寇凌犯且駐蹕興元卿宜堅扼賊衝勿令滋

蔓畋對曰臣心報國死而後已請陛下無東顧之憂然道路艱虞奏
報梗澁臨機不能遠稟聖旨願聽臣便宜從事上曰苟利宗社任卿
所行畋還鎮蒐乘補卒繕修戎仗濬飾城壘盡出家財以散士卒晝
夜如臨大敵中和元年二月賊將尚讓王璠率衆五萬欲攻鳳翔畋
預知賊至令大將李昌言等伏於要害賊以畋儒者必不能拒步騎
長驅部伍不整畋以銳卒數千陳于高岡虛立旗幟延袤數里距賊
十餘里伐鼓而陣賊不之測衆寡始欲列卒而陣後軍未至而昌言
等發伏擊之其衆大撓日既晡矣岐軍四合追擊於龍尾陂賊委兵
仗自潰斬馘萬計得其鎧仗岐軍大振天子聞之謂宰相曰予知畋
不盡儒者之勇甚慰予懷即授畋檢校尚書左僕射同平章事充京
西諸道行營都統時畿內諸鎮禁軍尚數萬賊巢汙京師後衆無所
歸畋承制招諭諸鎮將校皆萃岐陽畋分財以結其心與之盟誓期
匡王室又傳檄天下曰鳳翔隴節度使檢校尚書左僕射同中書門
下平章事充京西諸道行營都統上柱國榮陽郡開國公食邑二千

戶鄭畋移檄告諸藩鎮郡縣侯伯牧守將吏曰夫屯亨有數否泰相沿如日月之蝕虧似陰陽之愆伏是以漢朝方盛則莽卓肆其姦兇夏道未衰而羿浞騁其殘酷不無僭越尋亦誅夷即知妖孽之生古今難免代有忠貞之士力為匡復之謀我國家應五運以承乾躡三王之垂統綿區歆化匝宇歸仁十八帝之鴻猷銘於神鼎三百年之睿澤播在人謠加以政尚寬弘刑無枉濫冀蠢勤行於王道孜孜務恤於生靈足可傳寶祚於無窮御瑤圖於不朽近歲螟蝗作害旱暵延災因令無賴之徒遽起亂常之暴雖加討逐猶肆猖狂草賊黃巢奴僕下才豺狼醜類寒耕熱耨不勵力於田疇婾食靡衣務偷生於剽奪結連兇黨驅迫平人始擾害於里閭遂侵凌於郡邑僭以藩臣不武戎士貪財徒加討逐之名竟作遷延之役致令滋蔓累有邀求聖上愛育情深含弘道廣指萬方而罪已用百姓以為心假以節旄委之藩鎮冀其悛革免困疲羸而殊無犬馬之誠但恣蟲蛇之毒剽掠我征鎮覆沒我京都焚辱我衣冠屠殘我士庶視人命有同於草芥謂大寶易取如弈碁而乃竊據宮闈偽稱名號爛羊頭而拜爵續狗尾以命官鷰巢幕以誇安魚在鼎而猶戲殊不知五侯拗怒期分項羽之屍四塚既成待葬蚩尤之骨猶復廣侵田宅濫黷貨財比磔壑以難盈類鳥鳶而縱攫茫茫赤縣僅同夷貊之鄉惴惴黔黎若在狴牢之內固以人神共怒行路傷心畋謬領藩垣榮兼將相每枕戈而待旦常泣血以忘餐誓與義士忠臣共翦狐鳴狗盜近承詔命會合諸軍皇帝親御六師即離三蜀霜戈萬隊鐵馬千群雕虎嘯以風生應龍驤而雲起淮南高相公會關東諸道百萬雄師計以夏初會於關內畋與涇原節度使程宗楚秦州節度使仇公遇等已驅組練大集關畿爭麾隴右之蛇矛待掃關中之蟻聚而吐蕃党項以久被皇化深憤國讎願以沙漠之軍共獻蕩平之捷此際華戎合勢藩鎮連衡旌旗煥爛於雲霞戈戟晶熒於霜雪莫不捋繩待試賈勇爭先思垂竹帛之功誓雪朝廷之恥矧茲殘孽不足殄除況諸道世受國恩身縻好爵皆貯匡邦之畧咸傾致主之誠自函洛構氛鑾輿避狄

莫不指銅駝而皆裂望玉壘以魂銷聞此勤王固宜投袂更希憤激速殄寇讎永圖社稷之勳以報君親之德迎鑾反正豈不休哉時駕在坤維音驛阻絕以為朝廷無能復振及畋傳檄諸藩督勤各治勤王之師巢賊聞之大懼自是賊騎不過京西當時非畋扼賊之衝褒蜀危矣尋進位檢校司空其年冬畋暴病以岐山方禦賊衝宜須驍將鎮守表薦大將李昌言詔可之詔畋赴行在二年正月至成都以王鐸代畋將兵收復畋尋以僕射平章事以疾久之不拜累表乞解機務二年冬罷相授太子少保僖宗以畋子給事中凝績為龍州刺史詔侍畋就郡養疾薨於郡舍時年五十九光啓末李茂貞授鳳翔節度使畋會兵時茂貞為博野軍小校在奉天畋盡召其軍至岐下以茂貞勤於軍旅甚奇之委以遊邏之任至是茂貞思畋獎待之恩上表論之曰臣伏見當道故檢校司空同平章事鄭畋瑞應星精祥開月角建洪鑪於聖代成庶績於明時鳳毛方浴於春池龍節忽移於右輔旋以群鷃嘯聚萬蝟鋒攢蒼黃而玉輅省方次第而金門徹鑰九州相望初猶豫以從風百辟無歸半狐疑而委質而畋衝冠怒髮投袂治兵羅劍戟於鐏前練貔貅於閫外坎牲誓衆鼛鼓出師馳羽檄於四方暢皇威於萬里身為地軸決橫流而盡入東溟手正天關掃妖星而重尊北極及至蓋囊沙減竈伐鼓揚旌四兇方侈於獸心一陣盡塗於龍尾大振建瓴之捷只於反掌之間不期天柱朝摧將星夜隕竹帛徒書於茂烈松楸未煥於易名臣始是從戎爰承指顧稟三令五申之戒預一匡九合之謀令則謬以微功獲居重鎮尋武侯之遺愛城壘宛然念叔子之高蹤涕零何極伏冀特加贈謚以慰泉扃昭宗嘉之詔贈司徒謚曰文昭畋文學優深器量弘恕美風儀神彩如玉尤能賦詩與人結交榮悴如一始為員外郎為鄭薰不放省上畋不以為憾及畋作相薰子為郎畋特獎拔為給事中列曹侍郎其以德報怨多此類子凝績景福中歷刑部戶部侍郎

盧攜字子升范陽人祖損父求寶曆初登進士第應諸府辟召位終郡守攜大中九年進士擢第授集賢校理出佐使府咸通中入朝為

右拾遺殿中侍御史累轉員外郎中長安縣令鄭州刺史召拜諫議
大夫乾符初以本官召充翰林學士拜中書舍人乾符末加戶部侍
郎學士承旨四年以本官同中書門下平章事累加門下侍郎兼兵
部尚書弘文館大學士五年黃巢陷荆南江西外郛及虔吉饒信等
州自浙東陷福建遂至嶺南陷廣州殺節度使李岧遂抗表求節鉞
初王仙芝起河南攜舉宋威齊克讓曾袞等有將畧用為招討使及
宋威殺尚君長致賊充斥朝廷遂以宰臣王鐸為都統攜深不悅浙
帥崔璆等上表請假黃巢廣州節鉞上令宰臣議攜以王鐸為統帥
欲激怒黃巢堅言不可假賊節制止授率府率而已與同列鄭畋爭
論投硯於地由是兩罷之為太子賓客分司六年高駢大將張璘頻
破賊攜素待高駢厚嘗舉可為統帥天子以駢立功復召攜輔政及
王鐸失守罷都統以高駢代之由是自潼關已東汝陝許鄧汴滑青
兖皆易帥王鐸鄭畋所授任者皆易之攜內倚田令孜外以高駢為
援朝廷大政高下在心時攜病風精神恍惚政事可否皆決於親吏

○溫季脩貨賄公行及賊擾淮南張璘被殺而許州逐帥殺水丘遺朝
廷震懼皆歸罪於攜及賊陷潼關罷攜相為太子賓客是夜仰藥而
死子晏天祐初為河南縣尉為柳璨所殺
王徽字昭文京兆杜陵人其先出於梁魏魏為秦滅始皇徙關東豪
族實關中魏諸公子徙於霸陵以其故王族遂為王氏後周同州刺
史熊徽之十代祖葬咸陽之鳳歧原子孫因家焉曾祖擇從兄易從
天后朝登進士第從弟明從言從睿宗朝並以進士擢第昆仲四人
開元中三至鳳閣舍人故時號鳳閣王家其後易從子定定子逢逢
第仲周定兄密密子行古行古子收收子超皆以進士登第王氏自
易從已降至大中朝登進士科者一十八人登臺省歷牧守賓佐者
三十餘人擇從大足三年登進士第先天中又應賢良方正制舉升
乙第再遷京兆士曹參軍充麗正殿學士祖察至德二年登進士第
位終連州刺史父自立位終絳氏令徽大中十一年進士擢第釋褐
秘書省校書郎戶部侍郎沈詢判度支辟為巡官宰相徐商鎮鹽鐵

又奏為參佐時懿宗詔宰相於進士中選子弟尚主或以徽籍上聞
徽性沖澹遠勢利聞之憂形於色徽登第時年踰四十見宰相劉瑑
哀祈具陳年已高矣居常多病不足以塵汙禁臠瑑於上前言之方
免從令狐綯歷宣武淮南兩鎮掌書記得大理評事召拜右拾遺前
後上䟽論事二十三人難言者必犯顏爭之人士翕然稱重會徐商
罷相鎮江陵以徽舊僚欲加奏辟而不敢言徽採知其旨即席言曰
僕在進士中荷公重顧公佩印臨戎下官安得不從商喜甚奏授殿
中侍御史賜緋荆南節度判官高湜時持憲綱奏為侍御史知雜兼
職方員外郎轉考功員外時考簿上中下字朱書吏緣為姦多有揩
改徽白僕射請以墨書遂絕姦吏之弊宰相蕭倣以徽明於吏術尤
重之乾封初遷司封郎中長安縣令學士闕人倣用徽為翰林學士
改職方郎中知制誥正拜中書舍人延英中謝面賜金紫遷戶部侍
郎學士承旨改兵部侍郎尚書左丞學士承旨如故廣明元年十二
月三日改戶部侍郎同平章事是日黃巢入潼關其夜僖宗出幸徽

○與同列崔沆豆盧瑑僕射于琮至曙方知車駕出幸遂相奔馳赴行
在徽夜落荆榛中墜於崖谷為賊所得迫還京師將授之偽命徽示
以足折口瘖雖白刃環之終無懼色賊令輿歸第命醫工視之月餘
守視者稍怠徽乃雜於負販竄之河中遣人間道奉絹表入蜀天子
嘉之詔授光祿大夫守兵部尚書將赴行在尋詔徽以本官充東面
宣慰催陣使時王鐸都統行營兵馬在河中累年未能破賊徽與行
營都監楊復光謀赦沙陀三部落令赴難其年夏代北軍至決戰累
捷收復京師以功加尚書右僕射光啓中潞州軍亂殺其帥成麟以
兵部侍郎鄭昌圖權知昭義軍事時孟方立割據山東三州別為一
鎮上黨支郡唯澤州耳而軍中之人多附方立昌圖不能制宰相奏
請以重臣鎮之乃授徽檢校尚書左僕射同平章事潞州大都督府
長史澤潞邢洺磁觀察等使時鑾輅未還關東寇盜而河東李克用
與孟方立爭澤潞以朝廷兵力必不能加上表訴之曰臣聞量才
授任本切於安人奉上推忠莫先於體國臣早逢昌運備歷華資止

仗竭誠幸無蹤迹六年內置雖叨侍從之榮一日台司未展臣扶之
志敢忘急病用副憂勤況重鎮兵符元戎相印特膺寵寄出自宸衷
豈合憚勞更陳衷款但以鄭昌圖主留累月將結深根孟方立專據
三州轉成積疊招其外則路人胥怨撫其內則邢將益疑禍方熾於
旣焚計奈何於已失須觀勝負乃決安危欲遵命而勇行則寢興百
慮思奉身而先退則事體兩全伏乞聖慈俯求廷議擇其可付理在
從長免微臣負懷寵之譏使上黨破必爭之勢觸藩知難庶無愧於
前言報國圖功豈無伸於此日天子乃以昌圖鎮之以徽為諸道租
庸供軍等使餘官如故時京師收復之後宮寺焚燒園陵毀廢故車
駕久而未還乃以徽為大明宮留守京畿安撫制置修奉園陵等使
徽方治財賦又兼制置王畿之人太半流喪乃招合遺散撫之如子
數年之間版戶稍葺東內齋閣繕完有序徽拜表請車駕還京曰昨
者狂寇將逃延災方甚而端門鳳畤鎮福地而獨存王氣龍盤鬱祥
煙而不散足表宗祧降祉臨御非遙今雖初議修崇未全壯麗式示

畢宮之儉更凝馭道之尊且肅宗纔見捷書便離岐下德宗雖當盛
暑不駐漢中故事具存昌期難緩願迴鑾輅早復京師臣謬以散材
叨膺重寄閉閤深念拜章累陳審時事之安危繫廟謀之得失臣雖
隨宜制置竭力撫綏如或鑾駕未迴必恐人心復散縱成微効終負
殊私勢有必然理宜過慮以茲淹駐轉失機宜實希永桂宸聰亟還
清蹕帝深嘉納進位檢校司空御史大夫權知京兆尹事中外權臣
遣人治第京師因其亂後多侵犯居人百姓告訐相繼徽不避權豪
平之以法由是殘民安業而權幸側目惡其強乃以其黨薛杞為少
尹知府事杞方居父喪徽執奏不令入府權臣愈怒奏罷徽使務以
本官徽赴行在壽授太子少師移疾退居蒲州滿十旬請罷僖宗還
宮復授太子少師疾未任朝謁宰相以徽怨望奏貶集州刺史徽乃
輿疾赴貶所不旬日沙陀逼京師僖宗出幸寶雞而軍容田令孜得
咎天子以徽無罪召拜吏部尚書封瑯琊郡侯食邑千戶徽將赴行
在而襄王僭偽邠岐兵士追逼乘輿天子幸漢中徽不能進李熅僞
制至河中府召徽赴闕徽託以風疾不能步履熅將僭號逼內外臣
寮署牒狀徽稱臂緩不能秉筆竟不署名朱玫旣誅天子自襄中還
至鳳翔召徽拜御史大夫車駕還宮徽上章以足膝風痺不任朝拜
乞除散秩復授太子少師及便殿中謝昭宗顧瞻進對曰王徽神氣
尚強安可自便乃改授吏部尚書大亂之後銓選失緒吏為姦蠹有
重疊補擬者徽從初注授便置手曆一一檢視人無擁滯內外稱之
進位檢校司空守尚書右僕射大順元年十二月卒贈太尉謚曰貞
子三人椿橚松

史臣曰議兵之難古無百勝蓋以行權制變決斷在於臨機出奇無
窮聲實懸於中的昔晉國之平孫皓賈公閭堅沮渡江吳人欲拒曹
瞞張輔吳終慙失策彼之賢俊未免悔尤況盧子昇平代書生素迷
軍志只保高駢之平昔不料高駢之苞藏以至力困黃巢毒流赤縣
絕吭仰藥何所補焉台文氣激壯圖志攄宿憤慷慨誓衆叱咤臨戎
竟扼賊喉以康天步謂之不武斯焉取斯崔趙以鼎職奉親天倫並

達積慶垂裕播美士林徽志吐盜泉脫身虎口功名不隳君子多之
贊曰武以伸威謀以制敵何必臨戎陳師衽席高駢玩寇盧攜保姦
聖斷一悞崎嶇劍山

唐書列傳卷第一百二十八

唐書列傳卷第一百二十九

劉昫

蕭遘 弟遵　孔緯 子崇弼　韋昭度　崔昭緯

張濬　朱朴　鄭綮　劉崇望 兄崇龜 弟崇魯

徐彥若 父商 子綰 弟彥樞　陸扆　柳璨 弟瑊 瑀

蕭遘蘭陵人開元朝宰相太師徐國公嵩之四代孫嵩生衡衡生復德宗朝宰相復生湛湛生寘咸通中宰相寘生遘以咸通五年登進士第釋褐秘書省校書郎太原從事入朝為右拾遺再遷起居舍人與韋保衡同年登進士第保衡以幸進無藝同年門生皆薄之遘形神秀偉志操不羣自比李德裕同年皆戲呼太尉保衡心銜之及保衡作相摘遘之失貶為播州司馬途經三峽維舟月夜賦詩自悼慮保衡見害遽有神人謂之曰相公勿憂予常禦侮奉衛遘心異之過峽州經白帝祠即所覩之神人也保衡誅以禮部員外郎徵還轉考功員外郎知制誥乾符初召充翰林學士正

拜中書舍人累遷戶部侍郎翰林承旨黃巢犯闕僖宗出幸以供饋不給須近臣掌計改兵部侍郎判度支中和元年三月自褒中幸成都次綿州以本官同平章事加中書侍郎累兼吏部尚書監修國史遘少負大節以經濟為己任洎廁台司風望尤峻奏對朗拔天子器之光啟初王綱不振是時天下諸侯半出羣盜強弱相噬怙眾邀寵國法莫能制有李凝古者從支詳為徐州從事詳為衙將時溥所逐而賓佐陷於徐及溥為節度使因食中毒而惡凝古者譖之云為支詳報讎行酖溥收凝古殺之凝古父損時為右常侍溥上章披訴言損與凝古同謀內官田令孜受溥厚賂曲奏請收損下獄中丞盧渥附令孜鍛鍊其獄侍御史王華嫉惡堅執證損無[illegible]令孜怒[illegible]損[illegible]獄按問王華拒不奉詔奏曰李損[illegible]居近侍當[illegible]安[illegible]辱於黃門之手遘非時進狀請開延英奏曰李凝古行酖之謀其事曖昧已遭屠害今不復論李損父子相別三四年音問斷絕安得誣罔同謀時溥恃勳壞法凌蔑朝廷而抗表請按侍臣悖戾何其厚誣良善人皆痛心若李損羅織而誅行當便及臣等帝為之改容損得免止於停任時田令孜專總禁軍公卿寮庶無不候其顏色唯遘以道自處未嘗屈降是年冬令孜奏安邑兩池鹽利請直屬禁軍王重榮上章論列乃奏移重榮別鎮重榮不受令孜請率禁軍討之重榮求援於太原李克用引軍赴之拒戰沙苑禁軍大敗逼京城僖宗懼出幸鳳翔諸藩上章抗論令孜生事離間方面遘素惡令孜乃與裴澈致書召朱玫玫以邠州之軍五千迎駕仍與河中太原修睦請同匡王室由是諸鎮繼上章請駕還京令孜聞玫軍至迫天子幸陳倉時僖宗蒼卒出城夜中百官不及扈從玫怒令孜弄權又以天子不諒其忠語辭怨望乃訴于遘曰主上六年奔播百端艱險中原士庶與賊血戰肝腦塗地十室九空比至收復京都十亡七八殘民遺老方喜車駕歸宮主上不念生靈轉輸之勞甲士血戰之効將勤王之功業為勅使之寵榮而更志在亂邦與國生事召戎

結怨不自他人昨奉指蹤徑來奔問不蒙見信翻類脅君古者忠而獲罪正如此也吾等報國之心極矣戰賊之力殫矣安能垂頭疊翼喘喘於閹寺之手哉春秋之義喪君有君相公徐思其宜改圖可也遘曰主上臨御十餘年未聞過行比來喪亂播越失於授任非才近年令孜制掣肘動不如意上每言之涕泗不已昨去陳倉上無行意令孜陳兵帳下列卒堦前造次迫行不容侯旦靜言此賊罪不容誅至尊之心孰不深鑒足下乃心王室止有歸兵還鎮拜表迎鑾德業功名益光圖史捨此已往理或未安改圖之言未敢聞命玫曰李家王子極多有天下者豈一王哉遘曰廢立危事雖有伊尹霍光之賢尚貽後悔古人云勿為福始勿為禍先如公矢謀未見其利玫退而宣言曰我冊箇王子為主不從者斬及立襄王請遘為冊文遘曰少嬰衰疾文思減落比來禁署未免倩人請命能者竟不措筆乃命鄭昌圖為之玫滋不悅及還長安以昌圖代遘為相罷遘太子太保乃移疾滿百日退居河中之永樂縣遘

在相位五年累兼尚書右僕射進封楚國公僖宗再還京宰相孔
緯與譿不協以其授僞命奏貶官尋賜死於永樂咸通中王鐸掌
貢籍譿與韋保衡俱以進士中選而保衡暴貴與鐸同在中書及
僖宗在蜀譿又與鐸並居相位帝嘗召宰臣鐸年高昇階足跌踣
句陳中譿旁掖起帝目之喜曰輔弼之臣和予之幸也謂譿曰適見
卿扶王鐸予喜卿善事長矣譿對曰臣扶王鐸不獨司長臣應舉
歲鐸爲主司以臣中選門生也上笑曰王鐸選進士朕選宰相於
卿無負矣譿謝之而退譿爲大臣士行無缺逢時不幸爲僞煴所
汚不以令終人士惜之弟蘧時爲永樂令

孔緯字化文魯曲阜人宣尼之裔曾祖岑父位終祕書省著作佐
郎諫議大夫巢父兄也祖戣位終禮部尚書自有傳父遵孺終華
陰縣丞緯少孤依諸父溫裕溫業皆居方鎮與名公交故緯聲籍
早達大中十三年進士擢第釋褐祕書省校書郎崔愼由鎮梓州
辟爲從事又從崔鉉爲揚州支使得協律郎崔愼由鎮華州河中

緯皆從之歷觀察判官宰相楊收奏授長安尉直弘文館御史中
丞王鐸奏爲監察御史轉禮部員外郎宰相徐商奏兼集賢直學
士改考功員外郎丁內憂免服闋以右司員外郎入朝宰臣趙隱
嘉其能文薦爲翰林學士轉考功郎中知制誥賜緋正拜中書舍
人累遷戶部侍郎謝日面賜金紫之服乾符中罷學士出爲御史
中丞緯器志方雅嫉惡如讎既總憲綱中外不繩而自肅歷戶部
兵部吏部三侍郎居選曹動循格令權要有所託私書盈几不之
省執政怒之改太常卿黃巢之亂從僖宗幸蜀改刑部尚書判戶
部事宰臣蕭遘在翰林時與緯情旨不協至是因戶部取給不充
移之散秩改太子少保光啓元年從駕還京是時田令孜軍敗沙
陀逼京師帝移幸鳳翔邠帥朱玫引兵來迎駕令孜挾帝幸山南
時中夜出幸百官不及扈從而隨駕者黃門衛士數百人而已帝
駐寶雞候百官詔授緯御史大夫遣中使傳詔令緯率百寮赴行
在時京師急變從駕官屬至盩厔並爲亂兵所剽資裝殆盡緯承

命見宰相論事蕭遘裴徹以田令孜在帝左右意不欲行辭疾不
見緯遣臺吏促百官上路皆以袍笏不具爲詞緯無如之何乃
召三院御史謂之曰吾輩世荷國恩身居憲秩雖六飛奔迫而咫
尺天顏累詔追徵皆無承稟非臣子之義也凡布衣交舊緩急猶
相救卹況在君親策名委質安可背也言竟泣下三院曰夫豈不
懷但盩厔剽剝之餘乞食不給今若首途聊營一日之費俟信宿
繼行可也緯拂衣起曰吾妻危疾且不保夕丈夫豈以妻子之故
怠君父之急乎公輩善自爲謀吾行決矣即日見李昌符告曰主
上再有詔命令促百寮前進觀羣公立意未有發期僕忝憲闈不
宜居後道途多梗明公幸假五十騎送至陳倉昌符嘉之謂緯曰
路無頓遞裹糧辦耶乃送錢五十緡令騎士援緯達散關緯知朱
玫必蓄異志奏曰關城小邑不足以駐六師請速幸梁州翌日車
駕離陳倉纔入關而邠岐之兵圍寶雞攻散關微緯之言幾危矣
至褒中改兵部侍郎同中書門下平章事尋改中書侍郎集賢殿

大學士王行瑜斬朱玫平定京城遷門下侍郎監修國史從駕還
京駐蹕岐陽進階特進兼吏部尚書領諸道鹽鐵轉運使車駕還
宮進位左僕射賜持危啓運保乂功臣食邑四千戶食實封二百戶
賜鐵券恕十死罪賜天興縣莊善和里宅各一區兼領京畿營田
使僖宗晏駕充山陵使僖宗祔廟緯准故事不入朝昭宗遣中使
召赴延英令緯依舊視事進加司空以國學盜火所焚令緯宁葺
仍兼領國子祭酒蔡賊秦宗權伏誅進階開府儀同三司進位司
徒封魯國公十一月昭宗謁郊廟兩中尉內樞密請朝服所司申
前例中貴人無例朝服助祭之禮少府監亦無素製冠服中尉怒
立令製造下太常禮院禮官舉故事亦稱無中尉朝服助祭之文
諫官亦論之緯奏曰中貴不衣朝服助祭國典也陛下欲以權道
寵內臣則請依所兼之官而爲之服天子召諫官謂之曰大禮日
近無宜立異爲朕容之於是內官以朝服助祭郊禮畢進位兼太
保大順元年夏幽州汴州請討太原宰臣張濬請自率禁軍爲招

討上持疑未決問計於緯緯以討之爲便語在濬傳其年秋濬軍爲太原所擊大敗而還濬罷相貶官緯坐附濬以檢校太保江陵尹荊南節度觀察等使未離闕下再貶均州刺史緯濬密遣人求援於汴州朱全忠上章論救緯至商州有詔俾令就便遂寓居華州乾寧二年五月三鎮入京師殺宰相韋昭度李谿帝以大臣朋黨外交方鎮思用骨鯁正人遣中使趨華州召緯入朝以疾未任上路六月授太子賓客其日之夕改吏部尚書翌日拜司空兼門下侍郎同平章事太清宮使修奉太廟弘文館大學士延資庫使階爵功臣名食邑並如故旬日之內馹騎敦促相望于路扶疾至京師延英中謝奏曰臣前時待罪宰相智術短淺有負弼諧陛下特貸刑書曲全腰領臣期於死報泉壤不望生叩玉階復拜龍顏實臣榮幸然臣比嬰衰疾伏枕累年形骸雖存生意都盡平居勉強御事猶疎況比屆嚴寧勝重委國祚方泰英彥盈庭豈以朽腐之人再塵機務臣力疾一拜殿庭乞陛下許臣自便因嗚咽流涕

緯父疾拜蹈艱難上令中使止之改客軫念今閤門使送緯中書視事不旬日沙陀攻河中同州王行約入京師謀亂天子出幸石門緯從駕至莎城疾漸危篤先還京城九月卒於光德里第贈太尉緯家尚節義挺然不屈雖權勢熏灼未嘗假以恩禮大順初天武都頭李順節恃恩頗橫不朞年領浙西節度使俄加平章事謝日臺吏申中書稱天武相公衙謝準例班見百寮緯判曰不用立班順節麤暴小人不聞朝法盛飾趨中書既見無班心甚怏怏他日因會順節微言之緯曰必知公慊也夫百辟卿士天子庭臣也比來班見宰相以輔臣居班列之首奉長之義也公握天武健兒而於政事廳受百寮班見意自安乎必若須此儀俟去都頭二字可也順節不敢復言其秉禮不回多此類也孔氏子元和後昆仲貴盛至正卿方鎮者六七人未有爲宰輔者至緯始在鼎司子崇弼亦登進士第仕至散騎常侍

韋昭度字正紀京兆人祖縉父逢昭度咸通八年進士擢第乾符中累遷尚書郎知制誥正拜中書舍人從僖宗幸蜀拜戶部侍郎中和元年權知禮部貢舉明年以本官同平章事兼吏部尚書昭宗即位閬州刺史王建攻陳敬瑄於成都隔絕貢奉乃以昭度檢校司空同平章事成都尹劍南西川節度招撫宣慰等使昭度赴鎮敬瑄不受代詔東川顧彥朗與王建合勢討之昭度爲行營招討卒歲止拔漢州王建謂昭度曰相公勞師弊衆遠事蠻夷訪聞京洛以東羣侯相噬禍難未已朝廷不治腹心之疾也相公宜亟還京師咨謀匡合平定兩河國家之利也敬瑄小醜以日月制之擒之必矣此事責建可辦昭度然之奏請還都昭度未及京師建以重兵守劍門急攻成都下之殺敬瑄自稱留後昭度還以檢校司空充東都留守召還爲右僕射景福二年冬宰相杜讓能爲鳳翔所殺復委昭度知政事與李谿並命時宰相崔昭緯專政惡李谿之爲人降制日令知制誥劉崇魯哭麻以沮之谿上表論列天子待谿益厚明年春復命谿同平章事昭緯不勝其忿先是邠州王行瑜

求爲尚書令昭度奏議云國朝已來功如郭子儀未省曾兼此官乃賜號尚父崔昭緯宗人鋋曾爲行瑜從事朝廷每降制勅不愜於昭緯者即令鋋訴於行瑜俾上章論列朝言小有依違即表章不遜至是李谿入拜昭緯謂鋋曰前時尚父之命已行而昭度沮之今又引谿同列此人姦纖惑上視聽宗社不寧恐復有杜太尉之事行瑜與李茂貞上章言命相非其人懼危宗社天子優詔曉諭言谿有才其年五月行瑜茂貞華州韓建以兵入覲面奏昭度李谿之姦邪請加譴逐制勅未行三鎮兵害昭度於都亭驛及行瑜誅降制復其官爵令其家收葬

崔昭緯清河人也祖庇滑州酸棗縣尉父璙鄂州觀察使昭緯進士及第昭宗朝歷中書舍人翰林學士戶部侍郎同平章事性姦纖忌前達內結中人外連藩閫屬朝廷微弱每託援以凌人主昭宗明察心不能堪以誘召三鎮將兵詣闕賊殺宰輔內臣帝深切齒會太原之師誅行瑜罷相授右僕射後又以託附汴州再貶梧

州司馬尋降制曰崔昭緯頃居內署粗著微勞擢於侍從之司委以燮調之任不能忠貞報國端愼處身潛交結於姦臣致漏泄於機事星霜累換臣輔甚聞爾罪一也又快其私怨輒恣陰謀託崔鋌之險巇連行瑜之計畫遂致稱兵向闕怙衆脅君故宰臣韋昭度李谿並以無辜見害幾危宗社顯辱君親爾罪二也及行瑜敗滅京國甫安而乃自懼欺誣別謀託附又於藩閫潛請薦論不唯苟免罪愆兼亦再希任用貪榮冒寵僭濫無厭敗俗傷風賢愚共鄙爾罪三也又將厚賂欲結諸王輕侮我憲章玷瀆我骨肉貨財之數文字具存賴諸王作朕腹心嫉其蠹害盡將昭緯情款兼其親吏姓名直具奏聞拒其求託昭緯曾居宰輔久歷清崇但欲遐其回邪都不顧其事體觀其識見實駭聽聞爾罪四也自姦邪既露情狀難容尚示寬刑未行嚴憲投于荒裔冀其自新而不能退省過尤恭承制命違赴貶所用守常規而猶自務晏安尋聞所在留駐攪擾藩鎮侮慢朝章曾無禀畏之心可驗苞藏之計罔知愆

咎唯謗朝廷爾罪五也朕以恩澤者帝王之雨露刑法者邦國之雷霆無雨露則庶物不榮無雷霆則萬邦不肅朕體天道以化育遵王度以澄清罪既昭彰理難含垢凡百多士宜體子懷宜所在賜自盡時昭緯行次至荊南中使至斬之兄昭符仕至禮部尚書昭愿太子少保昭矩給事中昭遠考功員外郎

張濬字禹川河間人祖仲素位至中書舍人父鐐官卑家寓州濬倜儻不羈涉獵文史好大言爲士友之所擯弃初從鄉賦隨計咸薄其爲人濬憤憤不得志乃田衣野服隱於金鳳山學鬼谷縱橫之術欲以捭闔取貴仕乾符中樞密使楊復恭因使過之白衣士薦爲太常博士累轉度支員外郎黃巢將逼關輔濬託疾請告侍其母挈族避亂商州賊犯京師僖宗出幸途無供須衞軍不得食漢陰令李康獻糗餌數百騾綱軍士始得食僖宗召康問曰卿爲縣令安操心及此康對曰臣爲塵吏敢有此進獻張濬員外教臣也帝異之急召至行在拜兵部郎中未幾拜諫議大夫其年冬宰相王鐸至滑臺兼充天下行營都統方徵兵諸侯奏用濬爲都統判官時王敬武初破弘霸郎軍威大振累詔徵平盧兵敬武獨不赴援鐸遣濬往說之敬武已受僞命復怙強不迎詔使濬至謁見責之曰公爲天子守藩王臣齎詔宣諭而倨慢詔使既未識君臣禮分復何顏以御軍民哉敬武愕然謝咎既宣詔軍士按兵默然濬並召將佐集於鞠場面諭之曰人生效忠仗義所冀粗分逆順懸知利害黃巢前日販鹽虜耳公等捨累葉天子而臣販鹽白丁何利害之可論耶今諸侯勤王天下嚮應公等獨據一州坐觀成敗賊平之後去就何安若能此際排難解紛陳師鞠旅共誅寇盜迎奉鑾輿則富貴功名指掌可取吾惜公輩捨安而即危也諸將改容引過謂敬武曰諫議之言是也即時出軍從濬入援京師賊平累遷戶部侍郎僖宗再幸山南拜平章事判度支濬初發迹依楊復恭及復恭失勢乃依田令孜以至重位而反薄復恭及再幸山南復恭代令孜爲中尉罷濬知政事昭宗初在藩邸深嫉宦官復

恭有援立大勳恃恩任事上心不平之當時趨向者多言濬有方略能畫大計復用爲宰相判度支上嘗問濬致理何事最急對曰莫若強兵兵強而天下服上由是專務蒐補兵甲欲以武功勝天下後延英論前代爲治得失濬曰不必遠徵漢晉之弊臣竊見陛下春秋鼎盛英睿如此內外偏於強臣臣每思之實痛心而泣血也會朱全忠誅秦宗權安居受殺李克恭以潞州降全忠幽州李匡威雲州赫連鐸等奏請出軍討太原詔四品已上官議皆言國祚未安不宜生事假如得太原亦非國家所有濬議曰先帝頻至播越王室不寧原其亂階由克用全忠之矛盾也請因其奏乘全忠立功可斷兩雄之勢上曰收復之功克用第一今乘其危困而加兵諸侯其謂我何濬懇論用兵之利害蓋欲示外勢而擠復恭也上曰未決宰臣孔緯曰張濬所陳萬代之利也陛下所惜即目之利也以臣所料師渡河而賊必自破詐計度軍中轉餉犒勞一二年間必無闕事陛下斷意行之既二相俱論乃以濬爲河東行營

兵馬都招討宣慰使以京兆尹孫揆副之仍授揆昭義節度使華州韓建爲供軍使朱全忠爲太原西南面招討使李匡威赫連鐸爲太原東北面招討使全忠以汴軍三千爲濬牙隊大順元年六月濬率軍五十二都兼邠寧鄜夏雜虜共五萬人騎發自京師昭宗御安喜樓臨送濬酒酣泣奏曰陛下動爲賊臣掣肘臣所以誓死憤惋爲陛下除其僭偪楊復恭聞之不悅中尉内使餞於長樂復恭奉卮酒屬濬濬辭曰聖人賜酒已醉矣復恭戲曰相公握禁兵擁大旆獨當一面不領復恭意作面子耶濬笑曰賊平之後方見面子復恭銜之時汴華邠岐之師會河中濬會於晉州汴將朱崇節權知潞州事太原將李存孝攻之濬慮賊平汴人據昭義乃令孫揆分兵赴鎮中使韓歸範送旌節至軍八月揆與歸範赴潞州至潞並爲存孝擒送太原九月汴將葛從周棄潞州十月濬軍至陰地邠岐華三鎮之師營平陽李存孝擊之一戰而敗委兵仗潰散進攻晉州數日中夜濬斂衆遁走比曉喪師殆半存孝進收晉

絳慈隰等州濬狼狽由含山踰王屋出清河斲屋木縛筏濟河部下離散將盡李克用上章論訴曰晉州長寧關使張承暉於當道錄到張濬牓并詔曰張濬充招討制置使令率師討臣兼削臣屬籍官爵者臣誠冤誠憤頓首頓首伏以宰臣張濬欺天蔽日廊廟不容讒臣於君奪臣之位憑燕帥妄奏與汴賊結恩矯託皇威擅宣王命徵集師旅擾亂乾坤悞陛下中興之謀貪黔黎重傷之困臣實何罪而陛下伐之此則宰臣持權面欺陛下況臣父子二代受恩四朝破徐方救荊楚收鳳闕碎梟巢致陛下今日冠通天之冠佩白玉之璽臣之屬籍懿皇所賜臣之師律先帝所命臣無逆節濬討何名陛下若厭逐功臣欲用文吏自可遣臣封邑以侯就第奈何加諸其罪孰肯甘歸若以臣雲中之伐獲罪於時則拓拔思恭取鄜延朱全忠侵徐鄆陛下何不討之假令李孝德不忠於主伐之爲是則朱瑄時溥有何罪耶此乃同坐而異名賞彼而誅此使天下藩服強者扼腕弱者自動咸喜鄙識爲臣怨嗟固非中興之

術也且陛下阽危之秋則獎臣爲韓彭伊霍既安之後罵臣曰戎羯蕃夷海内握兵立事如臣者衆矣寧不懼陛下他時之罵哉臣昨遇燕軍以禮退舍匡威淺昧厚自矜誇乃言臣中矢石喪士卒致内外吠聲一發短謀競陳悞陛下君臣之分況命官選將自有典刑不必幸臣之弱而後取之儻臣延期挺命尚固一方彼實何顔以見陛下此則姦邪朋黨輕弄邦典陛下凝旒端扆何由知之今張濬既以出軍微臣固難束手臣便欲叫閽輕騎面叩玉階訴邪佞於陛下之彤墀納詔命於先皇之宗廟然後束身司敗甘處憲章時克用令所擒中使奉表表至而濬敗朝廷震懼制曰漢武因恭儉富庶之後建置朔方孫弘沮之十不得一而良史以弘有宰相體者誠以愛人治國爲先拓境開疆爲末及孝宣値雄才創平之餘將議北征魏相爭之五將尋罷果致中興號爲賢輔況朕承夫兵戈之後人思休息之時敢望皐夔共成堯日庶幾孫魏粗及漢年苟易於斯如何倚注光祿大夫門下侍郎兼戶部尚書

同中書門下平章事上柱國清河郡開國伯食邑一千二百戶充河東行營諸道兵馬招討制置等使張濬早以盛名稱爲奇士鼎是再加衡用委以鈞衡謂其必致小康克勝大任而乃因思守道但欲邀功用不詭之詞謀起無名之兵革自云一舉止在旬時堅請抗論勢莫能奪輕葛亮渭濱之役小裴度淮右之行經歷寒暄耗費百萬虛誕彰于朝野詐詭布於華夷猜草茇聞燎原愈急俾擁旄秉節之使囚在虜庭勤王奉國之軍懷歸本土忘廊廟之威重結藩屏之仇讎欲使海内生靈竭其貢賦不獨河中郡邑蕩爲丘墟潛生厲階欲誰歸咎於戲衛晁錯之故事思王恢之舊章國有明文爾當何道尚以愛人以禮理體宜然縻領劇權武昌善地宜罷樞軸之務仍停支度之司勉自思惟以逃後命可檢校戶部尚書鄂州刺史武昌軍節度觀察等使尋貶連州刺史馳驛發遣行至藍田關不行留華州依韓建時朝廷微弱音不能詰乾寧二年三鎮殺韋昭度帝召孔緯欲大用亦以濬爲兵部尚書又領天下

祖庸使三年天子幸華州罷濬使務守尚書右僕射上跡乞致仕
授左僕射致仕乃還洛陽居於長水縣別墅濬雖退居山墅朝廷
或有得失必章跡上言德王廢立之際濬致書諸藩請圖匡復王
師範青州起兵欲取濬爲謀主事雖不果其迹頗泄朱全忠將圖
篡代懼濬構亂四方不欲顯誅密諷張全義令圖之乃令牙將楊
麟率健卒五十人有如刼盜圍其墅而殺之天復三年十二月晦夜
也永寧縣吏葉彥者張氏待之素厚楊麟之來彥知之告濬第二
子格曰相公之禍不可免郎君宜自爲謀格濬父子號哭而已濬謂
格曰留則併命去或可免汝自圖之勿以吾爲累冀存後祀也格拜
辭而去葉彥率義士三十人送渡漢江而旋格由荊江上峽入蜀王
建僭號用爲宰相中興平蜀任圜擒格而還格感葉彥之惠訪之
身已歿而厚報其家濬第三子寘於楊行密自乾寧之後賊臣內
侮王室陵遲昭宗不堪凌弱欲簡拔奇材以爲相然採於群小之
論未嘗獲一名人登用之徒無不爲時嗤誚有

○朱朴者乾寧中爲國子博士腐儒木強無他才伎道士許巖士出
入禁中嘗依朴爲姦利從容上前薦朴有經濟才昭宗召見對以
經義甚悅即日拜諫議大夫平章事在中書與名公齒筆札議
論動爲笑端數月巖士事敗俱爲韓建所殺
鄭綮者以進士登第歷監察殿中倉戶二員外金刑右司三郎中
家貧求郡出爲廬州刺史黃巢自嶺表還經淮南剽掠綮移黃巢
文牒請不犯郡界巢笑而從之一郡獨不被寇天子嘉之賜緋魚
袋罷郡有錢千緡寄州帑後郡數陷盜不犯鄭使君寄庫錢至楊
行密爲刺史送所寄於京師還綮綮善爲詩多侮劇刺時故落格
調時號鄭五歇後體初去廬江與郡人別云唯有兩行公廨淚一
時灑向渡頭風滑稽皆此類也王徽爲御史大夫奏綮爲兵部郎
中知臺雜遷給事中賜金紫僖宗自山南還以宰相杜讓能弟弘
徽爲中書舍人綮以弘徽兄在中書弟不宜同居禁近封還制書
天子不報綮即移病休官無幾以左散騎常侍徵還朝政有闕無

不上章論列事雖不行喧傳都下執政惡之改國子祭酒物議以
綮匡諫而置之散地不可執政懼復用爲常侍光化初昭宗還宮
庶政未愜綮每形於詩什而嘲之中人或誦其語於上前昭宗見其
激訐謂有蘊蓄就常奏班簿側注云鄭綮可禮部侍郎平章事中
書胥吏詣其家參謁綮笑而問之曰諸君大悞俾天下人並不識字
宰相不及鄭五也胥吏曰出自聖旨特恩來日制下抗其手曰萬
一如此笑殺他人明日果制下親賓來賀搔首言曰歇後鄭五作
宰相時事可知矣綮累表遜讓不獲既入視事侃然守道無復詼諧
終以物望非宜自求引退三月餘移疾乞骸以太子少保致仕光化
二年卒時議以昭宗命台臣濬朴綮三人尤謬季末之妖也
劉崇望字希徒其先代郡人隋元魏孝文帝徙洛陽遂爲河南人
八代祖隋大理卿坦生政會輔太宗起義晉陽官至戶部尚書封
渝國公圖形凌煙閣政會生玄意尚太宗女南平公主歷洪饒八州
採訪使玄意生奇位至吏部侍郎奇生愼知仕至獲嘉令愼知生

○裴仕至東阿令裴生藻藻位終秘書郎藻生符進士登第咸通中位
終蔡州刺史生八子崇龜崇望崇魯崇謩最知名崇龜咸通六年
進士擢第累遷起居舍人禮部兵部二員外丁母憂免廣明元年
春鄭從讜罷相鎮太原奏崇龜爲度支判官檢校吏部郎中御史
中丞賜金紫中和三年入朝爲兵部郎中拜給事中大順中遷左
散騎常侍集賢殿學士判院事改戶部侍郎檢校戶部尚書出爲
廣州刺史清海軍節度嶺南東道觀察處置等使卒崇望咸通
十五年登進士科王凝廉問宣歙辟爲轉運巡官戶部侍郎裴坦
領鹽鐵辟爲參佐崔安潛鎮許昌成都崇望昆仲四人皆在安潛
幕下入爲長安尉直弘文館遷監察御史右補闕起居郎弘文館
學士轉司勳吏部二員外郎崔安潛爲吏部尚書崇望判南曹澣
除宿弊復請選部田令孜干政藩鎮怨望河中尤甚不修職貢僖
宗在山南以蒲坂近關欲其効用選使諭旨以崇望爲諫議大夫
既至諭以大義重榮奉詔恭順誓心匡復請殺朱玫自贖使還上

悅召入翰林充學士累遷戶部侍郎承旨轉兵部在禁署四年昭
宗即位拜中書侍郎同平章事累兼兵部吏部尚書大順初同
列張濬畫策討太原崇望以爲不可濬果敗濬黜崇望代爲門下
侍郎監修國史判度支明年玉山都頭楊守信協楊復恭稱兵闕
下陣于通化門上陳兵於延喜門是夜命崇望守度支庫明日曉
入含光門未開門內禁軍列于左右俟門開即劫掠兩市及聞傳
呼宰相來門方啓崇望駐馬慰諭之曰聖上在街東親總戎事公
等禁軍何不樓前殺賊立取功名切不可剽掠街市圖小利以成
惡名也將士唯唯從崇望至長樂門守信見兵來即遁去軍士呼
萬歲是日庫市獲全軍人不亂繫崇望之方略也尋加左僕射時
溥與朱全忠爭衡全忠謀兼徐泗上表請以重臣鎮徐乃以崇望
守本官充武寧軍節度使溥不受代行至華陰而還拜太常卿王
重盈死王珂王珙爭河中節鉞朝廷以宰相崔胤爲河中節度使
珂李克用之子壻也河東進奏官薛志勤揚言曰崔相雖重德如

作鎮河中代王珂不如光德劉公於我公事素也及三鎮以兵入
朝殺害大臣以志勤之言責授崇望昭州司馬及王行瑜誅太原
上表言崇望無辜放逐時已至荆南有詔召還拜吏部尚書未至
王溥再知政事兼吏部尚書乃改崇望兵部尚書時西川侵寇顧
彥暉欲併東川以崇望檢校右僕射平章事梓州刺史劍南東川
節度使未至鎮召還復爲兵部尚書光化二年卒時年六十二冊贈
司空崇魯廣明元年登進士第鄭從讜奏充太原推官時兄崇龜
爲節度判官昆仲同居幕府尋轉掌書記中和三年入朝拜右拾
遺左補闕景福初以水部員外郎知制誥二年杜讓能得罪昭
宗復命韋昭度爲相翰林學士李谿同平章事崇魯與崔昭緯
相善昭緯恃邠岐之援讓能既誅之後權歸於己昭宗師李谿爲
文懼居位得寵則恩顧漸衰乃私與崇魯謀沮之及谿宣制之日
出班而哭謂昭緯曰朝廷雖乏賢未可用纖人爲宰輔谿比依復
恭重遂居內職前日杜太尉狼籍爲朝廷深恥今則削弱如此安

可更遵覆轍乎由是谿命不行谿自十一月初至歲暮聯上十表
訴寃其詞詆毀所不忍聞明年春復命谿爲平章事昭緯召李
茂貞王行瑜韓建稱兵入朝殺昭度與谿其年太原誅王行瑜昭緯
貶官崇魯坐貶崖州司戶初崇龜在外聞崇魯哭麻大恚歎曰不
食謂所親曰吾家兄弟進身有素未嘗以黷利敗名吾門不幸生此
等兒崇讜中和三年進士及第乾寧末爲太常少卿弘文館直學士
徐彥若天后朝大理卿有功之裔曾祖宰祖陶父商三世繼登進
士科商字義聲大中十三年及第釋褐祕書省校書郎累遷侍
御史改禮部員外郎尋知制誥轉郎中召充翰林學士拜中書舍
人戶部侍郎判本司事檢校戶部尚書襄州刺史山南東道節度
等使入爲御史大夫咸通初加刑部尚書充諸道鹽鐵轉運使遷
兵部尚書東莞子食邑五伯戶四年以本官同平章事六年罷相
檢校右僕射江陵尹荆南節度觀察等使入爲吏部尚書累遷太
子太保卒彥若咸通十二年進士擢第乾符末以尚書郎知制誥

正拜中書舍人昭宗即位遷御史中丞轉吏部侍郎檢校戶部尚
書代李茂貞爲鳳翔隴節度使茂貞不受代復拜中丞改兵部侍
郎同平章事進加中書侍郎累兼左僕射監修國史扈昭宗石
門還宮加開府儀同三司守司空進封齊國公太清宮修奉太廟
等使加弘文館大學士賜扶危匡國致理功臣名昭宗自華還宮
進位太保門下侍郎時崔胤專權以彥若在己上欲事權萃於其
門二年九月以彥若檢校太尉同平章事廣州刺史清海軍節度
嶺南東道節度等使卒于鎮第彥樞位至太常少卿子綰天祐初
歷司勳兵部二員外戶部兵部二郎中
陸扆字祥文本名允迪吳郡人徙家于陝今爲陝州人曾祖澧位終
殿中侍御史祖師德淮南觀察支使父鄯陝州法曹參軍扆光啓
二年登進士第其年從僖宗幸興元九月宰相韋昭度領鹽鐵奏爲
巡官明年宰相孔緯奏直史館得校書郎尋丁母憂免龍紀元年
冬召授藍田尉直弘文館遷左拾遺兼集賢學士中丞柳玭奏改

監察御史。大順二年三月，召充翰林學士，改屯田員外郎，賜緋。景福
元年，加祠部郎中、知制誥。二年元日，朝賀，面賜金紫之服。五月，拜中
書舍人。扆文思敏速，初無思慮，揮翰如飛，文理俱愜，同舍服其能。天
子顧待特異，嘗金鑾作賦，命學士和，扆先成，帝覽而嗟挹之曰：「朕聞
貞元時有陸贄、吳通玄兄弟，能作內廷文書，後來絕不相繼，今吾
得卿，斯文不墜矣。」乾寧初，轉戶部侍郎。二年，改兵部，進階銀青光祿
大夫、嘉興男、三百戶。三年正月，宣授學士承旨，尋改左丞。其年七月，改
戶部侍郎、同平章事。故事，三署除拜，有光署錢，以宴舊僚，內署即無
斯例。扆拜輔相之月，送學士光院錢五百貫，特舉新例，內署榮之。八
月，加中書侍郎、集賢殿大學士，判戶部事。九月，覃王率師送徐彥
若赴鳳翔，師之起也，扆堅請曰：「播越之後，國步初集，不宜與近輔交
惡，必為他盜所窺。加以親王統兵，物議騰口，無益於事，秖貽後患。」昭宗
已發兵，怒扆沮議，是月十九日，責授硤州刺史。師出果敗，車駕出幸。
四年二月，復授扆工部尚書。八月，轉兵部尚書，從昭宗自華還宮。明

年正月，復拜中書侍郎、同平章事。光化三年四月，兼戶部尚書，進封
吳郡開國公，食邑一千戶。九月，轉門下侍郎、監修國史。天復元年五
月，進階特進，兼兵部尚書，加食邑五百戶。車駕自鳳翔還京，赦後，諸
道皆降詔書，獨鳳翔無詔。扆奏曰：「鳳翔近在國門，責其心迹，罪實
難容，然比來職貢無虧，朝廷未與之絕，一朝獨無詔命，示人不廣也。」
崔胤怒，奏貶扆沂王傅，分司東都，削階至正議大夫。居無何，崔胤
誅，復授吏部尚書，階封如故。從昭宗遷洛。其年秋，昭宗遇弒。明年
五月，責授濮州司戶，與裴樞、崔遠、獨孤損等被害於滑州白馬驛，
時年五十九。子璪，後為緱氏令。

柳璨，河東人。曾祖子華，祖公器，僕射公綽之再從弟也。父遵。璨少孤貧，好
學，僻居林泉，晝則採樵，夜則燃木葉以照書，性謇直，無緣飾。宗人璧，比
貴仕於朝，鄙璨朴鈍，不以諸宗齒之。光化中，登進士第。尤精漢史，魯國顏
蕘深重之。蕘為中書舍人，判史館，引璨為直學士。璨以劉子玄所撰史通譏
駁經史過當，璨紀子玄之失，別為十卷，號柳氏釋史，學者伏其優贍。遷
左拾遺。公卿朝野託為牋奏，時譽日洽，以其博奧，目為柳篋子。昭宗好文，
初寵待李谿頗厚，洎谿不得其死，心常惜之，求文士似谿者。或薦璨高
才，召見，試以詩什，甚喜，無幾，召為翰林學士。崔胤得罪前一日，召璨入內
殿草制敕。胤死之日，既夕，璨自內出，前騶傳呼相公來，人未見制敕，莫
測所以。翌日，對學士上謂之曰：「朕以柳璨奇特，似可獎任，若令預政事，
宜授何官？」承旨張文蔚曰：「陛下拔用賢能，固不拘資級，恩命高下，出自
聖懷。若循兩省遷轉，拾遺超等入起居郎，臨大位非宜也。」帝曰：「超至諫
議大夫可乎？」文蔚曰：「此命甚愜。」即以諫議大夫平章事，改中書侍郎。任
人之速，古無茲例。同列裴樞、獨孤損、崔遠皆宿素名德，遽與璨同列，意
微輕之。璨深蓄怨。昭宗遷洛，諸司內使、宿衛將佐，皆朱全忠腹心也，璨
皆將迎接之，以恩厚相交結，故當時權任皆歸之。二年五月，西北長星竟
天，掃太微、文昌、帝座諸宿。全忠方謀篡代，而妖星謫見，占者云君臣俱
災，宜刑殺以應天變。蔣玄暉、張廷範謀殺衣冠宿望難制者，璨即首疏
素所不快者三十餘人，相次誅殺，班行為之一空，冤聲載路，傷害既甚，

朱全忠心惡之。會全忠授九錫，蔣玄暉等別陳意見，王殷至大梁誣玄
暉等通導宮掖，欲興復李氏，全忠怒，捕廷範，令河南聚眾五車分裂
之，兼誅璨。臨刑呼曰：「負國賊柳璨，死其宜矣！」初，璨遷洛後，累兼戶部
尚書、守司空，進階光祿大夫，鹽鐵轉運使。其弟瑀、瑊坐璨笞死。

史臣曰：嗚呼！李氏之失馭也，孛沴之氣紛如，仁義之徒殆盡，狐鳴鴟
嘯，瓦解土崩，帶河礪嶽之門，寂無瑱遜；奮挺揭竿之類，唯効戮立手
未措於稊矜，心已萌於問鼎。加以囂浮士子，闒茸鄙儒，昧管、葛濟時
之才，無王、謝扶顛之業，邀功射利，陷族喪邦，濬、緯養虎於前，胤、璨剝
廬於後，逐徐、薛於瘴海，置裴、朴於巖廊，殿廷有哭制之夫，輔弼走破
輿之黨。九疇既紊，百怪斯呈，木將朽而蠹蝎生，厲既篤而妖魑見，
妖徒若此，亡國宜然，何必長星更臨衰運。

贊曰：蕭召朱玫，孔符張濬，身世罹殃，邦家起釁。如木斯蠹，自貽於
中。抵巇侮亂，安貴伏戎。

舊唐書列傳卷第一百二十九　左奉議郎充紹興府府學教授朱倬校正

劉　昫　等修

朱克融　李載義　楊志誠史元忠附
張仲武子直方　張允伸　張公素
李可舉　李全忠子匡威　匡籌

朱克融賊泚之從孫也祖滔父洄克融少爲幽州軍校事節度使劉總總將歸朝慮其有變籍軍中素有異志者薦之闕下時克融亦在籍中宰相崔植杜元穎不知兵且無遠略謂兩河無虞遂奏勒歸鎮長慶初幽州軍亂囚其帥張弘靖時洄發疾於家軍中素伏其謀略至是衆欲立之洄自以老且病推克融統軍務焉朝廷尋加檢校左散騎常侍授以符節寶曆二年遣使送方鎮及三軍時服克融怒所賜踈弱執中使以聞上特優容別命中使宣諭仍改賜衣物詠其使楊文端等先是克融執中使奏稱竊聞陛下欲幸東都請將兵馬并丁匠五千人修理宮闕迎候車駕又上言

○無衣擬於朝廷請三十萬端疋以備一歲所費不然則三軍不安天子怒其悖慢取宰臣裴度謀優容之語見別卷克融官至檢校司空吳興郡王其年五月本州軍亂殺之子延齡亦遇害次子延嗣竊立尋爲大將李載義所殺

李載義字方谷常山愍王之後代以武力稱繼爲幽州屬郡守載義少孤與鄉曲之不令者遊有勇力善挽强角觝劉濟爲幽州節度使見而偉之致於親軍從征伐以功遷衙前都知兵馬使檢校光祿大夫兼監察御史寶曆中幽師殺朱克融其子延嗣竊襲父位不道朝旨虐用其人載義遂殺之數其罪以聞敬宗嘉之拜檢校戶部尚書兼御史大夫封武威郡王充幽州盧龍等軍節度副大使知節度事未幾李同捷拒命於滄景以邀襲父爵載義上表請討同捷以自効上嘉其誠懇特加檢校右僕射累破賊軍以功加司空進階金紫大和三年平滄景策勳加平章事仍賜實封三百戶四年奚寇邊以兵擊走之仍虜其名王茹加太保五年春爲其部下楊志誠所逐因入覲上以載義有平滄景之功又能恭順朝旨冊拜太保同平章事其年改山南西道節度觀察等使兼興元尹七年遷北都留守兼太原尹充河東節度觀察等使尋加開府儀同三司丁母憂起復驃騎大將軍餘如故迴鶻每遣使入朝所至強暴邊城長吏多務苟安不敢制之以法但嚴兵防守虜益驕悍或突入市肆暴横無所憚至是有迴鶻將軍李暢者曉習中國事知不能以法制馭益驕恣鞭撻驛吏貪求無已載義因召李暢與語曰可汗使將軍朝貢以固舅甥之好不當使將軍暴踐中華今朝廷供饋至厚所以禮蕃客也苟有不至吏當坐死若將軍之部伍不戢變侮上國剽掠盧舍載義必殺爲盜者將軍勿以法令可輕而不戒勵之遂罷防守之兵而使兩卒司其門虜知其不爲下無敢犯令九年加侍中開成二年卒年五十贈太尉載義晚年驕忿踰暴一方以楊志誠復爲部下所逐過太原載義躬自歐擊遂欲殺之賴從事救解以免然而擅殺志誠之妻孥及將卒

○朝廷錄其功曲法不問

楊志誠大和五年爲幽州後院副兵馬使事李載義時朝廷賜載義德政碑文載義延中使擊鞠志誠亦與焉遂於鞠場叫呼謀亂載義奔于易州志誠乃爲本道馬步都知兵馬使文宗聞之驚急召宰臣時牛僧孺先至上謂曰幽州今日之事可奈何僧孺曰此不足煩聖慮臣被召疾趨氣促容臣稍緩息以對上良久曰卿以爲不足憂何也僧孺對曰陛下以范陽得失繫國家休戚耶且自安史之後范陽非國家所有前時劉總向化以土地歸闕朝廷約用錢八十萬貫而未嘗得范陽尺布斗粟上供天府則今日志誠之得猶前日載義之得也陛下但因而撫之亦事之宜也且范陽國家所賴者以其北捍突厥不令南寇今若假志誠節鉞惜其土地必自爲力則爪牙之用固不計於逆順臣固曰不足煩聖慮上大喜曰如卿之言吾洗然矣尋以嘉王運遙領節度以志誠爲節度觀察留後檢校左散騎常侍兼幽州左司馬尋改檢校工部尚書節

度副大使知節度事七年轉檢校吏部尚書詔下進奏官徐迪詣中書白宰相曰軍中不識朝廷禮位只知自尚書改僕射爲遷何知工部轉吏部爲美且軍士盛飾以待新恩一旦復爲尚書軍中必慚今中使往彼其勢恐不得出及使至其廉奔還奏曰楊志誠怒不得僕射三軍亦有怨言春衣使魏寶義兼他使焦奉鸞尹士恭並爲志誠縶留矣志誠遣將王文穎謝恩幷讓官復賜官告批荅文穎不受而歸朝廷納裴度言務以含垢下詔諭之因再遣使加尚書右僕射八年爲三軍所逐而立史元忠元忠進志誠所造衮龍衣二副及被服鞍韉皆繡飾鸞鳳日月之形或爲王字因付御史臺按問流嶺南行至商州殺之初元忠旣逐志誠詔以通王湊遙領節度授元忠左散騎常侍幽州大都督府左司馬知府事充節度留後明年轉檢校工部尚書節度副大使知節度事後爲偏將陳行泰所殺

張仲武范陽人也仲武少業左氏春秋擲筆爲薊北雄武軍使

○會昌初陳行泰殺節度使史元忠權主留後俄而行泰又爲次將張絳所殺令三軍上表請降符節時仲武遣軍吏吳仲舒表請以本軍伐叛上遣宰臣詢其事仲舒曰絳與行泰皆是遊客主軍人心不附仲武是軍中舊將張光朝之子年五十餘兼曉儒書老於戎事性抱忠義願歸心朝廷李德裕因奏陳行泰張絳皆令大將上奏邀求節旄所以必不可與今仲武上表布誠先陳密款因而拔用即似有名許之乃授兵馬留後詔撫王紘遙領節度尋改仲武節度副大使知節度事檢校工部尚書幽州大都督府長史兼御史大夫蘭陵郡王俄而迴鶻擾邊時迴鶻有將勤那頡啜擁赤心宰相一族七千帳東逼漁陽仲武遣其弟仲至與裨將游奉寰王如清等率銳兵三萬人大破之前後收其侯王貴族千餘人降三萬人獲牛馬橐駝旗纛罽幕不可勝計遣從事李周瞳牙門將國從玘相次獻捷詔加檢校兵部尚書兼東面招撫迴鶻使先是奚契丹皆有迴鶻監護使督以歲貢且爲漢諜至是遣裨將石公緒等宣諭意兩部凡戮八百餘人又迴鶻初遣宣門將軍等四十七人詭詞結歡潛伺邊隙仲武使密賂其下盡得陰謀且欲馳入五原驅掠雜虜遂逗遛其使綏彼師期人馬病死音不遣之迴鶻烏介可汗旣敗不敢近邊乃依康居求活盡徙餘種寄託黑車子仲武由是威加北狄表請於薊北立紀聖功銘勒李德裕爲之文其銘曰大和之初赤氣宵興開成之末彤雲暮凝異鳥南來胡滅之徵北夷殲掃厥國土崩逼迫遷徙震我邊鄙長蛇去穴奔鯨失水上都薊門兵連千里曾不畏天猶爲驕子虐我邊毀邀我王師假我一城建彼幡旗歸計殭漢郅支孀獻狼顧朔野伏莽見贏鴈門之北羌戎雜處戳滅羣羊茫茫大鹵縱其梟騎蘊我牧圉暴若豺狼疾如風雨皇赫斯怒羽檄徵兵謀而泉默斷乃霆聲沉機變化動合神明沙漠之外虜無隱情漁陽突騎燕歌壯氣赳赳元戎耽耽虎視金鼓誓衆千旄蔽地爰命其弟偏師之大事翩翩飛將董我三軍稟兄之制代師之勤威略火烈胡馬星分戈迴白日劍薄浮雲

○天街之北旄頭已落絕漠之野蚩尤未縛俾我元侯恢弘遠略終取單于係之徽索陰山寢鋒亭徼弛弓萬里荒夷九譯而通變夷旣同天子之功儒臣篆美列石垂鴻仲武歷官至司徒中書門下平章事大中年卒謚曰莊子直方以幽州節度副使襲父位動多不法慮爲將卒所圖三年冬託以遊獵奔赴闕庭尋授金吾將軍直方性率暴行忿奪之事以罪累貶郴州司馬十一年遷右驍衛將軍分司東都咸通中位至羽林統軍中和歲賊巢犯闕公卿特其家多隱藏于第直方納招亡命謀欲劫巢或有告者由是以兵圍而害之

張允伸字逢昌范陽人也曾祖秀檀州刺史祖巖納降軍使父朝掖贈太尉允伸世仕幽州軍門累職至押衙兼馬步都知兵馬使大中四年戎帥周綝寢疾表允伸爲留後朝廷可其奏加右散騎常侍其年冬詔賜旌節遷檢校工部尚書咸通九年累加至光祿大夫檢校司徒兼太傅同中書門下平章事燕國公十年徐人作亂請

以弟允皐領兵代叛黠宗不允進助軍米五十萬石鹽二萬石詔
嘉之賜以錦綵玉帶金銀器等寸參又加特進兼侍中十二年以風
恙辭章請就醫藥詔許之以子簡會檢校工部尚書充節度副
大使十三年允伸疾上表進納所賜旌節朝命未至其年正月二
十五日卒年八十八冊贈太尉謚曰忠烈允伸領鎮凡二十三年克
勤克儉比歲豐登邊鄙無虞軍民用乂至今談者美之有子十四
人簡眞幽府左司馬先允伸卒簡壽右領軍衛大將軍餘或昇
朝籍或爲刺史郡佐

張公素范陽人咸通中爲幽州軍校事張允伸累遷至平州刺史
允伸卒子簡會權主留後事公素領本郡兵赴焉三軍素畏公
素威望簡會知力不能制即時出奔公素遂立爲帥朝廷尋授節鉞累
加至中書門下平章事無幾李茂勳奪其位公素歸闕貶復州司
戶參軍

李可舉本迴鶻阿布思之族也張仲武破迴鶻可舉父茂勳與本

部侯王降焉茂勳善騎射性沉毅仲武器之常遣拓邊以功封郡
王賜姓名咸通末納降軍使陳貢言者幽之宿將人所信服茂勳
密謀劫而殺之聲云貢言舉兵張公素以兵逆擊不利公素走茂勳
入城軍民方知其非貢言也既有其衆遂推而立之朝廷即降符
節無幾以疾告老授右僕射致仕表可舉自節度副使幽州左司
馬加右散騎常侍爲節度留後中和中累官至檢校太尉中和末
以太原李克用兵勢方盛與定州王處存密相締結可舉慮其窺
伺山東終爲已患遂遣使構雲中赫連鐸乘其背則與鎮州合謀
舉兵兼言易定是燕趙之餘云得其地則正其疆理而分之時可
舉遣將李全忠攻易州有支將劉仁恭者多權數攻之彌月不下
乃穴地道以入其城既下易州士卒稍驕王處存引輕軍三千以羊
皮蒙之夜伏於城外仍別於間道以騎士伺之燕軍望見謂之羣羊
爭趨焉處存乘其無部伍一擊大敗之尋復其城全忠遁歸懼可
舉罪之收其餘衆反攻幽州可舉危急收集其族登樓自焚而死

李全忠范陽人廣明中爲棣州司馬有蘆生于室一尺三節心惡
之謂別駕張建曰吾室生蘆無乃怪歟建曰蘆茅類得澤而滋公
家有茅土之慶殆天意乎其生三節必傳節鉞者三人公勉樹功
名無忘斯言全忠秩滿還鄉里事節度使李可舉爲牙將時可舉
兵鋒方盛欲與鎮人分易定遣全忠將兵攻之爲定州軍大敗於
易水全忠懼率其餘衆掩攻幽州可舉死三軍推全忠爲留後朝
廷因以節鉞授之光啓元年春也全忠卒子匡威自襲父位稱留
後匡威素稱豪爽屬遇亂離繕甲燕薊有吞四海之志赫連鐸擁
雲中屢引匡威與河東爭雲代交兵積年景福初鎮州王鎔誘河
東將李存孝李克用怒加兵討之時鎔童幼求援於燕匡威親率軍
應之二年春河東復出師井陘鎔再乞師匡威來援匡威弟匡籌
妻張氏有國色師將發家人會別匡威酒酣留張氏報之匡籌私
懷憤怨匡威軍至博野匡籌乃據城自爲節度匡威部下聞之亡
歸者半匡威退無歸路將入覲京師時匡威留於深州遣判官李

抱貞奉章以聞屬京師大亂之後聞匡威來朝市人震恐咸曰金
頭王來謀社稷士庶有亡竄山谷者匡威其實不行欲圖鎮州示
無留意鎔以匡威再來援已致其失師遣使迎歸府第父事之匡
威爲鎔城郛繕甲指陳方略視鎔如子每陰謀驟施以悅人心鎮
之三軍素忠於王氏惡其所爲會鎔過匡威第慰忌辰匡威縞衣
裹甲伏兵劫鎔入牙城鎔兵逆戰燔東偏門軍士呼譟登屋矢下
如雨鎔僕墨君和亂中扶鎔登屋免難而斬匡威以徇是歲匡籌
出師攻鎮之樂壽武強以報恥匡威部曲劉仁恭歸於河東乾寧
元年冬河東聽仁恭之謀出師進討二月敗燕軍於居庸匡籌挈
其族遁去將赴京師至景城爲滄州節度使盧彥威所殺掠其輜
車妓妾匡籌妻張氏產於路不能進劉仁恭獲之獻於李克用後
立爲夫人嬖寵專房李氏父子三葉十年而亡

史臣曰大都偶國亂之本也故古先哲王建國公侯之封不過千
乘所以強幹弱枝防其悖慢彼幽州者列九圍之一地方千里而逼

其民剛強厥田沃壤遠則慕田光荊卿之義近則染祿山思明之風二百餘年自相崇樹雖朝廷有時命帥而士人多務逐君習若志非尾大不掉非一朝一夕之故也若李載義張仲武張允伸因利乘便獲領旌旗以仁守之恭順朝旨亦足多也如朱克融楊志誠史元忠張公素李可舉李全忠以不仁得之靡非更暴衆志或尋爲暴奪或僅傳子孫咸非令終蓋其宜也

贊曰碣石之野氣勁人豪二百餘載自相尊高載義仲武亦多忠勞餘因篡得不仁何逃

唐書列傳卷第一百三十

教授朱倬校正

史憲誠 子孝章　何進滔　韓允忠
樂彥禎　羅弘信 子威

史憲誠其先出於奚虜今爲靈武建康人祖道德開府儀同三司試太常卿上柱國懷澤郡王父周洛爲魏博軍校事田季安至征馬大使銀青光祿大夫檢校太子賓客兼御史中丞柱國北海郡王憲誠始以材勇隨父歷軍中右職兼監察御史元和中田弘正討李師道令憲誠以先鋒四千人濟河累下其城栅復以大軍齊進乘勢遂北魏之全師迫于鄆之城下師道窮蹙劉悟斬首投魏軍錄功超授憲誠兼中丞鎮州王承宗死弘正自魏移領鎮州居數月爲王庭湊所殺遂以兵叛朝廷以弘正子布爲魏博節度使領兵討伐俾復父冤時幽州朱克融援助廷湊布不能制因自引決軍情囂然憲誠爲中軍都知兵馬使乘亂以河朔舊事動其人

心諸軍即擁而歸魏共立爲帥國家因而命之時克融廷湊並據兵爲亂憲誠喜得旄節雖外順朝旨而中與朱王爲輔車之勢長慶二年正月也尋遣司門郎中韋文恪宣慰時李介爲亂與憲誠書問交通憲誠表請與介節鉞仍於黎陽築壘亦欲渡河及見文恪卑止驕倨其言甚悖旋聞介爲帳下所殺乃從改過謂文恪曰憲誠蕃人猶狗也唯能識主雖被棒打終不忍離其狡譎如此朝廷姑爲優容尋加左僕射敬宗即位進秩司空大和二年滄景節度使李全略卒其子同捷竊據軍城表邀符節舉兵伐之先是憲誠與全略婚媾及同捷叛復潛以粮餉爲助上屢發使申諭尋又就加平章事憲誠嘗遣驍將至闕下忝爲張大宰相韋處厚以語折挫之憲誠不敢復與同捷爲應時憲誠亦出師共討同捷及滄景平加司徒憲誠心不自安乃遣子孝章入覲又飛章願以所管奉命上嘉之乃加侍中移鎮河中憲誠素懷向背不能以忠誠感激其衆未及出城大和三年六月二十六日夜爲軍衆所害冊贈太尉

孝章幼聰晤好學元和中李愬爲魏帥取大將子弟列于軍籍孝章倡言願効文職愬奇之令攝府參軍及憲誠領節鉞改士曹參軍兼監察御史賜緋孝章以父在鎮多違朝旨嘗雪涕極諫備陳逆順之理朝廷聞而嘉之乃授檢校太子左諭德兼侍御史充節度副使累遷至散騎常侍兼御史大夫賜紫領本道兵同平滄景加工部尚書尋請赴闕文宗慰勞甚厚憲誠亦因懇乞朝覲上知憲誠之入覲自孝章之謀遂加禮部尚書分相衛澶三州別爲一鎮俾孝章領之孝章未到鎮憲誠遇害上以孝章有忠節起復爲右金吾衛將軍閒歲授鄜坊節度使居四年遷于滑一歲入爲右領軍大將軍改右金吾大將軍俄授邠寧節度孝章歷三鎮雖無異績而謹身畏法以保初終開成三年十月卒贈右僕射

何進滔靈武人也曾祖孝物祖俊並本州軍校父默夏州衙前兵馬使檢校太子賓客試太常卿以進滔之貴贈左散騎常侍進滔客寄於魏委質軍門事節度使田弘正弘正奉詔討鄆州破李師

道時進滔爲衙內都知兵馬使以功授兼侍御史大和三年軍衆害史憲誠連聲而呼曰得衙內都知兵馬使何端公知留後即三軍安矣推而立之朝廷因授進滔左散騎常侍魏博等州節度觀察處置等使爲魏帥十餘年大得民情累官至司徒平章事卒子弘敬襲其位朝廷時遣河中帥李執方滄州帥劉約各遣使勸令歸闕別俟朝旨弘敬不從旨就加節制及劉稹反不時起兵鎮州王元逵下邢洺二州兵次上黨弘敬方出師壓境大中後宣宗務其姑息繼加官爵亦至使相咸通初卒子全皞嗣之朝廷尋降符節累官亦至同平章事十一年爲軍人所害子孫相繼四十餘年

韓允忠魏州人也舊名君雄懿宗改賜今名父國昌歷本州右職會昌中從何弘敬破劉稹以功爲貝州刺史兼御史中丞以允忠故累贈兵部尚書允忠少仕軍門繼升裨校潞州之役亦與其行咸通十一年何全皞爲軍衆所殺推允忠爲帥時僖宗爲普王即降詔遙領節度授允忠左散騎常侍兼御史中丞充節度觀察留

後不數月轉檢校工部尚書魏州大都督府長史充魏博節度觀察等使累加至檢校司空同平章事乾符元年十一月卒年六十一累贈太尉子簡自允忠初授戎帥便爲節度副使乾符初累官至檢校工部尚書允忠卒即起復爲節度觀察留後踰月加檢校右僕射其後累加至侍中封昌黎郡王賊巢之亂諸葛爽受其僞命河陽節度使時僖宗在蜀寇盜蜂起簡據有六州甲兵強盛竊懷僭亂之志且欲啓其封疆乃舉兵攻河陽爽棄城而走簡遂留兵保守因北掠邢洺而歸遂移軍攻鄆鄆帥曹全晸出戰爲簡所敗死之鄆將崔君裕收合殘衆保鄆州簡進攻其城半年不下河陽復爲諸葛爽所襲簡因欲先討君裕次及河陽乃舉兵至鄆君裕請降尋移軍復攻河陽行及新鄉爲爽軍逆擊敗之簡單騎奔迴憂憤疽發背而卒時中和元年十一月也

樂彥禎魏州人也父少寂歷澶博貝三州刺史贈工部尚書彥禎少爲本州軍校韓簡之領節旄也以彥禎爲馬步軍都虞候轉

○博州刺史下河陽走諸葛爽有功遷澶州刺史簡再討河陽之敗也彥禎以一軍先歸魏人遂共立之朝廷尋授檢校工部尚書知魏博留後俄加戶部尚書充節度觀察處置等使中和四年累加至尚書左僕射同平章事僖宗自蜀迴加開府儀同三司冊拜司徒彥禎志滿驕大動多不法一旦徵六州之衆板築羅城約河門舊堤周八十里月餘而畢人用怨咨又其子從訓天資悖逆王鐸自滑移鎮滄州過魏郊從訓見其女妓利之先伏兵於漳南高雞泊俟鐸之至圍而害之掠其所有時朝廷微弱不能詰魏人素知鐸名望議者惜之而罪從訓從訓又召亡命之徒五百餘輩出入臥內號爲子將委以腹心軍人籍籍各有異議從訓聞而忌之易服遁出止於近縣彥禎因命爲六州都指揮使未幾又兼相州刺史到任之後般輦軍器取索錢帛使人來往交午途路軍府疑貳彥禎危憤而卒衆推都將趙文玣知留後事從訓自相州領兵三萬餘人至城下文玣按兵不出衆懷疑懼復害文玣推羅弘信爲帥弘信以兵出戰敗之從訓招集餘衆次於洹水弘信遣將程公佐領兵討擊大敗之梟從訓首於軍門時文德元年春也

羅弘信字德孚魏州貴鄉人曾祖秀祖珍父讓皆爲本州軍校弘信少從戎役歷事節度使韓簡樂彥禎光啓末彥禎子從訓忌牙軍出居於外軍衆廢彥禎推趙文玣權主軍州事衆復以爲不便因推弘信爲帥先是有鄰人密謂弘信曰某嘗夜遇一白鬚翁相告云君當爲土地主如是者再三弘信竊異之及廢文玣軍人聚呼曰孰願爲節度使者弘信即應之曰白鬚翁早以命我衆乃環而視之曰可也由是立之僖宗聞之文德元年四月詔加工部尚書權知節度留後七月復加金紫光祿大夫檢校尚書右僕射充魏博節度觀察處置等使龍紀中加檢校司空同平章事封豫章郡公乾寧中朱全忠急攻兗鄆朱瑄求援於太原太原發軍假道於魏令大將李存信屯莘縣存信御軍無法侵魏之芻牧弘信不平之全忠復遣人謂之曰太原志吞河朔迴戈之日貴道堪憂弘信乃

○託好於汴出師三萬攻存信敗之太原怒舉兵攻魏營於觀音門外汴將葛從周援之屯於洹水李克用子落落時爲鐵林軍使爲從周所擒乃退歸自是太原之師每歲侵擾相魏魏人患之朱全忠方事兗鄆懼弘信離貳每歲時賂遺必卑辭厚禮朞貺全忠對魏使北面拜而受之曰六兄比予倍年已上兄弟之國安得以常鄰遇之弘信以爲厚己亦推心焉弘信累官至檢校太師守侍中臨淸王光化元年九月卒年六十三贈太師追封北平王謚曰莊肅子威

威字端己文德初授左散騎常侍充天雄軍節度副使自龍紀至乾寧十年之中累加官爵弘信卒襲父位爲留後朝廷從而命之天復末累加至檢校太傅兼侍中長沙王天祐初授檢校太尉守侍中進封鄴王賜號忠勤宣力致理功臣魏之牙中軍者自至德中田承嗣盜據相魏澶博衞貝等六州召募軍中子弟置之部下遂以爲號皆豐給厚賜不勝驕寵年代寖遠父子相襲親黨膠固其兇戾者強買豪奪踰法犯令長吏不能禁變易主帥有同兒戲

如史憲誠何進滔韓君雄樂彥禎皆爲其所立優獎小不如意則
舉族被害威徼其往弊雖以貨賂姑息而心銜之威嗣世之明年
正月幽州劉仁恭擁兵十萬謀亂河朔進陷貝州長驅攻魏威求
援於汴朱全忠遣將李思安屯於洹水葛從周自邢洺引軍入魏
燕將劉守文單可及攻汴軍於內黄思安逆戰大敗之乘勝追躡
從周出會掩擊復敗燕軍斬首三萬三年威引汴軍攻滄州以報
之自是威感全忠援助之恩咨從景附天祐二年七月十三日夜牙
軍裨校李公佺作亂威僅以身免公佺出奔滄州自是愈懼遣使
求援於全忠密謀破之全忠遣李思安會魏博軍再攻滄州全忠
女妻威子廷規先是卒全忠遣長直軍校馬嗣勳選兵千人寘於
輿中實兵甲入魏言助女葬事三年正月五日嗣勳至全忠親率大
軍濟河言視行營於滄景威欲因而出迎至期即假全忠帳下銳
卒入而夾攻之牙軍頗疑堅請不出威恐洩其事慰納之是月十
四日夜率廝養百十輩與嗣勳合攻之時宿於牙城者千人遲明

殺之殆盡凡八千家皆破其族魏軍攻滄州者在歷亭聞有變其
將史仁遇擁之保于高堂六州之內皆爲讎敵累月平之威仕梁
數年後卒年三十四位至守太師兼中書令贈尚書令謚曰貞壯
威性明敏達於吏道伏膺儒術招納文人聚書至萬卷每花朝月
夕與賓佐賦詠甚有情致錢塘人羅隱者有當世詩名自號江東
生威遣使賂遺敘其宗姓推爲叔父隱亦集其詩寄之威酷嗜其
作目已所爲曰偷江東集凡五卷今鄴中人士諷詠之

史臣曰魏鎮燕三鎮不能制之也久矣兵強地廣合從連衡爵命
雖假於朝廷羣臣自謀於元帥如史憲誠等五家其初皆因此而
得之其後亦因此而失之蓋不知取之以權守之以仁則遠矣若善
繼者史氏羅氏之二子有焉其餘不足觀也

贊曰逆取順守古亦有之如其逆守滅亡必隨史何韓樂世數威
衰足以爲鑒念茲在茲

唐書列傳卷第一百三十一　左奉議郎充紹興府府學教授朱倬校正

王重榮　王處存 弟處直　諸葛爽
高駢 畢師鐸 秦彥　時溥　朱瑄 弟瑾

王重榮河中人父縱鹽州刺史咸通中有邊功重榮以父蔭補軍
校與兄重盈俱號驍雄名讋軍中廣明初重榮爲河中馬步軍都
虞候巢賊據長安蒲帥李都不能拒稱臣於賊賊僞授重榮節度
副使河中密邇京師賊徵求無已軍府疲於供億賊使百輩塡委
傳舍重榮謂都曰吾以外援未至詭謀附賊以紓難今軍府積實
苦被徵求復來收兵是賊危我也儻不改圖危亡必矣請絕橋道
嬰城自固都曰吾兵微力寡絕之立見其患唯公圖之願以節鉞
假公翌日都歸行在重榮知留後事乃斬賊使求援鄰藩既而賊
將朱溫舟師自同州至黃鄴之兵自華陰至數萬攻之重榮戒勵
士衆大敗之獲其兵仗軍聲益振朝廷遂授節鉞檢校司空時中

○和元年夏也俄而忠武監軍楊復光率陳蔡之師萬人與重榮合
賊將李祥守華州重榮合勢攻之擒祥以徇俄而朱溫以同州降
賊既失同華狂躁益熾黃巢自率精兵數萬至梁田坡時重榮軍
華陰南楊復光在渭北掎角破賊出其不意大敗賊軍獲其將趙
璋巢中流矢而退而重榮之師亡耗殆半懼賊復來深憂之謂復
光曰軍雖小捷銳旅亡失萬一賊黨復來其將何軍以應吾之成
敗未可知也復光曰鴈門李僕射與僕家世事舊其爲人與僕父
兄同患難僕射奮不顧身死義知己儻得李鴈門爲援吾事濟矣
因遣使傳詔徵兵明年李克用領軍至大敗巢賊收復京城其倡
義啓道之功實重榮居首京師平以功檢校太尉同平章事瑯琊
郡王光啓元年僖宗還京喪亂之後六軍初復國藏虛竭觀軍容
使田令孜奏以安邑解縣兩池榷課直屬省司以充贍給舊事河
中節度兼榷使每年額輸省課重榮累表論列既循往例兼恃大
功令孜不許奏請移重榮爲定州節度制下不奉詔令孜率禁軍

攻之屯于沙苑爲重榮擊敗之十二月令孜挾天子出幸寶雞太
原聞之乃與重榮入援京師遣使迎駕還宮令孜尤懼劫幸山
南及朱玫立襄王熅制重榮不受命會太原之師於河西以圖興
復明年王行瑜殺朱玫僖宗反正重榮之忠力居多重榮用法稍
嚴季年尤甚部下常行儒者嘗有所譴罰深銜之光啓三年六月
行儒以兵攻府第重榮夜出於城外別墅詰旦爲行儒所害行儒
乃推重盈爲帥重盈既立誅行儒與其黨安集軍民乾寧初重盈
卒軍府推行軍司馬王珂爲留後重盈子珙時爲陝帥瑤爲絳州
刺史珂即重榮兄重簡子出繼重榮繇是爭爲蒲帥瑤珙上章論
列又與朱溫書云珂非吾兄弟子家之蒼頭也小字蟲兒安得繼
嗣珂上章云亡父有興復之功遣使求援於太原太原保薦於朝
珙厚結王行瑜李茂貞韓建爲援三鎭互相表薦昭宗詔諭之曰
吾以太原與重榮有再造之功已俞其奏矣故明年五月茂貞等
三人率兵入覲賊害時政請以河中授珙珙瑤連兵攻河中李克用

○怒出師討三鎭瑤珙兵退克用拔絳州斬瑤乃師於渭北天子以珂
爲河中節度授以旌鉞仍充供軍糧料使既誅王行瑜克用以女
妻之珂親至太原太原令李嗣昭將兵助珂攻珙珙每戰頻敗珙
性慘刻人有踰犯必斬首置於座前言笑自若部下咸苦之因其
削弱皆懷離叛光化二年六月部將李璠殺珙自稱留後光化末
朱溫初伏鎭定將圖關輔屬劉季述廢立之際京師俶擾崔胤潛
乞師於汴以圖反正溫謂其將張存敬侯言曰王珂恃太原之勢
侮慢藩鄰骨肉相殘自大其事爾爲我持一繩以縛之存敬等率
兵數萬渡河由含山出其不意天復元年正月兵攻晉絳珂將絳
州刺史陶建釗晉州刺史張漢瑜既無備即開門降溫令別將何
絪守晉州扼其援路二月存敬大軍逼河中珂遣告急於太原晉
絳既當兵衝援師不能進珂妻書告太原曰賊勢攻逼朝夕爲俘
囚乞食大梁大人安忍不救克用曰賊阻前途衆寡不敵救則與
爾兩亡可與王郎歸朝廷珂計無從出即謀歸京師又使人告李

茂貞曰聖上初返正詔藩鎮無相侵伐同匡王室朱公不顧國家
約束卒遣賊臣急攻弊邑則朱公之心可見矣弊邑若亡則同華
邠岐非諸君所能保也天子神器拱手而授人矣此自然之勢也
公可與華州令公早出精銳固潼關以應弊邑僕自量不武請於
公之西偏求爲鎮守此地請公有之關西安危國祚延促繫公此
舉也茂貞不荅珂勢蹙將渡河歸京師人情離合時河橋毀圮凌
澌鯁塞舟楫難濟珂族艤舟有曰珂夜自慰諭守陴者默然無應
牙將劉訓夜半至珂寢門珂叱之曰兵欲反耶訓解衣袒索曰公苟
懷疑訓請斷臂珂曰事勢如何計將安出訓曰若夜出整棹待濟
人必爭舟苟一夫鴟張其禍莫測不如俟明旦以情諭三軍願從者
必半然後登舟赴關可以前濟不然則召諸將校且爲款狀以緩
賊軍徐圖向背策之上也珂然之即登城謂存勖曰吾於汴王有
家世事分公宜退舍俟汴王至吾自聽命存勖即日退舍三月朱
溫自洛陽至先哭於重榮之墓悲不自勝陳辭致祭蒲人聞之感

○悅珂欲面縛牽羊以見溫報曰太師阿舅之恩何時可忘耶郎君
若以亡國之禮相見黃泉其謂我何及珂出迎之於路握手歔欷
聯轡而入居半月以存勖守河中珂舉家徙于汴後溫令珂入覲
遣人殺之於華州傳舍自重榮初帥河中珂三政二十年
王處存京兆萬年縣勝業里人世隸神策軍爲京師富族財產數
百萬父宗自軍校累至檢校司空金吾大將軍左街使遙領興元
節度宗善興利乘時貿易由是富擬王者仕官因貲而貴侯服玉
食僮奴萬指處存起家右軍鎮使累至驍衛將軍左軍巡使乾符
六年十月檢校刑部尚書義武軍節度使明年黃巢犯關僖宗出
幸處存號哭累日不俟詔命即率本軍入援遣二千人間道往山
南衞從車駕時李都守河中降賊會王重榮斬僞使通使於處存
乃同盟誓師營於渭北時巢賊僭號天下藩鎮多受其僞命唯鄭
畋守鳳翔鄭從讜守太原處存王重榮首倡義舉以招太原俄而
鄭畋破賊前鋒王鐸自行在至故諸鎮翻然改圖以出勤王之師

中和元年四月涇原行軍唐弘夫敗賊將林言尚讓軍乘勝進逼
京師處存自渭北親選驍卒五千皆以白繻爲號夜入京城賊已
遁去京師故人見處存撫遂道慟哭歡呼塞路軍人皆釋兵爭據第
宅坊市少年多帶白號雜軍人翌日賊偵知自灞上復襲京師市
人以爲王師歡呼迎之處存爲賊所迫收軍還營賊怒召集兩市
丁壯七八萬併殺之血流成渠處存家在京師世受國恩以賊寇未
平鑾輿出狩每言及時事未嘗不喑嗚流涕諸軍義之前後遣使
十輩迎李克用既弈世姻好特相款昵洎收京師王鐸第其功勳王
舉義處存爲之最收城破賊克用爲之最以功檢校司空後又遣
大將張公慶率勁兵三千合諸軍滅賊巢於泰山以功檢校司徒
田令孜討王重榮詔處存爲河中節度處存上章申理言重榮無
罪有大功於國不宜輕有除改以搖藩鎮之心初幽鎮兩藩兵甲強
威易定於其間疲於侵寇及匡威得志驕盈恃欲兼并之賴與太
原姻好每爲之援處存亦睦鄰以禮優撫軍民折節下士人多歸

○之以至抗衡列鎮累加侍中檢校太尉乾寧二年九月卒年六十
五贈太子太師謚曰忠肅三軍以河朔舊事推其子副大使郜爲
留後朝廷從而命之授以旄鉞尋加檢校司空同平章事累至太
保光化三年七月汴將張存勖進寇幽州旋入祁溝部遣馬步都
將王處直將兵拒之爲存勖所敗退營沙河汴人進擊營於懷德
驛處直之衆奔撓城中大恐十月郜委城攜族奔於太原太原累
表授檢校太尉天復初卒於晉陽其弟鄴克用以女妻之歷嵐石
洺三州刺史大同軍防禦使天祐中卒
處直字允明處存母弟也初爲定州後院軍都知兵馬使汴人入寇
處直拒戰不利而退三軍大譟推處直爲帥及郜出奔乃權留後
事汴將張存勖攻城梯衝雲合處直登城呼曰弊邑於朝廷未嘗
不忠於藩鄰未嘗失禮不虞君之涉吾地何也朱溫遣人報之曰
何以附太原而弱鄰道處直報曰吾兄與太原同時立勳王室地
又親鄰脩好往來常道也請從此改圖溫許之仍歸罪於孔目吏

梁門出給十萬匹牛酒以犒汴軍存撫僑盟而退溫因表授旄鉞檢
校左僕射天祐元年加太保封太原王後仕僞梁授北平王檢校太尉
不數歲復於莊宗後十餘年爲其子都所廢歸私第尋卒年六十一
諸葛爽青州博昌人役屬縣爲伍伯爲令所笞乃弃役以里謳自
給會龐勛之亂乃委身爲徐卒累軍功至小校官軍討徐龐勛勢
蹙率百餘人與泗州守將陽羣歸國累授汝州防禦使李琢爲招
討使討沙陀於雲州表爽爲副廣明元年賊陷京師詔爽率代北
行營兵馬赴難關中爽軍屯櫟陽潼關不守車駕出幸爽乃降賊
巢以爽爲河陽節度使巢賊敗復表歸國進位檢校司徒時魏博
韓簡軍勢方盛中和元年四月魏人攻河陽大敗爽軍於修武爽弃
城遁走簡令大將守河陽乃出師討曹全晸於鄆州十月孟州人
復誘爽爽自金商率兵千人復入河陽乃犒勞魏人令趙文玠率之
而去十一月爽攻新鄉簡自鄆來逆戰軍於獲嘉西北時簡將引
魏人入趨關輔誅除巢孽自有圖王之志三軍屢諫不從偏將樂

彥禎因衆心搖說激之牙軍奔歸魏州爽軍乘之簡鄉兵八萬大
敗奔潰簡亂死淸水爲之不流明年正月簡爲牙軍所殺爽軍由是
大振及巢賊將敗爽復歸國爽雖起羣盜旣貴之後善於爲理所
至涖令澄清人無怨歎人士以此多之光啓二年爽卒帳中將劉經
張言以爽子仲方爲孟帥俄而蔡賊孫儒率衆攻之城陷於賊仲
方歸於汴儒遂據孟州
高駢字千里幽州人祖崇文元和初功臣封南平王自有傳父承明
神策虞候駢家世仕禁軍幼而朗拔好爲文多與儒者遊喜言理
道兩軍中貴翕然稱重乃歷之勇爵累歷神策都虞候黨項羌
叛令率禁兵萬人戍長武城時諸將禦羌無功唯駢伺隙用兵出
無不捷懿宗深嘉之西蕃寇邊移鎮秦州尋授秦州刺史本州經
略使先是李琢爲安南都護貪於貨賄虐賦夷獠人多怨叛遂結
南詔蠻合勢攻安南陷之自是累年亟命將帥未能收復五年移駢
爲安南都護至則匡合五管之兵朞年之内招懷溪洞誅其首惡

一戰而蠻卒遁去收復交州郡邑又以廣州饋運艱澁騈視其水
路自交至廣多有巨石梗途乃購募工徒作法去之由是舟檝無
滯安南儲備不乏至今賴之天子嘉其才遷檢校工部尚書鄆州
刺史天平軍節度觀察等使治鄆之政民吏歌之南詔蠻寇嶲州
渡瀘肆掠乃以騈爲成都尹劍南西川節度觀察等使蜀土散惡
成都比無垣墉騈乃計每歲完葺之費甃之以塼雉堞由是完
堅傳檄雲南以兵壓境講信脩好不敢入寇進位檢校尚書右僕
射江陵尹荆南節度觀察等使乾符四年進位檢校司空潤州刺
史鎮海軍節度浙江西道觀察等使進封燕國公時草賊王仙芝
陷荆襄宋威率諸道師討逐其衆雖散過江表天子以騈前鎮鄆
軍民畏服仙芝徒黨鄆人也故授騈京口節鉞以招懷之尋授諸
道兵馬都統江淮鹽鐵轉運等使騈令其將張璘梁纘分兵討賊
前後累捷降其首領數十人賊南趨嶺表天子嘉之六年冬進位
檢校司徒揚州大都督府長史淮南節度副大使知節度事兵馬

都統鹽鐵轉運使如故騈至淮南繕完城壘招募軍旅土客之軍
七萬乃傳檄徵天下兵威望大振朝廷深倚賴之進位檢校太尉
同平章事旣而黃巢賊合仙芝殘黨復陷湖南浙西州郡衆號百
萬巢據廣州求天平節鉞朝廷議欲以南海節鉞授之宰相盧攜
與騈素善以騈前在浙西已立討賊之効今方集諸道之師旋俾
甸不宜捨賊以弱士心鄭畋議且宜假賊方鎮以紓難二人爭論
於朝以言詞不遜由是兩罷之騈方持兵柄聞朝議異同心頗不
平之廣明元年夏黃巢之黨自嶺表北趨江淮由採石渡江張璘
勒兵天長欲擊之騈怨朝議有不附己者欲賊縱橫河洛令朝廷
聳振則從而誅之大將畢師鐸曰妖賊百萬所經鎭戍若蹈無人
之境今朝廷所恃者都統破賊要害之地唯江淮爲首彼衆我寡
若不據津要以擊之俾北渡長淮何以扼束中原陷覆必矣騈駭
然曰君言是也即令出軍有愛將呂用之者以左道媚騈騈頗用
其言用之懼師鐸等立功即奪己權從容謂騈曰相公勳業高矣

妖賊未殄朝廷已有間言賊若盪平則威望震主功居不賞公安稅駕耶爲公良畫莫若觀釁自求多福駢深然之乃止諸將但握兵保境而已其年冬賊陷河洛中使促駢討賊冠蓋相望駢終逗撓不行既而兩京覆沒盧携死駢大閱軍師欲兼幷兩浙爲孫策三分之計天子在蜀亟命出師中和二年五月雉雊於揚州廨舍占者云野鳥入室軍府將空駢心惡之其月盡出兵於東塘結壘而處每日教閱如赴難之勢仍與浙西周寶書請同入援京師寶大喜即點閱將赴之遣人偵之知其非實駢在東塘凡百日復還廣陵蓋穰雉雊之異也僖宗知駢無赴難意乃以宰臣王鐸爲京城四面諸道行營兵馬都統崔安潛副之韋昭度領江淮鹽鐵轉運使增駢階爵使務並停駢既失兵柄又落利權攘袂大詬累上章論列語詞不遜其末章曰臣伏奉詔命今臣自省更勿依違者臣仰天訴地血淚交流如劍戟攢心若湯火在己只如黃巢大寇圖逼天長小城四旬有餘竟至敗走臣散徵諸道兵甲盡出家財賞

五十四　唐傳百三十二　七　方成

○給而諸道多不發兵財物即爲已有縱然遣使徵得勑旨不許過淮其時黃巢殘兇纔及二萬經過數千里軍鎮盡若無人只如潼關已東止有一徑其爲險固甚於井陘豈有狂寇奔衝略無阻礙即百二之地固是虛言神策六軍此時安在陛下蒼黃西去內官奔命東來黎庶盡被殺傷衣冠悉遭屠戮今則園陵開毀宗廟荊榛遠近痛傷遐邇嗟怨雖然姦臣未悟陛下猶迷不思宗廟之焚燒不痛園陵之開毀臣之痛也實在於斯此事見之多年不獨知於今日況自崔蕭盜起朝廷徵用至多上至帥臣下及裨將以臣所料悉可坐擒用此爲謀安能辦事陛下今用王鐸盡主兵權誠知狂寇必殲梟巢即覆臣讀禮至宣尼射於矍相之圃蓋觀者如堵牆使子路出延射曰僨軍之將亡國之大夫與爲人後者不入於射也嚴誡如斯圖功也豈宜容易陛下安忍委敗軍之將陷一儒臣崔安潛到處貪殘只如西川可爲驗矣委之副貳詎可平戎況天下兵驕在處僭越豈二儒士能戢彊兵萬一乖張將何救助願

陛下下念黎庶上爲宗祧無使百代有抱恨之臣千古留刮席之恥臣但慮寇生東土劉氏復興即軹道之災豈獨往日乞陛下稍留神慮以安宗社今賢才在野憸人滿朝致陛下爲亡國之君此等計將安出伏乞戮賣官鬻爵之輩徵鯁直公正之人委之重難置之左右剋復宮闕莫尚於斯若此時謗誹忠臣沉埋烈士臣復宗社未見有期臣受國恩深不覺語切無任憂懼之至詔報駢曰省表具悉卿一門忠孝三代勳庸銘於景鍾煥在青史卿承祖父之訓襲弓冶之基起自禁軍從微至著始則囊錐露穎稍有知音尋則天驥呈才急於試効自秦州經略使授交趾節旄聯翩寵榮汗漫富貴未嘗斷絕僅二十年卿報國之功亦可悉數最顯赫者安南拒蠻至今海隅尚守次則汶陽之日政聲洽平洎臨成都脅歸驃信三載之內亦無侵凌創築羅城大新錦里其爲雄壯實少比儔渚宮不暇於施爲便當移鎮建鄴纔聞於安靜旋即渡江自到廣陵併鍾多壘即亦招降草寇救援臨淮大約昭灼功勳不大於此

五十四　唐傳百三十二　八　方成

○數者朝廷累加渥澤靡悋徽章位極三公兵環大鎮銅鹽重務綰握約及七年都統雄藩幅圓幾於萬里朕瞻如太華倚若長城凡有奏論無不依允其爲託賴豈愧神明自黃巢肆毒咸京卿並不離隋苑豈金陵苑水能遮鷁鶂之雄風伯雨師終阻帆檣之利自聞歸止寧免鬱陶卿既安住蕪城鄭畋以春初入覲遂命上相親領師徒因落卿都統之名固亦不乖事例仍加封實貴表優恩何適疑忿太深指陳過當移時省讀深用震嗟聊舉諸條粗申報復卿表云自是陛下不用微臣固非微臣有負陛下者朕拔卿汶上超領劒南荊潤維揚聯居四鎮綰利則牢盆在手主兵則都統當權直至京北京南神策諸鎮悉在指揮之下可知董制之雄而乃貴作司徒榮爲太尉以爲不用何名爲用乎卿又云若欲俯念舊勳佇觀後効何不以王鐸權位與臣主持必能糾率諸侯誅鋤羣盜者朕緣久付卿兵柄不能翦滅元兇自天長漏網過淮不出一兵襲逐奄殘京國首尾三年廣陵之師未離封部忠臣積望勇士興譏所以

擢用元臣誅夷巨寇心期貔武便掃欃槍卿初委張璘請放卻諸
道兵士卒勤召罟豈容易放還璘果敗亡巢益顛越卿前年初夏逞
發神機與京中朝貴書題云得靈便教導芒種之後賊必蕩平尋
聞圍逼天長必謂死在卿手豈知魚跳鼎釜狐脫網羅遽過長淮
育為大憝都統既不能禦遏諸將更何以枝梧果致連犯關河繼
傾都邑從來倚仗之意一旦控告無門凝睇東南惟增悽惻及朕
蒙塵入蜀宗廟污於賊庭天下人心無不雲憤既知曆數猶在謳謠
未移則懷忠拗怒之臣貯救難除姦之志便須果決安可因循況
恩厚者其報深位重者其心急此際天下義舉皆望淮海率先豈
知近輔儒臣先為首唱而窮邊勇將誓志平戎關東寂寥不見干
羽洎乎初秋覽見表方云仲夏發兵便詔軍前并移文上喜聞兵勢
偈見旌幢尋稱宣潤阻艱難從天討謝玄破苻堅於淝水裴度平
元濟於淮西未必儒臣不如武將卿又云若不斥逐邪佞親近忠
良臣既不能保家陛下豈能安國忽當今日棄若寒灰者未委誰

是忠良誰為邪佞終日寵榮富貴何嘗不保其家無人扞禦寇戎
所以不安其國豈有位兼將相使帶銅鹽自謂寒灰真同浪語卿
又云不痛園陵之開毀不念宗廟之焚燒臣實痛之實在茲也且
龜玉毀於櫝中誰之過也鯨鯢漏於網外抑有其由卿手握強兵身
居大鎮不能遮圍擒戮致令胱漏猖狂雖則上繫天時抑亦旁由
人事朕自到西蜀不離一室之中屏棄笙歌杜絕遊獵蔬食適口
布服被身焚香以望園陵雪涕以思宗廟省躬罪己不敢遑安茲
臣未悟之言誰人肯認陛下猶迷之語朕不敢當卿又云自來所
用將帥上至帥臣下及裨將以臣所料悉可坐擒用此為謀安能
集事者且十室之邑猶有忠信天下至大豈無英雄況守固城池
悉嚴兵甲縱非盡美安得平欺卿尚不能縛黃巢於天長安能坐
擒諸將只如拓拔思恭諸葛爽輩安能坐擒耶勿務大言不堪垂
訓卿又云王鐸是敗軍之將兼微引矍相射義者昔曹沫三敗終
復魯讎孟明再犇竟雪秦恥近代汾陽尚父咸寧太師亦曾不利

敵擊難則功成鍾鼎安知王鐸不立大勳卿又云無使百代有抱
恨之臣千古留刮席之恥但慮寇生東土劉氏復興即軹道之災
豈獨往日者我國家景祚方遠天命未窮海內人心尚樂唐德朕
不荒酒色不黷刑名不結怨於生靈不貪財於寓縣自知運曆必
保延洪況巡省已來禎祥荐降西蜀半年之內聲明又以備全塞
北日南悉來朝貢黠戛善闐並至梯航但慮天實建中未如今日
倩官復國必有近期卿云劉氏復興不知誰為其首遽言刮席之
恥比朕於劉盆子耶仍憂軹道之災方朕於秦子嬰也雖稱直行
何太罔誣三復斯言尤深駭異卿又云賢才在野憸人滿朝致陛
下為亡國之君此子等計將安出伏乞戮賣官鬻爵之輩徵鯁直
公正之臣者且唐虞之世未必盡是忠良今巖野之間安得不遺
賢彥朕每令銓擇亦遣訪求其於選將料兵安人救物但屬收復
之業講求理化之基自有長才同匡大計賣官鬻爵之士中外必
不有之勿聽狂辭以資遊說且朕遠遵宮闕寄寓巴邛所失恩者

甚多尚不興怨卿落一都統何足介懷況天步未傾皇綱尚整三
靈不昧百度猶存但守君臣之軌儀正上下之名分宜遵教約未
可隳凌朕雖沖人安得輕侮但以知卿歲久許卿分深貴存終始
之恩勿肝猜嫌之慮所宜深省無更過言駢始以兵權欲臨藩鎮
吞併江南一朝失之威望頓減陰謀自阻故累表堅論欲其復故
明年四月王鐸與諸道之師敗賊關中收復京城駢聞之悔恨萬
狀而部下多叛計無所出乃託求神仙屏絕戎政軍中可否取決
於呂用之光啟初僖宗再幸山南李熅僭號偽授駢中書令諸道
兵馬都統江淮鹽鐵轉運等使駢方兇望而甘於偽署稱藩納賄
不絕於途宴安自得日以神仙為事呂用之又薦暨工諸葛殷張
守一有長年之術駢並署為牙將於府第別建道院院有迎仙樓
延和閣高八十尺飾以珠璣金鋼侍女數百皆羽衣霓服和聲度
曲擬之鈞天日與用之守一三人授道家法籙談論於其間賓佐罕
見其面府第有隋煬帝所造門屋數間俗號中書門最為宏壯

光啓元年無故自壞明年淮南饑蝗自西來行而不飛浮水緣城
而入府第道院竹木一夕如翦經幢節皆䵍去其首撲之不能止
旬日之內蝗自食噉而盡其年九月雨魚是月十日夜大星隕于延
和閣前其聲如雷火光爍地自二年十一月雨雪陰晦至三年二月
不解比歲不稔食物踊貴道殣相望饑骸蔽地是月浙西周寶爲
三軍所逐騈喜以爲妖異當之三月蔡賊過淮口騈令畢師鐸出
軍禦之師鐸與高郵鎭將張神劒鄭漢璋等率行營兵反攻揚州
四月城陷師鐸囚騈於道院召宣州觀察使秦彥爲廣陵帥既而
蔡賊楊行密自壽州率兵三萬乘虛攻城城中米斗五十千餓死太
半騈家屬並在道院秦彥供給甚薄薪蒸亦闕奴僕徹延和閣
欄檻煑革帶食之互相篡啖騈召從事盧涚謂之曰予三朝爲國
粗立功名比擺脫塵埃自求清淨非與人世爭利一旦至此神道其
何望耶掩涕不能已初師鐸之入城也愛將申及謂騈曰逆黨人
數不多即目弛於防禁願奉令公潛出廣陵依投支郡以圖雪恥

○賊不足平也若持疑不決及旦夕不得在公左右騈怯懦不能行
其謀九月師鐸出城戰敗慮騈爲賊內應又有尼奉仙自言通神
謂師鐸曰揚府災當有大人死應之自此善也秦彥曰大人非高令
公耶即令師鐸以兵攻道院侍者白騈曰有賊攻門曰此秦彥來
整衣候之賊而亂卒升階曳騈數之曰公上負天子恩下陷揚州
民淮南塗炭公之罪也騈未暇言首已墮地矣騈既死左右奴客
踰垣而遁入行密軍行密聞之舉軍縞素繞城大哭者竟日仍焚
紙錢酒信宿不已騈與兒姪死於道院都一坎瘞之裹之以氈行
密入城以騈孫愈爲判官令主喪事葬送未行而愈卒後故吏曠
師虔收葬之初師鐸入城呂用之張守一出奔楊行密詐言所居
有金行密入城掘其家地下得銅人長三尺餘身被桎梏釘其心
刻高騈二字於胷蓋以魅道厭勝蠱惑其心以至族滅
畢師鐸者曹州冤朐人乾符初與里人王仙芝嘯聚爲盜相與陷
曹鄆荊襄師鐸善騎射其徒目爲鷂子仙芝死來降高騈初敗黃

巢於浙西皆師鐸梁纘之効也頗寵待之騈末年惑於呂用之舊
將俞公楚姚歸禮皆爲用之譖搆見殺師鐸意不自安有愛妾復
爲用之所奪光啓三年三月蔡賊楊行密逼淮口騈令師鐸率三
百騎戍高郵戍將張神劒亦怒用之兩人謀自安之計用之伺知
亟請召還師鐸母在廣陵遺信令師鐸遁去或謂師鐸曰請殺神
劒併高郵之兵趨府令公必殺用之爲解又曰不如投徐州則身存
而家保師鐸曰非計也呂用之誑惑主帥塗炭生民七八年來鬼
怨人怒今日之事安知天不假手誅妖亂而康淮甸耶又曰鄭漢
璋是我歸順時副使常切齒於用之今率精兵在淮口聞吾此舉
即樂從也乃趨淮口與漢璋合得兵千人又相與至高郵問計於
張神劒神劒曰公見事晚耶用之一妖物耳前受襄王僞命作鎭
廣州遷留不行志圖淮海節鎭令公已奪其魄彼一旦成事焉能
北面事妖物耶即割臂血爲盟推師鐸爲盟主稱大丞相移檄郡
縣以誅用之守一爲名乃署其卒長唐宏王朂格玄貞倪詳逯本

○趙簡等分董其卒三千人四月趨廣陵營於大明寺揚州大駭呂
用之分兵城守高騈登延和閣聞鼓譟聲怪之用之曰師鐸兵士
迴戈止過不得適已隨宜處置公幸勿憂苟不聽徒勞玄女一符
耳師鐸陳兵數日用之屢出戰師鐸屢敗憂其不剋求救于宣州秦
彥曰苟得廣陵則迎公爲師彥令牙將秦稠率兵三千助之師鐸
門客畢慕顏自城中出曰人心已離破之必矣秦稠軍至兵威漸振
騈聞甚憂謂用之曰吾以心腹付爾不能駕馭此輩悮我何多百
姓遭罹飢饉不可虐用吾自枉手札諭師鐸可令大將一人自行
用之即以其黨許戡送騈書師鐸怒曰梁纘韓問何在令爾來耶
即斬之用之選勁兵自衛一日至道院騈叱去之乃令猶子傑握牙
兵令師鐸毋作書遺大將古鍔與師鐸子出城諭之師鐸令子還
白曰不敢負令公恩德正爲淮南除弊但斬用之守一即日退還
高郵秦稠攻西南隅城中應之即日城陷呂用之由參佐門遁走
騈聞師鐸至改服俟之與師鐸交拜如賓主之儀即日署爲節度

副使漢璋神劍皆署職事秦稠點閱府庫監守之仍密召彥於宣州或謂師鐸曰公昨舉兵誅二妖物故人情樂從今軍府已安以事理論之公宜還政高公自典兵馬戎權在手取捨自由藩鄰聞之不失大義議者皆言秦稠破城之日已召秦彥彥若爲帥兵權非足下有也公感其援但以金玉報之阻其渡江最爲上策若秦彥作帥則揚行密朝聞夕至如高令復帥外寇必自卷懷師鐸猶豫未決而秦彥軍至五月彥爲節度使署師鐸爲行軍司馬移居牙外心頗不悅是月楊行密引軍攻揚州彥兵拒戰繼敗八月師鐸與鄭漢璋出軍萬人擊行密皆大敗而還自是不復出九月師鐸殺高駢十月秦彥師鐸突圍而遁十一月秦彥師鐸引蔡賊孫儒之兵二三萬圍揚州行密求救于汴朱全忠遣大將李璠率師維口以爲聲援孫儒以廣陵未下而汴卒來又慮秦彥師鐸異志四年正月孫儒斬秦彥師鐸于高郵之南鄭漢璋亦死焉

秦彥者徐州人本名立爲卒隸徐軍乾符中坐盜繫獄將死夢人謂之曰爾可隨我及寤械破乃得逸去因改名彥乃聚徒百人殺下邳令取其資裝入黃巢軍巢兵敗於淮南乃與許勍俱降高駢累奏授和州刺史中和二年宣歙觀察使竇潏病彥以兵襲取之遂代潏爲觀察使朝廷因而命之光啓三年揚州牙將畢師鐸囚其帥高駢懼外寇來侵乃迎彥爲帥彥召池州刺史趙鍠知宣州事自率衆入揚州師鐸推彥爲帥五月壽州刺史楊行密率兵攻彥遣其將張神劍令統兵屯灣頭山光寺行密屯大雲寺北跨長岡前臨大道自揚子江北至槐家橋柵壘相聯秦彥登城望之懼形於色令秦稠師鐸率勁卒八千出關爲行密所掩盡沒稠死之彥急求援於蘇州刺史張雄雄率兵赴之屯于東塘重圍半年城中芻糧並盡草根木實市肆藥物皮囊革帶食之亦盡外軍掠人而賣人五十千死者十六七纔存者鬼形鳥面氣息奄然張雄多軍粮相約交市城中以寶貝市米金一斤通犀帶一得米五升雄軍得貨不戰而去九月畢師鐸出戰又敗自是日與秦彥相對唏噓間神尼奉仙何以獲濟尼曰走爲上計也十月彥與師鐸突圍投孫儒並爲所殺江淮之間廣陵大鎮富甲天下自師鐸秦彥之後孫儒行密繼踵相攻四五年間連兵不息廬舍焚蕩民戶喪亡廣陵之雄富掃地矣

時溥彭城人徐之牙將黃巢據長安詔徵天下兵進討中和二年武寧軍節度使支詳遣溥與副將陳璠率師五千赴難行至河陰軍亂剽河陰縣迴溥招合撫諭其衆復集懼罪屯于境上詳遣人迎犒悉恕之溥乃移軍向徐州既入軍人大呼推溥爲留後送詳於大彭館溥大出資裝遣陳璠援詳歸京詳宿七里亭其夜爲璠所殺舉家屠害溥以璠爲宿州刺史竟以違命殺詳溥誅璠又令別將帥軍三千赴難京師天子還宮授之節鉞及黃巢攻陳州秦宗權據蔡州與賊連結徐蔡相近溥出師討之軍鋒益盛每戰屢捷黃巢之敗也其將尚讓以數千人降溥後林言又斬黃巢首歸徐州時溥功居第一詔授檢校太尉中書令鉅鹿郡王宗權未平仍授溥徐州行營兵馬都統蔡賊平朱全忠與之爭功遂相嫌怨淮南亂朝廷以全忠

遙領淮南節度以平孫儒行密之亂汴人應援路出徐方溥阻之全忠怒出師攻徐自光啓至大順六七年間汴軍四集徐泗三郡民無耕稼頻歲水災人喪十六七溥窘蹙求和于汴全忠曰移鎮則可然之朝廷以尚書劉崇望代溥以溥爲太子太師溥懼出城見害不受代汴將龐師古陳兵于野溥求援于兗州朱瑾出兵救之值大雪糧盡而還城中守陴者飢甚加之病疫汴將王重師牛存節夜乘梯而入溥與妻子登樓自焚而卒景福二年四月也地入于汴

朱瑄宋州人父慶坐盜鹽抵法瑄逃於青州爲王敬武牙卒中和初黃巢據長安詔徵天下兵敬武遣牙將曹全晸率兵三千赴難關西瑄已爲軍候會青州告急敬武召全晸還路由鄆州時鄆帥薛崇爲草賊王仙芝所殺鄆將崔君裕權知州事全晸知其兵寡襲殺君裕據有鄆州自稱留後以瑄有功署爲濮州刺史留將牙軍光啓初魏博韓簡欲兼并曹鄆以兵濟河收鄆全晸出兵逆戰爲魏軍所敗全晸死之瑄收合殘卒保州城韓簡攻圍半年不能拔

會黄巢軍亂退去朝廷嘉之授以節鉞時瑄有衆三萬其弟瑾勇冠
三軍有爭天下之心秦宗權之盛也屢侵鄆汴朱全忠爲賊所攻甚
窘求救於瑄瑄令朱瑾出師援之擊敗秦宗權全忠乃與瑄情極
隆厚全忠狡譎翻覆虎視藩鄰會宗權誅乃急攻徐州時溥求援
于瑄瑄與全忠書請釋溥脩好僞許之瑄以恩及全忠遣使讓之
又令朱瑾出軍援溥及徐泗平全忠乃移兵攻鄆三四年間每春秋
入其境剽掠人不得耕織民爲俘者十五六瑄禦備殫竭景福末
與弟瑾合兩鎮之兵與汴人大戰于魚山下瑄瑾俱敗兵士陷沒汴
將朱友裕以長壍圍之乾寧四年正月城中食竭瑄與妻榮氏出
奔至中都爲野人所害傳首汴州榮氏至汴州爲尼

朱瑾瑄之母弟驍果善戰初乾符末朝廷以將軍齊克讓爲兗州
節度瑾將襲取之乃求婚於克讓及親迎瑾選勇士衞從禮會之
夜竊發逐克讓遂據城稱留後朝廷不獲已以節鉞授之及朱瑄
平汴人移兵攻兗經年食盡瑾出城求食比還爲別將所拒不得

入乃渡淮依楊行密行密寵待之用爲壽州刺史大敗汴軍于清
口自此全忠不敢以兵渡淮瑾楊溥時謀亂爲徐知訓所殺

史臣曰疾風知勁草世亂見忠臣誠哉是言也土運中微賊巢僭
越藩伯勤王赴難者率有聲而無實唯重榮斬賊使於近關處
存舉義師於安喜橫身泣赴不顧禍患遂得義徒雲合逆黨勢窮
宜乎服冕乘軒傳家胙土而重榮傷於峻法嚴而少恩禍發輿臺
誠悲枉橫高駢起家禁旅頗立功名玩寇崇妖致茲狼籍後來勲
德可誡前車瑄溥不以善取固宜凶終瑾持此狼心妄逃虎口王綱
之紊羣盜及茲復何言哉

贊曰王者撫運居安慮危不以德處即爲盜關乾坤盪覆生靈流
離讀斯章跡可爲涕洟

唐書列傳卷第一百三十二

左奉議郎充紹興府府學教授朱倬校正

外戚

自古后族能以德禮進退全宗保名者鮮矣蓋恃宮掖之寵接宴私之歡高爵厚祿驕其內聲色服翫惑於外莫知師友之訓不達危亡之道故以中才處之罕不覆敗亦由重植之木自然顛拔也明哲之君知驕侈之易滿榮寵之難保授任各當其才祿位不過其量告之以天命不易誡之以大義賊親使居無過之地永享不貲之福與國終始不失其所以親也易曰震來虩虩恐致福也又曰父子嘻嘻失家節也與其愛而失節曷若懼而致福魏氏懲漢

○人之敗著矯枉之法幼主嗣位母后不得臨朝外氏無功時主不得封爵雖曰刻薄而卞戮之族竟無大過皇唐受命長孫竇氏以勳賢任職而武氏韋氏以盈滿致覆夫廢興者豈天命哉蓋人事也竇威長孫無忌各自有傳其餘載其得失為外戚傳以存鑒誡焉

獨孤懷恩元貞皇后弟之子也父整隋涿郡太守懷恩幼時以獻皇后之姪養於宮中後仕為鄠縣令高祖平京城授長安令在職嚴明甚得時譽及高祖受禪擢拜工部尚書時虞州刺史韋義節擊堯君素於蒲州而義節文吏怯懦頻戰不利高祖遣懷恩代總其衆懷恩督兵城下為賊所拒頻戰不利高祖切讓之因是怨望高祖嘗戲之曰弟姑子悉為天子次當舅子乎懷恩遂自以為符命每扼腕曰我家豈女獨富貴耶由是陰圖異計時虞鄉南山多群盜劉武周將宋金剛寇陷澮州高祖悉發關中卒以隸太宗屯於柏壁懷恩遂與解縣令榮靜前五原縣主簿元君寶謀引王行本兵及武周連和與山賊劫永豐倉而斷柏壁糧道割河東地以唱武周事臨發會夏縣人呂崇茂殺縣令據縣起兵應武周高祖遣懷恩與永安王孝基陝州總管于筠內史侍郎唐儉攻崇茂宋金剛潛兵來襲諸將盡沒君寶與開府劉讓亦同陷于賊中遂洩懷恩之謀既而懷恩逃歸高祖復令率師攻蒲州唐儉在賊中說賊將尉遲敬德請使讓還連和罷兵遂使發其事會堯君素為其下所殺小帥王行本以蒲州降懷恩勒兵入據其城高祖將濟河已御舟矣會讓至迺使召懷恩懷恩不知事已洩輕舟來赴乃中流而執之收其黨按驗遂誅之時年三十六籍沒其家

竇德明太穆順聖皇后兄之孫也祖照尚後魏文帝女義陽公主封鉅鹿公父彥襲父封仕隋為西平郡守德明少師事陳留王孝逸頗涉文史會漢王諒作亂遣其將綦良攻黎州德明時年十八募得五千人倍道而進號令嚴整一戰破之以功累拜齊王府屬坐事免及義師圍長安永安王孝基襄邑王神符江夏王道宗及高祖之壻竇誕趙慈景並繫獄隋將衛文昇陰世師欲殺之德明

○謂文昇曰罪不在此輩殺之無傷於彼適足招怨文昇乃止及謁見高祖竟不自言時人稱其長者武德初拜考功郎中從太宗擊王世充頻有戰功封顯武男貞觀初歷常愛二州刺史尋卒弟德玄高宗時為左相德玄子懷貞

懷貞少有名譽時兄弟宗族並以輿馬為事懷貞獨折節自修衣服儉素聖曆中為清河令治有能名俄歷越州都督揚州大都督府長史所在皆以清幹著稱神龍二年累遷御史大夫兼檢校雍州長史時韋庶人及安樂公主等干預朝政懷貞每諂順委曲取容改名從一以避后父之諱自是名稱日損庶人微時乳母王氏本蠻婢也特封莒國夫人嫁為懷貞妻俗謂乳母之壻為阿奢懷貞每因謁見之次及進表疏列在官位必曰皇后阿奢時人或以國奢呼之初無慚色宦官用權懷貞尤所畏敬每視事聽訟見無鬚者誤以接之監察御史魏傳弓嘗以內常侍輔信義尤縱暴將奏劾之懷貞曰輔常侍深為安樂公主所信任權勢甚高言成禍

福何得輒有彈糺傳弓曰今王綱漸壞君子道消正由此輩擅權耳若得今日殺之明日受誅無所恨懷貞無以荅但固止之韋庶人敗左遷濠州司馬尋擢授益州大都督府長史以附會太平公主累拜侍中兼御史大夫代韋安石為尚書左僕射監脩國史賜爵魏國公睿宗為金仙玉貞二公主創立兩觀料功甚多時議皆以為不可唯懷貞贊成其事躬自監役懷貞族弟詹事司直維鎣謂懷貞曰兄位極台衮當思獻可替否以輔明主奈何校量瓦木廁跡工匠之間欲令海內何所瞻仰也懷貞不能對而監作如故時人為之語曰竇僕射前為韋氏國爺後作公主邑丞言懷貞伏事公主同於邑官也先天二年太平公主逆謀事洩懷貞懼罪投水而死追戮其屍改姓毒氏德明族弟孝諶

孝諶刑部尚書誕之子昭成順聖皇后父也則天時歷太常少卿閏州刺史長壽二年后母龐氏被酷吏所陷誣與后呪詛不道孝諶左遷羅州司馬而卒子希瑊希球希瓘並流嶺南神龍初臨

例寧免景雲二年追贈孝諶太尉邠國公希瑊襲爵玄宗即位加贈孝諶太保希瑊等以舅氏甚見優寵希瑊累遷太子少傅豳國公尋卒希球官至太子賓客封冀國公開元二十七年卒及卒謚曰靖希瓘初賜爵畢國公後改名瑰初為左散騎常侍及希球卒因授開府儀同三司玄宗以早失太后尤重外家瑰兄弟三人皆國公食實封瑰子鍔又尚玄宗女永昌長公主恩寵賜賚實為厚矣而兄弟皆貪鄙過自封植瑰又甚之天寶七年有賓勉瞀交巫祝勉犯法瑰坐信其詭說被停官放歸田園尋以尊老又授開府儀同三司依舊朝會十二載十二月卒玄宗哭於行在贈司徒財貨錦萬瑰從父弟維鎣好學以撰著為業時宗族咸以外戚崇飾輿馬維鎣獨清儉自守中書令張說黃門侍郎盧藏用給事中裴子餘皆與之親善官至水部郎中卒撰吉凶禮要二十卷行於代

長孫敞文德順聖皇后之叔父也仕隋為左衛郎將煬帝幸江都留敞守京城禁苑及義旗入關率子弟迎謁於新豐從平京城以功除將作少監出為杞州刺史貞觀初坐贓免太宗以后親常令內給絹以供私費尋拜宗正少卿致仕加金紫光祿大夫累封平原郡公卒贈幽州都督謚曰良陪葬昭陵敞從父弟操周大司徒薛國公覽之子也武德中為陝東道行臺金部郎中出為陝州刺史自州東引水入城以代井汲百姓于今利之貞觀中歷洺州刺史益揚二州都督府長史並有善政二十三年以子詮尚太宗女新城公主拜岐州刺史永徽初加金紫光祿大夫賜爵樂壽男尋卒贈吏部尚書并州都督謚曰安詮官至尚衣奉御詮即侍中韓瑗妻弟也及瑗得罪事連於詮減死配流嶲州詮至流所縣令希旨杖殺之詮之甥有趙持滿者工書善射力搏猛獸捷及奔馬而親仁愛眾多所交結京師無貴賤皆愛慕之初為涼州長史嘗逐野馬自後射之無不洞于肩腋邊人深伏之許敬宗懼其作難誣與詮及無忌同反及拷訊終無異詞且曰身可殺辭不可奪吏竟代為款以殺之

武承嗣荊州都督士彠之孫則天順聖皇后兄子也初士彠娶相里氏生元慶元爽又娶楊氏生三女長適越王府功曹賀蘭越石次則天次適郭氏士彠卒後兄子惟良懷運及元爽等遇楊氏失禮及則天立為皇后追贈士彠為司徒周忠孝王封楊氏代國夫人賀蘭越石早卒封其妻為韓國夫人尋又加贈士彠為太尉楊氏改封為榮國夫人時元慶任為宗正少卿元爽為少府少監惟良為衛尉少卿榮國夫人恨其疇日薄己諷皇后抗疏請出元慶等為外職佯為退讓其實惡之也於是元慶為龍州刺史元爽為濠州刺史惟良為始州刺史元慶至州病卒元爽自濠州又配流振州而死乾封年惟良與弟淄州刺史懷運以岳牧例集於泰山之下時韓國夫人女賀蘭氏在宮中頗承恩寵則天意欲除之諷高宗幸其母宅因惟良等獻食則天密令人以毒藥貯賀蘭氏食中賀蘭氏食之暴卒歸罪於惟良懷運乃誅之仍諷百寮抗表請改其姓為蝮氏絕其屬籍元爽等緣坐配流嶺外而死乃以韓國

夫人之子敏之爲士彠嗣改姓武氏累拜左侍極蘭臺太史襲爵
周國公仍令鳩集學士李嗣眞吳兢之徒於蘭臺刊正經史并著
撰傳記敏之既年少色美烝於榮國夫人恃寵多愆犯則天頗不
悅之咸亨二年榮國夫人卒則天出內大瑞錦令敏之造佛像追
福敏之自隱用之又司衞少卿楊思儉女有殊色高宗及則天自
選以爲太子妃成有定日矣敏之又逼而淫焉及在榮國服內私
釋衰絰著吉服奏妓樂時太平公主尚幼往來榮國之家宮人侍
行又嘗爲敏之所逼俄而姦汙事發配流雷州行至韶州以馬韁
自縊而死承嗣元爽子也敏之死後自嶺南召還拜尚衣奉御襲
祖爵周國公俄遷祕書監則天臨朝追尊士彠爲忠孝太皇置崇
先府官屬五代祖已下皆爲王嗣聖元年以承嗣爲禮部尚書尋
除太常卿同中書門下三品垂拱中轉春官尚書依舊知政事載
初元年代蘇良嗣爲文昌左相同鳳閣鸞臺三品兼知內史事天
授元年於東都創置武氏七廟追尊周文王爲始祖文皇帝王子

五十一　唐傳百三十三　五　葉邦

○武爲睿祖康皇帝云武氏之先也后五代祖贈太原靖王居常爲
嚴祖成皇帝高祖贈趙肅恭王克己爲肅祖章敬皇帝曾祖贈魏
康王儉爲烈祖昭安皇帝祖贈周安成王華爲顯祖文穆皇帝考
忠孝太皇爲太祖孝明高皇帝妣皆隨帝號曰皇后元慶爲梁憲
王元爽爲魏德王又追封伯父及兄弟俱爲王諸姑姊爲長公主於
是封承嗣爲魏王元慶子夏官尚書三思爲梁王從父兄子納
言攸寧爲建昌王太子通事舍人攸歸爲九江王司禮卿重規爲
廣平王左衞親府中郎將載德爲潁川王右衞將軍攸暨爲千乘
王司農卿懿宗爲河內王左千牛中郎將嗣宗爲臨川王右衞勳
二府中郎將攸宜爲建安王尚乘直長攸望爲會稽王太子通事
舍人攸緒爲安平王攸止爲恒安王又封承嗣男延基爲南陽王
延秀爲淮陽王三思男崇訓爲高陽王崇烈爲新安王后兄子贈
陳王承業男延暉爲嗣陳王延祚爲咸安王承嗣嘗諷則天革命
盡誅皇室諸王及公卿中不附己者承嗣從父弟三思又盛贊其

計天下于今寃之俄又賜承嗣實封千戶仍監脩國史承嗣自爲
次當爲皇儲令鳳閣舍人張嘉福諷諭百姓抗表陳請則天竟不
許如意元年授特進尋拜太子太保罷知政事承嗣以不得立爲
皇太子怏怏而卒贈太尉并州牧謚曰宣子延基襲爵則天避其
父名封爲繼魏王尋與其妻永泰郡主及懿德太子等話及張易
之兄弟出入宮中恐有不利後忿爭不協洩之則天聞而大怒咸
令自殺復以承嗣次子延義爲繼魏王中宗即位侍中敬暉等以
唐室中興武氏諸王宜削其王爵乃率羣官上表曰臣聞神器者
天下之至公必歸乎有德皇極者域中之大寶必順乎天命歷考
前古詳觀帝業莫不並興莫有二主故三皇氏沒而五帝氏興夏
商氏衰而周漢氏作何則帝王之曆數必應乎五行水盛則火衰
木衰則金盛天地之運也合乎四時春往則夏來暑退則寒集則
知五行之數也帝王不可違違之則宗社不安生人不理四時之
序天地不能變變之則霜露不均水旱交錯自有隋失御海內崩

五十四　唐傳百三十三　六　葉直

○離天歷之重歸于唐室萬方樂業祈撥亂之功三聖重光布生成
之德可謂有功於四海有德於蒸人自弘道遏密生靈降禍百辟
哀號如喪考妣則天皇后臨御帝圖明目達聰躬親庶績則有讒
邪凶醜誣惑欽德構害宗枝誅戮殆盡英猷賢戚百不一存餘類
在者投竄荒裔尚賴人神感傷天地忠臣義士實所痛心自天授
之際時稱改革武家子姪咸擅封建十餘年間實亦榮極于時唐
室藩屏豈得並封故知事有升降時使然也今則天皇帝厭倦萬
機神器大寶重歸陛下百姓謳歌欣復唐業上至卿士下及蒼生
黃髮之倫童兒之輩莫不歡欣舞抃如見父母豈不以唐家恩德
感幽祇之心陛下仁明順天下之望今皇業重構聖祚中興神祇之
道有助於先德矣黎人之誠無負於陛下矣臣又聞之業不兩盛
事不兩大故天無二日土無二王前聖之格言先哲之明誡自皇明
反正天命惟新武家諸王封建依舊生者既加茅土死者仍追賦
邑萬姓失望卿士寒心何則開闢已來空有斯理帝王之道實無

此法陛下縱欲開恩以行私惠豈可違五行之曆數乖四時之
寒暑者乎又海内衆情朝廷竊議為武氏諸王身計亦適將有損何
則處之未得其所居之實恐不安陛下雖欲寵之翻乃陷之不遵
古典故也且唐曆有歸周命已去爵重則難保祿薄則易全又則
天皇帝親政之時武氏諸王亦分外職今居京華不降舊封天下
之心竊將不可陛下縱欲敦崇外戚曲流恩貸奈宗廟社稷之計
何奈卿士黎庶之議何伏願陛下為社稷之遠圖割私情之小愛
内崇經邦之要外順遐邇之心豈不固宗社之基允人靈之願則
陛下巍巍之業貫三光而洞九泉親親之義上有倫而下有序臣
特承榮寵思竭丹赤既忝唐臣實為唐計伏乞聖慈俯垂矜納中
書舍人岑羲之詞也上荅曰朕嘗因暇景博覽前脩帝籍皇圖略
稽其迹至若三靈肇判三才聿興驪連栗陸之辰尊盧大庭之日
跡猶朴略未著圖書洎乎出震應期畫八卦而成象炎皇御曆播
百穀以興農車服創於軒轅之朝曆象建於唐堯之代封建之事

闕爾無聞自周漢已來方崇藩屏至於三微更王五運迭興以古
揆今事迹有異比者別宗撫曆異姓興邦伏以則天大聖皇帝内
輔外臨將五十載在朕躬則為慈母於士庶即是明君往者垂拱
之中嗣皇臨政當此之際魯衛並存及乎全節興妖瑯琊構逆炎
運七國釁結三監既行大義之懷遂有泣誅之事周唐革命蓋為
從權子姪封王國 常典卿等表云天授之際武家封建唐家藩
屏豈得並封者至如千里一房不預逆謀還依姓李無改舊恩豈非
善惡區分申明逆順矣今以聖上乖豫高枕怡神委政朕躬纂承
丕緒昨者二月之首攸暨等屢請削封朕獨斷衿懷不依來請昔
漢祖以布衣取天下猶封異姓為王況朕以累聖開基豈可削封
外族羣公等以天無二日土無二主抗表紫庭用申丹懇者然以賞
罰之典經國大綱攸暨三思皆悉預告凶堅雖不親冒白刃而亦
早獻丹誠今若却除舊封便虞有功難勸於是降封梁王三思為
德靜郡王量減實封三百戶定王駙馬都尉攸暨為樂壽郡王河

内郡王懿宗為耿國公建昌郡王攸寧為江國公會稽郡王攸望
為鄴國公臨川郡王嗣宗為管國公建安郡王攸宜為息國公高
平郡王重規為鄶國公繼魏王延義為魏國公安平郡王攸緒為
巢國公高平郡王駙馬都尉崇訓為酆國公淮陽郡王延秀為
桓國公咸安郡王延祚為咸安郡公中宗時嗣宗至曹州刺史攸
宜工部尚書重規岐州刺史相次病卒攸望至太常卿左遷春州
司馬而死延秀伏誅後武氏宗屬緣坐誅死及配流殆將盡矣先
天二年制削士彠帝號依舊追贈太原王妻楊氏亦削后號依舊
為太原王妃
延秀承嗣第二子也則天時突厥默啜上言有女請和親制延秀
與閻知微俱往突厥將親迎默啜女為妻既而默啜執知微入寇
趙定等州故延秀久不得還神龍初默啜更請通和先令延秀送
款始得歸封桓國公又授左衛中郎將時武崇訓為安樂公主壻
即延秀從父兄數引至主第延秀久在蕃中解突厥語常於主第

延秀唱突厥歌作胡旋舞有姿媚主甚喜之及崇訓死延秀得幸
遂尚公主主韋后所生男女中最小初中宗遷於房州欲達州境生
於路次性惠敏容質秀絕中宗韋后愛寵日深恣其所欲奏請無
不允許恃寵橫縱權傾天下自王侯宰相已下除拜多出其門所
營第宅并造安樂佛寺擬於宮掖巧妙過之令楊務廉於城西造
定昆池於其莊延袤數里出降之時以皇后仗發於宮中中宗與
韋后御安福門觀之燈燭供擬徹明如晝延秀拜席日授太常卿
兼右衛將軍駙馬都尉改封恒國公實封五百戶發休祥宅於金
城坊造宅窮極壯麗帑藏為之空竭崇訓子數歲因加金紫光祿
大夫太常卿同正員左衛將軍封鎬國公賜實封五百戶以嗣其
父公主產男滿月中宗韋后幸其第就第放赦遣宰臣李嶠文
士宋之問沈佺期張說閻朝隱等數百人賦詩美之延秀既恃恩
放縱無所忌憚又公主府倉曹符鳳知延秀有不臣之心遂說曰
今天下蒼生猶以武氏為念大周必可再興按讖書云黑衣神孫

披天裳騎馬即神皇之孫也每勸令著皁襖子以應之及韋庶人
敗延秀與公主在內宅格戰良久皆斬之後追貶爲敎逆庶人
三思元慶子也少以后族累轉右衞將軍則天臨朝擢拜夏官尚
書及革命封梁王賜實封一千戶尋拜天官尚書證聖元年轉春
官尚書監修國史聖曆元年檢校內史二年進拜特進太子賓客
仍並依舊監修國史三思略涉文史性傾巧便僻善事人由是特
蒙信任則天數幸其第賞賜甚厚時薛懷義張易之昌宗皆承
恩顧三思與承嗣每折節事之懷義欲乘馬承嗣三思必爲之執
轡又贈昌宗詩盛稱昌宗才貌是王子晉後身仍令朝士遞相屬
和三思又以則天厭居深宮又欲與張易之昌宗等扈從馳騁以弄
其權乃請創造三陽宮于嵩高山興泰宮于萬壽山請則天每歲
臨幸前後工役甚衆百姓怨之神龍初進拜司空同中書門下三
品加實封五百戶固辭不受未幾隨例降封爲德靜郡王量減實
封二百戶尋拜左散騎常侍則天遺制令復其所減實封初敬暉

等立功後掌知國政三思慮其更爲己患而令其子崇訓因安樂
公主構譖敬暉等並流于嶺表而死自是三思威權日盛軍國政
事多所參綜敬暉等所斥黜者皆能引復舊職令百官復修則天
之法時人皆言其陰懷篡逆以比曹孟德司馬仲達雍州人韋月將
高軫等並上疏言三思父子必爲逆亂三思知而求索其罪有司希
旨奏月將坐當弃市軫配流嶺外黃門侍郎宋璟執奏云月將所
犯不合至死三思怒貶斥宋璟爲外職三思既猜嫌正士嘗言不知
何等名作好人唯有向我好者是好人耳又與其所親兵部尚書
宗楚客將作大匠宗晉卿太府卿紀處訥鴻臚卿甘元柬遞相引
致干黷時政侍御史周利用冉祖雍太僕丞李俊光祿丞宋之遜
監察御史姚紹之等五人常爲其耳目時人呼爲三思五狗中宗尋
又制武氏崇恩廟一依天授時舊禮享祭其昊陵順陵並置官員
皆三思意也三思既與韋庶人及上官昭容私通嘗忌節愍太子又
因安樂公主密謀廢黜之三年七月太子率羽林大將軍李多祚等

發左右羽林兵殺三思及其子崇訓于其第并殺其親黨十餘人
俄而事變太子既死中宗爲三思舉哀廢朝五日贈太尉追封梁
王謚曰宣安樂公主又以節愍太子首致祭于三思及崇訓靈柩
前睿宗踐祚以三思父子俱有逆節制令斲棺暴屍平其墳墓
崇訓三思第二子也則天時封爲高陽郡王長安中尚安樂郡主
時三思用事於朝欲寵其禮中宗爲太子在東宮三思宅在天津
橋南自重光門內行親迎禮歸於其宅三思又令宰臣李嶠蘇味
道詞人沈佺期宋之問徐彥伯張說閻朝隱崔融崔湜鄭愔等賦
花燭行以美之其時張易之昌宗宗楚客兄弟貴盛時假詞於人
皆有新句崇訓授左衞中郎將神龍元年拜駙馬都尉遷太常卿
兼左衞將軍降封酆國公仍賜實封五百戶尋徙封鎬國公二年
兼太子賓客攝左衞將軍及爲節愍太子所殺優制贈開府儀同
三司追贈魯王謚曰忠
懿宗則天伯父士逸之孫也父元忠高宗時仕至倉部郎中天授年

封士逸爲蜀王懿宗封爲河內郡王歷遷洛州長史左金吾衞大
將軍萬歲通天年中契丹賊帥孫萬榮寇河北命懿宗爲大總管
討之軍次趙州及聞賊將至冀州懿宗懼便欲弃軍而遁人或謂
曰賊衆極多然其軍無輜重以抄掠爲資若按兵以守勢必離散
因而擊之可有大功也懿宗不聽遂退據相州時人嗤其怯懦由
是賊衆進屠趙州而去尋又令懿宗安撫河北諸州先是百姓有
脅從賊衆後得歸來者懿宗以爲同反總殺之仍生刳取其膽後
行刑流血盈前言笑自若初孫萬榮別帥何阿小攻陷冀州亦多
屠害士女至是時人號懿宗與阿小爲兩何謂之語曰唯此兩何殺
人最多懿宗又自天授已來嘗受中旨推鞫制獄王公大臣多被
陷成其罪時人以爲周興來俊臣之亞焉神龍初隨例降爵封耿
國公累轉懷州刺史尋卒
攸暨則天伯父士讓孫也天授中封士讓爲楚王攸暨封千乘郡
王賜爵實封三百戶兄攸寧爲建昌郡王實封四百戶攸寧歷遷

鳳閣侍郎納言冬官尚書病卒攸暨初爲右衛中郎將尚太平公
主授駙馬都尉累遷右衛將軍進封定王又加實封三百戶俄又改
安定郡王歷遷司禮卿左散騎常侍加特進神龍中拜司徒復封
定王實封滿一千戶固辭不拜尋而隨例降封樂壽郡王拜右散
騎常侍加開府儀同三司延秀等誅後又降封楚國公延和元年
卒贈太尉并州大都督追封定王尋以公主謀逆令平毀其墓
太平公主者高宗少女也以則天所生特承恩寵初永隆年降駙
馬薛紹紹垂拱中被誣告與諸王連謀伏誅則天私殺攸暨之妻
以配主焉公主豐碩方額廣頤多權略則天以爲類己每預謀議
宮禁嚴峻事不令洩公主亦畏懼自檢但崇飾邸第二十餘年天
下獨有太平一公主父爲帝母爲后夫爲親王子爲郡王貴盛無比
永淳已前親王食實封八百戶有至一千戶公主出降三百戶
公主加五十戶太平食陽沐之邑一千二百戶聖曆初加至三千戶
神龍元年預誅張易之謀有功進號鎮國太平公主相王加號安

國相王並食實封通前五千戶賞賜不可勝紀公主薛氏二男二
女武氏二男一女並食實封又相王衛王重俊成王千里宅遣衛士
宿衛環其所居十步置一仗舍持兵巡徼同於宮禁太平長寧安
樂三公主置鋪一如親王二年正月置公主府景龍二年公主男崇
簡崇敏崇行同授三品與漁陽王兄弟四人同制時中宗仁善韋
后上官昭容用事禁中皆以爲智謀不及公主甚憚之公主日益
豪橫進達朝士多至大官詞人後進造其門者或有貧窘則遺之
金帛士亦翕然稱之及唐隆元年六月韋后作逆稱制偽尊溫王
玄宗居臨淄邸憤之將清內難公主又預其謀令男崇簡從之及
立溫王數日天下之心歸於相府難爲其議公主入啓幼主以王
室多故貧於長君乃提下幼主因與玄宗大臣尊立睿宗公主頻
著大勳益尊重乃加實封五千戶通前滿一萬戶公主子崇行崇
敏崇簡三人封異姓王崇行國子祭酒四人九卿三品每入奏事坐
語移時所言皆聽薦人或驟歷清職或至南北衙將相權移人

主軍國大政事必參決如不朝謁則宰臣就第議其可否公主由
是滋驕田園遍於近甸膏腴而市易造作器物吳蜀嶺南供送相
屬於路綺疏寶帳音樂輿乘同於宮掖侍兒披羅綺常數百人蒼
頭監嫗必盈千數外州供狗馬玩好滋味不可紀極有胡僧惠範
家富於財寶善事權貴公主與之私奏爲聖善寺主加三品封公
殖貨流於江劍公主懼玄宗英武乃連結將相專謀異計其時宰
相七人五出公主門常元楷李慈掌禁兵常私謁公主先天二年
七月玄宗在武德殿事漸危逼乃勒兵誅其黨竇懷貞蕭至忠
岑羲等公主遽入山寺數日方出賜死于家公主諸子及黨與死
者數十人籍其家財貨山積珍奇寶物侔於御府馬牧羊牧田園
質庫數年徵斂不盡惠範家產亦數十萬貫
攸緒惟良子也少有志行天授中封安平郡王歷遷殿中監出爲
揚州大都督府長史聖曆中棄官隱于嵩山以琴書藥餌爲務中
宗即位以安車備禮徵之降書曰朕聞大隱忘情不去朝市至人

無迹何所凝滯王高標峻尚雅操孤貞有咸一之用弘體二之德學
究深遠理實精微草芥貂蟬錙銖纓紱蔭松山而辭竹苑去朱邸
而臥青溪逍遙林壑傲睨箕潁有年歲矣朕虔膺聖曆重闡皇
基保乂邦家寧輯區寓求賢採彥俯谷窺山王之所居接近嵩岳
長望高烈思滿風煙駐蹕喬巖追尋大隗鳴鑾峒岫詢訪廣成機
務殷繁有懷莫遂今遣國子司業杜慎盈以禮命徵辟掃夢龍之
第虛稷契之筵神化丹青朕之志也豈以黃屋之貴傾彼白雲之心
通變之宜希從降志延佇閶闔若在汾陽攸緒應召至都授太子
賓客尋請歸嵩山制從之令京官五品已上餞送于定鼎門外及
三思延秀等構逆諸武多坐誅戮唯攸緒以隱居不預其禍時論
美之睿宗即位又降敕曰頃以賊臣結黨后族擅權扇動宮闈肆
行鴆毒靈祇所感姦惡伏誅今得宗社乂安天地交泰卿久厭簪
紱早慕林泉守道不回見機而作興言高尚有足嘉稱但慰用不
遷罪無相及爲善有驗卿之謂與或慮驚疑故令慰諭其見重如

止尋衛爲太子賓客不就開元二年攸緒又請就廬山居止制不
許仍令州縣數加存問不令外人侵擾十一年卒年六十九
薛懷義者京兆鄠縣人本姓馮名小寶以鬻臺貨爲業偉形神有
膂力爲市於洛陽得幸於千金公主侍兒公主知之入宮言曰小寶
有非常材用可以近侍因得召見恩遇日深則天欲隱其迹便於
出入禁中乃度爲僧又以懷義非士族乃改姓薛令與太平公主
壻薛紹合族令紹以季父事之自是與洛陽大德僧法明處一惠
儼稜行感德感知靜軌宣政等在內道場念誦懷義出入乘廐馬
中官侍從諸武朝貴匍匐禮謁人間呼爲薛師垂拱初說則天於
故洛陽城西脩故白馬寺懷義自護作寺成自爲寺主頗恃恩狂
蹶其下犯法人不敢言右臺御史馮思勗屢以法劾之懷義遇勗
於途令從者毆之幾死又於建春門內敬愛寺別造殿宇改名佛
授記寺垂拱四年拆乾元殿於其地造明堂懷義充使督作凡役
數萬人曳一大木千人置號頭頭一嘄千人齊和明堂大屋凡三層

○計高三百尺又於明堂北起天堂廣袤亞於明堂懷義以功拜左
威衛大將軍封梁國公永昌中突厥默啜犯邊以懷義爲清平道
大總管率軍擊之至單于臺刻石紀功而還加輔國大將軍進右
衛大將軍改封鄂國公柱國賜帛二千段懷義與法明等造大雲
經陳符命言則天是彌勒下生作閻浮提主唐氏合微故則天革
命稱周懷義與法明等九人並封縣公賜物有差皆賜紫袈裟銀
龜袋其偽大雲經頒於天下寺各藏一本令昇高座講說則天將
革命誅殺宗屬諸王唯千金公主以巧媚善進奉獨存抗疏請以
則天爲母因得曲加恩寵改邑號爲延安大長公主加實封賜姓
武氏以子克乂娶魏王武承嗣女內門參問不限早晚見則盡敬
長壽二年默啜復犯塞又以懷義爲代北道行軍大總管以李多
祚蘇宏暉爲將未行改朔方道行軍大總管以內史李昭德爲行
軍長史鳳閣侍郎平章事蘇味道爲行軍司馬契苾明曹仁師沙
吒忠義等十八將軍以討之未行虜退乃止懷義後厭入宮中多

居白馬寺刺血畫大像選有膂力白丁度爲僧數滿千人侍御史
周矩疑其姦奏請劾之不許固請之則天曰卿且退朕即令去矩
至臺薛師亦至乘馬蹋階而下便坦腹於牀矩召臺吏將按之遽
乘馬而去矩具以聞則天曰此道人風病不可苦問所度僧任卿
勘當矩按之窮其狀以聞諸僧悉配遠州遷矩天官員外郎竟爲
薛師所搆下獄免官後有御醫沈南璆得幸薛師恩漸衰恨怒頗
甚證聖中乃焚明堂天堂並爲灰燼則天愧而隱之又令懷義充
使督作乃於明堂下置九州鼎鑄銅爲十二屬形象置於本辰位
皆高一丈懷義率人作號頭安置之其後益驕倨則天惡之令太
平公主擇膂力婦人數十密防慮之人有發其陰謀者太平公主
乳母張夫人令壯士縛而縊殺之以輦車載屍送白馬寺其侍者
僧徒皆流竄遠惡處
韋溫中宗韋庶人從父兄也父玄儼高宗末官至許州刺史玄儼
弟玄貞初爲普州參軍以女爲皇太子妃擢拜豫州刺史中宗嗣

○位妃爲后及帝降爲廬陵王玄貞配流欽州而死后母崔氏爲欽
州首領甯承兄弟所殺玄貞有四子洵浩洞泚亦死於容州后二
妹逃竄獲免間行歸長安及中宗復位韋氏復爲皇后其日追贈
玄貞爲上洛郡王左拾遺賈虛己上疏諫曰孔子曰惟名與器不可
以假人且非李氏而王自古盟書所棄今陛下創制謀始垂範將
來爲皇王令圖子孫明鏡臣復未幾后族有私臣雖庸愚尚知未
可史官執簡必是直書今萬姓顒然聞一善令莫不途歌里頌延
頸向風欣然慕化日恐不及陛下奈何行私惠使樵夫議之即先
朝贈太原王殷鑒不遠同雲生於膚寸尋木起於蘖栽誠可惜也
渙汗既行難改成命臣望請皇后抗表固辭使天下知弘讓之風
彤管著沖謙之德是則巍巍聖鑒無得而稱疏奏不省尋又追贈
玄貞爲太師雍州牧益州大都督玄儼爲特進并州大都督魯國
公遣使迎玄貞及崔氏喪柩歸京師又遣廣州都督周仁軌率兵
討斬甯承兄弟以其首祭于崔氏擢拜仁軌左羽林大將軍賜爵

陰南郡公食實封五百戶及玄貞等柩將至上與后登長樂宮望
喪而泣加贈玄貞爲酆王謚曰文獻仍號其廟曰褒德陵曰榮先
各置官員并給戶一百人守衛灑掃又贈玄貞子洵爲吏部尚書
汝南郡王浩太常卿武陵郡王洞衛尉卿淮南郡王泚太僕卿上
蔡郡王亦遣使迎其喪柩於京師溫神龍中累遷禮部尚書封魯
國公弟滑左羽林將軍封曹國公后妹夫陸頌爲國子祭酒馮太
和爲太常少卿太和尋卒又適嗣虢王邕婿子捷尚成安公主溫
從祖弟濯尚定安公主皆拜駙馬都尉景龍三年溫遷太子少保
同中書門下三品仍遥授揚州大都督溫等既居榮要熏灼朝野
時人比之武氏滑及陸頌相次病卒贈甚厚及中宗崩后令溫摠
知內外兵馬守援宮掖又引從子播族弟璿弟捷濯等分掌屯營
及左右羽林軍臨淄王討韋氏溫等皆坐斬宗族無少長皆死語
在韋庶人傳睿宗即位仍令削平玄貞及洵等墳墓
王仁皎玄宗王庶人之父也景龍中官至長上果毅玄宗即位以后

○父歷將作大匠太僕卿遷開府儀同三司封祁國公仁皎不預朝
政但厚自奉養積子女財貨而已開元七年卒贈太尉官供葬事
柩車既發上於望春亭遥望之令張說爲其碑文玄宗親書石焉
子守一
守一與后孿生守一與玄宗有舊及上登極以清陽公主妻之從討
蕭至忠岑羲等有功自尚乘奉御遷殿中少監特封晉國公累轉
太子少保父卒襲爵祁國公十一年坐與庶人潛通左道左遷柳
州司馬行至藍田驛賜死守一性貪鄙積財巨萬及籍沒其家財
帛不可勝計
吳溆章敬皇后之弟也濮州濮陽人祖神泉位終縣令父珪益州
郫縣丞寶曆二年代宗始封拜外族贈神泉司徒令珪太尉令珪
母弟前宣城令令瑤爲開府儀同三司太子家令封濮陽郡公中
郎將令瑜爲開府儀同三司太子諭德濟陽郡公溆時爲盛王府
錄事參軍拜開府儀同三司太子詹事濮陽郡公以元舅遷鴻臚

少卿金吾將軍建中初遷大將軍溆雖居戚屬恭遜謙和人皆重
之涇師之亂從幸奉天盧杞白志貞謂德宗曰臣細觀朱泚心迹
必不至爲戎首佇當効順宜擇大臣一人入京師慰諭以觀其心上
召從幸羣臣言之皆憚其行溆起奏曰不以臣才望無堪臣願此
行德宗甚悅溆退而謂人曰人臣食君之祿死君之難臨危自計非
忠也吾忝戚屬今日委身於賊誠知必死不欲聖情慊於無人犯
難也即日齎詔見泚深陳上待屬之意時泚逆謀已定貌雖從命
而心已異乃留溆於客省竟被害上聞之悲悼不已贈太子太傅
賜其家實封二百戶一子五品正員官勑收城日葬事官給弟湊
湊寶曆中與兄溆同日開府授太子詹事俱封濮陽郡公湊以兄
弟三品固辭太過乞授卑官乃以湊檢校太子賓客兼太子家令
充十宅王使累轉左金吾衛大將軍湊小心謹慎智識周敏特承
顧問偏見委信大曆中滑帥令狐彰卒汴帥田神功相次殁於理所
時藩方兵驕乘戎帥喪亡人情多梗代宗命湊銜命撫慰至必委

○曲說諭隨所欲爲之奏請皆得軍民和協帝深重之宰臣元載弄
權招致賄賂醜迹日彰帝惡之將加之法恐左右洩漏無與言者
唯與湊密計圖之及收載於內侍省同列王縉其黨楊炎王昂韓
洄包佶韓會等皆當從坐籍沒湊諫救百端言法宜從寬縉等從
坐理不至死若不降以等差一例極刑恐虧損聖德繇是縉等得
減死流貶之大曆末丁繼母喪免建中初起爲右衛將軍兼通州
刺史貞元初入爲太子賓客出爲福州刺史御史中丞福建觀察
使爲政勤儉清苦美譽日聞宰相竇參以私怨惡之數加譖毀又
言湊風病不任趨馳德宗召湊至京師對于別殿上令殿上行走
以驗其病否由是悟參之誣因是惡參尋以湊爲陜州大都督府
長史陝虢觀察使以代參之黨李翼會劉玄佐卒以湊檢校兵部
尚書汴州刺史御史大夫宣武軍節度使時汴州軍亂殺牙將曹
金岸縣令李邁謀立玄佐子士寧上將遣兵送湊赴鎮召宰臣議
竇參深沮其行恐軍中拒命乃召湊迴授右金吾衛大將軍而以

梁宋節鉞授士寧貞元十四年春夏旱穀貴人多流亡京兆尹韓皐以政事不理黜官上召湊面授京兆尹即日令視事經宿方下制湊孜孜爲理以勤儉爲務人樂其政時宮中選內官買物於市倚勢強買物不充價人畏而避之呼爲宮市掌賦者多與中貴人交結假借不言其弊湊爲京尹便殿從容論之曰物議以中人買物於市稍不便於人此事甚細處撥沐議凡宮中所須責臣可辦不必更差中使若以臣府縣外吏不合預聞宮中所須則乞選內官年高謹重者充宮市令庶息人間論議又奏掌閑彍騎飛龍內園芙蓉及禁軍諸司等使雜供手力資課太多量宜減省上多從之初府掾吏以湊起自戚藩不諳簿領凡有疑獄難決之事多候湊將出時方呈異免指摘瑕病湊雖蒼卒閱視必指其姦倖之處下筆決斷無毫釐之差掾吏非大過不行笞責而召面按問詰責而釋之吏尤惕厲庶務咸舉文敬太子義章公主相繼薨歿上深追念葬送之儀頗厚召集工役載土築墳妨民農務湊候上顧問極

言之宗屬門吏以湊論諫太繁恐上猒苦每以簡約規之湊曰聖上明哲憂勞四海必不以公主太子之鍾念而忽疲民但人多順旨不言若再三啓諫必動宸情則生民受賜長吏不言是爲阿旨如窮民上訴罪在何人議者重之以能政兼兵部尚書官街樹缺所司植榆以補之湊曰榆非九衢之玩亟命易之以槐及槐陰成而湊卒人指樹而懷之湊於德宗爲老舅漢魏故事多退居散地纔免罪戾而已湊自貞元已來特承恩顧歷中外顯貴雖聖獎隆深亦由湊小心辦事奉職有方故也湊既疾不召巫醫藥不入口家人泣而勉之對曰吾以凡才濫因外戚進用起家便授三品歷顯位四十年壽登七十爲人足矣更欲何求古之以親戚進用者罕有善終吾得歸全以侍先人幸也德宗知之令御醫進藥不獲已服之貞元十六年四月卒時年七十一贈尚書左僕射罷朝一日

竇覦昭成皇后族姪父光華原尉覦以親蔭釋褐右衞率府兵曹參軍鄜坊節度臧希讓奏爲判官累授監察殿中侍御史檢校工部員外郎坊州刺史興元元年討李懷光於河中詔覦以坊州兵士百人屯郃陽賊平以功兼御史中丞遷同州刺史入朝爲戶部侍郎覦無他才伎爲吏有計數又以韓滉子壻故藩府辟召遂歷牧守宰相竇參覦再從姪參少依覦及參秉政力薦於朝故有貳卿之拜數月爲揚州大都督府長史御史大夫充淮南節度副大使知節度事既非德舉人咸薄之赴鎮旬日暴卒詔贈禮部尚書

柳晟者肅宗皇后之甥母和政公主父潭官至太僕卿駙馬都尉晟少無檢操代宗於諸甥之中特加撫鞠俾與太子諸王同學授詩書恩寵罕比累試太常卿德宗即位以與晟幼同硯席尤親之涇師之亂從幸奉天晟密啓曰願受詔入京城遊說羣賊與其攜貳德宗壯而許之晟與賊帥多有舊出入其門說誘之事洩爲朱泚所擒械之於獄晟有力乃於獄中穿垣破械而遁落髮爲僧間道歸行在遷將作少監元和初檢校工部尚書興元尹山南西道節

度使罷鎮入朝以違詔進奉爲御史元稹所劾詔宥之俄充入迴鶻冊立使復命遷左金吾衛大將軍元和十三年卒贈太子少保

王子顏瑯琊臨沂人莊憲皇后之父也祖思敬少從軍累試太子賓客父難得有勇決善騎射天寶初爲河源軍使吐蕃贊普王子郎支都有勇乘諳眞馬寶鈿裝鞍出陣求鬭無敢與校者難得挾槍奮馬突前刺殺郎支都斬其首傳於京師軍還玄宗召見之令於殿前乘馬挾槍作刺郎支都之狀賜以錦袍金帶累拜金吾將軍同正員天寶七載從哥舒翰擊吐蕃於積石軍吐谷渾王子悉弄恭及子壻悉頰藏而還累拜左武衛將軍關西遊弈使九載擊吐蕃收五橋拔樹敦城補白水軍使十三載從收九曲加特進祿山之叛從哥舒翰戰於潼關關門不守從肅宗幸靈武時行在闕軍賞難得進絹三千疋及金銀器等至德初試衛尉卿興平軍使兼鳳翔都知兵馬使進收京城與賊軍戰其下斬元曜戰酣墮馬難得馳救之賊射之中眉皮穿披下鄣目難得自拔去箭幷皮掣落

馳馬復戰血沫被面而抗賊不已肅宗深嘉之從郭子儀攻安慶緒於相州累封瑯琊郡公英武軍使寶應二年卒贈潞州大都督子顏少從父征役累官金紫光祿大夫檢校衛尉卿生后而卒順宗內禪以后生憲宗皇帝㝅贈先代贈思勖司徒難得太傅子顏太師顏子重榮官至福王傅用官至太子賓客金吾將軍

贊曰戚里之賢避寵畏權不卹禍患鮮能保全福盈者敗勢壓者顛武之惟良明於自然

唐書列傳卷第一百三十三

劉　昫　等修

宦官

楊思勗　高力士　袁思藝　李輔國　程元振
魚朝恩　劉希暹　賈明觀　竇文場　霍仙鳴
俱文珍　吐突承璀　王守澄　仇士良　田令孜
楊復光　楊復恭　劉季述　王奉先　韓全誨

唐制有內侍省其官員內侍四人內常侍六人內謁者監六人內給事八人謁者十二人典引十八人寺伯二人寺人六人別有五局掖廷局掌宮人簿籍宮闈局掌宮內門禁奚官局有掌扇給使等員奚官局掌宮人疾病死喪內僕局掌宮中供帳燈燭五局有令丞皆內官為之貞觀中太宗定制內侍省不置三品官內侍是長官階四品至永淳末向七十年權未假於內官但在閤門守御黃衣廩食而已則天稱制二十年間差增員位中宗性慈務崇恩貸神

龍中宦官三千餘人超授七品以上員外官者千餘人然衣朱紫者尚寡玄宗在位既久崇重宮禁中官稍稱旨者即授三品左右監門將軍得門施棨戟開元天寶中長安大內大明興慶三宮皇子十宅院皇孫百孫院東都大內上陽兩宮大率宮女四萬人品官黃衣已上三千人衣朱紫者千餘人後李輔國從幸靈武程元振翼衛代宗怙寵邀君乃至守三公封王爵干預國政亦未全握兵權代宗時子儀北伐親王東討遂特立觀軍容宣慰使命魚朝恩為之然自有統帥亦監領而已德宗避涇師之難幸山南內官竇文場霍仙鳴擁從賊平之後不欲武臣典重兵其左右神策天威等軍欲委宦者主之乃置護軍中尉兩員中護軍兩員分掌禁兵以文場仙鳴為兩中尉自是神策親軍之權全歸於宦者矣自貞元之後威權日熾蘭錡將臣率皆子蓄藩方戎帥必以賄成萬機之與奪任情九重之廢立由己元和之季毒被乘輿長慶纘隆徒攀抗干之憤臨軒暇逸旋忘塗地之冤而易月未除滔天盡怒甲第名園之賜莫匪伶官朱袍紫綬之榮無非巷伯是時高品白身之數四千六百一十八人內則參秉戎權外則監臨藩嶽文宗包祖宗之恥痛肘腋之讎思前翦屬階去其太甚宋申錫言未出口尋以破家李仲言謀之不臧幾何敗國何竇貴之徒轉熾讓珪之勢尤狂五十餘年禍胎踰煽昭宗之季所不忍聞臣遍覽前書考茲覆轍試言大較庶竭其源何者自書契已來不無閹寺況垂之天象備見職官即如秦皇漢武宮闈之內宦官以侍宴遊但英睿之君措置斯得及荒僻之主奢蕩是求委藩聚蹴鞠之徒飾姬姜狗馬之玩外言不入惟欲是從雖並列五侯猶為賞薄遍封萬戶尚慊恩疎苟思捧日之勤遂據迴天之勢及長綱錯亂四海崩離秦本初之八廿宮無鬚類殆盡石冉閔之攻鄴下內豎咸誅旋至殄瘁邦家不獨感傷和氣淫刑斯逞可為傷心向使不假威權但趨帷扆何止四星終吉抑亦萬乘延洪昔賢為社鼠之喻不其然乎今錄楊思勗已下所行事以為鑒誡云

楊思勗本姓蘇羅州石城人為內官楊氏所養以閹從事內侍省預討李多祚功超拜銀青光祿大夫行內常侍思勗有膂力殘忍好殺從臨淄王誅韋氏遂從王為爪士累遷右監門衛將軍開元初安南首領梅玄成叛自稱黑帝與林邑真臘國通謀陷安南府詔思勗將兵討之思勗至嶺表鳩募首領子弟兵馬十餘萬取伏波故道以進出其不意玄成遽聞兵至遑惑計無所出竟為官軍所擒臨陣斬之盡誅其黨與積屍為京觀而還十二年五谿首領覃行璋作亂思勗復授詔率兵討之生擒行璋斬其黨三萬餘級以軍功累加輔國大將軍後從東封又加驃騎大將軍封虢國公十四年邕州賊帥梁大海擁賓橫等數州反叛思勗又統兵討之生擒梁大海等三千餘人斬首二萬餘級復積屍為京觀十六年瀧州首領陳行範何游魯馮璘等聚徒作亂陷四十餘城行範自稱帝游魯稱定國大將軍璘稱南越王割據嶺表詔思勗率永連道等兵及淮南弩手十萬人進討兵至瀧州臨陣擒游魯馮璘斬之行範潛竄深州投雲際盤遼二洞

思勗悉衆攻之生擒行範斬之斬其黨六萬級獲口馬金玉巨萬
計思勗性剛決所得俘因多生剥其面或𦢊髮際掣去頭皮將士
已下望風慴憚莫敢仰視故所至立功內給事牛仙童使幽州受
張守珪厚賂玄宗怒命思勗殺之思勗縛架之數日乃探取其心
截去手足割肉而啖之其殘酷如此二十八年卒時年八十餘
高力士潘州人本姓馮少閹與同類金剛二人聖曆元年嶺南討
擊使李千里進入宮則天嘉其黠惠總角脩整令給事左右後因
小過撻而逐之內官高延福收爲假子延福出自武三思家力士
遂往來三思第歲餘則天復召入禁中隷司宮臺廩食之長六尺
五寸性謹密能傳詔勑授宮闈丞景龍中玄宗在藩力士傾心奉
之接以恩顧及唐隆平內難昇儲位奏力士屬內坊日侍左右擢
授朝散大夫內給事先天中預誅蕭岑等功超拜銀青光祿大
夫行內侍同正員開元初加右監門衛將軍知內侍省事玄宗尊
重宮闈中官稍稱旨即授三品將軍門施棨戟故楊思勗黎敬仁林

招隱尹鳳祥等貴寵與力士等楊則持節討伐黎林則奉使宣傳
尹則主書院其餘孫六韓莊楊八牛仙童劉奉廷王承恩張道斌
李大宜朱光輝郭全邊令誠等殿頭供奉監軍入蕃教坊武德主
當皆爲委任之務監軍則權過節度出使則列郡辟易其郡縣
豐贍中官一至軍則所冀千萬計脩功德市鳥獸詣一處則不啻千
貫皆在力士可否故帝城中甲第畿甸上田果園池沼中官參半
於其間矣每四方進奏文表必先呈力士然後進御小事便決之
玄宗常曰力士當上我寢則穩故常止於宮中稀出外宅若附會
者想望風彩以冀吹噓竭肝膽者多矣宇文融李林甫李適之蓋
嘉運韋堅楊慎矜王鉷楊國忠安祿山安思順高仙芝因之而取
將相高位其餘職不可勝紀肅宗在春宮呼爲二兄諸王公主皆
呼阿翁駙馬輩呼爲爺力士於寢殿側簾帷中休息殿側亦有院
中有脩功德處雕瑩璀璨窮極精妙力士謹愼無大過然自宇
文融已下用權相噬以紊朝綱皆力士之由又與時消息觀其勢

候雖至親愛臨覆敗皆不之救力士義父高延福夫妻正授供奉
嶺南節度使於潘州求其本母麥氏送長安令兩媼在堂備於甘
脆金吾大將軍程伯獻與力士結爲兄弟麥氏亡伯獻於靈筵散
髮具縗絰受賓弔荅十七年贈力士父廣州大都督麥氏越國夫
人開元初瀛州呂玄晤作吏京師女有姿色力士娶之爲婦擢玄
晤爲少卿刺史子弟皆爲王傅呂夫人卒葬城東葬禮甚盛中外
爭致祭贈充溢衢路自第至墓車馬不絕天寶初加力士冠軍大
將軍右監門衛大將軍進封渤海郡公七載加驃騎大將軍力士
資產殷厚非王侯能擬於來庭坊造寶壽佛寺興寧坊造華封
道士觀寶殿珍臺侔於國力於京城西北截灃水作碾並轉五輪
日破麥三百斛初寶壽寺鐘成力士齋慶之舉朝畢至凡擊鐘者
一擊百千有規其意者擊至二十杵少尚十杵其後又有華州袁思
藝特承恩顧然力士巧密人悅之思藝驕倨人士疎懼之十四載
置內侍省內侍監兩員秩正三品以力士思藝對任之玄宗幸蜀思

藝走投祿山力士從幸成都進封齊國公從上皇還京加開府儀
同三司賜實封五百戶上元元年八月上皇移居西內甘露殿力士
與內官王承恩魏悅等因侍上皇登長慶樓爲李輔國所構配流
黔中道力士至巫州地多薺而不食因感傷而詠之曰兩京作斤
賣五谿無人採夷夏雖不同氣味終不改寶應元年三月會赦歸
至朗州遇流人言京國事始知上皇厭代力士北望號慟嘔血而
卒代宗以其耆宿保護先朝贈揚州大都督陪葬泰陵
李輔國本名靜忠閑廄馬家小兒少爲閹貌陋粗知書計爲僕事
高力士年且四十餘令掌廄中簿籍天寶中閑廄使王鉷嘉其畜
牧之能薦入東宮祿山之亂玄宗幸蜀輔國侍太子扈從至馬嵬
誅楊國忠輔國獻計太子請分玄宗麾下兵北趨朔方以圖興復
輔國從至靈武勸太子即帝位以系人心肅宗即位擢爲太子家
令判元帥府行軍司馬事以心腹委之仍賜名護國四方奏事御
前符印軍號一以委之輔國不茹葷血常爲僧行視事之隙手持

念珠人皆信以爲善從幸鳳翔授太子詹事改名輔國肅宗還京拜殿中監閑廄五坊宮苑營田栽接總監等使又兼隴右羣牧京畿鑄錢長春宮等使勾當少府殿中二監都使至德二年十二月加開府儀同三司進封郕國公食實封五百戶宰臣百司不時奏事皆因輔國上決常在銀臺門受事置察事廳子數十人官吏有小過無不伺知即加推訊府縣按鞫三司制獄必詣輔國取決隨意區分皆稱制勑無敢異議者每出則甲士數百人衞從中貴人不敢呼其官但呼五郎宰相李揆山東甲族位居台輔見輔國執子弟之禮謂之五父肅宗又爲輔國娶故吏部侍郎元希聲姪擢女爲妻擢弟挹時並引入臺省擢爲梁州長史輔國判元帥行軍司馬專掌禁兵賜內宅居止上皇自蜀還京居興慶宮肅宗自夾城中起居上皇時召伶官奏樂持盈公主往來宮中輔國常陰候其隙而間之上元元年上皇嘗登長慶樓與公主語劒南奏事官過朝謁上皇令公主及如仙媛作主人輔國起微賤貴達日近不

爲上皇左右所禮慮恩顧或衰乃潛畫奇謀以自固因持盈待客乃奏云南內有異謀矯詔移上皇居西內送持盈於玉眞觀高力士等皆坐流竄二年八月拜兵部尚書餘官如故詔群臣於尚書省送上賜御府酒饌太常樂武士戎服夾道朝列畢會輔國驕恣日甚求爲宰臣肅宗曰以公勳力何官不可但未允朝望如何輔國諷僕射裴冕聯章薦己肅宗密謂宰臣蕭華曰輔國欲帶平章事卿等欲有章薦信乎華不對問裴冕曰初無此事吾臂可截宰相不可得也華復入奏上喜曰冕固堪大用輔國銜之寶應元年四月肅宗寢疾宰臣等不可謁見輔國誣奏華專權請黜之上不許輔國固請不已乃罷華知政事守禮部尚書及帝崩華竟被斥逐代宗即位輔國與程元振有定策功愈恣橫私奏曰大家但內裏坐外事聽老奴處置代宗怒其不遜以方握禁軍不欲遽責乃尊爲尚父政無巨細皆委參決五月加司空中書令食實封八百戶程元振欲奪其權請上漸加禁制乘其有間乃罷輔國判元帥行軍事其閑廄

已下使名並分授諸貴仍移居外輔國始懼茫然失據詔進封博陸王罷中書令許朝朔望輔國欲入中書脩謝表閽吏止之曰尚父罷相不合復入此門乃氣憤而言曰老奴死罪事郎君不了請於地下事先帝上猶優詔荅之十月十八日夜盜入輔國第殺輔國攜首臂而去詔刻木首葬之仍贈太傅

程元振以宦者直內侍省累遷至內射生使寶應末肅宗晏駕張皇后與太子有隙恐不附已引越王係入宮欲令監國元振知其謀密告李輔國乃挾太子誅越王幷其黨與代宗即位以功拜飛龍副使右監門將軍上柱國知內侍省事尋代輔國判元帥行軍司馬專制禁兵加鎮軍大將軍右監門衞大將軍封保定縣侯充寶應軍使九月加驃騎大將軍封邠國公贈其父元貞司空母郄氏趙國夫人是時元振之權甚於輔國軍中呼爲十郎元振常請託於襄陽節度使來瑱瑱不從及元振握權徵瑱入朝瑱遷延不至廣德元年破裴茙遂入朝拜兵部尚書元振欲報私憾誣

瑱之罪竟坐誅宰臣裴冕爲肅宗山陵使有事與元振相違乃發小吏贓私貶冕施州刺史來瑱名將裴冕元勳二人既被誣陷天下方鎮皆解體元振猶以驕豪自處不顧物議九月吐蕃党項入犯京畿下詔徵兵諸道卒無至者十月蕃軍至便橋代宗蒼黃出幸陝州賊陷京師府庫蕩盡及至行在太常博士柳伉上疏切諫誅元振以謝天下代宗顧人情歸咎乃罷元振官放歸田里家在三原十二月車駕還京元振服縗麻於車中入京城以規任用與御史大夫王昇飲酒爲御史所彈詔曰族談錯立法尚不容同惡陰謀議當從重有一於此情實難原程元振性惟兇愎質本庸愚驀爾之身合當萬死頃以寬其嚴典念以微勞屈法伸恩放歸田里仍乖克己尚未知非旣忘含煦之仁別貯覬覦之望敢爲嘯聚仍欲動搖不令之臣共爲睥睨妄談休咎仍懷怨望束兵聚甲變服潛行無顧君親將圖不軌按驗皆是無所逃刑首足異門未云塞責朕猶不忘薄効再捨罪人特寬斧鉞之誅俾正投荒之典宜

長流溱州百姓委京兆府差綱遞送路次州縣差人防援至彼捉
搦勿許東西縱有非常之赦不在會恩之限凡百寮庶宜體朕懷
魚朝恩天寶末以宦者入內侍省初爲品官給事黃門性黠惠善
宣荅通書計至德中常令監軍事九節度討安慶緒於相州不
立統帥以朝恩爲觀軍容宣慰處置使觀軍容使名自朝恩始
也以功累加左監門衛大將軍時郭子儀頻立大功當代無出其
右朝恩妬其功高屢行間諜子儀悉心奉上殊不介意肅宗英悟
特察其心故朝恩之間不行自相州之敗史思明再陷河洛朝恩
常統禁軍鎮陝以殿東夏廣德元年西蕃入犯京畿代宗幸陝時
禁軍不集徵召離散比至華陰朝恩大軍遽至迎奉六師方振繇
是深加寵異改爲天下觀軍容宣慰處置使時四方未寧萬務事
殷上方注意勳臣朝恩專典神策軍出入禁中賞賜無算朝恩性
本凡劣恃勳自伐靡所忌憚時引腐儒及輕薄文士於門下講
授經籍作爲文章粗能把筆釋義乃大言於朝士之中自爲有文

武才幹以邀恩寵上優遇之加判國子監事光祿鴻臚禮賓內飛
龍閑廏等使并國子監視事特詔宰臣百寮六軍將軍送上京兆
府造食教坊賜樂大臣羣官二百餘人皆以本官備章服充附學
生列於監之廊下待詔給錢萬貫充食本以附學生厨料朝恩恣
橫求取無厭凡有奏請以必允爲度宰臣未有其比大曆二年朝
恩獻通化門外賜莊爲寺以資章敬太后冥福仍請以章敬爲名
復加興造窮極壯麗以城中材木不足充費乃奏壞曲江亭館華
清宮觀樓及百司行廨將相沒官宅給其用土木之役僅逾萬億
三年譚判國子監事加韓國公章敬太后忌日百寮於興唐寺行
香朝恩置齋饌於寺外之車坊延宰臣百寮就食朝恩恣口談時
政公卿惕息戶部郎中相里造殿中侍御史李衎以正言折之朝
恩不悅乃罷會後嘗釋奠於國子監宰臣百寮皆會朝恩講易徵
鼎卦覆餗之義以譏元載載心銜之陰圖除去之以朝恩太横亦
惡之載欲伺其便巧中傷之乃用腹心崔昭爲京兆尹伺朝恩出
處昭不悋財賂潛與朝恩黨陝州觀察使皇甫溫相結溫與昭
協自是朝恩動靜載皆知之巨細悉以聞上益怒朝恩未之察日
以驕橫載奏加朝恩實封又加皇甫溫權位以肆其欲五年朝恩
所昵武將劉希暹微有過忤上諷之詔罷朝恩觀軍容使加實封
通前一千戶朝恩始疑然每朝謁恩顧如常亦不以載爲意會寒
食宴近臣朝恩入謁先是每宴罷必出還營是日有詔留之朝恩
始懼言頗悖慢上亦以舊恩不之責是日朝恩還第雉經而卒劉
希暹亦下獄賜死
希暹出自戎伍有膂力形貌光偉以騎射聞朝恩用之爲神策都
虞候封交河郡王善候朝恩意旨深被委信累遷至太僕卿與
兵馬使王駕鶴同掌禁兵所爲不法諷朝恩於北軍置獄召坊市
兇惡少年羅織城內富人誣以違法捕置獄中忍酷考訊錄其家
產並沒於軍或有舉選之士財貨稍殷客於旅舍遇橫死者非
一坊市苦之謂之入地牢捕帥者有賈明觀者尤凶蠹以擾置大

獄家產巨萬希暹黨之地在禁密人無敢言者朝恩死上寬宥之
以素志非順慮不見容常自疑懼與王駕鶴聯職希暹辭多不
遜駕鶴純謹上信任之至是以希暹語上聞乃誅之
賈明觀者本萬年縣捕賊吏事希暹恣爲兇惡毒甚豺狼朝
恩希暹既死元載復受希暹姦謀潛容之特奏令江西効力明觀
將出城百姓數萬人懷塼石候之載令市吏止約明觀在洪州二
年觀察使魏少遊容之及路嗣恭代少遊至郡之日召明觀笞殺
之識者減魏之名多路之正朝恩素待禮部尚書裴士淹戶部侍
郎判度支第五琦二人亦坐貶官
竇文場霍仙鳴者始在東宮事德宗初魚朝恩誅後內官不復
典兵德宗以親軍委白志貞志貞多納豪民賂補爲軍士取其傭
直身無在軍者但以名籍請給而已涇師之亂帝召禁軍禦賊志
貞召集無素是時並無至者唯文場仙鳴率諸宦者及親王左右
從行志貞貶官左右禁旅悉委文場主之從幸山南兩軍漸集德

宗還京頗忌宿將凡握兵多者悉罷之禁旅文場仙鳴分統焉貞
元十二年六月特立護軍中尉兩員中護軍兩員以帥禁軍乃以文
場為左神策護軍中尉仙鳴為右神策護軍中尉右神威軍使張尚
進為右神策中護軍內謁者監焦希望為左神策中護軍自文場
等始也時竇霍之權振於天下藩鎮節將多出禁軍臺省清要
時出其門文場累加驃騎大將軍是歲仙鳴病帝賜馬十匹令於
諸寺為僧齋以祈福父病不愈十四年春卒而卒上疑左右小使
正將食手加毒配流者數十人仙鳴死後以開府內常侍第五守
亮為右軍中尉文場連表請致仕許之十五年已後楊志廉孫榮
義為左右軍中尉亦踵竇霍之事怙寵驕恣貪利冒寵之徒利
其納賄多附麗之至於貞元末宦官復盛順宗即位王叔文用事
與韋執誼謀奪神策軍權乃用宿將范希朝為京西北禁軍都
將事未行為內官俱文珍等所排叔文貶而止
○俱文珍貞元末宦官後從義父姓曰劉貞亮性忠正剛蹈義順宗

即位風病不能視朝政而宦官李忠言與牛美人侍病美人受旨
於帝復宣之於忠言忠言受之王叔文叔文與朝士柳宗元劉禹
錫韓曄等圖議然後下中書俾韋執誼施行故王之權振天下
叔文欲奪宦者兵權每忠言宣命內臣無敢言者唯貞亮建議
與之爭知其朋徒熾盛慮隳朝政乃與中官劉光琦薛文珍尚衍解
玉等謀奏請立廣陵王為皇太子勾當軍國大事順宗可之貞亮
遂召學士衛次公鄭絪李程王涯入金鑾殿草立儲君詔及太子
受內禪盡逐叔文之黨政事悉委舊臣時議嘉貞亮之忠藎累
遷至右衛大將軍知內侍省事元和八年卒憲宗思其翊戴之功
贈開府儀同三司
吐突承璀幼以小黃門直東宮性敏慧有才幹憲宗即位授內常
侍知內省事左監門將軍俄授左軍中尉功德使四年王承宗叛
詔以承璀為河中河南浙西宣歙等道赴鎮州行營兵馬招討
等使內侍省常侍宋惟澄為河南陝州河陽已來館驛使內官
曹進玉劉國珍馬江朝等分為河北行營糧料館驛等使諫官御
史上疏相屬皆言自古無中貴人為兵馬統帥者補闕獨孤郁段
平仲尤激切憲宗不獲已改為充鎮州已來招撫處置等使及承
璀率禁軍上路帝御通化門樓慰諭遣之出師經年無功乃遣密
人告王承宗令上疏待罪許以罷兵為解仍奏昭義節度使盧從
史素與賊通許為承宗求節鉞乃誘潞州牙將烏重胤謀執從
史送京師及承宗表至朝廷議罷兵承璀班師仍為禁軍中尉段平
仲抗疏極論承璀輕謀弊賦請斬之以謝天下憲宗不獲已降為
軍器使俄復為左衛上將軍知內侍省事時弓箭庫使劉希先
取羽林大將軍孫璹錢二十萬以求方鎮事發賜死辭相告訐事
連承璀乃出為淮南節度監軍使太子通事舍人李涉性狂險投
匭上書論希先承璀無罪不宜貶戮諫議大夫知匭事孔戣見涉
疏之副本不受其章涉持疏於光順門欲進之戣上疏論其纖邪
貶涉硤州司倉上待承璀之意未已而宰相李絳在翰林時數論
○承璀之過故出之八年欲召承璀還乃罷絳相位承璀還復為神

策中尉惠昭太子薨承璀建議請立澧王寬為太子憲宗不納
立遂王宥穆宗即位銜承璀不佑己誅之敬宗時中尉馬存亮論
承璀之寃詔雪之仍令假子士曄以禮收葬
王守澄元和末宦者憲宗疾大漸內官陳弘慶等弑逆憲宗英武
威德在人內官秘之不敢除討但云藥發暴崩時守澄與中尉馬
進潭梁守謙劉承偕韋元素等定冊立穆宗皇帝長慶中守澄
知樞密事初元和中守澄為徐州監軍遇翼城醫人鄭注出入節
度使李愬家注敏悟過人博通典藝棊弈醫卜尤臻於妙人見之
者無不歡然注嘗為李愬煮黃金服一刀圭可療痿弱重膇之疾愬
能反老成童愬與守澄服之頗効守澄知樞密薦引入禁中穆宗
待之亦厚注多奇詭每與守澄言必通夕文宗即位守澄為驃騎
大將軍充右軍中尉注復得幸於文宗後依倚守澄大為蔽弊文
宗以元和逆黨尚在其黨大盛心常憤惋端居不怡翰林學士宋

申錫嘗獨對採知上畧言其意申錫請漸除其偪帝亦以申錫沉厚有方略爲其事可成乃用爲宰相申錫謀未果爲注所察守澄乃令軍吏豆盧著誣告申錫與漳王謀逆申錫坐貶宰相李逢吉從子訓與注交通訓亦機詭萬端二人情義相得俱爲守澄所重復引訓入禁中爲上講周易旣得幸又探知帝旨復以除官官謀中帝意帝以訓才辯縱橫以爲其事必捷待以殊寵自流人中用爲學官充侍講學士時仇士良有翌上之功爲守澄所抑位未通顯訓奏用士良分守澄之權乃以士良爲左軍中尉守澄不悅兩相矛盾訓因其惡大和九年帝令內養李好古賚酖賜守澄秘而不發守澄死仍贈揚州大都督其弟守涓爲徐州監軍召還至中牟誅之守澄豢養訓注反罹其禍人皆快其受佞而惡訓注之陰狡李訓旣殺守澄復惡鄭注乃奏用注爲鳳翔節度使訓欲盡誅宦官乃與金吾將軍韓約新除太原節度使王璠新除邠寧節度使郭行餘權御史中丞李孝本權京兆

尹羅立言謀其年十一月二十一日上御宣政殿百寮班定韓約不奏平安乃奏曰臣當仗廨內石榴樹夜來降甘露請陛下幸仗舍觀之帝乘輦趨金吾仗中尉仇士良與諸官先往石榴樹觀之伺知其詐又聞幕下兵仗聲蒼黃而還遽奏曰南衙有變遂扶帝輦入閤門李訓從輦大呼曰邠寧太原之兵何不赴難衞乘輿者人賞百千於是誰何之卒及御史臺從人持兵入宣政殿院官官死者甚衆輦旣入閤門內官呼萬歲俄而士良等率禁兵五百餘人露刃出東上閤門逢人卽殺王涯賈餗舒元輿李訓等四人宰相及王璠郭行餘等十一家屍横闕下自是權歸士良與魚弘志至宣宗卽位復誅其甚黍者而閹寺之勢仍握軍權之重焉

田令孜本姓陳咸通中從義父入內侍省爲官者頗知書有謀略自諸司小使監諸鎭用兵累遷神策中尉左監門衞大將軍乾符中盜起關東諸軍誅盜以令孜爲觀軍容制置左右神策護駕十軍等使京師不守從僖宗幸蜀鑾輿返正令孜頗有匡佐之功時令孜威權振天下時關中寇亂初平國用虛竭諸軍不給令孜請以安邑解縣兩池榷鹽課利全隸神策軍詔下河中王重榮抗章論列言使名久例隸當道省賦自有常規令孜怒用王處存爲河中節度使重榮不奉詔令孜率禁軍討之重榮引太原軍爲援戰於沙苑禁軍大敗京師復亂僖宗出幸寶雞又移幸山南方鎭皆憾令孜生事令孜懼引前樞密楊復恭代己從幸梁州求爲西川監軍西川節度使陳敬瑄卽令孜之弟也昭宗卽位三川大亂詔宰相韋昭度鎭西川陳敬瑄不受代令孜引閬州刺史王建爲援建素以父事令孜時建方亂東川聞其召也以西蜀可圖欣然赴之建以所領千餘兵至漢州陳敬瑄以建雄豪難制辭而遣之建曰十軍阿父召子及門而拒鄰藩聞之孰肯相容爲子報令公建至此無所歸也遂遣使上表請討陳敬瑄以自効朝廷嘉之卽命昭度爲招討入蜀加兵經年無功昭度還京建遂絶棧道不通詔使歲中急擊成都陳敬瑄計窘遣令孜出城與建通和建竟

自爲蜀帥令孜以義父之故依倚乃署監軍事旣而陳敬瑄遇殺令孜亦爲建所殺

楊復光內常侍楊玄价之養子也幼以宦者入內侍省慷慨負節義有籌畧爲小黄門監諸兵征討乾符中賊渠黄巢之犯江西復光爲排陣使遣判官吳彥宏入城諭賊首巢卽令其將尚君長奉表歸國招討使宋威害其功併兵擊賊巢怒復作剽朝廷誅尚君長怨怒愈深宋威戰敗復光總其兵權進攻洪州擒賊將徐唐莒朝以荆南節度使王鐸爲招討代宋威復光監忠武軍屯于鄧州以遏賊衝京師陷賊節度使周岌授僞命賊使往來旁午岌嘗夜宴急召復光左右曰周公歸賊必謀害內侍不如勿往復光曰事勢如此義不圖全卽赴之酒酣岌言本朝事復光因泣下良久曰丈夫所感者恩義不規利害非丈夫也公自匹夫享公侯之貴豈捨十八葉天子而北面臣賊何恩義利害之可言乎岌陝俱發涕亦爲之流涕岌曰吾不能獨力拒賊貌奉而心圖之故召公瀝酒爲

監是夜復光遣其養子守亮殺賊使於傳舍時秦宗權叛及據蔡
州復光得忠武之師三千入蔡州說宗權俾同義舉宗權遣將王叔
率衆萬人從復光收荊襄次鄧州王叔逗留不進復光斬之併其軍
分為八都鹿晏弘晉暉秦王建韓建等皆八都之大將也進攻南
陽賊將朱溫何勤來逆戰復光敗之進收鄧州獻捷行在中和元
年五月也復光乘勝追賊至藍橋丁母憂還尋起復受詔充天下
兵馬都監押諸軍入定關輔王重榮為東面招討使復光以兵會
之二年七月至河中賊將朱溫守同州復光遣使諭之九月溫以所
部來降時賊將李詳守華州巢寇益盛王重榮憂之謂復光曰
臣賊則負國拒戰則兵微今日成敗未可知也公其圖之復光曰
鴈門李僕射以雄武振北陲其家尊與吾先世同患難李鴈門奮
不顧身自播遷已來徵兵未至者蓋太原阻路也如以朝旨諭鄭公
詔到其軍至重榮曰善王鐸遣使奉墨詔之太原太原以兵從之及
收京城三敗巢賊復光與其子守亮守宗等身先犯難功烈居多

其年六月卒於河中時年四十二復光雖黃門近幸然慷慨有大志
善撫士卒及死之日軍中慟哭累日身後平賊立功者多是復光部
下門人故將也諸假子守亮興元節度使守宗忠武節度使守信
商州防禦使守忠洋州節度使其餘以守為名者數十人皆為牧
守將帥

楊復恭貞元末中尉楊志廉之後志廉子欽義大中朝為神策中
尉欽義養子三人玄翼玄价玄寔是玄翼咸通中掌樞密玄寔乾符中
為右軍中尉玄价河陽監軍復恭即玄翼子也以父幼為官者入
內侍省知書有學術每監諸鎮兵龐勛之亂監陣有功自河陽監
軍入為宣徽使咸通十年玄翼卒起復為樞密使時黃巢犯闕
左軍中尉田令孜為天下觀軍容制置使專制中外復恭每事力
爭得失令孜怒左授復恭飛龍使乃稱疾退於藍田僖宗自蜀還
京田令孜出師失律車駕再幸山南復用復恭為樞密使尋代令
孜為右軍中尉時行在制置內外經略皆出於復恭車駕還京授
觀軍容使封魏國公僖宗晏駕迎壽王踐祚文德元年加開府金
吾上將軍專典禁兵既軍權在手頗擅朝政昭宗惡之政事多訪
於宰臣故韋昭度張濬杜讓能每有陳奏即舉大中故事稍抑宦
者之權上性明察由是偏聽之釁生焉國舅王瓌頗居中任事復
恭惡之奏授黔南節度至吉柏江覆舟而沒物議歸咎於復恭上
每切齒道復恭復恭假子天威軍使守立權勇冠於六軍人皆避
之上欲罪復恭懼守立為亂乃謂復恭曰吾要卿家守立在左右
可進來乃賜姓李名順節恩寵特異勢侔樞要乃與復恭爭權每
中傷其陰事授順節鎮海軍節度使同平章事大順二年九月詔
復恭致仕賜杖屨復恭既失勢欲退止商山別居第在昭化里近
玉山營假子守信為玉山軍使守信時候復恭於其第或誣告云
玉山軍使與復恭謀亂詔李順節率禁軍攻之昭宗御延喜樓
守信以兵拒之順節屢敗際晚守信復恭挈其族出通化門趨興
元守信令部將張綰殿其後綰戰敗被擒復恭至興元節度使楊

守亮乃糾合請守義兄弟舉兵以討順節為名天子詔李茂貞王
行瑜討之明年守亮兵敗復恭與守亮挈其族將奔太原入商山
至乾元縣為華州兵所獲執送京師皆梟首於市李茂貞收興元
進復恭前後與守亮私書六十紙內訴致仕之由云承天是隋家
舊業大姪但積粟訓兵不要進奉吾於荊榛中援立壽王有如此
負心門生天子既得尊位乃廢定策國老其不遜如是後復恭假
子彥博奔太原收復恭骸骨葬於介休縣之抱腹山復恭之後
宦者西門重遂為右軍中尉李茂貞初併山南兵衆強盛干預朝
政宰相杜讓能與重遂等謀誅之師興為茂貞所敗重遂被誅乃
以內官駱全瓘劉景宣為左右軍中尉乾寧二年春李茂貞王行
瑜以兵入朝殺宰相韋昭度李谿河東節度使李克用率師渡
河討邠岐二師軍於渭北駱全瓘與茂貞宿衛將閻圭脅天
子幸岐州昭宗蒼黃幸莎城茂貞以太原問罪乃誅全瓘閻圭以
自解昭宗幸華州宦官稍微及光化還宮內官景務脩宋道弼

復專國政宰相崔胤深惡之中外不睦宰相徐彥若王摶有度量
見其陰險相傾懼危時事嘗奏曰人君當務大體平心御物無有
偏私偏任偏聽古人所患今中官怙寵道路目之皆知此弊然未
能卒改俟多難漸平以道消息之陛下勿泄聖謨啓其姦詐崔胤
知摶所奏頗銜之他日見上曰王摶姦邪已爲勑使外應不可在
相位二年六月貶摶官賜死於藍田道弼務脩亦賜死以樞密使
劉季述王奉先爲兩軍中尉出徐彥若鎮南海崔胤秉政而摧挫
宦官季述等外結藩侯以爲黨援十一月六日季述矯詔以皇太
子監國遂廢昭宗居東內奪傳國寶授太子昭宗以何皇后宮嬪
數人隨行幽于東宮季述手持銀檛於上前以檛畫地數上罪狀
云某時某事你不從我言其罪一也其悖逆如此乃令李師虔以
兵圍之鎔錫錮其扃鑰時方凝冽嬪御無被哭聲聞于外穴牆通
食者兩月十二月晦崔胤等謀反正誅季述奉先復迎昭宗即位
改元天復元年其歲十一月朱全忠寇河中華州陷之京師振恐

中尉韓全誨請上且幸鳳翔全忠追逼乘輿興兵圍鳳翔者累年三
年正月茂貞殺兩軍中尉韓全誨張弘彥樞密使袁易簡周敬容
等二十二人皆斬首以布囊貯之令學士薛貽矩送於全忠求和是
月全忠迎駕還長安詔以崔胤爲宰相兼判六軍諸衛胤奏曰高
祖太宗承平時無內官典軍旅自天寶已後宦官寖盛貞元元和
分羽林衛爲左右神策軍以使衛從令宦官主之唯以二千人爲定
制自是參掌樞密由是內務百司皆歸宦者上下彌縫共爲不法
大則傾覆朝政小則構扇藩方車駕頻致播遷朝廷漸加微弱原
其禍作始自中人自先帝臨御已來陛下纂承之後朋儔日熾交
亂朝綱此不翦其本根終爲國之蟊賊內諸司使務宦官主者望
一切罷之諸道監軍使並追赴闕廷即國家萬世之便也詔曰宦
官之興肇于秦漢趙高閻樂竟滅嬴宗張讓段珪遂傾劉祚歸
其志則國必受禍悟其事則運可延長朕所以斷在不疑析天永
命者也先皇帝嗣位之始年在幼沖羣豎相推奄專大政於是毒

流宇內兵起山東遷幸三川幾淪神器迴鑾之始率土思安而田
令孜妬能忌功遷摇近鎮陳倉播越患難相仍洎朕纂承益相
侮慢復恭重遂逞其禍道弼季述繼其兇幽辱朕躬凌脅孺子天
復返正罪己求安兩軍內樞一切假借韓全誨等每懷憤惋曾務
報讎視將相若血仇輕君上如木偶未周星歲再致播遷及在岐
陽過於羈紲上憂宗社傾墜下痛民庶流離茫然孤居無所控告
全忠位兼二柄深識朕心駐兵近及於三年獨斷方誅於元惡今
謝罪郊廟即宅宮闈正刑當在於事初除惡宜絕其根本先朝及
朕五致播遷王畿之氓滅耗太半父不能庇子夫不能室妻言念于
茲痛深骨髓其誰之罪爾輩之由帝王之爲治也內有宰輔卿士
外有藩翰大臣豈可令刑餘之人參預大政況此輩皆朕之家臣
也比於人臣之家則奴隸之流恣橫如此罪惡貫盈天命誅之罪豈
能捨橫屍伏法固不足矜含容久之亦所多愧其第五可範已下
並宜賜死其在畿甸同華河中並盡底處置訖諸道監軍使已下

及管內經過并居停內使勑到並仰隨處誅夷訖聞奏已令準國
朝故事量留三十人各賜黃衣衫一領以備宮內指使仍不得輒有
養男其左右神策軍並令停廢是日諸司宦官百餘人及隨駕鳳
翔羣小又二百餘人一時斬首於內侍省血流塗地及宮人宋柔等
十一人兩街僧道與內官相善者二十餘人並笞死於京兆府內
諸司一切罷之皆歸省寺自是京城並無宦官天子每宣傳詔命
即令宮人出入崔胤雖復仇快志國祚旋亦覆亡悲夫
贊曰崇墉大廈壯其楹碣殿邦禦侮亦俟明德宵人意撟動不
量力投鼠敗器良堪太息

唐書列傳卷第一百三十四

左奉議郎充紹興府府學教授朱倬校正

唐書列傳卷第一百三十五上

劉　昫　等修

聞人詮校刻沈桐同校

良吏上

韋仁壽　陳君賓
張允濟　李桐客
李素立　薛大鼎
賈敦頤弟敦實　李君球
崔知溫　高智周
田仁會子歸道　韋機
權懷恩　馮元常
蔣儼　王方翼
薛季昶

漢宣帝曰使政平訟息民無愁歎與我共理其惟良二千石乎故漢代命官重外輕內郎官出宰百里郡守入作三公世祖中興尤深吏術愼選名儒爲輔相不以吏事責功臣政優則增秩賜金績負則論輸左校選任之道皇漢其優隋政不綱彝倫斯紊天子事巡遊而務征伐具寮逞側媚而竊恩權是時朝廷無正人方岳無廉吏跨州連郡莫非豺虎之流佩紫懷黃悉奮爪牙之毒以至土崩不救旋踵而亡武德之初餘風未殄太宗皇帝削平亂迹湔洗污風唯思稼穡之艱不以珠璣爲寶以是人知恥格俗尚貞修太平之基率由茲道洎天后玄宗之代貞元長慶之間或以卿士大夫涖方州或以御史郎官宰畿甸行古道也所病不能自武德已還歷年三百其間岳牧不乏循良令錄其政術有聞爲之立傳所冀表吏師而儆不恪也

韋仁壽雍州萬年人也大業末爲蜀郡司法書佐斷獄平恕其得罪者皆曰韋君所斷死而無恨高祖入關遣使定巴蜀使者承制拜仁壽嶲州都督府長史時南寧州內附朝廷每遣使安撫類皆受賄邊人患之或有叛者高祖以仁壽素有能名令檢校南寧州都督寄聽政於越嶲使每歲一至其地以慰撫之仁壽將兵五百人至西洱河承制置八州十七縣授其豪帥爲牧宰法令清肅人懷歡悅及將還酋長號泣曰天子遣公鎮撫南寧何得便去仁壽以城池未立爲辭諸酋長乃相與築城立廨舍旬日而就仁壽又曰吾奉詔但令巡撫不敢擅住及將歸蠻夷父老各揮涕相送因遣子弟隨之入朝貢方物高祖大悅仁壽復請徙居南寧以兵鎮守有詔特聽以便宜從事令益州給兵送之刺史竇軌害其功託以蜀中山獠反叛未遑遠略不時發遣經歲餘仁壽病卒

陳君賓陳鄱陽王伯山子也仕隋爲襄國太守武德初以郡歸款封東陽公拜邢州刺史貞觀元年累轉鄧州刺史州邑喪亂之後百姓流離君賓至纔暮月皆來復業二年天下諸州並遭霜澇君賓一境獨免當年多有儲積蒲虞等州戶口盡入其境逐食太宗下詔勞之曰朕以隋末亂離毒被海內率土百姓零落殆盡州里蕭條十不存一寤寐思之心焉若疚是以日昃忘食未明求衣曉夜孜孜唯以安養爲慮每見水旱降災霜雹失所撫躬責己自慚德薄恐貧乏之黎庶不免饑餧傾竭倉廩普加賑恤其有一人絕食若朕奪之分命庶寮盡心匡救去年關內六州及蒲虞陝鼎等復遭亢旱禾稼不登糧儲既少遂令分房就食比聞刺史以下及百姓等並識朕懷逐糧戶到遞相安養迴還之日各有贏糧乃別齎布帛以申贈遺如此用意加歎良深一則知水旱無常彼此遞相拯贍不慮凶年二則知禮讓興行輕財重義四海士庶皆爲兄弟變澆薄之風敦仁慈之俗政化如此朕復何憂其安置客口官人支配得所並令考司錄爲功最養戶百姓不悋財帛已勑主者免今年調物宜知此意善相勸勉其年入爲太府少卿轉少府少監九年坐事除名後起授虔州刺史卒

張允濟青州北海人也隋大業中爲武陽令務以德教訓下百姓懷之元武縣與其鄰接有人以牸牛依其妻家者八九年牛孳產至十餘頭及將異居妻家不與縣司累政不能決其人詣武陽質於允濟允濟曰爾自有令何至此也其人垂泣不止具言所以允濟遂令左

右縛牛主以衫蒙其頭將詣妻家村中云捕盜牛賊召村中牛悉集各問所從來處妻家不知其故恐被連及指其所訴牛曰此是女壻家牛也非我所知允濟遂發蒙謂妻家人曰此即女壻可以牛歸之妻家叩頭服罪元武縣司聞之皆大慙又嘗道逢一老母種葱者結菴守之允濟謂母曰但歸不煩守也若遇盜當來告令老母如其言居一宿而葱大失母以告允濟悉召葱地十里中男女畢集允濟呼前驗問果得盜葱者曾有行人候曉先發遺衫於路行十數里方覺或謂曰我武陽境內路不拾遺但能迴取物必當在如言果得遠近稱之政績尤異遷高陽郡丞時無郡將允濟獨統大郡吏人畏悅及賊帥王須拔攻圍時城中糧盡吏人取槐葉藁節食之竟無叛者貞觀初累遷刑部侍郎封武城縣男出爲幽州刺史尋卒

李桐客冀州衡水人也仕隋爲門下錄事大業末煬帝幸江都時四方兵起謀欲徙都丹陽召百寮會議公卿希旨俱言江右黔黎皆思望幸巡狩吳會勒石紀功復禹之跡今其時也桐客獨議曰江南卑濕地狹州小內奉萬乘外給三軍吳人力屈恐不堪命且踰越險阻非社稷之福御史奏桐客謗毀朝政僅而獲免後隋滅宇文化及至黎陽轉沒竇建德建德平太宗召授秦府法曹參軍貞觀初累遷通巴二州所在清平流譽百姓呼爲慈父後卒於家

李素立趙州高邑人北齊梁州刺史義深曾孫也祖騋散騎常侍父政藻隋水部郎中大業末充使淮南爲盜所殺素立武德初爲監察御史時有犯法不至死者高祖特命殺之素立諫曰三尺之法與天下共之法一動搖則人無所措手足陛下甫創鴻業遐荒尚阻奈何輦轂之下便弃刑書臣忝法司不敢奉旨高祖從之自是屢承恩顧素立尋丁憂高祖令所司奪情授以七品清要官所司擬雍州司戶參軍高祖曰此官要而不清又擬秘書郎高祖曰此官清而不要遂擢授侍御史高祖曰此官清而復要貞觀中累轉揚州大都督府司馬時突厥鐵勒部相率內附太宗於其地置瀚海都護府以統之以素立爲瀚海都護又有闕泥孰別部猶爲邊患素立遣使招諭降之夷人感其惠率馬牛以饋素立素立唯受其酒一盃餘悉還之爲建立廨舍開置屯田久之轉綿州刺史永徽初遷蒲州刺史及將之任所餘糧儲及什物皆令州司收之唯齎已之書籍而去道病卒高宗聞而特爲廢朝一日謚曰平其孫至遠有重名長壽中爲天官郎中內史李昭德重其才薦於則天擢令知流內選事或勸至遠謝其私恩至遠曰李公以公見用豈得以私謁也竟不謝遂爲昭德所銜因事出爲壁州刺史卒至遠子畬初爲汜水主簿處事敏速有聲稱雖村童廁養之輩一聞之後無不知替代姓名者累轉國子司業事母甚謹閨門邕睦累代同居每歲時拜慶長幼男女咸有禮節及妻卒時母已尤病畬恐傷母意約家人不令哭聲使聞于母朝夕定省不曾見其憂念之色士友甚以此稱之及母終過毀卒于喪至遠弟從遠景雲中歷黃門侍郎太府卿素立從兄子遊道則天時官至冬官尚書同鳳閣鸞臺三品

薛大鼎蒲州汾陽人周太子少傅博平公善孫也父粹隋介州長史

漢王諒謀反授絳州刺史諒敗伏誅大鼎以年幼免死配流辰州後得還鄉里義旗初建於龍門謁高祖因說請勿攻河東從龍門直渡據永豐倉傳檄遠近則足食足兵既捴天府據百二之所斯亦拊背扼喉之計高祖深然之時將士咸請先攻河東遂從衆議授大將軍府察非掾貞觀中累轉鴻臚少卿滄州刺史州界有無棣河隋末塡廢大鼎奏開之引魚鹽於海百姓歌之曰新河得通舟楫利直達滄海魚鹽至昔日徒行今騁駟美哉薛公德滂被大鼎又以州界卑下遂決長蘆及漳衡等三河分洩夏潦境內無復水害時與瀛州刺史賈敦頤曹州刺史鄭德本俱有美政河北稱爲鐺脚刺史永徽四年授銀青光祿大夫行荊州大都督府長史明年卒有二子克構克勤克構天授中官至麟臺監克勤歷司農少卿爲來俊臣所陷伏誅克構坐配流嶺表而死

賈敦頤曹州冤句人也貞觀中歷遷滄州刺史在職清潔每入朝盡室而行唯弊車一乘羸馬數匹韁勒有闕以繩爲之見者不知其剌

史也二十三年轉瀛州刺史州界滹沲河及滱水每歲泛溢漂流居人敦順奏立隄堰自是無復水患永徽五年累遷洛州刺史時豪富之室皆籍外占田敦順都括獲三千餘頃以給貧乏又發姦擿伏有若神明尋卒弟敦實

敦實貞觀中爲饒陽令政化清靜老幼懷之時敦順復授瀛州刺史舊制大功以上不復連官朝廷以其兄弟在職俱有能名竟不遷替咸亨元年累轉洛州長史甚有惠政時洛陽令楊德幹杖殺人吏以立威名敦實曰政在養人義須存撫傷生過多雖能亦不足貴也常抑止德幹德幹亦爲之稍減四年遷太子右庶子初敦順爲洛州刺史百姓共樹碑于大市通衢及敦實去職復刻石頌美立于兄之碑側時人號爲棠棣碑敦實後爲懷州刺史永淳初以年老致仕及病篤子孫迎醫視之敦實曰未聞良醫能治老也終不服藥垂拱四年卒時年九十餘子齊福先天中歷左散騎常侍昭文館學士坐預竇懷貞等謀逆伏誅

○李君球齊州平陵人也父義滿屬隋亂糺合宗黨保固村閭外盜不敢侵逼以功累授齊郡通守武德初遠申誠款詔以其宅爲譚州仍拜爲總管封平陵郡公君球少任俠頗涉書籍貞觀中齊州都督齊王祐據州城舉兵作亂君球與兄子行均守縣城事平太宗聞而嘉之擢授游擊將軍仍改其本縣爲全節縣君球累補左驍衛義全府折衝都尉龍朔三年高宗將伐高麗君球上疏諫曰臣聞心之病者不能緩聲事之急者不能安言性之慈者不能隱情且食君之祿者死君之事今臣食陛下之祿矣其敢愛身乎臣聞司馬法曰國雖大好戰必亡天下雖安忘戰必危兵者凶器戰者危事故聖主明王重行之也愛人力之盡恐府庫之殫懼社稷之危生中國之患故古人云務廣德者昌務廣地者亡昔秦始皇好戰不已至于失國是不愛其內而務其外故也漢武遠討朔方殆平萬里廣拓南海分爲八郡終於戶口減半國用空虛至於末年方垂哀痛之詔自悔其失彼高麗者僻側小醜潛藏山海之間得其人不足以彰聖化棄其地不足以損天威何至乎疲中國之人傾府庫之實使男子不得耕耘女子不得蠶織陛下爲人父母不垂惻隱之心傾其有限之貲貪於無用之地設令高麗既滅即不得不發兵鎮守少發則兵威不足多發則人心不安是乃疲於轉戍萬姓無聊生也萬姓無聊即天下敗矣天下既敗陛下何以自安故臣以爲征之不如不征滅之不如不滅書奏不納尋遷蔚州刺史未行改爲典州刺史累遷揚州大都督府長史政尚嚴肅人吏憚之盜賊屏跡高宗頻降書勞勉時有吐谷渾犯塞以君球素有威重轉爲靈州都督尋卒官

崔知溫許州鄢陵人祖樞司農卿父義眞陝州刺史知溫初爲左千牛麟德中累轉靈州都督府司馬州界有渾斛薛部落萬餘帳數侵掠居人百姓咸廢農業習騎射以備之知溫表請徙於河北斛薛不願遷移時將軍契苾何力爲之言於高宗遂寢其奏知溫前後十五上詔竟從之於是百姓始就耕穫後斛薛入朝因過州謝曰前蒙奏徙河北實有怨心然牧地膏腴水草不乏部落日富始荷公恩拜伏

○而去知溫四遷蘭州刺史會有党項三萬餘衆來寇州城城內勝兵既少衆大懼不知所爲知溫使開城門延賊賊恐有伏不敢進俄而將軍權善才率兵來救大破党項之衆善才因其降欲盡坑之以絕後患知溫曰弗逆克奔古人之善戰誅無噍類禍及後昆又谿谷崢嶸草木幽蔚萬一變生悔之何及善才然其計又欲分降口五百人以與知溫知溫曰向論安危之策乃公事也豈圖私利哉固辭不受党項餘衆由是悉來降附知溫累遷尚書左丞轉黃門侍郎同中書門下三品兼修國史永隆二年七月遷中書令永淳三年三月卒年五十七贈荆州大都督

子泰之開元中官至工部尚書少子諤之

諤之神龍初爲將作少匠預誅張易之有功封博陵縣侯賜實封二百戶開元初累遷少府監知溫兄知悌

知悌高宗時官至戶部尚書

高智周常州晉陵人少好學舉進士累補費縣令與丞尉均分俸錢

政化大行人吏刊石以頌之尋授秘書郎弘文館直學士預撰瑤山
玉彩文館辭林等三遷蘭臺大夫時孝敬在東宮智周與司文郎中
賀凱司經大夫王眞儒等俱以儒學授詔爲侍讀總章元年請假歸
葬其父母因謂所親曰知進而不知退取患之道也迺稱疾去職俄
起授壽州刺史政存寬惠百姓安之每行部必先召學官見諸生試
其講誦訪以經義及時政得失然後問及墾田獄訟之事咸亨二年
召拜正諫大夫兼檢校禮部侍郎尋遷黃門侍郎同中書門下三品
兼修國史俄轉御史大夫累表固辭煩劇之任高宗嘉其意拜右散
騎常侍又請致仕許之永淳二年十月卒於家年八十二贈越州都
督府智周少與鄉人蔣子慎善同詣善相者曰明公位極人臣而胤
嗣微弱蔣侯官祿至薄而子孫轉盛子慎後累年爲建安尉卒其子
繪來謁智周智周已貴矣曰吾與子父有故子復有才因以女妻之
永淳中爲緱氏尉鄭州司兵卒繪子捷舉進士開元中歷臺省仕至
湖延二州刺史子貴贈揚州大都督捷子冽渙並進士及第冽歷禮

吏戶部三侍郎尚書左丞渙天寶末給事中永泰初右散騎常侍高
氏殄滅已久果符相者之言初冽兄弟在父艱廬於墓側植松栢千
餘株又同時榮貴人推其友愛冽子鍊渙子銖亦進士舉
田仁會雍州長安人祖軌隋幽州刺史信都郡公父弘陵州刺史襲
信都郡公仁會武德初應制舉授左衛兵曹累遷左武候中郎將貞
觀十八年太宗征遼發後薛延陁數萬騎抄河南太宗令仁會及執
失思力率兵擊破之逐北數百里延陁脫身走免太宗嘉其功降璽
書慰勞永徽二年授平州刺史勸學務農稱爲善政轉郢州刺史屬
時旱仁會自曝祈禱竟獲甘澤其年大熟百姓歌曰父母育我田使
君精誠爲人上天聞田中致雨山出雲倉廩既實禮義申但願常在
不患貧五遷勝州都督州界有山賊阻險劫奪行李仁會發騎盡捕
殺之自是外戶不閉盜賊絕跡入爲太府少卿麟德二年轉右金吾
將軍所得祿俸估外有餘輒以納官時人頗譏其邀名仁會強力疾
惡晝夜巡警自宮城至於衢路絲毫越法無不立發每日庭引百餘

人躬自閱罰略無寬者京城貴賤咸畏憚之時有女巫蔡氏以鬼道
惑衆自云能令死者復生市里以爲神明仁會驗其假妄奏請徙邊
高宗曰若死者不活便是妖妄若死者得生更是罪過竟依仁會所
奏仁會總章二年遷太常正卿咸亨初又轉右衛將軍以年老致仕
儀鳳四年卒年七十八謚曰威神龍中以子歸道贈戶部尚書歸道
弱冠明經舉長壽中累補司賓丞仍通事舍人內供奉久之轉左衛
郎將聖曆初突厥默啜遣使請和制遣左豹韜衛將軍閻知微入蕃
冊爲立功報國可汗默啜又遣使入朝謝恩知微遇諸途便與之緋
袍銀帶兼表請蕃使入都日大備陳設歸道上言曰突厥背恩積稔
悔過來朝宜待聖恩寬其罪戾解辮削衽須稟天慈知微擅與袍帶
國家吏將何物充賜望反初服以俟朝恩且小蕃使到不勞大備之
儀則天然之及默啜將至單于都護府乃令歸道攝司賓卿迎勞之
默啜又奏請六胡州及單于都護府之地則天不許默啜深怨遂
拘縶歸道將害之歸道辭色不撓更責以無猒求請兼喻其禍福默

啜意稍解會有制賜默啜粟三萬碩雜綵五萬段農器三千事并許
之結婚於是歸道得還遂面陳默啜不利之狀請加防禦則天納焉
頃之默啜果叛挾閻知微入寇趙定等州擢拜歸道夏官侍郎甚見
親委累遷左金吾將軍司膳卿兼押千騎未幾除尚方監加銀青光
祿大夫轉殿中監仍令依舊押千騎宿衛於玄武門敬暉等討張易
之昌宗也遣使就索千騎歸道既先不預謀拒而不與及事定暉等
將誅之歸道執辭免令歸私第中宗嘉其忠壯召拜太僕少卿歷除
殿中少監右金吾將軍歲餘病卒贈輔國大將軍追封原國公中宗
親爲文以祭之子賓庭開元中爲光祿卿
韋機雍州萬年人祖元禮隋浙州刺史父恪洛州別駕機貞觀中爲
左千牛胄曹充使往西突厥冊立同俄設爲可汗會石國反叛路絕
三年不得歸機裂裳錄所經諸國風俗物產名爲西征記及還太宗
問蕃中事機因奏所撰書太宗大悅擢拜朝散大夫累遷至殿中監
顯慶中爲檀州刺史邊州素無學校機敦勸生徒創立孔子廟圖七

十二子及自古賢達皆爲之贊述會契苾何力東討高麗軍衆至檀
州而灤河泛漲師不能進供其資糧數日不乏何力全師還以其事
聞高宗以爲能超拜司農少卿兼知東都營田甚見委遇有宦者於
苑中犯法機杖而後奏高宗嗟賞賜絹數十疋謂曰更有犯者卿即
鞭之不煩奏也上元中遷司農卿檢校園苑造上陽宮幷移中橋從
立德坊曲徙於長夏門街時人稱其省功便事有道士朱欽遂爲天
后所使馳傳至都所爲橫恣機因之密奏曰道士假稱中宮驅使
依倚形勢臣恐虧損皇明爲禍患之漸高宗特發中使慰諭機而欽
遂配流邊州天后由是不悅儀鳳中機坐家人犯盜爲憲司所劾免
官永淳中高宗幸東都至芳桂宮驛召機令白衣檢校園苑將復本
官爲天后所擠而止俄令檢校司農少卿事會卒子餘慶
餘慶官至右驍衛兵曹早卒餘慶子岳
岳亦以吏幹著名則天時累轉汝州司馬會則天幸長安召拜尚舍
奉御從駕還京因召見則天謂曰卿是韋機之孫勤幹固有家風也

卿之家事朕悉知之因問家人名賞慰良久尋拜太原尹岳素不習
武固辭邊任由是忤旨左遷宋州長史歷海虢二州刺史所在皆著
威名睿宗時入爲殿中少監甚承恩顧及竇懷貞李晉等伏誅以岳
嘗與交往爲姜皎所陷左遷渠州別駕稍遷陝州刺史開元中卒於
潁州別駕岳子景駿
景駿明經舉神龍中累轉肥鄉令縣北界漳水連年泛溢舊隄迫近
水漕雖修築不息而漂流相繼景駿審其地勢拓南數里因高築隄
暴水至隄南以無患水去而隄北稱爲神腴田漳水舊有架柱長橋
每年修葺景駿又改造爲浮橋自是無復水患至今賴焉時河北飢
景駿躬撫合境村閭必通贍恤貧弱獨免流離及去任人吏立碑頌
德開元中爲貴鄉令縣人有母子相訟者景駿謂之曰吾少孤每見
人養親自恨終天無分汝幸在溫凊之地何得如此錫類不行令之
罪也因垂泣嗚咽仍取孝經付令習讀之於是母子感悟各請改悔
遂稱慈孝累轉趙州長史路由肥鄉人吏驚喜競來犒餞留連經日

有童稚數人年甫十餘歲亦在其中景駿謂曰計吾爲此令時汝輩
未生旣無舊恩何殷懃之甚也咸對曰此間長宿傳說縣中廨宇學
堂館舍隄橋並是明公遺跡將謂古人不意親得瞻覩不覺欣戀倍
於常也其爲人所思如此十七年遷房州刺史州帶山谷俗參蠻夷
好淫祀而不修學校景駿始開貢舉悉除淫祀又通狹路幷造傳館
行旅甚以爲便二十年轉奉先令未行而卒
權懷恩雍州萬年人周荊州刺史千金郡公景宣玄孫也其先自天
水從家焉祖弘壽大業末爲臨汾郡司倉書佐高祖鎮晉陽引判留
守事以從義師之功累轉秦王府長史太宗遇之甚厚又從平王世
充拜太僕卿累封盧國公卒諡曰恭父知讓襲爵官至博州刺史懷
恩初以蔭授太子進馬咸亨初累轉尚乘奉御襲爵盧國公時有奉
乘安畢羅善於調馬甚爲高宗所寵懷恩奏事遇畢羅在帝左右戲
無禮懷恩退而杖之四十高宗知而嗟賞之謂侍臣曰懷恩乃能不
避強禦眞良吏也即日拜萬年令爲政淸肅令行禁止前後京縣令

無及之者後歷慶萊衛刑四州刺史洛州長史懷恩姿狀雄毅東帶
之後妻子不敢仰視所歷皆以威名御下人吏重足而立俄出爲宋
州刺史時汴州刺州楊德幹亦以嚴肅與懷恩齊名至是懷恩路由
汴州德幹送之出郊懷恩見新橋中途立木以禁車過者謂德幹曰
一言處分豈不得何用此爲德幹大慙時議以爲不如懷恩也轉益
州大都督府長史尋卒姪楚璧官至左領軍衛兵曹參軍開元十年
駕在東都楚璧乃與故兵部尚書李迥秀男齊損從祖弟金吾淑陳
倉尉盧玢及京城左屯營押官長上折衝周履濟楊楚劒元令琪等
舉兵反立楚璧兄子梁山年十五詐稱襄王男號爲光帝擁左屯營
兵百餘人梯上景風門踰城而入踞長樂恭禮門入宮城求留守刑
部尚書王志愔不獲屬天曉屯營兵自相翻覆盡殺梁山等傳首東
都楚璧並坐籍沒懷恩叔祖萬紀
萬紀性強正好直言貞觀中爲治書侍御史以公事奏劾魏徵溫彥
博等太宗以爲不避豪貴甚禮之遷尚書左丞封冀氏男再轉齊王

祐府長史祐旣失德數匡正之竟爲祐所殺語在祐傳祐旣死贈萬
紀齊州都督武都公謚曰敬子玄福高宗時爲兵部侍郎
馮元常相州安陽人自長樂徙家焉北齊右僕射子琮曾孫也舉明
經高宗時累遷監察御史爲劍南道巡察使興利除害蜀土賴焉永
淳中爲尚書左丞元常清鑒有理識甚爲高宗之所賞嘗密奏中宮
權重宜稍抑損高宗雖不能用深以其言爲然則天聞而甚惡之及
臨朝四方承旨多獻符瑞嵩陽令樊文進瑞石則天命於朝堂示百
官元常奏言狀涉諂僞不可誣罔士庶則天不悅出爲隴州刺史俄
而天下岳牧集乾陵會葬則天不欲元常赴陵所中途改授眉州刺
史劍南先時光火賊夜掠居人晝潛山谷元常至喻以恩信許其首
露仍切加捕逐賊徒捨器杖面縛自陳者相繼又轉廣州都督便道
之任不許詣都尋屬安南首領李嗣仙殺都護劉延祐剽陷州縣勑
元常討之率士卒濟南海先馳檄示以威恩喻以禍福嗣仙徒黨多
相率歸降因縱兵誅其魁首安慰居人而旋雖屢有政績則天竟不

賞之尋爲酷吏周興所陷追赴都下獄死元常闔門雍肅雅有禮度
雖小功之喪未嘗寢于私室甚爲士類所稱從父弟元淑則天時爲
清漳令政有殊績百姓號爲神明又歷浚儀始平二縣令皆單騎赴
職未嘗以妻子之官所乘馬午後則不與芻云令其作齋身及奴僕
每日一食而已俸祿之餘皆供公用并給與貧士人或譏其邀名元
淑曰此吾本性不爲苦也中宗時降璽書勞勉仍令史官編其事跡
卒於祠部郎中

蔣儼常州義興人貞觀中爲右屯衛兵曹參軍太宗將征遼東募使
高麗者衆皆畏憚儼謂人曰主上雄略華夷畏威高麗小蕃豈敢圖
其使者縱其凌虐亦是吾死所也遂出請行及至高麗莫離支置於
窟室中脅以兵刃終不屈撓會高麗敗得歸太宗奇之拜朝散大夫
再遷幽州司馬以善政爲巡察使劉祥道所薦擢爲會州刺史再遷
殿中少監數陳意見高宗每優納之再轉蒲州刺史蒲州戶口殷劇
前後刺史多不稱職儼下車未幾令行禁止稱爲良牧永淳元年拜

太僕卿以父名卿固辭乃除太子右衛副率時徵隱士田遊巖爲太
子洗馬在宮竟無匡輔儼乃貽書以責之曰足下負巢由之峻節傲
唐虞之聖主養煙霞之逸氣守林壑之遁情有年載矣故能聲出區
宇名流海內主上屈萬乘之重申三顧之榮遇子以商山之客待子
以不臣之禮將以輔導儲貳漸染芝蘭耳皇太子春秋鼎盛聖道未
周拾遺補闕臣子恆務僕以不才猶參廷諜誠以素非德望位班卒
伍言以人廢不蒙採擬足下受調護之寄是可言之秋唯唯而無一
談悠悠以卒年歲向使不食周粟僕何敢言祿及親矣將何酬塞想
爲不達謹書起予遊巖竟不能答儼尋檢校太常卿文明中封義興
縣子歷右衛大將軍太子詹事以年老致仕垂拱三年卒于家年七
十八文集五卷

王方翼并州祁人也高宗王庶人從祖兄也祖裕武德初隋州刺史
裕妻即高祖妹同安大長公主也太宗時以公主屬尊年老特加敬
異數幸其第賞賜累萬方翼父仁表貞觀中爲岐州刺史仁表卒妻

李氏爲主所斥居於鳳泉別業時方翼尚幼乃與傭保齊力勤作苦
心計功不虛弃數年闢田數十頃修飾館宇列植竹木遂爲富室公
主卒後歸長安友人趙持滿犯罪被誅暴尸於城西親戚莫敢收視
方翼歎曰欒布之哭彭越大義也周文之掩朽骼至仁也絕友之義
蔽主之仁何以事君乃收其屍具禮葬之高宗聞而嘉歎由是知名
永徽中累授安定令誅大姓皇甫氏盜賊止息號爲善政五遷肅州
刺史時州城荒毀又無壕塹數爲寇賊所乘方翼發卒濬築引多樂
水環城爲壕又出私財造水碾磑稅其利以養飢餧宅側起舍十餘
行以居之屬蝗儉諸州貧人死於道路而肅州全活者甚衆州人爲
立碑頌美會吏部侍郎裴行儉西討遮匐奏方翼爲副兼檢校安西
都護又築碎葉鎮城立四面十二門皆屈曲作隱伏出沒之狀五旬
而畢西域諸胡競來觀之因獻方物永隆中車簿反叛圍弓月城方
翼引軍救之至伊麗河賊前來拒因縱擊大破之斬首千餘級俄而
三姓咽麪悉發衆十萬與車簿合勢以拒方翼屯兵熱海與賊連戰

流矢貫臂徐以佩刀截之左右莫有覺者既而所將蕃兵懷貳謀執方翼以應賊方翼密知之悉召會議佯出軍資以賜之續續引去便令斬之會大風又振金鼓以亂其聲遂誅七千餘人因遣裨將分道討襲咽麪等賊既無備因是大潰擒首領突騎施等三百人西域遂定以功遷夏州都督屬牛疫無以營農方翼造人耕之法施關鍵使人推之百姓賴焉永淳二年詔徵方翼將議西域之事於奉天宮謁見賜食與語方翼衣有戰時血漬之處高宗問其故方翼具對熱海苦戰之狀高宗使袒視其瘡歎曰吾親也賞賜甚厚俄屬綏州白鐵余舉兵反乃詔方翼副程務挺討之賊平封太原郡公則天臨朝以方翼是庶人近屬陰欲除之及程務挺被誅以方翼與務挺連職素善追赴都下獄遂流于崖州而死子琁珣瑨並知名琁瑨開元中皆爲中書舍人珣至秘書監

薛季昶絳州龍門人也則天初上封事解褐拜監察御史頻按制獄稱旨累遷御史中丞萬歲通天元年夏官郎中侯味虛統兵討契丹不利奏言賊徒熾盛常有蛇虎導其軍則天命季昶按驗其狀便爲河北道按察使季昶先馳至軍斬味虛以聞又有棗城尉吳澤者貪虐縱橫嘗射殺驛使截百姓子女髮以爲髢州將不能制甚爲人吏所患季昶又杖殺之由是威震遠近州縣望風懾懼然後布以恩信旌揚善吏有汴州孝女李氏年八歲父卒柩殯在堂十餘載每日哭臨無限及年長母欲嫁之遂截髮自誓請在家終養及喪母號毀殆至滅性家無丈夫自營棺槨州里欽其至孝送葬者千餘人葬畢廬於墓側蓬頭跣足負土成墳手植松柏數百株季昶列上其狀有制特表門閭賜以粟帛久視元年季昶自定州刺史入爲雍州長史威名甚著前後京尹無及之者俄遷文昌左丞歷魏陝二州刺史長安末爲洛州長史所在皆以嚴肅爲政神龍初以預誅張易之兄弟功加銀青光祿大夫拜戶部侍郎時季昶勸敬暉等因兵勢殺武三思暉等不從竟以此敗語在暉傳季昶亦因是累貶自桂州都督授儋州司馬初季昶與昭州首領周慶立及廣州司馬光楚客不協及將之儋州懼慶立見殺將往廣州又惡楚客乃歎曰薛季昶行事至是耶因自製棺仰藥而死睿宗即位下制曰故儋州司馬薛季昶剛幹義烈早承先顧驅策中外績著昭宣有莊湯之推舉同汲黯之強直屬醜正操衡除其異己横加竄責卒至徂亡言念忠良有懷嘉悼可贈左御史大夫仍同敬暉等例與一子官

唐書列傳卷第一百三十五上

唐書列傳卷第一百三十五下

劉昫　等修

聞人詮校刻沈桐同校

良吏下

裴懷古壽州壽春人也儀鳳中詣闕上書授下邽主簿長壽中累轉監察御史時姚嶲蠻首反叛詔懷古往招輯之懷古申明賞罰賊徒歸附者日以千數乃俘其魁首處其居人而還蠻夷荷恩立碑頌德時恒州鹿泉寺僧淨滿爲弟子所謀密畫女人居高樓仍作淨滿引弓而射之藏於經笥已而詣闕上言僧呪詛大逆不道則天命懷古按問誅之懷古究其辭狀釋淨滿以聞則天大怒懷古奏曰陛下法無親踈當與天下畫一豈使臣誅無辜之人以希聖旨向使淨滿有不臣之狀臣復何顏能寬之乎臣今慎守平典雖死無恨也則天意乃解聖曆中閻知微充使往突厥懷古監其軍至虜庭默啜立知微爲南面可汗將授懷古僞職懷古不從將殺之懷古抗辭曰寧守忠以就死不毀節以求生請就斬所不避也乃禁錮隨軍因挺身奔竄以歸拜祠部員外郎時姚嶲蠻首相率詣闕頌懷古綏撫之狀請爲牧守以撫之遂授姚州都督以疾不行轉司封郎中時始安賊歐陽倩擁徒數萬剽陷州縣授懷古桂州都督仍充招慰討擊使纔及嶺飛書招誘示以禍福賊徒迎降自陳爲吏人侵逼乃舉兵耳懷古知其誠懇乃輕騎以赴之左右曰夷獠難親未可信也懷古曰吾仗忠信可通於神明況於人乎因造其營以慰諭之羣賊喜悅歸其所掠財貨納於公府諸洞酋長素持兩端者盡來款附嶺外悉定復歷相州刺史幷州大都督府長史所在爲人吏所慕神龍中還左羽林大將軍行未達都復授幷州長史吏人聞懷古還老幼相携郊野歡迎時崔宣道代懷古爲幷州下車而罷出郊以候懷古懷古恐傷宣道之意命官吏驅逐出迎之人而百姓奔赴愈衆其爲人所思如此俄轉幽州都督徵爲左威衛大將軍尋卒

○張知謇蒲州河東人也徙家于岐少與兄知玄知晦弟知泰知默五人勵志讀書皆以明經擢第儀質瓌偉眉目踈朗曉於玄理清介自守故當時名公爭引薦之遞歷畿赤知謇知泰知默調露後又歷臺省知謇天授後歷房和舒延德定稷晉洺宣貝十一州刺史所涖有威嚴人不敢犯通天中知泰爲洛州司馬知默爲秋官郎中知謇自德州入計則天重其才幹又目其狀貌過人命畫工寫之以賜其本曰人或有才未必有貌卿家昆弟可謂爲兩絕時人稱之尋以知泰爲夏官地官侍郎益州長史中臺右丞初知謇爲房州時中宗以廬陵王安置房州制約甚急知謇與董玄質崔敬嗣相次爲刺史皆保護供擬豐贍中宗德之及神龍元年中宗踐極自貝州追知謇爲左衛將軍加雲麾將軍封范陽郡公知泰自兵部侍郎授右御史大夫加銀青光祿大夫進封漁陽郡公鬚髮華皓同貴於朝時望甚美之知泰以忤武三思出爲幷州刺史天平軍使仍帶本官尋又爲魏州刺史景龍二年卒優詔褒贈謚曰定時知謇爲洛州長史東都副留守又歷左右羽林大將軍同華州刺史大理卿致仕開元中卒年八十知謇敏於從政性亮直不喜有請託求進無才而冐位者故子姪經義不精不許論舉知默嘗與來俊臣周興等同掌詔獄陷於酷吏

子孫禁錮知泰開元中累贈刑部尚書特進知玄子景昇知泰子景佚開元中皆至大官門列棨戟

楊元琰虢州閿鄉人隋禮部尚書希曾孫也初生時數歲不能言相者曰語遲者神定此必成大器也及長偉姿儀以器局見稱初爲平棘令號爲善政載初中累遷安南副都護又歷斳蒲晉魏宣許六州刺史涼梁二都督荆府長史前後九度清白昇進累降璽書褒美長安中張柬之代元琰爲荆州長史與元琰泛江中流言及則天革命議諸武擅權之狀元琰發言慷慨有匡復之意及柬之知政事奏引元琰爲右羽林將軍至都柬之謂曰記昔江中之言乎今日之授意不細也乃結元琰與李多祚等定計誅張易之兄弟及事成加雲麾將軍封弘農郡公食實封五百戶仍賜鐵券恕十死俄而張柬之敬暉等爲武三思所構元琰覺變奏請削髮出家仍辭官爵實封中宗不許敬暉聞而笑曰向不知奏請出家合贊成其事剃卻胡頭豈不妙也元琰多鬚類胡暉以此言戲之元琰曰功成名遂不退將危此

由衷之請不徒然也暉知其意瞿然不悅及暉等得罪元琰竟以先覺獲全尋加金紫光祿大夫轉衛尉卿明年李多祚等被誅元琰以曾與多祚同立功亦被繫獄問狀賴中書侍郎蕭至忠保明之竟得免罪又轉光祿卿景龍中抗疏請削在身官爵迴贈父官中宗許之乃追贈其父越州長史睿宗即位三遷刑部尚書改封魏國公開元初拜太子賓客致仕六年卒于家年七十九子仲嗣密州刺史仲昌吏部郎中

倪若水恒州藁城人也開元初歷遷中書舍人尚書右丞出爲汴州刺史政尚清靜人吏安之又增修孔子廟堂及州縣學舍勸勵生徒儒教甚盛河汴間稱詠不已四年玄宗令宦官往江南採鵁鶄等諸鳥路由汴州若水知之上表諫曰方今九夏時忙三農作苦田夫擁耒蠶婦持桑而以此時採捕奇禽異鳥供園池之翫遠自江嶺達於京師水備舟船陸倦檐負飯之以魚肉間之以稻粱道路觀者豈不以陛下賤人貴鳥也陛下方當以鳳皇爲凡鳥麒麟爲凡獸即鵁鶄鵁鶄曷足貴也陛下昔潛龍藩邸備歷艱虞今氛祲廓清高居九五玉帛子女充於後庭職貢珍奇盈於內府過此之外復何求哉臣承國厚恩超居重任草芥賤命常欲殺身以効忠葵藿微心常願隳肝以報主瞻望庭闕敢布腹心直言忤旨甘從鼎鑊手詔答曰朕先使人取少雜鳥其使不識朕意採鳥稍多卿具奏其事辭誠忠懇深稱朕意卿達識周材義方敬直故輟綱轄之重委以方面之權果能閑邪存誠守節彌固骨鯁忠烈遇事無隱言念忠讜深用嘉慰使人朕已量事決罰禽鳥並令放訖今賜卿物四十段用荅至言尋入拜戶部侍郎七年復授尚書右丞卒

李濬隴西人祖世武睿宗即位加銀青光祿大夫上在東宮選爲太子中允又出爲麟州刺史政有能名開元初置諸道按察使盛選能吏授濬潤州刺史江東按察使累封眞源縣子州人孫處玄以學行著名濬特加禮異累表薦之仍令子麟與之結交處玄竟稱疾不起濬尋拜虢潞二州刺史又拜益州長史劍南節度使攝御史大夫所

歷皆以誠信待物稱爲良吏及去職咸有遺愛八年卒官贈戶部尚書謚曰成子麟自有傳

陽嶠河南洛陽人其先自北平徙焉北齊右僕射休之玄孫也儀鳳中應八科舉授將陵尉累遷詹事司直長安中桓彥範爲左御史中丞袁恕己爲右御史中丞爭薦嶠請引爲御史內史楊再思素與嶠善知嶠不樂搏擊之任謂彥範等曰聞其不情願如何彥範曰爲官擇人豈待情願唯不情願者尤須與之所以長難進之風抑躁求之路再思然其言擢爲右臺侍御史景龍末累轉國子司業嶠恭謹好學有儒者之風又勤於政理循循善誘及在學司時人以爲稱職奏修先聖廟及講堂因建碑前庭以紀崇儒之事睿宗即位拜尚書右丞時分建都督府以統外臺精擇良吏以嶠爲涇州都督府尋停不行又歷魏州刺史充兗州都督荆州長史爲本道按察使所在以清白聞魏州人詣闕割耳請嶠重臨其郡又除魏州刺史入爲國子祭酒累封北平伯薦尹知章范行恭趙玄默等爲學官皆稱名儒時學

徒漸弛嶠課率經業稍行鞭箠學生怨之頗有喧謗乃相率乘夜於街中毆之上聞而令所由杖殺無理者由是始息嶠素友悌撫孤姪如己子常謂人曰吾雖位登方伯而心不異於曩時一尉耳識者甚稱歎之尋以年老致仕卒于家謚曰敬

宋慶禮洺州永年人舉明經授衛縣尉則天時侍御史桓彥範受詔於河北斷塞居庸岳嶺五迴等路以備突厥特召慶禮以謀其事慶禮雅有方略彥範甚禮之尋遷大理評事仍充嶺南採訪使時崖振等五州首領更相侵掠荒俗不安承前使人懼其炎瘴莫有到者慶禮躬至其境詢問風俗示以禍福於是安堵遂罷鎮兵五千人開元中累遷貝州刺史仍爲河北支度營田使初營州都督府置在柳城控帶奚契丹則天時都督趙文翽政理乖方兩蕃反叛攻陷州城其後移於幽州東二百里漁陽城安置開元五年奚契丹各款塞歸附玄宗欲復營州於舊城侍中宋璟固爭以爲不可獨慶禮甚陳其利乃詔慶禮及太子詹事姜師度左驍衛將軍邵宏等充使更於柳城

○

築營州城興役三旬而畢俄拜慶禮御史中丞兼檢校營州都督開屯田八十餘所追拔幽州及漁陽淄青等戶幷招輯商胡爲立店肆數年間營州倉廩頗實居人漸殷慶禮爲政清嚴而勤於聽理所歷之處人吏不敢犯然好興功役多所改更常於邊險置鎮立槍以遏賊路議者頗嗤其不切事也七年卒贈工部尚書太常博士張星議曰宋慶禮大剛則折至察無徒有事東北所亡萬計所謂害於而家凶於而國案謚法好巧自是曰專請謚曰專禮部員外郎張九齡駁曰慶禮在人苦節爲國勞臣一行邊陲三十年所戶庭可樂彼獨安於傳遽稼穡爲艱又能實於軍廩莫不服勞辱之事而匪懈其心守貞堅之規而自盡其力有一於此人之所難況營州者鎮彼戎夷扼喉斷臂逆則制其死命順則爲其主人是稱樂都其來尚矣往緣趙翽作牧馭之非才自經隳廢便長寇讎故二十年間有事東鄙僵屍暴骨敗將覆軍蓋不可勝紀大明臨下聖謀獨斷恢祖宗之舊復大禹之迹以數千之役徒無甲兵之強衛指期遂往稟命而行於是量

畚築執鼛鼓親總其役不愆所慮俾柳城爲金湯之險林胡生腹心之疾蓋爲此也尋而罷海運收歲儲邊亭晏然河朔無擾與夫典師之費轉輸之勞較其優劣孰爲利害而云所亡萬計一何謬哉及契丹背誕之日懼我掎角之勢雖鼠穴自固而駒牧無侵蓋張皇彼都繫賴之力也安有踐其跡以制其實貶其謚以徇其虛採慮始之謗聲忘經遠之權利義非得所孰謂其可請以所議更下太常庶素行之迹可尋易名之典不墜者也星復執前議慶禮兄子辭玉又詣闕稱冤乃謚曰敬

姜師度魏人也明經舉神龍初累遷易州刺史兼御史中丞爲河北道監察兼支度營田使師度勤於爲政又有巧思頗知溝洫之利始於薊門之北漲水爲溝以備奚契丹之寇又約魏武舊渠傍海穿漕號爲平虜渠以避海難糧運者至今利焉尋加銀青光祿大夫累遷大理卿景雲二年轉司農卿開元初遷陝州刺史州西太原倉控兩京水陸二運常自倉車載米至河際然後登舟師度遂鑿地道自上

○

注之便至水次所省萬計六年以蒲州爲河中府拜師度爲河中尹令其繕緝府寺先是安邑鹽池漸涸師度發卒開拓疏決水道置爲鹽屯公私大收其利再遷同州刺史又於朝邑河西二縣界就古通靈陂擇地引雒水及堰黃河灌之以種稻田凡二千餘頃內置屯十餘所收穫萬計特加金紫光祿大夫尋還將作大匠明年左拾遺劉彤上言請置鹽鐵之官收利以供國用則免重賦貧人使窮困者獲濟疏奏令宰相議其可否咸以爲鹽鐵之利甚裨國用遂令師度與戶部侍郎強循並攝御史中丞與諸道按察使計會以收海內鹽鐵其後頗多沮議者事竟不行師度以十一年病卒年七十餘師度既好溝洫所在必發衆穿鑿雖時有不利而成功亦多先是太史令傅孝忠善占星緯時人爲之語曰傅孝忠兩眼看天姜師度一心穿地傳之以爲口實

強循者鳳州人亦以吏幹知名官至大理卿又有和逢堯者岐州岐山人性詭譎有辭辯睿宗時突厥默啜請尚公主許之逢堯以御史

中丞一揖鴻臚卿充使報命既至虜庭默啜遣其大臣謂逢堯曰勅書
送金鏤鞍檢乃銀胎金塗豈是天子意爲是使人換却如此虛假公
主必應非實請還信物罷和親之事遂策馬而去逢堯大呼命左右
引馬迴謂曰漢法重女壻令送鞍者秪取平安長久之義何必以金
銀爲升降耶若爾乃是可汗貪金而輕銀豈是重人而貴信默啜聞
之曰承前漢使不敢如此不可輕也遂設宴備禮逢堯又說默啜令
裹頭著紫衫南面再拜遣子隨逢堯入朝逢堯以奉使功驟遷戶部
侍郎尋以附會太平公主左遷朗州司馬開元中累轉栢州刺史卒
于官

潘好禮貝州宋城人少與鄉人孟溫禮楊茂謙爲莫逆之友好禮舉
明經累授上蔡令理有異績擢爲監察御史開元三年累轉邠王府
長史俄而邠王出爲滑州刺史以好禮兼邠王府司馬知滑州事王
欲有所遊觀好禮輒諫止之後王將鷹犬與家人出獵好禮聞而遮
道請還王初不從好禮遂臥於馬前呼曰今正是農月王何得非時

○將此惡少狗馬踐暴禾稼縱樂以損於人請先蹋殺司馬然後聽王
所爲也王慙懼謝之而還好禮尋遷豫州刺史爲政孜孜而繁於細
事人吏雖憚其清嚴亦厭其苛察其子請歸鄉預明經舉好禮謂曰
國法須平汝若經業未精則不可妄求也乃自試其子經義未通好
禮大怒集州寮笞而枷之立於州門以徇於衆俄坐事左遷溫州別
駕卒好禮常自以直道不附於人又未嘗叙累階勳服用麤陋形骸
土木議者亦嫌其邀名

楊茂謙者清河人竇懷貞初爲清河令甚重之起家應制舉拜左拾
遺出爲臨洺令時洺州稱茂謙與清漳令馮元淑肥鄉令韋景駿皆
有政理之聲茂謙以清白聞擢爲秘書郎時竇懷貞爲相數稱薦之
由是歷遷大理正御史中丞開元初出爲魏州刺史河北道按察使
與司馬張懷玉本同鄉曲初善而末隙遂相糾訐坐貶桂州都督尋
轉廣州都督以疾卒

楊瑒華陰人高祖縉陳中書舍人以辭學知名陳亡始自江左徙關
中祖琮絳州刺史瑒初爲麟遊令時御史大夫竇懷貞檢校造金仙
玉眞二觀移牒近縣徵百姓所隱逆人資財以充觀用瑒拒而不受
懷貞怒曰焉有縣令卑微敢拒大夫之命乎瑒曰所論爲人寃抑不
知計位高卑懷貞壯其對又中宗時韋庶人上表請以年二十二爲
丁限及韋氏敗省司舉徵租調瑒執曰韋庶人臨朝當國制書非一
或進階卿士或赦宥罪人何獨於已役中男重徵丁課恐非保人之
術省司遂依瑒所執一切免之瑒由是知名擢拜殿中侍御史開元
初遷侍御史時崔日知爲京兆尹貪暴犯法瑒與御史大夫李傑將
糾劾之傑反爲日知所構瑒廷奏曰糾彈之司若遭恐脅以成姦人
之謀御史臺固可廢矣上以其言切直遽令傑依舊視事貶日知爲
歙縣丞瑒歷遷御史中丞戶部侍郎上嘗於延英殿召中書門下與
諸司尚書及瑒議戶口之事瑒因奏人間損益甚見嗟賞時御史中
丞宇文融奏括戶口議者或以爲不便勑百寮省中集議時融方在
權要公卿已下多雷同融議瑒獨與盡理爭之尋出爲華州刺史十

○六年遷國子祭酒表薦滄州人王迥質瀛州人尹子路汴州人白履
忠皆經學優長德行純茂堪爲後生師範請追授學官令其教授以
獎儒學之路及追至迥質起家拜諫議大夫仍爲皇太子侍讀履忠
以年老不任職事拜朝散大夫放歸家子路直弘文館教授瑒又奏
曰竊見今之舉明經者主司不詳其述作之意曲求其文句之難每
至帖試必取年頭月日孤經絶句且今之明經習左傳者十無二三
若此久行臣恐左氏之學廢無日矣臣望請自今已後考試者盡帖
平文以存大典又儀禮及公羊穀梁殆將廢絶若無甄異恐後代便
弃望請能通周儀禮公羊穀梁者亦量加優獎於是下制明經習左
氏及通周禮等四經者出身免任散官遂著於式由是生徒爲瑒立
頌於學門之外再遷大理卿以老疾辭職二十三年拜左散騎常侍
尋卒贈戶部尚書謚曰貞瑒常歎禮儀廢絶雖士大夫不能行之其
家子女婚冠及有吉凶之會皆按據舊文更爲儀注使長幼遵行焉

崔隱甫貝州武城人隋散騎侍郎儦之曾孫也祖濟太子洗馬父元

彥太平令隱甫開元初再遷洛陽令理有威名九年自華州刺史轉
太原尹人吏刊石頌其美政十二年入爲河南尹十四年代程行諶
爲御史大夫時中書令張說當朝用事隱甫與御史中丞宇文融李
林甫劾其犯狀說遂罷知政事隱甫在職強正無所迴避自貞觀年
李乾祐爲御史大夫別置臺獄有所鞫訊便輒繫之由是自中丞侍
御史已下各自禁人牢扉常滿隱甫引故事奏以爲不便遂掘去之
又憲司故事大夫已下至監察御史競爲官政略無承稟隱甫一切
督責事無大小悉令諮決稍有忤意者便列上其罪前後貶黜者殆
半寮寀側目是冬勑隱甫校外官考舊例皆委細參問經春未定隱
甫召天下朝集使一時集省中一日校考便畢時人伏其敏斷帝嘗
謂曰卿爲御史大夫海內咸云稱職甚副朕之所委也隱甫既與張
說有隙俄又遞爲朋黨帝聞而惡之特免官令侍母歲餘復授御
史大夫遷刑部尚書毋憂去官二十一年起復太原尹仍爲河東採
訪處置使復爲刑部尚書兼河南尹二十四年車駕還京以隱甫爲
東都留守爲政嚴肅甚爲人吏之所嘆服尋卒

○李尚隱其先趙郡人世居潞州之銅鞮近又徙家京兆之萬年弱冠
明經累擧補下邽主簿時姚珽爲同州刺史甚禮之景龍中爲左臺
監察御史時中書侍郎知吏部選事崔湜及吏部侍郎鄭愔同時典
選傾附勢要逆用三年員闕士庶嗟怨尋而相次知政事尚隱與同
列御史李懷讓於殿庭劾之湜等遂下獄推究竟貶黜之時又有睦
州刺史馮昭泰誣奏桐廬令李師等二百餘家稱其妖逆詔御史按
覆之諸御史憚昭泰剛愎皆稱病不敢往尚隱嘆曰豈可使良善陷
枉刑而不爲申明哉遂越次請往竟推雪李師等奏免之俄而崔湜
鄭愔等復用尚隱自殿中侍御史出爲伊闕令懷讓爲魏縣令湜等
既死尚隱又自定州司馬擢拜吏部員外郎懷讓自河陽令擢拜兵
部員外郎尚隱累遷御史中丞時御史王旭頗用威權爲士庶所患
會爲讎者所訟尚隱按之無所容貸獲其姦贓鉅萬旭遂得罪尚隱
尋轉兵部侍郎再遷河南尹尚隱性率剛直言無所隱處事明斷其
御下豁如也又詳練故事近年制勑皆暗記之所在稱爲良吏十三
年夏妖賊劉定高夜犯通洛門尚隱坐不能覺察所部左遷桂州都
督臨行帝使謂之曰知卿公忠然國法須爾因賜雜綵百匹以慰之
俄又遷廣州都督仍充五府經略使及去任有懷金以贈尚隱者尚
隱固辭之曰吾自性分不可改易非爲愼四知也竟不受之累轉京
兆尹歷蒲華二州刺史加銀青光祿大夫賜爵高邑伯入爲大理卿
代王鉷爲御史大夫時司農卿陳思問多引小人爲其屬吏隱盜錢
穀積至累萬尚隱又擧按之思問遂流嶺南而死尚隱三爲憲官輒
去朝廷之所惡者時議甚以此稱之二十四年拜戶部尚書東都留
守二十八年轉太子賓客尋卒年七十五諡曰貞

○呂諲蒲州河東人志行修整勤於學業少孤貧不能自振里人程楚
賓家富於財諲娶其女楚賓及子震皆重其才厚與資給遂遊京師
天寶初進士及第調授寧陵尉本道採訪使韋陟嘉其才辟爲支使
隴右河西節度使哥舒翰奏充度支判官累兼衛佐太子通事舍人
諲性謹守勤於吏職雖同寮追賞而塊然視事不離案簿翰益親之
累兼虞部員外郎侍御史祿山之亂哥舒翰敗肅宗即位于靈武諲
馳赴行在內官朱光輝李遵驟薦有才帝深遇之超拜御史中丞進
奏無不之允從幸鳳翔遷武部侍郎賜金紫之服十月克復兩京詔
諲與三司官詳定陷賊官陳希烈已下數百人罪戾輕重諲用法太
深君子薄之乾元二年三月以本官同中書門下平章事知門下省
事七月丁母憂免十月起復授本官兼充度支使遷黃門侍郎上元
元年正月加同中書門下三品賜門戟既立於第門或謂諲曰吉慶
之事不宜凶服受之諲遂權釋縗麻當中而拜人皆笑其失禮累加
銀青光祿大夫東平男諲既爲相用妻父程楚賓爲衛尉少卿子震
爲員外郎中官馬上言出納詔命諲昵之有納賂於上言求官者諲
補之藍田尉五月上言事洩笞死以其肉令從官食之諲坐貶太子
賓客七月授諲荊州大都督府長史兼御史大夫充澧荊忠硤五州
節度觀察處置等使諲至治所上言請於江陵置南都九月勑改荊

州爲江陵府永平軍團練三千人以遏吳蜀之衝又析江陵置長寧
縣又請割澧衡連道邵郴涪等七州隸江陵府先是張惟一爲荊州
長史已爲防禦使陳希昂爲司馬希昂衡州酋帥家兵千人在部下
自爲藩衛有年遂金仕至將軍爲惟一親將與希昂積憾率兵入惟
一衙索遂金之首惟一懼即令斬首與之自是軍政歸於希昂及譔
至奏追希昂赴上都除侍御史出爲常州刺史本州防禦使希昂路
由江陵譔伏甲擊殺之部下皆斬積屍於府門府中懾服始奏其罪
又妖人申泰芝以左道事李輔國擢爲諫議大夫輔國奏於道州界
置軍令泰芝爲軍校誘引羣蠻納其金帛賞以緋紫用囊中敕書賜
衣以示之人用聽信軍人例衣朱紫作剽礫洞吏不敢制已積年矣
潭州刺史龐承鼎忿之因泰芝入奏至長沙縶之首贓巨萬及左道
文記一時搜獲遣使奏聞輔國黨泰芝奏召泰芝赴闕既得召見具
言承鼎曲加誣陷詔鞫承鼎誣罔之罪令荊南府按問譔令判官監
察御史嚴郢鞫之譔上疏論其事肅宗怒流郢於建州承鼎竟得雪

後泰芝竟以贓敗流死人重譔之守正其剛斷不橈皆此類也初譔
作相與同列李揆不協及譔被斥二年以善政聞揆惡之因言置軍
湖南不便又使人往荊湖寄伺譔過譔知之乃上疏論揆揆坐貶袁
州長史譔素羸疾元年建卯月卒贈吏部尚書有司謚曰肅故吏度
支員外郎嚴郢請以二字曰忠肅博士獨孤及堅議以肅爲當從之
譔在台司無異稱及理江陵三年號爲良守初郡人立祠譔歿後歲
餘江陵將吏合錢十萬於府西爽塏地大立祠宇四時祠禱之

蕭定字梅臣江南蘭陵人左僕射宋國公瑀曾孫也父恕虢州刺史
以定贈工部尚書定以蔭授陝州參軍金城丞以吏事清幹聞給事
中裴遵慶奏爲選補黜陟使判官迴改萬年主簿累遷侍御史考功
員外郎左右司二郎中爲元載所擠出爲秘書少監兼袁州刺史歷
信湖宋睦潤五州刺史所涖有政聲大曆中有司條天下牧守課績
唯定與常州刺史蕭復豪州刺史張鎰爲理行第一其勸農桑均賦
稅逋亡歸復戶口增加定又冠焉尋遷戶部侍郎太常卿朱泚之逆

變姓名藏匿里閭間京師平首蒙搜擢除太子少師興元元年卒年
七十七加贈太子太師

蔣沇萊州膠水人吏部侍郎欽緒之子也性介獨好學早有名稱以
孝廉累授洛陽尉監察御史與兄演溶弟清俱以幹局吏事擅能名
於天寶中長史韓朝宗裴迥咸以推覆檢勾之任委之處事平允剖
斷精當動爲寮寀楷式乾元後授陸渾盩厔咸陽高陵四縣令當軍
旅之後瘡痍未平沇竭心綏撫所至安輯副元帥郭子儀每統兵由
其縣必誡軍吏曰蔣沇令清而嚴幹供億故當有素士衆得蔬飯見
饋則足無撓清政其爲名人所知如此稍遷長安令刑部郎中兼侍
御史領渭橋河運出納使時元載秉政廉潔守道者多不更職沇以
故滯於郎位久不徙官大曆十二年常袞以羣議稱沇屈擢拜御史
中丞東都副留守尋遷刑部侍郎刪定副使改大理卿持法明審號
爲稱職建中元年冬鑾駕幸奉天沇奔行在爲賊候騎所拘執欲以
僞職誘之因絕食稱病潛竄里閭間京師平首蒙搜擢拜右散騎常

侍尋以疾終年七十四追贈工部尚書

薛珏字溫如河中寶鼎人祖寶胤邠州刺史父紘蒲州刺史珏少以
門蔭授懿德太子廟令累授乾陵臺令無幾拜試太子中允兼渭南
陵奏課第一間歲復以清白尤異聞遷昭德令縣人請立碑紀政珏
固讓不受遷楚州刺史本州營田使先是州營田宰相遙領使刺史
得專達俸錢及他給百餘萬田官數百員奉廝役者三千戶歲以優
授官者復十餘人珏皆條去之十留一二而租入有贏爲觀察使誣
奏左授硤州刺史遷陳州刺史建中初上分命使臣黜陟官吏淮南
李丞以珏楚州之去煩政簡使山南趙贊以珏硤州之廉清使淮南
盧翰以珏之肅物皆以陟狀聞加中散大夫賜紫宣武軍節度使劉
玄佐署奏兼御史大夫汴宋都統行軍司馬無幾李希烈自汴州走
除珏汴州刺史遷河南尹入爲司農卿當是時詔天下舉可任刺史
縣令者殆有百人有詔令與羣官詢考及延問人間疾苦及胥吏得
失取其有惻隱通達事理者條舉什纔一二宰相將以辭策校之珏

曰求良吏不可兼責以文學宜以聖君愛人之本爲心執政卒無難之皆敘進官頗多稱職貞元五年拜京兆尹珏剛嚴明察練達法理以勤身率下失於纖巧無文學大體八年坐累貶太子賓客無幾除嶺南節度觀察使以疾卒年七十四廢朝一日贈工部尚書有子存慶自有傳

李惠登平盧人也少爲平盧裨將安祿山反遂從兵馬使董秦海轉收滄棣等州輕師遠鬬賊不能支史思明反復陷于賊脫身投山南節度使來瑱奏授試金吾衛將軍李希烈反授惠登兵二千鎮隋州貞元初舉州歸順授隋州刺史兼御史中丞遭李忠臣希烈殲殘之後野曠無人惠登朴素不知學居官無拔萃率爲心政皆與理順利人者因行之病人者因去之二十年間田疇闢戶口加諸州奏吏入其境無不歌謠其能及于頔爲山南東道節度以其績上聞加御史大夫升其州爲上尋加檢校國子祭酒及卒故加贈洪州都督

任迪簡京兆萬年人舉進士初爲天德軍使李景略判官性重厚嘗有軍宴行酒者誤以醯進迪簡知誤以景略性嚴慮坐主酒者乃勉飲盡之而僞容其過以酒薄白景略請換之於是軍中皆感悅及景略卒衆以迪簡長者議請爲帥監軍使聞之拘迪簡於別室軍衆連呼而至戶發扃取之表聞德宗使察焉具以軍情奏除豐州刺史天德軍使自殿中授兼御史大夫再加常侍追入拜太常少卿汝州刺史左庶子及張茂昭去易定以迪簡爲行軍司馬既至屬虞候楊伯玉以府城叛俄而衆殺之迪簡兵馬使張佐元又叛迪簡攻殺之乃得入尋加檢校工部尚書充節度使初茂昭奢蕩不節公私殫罄迪簡至欲饗士無所取給乃以糲食與士同之身居戟門下凡周月軍吏感之請歸堂寢迪簡乃安其位三年以疾代除工部侍郎至京竟不能朝謝改太子賓客卒贈刑部尚書

范傳正字西老南陽順陽人也父倫戶部員外郎與郡人李華敦交友之契傳正舉進士又以博學宏辭及書判皆登甲科授集賢殿校書郎渭南尉拜監察殿中侍御史自比部員外郎出爲歙州刺史轉

湖州刺史歷三郡以政事脩理聞擢爲宣歙觀察使受代至京師憲宗聞其里第過侈薄之因拜光祿卿以風恙卒贈左散騎常侍傳正精悍有立好古自飭及爲廉察頗事奢侈厚以財貨問遺權貴視公蓄如私藏幸而不至甚敗褐衣時遊西邊著西陲要略三卷

袁滋字德深陳郡汝南人也弱歲強學以外兄道州刺史元結有重名往來依焉每讀書玄解旨奧結甚重之無何黜陟使趙贊以處士薦授試校書郎何士幹鎮武昌辟爲從事累官詹事府司直部有邑長下吏誣以盜金滋察其冤竟出之御史中丞韋縚聞之薦爲侍御史轉工部員外郎貞元十九年韋皐始通西南蠻夷酋長異牟尋貢琛請使朝廷方命撫諭選郎吏可行者皆以西南遐遠憚之滋獨不辭德宗甚嘉之以本官兼御史中丞持節充入南詔使未行遷祠部郎中使如故來年夏使還擢爲諫議大夫俄拜尚書右丞知吏部選事出爲華州刺史兼御史中丞潼關防禦使鎮國軍使以寬易清簡爲政百姓有至自他境者皆給地以居名其居曰義合里專以慈惠爲本人甚愛之然百姓有過犯者皆縱而不理擒盜輒捨或以物償之徵拜金吾衛大將軍耆耋鰥寡遮道不得進楊於陵代其任宣言謂百姓曰於陵不敢易袁公之政然後羅拜而訣上始監國與杜黃裳俱爲相拜中書侍郎平章事會韋皐歿劉闢擁兵擅命滋持節安撫行及中路拜檢校吏部尚書平章事劍南西川節度使賊兵方熾滋懼而不進貶吉州刺史俄拜義成軍節度使百姓立生祠禱之徵拜戶部尚書連爲荊襄二帥改彰義軍節度隨唐鄧申光等州觀察使逆賊吳元濟與官軍對壘者數年滋竟以淹留無功貶撫州刺史未幾遷湖南觀察使卒年七十贈太子少保滋工篆籀書雅有古法因使行著雲南記五卷嘗讀劉暉悲甘陵賦嘆其褒善懲惡雖失春秋之旨然其文不可廢因著甘陵賦後序子都仕至翰林學士

薛苹河東寶鼎人也少以吏事進累官至長安令拜虢州刺史朝廷以尤課擢爲湖南觀察使又遷浙江東道觀察使以理行遷浙江西道觀察使廉風俗守法度人甚安之理身儉薄嘗衣一綠袍十餘年

不易因加賜朱紱然後解去苹歷三鎮凡十餘年家無羨貲俸祿悉以散諸親族故人子弟除左散騎常侍致仕時有年過懸車而不知止者唯苹年至而無疾請告角巾東洛時甚高之卒年七十四贈工部尚書

閻濟美登進士第累歷臺省有長者之譽自婺州刺史爲福建觀察使復爲潤州刺史浙西觀察使所至以簡澹爲理兩地之人常賦之外不知其他入拜右散騎常侍華州刺史潼關防禦鎮國軍使入爲秘書監以年及懸車上表乞骸骨以工部尚書致仕後以恩例累有進改及歿于家年九十餘

贊曰聖人造世才傑濟時在理致治無爲而爲坑陛非議簡易從規樂只君子邦家之基

唐書列傳卷第一百三十五下

唐書列傳卷第一百三十六上

劉　昫　等修

聞人詮校刻沈桐同校

酷吏上

來俊臣　周興

傅遊藝　丘神勣

索元禮　侯思止

萬國俊　來子珣

王弘義　郭霸

吉頊

古今御天下者其政有四五帝尚仁體文德也三王仗義立武功也五霸崇信取威令也七雄任力重刑名也蓋仁義既廢然後齊之以威刑威刑既衰而酷吏爲用於是商鞅李斯譎詐設矣持法任術尊君卑臣奮其策而鞭撻宇宙持危救弊先王不得已而用之天下之人謂之苛法降及兩漢承其餘烈於是前有郅都張湯之徒持其刻後有董宣陽球之屬肆其猛雖然異代亦克公方天下之人謂之酷吏此又鞅斯之罪人也然而網既密而姦不勝矣夫子曰刑罰不中則人無所措手足誠哉是言也唐初革前古之敝務於勝殘垂衣而理且七十載而人不敢欺由是觀之在彼不在此遠則天以女主臨朝大臣未附委政獄吏剪除宗枝於是來俊臣索元禮萬國俊周興丘神勣侯思止郭霸王弘義之屬紛紛而出然後起告密之刑制羅織之獄生人屏息莫能自固至於懷忠蹈義連頸就戮者不可勝言哉武后因之坐移唐鼎天網一舉而卒籠八荒酷之爲用斯害也已遂使酷吏之黨橫噬於朝制公卿之死命擅王者之威力貴從其欲毒侈其心天誅發於脣吻國柄秉於掌握凶慝之士榮而慕之身赴鼎鑊死而無悔若是者何要時希旨見利忘義也嘗試而論之今夫國家行斧鉞之誅設狴牢之禁以防盜者雖云固矣而猶踰垣掘塚揭篋探囊死者於前盜者於後何者以其間有欲也然所徇者不過數

金之資耳彼酷吏與時上下取重人主無怵惕之憂坐致尊寵杖起卒伍富擬封君豈唯數金之利耶則盜官者爲幸矣故有國者則必窒覬覦之路杜僥倖之門可不務乎況乎樂觀時變恣懷陰賊斯又郅都董宣之罪人也異哉又有効於斯者中興四十載而有吉溫羅希奭之蠹政又數載而有敬羽毛若虛之危法朝經四葉獄訟再起比周惡黨勦絕善人屢撓將措之刑以傷大和之氣幸災樂禍苟售其身此又來索之罪人也嗚呼天道禍淫人道惡殺既爲禍始必以凶終故自鞅斯至于毛敬蹈其跡者卒以誅夷非不幸也嗚呼執愚賈害任天下之怨反道辱名歸天下之惡或肆諸原野人得而誅之或投之魑魅鬼得而誅之天人報應豈虛也哉俾千載之後聞其名者曾虵豕之不若悲夫昔春秋之義善惡不隱今爲酷吏傳亦所以示懲勸也語曰前事不忘將來之師意在斯乎意在斯乎

來俊臣雍州萬年人也父操博徒與鄉人蔡本結友遂通其妻因樗蒲贏本錢數十萬本無以酬操遂納本妻入操門時先已有娠而生俊臣凶險不事生產反覆殘害舉無與比曾於和州犯姦盜被鞫遂妄告密召見奏刺史東平王續杖之一百後續天授中被誅俊臣復告密召見奏言前所告密是豫博州事枉被續決杖遂不得申則天以爲忠累遷侍御史加朝散大夫按制獄少不會意者必引之前後坐族千餘家二年擢拜左臺御史中丞朝廷累息無交言者道路以目與侍御史侯思止王弘義郭霸李仁敬司刑評事康暐衛遂忠等同惡相濟招集無賴數百人令其告事共爲羅織千里響應欲誣陷一人即數處別告皆是事狀不異以惑上下仍皆云請付來俊臣推勘必獲實情則天於是於麗景門別置推事院俊臣推勘必獲專令俊臣等按鞫亦號爲新開門但入新開門者百不全一弘義戲謂麗景門爲例竟門言入此門者例皆竟也俊臣與其黨朱南山輩造告密羅織經一卷皆有條貫支節布置事狀由緒俊臣每鞫囚無問輕重多以醋灌鼻禁地牢中或盛之瓮中以火圜遶炙之並絕其糧餉至有抽衣絮以噉之者又令寢處糞穢備諸苦毒自非身死終不得

出每有赦令俊臣必先遣獄卒盡殺重囚然後宣示又以索元禮等
作大枷凡有十號一曰定百脈二曰喘不得三曰突地吼四曰著即
承五曰失魂膽六曰實同反七曰反是實八曰死豬愁九曰求即死
十曰求破家復有鐵籠頭連其枷者輪轉於地斯須悶絕矣囚人無
貴賤必先布枷棒於地召囚前曰此是作具見之魂膽飛越無不自
誣矣則天重其賞以酬之故吏競勸爲酷矣由是告密之徒紛然道
路名流僶俛閱日而已朝士多因入朝默遭掩襲以至於族與其家
無復音息故每入朝者必與其家訣曰不知重相見不如意元年地
官尚書狄仁傑益州長史任令暉冬官尚書李游道秋官尚書袁智
宏司賓卿神基文昌左丞盧獻等六人並爲其羅告俊臣既以族人
家爲功苟引之承反乃奏請降敕一問即承同首例得減死及脅仁
傑等反仁傑嘆曰大周革命萬物惟新唐朝舊臣甘從誅戮反是實
俊臣乃少寬之其判官王德壽謂仁傑曰尚書事已爾得減死德壽
今業已受驅策欲求少階級憑尚書牽楊執柔可乎仁傑曰若之何
○德壽曰尚書昔在春官時執柔任某司員外引之可也仁傑曰皇天
后土遣狄仁傑行此事以頭觸柱血流被面德壽懼而止焉仁傑既
承反有司但待報行刑不復嚴備仁傑得憑守者求筆硯拆被頭帛
書之敘冤苦置于綿衣遣謂德壽曰時方熱請付家人去其綿德壽
不復疑矣家人得衣中書仁傑子光遠持之稱變得召見則天覽之
愕然召問俊臣曰卿言仁傑等承反今子弟訟冤何多也俊臣曰此
等何能自伏其罪臣寢處甚安亦不去其巾帶則天令通事舍人周
綝視之俊臣遽令獄卒令假仁傑等巾帶行立於西命綝視之綝懼
俊臣莫敢西顧但視東唯諾而已俊臣令綝少留附進狀乃令判官
妄爲仁傑等作謝死表代署而進之鳳閣侍郎樂思晦男年八九歲
其家已族宜隸于司農上變得召見言俊臣苛毒願陛下假條反狀
以付之無大小皆如狀矣則天意少解乃召見仁傑曰卿承反何也
仁傑等曰不承反臣已死於枷棒矣則天曰何謂作謝死表仁傑曰
無因以表示之乃知其代署遂出此六家俊臣復按大將軍張虔勗

大將軍內侍范雲仙於洛陽牧院虔勗等不堪其苦自訟於徐有功
言辭頗厲俊臣命衛士以亂刀斬殺之雲仙亦言歷事先朝稱所司
冤苦俊臣命截去其舌士庶破膽無敢言者俊臣累坐贓爲衛吏紀
履忠所告下獄長壽二年除殿中丞又坐贓出爲同州參軍逼奪同
列參軍妻仍辱其母萬歲通天元年召爲合宮尉擢拜洛陽令司農
少卿則天賜其奴婢十人當受於司農時西蕃酋長阿史那斛瑟羅
家有細婢善歌舞俊臣因令其黨羅告斛瑟羅反將圖其婢諸蕃長
詣闕割耳剺面訟冤者數十人乃得不族時綦連耀劉思禮等有異
謀明堂尉吉頊知之不自安以白俊臣發之連坐族者數十輩俊臣
將擅其功復羅告頊得召見僅而免俊臣先逼娶太原王慶詵女俊
臣與河東衛遂忠有舊遂忠行雖不著然好學有詞辯嘗攜酒謁俊
臣俊臣方與妻族宴集應門者紿云已出矣遂忠知妄入其宅慢罵
毀辱之俊臣恥其妻族命毆擊反接既而宥之自此構隙俊臣將羅
告武氏諸王及太平公主張易之等遂相掎摭則天屢保持之而諸
○武及太平公主恐懼共發其罪乃棄市國人無少長皆怨之競剮其
肉斯須盡矣中宗神龍元年三月八日詔曰國之大綱惟刑與政刑
之不中其政乃虧劉光業王德壽王處貞屈貞筠鮑思恭劉景陽等
庸流賤職姦吏險夫以麤暴爲能官以凶殘爲奉法往從按察害虐
在心倏忽加刑呼吸就戮曝骨流血其數甚多冤濫之聲盈於海內
朕唯布新澤恩被人祇撫事長懷尤深惻隱光業等五人積惡成釁
並謝生涯雖其人已殂而其跡可貶所有官爵並宜追奪其枉被殺
人各令州縣以禮埋葬還其官蔭劉景陽身今見在情不可矜特以
會恩免其嚴罰宜從貶降以雪冤情可棣州樂單縣員外尉自今內
外法官咸宜敬慎其文深刺骨跡徇凝脂高下任情輕重隨意其酷
吏丘神勣來子珣萬國俊周興來俊臣魚承曄王景昭索元禮傅遊
藝王弘義張知默裴籍焦仁亶侯思止郭霸李仁敬皇甫文備陳嘉
言等其身已死自垂拱已來枉濫殺人有官者並令削奪唐奉一依
前配流李秦授曹仁哲並與嶺南惡處開元十三年三月十二日御

史大夫程行諶奏周朝酷吏來子珣萬國俊王弘義侯思止郭霸焦仁亶張知默李敬仁唐奉一來俊臣周興丘神勣索元禮曹仁哲王景昭裴籍李秦授劉光業王德壽屈貞筠鮑思恭劉景陽王處貞二十三人殘害宗枝毒陷良善情狀尤重子孫不許與官陳嘉言魚承曄皇甫文備傅遊藝四人情狀稍輕子孫不許近任

周興者雍州長安人也少以明習法律爲尚書省都事累遷司刑少卿秋官侍郎自垂拱已來屢受制獄被其陷害者數千人天授元年九月革命除尚書左丞上疏除李家宗正屬籍二年十一月與丘神勣同下獄當誅則天特免之徙於嶺表在道爲讎人所殺

傅遊藝衛州汲人也載初元年爲合宮主簿左肅政臺御史除左補闕上書稱武氏符瑞合革姓受命則天甚悅擢爲給事中數月加同鳳閣鸞臺平章事同月又加朝散大夫守鸞臺侍郎依舊同平章事其年九月革命改天授元年賜姓武氏二年正月加銀青光祿大夫兄神童爲冬官尚書兄弟並承榮寵踰月除司禮少卿停知政事夢

登湛露殿旦而陳於所親爲其所發伏誅時人號爲四時仕宦言一年自青而綠及於朱紫也希則天旨誣族皇枝神龍初禁錮其子孫初遊藝請則天發六道使雖身死之後竟從其謀於是萬國俊輩恣斬戮矣

丘神勣左衛大將軍行恭子也永淳元年爲左金吾衛將軍弘道元年高宗崩則天使於巴州害章懷太子既而歸罪於神勣左遷疊州刺史尋復入爲左金吾衛將軍深見親委受詔與周興來俊臣鞫制獄俱號爲酷吏垂拱四年博州刺史琅邪王沖起兵以神勣爲清平道大總管尋而沖爲百姓孟青棒吳希智所殺神勣至州官吏素服來迎神勣揮刃盡殺之破千餘家因加左金吾衛大將軍天授二年十月下詔獄伏誅

索元禮胡人也光宅初徐敬業起兵揚州以匡復爲名則天震怒又恐人心動搖欲以威制天下元禮探其旨告事召見擢爲游擊將軍令於洛州牧院推案制獄元禮性殘忍推一人廣令引數十百人衣冠震懼甚於狠虎則天數召見賞賜張其權勢凡爲殺戮者數千人於是周興來俊臣之徒効之而起矣時有諸州告密人皆給公乘州縣護送至闕下於賓館以廩之稍稱旨必授以爵賞以誘之貴以威於遠近元禮尋以酷毒轉甚則天收人望而殺之天下之人謂之來索言酷毒之極又首按制獄也載初元年十月左臺御史周矩上疏諫曰頃者小人告訐習以爲常內外諸司人懷苟免姑息臺吏承接強梁非故欲規避誣構耳又推劾之吏皆以深刻爲功鑿空爭能相矜以虐泥耳籠頭枷研楔轂摺脅籤爪懸髮薰耳臥隣穢溺曾不聊生號爲獄持或累日節食連宵緩問晝夜搖撼使不得眠號曰宿囚此等既非木石且救目前苟求賒死臣竊聽輿議皆稱天下太平何苦須反豈被告者盡是英雄以求帝王耶只是不勝楚毒自誣耳何以覈之陛下試取所告狀酌其虛實者付令推微訊動以探其情所推者必上下其手希聖旨也願陛下察之今滿朝側息不安皆以爲陛下朝與之密夕與之讎不可保也聞有追攝與妻子即爲死訣故

爲國者以仁爲宗以刑爲助周用仁而昌秦用刑而亡此之謂也願陛下緩刑用仁天下幸甚則天從之猶是制獄稍息

侯思止雍州醴泉人也貧窮不能理生業乃樂事渤海高元禮家性無賴詭譎時恒州刺史裴貞杖一判司則天將不利王室羅反之徒已興矣判司教思止說游擊將軍高元禮因請狀乃告舒王元名及裴貞反周興按之並族滅授思止游擊將軍元禮懼而曲媚引與同坐呼爲侯大曰國家用人以不次若言侯大不識字即奏云獬豸獸亦不識字而能觸邪則天果如其言思止以獬豸對之則天大悅天授三年乃拜朝散大夫左臺侍御史元禮復教曰在上知侯大無宅儻以諸役官宅見借可辭謝而不受在上必問所由即奏云諸反逆人臣惡其名不願坐其宅則天復大悅恩澤甚優思止既按制獄苛酷日甚嘗按中丞魏元忠曰急認白司馬不然即喫孟青白司馬者洛陽有坂號白司馬坂孟青者將軍姓孟名青棒即殺琅邪王沖者也思止閭巷庸奴常以此謂諸囚也元忠辭氣不屈思止怒而倒曳

元忠元忠徐起曰我薄命如乘惡驢墜腳爲鐙所挂被拖曳思止大
怒又曳之曰汝拒捍制使奏斬之元忠曰侯思止汝今爲國家御史
須識禮數輕重如必須魏元忠頭何不以鋸截將無爲抑我承反奈
何爾佩服朱紫親銜天命不行正直之事乃言白司馬孟青是何言
也非魏元忠無人抑教思止驚起悚怍曰思止死罪幸蒙中丞教引
上牀坐而問之元忠徐就坐自若思止言竟不正時人効之以爲談
謔之資侍御史霍獻可笑之思止以聞則天怒謂獻可曰我已用之
卿笑何也獻可具以其言奏則天亦大笑時來俊臣棄故妻逼娶太
原王慶詵女思止亦奏請娶趙郡李自挹女勑政事商量鳳閣侍郎
李昭德撫掌謂諸宰相曰大可笑諸宰相問故昭德曰往年來俊臣
賊劫王慶詵女已大辱國今日此奴又請索李自挹女無乃復辱國
乎竟爲李昭德搒殺之

萬國俊洛陽人少諂與陰詐垂拱後與來俊臣同爲羅織經屠覆宗
枝朝貴以作威勢自司刑評事俊臣同引爲判官天授二年攝右臺

監察御史常與俊臣同按制獄長壽二年有上封事言嶺南流人有
陰謀逆者乃遣國俊就按之若得反狀便斬決國俊至廣州遍召流
人置于別所矯制賜自盡並號哭稱冤不服國俊乃引出擁之水曲
以次加戮三百餘人一時併命然後鍛鍊曲成反狀仍誣奏云諸流
人咸有怨望若不推究爲變不遥則天深然其奏乃命右衛翊二府
兵曹參軍劉光業司刑評事王德壽苑南面監丞鮑思恭尚輦直長
王大貞右武衛兵曹參軍屈貞筠等並攝監察御史分往劍南黔中
安南等六道鞫流人尋擢授國俊朝散大夫肅政臺侍御史光業等
見國俊盛行殘殺得加榮貴乃共肆其凶忍唯恐後之光業殺九百
人德壽殺七百人其餘少者咸五百人亦有遠年流人非革命時犯
罪亦同殺之則天後知其冤濫下制被六道使所殺之家口未歸者
並遞還本管國俊等俄亦相次而死皆見鬼物爲祟或有流竄而終

來子珣雍州長安人永昌元年四月以上書陳事除左臺監察御史
時朝士有不帶靴而朝者子珣彈之曰臣聞束帶立於朝舉朝大噱
則天委之按制獄多希旨賜姓姓武氏字家臣天授中丁父憂起復
朝散大夫侍御史時雅州刺史劉行實及弟渠州刺史行瑜尚衣奉
御行感并兄子鷹揚郎將軍虔通等爲子珣誣告謀反誅又於盱眙
毀其父左監門大將軍伯英棺柩俄又轉爲游擊將軍右羽林中郎
將常衣錦半臂言笑自若朝士誚之長壽元年配流愛州卒

王弘義冀州衡水人也告變授游擊將軍天授中拜右臺殿中侍御
史長壽中拜左臺侍御史來俊臣羅告衣冠延載元年俊臣貶弘義
亦流放瓊州妄稱勑追時胡元禮爲侍御史使嶺南道次于襄鄧會
而按之弘義詞窮乃謂曰與公氣類元禮曰足下任御史元禮任洛
陽尉元禮今爲御史公乃流囚復何氣類乃搒殺之弘義每暑月繫
囚必於小房中積蒿而施氈褥遭之者斯須氣絶矣苟自誣引則易
於他房與俊臣常行移牒州縣慴懼自矜曰我之文牒有如狼毒野
葛也弘義常於鄉里傍舍求瓜主悋之弘義乃狀言瓜園中有白兔
縣官命人捕逐斯須園苗盡矣內史李昭德曰昔聞蒼鷹獄吏今見
白兔御史

郭霸廬江人也天授二年自宋州寧陵丞應革命舉拜左臺監察御
史如意元年除左臺殿中侍御史長壽二年右臺侍御史初舉集召
見於則天前自陳忠鯁云往年征徐敬業臣願抽其筋食其肉飲其
血絶其髓則天悅故拜焉時人號爲四其御史時大夫魏元忠臥疾
諸御史盡往省之霸獨居後比見元忠憂懼請示元忠便液以驗疾
之輕重元忠驚悚霸悅曰大夫糞味甘或不瘳今味苦當即愈矣元
忠剛直殊惡之以其事露朝士嘗推芳州刺史李思徵楊捶考禁不
勝而死聖曆中屢見思徵甚惡之嘗因退朝遽歸命家人曰速請僧
轉經設齋須臾見思徵從數十騎上其廷曰汝枉陷我我今取汝霸
周章惶怖援刀自刳其腹斯須蛆爛矣是日閭里亦見兵馬數十騎
駐于門少頃不復見矣時洛陽橋壞行李弊之至是功畢則天嘗問
羣臣比在外有何好事舍人張元一素滑稽對曰百姓喜洛橋成幸
郭霸死此卽好事

吉頊洛州河南人也身長七尺陰毒敢言事進士舉累轉明堂尉萬歲通天二年有箕州刺史劉思禮自云學於張憬藏善相云洛州録事參軍綦連耀應圖讖有兩角騏驎兒之符命頊告之則天付武懿宗與頊對訊懿宗與頊誘思禮令廣引朝士必全其命思禮乃引鳳閣侍郎李元素夏官侍郎孫元通天官侍郎劉奇石抱忠鳳閣舍人王處來庭主簿柳璆給事中周潘涇州刺史王勔監察御史王助司議郎路敬淳司門員外郎劉愼之右司員外郎宇文全志等三十六家微有愾意者必構之楚毒百端以成其獄皆海內賢士名家天下冤之親故連累竄逐者千餘人頊由是擢拜右肅政臺中丞日見恩遇明年突厥寇陷趙定等州則天召頊檢校相州刺史以斷賊南侵之路頊以素不習武爲辭則天曰賊勢將退藉卿威名鎮遏耳初太原有術士溫彬茂高宗時老臨死封一狀謂其妻曰吾死後年名垂拱即詣闕獻之愼勿開也垂拱初其妻獻之狀中預陳則天革命及突厥至趙定之事故則天知賊至趙州而退頊初至州募人略無應

者俄而詔以皇太子爲元帥應募者不可勝數及賊退頊入朝奏之則天甚悅聖曆二年臘月遷天官侍郎同鳳閣鸞臺平章事時易之昌宗諷則天置控鶴監官員則天以易之爲控鶴監頊素與易之兄弟親善遂引頊以殿中少監田歸道鳳閣舍人薛稷正諫大夫員半千夏官侍郎李迥秀俱爲控鶴內供奉時議甚不悅初則天以頊幹辯有口才偉儀質堪委以心腹故擢任之及與武懿宗爭趙州功於殿中懿宗短小傴僂頊聲氣凌厲下視懿宗嘗不相假則天以爲卑我諸武於我前其可倚與其年十月以弟作僞官貶琰川尉後改安固尉尋卒初中宗未立爲皇太子時易之昌宗嘗密問頊自安之策頊云公兄弟承恩既深非有大功於天下則不全矣今天下士庶咸思李家廬陵既在房州相王又在幽閉主上春秋既高須有付託武氏諸王殊非屬意明公若能從容請建立廬陵及相王以副生人之望豈止轉禍爲福必長享茅土之重矣易之然其言遂承間奏請則天知頊首謀召而問之頊曰廬陵王及相王皆陛下之子先帝顧託於陛下當有主意唯陛下裁之則天意乃定頊既得罪時無知者睿宗即位左右發明其事乃下制曰故吏部侍郎同中書門下平章事吉頊體識宏遠風規久大嘗以經緯之才允膺匡佐之委時王命中否人謀未輯首陳返政之議克副祈天之基永懷遺烈寧忘厥効可贈左御史臺大夫

唐書列傳卷第一百三十六

劉　昫　等修

聞人詮校刻沈桐同校

酷吏下

姚紹之湖州武康人也解褐典儀累拜監察御史中宗朝武三思恃庶人勢駙馬都尉王同皎謀誅之事洩令紹之按問而誅同皎紹之初按問同皎張仲之祖延慶謀衣袖中發調弩射三思伺其便未果宋之遜以其外妹妻延慶曰今日將行何事而以妻爲之遜固抑而延慶且洽其心矣之遜子曇密發之乃勑右臺大夫李承嘉與紹之按於新開門內初紹之將直盡其事詔宰相李嶠等對問諸相懼三

思威權但僶俛佯不問仲之延慶言曰宰相中有附會三思者嶠與承嘉耳言復說誘紹之其事乃變遂密置人力十餘命引仲之對問至即爲紹之所擒塞口反接送獄中紹之還謂仲之曰張三事不諧矣仲之固言三思反狀紹之命棒之而臂折大呼天者六七謂紹之曰反賊臂且折矣命已輸汝當訴爾於天帝因裂衫以束之乃自誣反而遇誅紹之自此神氣自若朝廷側目累遷左臺侍御史奉使江左經汴州辟錄事參軍魏傳弓尋拜監察御史紹之後坐贓汚詔傳弓按之獲贓五千餘貫以聞當坐死韋庶人妹保持之遂黜放爲嶺南瓊山尉傳弓初按紹之紹之在揚州色動謂長吏盧萬石曰頃辱傳弓今爲所按紹之死矣逃入西京爲萬年尉擒之擊折其足因授南陵令員外置開元十三年累轉括州長史同正員不預知州事死

周利貞神龍初爲侍御史附託權要爲桓彥範敬暉等五王嫉之出爲嘉州司馬時中書舍人崔湜與桓敬善武三思用事禁中彥範憂之託心腹於湜湜反露其計於三思爲三思所中盡流嶺南湜勸盡殺之以絕其歸望三思問誰可使者利貞即湜之表兄因舉爲此行利貞至皆鴆殺之因擢爲左臺御史中丞先天元年爲廣州都督時湜爲中書令與僕射劉幽求不叶陷幽求徙于嶺表諷利貞殺之爲桂州都督王晙護之逗留獲免無何玄宗正位利貞與薛季昶宋之問同賜死於桂州驛

王旭太原祁人也曾祖珪貞觀初爲侍中尚永寧公主旭解褐鴻州參軍轉兗州兵曹神龍元年正月張柬之桓彥範等誅張易之昌宗兄弟尊立孝和皇帝其兄昌儀先貶乾封尉旭斬之賫其首赴于東都遷并州錄事參軍唐隆元年玄宗誅韋庶人等并州長史周仁軌韋氏之黨有詔誅之旭不覆勑又斬其首馳赴西京開元二年累遷左臺侍御史時光祿少卿盧崇道以崔湜妻父貶於嶺外逃歸匿於東都爲讎家所發詔旭究其獄旭欲擅其威權因捕崇道親黨數十人皆極其楚毒然後結成其罪崇道及三子並杖死於都亭驛門生親友皆決杖流貶時得罪多是知名之士四海冤之旭又與御史大

夫李傑不叶遞相糾訐傑竟左遷衢州刺史旭既得志擅行威福由是朝廷畏而鄙之五年遷左司郎中常帶侍御史旭爲吏嚴苛左右無敢支梧每銜命推劾一見無不輸款者時宋王憲府掾紀希虬兄任劍南縣令被告有贓私旭使至蜀鞫之其妻美旭逼威之因奏決殺縣令納贓數千萬至六年希虬遣奴詐爲祗承人受顧在臺事旭累月旭賞之召入宅中委以腹心其奴密記旭受饋遺囑託事乃成數千貫歸謂希虬希虬銜泣見憲叙以家冤憲憫之執其狀以奏詔付臺司劾之贓私累巨萬貶龍平尉憤恚而死甚爲時人之所慶快

吉溫天官侍郎頊弟琚之孽子也譎詭能謟事人遊於中貴門愛若親戚性禁害果於推劾天寶初爲新豐丞時太子文學薛嶷承恩倖引溫入對玄宗目之而謂嶷曰是一不良漢朕不要也時蕭炅爲河南尹河南府有事京臺差溫推詰事連炅堅執不捨賴炅與右相李林甫善抑而免之及溫選炅已爲京兆尹一唱萬年尉即就其官人爲危之時驃騎高力士常止宿宮禁或時出外第炅必謁焉溫先馳

與力士言譴甚洽握手呼行第員覩之歎伏及他日溫謁員於府庭遂布心腹曰他日不敢隳國家法今日已後洗心事公員復與盡歡會林甫與左相李適之駙馬張垍不叶適之兼兵部尚書垍兄均爲兵部侍郎林甫遣人訐出兵部銓曹主簿事令史六十餘人僞濫事圖覆其官長詔出付京兆府與憲司對問數日竟不究其由員使溫劾之溫於院中分囚於兩處溫於後廳佯取兩重囚訊之或杖或壓痛苦之聲所不忍聞即云若存性命乞紙盡答令史輩素諳溫各自誣伏罪及溫引問無敢違者晷刻間事輯驗因無栲訊決罰處常云若遇知己南山白額獸不足縛也會李林甫將起刑獄除不附己者乃引之於門與羅希奭同鍛鍊詔獄五載因中官納其外甥武敬一女爲盛王琦妃擢京兆府士曹時林甫專謀不利於東儲以左驍衛兵曹柳勣杜良娣妹婿令溫推之溫追著作郎王曾前右司禦率府倉曹王修己左武衛司戈盧寧左威衛騎曹徐徵同就臺鞫數日而獄成勣等杖死積屍於大理寺六載林甫又以戶部侍郎兼御史中

丞楊愼矜違忤其旨御史中丞王鉷與愼矜親而嫉之同構其事云蓄圖讖以己是隋煬帝子孫闚於興復林甫又奏付溫鞫焉愼矜下獄繫之使溫於東京收捕其兄少府少監愼餘弟洛陽令愼名於汝州捕其門客史敬忠敬忠頗有學嘗與朝貴遊蹉跎不進與溫父琚情契甚密溫孩孺時敬忠嘗抱撫之溫令河南丞姚開就擒之鎖其頸布袟蒙面以見溫溫驅之於前不交一言欲及京使典誘之云楊愼矜今欵招已成須子一辨若解人意必活忤之必死敬忠迴首曰七郎乞一紙溫佯不與見詞懇乃於桑下令荅三紙辯皆符溫言喜曰丈人莫相怪遂徐下拜及至溫湯始鞫愼矜以敬忠詞爲證及再搜其家不得圖讖林甫恐事洩危之乃使御史盧鉉入搜鉉乃袖讖書而入於隱僻中詬而出曰逆賊牢藏秘記今得之矣指於愼矜小妻韓珠團婢見舉家惶懼且行捶擊誰敢忤焉獄乃成愼矜兄弟賜死溫自是威振衣冠不敢偶言溫早以嚴毒聞頻知詔獄忍行枉濫推事未訊問已作奏狀計贓數及被引問便懾懼即隨意而書無敢

惜其生者因不加栲擊獄成矣林甫深以溫爲能擢戶部郎中常帶御史林甫雖倚以爪牙溫又見安祿山受主恩驃騎高力士居中用事皆附會其間結爲兄弟常謂祿山曰李右相雖觀察人事親於三兄必不以兄爲宰相溫雖被驅使必不超擢若三兄奏溫爲相即奏兄堪大任擠出林甫是兩人必爲相矣祿山悅之時祿山承恩無敵驟言溫能玄宗亦忘曩歲之語十載祿山加河東節度因奏溫爲河東節度副使并知節度營田及管內採訪監察留後事其載又加兼雁門太守仍知安邊郡鑄錢事賜紫金魚袋及丁所生憂祿山又奏起復爲本官尋復奏爲魏郡太守兼侍御史楊國忠入相素與溫交通追入爲御史中丞仍充京畿關內採訪處置使溫於范陽辭祿山令累路館驛作白紬帳以候之又令男慶緒出界送攏馬出驛數十步及至西京朝廷動靜輒報祿山信宿而達十三載正月祿山入朝拜左僕射充閑廄使因奏加溫武部侍郎兼御史中丞充閑廄苑內營田五坊等副使時楊國忠與祿山嫌隙已成溫轉厚於祿山國忠

又忌之其冬河東太守韋陟入奏於華清宮陟自謂失職託於溫結歡於祿山曆載河東土物饋於溫又及權貴國忠諷評事吳豸之使鄉人告之召付中書門下對法官鞫之陟伏其狀貶桂嶺尉溫澧陽長史溫判官員錫新興尉明年溫又坐贓七千匹及奪人口馬奸穢事發貶端州高要尉溫至嶺外遷延不進依於張博濟止於始安郡八月遣大理司直蔣沇鞫之溫死於獄中博濟及始安太守羅希奭死於州門初溫之貶斥玄宗在華清宮謂朝臣曰吉溫是酷吏子姪朕被人誑惑用之至此屢勸朕起刑獄以作威福朕不受其言今去矣卿等皆可安枕也初開元九年有王鈞爲洛陽尉十八年有嚴安之爲河南丞皆性毒虐笞罰人畏其不死皆杖訖不放起須其腫憒徐乃重杖之懊血流地苦楚欲死鈞與安之始眉目喜暢故人吏懾懼溫則售身權貴噬齧衣冠來頫異耳溫九月死始與十一月祿山起兵作亂人謂與溫報讎耳祿山入洛陽城即僞位玄宗幸蜀後祿山求得溫一子緫六七歲授河南府參軍給與財帛初溫之按楊愼

矜侍御史盧鉉同其事鉉初爲御史作韋堅判官及堅爲李林甫所嫉鉉以堅欵曲發於林甫冀售其身及按愼矜鉉先與張瑄同臺情旨素厚貴取媚於權臣誣瑄與楊愼矜共解圖讖持之爲驢駒板以成其獄又爲王鉷開厩判官鉷緣邢縡事朝堂被推鉉證云大夫將白帖索厩馬五百匹以助逆我不與之鉷死在晷刻鉉忍誣之衆咸怒恨焉及被貶爲廬江長史在郡忽見瑄爲祟乃云端公何得來乞命不自由鉉須臾而卒

羅希奭本杭州人也近家洛陽鴻臚少卿張博濟堂外甥爲吏持法深刻天寶初右相李林甫引與吉溫持獄又與希奭姻婭自御史臺主簿再遷殿中侍御史自韋堅皇甫惟明李適之柳勣裴敦復李邕鄔元昌楊愼矜趙奉璋下獄事皆與溫鍛鍊故時稱羅鉗吉網惡其深刻也八載除刑部員外轉郎中十一載李林甫卒出爲中部始安二太守仍充當管經略使十四載以張博濟吉溫韋陟韋誡奢李從一員錫等流貶皆於始安希奭或令假攝右相楊國忠奏遣司直蔣

流往按之復令張光奇替爲始安太守仍降勅曰前始安郡太守充當管經略使羅希奭幸此資序叨居牧守地列要荒人多寬獷尤加委任既絕姦訛翻乃瀰結遞逃羣聚不遑應是流貶公然安置或差攝郡縣割剝黎甿或輟借舘宇侵擾人吏不唯輕侮典憲實亦隳壞紀綱擢髮數愆豈多其罪可貶海東郡海康尉員外置張博濟往託回邪跡惟憑恃嘗自抵犯又坐親姻前後貶官歲月頗久逗留不赴情狀難容及命按舉仍更潛匿亡命逭刑莫斯爲甚並當切害合峻常刑宜於所在各決重杖六十使夫爲政之士克守章程負罪之人期於悛革凡厥在位宜各悉心時員錫李從一韋誡奢吉承恩並決杖遣司直宇文審往監之

毛若虛絳州太平人也眉毛覆於眼其性殘忍初爲蜀川縣尉使司以推勾見任天寶末爲武功丞年已六十餘矣肅宗收兩京除監察御史審國用不足上策徵剝財貨有潤於公者日有進奉漸見任用稱旨每推一人未鞫即先收其家資以定贓數不滿望即攤徵鄉里近親峻其威權人皆懼死輸納不差晷刻乾元二年鳳翔府七坊押官先行剽劫州縣不絕制因有劫殺事縣尉謝夷甫因衆怒遂搒殺之其妻訴於李輔國輔國奏請御史孫鎣鞫之鎣不能正其事又令中丞崔伯陽三司使雜訊之又不證成其罪因令若虛推之遂歸罪於夷甫伯陽與之言若虛頗不遜伯陽數讓之若虛馳謁告急肅宗曰卿且出對曰臣出即死矣肅宗潛留若虛簾內召伯陽至伯陽頗短若虛上怒叱出之因流貶伯陽同推官十餘人皆於嶺外遠惡處宰相李峴以左右於鎣等亦被貶斥於是若虛威震朝列公卿懾懼矣尋擢爲御史中丞上元元年貶賓化尉而死

敬羽寶鼎人也父昭道開元初爲監察御史羽兒寢而性便僻善候人意言天寶九載爲康成縣尉安思順爲朔方節度使引在幕下及肅宗於靈武即大位羽尋擢爲監察御史以苛刻徵剝求進及收兩京後轉見委任作大枷有鉤鷩音尾榆著即悶絕又臥囚於地以門關轢其腹號爲肉餺飥掘地爲坑實以棘刺以敗席覆上領囚臨坑訊

之必墜其中萬刺攢之又捕逐錢貨不減毛若虛上元中擢爲御史中丞太子少傅宗正卿鄭國公李遵爲宗子通事舍人李若冰告其贓私詔羽按之羽延遵各危坐於小牀羽小瘦遵豐碩頃問即倒請垂足羽曰尚書下獄是囚羽禮延坐何得慢耶遵絕倒者數四請問羽徐應之授紙筆書贓數千貫奏之肅宗以勳舊捨之但停宗正卿及嗣岐王珍潛謀不軌詔羽鞫之羽召支黨羅於廷索鉤鷩榆枷之布栲訊之具以繞之信宿成獄珍坐死右衛將軍竇如玢試都水使者崔昌等九人並斬太子洗馬趙非熊陳王府長史陳閎楚州司馬張昂左武衛兵曹參軍焦自榮前鳳翔府郿縣主簿李屺廣文館進士張象等六人決殺駙馬都尉薛履謙賜自盡左散騎常侍張鎬貶辰州司戶胡人康謙善賈資產億萬計楊國忠爲相授安南都護至德中爲試鴻臚卿專知山南東路驛人嫉之告其陰通史朝義謙髭鬢長三尺過帶按之兩宿鬢髮皆禿膝踝亦栲碎視之者以爲鬼物非人類也乞捨其生以後送狀奏殺之沒其資產羽與毛若虛在

臺五六年間臺中囚繫不絕又有裴昇畢曜同爲御史皆酷毒人之陷刑當時有毛敬裴畢之稱裴畢尋又流黔中羽寶應元年貶爲道州刺史尋有詔殺之羽聞之衣凶服南奔溪洞爲吏所擒臨刑袖中執州縣官吏犯贓私狀數紙曰有人通此狀恨不得推究其事主州政者無宜寢也

贊曰王德將衰政在姦臣鷹犬搏擊縱之者人遭其毒黎可爲悲辛作法爲害延濫不仁

唐書列傳卷第一百三十六下

唐書列傳卷第一百三十七上

劉　昫　等修
聞人詮校刻沈桐同校

忠義上

語曰無求生以害仁有殺身以成仁孟軻曰生亦我所有義亦我所有捨生而取義可也古之德行君子動必由禮守之以仁造次顛沛不忘于素有若仲由之結纓鉏麑之觸樹紀信之蹈火豫讓之斬衣此所謂殺身成仁臨難不苟者也然受刑一代顧瞻七族不犯難者有終身之利隨市道者獲當世之榮苟非氣義不群貞剛絶俗安能碎所重之支體徇他人之義哉則由麑信讓之徒君人者常宜血祀況自有其臣乎即如安金藏剖腹以明皇嗣段秀實挺笏而擊元兇張巡姚誾之守城杲卿真卿之罵賊又愈於金藏秀實等各見本傳今採夏侯端李憕已下附于此篇

夏侯端壽州壽春人梁尚書左僕射詳之孫也仕隋爲大理司直高祖龍潛時與其結交大業中高祖帥師於河東討捕逋請端爲副時煬帝幸江都盜賊日滋端頗知玄象善相人説高祖曰金玉牀搖動此帝座不安熒墟得歲必有真人起於實沈之次天下方亂能安之者其在明公但主上曉察情多猜忍切忌諸李強者先誅金才既死明公豈非其次若早爲計則應天福不然者則誅矣高祖深然其言及義師起端在河東爲吏所捕送于長安因之高祖入京城釋之引入卧内與語極歡授秘書監屬李密爲王世充所破以衆來降關東之地未有所屬端固請往招諭之乃加大將軍持節爲河南道招慰使至黎陽李勣發兵送之自澶水濟河傳檄郡縣東至于海南至于淮二十餘州並遣使送款行次譙州會亳州刺史丁叔則及汴州刺史王要漢並以所部降於世充路遂隔絶端素得衆心所從二千人雖糧盡不忍委去端知事必不濟乃坐澤中盡殺私馬以會軍士因歔欷曰今王師已敗諸處並没卿等土壤悉皆從僞特以共事之情未能見委然我奉王命不可從卿有妻子無宜效我可斬吾首持歸於賊必獲富貴衆皆流涕端又曰卿不忍見殺吾當自刎衆士抱持之皆曰公於唐家非有親屬但以忠義之故不辭於死諸人與公共

事經涉艱危豈有害公而取富貴復與同進潛行五日餧死者十三四又爲賊所擊奔潰相失者大半端唯與三十餘人東走採生豆而食之猶持節與之俱卧起謂衆人曰平生不知死地乃在此中我受國恩所以然耳今卿等何乃相伴死乎可散投賊猶全性命吾當抱此一節與之俱殞衆又不去屬李公逸爲唐守杞州聞而勒兵迎館之于時河南之地皆入世充唯公逸感端之義獨堅守不下世充遣使召端解衣遺之禮甚厚仍送除書以端爲淮南郡公吏部尚書端對其使者曰夏侯端天子大使豈受王世充之官自非斬我頭將往見汝何容身苟活而屈於賊乎遂焚其書拔刀斬其所遺衣服因發路西歸解節旄懷之取竿加刃從間道得至宜陽初山中險峽先無蹊徑但冒履榛梗晝夜兼行從者三十二人或墮崖溺水遇猛獸而死又半其餘至者皆鬢髮秃落形貌枯瘠端馳驛奉見但謝無功殊不自言艱苦高祖憫之復以爲秘書監俄出爲梓州刺史所得料錢皆散施孤寡貞觀元年病卒

劉感岐州鳳泉人後魏司徒高昌王豐生之孫也武德初以驃騎將軍鎮涇州薛仁杲率衆圍之感嬰城拒守城中糧盡遂殺所乘馬以分將士感一無所敢唯煮馬骨取汁和木屑食之城垂陷者數矣長平王叔良援兵至仁杲觧圍而去感與叔良出戰爲賊所擒仁杲復圍涇州令感語城中云援軍已敗徒守孤城何益也宜早出降以全家室感許之及至城下大呼曰逆賊飢餓亡在朝夕秦王率數十萬衆四面俱集城中勿憂各宜勉以全忠節仁杲大怒執感於城邊埋脚至膝馳騎射殺之至死聲色逾厲賊平高祖購得其屍祭以少牢贈瀛州刺史封平原郡公謚曰忠壯令其子襲官爵幷賜田宅

常達陝人也初仕隋爲鷹揚郎將數從高祖征伐甚蒙親待及義兵起達在霍邑從宋老生來拒戰老生敗達懼自匿不出高祖謂達已死令人閱屍求之及達奉見高祖大悅以爲統軍武德初拜隴州刺史時薛舉屢攻之不能尅乃遣其將仵士政以數百人僞降達達不之測厚加撫接士政伺隙以其徒刼達擁城中二千人而叛牽達以

見於舉達詞色抗厲不爲之屈舉指其妻謂達曰識皇后否達曰正是癭老嫗何足可識竟釋之有賊帥張貴謂達曰汝識我否答曰汝逃死奴瞋目視之貴怒抜刀將斫達人救之獲免及仁杲平高祖見達謂曰卿之忠節便可求之古人命起居舍人令狐德棻曰劉感常達須載之史策也執仵士政撲殺之賜達布帛三百段復拜隴州刺史卒

羅士信齊州歷城人也大業中長白山賊王簿左才相孟讓來寇齊郡通守張須陀率兵討擊士信年始十四固請自効須陀謂曰汝形容未勝衣甲何可入陣士信怒重著二甲左右雙鞬而上馬須陀壯而從之擊賊灘水之上陣纔列士信馳至賊所刺倒數人斬一人首擲於空中用搶承之戴以略陣賊衆愕然無敢逼者須陀因而奮擊賊衆大潰士信逐北每殺一人輒劓其鼻而懷之及還則驗鼻以表殺賊之多少也須陀甚加歎賞以所乘馬遺之引置左右每戰須陀先登士信爲副煬帝遣使慰喻之又令畫工寫須陀士信戰陣之圖上于內史及須陀爲李密所殺士信隨裴仁基率衆歸于密署爲總管使統所部隨密擊王世充敗士信躍馬突進身中數矢乃陷於世充軍世充知其驍勇厚禮之與同寢食後世充破李密得密將邴元真等盡拜爲將軍不復專重之士信恥與爲伍率所部千餘人奔于穀州高祖以爲陝州道行軍總管使圖世充及大軍至洛陽士信以兵圍世充千金堡中有大罵之者士信怒夜遣百餘人將嬰兒數十至于堡下詐言從東都來投羅總管因令嬰兒啼譟既而佯驚曰此千金堡吾輩錯矣忽然而去堡中謂是東都逃人遽出兵追之士信伏兵於路俟其開門奮擊大破之殺無遺類世充平擢授絳州總管封剡國公尋從太宗擊劉黑闥於河北有洺水人以城來降遣士信入城據守賊悉衆攻之甚急遇雨雪大軍不得救經數日城陷爲賊所擒黑闥聞其勇意欲活之士信詞色不屈遂遇害年二十太宗聞而傷惜購得其屍葬之謚曰勇士信初爲裴仁基所禮嘗感其知己之恩及東都平遂以家財收斂葬於北邙又云我死後當葬此墓側

及卒果就仁基左而託葬焉

呂子臧蒲州河東人也大業末爲南陽郡丞高祖尅京師遣馬元規撫慰南山子臧堅守不下元規遣使諷諭之前後數輩皆爲子臧所殺及煬帝被殺高祖又遣其婿薛君倩賷手詔諭旨子臧乃爲煬帝發喪成禮而後歸國拜鄧州刺史封南陽郡公時朱粲新敗子臧率所部數千人與元規併力將擊之謂元規曰朱粲新破之後上下危懼一戰可擒若更遷延部衆稍集力強食盡必死戰於我爲患不細也元規不納子臧請以本兵獨戰又不許俄而粲衆大至元規懼退保南陽子臧謂元規曰言不見納以至於此老夫今坐公死矣粲果率兵圍之遇霖雨城壁皆壞所親者知城必陷固勸其降子臧曰安有天子方伯降賊者乎於是率其麾下赴敵而死俄而城陷元規亦遇害

張道源幷州祁人也年十五父死居喪以孝行稱縣令郭湛改其所居爲復禮鄉至孝里道源嘗與友人客遊友人病中宵而卒道源恐

驚擾主人遂共屍盱違曙方哭親步營送至其本鄉里高祖舉義召授大將軍府戶曹參軍及平京城遣道源撫慰山東燕趙之地爭來欵附高祖下書褒美累封范陽郡公後拜大理卿時何稠士澄有罪家口籍沒仍以賜之道源歎曰人有否泰蓋亦是常安可因己之泰利人之否取其子女以爲僕妾豈近仁者之心乎皆捨之一無所取尋轉太僕卿後歷相州都督武德七年卒官贈工部尚書謚曰節道源雖歷職九卿身死日唯有粟兩碩高祖深異之賜其家帛三百段

族子楚金

楚金少有志行事親以孝聞初與兄越石同預鄉貢進士州司將罷越石而薦楚金辭曰以順則越石長以才則楚金不如固請俱退時李勣爲都督歎曰貢士本求才行相推如此何嫌雙居也乃俱薦擢第楚金高宗時累遷刑部侍郎儀鳳年有妖星見楚金上疏極言得失高宗優納賜帛二百段則天臨朝歷位吏部侍郎秋官尚書賜爵南陽侯爲酷吏周興所陷配流嶺表竟卒於徙所著翰苑三十卷紳誡三卷並傳於時

○李公逸汴州雍丘人也隋末與族弟善行以義勇爲人所附初歸王世充知其必敗遣間使請降高祖因以雍丘置杞州拜爲總管封陽夏郡公又以善行爲杞州刺史世充遣其從弟辯率衆攻之公逸遣使請援高祖以其懸隔賊境未即出兵公逸乃留善行居守自入朝請救行至襄城爲世充伊州刺史張殷所獲送于洛陽世充謂曰卿越鄭臣唐有說安在公逸答曰我於天下唯聞有唐世充怒斬之善行竟沒於賊高祖聞而悼惜封其子爲襄邑縣公

張善相許州襄城人也大業末爲里長每督縣兵逐小盜爲衆所附遂據本郡歸於李密密敗以城歸國高祖授伊州總管王世充數攻之善相頻遣使請救兵既不赴城中粮盡自知必敗謂寮屬曰死當斬吾頭以歸世充衆皆泣曰寧與公同死終不獨生後城陷被擒送於世充辭色不撓罵世充極口竟被害高祖歎曰吾負善相善相不負吾封其子爲襄城郡公

李玄通雍州藍田人仕隋鷹揚郎將義兵入關率所部歸國累除定州總管劉黑闥反叛攻之城陷被擒黑闥重其才欲以爲大將玄通歎息曰吾荷朝恩作藩東夏孤城無援遂陷虜庭當守臣節以忠報國豈能降志輒受賊官拒而不受故吏有以酒食餽之者玄通曰諸君哀吾困辱故以酒食來相寬慰吾當爲諸君一醉遂與樂飲謂守者曰吾能舞劍可借吾刀守者與之及曲終太息而言大丈夫受國厚恩鎮撫方面不能保全所守亦何面目視息世間哉因潰腹而死高祖聞而爲之流涕拜其子伏護爲大將

敬君弘絳州太平人齊右僕射顯儁曾孫也武德中爲驃騎將軍封黔昌縣侯掌屯營兵於玄武門加授雲麾將軍隱太子建成之誅也其餘黨馮立謝叔方率兵犯玄武門君弘挺身出戰其所親止之曰事未可知當且觀變待兵集成列而戰未晚也君弘不從乃與中郎將呂世衡大呼而進並遇害太宗甚嗟賞之贈君弘左屯衛大將軍世衡右驍衛將軍

○馮立同州馮翊人也有武藝略涉書記隱太子建成引爲翊衛車騎將軍託以心膂建成被誅其左右多逃散立歎曰豈有生受其恩而死逃其難於是率兵犯玄武門苦戰久之殺屯營將軍敬君弘謂其徒曰微以報太子矣遂解兵遁於野俄而來請罪太宗數之曰汝在東宮潛爲間構阻我骨肉汝罪一也昨日復出兵來戰殺傷我將士汝罪二也何以逃死對曰出身事主期之效命當職之日無所顧憚因伏地歔欷悲不自勝太宗慰勉之立歸謂所親曰逢莫大之恩幸而獲濟終當以死奉答未幾突厥至便橋立率數百騎與虜戰於咸陽殺獲甚衆太宗聞而嘉歎拜廣州都督前後作牧者多以黷貨爲蠻夷所患由是數怨叛立到不營產業衣食取給而已嘗至貪泉歎曰此吳隱之所酌泉也飲一盃水何足道哉吾當汲而爲食豈止一盃耶安能易吾性乎遂畢飲而去在職數年甚有惠政卒於官

謝叔方雍州萬年人也初從巢剌王元吉征討數有戰功元吉奏授屈咥直府左車騎太宗誅隱太子及元吉于玄武門叔方率府兵與

馮立合軍拒戰干北闕下殺敬君弘呂世衡大宗兵不振秦府護軍
尉遲敬德傳元吉首以示之叔方下馬號哭而遁明日出首大宗曰
義士也命釋之歷遷西伊二州刺史善綏邊鎮胡戎愛而敬之如事
嚴父貞觀末累加銀青光祿大夫歷洪廣二州都督永徽中卒
王義方泗州漣水人也少孤貧事母甚謹博通五經而謇傲獨行初
舉明經因詣京師中路逢徒步者自云父爲潁上令聞病篤倍道將
往馬徒步不前計無所出義方解所乘馬與之不告姓名而去俄授
晉王府參軍直弘文館特進魏徵甚禮之將以姪女妻之義方竟娶
徵之姪女告人曰昔不附宰相之勢今感知己之言故也轉太子校
書無何坐與刑部尚書張亮交通貶爲儋州吉安丞行至海南舟人
將以酒脯致祭義方曰黍稷非馨義在明德乃酌水而祭爲文曰思
帝鄉而北顧望海浦而南浮必也行誼諸己義負前修長鯨擊水天
吳覆舟因忠獲戾以孝見尤四維霧廓千里安流靈應如響無作神羞
時當盛夏風濤蒸毒既而開霽南渡吉安蠻俗荒梗義方召諸首領

集生徒親爲講經行釋奠之禮清歌吹籥登降有序蠻酋大喜貞觀
二十三年改授洹水丞時張亮兄子皎配流在崖州來依義方而卒
臨終託以妻子及致屍還鄉義方與皎妻自誓於海神使奴負柩令
皎妻抱其赤子乘義方之馬身獨步從而還先之原武葬皎告祭張
亮送皎妻子歸其家而往洹水轉雲陽丞擢爲著作佐郎顯慶元年
遷侍御史時中書侍郎李義府執權用事婦人淳于氏有美色坐事
繫大理義府悅之託大理丞畢正義枉法出之高宗又勑給事中劉
仁軌侍御史張倫重按其事正義自縊高宗特原義府之罪義方以
義府姦蠹害政將加彈奏以問其母母曰昔王陵母伏劍成子之義
汝能盡忠立名吾之願也雖死不恨義方乃先奏曰臣聞春鸎鳴於
獻歲蟋蟀吟於始秋物有微而應時人有賤而言忠臣去歲冬初雲
陽下縣丞耳今春及夏陛下擢臣著作佐郎極文學之清選未幾又
拜臣侍御史濫朝廷之雄職顧視生涯隕首非報唯欲有犯無隱以
廣天聽伏以李義府枉殺寺丞陛下已赦之臣不應更有鞫問然天

子置三公九卿二十七大夫八十一元士本欲水火相濟鹽梅相成
然後庶績咸熙風雨交泰亦不可獨是獨非皆由聖旨昔唐堯失之
於四凶漢祖失之於陳豨光武失之於逢萌魏武失之於張邈此四
帝者英傑之主然失之於前得之於後今陛下繼聖撫育萬邦蠻陬
夷落猶懼疎網況輦轂咫尺姦臣肆虐足使忠臣抗憤義士扼腕縱
令正義自縊彌不可容便是畏義府之權勢能殺身以滅口此則生
殺之威上非王出賞罰之柄下移佞寵臣恐履霜堅冰積小成大請
重鞫正義死由雪冤氣於幽泉誅姦臣於白日乃廷劾義府曰臣聞
附下罔上聖主之所宜誅心狠貌恭明時之所必罰是以隱賊掩義
不容唐帝之朝竊幸乘權終齒漢皇之劒中書侍郎李義府因緣際
會遂階通顯不能盡忠竭節對敭王休策蹇勵駑祗奉皇眷而反憑
附城社蔽虧日月請託公行交遊群小貪冶容之美原有罪之淳于
恐漏洩其謀殞無辜之正義雖挾山超海之力望此猶輕迴天轉日
之威方斯更劣此而可恕孰不可容金風屆節玉露啓塗霜簡與秋

典共清忠臣將鷹鸇並擊請除君側少荅鴻私碎首玉階庶明臣節
高宗以義方毀辱大臣言詞不遜左遷萊州司戶參軍秩滿家于昌
樂聚徒教授母卒遂不復仕進總章二年卒年五十五撰筆海十卷
文集十卷門人何彥光員半千爲義方制師服三年喪畢而去半千
者齊州全節人也事義方經十餘年博涉經史知名河朔則天時官
至天官侍郎撰三國春秋二十卷行於代自有傳
成三郎幽州漁陽人也光宅年爲左豹韜衛長上果毅李孝逸之討
徐敬業以爲前鋒與賊戰於高郵官軍敗績被擒送于江都賊黨唐
之奇紿其衆曰此李孝逸也將斬之三郎大呼曰我是果毅成三郎
不是將軍李孝逸官軍已團爾數重破爾在於朝夕我死妻子受榮
爾死家口配沒終不及我之奇怒斬之敬業平贈左監門將軍謚曰
勇時曲阿令尹元貞亦死敬業之難尹元貞者瀛州河間人也任曲
阿聞敬業攻陷潤州率兵赴援及戰敗被擒敬業臨以白刃脅令附
己將加任用元貞詞色慷慨竟不之屈尋遇害敬業平贈潤州刺史

謚曰壯

高叡雍州萬年人隋尚書左僕射熲孫也父表仁穀州刺史叡少以明經累除桂州都督尋加銀青光祿大夫轉趙州刺史封平昌縣子聖歷初突厥默啜來寇叡嬰城固守長史唐波若見城圍甚急遂潛謀應賊叡覺之將自殺不死俄而城陷被擒更令招喻諸縣未降者叡竟不從遂爲所殺初賊將至州境或謂叡曰突厥所向無前百姓喪膽明公力不能禦不若降之叡曰吾爲天子刺史不戰而降其罪大矣則天聞而深歎息之贈冬官尚書謚曰節及賊退唐波若伏誅家口籍沒因下制曰故趙州刺史高叡狂賊既至死節不降長史唐波若不能固城相率歸賊高叡已加褒贈波若等身死破家賞罰既行須敦懲勸宜頒示天下咸使知聞子仲舒博通經史尤明三禮及詁訓之書神龍中爲相王府文學王甚敬重之開元中累授中書舍人侍中宋璟中書侍郎蘇頲每詢訪故事焉時又有中書舍人崔琳深達政理璟等亦禮焉嘗謂人曰故事問高仲舒今事問崔琳則又

何所疑矣仲舒累遷太子右庶子卒

王同皎相州安陽人陳侍中駙馬都尉寬之曾孫其先自瑯琊仕江左陳亡徙家河北同皎長安中尚皇太子女定安郡主授朝散大夫行太子典膳郎敬暉等討張易之兄弟也遣同皎與右羽林將軍李多祚迎太子於東宮請太子至玄武門指麾將士太子初拒而不許同皎諷諭切至太子乃就駕以功授右千牛將軍封瑯琊郡公賜實封五百戶及郡主進封爲公主拜同皎爲駙馬都尉尋加銀青光祿大夫遷光祿卿神龍二年同皎以武三思專權任勢謀爲逆亂乃招集壯士期以則天靈駕發引劫殺三思同謀人撫州司倉冉祖雍具以其計密告三思三思乃遣校書郎李悛上言同皎潛謀殺三思後將擁兵詣闕廢黜皇后帝然之遂斬同皎于都亭驛前籍沒其家臨刑神色不變天下莫不寃之睿宗即位令復其官爵執冉祖雍李悛並誅之初以同皎叶謀有武當丞

周憬者壽州壽春人也事旣洩遁於比干廟中自刎而死臨終謂左右曰比干古之忠臣也儻神道聰明應知周憬忠而死也韋后亂朝寵樹邪佞武三思干上犯順虐害忠良吾知其滅亡不久也可懸吾頭於國門觀其身首異門而出其後皆如其言

蘇安恒冀州武邑人也博學尤明周禮及春秋左氏傳大足元年投匭上疏曰陛下欽聖皇之顧託受嗣子之推讓應天順人二十年矣豈不思虞舜褰裳周公復辟良以大禹至聖成王既長推位讓國其道備焉故舜之於禹事其親族旦舉成王不離叔父且族親何如子之愛叔父何如母之恩今太子孝敬是崇春秋既壯若使統臨宸極何異陛下之身陛下年德既尊寶位將倦機務殷重浩蕩心神何不禪位東宮自怡聖體臣聞自昔明王之孝理天下者不見二姓而俱王也當今梁定河內建昌諸王等承陛下之蔭覆並得封王臣恐千秋萬歲之後於是非便臣請黜爲公侯任以閑簡臣又聞陛下有二十餘孫今無尺土之封此非長久之計也臣請四面都督府及要衝州郡分土而王之縱今年尚幼小未閑養人之術請擇立師傅成其

孝敬之道將以夾輔周室藩屏皇家使累葉重光饗祀不輟斯爲美矣豈不大哉疏奏則天召見賜食慰諭而遣之長安二年又上疏曰忠臣不順時而取寵烈士不惜死而偷生故君道不明者忠臣之過歟臣道不軌者烈士之過歟昔者先皇晏駕留其顧託將以萬機殷廣令陛下兼知其事雖唐堯虞舜居其位而共工驩兜在其間陛下骨肉之恩阻陛下子母之愛忘臣謂聖情以運祚將衰極斯大節天下謂陛下微弱李氏貪天之功何以年在耄倦而不能復子明辟使忠言莫進姦佞成朋夷狄紛擾屠害黎庶陛下雖納隍軫念亦罔能救此生靈臣聞天下者神堯文武之天下也昔有隋失馭小人道長群雄駭鹿四海瞻烏皇唐親事戎旃鳳翔參野削平寓縣龍踐宸極歃血爲盟指河爲誓非李氏不王非功臣不封陛下雖居正統實唐氏舊基故詩曰惟鵲有巢唯鳩居之此言雖小可以喻大陛下自坤生徒乘乾作主豈不以上符天意下順人心東宮昔在諒陰相王又非長子陛下恐宗祀中絕所以應其謳謌當太子逗留年德俱盛

陛下貪其寶位而忘母子深恩臣聞京邑翼翼四方取則陛下廢太
子之元良枉太子之神器何以教天下母慈子孝焉能使天下移風
易俗焉惟陛下思之將何聖顏以見唐家宗廟將何誥命以謁大帝
墳陵陛下何故日夜積憂不知鍾鳴漏盡臣愚以天意人事還歸李
家陛下雖安天位殊不知物極則反器滿則傾故語曰當斷不斷反
受其亂此之謂也陛下不如高揖機務自恬聖躬命史臣以書之令
樂府以歌之斯亦太平之盛事也臣聞見過不諫非忠臣也畏死不
言非勇士也臣何惜一朝之命而不安萬乘之國哉故曰苟利國家
雖死可矣願陛下稍輟萬機詳臣愚見陛下若以臣爲忠則從諫如
流擇是而用若以臣爲不忠則斬取臣頭以令天下疏奏不納明年
御史大夫魏元忠爲張易之兄弟所構安恒又抗疏申理之曰臣聞
明王有含天下之量有濟天下之心能進天下之善除天下之惡若
爲君王而不行此四者則當神冤鬼怒陰錯陽亂欲使國家榮泰其
可得乎陛下革命之初勤於庶政親總萬機博採謀猷傍求俊乂故

海內以陛下爲之主矣暮年已來怠於政教讒邪結黨水火成災百
姓不親五品不遜故四海之內以陛下爲受佞之主矣邪正莫辯訴
訟含冤豈陛下昔是而今非蓋居安忘危之失也臣竊見御史大夫
檢校太子右庶子同鳳閣鸞臺平章事魏元忠廉直有聞位居宰輔
履忠正之基者用元忠爲龜鏡踐邪佞之路者嫉元忠若仇讎麟臺
監張易之兄弟在身無德於國無功不逾數年遂極隆貴自當飲冰
懷懼酌水思清夙夜兢兢以荅恩造不謂溪壑其志豺狼其心欲指
鹿而獻馬先害忠而損善將斯亂代之法汙我明君之朝自元忠下
獄臣見長安城內街談巷議皆以陛下委任姦宄斥逐賢良以元忠
必無不順之言以易之必有交亂之意相逢偶語人心不安雖有忠
臣烈士空撫髀於私室而鉗口不敢言者皆懼易之等威權恐無辜
而受戮亦徒虛死耳今賊虜強盛徵斂煩重以臣言之萬姓不勝其
弊況又聞陛下縱逸讒慝禁錮良善賞刑失中則遐邇生變臣恐四
夷因之則窺覘得失以爲邊郡之患百姓因之即結聚義兵以除君

側之惡復恐逐鹿之黨叩關而至亂階之徒從中相應爭鋒於朱雀
門內問鼎於大明殿前陛下將何事以謝之復何方以禦之臣今爲
陛下計安百姓之心者莫若收雷電之威解元忠之網復其爵位君
臣如初則天下幸甚陛下好生惡殺縱不能斬佞臣頭以塞人望臣
請奪其榮寵翦其羽翼無使權柄在手驕橫日滋專國倍於穰侯廻
天過於左悺則社稷危矣惟陛下圖之臣本微賤不識元忠易之豈
此可親而彼可踈但恐讒邪長而忠臣絕伏願陛下暫黷天鑒察臣
此心即微臣朝志得行夕死無恨疏奏易之等大怒欲遣刺客殺之
賴正諫大夫朱敬則鳳閣舍人桓彥範著作郎魏知古等保護以免
安恒神龍初爲集藝館內教節愍太子之殺武三思也或言安恒預
其謀遂下獄死睿宗即位知其冤下制曰故蘇安恒文學基身鯁直
成操往年抗疏忠讜可嘉屬回邪擅權奄從非命興言軫悼用惻于
懷宜贈寵章式旌徽烈可贈諫議大夫時又有俞文俊王求禮亦以
直言見稱

俞文俊者荊州江陵人則天載初年新豐因風雷山移乃改縣名爲
慶山四方畢賀文俊詣闕上書曰臣聞天氣不和而寒暑併人氣不
和而疣贅生地氣不和塠阜出今陛下以女主處陽位反易剛柔故
地氣隔塞而山變爲災陛下謂之慶山臣以爲非慶也臣愚以爲宜
側身修德以荅天譴不然恐殃禍至矣則天大怒流於嶺外後爲六
道使所殺

王求禮者許州長社人則天時爲左拾遺時武懿宗統兵討契丹畏
愞不敢進及賊平懿宗奏滄瀛等數百家從賊請誅之求禮廷折之
曰此等素無武備城池不完遇賊畏懼苟從之以求生豈素有背叛
之心也懿宗擁強兵數十萬聞賊輒退使其滋蔓又欲移罪於草澤
詿誤之人豈爲臣之道臣請先斬懿宗以謝河北懿宗不能荅則天
遂寬宥從者之罪後都城三月雨雪鳳閣侍郎蘇味道以爲瑞雪率
群官表賀求禮曰公爲宰相不能燮理陰陽非時降雪又將災而爲
瑞誣罔視聽君以三月雪爲瑞雪即臘月雷亦爲瑞雷耶味道不從

求禮累遷左臺殿中侍御史神龍初爲衛王掾病卒○燕欽融洛州偃
師人也景龍末爲許州司戶參軍時韋庶人干預國政威封拜群從
子弟又與悖逆庶人及駙馬都尉武延秀中書令宗楚客等將圖危
宗社欽融連上奏其事庶人大怒勸中宗召欽融廷見撲殺之宗楚
客又私令執法者加刃欽融因而致死睿宗即位下制曰故許州司
戶參軍燕欽融先陳忠讜頗列章奏雖干非其位而進不顧身永言
奄亡誠所傷悼方開諫路宜慰窀穸可贈諫議大夫仍令備禮改葬
特受一子官先是定州人郎岌亦備陳韋庶人及宗楚客將爲逆亂
之狀中宗不納而韋庶人勸杖殺之睿宗即位追贈諫議大夫
安金藏京兆長安人初爲太常工人載初年則天稱制睿宗號爲皇
嗣少府監裴匪躬內侍范雲仙並以私謁皇嗣腰斬自此公卿已下
並不得見之唯金藏等工人得在左右或有誣告皇嗣潛有異謀者
則天令來俊臣窮鞫其狀左右不勝楚毒皆欲自誣唯金藏確然無
辭大呼謂俊臣曰公既不信金藏之言請剖心以明皇嗣不反即引

佩刀自割其胸五藏並出流血被地因氣絕而仆則天聞之令轝入
宮中遣醫人却內五藏以桑白皮爲線縫合傅之藥經宿金藏始甦
則天親臨視之歎曰吾子不能自明不如爾之忠也即令俊臣停推
睿宗由是免難金藏神龍初喪母寓葬於都南闕口之北廬於墓側
躬造石墳石塔晝夜不息原上舊無水忽有湧泉自出又有李樹盛
冬開花犬鹿相狎本道使盧懷慎上聞勅旌表其門景雲中累遷右
武衛中郎將玄宗即位追思金藏忠節下制褒美擢拜右驍衛將軍
乃令史官編次其事開元二十年又特封代國公仍於東岳等諸碑
鐫勒其名竟以壽終贈兵部尚書

唐書列傳卷第一百三十七上

劉　昫　等修
聞人詮校刻沈桐同校

忠義下

李憕太原文水人父希倩中宗神龍初右臺監察御史憕早聰敏以明經舉開元初爲咸陽尉時張說自紫微令燕國公出爲相州刺史河北按察使有洺州劉行善相人說問寮采後誰貴達行乃稱憕及臨河尉鄭巖說乃以女妻巖妹壻陰行眞女妻於憕及說爲并州長史太平軍大使引憕常在幕下九年入爲相憕又爲長安尉屬宇文融爲御史括田戶奏知名之士崔希逸咸廙業宇文順于孺卿李宙及憕爲判官攝監察御史分路檢察以課並遷監察御史憕驟歷兵吏部郎中給事中憕有吏幹明於几案甚有當官之稱二十八年爲河南少尹時蕭炅爲尹依倚權貴涖事多不法憕以公直正之人用繫賴又道士孫甑生以左道求進託以修功德往來嵩山求請無度憕必挫之炅及甑生患之而構於朝廷天寶初出爲清河太守十一載累轉河南太守本道採訪諷於行在所改尚書右丞京兆尹十四載轉光禄卿東京留守判尚書省事其載十一月安禄山反於范陽人心震懼玄宗遣安西節度封常清兼御史大夫爲將召募於東京以禦之憕與留臺御史中丞盧弈河南尹達奚珣綏輯將士完繕城郭遏其侵逼遷憕禮部尚書依前留守自逆徒發范陽至渡河令嚴覘候計絕及渡河陷陳留滎陽二郡殺張介然崔無詖數日間已至都城下禄山所統皆蕃漢精兵訓練已久常清之衆多市井之人初不知戰及兵交之後被鐵騎唐突飛矢如雨皆意惕色沮望賊奔散憕謂弈曰吾曹荷國重寄誓無避死雖力不敵其若官守何弈亦便許願守本司於宅憕居留守宅弈獨居臺中及常清西奔禄山領其衆椎鼓大呼以入都城殺掠數千人箭及宮闕然後住居於閑廄中令擒憕及弈判官蔣清等三人害之以威於衆禄山傳憕弈清三人之首以徇河北信宿至平原太守顏眞卿斬其使浴其首殮以木函祭而瘞之以聞玄宗贈憕司徒仍與一子五品官弈武部尚書崔無詖工部尚書各與一子官蔣清文部郎中憕豐於産業伊川膏腴水陸上田脩竹茂樹自城及闕口別業相望與吏部侍郎李彭年皆有

地癖鄭巖天寶中仕至絳郡太守入爲少府監田産亞於憕憕有子十餘人二子爲僧與憕同遇害二子彭源存焉源時年八歲爲賊所俘轉徙流離凡七八年及史朝義走河北洛陽故吏有義源者贖之於民家代宗聞之授河南府參軍轉司農寺主簿以父死禍難無心禄仕誓不昏妻不食酒肉洛陽之北惠林寺憕之舊墅也源乃依寺僧寓居一室依僧齋戒人未嘗見其所習先穴地爲墓預爲終制時偃仰於穴中長慶三年御史中丞李德裕表薦之曰處士李源即故禮部尚書東都留守贈司徒忠烈公李憕之少子天與忠孝嗣茲貞烈以父死國難哀纏終身自司農寺主簿絶心禄仕垂五十年暨于衰暮多依惠林佛寺本憕之墅也寺之正殿即憕之寢室源過殿必趨未嘗登踐隨僧一食已五十年其端心執孝無有不至抱此貞節弃於清朝臣竊爲陛下惜之詔曰禮著死綏傳稱握節捐生守位取重人倫爲義甚明其風或替言念於此慨然興懷而朝之公卿有上言者云天寶之季盜起幽陵振蕩生靈噬吞河洛贈司徒忠烈公

皆處雜居首正色受屠兩河聞風再固危辭首立殊節到今稱之其子源有曾閔之行可貫于神明有巢由之風可希于太古山林以寄其迹爵祿不入于心泊然無營五十餘載夫褒忠可以勸臣節旌孝可以激人倫尚義可以警澆浮敬老可以厚風俗舉茲四者大儆于時是用擢自衡門立於文陛處以諫職冀聞讜言仍加印紱式示光寵可守左諫議大夫賜緋魚袋仍勑河南尹差官就所居敦諭遣發穆宗尋令中使齎手詔緋袍牙笏絹二百匹往洛陽惠林寺宣賜源受詔對中使苦陳疾甚年高不能趨拜附表謝恩其官告服色絹皆辭不受竟卒於寺彭以一子官累歷州縣令長子宏仕官愈卑生三子景讓景莊景溫自元和後相繼以進士登第景讓大和中爲尚書郎出爲商州刺史開元二年入朝爲中書舍人二年十月出爲華州刺史潼關防禦鎮國軍使四年入爲禮部侍郎五年選貢士李蔚後至宰相楊知退爲尚書大中朝爲襄州刺史山南道節度使入爲吏部尚書十一年轉御史大夫景讓有大志事親以孝聞正色立朝言無避

○忌爲大夫時宣宗舅鄭光卒詔贈司徒罷朝三日景讓曰國舅雖親朝典有素無容過越乃上言曰鄭光是陛下親舅外族之愛誠軫聖心況皇太后哀切之時理合加等而賜之粟帛隆其第宅自家刑國允謂合宜今以輟朝之數比於親王公主則前例所無縱有亦不可施用何者先王制禮所以防微大凡人情於外族則深於宗廟則薄所以先王制禮割愛厚親士庶猶然況當萬乘親王公主宗屬也舅氏外族也今朝廷公卿以至庶人據開元禮外祖父母及親舅喪服小功五月若親伯叔親兄弟即服齊縗周年所以疎其外而密於內也有天下者尤不可使外戚強盛故西漢有呂氏之侈幾滅劉氏國朝有則天之篡殆革唐命豈非一朝一夕其所由來漸也今鄭光輟朝日數與親王公主同設使陛下速改詔命輟朝一日或兩日示其升降有差恩禮無僭使四方見陛下欽明之德青史傳陛下制度之文垂之百王播之芳烈臣愚不肖謬竊恩私實賴陛下處於堯舜之上羲軒之列所以甘心鼎鑊伏進危言優詔報之乃罷兩日景讓復爲

吏部尚書卒諡曰孝景溫登第後踐歷臺閣咸通中自工部侍郎出爲華州刺史潼關防禦鎮國軍使景莊亦至達官

張介然者蒲州猗氏人也本名六朗謹慎善籌算爲郡守在河隴及天寶中王忠嗣皇甫惟明哥舒翰相次爲節將並委以營田支度等使進位衛尉卿仍兼行軍司馬使如故及加銀青光祿大夫帶上柱國因入奏稱旨特加賜賚介然乘間奏曰臣今三品合列棨戟若列於帝城鄉里不知臣貴臣河東人也請列戟於故鄉玄宗曰所給可列故鄉京城佇當別賜介然拜謝而出仍賜絹五百匹令宴集閭里以寵異之本鄉列戟自介然始也哥舒翰追在西京薦爲少府監安祿山將犯河洛以介然爲河南防禦使令守陳留陳留水陸所湊邑居萬家而素不習戰介然至任數日賊已渡河雖率兵登城無守要害虜騎十萬所過殺戮煙塵亘天彌漫數十里介然之衆聞吹角鼓譟之聲授甲不得氣已奪矣故至覆敗初玄宗以祿山起逆於河南要路懸牓以購其首又諭已殺其子慶宗等祿山入陳留北郭安慶

○緒見牓白於祿山祿山於輿中兩手撫膺大哭數聲曰我有何罪已殺我兒便縱凶毒前有陳留兵將降者向萬人行列於路東陷祿山命其牙將殺戮皆盡流血如川乃斬介然於軍門祿山氣乃稍解頃軍於陳留郭下以其將李庭望爲節度鎮之十五載玄宗贈介然工部尚書與一子五品官

崔無詖者京兆長安人也本博陵舊族父從禮中宗韋庶人之舅景龍中衛尉卿時中書令酇國公蕭至忠才位素高甚承恩顧勑亡先女冥婚韋庶人亡弟無詖婚至忠女后爲女家中宗爲兒家供擬甚厚時人爲之語曰皇后嫁女天子娶婦及韋庶人敗至忠女亦死無詖坐累久貶在外開元中爲益州司馬會楊國忠爲新都尉與之歡甚國忠因事引用之累轉陝郡太守少府監滎陽郡太守安祿山率衆南向無詖召募拒之及賊陷陳留郡後凶威轉盛戈矛鼓角驚駭城邑兩宿及滎陽乘城自墜如雨故無詖及官吏盡爲賊所虜賊以其將武令珣鎮之

盧弈黃門監懷慎之少子也與其兄奐齊名大腹豐下眉目踈朗謹愿寡欲不尚輿馬克己自勵開元中任京兆司録參軍天寶初爲鄠縣令兵部郎中所歷有聲皆如奐之所治也天寶八載轉給事中十一載爲御史中丞始懷慎及弈並爲中丞父子三繼清節不易時人美之弈留臺東都又分知東都武部選事十四載安禄山犯東都人吏奔散弈在臺獨居爲賊所執與李憕同見害玄宗聞而愍之贈兵部尚書太常議謚博士獨孤及議曰盧弈剛毅朴忠直方而清勵精吏事所居可紀天寶十四載洛陽陷没于時東京人士狼狽鹿駭猛虎磨牙而爭其肉居位者皆欲保命而全妻子或先策高足爭脫羿彀或不恥苟活甘飲盜泉弈獨正身守位義不去以死全節誓不辱勢窘力屈以朝服就執猶慷慨感憤數賊梟獍之罪觀者股栗弈不變其色而北面辭君然後受害雖古烈士方之者鮮矣或曰洛陽之存亡操兵者實任其咎非執法吏所能抗師敗將奔去之可也委身寇讐以死誰對及以爲不然勇者禦而忠者守必社稷是衛則死生

以之危而去之是智免也於忠何有昔荀息殺身於晉不食其言也仲由結纓於衛食焉不避其難也玄冥勤其官而水死守位而忘軀也伯姬待保姆而火死先禮而後身也彼四人者死之日皆於事無補夫豈愛死而賈禍也以爲死輕於義故蹈義而捐生古史書之使事君者勸然則禄山之亂大於里克孔悝弈廉察之任切於玄冥之官分命所繫不啻於保姆逆黨兵威甚于水火于斯時也能與執干戈者同其戮力挽之不來推之不去豈不以師可虧免不可苟身可殺節不可奪故全其特操於白刃之下孰與夫懷安偷生者同其風哉謹按謚法圖國忘身曰貞秉德遵業曰烈弈執憲戎馬之間志藩王室可謂圖國國危不能拯而繼之以死可謂忘身歷官一十任言必正事必果而清節不撓去之若始至可謂秉德先黃門以直道佐時弈嗣之以忠純可謂遵業請謚曰貞烈從之

蔣清者故吏部侍郎欽緒之子舉明經調補太子校書郎鞏縣丞盧弈留之憲府清與諸兄溢演沇知名于時弈之被害清亦死焉

顏杲卿琅琊臨沂人世仕江左五代祖之推北齊黃門侍郎修文館學士亡入周始家關內遂爲長安人焉曾伯祖師古貞觀中秘書監自有傳曾祖勤禮崇文館學士祖甫曹王侍讀父元孫垂拱初登進士第考功員外郎劉奇牓其詞策文瑰俊拔多士聳觀歷官長安尉太子舍人亳州刺史卒杲卿以蔭受官性剛直有吏幹開元中爲魏州録事參軍振舉綱目政稱第一天寶十四載攝常山太守時安禄山爲河北河東採訪使常山在其部內其年十一月禄山舉范陽之兵詣闕十二月十二日陷東都杲卿忠誠感發懼賊遂寇潼關即危宗社時從弟眞卿爲平原太守初聞禄山逆謀陰養死士招懷豪右爲拒賊之計至是遣使告杲卿相與起義兵掎角斷賊歸路以紓西寇之勢杲卿乃與長史袁履謙前眞定令賈深前內丘丞張通幽等謀開土門以背之時禄山遣將欽湊高邈率衆五千守土門杲卿欲誅欽湊開土門之路時欽湊軍隸常山郡屬欽湊遣高邈往幽州未還杲卿遣吏召欽湊至郡計事是月二十二日夜欽湊至舍之於傳

舍會飲既醉令袁履謙與參軍馮虔縣尉李栖默手力翟萬德等殺欽湊中夜履謙以欽湊首見杲卿相與垂泣喜事交濟也是夜稾城尉崔安石報高邈還至蒲城即令馮虔翟萬德與安石往圖之詰朝高邈之騎從數人至稾城驛安石皆殺之俄而邈至安石紿之曰太守備酒樂於傳舍邈方據廳下馬馮虔等擒而縶之是日賊將何千年自東都來趙郡馮虔萬德伏兵於醴泉驛千年至又擒之即日縛二賊將還郡杲卿遣子安平尉泉明及賈深張通幽翟萬德函欽湊之首械二賊送於京師至太原節度使王承業留泉明賈深等寢杲卿之表承業自上表獻之以爲己功玄宗不之知擢拜承業大將軍牙官獲賞者百數玄宗尋知杲卿之功乃加衛尉卿兼御史大夫以袁履謙爲常山太守杲卿爲司馬杲卿既斬賊將收兵練卒乃檄告河北郡縣言朝廷以榮王爲河北兵馬大元帥哥舒翰爲副統衆二十萬即出土門郡縣聞之皆殺賊守將遠近響應時十五郡皆爲國家所守時安禄山遣使傳李憕盧弈之首徇河北至平原眞卿殺賊

使收藏愷等首清池尉賈載亦斬偽署景城守劉玄道傳首於平原
饒陽郡守盧全誠亦據郡舉兵會于真卿時常山平原二郡兵威大
振祿山方自率衆而西已至陝聞河北有變而還乃命史思明蔡
希德率衆渡河十五年正月思明攻常山郡城中兵少衆寡不敵禦
備皆竭其月八日城陷杲卿履謙為賊所執送於東都思明既陷常
山遂攻諸郡鄴廣平鉅鹿趙郡上谷博陵文安魏郡信都復為賊守
祿山見杲卿面責之曰汝昨自范陽戶曹我奏為判官遂得光祿太
常二丞便用汝攝常山太守負汝何事而背我耶杲卿瞋目而報曰
我世為唐臣常守忠義縱受汝奏署復合從汝反乎且汝本營州一
牧羊羯奴耳叨竊恩寵致身及此天子負汝何事而汝反耶祿山怒
甚令縛於中橋南頭從西第二柱節解之比至氣絕大罵不息是日
杲卿幼子誕姪詡及袁履謙皆被先截手足何千年弟在傍含血噴
其面因加割臠路人見之流涕其年二月李光弼郭子儀之師自土
門東下復收常山郡杲卿履謙等妻女數百人繫之獄中光弼破械

○出之令行喪服給遣周厚至德二年冬廣平王收復兩京史思明以
河朔歸國時真卿為蒲州刺史乃令泉明於河北求訪血屬杲卿妹
先適故榆次令張景儋妹女流落賊中泉明之一女亦落賊中俱索贖
錢三萬泉明悉索所費贖姑女而還比復納贖已女遂失而袁履謙
已下父之將吏妻子奴隸等三百餘人轉徙賊中窮窘無告泉明悉
以歸蒲州真卿贍給久之隨其所詣而資送之泉明求其父屍於東
都得其行刑者言杲卿被害時先斷一足與履謙同坎瘞之及發瘞
得屍果無一足即日與履謙之屍各為一柩扶護還長安初履謙妻
疑夫柩殮衣儉薄發棺視之一與杲卿等履謙妻號踊感歎待之如
父泉明之志行仁義如此乾元元年五月詔曰故衛尉卿兼御史中
丞恒州刺史顏杲卿任彼專城志梟狂虜艱難之際忠義在心憤羣
兇而慷慨臨大節而奮發遂擒元惡成此茂勳屬胡虜憑陵流毒方
熾孤城力屈見陷寇讎身殁名存實彰忠烈夫仁者有勇驗之於臨
難臣之報國義存於捐軀嘉其死節之誠未備飾終之禮可贈太子

太保
薛愿河東汾陰人父紹禮部郎中兄崇一尚惠宣太子女宜君縣主
女弟為廢太子瑛妃愿坐宮廢貶官祿山之亂南陽節度使魯炅奏
用愿為潁川太守本郡防禦使時賊已陷陳留滎陽汝南等郡方圍
南陽潁川當其來往之路愿與防禦副使龐堅同力固守城中儲蓄
無素兵卒單寡自至德元年正月至十一月賊晝夜攻之不息距城
百里廬舍墳墓林樹開發斬徹殆盡而外救無至賊將阿史那承慶
悉以銳卒併攻為木驢木鵝雲梯衝棚四面雲合鼓譟如雷矢石如
雨力攻十餘日城中守備皆竭賊夜半乘梯而入愿堅俱被執送於
東都將支解之或說祿山曰薛愿龐堅義士也人各為其主屠之不
祥乃繫於洛水之濱屬苦寒一夕凍死堅武德功臣玉之玄孫初娶
邠王守禮女建寧縣主魯炅奏為潁州郡長史兼防禦副使
張巡蒲州河東人兄曉開元中監察御史兄弟皆以文行知名巡聰
悟有才幹舉進士三以書判拔萃入等天寶中調授清河令有能名

○重義尚氣節人以危窘告者必傾財以恤之祿山之亂巡為真源令
說譙郡太守令完城募市人為拒賊之勢時吳王祇為靈昌太守奉
詔糾率河南諸郡練兵以拒逆黨濟南太守李隨副之巡與單父尉
賈賁各召募豪傑同為義舉時雍丘令令狐潮欲以其城降賊民吏
百餘人不從命潮皆反接仆之于地將斬之會賊來攻城潮遽出鬭
而反接者自解其縛閉城門拒潮召賁賁與巡引衆入雍丘殺潮妻
子嬰城守備吳王祇承制授賁監察御史數日賊來攻城賁出鬭而
死巡乃合賁之衆城守令狐潮引賊將李廷望攻圍累月賊傷夷太
半祿山乃於雍丘北置杞州築城壘以絕餉路自是內外隔絕又相
持累月賊鋒轉熾城中益困時許遠為睢陽守與城父令姚闇同守
睢陽城賊攻之不下初祿山陷河洛許叔冀守靈昌薛愿守潁川許
遠守睢陽皆城孤無援愿守一年而城陷叔冀一年而自拔獨睢陽
堅守賊將尹子奇攻圍經年巡以雍丘小邑儲備不足大寇臨之必
難保守乃列卒結陣詐降至德二年正月也玄宗聞而壯之授巡主

客郎中兼御史中丞尹子奇攻圍既久城中糧盡易子而食析骸而
爨人心危恐慮將有變巡乃出其妾對三軍殺之以饗軍士曰請公
爲國家戮力守城一心無二經年乏食忠義不衰巡不能自割肌膚
以啖將士豈可惜此婦人坐視危迫將士皆泣下不忍食巡強令食
之乃括城中婦人既盡以男夫老小繼之所食人口二三萬人心終
不離變時賀蘭進明以重兵守臨淮巡遣帳下之士南霽雲夜縋出
城求援於進明進明日與諸將張樂高會無出師意霽雲泣告之曰
本州強寇凌逼重圍半年食盡兵窮計無從出初圍城之日城中數
萬口今婦人老幼相食殆盡張中丞殺愛妾以啖軍人今見存之數
不過數千城中之人分當餌賊但睢陽既拔即及臨淮皮毛相依理
須援助霽雲所以冒賊鋒刃匍匐乞師謂大夫深念危亡言發響應
何得宴安自處殊無救恤之心夫忠臣義士之所爲豈宜如此霽雲
既不能達主將之意請嚙一指留於大夫示之以信歸報本州霽雲
自臨淮還睢陽縋城而入城中將吏知救不至慟哭累日十月城陷

○巡與姚誾南霽雲許遠皆爲賊所執巡神氣慷慨每與賊戰大呼誓
師眥裂血流齒牙皆碎城將陷西向再拜曰臣智勇俱竭不能戍遏
強寇保守孤城臣雖爲鬼誓與賊爲厲以荅明恩及城陷尹子奇謂
巡曰聞君每戰眥裂嚼齒皆碎何至此耶巡曰吾欲氣吞逆賊但力
不遂耳子奇以大刀剔巡口視其齒存者不過三數巡大罵曰我爲
君父義死爾附逆賊犬彘也安能久哉子奇義其言將禮之左右曰
此人守義必不爲我用素得士心不可久留是日與姚誾霽雲同被
害唯許遠執送洛陽

姚誾者浹州平陸人故相梁國公崇之姪孫父弇開元初歷處州刺
史誾性豪蕩好飲謔善絲竹歷壽安尉城父令與張巡素相親善以
守睢陽之功至德二年春加檢校尚書侍郎賈賁者故閬州刺史璿
之子也

許遠者杭州鹽官人也世仕江右曾祖高陽公敬宗龍朔中宰相自
有傳遠清幹初從軍河西爲磧西支度判官章仇兼瓊鎮劍南又辟
爲從事慕其門欵以子妻之遠辭兼瓊怒積他事中傷貶爲高要尉
後遇赦得還祿山之亂不次拔將帥或薦遠素練戎事玄宗召見拜
睢陽太守累加侍御史本州防禦使及賊將尹子奇攻圍遠與張巡
姚誾嬰城拒守經年外救不至兵糧俱盡而城陷尹子奇執送洛陽
與哥舒翰程千里俱囚之客省及安慶緒敗渡河北走使嚴莊皆害
之初賀蘭進明與房琯素不相叶及琯爲宰相進明時爲御史大夫
琯奏用進明爲彭城太守河南節度使兼御史大夫代嗣虢王巨復
用靈昌太守許叔冀爲進明都知兵馬使亦兼御史大夫重其官以
挫進明號王巨受代之時盡將部曲而行所留者揀退羸兵數千人
劣馬數百匹不堪扞賊叔冀恃部下精鋭又名位等於進明自謂匹
敵不受進明節制故南霽雲之乞師進明不敢分兵懼叔冀見襲兩
相觀望坐視危亡致河南郡邑爲墟由執政之乖經制也

程千里京兆人身長七尺骨相魁岸有勇力本磧西募人累以戎勳
官至安西副都護天寶十一載授御史中丞十二載兼北庭都護充

○安西北庭節度使突厥首領阿布思先率衆內附隸朔方軍玄宗賜
姓名曰李獻忠李林甫遙領朔方節度用獻忠爲副將後有詔移獻
忠部落隸幽州獻忠素與祿山有隙懼不奉詔乃叛歸磧北數爲邊
患玄宗憤之命千里將兵討之十二載十一月千里兵至磧西以書
喻葛祿令其相應獻忠勢窮歸葛祿部葛祿縛獻忠并其妻子及帳
下數千人送之千里飛表獻捷天子壯之十三載三月千里獻俘於
勤政樓斬之於朱雀街以功授右金吾衛大將軍同正仍留佐羽林
軍上下祿山之亂詔千里於河東召募充河東節度副使雲中太守
十五載正月遷上黨郡長史特進攝御史中丞以兵守上黨賊來攻
城屢爲千里所敗以功累加開府儀同三司禮部尚書兼御史大夫
至德二年九月賊將蔡希德圍城數以輕騎挑戰千里恃其驍果開
懸門率百騎欲生擒希德勁騎搏之垂將擒而希德救兵至千里斂
騎而退橋壞墜坑反爲希德所執仰首告諸騎曰非吾戰之過此天
也爲我報諸將士乍可失帥不可失城軍人聞之泣下晝夜嚴兵城

守賊竟不能拔東都安慶緒捨之僞署特進囚之客省及慶緒敗走爲嚴莊所害其年十二月上御丹鳳樓大赦節文曰忠臣事君有死無貳烈士徇義雖殁如存其李憕盧奕袁履謙張巡許遠張介然蔣清龐堅等即與追贈訪其子孫厚其官爵家口深加優恤自是赦恩無不該於節義而程千里終以生執賊庭不沾褒贈

袁光庭者河西戍將天寶末爲伊州刺史祿山之亂西北邊戍兵入赴難河隴郡邑皆爲吐蕃所拔唯光庭守伊州累年外救不至虜百端誘說終不之屈部下如一及矢石既盡糧儲並竭城將陷没光庭手殺其妻子自焚而死朝庭聞之贈工部尚書

邵真者恒州節度使李寶臣之判官也累加檢校司封郎中兼御史中丞專掌文翰寶臣深所信任寶臣死其子惟岳擅領父衆李正已田悅遣人說惟岳同叛真泣諫曰先公位兼將相受國厚恩大夫縗絰之中遽欲違命同鄰道之惡違先公之志必不可也田悅與我客還絶之又恐速禍正已稍遠絶之易耳但令悅使還報請徐思其宜

執正已使于京師因請致討朝廷必嘉大夫之忠而旌節可得惟岳然之令真草奏將發孔目吏胡震謂惟岳曰此事非細請與將吏會議長史畢華曰先公與二道親好二十餘年一朝背之伏恐生事今執其來使送於京師大善脫未爲朝廷所信正已兵強忽來襲城孤軍無援何以敵之不若仍舊勿絶徐觀其變惟岳又從之真又勸惟岳遣其弟惟簡入朝仍遣軍吏薛廣嗣詣河東節度馬燧軍求保薦屯兵束鹿田悅聞其謀遣人謂惟岳曰邵真惑亂軍政必速殺之不然吾且討其罪矣惟岳懼遂殺真朝廷聞而嘉之贈戶部尚書

符璘者田悅之將初馬燧李抱真李芃等破田悅於洹水燧等進屯魏州時悅與李納會於濮陽因請助兵納分麾下數千人隨之至是納爲河南諸軍所逼自濮陽奔歸濮州徵兵於悅悅遣璘將三百騎護送之納兵既歸遂悉其衆降於燧遷璘試太子詹事兼御史中丞封義陽郡王實封一百戶璘父令奇初爲悅部將至是因璘之出遂令二子同降於燧悅怒執令奇令奇大呼慢罵之悅族其家贈令奇戶部尚書

趙曄字雲卿鄧州穰人其先自天水徙焉貞觀中主客員外郎德言曾孫也父敬先殿中侍御史曄志學善屬文開元中舉進士連擢科第補太子正字累授大理評事貶北陽尉移雷澤河東二丞河東採訪使韋陟以曄履操清直頗推敬之表爲屬僚陟罷陳留採訪使郭納復奏曄爲支使及安祿山陷陳留因没于賊時有京兆韋氏夫任畿官以不供賊軍遇害韋被逆賊没入爲婢江西觀察使韋儇族兄弟也曄哀其冤抑以錢贖之俾其妻置之別院厚供衣食而曄竟不面其人明年收復東都曄以家財資給而訪其親屬歸之識者咸重焉乾元初三司議罪貶晉江尉數年改録事參軍徵拜左補闕未至福建觀察使李承昭奏爲判官授試大理司直兼監察御史試司議郎兼殿中侍御史入爲膳部比部二員外膳部倉部二郎中秘書少監曄性孝悌敦重交友雖經艱危不改其操少時與殷寅顏真卿柳

芳陸據蕭穎士李華邵軫同志友善故天寶中語曰殷顏柳陸蕭李邵趙以其重行義敦交道也而曄早擅高名在宦途五十年累經貶謫蹇躓備至入仕三十年方霑省官身在郎署子嘗徒步官既散曹俸祿單寡衣食不充以至亡殁服名檢者爲之歎息建中四年冬涇原兵叛曄竄于山谷尋以疾終追贈華州刺史子宗儒別有傳

石演芬本西域胡人也以武勇爲朔方邠寧節度兵馬使兼御史大夫李懷光養爲子累至右武鋒都將時懷光軍屯三橋將與朱泚通謀演芬乃使門客郜成義密疏且言懷光無狀請罷其摠統成義至奉天乃反以其言告懷光子璀璀密告其父懷光乃召演芬責之曰以爾爲子柰何欲破我家今死可乎演芬對曰天子以公爲腹心公上負天子安可責演芬且演芬胡人不解異心欲守事一人幸免呼爲賊死常分也懷光使左右臠食之皆曰此忠烈士也可令速死乃以刀斷其頸德宗追思義烈贈兵部尚書仍賜錢三百千又捕得郜成義于朔方戮之先是詔懷光鐵券懷光奉詔倨慢左都將張名振

大呼軍門曰太尉見賊不擊天使到不迎固將反耶且安史兩賊僕
固懷恩今皆族滅公欲何爲定資忠義之士立功勳耳懷光聞之召
謂曰我不反爲賊強盛須蓄銳俟時耳無幾懷光引軍入咸陽名振
曰公乃言不反今此來何也何不急攻朱泚收復京城以圖富貴懷
光曰名振病狂使左右殺之
張伾建中初以澤潞將鎮臨洺田悅攻之伾度兵力不能出戰嚴設
守備嬰城拒守賊不能拔累月攻之益急士多死傷糧儲漸乏救兵
未至伾知事不濟無以激士心乃悉召將卒於軍門命其女出拜之
謂曰將士辛苦守戰伾之家無尺寸物與公等獨有此女幸未嫁人
願出賣之爲將士一日之費衆皆大哭曰誓爲將軍死戰幸無慮也
會馬燧與太原之師至與衆合擊悅於城下大敗之伾乘勢出戰士
卒無不一當百圍解以功遷泗州刺史在州十餘年拜右金吾衛大
將軍詔未至病卒貞元二十一年贈尚書右僕射有子重政軍吏欲
立爲都將重政毋徐氏固拒不從詔曰前昭義軍泗州行營衙前兵

馬使太中大夫試太子賓客兼監察御史張重政門有勳力惟推義
勇夙聞克家之美常稱撫衆之才近者其父初亡群小扇惑誘以奇
計俾執軍麾而重政與其毋兄號泣固拒遂全戀願奔告元戎不爲
利回成其先志於家爲孝子在國爲忠臣軍政乂安行義昭著念茲
名節感歎良深宜洽恩榮俾弘激勸禮無避於金革理當由於權奪
戎章憲府式示褒崇可起復雲麾將軍守金吾衛大將軍員外置同
正員檢校太子詹事兼御史中丞仍委淮南節度使與要職事任使
又詔曰張重政毋高平郡夫人徐氏族茂姻閥行表柔明懷正家之
美有擇鄰之識頃當變故曾不詭隨保其門宗訓成忠孝雖圖史所
載何以加之念其令子已申獎用特彰毋儀之德俾崇封國之榮可
封魯國太夫人
甄濟字孟成中山無極人家於衛州少孤天寶中隱居衛州青岩山
人伏其操行約不敢漁採訪使安祿山表薦之授試大理評事充范
陽郡節度掌書記天寶末安祿山有異志謀以智免衛縣令齊玘誠

信可托乃求使至衛具以誠告弟惲密求羊血以爲備至夜僞嘔血
疾不能支遂舁歸及祿山反使僞節度使蔡希德領行戮者李掞等
二人封刀來召察濟詐不起即就戮之濟以左手書云去不得李掞
持刀而前濟引首以待希德獻欷嗟歎之曰李掞退以實病報祿山
後安慶緒亦使人至縣強舁至東都安國觀經月餘代宗收東京濟
起詣軍門上謁乃送上都肅宗館之於三司使令授僞命官瞻望以
媿其心授秘書郎轉太子舍人寶應初拜刑部員外郎少遊奏授著
作郎兼侍御史終於襄州元和中襄州節度使袁滋奏其節行詔曰
符風樹節謂之立名歿加襃贈所以誘善故朝散大夫秘書省著作
郎兼侍御史甄濟早以文雅見稱於時嘗因辟召亦佐戎府而能保
堅貞之正性不履危機覩逆亂之潛萌不從脅污義聲可傳於竹帛
顯贈未賁於松楸潘方所陳允叶彝典追加命秩以奬忠魂可贈秘
書少監
劉敦儒開元朝史官左散騎常侍子玄之孫敦儒毋有心疾非日鞭

人不安子弟僕使不勝其苦皆逃遁他處唯敦儒侍養不息體常流
血及毋亡居喪毀瘠骨立洛中謂之劉孝子元和中東都留守權德
輿具奏其至行詔曰孝子劉敦儒生於儒門稟此至性王祥篤行起
孝敬而不移曾參養志積歲年而罔怠用弘勸奬而服官常分曹洛
師俾遂私志可左龍武軍兵曹參軍分司東都
高沐渤海人父憑從事于宣武軍知曹州事李靈曜作亂憑密遣使
奏賊中事狀詔除曹州刺史無何李正己盜有曹濮憑遂陷于賊數
年卒沐貞元中進士及第以家族在鄆李師古置爲判官居數年師
道擅襲舞謀不順沐與同列郭昈李公度等必廣引古今成敗諭之
前後說師道爲善者凡千言其判官李文會孔目官林英皆爲師道
信用秉間相與涕泣於師道前曰文會等血誠憂尚書家事反爲高
沐輩所嫉尚書柰何不惜十二州之城成高沐等百代之名乎復日
夜讒搆繇是漸見疑忌令沐知萊州事林英因奏事至京遣邸吏密
報師道云高沐潛有誠款至朝廷矣師道大怒李文會從而搆成之

沐遂遇害於遷所而囚郭旴於萊州其血屬皆徙遠地及淮西平師道漸懼李公度與其將李英曇乘其懼也說師道獻三州及入質長子初甚然之中悔將殺公度賈直言聞之謂師道用事奴曰今大禍將至豈非高沐寃氣所爲又殺公度是益其疾也乃止逐英曇於萊州未至縊殺之又有崔承寵楊偕陳佑崔清皆以伏順爲賊所惡李文會呼爲高沐之黨沐遇害承寵等同被囚放郭旴名亞於沐雖不死備嘗困辱矣及劉悟平賊還召李公度執手歔欷既除滑州節度首辟旴及公度爲從事元和十四年四月詔曰圖難忘死爲臣之峻節顯忠旌善有國之令猷日者妖豎反覆侮我朝章而濮州刺史高沐刦在兗威潛輸忠款諷其不庭之咎將冀革心數其煑海之饒聿求利國伏奏必陳於逆節漏師常破其陰謀竟以盜憎遂死王事殁而不朽風聲凛然式表漏泉之澤且彰勁草之節可贈吏部尚書仍委馬摠訪其遺骸以禮收葬優恤其家若有子孫具名聞奏

賈直言者父道沖以伎術得罪貶之賜酖於路直言僞令其父拜四

方辭上下神祇伺使者視稍怠即取其酖以飲遂迷仆而死明日酖洩于足而復蘇代宗聞之減父死直言亦自此病躄後從事於李師道師道不恭朝命直言冒刃說者二輿櫬說者一師道訖不從及劉悟斬師道節制鄭滑得直言於禁錮之間又嘉其所爲因奏置幕中後遷於潞亦與之俱行悟纖微乖失直言必盡理箴規以是美譽日聞於朝穆宗以諫議大夫徵之悟拜章乞留復授檢校右庶子兼御史大夫依前充昭義軍行軍司馬悟用其言終身不虧臣節後歷太子賓客元和九年三月卒廢朝一日贈工部尚書

庾敬休字順之其先南陽新野人祖光烈與仲弟光先祿山廹以僞官皆潛伏奔竄光烈爲大理少卿光先爲吏部侍郎父河當賊泚盜據宮與季弟倬逃竄山谷河終兵部郎中敬休舉進士以宏詞登科授秘書省校書郎從事宣州旋授渭南尉集賢校理遷右拾遺集賢學士歷右補闕稱職轉起居舍人俄遷禮部員外郎入爲翰林學士遷禮部郎中罷職歸官又遷兵部郎中知制誥丁憂服闋改工部侍郎權知吏部選事遷吏部侍郎上將立魯王爲太子愼選師傅改工部侍郎兼魯王傅奏劒南西川山南西道每年稅茶及除陌錢舊例委度支巡院勾當榷稅當司於上都召商人便換太和元年戸部侍郎崔元略與西川節度使商量取其穩便遂奏請茶稅事使司自勾當每年出錢四萬貫送省近年已來不依元奏三道諸色錢物州府逗留多不送省請取江西例於歸州置巡院一所自勾當收管諸色錢物送省所冀免有逋懸欲令巡官李濆專往與德裕遵古商量制置續具奏聞從之又奏兩川米價騰踊百姓流亡請糶兩川闕官職田祿米以救貧人從之再爲尚書左丞大和九年三月卒于家敬休姿容溫雅襟抱夷曠不飲酒茹葷不邇聲色著諭善錄七卷贈吏部尚書

辛讜故太原尹雲京之孫壽州刺史晦之猶子也性慷慨重然諾專務賑人之急年五十不求苟進有濟時匡難之志咸通十年龐勛亂徐泗時杜慆守泗州賊以郡當江淮要害極力攻之時兩淮郡縣皆

陷慆守臨淮久之援軍雖集賊未解圍時讜寓居廣陵乃仗劒挐小艇趨泗口貫城柵入城見慆慆素聞有義而不相面喜讜至握手謝曰判官李延樞方話子爲人何遽至耶吾無憂矣時賊三面攻城王師結壘于洪源驛相顧不前讜夜以小舟穿賊壘至洪源驛見監軍郭厚本論泗州危急且宜速救厚本然之淮南都將王公弁謂厚本曰賊衆我寡無宜輕舉當俟可行讜坐中拔劒瞋目謂公弁曰賊百道攻城陷在旦夕公等奉詔赴援而逗留不進更欲何爲不唯有負國恩丈夫氣義亦宜感發假如臨淮陷賊淮南即是寇場公何獨存耶即欲揮刃向公弁厚本持之讜望泗州大哭經日帳下爲之流涕厚本義其心選用士三百隨讜入泗州夜半斬賊柵大呼由水門而入賊軍大駭既知援兵入賊乃退舍人心遂固浙西觀察使杜審權遣大將翟行約率軍三千赴援屯蓮塘驛慆欲遣人勞之將吏皆憚其行讜曰杜相公以大夫宗盟急難相赴安得令使者無言而還即賫慆書幣犒其使淮南大將李湘率師五千來援賊詐降敗于淮口

湘與郭厚本皆爲賊所執自是無援賊併兵急攻以鐵鏁斷淮流梯衝雲合凡周七月晝夜不息乘城之士不遑寢寐面目生瘡軍儲漸少分食稀粥賴讜犯難伏義求救於淮北諸軍既而馬舉以大軍至賊解圍而去讜無子猶子山僧元老等寄在廣陵每出城則書二姓名謂慆曰志之得嗣爲幸慆益感之賊平授讜泗州團練判官侍御史慆遷鄭滑節度讜亦從之爲賓佐慆卒乃退歸江東以隱居爲事

贊曰獸解觸邪草能指佞烈士徇義見危致命國有忠臣亡而復存何以喪邦姦邪受恩

唐書列傳卷第一百三十七下

劉　昫　等修
聞人詮校刻　沈桐同校

孝友

善父母爲孝善兄弟爲友夫善於父母必能隱身錫類仁惠逮于胤嗣矣善於兄弟必能因心廣濟德信被于宗族矣推而言之可以移於君施於有政承上而順下令終而善始雖蠻貊猶行焉雖窘迫猶亨焉自昔立身揚名未有不借孝友而成者也前代史官所傳孝友傳多録當時旌表之士人或徽細非衆所聞事出閭里又難詳究今録衣冠盛德衆所知者以爲稱首至於州縣薦飾者必覆其殊尤可以勸世者亦載之

○李知本趙州元氏人後魏洛州刺史靈六世孫也父孝端隋獲嘉丞初孝端與族弟太冲俱有世閥而太冲官最高孝端方之爲劣鄉族爲之語曰太冲無兄孝端無弟知本頗涉經史事親至孝與弟知隱甚稱雍睦子孫百餘口財物僮僕纖毫無間隋末盜賊過其閭而不入因相讓曰無犯義門同時避難者五百餘家皆賴而獲免知本貞觀初官至夏津令知隱至伊闕丞知本孫瑱開元中爲給事中楊州刺史知隱孫顥有文詞亦歷給事中太保少卿從祖兄弟凡爲給事者四人

張志寬蒲州安邑人隋末喪父哀毀骨立爲州里所稱賊帥王君廓屢爲寇掠聞其名獨不犯其閭鄰里賴之而免者百餘家後爲里正詣縣稱母疾急求歸縣令問其狀對曰母嘗有所苦志寬亦有所苦向患心痛知母有疾令怒曰妖妄之辭也繫之於獄馳驗其母竟如所言令異之慰諭遣去及丁母憂負土成墳廬於墓側手植松柏千餘株高祖聞之遣使就弔授員外散騎常侍賜物四十段表其門閭

劉君良瀛州饒陽人也累代義居兄弟雖至四從皆如同氣尺布斗粟人無私焉大業末天下饑饉君良妻勸其分析乃竊取庭樹上鳥鶵交置諸巢中令羣鳥鬬競舉家怪之其妻曰方今天下大亂爭鬬之秋禽鳥尚不能相容況於人乎君良從之分別後月餘方知其計中夜遂攬妻髮大呼曰此即破家賊耳召諸昆弟哭以告之是夜棄其妻更與諸兄弟同居處情契如初屬盜起閭里依之爲堡者數百家因名爲義成堡武德七年深州別駕楊弘業造其第見有六院唯一飼子弟數十人皆有禮節咨嗟而去貞觀六年詔加旌表又有宋興貴者雍州萬年人累世同居躬耕致養至興貴已四從矣高祖聞而嘉之武德二年詔曰人稟五常仁義爲重士有百行孝敬爲先自古哲王經邦致治設教垂範皆尚於斯叔世澆訛人多僞薄修身克己事資誘勸朕恭膺靈命撫臨四海憨兹弊俗方思遷導宋興貴立操雍和志情友穆同居合爨累代積年務本力農崇謙履順弘長名教敦勵風俗宜加褒顯以勸將來可表其門閭蠲免課役布告天下使明知之興貴尋卒

○鄆州壽張人張公藝九代同居北齊時東安王高永樂詣宅慰撫旌表焉隋開皇中大使邵陽公梁子恭亦親慰撫重表其門貞觀中特勅吏加旌表麟德中高宗有事泰山路過鄆州親幸其宅問其義由其人請紙筆但書百餘忍字高宗爲之流涕賜以縑帛

王君操萊州即墨人也其父隋大業中與鄉人李君則鬬競因被毆殺君操時年六歲其母劉氏告縣收捕君則弃家亡命追訪數年弗獲貞觀初君則自以世代遷革不慮國刑又見君操孤微謂其無復讎之志遂詣州府自首而君操密袖白刃刺殺之刳腹取其心肝咀

食立盡詣刺史具自陳告州司以其擅殺戮問曰殺人償死律有明文何方自理以求生路對曰亡父被殺二十餘載聞諸典禮父讎不可同天早願圖之久而未遂常懼亡滅不展冤情今大恥既雪甘從刑憲州司據法處死列上其狀太宗特詔原免

周智壽者雍州同官人其父永徽初被族人安吉所害智壽及弟智爽乃候安吉於途擊殺之兄弟相率歸罪於縣爭為謀首官司經數年不能決鄉人或證智爽先謀竟伏誅臨刑神色自若顧謂市人曰父讎已報死亦何恨智壽頓絕衢路流血徧體又收智爽屍舐取智爽血食之皆盡見者莫不傷焉

豫州人許坦年十歲餘父入山採藥為猛獸所噬即號叫以杖擊之獸遂奔走父以得全太宗聞而謂侍臣曰坦雖幼童遂能致命救親至孝自中深可嘉尚授文林郎賜帛五十段

博州聊城人王少玄者父隋末於郡西為亂兵所害少玄遺腹生年十餘歲問父所在其母告之因哀泣便欲求屍以葬時白骨蔽野無由可辨或曰以子血霑父骨即滲入焉少玄乃刺其體以試之凡經

旬日竟獲父骸以葬盡體病瘡歷年方愈貞觀中本州聞薦拜徐王府參軍

趙弘智洛州新安人後魏車騎大將軍肅孫父玄軌隋陝州刺史弘智早喪母事父以孝聞學通三禮史記漢書隋大業中為司隸從事武德初太禮卿郎楚之應詔舉之授詹事府主簿又預修六代史初與秘書丞令狐德棻齊王文學袁朗等十數人同修藝文類聚轉太子舍人貞觀中累遷黃門侍郎兼弘文館學士以疾出為萊州刺史弘智事兄弘安同於事父所得俸祿皆送于兄處及兄亡哀毀過禮事寡嫂甚謹撫孤姪以慈愛稱稍遷太子右庶子及宮廢坐除名尋起為光州刺史永徽初累轉陳王師高宗令弘智於百福殿講孝經召中書門下三品及弘文館學士太學儒者並預講筵弘智演暢微言備陳五孝學士等難問相繼弘智酬應如響高宗怡然曰朕頗耽墳籍至於孝經偏所習觀然孝之為德弘益實深故云德教加於百姓刑于四海是知孝道之為大也顧謂弘智宜略陳此經切要者以輔不逮弘智對曰昔者天子有諍臣七人雖無道不失其天下微臣願以此言奏獻帝甚悅賜綵絹二百匹名馬一疋尋遷國子祭酒仍為崇賢館學士四年卒年八十二謚曰宣有文集二十卷

陳集原隴州汧陽人也代為酋豪父龍樹欽州刺史集原幼有孝行父纔有疾即終日不食永徽中喪父嘔血數升枕服苫廬悲感行路資財田宅及僮僕三十餘人並以讓兄弟則天時官至左豹韜衛將軍

元讓雍州武功人也弱冠明經擢第以母疾遂不求仕躬親藥膳承侍致養不出閭里者數十餘年及母終廬於墓側蓬髮不櫛沐菜食飲水而已咸亨中孝敬監國下令表其門閭永淳元年巡察使奏讓孝悌殊異擢拜太子右內率府長史後以歲滿還鄉里鄉人有所爭訟不詣州縣皆就讓決焉聖曆中中宗居春宮召拜太子司議郎及謁見則天謂曰卿既能孝於家必能忠於國今授此職須知朕意宜以孝道輔弼我兒尋卒

裴敬彝絳州聞喜人也曾祖子通隋開皇中太中大夫母終廬於墓側哭泣無節目遂喪明俄有白烏巢於墳樹子通弟兄八人復以友悌著名詔旌表其門鄉人至今稱為義門裴氏敬彝少聰敏七歲解屬文性又端謹宗族咸重之號為甘露頂年十四侍御史唐臨為河北巡察使敬彝父智周時為內黃令為部人所訟敬彝詣臨論其冤臨大奇之因令作詞賦智周事得釋特表薦敬彝備陳王府典籤智周在官暴卒敬彝時在長安忽泣涕不食謂所親曰大人每有痛處吾即輒然不安今日心痛手足皆廢事在不測得無戚乎遂請急還倍道言歸果聞父喪哀毀逾禮事毋復以孝聞乾封初累轉監察御史時母病有醫人許仁則足疾不能乘馬敬彝每肩輿之以候母焉及母卒特詔贈以縑帛仍官造靈轝服闋拜著作郎兼修國史儀鳳中自中書舍人歷吏部侍郎左庶子則天臨朝為酷吏所陷配流嶺南尋卒

裴守眞絳州稷山人也後魏冀州刺史叔業六世孫也父眘大業中爲淮南郡司戶屬郡人楊琳田瓚據郡作亂盡殺官吏以眘素有仁政相誡不許驚害仍令人護送眘及妻子還鄉貞觀中官至鄜令守眞早孤事母至孝及母終哀毀骨立殆不勝喪復事寡姊及兄甚謹閨門禮則士友所推初舉進士及應八科舉累轉乾封郡尉永淳初關中大饑守眞盡以祿俸供姊及諸甥身及妻子饘糲不充初無倦色尋授太常博士守眞尤善禮儀之學當時以爲稱職高宗時封嵩山詔禮官議射牲之事守眞奏曰據周禮及國語郊祀天地天子自射其牲漢武唯封太山令侍中儒者射牲行事至於餘祀亦無射牲之文但親春射牲雖是古禮久從廢省據封禪祀禮曰未明十五刻宰人以鑾刀割牲質明而行事比鑾駕至時宰牲總畢天皇唯奠玉酌獻而已今祀前一日射牲事即傷早祀日方始射牲事又傷晚若依漢武故事即非親射之儀事不可行又神功破陣樂功成慶善樂二舞每奏上皆立對守眞又議曰竊唯二舞肇興謳吟攸屬贊九功

之茂烈叶萬國之歡心義均韶夏用兼賓祭皆祖宗盛德而子孫享之詳覽傳記未有皇王立觀之禮況升中大事華夷畢集九服仰垂拱之安百蠻懷率舞之慶甄陶化育莫匪神功豈於樂舞別申嚴敬臣等詳議奏二舞時天皇不合起立時並從守眞議會高宗不豫事竟不行及高宗崩時無大行凶儀守眞與同時博士韋叔夏輔抱素等討論舊事創爲之當時稱爲得禮之中守眞天授中爲司府丞則天特令推究詔獄務存平恕前後奏免數十家由是不合旨出爲汴州司錄累轉成州刺史爲政不務威刑甚爲人吏所愛俄轉寧州刺史成州人送出境者數千人長安中卒子餘事繼母以孝聞舉明經累補鄠縣尉時同列李朝隱程行諶皆以文法著稱子餘獨以詞學知名或問雍州長史陳崇業子餘與朝隱行諶優劣崇業曰譬如春蘭秋菊俱不可廢也景龍中爲左臺監察御史時涇岐二州有隋代蕃戶子孫數千家司農卿趙履溫奏悉沒爲官戶奴婢仍充賜口以給貴幸子餘以爲官戶承恩始爲蕃戶又是子孫不可抑之爲賤奏劾其事時履溫依附宗楚客等與子餘廷對曲直子餘詞色不撓履溫等詞屈從子餘奏爲定開元初累遷冀州刺史政存寬惠人吏稱之又爲岐王府長史加銀青光祿大夫十四年卒謚曰孝子餘居官清儉友愛諸兄弟兄弟六人皆有志行次弟巨卿衞尉卿耀卿別有傳

李日知鄭州滎陽人也舉進士天授中累遷司刑丞時用法嚴急日知獨寬平無冤濫嘗免一死囚少卿胡元禮請斷殺之與日知往復至于數四元禮怒曰元禮不離刑曹此囚終無生理答曰日知不離刑曹此囚終無死法因以兩狀列上日知果直端明其事神龍初爲給事中日知事母至孝時母老嘗疾病日知取急調侍數日而鬢髮變白葬加朝散大夫其母未受命婦邑號而卒將葬發引吏人賫告身而至日知於路上即時殯絕久之乃蘇左右皆哀慟莫能仰視巡察使衞州司馬路敬潛將聞其孝悌之跡使求其狀日知辭讓不報服闋累遷黃門侍郎時安樂公主池館新成中宗親往臨幸從官皆預宴

賦詩日知獨存規誡其末章曰所願暫思居者逸莫使時稱作者勞論者多之景雲九年同中書門下平章事轉御史大夫知政事如故明年進拜侍中先天元年轉刑部尚書罷知政事頻乞骸骨請致仕許之初日知將有陳請而不與妻謀歸家而使左右飭裝將出居別業妻驚曰家產屢空子弟名宦未立何爲遽辭職也日知曰書生至此已過本分人情無厭若恣其心是非止足之日及歸田園不事產業但葺構池亭多引後進與之談讌開元三年卒初日知以官在權要諸子弟年纔總角皆結婚名族時議以爲失禮之中卒後少子伊衡以妾爲妻費散田宅仍列訟諸兄家風替矣

崔沔京兆長安人周隴州刺史士約玄孫也自博陵徙關中世爲著姓父皚庫部員外郎汝州長史沔淳謹口無二言事親至孝博學有文詞初應制舉對策高第俄被落第者所援則天令所司重試沔所對策又工於前爲天下第一由是大知名再轉陸渾主簿秩滿調遷吏部侍郎岑羲深賞重之謂人曰此今之郄詵也特表薦擢爲左補

闕昇遷祠部員外郎洿爲人舒緩訥於造次當官正色未嘗撓沮睿
宗時徵拜中書舍人時洿母老疾在東都洿不忍捨之固請閑官以
申侍養由是改爲虞部郎中無何檢校御史中丞時監察御史宋宣
遠恃盧懷慎之親頗犯法洿舉劾之又姚崇之子光祿少卿彝留司
東都頗通賓客廣納賄賂洿又將按驗其事姚盧時在政事遂薦洿
有吏才轉爲著作郎其實去權也開元七年爲太子左庶子母卒喪
毀逾禮常於廬前受弔賓客未嘗至於靈座之室謂人曰平生非至
親者未嘗升堂入謁豈可以存亡而變其禮也中書令張說數稱薦
之服闋拜中書侍郎或謂洿曰今之中書皆是宰相承宣制命侍郎
雖是副貳但署位而已甚無事也洿曰不然設官分職上下相維各
申所見方爲濟理豈可俛默偷安而爲懷祿士也自是每有制勅及
曹事洿多所異同張說頗不悅焉尋出爲魏州刺史奏課第一徵還
朝廷分掌吏部十銓事以清直歷秘書監太子賓客二十三年制令
○禮官議加籩豆之數及服制之紀太常卿韋縚奏請加宗廟之奠每
座籩豆各十二外祖服請加至大功九月舅服加至小功五月堂姨
堂舅舅母服請加至袒免時又令百官詳議可否洿建議曰竊聞識
禮樂之情者能作達禮樂之文者能述述作之義聖賢所重禮樂之
本古今所崇變而通之所以久也所謂變者變其文也所謂通者通
其情也祭祀之興肇於太古人所飲食必先嚴獻未有火化茹毛飲
血則有毛血之薦未有麴糵洿鐏杯飲則有玄酒之奠施及後王禮
物漸備作爲酒醴伏其犧牲以致馨香以極豐潔故有三牲八簋之
盛五齊九獻之殷然以神道至敬可備而不敢廢也是以血腥爛熟
玄鐏犧象靡不畢登於明薦矣然而薦貴於新味不尚褻雖則備物
猶存節制故禮云天之所生地之所長苟可薦者莫不咸在備物之
情也三牲之俎八簋之實美物備矣昆蟲之異草木之實陰陽之物
備矣此則節制之文也鉶俎籩豆簠簋鐏罍之實皆周人之時饌也
其用通於讌饗賓客而周公制禮咸與毛血玄酒同薦於先晉中郎
盧諶近古之知禮者著家祭禮皆晉時常食不服純用

禮經舊文然則當時飲食不可闕於祭祀明矣是變禮文而通其情
也我國家由禮立訓因時制範考圖史於前典稽周漢之舊儀清廟
時享禮饌畢陳用周制也而古式存焉園寢上食時膳具設遵漢法
也而珍味極焉職貢來祭致遠物也有新必薦順時令也苑囿之內
躬稼所收蒐狩之時親發所中莫不割鮮擇美薦而後食盡誠敬也
若此至矣復何加焉但當申勅有司祭如神在無或簡怠　增虔
誠其進貢珍羞或時物鮮美考諸祠典無有漏落皆詳名目編諸甲
令因宜而薦以類相從則新鮮肥濃盡在是矣不必加於籩豆之數
也至於祭器隨物所宜故羹古食也盛於甊甎古器也和羹時饌也
盛於時器故毛血盛於盤玄酒盛於鐏未有薦時饌而追用古器者
由古質而今文便於事也雖加籩豆十二未足以盡天下美物而措
諸清廟有兼倍之名近於侈矣魯人丹桓宮之楹又刻其桷春秋書
以非禮御孫諫曰儉德之恭也侈惡之大也先君有恭德而君納諸
惡無乃不可乎是不可以越禮而崇侈於宗廟也又據漢書藝文志
○墨家之流出於清廟是以貴儉由此觀之清廟之不尚於奢舊矣太
常所請恐未可行又按太常奏狀今酌獻酒爵制度全小僅未一合
執持甚難不可全依古文由望稍須廣大者竊據禮文有小爲貴者
獻以爵貴其小也小不及制敬而非禮是有司之失其傳也固可隨
失釐正無待議而後革然禮失於敬猶奢而寧儉非大過也未知今
制何所依準請兼詳令式據文而行又按太常奏狀外祖服請加至
大功九月舅服請加至小功五月堂姨堂舅舅母請加至袒免者竊
聞大道既隱天下爲家聖人因之然後制禮禮教之設本於正家家
道正而天下定矣正家之道不可以貳總一之義理歸本宗所以父
以尊崇母以厭降豈亡愛敬宜存倫序是以內有齊斬外服皆緦尊
名所加不過一等此先王不易之道前聖所志後賢所傳其來久矣
昔辛有適伊川見被髮而祭於野者曰不及百年此其戎乎其禮先
亡矣往修新禮時改舊章漸廣渭陽之恩不遵洙泗之典及弘道之
後唐元之間國命再移於外族矣禮亡徵兆儻或斯見天人之際可

不試哉開元初補闕盧履冰嘗進狀論喪服輕重勑令僉議于時羣
議紛拏各安積習太常禮部奏依舊定陛下運稽古之明特降別勑
一依古禮事符典故人知向方式固宗盟社稷之福更圖異議竊所
未詳時職方郎中韋述戶部郎中楊伯成禮部員外郎楊冲昌監門
兵曹劉秩等亦建議與淊相符俄又令中書門下參詳爲定於是宗
廟之典籩豆每座各加至六親姨舅爲小功舅母加緦麻堂姨至袒
免餘依舊定乃下制施行焉淊既善禮經朝廷每有疑議皆取決焉
二十七年卒時年六十七贈禮部尚書
陸南金蘇州吳郡人也祖士季從同郡顧野王學左氏傳兼通史記
漢書隋末爲越王侗記室兼侍讀侗稱制授著作郎時王世充將行
篡奪侗不平之謂士季曰隋有天下三十餘載朝廷文武遂無烈者
乎士季對曰見危授命臣之宿心請因其啓事便加手刃事頗洩遂
停士季侍讀貞觀初爲太學博士兼弘文館學士尋卒南金初爲奉
禮郎開元初太常少卿盧崇道犯罪流嶺表逃歸東都時南金以母

喪在家崇道事急假稱吊賓造南金言其情南金哀而納焉崇道俄
爲讎人所發詔使侍御史王旭按其事遂捕獲崇道連引南金旭遂
繩以重法南金弟趙璧詣旭自言藏崇道請代兄死南金固稱弟實
自誣身請當罪兄弟讓死旭怪而問其故趙璧曰兄是長嫡又能幹
家事亡母未葬小妹未嫁自惟幼劣生無所益身自請死旭遂列上
狀上嘉其友義並特宥之南金由是大知名南金頗涉經史言行修
謹左丞相張說及宗人太子少保象先皆欽重之累轉庫部員外郎
以疾固辭不堪繁劇轉爲太子洗馬卒年五十餘
張琇者蒲州解人也父審素爲巂州都督在邊累載俄有糾其軍中
贓罪勑監察御史楊汪馳傳就軍按之汪在路爲審素黨與所劫對
汪殺告事者脅汪令奏雪審素之罪俄而州人翻殺審素之黨汪始
得還至益州奏稱審素謀反因深按審素構成其罪斬之籍沒其家
琇與兄瑝以年幼坐徙嶺外尋各逃歸累年隱匿汪後累轉殿中侍
御史改名萬頃開元二十三年瑝琇候萬頃於都城挺刃殺之瑝雖

年長其發謀及手刃皆琇爲之既殺萬頃繫表於斧刃自言報讎之
狀便逃奔將就江外殺與萬頃同謀構父罪者行至汜水爲捕者所
獲時都城士女皆矜琇等幼稚孝烈能復父讎多言其合矜恕者中
書令張九齡又欲活之裴耀卿李林甫固言其國法不可縱報讎上
以爲然因謂九齡等曰復讎雖禮法所許殺人亦格律具存孝子之
情義不顧命國家設法焉得容此殺人成復讎之志赦之虧律格之
條然道路諠議故須告示乃下勑曰張瑝等兄弟同殺推問欵承律
有正條俱各至死近聞士庶頗有諠詞矜其爲父復讎或言本罪冤
濫但國家設法事在經久蓋以濟人期於止殺各申爲子之志誰非
徇孝之夫展轉相繼相殺何限咎繇作士法在必行曾參殺人亦不
可恕不能加以刑戮肆諸市朝宜付河南府告示決殺瑝琇既死士
庶咸傷愍之爲作哀誄牓於衢路市人斂錢於死所造義井并葬瑝
琇於北邙又恐萬頃家人發之并作疑冢數所其爲時人所傷如此
梁文貞虢州閿鄉人少從征役比迴而父母皆卒文貞恨不獲終養

乃穿壙爲門䃭道出入晨夕灑掃其中結廬墓側未嘗暫離自是不
言三十年家人有所問但畫字以對其後山水衝斷驛路更於原上
開道經文貞墓前由是行旅見之遠近莫不欽歎有甘露降塋前樹
白兔馴擾鄉人以爲孝感所致開元初縣令崔季友刊石以紀之十
四年刺史許景先奏文貞持學絕倫泣血廬墓三十餘年請宣付史
官是歲御史大夫崔隱甫廷奏恒州鹿泉人李處恭張義貞兩家祖
父自國初已來異姓同居至今三代百有餘年又青州北海人呂元
簡四代同居至所畜牛馬羊狗皆異母共乳請加旌表仍編入史館
制皆許之
崔衍左丞倫之子繼母李氏不慈於衍衍時爲富平尉倫使于吐蕃
久方歸李氏衣弊衣以見倫倫問其故李氏稱自倫使于蕃中衍不
給衣食倫大怒召衍責詬命僕隸拉于地袒其背將鞭之衍涕泣終
不自陳倫弟殷聞之趨往以身蔽衍杖不得下因大言曰衍每月俸
錢皆送嫂處殷所具知何忍乃言衍不給衣食倫怒乃解由是倫遂

不聽李氏之譖及倫卒衍事李氏益謹李氏所生子郃每多取子毋
錢使其主以契書徵負于衍衍歲爲償之故衍官至江州刺史而妻
子衣食無所餘後歷蘇虢二州刺史虢居陝華二州之間而稅重數
倍其青苗錢華陝之郊畝出十有八而虢之郊每徵十之七衍乃
上其事時裴延齡領度支方務聚歛乃紿衍以前後刺史無言者衍
又上陳人困曰臣所治多是山田且當郵傳衝要屬歲不稔頗甚流
離舊額賦租特望蠲減臣伏見比來諸郡論百姓間事患在長吏因
循不爲申請不詣實不患朝廷不矜放有以不言受譴者未有言而
獲罪者陛下拔臣牧大郡委臣撫疲民臣所以不敢顧望苟求自安
敢罄狂瞽上干聖覽帝以衍詞理切直乃特勑度支令减虢州青苗
錢還宣歙池觀察使政務簡便人頗懷之其所擇從事多得名流時
有位者待賓僚率輕傲衍獨加禮敬幕中之士後多顯達貞元中天
下好進奉以結主恩徵求聚歛州郡耗竭韋皐劉贊裴肅爲之首贊
死而衍代其位衍雖不能驟革其弊居宣州十年頗勤儉府庫盈溢

及穆贊代衍宣州歲饉遂以錢四十二萬貫代百姓稅故宣州人不
至流散貞元二十一年詔加工部尚書
丁公著字平子蘇州吳郡人祖裦父緒皆不仕公著生三歲喪所親
七歲見鄰母抱其子哀感不食因請於父絶粒奉道異其幽贊父憫
而從之年十七父勉令就學年二十一五經及第明年又通開元禮
授集賢校書郎秩未終歸侍鄉里不應請辟居父喪躬負土成墳哀
毀之容人爲憂之里閭聞風皆敦孝悌觀察使薛華表其行詔賜粟
帛旌其門閭淮南節度使李吉甫慕其才行薦授太子文學兼集賢
殿校理吉甫自淮南入相　延薦其行即日授右補闕遷集賢直學士
尋授水部員外郎充皇太子及諸王侍讀著皇太子及諸王訓十卷
轉駕部員外仍兼舊職穆宗即位未及聽政召居禁中詢訪朝典以
密相許之公著陳情詞意極切超授給事中賜紫金魚袋未幾遷工
部侍郎仍兼集賢殿學士寵青宮之舊也知吏部選事公著知將欲
大用以疾辭退因求外官遂授浙江西道都團練觀察使二年授河
南尹皆以清靜爲理改尚書右丞轉兵部吏部侍郎遷禮部尚書翰
林侍講學士上以浙西災冦詢求良帥命檢校戶部尚書領之詔賜
米七萬碩以賑給浙民賴之改授太常卿以疾請歸鄉里未至而終
年六十四贈右僕射廢朝一日著禮志十卷公著清儉守道每得一
官未嘗不憂色滿容年四十四喪室以至終身無妓妾聲樂之好凶
問至日中外痛惜之
羅讓字景宣祖懷操父珦官至京兆尹讓少以文學知名舉進士應
詔對策高等爲咸陽尉丁父憂服闋除尚麻茹菜不從四方之辟者
十餘年李獻爲淮南節度使就其所居請爲從事除監察御史轉殿
中歷尚書郎給事中累遷至福建觀察使兼御史中丞甚著仁惠有
以女奴遺讓者讓問其所因曰本某等家人兄姊九人皆爲官所賣
其留者唯老母耳讓慘然焚其券書以女奴歸其母入爲散騎常侍
未幾除江西都團練觀察使兼御史大夫年七十一卒贈禮部尚書
子劭京字子峻進士擢第又登科讓再從弟詠詠子劭權字昭衡進

士擢第劭京劭權知名於時並歷清貫
贊曰麒麟鳳凰飛走之類唯孝與悌亦爲人瑞表門賜爵勸乃錫類
彼禽者梟傷仁害義

唐書列傳卷第一百三十八

劉昫　等修

聞人詮校刻沈桐同校

儒學上

徐文遠　陸德明

曹憲 許淹 李善 公孫羅附　歐陽詢 子通

朱子奢　張士衡

賈公彥　張後胤

蓋文達　谷那律

蕭德言　許叔牙 子儒附

敬播　劉伯莊

秦景通　羅道琮

古稱儒學家者流本出於司徒之官可以正君臣明貴賤美教化移風俗莫若於此焉故前古哲王咸用儒術之士漢家宰相無不精通一經朝廷若有疑事皆引經決定由是人識禮教理致昇平近代重文輕儒或參以法律儒道既喪淳風大衰故近理國多劣於前古自隋氏道消海內版蕩彝倫攸斁戎馬生郊先代之舊章往聖之遺訓掃地盡矣及高祖建義太原初定京邑雖得之馬上而頗好儒臣以義寧三年五月初令國子學置生七十二員取三品以上子孫太學置生一百四十員取五品以上子孫四門學生一百三十員取七品以上子孫上郡學置生六十員中郡五十員下郡四十員上縣學並四十員中縣三十員下縣二十員武德元年詔皇族子孫及功臣子弟於秘書外省別立小學二年詔曰盛德必祀義存方策達人命世流慶後昆建國君人弘風闡教崇賢彰善莫尚於茲自八卦初陳九疇攸叙徽章互垂節文不備爰始姬旦匡翊周邦創設禮經尤明典憲啓生人之耳目窮法度之本源化起二南業隆八百豐功茂德冠于終古暨乎王道既衰頌聲不作諸侯力爭禮樂陵遲粵若宣父天資睿哲經綸齊魯之內揖讓洙泗之間綜理遺文弘宣舊制四科之

教歷代不刊三千之文風流無歇惟茲二聖道著群生守祀不修明褒尚闕朕君臨區宇興化崇儒永言先達情深紹嗣宜令有司於國子學立周公孔子廟各一所四時致祭仍博求其後且以名聞詳考所宜當加爵土是以學者慕嚮儒教聿興三年太宗討平東夏海內無事乃銳意經籍於秦府開文學館廣引文學之士下詔以府屬杜如晦等十八人爲學士給五品珍膳分爲三番更直宿于閣下及即位又於正殿之左置弘文學館精選天下文儒之士虞世南褚亮姚思廉等各以本官兼署學士令更日宿直聽朝之暇引入内殿講論經義商略政事或至夜分乃罷又召勲賢三品已上子孫弘文館學生貞觀二年停以周公爲先聖始立孔子廟堂於國學以宣父爲先聖顏子爲先師大徵天下儒士以爲學官數幸國學令祭酒博士講論畢賜以束帛學生能通一大經已上咸得署吏又於國學增築學舍一千二百間國學四門博士亦增置生員其書筭合置博士學生以備藝文凡三千二百六十員其玄武門屯營飛騎亦給博士授以經業有能通經者聽之貢舉是時四方儒士多抱負典籍雲會京師俄而高麗及百濟新羅高昌吐蕃等諸國酋長亦遣子弟請入於國學之内鼓篋而升講筵者八千餘人濟濟洋洋焉儒學之盛古昔未之有也太宗又以經籍去聖久遠文字多訛謬詔前中書侍郎顏師古考定五經頒於天下命學者習焉又以儒學多門章句繁雜詔國子祭酒孔穎達與諸儒撰定五經義疏凡一百七十卷名曰五經正義令天下傳習十四年詔曰梁皇偘褚仲都周能安生沈重陳太沈文何用弘正張譏隋何安劉炫等並前代名儒經術可紀加以所在學徒多行其疏宜加優異以勸後生可訪其子孫見在者錄名奏聞當加引擢二十一年又詔曰左丘明卜子夏公羊高穀梁赤伏勝高堂生戴聖毛萇孔安國劉向鄭衆杜子春馬融盧植鄭玄服虔何休王肅王弼杜元凱范甯等二十一人並用其書垂於國冑既行其道理合褒崇自今有事太學可與顏子俱配享孔子廟堂其尊重儒道如此高宗嗣位政教漸衰薄於儒術尤重文吏於是醇醲日去

華競日彰猶火銷膏而莫之覺也及則天稱制以權道臨下不恡官爵取悅當時其國子祭酒多授諸王及駙馬都尉準貞觀舊事祭酒孔穎達等赴上日皆講五經題至是諸王與駙馬赴上唯判祥瑞按三道而已至於博士助教唯有學官之名多非儒雅之實是時復將親祠明堂及南郊又拜洛封嵩岳將取弘文國子生充齋郎行事皆令出身放選前後不可勝數因是生徒不復以經學爲意唯苟希僥倖二十年間學校頓時隳廢矣玄宗在東宮親幸太學大開講論學官生徒各賜束帛及即位數詔州縣及百官薦舉經通之士又置集賢院招集學者校選募儒士及博涉著實之流以爲儒學篇

徐文遠洛州偃師人陳司空孝嗣玄孫其先自東海徙家焉父徹梁秘書郎尚元帝女安昌公主而生文遠屬江陵陷被虜於長安家貧無以自給其兄休鬻書爲事文遠日閱書于肆博覽五經尤精春秋左氏傳時有大儒沈重講于太學聽者常千餘人文遠就質問數日便去或問曰何辭去之速答曰觀其所說悉是紙上語耳僕皆先已

誦得之至於奧賾之境翻似未見有以其言告重者重呼與議論十餘反重甚歎服之文遠方正純厚有儒者風竇威楊玄感李密皆從其受學開皇中累遷太學博士詔令往并州爲漢王諒講孝經禮記及諒反除名大業初禮部侍郎許善心舉文遠與包愷褚徽陸德明魯達爲學官遂擢授文遠國子博士愷等並爲太學博士時人稱文遠之左氏褚徽之禮魯達之詩陸德明之易皆爲一時之最文遠所講釋多立新義先儒異論皆定其是非然後詰駁諸家又出己意博而且辨聽者忘倦後越王侗署爲國子祭酒時洛陽飢饉文遠出城樵採爲李密軍所執密令文遠南面坐備弟子禮北面拜之文遠曰老夫疇昔之日幸以先王之道仰授將軍時經興替倏焉已久今將軍屬風雲之際爲義衆所歸權鎮萬物威加四海猶能屈體弘尊師之義此將軍之德也老夫之幸也既荷茲厚禮安不盡言乎但未審將軍意耳欲爲伊霍繼絕扶傾雖遲暮猶願盡力若爲莽卓乘危迫險則老夫耄矣無能爲也密頓首曰昨奉朝命垂拜上公冀竭庸虛

匡奉國難所以未朝見者不測城內人情且欲先征化及報復冤恥立功贖罪然後凱旋入拜天闕此密之本意惟先生教之文遠曰將軍名臣之子累顯忠節前受誤於玄感遂乃墮隆家聲行迷未達而迴車復路終於忠孝用康家國天下之人是所望於將軍也密又頓首曰敬聞命矣請奉以周旋及征化及還而王世充已殺元文都等權兵專制密又問計於文遠答曰王世充亦門人也頗得識之是人殘忍意又褊促既乘此勢必有異圖將軍前計爲不諧矣非破王世充不可朝覲密曰嘗謂先生儒者不學軍旅之事今籌大計殊有明略及密敗復入東都王世充給其廩食而文遠盡敬見之先拜或問曰聞君踞見李密而敬王公何也答曰李密君子也能受酈生之揖王公小人也有殺故人之義相時而動豈不然歟後王世充僭號復以爲國子博士因出樵採爲羅士信獲之送于京師復授國子博士武德六年高祖幸國學觀釋奠遣文遠發春秋題諸儒設難蜂起隨方占對皆莫能屈封東莞縣男年七十四卒官撰左傳音三卷義疏

六十卷孫有功自有傳

陸德明蘇州吳人也初受學於周弘正善言玄理陳大建中太子徵四方名儒講于承光殿德明年始弱冠往參焉國子祭酒徐克開講恃貴縱辯衆莫敢當德明使與抗對合朝賞歎解褐始興王國左常侍遷國子助教陳亡歸鄉里隋煬帝嗣位以爲秘書學士大業中廣召經明之士四方至者甚衆遣德明與魯達孔褒俱會門下省共相交難無出其右者授國子助教王世充僭號封其子爲漢王署德明爲師就其家將行束脩之禮德明恥之因服巴豆散臥東壁下王世充子入跪牀前對之遺痢竟不與語遂移病於成皋杜絕人事王世充平太宗徵爲秦府文學館學士命中山王承乾從其受業尋補太學博士後高祖親臨釋奠時徐文遠講孝經沙門惠乘講波若經道士劉進喜講老子德明難此三人各因宗指隨端立義衆皆爲之屈高祖善之賜帛五十匹貞觀初拜國子博士封吳縣男尋卒撰經典釋文三十卷老子疏十五卷易疏二十卷並行於世太宗後嘗閱德明

經典釋文甚嘉之賜其束帛二百段子敦信龍朔中官至左侍極同東西臺三品

曹憲揚州江都人也仕隋爲秘書學士每聚徒教授諸生數百人當時公卿已下亦多從之受業憲又精諸家文字之書自漢代杜林衞宏之後古文泯絶由憲此學復興大業中煬帝令與諸學者撰桂苑珠叢一百卷時人稱其該博憲又訓注張揖所撰博雅分爲十卷煬帝令藏于秘閣貞觀中揚州長史李襲譽表薦之太宗徵爲弘文館學士以年老不仕乃遣使就家拜朝散大夫學者榮之太宗又嘗讀書有所難字書所闕者録以問憲憲皆爲之音訓及引證明白太宗甚奇之年一百五歲卒所撰文選音義甚爲當時所重初江淮間爲文選學者本之於憲又有許淹李善公孫羅復相繼以文選教授由是其學大興於代

許淹者潤州句容人也少出家爲僧後又還俗博物洽聞尤精詁訓撰文選音十卷

李善者揚州江都人方雅清勁有士君子之風明慶中累補太子内率府録事參軍崇賢館直學士兼沛王侍讀嘗注解文選分爲六十卷表上之賜絹一百二十匹詔藏于秘閣除潞王府記室參軍轉秘書郎乾封中出爲經城令坐與賀蘭敏之周密配流姚州後遇赦得還以教授爲業諸生多自遠方而至又撰漢書辯惑三十卷載初元年卒子邕亦知名

公孫羅江都人也歷沛王府參軍無錫縣丞撰文選音義卷行於代

歐陽詢潭州臨湘人陳大司空頠之孫也父紇陳廣州刺史以謀反誅詢當從坐僅而獲免陳尚書令江總與紇有舊收養之教以書計雖貌甚寢陋而聰悟絶倫讀書即數行俱下博覽經史尤精三史仕隋爲太常博士高祖微時引爲賓客及即位累遷給事中詢初學王羲之書後更漸變其體筆力險勁爲一時之絶人得其尺牘文字咸以爲楷範焉高麗甚重其書嘗遣使求之高祖嘆曰不意詢之書名遠播夷狄彼觀其跡固謂其形魁梧耶武德七年詔與裴矩陳叔達撰藝文類聚一百卷奏之賜帛二百段貞觀初官至太子率更令弘文館學士封渤海縣男年八十餘卒

子通少孤母徐氏教其父書每遺通錢紿云貿汝父書迹之直通慕名甚銳晝夜精力無倦遂亞於詢儀鳳中累遷中書舍人丁母憂居喪過禮起復本官每入朝必徒跣至皇城門外直宿在省則席地藉藁非公事不言亦未嘗啓齒歸家必衣縗絰號慟無恒自武德已來起復後而能哀感合禮者無與通比年凶未葬四年居廬不釋服家人冬月密以氈絮置所眠席下通覺大怒遽令徹之五遷垂拱中至殿中監賜爵渤海子天授元年封夏官尚書二年轉司禮卿判納言事爲相月餘會鳳閣舍人張嘉福等請立武承嗣爲皇太子通與岑長倩固執以爲不可遂忤諸武意爲酷吏所陷被誅神龍初追復官爵

朱子奢蘇州吳人也少從鄉人顧彪習春秋左氏傳後博觀子史善屬文隋大業中直秘書學士及天下大亂辭職歸鄉里尋附于杜伏

威武德四年隨伏威入朝授國子助教貞觀初高麗百濟同伐新羅連兵數年不解新羅遣使告急乃假子奢員外散騎侍郎充使喻可以釋三國之憾雅有儀觀東夷大欽敬之三國王皆上表謝罪賜遺甚厚初子奢之出使也太宗謂曰海夷頗重學問卿爲大國使必勿藉其束修爲之講說使還稱旨當以中書舍人待卿子奢至其國欲悅夷虜之情遂爲發春秋左傳題又納其美女之贈使還太宗責其違旨猶惜其才不至深譴令散官直國子學累轉諫議大夫弘文館學士遷國子司業仍爲學士子奢風流蘊籍頗滑稽又輔之以文義由是數蒙宴遇或使論難於前十五年卒

張士衡瀛州樂壽人也父之慶齊國子助教士衡九歲喪母哀慕過禮父友齊國博士劉軌思見之每爲掩泣謂其父曰昔伯饒號張曾子亦豈能遠過吾聞君子不親教當爲成就之及長軌思授以毛詩周禮又從熊安生及劉焯受禮記皆精究大義此後徧講五經尤攻三禮仕隋爲餘杭令後以年老歸鄉里貞觀中幽州都督燕王靈夔

備玄纁束帛之禮就家迎聘北面師之庶人承乾在東宮又加旌命及至洛陽宮謁見太宗延之升殿賜食擢授朝散大夫崇賢館學士承乾見之問以齊氏滅亡之由緒對曰齊後主悖雲無度昵近小人至如高阿那瓌駱提婆韓長鸞等皆奴僕下才兇險無賴是信是使以爲心腹誅害忠良踈忌骨肉窮極奢靡剝喪黎元所以周師臨郊人莫爲用以至覆滅實此之由承乾又問曰布施營功德有果報不對曰事佛在於清淨無欲仁恕爲心如其貪惏無厭驕虐是務雖復傾財事佛無救目前之禍且善惡之報若影隨形此是儒書之言豈徒佛經所說是爲人君父當須仁慈爲人臣子宜盡忠孝仁慈忠孝則福祚攸永如或反此則殃禍斯及此理昭然願殿下勿爲憂慮及承乾廢黜勑給乘傳令歸本鄉十九年卒士衡旣禮學爲優當時受其業擅名於時者唯賈公彥爲最焉

賈公彥洺州永年人永徽中官至太學博士撰周禮義疏五十卷儀禮義疏四十卷子大隱官至禮部侍郎時有趙州李玄植又受三禮於公彥撰三禮音義行於代玄植兼習春秋左氏傳於王德韶受毛詩於齊威博涉漢史及老莊諸子之說貞觀中累遷太子文學弘文館直學士高宗時屢被召見與道士沙門在御前講說經義玄植辨論甚美申規諷帝深禮之後坐事左遷汜水令卒官

張後胤蘇州崑山人也父中有儒學隋漢王諒出牧并州引爲博士後胤從父在并州以學行見稱時高祖鎮太原引居賓館太宗就授春秋左氏傳武德中累除燕王諮議參軍貞觀中後胤上言陛下昔在太原問臣隋氏運終何族當得天下臣奉對李姓必得公家德業天下繫心若於此首謀長驅關右以圖帝業孰不幸賴此實微臣早識天命太宗曰此事並記之耳因詔入賜宴言及平昔從容謂曰今弟子何如後胤對曰昔孔子領徒三千達者無子男之位臣翼贊一人爲萬乘主計臣功逾於先聖太宗甚悅賜良馬五匹拜燕王府司馬遷國子祭酒轉散騎常侍永徽初請致仕加金紫光祿大夫給賜並同職事卒贈禮部侍郎陪葬昭陵

蓋文達冀州信都人也博涉經史尤明三傳性方雅美鬚貌有士君子之風刺史竇抗嘗廣集儒生令相問難其大儒劉焯劉軌思孔穎達咸在坐文達亦叅焉旣論難皆出諸儒意表抗大奇之問曰蓋生就誰受學劉焯對曰此生岐嶷出自天然以多問寡焯爲師首抗曰可謂氷生於水而寒於水也武德中累授國子助教太宗在藩召爲文學館直學士貞觀十年遷諫議大夫兼弘文館學士十三年除國子司業俄拜蜀王師以王有罪坐免十八年授崇賢館學士尋卒其宗人文懿亦以儒業知名當時稱爲二蓋焉文懿者貝州宋城人也武德初歷國子助教時高宗別於秘書省置學教授王公之子時以文懿爲博士文懿嘗開講毛詩發題公卿咸萃更相問難文懿發揚風雅甚得詩人之致貞觀中卒於國子博士

谷那律魏州昌樂人也貞觀中累補國子博士黃門侍郎褚遂良稱爲九經庫尋遷諫議大夫兼弘文館學士嘗從太宗出獵在塗遇雨因問油衣若爲得不漏那律曰能以瓦爲之必不漏矣意欲太宗不爲畋獵太宗悅賜帛二百段永徽初卒官

蕭德言雍州長安人齊尚書左僕射思話玄孫也本蘭陵人陳亡徙關中祖介梁侍中都官尚書父引陳吏部侍郎並有名於時德言博涉經史尤精春秋左氏傳好屬文貞觀中除著作郎兼弘文館學士德言晚年尤篤志於學自晝達夜略無休倦每欲開五經必束帶盥濯危坐對之妻子侯間請曰終日如是無乃勞乎德言曰敬先聖之言豈憚如此時高宗爲晉王詔德言授經講業及升春宮仍兼侍讀尋以年老請致仕太宗不許又遺之書曰朕歷觀前代詳覽儒林至於顏閔之才不終其壽游夏之德不逮其學惟卿幼挺珪璋早標美譽下帷閉戶包括六經映雪聚螢牢籠百氏自隋季版蕩庠序無聞儒道墜泥塗詩書塡坑穽眷言墳典每用傷懷頃年已來天下無事方欲建禮作樂偃武修文卿年齒已衰教將何恃所冀才德猶茂臣振高風使濟南伏生重在於茲日關西孔子故顯於當今令問令望何其美也念卿疲朽何以可言尋賜爵封陽縣侯十七年拜秘書少

監兩宮禮賜甚厚二十三年累表請致仕許之高宗嗣位以師傅恩加銀青光祿大夫永徽五年卒于家年九十七高宗爲之輟朝贈太常卿文集三十卷曾孫至忠自有傳

許叔牙潤州句容人少精於毛詩禮記尤善諷詠貞觀初累授晉王文學兼侍讀尋遷太常博士升春宮加朝散大夫遷太子洗馬兼崇賢館學士仍兼侍讀嘗撰毛詩纂義十卷以進皇太子太子賜帛百段兼令寫本付司經局御史大夫高智周嘗謂人曰凡欲言詩者必須先讀此書貞觀二十三年卒子子儒

子儒亦以學藝稱長壽中官至天官侍郎弘文館學士子儒居選部不以藻鑑爲意委令史句直以爲腹心注官之次子儒但高枕而卧時云句直平配由是補授失序無復綱紀道路以爲口實其所註史記竟未就而終

敬播蒲州河東人也貞觀初舉進士俄有詔詣秘書內省佐顏師古孔穎達修隋史尋授太子校書史成遷著作郎兼修國史與給事中

許敬宗撰高宗太宗實錄自創業至于貞觀十四年凡四十卷奏之賜物五百段太宗之破高麗名所戰六山爲駐蹕播謂人曰聖人者與天地合德山名駐蹕此蓋以鑾輿不復更東矣卒如所言時梁國公房玄齡深稱播有良史之才曰陳壽之流也玄齡以顏師古所注漢書文繁難省令播撮其機要撰成四十卷傳於代尋以撰實錄功遷太子司議郎時於此官置極爲清望中書令馬周歎曰所恨資品罔高不獲歷居此職叅傳晉書播與令狐德棻陽仁卿李嚴等四人揔類會其刑部奏言準律謀反大逆父子皆坐死兄弟處流此則輕而不懲望請改從重法制遣百寮詳議播議曰昆季孔懷天倫雖重比於父子性理已殊生有異室之文死有別宗之義今有高官重爵本蔭唯逌子孫祚土錫珪餘光不及昆季豈有不沾其蔭輙受其辜背禮違情殊爲太甚必期反茲春令踵彼秋荼創次骨於道德之辰遵深文於措刑之日臣將以爲不可詔從之永徽初拜著作郎與許敬宗等撰西域圖後歷諫議大夫給事中並依舊兼修國史又撰太宗實錄從貞觀十五年至二十三年爲二十卷奏之賜帛三百段後坐事出爲越州都督府長史龍朔三年卒官播又著隋畧二十卷

劉伯莊徐州彭城人也貞觀中累除國子助教與其舅太學博士侯孝遵齊名爲弘文館學士當代榮之尋遷國子博士其後又與許敬宗等參修文思博要及文館詞林龍朔中兼授崇賢館學士撰史記音義史記地名漢書音義各二十卷行於代子之宏亦傳父業則天時累遷著作郎兼修國史卒於相王府司馬睿宗即位以故吏贈秘書少監

秦景通常州晉陵人也與弟暐尤精漢書當時習漢書者皆宗師之常云景通爲大秦君暐爲小秦君若不經其兄弟指授則謂之不經師匠無足採也景通貞觀中累遷太子洗馬兼崇賢館學士爲漢書學者又有劉納言亦爲當時宗匠納言乾封中歷都水監主簿以漢書授沛王賢及賢爲皇太子累遷太子洗馬兼充侍讀常撰詩誇集十五卷以進太子及東宮廢高宗見而怒之詔曰劉納言收其餘藝參侍經史自府入官久淹歲月朝遊夕處竟無匡贊闕忠孝之良規進詼諧之鄙說儲宮敗德抑有所由情在好生不忍加戮宜從屏弃以勵將來可除名後又坐事配流振州而死

羅道琮蒲州虞鄉人也祖順武德初爲興州刺史勤於學業而慷慨有節義貞觀末上書忤旨配流嶺表時有同被流者至荊襄間病死臨終泣謂道琮曰人生有死所恨委骨異壤道琮曰我若生還終不獨歸弃卿於此瘞之路左而去歲餘遇赦得還至殯所屬霖潦瀰漫屍柩不復可得道琮設祭慟哭告以欲與俱歸之意若有靈者幸相警示言訖路側水中忽然湧沸道琮又呪云若所沸處是願更令一沸呪訖又沸道琮便取得其屍銘誌可驗遂附之還鄉當時識之稱道琮誠感所致道琮尋以明經登第高宗末官至太學博士每與太學助教康國安道士李榮等講論爲時所稱尋卒

唐書列傳卷第一百三十九上

唐書列傳卷第一百三十九下

劉　昫　等修

聞人銓校刻沈桐同校

儒學下

邢文偉　高子貢
郎餘令　路敬淳
王元感　王紹宗
韋叔夏　祝欽明
郭山惲　柳冲
盧粲　尹知章
徐岱　蘇弁 兄袞 冕
陸質　馮伉
韋表微 子蟾　許康佐

邢文偉滁州全椒人也少與和州高子貢壽州裴懷貴俱以博學知名於江淮間咸亨中累遷太子典膳丞時孝敬在東宮罕與宮臣接見文偉輒減膳上書曰臣竊見禮戴記曰太子既冠成人免於保傅之嚴則有司過之史徹膳之宰史之義不得不司過宰之義不得不徹膳徹膳則死今皇帝式稽前典妙簡英俊自庶子已下至諮議舍人及學士侍讀等使翼佐殿下以成聖德近日已來未甚延納談議不狎謁見尚稀三朝之後但與內人獨居何由發揮聖智使睿哲文明者乎今史雖闕官宰當奉職忝備所司未敢逃死謹守禮經輒申減膳太子答書曰顧以庸虛早尚墳典每欲研精政術極意書林但往在幼年未閑將衛竭誠耽誦因即損心比日以來風虛更積中奉恩旨不許重勞加以趨侍含元溫凊朝夕承親以無專之道遵禮以色養為先所以屢闕坐朝時乖學緒公潛申勗戒聿薦忠規敬尋來請良符宿志自非情思審諭義均弼諧豈能進此藥言形於簡墨撫躬三省感愧兼深文偉自是益知名其後右史缺官高宗謂侍臣曰邢文偉事我兒能減膳切諫此正直人也遂擢拜右史則天臨朝累

遷鳳閣侍郎兼弘文館學士載初元年遷內史天授初內史宗秦客以姦贓獲罪文偉坐附會秦客貶授珍州刺史後有制使至其州境文偉以為殺已遂自縊而死

高子貢者和州歷陽人也弱冠遊太學徧涉六經尤精史記與文偉及亳州朱敬則為莫逆之交明經舉歷秘書正字弘文館直學士鬱鬱不得志弃官而歸屬徐敬業作亂於揚州遣弟敬猷統兵五千人緣江西上將逼和州子貢率鄉曲數百人拒之自是賊不敢犯以功擢授朝散大夫拜成均助教號王鳳之子東莞公融奏為和州刺史從子貢受業情義特深及融為申州陰懷異志令黃公譔結交於子貢推為謀主潛謀密議書信往復諸王內外相應皆出自其策事泄事發被誅

郎餘令定州新樂人也祖楚之少與兄蔚之俱有重名隋大業中蔚之為左丞楚之為尚書民曹郎煬帝重其兄弟稱為二郎楚之武德初為大理卿與太子少保李綱侍中陳叔達撰定律令後受詔招諭

山東為竇建德所獲脅以兵刃又誘以厚利楚之竟不為屈及還以年老致仕貞觀初卒時年八十餘令父知運貝州刺史兄餘慶高宗時萬年令理有威名京城路不拾遺後卒於交州都督餘令少以博學知名舉進士初授霍王元軌府參軍數上詞賦元軌深禮之先是餘令從父知年為霍王友亦見推仰元軌謂人曰郎氏兩賢人之望也相次入府不意培塿而松柏成林轉幽州錄事參軍時有客僧聚衆欲自焚長史裴照率官屬欲往觀之餘令曰好生惡死人之性也違越教義不近人情明公佐守重藩須察其姦詐豈得輕舉觀此妖妄照從其言因收僧按問果得詐狀孝敬在東宮餘令續梁元帝孝德傳撰孝子後傳三十卷以獻甚見嗟重累轉著作佐郎撰隋書未成會病卒時人甚痛惜之

路敬淳貝州臨清人也父文逸隋大業末閭門遇盜文逸潛匿草澤晝伏於死人中夜行避難自傷窮梗閉口不食同侶閔其謹愿勸以不當滅性捃拾以食之遞負之而行遂免於難貞觀末官至申州司

馬敬淳與季弟敬潛俱早知名敬淳尤勤學不窺門庭徧覽墳籍而
孝友篤敬遭喪三年不出廬寢服免方號慟入見其妻形容羸毀妻
不之識也後舉進士天授中歷司禮博士太子司議郎兼修國史仍
授崇賢館學士數受詔修緝吉凶雜儀則天深重之萬歲通天二年
坐與綦連耀結交下獄死敬淳尤明譜學盡能究其根源枝派近代
已來無及之者撰著姓略記十卷行於時又撰衣冠本系未成而死
神龍初追贈秘書少監敬潛仕至中書舍人

王元感濮州鄄城人也少舉明經累補博城縣丞兗州都督紀王慎
深禮之命其子東平王續從元感受學天授中稍遷左衛率府録事
兼直弘文館是後則天親祠南郊及享明堂封嵩岳元感皆受詔共
諸儒撰定儀注凡所立議衆咸推服之轉四門博士仍直弘文館元
感時雖年老猶能燭下看書通宵不寐長安三年表上其所撰尚書
糾謬十卷春秋振滯二十卷禮記繩愆三十卷并所注孝經史記稾
草請官給紙筆寫上秘書閣詔令弘文崇賢兩館學士及成均博士

詳其可否學士祝欽明郭山惲李憲等皆專守先儒章句深譏元感
掎摭舊義元感隨方應答竟不之屈鳳閣舍人魏知古司封郎中徐
堅左史劉知幾右史張思敬雅好異聞每爲元感申理其義連表薦
之尋下詔曰王元感質性溫敏博聞強記手不釋卷老而彌篤掎前
達之失究先聖之旨是謂儒宗不可多得可太子司議郎兼崇賢館
學士魏知古嘗稱其所撰書曰信可謂五經之指南也中宗即位以
春宮舊僚進加朝散大夫拜崇賢館學士尋卒

王紹宗揚州江都人也梁左民尚書銓曾孫也其先自琅琊徙焉紹
宗少勤學徧覽經史尤工草隸家貧常傭力寫佛經以自給每月自
支錢足即止雖高價盈倍亦即拒之寓居寺中以清淨自守垂拱十
年文明中徐敬業於揚州作亂聞其高行遣使徵之紹宗稱疾固辭
又令唐之奇親詣所居逼之竟不起敬業大怒將殺之之奇曰紹宗
人望殺之恐傷士衆之心由是獲免及賊平行軍大總管李孝逸以
其狀聞則天驛召赴東都引入禁中親加慰撫擢拜太子文學累轉
秘書少監仍侍皇太子讀書紹宗性澹雅以儒素見稱當時朝廷之
士咸敬慕之張易之兄弟亦加厚禮易之伏誅紹宗坐以交往見廢
卒于鄉里

韋叔夏尚書左僕射安石兄也少而精通三禮其叔父太子詹事琨
嘗謂曰汝能如是可以繼丞相業矣舉明經調露年累除太常博士
後屬高宗崩山陵舊儀多廢缺叔夏與中書舍人賈大隱太常博士
裴守貞等草創撰定由是授春官員外郎則天將拜洛及享明堂皆
別受制共當時大儒祝欽明郭山惲撰定儀注凡所立議衆咸推服
之累遷成均司業久視元年特下制曰吉凶禮儀國家所重司禮博
士未甚詳明成均司業韋叔夏太子率更令祝欽明等博涉禮經多
所該練委以參掌冀弘典式自今司禮所修儀注並委叔夏等刊定
訖然後進奏長安四年擢春官侍郎神龍初轉太常少卿充建立廟
社使以功進銀青光祿大夫三年拜國子祭酒累封沛國郡公卒時
年七十餘撰五禮要記三十卷行於代贈兗州都督修文館學士謚

曰文子縚太常卿

祝欽明雍州始平人也少通五經兼涉衆史百家之說舉明經長安
元年累遷太子率更令兼崇文館學士中宗在春宮欽明兼充侍讀
二年遷太子少保中宗即位以侍讀之故擢拜國子祭酒同中書門
下三品加位銀青光祿大夫歷刑部禮部二尚書兼修國史仍舊知
政事累封魯國公食實封三百戶尋以匿忌日爲御史中丞蕭至忠
所劾貶授申州刺史久之入爲國子祭酒景龍三年中宗將親祀南
郊欽明與國子司業郭山惲二人奏言皇后亦合助祭遂建議曰謹
按周禮天神曰祀地祇曰祭宗廟曰享大宗伯職曰祀大神祭大祇
享大鬼理其大禮若王有故不預則攝而爲徹豆籩又追師職掌王
后之首服以待祭祀又追內司服職掌王后之六服凡祭祀供后之
衣服又九嬪職大祭祀后祼獻則贊瑤爵亦如之據此諸文即皇后
合助皇帝祀天神祭地祇明矣故鄭玄注司服云闕狄皇后助王祭
群小祀之服然則小祀尚助王祭中大推理可知闕狄之上猶有兩

服第一褘衣第二揄狄第三闕狄此三狄皆助祭之服闕狄即助祭
小祀即知揄狄助祭中祀褘衣助祭大祀鄭舉一隅故不委說唯祭
宗廟周禮王有兩服先王袞冕先公鷩冕鄭玄因此以后助祭宗廟
亦分兩服云褘衣助祭先王揄狄助祭先公不言助祭天地社稷自
宜三隅而反且周禮正文凡祭王后不預既不事言宗廟即知兼祀
天地故云凡也又春秋外傳云禘郊之事天子親射其牲王后親舂
其粢故代婦職但云詔王后之禮事不主言宗廟也若專主宗廟者
則內宗外宗職皆言掌宗廟之祭祀此皆禮文分明不合疑惑舊說
以天子父天母地兄日姊月所以祀天於南郊祭地於北郊朝日於
東門之外以昭事神訓人事君必躬親以禮文有故然後使攝此其
義也禮記祭統曰夫祭也者必夫婦親之所以備內外之官也官備
則具備又哀公問於孔子曰冕而親迎不亦重乎孔子愀然作色而
對曰合二姓之好以繼先聖之後以爲天地宗廟社稷之主君何謂
已重焉又漢書郊祀志云天地合祭先祖配天先妣配地合精夫婦

○判合祭天南郊則以地配一體之義也據此諸文即知皇后合助祭
望請別修助祭儀注同進帝頗以爲疑召禮官親問之太常博士唐
紹蔣欽緒對曰皇后南郊助祭於禮不合但欽明所執是祭宗廟禮
非祭天地禮謹按魏晉宋及齊梁周隋等歷代史籍至於郊天祀地
並無皇后助祭之事帝令宰相取兩家狀對定欽緒與唐紹及太常
博士彭景直又奏議曰周禮凡言祭祀享三者皆祭之互名本無定
義何以明之按周禮典瑞職云兩珪有邸以祀地則祭地亦稱祀也
又司筵云設祀先王之胙席則祭宗廟亦稱祀也又內宗職云掌宗
廟之祭祀此又非獨天稱祀地稱祭也又按禮記云惟聖爲能享帝
此即祀天帝亦言享也又按孝經云春秋祭祀以時思之此即宗廟
亦言祭祀也經典此文不可備數據此則欽明所執天曰祀地曰祭
廟曰享未得爲定明矣又周禮凡言大祭祀者祭天地宗廟之總名
不獨天地爲大祭也何以明之按爵人職云大祭祀與量人授舉斝
之卒爵尸與斝皆宗廟之事則宗廟亦稱大祭祀又欽明狀引九嬪

職大祭祀后祼獻則贊瑤爵據祭天無祼亦無瑤爵此乃宗廟稱大
祭祀之明文欽明所執大祭祀即爲祭天地未得爲定明矣又周禮
大宗伯職云凡大祭祀王后有故不預則攝薦而豆籩欽明唯執此
文以爲王后有祭天地之禮欽緒等據此乃是王后薦宗廟之禮非
祭天地之事何以明之按此文凡祀大神祭大祇享大鬼帥執事而
卜宿視滌濯涖玉鬯省牲鑊奉玉齍詔大號理其禮制相天王之大
禮若王不與祭祀則攝位此已上一凡直是王兼祭天地宗廟之故
通言大神大祇大鬼之祭也已下文云凡大祭祀王后不與則攝而
薦豆籩徹此一凡直是王后祭廟之事故唯言大祀也若云王后助
祭天地不應重起凡大祭祀之文也爲嫌王后有祭天地之疑故重
起後凡以別之耳王后祭廟自是大祭祀何故取上凡相天王之禮
以混下凡王后祭宗廟之文此是本經科段明白又按周禮外宗掌
宗廟之祭祀佐王后薦玉豆凡后之獻亦如之王后有故不預則宗
伯攝而薦豆籩外宗無佐無祭天地之禮但天地尚質宗廟尚文玉

○豆宗廟之器初非祭天所設請問欽明若王后助祭天地在周禮使
何人贊佐若宗伯攝后薦豆祭天又合何人贊佐並請明徵禮文即
知攝薦是宗廟之禮明矣按周禮司服云王祀昊天上帝則服大裘
而冕享先王則袞冕內司服掌王后祭服無王后祭天之服按三禮
義宗明王后六服謂褘衣揄翟闕翟鞠衣展衣褖衣褘衣從王祭先
王則服之揄翟祭先公及饗諸侯則服之鞠衣以采桑則服之展衣
以禮見王及見賓客則服之褖衣燕居服之王后無助祭於天地但
自先王已下又三禮義宗明二夫人之服云后不助祭天地五岳故
無助天地四望之服按此則王后無祭天服明矣三禮義宗明王后五
輅謂重翟厭翟安車翟車輦車也重翟者后從王祭先王先公所乘
也厭翟者后從王饗諸侯所乘也安車者后宮中朝夕見於王所乘
也翟車者后求桑所乘也輦車者后遊宴所乘也按此則王后無祭
天之車明矣又禮記郊特牲義贊云祭天無祼鄭玄注云唯人道宗
廟有祼天地大神至尊不祼圓丘之祭與宗廟祫同朝踐王酌泛齊

以獻是一獻后無祭天之事大宗伯次酌醴齊以獻是爲二獻按此
則祭圜丘大宗伯次王爲獻非攝王后之事欽明等所執王后有故
不預則宗伯攝薦豆籩更明攝王后宗廟之薦非攝天地之祀明矣
欽明建議引禮記祭統曰夫祭也者必夫婦親之按此是王與后祭
宗廟之禮非關祀天地之義按漢魏晉宋後魏齊梁周陳隋等歷代
史籍與王今主郊天祀地代有其禮史不闕書並不見往代皇后助
祭之事又高祖神堯皇帝太宗文武聖皇帝南郊祀天無皇后助祭
處高宗天皇大帝永徽二年十一月辛酉親有事于南郊又總章元
年十二月丁卯親拜南郊亦並無皇后助祭處又按大唐禮亦無皇
后南郊助祭之禮欽緒等幸忝禮官親承聖問竭盡聞見不敢依隨
伏以主上稽古志遵禮典所議助祭實無明文時尚書左僕射韋巨
源又希旨協同欽明之議上納其言竟以后爲亞獻仍補大臣李嶠
等女爲齋娘以執籩豆及禮畢特詔齋娘有夫婿者咸爲改官景雲
初侍御史倪若水劾奏欽明及郭山惲曰欽明等本自腐儒素無操
行崇班列爵實爲叨忝而涓塵莫效諂佞爲能遂使曲臺之禮圜丘
之制百王故事一朝墜失所謂亂常改作希旨病君人之不才遂至
於此今聖明馭曆賢良入用惟茲小人猶在朝列臣請並從黜放以
肅周行於是左授欽明饒州刺史後入爲崇文館學士尋卒

○郭山惲蒲州河東人少通三禮景龍中累遷國子司業時中宗數引
近臣及修文學士與之宴集嘗令各效伎藝以爲笑樂工部尚書張
錫爲談容娘舞將作大匠宗晉卿舞渾脫左衛將軍張洽舞黃麞左
金吾衛將軍杜元琰誦婆羅門咒給事中李行言唱駕車西河中書
舍人盧藏用效道士上章山惲獨奏曰臣無所解請誦古詩兩篇帝
從之於是誦鹿鳴蟋蟀之詩奏未畢中書令李嶠以其詞有好樂無
荒之語頗涉規諷怒爲忤旨遽止之翌日帝嘉山惲之意詔曰郭山
惲業優經史識貯古今八索九丘由來徧覽前言往行寔所該詳昨
者因其預遊式宴朝彥既乘驩洽咸使詠歌遂能志在匡時潛申規
諷謇謇之誠彌切諤諤之操逾明 宜示褒揚美茲鯁直賜時服一副

尋與祝欽明同獻皇后助祭郊祀之議景雲中左授括州長史開元
初復入爲國子司業卒于官

○柳沖蒲州虞鄉人也隋饒州刺史莊曾孫也其先仕江左世居襄陽
陳亡還鄉里父楚賢大業末爲河北縣長時堯君素固守郡城以拒
義師楚賢進說曰隋之將亡天下皆知唐公名應圖籙動以信義豪
傑響應天所贊也君子見機而作不俟終日轉禍爲福今其時也君
素不從楚賢潛行歸國高祖甚悅拜侍御史貞觀中累轉光祿少卿
使突厥撫李思摩子突厥贈馬百疋及方物悉拒而不受累轉交桂
二州都督皆有能名卒於杭州刺史沖博學尤明世族名亞路敬淳
天授初爲司府主簿受詔往淮南安撫使還賜爵河東縣男景龍中
累遷爲左騎常侍修國史初貞觀中太宗命學者撰氏族志百卷以
甄別士庶至是向百年而諸姓至有興替沖乃上表請改修氏族中
宗命沖與左僕射魏元忠及史官張錫徐堅劉憲等八人依據氏族
志重加修撰元忠等施功未半相繼而卒乃還爲外職至先天初沖

始與侍中魏知古中書侍郎陸象先及徐堅劉子玄吳兢等撰成姓
族系錄二百卷奏上沖後歷太子詹事太子賓客宋王傅昭文館學
士以老疾致仕開元二年又勑沖及著作郎薛南金刊定系錄奏上
賜絹百疋五年卒

盧粲幽州范陽人後魏侍中陽烏五代孫祖彥卿撰後魏紀二十卷
行於時官至合肥令叔父行嘉亦有學涉高宗時爲雍王記室粲博
覽經史弱冠舉進士景龍二年累遷給事中時節愍太子初立庶
人以非已所生深加忌嫉勸中宗下勑令太子郤取衛府封物每年
以供服用粲駮奏曰皇太子處繼明之重當主鬯之尊歲時服用自
可百司供擬又據周官諸應用財器歲終則會唯王及太子應用物
並不會此則儲君之費咸與王同今與列國諸侯齊衡入封豈所謂
尊儲在昔垂法將來者也必謂青宮初啓服用所資自當廣支庫物
不可長存藩封詔從之後安樂公主壻武崇訓爲節愍太子所殺特
追封爲魯王令司農少卿趙履溫監護葬事履溫諷公主奏請依永

泰公主故事爲崇訓造陵詔從其請粲駮奏曰伏尋陵之稱謂本屬皇王及儲君等自皇家以來諸王及公主墓無稱陵者唯永泰公主承恩特葬事越常全不合引以爲名春秋左氏傳云衛孫桓子與齊戰衛新築大夫仲叔于奚救孫桓子桓子以免衛人賞之以邑于奚辭請曲縣繁纓以朝許之仲尼聞之曰惜也不如多與之邑唯名與器不可以假人若以假與之政也政亡則國家從之聖人知微知章不可不慎魯王哀榮之典誠別承恩然國之名器豈可妄假又塋兆之稱不應假永泰公主爲名請比貞觀以來諸王舊例是得豐厚手勑答曰安樂公主與永泰公主無異同穴之義古今不殊魯王緣自特爲陵制不煩固執粲又奏曰臣聞陵之稱謂施於尊極不屬王公巳下且魯王若欲論親等第則不親於雍王雍王之墓尚不稱陵魯王則不可因尚公主而加號且君之舉事則載於方冊或稽之往典或考自前朝臣歷檢貞觀巳來駙馬墓無得稱陵者且君人之禮服絕於傍朞蓋爲不獨親其親不獨子其子陛下以膝下之恩愛施及其

○夫贈賵之儀哀榮足備豈得使上下無辨君臣一貫者哉又安樂公主承兩儀之澤履福祿之基指南山以錫年仰北辰而永庇魯王之葬車服有章加等之儀備有常數塋兆之稱不應假永泰公主爲名非所謂垂法將來作則群辟者也帝竟依粲所奏公主大怒粲以忤旨出爲陳州刺史累轉秘書少監開元初卒

尹知章絳州翼城人少勤學嘗夢神人以大鑿開其心以藥內之自是日益開朗盡通諸經精義未幾而諸師友北面受業焉長安中駙馬都尉武攸暨重其經學奏授其府定王文學神龍初轉太常博士中宗初即位建立宗廟議者欲以涼武昭王爲始祖以備七代之數知章以爲武昭遠世非王業所因特奏議以爲不可當時竟從知章之議俄拜陸渾令以公玷弃官時散騎常侍解琬亦罷職歸田園與知章共居汝洛間以修學爲事睿宗初即位中書令張說薦知章有古人之風足以坐鎮雅俗拜禮部員外郎俄轉國子博士後秘書監馬懷素奏引知章就秘書省與學者刊定經史知章雖居吏職歸家則講授不輟尤明易及莊老玄言之學遠近咸來受業其有貧匱者知章盡其家財以衣食之性和厚喜慍不形於色未嘗言及家人產業其子嘗請併市樵米以備歲時之費知章曰如汝所言則下人何以取資吾幸食祿不宜奪其利也竟不從開元六年卒時年五十有餘所注孝經老子莊子韓子管子鬼谷子頗行於時門人孫季良等立碑於東都國子監之門外以頌其德孫季良者河南偃師人也一名翌開元中爲左拾遺集賢院直學士撰正聲詩集三卷行於代

徐岱字處仁蘇州嘉興人也家世以農爲業岱好學六籍諸子悉所探究總辨問無不通難莫能詘大曆中轉運使劉晏表薦之授校書郎浙西觀察使李栖筠厚遇之勑故所居爲復禮鄉尋爲朝廷推擢改河南府偃師縣尉建中年禮儀使蔣鎮特薦爲太常博士掌禮儀從幸奉天興元改膳部員外郎兼博士貞元初遷水部郎中充皇太子及舒王已下侍讀尋改司封郎中擢拜給事中加兼史館修撰並依舊侍讀承兩宮恩顧時無與比而謹慎過甚未嘗洩禁中語亦不

○談人之短婚嫁甥姪之孤遺者時人以此稱之然慳嗇頗甚倉庫管鑰皆自執掌獲譏於時卒時年五十上數惜之賻以帛絹皇太子又遺絹一百疋贈禮部尚書

蘇弁字元容京兆武功人曾叔祖良嗣天后朝宰相國史有傳弁少有文學舉進士授秘書省正字轉奉天主簿朱泚之亂德宗倉卒出幸縣令杜正元上府計事聞大駕至官吏惶恐皆欲奔竄山谷弁諭之曰君上避狄臣下當伏難死節昔肅宗幸靈武至新平安定二太守皆潛遁帝命斬之以徇諸君知其事乎衆心乃安及車駕至迎扈儲備無闕德宗嘉之就加試大理司直賊平拜監察御史歷三院累轉倉部郎中仍判度支案裴延齡卒德宗聞其才特開延英面賜金紫授度支郎中副知度支事仍命立於正郎之首副知之號自弁始也承延齡之後以寬簡代煩苛人甚稱之遷戶部侍郎依前判度支改太子詹事弁初入朝班位失序殿中侍御史鄭儒立對仗彈之弁於金吾待罪數刻特釋放舊制太子詹事班次太常宗正卿巳下貞

元三年御史中丞竇參叙定班移詹事在河南太原尹之下弁乃引舊班制立臺官詰之仍紿云自已宰相請依舊故爲儒立彈之旋坐給長武城軍粮朽敗貶河州司户參軍當德宗時朝臣受譴少蒙再録至晚年尤甚唯弁與韓臯得起爲刺史授滁州轉杭州弁與兄冕袞皆以友弟儒學稱冕纘國朝政事撰會要四十卷行於時弁聚書至二萬卷皆手自刋校至今言蘇氏書次於集賢秘閣焉貞元二十一年卒于家

袞自贊善大夫貶永州司户參軍勑蘇袞貶官本縁弟連坐矜其年暮加以疾患宜令所在勒廻任歸私第袞年且七十兩目無見已逾年以弁之故竟未停官及貶上聞之哀憫故許還家尋卒初冕既坐弁貶官或有人言袞才學上悔不早知業已貶出又復還袞難於再追冕乃止

陸質吴郡人本名淳避憲宗名改之質有經學尤深於春秋少師事趙匡匡師啖助助匡皆爲異儒頗傳其學由是知名陳少遊鎮揚州

○愛其才辟爲從事後薦於朝拜左拾遺轉太常博士累遷左司郎中坐細故改國子博士歷信台二州刺史順宗即位質素與韋執誼善由是徵爲給事中皇太子侍讀仍改賜名質時執誼得幸順帝寢疾與王叔文等竊弄權柄上在春宫執誼懼質已用事故令質入侍而潛伺上意因用解及質發言上果怒曰陛下令先生與寡人講義何得言他質惶懼而出未幾病卒質著集注春秋二十卷類禮二十卷君臣圖翼二十五卷並行於代貞元二十一年卒

馮伉本魏州元城人父玠後家于京兆少有經學大曆初登五經秀才科授秘書郎建中四年又登博學三史科三遷尚書膳部員外郎充睦王已下侍讀澤潞節度使李抱貞卒爲弔贈使抱貞男遺伉帛數百匹不納又專送至京伉因表奏固請不受屬醴泉闕縣令宰臣進人名帝意不可謂宰臣曰前使澤潞不受財帛者此人必有清政可以授之遂改醴泉令縣中百姓多猾爲著諭蒙十四篇大略指明忠孝仁義勸學務農每鄉給一卷俾其傳習在縣七年韋渠牟薦爲給事中充皇太子及諸王侍讀召見於别殿賜金紫著三傳異同三卷順宗即位拜尚書兵部侍郎改國子祭酒同三州刺史入拜左散騎常侍復領太學元和四年卒年六十六贈禮部尚書子約進士擢第又登制科仕至尚書郎

韋表微始舉進士登第累佐藩府元和十五年拜監察御史逾年以本官充翰林學士遷左補闕庫部員外郎知制誥滿歲擢遷中書舍人俄拜户部侍郎職並如故時自長慶寶曆國家比有變故凡在翰林遷擢例無滿歲由是表微自監察六七年間秩正貳卿命服金紫承遇恩渥盛于一時卒年六十表微少時尅苦自立著九經師授譜一卷春秋三傳總例二十卷子蟾進士登第咸通末爲尚書左丞

許康佐父審康佐登進士第又登宏詞科以家貧母老求爲知院官人或怪笑而不答及母亡服除不就侯府之辟君子始知其不擇禄養親之志也故名益重遷侍御史轉職方員外郎累遷至駕部郎中充翰林侍講學士仍賜金紫歷諫議大夫中書舍人皆在内庭爲户

○部侍郎以疾解職除兵部侍郎轉禮部尚書卒年七十二贈吏部尚書撰九鼎記四卷弟堯佐元佐堯佐子道敏並登進士第歷官清顯

贊曰積學成功開談辨治儒道玄機聖人雅旨出必由户行跡其軌邈有其人光乎信史

唐書列傳卷第一百三十九下

劉　昫　等修

聞人詮校刻沈桐同校

文苑上

孔紹安　袁朗　賀德仁
庾抱　蔡允恭　鄭世翼
謝偃　崔信明　張蘊古
劉胤之　張昌齡　崔行功
孟利貞　董思恭　元思敬
徐齊聃　杜易簡從祖弟審言
盧照鄰　楊炯　王勃兄勮勔
駱賓王　鄧玄挺

臣觀前代秉筆論文者多矣莫不憲章謨誥祖述詩騷遠宗毛鄭之訓論近鄙班楊之述作謂采采芣苢獨高比興之源湛湛江楓長擅詠歌之體殊不知世代有文質風俗有淳醨學識有淺深才性有工拙昔仲尼演三代之易刪諸國之詩非求勝於昔賢要取名於今代實以淳朴之時傷質民俗之語不經故飾以文言考之絃誦然後致遠不泥永代作程即知是古非今未爲通論夫執鑒寫形持衡品物非伯樂不能分驚驥之狀非延陵不能別雅鄭之音若空混吹竽之人即異聞韶之歎近代唯沈隱侯斟酌二南剖陳三變攄雲淵之抑揚振潘陸之風徽俾律呂和諧宮商輯洽不獨子建總建安之霸客兒擅江左之雄爰及我朝挺生賢俊文皇帝解戎衣而開學校飾賁帛而禮儒生門羅吐鳳之才人擅握蛇之價靡不發言爲論下筆成文足以緯俗經邦豈止雕章縟句韶諧金奏詞炳丹青故貞觀之風同乎三代高宗天后尤重詳延天子賦橫汾之詩臣下繼柏梁之奏巍巍濟濟煇爍古今如燕許之潤色王言吳陸之鋪揚鴻業元稹劉蕡之對策王維杜甫之雕蟲並非肄業使然自是天機秀絕若隋色澤無假淬磨孔璣翠羽自成華彩致之文苑實煥緗圖其間爵位崇

高別爲之傳今採孔紹安已下爲文苑三篇覬懷才憔悴之徒千古見知於作者

孔紹安越州山陰人陳吏部尚書奐之子少與兄紹新俱以文詞知名十三陳亡入隋徙居京兆鄠縣閉門讀書誦古文集數十萬言外兄虞世南歎異之紹新嘗謂世南曰本朝淪陷分從湮滅但見此弟竊謂家族不亡矣時有詞人孫萬壽與紹安篤忘年之好時人稱爲孫孔紹安大業末爲監察御史時高祖爲隋討賊於河東詔紹安監高祖之軍深見接遇及高祖受禪紹安自洛陽間行來奔高祖見之甚悅拜內史舍人賜宅一區良馬兩匹錢米絹布等時夏侯端亦嘗爲御史監高祖軍先紹安歸朝授秘書監紹安因侍宴應詔詠石榴詩曰祇爲時來晚開花不及春時人稱之尋詔撰梁史未成而卒有文集五卷子禎高祖時爲蘇州長史曹王明爲刺史不循法度禎每進諫明曰寡人天子之弟豈失於爲王哉禎曰恩寵不可恃大王不奉行國命恐今之榮位非大王所保獨不見淮南之事乎明不悅左右有侵暴下人者禎捕而杖殺之明後果坐法遷於黔中謂人曰吾愧不用孔長史言以及於此禎累遷絳州刺史封武昌縣子卒謚曰溫子季詡早知名官至左補闕紹安孫若思若思孤母褚氏親自教訓遂以學行知名年少時有人齎褚遂良書跡數卷以遺若思唯受其一卷其人曰此書當今所重價比黃金何不總取若思曰若價比金寶此爲多矣更截去半以還之明經舉累遷庫部郎中若思常謂人曰仕至郎中足矣至是持一石止水置於座右以示有止足之意尋遷給事中中宗即位敬暉桓彥範等知國政以若思多識故事所有改革大事及疑議多訪於若思再轉禮部侍郎出衛州刺史先是諸州別駕皆以宗室爲之不爲刺史致敬由是多行不法若思至州舉奏別駕李道欽犯狀請加鞫訊乃詔別駕於刺史致禮自若思始也俄以清白稱加銀青光祿大夫賜絹百疋歷汝州刺史太子右諭德封梁郡公開元十七年卒謚曰惠

袁朗雍州長安人陳尚書左僕射樞之子其先自陳郡仕江左世爲

冠族陳亡徙關中朗勤學好屬文在陳釋褐祕書郎甚爲尚書令江總所重嘗製千字詩當時以爲盛作陳後主聞而召入禁中使爲月賦朗染翰立成後主曰觀此賦謝希逸不能獨美於前矣又使爲芝草嘉蓮二頌深見優賞歷太子洗馬德教殿學士遷祕書丞陳亡仕隋爲尚書儀曹郎武德初授齊王文學祠部郎中封汝南縣男再轉給事中貞觀初卒官太宗爲之廢朝一日謂高士廉曰袁朗在任雖近然其性謹厚特使人傷惜因勑給其喪事并存問妻子有文集十四卷從父弟承序陳尚書僕射憲之子武德中齊王元吉聞其名召爲學士府廢累轉建昌令在任清靜士吏懷之高宗在藩太宗選學行之士爲其僚屬謂中書侍郎岑文本曰梁陳名臣有誰可稱復有子弟堪招引否文本因言隋師入陳百司奔散莫有留者唯袁憲獨在其主之傍王世充將受隋禪郡僚表請勸進憲子給事中承家托疾獨不署名此父子足稱忠烈承家弟承序清貞雅操寔繼先風由是召守晉王友仍令侍讀加授弘文館學士未幾卒朗從祖弟利貞

陳中書令敬之孫也高宗時爲太常博士周王侍讀永隆二年王立爲皇太子百官上禮高宗將會百官及命婦於宣政殿并設九部伎及散樂利貞上疏諫曰臣以前殿正寢非命婦宴會之地象闕路門非倡優進御之所望請命婦會於別殿九部伎從東西門入散樂一色伏望停省若於三殿別所自可備極恩和微臣庸蔽不閑典則忝預禮司輕陳狂瞽帝納其言即令移於麟德殿至會日酒酣帝使中書侍郎薛元超謂利貞曰卿門承忠鯁能抗疏直言不加厚賜何以獎勸賜物百段俄遷祠部員外郎卒中宗即位以侍讀恩追贈祕書少監朗十三代祖漢司徒滂滂生魏國郎中御史大夫渙渙生晉尚書郎準準生東晉右將軍豫章太守沖沖生司徒從事中郎耽耽生瑯琊內史質質生丹陽尹宋公長史豹豹生宋吳郡太守洵累代有高名重位前史有傳五代叔祖宋太尉淑高祖父左僕射雍州刺史顗高祖司空粲昔死國難曾祖梁中書監司空穆公昂仕齊爲吳興太守及梁高祖禪齊久辭朝命父樞叔父憲仕陳皆爲陳僕射叔祖敬

中書令及陳亡憲言難扶護後主朗自以中外人物爲海內冠族雖瑯琊王氏繼有台鼎而歷朝首爲佐命鄙之不以爲伍朗孫誼又虞世南外孫神功中爲蘇州刺史嘗因視事司馬清河張沛通謁沛即侍中文瓘之子誼揖之曰司馬何事沛曰此州得一長史是隴西李亶天下甲門誼曰司馬何言之失門戶須歷代人賢名節風教爲衣冠顧矚始可稱舉此老夫是也夫山東人尚於婚媾求於祿利作時柱石見危授命則曠代無人何可說之以爲門戶沛懷慙而退時人以爲口實

賀德仁越州山陰人也父朗陳散騎常侍德仁少與從兄德基俱事國子祭酒周弘正咸以詞學見稱時人語曰學行可師賀德基文質彬彬賀德仁德仁兄弟八人時人方之荀氏陳鄱陽王伯仙爲會稽太守改其所居甘滂里爲高陽里德仁事陳至吳興王友入隋僕射楊素薦之授豫章王府記室參軍王以師資禮之恩遇甚厚及煬帝即位豫章王改封齊王又授齊王府屬及齊王廢遣府僚皆被誅責

惟德仁以忠謹免罪出補河東郡司法素與隱太子善及高祖平京師隱太子封隴西公用德仁爲隴西公友尋遷太子中舍人以衰老不習吏事轉太子洗馬時蕭德言亦爲洗馬陳子良爲右衛率府長史皆爲東宮學士貞觀初德仁轉趙王友無幾卒年七十餘有文集二十卷德仁弟子紀敳亦以博學知名高宗時紀官至太子洗馬修五禮敳至率更令兼太子侍讀兄弟並爲崇賢館學士學者榮之

庾抱潤州江寧人也其先自潁川徙家焉祖杲陳御史中丞父超南平王記室抱開皇中爲延州參軍事後累歲調吏部尚書牛弘知其有學術給筆札令自序援翰便就弘甚奇之後補元德太子學士禮賜甚優會皇孫載誕太子宴賓客抱於坐中獻嫡皇孫頌深被嗟賞後爲越嶲王侑稱病不行義寧中隱太子引爲隴西公府記室時軍國多務公府文檄皆出於抱尋轉太子舍人未幾卒有集十卷

蔡允恭荊州江陵人也祖點梁尚書儀曹郎父大業後梁左民尚書允恭有風彩善綴文仕隋歷著作佐郎起居舍人雅善吟詠煬帝屬

詞賦多令諷誦之嘗遣教宮女允恭深以爲耻因稱氣疾不時應召煬帝又許授以内史舍人更令入内教宮人允恭固辭不就以是稍被疎絶江都之難允恭從宇文化及西上没於竇建德及平東夏太宗引爲秦府參軍兼文學館學士貞觀初除太子洗馬尋致仕卒于家有集十卷又撰後梁春秋十卷

鄭世翼鄭州榮陽人也世爲著姓祖敬德周儀同大將軍父機司武中士世翼弱冠有盛名武德中歷萬年丞揚州録事參軍數以言辭忤物稱爲輕薄時崔信明自謂文章獨步多所淩轢世翼遇諸江中謂之曰嘗聞楓落吳江冷信明欣然示百餘篇世翼覽之未終曰所見不如所聞投之於江信明不能對擁檝而去世翼貞觀中坐怨謗配流巂州卒文集多遺失撰交遊傳頗行於時

謝偃衛縣人也本姓直勒氏祖孝政北齊散騎常侍改姓謝氏偃仕隋爲散從正員外貞觀初應詔對策及第歷高陵主簿十一年駕幸東都穀洛泛溢洛陽宮詔求直諫之士偃上封事極言得失太宗稱

善引爲弘文館直學士拜魏王府功曹偃嘗爲塵影二賦甚工太宗聞而召見自制賦序言區宇乂安功德茂盛令其爲賦偃奉詔撰成名曰述聖賦賜綵數十匹偃又獻惟皇誡德賦以申諷曰臣聞理忘亂安忘危失此四者人君莫不皆然是以夏桀以瑤臺璇室爲麗而不悟鳴條南巢之禍殷辛以象箸玉杯爲華不知牧野白旗之敗故當其盛也謂四海爲已力及其衰焉乃匹夫之不制當其信也謂天下爲無危及其疑也則顧眄皆讐敵是知必有其德則誠結戎夷化行荒裔苟失其度則變生骨肉釁起腹心矣是以爲人主者不可忘初處殿堂則思前主之所以亡朝萬國則思今己之所以貴巡府庫則思今己之所以得視功臣則思其爲己之始見名將則思其用力之初苟弗忘舊則人無易心則何患乎天下之不化故旦行之則爲堯舜暮失之則爲桀紂豈異人哉其詞曰周墳籍以遐觀總宇宙而一窺結繩往而莫紀書契祟而可知惟皇王之迭代信步驟之恒規莫不慮失者常得懷安者必危是以戰戰慄慄日慎一日守約守儉去奢去逸外無荒禽内無荒色唯賢是授唯人斯恤則三皇不足六五帝不足十若夫恃聖驕力狠戾倔強忠良是棄諂佞斯獎構崇臺以造天穿深池以絶壤厚賦重斂積寶藏鏹無罪加刑有功不賞則夏桀可二殷辛易兩在危所恃居安勿忘功臣無逐故人無放放故者亡逐功者喪四海及及九土漫漫獲之甚易存之實難是以一人有慶萬國同歡一人失所兆庶俱殘喜則隆冬可熱怒則盛夏成寒一動而八表亂一言而天下安舉君過者曰忠述主美者爲佞苟承顔以順旨必斂視而稱聖故使曲者亂直邪者疑正改華服以就胡變雅音而入鄭雖往古之轍跡亦當今之龜鏡崔嵬龍殿赫奕鳳門岧四海以稱主冠天下而獨尊既兄日而姊月亦父乾而母坤視則金璧溢目聽則絲竹盈耳信賞罰之在躬寔榮辱之由己語羲皇而易匹言堯舜之可擬驕志自此而生侈心因茲而起常懼覆而懼亡必思足而思止勿忘潛龍之初當懷布衣之始在位稱寶居器曰神鑑鼓庭設玉帛階陳得必有兆失必有因一替一立或周或秦既承前

代當思後人唯德可以乂天道無常親時李百藥工爲五言詩而偃善作賦時人稱爲李詩謝賦焉十七年府廢出爲湘潭令卒文集十卷

崔信明青州益都人也後魏七兵尚書光伯曾孫也祖縚北海郡守信明以五月五日日正中時生有異雀數頭身形甚小五色畢備集于庭樹鼓翼齊鳴聲清宛亮隋太史令史良使至青州遇而占之曰五月爲火火爲離離爲文彩日正中文之盛也又有雀五色奮翼而鳴此兒必文藻煥爛聲名播於天下雀形既小祿位殆不高及長博聞強記下筆成章鄉人高孝基有知人之鑒每謂人曰崔信明才學富贍雖名冠一時但恨其位不達耳大業中爲堯城令竇建德僭號欲引用之信明族弟敬素爲建德鴻臚卿說信明曰隋主無道天下鼎沸衣冠禮樂掃地無餘兄遁跡下僚不被收用豫讓所以不報范中行秖以衆人遇我者也夏王英武有併吞天下之心士女襁負而至者不可稱數此時不立功立事豈是見幾而作者乎信明曰昔申

胥海畔漁者尚能固其節吾終不能屈身偽主求斗筲之職遂踰城而遁隱於太行山貞觀六年應詔舉授興世丞遷秦川令卒信明頗蹇傲自伐常賦詩吟嘯自謂過於李百藥時人多不許之又矜其門族輕侮四海士望由是為世所譏子冬日則天時為黃門侍郎被酷吏所殺

張蘊古相州洹水人也性聰敏博涉書傳善綴文能背碑覆局尤曉時務為州閭所稱自幽州總管府記室直中書省太宗初即位上大寶箴以諷其詞曰今來古往俯察仰觀惟辟作福為君實難宅普天之下處王公之上任土貢其所求具僚和其所唱是故競懼之心日弛邪僻之情轉放豈知事起乎所忽禍生乎無妄固以聖人受命拯溺亨屯歸過於已推恩於民大明無偏照至公無私親故以一人治天下不以天下奉一人禮以禁其奢樂以防其佚左言而右事出警而入蹕四時同其慘舒三光同其得失故身為之度而聲為之律勿謂無知居高聽卑勿謂何害積小成大樂不可極極樂生哀欲不可

○縱縱欲成災壯九重於內所居不過容膝彼昏不知瑤其臺而瓊其室羅八品於前所食不過適口唯狂罔念丘其糟而池其酒勿內荒於色勿外荒於禽勿貴難得之貨勿聽亡國之音內荒伐人情外荒蕩人心難得之貨侈亡國之聲淫勿謂我尊而傲賢侮士勿謂我智而拒諫矜已聞之夏王據饋頻起亦有魏帝牽裾不止安彼反側如春陽秋露巍巍蕩蕩惟漢高大度撫茲庶事如履薄臨深戰戰慄慄用周文小心詩云不識不知書曰無偏無黨一彼此於胷臆思好惡於心想衆棄而後加刑衆悅而後命賞弱其強而治其亂申其屈而直其枉故曰如衡如石不定物以數物之懸者輕重自具如水如鏡不示物以情物之鑒者妍蚩自生勿渾渾而濁勿皎皎而清勿沒沒而闇勿察察而明雖冕旒蔽目而視於未形雖黈纊塞耳而聽於無聲縱心乎湛然之域遊神於至道之精扣之者應洪纖而效響酌之者隨淺深而皆盈故曰天之清地之寧王之貞四時不言而代序萬物無為而受成豈知帝有其力而天下和平吾王撥亂戡以智力民懼其威未懷其德我皇撫運扇以淳風民懷其始未保其終爰述金鏡窮神盡聖使文以心應言與行苞括治體抑揚詞令天下為公一人有慶開羅起祝援琴命詩一日二日念茲在茲唯人所召自天祐之爭臣司直敢告前疑太宗嘉之賜以束帛除大理丞初河內人李好德素有風疾而語涉妄妖蘊古究其獄稱好德癲病有徵法不當坐治書侍御史權萬紀劾蘊古家住相州好德之兄厚德為其刺史情在阿縱奏事不實太宗大怒曰小子乃敢亂吾法耶令斬於東市太宗尋悔因發制凡決死者命所司五覆奏自蘊古始也

劉胤之徐州彭城人也祖禕之後魏臨淮鎮將胤之少有學業與隋信都丞孫萬壽宗正卿李百藥為忘年之友武德中御史大夫杜淹表薦之再遷信都令甚存惠政永徽初累轉著作郎弘文館學士與國子祭酒令狐德棻著作郎楊仁卿等撰成國史及實錄奏上之封陽城縣男尋以老不堪著述出為楚州刺史卒弟子延祐弱冠本州舉進士累補渭南尉刀筆吏能為畿邑當時之冠司空李勣嘗謂曰

○足下春秋甫爾便擅大名宜稍自貶抑無為獨出人右也後歷右司郎中檢校司賓少卿封薛縣男徐敬業之亂揚州初平所有刑名莫能決定延祐奉使至軍所決之時議者斷受賊五品官者斬六品者流延祐以為諸非元謀迫脅從盜則寘極刑事涉枉濫乃斷受賊五品者流六品已下俱除名而已其得全濟者甚衆出為箕州刺史轉安南都護嶺南俚戶舊輸半課及延祐到遂勸全輸由是其下皆怨謀欲將叛延祐乃誅其首惡李嗣仙垂拱三年嗣仙黨與丁建李思慎等遂率衆圍安南府時城中勝兵不過數百乃禁門堅守以候鄰境之援廣州大族馮子猷幸災樂禍欲因危立功遂按兵縱敵使其為害滋甚延祐遂為思慎所害其後桂州司馬曹玄靜率兵討思慎等擒之盡斬於安南城下胤之從父兄子藏器亦有詞學官至宋州司馬藏器子知柔開元初為工部尚書知柔弟知幾避玄宗名改子玄自有傳

張昌齡冀州南宮人弱冠以文詞知名本州欲以秀才舉之昌齡以

時廢此科已久固辭乃充進士貢舉及第貞觀二十一年翠微宮成詣闕獻頌太宗召見試作息兵詔草俄頃而就太宗甚悅因謂之曰昔禰衡潘岳皆恃才傲物以至非命汝才不減二賢宜追鑒前軌以副吾所取也乃勑於通事舍人裏供奉尋爲崑山道行軍記室破盧明月平龜兹軍書露布皆昌齡之文也再轉長安尉出爲襄州司戶丁憂去官後賀蘭敏之奏引於北門脩撰尋又罷去乾封元年卒文集二十卷兄昌宗亦有學業官至太子舍人修文館學士撰古文紀年新傳三十卷

崔行功恒州井陘人北齊鉅鹿太守伯讓曾孫也自傳陵徙家焉行功少好學中書侍郎唐儉愛其才以女妻之儉前後征討所有文表皆行功之文高宗時累轉吏部郎中以善敷奏掌兼通事舍人內奉坐事貶爲游安令尋徵爲司文郎中當時朝廷大手筆多是行功及蘭臺侍郎李懷儼之詞先是太宗命秘書監魏徵寫四部羣書將進內貯庫別置讎校三十人書手一百人徵改職之後令虞世南顏師古等續其事至高宗初其功未畢顯慶中罷讎校及御書手令工書人繕寫計直酬傭擇散官隨番讎校其後又詔東臺侍郎趙仁本東臺舍人張文瓘及行功懷儼等相次充使檢校又置詳正學士以校理之功仍專知御集遷蘭臺侍郎咸亨中官名復舊改爲秘書少監上元元年卒官有集六十卷兄子玄暐別有傳行功前後預撰晉書及文思博要等同時又有孟利貞董思恭元思敬等並以文藻知名

孟利貞者華州華陰人也父神慶高宗初爲沁州刺史以清介著名利貞初爲太子司議郎中宗在東宮深懽之受詔與少師許敬宗崇賢館學士郭瑜顧胤董思恭等撰瑤山玉彩五百卷龍朔二年奏上之高宗稱善加級賜物有差利貞累轉著作郎加弘文館學士垂拱初卒又撰續文選十三卷兄允忠垂拱中爲天官侍郎

董思恭者蘇州吳人所著篇詠甚爲時人所重初爲右史知考功舉事坐預泄問目配流嶺表而死

元思敬者總章中爲協律郎預修芳林要覽又撰詩人秀句兩卷傳於世

徐齊聃湖州長城人也父孝德以女爲才人官至果州刺史齊聃少善屬文高宗時累遷蘭臺舍人時勑令有突厥酋長子弟事東宮齊聃上疏曰昔姬誦與伯禽同業晉儲以師曠爲友匪唯尊賴師資固亦詳觀近習皇太子自可招集園綺寤寐應劉階闥小臣必擇於端士驅馳所任並歸於正人方流好善之風永播崇賢之美今乃使戴裘之子辮髮而侍春闈鳥頡之苗削衽而陪望苑在於道義臣竊有疑詩云敬慎威儀以近有德書曰任官惟賢才左右惟其人蓋殷勤於此防微之至也齊聃又嘗上奏曰齊獻公即陛下外氏雖子孫有犯不合上延于祖今周忠孝公廟甚脩崇而齊獻公廟還毀壞不審陛下將何以垂示海內以彰孝理之風帝皆納其言齊聃善於文誥甚爲當時所稱高宗愛其文令侍周王等屬文以職在樞劇仍勑間日來往焉以漏泄機密左授蘇州司馬俄又坐事配流欽州咸亨中卒年四十餘睿宗即位追錄舊恩累贈禮部尚書子堅別有傳

杜易簡襄州襄陽人周硤州刺史叔毗曾孫也九歲能屬文及長博學有高名姨兄中書令岑文本甚推重之登進士舉累轉殿中侍御史咸亨中爲考功員外郎時吏部侍郎裴行儉李敬玄相與不叶易簡與吏部員外郎賈言忠希行儉之旨上封陳敬玄罪狀高宗惡其朋黨左轉易簡爲開州司馬尋卒易簡頗善著述撰御史臺雜注五卷文集二十卷行於代易簡從祖弟審言

審言進士舉初爲隰城尉雅善五言詩工書翰有能名然恃才謇傲甚爲時輩所嫉乾封中蘇味道爲天官侍郎審言預選試判訖謂人曰蘇味道必死人問其故審言曰見吾判即自當羞死矣又嘗謂人曰吾之文章合得屈宋作衙官吾之書跡合得王羲之北面其矜誕如此累轉洛陽丞坐事貶授吉州司戶參軍又與州僚不叶司馬周季重與員外司戶郭若訥共搆審言罪狀繫獄將因事殺之既而季重等府中酣讌審言子幷年十三懷刃以擊之季重中傷死而幷亦爲左右所殺季重臨死曰吾不知審言有孝子郭若訥誤我至此審

言因此免官還東都自爲文祭并士友咸哀并孝列蘇頲爲墓誌劉
允濟爲祭文後則天召見審言將加擢用問曰卿歡喜否審言蹈舞
謝恩因令作歡喜詩甚見嘉賞拜著作佐郎俄遷膳部員外郎神龍
初坐與張易之兄弟交往配流嶺外尋召授國子監主簿加脩文館
直學士年六十餘卒有文集十卷次子閑閑子甫別有傳
盧照鄰字昇之幽州范陽人也年十餘歲就曹憲王義方授蒼雅及
經史博學善屬文初授鄧王府典籤王甚愛重之曾謂群官曰此即
寡人相如也後拜新都尉因染風疾去官處太白山中以服餌爲事
後疾轉篤徙居陽翟之具茨山著釋疾文五悲等誦頗有騷人之風
甚爲文士所重照鄰既沉痼攣廢不堪其苦嘗與親屬執別遂自投
潁水而死時年四十文集二十卷兄光乘亦知名長壽中爲瓏州刺
史
楊烱華陰人伯祖虔威武德中官至右衛將軍烱幼聰敏博學善屬
文神童舉拜校書郎爲崇文館學士儀鳳中太常博士蘇知幾上表

○以公卿已下冕服請別立節文勑下有司詳議烱獻議曰古者太昊
庖羲氏仰以觀象俯以察法造書契而文籍生次有黃帝軒轅氏長
而敦敏成而聰明垂衣裳而天下理其後數遷五德君非一姓體國
經野建邦設都文質所以再而復正朔所以三而改夫改正朔者謂
夏后氏之建寅殷人建丑周人建子至於以日繫月以月繫時以時
繫年此三王相襲之道也夫易服色者謂夏后氏尚黑殷人尚白周
人尚赤至於山龍華蟲宗彝藻火粉米黼黻此又百代可知之道謹
按虞書曰予欲觀古人之象日月星辰山龍華蟲作會宗彝藻火粉
米黼黻絺繡由此言之則其所從來者尚矣日月星辰者明光照下
土也山者布散雲雨象聖王大澤霑下也龍者變化無方象聖王應
機布教也華蟲者雉也身被五彩象聖王體兼文明也宗彝者武蜼
也以剛猛制物象聖王神武定亂也藻者逐水上下象聖王隨代而
應也火者陶冶烹飪象聖王至德日新也粉米者人恃以生象聖王
物之所賴也黼能斷割象聖王臨事能決也黻能兩己相背象君臣

可否相濟也逮有周氏乃以日月星辰爲旌旗之飾又登龍於山登
火於宗彝於是乎制袞冕以祀先王也九章者法陽數也以龍爲首
章袞者卷也龍德神異應變潛見表聖深沉遠智卷舒神化也又制
鷩冕以祭先公鷩者雉也有耿介之志表公有賢才能守耿介之節
也又制毳冕以祭四望岳瀆之神也武蜼者山林所生明其象也制
絺冕以祭社稷土穀之神也社稷粉米由之成象其功也又制玄冕
以祭群小祀百神異形難可遍擬但取黻之相背異名也夫以周公
之多才也故化理制禮功成作樂夫以孔宣之將聖也故行夏之時
服周之冕先王之法服乃此之自出矣天下之能事又於是乎畢矣
今知幾表狀請制大明冕十二章乘輿服之者謹按日月星辰者已
施於旌旗矣龍武山火者又不踰於古矣而云麟鳳有四靈之名玄
龜有負圖之應雲有紀官之號水有盛德之祥此蓋別表休徵是無
比象然則皇王受命天地興符仰觀則璧合珠連俯察則銀黃玉紫
○殫南宮之粉壁不足寫其形狀罄東觀之鉛黃未可紀其名實固不

可畢陳於法服也雲也者龍之氣也水也者藻之自生也又不假別爲
章目也此蓋不經之甚也又鸞冕八章三公服之者鸞者太平之瑞
也非三公之德也鷹鸇者鷙鳥也適可辨祥刑之職也熊者猛獸也
適可以旌武臣之力也又稱藻爲水草無所法象引張衡賦蔕倒茄
於藻井披紅葩之狎獵請爲蓮華取其文彩者夫茄者蓮也若以蓮
代藻變古從今既不知草木之名亦未達文章之意此又不經之甚
也又毳冕六章三品服之者按此王者祀四望服之名也今三品乃
得同王之毳冕而三公不得同王之袞名豈唯顛倒衣裳抑亦自相
矛盾此又不經之甚也又黻冕四章五品服之考之於古則無其名
驗之於今則非章首此又不經之甚也若夫禮唯從俗則命爲制令
爲詔乃秦皇之故事猶可以適於今矣若夫義取隨時則出稱警入
稱蹕乃漢國之舊儀猶可以行於代矣亦何取變周公之軌物改宣
尼之法度者哉由是竟寢知幾所請烱俄遷詹事司直則天初坐從
祖弟神讓犯逆左轉梓州司法參軍秩滿選授盈川令如意元年七

月望日宮中出盂蘭盆分送佛寺則天御洛南門與百寮觀之烱獻
盂蘭盆賦詞甚雅麗烱至官爲政殘酷人吏動不如意輒榜殺之又
所居府舍多進士亭臺皆書牓額爲之美名大爲遠近所笑無何卒
官中宗即位以舊寮追贈著作郎文集三十卷烱與王勃盧照鄰駱
賓王以文詞齊名海內稱爲王楊盧駱亦號爲四傑烱聞之謂人曰
吾愧在盧前耻居王後當時議者亦以爲然其後崔融李嶠張說俱
重四傑之文崔融曰王勃文章宏逸有絕塵之跡固非常流所及烱
與照鄰可以企及盈川之言信矣說曰楊盈川文思如懸河注水酌
之不竭既優於盧亦不減王耻居王後信然愧在盧前謙也開元中
說爲集賢大學士十餘年常與學士徐堅論近代文士悲其凋喪堅
曰李趙公崔文公之筆術擅價一時其間孰優說曰李嶠崔融薛稷
宋之問之文如良金美玉無施不可富嘉謨之文如孤峰絕岸壁立
萬仞濃雲鬱興震雷俱發誠可畏也若施於廊廟則駭矣閻朝隱之
文如麗服靚粧燕歌趙舞觀者忘疲若類之風雅則罪人矣問後進

詞人之優劣說曰韓休之文如大羹玄酒雅有典則而薄於滋味許
景先之文如豐肌膩體視之雖穠華可愛而微少風骨張九齡之文如
輕縑素練實濟時用而微窘邊幅王翰之文如瓊林玉斝雖爛然可
珍而多有玷缺堅以爲然虔威子德幹高宗末歷澤齊汴相四州刺
史治有威名郡人爲之語曰寧食三斗蒜不逢楊德幹子神讓天授
初與徐敬業於揚州謀叛父子伏誅

王勃字子安絳州龍門人祖通隋蜀郡司戶書佐大業末棄官歸以
著書講學爲業依春秋體例自獲麟後歷秦漢至於後魏著紀年之
書謂之元經又依孔子家語揚雄法言例爲客主對荅之說號曰中
說皆爲儒士所稱義寧元年卒門人薛收等相與議謚曰文中子二
子福畤福郊勃六歲解屬文構思無滯詞情英邁與兄勔勮才藻相
類父友杜易簡常稱之曰此王氏三珠樹也勃年未及冠應幽素舉
及第乾封初詣闕上宸遊東岳頌時東都造乾元殿又上乾元殿頌
沛王賢聞其名召爲沛府修撰甚愛重之諸王鬭雞互有勝負勃戲
爲檄英王雞文高宗覽之怒曰據此是交構之漸即日斥勃不令入
府久之補虢州參軍勃恃才傲物爲同僚所嫉有官奴曹達犯罪勃
匿之又懼事洩乃殺達以塞口事發當誅會赦除名時勃父福畤爲
雍州司戶參軍坐勃左遷交趾令上元二年勃往交趾省父道出江
中爲採蓮賦以見意其辭甚美渡南海墮水而卒時年二十八勮弱
冠進士登第累除太子典膳丞長壽中擢爲鳳閣舍人時壽春王成
器衡陽王成義等五王初出閤同日授冊有司撰儀注忘載冊文及
百寮在列方知闕禮宰相相顧失色勮立召書吏五人各令執筆口
占分寫一時俱畢詞理典贍人皆歎服尋加弘文館學士兼知天官
侍郎勮頗任權勢交結非類萬歲通天二年綦連耀謀逆事泄勮坐
與耀善并弟勔並伏誅勔累官至涇州刺史神龍初有詔追復勮勔
官位福畤天后朝以子貴累轉澤州長史卒初吏部侍郎裴行儉典
選有知人之鑒見勮與蘇味道謂人曰二子亦當掌銓衡之任李敬
玄尤重楊烱盧照鄰駱賓王與勃等四人必當顯貴行儉曰士之致

遠先器識而後文藝勃等雖有文才而浮躁淺露豈享爵祿之器耶
楊子沉靜應至令長餘得令終爲幸果如其言勃文章邁捷下筆則
成尤好著書撰周易發揮五卷及次論等書數部勃亡後並多遺失
有文集三十卷勃聰警絕衆於推步曆算尤精嘗作大唐千歲曆言
唐德靈長千年合承周隋短祚其論大旨云以土王者五十代而一
千年金王者四十九代而九百年水王者二十代而六百年木王者
三十代而八百年火王者二十代而七百年此天地之常期符曆之
數也自黃帝至漢並是五運真主五行已遍土運復歸唐德承之宜
矣魏晉至于周隋咸非正統五行之沴氣也故不可承之大率如此

駱賓王婺州義烏人少善屬文尤妙於五言詩嘗作帝京篇當時以
爲絕唱然落魄無行好與博徒遊高宗末爲長安主簿坐贓左遷臨
海丞怏怏失志棄官而去文明中與徐敬業於揚州作亂敬業軍中
書檄皆賓王之詞也敬業敗伏誅文多散失則天素重其文遣使求
之有兗州人郄雲卿集成十卷盛傳於世

鄧玄挺雍州藍田人少善屬文累遷左史坐與上官儀善出爲頓丘令有善政璽書勞問累授中書舍人性俊辯機捷過人每有嘲謔朝廷稱爲口實則天臨朝遷吏部侍郎既不稱職甚爲時談所鄙又患消渴之疾選人目爲鄧渴爲牓於衢路自有唐已來掌選之失未有如玄挺者坐此左遷澧州刺史在州復以善政聞遷晉州刺史召拜麟臺少監重爲天官侍郎其失又甚於前玄挺女爲道王子諲妻又與蔣王子焯相善諲謀迎中宗於房陵以問玄挺焯又嘗謂玄挺曰欲作急計如何玄挺雖皆不荅而以不告永昌元年得罪下獄死

唐書列傳一百四十上

劉　昫　等修

聞人詮校刊沈桐同校

文苑中

郭正一定州彭城人貞觀中舉進士累轉中書舍人弘文館學士永隆二年遷秘書少監檢校中書侍郎與魏玄同郭待舉並同中書門下平章事宰相以平章事為名自正一等始也永淳二年正除中書侍郎正一在中書累年明習舊事兼有詞學制敕多出其手當時號為稱職則天臨朝轉國子祭酒罷知政事尋出為晉州刺史入為麟臺監又檢校陝州刺史永昌元年為酷吏所陷流配嶺南而死家口籍沒文集多遺失先是儀鳳中吐蕃入寇工部尚書劉審禮率兵十八萬與蕃將論欽陵戰于青海王師大敗審禮沒于陣高宗駭然乃召侍臣問以禦戎之策正一對曰吐蕃作梗年歲已深命將興師相繼不絕空勞士馬虛費糧儲近討則徒損兵威深入則未窮巢穴臣望少發兵募且遣備邊明立烽候勿令侵擾伺國用豐足人心叶同寬之數年可一舉而滅給事中劉齊賢皇甫文亮等亦以為嚴守為便正一才略率多此類

元萬頃洛陽人後魏景穆皇帝之裔祖白澤武德中總管萬頃善屬文起家拜通事舍人乾封中從英國公李勣征高麗為遼東道總管記室別帥馮本以大軍援裨將郭待封船破失期待封欲作書與勣恐高麗知其救兵不至乘危迫之乃作離合詩贈勣勣不達其意大怒曰軍機急切何用詩為必斬之萬頃為解釋之乃止勣嘗令萬頃作文檄高麗其語有譏高麗不知守鴨綠之險莫離支報云謹聞命矣遂移兵固守鴨綠官軍不得入萬頃坐是流于嶺外後會赦得還拜著作郎時天后諷高宗廣召文詞之士入禁中修撰萬頃與左史范履冰苗神客右史周思茂胡楚賓咸預其選前後撰列女傳臣軌百寮新誡樂書等凡千餘卷朝廷疑議及百司表疏皆密令萬頃等參決以分宰相之權時人謂之北門學士萬頃屬文敏速然性疎曠不拘細節無儒者之風則天臨朝遷鳳閣舍人無幾擢拜鳳閣侍郎萬頃素與徐敬業兄弟友善永昌元年為酷吏所陷配流嶺南而死

時神客楚賓已卒履冰思茂相次為酷吏所殺

范履冰者懷州河內人自周王府戶曹召入禁中凡二十餘年垂拱中歷鸞臺天官二侍郎尋遷春官尚書同鳳閣鸞臺平章事兼修國史載初元年坐嘗舉犯逆者被殺

苗神客者滄州東光人官至著作郎

周思茂者貝州漳南人少與弟思鈞俱早知名自右轉太子舍人與范履冰在禁中嚴蒙親遇至於政事損益多參預焉累遷麟臺少監崇文館學士垂拱四年下獄死

胡楚賓者宣州秋浦人屬文敏速每飲半酣而後操筆高宗每令作文必以金銀杯盛酒令飲便以杯賜之楚賓終日酣宴家無所藏貲盡復入待詔得賜又出然性慎密未嘗言禁中事醉後人或問之荅以他事而已自殷王文學拜右史崇賢直學士而卒

喬知之同州馮翊人也父師望尚高祖女廬陵公主拜駙馬都尉官至同州刺史知之與弟侃備並以文詞知名知之尤稱俊才所作篇

詠時人多諷誦之則天時累除右補闕遷左司郎中知之有侍婢曰窈娘美麗善歌舞爲武承嗣所奪知之怨惜因作綠珠篇以寄情密送與婢婢感憤自殺承嗣大怒因諷酷吏羅織知之偘開元初爲兖州都督備預脩三教珠英長安中卒於襄陽令時又有汝州人劉希夷善爲從軍閨情之詩詞調哀苦爲時所重志行不脩爲姦人所殺

劉允濟洛州鞏人其先自沛國徙焉南齊彭城郡丞瓛六代孫也少孤事母甚謹博學善屬文與絳州王勃早齊名特相友善弱冠本州舉進士累除著作佐郎允濟嘗採摭魯哀公後十二代至于戰國遺事撰魯後春秋二十卷表上之遷左史兼直弘文館垂拱四年明堂初成允濟奏上明堂賦以諷則天甚嘉歎之手制褒美拜著作郎天授中爲來俊臣所構當坐死以其母老特許終其餘年仍留繫獄久之會赦免貶授大庾尉長安中累遷著作佐郎兼修國史未幾擢拜鳳閣舍人中興初坐與張易之款狎左授青州長史爲吏淸白河南道巡察使路敬潛甚稱薦之尋丁母憂服闋而卒

○富嘉謨雍州武功人也舉進士長安中累轉晉陽尉與新安吳少微友善同官先是文士撰碑頌皆以徐庾爲宗氣調漸劣嘉謨與少微屬詞皆以經典爲本時人欽慕之文體一變稱爲富吳體嘉謨作雙龍泉頌千蠋谷頌少微撰崇福寺鐘銘詞最高雅作者推重并州長史張仁亶待以殊禮坐必同榻嘉謨後爲壽安尉預修三教珠英中興初爲左臺監察御史卒有文集五卷少微亦舉進士累至晉陽尉中興初調於吏部侍郎韋嗣立稱薦拜右臺監察御史臥病聞嘉謨死哭而賦詩尋亦卒有文集五卷嘉謨與少微在晉陽魏郡谷倚爲太原主簿皆以文詞著名時人謂之北京三傑倚後流寓客死文章遺失微子華開元中爲中書舍人

員半千本名餘慶晉州臨汾人少與齊州人何彥先同師事學士王義方義方嘉重之嘗謂之曰五百年一賢足下當之矣因改名半千及義方卒半千與彥先皆制服喪畢而去上元初應八科師舉授武陟尉屬頻歲旱饑勸縣令殷子良開倉以賑貧餒子良不從會子良赴州半千便發倉粟以給饑人懷州刺史郭齊宗大驚因而按之時黃門侍郎薛元超爲河北道存撫使謂齊宗曰公百姓不能救之而使惠歸一尉豈不愧也遽令釋之尋又應嶽牧舉高宗御武成殿召諸州舉人親問曰兵書所云天陣地陣人陣各何謂也半千越次而進曰臣觀載籍此事多矣或謂天陣星宿孤虛地陣山川向背人陣偏伍彌縫以臣愚見謂不然矣夫師出以義有若時雨得天之時此天陣也兵在足食且耕且戰得地之利此地陣也善用兵者使三軍之士如父子兄弟得人之和此人陣也三者去矣其何以戰高宗甚嗟賞之及對策擢爲上第垂拱中累補左衛胄曹仍充宣慰吐蕃使及引辭則天曰久聞卿名謂是古人不意乃在朝列境外小事不足煩卿宜留制也即日使入閣供奉證聖元年半千爲左衛長史與鳳閣舍人王處知天官侍郎事石抱忠並爲弘文館直學士仍與著作佐郎路敬淳分日於顯福門待制半千因撰明堂新禮三卷上之則天封中嶽半千又撰封禪四壇碑十二首以進則天稱善前後賜絹

○千餘匹長安中五遷正諫大夫兼右控鶴內供奉半千以控鶴之職古無其事又授斯任者率多輕薄非朝廷進德之選上疏請罷之由是忤旨左遷水部郎中預脩三教珠英中宗時爲濠州刺史睿宗即位徵拜太子右諭德兼崇文館學士加銀青光祿大夫累封平原郡公開元二年卒文集多遺失半千同時學士丘悅

丘悅者河南陸渾人也亦有學業景龍中爲相王府掾與文學韋利器典籤裴耀卿俱爲王府直學士睿宗在藩甚重之官至岐王傅開元初卒撰三國典略三十卷行於時

劉憲宋州寧陵人也父思立高宗時爲侍御史屬河南河北旱儉遣御史中丞崔謐等分道存問賑給思立上疏諫曰今麥序方秋蠶功未畢三時之務萬姓所先敕使撫巡人皆竦抃忘其家業冀此天恩踊躍參迎必難抑止集衆既廣妨廢亦多加以途程往還兼之晨夕停滯既緣須立簿書本欲安存卻成煩擾又無驛之處其馬稍難簡擇公私須預追集雨後農務特切常情廢須臾即虧歲計每爲一

馬遂勞數家從此相乘恐更滋甚望且委州縣賑給待秋閑時出使
褒貶疏奏諡等遂不行後遷考功員外郎始奏請明經加帖進士試
雜文自思立始也尋卒官憲弱冠舉進士累除冬官員外郎天授中
受詔推按來俊臣憲嫉其酷暴欲因事繩之反爲俊臣所搆貶鄭水
令再遷司僕丞及俊臣伏誅擢憲爲給事中尋轉鳳閣舍人神龍初
坐嘗爲張易之所引自吏部侍郎出爲渝州刺史俄復入爲太僕少
卿兼脩國史加脩文館學士景雲初三遷太子詹事玄宗在東宮畱
意經籍憲因上啓曰自古及今皆重于學至于光耀盛德發揚令問
安靜身心保寧家國無以加焉殿下居副君之位有絕人之才豈假
尋章摘句蓋資略知大意用功甚少爲利極多伏願克成美志無棄
暇日上以慰至尊之心下以答庶寮之望侍讀褚無量經明行修耆
年宿望時賜召問以察其言辭甚玄宗甚嘉納之明年憲卒贈兗州
都督有集三十卷初則天時敕吏部糊名考選人判以求才彥憲與
王適司馬鍠梁載言相次判入第二等

○王適幽州人官至雍州司功

司馬鍠洛州溫人也神龍中卒于黃門侍郎

梁載言博州聊城人歷鳳閣舍人專知制誥撰具員故事十卷十道
志十六卷並傳於時中宗時爲懷州刺史

沈佺期相州內黃人也進士舉長安中累遷通事舍人預脩三教珠
英佺期善屬文尤長七言之作與宋之問齊名時人稱爲沈宋再轉
考功員外郎坐贓配流嶺表神龍中授起居郎加脩文館直學士後
歷中書舍人太子詹事開元初卒有文集十卷弟全交及子亦以文
詞知名

陳子昂梓州射洪人家世豪富子昂獨苦節讀書尤善屬文初爲感
遇詩三十首京兆司功王適見而驚曰此子必爲天下文宗矣由是
知名舉進士會高宗崩靈駕將還長安子昂詣闕上書盛陳東都形勝
可以安置山陵關中旱儉靈駕西行不便曰梓州射洪縣草莽愚臣
子昂謹頓首冒死獻書闕下臣聞明王不惡切直之言以納忠烈士

不憚死亡之誅以極諫故有非常之策者必待非常之時得非常之
時者必待非常之主然後危言正色抗義直辭赴湯鑊而不迴至誅
夷而無悔豈徒欲詭世誇俗厭生樂死者哉實以爲殺身之害小存
國之利大故審計定議而甘心焉況乎得非常之時遇非常之主言
必獲用死亦何驚千載之跡將不朽於今日矣伏惟大行皇帝遺天
下棄羣臣萬國震驚百姓屠裂陛下以徇齊之聖承宗廟之重天下
之望喁喁如也莫不冀蒙聖化以保餘年太平之主將復在於茲矣
況皇太后又以文母之賢協軒宮之耀軍國大事遺詔決之唐虞之
際於斯盛矣臣伏見詔書梓宮將遷西京鑾輿亦欲陪幸計非上策
智者失圖廟堂未聞有骨鯁之謨朝廷多見有順從之議臣竊惑以
爲過矣伏自思之生聖日沐皇風摩頂至踵莫非亭育不能歷丹鳳
抵濯龍北面玉堦東望金屋抗音而正諫者聖王之罪人也所以不
顧萬死乞見一言願蒙聽覽甘就鼎鑊伏惟陛下察之臣聞秦都咸
時漢都長安之日山河爲固天下服矣然猶北取胡宛之利南

○資巴蜀之饒自渭入河轉關東之粟踰沙絕漠致山西之儲然後能
削平天下憚厭諸侯長轡利策橫制宇宙今則不然燕代迫匈奴之
侵巴隴嬰吐蕃之患西蜀疲老千里贏糧北國丁男十五乘塞歲月
奔命其弊不堪秦之首尾今爲闕矣即所餘者獨三輔之間耳頃遭
荒饉人被荐飢自河已西莫非赤地循隴以北罕逢青草莫不父兄
轉徙妻子流離委家喪業膏原潤莽此朝廷之所備知也賴以宗廟
神靈皇天悔禍去歲薄稔前秋稍登使羸餓之餘得保性命天下幸
甚可謂厚矣然則流人未返田野尚蕪白骨縱橫阡陌無主至於蓄
積猶可哀傷陛下不料其難貴從先意遂欲長驅大駕按節秦京千
乘萬騎何方取給況山陵初制穿復未央土木工匠必資徒役今欲
率疲弊之衆興數萬之軍徵發近畿鞭撲羸老鑿山採石驅以就功
春作無時秋成絕望凋瘵遺噍再罹艱苦儻不堪弊必有逋逃子來
之頌將何以述之此亦宗廟之大機不可不審圖也況國無兼歲之儲家鮮匝
時之蓄一旬不雨猶可深憂忽加水旱人何以濟陛下不深察始終獨違

群議臣恐三輔之弊不止如前日矣且天子以四海為家聖人包六合為宇歷觀邃古以至於今何嘗不以三王為仁五帝為聖雖周公制作夫子著明莫不祖述堯舜憲章文武為百王之鴻烈作千載之雄圖然而舜死陟方葬蒼梧而不返禹會群后歿稽山而永終豈其愛夔夷之鄉而鄙中國哉實將欲示聖人無外也故能使墳籍以為美談帝王以為高範況我巍巍大聖轢帝登皇日月所照莫不率俾何獨秦豐之地可置山陵河洛之都不堪園寢陛下豈不察之愚臣竊為陛下惜也且景山崇麗秀冠羣峰北對嵩邙西望汝海居祝融之故地連太昊之遺墟帝王圖跡縱橫左右園陵之美復何加焉陛下曾未察之謂其不可愚臣鄙見良足尚矣況瀍澗之中天地交會北有太行之險南有宛葉之饒東壓江淮食湖淮之利西馳崤澠據關河之寶以聰明之主養純粹之人天下和平恭己正南而已陛下不思瀍洛之壯觀關隴之荒蕪乃欲棄太山之安履焦原之險忘神器之大寶徇曾閔之小節愚臣暗昧以為甚也陛下何不覽爭臣之

策采行路之謠諮謨太后平章宰輔使蒼生之望知有所安天下豈不幸甚昔者平王遷都光武都洛山陵寢廟不在東京宗社墳塋並居西土然而春秋美為始王漢書載為代祖豈其不願孝哉何聖賢褒貶於斯濫矣實以時有不可事有必然蓋欲遺小存大去禍歸福聖人所以貴也夫小不忍亂大謀仲尼之至誡願陛下察之若以臣愚不用朝議遂行臣恐關隴之憂未時休也臣又聞太原蓄鉅萬之倉洛口積天下之粟國家之資斯為大矣今欲捨而不顧背以長驅使有識驚嗟天下失望儻鼠竊狗盜萬一不圖西入郟州之郊東犯武牢之鎮盜敖倉一抔之粟陛下何以遏之此天下之至機不可不深料也雖則盜未旋踵誅刑已及滅其九族焚其妻子泣辜雖恨將何及焉故曰先謀後事者逸先事後謀者失國之利器不可以示人斯言豈徒設也固願陛下念之則天召見奇其對拜麟臺正字則天將事雅州討生羌子昂上書曰麟臺正字臣子昂昧死上言臣聞道路云國家欲開蜀山自雅州道入討生羌因以襲擊吐蕃執事者不

審圖其利害遂發梁鳳巴蜒兵以徇之臣愚以為西蜀之禍自此結矣臣聞亂生必由於怨雅州邊羌自國初已來未嘗一日為盜今一旦無罪受戮其怨必甚怨甚懼誅必蜂駭西山西山盜起則蜀之邊邑不得不連兵備守兵久不解則蜀之禍構矣昔後漢末西京喪敗蓋由此諸羌此一事也且臣聞吐蕃桀黠之虜君長相信而多姦謀自敢抗天誅邇來向二十餘載大戰則大勝小戰則小勝未嘗敗一隊亡一夫國家往以薛仁貴郭待封為虓武之將屠十一萬衆於大非之川一甲不返又以李敬玄劉審禮為廊廟之器辱十八萬衆於青海之澤身囚虜庭是時精甲勇士勢如雲雷然竟不能擒一戎馘一醜至今而關隴為空今乃欲以李處一為將驅顛頓之兵將襲吐蕃臣竊憂之而為此虜所笑此二事也且夫事有求利而得害者則蜀昔時不通中國秦惠王欲帝天下而并諸侯以為不兼賨不取蜀勢未可舉乃用張儀計飾美女譎金牛因間以啖蜀侯蜀侯果貪其利使五丁力士鑿通谷棧褒斜置道於秦自是險阻不關山谷不閉

張儀躡踵乘便縱兵大破之蜀侯誅賨邑滅至今蜀為中州是貪利而亡此三事也且臣聞吐蕃羯虜愛蜀之珍富欲盜之久有日矣然其勢不能舉者徒以山川阻絕障隘不通此其所以頓餓狼之喙而不得侵食也今國家乃亂邊羌開隘道使其收奔亡之種為鄉導以攻邊是乃借寇兵而為賊除道舉全蜀以遺之此四事也臣竊觀蜀之西南一都會國家之寶庫天下珍貨聚出其中又人富粟多順江而下可以兼濟中國今執事者乃圖僥倖之利悉以委事西羌地不足以富國徒殺無辜之衆以傷陛下之仁糜費隨之無益聖德又況僥倖之利未可圖哉此五事也夫蜀之所寶恃險者也人之所安無役者也今國家乃開其險役其人險開則便寇人役則傷財臣恐未見羌戎已有姦盜在其中矣往年益州長史李崇真圖此姦利傳檄稱吐蕃欲寇松州遂使國家盛軍師大轉餉以備之未二三年巴蜀二十餘州騷然大弊竟不見吐蕃之面而崇真贓錢已計鉅萬矣蜀人殘破幾不堪命此之近事猶在人口陛下所親知臣愚意者不有

姦臣欲圖此利復以生羌爲計者哉此六事也且蜀人尫劣不習兵戰一虜持矛百人莫敢當又山川阻曠去中夏精兵處遠今國家若擊西羌掩吐蕃遂能破滅其國奴虜其人使其君長係首北闕計亦可矣若不到如此臣方見蜀之邊陲不守而爲羌夷所橫暴昔辛有見被髮而祭伊川者以爲不出百年此其爲戎臣恐不及百年而蜀爲戎此七事也且國家近者有廢安北拔單于棄龜茲放疏勒天下翕然謂之盛德所以者何蓋以陛下務在仁不在廣務在養不在殺將以此息邊鄙休甲兵行三皇五帝之事者也今又徇貪夫之議謀動兵戈將誅無罪之戎而遺全蜀之患將何以令天下乎此愚臣所以不甚悟者也況當今山東饑饉關隴弊歷歲枯旱人有流亡誠是聖人寧靜思和天人之時不可動甲兵興大役以自生亂臣又流聞西軍失守北軍不利邊人忙動情有不安今者復驅此兵投之不測臣聞自古亡國破家未嘗不由黷兵今小人議夷狄之利非帝王之至德也又況弊中夏哉臣聞古之善爲天下者計大而不計小務德而

○

不務刑圖其安則思其危謀其利則慮其害然後能長享福祿伏願陛下熟計之再轉右拾遺數上疏陳事詞皆典美時有同州下邽人徐元慶父爲縣尉趙師韞所殺後師韞爲御史元慶變姓名於驛家傭力候師韞手刃殺之議者以元慶孝烈欲捨其罪子昂建議以爲國法專殺者死元慶宜正國法然後旌其閭墓以褒其孝義可也當時議者咸以子昂爲是俄授麟臺正字武攸宜統軍北討契丹以子昂爲管記軍中文翰皆委之子昂父在鄉爲縣令段簡所辱子昂聞之遽還鄉里簡乃因事收繫獄中憂憤而卒時年四十餘子昂褊躁無威儀然文詞宏麗甚爲當時所重有集十卷友人黃門侍郎盧藏用爲之序盛行於代子昂卒後益州成都人閭丘均亦以文章著稱景龍中爲安樂公主所薦起家拜太常博士而公主被誅均坐貶爲循州司倉卒有集十卷

宋之問虢州弘農人父令文有勇力而工書善屬文高宗時爲左驍衛郎將東臺詳正學士之問弱冠知名尤善五言詩當時無能出其右者初徵令與楊炯分直內教俄授洛州參軍累轉尚方監丞左奉宸內供奉易之兄弟雅愛其才之問亦傾附焉預修三教珠英常扈從遊宴則天幸洛陽龍門令從官賦詩左史東方虯詩先成則天以錦袍賜之及之問詩成則天稱其詞愈高奪虯錦袍以賞之及易之等敗左遷瀧州參軍未幾逃還匿於洛陽人張仲之家仲之與駙馬都尉王同皎等謀殺武三思之問令兄子發其事以自贖及同皎等獲罪起之問爲鴻臚主簿由是深爲義士所譏景龍中再轉考功員外郎時中宗增置修文館學士擇朝中文學之士之問與薛稷杜審言等首膺其選當時榮之及典舉引拔後進多知名者尋轉越州長史睿宗即位以之問嘗附張易之武三思配徙欽州先天中賜死於徙所之問再被竄謫經途江嶺所有篇詠傳布遠近友人武平一爲之纂集成十卷傳於代世人以之問父爲三絕之問以文詞知名弟之悌有勇力之遜善書議者云各得父之一絕之悌開元中自右羽林將軍出爲益州長史劍南節度兼採訪使尋還太原尹

○

閻朝隱趙州欒城人也少與弟仙舟俱知名朝隱文章雖無風雅之體善構奇甚爲時人所賞累遷給事中預修三教珠英張易之等所作篇什多是朝隱及宋之問潛代爲之聖曆二年則天不豫令朝隱往少室山祈禱朝隱乃曲申悅媚以身爲犧牲請代上所苦及將康復賜絹綵百匹金銀器十事俄轉麟臺少監易之伏誅坐徙嶺外尋召還先天中復爲秘書少監又坐事貶爲通州別駕卒官朝隱修三教珠英時成均祭酒李嶠與張昌宗爲修書使盡收天下文詞之士爲學士預其列者有王無競李適尹元凱並知名於時自餘有事跡者各見其本傳

王無競者字仲烈其先琅邪人因官徙居東萊宋太尉弘之十一代孫父侃棣州司馬無競有文學初應下筆成章舉及第解褐授趙州欒城縣尉歷秘書省正字轉右武衛倉曹洛陽縣尉遷監察御史轉殿中舊例每日更直於殿前正班時宰相宗楚客楊再思常離班偶語無競前曰朝禮至敬公等大臣不宜輕易以慢恒典楚客等大怒

韓[illegible]爲太子舍人神龍初坐訶詆權倖出爲蘇州司馬及張易之
等敗以嘗交往再貶嶺外卒於廣州年五十四
李適者雍州萬年人景龍中爲中書舍人俄轉工部侍郎睿宗時天
台道士司馬承禎被徵至京師及還適贈詩敘其高尚之致其詞甚
美當時朝廷之士無不屬和凡三百餘人徐彥伯編而敘之謂之白
雲記頗傳於代尋卒
尹元凱者瀛州樂壽人初爲磁州司倉坐事免乃棲遲山林不求仕進
垂三十年與張說盧藏用特相友善徵拜右補闕卒於并州司馬
賈曾河南洛陽人也父言忠乾封中爲侍御史時朝廷有事遼東言
忠奉使往支軍糧及還高宗問以軍事言忠畫其山川地勢及陳遼
東可平之狀高宗大悅又問諸將優劣言忠曰李勣先朝舊臣聖鑒
所悉龐同善雖門將而持軍嚴整薛仁貴勇冠三軍名可振敵高
偘儉素自處忠果有謀契苾何力沉毅持重有統御之才然頗有忌
前之癖諸將夙夜小心忘身憂國莫過於李勣者高宗深然之累轉

吏部員外郎坐事左遷邵州司馬卒曾少知名景雲中爲吏部員外
郎玄宗在東宮盛擇宮寮拜曾爲太子舍人時太子頻遣使訪召女
樂命宮臣就率更署閱樂多奏女妓曾啓諫曰臣聞作樂崇德以感
人神韶夏有容咸英有節婦人媟黷無豫其間昔魯用孔子幾至於
霸齊人懼之饋以女樂魯君既受孔子所以行戎有由餘兵強國富
秦人反間遺之女妓戎王耽悅由餘乃奔斯則大聖名賢嫉之已久
良以婦人爲樂必務冶容哇妓動心蠱惑喪志上行下効淫俗將成
敗國亂人實由茲起伏惟殿下神武命代文思登庸宇內顒顒瞻仰
德化而渴賢之美未被於民心好妓之聲或聞於人聽豈所以追啓
誦之徽烈襲堯舜之英風者哉至若監撫餘閑宴私多豫後庭妓樂
古或有之非以風人爲弊猶隱至於所司教習章示群寮慢伎淫聲
實虧睿化伏願下教令發德音屏倡優敦雅頌率更女樂並令禁斷
諸使採召一切皆停則朝野內外皆知殿下放鄭遠佞輝光日新凡
在含生孰不忻戴太子手令答曰比嘗聞公正直信亦不虛寡人近

日頗尋典籍至於政化偏所留心女樂之徒亦擬禁斷公之所言雅
符本意俄特授曾中書舍人曾以父名忠固辭乃拜諫議大夫知制
誥明年有事於南郊有司立議唯祭昊天上帝而不設皇地祇之位
曾奏議請於南郊方設皇地祇及從祀等坐則禮得稽古義得緣情
睿宗令宰相及禮官詳議竟依曾所奏開元初復拜中書舍人曾又
固辭議者以爲中書是曹司名又與曾父音同字別於禮無嫌曾乃
就職與蘇晉同掌制誥皆以詞學見知時人稱爲蘇賈曾後坐事貶
洋州刺史開元六年玄宗念舊特恩甄敘繼歷慶鄭等州刺史入拜
光祿少卿遷禮部侍郎十五年卒子至
至天寶末爲中書舍人祿山之亂從上皇幸蜀時肅宗即位於靈武
上皇遣至爲傳位冊文上皇覽之歎曰昔先帝遜位於朕冊文則卿
之先父所爲今朕以神器大寶付儲君卿又當演誥累朝盛典出卿
父子之手可謂難矣至伏於御前嗚咽感涕寶應二年爲尚書左丞
時禮部侍郎楊綰上疏請依古制縣令舉孝廉於刺史刺史試其所

通之學送名於省省試每經問義十條對策三道取其通否詔令左
右丞諸司侍郎大夫中丞給舍等參議議者多與綰同至議曰夏之
政尚忠殷之政尚敬周之政尚文然見文與忠敬皆統人之行也是
故前代以文取士本行也由詞以觀行則及詞也宣父稱顏子不遷
怒不貳過謂之好學至乎修春秋則游夏不能措一辭不亦明乎間
者禮部取人有乖斯義試學者以帖字爲精通而不窮旨義豈能知
遷怒貳過之道乎考文者以聲病爲是非唯擇浮豔豈能知移風易
俗化天下之事乎是以上失其源下襲其流乘流波蕩不知所止先
王之道莫能行也夫先王之道消則小人之道長小人之道長則亂
臣賊子由是出焉臣弒其君子弒其父非一朝一夕之故其所由來
者漸矣漸者何儒道不舉取士之失也夫一國之事繫一人之本謂
之風贊揚其風繫卿大夫也卿大夫何嘗不出於士乎今取士試之
小道不以遠者大者使干祿之徒趨馳末術是誘導之差也所以祿
山一呼四海震蕩思明再亂十年不復向使禮讓之道弘仁義之風

著則忠臣孝子比屋可封逆節不得而萌也人心不得而搖也且夏
有天下四百載禹之道喪而殷始興焉殷有天下六百祀湯之法棄
而周始興焉周有天下八百年文武之政弊而秦始幷焉觀三代之
選士任賢皆考實行故能風俗淳一運祚長遠秦坑儒士二代而亡
漢興雜用三代之政弘四科之舉終波四百豈非學行道扇化行於
鄉里哉自魏至隋僅四百載竊號僭位德義不脩是以子孫速顛享
國咸促國家革魏晉梁隋之弊承夏殷周漢之業四隩既宅九州攸
同覆幬生育德合天地安有捨皇王舉士之道從亂代取人之術此公
卿大夫之辱也今西京有太學州縣有小學兵革一動生徒流離儒
臣師氏祿廩無由貢士不稱行實冑子何嘗講習禮部每歲擢甲乙
之第謂弘獎勸不其謬歟祗足以長浮薄之風啓僥倖之路矣其國
子博士等望加員數厚其祿秩通儒碩生間居其職十道大郡量置
太學館令博士出外兼領郡官召置生徒依乎故事保桑梓者鄉里
舉焉在流寓者庠序推焉朝而行之夕見其利議者然之宰臣等奏

○以舉人舊業以成難於速改其今歲舉人望且依舊貢至所議來年
允之廣德二年轉禮部侍郎是歲至以時艱歲歉舉人赴省者奏請
兩都試舉人自至始也永泰元年加集賢院待制大曆初改兵部侍
郎五年轉京兆尹兼御史大夫卒

許景先常州義興人後徙家洛陽少舉進士授夏陽尉神龍初東都
起聖善寺報慈閣景先詣闕獻大像閣賦詞甚美麗擢拜左拾遺累
遷給事中開元初每年賜射節級賜物屬年儉甚費府庫景先奏曰
近已三九之辰頻賜宴射已著格令猶降綸言但古制不存禮章多
闕官員累倍帑藏未充水旱相仍繼之師旅既不足以觀德又未足
以威邊耗國損人且爲不急夫古之天子以射選諸侯以射飾禮樂
以射觀容志故有騶虞貍首之奏采蘋采蘩之樂天子則以備官爲
節諸侯則以時會爲節卿大夫以循法爲節士以不失職爲節皆審
志固行德美事成陰陽克和暴亂不作故諸侯貢士亦試於射官容
體有觚則絀其地是諸侯君臣皆盡志於射之禮也大矣哉今則不

然衆官既多鳴鏑亂下以苟獲爲利以偶中爲能素無五善之容頗
失三侯之禮冗官庠秩禁衛崇班動盈累千其算無數近河南河北
水澇處多林胡小蕃見寇郊壘軍書日至河朔騷然命將除兇未圖
克捷興師十萬日費千金去歲豫亳兩州微遭旱損庸賦不辦以致
流亡聖人憂勤降使招恤流離歲月猶未能安人之困窮以至於此
令一箭偶中是一丁庸調用之既無惻隱獲之固無耻慚考古循今
則爲未可且禁衛武官隨番許射能中的者必有賞焉此則訓武習
戎時習不闕待寇寧歲稔率由舊章則愛禮養人幸甚幸甚自是乃
停賜射之禮俄轉中書舍人自開元初景先與中書舍人齊澣王丘
韓休張九齡掌知制誥以文翰見稱中書令張說嘗稱曰許舍人之
文雖無峻峰激流嶄絕之勢然屬詞豐美得中和之氣亦一時之秀
也十年夏伊汝泛溢漂損居人廬舍溺死者甚衆景先言於侍中源
乾曜曰災眚所降必資脩德以禳之左傳所載降服出次即其事也誠
宜發德音遣大臣存問憂人罪已以荅天譴明公位存輔弼當發明

○大體以啓沃明主不可緘默也乾曜然其言遽以聞奏乃下詔遣戶
部尚書陸象先往賑給窮乏十三年玄宗令宰臣擇刺史之任必在
得人景先首中其選自吏部侍郎出爲虢州刺史後轉岐州入拜吏
部侍郎卒

賀知章會稽永興人太子洗馬德仁之族孫也少以文詞知名舉進
士初授國子四門博士又遷太常博士皆陸象先在中書引薦也開
元十年兵部尚書張說爲麗正殿脩書使奏請知章及秘書員外監
徐堅監察御史趙冬曦皆入書院同撰六典及文纂等累年書竟不
就後轉太常少卿十三年遷禮部侍郎加集賢院學士又充皇太子
侍讀是歲玄宗封東嶽有詔應行從群臣並留於谷口上獨與宰臣
及外壇行事官登於嶽上齋宮之所初上以靈山清潔不欲喧繁召
知章講定儀註因奏曰昊天上帝君位五方諸帝臣位帝號雖同而
君臣異位陛下享君位於山上羣臣祀臣位於山下誠足垂範來葉
爲變禮之大者也然禮成於三獻亞終合於一處上曰朕正欲如是

故問卿耳於是勅三獻於山上行事五方帝及諸神座於下壇行事俄屬惠文太子薨有詔禮部選挽郎知章取捨非允爲門廕子弟喧訴盈庭知章於是以梯登墻首出決事時人咸嗤之由是改授工部侍郎兼秘書監同正員依舊充集賢院學士俄遷太子賓客銀青光祿大夫兼正授秘書監知章性放曠善談笑當時賢達皆傾慕之工部尚書陸象先即知章之族姑子也與知章甚相親善象先常謂人曰賀兄言論倜儻眞可謂風流之士吾與子弟離闊都不思之一日不見賀兄則鄙恡生矣知章晚年尤加縱誕無復規檢自號四明狂客又稱秘書外監遨遊里巷醉後屬詞動成卷軸文不加點咸有可觀又善草隸書好事者供其牋翰每紙不過數十字共傳寶之時有吳郡張旭亦與知章相善旭善草書而好酒每醉後號呼狂走索筆揮灑變化無窮若有神助時人號爲張顚天寶三載知章因病恍惚乃上疏請度爲道士求還鄉里仍捨本鄉宅爲觀上許之仍拜其子典設郎曾爲會稽郡司馬仍令侍養御制詩以贈行皇太子已下咸就執別至鄉無幾壽終年八十六肅宗以侍讀之舊乾元元年十一月詔曰故越州千秋觀道士賀知章器識夷淡襟懷和雅神清志逸學富才雄挺會稽之美箭蘊崑崗之良玉故飛名仙省侍講龍樓常靜默以養閑因談諧而諷諫以暮齒辭祿再見款誠願追二老之蹤克遂四明之客允叶初志脫落朝衣駕青牛而不還狎白衣而長往丹壑非昔人琴兩亡惟舊之懷有深追悼宜加縟禮式展哀榮可贈禮部尚書先是神龍中知章與越州賀朝萬齊融揚州張若虛邢巨湖州包融俱以吳越之士文詞俊秀名揚於上京朝萬止山陰尉齊融崑山令若虛兗州兵曹巨監察御史融遇張九齡引爲懷州司戶集賢直學士數子人間往往傳其文獨知章最貴神龍中有尉氏李澄之善五言詩蹉跌不偶六十餘爲宋州參軍卒

席豫襄陽人湖州刺史固七世孫徙家河南豫進士及第開元中累官至考功員外郎典舉得士爲時所稱三遷中書舍人與韓休許景先徐安貞孫逖相次掌制誥皆有能名轉戶部侍郎充江南東道巡撫使兼鄭州刺史入爲吏部侍郎玄宗謂之曰卿以前爲考功職事修舉故有此授豫典選六年復有令譽天寶初改尚書左丞尋檢校禮部中書封襄陽縣子玄宗幸溫泉宮登朝元閣賦詩羣臣屬和帝以豫詩爲工手制褒美曰覽卿所進實詩人之首出作者之冠冕也豫與弟晉俱以詞藻見稱而豫性尤謹雖與子弟書疏及吏曹簿領未嘗草書謂人曰不敬他人是自不敬也或曰此事甚細卿何介意豫曰細猶不謹而況巨耶七載卒于位時年六十九疾篤謂其子曰吾亡三日斂斂日即葬勿更久留貽公私之煩家無餘財可賣所居聊備葬禮人嘉其達贈江陵大都督謚曰文

徐安貞者信安龍丘人尤善五言詩嘗應制舉一歲三擢甲科人士稱之開元中爲中書舍人集賢院學士上每屬文及作手詔多命安貞視草甚承恩顧累遷中書侍郎天寶初卒

齊澣定州義豐人少以詞學稱弱冠以制科登第釋褐蒲州司法參軍景雲二年中書令姚崇用爲監察御史彈劾違犯先於風教當時以爲稱職開元中崇復用爲給事中遷中書舍人論駮書詔潤色王言皆以古義謨誥爲準的侍中宋璟中書侍郎蘇頲並重之秘書監馬懷素右常侍元行冲受詔編次四庫羣書乃奏澣爲編修使改秘書少監尋丁憂免十二年出爲汴州刺史河南汴爲雄郡自江淮達于河洛舟車輻輳人庶浩繁前後牧守多不稱職唯倪若水與澣皆以清嚴爲治民吏歌之中書令張說擇左右丞之才舉懷州刺史王丘爲左丞以澣爲右丞李元紘杜暹爲相以開府廣平公宋璟爲吏部尚書又用戶部侍郎蘇晉與澣爲吏部侍郎當時以爲高選時開府王毛仲寵幸用事與龍武將軍萬福順爲姻親故北門官見毛仲奏請無不之允皆受毛仲之惠進退隨其指使澣惡之乘間論之曰福順典兵馬與毛仲婚姻小人寵極則姦生若不預圖恐後爲患惟陛下思之況腹心之委何必毛仲而高力士小心謹愼又是閹官便於禁中驅使臣雖過言廢禆萬一臣聞君不密則失臣臣不密則失身惟聖慮密之玄宗嘉其誠諭之曰卿且出朕知卿忠義徐俟其宜

會大理丞麻察坐事出為興州別駕澣與察善出城餞之因語禁中諫語察性譁訐遽以澣語奏之玄宗怒令中書門下鞫問又召澣於內殿謂之曰卿向朕道君不密則失臣臣不密則失身而疑朕不密而翻告麻察是何密耶麻察輕險無行常遊太平之門此日之事卿豈不知耶澣免冠頓首謝罪乃貶高州良德丞又貶察為潯州皇德尉澣數年量移常州刺史二十五年遷潤州刺史充江南東道採訪處置使潤州北界隔吳江至瓜步尾紆匯六十里船繞瓜步多為風濤之所漂損澣乃移其漕路於京口塘下直渡江二十里又開伊婁河二十五里即達揚子縣自是免漂損之災歲減腳錢數十萬又立伊婁埭官收其課迄今利濟焉數年復為汴州刺史淮汴水運路自虹縣至臨淮一百五十里水流迅急舊用牛曳竹索上下流急難制澣乃奏自虹縣丁開河三十餘里入于清河百餘里出清水又開河至淮陰縣北岸入淮免淮流湍險之害久之新河水復迅急又多僵石漕運難澁行旅弊之澣因高力士中助連為兩道採訪使遂興開

漕之利以中人主意復勾剝貨財賂遺中貴物議薄之又納劉戒之女為妾凌其正室專制家政李林甫惡之遣人掎摭其失會澣判官犯贓澣連坐遂廢歸田里天寶初起為員外少詹事留司東都時絳州刺史嚴挺之為林甫所擠除員外少詹事留司東都與澣皆朝廷舊德既廢居家巷每園林行樂則杖屨相過談讌終日林甫聞而患之欲離其勢五年用澣為平陽太守卒於郡肅宗即位為林甫所陷者皆得雪澣受褒贈

王澣并州晉陽人少豪蕩不羈登進士第日以蒱酒為事并州長史張嘉貞奇其才禮接甚厚澣感之撰樂詞以敘情於席上自唱自舞神氣豪邁張說鎮并州澣益至會說復知政事以澣為秘書正字擢拜通事舍人遷駕部員外郎多名馬家有妓樂澣發言立意自比王侯頤指儕類人多嫉之說既罷相出澣為汝州長史改仙州別駕至郡日聚英豪從禽擊鼓恣為歡賞文士祖詠杜華常在座於是貶道州司馬卒有文集十卷

李邕廣陵江都人父善嘗受文選於同郡人曹憲後為左侍極賀蘭敏之所薦引為崇賢館學士轉蘭臺郎敏之敗善坐配流嶺外會赦還因寓居汴鄭之間以講文選為業年老疾卒所注文選六十卷大行於時邕少知名長安初內史李嶠及監察御史張廷珪並薦邕詞高行直堪為諫諍之官由是召拜左拾遺俄而御史中丞宋璟奏侍臣張昌宗兄弟有不順之言請付法推斷則天初不應邕在階下進曰臣觀宋璟之言事關社稷望陛下可其奏則天色稍解始允宋璟所請既出或謂邕曰吾子名位尚卑若不稱旨禍將不測何為造次如是邕曰不愿不狂其名不彰若不如此後代何以稱也及中宗即位以妖人鄭普思為秘書監邕上書諫曰蓋人有感一餐之惠殞七尺之身況臣為陛下官受陛下祿而目有所見口不言之是負恩矣自陛下親政日近復在九重所以未聞在外群下竊議道路籍籍皆云普思多行詭惑妄說妖祥唯陛下不知尚見驅使此道若行必撓亂朝政臣至愚至賤不敢以胸臆對揚天威請以古事為明證孔丘

云詩三百一言以蔽之曰思無邪陛下今若以普思有奇術可致長生久視之道則爽鳩氏久應得之永有天下非陛下今日可得而求若以普思可致仙方則秦皇漢武久應得之永有天下亦非陛下今日可得而求若以普思可致佛法則漢明梁武久應得之永有天下亦非陛下今日可得而求若以普思可致鬼道則墨翟干寶各獻於至尊矣而二王得之永有天下亦非陛下今日可得而求此皆事涉虛妄歷代無効臣愚不願陛下復行之於明時唯堯舜二帝自古稱聖臣觀所得故在人事敦睦九族平章百姓不聞以鬼神之道聽天理下伏願陛下察之則天下幸甚疏奏不納以與張東之善出為南和令又貶富州司戶唐隆元年玄宗清內難召拜左臺殿中侍御史改戶部員外郎又貶崖州舍城丞開元三年擢為戶部郎中邕素與黃門侍郎張廷珪友善時姜皎用事與廷珪謀引邕為憲官事洩中書令姚崇嫉邕險躁因而構成其罪左遷括州司馬後徵為陳州刺史十三年玄宗車駕東封迴邕於汴州謁見累獻詞賦甚稱上旨由

是頗自矜衒自云當居相位張說爲中書令甚惡之俄而陳州贓汙
事發下獄鞫訊罪當死許州人孔璋上書救邕曰臣聞明主御寓捨
過舉能取材棄行烈士抗節勇不避死見危授命晉用林父豈念過
乎漢用陳平豈念行乎禽息殞身豈愛死乎向若林父誅陳平死百
里不用晏嬰見逐是晉無赤狄之土漢無皇極之尊秦不并西戎齊
不霸東海矣臣伏見陳州刺史李邕學成師範文堪經國剛毅忠烈
難不苟免往者張易之用權人畏其口而邕折其角韋氏恃勢言出
禍應而邕挫其鋒雖身受屈終姦謀中損即邕有大造於我邦家也
且斯人所能者拯孤恤窮救乏賑惠積而便散家無私聚今聞坐贓
下吏鞫訊待報將至極刑死在朝夕臣聞生無益於國不若殺身以
明賢臣朽賤庸夫輪轅無取獸息禽視雖生何爲況賢爲國寶社稷
之衛是臣痛惜深矣臣願六尺之軀甘受膏斧以代邕死臣之死所
謂落一毛邕之生有足照千里然臣與邕生平不款臣知有邕邕不
知有臣臣不逮邕明矣夫知賢而舉仁也代人任患義也臣獲二善

而死且不朽則又何求陛下若以臣之賤不足以贖邕雁門縫掖有
効矣伏惟陛下寬邕之生速臣之死令邕率德改行想林父之功使
臣得瞑目黃泉附北郭之迹臣之大願畢矣陛下即以陽和之始難
於用鉞倏天成命敢忘伏劍豈煩大刑然後歸死皇天后土實照臣
之心昔吳楚七國叛因亞夫得劇孟則寇不足憂夫以一賢之能敵
七國之衆伏惟數含垢之道存棄瑕之義遠思劇孟近取李邕豈惟
成愷悌之澤實亦歸天下之望況大禮之後天地更新赦而復論人
誰無罪惟明主圖之臣聞士爲知己者死且臣不爲死者所知甘於
死者豈獨爲惜邕之賢亦成陛下矜能之德惟明主圖之疏奏邕以
會減死貶爲欽州遵化縣尉璋亦配流嶺南而死邕後於嶺南從中
官楊思勗討賊有功又累轉括淄滑三州刺史上計京師邕素負美
名頻被貶斥皆以邕能文養士賈生信陵之流執事忌勝剝落在外
人間素有聲稱後進不識京洛阡陌聚觀以爲古人或將眉目有異
衣冠望風尋訪門巷又中使臨問索其新文復爲人陰中竟不得進

天寶初爲汲郡北海二太守邕性豪侈不拘細行所在縱求財貨馳
獵自恣五載姦贓事發又嘗與左驍衛兵曹柳勣馬一匹及勣下獄
吉溫令勣引邕議及休咎厚相賂遺詞狀連引勑刑部員外郎祁順
之監察史羅希奭馳往就郡決殺之時年七十餘初邕早擅才名尤
長碑頌雖貶職在外中朝衣冠及天下寺觀多齎持金帛往求其文
前後所製凡數百首受納饋遺亦至鉅萬時議以爲自古鬻文獲財
未有如邕者有文集七十卷其韓公行狀洪州放生池碑批韋巨源
謚議文士推重之後因恩例得贈秘書監

孫逖潞州涉縣人曾祖仲將壽張丞祖希莊韓王府典籤父嘉之天
册年進士擢第又以書判拔萃授蜀州新津主簿歷曲周襄邑二縣
令以宋州司馬致仕卒年八十三逖幼而英俊文思敏速始年十五
謁雍州長史崔日用日用小之令爲土火爐賦逖握翰即成詞理典
贍日用覽之駭然遂爲忘年之交以是價譽益重開元初應哲人奇
士舉授山陰尉遷秘書正字十年應制登文藻宏麗科拜左拾遺張

說尤重其才逖日遊其門轉左補闕黃門侍郎李暠出鎮太原辟爲
從事暠在鎮與遊州節度使李商隱　于百樂州逖爲之記文士盛
稱之二十一年入爲考功員外郎集賢脩撰逖選貢士二年多得俊
才初年則杜鴻漸至宰輔顏眞卿爲尚書後年拔李華蕭穎士趙驊
登上第逖謂人曰此三人便堪掌綸誥二十四年拜逖中書舍人逖
自以通籍禁闈其父官纔邑宰乃上表陳情曰臣父嘉之雖當暮齒
幸遇明時綿歷驅馳纔及令長臣夙荷嚴訓累登清秩頻還省闥又
拜掖垣增近班榮臣則過量途遙日暮父乃後時在公府有偷榮之
責於私庭無報德之効反慚烏鳥徒厠鴛鴻伏望降臣一外官特乞
微恩稍霑臣父玄宗優詔獎之授嘉之宋州司馬致仕尋丁父喪免
二十九年服闋復爲中書舍人其年充河東遊黜陟使天寶三載權
判刑部侍郎五載以風病求散秩改太子左庶子逖掌誥八年制勑
所出爲時流歎服議者以爲自開元以來蘇頲齊澣蘇晉賈曾韓休
許景先及逖爲王言之最逖尤善思文理精練加之謙退不代人多

稱之以疾沉廢累年轉太子詹事上元中卒廣德二年詔贈尚書右僕射謚曰文有集三十卷子宿絳成遜弟邁遘造邁終左武衛兵曹宿歷河東掌記代宗朝歷刑部郎中中書舍人出為華州刺史卒成字思退以父蔭累授雲陽長安尉歷監察御史轉殿中隴右副元帥李抱玉奏充掌書記入為屯田司勳二員外郎丁母喪免終制出為洛陽令轉長安令時兄宿為華州刺史因失火驚懼成瘖病成素孝悌蒼黃請急不俟報而趨華代宗嘉之歎曰急難之切觀過知仁歷倉部郎中京兆少尹出為信州刺史有惠政郡人請立碑頌德優詔褒美轉蘇州刺史貞元四年改桂州刺史桂管觀察使五年卒宿子公器官至信州刺史邕管經略使公器子簡範並舉進士會昌後兄弟繼居顯秩歷諸道觀察使簡兵部尚書子紓薇並登進士第

唐書列傳卷第一百四十中

唐書列傳卷第一百四十下

劉　昫

文苑下

李華　蕭穎士（李翰附）　陸據　崔顥
王昌齡　孟浩然　元德秀　王維
李白　杜甫　吳通玄（兄通微）　盧景亮
王仲舒　崔咸　唐次（子扶 持 扶弟 持子 彥謙 欽 欽子 枝）
劉蕡　李商隱（弟義叟）　溫庭筠　薛逢（子廷珪）
李拯　李巨川　司空圖

李華字遐叔趙郡人開元二十三年進士擢第天寶中登朝為監
察御史累轉侍御史禮部吏部二員外郎華善屬文與蘭陵蕭
穎士友善華進士時著含元殿賦萬餘言穎士見而賞之曰景福
之上靈光之下華文體溫麗少宏傑之氣穎士詞鋒俊發華自以
所業過之疑其誣詞乃為祭古戰場文熏汙之如故物置於佛書

之閣華與穎士因閱佛書得之華謂之曰此文何如穎士曰可矣
華曰當代秉筆者誰及於此穎士曰君稍精思便可及此華愕然
華著論言龜卜可廢通人當其言祿山陷京師玄宗出幸華扈從
不及陷賊偽署為鳳閣舍人收城後三司類例減等從輕貶官遂
廢於家卒華嘗為魯山令元德秀墓碑顏真卿書李陽冰篆額
後人爭模寫之號為四絕碑有文集十卷行於時
蕭穎士者字茂挺與華同年登進士第當開元中天下承平人物
駢集如賈曾席豫張垍韋述輩皆有盛名而穎士皆與之遊由是
縉紳多譽之李林甫採其名欲拔用之乃召見時穎士寓居廣陵
母喪即縗麻而詣京師徑謁林甫於政事省林甫素不識遽見縗
麻大[illegible]穎士大忿乃為伐櫻桃賦以刺林甫云擢無
庸之[illegible]本[illegible]庇陰枝幹而非據專廟廷之右地雖先寢
而或薦嘗[illegible]之[illegible]其狂率不遜皆此類也然而聰警絕倫嘗
與李華陸據同遊洛南龍門三人共讀路側古碑穎士一閱即能
誦之華再閱據三閱方能記之議者以三人才格高下亦如此是
時外夷亦知穎士之名新羅使入朝言國人願得蕭夫子為師其
名動華夷若此終以誕傲褊忿困躓而卒華宗人翰亦以進士知
名天寶中寓居陽翟為文精密用思苦澀常從陽翟令皇甫曾求
音樂每思涸則奏樂神逸則著文祿山之亂友人張巡客宋州巡
率州人守城賊攻圍經年食盡矢窮方陷當時薄巡者言其降賊
翰乃序巡守城事迹撰張巡姚誾等傳兩卷上之肅宗方明巡之
忠義士友稱之上元中為衛縣尉入朝為侍御史
陸據者周上庸公騰六代孫少孤文章俊逸言論縱橫年三十餘
始遊京師舉進士公卿覽其文稱重之辟為從事累官至司勳員
外郎天寶十三載卒開元天寶間文士知名者汴州崔顥京兆王
昌齡高適襄陽孟浩然皆名位不振唯高適官達自有傳
崔顥者登進士第有俊才無士行好蒱博飲酒及遊京師娶妻擇
有貌者稍不愜意即去之前後數四累官司勳員外郎天寶十三

年卒
王昌齡者進士登第補祕書省校書郎又以博學宏詞登科再遷
汜水縣尉不護細行屢見貶斥卒昌齡為文緒微而思清有集五卷
孟浩然隱鹿門山以詩自適年四十來遊京師應進士不第還襄
陽張九齡鎮荊州署為從事與之唱和不達而卒
元德秀者河南人字紫芝開元二十一年登進士第性純朴無緣
飾動師古道父為延州刺史德秀少孤貧事母以孝聞開元中從
鄉賦歲遊京師不忍離親每行則自負板輿與母詣長安登第後
母亡廬於墓所食無鹽酪藉無茵席刺血畫像寫佛經久之以孤
幼牽於祿仕調授邢州南和尉佐治有惠政黜陟使上聞召補龍
武錄事參軍德秀早失恃怙縗麻相繼不及親在而娶既孤之後
遂不娶婚族人以絕嗣規之德秀曰吾兄有子足繼先人之祀以
兄子婚娶家貧無以為禮求為魯山令先是墮車傷足不任趨拜
欲郡守以客禮待之部人為盜吏捕之繫獄會縣界有猛獸為暴

盜自陳曰願格殺猛獸以自贖德秀許之胥吏曰盜詭計苟免擅
放官因無乃累乎德秀曰吾不欲負約累則吾坐必請不及諸君
即破械出之翌日格猛獸而還誠信化人大率此類秩滿南遊陸
渾見佳山水杳然有長往之志乃結廬山阿歲屬飢歉庖廚不爨
而彈琴讀書怡然自得好事者載酒肴過之不擇賢不肖與之對
酌陶陶然遺身物外琴觴之餘間以文詠率情而書語無雕刻所
著季子聽樂論蹇士賦爲高人所稱天寶十三年卒時五十九門
人相與謚爲文行先生士大夫高其行不名謂之元魯山
王維字摩詰太原祁人父處廉終汾州司馬徙家于蒲遂爲河東
人維開元九年進士擢第事母崔氏以孝聞與弟縉俱有俊才博
學多藝亦齊名閨門友悌多士推之歷右拾遺監察御史左補闕
庫部郎中居母喪柴毀骨立殆不勝喪服闋拜吏部郎中天寶末
爲給事中祿山陷兩都玄宗出幸維扈從不及爲賊所得維服藥
取痢僞稱瘖病祿山素憐之遣人迎置洛陽拘於普施寺迫以

僞署祿山宴其徒於凝碧宮其樂工皆梨園弟子教坊工人維聞
之悲惻潛爲詩曰萬戶傷心生野烟百官何日再朝天秋槐花落
空宮裏凝碧池頭奏管絃賊平陷賊官三等定罪維以凝碧詩聞
于行在肅宗嘉之會縉請削己刑部侍郎以贖兄罪特宥之責授
太子中允乾元中遷太子中庶子中書舍人復拜給事中轉尚書
右丞維以詩名盛於開元天寶間昆仲宦遊兩都凡諸王駙馬豪
右貴勢之門無不拂席迎之寧王薛王待之如師友維尤長五言
詩書畫特臻其妙筆蹤措思參於造化而創意經圖即有所缺
如山水平遠雲峯石色絕迹天機非繪者之所及也人有得奏樂
圖不知其名維視之曰霓裳第三疊第一拍也好事者集樂工按
之一無差咸服其精思維弟兄俱奉佛居常蔬食不茹葷血晚年
長齋不衣文綵得宋之問藍田別墅在輞口輞水周於舍下別
漲竹洲花塢與道友裴迪浮舟往來彈琴賦詩嘯詠終日嘗聚
其田園所爲詩號輞川集在京師日飯十數名僧以玄譚爲樂齋

中無所有唯茶鐺藥臼經案繩牀而已退朝之後焚香獨坐以禪
誦爲事妻亡不再娶三十年孤居一室屏絕塵累乾元二年七月
卒臨終之際以縉在鳳翔忽索筆作別縉書又與平生親故作別
書數幅多敦厲朋友奉佛修心之旨捨筆而絕代宗時縉爲宰相
代宗好文常謂縉曰卿之伯氏天寶中詩名冠代朕嘗於諸王座
聞其樂章今有多少文集卿可進來縉曰臣兄開元中詩百千餘
篇天寶事後十不存一比於中外親故間相與編綴都得四百餘
篇翌日上之帝優詔褒賞縉自有傳
李白字太白山東人少有逸才志氣宏放飄然有超世之心父爲
任城尉因家焉少與魯中諸生孔巢父韓沔裴政張叔明陶沔等
隱於徂來山酣歌縱酒時號竹溪六逸天寶初客遊會稽與道士
吳筠隱於剡中既而玄宗詔筠赴京師筠薦之于朝遣使召之與
筠俱待詔翰林白既嗜酒日與飲徒醉於酒肆玄宗度曲欲造樂
府新詞亟召白白已臥於酒肆矣召入以水灑面即令秉筆頃之

成十餘章帝頗嘉之嘗沉醉殿上引足令高力士脫靴由是斥去
乃浪迹江湖終日沉飲時侍御史崔宗之謫官金陵與白詩酒唱
和嘗月夜乘舟自採石達金陵白衣宮錦袍於舟中顧瞻笑傲傍
若無人初賀知章見白賞之曰此天上謫仙人也祿山之亂玄宗
幸蜀在途以永王璘爲江淮兵馬都督揚州節度大使白在宣州
謁見遂辟爲從事永王謀亂兵敗白坐長流夜郎後遇赦得還竟
以飲酒過度醉死於宣城有文集二十卷行於時
杜甫字子美本襄陽人後徙河南鞏縣曾祖依藝位終鞏令祖審
言位終膳部員外郎自有傳父閑終奉天令甫天寶初應進士不
第天寶末獻三大禮賦玄宗奇之召試文章授京兆府兵曹參軍
十五載祿山陷京師肅宗徵兵靈武甫自京師宵遁赴河西謁肅
宗於彭原郡拜右拾遺房琯布衣時與甫善時琯爲宰相請自帥
師討賊帝許之其年十月琯兵敗於陳濤斜明年春琯罷相甫上
疏言琯有才不宜罷免肅宗怒貶琯爲刺史出甫爲華州司功參

軍時關畿亂離穀食踊貴甫寓居成州同谷縣自負薪採梠兒女餓殍者數人久之召補京兆府功曹上元二年冬黃門侍郎鄭國公嚴武鎮成都奏爲節度參謀檢校尚書工部員外郎賜緋魚袋武與甫世舊待遇甚隆甫性褊躁無器度恃恩放恣嘗憑醉登武之牀瞪視武曰嚴挺之乃有此兒武雖急暴不以爲忤甫於成都浣花里種竹植樹結廬枕江縱酒嘯詠與田畯野老相狎蕩無拘檢嚴武過之有時不冠其傲誕如此永泰元年夏武卒甫無所依及郭英乂代武鎮成都英乂武人麤暴無能刺謁乃遊東蜀依高適既至而適卒是歲崔寧殺英乂楊子琳攻西川蜀中大亂甫以其家避亂荊楚扁舟下峽未維舟而江陵亂乃泝沿湘流遊衡山寓居耒陽甫嘗遊岳廟爲暴水所阻旬日不得食耒陽聶令知之自棹舟迎甫而還永泰二年啗牛肉白酒一夕而卒於耒陽時年五十九子宗武流落湖湘而卒元和中宗武子嗣業自耒陽遷甫之柩歸葬於偃師縣西北首陽山之前天寶末詩人甫與李白齊名

而白自負文格放達譏甫齷齪而有飯顆山之嘲誚元和中詞人元稹論李杜之優劣曰予讀詩至杜子美而知小大之有所總萃焉始堯舜之時君臣以賡歌相和是後詩人繼作歷夏殷周千餘年仲尼緝拾選練取其干預教化之尤者三百餘無所聞騷人作而怨憤之態繁然猶去風雅日近尚相比擬秦漢已還采詩之官既廢天下妖謠民謳歌頌諷賦曲度嬉戲之辭亦隨時間作至漢武賦柏梁而七言之體具蘇子卿李少卿之徒尤工爲五言雖句讀文律各異雅鄭之音亦雜而辭意簡遠指事言情自非有爲而爲則文不妄作建安之後天下之士遭罹兵戰曹氏父子鞍馬間爲文往往橫槊賦詩故其抑揚冤哀悲離之作尤極於古晉世風槩稍存宋齊之間教失根本士以簡慢歙習舒徐相尚文章以風容色澤放曠精清爲高蓋吟寫性靈留連光景之文也意義格力無取焉陵遲至於梁陳淫豔刻飾佻巧小碎之詞劇又宋齊之不取也唐興官學大振歷世之文能者互出而又沈宋之流研練精切穩順聲勢謂之爲律詩由是之後文變之體極焉然而莫不好古者遺近務華者去實效齊梁則不逮於魏晉工樂府則力屈於五言律切則骨格不存閑暇則纖濃莫備至於子美蓋所謂上薄風騷下該沈宋言奪蘇李氣吞曹劉掩顏謝之孤高雜徐庾之流麗盡得古今之體勢而兼人人之所獨專矣使仲尼考鍛其旨要尚不知貴其多乎哉苟以爲能所不能無可無不可則詩人已來未有如子美者是時山東人李白亦以文奇取稱時人謂之李杜予觀其壯浪縱恣擺去拘束模寫物象及樂府歌詩誠亦差肩於子美矣至若鋪陳終始排比聲韻大或千言次猶數百詞氣豪邁而風調清深屬對律切而脫棄凡近則李尚不能歷其藩翰況堂奧乎予嘗欲條析其文體別相附與來者爲之準特病懶未就爾自後屬文者以稹論爲是甫有文集六十卷

吳通玄海州人父道瓘爲道士善教誘童孺大曆中召入宮爲太子諸王授經德宗在東宮師道瓘而通玄兄弟出入宮掖侍太

子遊故遇之厚通玄與兄通微俱博學善屬文文彩綺麗通玄幼應神童舉釋褐祕書正字左驍衛兵曹大理評事建中初策賢良方正等科通玄應文詞清麗登乙第授同州司戶京兆戶曹貞元初召充翰林學士遷起居舍人知制誥與陸贄吉中孚韋執誼等同視草陸贄富詞藻特承德宗重顧經歷艱難通玄弟兄又以東宮侍上由是爭寵頗相嫌恨贄性褊急屢於上前短通玄又言承平時工藝書畫之徒待詔翰林比無學士只自至德後天子召集賢學士于禁中草書詔因在翰林院待進言遂以爲名奔播之時道途或豫除改權令草制今四方無事百揆時序制書職分宜歸中書舍人學士之名理須停寢贄以通玄援引朋黨於禁中叶力排己故欲廢之德宗■許會贄權知兵部侍郎知貢舉乃正拜之罷內職皆通玄譖之也十年自起居郎拜諫議大夫知制誥通玄自以久次當拜中書舍人而反除諫議殊失望陸贄與宰相竇參相惡參從子給事中申參尤寵之每預中書擬議所至人呼申爲

喜鵲申嗣虢王則之從父甥也申與則之親善則之爲金吾將軍
好學有文申與則之偕結吳通玄兄弟爲叅共傾陸贄則之令人
造謗書言贄考試舉人不實招納賄賂時通玄取宗室女爲外婦
德宗知之旣聞申則之譖陸贄綱紀伺之果與通玄結構其謀帝
大怒罷竇叅知政事尋貶郴州司馬竇申錦州司戶李則之昭州
司馬通玄泉州司馬帝召見之親自臨問責以汙辱近屬行至華
州長城驛賜死尋以陸贄爲中書侍郎平章事代竇叅通微建
中四年自壽安縣令入爲金部員外召充翰林學士尋改職方郎
中知制誥與弟通玄同職禁署人士榮之七年改禮部郎中尋轉
中書舍人通玄死素服待罪於國門帝特宥之通微竟不敢爲喪
服通玄詞藻婉麗帝尤憐之貞元初昭德王皇后崩詔李紓爲謚
冊文宰相張延賞柳渾爲廟樂章及進皆不稱旨並詔通玄重撰
凡中旨撰述非通玄之筆無不慊然重之如此

王仲舒字弘中太原人少孤貧事母以孝聞嗜學工文不就鄉舉
凡與結交必知名之士與楊頊梁肅裴樞爲忘形之契貞元十年
策試賢良方正能直言極諫等科仲舒登乙第超拜右拾遺裴延
齡領度支矯誕大言中傷良善仲舒上疏極論之累轉尚書郎元
和五年自職方郎中知制誥仲舒文思溫雅制誥所出人皆傳寫
京兆尹楊憑爲中丞李夷簡所劾貶臨賀尉仲舒與憑善宣言於
朝言夷簡持撫憑罪仲舒坐貶硤州刺史遷蘇州穆宗即位復召
爲中書舍人其年出爲洪州刺史御史中丞江南西道觀察使江
西前例摧酒私釀法深仲舒至鎮奏罷之又出官錢二萬貫代貧
戶輸稅長慶三年冬卒于鎮
崔咸字重易博陵人祖安石父銳位終給事中咸元和二年進士
擢第又登博學宏詞科鄭餘慶李夷簡辟爲賓佐待如師友及
登朝歷踐臺閣獨行守正時望甚重敬宗欲幸東都人心不安裴
度以勳舊自興元隨表入覲旣至李逢吉不欲度復入中書京兆
尹劉栖楚逢吉黨也栖楚等十餘人駕肩排度而朝士持兩端者

日揮度門一日度留客命酒栖楚矯求度之歡曲躬附裴耳而語
咸嫉其矯舉爵罰度曰丞相不當許所由官囁耳語度笑而飲之
栖楚不自安趨出坐客皆壯之累遷陝州大都督府長史陝虢觀
察等使自旦至暮與賓僚痛飲恒醉不醒簿領堆積夜分省覽剖
判決斷無毫釐之差胥吏以爲神人入爲右散騎常侍祕書監大
和八年十月卒初銳佐李抱眞爲澤潞從事有道人自稱盧老曾
事隋朝雲際寺李先生預知過往未來之事屬何朔禁遊客銳館
之於家一旦辭去且曰我死當與君爲子因指口下黑子願以爲
志咸之生也果有黑子其形神即盧老也父即以盧老字之旣冠
悽心高尚志於林壑往往獨遊南山經時方還尤長於歌詩或風
景晴明花朝月夕朗吟意愜必悽愴霑襟言趣高奇名流差挹有
文集二十卷
唐次幷州晉陽人也國初功臣禮部尚書儉之後建中初進士擢
第累辟使府貞元初歷侍御史竇叅深重之轉禮部員外郎八年

叅貶官次坐出爲開州刺史在巴峽間十餘年不獲進用西川節
度使韋皐抗表請爲副使德宗密諭皐令罷之次久滯蠻荒孤心
抑鬱怨謗所積孰與申明乃採自古忠臣賢士遭罹讒謗放逐遂
至殺身而君猶不悟其書三篇謂之辨謗略上之德宗省之猶怒
謂左右曰唐次乃方吾爲古之昏主何自諭如此改夔州刺史憲宗
即位與李吉甫同自峽內召還授次禮部郎中尋以本官知制誥
正拜中書舍人卒章武皇帝明哲嫉惡尤惡人朋比傾陷嘗閱書
禁中得次所上書三篇覽而善之謂學士沈傳師曰唐次所集辨
謗之書實君人者時宜觀覽朕思古書中多有此事次編錄未盡
卿家傳史學可與學士類例廣之傳師奉詔與令狐楚杜元穎等
分功脩續廣爲十卷號元和辨謗略其序曰臣聞乾坤定而上下
分矣至於播四時之候遂萬物之宜在驗乎妖祥二氣祥氣降則
爲豐爲茂妖氣降則爲沴爲災君臣立而卑高隔矣至於虧神明
之興詢獻納之辭在審乎邪正之二說正言勝則爲忠爲讜邪言

勝則爲讒爲諛故詩云萋兮斐兮成是貝錦刺其組織之甚巧也
語曰邪徑敗良田讒口亂善人惡其莠言之亂政也蓋謂似信而
詐似忠而非便便可以動心捷捷可以亂德豈止鵾鷄彫卉薏苡
惑珠者哉況立國家自中徂外道偏則刑罰不中讒勝則忠孝靡
彰遜覽前聞緬想近古招賢容諫遠佞嫉邪慮之則深防之未至
伏惟睿聖文武皇帝陛下垂衣御寓化洽文明謨猷博訪於搢紳
旌賁屢臻於巖穴尚復廣四目周四聰制理旨在於未萌作範將
垂於不朽乃詔掌文之臣令狐楚等上自周漢下洎隋朝求史籍
之忠賢罹讒謗之事述敘釁孽之本末紀謡詠之淺深編次指明
勒成十卷昔虞舜有聖讒之命我皇脩辨謗之書千古一心同垂
至理將俟法宮退日昃之政別殿備乙夜之觀則聖慮先辨謗何
由興上天不言而民自信矣憲宗優詔荅之次子扶持
扶字雲翔元和五年進士登第累佐使府入朝爲監察御史出爲
刺史大和初入朝爲屯田郎中十五年充山南道宣撫使至鄧州

奏內鄉縣行市黃澗兩場倉督鄧琬等先主掌湖南江西運到糙
米至淅川縣於荒野中囤貯除支用外六千九百四十五碩衰爛
成灰塵度支牒徵元掌所由自貞元二十年鄧琬父子兄弟至玄
孫相承禁繫二十八年前後禁死九人今琬孫及玄孫見在枷禁
者勑曰如聞鹽鐵度支兩使此類極多其鄧琬等四人資產全已
賣納禁繫三代瘐死獄中實傷和氣鄧琬等並疏放天下州府監
院如有此類不得禁經三年已上速便疏理以聞物議嘉扶有宣
撫之才俄轉司勳郎中八年充弘文館學士判院事九年轉職方
郎中權知中書舍人事開成初正拜舍人踰月授福州刺史御史
中丞福建團練觀察使四年十一月卒于鎮扶佐幕立事登朝有
名及廉問甌閩政事不治身歿之後僕妾爭財詣闕論訴法司按
劾其家財十萬貫歸於二妾又嘗枉殺部人爲其家所訴行已前
後不類時論非之
持字德守元和十五年擢進士第累辟諸侯府入朝爲侍御史尚

書郎大中末自工部郎中出爲容州刺史御史中丞容管經略招
討使入爲給事中大中末檢校左散騎常侍靈州大都督府長史
朔方節度靈武六城轉運等使進位檢校戶部尚書潞州大都督
府長史昭義節度澤潞邢洺磁觀察處置等使卒子彥謙字茂
業咸通末應進士才高負氣無所屈降十餘年不第乾符末河南
盜起兩都覆沒以其家避地漢南中和中王重榮鎮河中辟爲從
事累奏至河中節度副使歷晉絳二州刺史彥謙博學多藝文詞
壯麗至於書畫音樂博飲之技無不出於輩流尤能七言詩少時
師溫庭筠故文格類之光啓末王重榮爲部下所害朝議責佐
彥謙與書記李巨川俱貶漢中掾曹時楊守亮鎮興元素聞其名
彥謙以本府叅承守亮見之喜握手曰聞尚書名久之矣邂逅於
茲累日署爲判官累官至副使閬壁三郡刺史卒於漢中有詩數
百篇吏部侍郎薛廷珪爲之序號鹿門先生集行於時子渙位亦
至郡守次子歡款欣

款貞元六年登進士第累辟使府登朝爲御史出爲郡守卒子枝
枝字已有會昌末累遷刑部員外轉郎中累歷刺史卒
劉蕡字去華昌平人父勉蕡寶曆二年進士擢第博學善屬文尤
精左氏春秋與朋友交好譚王霸大略耿介嫉惡言及世務慨然
有澄清之志自元和末閹寺權盛握兵宮闈橫制天下天子廢立
由其可否干橈庶政當時目爲南北司愛惡相攻有同水火蕡草
澤中居常憤惋文宗即位恭儉求理大和二年策試賢良曰朕聞
古先哲王之理也玄默無爲端拱思道陶民心以居簡凝日用而不
宰厚下以立本推誠而建中繇是天人通陰陽和俗躋仁壽物無
疵癘噫盛德之所臻敻乎莫可及也三代令王質文迭究百僞滋
熾風流寖微自漢而降足徵蓋寡朕顧惟昧道祗荷丕構奉若謨
訓不敢怠荒任賢惕厲宵衣旰食詎追三五之遐軌庶紹祖宗之
鴻緒而心有所未達行有所未孚由中及外闕政斯廣是以人不
率化氣或堙厄災旱竟歲播植愆時國廩罕蓄乏九年之儲吏道

多端微三載之績京師諸夏之本也將以觀理而豪猾時踰檢太
學明教之源也期於變風而生徒多惰業列郡在乎頒條而干禁
或未絶百工在乎按度而淫巧或未衰俗恠風靡積訛成蠹其擇
官濟理也聽人以言則枝葉難辨御下以法則恥格不形其阜財
發號也生之寡而食之衆煩於令而鮮於理思所以究此繆盭致
之治平茲心浩然若涉泉水故前詔有司博延群彥佇啓宿懷冀
臻治平子大夫識達古今明於康濟造廷待問副朕虛懷必當箴
主之闕辨政之疵明綱條之致紊稽富庶之所急何施斯革於前
弊何澤斯惠乎下土何脩而理古可近何道而和氣克充推之本
源著於條對至於夷吾輕重之權孰輔於理嚴尤底定之策孰叶
於時元凱之考課何先叔子之克平何務推此龜鏡擇乎中庸期
在洽聞朕將親覽見時對策者百餘人所對止循常務唯蕡切論黃
門太横將危宗社對曰臣誠不佞有匡國致君之術無位而不得
行有犯顏敢諫之心無路而不得進但懷憤鬱抑思有時而一發

○ 五十七 唐列二百四十下 十一 趙賓

耳常欲與庶人議於道商旅謗於市得通上聽一悟主心雖被祆
言之罪無所悔焉況逢陛下以至德嗣興以大明垂照詢求過闕
咨訪謨猷制詔中外舉直言極諫者臣既辱斯舉專承大問敢
不悉意以言至於上之所忌時之所禁權幸之所諱惡有司之所
與奪臣愚不識伏惟陛下少加優容不使聖朝有讜直而受戮者
乃天下之幸也謹昧死以對伏惟聖策有思先古之理念玄默之
化將欲通天人以齊俗和陰陽以煦物見陛下慕道之深也臣以
為哲王之理其則不遠惟陛下致之之道何如爾伏惟聖策有袛
荷丕構而不敢荒寧奉若謨訓而罔有怠忽見陛下憂勞之志也
若夫任賢惕厲宵衣旰食宜黜左右之纖佞進股肱之大臣若夫
追蹤三五紹復祖宗宜鑒前古之興亡明當時之成敗心有所未
達以下情塞而不得上通行有所未孚以上澤壅而不得下浹欲
人之化也在脩己以先之欲氣之和也在遂性以導之救災患在
致乎精誠廣播植在視乎食力國廩罕蓄本乎冗食尚繁吏道多

端本乎選用失當豪猾踰制由中外之法殊生徒惰業由學校之
官廢列郡干禁由授任非人百工淫巧由制度不立伏以聖策有
擇官濟理之心阜財發號之歎見陛下教化之本也且進人以行
則枝葉安有難別乎防下以禮則恥格安有不形乎念生寡而食
衆可罷斥惰游念令煩而理鮮要察其行否博延群彥願陛下必
納其言造廷待問則小臣安敢愛死伏以聖策有求賢箴闕之言
審政辨疵之念見陛下咨訪之勤也遂小臣屏姦豪之志則弊革
於前守陛下念康濟之心則惠敷於下邪正之道分則理古可近
禮樂之方著而和氣克充至若夷吾之法非皇王之權嚴尤所陳
無最上之策元凱之所先不若唐虞之考績叔子之所務不若重
華之舞干且俱非大德之中庸未為上聖之龜鑑何足以為陛下
道之哉或有以繫安危之機兆存亡之變臣請披瀝肝膽為陛下
別白而重言之臣前所謂格王之理其則不遠者在陛下慎思之
力行之終始不懈而已臣謹按春秋元者氣之始也春者歲之始

○ 五十七 唐列二百四十下 十二 阮宗

也春秋以元加於歲以春加於王明王者當奉若天道以謹其始
也又舉時以終歲舉月以終時春秋雖無事必書首月以存時明
王者當奉若天道以謹其終也王者動作終始必法於天以其運
行不息也陛下既能謹其始又能謹其終懋而脩之勤而行之則
可以執契而居簡無為而不宰廣立本之大業崇建中之盛德矣
又安有三代循環之弊而為百世滋熾之漸乎臣故曰惟陛下致
之之道何如耳臣前所謂若夫任賢惕厲宵衣旰食宜罷黜左右
之纖佞進股肱之大臣者實以陛下憂勞之至也臣聞不宜憂而
憂者國必衰宜憂而不憂者國必危今陛下不以國家存亡之事
社稷安危之策而降於清問臣未知陛下以布衣之臣不足以定
大計耶或萬機之勤而聖慮有所未至耶不然何宜憂而不憂者
乎臣以為陛下宜先憂者宮闈將變社稷將危天下將傾海內將
亂此四者國家已然之兆故臣謂聖慮宜先及之夫帝業既艱難
而成之故不可容易而守之昔太祖肇其基高祖勤其績太宗定

其業玄宗繼其明至于陛下二百有餘載矣其間明聖相因憂亂
繼作未有不委用賢士親近正人而能紹興其徽烈者也或一日不
念則顛覆大器宗廟之耻萬古爲恨臣謹按春秋人君之道在體
元以居正者昔董仲舒爲漢武帝言之略矣其所未盡者臣得爲
陛下備而論之夫繼故必書即位所以正其始也終必書所終之
地所以正其終也故爲君者所發必正言所履必正道所居必正
位所近必正人臣又按春秋閽弑吳子餘祭不書其君春秋譏其
踈遠賢士昵近刑人有不君之道矣伏惟陛下思祖宗開國之勤
念春秋繼故之誡將明法度之端則發正言而履正道將杜篡弑
之漸則居正位而近正人遠刀鋸之賤親骨鯁之直輔相得以專
其任庶職得以守其官柰何以褻近五六人揔天下大政外專陛
下之命內竊陛下之權威懾朝廷勢傾海內群臣莫敢指其狀天
子不得制其心禍稔蕭牆姦生帷幄臣恐曹節侯覽復生於今日
此宮闈將變也臣謹按春秋魯定公元年春王不言正月者春秋

以其先君不得正其終故後君不得正其始故曰定無正也今忠賢
無腹心之寄閽寺恃廢立之權陷先君不得正其終致陛下不得
正其始況皇儲未建郊祀未脩將相之職不歸名分之宜不定此
社稷之所以將危也臣謹按春秋王子札殺邵伯毛伯春秋之義
兩下相殺不書而此書者重其專王命也且天之所授者在君君
之所授者在命操其命而失之者是不君也侵其命而專之是不
臣也君不君臣不臣此天下所以將傾也臣謹按春秋晉趙鞅以
晉陽之兵叛入于晉書其歸者以其能逐君側之惡人以安其君
故春秋善之今威柄淩夷藩臣跋扈或有不達人臣之節首亂者
以安君爲名不究春秋之微稱兵者以逐惡爲義則政刑不由乎
天子征伐必自於諸侯此海內之所以將亂也又樊噲排闥而雪
涕爰盎當車以抗詞京房發憤以殞身竇武不顧而畢命此皆陛
下明知之矣臣謹按春秋晉狐射姑殺陽處父書襄公殺之者以
其上漏言也襄公不能固陰重之戒處父所以及戰賊之禍故春

秋非之夫上漏其情則下不敢盡意上泄其事則下不敢盡言傳
有造膝詭辭之文易有殺身害成之戒今公卿大臣非不能爲陛
下言之慮陛下必不能用之陛下既忽之而不用必洩其言臣下
既言之而不行必嬰其禍適足以鉗直臣之口重姦臣之威是以
欲盡其言則起失身之懼欲盡其意則有害成之憂故徘徊鬱塞
以俟陛下感悟然後盡其啓沃耳陛下何不以聽朝之餘時御便
殿召當時賢相與舊德老臣訪持變扶危之謀求定傾救亂之術
塞陰邪之路屏褻狎之臣制侵陵迫脅之心復門戶掃除之役戒
其所宜戒憂其所宜憂既不能治於前當治於後既不能正其始
當正其終則可以虔奉典謨克承丕構終任賢之効無旰食之憂
矣臣前所謂若夫追蹤三五紹復祖宗宜鑒前古之興亡明當時
之成敗臣聞堯舜之爲君而天下之人理者以其能任九官四岳十
二牧不失其舉不貳其業不侵其職居官惟其能左右惟其賢元
凱在下雖微必舉四凶在朝雖強必誅考其安危明其取捨至秦

之二代漢之元成咸欲措國如唐虞致身如堯舜而終敗亡者以
其不見安危之機不知取捨之道不任大臣不辨姦人不親忠良
不遠讒佞伏惟陛下察唐虞之所以興而景行於前鑒秦漢之所
以亡而戒懼於後陛下無謂廟堂無賢相庶官無賢士今紀綱未
絕典刑猶在人誰不欲自致爲王臣致時爲太平陛下何忽而不
用之耶又有居官非其能左右非其賢其惡如四凶其詐如趙高
其姦如恭顯陛下又何憚而不去之耶神器固有歸天命固有分
祖廟固有靈忠臣固有心陛下其念之哉昔秦之亡也失於強暴
漢之亡也失於微弱強暴則賊臣死傷而害上微弱則姦臣竊權
而震主伏見敬宗皇帝不虞亡秦之禍不剪其萌伏惟陛下深軫
亡漢之憂以杜其漸則祖宗之鴻業可紹三五之遐軌可追矣臣
前所謂陛下心有所未達以下澤壅而不得下浹者且百姓塗炭
之苦陛下無由而知則陛下有子育之心百姓無由而信臣謹按春秋
書梁亡不書取者梁自亡也以其思慮昏而耳目塞上出惡政人爲寇

盜皆不知其所以然自取其滅亡也臣聞國君之所以尊者重其
社稷也社稷之所以重者存其百姓也苟百姓之不存則社稷不
得固其重苟社稷之不重則國君不得保其尊故治天下不可不
知百姓之情夫百姓者陛下之赤子也陛下宜令仁慈者親育之
如母傅焉如乳哺焉如師之教導焉故人信於上也𢪏之如神明
愛之如父母今或不然陛下親其貴倖分曹連署補除卒吏召致
賓客因其貨賄假其氣勢大者統藩方小者爲牧守居上無清惠
之政而有饕餮之害居下無忠誠之節而有姦欺之罪故人之於
上也畏之如豺狼惡之如讎敵今海内困窮處處流散飢者不得
食寒者不得衣鰥寡孤獨者不得存老幼疾病者不得養加以國
之權柄專在左右貪臣聚斂以固寵姦吏因緣而弄法寃痛之聲
上達于九天下流于九泉鬼神怨怒陰陽爲之愆錯君門萬里而
不得告訴士人無所歸化百姓無所歸命官亂人貧盜賊並起土
崩之勢憂在旦夕即不幸因之以疾癘繼之以凶荒臣恐陳勝吳

廣不獨起於秦赤眉黃巾不獨起於漢故臣所以爲陛下發憤扼
腕痛心泣血爾如此則百姓有塗炭之苦陛下何由而知之陛下
有子育之心百姓安得而信之乎致使陛下行有所未孚心有所
未達者固其然也臣聞昔漢元帝即位之初更制七十餘事其心
甚誠其稱甚美然而紀綱日紊國祚日衰姦宄日強黎元日困者
以其不能擇賢明而任之失其操柄也自陛下御宇憂勤兆庶屢
降德音四海之内莫不抗首而長思自喜復生於死亡之中也伏
惟陛下愼終如始以塞萬方之望誠能揭國權以歸其相持兵柄
以歸其將去貪臣聚斂之政除姦吏因緣之害惟忠賢是近惟正
直是用内寵便僻無所聽焉選清愼之官擇仁惠之長敏之以利
煦之以和教之以孝慈導之以德義去耳目之塞通上下之情俾
萬國歡康兆民蘇息則心無不達行無不孚矣臣前所謂欲兆人
之化也在脩己以先之者臣聞德以脩己教以導人脩之也則人
不勸而自至導之也則人敦行而率從是以君子欲政之必行也

故以身先之欲人之從化也故以道御之今陛下先之以身而政未
必行御之以道而人未從化豈不以立教之言未盡其方也夫立
教之方在乎君以明制之臣以忠行之君以知人爲明臣以匡時
爲忠知人則任賢而去邪匡時則固本而守法賢不任則重賞不
足以勸善邪不去則嚴刑不足以禁非本不固則民流法不守則
政散而欲教之使必至化之使必行不可得也陛下能斥姦邪不
私其左右舉賢正不遺其踈遠則化浹於朝廷矣愛人以敦本分
職而奉法脩其身以及其人始於中而成於外則化行於天下矣
臣前所謂欲氣之和也在遂於性以導之者當納人於仁壽也夫
欲人之壽在乎立制度脩教化夫制度立則財用省財用省則賦
斂輕賦斂輕則人富矣教化脩則爭競息爭競息則刑罰清刑罰
清則人安矣既富矣則仁義興焉既安矣則壽考至焉仁壽之心
感於下和平之氣應於上故災害不作休祥荐臻四方底寧萬物
咸遂矣臣前所謂救災旱在致乎精誠者臣謹按春秋魯僖公

七月之中三書不雨者以其人君有恤人之志也魯文公三年之
中一書不雨者以其君無閔人之心也故僖公致精誠而旱不害
物文公無卹閔而旱則成災陛下誠能有卹人之心則無成災之
變矣臣前所謂廣播植在視乎食力者臣謹按春秋君人者必時
視人之所勤人勤於力則功築罕人勤於財則貢賦少人勤於食
則百事廢今財食與人力皆勤矣願陛下廢百事之勞廣三時之
務則播植不愆矣臣前所謂國廩罕蓄本乎冗食尚繁者臣謹按
春秋臧孫辰告糴于齊春秋譏其國無九年之蓄一年不登而百
姓飢臣願斥游墮之人以篤其耕植省不急之費以贍其黎元則
廩蓄不乏矣臣前所謂吏道多端本乎選用失當者由國家取人
不盡其才任人不明其要故也今陛下之用人也求其聲而不得
其實故人之趨進也務其末而不務其本臣願覈考課之實定遷
序之制則多端之吏息矣臣前所謂豪猾踰檢由中外之法殊者
以其官禁不一也臣謹按春秋齊桓公盟諸侯不以日而葵丘之

盟特以日者美其能一明天子之禁率奉王官之法故春秋備而書之夫官者五帝三王之所建也法者高祖太宗之所制也法宜畫一官宜正名今又分外官中官之員立南司北司之局或犯禁於南則亡命于北或正刑于外則破律於中法出多門人無所措實由兵農勢異而中外法殊也臣聞古者因井田而制軍賦間農事以脩武備提封約卒乘之數命將在公卿之列故兵農一致而文武同方可以保乂邦家式遏禍亂暨太宗皇帝肇建邦典亦置府兵臺省軍衛文武參掌居閒歲則橐弓力穡將有事則釋耒荷戈所以脩復古制不廢舊物今則不然夏官不知兵籍止於奉朝請六軍不主兵事止於養勳階軍容合中官之政戎律附內臣之職首一戴武弁嫉文吏如仇讎足一蹈軍門視農夫如草芥謀不足以剪除凶逆而詐足以抑揚威福勇不足以鎮衛社稷而暴足以侵軼里閭羈紲藩臣干陵宰輔隳裂王度汩亂朝經張武夫之威上以制君父假天子之命下以御英豪有藏姦觀釁之心

無伏節死難之義豈先王經文緯武之旨耶臣願陛下貫文武之道均兵農之功正貴賤之名一中外之法還軍衛之職脩省署之官近崇貞觀之規遠復成周之制自邦畿以刑于下國始天子以達于諸侯則可以制豪猾之強無踰檢之患矣臣前所謂生徒墮業由學校之官廢者蓋以國家貴其祿而賤其能先其身而後其行故庶官乏通經之學諸生無脩業之心矣臣前所謂列郡干禁由授任非其人者臣以為刺史之任理亂之根本繫焉朝廷之法制在焉權可以抑豪猾恩可以惠孤寡強可以禦姦寇政可以移風俗其將校有曾經戰陣及功臣子弟各請隨宜酬賞如無治人之術者不當授任此官則絕干禁之患矣臣前所謂百工淫巧由制度不立者臣謂以官位祿秩制其器用車服禁人金銀珠玉錦繡雕鏤不蓄於私室則無蕩心之巧矣臣前所謂辨枝葉者考其言以詢行也臣前所謂形于恥格者道之德而齊之禮也臣前所謂念生寡而食眾可罷斥惰遊者已備之於前矣臣前所謂令煩而理

鮮要察其行否者臣聞號令者乃理國之具也君審而出之臣奉而行之或虧上言罪在不赦今陛下令煩而理鮮得非持之者有所蔽欺乎臣前所謂博延羣彥願陛下必納其言造廷待問則小臣不敢愛死者臣聞晁錯為漢畫削諸侯之策非不知禍之將至也忠臣之心壯夫之節苟利社稷死無悔焉今臣非不知言發而禍應計行而身戮蓋所以痛社稷之危哀生人之困豈忍姑息時忌竊陛下一命之寵哉昔龍逄死而啓殷比干死而啓周韓非死而啓漢陳蕃死而啓魏今臣之來也有司或不敢薦臣之言陛下又無以察臣之心退必受戮於權臣之手臣幸得從四子於地下固臣之願也所不知殺臣者臣死之後將孰為啓之哉至於人主之闕政教之疵前日之弊臣既言之矣若乃流下土之惠脩近古之理而致其和平者在陛下行之而已然上之所陳者實以臣親奉聖問敢不條對雖臣之愚以為未極教化之大端皇王之要道伏惟陛下事天地以教人敬奉宗廟以教人孝養高年以教人

悌長字百姓以教人慈幼調元氣以煦育扇大和於仁壽可以逍遙無為垂拱成化至若念陶鈞之道在擇宰相而任之使權造物之柄念保定之功在擇將帥而任之使脩分閫之寄念百度之未貞在擇庶官而任之使專職業之守念百姓之愁痛在擇長吏而任之使明惠育之術自然言足以為天下教行足為天下法仁足以勸善義足以禁非又何必宵衣旰食勞神惕慮然後以致其理哉是歲左散騎常侍馮宿太常少卿賈餗庫部郎中龐嚴為考策官三人者時之文士也覩蕡條對歎服嗟悒以為漢之鼂董無以過之言論激切士林感動時登科者二十二人而中官當途考官不敢留蕡在籍中物論諠然不平之守道正人傳讀其文至有相對垂泣者諫官御史扼腕憤發而執政之臣從而弭之以避黃門之怨唯登科人李郃謂人曰劉蕡不第我輩登科實厚顏矣請以所授官讓蕡事雖不行人士多之令狐楚在興元牛僧孺鎮襄陽辟為從事待如師友位終使府御史

李商隱字義山懷州河內人曾祖叔恒年十九登進士第位終安
陽令祖俌位終邢州錄事參軍父嗣商隱幼能爲文令狐楚鎮河
陽以所業文干之年纔及弱冠楚以其少俊深禮之令與諸子遊
楚鎮天平汴州從爲巡官歲給資裝令隨計上都開成二年方登
進士第釋褐祕書省校書郞調補弘農尉會昌二年又以書判拔
萃王茂元鎮河陽辟爲掌書記得侍御史茂元愛其才以子妻之
茂元雖讀書爲儒然本將家子李德裕素遇之時德裕秉政用爲
河陽帥德裕與李宗閔楊嗣復令狐楚大相讎怨商隱既爲茂元
從事宗閔黨大薄之時令狐楚已卒子綯爲員外郞以商隱背恩
尤惡其無行俄而茂元卒來遊京師久之不調會給事中鄭亞廉
察桂州請爲觀察判官檢校水部員外郞大中初白敏中執政令
狐綯在內署共排李德裕逐之亞坐德裕黨亦貶循州刺史商隱
隨亞在嶺表累載三年入朝京兆尹盧弘正奏署掾曹令典牋奏
明年令狐綯作相商隱屢啓陳情綯不之省弘正鎮徐州又從爲

掌書記府罷入朝復以文章干綯乃補太學博士會河南尹柳仲
郢鎮東蜀辟爲節度判官檢校工部郞中大中末仲郢坐專殺左
遷商隱廢罷還鄭州未幾病卒商隱能爲古文不喜偶對從事令
狐楚幕楚能章奏遂以其道授商隱自是始爲今體章奏博學強
記下筆不能自休尤善爲誄奠之辭與太原溫庭筠南郡段成式
齊名時號三十六文思清麗庭筠過之而俱無持操恃才詭激爲
當塗者所薄名宦不進坎壈終身弟羲叟亦以進士擢第累爲賓
佐商隱有表狀集四十卷

溫庭筠者太原人本名岐字飛卿大中初應進士苦心硯席尤長
於詩賦初至京師人士翕然推重然士行塵雜不脩邊幅能逐絃
吹之音爲側豔之詞公卿家無賴子弟裴誠令狐縞之徒相與蒲
飲酣醉終日由是累年不第徐商鎮襄陽往依之署爲巡官咸通
中失意歸江東路由廣陵心怨令狐綯在位時不爲成名既至與
新進少年狂遊狹邪久不刺謁又乞索於揚子院醉而犯夜爲虞
候所擊敗面折齒方還揚州訴之令狐綯捕虞候治之極言庭筠
狹邪醜迹乃兩釋之自是汙行聞于京師庭筠自至長安致書公
卿間雪冤屬徐商知政事頗爲言之無何商罷相出鎮楊收怒之
貶爲方城尉再遷隋縣尉卒子憲以進士擢第弟庭皓咸通中爲
徐州從事節度使崔彥曾爲龐勛所殺庭皓亦被害庭筠著述
頗多而詩賦韻格清拔文士稱之

薛逢字陶臣河東人父倚逢會昌初進士擢第釋褐祕書省校書
郞崔鉉罷相鎮河中辟爲從事鉉復輔政奏授萬年尉直弘文館
累遷侍御史尚書郞逢文詞俊拔論議激切自負經畫之略久之
不達應進士時與彭城劉瑑尤相善而瑑詞藝不迨逢逢每侮之
至大中末瑑揚歷禁署逢愈不得意自是相怨俄而瑑知政事或
薦逢知制誥瑑奏曰先朝立制兩省官給事中舍人除拜須先歷
州縣逢未嘗治郡宜先試之乃出爲巴州刺史既而沈詢楊收王
鐸由學士相繼爲將相皆逢同年進士而逢文藝最優楊收作相

後逢有詩云須知金印朝天客同是沙隄避路人威鳳偶時皆瑞
聖應龍無水謾通神收聞大銜之又出爲蓬州刺史收罷相入爲
太常少卿給事中王鐸作相逢又有詩云昨日鴻毛萬鈞重今朝
山岳一塵輕鐸又怨之以恃才褊忿人士鄙之遷祕書監卒子廷
珪中和中登進士第大順初累遷司勳員外郞知制誥正拜中書
舍人乾寧三年奉使太原復命昭宗幸華州改左散騎常侍稱疾
免客遊成都光化中復爲中書舍人遷刑部吏部二侍郞權知禮
部貢舉拜尚書左丞入梁至禮部尚書

李拯字昌時隴西人咸通十二年登進士第乾符中累佐府幕黃
巢之亂避地平陽僖宗還京召拜尚書郞轉考功郞中知制誥僖
宗再幸寶雞拯扈從不及在鳳翔襄王僭號逼爲翰林學士拯既
汙僞署心不自安後朱玫秉政百揆無敘典章濁亂拯嘗朝退駐
馬國門望南山而吟曰紫宸朝罷綴鴛鸞丹鳳樓前駐馬看唯
有終南山色在晴明依舊滿長安吟已涕下及王行瑜殺朱玫襄

王出奔京城拯爲亂兵所殺妻盧氏知書能文有姿色拯既死伏
其屍慟哭賊逼之堅哭不動又臨之以兵至於斷一臂終不顧爲
賊所害人皆傷之
李巨川字下已隴右人國初十八學士道玄之後故相逢吉之姪
曾孫父循大中八年登進士第巨川乾符中應進士屬天下大亂
流離奔播切於祿位乃以刀筆從諸侯府王重榮鎮河中辟爲掌
書記時車駕在蜀賊據京師重榮與諸藩叶力誅寇軍書奏請
堆案盈几巨川文思敏速翰動如飛傳之藩隣無不聳動重榮收
復功巨川之助也及重榮爲部下所害朝議罪參佐貶爲漢中掾
時楊守亮帥興元素知之聞巨川至喜謂客曰天以李書記遺我
也即命管記室累遷幕職景福中守亮爲李茂貞所攻城陷以部
下數百人欲投太原入秦爲華軍所擒巨川時從守亮亦被械繫
在途巨川題詩於樹葉以遺華帥韓建詞情哀鳴建欣然解縛
守亮誅即命爲掌書記俄而李茂貞犯京師天子駐蹕於華韓建

以一州之力供億萬乘慮其不濟遣巨川傳檄天下請助轉餉同
臣王室宁葺京城四方書檄酬報輻湊巨川灑翰陳敘文理俱愜
昭宗深重之即時巨川之名聞于天下昭宗還京特授諫議大夫
仍留佐建光化初朱全忠陷河中進兵入潼關建懼令巨川見全
忠送款至河中從容言事巨川指陳利害全忠方圖問鼎聞巨川
所陳心惡之判官敬翔亦以文筆見知於全忠慮得巨川減落名
價謂全忠曰李諫議文章信美但不利主人是日爲全忠所害
司空圖字表聖本臨淮人曾祖遂密令祖彖水部郎中父輿精吏
術大中初戶部侍郎盧弘正領鹽鐵奏輿爲安邑兩池榷鹽使檢
校司封郎中先是鹽法條例疎闊吏多犯禁輿乃特定新法十條
奏之至今以爲便入朝爲司門員外郎遷戶部郎中卒圖咸通十
年登進士第主司王凝於進士中尤奇之凝左授商州刺史圖請
從之凝益知重洎廉問宣歙辟爲上客召拜殿中侍御史以赴闕
遲留責授光祿寺主簿分司東都乾符六年宰相盧攜罷免以賓

客分司圖與之遊攜嘉其高節厚禮之嘗過圖舍手題于壁曰姓
氏司空貴官班御史卑老夫如且在不用念屯奇明年攜復入朝
路由分陝謂陝帥盧渥曰司空御史高士也公其厚之渥即日奏
爲賓佐其年攜復知政事召圖爲禮部員外郎賜緋魚袋遷本司
郎中其年冬巢賊犯京師天子出幸圖從之不及乃退還河中時
故相王徽亦在蒲待圖頗厚數年徽受詔鎮潞乃表圖爲副使徽
不赴鎮而止僖宗自蜀還次鳳翔召圖知制誥尋正拜中書舍人
其年僖宗出幸寶雞復從之不及退還河中龍紀初復召拜舍人
未幾又以疾辭河北亂乃寓居華陰景福中又以諫議大夫徵時
朝廷微弱紀綱大壞圖自深惟出不如處移疾不起乾寧中又以
戶部侍郎徵一至闕廷致謝數日乞還山許之昭宗在華徵拜兵
部侍郎稱足疾不任趨拜致章謝之而已昭宗遷洛鼎欲歸梁柳
璨希賊旨陷害舊族詔圖入朝圖懼見誅力疾至洛陽謁見之
日墮笏失儀旨趣極野璨知不可屈詔曰司空圖俊造登科朱紫

升籍既養高以傲代類移山以釣名心惟樂于漱流仕非專於祿
食匪夷匪惠難居公正之朝載省載思當徇棲衡之志可放還山
圖有先人別墅在中條山之王官谷泉石林亭頗稱幽棲之趣自
考槃高臥日與名僧高士遊詠其中晚年爲文尤事放達嘗擬白
居易醉吟傳爲休休亭記曰司空氏禎貽溪之休休亭本名濯纓
亭爲陝軍所焚天復癸亥歲復葺於壞垣之中乃更名曰休休休
休也美也既休而具美存焉蓋量其才一宜休揣其分二宜休耄
且聵三宜休又少而惰長而率老而迂是三者皆非濟時之用又
宜休也尚慮多難不能自信既而晝寢遇二僧謂予曰吾嘗爲汝
師汝昔矯於道銳而不固爲利慾之所拘幸悟而悔將復從我於
是溪耳且汝雖退亦嘗爲匪人之所嫉宜耐辱自警庶保其終始
與靖節醉吟第其品級於千載之下復何求哉因爲耐辱居士
歌題於東北楹曰咄諾休休休莫莫莫伎倆雖多性靈惡賴是長
教閑處著休休休莫莫莫一局棊一鑪藥天意時情可料度白日

偏僂佼活人黃金難買堪騎鶴老白爾何能荅曰云而屛莫其詭激嘯傲多此類也圖既脫柳璨之禍還山乃預爲壽詩藏終制故人來者引之壙中賦詩對酌人或難色圖規之曰達人大觀幽顯一致非止暫遊此中公何不廣哉圖布衣鳩杖出則以女家人鸞臺自隨歲時村社雩禜祠禱鼓舞會集圖必造之與野老同席曽無傲色王重榮父子兄弟尤重之伏臘饋遺不絕於途唐祚亡之明年聞輝王遇弒于濟陰不懌而疾數日卒時年七十二有文集三十卷圖無子以其甥荷爲嗣荷官至永州刺史以甥爲嗣嘗爲御史所彈昭宗不之責

贊曰國之華彩人文化成間代傑出奮藻摛英騏驥逸步咸韶正聲燦流緗素下視娵嬴

唐書列傳卷第一百四十下

左奉議郎充紹興府府學教授朱倬校正

方伎

劉昫等修

崔善為 薛頤 甄權弟立言 宋俠
許胤宗 乙弗弘禮 袁天綱 孫思邈
明崇儼 張憬藏 李嗣真 張文仲
尚獻甫裴知古附 孟詵 嚴善思
金梁鳳 張果 葉法善 僧玄奘
神秀六祖慧能弟子普寂義福附 一行 泓師 桑道茂

夫術數占相之法出于陰陽家流自劉向演鴻範之言京房傳焦贛之法莫不望氣視祲懸知災異之來運策揲蓍預定吉凶之會固已詳於魯史載彼周官其弊者肄業非精順非行偽而庸人不脩德義妄冀遭逢如魏豹之納薄姬孫皓之邀青蓋王莽隨式而移坐劉歆聞讖而改名近者綦連耀之構異端蘇玄明之犯宮禁皆因占候輔此姦兇聖王禁星緯之書良有以也國史載袁天綱前知武后恐匪格言而李淳風刪方伎書備言其要舊本錄崔善為已下此深於其術者兼桑門道士方伎等並附此篇

崔善為貝州武城人也祖顒後魏員外散騎侍郎父權會齊丞相府參軍事善為好學兼善天文算曆明達時務弱冠州舉授文林郎屬隋文帝營仁壽宮善為領丁匠五百人右僕射楊素為總監巡至善為之所索簿點人善為手持簿暗唱五百人一無差失素大驚自是有四方疑獄多使善為推按無不妙盡其理仁壽中稍遷樓煩郡司戶書佐高祖時為太守甚禮遇之善為以隋政傾頹乃密勸進高祖深納之義旗建引為大將軍府司戶參軍封清河縣公武德中歷內史舍人尚書左丞甚得譽諸曹令史惡其聰察因其身短而傴嘲之曰崔子曲如鉤隨例得封侯髆上全無項胸前別有頭高祖聞之勞勉之曰澆薄之人醜正惡直昔齊末姦吏歌斛律明月而高緯愚暗遂滅其家朕雖不德幸免斯事因購流言者使加其罪時傅仁均所撰戊寅元曆議者紛然多有同異李淳風又駁其短十有八條高祖令善為考校二家得失多有駁正貞觀初拜陝州刺史時朝廷立議戶殷之處得徙寬鄉善為上表稱畿內之地是謂戶殷丁壯之人悉入軍府若聽移轉便出關外此則虛近實遠非經通之議其事乃止後歷大理司農二卿名為稱職坐與少卿不協出為秦州刺史卒贈刑部尚書

薛頤滑州人也大業中為道士解天文律曆尤曉雜占煬帝引入內道場亟令章醮武德初追直秦府頤嘗密謂秦王曰德星守秦分王當有天下願王自愛秦王乃奏授太史丞累遷太史令貞觀中太宗將封禪泰山有彗星見頤因言考諸玄象恐未可東封會褚遂良亦言其事於是乃止頤後上表請為道士太宗為置紫府觀於九嵕山拜頤中大夫行紫府觀主事又敕於觀中建一清臺候玄象有災祥薄蝕謫見等事隨狀聞奏前後所奏與京臺李淳風多相符契後數歲卒

甄權許州扶溝人也嘗以母病與弟立言專醫方得其旨趣隋開皇初為秘書省正字後稱疾免隋魯州刺史庫狄嶔苦風患手不得引弓諸醫莫能療權謂曰但將弓箭向垛一針可以射矣針其肩隅一穴應時即射權之料疾多此類也貞觀十七年權年一百三歲太宗幸其家視其飲食訪以藥性因授朝散大夫賜几杖衣服其年卒撰脉經針方明堂人形圖各一卷

立言武德中累遷太常丞御史大夫杜淹患風毒發腫太宗令立言視之既而奏曰從今更十一日午時必死果如其言時有尼明律年六十餘患心腹鼓脹身體羸瘦已經二年立言診脉曰其腹內有蟲當是誤食髮為之耳因令服雄黃須臾吐一蛇如人手小指唯無眼燒之猶有髮氣其疾乃愈立言尋卒撰本草音義七卷古今錄驗方五十卷

宋俠者洺州清漳人北齊東平王文學孝正之子也亦以醫術著名官至朝散大夫藥藏監撰經心錄十卷行於代

許胤宗常州義興人也初事陳為新蔡王外兵參軍時柳太后病風不言名醫治皆不愈脈益沉而噤胤宗曰口不可下藥宜以湯氣薰之令藥入腠理周理即差乃造黃耆防風湯數十斛置於牀下氣如煙霧其夜便得語由是超拜義興太守陳亡入隋歷尚藥奉御武德初累授散騎侍郎時關中多骨蒸病得之必死遞相連染諸醫無能療者胤宗每療無不愈或謂曰公醫術若神何不著書以貽將來胤宗曰醫者意也在人思慮又脈候幽微苦其難別意之所解口莫能宣且古之名手唯是別脈脈既精別然後識病夫病之於藥有正相當者唯須單用一味直攻彼病藥力既純病即立愈今人不能別脈莫識病源以情臆度多安藥味譬之於獵未知兔所多發人馬空地遮圍或冀一人偶然逢也如此療疾不亦疏乎假令一藥偶然當病復共他味相和君臣相制氣勢不行所以難差諒由於此脈之深趣既不可言虛設經方豈加於舊吾思之久矣故不能著述耳年九十餘卒

乙弗弘禮貝州高唐人也隋煬帝居藩召令相己弘禮跪而賀曰大王骨法非常必為萬乘之主誠願戒之在得煬帝即位召天下道術人置坊以居之仍令弘禮統攝帝見海內漸亂玄象錯謬內懷憂恐嘗謂弘禮曰卿昔相朕其言已驗且占相道術朕頗自知卿更相朕終當何如弘禮逡巡不敢荅帝迫曰卿言與朕術不同罪當死弘禮曰臣本觀相書凡人之相有類於陛下者不得善終臣聞聖人不相故知凡聖不同耳自是帝嘗遣使監之不得與人交言初泗州刺史薛大鼎隋時嘗坐事沒為奴貞觀初與數人詣之大鼎次至弘禮曰君奴也欲何所相咸曰何以知之弘禮曰觀其頭目直是賤人但不知餘處何如耳大鼎有慚色乃解衣視之弘禮曰看君面不異前言占君自署已下當為方岳之任其占相皆此類也貞觀末卒

袁天綱益州成都人也尤工相術隋大業中為資官令武德初蜀道使詹俊赤牒授火井令初天綱以大業元年至洛陽時杜淹王珪韋挺就之相天綱謂淹曰公蘭臺成就學堂寬博必得親糾察之官以文藻見知謂王曰公三亭成就天地相臨從今十年已外必得五品要職謂韋曰公面似大獸之面交友極誠必得士友攜接初為武職復謂淹等貳拾年外終恐三賢同被責黜暫去即還淹尋遷侍御史武德中為天策府兵曹文學館學士王珪為太子中允韋挺隋末與隱太子友善後太子引以為率至武德六年俱配流巂州淹等至益州見天綱曰袁公洛邑之言則信矣未知今日之後何如天綱曰公等骨法大勝往時終當俱受榮貴至九年被召入京共造天綱天綱謂杜公曰即當得三品要職年壽非天綱所知王韋二公在後當得三品官兼有年壽然晚途皆不稱愜韋公尤甚淹至京拜御史大夫檢校吏部尚書王珪尋授侍中出為同州刺史韋挺歷御史大夫太常卿貶象州刺史皆如天綱之言大業末竇軌客遊德陽嘗問天綱天綱謂曰君額上伏犀貫玉枕輔角又成必於梁益州大樹功業武德初軌為益州行臺僕射引

天綱深禮之天綱又謂軌曰骨法成就不異往時之言然目氣赤脈貫瞳子語則赤氣浮面如為將軍恐多殺人願深自誡慎武德九年軌坐事被徵將赴京謂天綱曰更得何官曰面上家人坐仍未見動輔角右畔光澤更有喜色至京必承恩還來此任其年果重授益州都督則天初在襁褓天綱來至第中謂其母曰唯夫人骨法必生貴子乃召諸子令天綱相之見元慶元爽曰此二子皆保家之主官可至三品見韓國夫人曰此女亦大貴然不利其夫乳母時抱則天衣男子之服天綱曰此郎君子神色爽徹不可易知試令行看於是步於牀前仍令舉目天綱大驚曰此郎君子龍睛鳳頸貴人之極也更轉側視之又驚曰必若是女實不可窺測後當為天下之主矣貞觀八年太宗聞其名召至九成宮時中書舍人岑文本令視之天綱曰舍人學堂成就眉覆過目文才振於海內頭又生骨猶未大成若得三品恐是損壽之徵文本官至中書令尋卒其年侍御史張行成馬周同問天綱天綱曰馬侍御伏

犀貫腦兼有玉枕文背如負物當富貴不可言近古已來君臣道合罕有如公者公面色赤命門色暗耳後骨不起耳無根只恐非壽者周後位至中書令兼吏部尚書年四十八卒謂行成曰公五岳四瀆成就下亭豐滿得官雖晚終居宰輔之地行成後至尚書右僕射天綱相人所中皆此類也申國公高士廉嘗謂曰君更作何官天綱曰自知相命今年四月盡矣果至是月而卒

孫思邈京兆華原人也七歲就學日誦千餘言弱冠善談莊老及百家之說兼好釋典洛州總管獨孤信見而歎曰此聖童也但恨其器大適小難爲用也周宣帝時思邈以王室多故乃隱居太白山隋文帝輔政徵爲國子博士稱疾不起嘗謂所親曰過五十年當有聖人出吾方助之以濟人及太宗即位召詣京師嗟其容色甚少謂曰故知有道者誠可尊重羨門廣成豈虛言哉將授以爵位固辭不受顯慶四年高宗召見拜諫議大夫又固辭不受上元元年辭疾請歸特賜良馬及鄱陽公主邑司以居焉當時知名之士宋令文孟詵盧照鄰等執師資之禮以事焉思邈嘗從幸九成宮照鄰留在其宅時庭前有病梨樹照鄰爲之賦其序曰癸酉之歲余臥疾長安光德坊之官舍父老云是鄱陽公主邑司昔公主未嫁而卒故其邑廢時有孫思邈處士居之邈道合古今學殫數術高談正一則古之蒙莊子深入不二則今之維摩詰耳其推步甲乙度量乾坤則洛下閎安期先生之儔也照鄰有惡疾醫所不能愈乃問思邈名醫愈疾其道何如思邈曰吾聞善言天者必質之於人善言人者亦本之於天天有四時五行寒暑迭代其轉運也和而爲雨怒而爲風凝而爲霜雪張而爲虹蜺此天地之常數也人有四支五藏一覺一寐呼吸吐納精氣往來流而爲榮衛彰而爲氣色發而爲音聲此人之常數也陽用其形陰用其精天人之所同也及其失也蒸則生熱否則生寒結而爲瘤贅陷而爲癰疽奔而爲喘乏竭而爲焦枯診發乎面變動乎形推此以及天地亦如之故五緯盈縮星辰錯行日月薄蝕孛彗飛流此天地之危診也寒暑不時天地之蒸否也石立土踊天地之瘤贅也山崩土陷天地之癰疽也奔風暴雨天地之喘乏也川瀆竭涸天地之焦枯也良醫導之以藥石救之以鍼劑聖人和之以至德輔之以人事故形體有可愈之疾天地有可消之災又曰膽欲大而心欲小智欲圓而行欲方詩曰如臨深淵如履薄冰謂小心也赳赳武夫公侯干城謂大膽也不爲利回不爲義疚行之方也見機而作不俟終日智之圓也思邈自云開皇辛酉歲生至今年九十三矣詢之鄉里咸云數百歲人話周齊間事歷歷如眼見以此參之不啻百歲人矣然猶視聽不衰神采甚茂可謂古之聰明博達不死者也初魏徵等受詔脩齊梁陳周隋五代史恐有遺漏屢訪之思邈口以傳授有如目覩東臺侍郎孫處約將其五子侹儆俊佑佺以謁思邈思邈曰俊當先貴佑當晚達佺最名重禍在執兵後皆如其言太子詹事盧齊卿童幼時請問人倫之事思邈曰汝後五十年位登方伯吾孫當爲屬吏可自保也後齊卿爲徐州刺史思邈孫溥果爲徐州蕭縣丞思邈初謂齊卿之時溥猶未生而預知其事凡諸異迹多此類也永淳元年卒遺令薄葬不藏冥器祭祀無牲牢經月餘顏貌不改舉屍就木猶若空衣時人異之自注老子莊子撰千金方三十卷行於代又撰福祿論三卷攝生真錄及枕中素書會三教論各一卷子行天授中爲鳳閣侍郎

明崇儼洛州偃師人其先平原士族世仕江左父恪豫州刺史崇儼年少時隨父任安喜令父之小吏有善役召鬼神者崇儼盡能傳其術乾封初應封岳舉授黃安丞會刺史有女病篤崇儼致他方殊物以療之其疾乃愈高宗聞其名召與語悅之擢授冀王府文學儀鳳二年累遷正諫大夫特令入閣供奉崇儼每因謁見輒假以神道頗陳時政得失帝深加允納潤州栖霞寺是其五代祖梁處士山賓故宅帝特爲製碑文親書於石論者榮之四年爲盜所殺時議以爲崇儼密與天后爲厭勝之法又私奏章懷太子不堪承繼大位太子密知之潛使人害之優制贈侍中謚曰莊仍拜

其子琎爲祕書郎琎開元中仕至懷州刺史
張憬藏許州長社人少工相術與袁天綱齊名太子詹事蔣儼年
少時嘗遇憬藏因問祿命憬藏曰公從今二年當得東宮掌兵之
官秩未終而免職免職之後厄在三尺土下又經六年據此合是
死徵然後當享富貴名位俱盛即又不合中夭至六十一爲蒲州
刺史十月三十日午時祿絕儼後皆如其言嘗奉使高麗被莫離
支囚於地窖中經六年然後得歸及在蒲州年六十一矣至期召人
吏妻子與之告別自云當死俄而有勅許令致仕左僕射劉仁軌
微時嘗與鄉人靖思賢各齎絹贈憬藏以問官祿憬藏謂仁軌曰
公居五品要官雖暫解黜終當位極人臣仁軌後自給事中坐事
令白衣向海東効力固辭思賢之贈曰公當孤獨客死及仁軌爲
僕射思賢尚存謂人曰張憬藏相劉僕射則妙矣吾今已有三子
田宅自如豈其言亦有不中也俄而三子相繼而死盡貨田宅寄
死於所親園內憬藏相人之妙皆此類竟不仕以壽終

李嗣眞滑州匡城人也父彥琮趙州長史嗣眞博學曉音律兼善
陰陽推算之術弱冠明經舉補許州司功時左侍極賀蘭敏之受
詔於東臺修撰奏嗣眞與弘文館參預其事嗣眞與同時學士劉獻
臣徐昭俱稱少俊館中號爲三少敏之既恃寵驕盈嗣眞知其必
敗謂所親曰此非庇身之所也因咸亨年京中大飢乃求出補義
烏令無何敏之敗修撰官皆連坐流放嗣眞獨不預焉調露中爲
始平令風化大行時章懷太子居春宮嗣眞嘗於太清觀奏樂謂
道士劉槩輔儼曰此曲何哀思不和之甚也槩儼曰此太子所作
寶慶樂也居數日太子廢爲庶人槩等以其事聞奏高宗大奇之
俄拜司禮丞仍掌五禮儀注加中散大夫封常山子永昌中拜右
御史中丞知大夫事時酷吏來俊臣構陷無罪嗣眞上書諫曰臣
聞陳平事漢祖謀疎楚君臣乃用黃金五萬斤行反間之術項王
果疑臣下陳平反間果行今告事紛紜虛多實少焉知必無陳平
先謀疎陛下君臣後謀除國家良善臣恐爲社稷之禍伏乞陛下

特迴天慮察臣狂瞽然後退就鼎鑊實無所恨疏奏不納尋爲俊
臣所陷配流嶺南萬歲通天年徵還至桂陽自筮死日預託桂陽
官屬備凶器依期暴卒則天深加憫惜勅州縣遞靈轝還鄉贈
濟州刺史神龍初又贈御史大夫撰明堂新禮十卷孝經指要詩
品書品畫品各一卷
張文仲洛州洛陽人也少與鄉人李虔縱京兆人韋慈藏並以醫
術知名文仲則天初爲侍御醫時特進蘇良嗣於殿庭因拜跪便
絕倒則天令文仲慈藏隨至宅候之文仲曰此因憂憤邪氣激也
若痛衝脅則劇難救自朝候之未及食時即苦衝脅絞痛文仲曰
若入心即不可療俄頃心痛不復下藥日旰而卒文仲尤善療風疾
其後則天令文仲集當時名醫共撰療風氣諸方仍令麟臺監王
方慶監其修撰文仲奏曰風有一百二十四種氣有八十種大體醫
藥雖同人性各異庸醫不達藥之行使冬夏失節因此殺人唯腳
氣頭風上氣嘗須服藥不絕自餘則隨其發動臨時消息之但有

風氣之人春末夏初及秋暮要得通洩即不困劇於是撰四時常服
及輕重大小諸方十八首表上之文仲久視年終於尚藥奉御撰隨
身備急方三卷行於代虔縱官至侍御醫慈藏景龍中光祿卿自
則天中宗已後諸醫咸推文仲等三人爲首
尚獻甫衛州汲人也尤善天文初出家爲道士則天時召見起家
拜太史令固辭曰臣久從放誕不能屈事官長則天乃改太史局
爲渾儀監不隸祕書省以獻甫爲渾儀監數顧問災異事皆符
驗又令獻甫於上陽宮集學者撰方域圖長安二年獻甫奏曰臣
本命納音在金今熒惑犯五諸侯太史之位熒火也能剋金是臣
將死之徵則天曰朕爲卿禳之遽轉獻甫爲水衡都尉謂曰水能
生金今又去太史之位卿無憂矣其秋獻甫卒則天甚嗟異惜之
復以渾儀監爲太史局依舊隸祕書監
時又有雍州人裴知古善於音律長安中爲太樂丞神龍元年正
月享西京太廟知古預其事謂萬年令元行沖曰金石諧和當

有吉慶之事其在唐室子孫乎其月中宗即位復改國為唐知古又能聽婚夕環珮之聲知其夫妻終始後卒於大樂令

孟詵汝州梁人也舉進士垂拱初累遷鳳閣舍人詵少好方術嘗於鳳閣侍郎劉褘之家見其勑賜金謂褘之曰此藥金也若燒火其上當有五色氣試之果然則天聞而不悅因事出為台州司馬後累遷春官侍郎睿宗在藩召充侍讀長安中為同州刺史加銀青光祿大夫神龍初致仕歸伊陽之山第以藥餌為事詵年雖晚暮志力如壯嘗謂所親曰若能保身養性者常須善言莫離口良藥莫離手睿宗即位召赴京師將加任用固辭衰老景雲二年優詔賜物一百段又令每歲春秋二時特給羊酒糜粥開元初河南尹畢構以詵有古人之風改其所居為子平里尋卒年九十三詵所居官好勾剥為政雖繁而理撰家祭禮各一卷喪服要二卷補養方必效方各三卷

嚴善思同州朝邑人也少以學涉知名尤善天文曆數及卜相

之術初應消聲幽藪科舉擢第則天時為監察御史兼右拾遺內供奉數上表陳時政得失多見納用稍遷太史令聖曆二年熒惑入輿鬼則天以問善思善思對曰商姓大臣當之其年文昌左相王及善卒長安中熒惑入月鎮星犯天關善思奏曰法有亂臣伏罪且有臣下謀上之象歲餘張柬之敬暉等起兵誅張易之昌宗其占驗皆此類也神龍初遷給事中則天崩將合葬乾陵善思奏議曰謹按天元房錄葬法云尊者先葬卑者不合於後開入則天太后卑於天皇大帝今欲開乾陵合葬即是以卑動尊事既不經恐非安穩臣又聞乾陵玄闕其門以石閉塞其石縫隙鑄鐵以固其中今若開陵必須鐫鑿然以神明之道體尚幽玄今乃動衆加功誠恐多所驚黷又若別開門道以入玄宮即往者葬時神位先定今更改作為害益深又以脩築乾陵之後國頻有難遂至則天太后權總萬機二十餘年其難始定今乃更加營作伏恐還有難生但合葬非古著在禮經緣情為用無足依準況今事有不安

豈可復循斯制伏見漢時諸陵皇后多不合葬魏晉已降始有合者然以兩漢積年向餘四百魏晉之後祚皆不長雖受命應期有因天假然以循機享德亦在時文但陵墓所安必資勝地後之胤嗣用託靈根或有不安後嗣亦難長享伏望依漢朝之故事改魏晉之頹綱於乾陵之傍更擇吉地取生墓之法別起一陵既得從葬之儀又成固本之業臣伏以合葬者人緣私情不合者前循故事若以神道有知幽途自得通會若以死者無知合之復有何益然以山川精氣上為星象若葬得其所則神安後昌若葬失其宜則神危後損所以先哲垂範具之葬經欲使生人之道必安死者之神必泰伏望少迴天眷俯覽臣言行古昔之明規割私情之愛欲使社稷長享天下乂安凡在懷生孰不慶幸疏奏不納景龍中遷禮部侍郎出為汝州刺史睿宗在藩善思嘗謂姚元之曰相王必登帝位及盛祚元之以事聞奏由是召拜右散騎常侍唐隆元年鄭愔謀冊譙王重福為帝乃草偽制除善思為禮部尚書

知吏部選事及譙王下獄景雲元年大理寺奏善思與逆人重福通謀合從極法給事中韓思復奏曰議獄緩死列聖明規刑疑惟輕有國恒典嚴善思往在先朝屬韋氏擅內恃寵宮掖謀危社稷善思此時乃能先覺因詣相府有所發明進論聖躬必登宸極雖交遊重福謀陷韋氏勑追善思書至便發向懷逆節寧即奔命一面踈網誠合順生三驅取禽來而可宥雅刑是恤理合昭詳請付刑部集羣官議定奏裁以符慎獄時議者多云善思合從原宥有司仍執前議請誅之思復又剥奏懇直睿宗納其奏竟免善思死配流靜州無幾遇赦還年八十五開元十七年卒初善思為御史時中書舍人劉允濟為酷吏所陷當死善思以其老密表奏請允濟乃得免誅善思後見允濟竟不自言其事韓思復奏免善思之罪亦未曾有所言謝時人稱其長者善思子向乾元中為鳳翔尹實應中授太常員外卿始善思父徐州長史延及善思俱年八十五而卒廣德二年向卒又年八十五向兄前趙郡司馬亩長向十歲

向卒時寓並無恙
金梁鳳不知何許人也天寶十三載客於河西善相人又言玄象
時哥舒翰爲節度使詔入京師裴冕爲河西留後在
武威梁鳳請冕曰玄象有變半年間有兵起郎中此時當得中丞
不拜中丞即得宰相不離天子左右大富貴冕曰公乃狂言冕何
至此梁鳳曰有一日向東京一日入蜀川一日來向朔方此時公得
相冕懼其言深謝絕之其後安祿山反南犯洛陽僭稱僞位哥舒
翰東守潼關累月奏冕爲御史中丞追赴京冕又詰曰事驗也冕
又問三日之兆梁鳳曰東京日即自磨滅蜀川日亦不能久此間
日何轉分明不可說冕志之即潼關失守玄宗幸蜀肅宗止靈
武冕會貞之勸成策立改元爲至德元年冕果爲中書侍郎平章事
冕奏之肅宗召拜都水使者梁鳳在河隴謂呂諲曰判官骨相合
得宰相須得一大驚怖即得諲後至驛責譯驛長榜之驛吏武將
性麤猛持弓矢突入射諲矢兩發幾中諲面諲逾牆得免以報梁

○鳳梁鳳曰此必入相逾年諲自黃門侍郎知政事梁鳳在鳳翔李
揆盧允二人同見之俱素服自稱選人梁鳳謂之曰公等並至清
望官那得云無官揆允以實對梁鳳遣二人行謂揆曰公從舍人
即入相一年內事謂允曰公好即是吏部郎中及剋復兩京揆自中
書舍人知禮部侍郎事入爲中書侍郎平章事乃以允爲吏部郎
中其驗多此類爾後佯聾以自晦冕爲右僕射兼御史大夫成都
尹劍南節度使有進止令將梁鳳行後乃病卒
張果者不知何許人也則天時隱於中條山往來汾晉間時人傳
其有長年祕術自云年數百歲矣嘗著陰符經玄解盡其玄理則
天遣使召之果佯死不赴後人復見之往來恆州山中開元二十一
年恆州刺史韋濟以狀奏聞玄宗令通事舍人裴晤往迎之果對
使絕氣如死良久漸蘇晤不敢逼馳還奏狀又遣中書舍人徐嶠
齎璽書以邀迎之果乃隨嶠至東都肩輿入宮中玄宗初即位親訪
理道及神仙方藥之事及聞變化不測而疑之有邢和璞者善筭

人而知夭壽善惡玄宗令筭果則懵然莫知其甲子又有師夜光
者善視鬼玄宗召果與之密坐令夜光視之夜光進曰果今安在
夜光對面終莫能見玄宗謂力士曰吾聞飲菫汁無苦者眞奇士
也會天寒使以菫汁飲果果乃引飲三巵醺然如醉所作顧曰非
佳酒也乃寢頃之取鏡視齒則盡燋且黧命左右取鐵如意擊齒
墮藏于帶乃懷中出神仙藥微紅傅墮齒之斷復寢良久齒皆出
矣粲然潔白玄宗方信之玄宗好神仙而欲果尚公主果固未知之
謂祕書少監王迥質太常少卿蕭華曰諺云娶婦得公主眞可畏
也迥質與華相顧未曉其言即有中使至宣曰玉眞公主早歲好
道欲降先生果大笑竟不奉詔迥質等方悟向來之言後懇辭歸
山因下制曰恆州張果先生遊外方之者也跡先高尚深入窈冥是
渾光塵應召城闕莫詳甲子之數且謂羲皇上人問以道樞盡會
宗極今特行朝禮爰畀寵命可銀青光祿大夫號曰通玄先生其
年請入恆山錫以衣服及雜綵等便放歸山乃入恆山不知所之

○玄宗爲造栖霞觀於果所在蒲吾縣後改爲平山縣
道士葉法善括州括蒼縣人自曾祖三代爲道士皆有攝養占卜
之術法善少傳符籙尤能厭劾鬼神顯慶中高宗聞其名徵詣
京師將加爵位固辭不受求爲道士因留在內道場供待甚厚時
高宗令廣徵諸方道術之士合鍊黃白法善上言金丹難就徒費
財物有虧政理請覈其眞僞帝然其言因令法善試之由是乃出
九十餘人因一切罷之法善又嘗於東都淩空觀設壇醮祭城中士
女競往觀之俄頃數十人自投火中觀者大驚救之而免法善曰此
皆魅病爲吾法所攝耳問之果然法善悉爲禁劾其病乃愈法善
自高宗則天中宗歷五十年常往來名山數召入禁中盡禮問道
然排擯佛法議者或譏其向背以其術高終莫之測睿宗即位
稱法善有冥助之力先天二年拜鴻臚卿封越國公仍依舊爲道
士止於京師之景龍觀又贈其父爲歙州刺史當時尊寵莫與爲
比法善生於隋大業之丙子死於開元之庚子凡一百七歲八年卒

詔曰故道士鴻臚卿員外置越國公葉法善天真精密妙理玄暢
包括秘要發揮靈符固以眞默難源希夷罕測而情棲蓬閬迹混
朝伍保黃冠而不杖加紫綬而非榮卓爾孤秀冷然獨往勝氣絕
俗貞風無塵金骨外聳珠光內䁥斯乃體應中仙名昇上德朕當
聽政之暇屢詢至道公以理國之法數奏昌言謀參隱諷事宜弘
益歎徵音之未泯悲形解之俄留曾莫憖遺殲良奄及永惟平昔
感愴于懷宜申禮命式旌泉壤可贈越州都督
僧玄奘姓陳氏洛州偃師人大業末出家博涉經論嘗謂翻譯者
多有訛謬故就西域廣求異本以參驗之貞觀初隨商人往遊西
域玄奘既辯博出羣所在必爲講釋論難蕃人遠近咸尊伏之在
西域十七年經百餘國悉解其國之語仍採其山川謠俗土地所
有撰西域記十二卷貞觀十九年歸至京師太宗見之大悅與之
談論於是詔將梵本六百五十七部於弘福寺翻譯仍勑左僕射
房玄齡太子左庶子許敬宗廣召碩學沙門五十餘人相助整比

○高宗東宮爲文德太后追福造慈恩寺及翻經院內出大幡勑九
部樂及京城諸寺幡蓋衆伎送玄奘及所翻經像諸高僧等入住
慈恩寺顯慶元年高宗又令左僕射于志寧侍中許敬宗中書令
來濟李義府杜正倫黃門侍郎薛元超等共潤色玄奘所定之經
國子博士范義頵太子洗馬郭瑜弘文館學士高若思等助加翻
譯凡成七十五部奏上之後以京城人衆競來禮謁玄奘乃奏請
逐靜翻譯勑乃移於宜君山故玉華宮六年卒時年五十六歸
葬於白鹿原士女送葬者數萬人
僧神秀姓李氏汴州尉氏人少徧覽經史隋末出家爲僧後遇蘄
州雙峯山東山寺僧弘忍以坐禪爲業乃歎伏曰此眞吾師也便
往事弘忍專以樵汲自役以求其道昔後魏末有僧達摩者本天
竺王子以護國出家入南海得禪宗妙法云自釋迦相傳有衣鉢
爲記世相付授達摩齎衣鉢航海而來至梁詣武帝帝問以有爲
之事達摩不說乃之魏隱於嵩山少林寺遇毒而卒其年魏使宋
雲於葱嶺回見之門徒發其墓但有衣履而已達摩傳慧可慧可
嘗斷其左臂以求其法慧可傳璨璨傳道信道信傳弘忍弘忍
姓周氏黃梅人初弘忍與道信並住東山寺故謂其法爲東山法
門神秀既師事弘忍弘忍深器異之謂曰吾度人多矣至於懸解
圓照無先汝者弘忍以咸亨五年卒神秀乃往荊州居於當陽山
則天聞其名追赴都肩輿上殿親加跪禮勑當陽山置度門寺以
旌其德時王公已下及京都士庶聞風爭來謁見望塵拜伏日以
萬數中宗即位尤加敬異中書舍人張說嘗問道執弟子之禮退
謂人曰禪師身長八尺厖眉秀耳威德巍巍王霸之器也初神秀
同學僧慧能者新州人也與神秀行業相埒弘忍卒後慧能住
韶州廣果寺韶州山中舊多虎豹一朝盡去遠近驚歎咸歸伏焉
神秀嘗奏則天請追慧能赴都慧能固辭神秀又自作書重邀之
慧能謂使者曰吾形貌矬陋北土見之恐不敬吾法又先師以吾
南中有緣亦不可違也竟不度嶺而死天下乃散傳其道謂神秀

○爲北宗慧能爲南宗神秀以神龍二年卒士庶皆來送葬有詔賜
謚曰大通禪師又於相王舊宅置報恩寺岐王範張說及徵士盧
鴻一皆爲其碑文神秀卒後弟子普寂義福並爲時人所重
普寂姓馮氏蒲州河東人也年少時遍尋高僧以學經律時神秀
在荊州玉泉寺普寂乃往師事凡六年神秀奇之盡以其道授焉
久視中則天召神秀至東都神秀因薦普寂乃度爲僧及神秀卒
天下好釋氏者咸師事之中宗聞其高年特下制令普寂代神秀
統其法衆開元十三年勑普寂於都城居止時王公士庶競來禮
謁普寂嚴重少言來者難見其和悅之容遠近尤以此重之二十七
年終于都城興唐寺年八十九時都城士庶曾謁者皆制弟子之
服有制賜號爲大照禪師及葬河南尹裴寬及其妻子並衰麻列
于門徒之次士庶傾城哭送閭里爲之空焉
義福姓姜氏潞州銅鞮人初止藍田化感寺處方丈之室凡二十
餘年未嘗出宇之外後隸京城慈恩寺開元十一年從駕往東都

途經蒲虢二州刺史及官吏士女皆齎幡花迎之所在途路充塞以二十年卒有制賜號大智禪師葬於伊闕之北送葬者數萬人中書侍郎嚴挺之爲製碑文神秀禪門之傑雖有禪行得帝王重之而未甞聚徒開堂傳法至弟子普寂始於都城傳教二十餘年人皆仰之

僧一行姓張氏先名遂魏州昌樂人襄州都督郯國公公謹之孫也父擅武功令一行少聰敏博覽經史尤精曆象陰陽五行之學時道士尹崇博學先達素多墳籍一行詣崇借揚雄太玄經將歸讀之數日復詣崇還其書崇曰此書意指稍深吾尋之積年尚不能曉吾子試更研求何遽見還也一行曰究其義矣因出所撰大衍玄圖及義決一卷以示崇崇大驚因與一行談其奧賾甚嗟伏之謂人曰此後生顏子也一行由是大知名武三思慕其學行就請與結交一行逃匿以避之尋出家爲僧隱於嵩山師事沙門普寂睿宗即位勑東都留守韋安石以禮徵一行固辭以疾不應命

後步往荆州當陽山依沙門悟眞以習梵律開元五年玄宗令其族叔禮部郎中洽齎勑書就荆州強起之一行至京置於光太殿數就之訪以安國撫人之道言皆切直無有所隱開元十年永穆公主出降勑有司優厚發遣依太平公主故事一行以爲高宗末年唯有一女所以特加其禮又太平驕僭竟以得罪不應引以爲例上納其言遽追勑不行但依常禮其諫諍皆此類也一行尤明著述撰大衍論三卷攝調伏藏十卷天一太一經及太一局遁甲經釋氏系錄各一卷時麟德曆經推步漸疎勑一行考前代諸家曆法改撰新曆又令率府長史梁令瓚等與工人創造黃道游儀以考七曜行度互相證明於是一行推周易大衍之數立衍以應之改撰開元大衍曆經至十五年卒年四十五賜謚曰大慧禪師初一行從祖東臺舍人太素撰後魏書一百卷其天文志未成一行續而成之上爲一行製碑文親書於石出內庫錢五十萬爲起塔於銅人之原明年幸溫湯過其塔前又駐騎徘徊令品官就塔以告其出豫之意更賜絹五十疋以蒔塔前松柏焉初一行求訪師資以窮大衍至天台山國清寺見一院古松十數門有流水一行立於門屏間聞院僧於庭布筭聲而謂其徒曰今日當有弟子自遠求吾筭法已合到門豈無人導達也即除一筭又謂曰門前水當却西流弟子亦至一行承其言而趨入稽首請法盡授其術焉而門前水果却西流道士邢和璞甞謂尹愔曰一行其聖人乎漢之洛下閎造曆云後八百歲當差一日必有聖人正之今年期畢矣而一行造大衍正其差謬則洛下閎之言信矣非聖人而何時又有黃州僧泓者善葬法毎行視山原即爲之圖張說深信重之

桑道茂者大曆中遊京師善太一遁甲五行災異之說言事無不中代宗召之禁中待詔翰林建中初神策軍脩奉天城道茂請高其垣牆大爲制度德宗不之省及朱泚之亂帝蒼卒出幸至奉天方思道茂之言時道茂已卒命祭之

賛曰術數之精事必前知粲如垂象蓍告無疑怪誕之夫誣罔著龜致彼庸妄幸時艱危

唐書列傳卷第一百四十一

左奉議郎充紹興府府學教授朱倬校正

劉昫

隱逸

王績　田遊巖　史德義　王友貞
盧鴻　王希夷　衛大經　李元愷
王守愼　徐仁紀　孫處玄　白履忠
王遠知　潘師正　劉道合　司馬承禎
吳筠　孔述睿　述睿子敏行　陽城
崔覲

前代賁丘園招隱逸所以重貞退之節息貪競之風故蒙叟矯譎
王之篇玄晏立高人之傳箕潁之迹粲然可觀而漢二龔之流乃
心王室不事莽朝忍渴盜泉本非絕俗甚可嘉也皇甫謐陶淵明
慢世逃名放情肆志逍遙泉石無意於出處之間又其善也即有
身在江湖之上心遊魏闕之下託薜蘿以射利假巖壑以釣名退
無肥遁之貞進乏濟時之具山移見誚海鳥興譏無足多也阮嗣
宗傲世佯狂王無功嗜酒放蕩才不足而智有餘傷其時而晦其
用深識之士也高宗天后訪道山林飛書巖穴屢造幽人之宅堅
迴隱士之車而遊巖德義之徒所高者獨行盧鴻一承禎之比所
重者逃名至於出處語默之大方未足與議也今存其舊說以備
雜篇

王績字無功絳州龍門人少與李播呂才為莫逆之交隋大業中
應孝悌廉絜舉授揚州六合縣丞非其所好棄官還鄉里績河渚
中先有田十數頃鄰渚有隱士仲長子先服食養性績重其真素
願與相近乃結廬河渚以琴酒自樂嘗遊北山因為北山賦以見
志詞多不載績嘗躬耕於東皐故時人號東皐子或經過酒肆動
經數日往往題壁作詩多為好事者諷詠貞觀十八年卒臨終自
剋死日遺命薄葬兼預自為墓誌有文集五卷又撰隋書未就而
卒兄通字仲淹隋大業中名儒號文中子自有傳

田遊巖京兆三原人也初補太學生後罷歸遊於太白山每遇林
泉會意輒留連不能去其母及妻子並有方外之志與遊巖同遊
山水二十餘年後入箕山就許由廟東築室而居自稱許由東鄰
調露中高宗幸嵩山遣中書侍郎薛元超就問其母遊巖山衣田
冠出拜帝令左右扶止之謂曰先生養道山中比得佳否遊巖曰
臣泉石膏肓煙霞痼疾既逢聖代幸得逍遙帝曰朕今得卿何異
漢獲四皓乎薛元超曰漢高祖欲廢嫡立庶黃綺方來豈如陛下
崇重隱淪親問巖穴帝甚歡因將遊巖就行宮并家口給傳乘
赴都授崇文館學士令與太子少傅劉仁軌談論帝後將營奉天
宮于嵩山遊巖舊宅先居宮側特令不毀仍親書題額懸其門曰
隱士田遊巖宅文明中進授朝散大夫拜太子洗馬垂拱初坐與
裴炎交結特放還山

史德義蘇州崑山人也咸亨初隱居武丘山以琴書自適或騎牛
帶瓢出入郊郭東市號為逸人高宗聞其名徵赴洛陽尋稱疾東
歸公卿已下皆賦詩餞別德義亦以詩留贈其文甚美天授初江
南道宣勞使文昌左丞周興表薦之則天徵赴都詔曰蘇州隱士
史德義志尚虛玄業履貞確謙沖彰於里閈孝友表於閨庭固辭
徵辟長往嚴陵之瀨多謝簪裾高蹈愚公之谷博聞強識閱禮敦
詩緝性丘園甘心畎畝朕承天革命建極開階寤寐星雲物色林
壑順禎期而捐薜帶應休運而解荷裳粵自海隅來遊魏闕行
藏之理斯得去就之節無違風操可加啓沃攸佇特宜優獎委以
諫曹可朝散大夫後周興伏誅德義坐為所薦免官以朝散大夫
放歸丘壑自此聲譽稍減於隱居之前

王友貞懷州河內人也父知敬則天時麟臺少監以工書知名友貞
弱冠時母病篤醫言唯啖人肉乃差友貞獨念無可求治乃割股
肉以飴親母病尋差則天聞之令就其家驗問特加旌表友貞素
好學讀九經皆百遍訓誨子弟如嚴君焉口不言人過尤好釋典
屏絕羶味出言未曾負諾時論以為真君子也長安年歷任長水

令後罷歸田里中宗在春宮召爲司議郎不就神龍初又拜太子
中舍仍令所司以禮徵赴及至固以疾辭詔曰敦夷齊之行可
以激貪尚顏閔之道用能勸俗新除太子中舍人王友貞德義臬
藝人倫茂異孝始於事親信表於行己富有文史廉於財貨久歷
官政累聞課績有古人之風保君子之德乃抗志塵外棲情物表
深歸解脫之門誓守薰脩之誠頃加徵命作護儲闈固在辭榮
累陳情懇堅持淨義不登於車服味玆禪悅靡求於珍饌朕方崇
獎廉退懲靜澆浮雖思廊廟之賢豈違山林之願宜加優秩仍遂
雅懷可太子中舍人員外置給全祿以畢其身任其在家脩道仍
令所在州縣存問四時送祿至其住所玄宗在東宮又表請禮徵
之以年老辭疾不赴年九十餘開元四年卒特下制曰貴德尊
賢飾終念遠此聖人所以佁天下厚風俗也王友貞稟氣元精遊心
大朴孝惟不匱獨貫於神明道則難名高謝於人代言念錫類方
期鎭俗遽爾凋殂良深悲悼生無大位雖隔外臣之儀歿有餘榮

宜贈上卿之服可贈銀青光祿大夫仍委本縣令長特加弔祭
盧鴻一字浩然本范陽人徙家洛陽少有學業頗善籀篆楷隸
隱於嵩山開元初遣備禮再徵不至五年下詔曰朕以寡薄忝膺
大位常恨玄風久替淳化未昇每用翹想遺賢冀聞上皇之訓以
卿黃中通理鉤深詣微窮太一之道踐中庸之德確乎高尚足侔
古人故比下徵書佇諧善績而每輒託辭拒違不至使朕虛心引
領于今數年雖得素履幽人之貞而失考父滋恭之命豈朝廷之
故與生殊趣耶將縱欲山林不能反乎禮有大倫君臣之迹不可
廢也今城闕密邇不足爲難便勑齎束帛之貺重宜斯言想有以
翻然易節副朕意焉鴻一赴徵六年至東都謁見不拜宰相遣通
事舍人問其故奏曰臣聞老君言禮者忠信之所薄不足可依山
臣鴻一敢以忠信奉見上別召昇內殿賜之酒食詔曰盧鴻一應辟
而至訪之至道有會淳風爰舉逸人用勸天下特宜授諫議大夫
鴻一固辭又制曰昔在帝堯全許由之節緬惟大禹聽伯成之高

則知天子有所不臣諸侯有所不友遯之時義大矣哉嵩山隱士
盧鴻一抗跡幽遠凝情篆素隱居以求其志行義以達其道雲臥
林壑多歷年載傳不云乎舉逸人天下之人歸心焉是乃飛書巖
穴備禮徵聘方佇獻替式弘政理而矯然不羣確乎難拔靜己以
鎭其操洗心以激其流固辭榮寵將厚風俗不降其志用保厥躬
會稽嚴陵未可名屈太原王霸終以病歸宜以諫議大夫放還山
歲給米百碩絹五十疋充其藥物仍令府縣送隱居之所若知朝
廷得失具以狀聞將還山又賜隱居之服并其草堂一所恩禮甚厚
王希夷徐州滕縣人也孤貧好道父母終爲人牧羊收傭以供葬
葬畢隱於嵩山師道士黃頤向四十年盡能傳其閉氣道養之術
頤卒更居兗州徂來山中與道士劉玄博爲棲遁之友好易及老
子嘗餌松柏葉及雜花散景龍中年七十餘氣力益壯刺史盧齊
卿就謁致禮因訪以字人之術希夷曰孔子稱己所不欲勿施於人
可以終身行之矣及玄宗東巡勑州縣以禮徵召至駕前年已九十

六上令中書令張說訪以道義宦官扶入宮中與語甚悅開元十
四年下制曰徐州處士王希夷絕學棄智抱一居貞久謝囂塵獨
往林壑朕爲封巒展禮側席旌賢賁然來思克應嘉召雖紆綺季
之跡已過伏生之年宜命秩以尊儒俾全高於尚齒可朝散大夫守
國子博士聽致仕還山州縣春秋致束帛酒肉仍賜衣一副絹一
百疋尋壽終自則天中宗已後有蒲州人衞大經邢州人李元愷
皆絜志不仕蒲州人王守愼常州人徐仁紀潤州人孫處玄皆退
身辭職爲時所稱
衞大經者篤學善易口無二言則天降詔徵之辭疾不赴與魏州
人夏侯乾童有舊聞乾童母卒徒步往弔之鄉人止之曰當夏隆暑
豈可步涉千里致書可也大經曰尺書無能盡意遂行至魏州會
乾童出行大經造門設席行弔禮不訊其家人而還開元初畢構
爲刺史謂解令孔愼言曰衞生德厚宜有旌異古人式干木之閭
禮賢故也愼言造門就謁時大經已年老辭疾不見嘗預筮死日

先鑿墓自爲誌文果如筮而終
李元愷者博學善天文律曆然性恭慎口未嘗言之鄉人宋璟年
少時師事之及璟作相使人遺元愷束帛將薦舉之皆拒而不荅
景龍中元行沖爲洛州刺史邀元愷至州問以經義因遺衣服元
愷辭曰微軀不宜服新麗但恐不能勝其美以速咎也行沖乃以
泥塗汙而與之不獲已而受及還乃以已之所蠶素絲五兩以酬行
沖曰義不受無妄之財先是定州人崔元鑒明三禮鄉人張易之
寵幸用事薦之起家拜朝散大夫致仕于家在鄉請半祿元愷誚
之曰無功受祿災也元愷年八十餘壽終
王守慎者有美名垂拱中爲監察御史時羅織事起守慎舅秋官
侍郎張知默推詔獄奏守慎同知其事守慎以疾辭因請爲僧則
天初甚怪之守慎陳情詞理甚高則天欣然從之賜號法成識鑒
高雅爲時賢所重以壽終
徐仁紀者聖曆中徵拜左拾遺三上書論得失不納謂人曰三諫

○不聽可去矣遂移病歸鄉里神龍初宣慰使舉仁紀之行可以激
俗又徵拜左補闕三上書又不省乃詣執政求出俄授靈昌令妻
子不之官廨舍唯衣履及書跡而已餘無所蓄
孫處玄長安中徵爲左拾遺頗善屬文嘗恨天下無書以廣新文
神龍初功臣桓彥範等用事處玄遺彥範書論時事得失彥範竟
不用其言乃去官還鄉里以病卒
白履忠陳留浚儀人也博涉文史嘗隱居于古大梁城時人號爲
梁丘子景雲中徵拜校書郎尋棄官而歸開元十七年刑部尚書
王志愔表薦履忠隱居讀書貞苦守操有古人之風堪代褚無量
馬懷素入閤侍讀十七年國子祭酒楊瑒又表薦履忠堪爲學官
乃徵赴京師及至履忠辭以老病不任職事詔曰處士前祕書省
校書郎白履忠學優緗簡道貫丘園探賾以見其微隱居能達其
志故以汲引洙泗物色夷門嵩嵐自高玄冕非貴几杖云暮章秩宜
加俾承禮命之優式副寵賢之美可朝散大夫履忠尋表請還鄉

手詔曰孝悌立身靜退放俗年過從耄不雜風塵盛德予聞通班
是錫豈唯旌賁山藪實欲獎勸人倫且遊上京徐還故里乃停留
數月而歸履忠鄉人左庶子吳兢謂履忠曰吾子家室屢空竟不
霑斗米疋帛雖得五品何益於實也履忠欣然曰往歲契丹入寇
家家盡著括排門夫履忠特以少讀書籍縣司放免至今惶愧今
雖不得且是吾家終身高臥免徭役豈易得也尋壽終著三玄精
辯論一卷注老子及黃庭內景經有文集十卷
道士王遠知瑯琊人也祖景賢梁江州刺史父曇選陳揚州刺史
遠知母梁駕部郎中丁超女也嘗晝寢夢靈鳳集其身因而有娠
又聞腹中啼聲沙門寶誌謂曇選曰生子當爲神仙之宗伯也遠
知少聰敏博綜羣書初入茅山師事陶弘景傳其道法後又師事
宗道先生臧兢陳主聞其名召入重陽殿令講論甚見嗟賞及隋
煬帝爲晉王鎮揚州使王子相柳顧言相次召之遠知乃來謁見
斯須而鬚髮變白晉王懼而遣之少頃又復其舊煬帝幸涿郡遣

○員外郎崔鳳舉就邀之遠知見於臨朔宮煬帝親執弟子之禮敕
都城起玉清玄壇以處之及幸揚州遠知諫不宜遠去京國煬帝
不從高祖之龍潛也遠知嘗密傳符命武德中太宗平王世充與
房玄齡微服以謁之遠知迎謂曰此中有聖人得非秦王乎太宗因
以實告遠知曰方作太平天子願自惜也太宗登極將加重位固
請歸山至貞觀九年敕潤州於茅山置太受觀并度道士二十七人
降璽書曰先生操履夷簡德業沖粹屏棄塵雜棲志虛玄吐故
納新食芝餌木念衆妙於三清之表返華髮於百齡之外道邁前
烈聲高自古非夫得祕訣於金壇受幽文於玉笈者其孰能與此
乎朕昔在藩朝早獲問道眷言風範無忘寤寐近覽來奏請歸
舊山已有別敕不違高志并許置觀用表宿心未知先生早晚以
屆江外所營棟宇何當就功佇聞委曲副茲引領近已令太史薛
頤等往詣令宜朕意其年遠知謂弟子潘師正曰吾見仙格以吾
小時誤損一童子吻不得白日昇天見署少室伯將行在即翌日

休浴加冠衣焚香而寢卒年一百二十六歲調露二年追贈遠知
太中大夫謚曰昇眞先生則天臨朝追贈金紫光祿大夫天授二
年改謚曰昇玄先生
潘師正趙州贊皇人也少喪母廬於墓側以至孝聞大業中度爲道
道士師事王遠知盡以道門隱訣及符籙授之師正清淨寡欲居
於嵩山之逍遙谷積二十餘年但服松葉飲水而已高宗幸東都
因召見與語問師正山中有何所須師正對曰所須松樹清泉山
中不乏高宗與天后甚尊敬之留連信宿而還尋勑所司於師正
所居造崇唐觀嶺上別起精思院以處之初置奉天宮帝令所司
於逍遙谷口特開一門號曰仙遊門又於苑北面置尋眞門皆爲
師正立名焉時太常奏新造樂曲帝又令以祈仙望仙翹仙爲名
前後贈詩凡數十首師正以永淳元年卒時年九十八高宗及天
后追思不已贈太中大夫賜謚曰體玄先生
道士劉道合者陳州宛丘人初與潘師正同隱於嵩山高宗聞其

名令於隱所置太一觀以居之召入宮中深尊禮之及將封太山
屬久雨帝令道合於儀鸞殿作止雨之術俄而霽朗帝大悅又令
道合馳傳先上太山以祈福祐前後賞賜皆散施貧乏未嘗有所
蓄積高宗又令道合合還丹丹成而上之咸亨中卒及帝營奉天
宮遷道合之殯室弟子開棺將改葬其尸唯有空皮而背上開坼
有似蟬蛻盡失其齒骨衆謂尸解高宗聞之不悅曰劉師爲我合
丹自服仙去其所進者亦無異焉
道士司馬承禎字子微河內溫人周晉州刺史瑯琊公裔玄孫少
好學薄於爲吏遂爲道士事潘師正傳其符籙及辟穀道引服餌
之術師正特賞異之謂曰我自陶隱居傳正一之法至汝四葉矣承
禎嘗遍遊名山乃止於天台山則天聞其名召至都降手勑以讚
美之及將還勑麟臺監李嶠餞之於洛橋之東景雲二年睿宗令
其兄承禕就天台山追之至京引入宮中問以陰陽術數之事承禎
對曰道經言爲道日損損之又損之以至於無爲且心目所知見者

每損之尚未能已豈復攻乎異端而增其智慮哉帝曰理身無爲
則清高矣理國無爲如何對曰國猶身也老子曰遊心於澹合氣
於漠順物自然而無私焉而天下理易曰聖人者與天地合其德
是知天不言而信不爲而成無爲之旨理國之道也睿宗歎息曰
廣成之言即斯是也承禎固辭還山仍賜寶琴一張及霞紋帔而
遣之朝中詞人贈詩者百餘人開元九年玄宗又遣使迎入京親
受法籙前後賞賜甚厚十年駕還西都承禎又請還天台山玄宗
賦詩以遣之十五年又召至都玄宗令承禎於王屋山自選形勝置
壇室以居焉承禎因上言今五岳神祠皆是山林之神非正眞之
神也五岳皆有洞府各有上清眞人降任其職山川風雨陰陽氣
序是所理焉冠冕章服佐從神仙皆有名數請別立齋祠之所玄
宗從其言因勑五岳各置眞君祠一所其形象制度皆令承禎推
按道經創意爲之承禎頗善篆隸書玄宗令以三體寫老子經因
刊正文句定著五千三百八十言爲眞本以奏上之以承禎王屋所

居爲陽臺觀上自題額遣使送之賜絹三百疋以充藥餌之用俄
又令玉眞公主及光祿卿韋縚至其所居修金籙齋復加以錫賚
是歲卒於王屋山時年八十九其弟子表稱死之日有雙鶴遶壇
及白雲從壇中涌出上連于天而師容色如生玄宗深歎之乃下
制曰混成不測入寥自化雖獨立有象而至極則冥故王屋山道
士司馬子微心依道勝理會玄遠遍遊名山密契仙洞存觀其妙
逍遙得意之場亡復其根宴息無何之境固以名登眞格位在靈
官林壑未改遐霄已曠言念高烈有愴于懷宜贈徽章用光丹籙
可銀青光祿大夫號貞一先生仍爲親製碑文
吳筠魯中之儒士也少通經善屬文舉進士不第性高潔不奈流
俗乃入嵩山依潘師正爲道士傳正一之法苦心鑽仰乃盡通其術
開元中南遊金陵訪道茅山久之東遊天台筠尤善著述在剡與
越中文士爲詩酒之會所著歌篇傳於京師玄宗聞其名遣使徵之
既至與語甚悅令待詔翰林帝問以道法對曰道法之精無如五

千言其諸枝詞蔓說徒費紙札耳又問神仙脩鍊之事對曰此野
人之事當以歲月功行求之非人主之所宜適意每與緇黃列坐朝
臣啓奏筠之所陳但名教世務而已間之以諷詠以達其誠玄宗
深重之天寶中李林甫楊國忠用事綱紀日紊筠知天下將亂堅
求還嵩山累表不許乃詔於岳觀別立道院祿山將亂求還茅山
許之既而中原大亂江淮多盜乃東遊會稽嘗於天台剡中往來
與詩人李白孔巢父詩篇酬和逍遙泉石人多從之竟終於越中
文集二十卷其玄綱三篇神仙可學論等爲達識之士所稱筠在
翰林時特承恩顧由是爲群僧之所嫉驃騎高力士素奉佛嘗短
筠于上前筠不悅乃求還山故所著文賦深詆釋氏亦爲通人所
譏然詞理宏通文彩煥發每製一篇人皆傳寫雖李白之放蕩杜
甫之壯麗能兼之者其唯筠乎
孔述睿越州人也曾祖昌寓膳部郎中祖舜監察御史父齊參寶
鼎令述睿少與兄克符弟克讓皆事親以孝聞既孤俱隱於嵩山

○述睿好學不倦大曆中轉運使劉晏累表薦述睿有顏閔之行游
夏之學代宗以太常寺協律郎徵之轉國子博士歷遷尚書司勳
員外郎史館脩撰述睿每加恩命暫至朝廷謝恩旬日即辭疾卻
歸舊隱德宗踐祚以諫議大夫銀章朱紱命河南尹趙惠伯齎詔
書玄纁束帛就嵩山以禮徵聘述睿既至召對於別殿特賜第宅
給以廄馬兼爲皇太子侍讀旬日後累表固辭依前乞還舊山詔
報之曰卿懷伊摯臣時之道有廣成嘉遯之風養素丘園屢辭命
秩朕以崆峒問道渭水求師亦何必務執勞謙固求退讓無違朕
旨且啓乃心述睿既懇辭不獲方就職久之改秘書少監兼右庶
子每加史館脩撰述睿精於地理在館乃重修地理誌時稱詳究
而又性謙和退讓與物無競每親朋集會皆恂恂以不能言者人
皆歎之時令狐峘亦充脩撰與述睿同職多以細碎之事侵述睿
述睿皆讓之竟不與爭時人稱爲長者貞元四年命齎詔并御饌
衣服數百襲往平涼盟會處祭陷殁將士骸骨以述睿性精慤故

也九年以疾上表請罷官詔不許報之曰朕以卿德重朝端行敦
風俗不言之教所賴攸深未依來請想宜悉也述睿再三上表方
獲允許乃以太子賓客賜紫金魚袋致仕放還鄉里仍賜帛五十
疋衣一襲故事致仕還鄉者皆不給公乘德宗優寵儒者特命給
而遣之貞元十六年九月卒年七十一贈工部尚書子敏行
敏行字至之舉進士元和五年禮部侍郎崔樞下擢第吕元膺廉
問岳鄂辟爲賓佐丁母憂而罷後元膺爲東都留守移鎮河中敏
行皆從之十四年入爲右拾遺遷左補闕長慶中爲起居郎改左
司員外郎歷司勳郎中充集賢殿學士遷吏部郎中餞拜諫議大
夫上疏論興元監軍楊叔元陰激募卒爲亂殺節度使李絳人不
敢發其事敏行上表極諍之故叔元得罪時論稱美敏行名臣之
子少而脩絜爲人所稱及游官與當時豪俊爲友雖名華爲一時
而貞規雅操與父遠矣大和九年正月卒年四十九贈尚書工部
侍郎

○陽城字亢宗北平人也代爲官族家貧不能得書乃求爲集賢寫
書吏竊官書讀之晝夜不出房經六年乃無所不通既而隱於中
條山遠近慕其德行多從之學閭里相訟者不詣官府詣城請決
陝虢觀察使李泌聞其名親詣其里訪之與語甚悅泌爲宰相薦
爲著作郎德宗令長安縣尉楊寧齎束帛詣夏縣所居而召之城
乃衣褐赴京上章辭讓德宗遣中官持章服衣之而後召賜帛五
十疋尋遷諫議大夫初未至京人皆想望風彩曰陽城山人能自刻
苦不樂名利今爲諫官必能以死奉職人咸畏憚之及至諸諫官紛
紜言事細碎無不聞達天子益厭苦之而城方與二弟及客日夜
痛飲人莫能窺其際皆以虛名譏之有造城所居將問其所以者
城望風知其意引之與坐輒強以酒客辭城輒引自飲客不能已
乃與城酬酢客或時先醉仆席上城或時先醉臥客懷中不能聽
客語約其二弟云吾所得月俸汝可度吾家有幾口月食米當幾
何買薪菜鹽凡用幾錢先具之其餘悉以送酒媼無留也未嘗有

所蓄積雖所服用有切急不可闕者客稱某物佳可愛城輒喜舉
而授之有陳萇者候其始請月俸常往稱其錢帛之美月有獲焉
時德宗在位多不假宰相權而左右得以因緣用事於是裴延齡
李齊運韋渠牟等以姦佞相次進用誣譖時宰毀詆大臣陸贄等
咸遭枉黜無敢救者城乃伏閤上疏與拾遺王仲舒共論延齡姦
佞贄等無罪德宗大怒召宰相入議將加城罪時順宗在東宮為
城獨開解之城賴之獲免於是金吾將軍張萬福聞諫官伏閤諫
趨往至延英門大言賀曰朝廷有直臣天下必太平矣乃造城及王
仲舒等曰諸諫議能如此言事天下安得不太平已而連呼太平
太平萬福武人年八十餘自此名重天下時朝夕欲相延齡城曰
脫以延齡為相城當取白麻壞之竟坐延齡事改國子司業城既
至國學乃召諸生告之曰凡學者所以學為忠與孝也諸生寧有
久不省其親者乎明日告城歸養者二十餘人有薛約者嘗學於
城性狂躁以言事得罪徙連州客寄無根蒂臺吏以蹤跡求得之

於城家城坐臺吏於門與約飲酒訣別涕泣送之郊外德宗聞之
以城黨罪人出為道州刺史太學生魯郡季儻等二百七十人詣
闕乞留經數日吏遮止之疏不得上在道州以家人法待吏人宜罰
者罰之宜賞者賞之不以簿書介意道州土地產民多矮每年常
配鄉戶貢其男號為矮奴城不平其以良為賤又憫其編甿歲有
離異之苦乃抗疏論而免之自是乃停其貢民皆賴之無不泣荷前
刺史有贓罪觀察使方推鞫之吏有幸於前刺史者拾其不法事
以告自為功城立杖殺之賦稅不登觀察使數加誚讓州上考功第
城自署其第曰撫字心勞徵科政拙考下下觀察使遣判官督其
賦至州怪城不出迎以問州吏吏曰刺史聞判官來以為有罪自囚
於獄不敢出判官大驚馳入謁城於獄曰使君何罪某奉命來候
安否耳留一二日未去城因不復歸館門外有故門扇橫地城晝
夜坐臥其上判官不自安辭去其後又遣他判官往按之他判官
義不欲按乃載妻子行中道而自逸順宗即位詔徵之而城已卒

士君子惜之是歲四月賜其家錢二百貫文仍令所在州縣給遞
以喪歸葬焉

崔觀梁州城固人為儒不樂仕進以耕稼為業老而無子乃以田
宅家財分給奴婢令各為生業觀夫妻遂隱於城固南山家事一
不問約奴婢遞過其舍至則供給酒食而已夫婦林泉相對以嘯
詠自娛山南西道節度使鄭餘慶高其行辟為節度參謀累邀方
至府第為吏無方略苦不達人事餘慶以長者優容之大和八年
左補闕王直方上疏論事得召見文宗便殿訪以時事直方亦興
元人與觀城固山為鄰是日因薦觀有高行詔以起居郎徵之觀
辭疾不起卒於山

贊曰高士忘懷不隱不顯依隱釣名真風漸鮮結廬泉石投紱市
朝心無出處是曰遺逸

唐書列傳卷第一百四十二

左奉議郎充紹興府府學教授朱倬校正

唐書列傳卷第一百四十三　　劉昫等修

列女

李德武妻裴氏　楊慶妻王氏 獨孤師仁乳母王氏附
楊三安妻李氏　魏衡妻王氏　樊會仁母敬氏
絳州孝女衛氏　濮州孝女賈氏　鄭義宗妻盧氏
劉寂妻夏侯氏　楚王靈龜妃上官氏　楊紹宗妻王氏
于敏直妻張氏　冀州女子王氏　樊彥琛妻魏氏
鄒保英妻奚氏 古玄應妻高氏附　宋庭瑜妻魏氏
崔繪妻盧氏　奉天縣竇氏二女　盧甫妻李氏 王泛妻裴氏附
鄒待徵妻薄氏　李湍妻　董昌齡母楊氏
韋雍妻蘭陵縣君蕭氏　衡方厚妻武昌縣君程氏
女道士李玄真　孝女王和子　鄭神佐女

女子稟陰柔之質有從人之義前代誌貞婦烈女蓋善其能以禮自防至若失身賊庭不汚非義臨白刃而慷慨誓丹衷而激發粉身不顧視死如歸雖在壯夫恐難守節窈窕之操不其賢乎其次梁鴻之妻無辭偕隱恭姜之誓不踐二庭婦道母儀克彰圖史又其長也末代風靡貞行寂寥聊播椒蘭以貽閨壼彤管之職幸無忽焉

李德武妻裴氏字淑英戶部尚書安邑公矩之女也性婉順有容德事父母以孝聞適德武一年而德武坐從父金才事徙嶺表矩時爲黃門侍郎奏請德武離婚煬帝許之德武將與裴別謂曰燕婉始爾便事分離方遠投瘴癘恐無還理尊君奏留必欲改嫁耳於此即事長訣矣裴泣而對曰婦人事夫無再醮之禮夫者天也何可背乎守之以死必無他志因操刀欲割耳自誓保者禁之乃止裴與德武別後容貌毀悴常讀佛經不御膏澤李氏之姊妹在都邑者歲時朔望必命左右致敬而省焉裴又嘗讀列女傳見稱述不改嫁者乃謂所親曰不踐二庭婦人常理何爲以此載於記傳乎後十餘年間與德武音信斷絕矩欲奪其志時有柳直求婚許之期有定日乃以前事刀斷其髮悲泣絕粒矩不可奪乃止德武已於嶺表娶爾朱氏爲妻及遇赦得還至襄州聞裴守節乃出其後妻重與裴合生三男四女貞觀中德武終於鹿城令裴歲餘亦卒

楊慶妻王氏世充兄之女也慶即隋河間王弘之子大業末封郇王爲滎陽太守後陷於世充世充以兄女妻之授管州刺史及太宗攻圍洛陽慶謀背世充欲與其妻俱來歸國妻謂慶曰鄭國以妾奉箕箒於公者所以結公心耳今既二三其行負恩背義自爲身謀妾將奈何若至長安則公家之婢耳願送至東都公之惠也慶不聽伺慶出後謂侍者曰唐兵若勝我家則滅鄭國無危吾夫又死進退唯谷何以生焉乃飲藥而卒慶既入朝官至宜州刺史

時又有獨孤武都謀叛王世充歸國事覺誅死武都子師仁年始三歲世充以其年幼不殺使禁掌之乳母王氏號蘭英請髡鉗求入保養世充許之蘭英擁育提攜備盡筋力時喪亂年飢人多餓死蘭英扶路乞丐捃拾遇有所得便歸與師仁蘭英唯啖土飲水而已後詐採拾乃竊師仁歸于京師高祖嘉其義下詔曰師仁乳母王氏慈惠有聞撫鞠無倦提攜遺幼背逆歸朝宜有褒隆以錫其號可封永壽郡君

楊三安妻李氏雍州涇陽人也事舅姑以孝聞及舅姑亡歿三安亦死二子孩童家至貧窶李晝則力田夜則紡績數年間葬舅姑及夫之叔姪兄弟者七喪深爲遠近所嗟尚太宗聞而異之賜帛二百段遣州縣所在存恤之

魏衡妻王氏梓州郪人也武德初薛仁杲舊將房企地侵掠梁郡因獲王氏逼而妻之後企地漸強盛衡謀以城應賊企地領衆將趨梁州未至數十里飲酒醉臥王氏取其佩刀斬之携其首入城賊衆乃散高祖大悅封爲崇義夫人捨衡同賊之罪

樊會仁母敬氏字像子蒲州河東人也年十五適樊氏生會仁而

夫喪事舅姑姊姒以謹順聞及服終母兄以其盛年將奪其志微
加諷諭便悲恨嗚咽如此者數四母兄乃潛許人爲婚矯稱母患
以召之凡所營具皆寄之鄰里像子既至省母無疾鄰家復具肴
饍像子知爲所欺佯爲不悟者其嫂復請像子沐浴像子私謂會
仁曰吾不幸孀居誓與汝父同穴所以不死者徒以我母高齡老汝
身幼弱今汝舅欲奪吾志將加逼迫於汝何如會仁失聲啼泣
像子撫之曰汝勿啼吾向僞不覺者令汝舅不我爲意聞汝啼知
吾覺悟必加防備則吾難爲計矣會仁便佯睡像子於是伺隙
携之遁歸中路兄使追及之將逼與俱返像子誓以必死辭情甚
切其兄感歎而止後會仁年十八病卒時像子母已終既葬像子
謂其所親曰吾老母不幸又夫死子亡義無久活於是號慟不食
數日而死
絳州孝女衛氏字無忌夏縣人也初其父爲鄉人衛長則所殺無
忌年六歲母又改嫁無弟兄及長常思復讎無忌從伯常設宴爲
樂長則時亦預坐無忌以塼擊殺之既而詣吏稱父讎既報請就
刑戮巡察大使黄門侍郎褚遂良以聞太宗嘉其孝烈特令免罪
給傳乘徙於雍州并給田宅仍令州縣以禮嫁之
孝女賈氏濮州鄄城人也年始十五其父爲宗人玄基所害其弟
強仁年幼賈氏撫育之誓以不嫁及強仁成童思共報復乃候玄
基殺之取其心肝以祭父墓遣強仁自列於縣司斷以極刑賈氏
詣闕自陳已爲請代強仁死高宗哀之特下制賈氏及強仁免罪
移其家於洛陽
鄭義宗妻盧氏幽州范陽人盧彥衡之女也略涉書史事舅姑甚
得婦道嘗夜有強盜數十人持杖鼓譟踰垣而入家人悉奔竄唯
有姑獨在室盧冒白刃往至姑側爲賊捶擊之幾至於死賊去後
家人問曰羣兇擾橫人盡奔逃何獨不懼答曰人所以異於鳥獸
者以其仁義也昔宋伯姬守義赴火流稱至今吾雖不敏安敢忘
義且鄰里有急尚相赴救況在於姑而可委棄若萬一危禍豈宜

獨生其姑又母云古人稱歲寒然後知松柏之後凋也吾今乃知
盧新婦之心矣貞觀中卒
劉寂妻夏侯氏滑州胙城人字碎金父長雲爲鹽城縣丞因疾喪
明碎金乃求離其夫以終侍養經十五年兼事後母以至孝聞及
父卒毀瘠殆不勝喪被髮徒跣負土成墳廬於墓側每日一食如
此者積年貞觀中有制表其門閭賜以粟帛
楚王靈龜妃上官氏秦州上邽人父懷仁右金吾將軍上官年十
八歸于靈龜繼楚哀王後本生具存朝夕侍奉恭謹彌甚凡有新
味非舅姑嘗訖未曾先嘗經數載靈龜薨及將葬其前妃閻氏
嫁不踰年而卒又無近族衆議欲不舉之上官氏曰必神而靈寧
可使孤魂無託於是備禮同葬聞者莫不嘉歎服終諸兄姊謂曰
妃年尚少又無所生改醮異門禮儀常範妃可思之妃掩泣對曰丈
夫以義烈標名婦人以守節爲行未能即先犬馬以殉溝壑寧可
復飾粧服有他志乎遽將截鼻割耳以自誓諸兄姊知其志不可
奪歎息而止尋卒
楊紹宗妻王氏華州華陰人也初年二歲所生母亡爲繼母鞠養
至年十五父又征遼而歿繼母尋亦卒王乃收所生及繼母屍柩并
立父形像招魂還葬訖廬於墓側陪其祖母及父母墳永徽中詔
曰故楊紹宗妻王氏因心爲孝率性成道年迫桑榆筋力衰謝以
往在隋朝父歿遼左招魂遷葬負土成墳又葬其祖父母等竭此老
年親加板築痛結晨昏哀感行路永言志行嘉尚良深宜標其門
閭用旌敏德賜物三十段粟五十碩
于敏直妻張氏營州都督皖城公儉之女也數歲時父母微有疾
即觀察顏色不離左右晝夜省侍宛若成人及稍成長恭順彌甚
適延壽公于欽明子敏直初聞儉有疾便即號踊自傷期於必死
儉卒後凶問至號哭一慟而絕高宗下詔賜物百段仍令史官録之
冀州鹿城女子王阿足者早孤無兄弟唯姊一人阿足初適同縣李
氏未有子而夫亡時年尚少人多聘之爲姊年老孤寡不能捨去

乃誓不嫁以養其姊每營田業夜便紡績衣食所須無非阿足
出者如此二十餘年及姊喪葬送以禮鄉人莫不稱其節行競令
妻女求與相識後數歲青終于家
樊彥琛妻魏氏楚州淮陰人彥琛病篤將卒魏泣而言曰幸以愚
陋託身明德奉侍衣裳二十餘載豈意釁妨所招遽見此禍同入
黃泉是其願也彥琛荅曰死生常道無所多恨君宜免勵養諸孤
使其成立若相從而死適足貽累非吾所取也彥琛卒後屬李敬
業之亂乃為賊所獲賊黨知其素解絲竹逼令彈箏魏氏歎曰我
夫不幸亡歿未能自盡苟復偷生今復見逼管絃豈非禍從手發
耶乃引刀斬指弃之於地賊黨又欲妻之魏以必死自固賊等忿
怒以刃加頸語云若不從我即當殞命乃厲聲罵曰爾等狗盜乃
欲污辱好人今得速死會我本志賊乃斬之聞者莫不傷惜
鄒保英妻奚氏不知何許人也萬歲通天年契丹賊李盡滅來寇平
州保英時任刺史領兵討擊既而城孤援寡勢將欲陷奚氏乃率家

僮及城內女丁相助固守賊退所司以聞優制封為誠節夫人時有
古玄應妻高氏亦能固守飛狐縣城卒免為突厥所陷下詔曰頃屬
默啜攻城咸憂陷沒丈夫固守猶不能堅婦人懷忠不憚流矢由茲
感激危城重安如不褒昇何以獎勸古玄應妻可封為徇忠縣君
宋庭瑜妻魏氏定州鼓城人隋著作郎彥泉之後也世為山東士
族父克己有詞學則天時為天官侍郎魏氏善屬文先天中庭瑜
自司農少卿左遷涪州別駕魏氏隨夫之任中路作南征賦以敘
志詞甚典美開元中庭瑜累遷慶州都督初中書令張說年少
時為克己所重魏氏恨其夫為外職乃作書與說敘亡父疇昔之
事并為庭瑜申理乃錄南征賦寄說說歎曰曹大家東征之流也
庭瑜尋轉廣州都督道病卒魏氏旬日亦殞時人莫不傷之
崔繪妻盧氏幽州范陽人也為山東著姓祖幼孫常州刺史父獻
有美名則天時歷鸞臺侍郎文昌左丞天授中為酷吏來俊臣所
陷左遷西鄉令而卒繪早終盧既年少諸兄常欲嫁之盧輒稱病

固辭盧亡姊之夫李思仲神龍初為工部侍郎又求續親時思仲
當朝美職諸兄不之拒將婚之夕方以告盧盧又固辭不可仍令
人防其門盧謂左右曰吾自誓又已定矣乃夜中出自竇中奔歸
崔氏髮面盡為糞穢所污宗族見者皆為之垂淚因出家為尼諸
尼欽其操行皆尊事之開元中以老病而卒
奉天縣竇氏二女伯娘仲娘雖長於村野而幼有志操住與邠州
接界永泰中草賊數千人持兵刃入其村落行剽劫聞二女有容
色姊年十九妹年十六藏於巖窟間賊徒擬為逼辱乃先曳伯娘
出行數十步又曳仲娘出賊相顧自慰行臨深谷伯娘曰我豈受
賊污辱乃投之於谷賊方驚駭仲娘又投於谷谷深數百尺姊尋
卒仲娘脚折面破血流被體氣絕良久而蘇賊義之而去京兆尹
第五琦感其貞烈奏之詔旌表門閭乃長免丁役二女葬事官給
京兆戶曹陸海首賦以美之
原武尉盧甫妻李氏隴西成紀人也父瀾永泰元年春任蘄縣

令界內先有草賊二千餘人瀾挺身入賊結以誠信賊並降附百
姓復業者二百餘家時曹昇任徐州刺史知賊乃領兵擒龍長賊得
賊後入縣殺瀾瀾將被殺從父弟渤詣賊救瀾請代兄死瀾又請
留弟弟兄爭死瀾女盧甫妻又泣請代父死並為賊所害宣慰使
吏部侍郎李季卿以節義聞又有尉氏尉王泛妻裴氏儀王傅巨
卿之女也素有容範為賊所俘賊逼之裴曰吾衣冠之子當死即
死終不苟全一命受污於賊賊脅之以兵逼之以刃裴堅罵抗之
賊怒乃支解裴氏至死不屈季卿亦以狀迹聞詔曰鄭州原武縣
尉盧甫亡妻李氏汴州尉氏縣尉王泛亡妻裴氏等懿範傳家柔
明植性頃因寇難克彰義烈或請代父死表因心之孝或誓逐夫
亡標難奪之節宜膺贈飾俾光休美李氏可贈孝昌縣君裴氏可
贈河東縣君仍編入史冊瀾渤亦贈官秩
鄒待徵妻薄氏待徵大曆中為常州山陰縣尉其妻為海賊所掠
薄氏守節出待徵官告於懷中託付村人便謂待徵曰義不受辱

乃投江而死賊退潮落待御於江岸得妻屍焉江左丈士多著節婦文以紀之

李湍妻湍吳元濟之軍人也元和中淮南未平湍心懷向順乃忽渡溵河東降烏重胤其妻遂為賊束縛在樹臠而食之至死叫其夫曰善事烏僕射觀者義之至是重胤以其事請列史冊十三年憲宗下詔從之

董昌齡母楊氏昌齡常為泗州長史世居于蔡少孤受訓於母累事吳少誠少陽至元濟時為吳房令楊氏譖誡曰逆順之理成敗可知汝宜圖之昌齡志未果元濟又署為郾城令楊氏復誡曰逆黨欺天天所不福汝當速降無以前敗為慮無以老母為念汝為忠臣吾雖歿無恨矣及王師逼郾城昌齡乃以城降且說賊將鄧懷金歸款於李光顏憲宗聞之喜急召昌齡至闕直授郾城令兼監察御史乃賜緋魚昌齡泣謝曰此昔老母之訓憲宗嗟歎良久元濟因楊氏欲殺之而止者數矣蔡平楊氏幸無恙元和十五年陳許節度使李遜跡楊氏之強明節義以聞乃封北平郡太君

○韋雍妻蕭氏雍故太子賓客張弘靖鎮幽州日奏授觀察判官攝監察御史時屬朝廷制置未備幽州俗本兇悍尤不樂文儒為主帥賓佐習於常態忽其變通議論不密卒然起亂雍時家亦從劫蕭氏聞難號呼尋執夫袂左右格去以死不從又雍臨刃蕭氏號而告曰妾不幸年少義不苟活今日之事願先就死執刃者斷其臂而殺雍蕭氏詞氣不撓雖兇悍圍視無不嗟歎其夕蕭氏亦卒大和六年節度使楊志誠表明其事因降勅追封蘭陵縣君

衛方厚妻程氏方厚大和中任邕州都督府錄事參軍為招討使董昌齡誣枉殺之程氏力不能免乃抑其哀如非冤者昌齡雅不疑慮聽其歸葬程氏故得以徒行詣闕截耳於右銀臺門告夫被殺之冤御史臺鞫之得實諫官亦有章疏故昌齡再受譴逐程氏開成元年降勅曰乃者吏為不道虐殺爾夫論闕申冤徒行萬里崎嶇偪畏濱於危亡血誠既昭幽憤果雪雖古之烈婦何以加焉如聞孤孀無依晝哭待盡俾榮祿養仍賜跡封可封武昌縣君仍賜一子九品正員官

女道士李玄真越王貞之玄孫曾祖珍子越王第六男也先天中得罪配流嶺南玄真祖父皆亡歿於嶺外雖曾經恩赦而未昭雪玄真進狀曰去開成三年十二月內得嶺南節度使盧鈞出俸錢接借哀妾三代旅櫬暴露各在一方特與發遣歸就大塋合祔今護四喪已到長樂旅店權下未委故越王墳所在伏乞天恩允妾所奏許歸大塋妾年已六十三孤露家貧更無依倚詔曰越王事跡國史著明枉陷非辜尋以洗雪其珍子他事配流數代漂零不還京國玄真弱女孝節卓然啓護四喪綿歷萬里況是近族必可加恩行路猶或嗟稱朝廷固須恤助委宗正寺京兆府與訪越王墳墓報知如不是陪陵任祔塋卜葬其葬事仍令京兆府接借必使備禮葬畢玄真如願住京城便配咸宜觀安置

○孝女王和子者徐州人其父及兄為防秋卒戍涇州元和中吐蕃寇邊父兄戰死無子母先亡和子時年十七聞父兄歿於邊上被髮徒跣縗裳獨往涇州行丐取父兄之喪歸徐營葬手植松柏剪髮壞形廬於墓所節度使王智興以狀聞詔旌表之又大中五年兗州瑕丘縣人鄭神佐女年二十四先許適駿雄牙官李玄慶神佐亦為官健戍慶州時党項叛神佐戰死其母先亡無子女以父戰歿邊城無由得還乃剪髮壞形自往慶州護父喪還至瑕丘縣進賢鄉馬青村與母合葬便廬於墳所手植松檟誓不適人節度使蕭俶以狀奏之曰伏以閭里之中罕知禮教女子之性尤昧義方鄭氏女痛結窮泉哀深陟岵投身沙磧歸父遺骸遠自邊陲得還閭里感慕哀哉以積恨守丘墓以誓心克彰孝理之仁足厲貞方之節詔旌表門閭

贊曰政教隆平男忠女貞禮以自防義不苟生彤管有煒蘭閨振聲關雎合雅始號文明

唐書列傳卷第一百四十三　左奉議郎充紹興府府學教授朱倬校

劉昫等修

突厥上

突厥之始啓民之前隋書載之備矣祇以入國之事而述之始畢可汗咄吉者啓民可汗子也隋大業中嗣位值天下大亂中國人奔之者衆其族強盛東自契丹室韋西盡吐谷渾高昌諸國皆臣屬焉控弦百餘萬北狄之盛未之有也高視陰山有輕中夏之志可汗者猶古之單于妻號可賀敦猶古之閼氏也其子弟謂之特勤別部領兵者皆謂之設其大官屈律啜次阿波次頡利發次吐屯次俟斤並代居其官而無員數父兄死則子弟承襲高祖起義太原遣大將軍府司馬劉文靜聘于始畢引以爲援始畢遣其特勤康稍利等獻馬千疋會于絳郡又遣二千騎助軍從平京城及高祖卽位前後賞賜不可勝紀始畢自恃其功益驕踞每遣使者至長安頗多橫恣高祖以中原未定每優容之武德元年始畢使骨咄祿特勤來朝宴于太極殿奏九部樂賚錦綵布絹各有差二年二月始畢帥兵渡河至夏州賊帥梁師都出兵會之謀入抄掠授馬邑賊帥劉武周兵五百餘騎遣入句注又追兵大集欲侵太原是月始畢卒其子什鉢苾以年幼不堪嗣位立爲泥步設使居東偏直幽州之北立其弟俟利弗設是爲處羅可汗高祖爲之舉哀廢朝三日詔百官就館弔其使者又遣內史舍人鄭德挺往弔處羅賻物三萬段處羅此後頻遣使朝貢先是隋煬帝蕭后及齊王暕之子政道陷于竇建德三年二月處羅迎之至于牙所立政道爲隋王隋末中國人在虜庭者悉隸于政道行隋正朔置百官居于定襄城有徒一萬時太宗在藩受詔討劉武周師次太原處羅遣其弟步利設率二千騎與官軍會六月處羅至并州總管李仲文出迎勞之留三日城中美婦人多爲所掠仲文不能制俄而處羅卒義城公主以其子奧射設醜弱廢不立之遂立處羅之弟咄苾是爲頡利可汗

頡利可汗者啓民可汗第三子也初爲莫賀咄設牙直五原之北高祖入長安薛舉猶據隴右遣其將宗羅睺攻陷平涼郡北與頡利連結高祖患之遣光祿卿宇文歆齎金帛以賂頡利歆說之令絕交於薛舉初隋五原太守張長遜因亂以其所部五原城隸於突厥歆又說頡利遣長遜入朝以五原地歸于我頡利並從之因發突厥兵及長遜之衆並會於太宗軍所武德三年頡利又納義城公主爲妻以始畢之子什鉢苾爲突利可汗遣使入朝告處羅死高祖爲之罷朝一日詔百官就館弔其使頡利初嗣立承父兄之資兵馬強盛有憑陵中國之志高祖以中原初定不遑外略每優容之賜與不可勝計頡利言辭悖傲求請無厭四年四月頡利自率萬餘騎與馬邑賊苑君璋將兵六千人共攻鴈門定襄王李大恩擊走之先是漢陽公蘇瓌太常卿鄭元璹左驍衛大將軍長孫順德等各使于突厥頡利並拘之我亦留其使前後數輩至是爲大恩所挫於是乃懼仍放順德還更請和好獻魚膠數十斤欲令二國同於此膠高祖嘉之放其使者特勤熱寒阿史德等還蕃賜以金帛五年春胡大恩奏言突厥飢荒馬邑可圖詔大恩與殿內少監獨孤晟帥師討苑君璋期以二月會于馬邑晟後期不至大恩不能獨進頓兵新城以待之頡利遣數萬騎與劉黑闥合軍進圍大恩王師敗績大恩歿于陣死者數千人六月劉黑闥又引突厥萬餘騎入抄河北頡利復自率五萬騎南侵至于汾州又遣數千騎西入靈原等州詔隱太子出幽州道太宗出蒲州道以討之時頡利攻圍并州又分兵入汾潞等州掠男女五千餘口聞太宗兵至蒲州乃引兵出塞七年八月頡利突利二可汗舉國入寇道自原州連營南上太宗受詔北討齊王元吉隸焉初關中霖雨糧運阻絕太宗頗患之諸將亦見於色頓兵於幽州頡利突利率萬餘騎奄至城西乘高而陣將士大駭太宗乃親率百騎馳詣虜陣告之曰國家與可汗誓不相負何爲背約深入吾地我秦王也

故來一決可汗若自來我當與可汗兩人獨戰若欲兵馬總來我
唯百騎相禦耳頡利弗之測笑而不對太宗又前令騎告突利曰
爾往與我盟急難相救爾今將兵來何無香火之情也亦宜早出
一決勝負突利亦不對太宗前將渡溝水頡利見太宗輕出又聞
香火之言乃陰猜突利因遣使曰王不須渡我無惡意更欲共王
自斷當耳於是稍引卻各斂軍而退太宗因縱反間於突利突利
悅而歸心焉遂不欲戰其叔姪內離頡利欲戰不可因遣突利及
夾畢特勤阿史那思摩奉見請和許之突利因自託於太宗願結
爲兄弟思摩初奉見高祖引昇御榻頓顙固辭高祖謂曰頡利誠
心遣特勤朝拜今見特勤如見頡利固引之乃就坐尋封思摩爲
和順王八年七月頡利集兵十餘萬大掠朔州又襲將軍張瑾于
太原瑾全軍並沒脫身奔於李靖出師拒戰頡利不得進屯于并
州太宗帥師討之次蒲州頡利引兵而去太宗旋師九年七月頡
利自率十餘萬騎進寇武功京師戒嚴己卯進寇高陵行軍總管

左武候大將軍尉遲敬德與之戰于涇陽大破之獲俟斤阿史德
烏沒啜斬首千餘級癸未頡利遣其腹心執失思力入朝爲覘自
張形勢云二可汗總兵百萬今已至矣太宗謂之曰我與突厥面
自和親汝則背之我實無愧又義軍入京之初爾父子並親從我
賜汝玉帛前後極多何故輒將兵入我畿縣爾雖突厥亦須頗有
人心何故全忘大恩自誇強盛我當先戮爾矣思力懼而請命太
宗不許縶之於門下省太宗與侍中高士廉中書令房玄齡將軍
周範馳六騎幸渭水之上與頡利隔津而語責以負約其酋帥大
驚皆下馬羅拜俄而衆軍繼至頡利見軍容大盛又知思力就拘由
是大懼太宗獨與頡利臨水交言麾諸軍卻而陣焉蕭瑀以輕敵
固諫于馬前上曰吾已籌之非卿所知也突厥所以掃其境內直
入渭濱應是聞我國家初有內難朕又新登九五將謂不敢拒之
朕若閉門虜必大掠強弱之勢在今一策朕故獨出以示輕之又
耀軍容使知必戰事出不意乖其本圖虜入既深理當自懼與戰

則必剋與和則必固制服匈奴自茲始矣是日頡利請和詔許焉
車駕即日還宮乙酉又幸城西刑白馬與頡利同盟于便橋之上
頡利引兵而退蕭瑀進曰初頡利之未和也謀臣猛將多請戰而
陛下不納臣以爲疑既而虜自退其策安在上曰我觀突厥之兵
雖衆而不整君臣之計唯財利是視可汗獨在水西酋帥皆來謁
我我因而襲擊其衆勢同拉朽然我已令無忌李靖設伏於幽州
以待之虜若奔還伏兵邀其前大軍躡其後覆之如反掌矣我所
以不戰者即位日淺爲國之道安靜爲務一與虜戰必有死傷又
匈奴一敗或當懼而脩德結怨於我爲患不細我今卷甲韜戈啗
以玉帛頑虜驕志必自此始破亡之漸其在茲乎將欲取之必固
與之此之謂也九月頡利獻馬三千疋羊萬口上不受詔頡利所
掠中國戶口者悉令歸之貞觀元年陰山已北薛延陀迴紇拔也
古等餘部皆相率背叛擊走其欲谷設頡利遣突利討之師又
敗績輕騎奔還頡利怒拘之十餘日突利由是怨望內欲背之其

國大雪平地數尺羊馬皆死人大飢乃懼我師出乘其弊引兵入
朔州揚言會獵實設備焉侍臣咸曰夷狄無信先自猜疑盟後
將兵忽踐疆境可乘其便數以背約因而討之太宗曰匹夫一言
尚須存信何況天下主乎豈有親與之和利其災禍而乘危迫險
以滅之耶諸公爲可朕不爲也縱突厥部落叛盡六畜皆死朕終
示以信不妄討之待其無禮方擒取耳三年突利遣使奏言與頡
利有隙奏請擊之詔秦武通以并州兵馬隨便應接三年薛延陀
自稱可汗於漠北遣使來貢方物頡利始稱臣尚公主請修婿禮
頡利每委任諸胡疏遠族類胡人貪冒性多翻覆以故法令滋彰
兵革歲動國人患之諸部攜貳頻年大雪六畜多死國中大餒頡
利用度不給復重斂諸部由是下不堪命內外多叛之上以其請
和後復援梁師都詔兵部尚書李靖代州都督張公謹出定襄道
并州都督李勣右武衛將軍丘行恭出通漢道左武衛大將軍柴
紹出金河道衛孝節出恒安道薛萬徹出暢武道並受靖節度以

討之十二月突利可汗及郁射設蔭奈特勒等並帥所部來奔四
年正月李靖進屯惡陽嶺夜襲定襄頡利驚擾因徙牙於磧口
胡酋康蘇密等遂以隋蕭后及楊政道來降二月頡利計窘竄于
鐵山兵尚數萬使執失思力入朝謝罪請舉國內附太宗遣鴻臚
卿唐儉將軍安脩仁持節安撫之頡利稍自安靖乘間襲擊大破
之遂滅其國頡利乘千里馬獨騎奔于從姪沙鉢羅部落三月行
軍副摠管張寶相率衆奄至沙鉢羅營生擒頡利送于京師太宗
謂曰凡有功於我者必不能忘有惡於我者終亦不記論爾之罪
狀誠為不小但自渭水曾面為盟從此以來未有深犯所以録此
不相責耳仍詔還其家口館於太僕廩食之頡利鬱鬱不得志與
其家人或相對悲歌而泣帝見羸憊授虢州刺史以彼土多麞鹿
縱其畋獵庶不失物性頡利辭不願往遂授右衛大將軍賜以田
宅五年太宗謂侍臣曰天道福善禍淫事猶影響昔啓民亡國奔
隋文帝不恡粟帛大興士衆營衛安置乃得存立既而強盛當須

子子孫孫思念報德纔至始畢即起兵圍煬帝於鴈門及隋國將
亂又恃強深入遂使昔安立其家國者身及子孫並為頡利兄弟
之所屠戮今頡利破亡豈非背恩忘義所致也八年卒詔其國人
葬之從其俗禮焚屍於灞水之東贈歸義王謚曰荒其舊臣胡祿
達官吐谷渾邪自刎以殉渾邪者頡利之母婆施氏之媵臣也頡
利初誕以付渾邪至是哀慟而死太宗聞而異之贈中郎將仍葬
於頡利墓側樹碑以紀之

突利可汗什鉢苾者始畢可汗之嫡子頡利之姪也隋大業中突利
年數歲始畢遣領其東牙之兵號為泥步設隋淮南公主之北也
遂妻之頡利嗣位以為突利可汗牙直幽州之北突利在東偏管奚
霫等數十部徵稅無度諸部多怨之貞觀初奚霫等並來歸附頡
利怒其失衆遣北征延陁又喪師旅遂因而撻焉突利初自武德
時深自結於太宗太宗亦以恩意撫之結為兄弟與盟而去後頡
利政亂驟徵兵於突利拒之不與由是有隙貞觀三年表請入朝

上謂侍臣曰朕觀前代為國者勞心以憂萬姓世祚乃長役人以
奉其身社稷必滅今北蕃百姓喪亡誠由其君不君之故也至使
突利情願入朝若非困迫何能至此夷狄弱則邊境無虞亦甚為
慰然見其顛狽又不能不懼所以然者慮已有不逮恐禍變亦爾
朕今視不能遠見聽不能遠聞唯藉公等盡忠臣弼無得惰於諫
諍也突利尋為頡利所攻遣使來乞師太宗謂近臣曰朕與突利
結為兄弟不可以不救杜如晦進曰夷狄無信其來自久國家雖
為守約彼必背之不若因其亂而取之所謂取亂侮亡之道太宗
然之因令將軍周範屯太原以圖進取突利乃率其衆來奔太宗
禮之甚厚頻賜以御膳四年授右衛大將軍封北平郡王食邑封
七百戶以其下兵衆置順祐等州帥部落還蕃太宗謂曰昔爾祖
啓民亡失兵馬一身投隋隋家豎立遂至強盛荷隋之恩未嘗報
德至爾父始畢反為隋家之患自爾已後無歲不侵擾中國天實
禍淫大降災變爾衆散亂死亡略盡既事窮後乃來投我我所以

不立爾為可汗者正為啓民前事故也改變前法欲中國久安爾
宗族永固是以授爾都督當須依我國法整齊所部不得妄相侵
掠如有所違當獲重罪五年徵入朝至并州道病卒年二十九太宗
為之舉哀詔中書侍郎岑文本為其碑文子賀邏鶻嗣突利弟
結社率貞觀初入朝歷位中郎將十三年從幸九成宮陰結部落
得四十餘人并擁賀邏鶻相與夜犯御營踰第四重幕引弓亂發
殺衞士數十人折衝孫武開率兵奮擊乃退北走渡渭水欲奔其
部落尋皆捕而斬之詔原賀邏鶻流于嶺外頡利之敗也其部落
或走薛延陁或走西域而來降者甚衆詔議安邊之術朝士多言
突厥恃強擾亂中國為日久矣今天實喪之窮來歸我本非慕
義之心因其歸命分其種落俘之河南兗豫之地散居州縣各使
耕織百萬胡虜可得化為百姓則中國有加戶之利塞北可常空
矣唯中書令溫彥博議請準漢建武時置降匈奴於五原塞下
全其部落得為捍蔽又不離其土俗因而撫之一則實空虛之地二

則示無猜心若遣向河南兗豫則乖物性故非含育之道太宗將
從之祕書監魏徵奏言突厥自古至今未有如斯之破敗者也此
是上天勦絕宗廟神武且其世寇中國百姓冤讎陛下以其降伏
不能誅滅即宜遣還河北居其故土匈奴人面獸心非我族類强必
寇盜弱則卑服不顧恩義其天性也秦漢患其若是故發猛將以
擊之收取河南以為郡縣陛下奈何以內地居之且今降者幾至
十萬數年之間孳息百倍居我肘腋甫邇王畿心腹之疾將為後
患尤不可河南處也溫彥博奏曰天子之於物也天覆地載有歸
我者則必養之今突厥破滅之餘歸心降附陛下不加憐愍弃而
不納非天地之道阻四夷之意臣愚甚謂不可遣居河南所謂死
而生之亡而存之懷我德惠終無叛逆魏徵又曰晉代有魏時胡
落分居近郡平吳已後郭欽江統勸武帝逐出塞外不用欽等言
數年之後遂傾瀍洛前代覆車殷鑒不遠陛下必用彥博之言遣
居河南所謂養獸自遺患也彥博又曰聞聖人之道無所不通古

先哲王有教無類突厥餘魂以命歸我我援護之收居內地稟我
指麾教以禮法數載之後盡為農民選其酋首遣居宿衛畏威懷
德何患之有光武居南單于於內郡為漢藩翰終于一代不有叛
逆彥博既口給引類百端太宗遂用其計於朔方之地自幽州至
靈州置順祐化長四州都督府又分頡利之地六州左置定襄都
督府右置雲中都督府以統其部衆其酋首至者皆拜為將軍中
郎將等官布列朝廷五品已上百餘人因而入居長安者數千家自
結社率之反也太宗始患之又上書者多云處突厥於中國殊觀
非便乃徙於河北立右武候大將軍化州都督懷化郡王思摩為
乙彌泥孰候利苾可汗賜姓李氏率所部建牙於河北
思摩者頡利族人也始畢處羅其貌似胡人不類突厥疑非阿史
那族類故歷處羅頡利世常為夾畢特勒終不得典兵為設武德
初數來朝貢高祖封為和順郡王及其國亂諸部多歸中國唯思
摩隨逐頡利竟與同擒太宗嘉其忠除右武候大將軍化州都督

令統頡利舊部落於河南之地尋改封懷化郡王及將徙於白道
之北思摩等咸憚薛延陀不肯出塞太宗遣司農卿郭嗣本賜延
陀璽書曰突厥頡利可汗未破已前自恃強盛抄掠中國百姓被
其殺者不可勝紀我發兵擊破之諸部落悉歸化我略其舊過嘉
其從善並授官爵同我百寮所有部落愛之如子與我百姓不異
但中國禮義不滅爾國前破突厥止為頡利一人為百姓之害所
以廢而黜之實不貪其土地利其人馬也自黜廢頡利以後恒欲
更立可汗是以所降部落等並置河南任其放牧今戶口羊馬日
向滋多元許冊立不可失信即欲遣突厥渡河復其國土我策爾
延陀日月在前今突厥理是居後後者為小前者為大爾在磧北
突厥居磧南各守土境鎮撫部落若其踰越故相抄掠我即將兵
各問其罪此約既定非但有便爾身貽厥子孫長守富貴也於是
命禮部尚書趙郡王孝恭齎書就思摩部落築壇於河上以拜
之弁賜之鼓纛突厥及胡在諸州安置者並令渡河北還其舊部

又以左屯衛將軍阿史那忠為左賢王左武衛將軍阿史那泥孰
為右賢王以貳之薛延陀聞太宗遣思摩渡河北處其部落翻附
磧北預蓄輕騎伺至而擊之太宗遣勅之曰禮相信者國有常刑
延陀曰至尊遣莫相侵掠敢不奉詔然突厥翻覆難信其未破前
連年殺中國人動以千萬計至尊破突厥須收為奴婢將與百姓
而反養之如子結社率竟反此輩獸心不可信也臣荷恩甚深請
為至尊誅之時思摩下部衆渡河者凡十萬勝兵四萬人思摩不
能撫其衆皆不愜服至十七年相率叛之南渡河請分處於勝夏
二州之間詔許之思摩遂輕騎入朝尋授右武衛將軍從征遼東
為流矢所中太宗親為吮血其見顧遇如此未幾卒于京師贈兵
部尚書夏州都督陪葬昭陵立墳以象白道山詔為立碑於化州
先是貞觀中突厥別部有
車鼻者亦阿史那之族也代為小可汗牙在金山之北頡利可汗
之敗北荒諸部將推為大可汗遇薛延陀為可汗車鼻不敢當

遂率所部歸於延陁為人勇烈有謀略頗為衆附延陁惡而將誅
之車鼻密知其謀竄歸於舊所其地去京師萬里勝兵三萬人自
稱乙注車鼻可汗西有歌羅祿北有結骨皆附隸之自延陁破後
遣其子沙鉢羅特勒來朝貢方物又許身自入朝太宗遣將軍郭
廣敬徵之竟不至太宗大怒貞觀二十三年遣右驍衛郎將高偘潛
引迴紇僕骨等兵衆襲擊之其酋長歌邏祿泥孰闕俟利發乃
拔塞匐處木昆莫賀咄俟斤等率部落背車鼻相繼來降永徽
元年偘軍次阿息山車鼻聞王師至召所部兵皆不赴遂攜其妻
子從數百騎而遁其衆盡降偘率精騎追車鼻獲之送于京師仍
獻于社廟又獻于昭陵高宗數其罪而赦之拜左武衛將軍賜宅
于長安處其餘衆於鬱督軍山置狼山都督以統之車鼻長子
羯漫陁先統拔悉密部車鼻未敗前遣其子菴鑠入朝太宗嘉之
拜左屯衛將軍更置新黎州以統其衆車鼻既破之後突厥盡為
封疆之臣於是分置單于瀚海二都護府單于領狼山雲中桑乾三

都督蘇農等一十四州瀚海都護領瀚海金微新黎等七都督仙
蕚賀蘭等八州各以其首領為都督刺史高宗東封泰山狼山都
督葛邏祿社利等首領三十餘人並扈從至岳下勒名於封禪之
碑自永徽已後殆三十年北鄙無事調露元年單于管內突厥首
領阿史德溫傅奉職二部落始相率反叛立泥孰匐為可汗二十四
州並叛應之高宗遣鴻臚卿蕭嗣業右千牛將軍李景嘉率衆
討之反為溫傅所敗兵士死者萬餘人又詔禮部尚書裴行儉為
定襄道行軍大總管率太僕少卿李思文營州都督周道務等統
衆三十餘萬討擊溫傅大破之泥孰匐為其下所殺并擒奉職而
還永隆元年突厥又迎頡利從兄之子阿史那伏念於夏州將渡
河立為可汗諸部落復響應從之又詔裴行儉率將軍曹繼叔程
務挺李崇直李文暕等討之伏念窘急詣行儉降行儉遂虜伏念
詣京師斬于東市永淳二年突厥阿史那骨篤祿復反叛
骨咄祿者頡利之疎屬亦姓阿史那氏其祖父本是單于右雲中

都督舍利元英下首領世襲吐屯啜伏念既破骨咄祿鳩集亡
散入總材山聚為羣盜有衆五千餘人又抄掠九姓得羊馬甚多
漸至強盛乃自立為可汗以其弟默啜為殺咄悉匐為葉護時有
阿史德元珍在單于檢校降戶部落嘗坐事為單于長史王本立
所拘縶會骨咄祿入寇元珍請依舊檢校部落本立許之因而便
投骨咄祿骨咄祿得之甚喜立為阿波達干令專統兵馬事永淳
二年進寇蔚州豐州都督崔智辯擊之反為賊所殺文明元年又
寇朔州殺掠人吏則天詔左武威衛大將軍程務挺為單于道安
撫大使以備之垂拱二年骨咄祿又寇朔代等州左玉鈐衛中郎
將淳于處平為陽曲道總管與副將中郎將蒲英節率兵赴援行
至忻州與賊戰大敗死者五千餘人三年骨咄祿及元珍又寇昌平
詔左鷹揚衛大將軍黑齒常之擊却之其年八月又寇朔州復以
常之為燕然道大總管擊賊於黃花堆大破之追奔四十餘里賊
衆遂散走磧北右監門衛中郎將爨寶璧又率精兵一萬三千人

出塞窮追反為骨咄祿所敗全軍盡沒寶璧輕騎遁歸初寶璧見
常之破賊遂表請窮其餘黨則天詔常之與寶璧計議遙為聲援
寶璧以為破賊在朝夕貪功先行又令人出塞二千餘里覘候見元
珍等部落皆不設備遂率衆掩襲之既至又遣人報賊令得設備
出戰遂為賊所覆寶璧坐此伏誅則天大怒因改骨咄祿為不卒
祿元珍後率兵討突騎施臨陣戰死骨咄祿天授中病卒
默啜者骨咄祿之弟也骨咄祿死時其子尚幼默啜遂篡其位自
立為可汗長壽二年率衆寇靈州殺掠人吏則天遣白馬寺僧薛
懷義為代北道行軍大總管領十八將軍以討之既不遇賊尋班
師焉默啜俄遣使來朝則天大悅冊授左衛大將軍封歸國公賜
物五千段明年復遣使請和又加授遷善可汗萬歲通天元年契
丹首領李盡忠孫萬榮反叛攻陷營府默啜遣使上言請還河西
降戶即率部落兵馬為國家討擊契丹制許之默啜遂攻討契丹
部衆大潰盡獲其家口默啜自此兵衆漸盛則天尋遣使冊立默

啜爲特進頡跌利施大單于立功報國可汗聖曆元年默啜表請與則天爲子并言有女請和親初咸亨中突厥諸部落來降附者多處之豐勝靈夏朔代等六州謂之降戶默啜至是又索此降戶及單于都護府之地兼請農器種子則天初不許默啜大怨怒言辭甚慢拘我使人司賓卿田歸道將害之時朝廷懼其兵勢納言姚璹鸞臺侍郎楊再思建議請許其和親遂盡驅六州降戶數千帳并種子四萬餘碩農器三千事以與之默啜寖強由此也其年則天令魏王武承嗣男淮陽王延秀就納其女爲妃遣右豹韜衛大將軍閻知微攝春官尚書右武威衛郎將楊齊莊攝司賓卿大齎金帛送赴虜庭行至黑沙南庭默啜謂知微等曰我女擬嫁與李家天子兒你今將武家兒來此是天子兒否我突厥積代已來降附李家今聞李家天子種末總盡唯有兩兒在我今將兵助立遂收延秀等拘之別所僞號知微爲可汗與之率衆十餘萬襲我靜難及平狄清夷等軍靜難軍使左玉鈐衛將軍慕容玄崱以兵五千人降之俄進寇媯檀等州則天令司屬卿武重規爲天兵中道大總管右武威衛將軍沙吒忠義爲天兵西道前軍總管幽州都督張仁亶爲天兵東道總管率兵三十萬以擊之右羽林衛大將軍閻敬容爲天兵西道後軍總管統兵十五萬以爲後援默啜又出自恒岳道寇蔚州陷飛狐縣俄進攻定州殺刺史孫彥高焚燒百姓廬舍虜掠男女無少長皆殺之則天大怒購斬默啜者封王改默啜號爲斬啜尋又圍逼趙州長史唐波若翻城應之刺史高叡抗節不從遂遇害則天乃立廬陵王爲皇太子令充河北道行軍大元帥軍未發而默啜盡抄掠趙定等州男女八九萬人從五回道而去所過殘殺不可勝紀沙吒忠義及後軍總管李多祚等皆持重兵與賊相望不敢戰河北道元帥納言狄仁傑總兵十萬追之無所及二年默啜立其弟咄悉匐爲左廂察骨咄祿子默矩爲右廂察各主兵馬二萬餘人又立其子匐俱爲小可汗位在兩察之上仍主處木昆等十姓兵馬四萬餘人又號爲拓西可汗自是

連歲寇邊久視元年掠隴右諸監馬萬餘疋而去制右肅政御史大夫魏元忠爲靈武道行軍大總管以備之又命安北大都督相王旦爲天兵道元帥統諸軍討擊會未行而賊退長安三年默啜遣使莫賀達干請以女妻皇太子之子則天令太子男平恩王重俊義興王重明廷立見之默啜遣大臣移力貪汗入朝獻馬千疋及方物以謝許親之意則天讌之於宿羽亭太子相王及朝集使三品已上並預會重賜以遣之中宗即位默啜又寇靈州鳴沙縣靈武軍大總管沙吒忠義拒戰久之官軍敗績死者六千餘人賊遂進寇原會等州掠隴右羣牧馬萬餘疋而去忠義坐免中宗下制絕其請婚仍購募能斬獲默啜者封國王授諸衛大將軍賞物二千段又命內外官各進破突厥之策右補闕盧俌上疏曰臣聞有虞咸熙苗人逆命殷宗大化鬼方不賓則戎狄交侵其來遠矣漢高帝納婁敬之議與匈奴和親妻其宗女賂以鉅萬冒頓益驕邊寇不止則遠荒之地凶悍之俗難以德綏可以威制而降自三代無聞上策今匈奴不臣擾我亭障皇赫斯怒將整元戎臣聞方叔帥師功歌周雅去病燿武勳烈燕山則萬里折衝在於擇將春秋謀元帥取其說禮樂敦詩書晉臣杜預射不穿札而建平吳之勳是知中權制謀不在一夫之勇其蕃將沙吒忠義等身雖驍悍志無遠圖此乃騎將之材本不可當大任且師出以律將軍死綏秦尅長平趙括受戮胡去馬邑王恢坐誅則弃軍有刑古之常典近者鳴沙之役主將先逃輕挫國威須正邦憲又其中軍既敗陣亂矢窮義勇之士猶能死戰功合紀錄以勸戎行賞罰既明將士盡節此擒敵之術也臣聞以蠻夷攻蠻夷中國之長筭故陳湯統西域而郅支滅常惠用烏孫而匈奴敗請購辯勇之士班傅之儔旁結諸蕃與圖攻取此又掎角之勢也臣聞昔置新秦以實塞下宜因古法募人徙邊選其勝兵免其行役大盧伍明教令則細冑戎事究識夷險其所虜獲因而賞之近戰則守家遠戰則利貨趨赴鋒鏑不勞訓誓朝賦楊柳夕歌杕杜十年之後可以久安臣

聞漢拜郅都匈奴避境趙命李牧林胡遠竄則朔方之安危邊城
之勝負地方千里制在一賢其邊州刺史不可不慎擇得其人而
任之蒐乘訓兵屯田積粟謹設烽燧繕飾戈矛來則懲而禦之去
則備而守之此又古之善經也去歲亢陽天下不稔利在保境不
可窮兵使內郡黔黎各安其業擇其宰牧輕其賦傜事無過舉
爵不以私愛人之財節其浮役惜人之力不廣臺榭察地利天時
以趨耕獲命秋獮冬狩以教戰陣則數年之後有勇知方弩藏山
積金革犀利然後整六軍絕大漠雷擊萬里風掃二庭斬蹛林之
酋懸蒿街之邸使百蠻震怖五兵載戢則上合天時下順人事理
內以及外綏近以來遠以惠中國以靜四方臣少慕文儒不習軍旅
奇正之術多媿前良敢替是司輒陳瞽議上覽而善之默啜於是
殺我行人假鴻臚卿臧思言思言對賊不屈節特贈鴻臚卿仍命
左屯衛大將軍張仁亶攝右御史臺大夫充朔方道大總管以禦
之仁亶始於河外築三受降城絕其南寇之路睿宗踐祚默啜又

遣使請和親制以宋王成器女爲金山公主許嫁之默啜乃遣其
男楊我支特勒來朝授右驍衛員外大將軍俄而睿宗傳位親竟
不成初默啜景雲中率兵西擊娑葛破滅之契丹及奚自神功之
後常受其徵役其地東西萬餘里控弦四十萬自頡利之後最爲
強盛自恃兵威虐用其衆默啜既老部落漸多逃散開元二年遣
其子移涅可汗及同俄特勒妹壻火拔頡利發石阿失畢率精騎
圍逼北庭右驍衛將軍郭虔瓘嬰城固守俄而出兵擒同俄特勒
于城下斬之虜因退縮火拔懼不敢歸攜其妻來奔制授左衛大
將軍封燕北郡王封其妻爲金山公主賜宅一區奴婢十人馬十
疋物千段明年十姓部落左廂五咄六啜右廂五弩失畢五俟斤
及子壻高麗莫離支高文簡𨁂跌都督𨁂跌思泰等各率其衆相
繼來降前後總萬餘帳制令居河南之舊地授高文簡左衛員外
大將軍封遼西郡王𨁂跌思泰爲特進右衛員外大將軍兼𨁂跌
都督封樓煩郡公自餘首領封拜賜物各有差默啜女壻阿史德

胡祿俄又歸朝授以特進其秋默啜與九姓首領阿布思等戰于
磧北九姓大潰人畜多死阿布思率衆來降四年默啜又北討九
姓拔曳固戰于獨樂河拔曳固大敗默啜負勝輕歸而不設備遇
拔曳固迸卒頡質略於柳林中突出擊默啜斬之便與入蕃使郝靈
佺傳默啜首至京師骨咄祿之子闕特勒鳩合舊部殺默啜子小
可汗及諸弟幷親信略盡立其兄左賢王默棘連是爲毗伽可汗
毗伽可汗以開元四年即位本蕃號爲小殺性仁友自以得國是
闕特勒之功固讓之闕特勒不受遂以爲左賢王專掌兵馬是時
奚契丹相率款塞突騎施蘇祿自立爲可汗突厥部落頗多攜貳
乃召默啜時衙官暾欲谷爲謀主初默啜下衙官盡爲闕特勒所
殺暾欲谷以女爲小殺敦遂免死廢歸部落及復用年已七十餘
蕃人甚敬伏之俄而降戶阿悉爛𨁂跌思泰等復自河曲叛歸初
降戶南至單于左衛大將軍單于副都護張知運盡收其器仗令
渡河而南蕃人怨怒御史中丞姜晦爲巡邊使蕃人訴無弓矢不

得射獵晦悉給還之故有抗敵之具張知運既不設備與降戶戰
于青剛嶺爲降戶所敗臨陣生擒知運擬送與突厥朔方總管薛
訥率兵追討之賊至大斌縣又爲將軍郭知運所擊賊衆大潰散
投黑山呼延谷釋張知運而去上以張知運喪師斬之以徇小殺既
得降戶謀欲南入爲寇暾欲谷曰唐主英武人和年豐未有間隙
不可動也我衆新集猶尚疲羸須且息養三數年始可觀變而舉
小殺又欲修築城壁造立寺觀暾欲谷曰不可突厥人戶寡少不
敵唐家百分之一所以常能抗拒者正以隨逐水草居處無常射
獵爲業人皆習武強則進兵抄掠弱則竄伏山林唐兵雖多無所
施用若築城而居改變舊俗一朝失利必將爲唐所併且寺觀之
法教人仁弱本非用武爭強之道不可置也小殺等深然其策八
年冬御史大夫王晙爲朔方大總管奏請西徵拔悉密東發奚
契丹兩蕃期以明年秋初引朔方兵數道俱入掩突厥衙帳於稽
洛河上小殺聞之大恐暾欲谷曰拔悉密今在北庭與兩蕃東西

相去極遠勢必不合王晙兵馬計亦無能至此必若能來候其臨
到即移衙帳向北三日唐兵糧盡自然去矣且拔悉密輕而好利
聞命必是先來王晙與張嘉貞不協奏請有所不愜必不敢動若
王晙兵馬不來拔悉密獨至即須擊取之勢易爲也九月秋拔悉
密果臨突厥衙帳而王晙兵及兩蕃不至拔悉密懼而引退突厥
欲擊之暾欲谷曰此衆去家千里必將死戰未可擊也不如以兵
躡之去北庭二百里暾欲谷分兵間道先掩北庭因縱兵擊拔悉
密之還衆遂散走投北庭而城陷不得入盡爲突厥所擒并虜其
男女而還暾欲谷迴兵因出赤亭以掠涼州羊馬時楊敬述爲涼
州都督遣副將盧公利判官元澄出兵邀擊之暾欲谷曰敬述若
守城自固即與連和若出兵相當即須決戰我今乘勝必有功矣
公利等兵至刪丹遇賊元澄令兵士揎臂持滿仍急結其袖會風
雪凍烈盡墜弓矢由是官軍大敗元澄脫身而走敬述坐削除官
爵白衣檢校涼州事小殺由是大振盡有默啜之衆俄又遣使請

和乞與玄宗爲子上許之仍請尚公主上但厚賜而遣之十三年玄
宗將東巡中書令張說謀欲加兵以備突厥兵部郎中裴光庭曰
封禪者告成之事忽此徵發豈非名實相乖說曰突厥比雖請和
獸心難測且小殺者仁而愛人衆爲之用闕特勤驍武善戰所向
無前暾欲谷深沉有謀老而益智李靖徐勣之流也三虜協心動
無遺策知我舉國東巡萬一窺邊何以禦之光庭請遣使徵其大
臣扈從則突厥不敢不從又亦難爲舉動說然其言乃遣中書直
省袁振攝鴻臚卿往突厥以告其意小殺與其妻及闕特勤暾欲
谷等環坐帳中設宴謂振曰吐蕃狗種唐國與之爲婚奚及契丹
舊是突厥之奴亦尚唐家公主突厥前後請結和親獨不蒙許何
也袁振曰可汗既與皇帝爲子父子豈合爲婚姻小殺等曰兩蕃
亦蒙賜姓猶得尚主但依此例有何不可且聞入蕃公主皆非天
子之女今之所求豈問眞假頻請不得實亦羞見諸蕃振許爲奏
請小殺乃遣其大臣阿史德頡利發入朝貢獻因扈從東巡玄宗

發都至嘉會頓引頡利發及諸蕃酋長入仗仍與之弓箭時有兔
起於御馬之前上引弓傍射舍拔獲之頡利發便下馬捧兔蹈舞
曰聖人神武超絕若天上則不知人間無也上因令問飢否對曰
仰觀聖武如此十日不食猶爲飽也自是常令突厥入仗馳射起
居舍人呂向上疏曰臣聞鳴梟不鳴未爲瑞鳥猛虎雖伏豈齊仁
獸是由醜性毒行久務賞積故也今夫突厥者正與此類安忍殘
賊莫顧君親陛下持武義臨之文德來之既慴威靈又沐膏教以
力勢不得不庭故稽顙稱臣奔命遣使陛下乃能收其傾効雜以
從官赴封禪之禮參玉帛之會此德業自盛固不可名焉因復詔
許侍遊召入禁仗仰英姿之四照送神藝之百發恩意俱極誠無
得踰焉乃更賜以馳逐使操弓矢競飛鏃於前同獲獸之樂是屑
略太過未敢取也雖聖肎谿達與物無猜而愚心徘徊與時加慄
儻此等各懷犬吠交肆鴟憎荆卿詭動何羅竊至暫逼嚴蹕稍冒
清塵縱即殪女方墟幽土單于爲醢亏盧爲污何塞過責特願陛

下勿復親近使知分限待不失常歸於得所以謂迴兩曜之鑒袪
九宇之憂孰不幸甚上納其言遽令諸蕃先發東封迴上爲頡利
發設讌厚賜而遣之竟不許其和親十五年小殺使其大臣梅錄
啜來朝獻名馬三十疋時吐蕃與小殺書將計議同時入寇小殺
并獻其書上嘉其誠引梅錄啜宴於紫宸殿厚加賞賚仍許於朔
方軍西受降城爲互市之所每年齎縑帛數十萬疋就邊以遺之
二十年闕特勤死詔金吾將軍張去逸都官郎中呂向齎璽書入
蕃弔祭并爲立碑上自爲碑文仍立祠廟刻石爲像四壁畫其戰
陣之狀二十年小殺爲其大臣梅錄啜所毒藥發未死先討斬梅
錄啜盡滅其黨既卒國人立其子爲伊然可汗詔宗正卿李詮往
申弔祭并冊立伊然爲立碑廟仍令史官起居舍人李融爲其碑
文無幾伊然病卒又立其弟爲登利可汗
登利者猶華言果報也登利年幼其母即暾欲谷之女與其小臣
飫斯達干姦通干預國政不爲蕃人所伏登利從叔父二人分掌

兵馬在東者號為左殺在西者號為右殺其精銳皆分在兩殺之下二十八年上遣右金吾將軍李質齎璽書 冊立登利為可汗俄而登利與其母誘斬西殺盡併其衆而左殺懼禍及已勒兵攻登利殺之自立號烏蘇米施可汗左殺又不為國人所附拔悉密部落起兵擊之左殺大敗脫身遁走國中大亂西殺妻子及默啜之孫勃德支特勒毗伽可汗女大洛公主伊然可汗小妻余塞匐登利可汗女余燭公主及阿布思頡利發等並率其部衆相次來降天寶元年八月降虜至京師上令先謁太廟仍於殿庭引見御花萼樓以宴之上賦詩以紀其事

唐書列傳卷第一百四十四上

劉　昫　等修

聞人詮校刻沈桐同校

突厥下

西突厥本與北突厥同祖初木杆與沙鉢略可汗有隙因分爲二其國即烏孫之故地東至突厥國西至雷翥海南至疎勒北至瀚海在長安北七千里自焉耆國西北七日行至其南庭又正北八日行至其北庭鐵勒龜茲及西域諸胡國皆歸附之其人雜有都陸及弩失畢歌邏祿處月處密伊吾等諸種風俗大抵與突厥同唯言語微差其官有葉護有特勤常以可汗子弟及宗族爲之又有乙斤屈利啜闍洪達頡利發吐屯俟斤等官皆代襲其位

處羅可汗隋煬帝大業中與其弟闕達設及特勤大奈入朝乃從煬帝征高麗賜號爲曷薩那可汗遇江都之亂從宇文化及至河北化及敗歸長安高祖爲之降榻引與同坐封歸義郡王献大珠於高祖

高祖勞之曰珠信爲寶朕所重者　赤心珠無所用竟不受之先與始畢有隙及在京師始畢遣使請殺之高祖不許群臣諫曰今若不與則是存一人而失一國也後必爲患太宗曰人窮來歸我殺之不義驟諫於高祖由是遲迴者久之不得已乃引曷薩那於內殿與之縱酒既而送至中書省縱北突厥使殺之太宗即位令以禮改葬

闕達設初居於會寧有部落三千餘騎至隋末自稱闕達可汗武德初遣使內屬拜吐烏過拔闕可汗厚加撫慰尋爲李軌所滅特勤大奈隋大業中與曷婆那可汗同歸中國及從煬帝討遼東以功授金紫光祿大夫後分其部落於樓煩會高祖舉兵大奈率其衆以從隋將桑顯和襲義軍於飲馬泉諸軍多已奔退大奈將數百騎出顯和後掩其不備擊大破之諸軍復振拜光祿大夫及平京城以力戰功賞物五千段賜姓史氏武德初太宗破薛舉又從平王世充破竇建德劉黑闥並有殊功賜宮女三人雜綵萬餘段貞觀三年累遷右武衛大將軍檢校豐州都督封竇國公實封三百戶十二年卒贈輔國大將軍初曷薩那之朝隋也爲煬帝所拘其國人遂立薩那之叔父曰射匱可汗射匱可汗者達頭可汗之孫也既立後始開土宇東至金山西至海自玉門已西諸國皆役屬之遂與北突厥爲敵乃建庭於龜茲北三彌山尋卒弟統葉護可汗代立統葉護可汗勇而有謀善攻戰遂北并鐵勒西拒波斯南接罽賓悉歸之控弦數十萬霸有西域據舊烏孫之地又移庭於石國北千泉其西域諸國王悉授頡利發并遣吐屯一人監統之督其征賦西戎之盛未之有也武德三年遣使貢條支巨卵時北突厥作患高祖厚加撫結與之并力以圖北蕃統葉護許以五年冬大軍將發頡利可汗聞之大懼復與統葉護通和無相征伐統葉護尋遣使來請婚高祖謂侍臣曰西突厥去我懸遠急疾不相得力今請婚其計安在封德彝對曰當今之務莫若遠交而近攻正可權許其婚以威北狄待之數年後中國盛全徐思其宜高祖遂許之婚令高平王道立至其國統葉護大悅之遇頡利可汗頻歲入寇西蕃路梗由是未果爲婚貞觀元年遣眞珠統俟斤

與高平王道立來獻萬釘寶鈿金帶馬五千疋時統葉護自負强盛無恩於國部衆咸怨歌邏祿種多叛之頡利可汗不悅中國與之和親數遣兵入寇又遣人謂統葉護曰汝若迎唐家公主要須經我國中而過統葉護患之未克婚爲其伯父所殺而自立是爲莫賀咄侯屈利俟毗可汗太宗聞統葉護之死甚悼之遣齎玉帛至其死所祭而焚之會其國亂不果至而止

莫賀咄侯屈利俟毗可汗先分統突厥種類爲小可汗及此自稱大可汗國人不附弩失畢部共推泥孰莫賀設爲可汗泥孰不從時統葉護之子咥力特勤避莫賀咄之難亡在康居泥孰遂迎而立之是爲乙毗鉢羅肆葉護可汗連兵不息俱遣使來朝各請婚於我太宗答之曰汝國擾亂君臣未定戰爭不息何得言婚竟不許仍諷令各保所部無相征伐其西域諸國及鐵勒先役屬於西突厥者悉叛之國內虛耗肆葉護既是舊主之子爲衆心所歸其西面都陸可汗及莫賀咄可汗部豪帥多來附之又興兵以擊莫賀咄大敗之莫賀咄

遁於金山尋爲咄陸可汗所害國人乃奉肆葉護爲大可汗
肆葉護可汗立大發兵北征鐵勒薛延陁逆擊之反爲所敗肆葉護
性猜狠信讒無統馭之畧有乙利可汗者於肆葉護功最多由是授
小可汗以非族滅之群下震駭莫能自固肆葉護素憚泥孰而陰欲
圖之泥孰遂適焉耆其後設卑達官與突厥弩失畢二部豪帥潛謀
擊之肆葉護以輕騎遁於康居尋卒國人迎泥孰於焉耆而立之是
爲咄陸可汗
咄陸可汗泥孰者亦稱大渡可汗父莫賀設本隸統葉護武德中嘗
至京師時太宗居藩務加懷輯與之結盟爲兄弟既被推爲可汗遣
使詣闕請降太宗遣使賜以名號及鼓纛貞觀七年遣鴻臚少卿劉
善因至其國冊授爲呑阿婁拔奚利邲咄陸可汗明年泥孰卒其弟
同娥設立是爲沙鉢羅咥利失可汗
沙鉢羅咥利失可汗以貞觀九年上表請婚獻馬五百匹朝廷唯厚
加撫慰未許其婚俄而其國分爲十部每部令一人統之號爲十設
每設賜以一箭故稱十箭焉又分十箭爲左右廂一廂各置五箭其
左廂號五咄六部落置五大啜一啜管一箭其右廂號爲五弩失畢
置五大俟斤一俟斤管一箭都號爲十箭其後或稱一箭爲一部落
大箭頭爲大首領五咄六部落居於碎葉已東五弩失畢部落居於
碎葉已西自是都號爲十姓部落咥利失既不爲衆所歸部衆攜貳
爲其統吐屯所襲麾下亡散咥利失以左右百餘騎拒之戰數合統
吐屯不利而去咥利失奔其弟步利設與保焉耆其阿悉吉闕俟斤
與統吐屯等召國人將立欲谷設爲大可汗以利失爲小可汗統吐
屯爲人所殺欲谷設兵又爲其俟斤所破咥利失復得舊地弩失畢
處密等並歸咥利失十二年西部竟立欲谷設爲乙毗咄六可汗乙
毗咄六可汗既立與咥利失大戰兩軍多死各引去因與咥利失中
分自伊列河已西屬咄六已東屬咥利失咄六可汗又建庭於鏃曷
山西謂爲北庭自厥越失拔悉彌駁馬結骨火燖觸水昆諸國皆臣
之十三年咥利失爲其吐屯俟利發與欲谷設通謀作難咥利失窮

處奔拔汗那而死弩失畢部落酋帥迎咥利失弟伽那之子薄布特
勒而立之是爲乙毗沙鉢羅葉護可汗
乙毗沙鉢羅葉護可汗既立建庭於雖合水北謂之南庭東以伊列
河爲界自龜茲鄯善且末吐火羅焉耆石國史國何國穆國康國皆
受其節度累遣使朝貢太宗降璽書慰勉貞觀十五年令左領軍左
右將軍張大師往授焉賜以鼓纛于時咄陸可汗與葉護頻相攻擊
會咄陸遣使詣闕太宗諭以敦睦之道咄陸于時兵衆漸強西域諸
國復來歸附未幾咄陸遣石國吐屯攻葉護擒之送於咄陸尋爲所
殺咄陸可汗既幷其國弩失畢諸姓心不服咄陸皆叛之咄陸復率
兵擊吐火羅破之自恃其强專擅西域遣兵寇伊州安西都護郭恪
率輕騎二千自烏骨邀擊敗之咄陸又遣處月處密等圍天山縣郭
恪又擊走之恪乘勝進拔處月俟斤所居之城追奔及於遏索山斬
首千餘級降其處密之衆而歸咄陸初以泥孰啜自擅取所部物斬
之以徇尋爲泥孰啜部將胡祿居所襲衆多亡逸其國大亂貞觀十
五年部下屋利啜等謀欲廢咄陸各遣使詣闕請立可汗太宗遣使
齎璽書立莫賀咄乙毗可汗之子是爲乙毗射匱可汗
乙毗射匱可汗立乃發弩失畢兵就白水擊咄陸自知不爲衆所附
乃西走吐火羅國中國使人先爲咄陸所拘者射匱悉以禮資送歸
長安復遣使貢方物請賜婚太宗許之詔令割龜茲于闐疏勒朱俱
波葱嶺等五國爲聘禮及太宗崩賀魯反叛射匱部落爲其所併
阿史那賀魯者曳步利設射匱特勤之子也初阿史那步真既來歸
國咄陸可汗乃立賀魯爲葉護以繼步真居於多邏斯川在西州直
北一千五百里統處密姑蘇歌羅祿失畢五姓之衆其後咄陸西走
吐火羅國射匱可汗遣兵迫逐賀魯不常厥居貞觀二十二年乃率
其部落內屬詔居庭州尋授左驍衛將軍瑤池都督高宗即位進拜
左驍衛大將軍瑤池都督如故永徽二年與其子咥運率衆西遁據
咄陸可汗之地總有西域諸郡建牙于雙河及千泉自號沙鉢羅可
汗統攝咄陸弩失畢十姓其咄陸有五啜一曰處木昆律啜二曰胡

祿居闕啜賀魯以女妻之三曰攝舍提暾啜四曰突騎施賀邏施啜五曰鼠尼施處半啜弩失畢有五俟斤一曰阿悉結闕俟斤最爲強盛二曰哥舒闕俟斤三曰拔塞幹暾沙鉢俟斤四曰阿悉結泥孰俟斤五曰哥舒處半俟斤各有所部勝兵數十萬並羈屬賀魯西域諸國亦多附隸焉賀魯尋立咥運爲莫賀咄葉護數侵擾西蕃諸部又進寇庭州三年詔遣左武候大將軍梁建方右驍衛大將軍契苾何力率燕然都護所部廻紇兵五萬騎討之前後斬首五千級虜渠帥六十餘人四年咄陸可汗死其子眞珠護與五弩失畢請擊賀魯破其牙帳斬首千餘級顯慶二年遣右屯衛將軍蘇定方燕然都護任雅相副都護蕭嗣業左驍衛大將軍瀚海都督廻紇婆閏等率師討擊仍使右武衛大將軍阿史那彌射左屯衛大將軍阿史那步眞爲安撫大使定方行至曳咥河西賀魯率胡祿居闕啜等二萬餘騎列陣而待定方率副揔管左雅相等與之交戰賊衆大敗斬大首領都搭達官等二百餘人賀魯及闕啜輕騎奔竄渡伊西麗河兵馬溺死

者甚衆嗣業至千泉賀魯下牙之處彌射進軍至伊麗水處月處密等部各率衆來降彌射又進次雙河賀魯先使步失達官鳩集散卒據柵拒戰彌射步眞攻之大潰又與蘇定方攻賀魯於碎葉水大破之賀魯與咥運欲投鼠耨設至石國之蘇咄城傍人馬飢乏城主伊阻達官許將酒食出迎賀魯信其言入城遂被拘執蕭嗣業既至石國鼠耨設乃以賀魯屬之賀魯謂嗣業曰我破亡虜耳先帝厚我而我背之今日之敗天怒我也舊聞漢法殺人皆於都市至京殺我請向昭陵使得謝罪於先帝是本願也高宗聞而愍之及俘賀魯至京師令獻於昭陵及太廟詔特免死分其種落置崑陵濛池二都護府其所役屬諸國皆分置州府西盡于波斯並隷安西都護府四年賀魯卒詔葬于頡利墓側刻石以紀其事

阿史那彌射者室點密可汗五代孫也初室點密從單于統領十大首領有兵十萬衆往平西域諸胡國自為可汗號十姓部落世統其衆在本蕃為莫賀咄葉護貞觀六年詔遣鴻臚少卿劉善因就蕃立爲奚利邲咄陸可汗賜以鼓纛綵帛萬段其族兄步眞欲自立爲可汗遂謀殺彌射弟姪二十餘人彌射既與步眞有隙以貞觀十三年率所部處月處密部落入朝授右監門大將軍其後步眞遂自立爲咄陸葉護其部落多不服委之遁去步眞復携家屬入朝授左屯衛大將軍彌射後從太宗征高麗有功封平襄縣伯顯慶二年轉右武衛大將軍及討平賀魯乃冊立彌射爲興昔亡可汗兼右衛大將軍崑陵都護分押賀魯下五咄六部落步眞授繼往絶可汗兼右衛大將軍濛池都護仍分押五弩失畢部落因下詔曰自西蕃離亂三十餘年比者賀魯猖狂百姓重被劫掠朕君臨四海情均養育不可使凶狡之虜恣行侵漁無辜之甿久遭塗炭故遣右屯衛將軍蘇定方等統率驍勇北路討逐卿等宣暢朝風南道撫育遂使凶渠畏威夷人慕德伐叛柔服西域揔平賀魯父子既已擒獲諸頭部落須有統領卿早歸闕庭久參宿衛深感恩義甚知法式所以冊立卿等各爲一部可汗但諸姓從賀魯非其本情卿等綏至即降亦是赤心向國

卿宜與盧承慶等準其部落大小位望高下節級授刺史以下官龍朔中又令彌射步眞率所部從颰海道大揔管蘇海政討龜茲步眞嘗欲并彌射部落遂密告海政云彌射欲謀反請以計誅之時海政兵纔數千懸師在彌射境內遂集軍吏而謀曰彌射若反我輩即無噍類今宜先舉事則可克捷乃僞稱有勑令大揔管齎物數百萬段分賜可汗及諸首領由是彌射率其麾下隨例請物海政盡收斬之其後西蕃盛言彌射非反爲步眞所誣而海政不能審察濫行誅戮則天臨朝十姓無主數年部落多散失垂拱初遂擢授彌射子左豹韜衛翊府中郎將　元慶爲左玉鈐衛將軍兼崑陵都護令襲興昔亡可汗押五咄六部落步眞子斛瑟羅爲右玉鈐衛將軍兼濛池都護押五弩失畢部落尋進授元慶左衛大將軍如意元年為来俊臣誣謀反被害其子献配流崖州長安三年召還累授右驍衛大將軍襲父興昔亡可汗充安撫招慰十姓大使献本蕃漸爲默啜及烏質勒所侵遂不敢還國開元中累遷右金吾大將軍卒于長安

阿史那步真者在本蕃授左屯衞大將軍與彌射討平賀魯加授驃騎大將軍行右衞大將軍蒙池都護繼往絕可汗押五弩失畢部落尋卒其子斛瑟羅本蕃爲步利設垂拱初授右玉鈐衞將軍兼濛池都護襲繼往絕可汗押五弩失畢部落天授元年拜左衞大將軍改封竭忠事主可汗仍賜濛池都護尋卒子懷道神龍年累授右屯衞大將軍光祿卿轉太僕卿兼濛池都護十姓可汗自垂拱已後十姓部落頻被突厥默啜侵掠死散殆盡及隨斛瑟羅纔六七萬人徙居内地西突厥阿史那氏於是遂絕突騎施烏質勒者西突厥之別種也初隸在斛瑟羅下號爲莫賀達干後以斛瑟羅用刑嚴酷衆皆畏之尤能撫恤其部落由是爲遠近諸胡所歸附其下置都督二十員各統兵七千人嘗屯聚碎葉西北界後漸攻陷碎葉徙其牙帳居之東北與突厥爲鄰西南與諸胡相接東至西庭州斛瑟羅以部衆削弱自則天時入朝不敢還蕃其地並爲烏質勒所併景龍二年詔封爲西河郡王令攝御史大夫解琬就加冊立未至烏質勒卒其長子

○

娑葛代統其衆詔便立娑葛爲金河郡王仍賜以宮女四人初娑葛代父統兵烏質勒下部將闕啜忠節甚忌之以兵部尚書宗楚客當朝任勢密遣使齎金七百兩以賂楚客請停娑葛統兵楚客乃遣御史中丞馮嘉賓充使至其境陰與忠節籌其事幷自致書以申意在路爲娑葛遊兵所獲遂斬嘉賓仍進兵攻陷火燒等城遣使上表以索楚客頭景龍三年娑葛弟遮弩恨所分部落少於其兄遂叛入突厥請爲鄉導以討娑葛默啜乃留遮弩遣兵二萬人與其左右來討娑葛擒之而還默啜顧謂遮弩曰汝於兄弟尚不和協豈能盡心於我遂與娑葛俱殺之默啜兵還娑葛下部將蘇祿鳩集餘衆自立爲可汗

蘇祿者突騎施別種也頗善綏撫十姓部落漸歸附之者衆二十萬遂雄西域之地尋遣使來朝開元三年制授蘇祿爲左羽林軍大將軍金方道經略大使進爲特勒遣侍御史解忠順齎璽書冊立爲忠順可汗自是每年遣使朝獻上乃立史懷道女爲金河公主以妻之時杜暹爲安西都護公主遣牙官齎馬千疋詣安西互市使者宣公主教與暹暹怒曰阿史那氏女豈合宣教與吾節度耶杖其使者留而不遣其馬經雪寒死並盡蘇祿大怒發兵分寇四鎮會杜暹入知政事趙頤貞代爲安西都護城守久之由是四鎮貯積及人畜並爲蘇祿所掠安西僅全蘇祿既聞杜暹入相稍引退俄又遣使入朝獻方物十八年蘇祿使至京師玄宗御丹鳳樓設宴突厥先遣使入朝是日亦來預宴與蘇祿使爭長突厥使曰突騎施國小本是突厥之臣不宜居上蘇祿使曰今日此宴乃爲我設不合居下於是中書門下及百寮議遂於東西幕下兩處分坐突厥使在東突騎使在西宴訖厚賚而遣之蘇祿性尤清儉每戰伐有所克獲盡分與將士及諸部落其下愛之甚爲其用潛又遣使南通吐蕃附突厥突厥及吐蕃亦嫁女與蘇祿既以三國女爲可敦又分立數子葉護費用漸廣先既不爲積貯晚年抄掠所得者留不分之又因風病一手攣縮其下諸部心始攜貳有大首領莫賀達干都摩度兩部落最爲強盛百

○

姓又分爲黃姓黑姓兩種互相猜阻二十六年夏莫賀達干勒兵夜攻蘇祿殺之都摩度初與莫賀達干連謀俄又相背立蘇祿之子咄火仙爲可汗以輯其餘衆與莫賀達干自相攻擊莫賀達干遣使告安西都護蓋嘉運嘉運率兵討之大敗都摩度之衆臨陣擒咄火仙并收得金河公主而還又欲立史懷道之子昕爲可汗以鎮撫之莫賀達干不肯曰討平蘇祿本是我之元謀若立史昕爲主則國家何以酬賞於我乃不立史昕便令莫賀達干統衆二十七年二月嘉運率將士詣闕獻俘玄宗御花萼樓以宴之仍令將吐火仙獻于太廟俄又黃姓黑姓自相屠殺各遣使降附

史臣曰中原多事外國窺邊周徐犹漢匈奴之後其類寔繁前史論之備矣突厥自隋文修王道肅軍容示恩威以羈縻之煬帝失政教生戎心肇亂離以啓發之高祖借其力而入平京師群賊附其強而迭據河朔高祖同御揚以延其使太宗幸便橋以約其和當其時焉不其盛矣竟滅其族而身死於國者何也咸謂太宗有馭夷狄之道

李勣著戡定之功殊不知突厥之始也賞罰明而將士戮力遇煬帝之亂亡命蓄怒者旣附之其興也宜矣頡利之衰也兄弟搆隙而部族離心當太宗之理謀臣猛將討逐之其亡也宜矣洎武后亂朝默啜犯塞玄宗纂嗣傳首京師東封太山西戎扈蹕開元之代繼踵來降西突厥諸族遇其理則衆心悅附而甲兵興焉遇其亂則族類怨怒而本根破矣理亂二道華夷一途或質言於盛衰倚伏未爲確論

賛曰中國失政邊夷幸災理亂之道取鑒將來

唐書列傳卷第一百四十四下

劉　昫　等修

聞人詮校刻沈桐同校

迴紇

迴紇其先匈奴之裔也在後魏時號鐵勒部落其象微小其俗驍強
依託高車臣屬突厥近謂之特勒無君長居無恒所隨水草流移人
性凶忍善騎射貪婪尤甚以寇抄為生自突厥有國東西征討皆資
其用以制北荒隋開皇末晉王廣北征突厥大破步迦可汗特勒於
是分散大業元年突厥處羅可汗擊特勒諸部厚歛其物又猜忌薛
延陁恐為變遂集其渠帥數百人盡誅之特勒由是叛特勒始有僕
骨同羅迴紇拔野古覆羅步號俟斤後稱迴紇焉在薛延陁北境居
娑陵水側去長安六千九百里隨逐水草勝兵五萬人口十萬人初
有特健俟斤死有子曰菩薩部落以為賢而立之貞觀初菩薩與薛
延陁侵突厥北邊突厥頡利可汗遣子欲谷設率十萬騎討之菩薩

○領騎五千與戰破之於馬鬣山因逐北至於天山又進擊大破之俘
其部衆迴紇由是大振因率其衆附于薛延陁號菩薩為活頡利發
仍遣使朝貢菩薩勁勇有膽氣善籌策每對敵臨陣必身先士卒以
少制衆常以戰陣射獵為務其母烏羅渾主知爭訟之事平反嚴明
部內齊肅迴紇之盛由菩薩之興焉貞觀中擒降突厥頡利等可汗
之後北虜唯菩薩薛延陁為盛太宗冊北突厥莫賀咄為可汗遣統
迴紇僕骨同羅思結阿跌等部迴紇酋帥吐迷度與諸部大破薛延
陁多彌可汗遂併其部曲奄有其地貞觀二十年南過賀蘭山臨黃
河遣使入貢以破薛延陁功賜宴內殿太宗幸靈武受其降款因請
迴鶻已南置郵遞通管北方太宗為置六府七州府置都督州置刺
史府州皆置長史司馬已下官主之以迴紇部為瀚海府拜其俟利
發吐迷度為懷化大將軍兼瀚海都督時吐迷度已自稱可汗署官
號皆如突厥故事以多覽為燕然府僕骨為金徼府拔野古為幽陵
府同羅為龜林府思結為盧山府渾部為皐蘭州斛薩為闕州阿

跌為雞田州契苾為榆林溪州跌結為雞鹿州阿布思為歸林州白
霫為寘暗顏州又以迴紇西北結骨為堅昆府其北骨利幹為玄闕
州東北俱羅勃為燭龍州於故單于臺置燕然都護府統之以導賓
貢貞觀二十二年吐迷度為其姪烏紇所殺初烏紇烝其叔母遂與
俱陸莫賀達干俱羅勃潛謀殺吐迷度以歸車鼻烏紇俱羅勃並車
鼻之壻也烏紇遂夜領騎十餘刼吐迷度殺之燕然副都護元禮臣
遣人紿烏紇云將奏而為都督替吐迷度也烏紇輕騎至禮臣所跪
拜致謝禮臣擒而斬之以聞太宗恐迴紇部落攜離十月遣兵部尚
書崔敦禮往安撫之仍以敦禮為金山道副將軍贈吐迷度左衛大
將軍賻物及衣服設祭甚厚以吐迷度子前左屯衛大將軍翊左郎
將婆閏為左驍衛大將軍大俟利發使持節迴紇部落諸軍事瀚海
都督後俱羅勃來朝太宗留之不遣詔西突厥可汗阿史那賀魯統
五啜五俟斤二十餘部居多羅斯水南去西州馬行十五日程迴紇
不肯西屬突厥永徽二年賀魯破北庭詔將軍梁建方契苾何力領

○兵二萬取迴紇五萬騎大破賀魯收復北庭顯慶元年賀魯又犯邊
詔程知節蘇定方任雅相蕭嗣業領兵并迴紇大破賀魯於陰山再
破於金牙山盡收所據之地西遂至耶羅川賀魯西奔石國婆閏隨
蘇定方逐賀魯至石國西北蘇咄城城主伊涅達執賀魯送洛陽以
其地置濛池崑陵府以阿史那彌射阿史那步真為二府都督統十
姓左廂五弩失畢右廂五咄陸以賀魯種落分置州縣西盡波斯加
婆閏右衛大將軍兼瀚海都督永徽六年迴鶻遣兵隨蕭嗣業討高
麗龍朔中婆閏死妹比粟毒主領迴鶻與同羅僕固犯邊高宗命鄭
仁泰討平僕固等比粟毒敗走因以鐵勒本部為天山縣永隆中獨
解支嗣聖中伏帝匐開元中承宗伏帝難並繼為酋長皆受都督號
以統蕃州左殺右殺分管諸部開元中迴鶻漸盛殺涼州都督王君
㚟斷安西諸國入長安路玄宗命郭知運等討逐退保烏德犍山南
去西城一千七百里西城即漢之高闕塞也西城北去磧石口三百
里有十一都督本九姓部落一曰藥羅葛即可汗之姓二曰胡咄葛

三曰咄羅勿四曰貊歌息訖五曰阿勿嘀六曰葛薩七曰斛嗢素八
曰藥勿葛九曰奚耶勿每一部落一都督破拔悉密收一部落破葛
邏祿收一部落置都督一人統號十一部落每行止鬬戰常以二
客部落爲軍鋒天寶初其酋長葉護頡利吐發遣使入朝封奉義王
三載擊破拔悉密自稱骨咄祿毗伽闕可汗又遣使入朝因冊爲懷
仁可汗及至德元載七月肅宗於靈武即位遣故邠王男承寀封爲
燉煌王將軍石定番使于迴紇以脩好徵兵及至其牙可汗以女嫁
於承寀遣首領來朝請和親封迴紇公主爲毗伽公主肅宗在彭原
遇之甚厚二載二月迴紇又使首領大將軍多攬等十五人入朝九
月戊寅加承寀開府儀同三司拜宗正卿納迴紇公主爲妃迴紇遣
其太子葉護領其將帝德等兵馬四千餘衆助國討逆肅宗宴賜甚
厚又命元帥廣平王見葉護約爲兄弟接之頗有恩義葉護大喜謂
王爲兄戊子迴紇大首領達干等一十三人先至扶風與朔方將士
見僕射郭子儀留之宴設三日葉護太子曰國家有難遠來相助何

暇食爲子儀固留之宴畢便發其軍每日給羊二百口牛二十頭米
四十碩及元帥廣平王率郭子儀等至香積寺東二十里西臨灃水
賊埋精騎於大營東將襲我軍之背朔方左廂兵馬使僕固懷恩指
迴紇馳救之匹馬不歸因收西京十月廣平王副元帥郭子儀領迴
紇兵馬與賊戰於陝西初次于曲沃葉護使其將軍車鼻施吐撥裴
副等旁南山而東遇賊伏兵于谷中盡殪之子儀至新店遇賊戰軍
郤數里迴紇望見踰山西嶺上曳白旗而趨擊之直出其後賊衆大
敗軍而北坑逐北二十餘里人馬相枕藉蹂踐而死者不可勝數斬
首十餘萬伏屍三十里賊黨嚴莊馳告安慶緒率其黨背東京北走
渡河而葉護從廣平王僕射郭子儀入東京初收西京迴紇欲入城
劫掠廣平王固止之及收東京迴紇遂入府庫收財帛於市井村坊
剽掠三日而止財物不可勝計廣平王又賚之以錦罽寶貝葉護大
喜及肅宗還西京十一月癸酉葉護自東京至敕百官於長樂驛迎
上御宣政殿宴勞之葉護升殿其餘酋長列於階下賜錦繡繒綵金

銀器皿及辭歸蕃上謂曰能爲國家就大事成義勇者卿等力也葉
護奏曰迴紇戰兵留在沙苑今且須歸靈夏取馬更收范陽討除殘
賊己丑詔曰功濟艱難義存邦國萬里絕域一德同心求之古今所
未聞也迴紇葉護特禀英姿挺生奇略言必忠信行表溫良才爲萬
人之敵位列諸蕃之長屬凶醜亂常中原未靖以可汗有兄弟之約
與國家興父子之軍奮其智謀討彼兇逆一鼓作氣萬里摧鋒二旬
之間兩京克定力拔山岳精貫風雲蒙犯不以辭其勞急難無以踰
其分固可懸之日月傳之子孫豈惟裂土之封誓河之賞而已矣夫
位之崇者司空第一名之大者封王最高可司空仍封忠義王每載
送絹二萬匹至朔方軍宜差使受領乾元元年五月壬申朔迴紇使
多亥阿彼八十人黑衣大食酋長閤之等六人並朝見至閤門爭長
通事舍人乃分爲左右從東西門並入六月戊戌宴迴紇使於紫宸
殿前秋七月丁亥詔以幼女封爲寧國公主出降其降蕃日仍以堂
弟漢中郡王瑀爲特進試太常卿攝御史大夫瑀充冊命英武威遠

毗伽可汗使以堂姪左司郎中巽爲兵部郎中攝御史中丞鴻臚卿
副之兼充寧國公主禮會使持差重臣開府儀同三司行尚書右僕
射冀國公裴冕送至界首癸巳以冊立迴紇英武威遠毗伽可汗上
御宣政殿漢中王瑀受冊命甲午肅宗送寧國公主至咸陽磁門驛
公主泣而言曰國家事重死且無恨上流涕而還及瑀至其牙帳毗
伽闕可汗衣赭黃袍胡帽坐於帳中榻上儀衛甚盛引瑀立於帳外
謂瑀曰王是天可汗何親瑀曰是唐天子堂弟又問於王上立者爲
誰瑀曰中使雷盧俊可汗又報曰中使是奴何得向郎君上立雷盧
俊悚懼跳身向下立定瑀不拜而立可汗報曰兩國主君臣有禮何
得不拜瑀曰唐天子以可汗有功故將女嫁與可汗結姻好比者中
國與外蕃親皆宗室子女名爲公主今寧國公主天子真女又有才
貌萬里嫁與可汗可汗是唐家天子女婿合有禮數豈得坐於榻上
受詔命耶可汗乃起奉詔便受冊命翌日冊公主爲可敦蕃酋歡欣
曰唐國天子貴重將真女來瑀所送國信繒綵衣服金銀器皿可汗

盡分與衙官酋長等及瑀回可汗獻馬五百匹貂裘白㲲八月迴紇使王子骨啜特勒及宰相帝德等驍將三千人助國討逆肅宗嘉其遠至賜宴會命隨朔方行營使僕固懷恩押當九月甲申迴紇使大首領蓋將等謝公主下降兼奏破堅昆五萬人宴於紫宸殿賜物有差十二月甲午迴紇使三婦人謝寧國公主之聘也賜宴紫宸殿乾元二年迴紇骨啜特勒等率衆從郭子儀與九節度於相州城下戰不利三月壬子迴紇王子骨啜特勒及宰相帝德等十五人自相州奔于西京肅宗宴之于紫宸殿賞物有差其月庚寅迴紇特勒辭還行營上宴之于紫宸殿賜物有差乙未以迴紇王子新除左羽林軍大將軍員外置骨啜特勒爲銀青光祿大夫鴻臚卿員外置夏四月迴紇毗伽闕可汗死長子葉護先被殺乃立其少子登里可汗其妻爲可敦六月丙午以左金吾衛將軍李通爲試鴻臚卿攝御史中丞充弔祭迴紇使毗伽闕可汗初死其牙官都督等欲以寧國公主狗葬公主曰我中國法婿死即持喪朝夕哭臨三年行服今迴紇娶

婦須慕中國禮若今依本國法何須萬里結婚然公主亦依迴紇法剺面大哭竟以無子得歸秋八月寧國公主自迴紇還詔百官於明鳳門外迎之上元元年九月己丑迴紇九姓可汗使大臣俱陸莫達干等入朝奉表起居乙卯迴紇使二十人於延英殿通謁賜物有差十一月戊辰迴紇使延支伽羅等十人於延英殿謁見賜物有差寶應元年代宗初即位以史朝義尚在河洛遣中使劉清潭徵兵於迴紇又脩舊好其秋清潭入迴紇庭迴紇已爲史朝義所誘云唐家天子頻有大喪國亂無主請發兵來收府庫可汗乃領衆而南已八月矣清潭齎勅書國信至可汗曰我聞唐家已無主何爲更有勅書中使對曰我唐家天子雖棄萬國嗣天子廣平王天生英武往年與迴紇葉護兵馬同收兩京破安慶緒與可汗有故又每年與可汗繒絹數萬匹可汗豈忘之耶然迴紇業已發至三城北見荒城無戍卒州縣盡爲空壘有輕唐色乃遣使北收單于兵馬倉糧又大辱清潭清潭發使來奏云迴紇登里可汗傾國自來有衆十萬羊馬不知其數京

師大駭上使殿中監藥子昂馳勞之及於太原北忻州南子昂密數其丁壯得四千人老小婦人相兼萬餘人戰馬四萬匹牛羊不紀先是毗伽闕可汗請以子婚肅宗以僕固懷恩女嫁之及是爲可敦與可汗同來請懷恩及懷恩母相見上勅懷恩自汾州見之於太原懷恩又諫國家恩信不可違背初欲自蒲關入取沙苑路由潼關東向破賊子昂說之云國家頻遭寇逆州縣虛乏難爲供擬恐可汗失望不如取土門路入直取邢洺衞懷賊中兵馬盡在東京可汗收其財帛東裝南向最爲上策可汗不從又說取懷州太行路南據河陰之險直扼賊之喉亦上策也可汗又不從又說取陝州太陽津路食太原倉粟而東與澤潞河南懷鄭節度同入亦上策也可汗從之子昂因入奏上以雍王适爲兵馬元帥加懷恩同中書門下平章事又以子昂兼御史中丞與前潞府兼御史中丞魏琚爲左右廂兵馬使以中書舍人韋少華充元帥判官兼掌書記給事中李進兼御史中丞充元帥行軍司馬東會迴紇登里可汗營於陝州黃河北元帥雍王

領子昂等從而見之可汗責雍王不於帳前舞蹈禮倨子昂辭以元帥是嫡孫兩宮在殯不合有舞蹈迴紇宰相及車鼻將軍庭詰曰唐天子與登里可汗約爲兄弟今可汗即雍王叔叔姪有禮數何得不舞蹈子昂苦辭以身有喪禮不合又報云元帥即唐太子也太子即儲君也豈有中國儲君向外國可汗前舞蹈相拒久之車鼻遂引子昂李進少華魏琚各榜捶一百少華琚因榜捶一宿而死以王少年而未諳事放歸本營而懷恩與迴紇右殺爲先鋒及諸節度同攻賊破之史朝義率殘寇而走元帥雍王退歸靈寶迴紇可汗繼進於河陽列營而止數月去營百餘里人被剽劫逼辱不勝其弊懷恩常爲軍殿及諸節度收河北州縣僕固瑒與迴紇之衆追躡二千餘里至平州石城縣梟朝義首而歸河北悉平懷恩自相州西出崞口路而西可汗自河陽北出澤潞與懷恩會歷太原遣使拔賀那上表賀收東京并進逆賊史朝義旌旗等物辭還蕃代宗引見於內殿賜綵二百段初迴紇至東京以賊平恣行殘忍士女懼之皆登聖善寺及白

馬寺二閣以避之迴紇縱火焚二閣傷死者萬計累旬火焰不止及
時朝賀又縱橫大辱官吏以陝州節度使郭英乂權知東都留守時
東都再經賊亂朔方軍及郭英乂魚朝恩等軍不能禁暴與迴紇縱
掠坊市及汝鄭等州比屋蕩盡人悉以紙爲衣或有衣經者代宗御
宣政殿出冊文加冊可汗爲登里頡咄登密施含俱錄英義建功毗
伽可汗可敦加冊爲娑墨光親麗華毗伽可敦頡咄華言社稷法用
登密施華言封竟含俱錄華言婁羅毗伽華言足意智娑墨華言得
憐以散騎常侍兼御史大夫王翊充使就可汗行營行冊命馬可汗
可敦及左右殺諸都督內外宰相已下共加實封二千戶令王翊就
牙帳前禮冊左殺封爲雄朔王右殺封爲寧朔王胡祿都督封金河
王拔覽將軍封爲靜漠王諸都督一十一人並封國公尋而懷恩叛
投靈武有朔方舊將任敷張韶等收合餘燼衆至數萬廣德二年秋
乃引吐蕃之衆數萬人至奉天縣朔方節度郭子儀率衆拒之而退
永泰元年秋懷恩遣兵馬使范至誠任敷將兵又誘迴紇吐蕃吐谷

渾党項奴剌之衆二十餘萬以犯奉天醴泉鳳翔同州等處被其逆
命先以郭子儀屯涇陽渾日進屯奉天數擒其鋒又聞懷恩死吐蕃
將馬重英等十月初引退取邠州舊路而歸迴紇首領羅達干等率
其衆二千餘騎詣涇陽請降子儀許之率衆披甲持滿數千人迴紇
譯曰此來非惡心要見令公子儀曰我令公也迴紇曰請去甲子儀
便脫兜鍪槍甲策馬挺身而前迴紇酋長相顧曰是也時太子太保
李光進兼御史大夫路嗣恭衣裘介馬在子儀之側子儀指視迴紇曰
此是渭北節度李太保又曰此是朔方軍糧使路大夫迴紇便下馬
羅拜子儀亦下馬迴紇之衆爲左右翼各數百人漸進子儀麾下亦
驟而至子儀麾退之子儀命酒與之飲贈之纏頭綵三千匹子儀執
迴紇大將可汗弟合胡祿都督藥羅葛等手責讓之曰我國家知汝
迴紇有功報汝大厚汝何背約負信犯我王畿我須與汝戰何乃降
爲我一身挺入汝營任汝拘縶我麾下將士須與汝戰迴紇又譯曰懷
恩負心來報可汗云唐國天子今已向江淮令公亦不主兵我是以

敢來今知天可汗見在上郭令公爲將懷恩天又殺之今請追殺吐
蕃收其羊馬以報國恩然懷恩子可敦兄弟請勿殺之合胡祿都督
等與宰相磨咄莫賀達干宰相暾莫賀達干宰相護都毗伽將軍宰
相揭拉裴羅達干宰相梅錄大將軍羅達干平章事海盈闕達干等
子儀先執杯合胡祿都督請呪子儀呪曰大唐天子萬歲迴紇可
汗亦萬歲兩國將相亦萬歲若起負心違背盟約者身死陣前家口
屠戮合胡祿都督等失色及杯至即譯曰如令公盟約皆喜曰初發
本部來日將巫師兩人來云此行大安穩然不與唐家兵馬鬭見一
大人即歸今日領兵見令公令公不爲疑脫去衣甲單騎相見誰有
此心膽是不戰鬭見一大人巫師有徵矣歡躍久之子儀撫其背首
領等分纏頭綵以賞巫師請諸將同擊吐蕃子儀如其約翌日使領
迴紇首領開府石野那等六人入京朝見又五日朔方先鋒兵馬使
開府南陽郡王白元光與迴紇兵馬合於涇州靈臺縣西五十里赤
山嶺共破吐蕃等十餘萬衆斬首五萬餘級生擒一萬餘人駝馬牛

羊凡百里相繼不可勝紀收得蕃落五千餘人初白元光等到靈臺
縣西探知賊勢爲月明思以陰晦迴紇使巫師便致風雪及遲明戰
吐蕃盡寒凍弓矢皆廢披氈徐進元光與迴紇隨而殺之蔽野僵仆
名臣懷恩之姪尤爲驍將亦領千餘騎來降而子儀又使迴紇宰
相護地毗伽將軍宰相梅錄大將軍開府儀同三司試太常卿羅達
干等一百九十六人來見上賜宴於延英殿錫賚甚厚閏月子儀自
涇陽領僕固名臣入奏迴紇進馬及宴別前後資繒綵十萬匹而還
時帑藏空虛朝官無祿俸隨月給手力課之資課錢稅朝官閏十月
十一月十二月課以供之大曆六年正月迴紇於鴻臚寺擅出坊市
掠人子女所在官奪返毆怒以三百騎犯金光門朱雀門是日皇城
諸門盡閉上使中使劉清潭宣慰乃止七年七月迴紇出鴻臚寺入
坊市强暴逐長安令邵說於含光門之街奪說所乘馬將去說脫身
避走有司不能禁八年十一月迴紇一百四十人還蕃以信物一千餘
乘迴紇恃功自乾元之後屢遣使以馬和市繒帛仍歲來市以馬一

四易絹四十匹動至數萬馬其使候遣繼留於鴻臚寺者非一蕃得帛無厭我得馬無用朝廷甚苦之是時特詔厚賜遣之示以廣恩且俾知愧也是月迴紇使使赤心領馬一萬匹來求市代宗以馬價出於租賦不欲重困於民命有司量入計許市六千匹十年九月迴紇白晝刺人於東市市人執之囚於萬年縣其首領赤心聞之自鴻臚寺馳入縣獄劫囚而出斫傷獄吏十三年正月迴紇寇太原過榆次太谷河東節度留後太原尹兼御史大夫鮑防與迴紇戰于陽曲我師敗績死者千餘人代州都督張光晟與迴紇戰于羊武谷破之迴紇引退先是辛雲京守太原迴紇懼雲京不敢窺幷代知鮑防無武畧乃敢凌[illegible]賴光晟邀戰勝之北人乃安德宗初即位使中官梁文秀告哀於迴紇且脩舊好可汗移地健不為禮而九姓胡素屬於迴紇者又陳中國便利以誘其心可汗乃舉國南下將乘我喪其宰相頡莫賀達干諫曰唐大國也且無負於我前年入太原獲羊馬數萬計可謂大捷矣以道途艱阻比及國傷耗殆盡今若舉而不捷將安歸

乎可汗不聽頓莫賀乘人之心因擊殺之并殺其親信及九姓胡所誘來者凡二千人頓莫賀自立號為合骨咄祿毗伽可汗使其酋長建達干隨文秀來朝命京兆尹源休持節冊為武義成功可汗貞元三年八月迴紇可汗遣首領墨啜達干多覽將軍合闕達干等來貢方物且請和親四年十月迴紇公主及使至自蕃德宗御延喜門見之時迴紇可汗喜於和親其禮甚恭上言昔為兄今為子壻半子也又詈辱吐蕃使者及使大首領等妻妾凡五十六婦人來迎可敦凡遣人千餘納聘馬二千德宗令朔州太原分留七百人其宰相首領皆至分館鴻臚將作癸巳見於宣政殿乙未德宗召迴紇公主出使者對於麟德殿各有頒錫庚子詔咸安公主降迴紇可汗仍置府官屬視親王例以殿中監嗣滕王湛然為咸安公主婚禮使關播檢校右僕射送咸安公主及冊迴紇可汗使貞元五年十二月迴紇汨咄祿長壽天親毗伽可汗薨廢朝三日文武三品已上就鴻臚寺弔其來使貞元六年六月迴紇使移職伽達干歸蕃賜馬價絹三十萬

匹以鴻臚卿郭鋒兼御史大夫充冊迴紇忠貞可汗使是歲四月忠貞可汗為其弟所殺而篡立時迴紇大將頡干伽斯西擊吐蕃未回其次相率國人縱殺篡者而立忠貞之子為可汗年方十六七及六月頡干伽斯西討回將至牙帳次相等懼其後有廢立不欲漢使知之留鋒數月而回頡干伽斯之至也可汗等出迎郊野郭鋒所送國信器幣可汗與次相將相等皆俯伏自說廢立之由且請命曰惟大相生死之悉以所陳器幣贈頡干伽斯以悅之可汗又拜泣曰兒愚幼無知今幸得立惟仰食於阿爹可汗以子事之頡干伽斯以卑遜與感乃相持號哭遂執臣子之禮焉盡以所贈器幣頒賜左右諸從行將士己無所取自是其國稍安乃遣達北特勒梅錄將軍告忠貞可汗之哀于我且請冊新君使至廢朝三日仍令三品已上官就鴻臚寺弔其使是歲吐蕃陷北庭都護府初北庭安西既假道於迴紇以朝奏因附庸焉吐蕃徵求無厭北庭差近凡生事之資必強取之又有沙陀部落六千餘帳與北庭相依亦屬於迴紇肆行抄奪尤所厭苦

其先葛祿部落及白服突厥素與迴紇通和亦憾其侵掠因吐蕃厚賂見誘遂附之於是吐蕃率葛祿白服之衆去冬寇北庭迴紇大相頡干伽斯率衆援之頻敗吐蕃急攻之北庭之人既苦迴紇乃舉城降焉沙陀部落亦降節度使檢校工部尚書楊襲古將麾下二千餘衆出奔西州頡干利亦還十年秋悉其國丁壯五萬人召襲古將復馬俄為所敗死者太半頡干利收合餘燼晨夜奔還襲古餘衆僅六十百將復入西州頡干伽斯紿之曰互與我同至牙帳當送君歸本朝既及牙帳留而不遣竟殺之自是安西阻絕莫知存亡唯西州之人猶固守焉頡干伽斯敗葛祿乘勝取迴紇之浮圖川迴紇震恐悉遷西北部落羊馬於牙帳之南以避之貞元七年五月庚申朔以鴻臚少卿庾鋋兼御史大夫冊迴紇可汗及弔祭使是月迴紇遣使律支達干等來朝告小寧國公主薨廢朝三日故肅宗以寧國公主降迴紇又以榮王女媵之及寧國來歸榮王女為可敦迴紇號為小寧國公主歷配英武英義二可汗及天親可汗立出居於外生英武二子

爲天親可汗所殺無幾薨七年八月廻紇遣使獻敗吐蕃葛祿於北庭所捷及其俘畜先是吐蕃入靈州及廻紇所敗夜以火攻駭而退十二月廻紇遣殺支將軍獻吐蕃俘大首領結心德宗御延喜門觀之八年七月以廻紇藥羅葛靈檢校右僕射靈本唐人姓呂氏因入廻紇爲可汗養子遂以可汗姓爲藥羅葛靈在國用事因來朝寵賚甚厚仍給市馬絹七萬疋九年九月遣使來朝貢貞元十一年六月庚寅冊拜廻紇騰里邏羽錄沒密施合祿胡毘伽懷信可汗元和四年藹德曷里祿沒弭施合密里迦可汗遣使改爲廻鶻義取廻旋輕捷如鶻也八年四月廻鶻請和親使伊難珠還蕃宴于三殿賜以銀器繒帛是歲廻鶻數千騎至鸊鵜泉邊軍戒嚴十二月二日宴歸國廻鶻摩尼八人令至中書見宰臣先是廻鶻請和親憲宗使有司計之禮費約五百萬貫方內有誅討未任其親以摩尼爲廻鶻信奉故使宰臣言其不可乃詔宗正少卿李孝誠使于廻鶻太常博士殷侑副之諭其來請之意長慶元年毘伽保義可汗薨輟朝三日仍令諸司三品

○已上官就鴻臚寺弔其使者四月正衙冊廻鶻君長爲登羅羽錄沒密施句主錄毗伽可汗以少府監裴通爲檢校左散騎常侍兼御史大夫持節冊立兼弔祭使五月廻鶻宰相都督公主摩尼等五百七十三人入朝迎公主於鴻臚寺安置勑太和公主出降廻鶻爲可敦宜令中書舍人王起赴鴻臚寺宣示以左金吾衛大將軍胡証檢校戶部尚書持節充送公主入廻鶻及冊可汗使光祿卿李憲加兼御史中丞充副使太常博士殷侑改殿中侍御史充判官吐蕃犯青塞堡以廻紇和親故也鹽州刺史李文悅發兵擊退之廻鶻奏以一萬騎出北庭一萬騎出安西拓吐蕃以迎太和公主歸國其月勑太和公主出降廻紇宜特置府其官屬宜視親王例廻鶻自咸安公主殁後屢歸欵請繼前好久未之許至元和末其請彌切憲宗以北虜有勳勞於王室又西戎比歲爲邊患遂許以妻之既許而憲宗崩穆宗即位踰年乃封第十妹爲太和公主將出降廻紇登邏骨沒密施合毘伽可汗遣使伊難珠句錄都督思結并外宰相駙馬梅錄司馬兼

公主一人葉護公主一人及達干并駝馬千餘來迎太和公主發赴廻紇國穆宗御通化門左个使臨送百寮章敬寺前立班儀衛甚盛士女傾城觀焉十一月振武節度張惟清奏準詔發兵三千赴蔚州數內已發一千人訖餘二千人待太和公主出界即發遣又奏天德轉牒云廻鶻七百六十人將駝馬及車相次至黃蘆泉迎候公主豐州刺史李祐奏迎太和公主廻鶻三千於柳泉下營拓吐蕃二年二月賜廻紇馬價絹五萬疋三月又賜馬價絹七萬疋是月裴度招討幽鎮之亂廻鶻請以兵從度討伐朝議以寶應初廻紇收復兩京恃功驕恣難制咸以爲不可遂命中使止廻紇令歸會其已上豐州北界不從上詔發繒帛七萬疋賜之方還五月命使冊立登囉骨沒密施合毘伽可汗遣品官田務豐領國信十二車使廻鶻賜可汗及太和公主長慶二年閏十月金吾大將軍胡証副使光祿卿李憲婚禮使衞尉卿李銳副使宗正少卿李子鴻判官虞部郎中張敏太常博士殷侑送太和公主至自廻紇皆云初公主去廻紇牙帳尚可信

○宿可汗遣數百騎來請與公主先從他道去胡証曰不可虜使曰前咸安公主來時去花門數百里即先去今何獨拒我証曰我天子詔送公主以授可汗今未見可汗豈宜先往虜使乃止既至虜庭乃擇吉日冊公主爲廻鶻可敦可汗先升樓東向坐設氊幄於樓下以居公主使群胡主教公主以胡法公主始解唐服而衣胡服以一嫗侍出樓前西向拜可汗坐而視公主再俯拜訖復入氊幄中解前所服而披可敦服通裾大襦皆茜色金飾冠如角前指後出樓俯拜可汗如初禮虜先設大輿曲扆前設小座相者引公主升輿廻紇九姓相分負其輿隨日右轉於庭者九公主乃降輿升樓與可汗俱東向坐自此臣下朝謁并拜可敦可敦自有牙帳命二相出入帳中証等將歸可敦宴之帳中留連號啼者竟日可汗因贈漢使以厚貺大和元年命中使以絹二十萬匹付鴻臚寺宣賜廻鶻充馬價三年正月中使以絹二十三萬匹賜廻紇充馬價七年三月廻紇李義節等將駝馬到且報可汗三月二十七日薨以冊親弟薩特勒廢朝三日仍令

諸司文武三品尚書省四品已上官就鴻臚寺弔其使者以左驍衛
將軍皇城留守唐弘實爲金吾將軍兼御史大夫持節充入迴鶻弔
祭冊立使九年六月入朝迴鶻進太和公主所獻馬射女子七人沙
陁小兒二人開成初其相有安允合者與特勒柴草欲篡薩特勒可
汗薩特勒可汗覺殺柴草及安允合又有迴紇相掘羅勿者擁兵在
外怨誅柴草安允合又殺薩特勒可汗以廬級特勒爲可汗有將軍
句錄末賀恨掘羅勿走引黠戛斯領十萬騎破迴鶻城殺廬級斬掘
羅勿焚蕩殆盡迴鶻散奔諸蕃有迴鶻相馺職者擁外甥特龐勒及
男鹿并遏粉等兄弟五人一十五部西奔葛邏祿一支投吐蕃一支
投安西又有近可汗牙十三部以特勒烏介爲可汗南來附漢初黠
戛斯破迴鶻得太和公主黠戛斯自稱李陵之後與國同姓遂令達
干十人送公主至塞上烏介途遇黠戛斯使達干等並被殺太和公
主却歸烏介可汗乃質公主同行南渡大磧至天德界奏請天德城
與太和公主居有迴鶻相赤心者與連位相姓僕固者與特勒那頡

○啜擁部衆不賓烏介赤心欲犯塞烏介遣其屬嗢沒斯先布誠於天
德軍使田牟然後誘赤心宰相同謁烏介可汗戮赤心於可汗帳下
并僕固二人那頡戰勝全占赤心下七千帳東瞰振武大同據室韋
黑沙榆林東南入幽州雄武軍西北界幽州節度使張仲武遣弟仲
至率兵大破那頡之衆全收七千帳殺戮收擒老小近九萬人那頡
中箭透駞群潛脫烏介獲而殺之烏介諸部猶稱十萬衆駐牙大同
軍北閭門山時會昌二年秋頻刼東陜已北天德振武雲朔比羅仵
戮詔諸道兵悉至防捍以河東節度使劉沔充南面招控迴鶻使以
幽州節度使張仲武充東面招控迴紇使二年冬三年春迴鶻特勤
龐俱遮阿敦寧二部迴紇公主密羯可敦一部外相諸洛固阿跌一
部及牙帳大將曹磨你等七部共三萬衆相次降於幽州詔配諸道
有特勤嗢沒斯阿歷支習勿啜三部迴紇相受耶勿弘順迴鶻尚書
吕衡等諸部降振武三部首領皆賜姓李氏及名思忠思貞思惠思
恩克歸義使有特勤葉被沽兄李二部南奔吐蕃有特勤可質力二
部東北奔大室韋有特勤荷勿啜東討契丹戰死會昌三年迴紇尚
書僕固繹到幽州約以太和公主歸幽州烏介去幽州界八十里下
營其親信骨肉及摩尼志淨等四人已先入雄武軍是夜河東劉沔
率兵奄至烏介營烏介驚走東北約四百里外求和解室韋下營不
及將太和公主同走豐州刺史石雄兵遇太和公主帳因迎歸國烏
介部衆至大中元年詣幽州降留者漂流餓凍數十萬所存止三千
已下烏介嫁妹與室韋託附之爲迴鶻相美權者逸隱啜逼諸迴鶻
殺烏介於金山以其弟特勤遏捻爲可汗復有衆五千以上其食用
糧羊皆取給於奚王石舍郎大中元年春張仲武大破奚衆其迴鶻
無所取給日有耗散至二年春唯存名王貴臣五百人已下依室韋
張仲武因賀正室韋經過幽州仲武却令還蕃遣送遏捻等來向幽
州遏捻等懼是夜與妻葛祿子特勤毒斯等九騎西走餘衆奔之不
及迴鶻諸相達官老幼大哭室韋分迴鶻餘衆 爲七分七姓室韋
各占一分經三宿黠戛斯相阿播領諸蕃兵稱七萬從西南天德北

界來取遏捻及諸迴鶻大敗室韋迴鶻在室韋者阿播皆收歸磧北
在外猶數帳散藏諸山深林盜刼諸蕃皆西向傾心望安西龐勒之
到龐勒已自稱可汗有磧西諸城其後嗣君弱臣強居甘州無復昔
時之盛到今時遣使入朝進玉馬二物及本土所產交易而返

○史臣曰自三代已前兩漢之後西羌北狄互興部族其名不同爲患
一也蔡邕云遠陲之患爲手足之疥中國之困爲膏肓之疽突厥爲
煬帝之患深矣隋竟滅中國之困其理昭然自太宗平突厥破延陁
而迴紇興焉太宗幸靈武以降之登州府以安之以名爵玉帛以恩
之其義何哉蓋以狄不可盡而以威惠羈縻之開元中三綱正百姓
足四夷八蠻翕然向化要荒之外畏威懷惠不其盛矣天寶末奸臣
弄權於內逆臣跋扈於外內外結釁而車駕遷還華夷生心而神器
將墜肅宗誘迴紇以復京畿代宗誘迴紇以平河朔戡難中興之功
大即大矣然生靈之膏血已乾不能供其求取朝廷之法令並弛無
以抑其憑陵忍恥和親姑息不暇僕固懷恩爲叛尤甚阽危郭子儀

之能軍終免侵軼比昔諸戎於國之功最大爲民之害亦深及勢利日隆盛衰時變冰消瓦解如存若亡竟爲手足之疥焉僖昭之世黃朱迭興竟爲肩背之疽焉手疥背疽誠爲確論

贊曰土德初隆比屋可封朝綱中否邊鄙興戎安史亂國廻紇恃功恃功伊何咸讓姑息民不聊生國殫其力華夷有截盛衰如繼彼既長惡我乃脩德疽疥之義百代可則

唐書列傳卷第一百四十五

唐書列傳卷第一百四十六上

劉　昫　等修
聞人銓校刻沈桐同校

吐蕃上

吐蕃在長安之西八千里本漢西羌之地也其種落莫知所出也或云南涼禿髮利鹿孤之後也利鹿孤有子曰樊尼及利鹿孤卒樊尼尚幼弟傉檀嗣位以樊尼為安西將軍後魏神瑞元年傉檀為西秦乞佛熾盤所滅樊尼招集餘衆以投沮渠蒙遜蒙遜以為臨松太守及蒙遜滅樊尼乃率衆西奔濟黄河逾積石於羌中建國開地千里樊尼威惠夙著為群羌所懷皆撫以恩信歸之如市遂改姓為窣勃野以禿髮為國號語訛謂之吐蕃其後子孫繁昌又侵伐不息土宇漸廣歷周及隋猶隔諸羌未通於中國其國人號其王為贊普相為大論小論以統理國事無文字刻木結繩為約雖有官不常厥職臨時統領徵兵用金箭寇至舉烽燧百里一亭用刑嚴峻小罪剜眼鼻或

皮鞭鞭之但隨喜怒而無常科囚人於地牢深數丈二三年方出之宴異國賓客必驅犛牛令客自射牲以供饌與其臣下一年一小盟刑羊狗獼猴先折其足而殺之繼裂其腸而屠之令巫者告于天地山川日月星辰之神云若心遷變懷姧反覆神明鑒之同於羊狗三年一大盟夜於壇墠之上與衆陳設肴饌殺犬馬牛驢以為牲呪曰爾等咸須同心勠力共保我家惟天神地祇共知爾志有負此盟使爾身體屠裂同於此牲其地氣候大寒不生秔稻有青稞麥𩐈豆小麥喬麥畜多犛牛豬犬羊馬又有天鼠狀如雀鼠其大如貓皮可為裘又多金銀銅錫其人或隨畜牧而不常厥居然頗有城郭其國都城號為邏些城屋皆平頭高者至數十尺貴人處於大氈帳名為拂廬寢處汙穢絶不櫛沐接手飲酒以氈為盤捻麨為椀實以羹酪并而食之多事羱羝之神人信巫覡不知節候麥熟為歲首圍棊陸博吹蠡鳴鼓為戲弓劍不離身重壯賤老母拜於子子倨於父出入皆少者在前老者居其後軍令嚴肅每戰前隊皆死後隊方進重兵死

惡病終累代戰沒以為甲門臨陣敗北者懸狐尾於其首表其似狐之怯稠人廣衆必以徇焉其俗恥之以為次死拜必兩手據地作狗吠之聲以身再揖而止居父母喪截髮青黛塗面衣服皆黑既葬即吉其贊普死以人殉葬衣服珍玩及嘗所乘馬弓劍之類皆悉埋之仍於墓上起大室立土堆插雜木為祠祭之所貞觀八年其贊普棄宗弄讚始遣使朝貢弄讚弱冠嗣位性驍武多英略其鄰國羊同及諸羌並賓伏之太宗遣行人馮德遐往撫慰之見德遐大悅聞突厥及吐谷渾皆尚公主乃遣使隨德遐入朝多賷金寶奉表求婚太宗未之許使者既返言於弄讚曰初至大國待我甚厚許嫁公主會吐谷渾王入朝有相離間由是禮薄遂不許嫁弄讚遂與羊同連發兵以擊吐谷渾吐谷渾不能支遁於青海之上以避其鋒其國人畜並為吐蕃所掠於是進兵攻破党項及白蘭諸羌率其衆二十餘萬頓於松州西境遣使貢金帛云來迎公主又謂其屬曰若大國不嫁公主與我即當入寇遂進攻松州都督韓威輕騎覘賊反為所敗邊人

大擾太宗遣吏部尚書侯君集為當彌道行營大總管右領軍大將軍執失思力為白蘭道行軍總管左武衛將軍牛進達為闊水道行軍總管右領軍將軍劉蘭為洮河道行軍總管率步騎五萬以擊之進達先鋒自松州夜襲其營斬千餘級弄讚大懼引兵而退遣使謝罪因復請婚太宗許之弄讚乃遣其相祿東贊致禮獻金五千兩自餘寶玩數百事貞觀十五年太宗以文成公主妻之令禮部尚書江夏郡王道宗主婚持節送公主于吐蕃弄讚率其部兵次柏海親迎于河源見道宗執子壻之禮甚恭既而歎大國服飾禮儀之美俯仰有愧沮之色及與公主歸國謂所親曰我父祖未有通婚上國者今我得尚大唐公主為幸實多當為公主築一城以誇示後代遂築城邑立棟宇以居處焉公主惡其人赭面弄讚令國中權且罷之自亦釋氈裘襲紈綺漸慕華風仍遣酋豪子弟請入國學以習詩書又請中國識文之人典其表疏太宗伐遼東還遣祿東贊來賀奉表曰聖天子平定四方日月所照之國並為臣妾而高麗恃遠闕於臣禮天

子自領百萬度遼致討隳城陷陣指日凱旋夷狄纔聞陛下發駕少進之間已聞歸國鴈飛迅越不及陛下速疾奴忝預子壻喜百常夷夫鵝猶鴈也故作金鵝奉獻其鵝黃金鑄成其高七尺中可實酒三斛二十二年右衛率府長史王玄策使往西域為中天竺所掠吐蕃發精兵與玄策擊天竺大破之遣使來獻捷高宗嗣位授弄讚為駙馬都尉封西海郡王賜物二千段弄讚因致書于司徒長孫無忌等云天子初即位若臣下有不忠之心者當勒兵以赴國除討并獻金銀珠寶十五種請置太宗靈座之前高宗嘉之進封為賨王賜雜綵三千段因請蠶種及造酒碾磑紙墨之匠並許焉乃刊石像其形列昭陵玄闕之下永徽元年弄讚卒高宗為之舉哀遣右武候將軍鮮于臣濟持節齎璽書弔祭弄讚子早死其孫繼立復號贊普時年幼國事皆委祿東贊祿東贊姓薛氏雖不識文記而性明毅嚴重講兵訓師雅有節制吐蕃之并諸羌雄霸本土多其謀也初太宗既許降文成公主贊普使祿東贊來迎召見顧問進對合旨太宗禮之有異諸

蕃乃拜祿東贊為右衛大將軍又以琅邪長公主外孫女段氏妻之祿東贊辭曰臣本國有婦父母所聘情不忍乖且贊普未謁公主陪臣安敢輒娶太宗嘉之欲撫以厚恩雖奇其答而不遂其請祿東贊有子五人長曰贊悉若早死次欽陵次贊婆次悉多于次勃論及東贊死欽陵兄弟復專其國後與吐谷渾不和龍朔麟德中遞相表奏各論曲直國家依違未為與奪吐蕃怨怒遂率兵以擊吐谷渾吐谷渾大敗河源王慕容諾曷鉢及弘化公主脫身走投涼州遣使告急咸亨元年四月詔以右威衛大將軍薛仁貴為邏娑道行軍大總管左衛員外大將軍阿史那道真右衛將軍郭待封為副率衆十餘萬以討之軍至大非川為吐蕃大將論欽陵所敗仁貴等並坐除名吐谷渾全國盡沒唯慕容諾曷鉢及其親信數千帳來內屬仍徙於靈州自是吐蕃連歲寇邊當悉等州諸羌盡降之上元三年進寇鄯廓等州殺掠人吏高宗命尚書左僕射劉仁軌往洮河軍鎮守以禦之儀鳳三年又命中書令李敬玄兼鄯州都督往代仁軌於洮河鎮

守仍召募關內河東及諸州驍勇以為猛士不簡色役亦有嘗任文武官者召入殿庭賜宴遣往擊之又令益州長史李孝逸巂州都督拓王奉等發劍南山南兵募以防禦之其年秋敬玄與工部尚書劉審禮率兵與吐蕃戰于青海官軍敗績審禮沒于陣敬玄按軍不敢救俄而收軍却出頓於承風嶺阻泥溝不能動賊屯於高岡以壓之偏將左領軍員外將軍黑齒常之率敢死之士五百人夜斫賊營賊遂潰亂自相蹂踐死者三百餘人敬玄遂擁衆鄯州坐貶為衡州刺史往劍南兵募於茂州之西南築安戎城以壓其境俄有生羌為吐蕃鄉導攻陷其城遂引兵守之時吐蕃盡收羊同党項及諸羌之地東與涼松茂巂等州相接南至婆羅門西又攻陷龜茲疏勒等四鎮北抵突厥地方萬餘里自漢魏已來西戎之盛未之有也高宗聞審禮等敗沒召侍臣問綏禦之策中書舍人郭正一曰吐蕃作梗年歲已深命將興師相繼不絕空勞士馬虛費糧儲近討則徒損兵威深入則未窮巢穴望少發兵募且遣備邊明烽堠勿令侵抄使國用豐

足人心叶同寬之數年可一舉而滅給事中劉齊賢皇甫文亮等皆言嚴守之便尋而黑齒常之破吐蕃大將贊婆及素和貴於良非川殺獲二千餘級吐蕃遂引退詔以常之為河源軍使以鎮禦之儀鳳四年贊普卒其子器弩悉弄嗣位復號贊普時年八歲國政復委於欽陵遣其大臣論塞調傍來告喪且請和高宗遣郎將宋令文入蕃會葬永隆元年文成公主薨高宗又遣使弔祭之則天臨朝命文昌右相韋待價為安息道大總管安西大都護閻溫古為副永昌元年率兵往征吐蕃遲留不進待價坐流瀼州溫古處斬待價素無統禦之才遂狼狽失據士卒飢饉皆轉死溝壑明年又命文昌右相岑長倩為武威道行軍大總管以討吐蕃中路退還軍竟不行如意元年吐蕃大首領曷蘇率其所屬并貴川部落請降則天令右玉鈐衛大將軍張玄遇率精卒二萬充安撫使以納之師次大渡水曷蘇事洩為本國所擒又有大首領昝捶率羌蠻部落八千餘人詣玄遇內附玄遇以其部落置葉川州以昝捶為刺史仍於大度西山勒石紀功

而還長壽元年武威軍總管王孝傑大破吐蕃之衆克復龜茲于闐疏勒碎葉等四鎮乃於龜茲置安西都護府發兵以鎮守之萬歲登封元年孝傑復為肅邊道大總管率副總管婁師德與吐蕃將論欽陵贊婆戰于素羅汗山官軍敗績孝傑坐免官萬歲通天元年吐蕃四萬衆奄至涼州城下都督許欽明初不之覺輕出按部遂遇賊拒戰久之力屈為賊所殺時吐蕃又遣使請和則天將許之論欽陵乃請去安西四鎮兵仍索分十姓之地則天竟不許之吐蕃自論欽陵兄弟專統兵馬欽陵每居中用事諸弟分據方面贊婆則專在東境與中國為隣三十餘年常為邊患其兄弟皆有才略諸蕃憚之聖曆二年其贊普器弩悉弄年漸長乃與其大臣論巖等密圖之時欽陵在外贊普乃佯言將獵召兵執欽陵親黨二千餘人殺之發使召欽陵贊婆等欽陵舉兵不受召贊普自帥衆討之欽陵未戰而潰遂自殺其親信左右同日自殺者百餘人贊婆率所部千餘人及其兄子莽布支等来降則天遣羽林飛騎郊外迎之授贊婆輔國大將軍行

右衛大將軍封歸德郡王優賜甚厚仍令領其部兵於洪源谷討擊尋卒贈特進安西大都護久視元年吐蕃又遣其將麴莽布支寇涼州圍逼昌松縣隴右諸軍州大使唐休璟與莽布支戰于洪源谷斬其副將二人獲首二千五百級長安二年贊普率衆萬餘人寇悉州都督陳大慈與賊凡四戰皆破之斬首千餘級於是吐蕃遣使論彌薩等入朝請求和則天宴之於麟德殿奏百戲於殿庭論彌薩曰臣生於邊荒由来不識中國音樂乞放臣親觀則天許之於是論彌薩等相視笑忭拜謝曰臣自歸投聖朝前後禮數優渥又得親觀奇樂一生所未見自顧微瑣何以仰荅天恩區區褊心唯願大家萬歲明年又遣使獻馬千匹金二千兩以求婚則天許之時吐蕃南境屬國泥婆羅門等皆叛贊普自往討之卒於軍中諸子爭立久之國人立器弩悉弄之子棄隸蹜贊為贊普時年七歲中宗神龍元年吐蕃使来告喪中宗為之舉哀廢朝一日俄而贊普之祖母遣其大臣悉薰然來獻方物為其孫請婚中宗以所養雍王守禮女為金城公主許

嫁之自是頻歲貢獻景龍三年十一月又遣其大臣尚贊吐等來迎女中宗宴之於苑內毬場命駙馬都尉楊慎交與吐蕃使打毬中宗率侍臣觀之四年正月制曰聖人布化用百姓為心王者垂仁以八荒無外故能光宅遐邇裁成品物由是隆周理曆恢柔遠之圖強漢乘時建和親之議斯蓋禦長策經邦茂範朕受命上靈克纂洪業庶幾前烈永致和平睠彼吐蕃僻在西服皇運之始早申朝貢太宗文武聖皇帝德侔覆載情深億兆思偃兵甲遂通姻好數十年間一方清淨自文成公主化往其國因多變革我之邊隅亟興師旅彼之蕃落頗聞彫弊頃者贊普及祖母可敦酋長等屢披誠款積有歲時思託舊親請崇新好金城公主朕之少女豈不鍾念但為人父母志恤黎元若允乃誠祈更敦和好則邊土寧晏兵役服息遂割深慈為國大計築茲外館聿膺嘉禮降彼吐蕃贊普即以今月進發朕親自送于郊外中宗召侍中紀處訥謂曰昔文成公主出降則江夏王送之卿雅識蕃情有安邊之略可為朕充吐蕃使也處訥拜謝既而以不

練邊事固辭上又令中書侍郎趙彥昭充使彥昭以既充外使恐失其權寵殊不悅司農卿趙履溫私謂之曰公國之宰輔而為一介之使不亦鄙乎彥昭曰然計將安出履溫因陰託安樂公主密奏留之於是以左衛大將軍楊矩使焉其月帝幸始平縣以送公主設帳殿於百頃泊側引王公宰相及吐蕃使入宴中坐酒闌命吐蕃使進前諭以公主孩幼割慈遠嫁之旨上悲泣歔欷久之因命從臣賦詩餞別曲赦始平縣大辟罪已下百姓給復一年改始平縣為金城縣又改其地為鳳池鄉愴別里公主既至吐蕃別築一城以居之睿宗即位攝監察御史李知古上言姚州諸蠻先屬吐蕃請發兵擊之遂令知古徵劍南兵募往經略之蠻酋傍名乃引吐蕃攻知古殺之仍斷其屍以祭天時張玄表為安西都護又與吐蕃比境互相攻掠吐蕃內雖怨怒外敦和好時楊矩為鄯州都督吐蕃遣使厚遺之因請河西九曲之地以為金城公主湯沐之所矩遂奏與之吐蕃既得九曲其地肥良堪頓兵畜牧又與唐境接近自是復叛始率兵入寇開元二年秋吐蕃

大將坌達焉乞力徐等率衆十餘萬寇臨洮軍又進寇蘭渭等州掠
監牧羊馬而去楊矩悔懼飲藥而死玄宗令攝左羽林將軍薛訥及
太僕少卿王晙率兵邀擊之仍下詔將大舉親征召募將士克期進
發俄而晙等與賊相遇于渭源之武階驛前軍王海賓力戰死之晙
等率兵而進大破吐蕃之衆殺數萬人盡收得所掠羊馬賊餘黨奔
北相枕藉而死洮水為之不流上遂停親征命紫微舍人倪若水往
按軍實仍弔祭王海賓而還吐蕃遣其大臣宗俄因子至洮河祭其
死亡之士仍款塞請和上不許之自是連年犯邊郭知運王君㚟相
次為河西節度使以捍之吐蕃既自恃兵強每通表疏求敵國之禮
言詞悖慢上甚怒之及封禪禮畢中書令張說奏言吐蕃醜逆誠負
萬誅然又事征討實為勞弊且十數年甘涼河鄯徵發不息縱令屢
勝亦不能補聞其悔過請和惟陛下遣使許其稽顙內屬以息邊境
則蒼生幸甚上曰待吾與王君㚟籌之說出謂源乾曜曰君㚟勇而
無謀常思僥倖兩國和好何以為功若入陳謀則吾計不遂矣尋而

○君㚟入朝奏事遂請率兵深入以討之十五年正月君㚟率兵破吐
蕃於青海之西虜其輜重及羊馬而還先是吐蕃大將悉諾邏率衆
入攻大斗谷又移攻甘州焚燒市里君㚟畏其鋒不敢出會大雪
賊凍死者甚衆遂取積石軍西路而還君㚟先令人潛入賊境於其
歸路燒草悉諾邏還軍至大非山將士息甲牧馬而野草皆盡馬死
過半君㚟與秦州都督張景順等率衆襲其後入至青海之西時海
水冰合將士並乘冰而渡會悉諾邏已渡大非川輜重及疲兵尚在
青海之側君㚟縱兵俘之而還其年九月吐蕃大將悉諾邏恭祿及
燭龍莽布支攻陷瓜州城執刺史田元獻及王君㚟之父壽盡取城
中軍資及倉糧仍毀其城而去又進攻玉門軍及常樂縣縣令賈師
順嬰城固守凡八十日賊遂引退俄而王君㚟為迴紇餘黨所殺乃命
兵部尚書蕭嵩為河西節度使以建康軍使左金吾將軍張守珪為
瓜州刺史修築州城招輯百姓令其復業時悉諾邏恭祿威名甚振
蕭嵩乃縱反間於吐蕃云其與中國潛通贊普遂召而誅之明年秋

吐蕃大將悉末朗復率衆攻瓜州守珪出兵擊走之隴右節度使鄯
州都督張忠亮引兵至青海西南渴波谷與吐蕃接戰大破之俄而
積石莫門兩軍兵馬總至與忠亮合勢追討破其大莫門城生擒千
餘人獲馬一千匹犛牛五百頭器仗衣資甚衆又焚其駱駝橋而還
八月蕭嵩又遣副將杜賓客率弩手四千人與吐蕃戰于祁連城下
自辰至暮散而復合賊徒大潰臨陣斬其副將一人賊敗散走投山
哭聲四合初上聞吐蕃重來入寇謂侍臣曰吐蕃驕暴恃力而來朕
今按地圖審利害親指授將帥破之必矣數日而露布至十七年朔
方大總管信安王禕又率兵赴隴右拔其石堡城斬首四百餘級生
擒二百餘口遂於石堡城置振武軍仍獻其俘囚于太廟於是吐蕃
頻遣使請和忠王友皇甫惟明因奏事面陳通和之便上曰吐蕃贊
普往年嘗與朕書悖慢無禮朕意欲討之何得和也惟明曰開元之
初贊普幼稚豈能如此必是在邊軍將務邀一時之功偽作此書激
怒陛下兩國既鬬興師動衆因利乘便公行隱盜偽作功狀以希勳

○爵所損鉅萬何益國家今河西隴右百姓疲竭事皆由此若陛下遣
使往視金城公主因與贊普面約通和令其稽顙稱臣永息邊境此
永代安人之道也上然其言因令惟明及內侍張元方充使往問吐
蕃惟明元方等至吐蕃既見贊普及公主具宣上意贊普等欣然請和
盡出貞觀已來前後勑書以示惟明等令其重臣名悉獵隨惟明等
入朝上表曰外甥是先皇帝舅宿親又蒙降金城公主遂和同為一
家天下百姓普皆安樂中間為張玄表李知古等東西兩處先動兵
馬侵抄吐蕃邊將所以互相征討迄至今日遂成釁隙外甥以先代
文成公主今金城公主之故深識尊卑豈敢失禮又緣年小枉被邊
將讒構鬬亂令舅致怪伏乞垂察追晉死將萬足前數度使人入朝
皆被邊將不許所以不敢自奏去冬公主遣使人婁衆失若將狀專
往蒙降使看公主來外甥不勝喜荷謹遣論名悉獵及副使押衙將
軍浪此紇夜悉獵入朝奏取進止兩國事意悉獵所知外甥蕃中已
處分邊將不許抄掠若有漢人來投便令却送伏望皇帝舅遠察赤

心許依舊好長令百姓快樂如蒙聖恩千年萬歲外甥終不敢先違盟誓謹奉金胡瓶一金盤一金椀一馬腦盃一零羊衫段一謹充微國之禮金城公主又別進金鴨盤盞雜器物等十八年十月名悉獵等至京師上御宣政殿列羽林仗以見之悉獵頗曉書記先曾迎金城公主至長安當時朝廷皆稱其才辯及是上引入內宴與語甚禮之賜紫袍金帶及魚袋并時服繒綵銀盤胡瓶仍於別館供擬甚厚悉獵受袍帶器物而却進魚袋辭曰本國無此章服不敢當殊異之賞上嘉而許之詔御史大夫崔琳充使報聘仍於赤嶺各豎分界之碑約以更不相侵時吐蕃使奏云公主請毛詩禮記左傳文選各一部制令秘書省寫與之正字于休烈上疏請曰臣聞戎狄國之寇也經籍國之典也戎之生心不可以無備典有恒制不可以假人傳曰裔不謀夏夷不亂華所以格其非心在乎有備無患昔東平王入朝求史記諸子漢帝不與蓋以史記多兵謀諸子雜詭術夫以東平漢之懿戚尚不欲示征戰之書今西戎國之寇讎豈可貽經典之事且

臣聞吐蕃之性慓悍果決敏情持銳善學不迴若達於書必能知戰深於詩則知武夫有師干之試深於禮則知月令有廢興之兵深於傳則知用師多詭詐之計深於文則知往來有書檄之制何異借寇兵而資盜糧也臣聞魯秉周禮齊不加兵吳獲乘車楚疲奔命一以守典存國一以喪法危邦可取鑒也且公主下嫁從人遠適異國合慕夷禮返求良書愚臣料之恐非公主本意也慮有奔北之類勸教於中若陛下慮失蕃情以備國信必不得已請去春秋當周德既衰諸侯強盛禮樂自出戰伐交興情偽於是乎生變詐於是乎起則有以臣召君之事取威定霸之名若與此書國之患也傳曰于奚請曲縣繁纓仲尼云惜也不如多與之邑惟名與器不可假人狄固貪婪貴貨易土正可錫之錦綺厚以玉帛何必率從其求以資其智臣忝叨列位職刊秘籍實痛經典棄在戎夷昧死上聞惟陛下深察疏奏不省二十一年又制工部尚書李暠往聘吐蕃毋唐使入境所在盛陳甲兵及騎馬以矜其精銳二十二年遣將軍李佺於赤嶺與吐蕃

分界立碑二十四年正月吐蕃遣使貢方物金銀器玩數百事皆形制奇異上令列於提象門外以示百寮其年吐蕃西擊勃律遣使來告急上使報吐蕃令其罷兵吐蕃不受詔遂攻破勃律國上甚怒之時散騎常侍崔希逸為河西節度使於涼州鎮守時吐蕃與漢樹柵為界置守捉使希逸謂吐蕃將乞力徐曰兩國和好何須守捉妨人耕種請皆罷之以成一家豈不善也乞力徐報曰常侍忠厚必是誠言但恐朝廷未必皆相信任萬一有人交搆掩吾不備後悔無益也希逸固請之遂發使與乞力徐殺白狗為盟各去守備於是吐蕃畜牧被野俄而希逸傔人孫誨入朝奏事誨欲自邀其功因奏言吐蕃無備若發兵掩之必剋捷上使內給事趙惠琮與孫誨馳往觀察事宜惠琮等至涼州遂矯詔令希逸掩襲之希逸不得已而從之大破吐蕃於青海之上殺獲甚眾乞力徐輕身遁逸惠琮孫誨皆加厚賞吐蕃自是復絕朝貢希逸以失信怏怏在軍不得志俄遷為河南尹行至京師與趙惠琮俱見白狗為祟相次而死孫誨亦以罪被戮詔

以岐州刺史蕭炅為戶部侍郎判涼州事代希逸為河西節度使鄯州都督杜希望為隴右節度使太僕卿王昱為益州長史劍南節度使分道經略以討吐蕃仍令毀其分界之碑二十六年四月杜希望率眾攻吐蕃新城拔之以其城為威武軍發兵一千以鎮之其年七月希望又從鄯州發兵奪吐蕃河橋於河左築鹽泉城吐蕃將兵三萬人以拒官軍希望引眾擊破之因於鹽泉城置鎮西軍時王昱又率劍南兵募攻其安戎城先於安戎城左右築兩城以為攻拒之所頓兵於蓬婆嶺下運劍南道資糧以守之其年九月吐蕃悉銳以救安戎城官軍大敗兩城並為賊所陷昱脫身走免將士已下數萬人及軍糧資仗等並沒于賊昱坐左遷括州刺史初昱之在軍謬賞其子錢帛萬計并擅與紫袍等所費鉅萬坐是尋又重貶為端州高要尉而死二十七年七月吐蕃又寇白草安人等軍勑臨洮朔方等軍分兵救援時吐蕃於中路屯兵斷臨洮軍之路白水軍守捉使高東于拒守連旬俄而賊退蕭炅遣偏將掩其後擊破之王昱既敗之後

詔以華州刺史張宥爲益州長史劍南防禦使主客員外郎章仇兼
瓊爲益州司馬防禦副使宥既文吏素無攻戰之策兼瓊遂專其戎
事俄而兼瓊入奏盛陳攻取安戎之策上甚悅徙張宥爲光祿卿拔
兼瓊令知益州長史事代張宥節度仍爲之親畫取城之計二十八
年春兼瓊密與安戎城中吐蕃翟都局及維州別駕董承宴等通謀
都局等遂翻城歸款因引官軍入城盡殺吐蕃將士使監察御史許
遠率兵鎮守上聞之甚悅中書令李林甫等上表曰伏以吐蕃此城
正當衝要憑險自固恃以窺邊積年已來蟻聚爲患縱有百萬之衆
難以施功陛下親紆祕策不興師旅頃令中使李思敬曉諭羌族莫
不懷恩翻然改圖自相謀陷神算運於不測睿略通於未然累載逋
誅一朝蕩滅又臣等今日奏事陛下從容問臣等曰卿等但看四夷
不久當漸摧喪德音纔降還聞戎捷則知聖與天合應如響至前古
已來所未有也請宣示百寮編諸史策手制荅曰此城儀鳳年中羌
引吐蕃遂被固守歲月既久攻伐亦多其地險阻非力所制朝廷群

議不合取之朕以小蕃無知事須處置授以奇計所以行之獲彼戎
心歸我城守有足爲慰也其年十月吐蕃又引衆寇安戎城及維州
章仇兼瓊遣裨將率衆禦之仍發關中彍騎以救援焉時屬凝寒賊
久之自引退詔改安戎城爲平戎城二十九年春金城公主薨吐蕃
來遣使告哀仍請和上不許之使到數月後始爲公主舉哀於光順
門外輟朝三日六月吐蕃四十萬衆承風堡至河源軍西長寧橋至
安仁軍渾崖峯騎將臧希液以衆五千攻而破之十二月吐蕃又襲
石堡城節度使蓋嘉運不能守玄宗憤之天寶初令皇甫惟明王忠
嗣爲隴右節度皆不能克七載以哥舒翰爲隴右節度使攻而拔之
改石堡城爲神武軍天寶十四載贊普乞黎蘇籠獵贊死大臣立其
子婆悉籠獵贊爲主復爲贊普玄宗遣京兆少尹崔光遠兼御史中
丞持節齎國信冊命弔祭之及還而安祿山已竊據洛陽以河隴兵
募令哥舒翰爲將屯潼關昔秦以隴山已西爲隴西郡漢懷匈奴於
河右置姑臧張掖酒泉伊吾等郡又於磧外置西域都護控引胡國

又分隴西爲金城 西平等郡襟以氐羌居之歷代喪亂常爲賢豪所
據則爲達夷侵廢迨千年矣武德初薛仁杲奄有隴上之地至於河
湟李軌盡有涼州之城通於磧外貞觀中李靖破吐谷渾侯君集平
高昌阿史那社爾開西域置四鎮前王之所未伏盡爲臣妾秦漢之
封域得議其土境耶於是歲調山東丁男爲戍卒繒帛爲軍資有屯
田以資糗糧牧使以娩羊馬大軍萬人小軍千人烽戍邏卒萬里相繼
以却於強敵隴右鄯州爲節度河西涼州爲節度安西北庭亦置節
度關內則於靈州置朔方節度又有受降城單于都護庭爲之藩衛
及潼關失守河洛阻兵於是盡徵河隴朔方之將鎮兵入靖國難謂
之行營曩時軍營邊州無備預矣乾元之後吐蕃乘我間隙日蹙邊
城或爲虜掠傷殺或轉死溝壑數年之後鳳翔之西邠州之北盡蕃
戎之境堙沒者數十州肅宗元年建寅月甲辰吐蕃遣使來朝請和
敕宰相郭子儀蕭華裴遵慶等於中書設宴將詣光宅寺爲盟誓取
三牲血歃之無向佛寺之事請明日須於鴻臚寺以血以申蕃戎之

禮從之寶應元年六月吐蕃使燭番莽耳等二人貢方物入朝乃於
延英殿引見勞賜各有差而劍南西山又與吐蕃氐羌隣接武德已
來開置州縣立軍防即漢之笮路乾元之後亦陷於吐蕃寶應二年
三月遣左散騎常侍兼御史大夫李之芳左庶子兼御史中丞崔倫
使于吐蕃至其境而留之廣德元年九月吐蕃寇陷涇州十月邠州
又陷奉天縣遣中書令郭子儀西禦吐蕃以吐谷渾党項 羌之衆
二十餘萬自龍光度而東郭子儀退軍車駕幸陝州京師失守降將
高暉引吐蕃入上都城與吐蕃大將馬重英等立故邠王男廣武王
承宏爲帝立年號大赦署置官員尋以司封崔瓌等爲相郭子儀退
軍南保商州吐蕃居城十五日退官軍收上都以郭子儀爲留守初
車駕東幸衣冠戚里盡南投荊襄及隱竄山谷於是六軍將士持兵
剽劫所在阻絕郭子儀領部曲數百人及其妻子僕從南入牛心谷
馳馬車牛數百兩子儀遲留未知所適行軍判官中書舍人王延昌
監察御史李萼謂子儀曰今公身爲元帥主上蒙塵于外家國之事

一至於此今吐蕃之勢日逼豈可懷安于谷中何不南趨商州漸赴
行在子儀遽從之延昌曰吐蕃知令公南行必分兵來逼若當大路
事則危矣不如取玉山路而去出其不意子儀又從之延昌與李萼
皆從子儀子儀之隊千餘人山路狹隘連延百餘里人不得馳延昌
與萼恐狹徑被追前後不相救至倒迴口遂與子儀別行踰絶澗登
七盤趨于商州先是六軍將張知節與麾下數百人自城奔于商州
大掠避難朝官士庶及居人資財鞍馬已有日矣延昌與萼既至說
知節曰將軍身掌禁兵軍敗而不赴行在又恣其下虜掠何所歸乎
今郭令公元帥也已欲至洛南將軍若整頓士卒諭以禍福請令公
來撫之以圖收長安此則將軍非常之功也知節大悅其時諸軍將
臧希讓高昇彭體盈李惟誥等數人各有部曲率其數十騎相次而
至又從其計皆相率為軍約不侵暴延昌留于軍中至約萼以數騎
往迎子儀去洛南十餘里及之遂與子儀迴至商州諸將大喜皆遵
其約束吐蕃將入京師也前光祿卿殷仲卿逃難而出鞍馬衣服盡

○ 唐傳一百四十六上　十三

為土賊所掠仲卿至藍田糺合散兵及諸驍勇願從者百餘人南保
藍田以拒吐蕃其衆漸振至千人子儀既至商州未知仲卿之舉
募人往探賊勢羽林將軍長孫全緒請行以二百騎隸之又令太子
賓客第五琦攝京兆尹同收長安全緒至韓公堆晝則擊鼓廣張旗
幟夜則多燃火以疑吐蕃仲卿探知官軍其勢益壯遂相為表裏以
狀聞于子儀仲卿二百餘騎遊奕直渡滻水吐蕃懼問百姓百姓皆
紿之曰郭令公自商州領衆却收長安大軍不知其數賊以為然遂
抽軍而還餘衆尚在城軍將王撫及御史大夫王仲昇頓兵自苑中
入椎鼓大呼仲卿之師又入城吐蕃皆奔走乃收上都郭子儀乘之
鼓行入長安人心乃安吐蕃遂至鳳翔節度孫志直閉門拒之吐蕃
圍守數日會鎮西節度兼御史中丞馬璘領精騎千餘自河西救楊
志烈迴引兵入城遲明單騎持滿直衝賊衆左右願從者百餘騎璘
奮擊大呼賊徒披靡無敢當者賊疲而歸賊衆恃其驍勇翌日又逼
城請戰璘被甲開懸門賊乃抽退皆曰此將不惜死不可當且避之

又復居原會成渭之地十二月乘輿還上都二年五月放李之芳還
九月叛將僕射大寧郡王僕固懷恩自靈武遣其黨范志任敷等引
吐蕃吐谷渾之衆來犯王畿十月懷恩之衆至邠州挑戰節度白孝
德及副元帥先鋒郭晞因城拒之以挫其鋒賊衆遂逼奉天縣西二
十里為營郭子儀屯於奉天又按軍不戰郭晞於邠州西三十里令
精騎二百五十人步卒五十人斫懷恩營破五千衆斬首千餘級生
擒八十五人降其大將四人馬五百四十一月僕固懷恩引吐蕃之
衆退廣德二年河西節度楊志烈被圍守數年以孤城無援乃跳身
西投甘州涼州又陷於寇永泰元年三月吐蕃請和遣宰相元載杜
鴻漸等於興唐寺與之盟而罷秋九月僕固懷恩誘吐蕃迴紇之衆
南犯王畿吐蕃大將尚結息贊磨尚悉東贊尚野息及馬重英率二
十萬衆至奉天界邠州節度使白孝德不能禦京城戒嚴先是朔方
先鋒兵馬使渾日進孫守亮屯軍於奉天以拒之於是詔追副元帥
郭子儀於河中府領衆赴援屯於涇陽諸將各屯守要害初吐蕃列

○ 唐傳一百四十六上　十四

營奉天渾日進單騎衝之驍騎二百人繼進衝突其營左右擊刺賊
徒驚駭無不應弦而斃日進挾一番將躍馬而歸番將奮身失其撤
飯一日進之衆無中鋒鏑者軍中望而益振明日吐蕃悉衆圍之日
進命拋車夾石投之雜以弓弩賊死傷衆數日斂軍回營尋又日進
夜斫賊營於梁毋神下殺千餘人生擒五百人獲駞馬器械上又下
詔親征括朝官馬京城置團練鎮西節度馬璘遇吐蕃遊奕四百餘
人於武功東原使五十人擊而盡殺之無噍類自十七日至二十五
日晚際始止議者以為天助吐蕃移營於醴泉縣九嵕山北因攻掠
醴泉京城大駭人皆竄走天戶鑿竇以出逆黨任敷以兵五千餘人犯
白水縣渾日進露布而至屯於奉天馬嵬店今月十九日巳後至二
十五日巳前交戰二百餘陣破吐蕃一萬餘衆斬首五千級生擒一
百六十人馬一千二百四十二匹駞一百一十五頭器械幡旗共三
萬餘事朝官震懼家口廻避者十室八九禁之不止自前年吐蕃犯
王畿後於中渭橋鄠豐城以營兵至是功畢吐蕃退至永壽北遇迴

紇之衆雖聞懷恩死皆悖其衆相誘而奔後來寇至奉天兩蕃猜貳争長別爲營壘吐蕃遊奕至黑底吐蕃又至馬嵬店因縱火焚居人廬舍而退迴紇三千騎詣涇陽降款請擊吐蕃爲効子儀許之於是朔方先鋒兵馬使開府南陽郡王白元光與迴紇合於涇陽靈臺縣東五十里攻破吐蕃斬首及生擒獲駞馬牛羊甚衆上停親征京師觧嚴宰臣上表稱賀

唐書列傳卷第一百四十六上

劉　昫　等修
聞人詮校刻沈桐同校

吐蕃下

永泰二年二月，命大理少卿兼御史中丞楊濟修好于吐蕃。四月，吐蕃遣首領論立藏等百餘人隨濟來朝，且謝申好。大曆二年十月，靈州破吐蕃二萬餘衆，生擒五百人，獲馬一千五百四十。十一月，和蕃使檢校戶部尚書兼御史大夫薛景仙自吐蕃使還，首領論泣陵隨景仙來朝。景仙奏云：贊普請以鳳林關爲界。俄又遣使路悉等十五人來朝。三年八月，吐蕃十萬寇靈武，大將尚書摩寇邠州，邠寧節度使馬璘破二萬餘衆，擒其俘以獻之。九月，寇靈州，朔方騎將白元光破之。俄又復破二萬衆於靈武，獲羊馬數千計。關內副元帥郭子儀於靈州破吐蕃六萬餘衆。十二月，以蕃寇歲犯西疆，增修鎮守，乃移馬璘鎮涇州，仍爲涇原節度使。劍南西川亦破吐蕃萬餘衆。五年五月，

○徙置安悉拓靜恭五州于山陵要害之地，以備吐蕃。八年秋，吐蕃六萬騎寇靈武，蹂踐我禾稼而去。十月，寇涇邠等州，郭子儀遣先鋒將渾瑊與賊戰于宜祿，我師不利，副將史籍等三人死之，村墅居人爲驅掠者凡千餘人。是夜，瑊收合散卒，襲賊營，會馬璘亦襲其輜重，凡殺數千人，賊遂潰。子儀大破吐蕃十餘萬衆。初，吐蕃犯我邠郊，馬璘以精卒二千餘人潛夜擣賊營，射賊豹皮將中目，賊衆扶之，號泣遂舉營遁去，璘因收獲朔方兵健二百餘人、百姓七百餘人、驢馬數百四。九年四月，以吐蕃侵擾，預爲邊備，乃降勅宜令子儀以上郡、北地、四塞、五原、義渠、稽胡、鮮卑雜種步馬五萬衆，嚴會栒邑，克壯舊軍；抱玉以晉之高都、韓之上黨、河湟義徒、汧隴少年，凡三萬衆，橫絕高壁，斜界連營；馬璘以西域前庭、車師後部，兼廣武之戍、下蔡之徭，凡三萬衆，屯于泗中，張大軍之援；忠誠以武落別授右地奇鋒，凡二萬衆，出岐陽而北會；希讓以三輔太常之徒、六郡良家之子，自渭上而西合；汴宋、淄青、河陽、幽薊總四萬衆，分列前後；魏成德、昭義、永地總六萬衆，大舒左右。朕內整其族親，誓諸將，資以千金之賞，錫以六牧之馬，其戎裝戰器、軍用邊儲，各有司存，素皆精辦。咨爾將相文武宣力之臣，夫師克在和，善戰不陣，各宜保援疆界，屯據要衝，斥候惟明，首尾相應。若既悔過，何必勞人；如或不恭，自當伐罪。然後眷求統一，以制諸軍，進取之宜，俟於後命。十一年正月，劍南節度使崔寧大破吐蕃故洪等四節度兼突厥、吐渾、氐、蠻、羌、党項等二十餘萬衆，斬首萬餘級，生擒蠵城兵馬使一千三百五十人，獻于闕下，牛羊及軍資器械不可勝紀。十二年九月，入寇坊州，掠党項羊馬而去。十月，崔寧破吐蕃望漢城。十四年八月，命太常少卿韋倫持節使吐蕃，統蕃俘五百人歸之。十月，吐蕃率南蠻衆二十萬來寇，一入茂州，過汶川及灌口；一入扶文，過方維、白埧；一自黎雅過邛峽關，連陷郡邑。乃發禁兵四千人及幽州兵五千人同討，大破之。建中元年四月，韋倫至自大曆中，聘使前後數輩，皆留之不遣，俘獲其人，必遣中官部統，徙江嶺，因緣求財，及給養之費，不勝其弊。去年冬，吐蕃大輿師以三道來侵，

○會德宗初即位，以德綏四方，徵其俘囚五百餘人，各給衣一襲，使倫統還其國，與之約和，勅邊將無得侵伐。吐蕃始聞歸其人，不之信；及蕃俘入境，部落皆畏威懷惠。其贊普乞立贊謂倫曰：不知是來也，而有三恨，柰何？倫曰：未達所謂。乞立贊曰：不知大國之喪，而弔不及哀，一也；不知山陵之期，而賻不成禮，二也；不知皇帝舅聖明繼立，已發衆軍三道連衡，今靈武之師聞命輟已，而山南之師已入扶文，蜀師已趨灌口，追且不及，是三恨也。及發使奉贄，不二旬而復命，蜀師尋獲其戎俘，有司請準舊事，頒爲徒隸。上曰：要約著矣，言庸二乎？乃各給縑二匹、衣一襲而歸之。五月，以韋倫爲太常卿，復使吐蕃。其冬，遣宰相論欽明思等五十五人隨倫至，且獻方物。吐蕃見倫，拜至甚歡，既就館，聲樂以娛之，留九日而還，兼遣其渠帥報命。二年十二月，入蕃使判官常魯與吐蕃使論悉諾羅等至自蕃中。初，魯與其使崔漢衡至列館，贊普令止之，先命取國信勅，既而使謂漢衡曰：來勅云所貢獻物並領訖，今賜外甥少信物，至領取。我大蕃與唐舅甥國耳，何

得以臣禮見處又所欲定界雲州之西請以賀蘭山爲界其盟約請
依景龍二年勑書云唐使到彼外甥先與盟誓蕃使到此阿舅亦親
與盟乃遣漢衡遣使奏定會使還奏焉爲改勑書以貢獻爲進以賜
爲寄以領取爲領之且謂曰前相楊炎不循故事致此誤爾其定界
盟並從之三年四月放先没蕃將士僧尼等八百人歸還報歸蕃俘
也九月和蕃使殿中少監兼御史中丞崔漢衡與蕃使區頰贊至時
吐蕃大相尚結息忍而好殺以嘗覆敗於劍南思刷其耻不肯約和
其次相尚結贊有材畧因言於贊普請定界明約以息邊人贊普然
之竟以結贊代結息爲大相終約和好期以十月十五日會盟於境
上以崔漢衡爲鴻臚卿以都官員外郎樊澤兼御史中丞充入蕃計
會使初漢衡與吐蕃約定月日盟誓漢衡到商量未決已過其期遂
命澤詣結贊復定盟會期且告遣隴右節度使張鎰與之同盟澤至
故原州與結贊相見以來年正月十五日會盟于清水西四年正月
詔張鎰與尚結贊盟於清水將盟鎰與結贊約各以二千人赴壇所

執兵者半之列於壇外二百步散從者半之分立壇下鎰與賓佐齊
映齊抗及會盟官崔漢衡樊澤常魯于頔等七人皆朝服結贊與其
本國將相論悉頰藏論臧熱論利陁斯官者論力徐等亦七人俱升
壇爲盟初約漢以牛蕃以馬鎰耻與之盟將殺其禮乃謂結贊曰漢
非牛不田蕃非馬不行今請以羊豕犬三物代之結贊許諾塞外無
豕結贊請出羝羊鎰出大白羊乃於壇北刑之雜血二器而歃盟文
唐有天下恢奄禹跡舟車所至莫不率俾以累聖重光歷年惟永彰
王者之丕業被四海之聲教與吐蕃贊普代爲婚姻固結鄰好安危
同體甥舅之國將二百年其間或因小忿棄惠爲讐封疆騷然靡有
寧歲皇帝踐祚愍茲黎元俾釋俘隸以歸蕃落蕃國展禮同茲叶和
行人往復累布成命是必詐謀不起兵車不用矣彼猶以兩國之要
求之永久古有結盟今請用之國家務息邊人外其故地棄利蹈義
堅盟從約今國家所守界涇州西至彈箏峽西口隴州西至清水縣
鳳州西至同谷縣暨劍南西山大渡河東爲漢界蕃國守鎮在蘭渭

原會西至臨洮又東至成州抵劍南西界磨些諸蠻大渡水西南
爲蕃界其兵馬鎮守之處州縣見有居人彼此兩邊見屬漢諸蠻以
今所分見住處依前爲定其黃河以北從故新泉軍直北至大磧直
南至賀蘭山駱駝嶺爲界中間悉爲閑田盟文有所不載者蕃有兵
馬處蕃守漢有兵馬處漢守並依見守不得侵越其先未有兵馬處
不得新置并築城堡耕種今二國將相受辭而會齋戒將事告天地
山川之神惟神照臨無得愆墜其盟文藏於宗廟副在有司二國之
成其永保之結贊亦出盟文不加於坎但埋牲而已盟畢結贊請鎰
就壇之西南隅佛幄中焚香爲誓誓之畢復升壇飲酒獻酬之禮各
用其物以將厚意而歸二月命崔漢衡持節答蕃遣區頰贊等歸上
初令宰相尚書與蕃相區頰贊盟於豐邑里壇所盟以清水之會不
定遂罷因留頰贊未遣復令漢衡使於贊普六月答蕃使判官于頔
與蕃使論頰沒藏等至自青海七月以禮部尚書李揆加御史大夫
爲入蕃會盟使又命宰相李忠臣盧杞關播右僕射崔寧工部尚書

喬琳御史大夫于頎太府卿張獻恭司農卿段秀實少府監李昌夔
京兆尹王翃左金吾衛將軍渾瑊等與區頰贊等會盟於壇所初于
頔至自蕃中與尚結贊約疆場既定請歸其使從之以豐邑坊盟壇
在京城之內非便請卜壇於京城之西其禮如清水之儀先盟二日
命有司告太廟監官致齋三日朝服陞壇關播跪讀盟文盟畢宴賜
而遣之興元元年二月以右散騎常侍兼御史大夫于頎往涇州已
來宣慰吐蕃仍與州府計會頓遞時吐蕃款塞請以兵助平國難故
遣使焉四月命太常少卿兼御史中丞沈房入蕃計會及安西北庭
宣慰使是月渾瑊與吐蕃論莽羅依衆大破朱泚將韓旻張廷芝宋
歸朝等於武功之武亭川斬首萬餘級貞元二年命倉部郎中兼侍
御史趙聿爲入吐蕃使八月吐蕃寇涇隴邠寧數道掠人畜取禾稼
西境騷然諸道節度及軍鎮咸閉壁自守而已京師戒嚴上遣左金
吾將軍張獻甫與神策將李昇晏蘇清沔等統兵屯於咸陽召河中
節度駱元光率衆戍咸陽以援之九月以吐蕃遊騎及於好時上復

遣張獻甫等統兵屯於咸陽又詔遣左監門將軍康成使於吐蕃初
吐蕃大相尚結贊累遣使請明要會定界乃命成使之至若原與結贊
相見令其使論乞陁與成同來是月鳳翔節度使李晟以吐蕃侵軼
遣其將王佖夜襲賊營率驍勇三千人入汧陽誡之曰賊之大衆當
過城下甚無擊其首尾首尾雖敗中軍力全若合勢攻之汝必受其
弊但候其前軍已過見五方旗虎豹衣則其中軍也出其不意乃是
奇功佖如其言出擊之則衆果敗副將史廷玉力戰死之又寇鳳翔
城下李晟出兵禦之一夕而退十月李晟遣兵襲吐蕃之摧沙堡大
破之焚其歸積斬蕃酋扈屈律設贊等七人傳首京師十一月吐蕃
陷塩州初賊來也刺史杜彥光使以牛酒犒之吐蕃謂曰我欲州城
居之聽爾率其人而去彥光乃悉衆奔鄜州十二月陷夏州刺史托
拔乾暉率衆而去復據其城又寇銀州素無城壁人皆奔散三年春
命檢校左庶子兼御史中丞崔澣爲入吐蕃使相次又遣左庶子李
銛使之河東保寧等道節度使馬燧來朝初尚結贊既陷塩夏等州

各留千餘人守之結贊大衆屯於鳴沙自去冬及春羊馬多死糧餉
不給時詔遣華州潼關節度駱元光邠寧節度韓遊瓌統衆與鳳翔
鄜邠及諸道戍卒屯於塞上又命燧率師次於石州分兵隔河與元
光等掎角討之結贊聞而大懼累遣使請和仍約盟會上皆不許又
遣其大將論頰熱厚禮卑詞求燧請盟燧以奏焉上又不許惟促其
合勢討逐燧喜賂信詐乃與頰熱俱入朝盛言其可保信許盟約上
於是從之燧既赴朝也諸軍但閉壁而已結贊遽悉其衆棄夏州而
歸馬既多死有徒行者乃是夏平涼之會竟渝盟焉燧亦由此失兵
柄而奉朝請矣四月崔澣至自鳴沙初澣至鳴沙與尚結贊相見詢
問其違約陷塩夏州之故對曰本以定界碑被牽倒恐二國背盟相
侵故造境上請修舊好又蕃軍頃年破朱泚之衆於武功未獲酬償
所以來耳及徙涇州其節度使閉城自守音問莫達又徙鳳翔請通
使於李令公亦不見納及遣康成王眞之來皆不能達大國之命日
望大臣充使無展情禮實無至者乃引軍還及塩夏二州之師二州

懼我之衆請以城與我求全而歸非我所攻陷也今君以國親將命
君結好復盟蕃之願也盟會之期及定界之所唯命是聽君歸奏決
定當以塩夏相還也又云淸水之會同盟者少是以和好輕慢不成
今蕃相及元帥已下凡二十一人赴靈州節度使杜希全稟性和善
外境所知請令主盟會涇州節度李觀亦請同主之又同章表上聞
澣誘賂蕃中給役者求其人馬眞數凡五萬九千餘人馬八萬六千
餘匹可戰者僅三萬人餘悉童幼備數而已是日改崔澣爲鴻臚卿
再入吐蕃令澣報尚結贊曰杜希全職在靈州不可出境李觀今已
改官以侍中渾瑊充盟會使約以五月二十四日復盟於淸水又令
告以塩夏二州歸于我纔就盟會上疑蕃情不實以得州爲信焉五
月渾瑊以充盟會使來辭且受命以兵部尚書崔漢衡爲盟會副使
司勳員外郎鄭叔矩爲判官渾瑊赴會盟所上令瑊統衆二萬餘人
遣華州潼關節度駱元光赴之上令宰臣召吐蕃使論泣贊等於中
書議會盟之所初崔澣與尚結贊約復會於淸水且先歸我塩夏二

州結贊云淸水非吉地請會於原州之土梨樹又請盟畢歸二州澣
遣使與泣贊等同奏上將務懷柔遠皆從之約以五月十五日盟于
土梨樹上召宰臣謀之先是左神策將馬有麟奏土梨樹地多險隘
恐蕃軍隱伏不利于我平涼川四隅坦平且近涇州就之爲便由是
乃定盟所於平涼川時蕃使論泣贊已復命遽追還確遣之渾瑊與
尚結贊會於平涼初瑊與結贊約以兵三千人列於壇之東西散手
四百人至壇下及將盟又約各益遊軍相覘伺結贊擁精騎數萬於
壇西蕃之遊軍貫穿我師瑊之將梁奉貞率六十騎爲遊軍纔至蕃
中皆被執留瑊不虞也結贊又遣人請瑊曰請侍中已下服衣冠劍
珮以俟命蓋誘其下馬將刼持之瑊與崔漢衡監軍特進宋鳳朝等
皆入幕次坦無他慮結贊命伐鼓三聲其衆呼譟而至瑊遽出自幕
後偶得他馬跨而奔歸時馬不加銜瑊伏於鬣而手加之凡馳十餘
里銜方及口故追騎之矢遇而不傷焉唯瑊之裨將辛榮招合數百
人據北阜與賊接戰須臾賊衆四合榮力屈而降鳳朝及瑊判官韓

弁並爲亂兵所殺漢衡及中官劉延邕俱文珍李清朝漢衡判官鄭
叔矩路泌掌書記袁同直大將扶餘準馬寧及神策鳳翔河東大將
孟日華李至言樂演明范澄馬弁等六十餘人皆陷焉餘將士及夫
役死者四五百人驅掠者千餘人咸被解奪其衣初漢衡爲亂兵所
擊其從吏呂溫以身蔽之刃中溫而漢衡獲免漢衡乃夷言謂執者
曰我漢使崔尚書也結贊與我善如若殺我結贊亦殺汝乃捨之盡
驅而西既已面縛各以一木自領至趾約於身以毛繩三束之又以
毛繩連其髮而約之夜皆踣於地以髮繩各繫一橛又以毛罽都覆
之守衛者卧其上以防其亡逸也至故原州結贊坐於帳中召與相
見數讓國家因怒渾瑊曰武功之捷皆我之力許以涇州靈州相報
皆食其言負我深矣舉國所忿本刼是盟在擒瑊也吾遣以金飾桎
梏待瑊將獻贊普既以失之虚致君等耳當遣君輩三人歸也呂溫
帶瘡亦至結贊嘉其義厚給賚之結贊率其衆於石門遣中官俱文
珍渾瑊之將馬燧馬燧之將馬弁歸于我遂送漢衡叔矩等囚於河

州辛榮扶餘準等於故廓州鄯州分囚之結贊本請杜希全李觀同
盟將執二節將挫其銳師來犯京師希全等既不行又欲執渾瑊長
驅入寇其謀也如此上遣中官王子恒齎詔書以遺結贊蕃界不納
而還初瑊與駱元光將發涇州元光謂瑊曰本奉詔令營於潘原堡
以應援侍中竊以潘原去盟所六十七里蕃情多詐侍中儻有急何
由知之請次侍中爲營以虞其變瑊以非詔旨固止之元光與同進
瑊之營西去盟所二十餘里元光之營次之其濠柵頗深固瑊之濠
柵可踰越焉及瑊單騎奔歸未及其營守將李朝彩不能整衆多已
奔散瑊之至空營而已器械資粮悉棄之賴元光之衆陣於營中瑊
既入賊追騎方退元光乃先遣輜重次與瑊俱申其號令嚴其部伍
而還瑊復鎮于奉天六月鹽夏二州吐蕃焚城門及廬舍毀城壁而
歸七月詔曰乃者吐蕃犯塞毒我生靈俶擾隴東深入河曲朕以兵
戈粗定傷夷未瘳務息戰伐之謀遂從通和之請亦知戎醜志在貪
婪重違修睦之辭乃允尋盟之會果爲隱匿變發壇宮縱犬羊兇狡

之群乘文武信誠之衆蒼黄淪陷深用惻然此皆由朕之不明致其
至此既無德於萬衆亦有愧四方宵旰貽憂何嗟而及今兵部尚書
崔漢衡等皆國之良士朝之蓋臣嬰纍窮廬耻然殊域念其家室或
未周於養空祿以息男廕或資於薄俸漢衡宜與一子七品官司勳
員外郎鄭叔矩檢校戶部郎中路泌殿中侍御史韓弇及大將孟日
華辛榮李至言范澄王良貴樂演明陽昔權交成等各與一子八品
官試左金吾兵曹參軍袁同直榆次尉裴題及副兵馬使已下各與
一子九品官仍並與正員官餘將士各與一子官仍委本使即具名
銜聞奏於是遣決勝軍使唐良臣以衆六百人自戍陽成潘原堡神
策副將蘇太平率其衆五百人戍隴州八月崔漢衡至自吐蕃初漢
衡與同陷者並至河州尚結贊令召漢衡與神策將孟日華中官劉
延邕俱至石門而遣之結贊令五十騎送至境上且齎表請進及潘
原李觀使止曰有詔不許更納蕃使受其表而返其人自是吐蕃率
羌渾之衆犯塞分屯於潘口及青石嶺先是吐蕃之衆自潘口東分

爲三道其一趣隴州其一趣汧陽之東其一趣釣竿原是日相次屯
於所趣之地連營數十里其汧陽賊營距鳳翔四十里京師震恐士
庶奔駭賊遣羌渾之衆衣漢戎服僞稱邢君牙之衆奄至吳山及寶
鷄北界焚燒廬舍驅掠人畜斷吳山神之首百姓丁壯者驅之以歸
羸老者咸殺之或斷手鑿目棄之而去初李晟在鳳翔令伐大木塞
安化峽及是賊並焚之九月詔神策軍將石季章以衆三千戍武宮
召唐良臣自潘原戍百里城是月吐蕃大掠汧陽吳山華亭等界人
庶男女萬餘口悉送至安化峽西將分隷羌渾等乃曰從爾輩東向
哭辭鄉國衆遂大哭其時一慟而絶者數百人投崖谷死傷者千餘
人聞者爲之痛心焉渾瑊遣其將任蒙王以衆三千戍好時是月吐
蕃之衆復至分屯於豐義及華亭百寮入計以吐蕃圍隴州刺史韓
清沔與蘇太平夜出兵伏於大像龕及夜半令城中及龕各舉火相
應賊大驚因襲其營賊乃退散時吐蕃攻陷華亭初賊之圍華亭也
先絶其汲水道其守將王仙鶴及鎮兵百姓凡三千人皆在圍中使

人間道請救於隴州刺史韓清沔令蘇太平率一千五百人赴之及中路其遊騎百餘沒於賊太平素懦怯寡謀遽引衆退歸賊自是每日令遊騎千餘至隴州州兵不敢復出凡四日圍中絕水援軍不至賊又積柴城下將焚之仙鶴遂降於賊賊並焚廬舍毀城壁虜士衆十三四收丁壯棄老而去北攻連雲堡又陷堡之三面頗峭峻唯北面連原以濠爲固賊自其北建拋樓七具擊堡中堡中唯一井投石俄而湍焉又飛梁架濠而過苦攻之堡將張明遂與其衆男女千餘口東向慟哭而降涇州之西唯有連雲堡每偵候賊之進退及是堡陷涇州不敢啓西門西門外皆爲賊境樵蘇殆絕收刈禾稼必布陣於野而收穫之稼既失時所得多空穗於是涇人有飢憂焉吐蕃驅掠連雲堡之衆及邠涇編戶逃竄山谷者并牛畜萬計悉其衆送至彈箏峽自是涇隴邠等賊之所至俘掠殆盡是秋數州人無積聚者邊將唯遣使表賀賊退而已十月吐蕃數千騎復至長武城韓全義率衆禦之韓遊瓌之將請以衆助之遊瓌不許及暮賊退全義亦引

還自是賊之騎常往來涇邠之間諸城西門莫敢啓者既又修故原州城其大衆屯馬四年五月吐蕃三萬餘騎犯塞分入涇邠寧慶麟等州焚彭原縣廨舍所至燒廬舍人畜没者約二三萬計凡二旬方退陳許行營將韓全義自長武城率衆抗之無功而還遊瓌素無軍政且疾不能興閉城自守莫敢禦也先是吐蕃入寇恒以秋冬及春則多遇疾疫而退是來也方盛暑而無患蓋華人陷者厚其資產質其妻子爲戎虜所將而侵軼焉九月吐蕃將尚悉董星論莽羅等寇寧州節度使張獻甫率衆禦之斬首百餘級賊轉寇鄜坊等州縱掠而去五年十月劍南節度使韋皋遣將王有道等與東蠻兩林苴那時勿鄧夢衝等師兵於故巂州臺登北谷大破吐蕃青海臘城二節度殺其大兵馬使乞藏遮遮悉多楊朱斬首二千餘級其投崖谷赴水死者不可勝數生擒籠官四十五人收獲器械一萬餘事馬牛羊一萬餘頭匹遮遮者吐蕃驍勇者也或云尚結贊之子頻爲邊患自其死也官軍所攻城柵無不降下蕃壘百郄數年間盡復巂州之境

六年吐蕃陷我北庭都護府初北庭安西既假道於迴紇朝奏因附庸焉蕃性貪狠徵求無度北庭近羌凡服用食物所資必強取之人不聊生矣又有沙陀部六千餘帳與北庭相依亦屬於迴紇迴紇肆其抄奪尤所厭苦其葛祿部及白服突厥素與迴紇通和亦憾其奪掠因吐蕃厚賂見誘遂附之於是吐蕃率葛祿白服之衆去歲各來寇北庭迴紇大相頡干迦斯率衆援之頻戰敗績吐蕃攻圍頗急北庭之人既苦迴紇是歲乃舉城降於吐蕃沙陀部落亦降焉北庭節度使楊襲古與麾下二千餘人出奔西州頡干迦斯不利而還七年秋又悉其丁壯五六萬人將復北庭仍召襲古偕行俄爲吐蕃葛祿等所擊大敗死者太半頡干迦斯紿之曰且與我同至牙帳當送君歸本朝也襲古從之及牙帳留而不遣竟殺之自是安西阻絕莫知存否唯西州之人猶固守焉頡干迦斯既敗葛祿之衆乘勝取迴紇之浮圖川迴紇震恐悉遷西州部落羊馬於牙帳之南以避之八年四月吐蕃寇靈州掠人畜攻陷水口城進圍州城塞水口及支渠

以營田詔河東振武分兵爲援又分神策六軍之卒三千餘人戍於定遠懷遠二城上御神武樓勞遣之吐蕃引去六月吐蕃數千騎由青石嶺寇涇州掠田軍千餘人還及連雲堡守捉使唐朝臣遣兵出戰大將王進用死之九月西川節度使韋皋攻吐蕃之維州獲大將論贊熱及首領獻于京師十一月山南西道節度嚴震擊破吐蕃於芳州及黑水堡焚其積聚并獻首虜九年二月詔城塩州是州先爲吐蕃所毀自此塞外無堡障靈武勢隔西逼鄜坊甚爲邊患故命城之二旬而畢又詔兼御史大夫紇干遂統兵五千與兼御史中丞杜彥光之衆戍之是役也上念將士之勞厚令度支供給又詔涇原劍南山南諸軍深討吐蕃以分其力由是板築之際虜無犯塞者及畢中外咸稱賀焉是月西川韋皋獻獲吐蕃首虜器械旗幟牛馬於闕下初將城塩州上命皐出師以分吐蕃之兵皐遣大將董勔張芬出西山及南道破峨和城通鶴軍吐蕃南道元帥論莽熱率衆來援又破之殺傷數千人焚定廉故城凡平柵堡五十餘所十年南詔蠻蒙

興年尋大破吐蕃於神明使來獻捷語在南詔傳十三年八月黃少卿攻陷欽橫潯貴四州吐蕃渠帥論乞髯蕩没藏悉諸律以其家屬來降明年並以爲歸德將軍十二年九月吐蕃寇慶州及華池縣殺傷頗甚十三年正月邢君牙奏請於隴州西七十里築城以備西戎名永信城吐蕃贊普遣使農桑昔賚表請修和好邊將以聞上以其犲狼之性數負恩背約不受表狀任其使却歸五月十七日吐蕃於劍南山馬嶺三處開路分軍下營僅經一月進軍逼臺登城嶲州刺史曹高任率領諸軍將士并東蠻子弟合勢接戰自朝至午大破生擒大籠官七人陣上殺獲三百人餘被刀箭者不可勝紀收獲馬畜五百餘頭匹器械二千餘事十四年十月夏州節度使韓全義破吐蕃於鹽州西北十六年六月鹽州破吐蕃於烏蘭橋下十七年七月吐蕃寇鹽州又陷麟州殺刺史郭鋒毁城隍大掠居人驅党項部落而去次鹽州西九十里橫槽烽頓軍呼延州僧延素輩七人稱徐舍人召其火隊吐蕃没勤遍引延素等疾趨至帳前皆馬革梏手毛繩

○縲頸見一吐蕃年少身長六尺餘赤髭大目乃徐舍人也命解縛坐帳中曰師勿懼余本漢人司空英國公五代孫也屬武后斵喪王室高祖建義中泯子孫流播絶域今三代矣雖代居職位世掌兵要思本之心無涯顧血族無由自拔耳此蕃漢交境也復九十里至安樂州師無由歸東矣延素曰僧身孤親老殷祈全活悲不自勝又曰余奉命率師備邊因求資食遂涉漢疆展轉東進至麟州城既無備援兵又絶是以拔之知郭使君是勳臣子孫必將活矣不幸爲亂兵所害適有飛鳥使至飛鳥猶中國驛騎也云術者上變召軍亟還遂歸之時詔韋臯分遣偏將勒步騎合二萬出城都西山南北九道並進過棲雞老翁故維州保州松州諸城以紓北邊故也九月韋臯大破吐蕃於維州十八年正月韋臯擒吐蕃大首領衆莽熱來獻賜崇仁里宅以居之莽熱吐蕃内大相也先貞元十六年韋臯累破吐蕃二萬餘衆於黎州嶲州吐蕃遂大搜閱築壘造舟潛謀寇邊臯悉挫之於是吐蕃酋師兼監統曩貢臘城等九節度嬰嘄籠官馬定德與其大

將八十七人舉部落來降定德有計畫習知兵法及山川地形吐蕃每用兵定德常乘驛計議將稟其成筭至是自以邊功不立懼得罪而歸心焉其明年吐蕃昆明城管磨些蠻千餘戶又來降吐蕃以其衆外潰遂北寇靈朔陷麟州詔韋臯出兵成都西山以紓北邊臯遂命鎮靜軍兵馬使崔堯臣率兵一千出龍溪石門路南由維州保州兵馬使仇冕棄保霸兩州刺史董振等率兵二千進逼吐蕃維州城中北路兵馬邢玭并諸州刺史董懷愕等率兵四千進攻棲雞老翁等城都將高倜王英俊等率兵二千進逼故松州隴東路兵馬使元膺并諸將郝宗等復分兵八千出南道邪邛黎巂等路又令邛州鎮南軍使御史大夫韋良金發鎮兵一千三百進軍維州經略使路惟明與三部落主趙日進等率兵三千進攻逋租偏松等城黎州經略使王有道率三部落郝金信等二千過大渡河深入吐蕃界巂州經略使陳孝陽與行營兵馬使何大海韋義等及磨些蠻三部落主苴那時率兵四千進攻昆明諸濟城自八月至于十二月累破

○十六萬衆拔其七城五軍鎮受降三千餘戶生擒六千餘人斬首一萬餘級遂圍維州救軍再至轉戰千餘里吐蕃連敗靈朔之寇引衆南下於贊普遣莽熱以内大相兼東境五道節度兵馬使都統群牧大使率雜虜十萬衆來解維州之圍王師萬餘衆據險設伏以待之先以千人挑戰莽熱見我師之少也悉衆來追入于伏中諸將四面疾擊遂擒莽熱虜衆大潰十九年五月吐蕃使論頰熱至六月以右龍武大將軍薛伾兼御史大夫使于吐蕃二十年三月上旬贊普卒廢朝三日命工部侍郎張薦弔祭之贊普以貞元十三年四月卒長子立一歲卒次子嗣立命文武三品已上官弔其使四月吐蕃使臧河南觀察使論乞冉及僧南撥特計波等五十四人來朝十二月遣使論臘熱郭志崇來朝二十一年二月順帝命左金吾衛將軍兼御史中丞田景度持節告哀于吐蕃以庫部員外郎兼御史中丞熊執易爲副使七月吐蕃使論悉諸等來朝永貞元年十月贊普使論乞縷勃藏來貢助德宗山陵金銀衣服牛馬等十一月以衛尉少卿兼

御史中丞侯幼平充入蕃告冊立等使元和元年正月福建道送到
吐蕃生口十七人詔給遞乘放還蕃六月遣使論敎藏來朝五年五
月遣使論思耶熱來朝幷歸鄭叔矩路泌之柩及叔矩男文延等一
十三人叔矩泌平涼之盟陷焉凡二十餘年竟不屈節因沒於蕃中
至是請和故歸之六月命宰相杜佑等與吐蕃使議事中書令廳且
言歸我秦原安樂州地七月遣鴻臚少卿攝御史中丞李銛爲入蕃
使冊王府長史兼侍御史吳暈副之六年至十年遣使朝貢不絶十
二年四月吐蕃以贊普卒來告以右衛將軍烏重玘兼御史中丞充
弔祭使殿中侍御史段鈞副之十三年十月吐蕃圍我宥州鳳翔上
言遣使修好是月靈武於定遠城破吐蕃二萬人殺戮二千人生擒
節度副使一人判官長行三十九人獲羊馬甚衆平涼鎮遏使郝玼
破二萬餘衆收復原州城獲羊馬不知其數夏州節度田縉於靈武
亦破三千餘人十一月鹽州上言吐蕃入河曲夏破五萬餘人靈武
破長樂州州羅城焚其屋宇器械西川節度使王播攻拔峨和棲雞

築城十四年正月勅曰朕臨御萬邦推布誠信西戎納欵積有歲時
中或斁違亦嘗苟貿我有殊德寧不是思重譯貢珍道途相繼申恩
示禮曾無闕焉昨者蕃使奉章又至京輦將君長之命陳和好之誠
臨軒召見館餼加厚復以信幣諭之簡書亦既言旋纔及近甸邊聞
蟻聚來犯封陲河曲之間頗爲暴擾背惠棄約斯謂無名公議物情
咸請誅絶朕深惟德化之未被豈慮夷俗之不實其國失信其使何
罪釋其維縶以遂性示之弘覆以忘懷子衷苟孚庶使知感其蕃使
論矩立藏等幷後般來使並宜放歸本國仍委鳳翔節度使以此意
曉諭八月吐蕃營於慶州方渠大軍至河州界十月吐蕃節度論三
摩及宰相尚塔藏中書令尚綺心兒共領軍約十五萬衆圍我鹽州
數重党項首領亦發兵驅羊馬以助閱歷三旬賊以飛梯鵝車木驢
等四面齊攻城欲陷者數四刺史李文悅率兵士乘城力戰城穿壞
不可守撤屋版以禦之晝夜防拒或潛兵斫營開城出戰約殺賊萬
餘衆諸道救兵無至者凡二十七日賊乃退十五年二月以秘書少

監兼御史中丞田洎入吐蕃告哀并告冊立三月攻掠我青塞堡七
月遣使來弔祭十月侵逼涇州命右軍中尉梁守謙充左右神策京
西京北行營都監統神策兵四千人并發八鎮全軍往救援以太府
少卿兼御史中丞邵同持節入吐蕃充答請和好使貶前入吐蕃使
秘書少監田洎郴州司戶初洎入蕃為弔祭使蕃請於長武城下會
盟洎懦怯不得還唯唯而已至是西戎入寇且曰田洎許我統兵馬
赴盟誓遂貶之戎人實以邊將擾之致忿徒假洎為辭也涇州上言
吐蕃大將並退於是罷神策行營兵自田縉統夏州以貪狠侵擾党
項苦之屢引西戎犯塞及是大兵入寇邊將郝玼數襲擊蕃壘殺戮
甚衆邠州李光顏復以全師而至戎人懼而退蓋田縉始生國患而
賴光顏郝玼之驅戮也十一月夏州節度使李祐自領兵赴長澤鎮
靈武節度使李聽自領兵赴長樂州並奉詔討吐蕃也十二月吐蕃
千餘人圍烏白池長慶元年六月犯青塞堡以我與迴紇和親故也
鹽州刺史李文悅發兵進擊之九月吐蕃遣使請盟上許之宰相欲

重其事請告太廟太常禮院奏曰謹按肅宗代宗故事與吐蕃會盟
並不告廟唯德宗建中末與吐蕃會盟於延平門欲重其誠信特令
告廟至貞元三年會於平涼亦無告廟之文伏以事出一時又非經
制求之典禮亦無其文今謹參[illegible]恐不合告從之乃命大理卿兼御
史大夫劉元鼎充西蕃盟會使以兵部郎中兼御史中丞劉師老為
副尚舍奉御兼監察御史李武京兆府奉先縣丞兼監察御史李公
度為判官十月十日與吐蕃使盟宰臣及右僕射六曹尚書中執法
太常司農卿京兆尹金吾大將軍皆預焉其詞曰維唐承天撫有八
紘聲教所臻靡不來廷兢業齊栗懼其隕顛纘武紹文疊慶重光克
彰濬哲罔忝洪緒十有二葉二百有四載則我太祖權明號而建不
拔鋪鴻名而垂永久類上帝以答嘉應享皇靈以酬景福曷有怠已
越歲在癸丑冬十月癸酉文武孝德皇帝詔丞相臣植臣播臣元穎
等與大將和蕃使禮部尚書訥羅論等會盟于京師壇于城之西郊
坎于壇北凡讀誓刑牲加書復壞陟降周旋之禮動無違者蓋所以

偃兵息人崇姻繼好懋建遠略規恢長利故也原夫昊穹上臨黃祇
下載茫茫蠢蠢之類必資官司爲厥宰臣苟無統紀則相滅絕中夏
見管維唐是君西裔一方大蕃爲主自今而後屛去兵革宿忿舊惡
廓焉消除追崇舅甥曩昔結援邊堠撤警戍烽韜煙患難相恤暴掠
不作亭障甌脫絕其交侵襟帶要害謹守如故彼無此詐此無彼虞
嗚呼愛人爲仁保境爲信畏天爲智事神爲禮有一不至搆災于躬
塞山崇崇河水湯湯日吉辰良奠其兩疆西爲大蕃東實巨唐大臣
執簡播告秋方大蕃贊普及宰相鉢闡布尚綺心兒等先寄盟文要
節云蕃漢二邦各守見管本界彼此不得征不得討不得相爲寇讎
不得侵謀境土若有所疑或要捉生問事便給衣糧放還今並依從
更無添改預盟之官十七人皆列名焉其劉元鼎等與論訥羅同赴
吐蕃本國就盟仍勅元鼎到彼令宰相已下各於盟文後自書名靈
武節度使李進誠於太谷山下破吐蕃三千騎二年二月遣使來請
定界六月復遣使來朝鹽州奏吐蕃千餘人入靈武界遣兵逐便邀

截又言擒得與党項送書信吐蕃一百五十人是月劉元鼎自吐蕃
使迴奏云去四月二十四日到吐蕃牙帳以五月六日會盟訖初元
鼎往來蕃中並路經河州見其都元帥尚書令尚綺心兒云迴紇小
國也我以丙申年踰磧討逐去其城郭二百日程計到即破滅矣會
我聞本國有喪而還迴紇之弱如此而唐國待之厚於我何哉元鼎
云迴紇於國家有救難之勳而又不曾侵奪分寸土地豈得不厚乎
是時元鼎往來渡黃河上流在洪濟橋西南二千餘里其水極為淺
狹春可揭涉秋夏則以船渡其南三百餘里有三山山形如鏊河源
在其間水甚清冷流經歷水色遂赤續為諸水所注漸既黃濁又其
源西去蕃之列館約四驛每驛約二百餘里東北去莫賀延磧尾闊
五十里向南漸狹小北自沙州之西乃南入吐渾國至此轉微故號
磧尾計其地理當劍南之直西元鼎初見贊普於悶懼盧川蓋贊普
夏衙之所其川在邏娑川南百里臧河之所流也時吐蕃遣使論悉
諾息等隨元鼎來謝命太僕少卿杜載使以答之三年正月遣使論

答熱來朝賀四年九月遣使求五臺山圖十月貢犛牛及銀鑄成犀
牛羊鹿各一寶曆元年三月遣使尚綺立熱來朝且請和好九月遣
光祿卿李銳為使以答之大和五年至八年遣使朝貢不絕我亦時
遣使報之開成元年二年皆遣使來會昌二年贊普卒十二月遣論
贊等來告哀詔以將作少監李璟弔祭之大中三年春宰相尚恐熱
東道節度使以秦原安樂等三州并石門木硤等七關款塞涇原節
度使康季榮以聞命太僕卿陸耽往勞焉其年七月河隴耆老率長
幼千餘人赴闕上御延喜樓觀之莫不歡呼抃舞更相解辮爭冠帶
于康衢然後命善地以處之觀者咸稱萬歲

史臣曰戎狄之爲患也久矣自秦漢已還載籍大備可得而詳也但
世罕小康君無常聖我衰則彼盛我盛則彼衰盛則侵我郊圻衰則
服我聲教懷柔之道備預之方儒臣多議於親和武將唯期於戰勝
此其大較也彼吐蕃者西陲開國積有歲年蠶食鄰蕃以恢土宇高
宗朝地方萬里與我抗衡近代已來莫之與盛至如式遏邊境命制

出師一彼一此或勝或負可謂勞矣迨至幽陵盜起乘輿播遷戎卒
咸歸河湟失守此又天假之也自茲密邇京邑時縱寇掠雖每遣行
人來修舊好玉帛纔至於上國烽燧已及於近郊背惠食言不顧禮
義即可知也夫要以神明貴其誠信平涼之會詬其詐謀此又不可
以忠信而御也孔子曰夷狄之有君不如諸夏之亡也誠哉是言

贊曰西戎之地吐蕃是強蠶食鄰國鷹揚漢疆乍叛乍服或弛或張
禮義雖攄其心豺狼

唐書列傳一百四十六

唐書列傳卷第一百四十七

劉　昫　等修

聞人詮校刻沈桐同校

南蠻　西南蠻

林邑國漢日南象林之地在交州南千餘里其國延袤數千里北與驩州接地氣冬溫不識氷雪常多霧雨其王所居城立木爲柵王著白氎古貝斜絡膊繞腰上加真珠金鎖以爲瓔珞卷髮而戴花夫人服朝霞古貝以爲短裙首戴金花身飾以金鎖真珠瓔珞王之侍衛有兵五千人能用弩及矟以藤爲甲以竹爲弓乘象而戰王出則列象千頭馬四百匹分爲前後其人拳髮色黑俗皆徒跣得麝香以塗身一日之中再塗再洗拜謁皆合掌頓顙嫁娶之法得取同姓俗有文字尤信佛法人多出家父母死子則剔髮而哭以棺盛屍積柴燔柩收其灰藏於金瓶送之水中俗以二月爲歲首稻歲再熟自此以南草木冬榮四時皆食生菜以檳榔汁爲酒有結遼鳥能解人語武德六年其王梵志遣使來朝八年又遣使獻方物高祖爲設九部樂以宴之賜其王及錦綵貞觀初遣使貢馴犀四年其王范頭黎遣使獻火珠大如鷄卵圓白皎潔光照數尺狀如水精正午向日以艾蒸之即火燃五年又獻五色鸚鵡太宗異之詔太子右庶子李百藥爲之賦又獻白鸚鵡精識辯慧善於應答太宗憫之並付其使令放還於林藪自此朝貢不絕頭黎死子范鎮龍代立太宗崩詔於陵所刊石圖頭黎之形列於玄闕之前十九年鎮龍爲其臣摩訶漫多伽獨所殺其宗族並誅夷范氏遂絕國人乃立頭黎之女壻婆羅門爲王後大臣及國人感思舊主乃廢婆羅門而立頭黎之嫡女爲王自林邑已南皆卷髮黑身通號爲崑崙

婆利國在林邑東南海中洲上其地延袤數千里自交州南渡海經林邑扶南赤土丹丹數國乃至焉其人皆黑色穿耳附璫王姓刹利耶伽名護路那婆世有其位王戴花形如皮弁裝以真珠瓔珞身坐金牀侍女有金花寶鏤之飾或持白拂孔雀扇行則駕象鳴金擊鼓吹蠡爲樂男子皆拳髮被古貝布橫幅以繞腰風氣暑熱恒如中國之盛夏穀一歲再熟有古貝草緝其花以作布麁者名古貝細者名白氎貞觀四年其王遣使隨林邑使獻方物

盤盤國在林邑西南海曲中北與林邑隔小海自交州船行四十日乃至其國與狼牙修國爲隣人皆學婆羅門書甚敬佛法貞觀九年遣使來朝貢方物

真臘國在林邑西北本扶南之屬國崑崙之類在京師南二萬七百里北至愛州六十日行其王姓刹利氏有大城三十餘所王都伊奢那城風俗被服與林邑同地饒瘴癘毒海中大魚有時半出望之如山每五六月中毒風氣流行即以牛豕祠之不者則五穀不登其俗東向開戶以東爲上有戰象五千頭尤好者飼以飯肉與隣國戰則象隊在前於背上以木作樓上有四人皆持弓箭國尚佛道及天神爲大佛道次之武德六年遣使貢方物貞觀二年又與林邑國俱來朝獻太宗嘉其陸海疲勞錫賚甚厚南方人謂真臘國爲吉蔑國自神龍已後真臘分爲二半以南近海多陂澤處謂之水真臘半以北多山阜謂之陸真臘亦謂之文單國高宗則天玄宗朝並遣使朝貢水真臘國其境東西南北約員八百里東至奔陀浪洲西至墮羅鉢底國南至小海北即陸真臘其王所居城號婆羅提拔國之東界有小城皆謂之國其國多象元和八年遣李摩那等來朝

陁洹國在林邑西南大海中東南與墮和羅接去交阯三月餘日行賓服於墮和羅其王姓察失利字婆末婆那土無蠶桑以白氎朝霞布爲衣俗皆樓居謂之干欄貞觀十八年遣使來朝二十一年又遣使獻白鸚鵡及婆律膏仍請馬及銅鍾詔並給之

訶陵國在南方海中洲上居東與婆利西與墮婆登北與真臘接南臨大海竪木為城作大屋重閣以椶櫚皮覆之王坐其中悉用象牙為牀食不用匙筯以手而撮亦有文字頗識星曆俗以椰樹花為酒其樹生花長三尺餘大如人膊割之取汁以成酒味甘飲之亦醉貞觀十四年遣使來朝大曆三年四月皆遣使朝貢元和十年遣使獻僧祇僮五人鸚鵡頻伽鳥并異種名寶以其使李訶內為果毅訶內請迴授其弟詔褒而從之十三年遣使進僧祇女二人鸚鵡玳瑁及生犀等

墮和羅國南與盤盤北與迦羅舍佛東與真臘接西鄰大海去廣州五月日行貞觀十二年其王遣使貢方物二十三年又遣使獻象牙大珠請賜好馬詔許之

墮婆登國在林邑南海行二月東與訶陵西與迷黎車接北界大海風俗與訶陵略同其國種稻每月一熟亦有文字書之於貝多葉其死者口實以金又以金釧貫於四支然後加以婆律膏及龍腦等香

積薪以燔之貞觀二十一年其王遣使獻古貝象牙白檀太宗璽書報之并賜以雜物

東謝蠻其地在黔州之西數百里南接守宮獠西連夷子北至白蠻土宜五穀不以牛耕但為畬田每歲易俗無文字刻木為契散在山洞間依樹為層巢而居汲流以飲皆自營生業無賦稅之事謁見貴人皆執鞭而拜有功勞者以牛馬銅鼓賞之有犯罪者小事杖罰之大事殺之盜物倍還其贓婚姻之禮以牛酒為聘女歸夫家皆母自送之女夫慚逃避經旬乃出讌聚則擊銅鼓吹大角歌舞以為樂好帶刀劍未嘗捨離丈夫衣服有衫襖大口袴以綿紬及布為之右肩上斜束皮帶裝以螺蚌虎豹猿狖及犬羊之皮以為外飾坐皆蹲踞男女椎髻以緋束之後垂向下其首領謝元深既世為酋長其部落皆尊畏之謝氏一族法不育女自云高姓不可下嫁故也貞觀三年元深入朝冠烏熊皮冠若今之髦頭以金銀絡額身披毛帔為皮行縢而著履中書侍郎顏師古奏言昔周武王時天下太平遠國歸款周史乃書其事為王會篇今萬國來朝至如此輩章服實可圖寫今請撰為王會圖從之以其地為應州仍拜元深為刺史領黔州都督府又有南謝首領謝強與西謝隣共元深俱來朝見為南壽州刺史後改為莊州貞元十三年正月西南蕃大酋長正議大夫檢校蠻州長史繼襲蠻州刺史資陽郡開國公賜紫金魚袋宋鼎左右大首領朝散大夫前檢校卭州刺史賜紫金魚袋謝汕左右大首領繼襲攝蠻州巴江縣令賜紫金魚袋宋萬傳界首子弟大首領朝散大夫牂州錄事參軍謝文經黔中經略招討觀察使王礎奏前件刺史建中三年一度朝貢自後更不許隨例入朝今年懇訴稱州接牂牁同被聲教獨此排擯竊自慙恥謹遣隨牂牁等朝賀伏乞特賜優諭兼同牂牁刺史授官其牂牁兩州戶口殷盛人力強大隣側諸蕃悉皆敬憚請比兩州每三年一度朝貢仍依牂牁輪環差定并以才幹位望為衆推者充勅旨曰宋鼎等已改官訖餘依舊

西趙蠻在東謝之南其界東至夷子西至昆明南至西洱河山洞阻

深莫知道里南北十八日行東西二十三日行其風俗物產與東謝同首領趙氏世為酋長有戶萬餘貞觀三年遣使入朝二十一年以其地置明州以首領趙磨為刺史

牂牁蠻首領亦姓謝氏其地北去充州一百五十里東至辰州二千四百里南至交州一千五百里西至昆明九百里無城壁散為部落而居土氣鬱熱多霖雨稻粟再熟無徭役唯征戰之時乃相屯聚刻木為契其法刦盜者二倍還贓殺人者出牛馬三十頭乃得贖死以納死家風俗物產畧與東謝同其首領謝龍羽大業末據其地勝兵數萬人武德三年遣使朝貢授龍羽牂州刺史封夜郎郡公貞觀四年十二月遣使朝貢開元十年閏五月大酋長謝元齊死詔立其嫡孫嘉藝襲其官封二十五年大酋長趙君道來朝且獻方物大曆中貞元初數遣使朝貢七年二月授其酋長趙主俗官以其歲初朝貢不絕褒之也自七年至十八年凡五遣使來元和三年五月勅自今已後委黔南觀察使差本道軍將充押領牂牁昆明等使四年正月

遣使來朝是月遣中使魏德和領其使并賫國信物降璽書賜其王焉七年九年十一年凡三遣使來其年十二月又遣使來賀正長慶中亦朝貢不絕寶曆元年十二月遣使謝良震來朝大和五年至會昌二年凡七遣使來

南平僚者東與智州南與渝州西與涪州接部落四千餘戶土氣多瘴癘山有毒草及沙虱蝮蛇人並樓居登梯而上號爲干欄男子左衽露髮徒跣婦人橫布兩幅穿中而貫其首名爲通裙其人美髮爲髻鬟垂於後以竹筒如筆長三四寸斜貫其耳貴者亦有珠璫土多女少男爲婚之法女氏必先貨求男族貧人無以嫁女多賣與富人爲婢俗皆婦人執役其王姓朱氏號爲劒荔王遣使內附以其地隸于渝州

東女國西羌之別種以西海中復有女國故稱東女焉俗以女爲王東與茂州党項接東南與雅州接界隔羅女蠻及白狼夷其境東西九日行南北二十日行有大小八十餘城其王所居名康延川中有

弱水南流用牛皮爲船以渡戶四萬餘衆勝兵萬餘人散在山谷間女王號爲賓就有女官曰高霸平議國事在外官僚並男夫爲之其王侍女數百人五日一聽政女王若死國中多斂金錢動至數萬更於王族求令女二人而立之大者爲王其次爲小王若大王死即小王嗣立或姑死而婦繼無有篡奪其所居皆起重屋王至九層國人至六層其王服青毛綾裙下領衫上披青袍其袖委地冬則羔裘飾以紋錦爲小鬟髻飾之以金耳垂璫足履鞣𩋾俗重婦人而輕丈夫文字同於天竺以十一月爲正其俗每至十月令巫者齎楮詣山中散糟麥於空大呪呼鳥俄而有鳥如鷄飛入巫者之懷因剖腹而視之每有一穀來歲必登若有霜雪必多災異其俗信之名爲鳥卜其居喪服飾不改爲父母則三年不櫛沐貴人死者或剝其皮而藏之內骨於瓶中糅以金屑而埋之國王將葬其大臣親屬殉死者數十人隋大業中蜀王秀遣使招之拒而不受武德中女王湯滂氏始遣使貢方物高祖厚資而遣之還至隴右會突厥入寇被掠於虜庭及頡利平其使復來入朝太宗送令反國并降璽書慰撫之垂拱二年其王歛臂遣大臣湯劒左來朝仍請官號則天冊拜歛臂爲左玉鈐衛員外將軍仍以瑞錦製蕃服以賜之天授三年其王俄琰兒來朝萬歲通天元年遣使來朝開元二十九年十二月其王趙曳夫遣子獻方物天寶元年命有司宴於曲江令宰臣已下同宴又封曳夫爲歸昌王授左金吾衛大將軍賜其子帛八十匹放還後復以男子爲王貞元九年七月其王湯立悉與哥鄰國王董臥庭白狗國王羅陀忽逋租國王弟鄧吉知南水國王姪薛尚悉曩弱水國王董辟和悉董國王湯息贊清遠國王蘇唐磨咄霸國王董藐蓬各率其種落詣劒南西川內附其哥鄰國等皆散居山川弱水王即國初女國之弱水部落其悉董國在弱水西故亦謂之弱水西悉董王舊皆分隸邊郡祖父例授將軍中郎果毅等官自中原多故皆爲吐蕃所役屬其部落大者不過三二千戶各置縣令十數人理之土有絲絮歲輸於吐蕃至是悉與之同盟相率獻款兼齎天寶中國家所賜官誥共

三十九通以進西川節度使韋皐處其衆於維霸保等州給以種糧耕牛咸樂生業立悉等數國王自來朝召見於麟德殿授立悉銀青光祿大夫歸化州刺史鄧吉知試太府少卿兼丹州長史薛尚悉曩試少府少監兼霸州長史董臥庭行至綿州卒贈武德州刺史命其子利囉爲保寧都督府長史襲哥鄰王立悉妹乞悉漫頗有才智從其兄來朝封和義郡夫人其大首領董卧卿等皆授以官俄又授女國王兄湯厥銀青光祿大夫試太府卿清遠王弟蘇歷顛銀青光祿大夫試衛尉卿南國王薛莫庭及湯息贊董藐蓬女國唱後湯佛庭美王鉢南郎唐並授銀青光祿大夫試太僕卿其年西山松州先生等二萬餘戶相繼內附其黏信部落主董夢蔥龍諸部落主董辟忽皆授試衛尉卿立悉等並赴明年元會訖錫以金帛各遣還尋詔加韋皐統押近界羌蠻及西山八國使其部落代襲刺史等官然亦潛通吐蕃故謂之兩面羌

南詔蠻本烏蠻之別種也姓蒙氏蠻謂王爲詔自言哀牢之後代居

蒙舍州爲渠帥在漢永昌故郡東姚州之西其先渠帥有六自號六
詔兵力相埒各有君長無統帥蜀時爲諸葛亮所征皆臣服之國初
有蒙舍龍生迦獨龎迦獨生細奴邏高宗時來朝細奴邏生邏盛武
后時來朝其妻方娠邏盛次姚州聞妻生子曰吾且有子死於唐地
足矣子名曰盛邏皮邏盛至京師賜錦袍金帶歸國開元初邏盛死
子盛邏皮立盛邏皮死子皮邏閣立二十六年詔授特進封越國公
賜名曰歸義其後破洱河蠻以功策授雲南王歸義漸强盛餘五詔
浸弱先是劒南節度使王昱受歸義賂奏六詔合爲一詔歸義既併
五詔服群蠻破吐蕃之衆兵日以驕大每入覲朝廷亦加禮異二十
七年徙居大和城天寶四載歸義遣孫鳳迦異來朝授鴻臚卿歸國
恩賜甚厚歸義意望亦高時劒南節度使章仇兼瓊遣使至雲南與
歸義言語不相得歸義常嗛之七年歸義卒詔立子閣羅鳳襲雲南
王無何鮮于仲通爲劒南節度使張虔陀爲雲南太守仲通褊急寡
謀虔陀矯詐待之不以禮舊事南詔常與其妻子謁見都督虔陀皆

私之有所徵求閣羅鳳多不應虔陀遣人罵辱之仍密奏其罪惡閣
羅鳳忿怨因發兵反攻圍虔陀殺之時天寶九年也明年仲通率兵
出戎巂州閣羅鳳遣使謝罪仍與雲南録事參軍姜如芝俱來請還
其所虜掠且言吐蕃大兵壓境若不許當歸命吐蕃雲南之地非唐
所有也仲通不許因其使進軍逼大和城爲南詔所敗自是閣羅鳳
北臣吐蕃吐蕃令閣羅鳳爲贊普鍾號曰東帝給以金印蠻謂弟爲
鍾時天寶十一年也十二年劒南節度使楊國忠執國政仍奏徵天
下兵俾留後侍御史李宓將十餘萬輦餉者在外涉海瘴死者相屬
於路天下始騷然苦之宓復敗於大和城北死者十八九會安禄山
反閣羅鳳乘釁攻陷巂州及會同軍西復尋傳蠻大曆十四年閣羅
鳳子迦異先閣羅鳳死立迦異子是爲異牟尋頗知書有才智善撫
其衆吐蕃役賦南蠻重數又奪諸蠻險地立城堡歲徵兵以助鎮防
牟尋益厭苦之有鄭回者本相州人天寶中舉明經授巂州西瀘縣
令巂州陷爲所虜閣羅鳳以回有儒學更名曰蠻利甚愛重之命教

鳳迦異及異牟尋立又令教其子尋夢湊回久爲蠻師凡授學雖牟
尋夢湊回得箠撻故牟尋以下皆嚴憚之蠻謂相爲清平官凡置六
人牟尋以回爲清平官事皆咨之秉政用事餘清平官五人事回卑
謹或有過回輒撻之回嘗言於牟尋曰自昔南詔嘗款附中國中國
尚禮義以惠養爲務無所求取今棄蕃歸唐無遠戍之勞重稅之困利莫
大焉牟尋善其言謀内附者十餘年矣會劒南西川節度使韋皐招
撫諸蠻苴烏星虜望等歸化微聞牟尋之意因令蠻寓書於牟尋且
招懷之時貞元四年也七年又遣間使持書諭之道出磨此蠻其魁
三王潛告吐蕃使至雲南吐蕃已知之令詰牟尋牟尋懼因紿吐蕃曰
唐使本蠻也韋皐許其求歸無他謀遂執送吐蕃吐蕃益疑之多召
南詔大臣之子爲質牟尋愈怨九年四月牟尋乃與酋長定計遣使
趙莫羅眉由兩川楊大和堅由黔中或由安南使凡三輩致書於韋
皐各齎生金丹砂爲贄三分前皐所與牟尋書各持其一爲信歲中
三使皆至京師且曰牟尋請歸大國永爲藩國所獻生金以喻向北

之意如金也丹砂示其赤心耳上嘉之乃賜牟尋詔書因命韋皐遣
使以觀其情皐遂命巡官崔佐時至牟尋所都陽苴咩城南去太和
城十餘里東北至成都二千四百里東至安南如至成都通水陸行
是時也吐蕃使數百人先佐時在南詔牟尋悉召諸種落與議歸化
或未畢至未敢公言密令佐時稱牂牁使衣以牂牁服而入佐時不
肯曰我大唐使安得服小夷之服牟尋不得已乃夜迎佐時設位陳
燈燭佐時乃大宣詔書牟尋恐吐蕃知顧左右無色而業已歸唐久
矣歔欷流涕皆俯伏受命其明年正月異牟尋使其子閣勸及清平
官等與佐時盟於點蒼山神祠盟書一藏於神室一沉於西洱河一
置祖廟一以進天子閣勸即尋夢湊也鄭回見佐時多所指導故佐
時採得其情乃請牟尋斬吐蕃使數人以示歸唐又得其吐蕃所與
金印牟尋尋遣佐時歸仍刻金契以獻閣勸賦詩以餞之牟尋乃去
吐蕃所立帝號私於佐時請復南詔舊名佐時與盟訖留二旬有六
日而歸初吐蕃因爭北庭與迴鶻大戰死傷頗衆乃徵兵於牟尋須

萬人牟尋旣定計歸我欲因徵兵以襲之乃示寡弱謂吐蕃曰蠻軍素少僅可發三千人吐蕃少之請益至五千乃許牟尋遣兵五千人戍吐蕃乃自將數萬躡其後晝夜兼行乘其無備大破吐蕃於神川遂斷鐵橋遣使告捷且請韋皋使閱其所虜獲及城堡以取信焉時韋皋上言牟尋收鐵橋已來城壘一十六擒其王五人降其衆十餘萬以祠部郎中兼御史中丞袁滋持節冊南詔仍賜牟尋印鑄用黃金以銀爲窠文曰貞元冊南詔印先是韋皋奏南詔前遣清平官尹仇寬獻所受吐蕃印五二用黃金今賜請以黃金從蠻夷所重傳示無窮從皋之請也十年八月遣使蒙湊羅棟及尹仇寬來獻鐸鞘浪人劍及吐蕃印八紐湊羅棟牟尋之弟也錫賚甚厚以尹仇寬爲檢校左散騎常侍餘各授官有差俄又封尹仇寬爲高溪郡王十一年三月遣清平官尹輔酋隨袁滋來朝又得先沒蕃將衛景昇韓演等并南詔所獲吐蕃將帥俘馘百人至京師湊羅棟歸國在道而卒贈右散騎常侍授尹輔酋檢校太子詹事兼御史中丞餘亦差次授官又降勑書賜異牟尋及子閤勸清平官鄭回尹仇寬等各一書左列中書三官宣奉行復舊制也九月異牟尋遣使獻馬六十匹十二年韋皋於雅州會野路招收得投降蠻首領高萬唐等六十九人戶約七千兼萬唐等先授吐蕃金字告身五十片十四年異牟尋遣酋望大將軍王丘各等賀正兼獻方物十九年正月旦上御含元殿受南詔朝賀以其使楊鎮龍武爲試太僕少卿授黎州廓清道蠻首領襲泰化郡王劉志寧試太常卿二十年南詔遣使朝貢元和二年八月遣吏鄧傍傳來朝授試殿中監三年十二月以異牟尋卒廢朝三日四年正月以太常少卿武少儀充弔祭使仍冊牟尋之子驃信苴蒙閣勸爲南詔仍命鑄元和冊南詔印七年十月皆遣使朝貢十一年五月以龍蒙盛卒廢朝三日遣使來請冊立其君長以少府少監李銑充冊立弔祭使左贊善大夫許堯佐副之十二年至十五年比年遣使來朝或年內二三至者寶曆二年大和元年亦遣使來三年杜元穎鎮西川以文儒自高不練戎事南蠻乘我無備大舉諸部

入寇牧守屢陳亦不之信十一月蜀川出軍與戰不利陷我邛州逼成都府入梓州西郭驅劫玉帛子女而去上聞之大怒再貶元穎爲循州司馬明年正月其王蒙嵯顛以表自陳請罪兼疏元穎過失國家方事柔遠尋釋其罪復遣使來朝五年八年亦遣使來貢方物開成四年五年會昌二年皆遣使來朝

驃國在永昌故郡南二千餘里去上都一萬四千里其國境東西三千里南北三千五百里東隣真臘國西接東天竺國南盡溟海北通南詔些樂城界東北拒陽苴咩城六千八百里往來通聘迦羅婆提等二十國役屬者道林王等九城食境土者羅君潛等二百九十部落其王姓困沒長名摩羅惹其國相名摩訶思那其王近適則昇以金繩牀遠適則乘象嬪姝甚衆常數百人其羅城構以塼甓周一百六十里壕岸亦構塼相傳本是舍利佛城城內有居人數萬家佛寺百餘區其堂宇皆錯以金銀塗以丹彩地以紫鑛覆以錦罽其俗好生惡殺其土宜菽粟稻粱無麻麥其理無刑名桎梏之具犯罪者以竹五十本束之復犯者撻其背數止五輕者止三殺人者戮之男女七歲則落髮止寺舍依桑門至二十不悟佛理乃復長髮爲居人其衣服悉以白氎爲朝霞繞腰而已不衣繒帛云出於蠶爲其傷生故也君臣父子長幼有序華言謂之驃自謂突羅成闍婆人謂之徒里掘古未嘗通中國貞元中其王聞南詔異牟尋歸附心慕之八年乃遣其弟悉利移因南詔重譯來朝又獻其國樂凡十曲與樂工三十五人俱樂曲皆演釋氏經論之詞意尋以悉利移爲試太僕卿

史臣曰禹畫九州周分六服斷長補短止方七千國賦之所均王教之所備此謂華夏者也以圓蓋方輿之廣廣谷大川之多民生其間胡可勝道此謂蕃國者也西南之蠻夷不少矣雖言語不通嗜欲不同亦能候律瞻風遠修職貢但患已之不德不患人之不來何以驗之貞觀開元之盛來朝者多也

贊曰五方異氣所禀不同維南極海曰蠻與戎惡我則叛好我則通不可不德使其瞻風

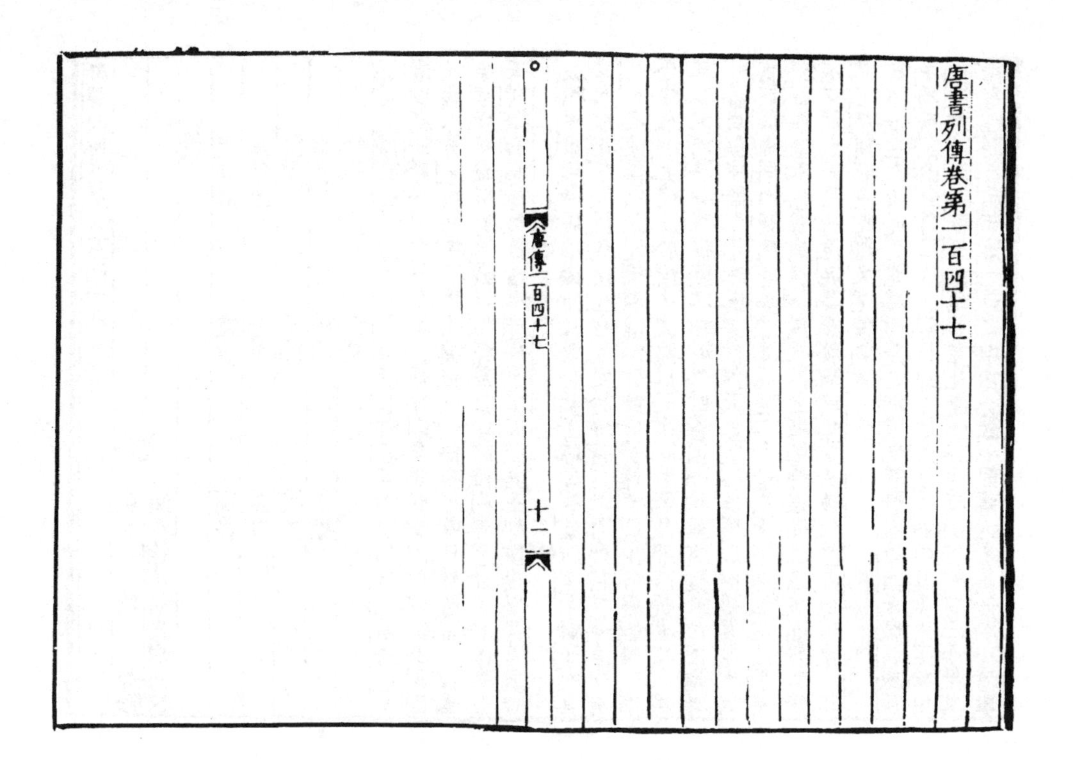
唐書列傳卷第一百四十七

唐傳一百四十七　十二

唐書列傳卷第一百四十八

劉　昫　等修

聞人詮校刻沈桐同校

西戎

泥婆羅　党項羌　高昌
吐谷渾　焉耆　龜茲
疎勒　于闐　天竺
罽賓　康國　波斯
拂菻　大食

泥婆羅國在吐蕃西其俗剪髮與眉齊穿耳揎以竹筩牛角綴至肩者以爲姣麗食用手無匕箸其器皆銅多商賈少田作以銅爲錢面文爲人背文爲馬牛不穿孔衣服以一幅布蔽身日數盥浴以板爲屋壁皆雕畫俗重博戲好吹蠡擊鼓頗解推測盈虛兼通曆術事五天神鐫石爲像每日清水浴神烹羊而祭其王那陵提婆身著真珠玻瓈車渠珊瑚琥珀瓔珞耳垂金鉤玉璫佩寶裝伏突坐獅子牀其堂內散花香大臣及諸左右並坐於地持兵數百列侍其側宮中有七層之樓覆以銅瓦欄檻楹棟皆飾珠寶樓之四角各懸銅槽下有金龍激水上樓注於槽中從龍口而出狀若飛泉那陵提婆之父爲其叔父所篡那陵提婆逃難於外吐蕃因而納焉克復其位遂羈屬吐蕃貞觀中衛尉丞李義表往使天竺塗經其國那陵提婆見之大喜與義表同出觀阿耆婆沴池周廻二十餘步水恒沸雖流潦暴集爍石焦金未嘗增減以物投之即生烟焰懸釜而炊須臾而熟其後王玄策爲天竺所掠泥婆羅發騎與吐蕃共破天竺有功永徽二年其王尸利那連陀羅又遣使朝貢

党項羌在古析支之地漢西羌之別種也魏晉之後西羌微弱或臣中國或竄山野自周氏滅宕昌鄧至之後党項始強其界東至松州西接葉護南雜舂桑迷桑等羌北連吐谷渾處山谷間亘三千里其種每姓別自爲部落一姓之中復分爲小部落大者萬餘騎小者數千騎不相統一有細封氏費聽氏往利氏頗超氏野辭氏房當氏米擒氏拓拔氏最爲強族俗皆土著居有棟宇其屋織犛牛尾及羊毛覆之每年一易俗尚武無法令賦役其人多壽年一百五十六歲不事產業好爲盜竊互相凌劫尤重復讎若讎人未得必蓬頭垢面跣足蔬食要斬讎人而後復常男女並衣裘褐仍披大氈畜犛牛馬驢羊以供其食不知稼穡土無五穀氣候多風寒五月草始生八月霜雪降求大麥於他界醞以爲酒妻其庶母及伯叔母嫂子弟之婦淫穢烝褻諸夷中最爲甚然不婚同姓老死者以爲盡天年親戚不哭少死者則云夭枉乃悲哭之死則焚屍名爲火葬無文字但候草木以記歲時三年一相聚殺牛羊以祭天自周及隋或叛或朝常爲邊患貞觀三年南會州都督鄭元璹遣使招諭其酋長細封步賴舉部內附太宗降璽書慰撫之步賴因來朝宴賜甚厚列其地爲軌州拜步賴爲刺史仍請率所部討吐谷渾其後諸姓酋長相次率部落皆來內屬請同編戶太宗厚加撫慰列其地爲崌奉巖遠四州各拜其首領爲刺史有羌酋拓拔赤辭者初臣屬吐谷渾甚爲渾主伏允所暱與之結婚及貞觀初諸羌歸附而赤辭不至李靖之擊吐谷渾赤辭屯狼道坡以抗官軍廓州刺史久且洛生遣使諭以禍福赤辭曰我被渾主親戚之恩腹心相寄生死不貳焉知其他汝可速去無令污我刀也洛生知其不悟於是率輕騎襲之擊破赤辭於肅遠山斬首數百級虜雜畜六千而還太宗又令岷州都督李道彥說諭之赤辭從子思頭密送誠款其黨拓拔細豆又以所部來降赤辭見其宗黨離始有歸化之意後岷州都督劉師立復遣人招誘於是與思頭並率衆內屬拜赤辭爲西戎州都督賜姓李氏自此職貢不絕其後吐蕃強盛拓拔氏漸爲所逼遂請內徙始移其部落於慶州置靜邊等州以處之其故地陷於吐蕃其處者爲其役屬吐蕃謂之弭藥又有黑党項在於赤水之西李靖之擊吐谷渾也渾王伏允奔黑党項居以空閑之地及吐谷渾舉國內屬黑党項酋長號敦善王因貢方物又有雪山党項姓破丑氏居於雪山之下及白狗舂桑白蘭等諸

羌自龍朔已後並爲吐蕃所破而臣屬焉其在西北邊者天授三年内附凡二十萬口分其地置朝吳浮歸等十州仍散居靈夏等界内自至德已後常爲吐蕃所誘密以官告授之使爲偵道故時或侵叛尋亦底寧寶應初其首領來朝請助國供靈州軍糧優詔褒美其在涇隴州界者後上元元年率其衆十餘萬詣鳳翔節度使崔光遠請降寶應元年十二月其歸順州部落乾封州部落歸義州部落順化州部落和寧州部落和義州部落保善州部落寧定州部落羅雲州部落朝鳳州部落並詣山南西道都防禦使梁州刺史臧希讓請州印希讓以聞許之貞元三年十二月初禁商賈以牛馬器械於党項部落貿易十五年二月六州党項自石州奔過河西党項有六府部落曰野利越詩野利龍兒野利厥律兒黃野海野窣等居慶州者號爲東山部落居夏州者號爲平夏部落永泰大曆已後居石州依水草至是永安城鎮將阿史那思昧擾其部落求取駝馬無厭中使又贊成其事党項不堪其弊遂率部落奔過河元和九年五月復置宥州以護党項十五年十一月命太子中允李寮爲宣撫党項使以部落繁富時遠近商賈齎繒貨入貿羊馬至大和開成之際其藩鎮統領無緒恣其貪婪不顧危亡或強市其羊馬不酬其直以是部落苦之遂相率爲盜靈鹽之路小梗會昌初上頻命使安撫之兼命憲臣爲使分三印以統之在邠寧延者以侍御史内供奉崔君會主之在鹽夏長澤者以侍御史内供奉李鄠主之在靈武麟勝者以侍御史内供奉鄭賀主之仍各賜緋魚以重其事久而無狀尋皆罷之

高昌者漢車師前王之庭後漢戊已校尉之故地在京師西四千三百里其國有二十一城王都高昌其交河城前王庭也田地城校尉城也勝兵且萬人厥土良沃穀麥歲再熟有蒲萄酒宜五果有草名白疊國人採其花織以爲布有文字知書計所置官亦採中國之號焉其王麴伯雅即後魏時高昌王嘉之六世孫也隋煬帝時入朝拜左光禄大夫車師太守封弁國公仍以戚屬宇文氏女爲華容公主以妻之武德二年伯雅死子文泰嗣遣使來告哀高祖遣前河州刺史朱惠表往弔之七年文泰又獻狗雄雌各一高六寸長尺餘性甚慧能曳馬銜燭云本出拂菻國中國有拂菻狗自此始也太宗嗣位復貢玄狐裘因賜其妻宇文氏花鈿一具宇文氏復貢玉盤西域諸國所有動靜輒以奏聞貞觀四年冬文泰來朝及將歸蕃賜遺甚厚其妻宇文氏請預宗親詔賜李氏封常樂公主下詔慰諭之時西戎諸國來朝貢者皆塗經高昌文泰後稍壅絶之伊吾先臣西突厥至是内屬文泰又與葉護連結將擊伊吾太宗以其反覆下書切讓徵其大臣冠軍阿史那矩入朝將與議事文泰竟不遣乃遣其長史麴雍來謝罪初大業之亂中國人多投於突厥及頡利敗或有奔高昌者文泰皆拘留不遣太宗詔令括送文泰尚隱蔽之又尋與西突厥乙毘設擊破焉耆三城虜其男女而去焉耆王上表訴之太宗遣虞部郎中李道裕往問其狀十三年太宗謂其使曰高昌數年來朝貢脫略無藩臣禮國中署置官號準我百僚稱臣於人豈得如此今茲歲首萬國來朝而文泰不至增城深塹預備討伐日者我使人至彼

文泰云鷹飛于天雉竄于蒿猫遊于堂鼠安于穴各得其所豈不活耶又西域使欲來者文泰悉拘留之又遣使謂薛延陁云既自爲可汗與漢天子敵也何須拜謁其使事人闕禮離間隣好惡而不誅善者何勸明年當發兵馬以擊爾是時薛延陁可汗表請爲軍向導以擊高昌太宗許之令民部尚書唐儉至延陁與謀進取太宗冀其悔過復下璽書示以禍福徵之入朝文泰稱疾不至太宗乃命吏部尚書侯君集爲交河道大總管率左屯衛大將軍薛萬均及突厥契苾之衆步騎數萬衆以擊之時公卿近臣皆以行經沙磧萬里用兵恐難得志又界居絶域縱得之不可以守競以爲諫太宗皆不聽文泰謂所親曰吾往者朝覲見秦隴之北城邑蕭條非復有隋之比設今伐我發兵多則糧運不給若發三萬以下吾能制之加以磧路艱險自然疲頓吾以逸待勞坐收其弊何足爲憂也及聞王師臨磧口惶駭計無所出發病而死其子智盛嗣立既而君集兵奄至柳谷進趨田地城將軍契苾何力爲前軍與之接戰而退大軍繼之攻拔其城

虜男女七千餘口進逼其都智盛移君集書曰有罪於天子者先王也咎深譴積身已喪亡智盛襲位無幾君其赦諸君集謂曰若能悔禍當面縛軍門也又命諸軍引衝車拋車以逼之飛石雨下城中大懼智盛窮蹙出城降君集分兵掠地下其三郡五縣二十二城戶八千口三萬七千七百馬四千三百匹其界東西八百里南北五百里先是其國童謡云高昌兵馬如霜雪漢家兵馬如日月日月照霜雪迴手自消滅文泰使人捕其初唱者不能得初文泰與西突厥欲谷設通和遺其金帛約有急相爲表裏及聞君集兵至欲谷設懼而西走不敢救君集尋遣使告捷太宗大悦宴百寮班賜各有差曲赦高昌部内從軍兵士已上父子犯死罪已下朞親犯流已下大功犯徒已下小功緦麻犯杖罪悉原之時太宗欲以高昌爲州縣特進魏徵諫曰陛下初臨天下高昌夫婦先來朝謁自後數月商胡被其遏絶貢獻加之不禮大國遂使王誅載加若罪止文泰斯亦可矣未若撫其人而立其子所謂伐罪弔民威德被於遐外爲國之善者也今若利其土壤以爲州縣常須千餘人鎭守數年一易每及交番死者十有三四遣辦衣資離別親戚十年之後隴右空虛陛下終不得高昌撮穀尺布以助中國所謂散有用而事無用臣未見其可太宗不從竟以其地置西州又置安西都護府留兵以鎭之初西突厥遣其葉護屯兵於可汗浮圖城與高昌相影響至是懼而來降以其地爲庭州於是勒石紀功而旋其智盛君臣及其豪右皆徙中國趙氏有國至智盛凡九世一百三十四年而滅尋拜智盛爲左武衛將軍封金城郡公弟智湛爲右武衛中郎將天山縣公及太宗崩刊石像智盛之形列於昭陵玄闕之下智湛麟德中終於左驍衛大將軍西州刺史天授初其子崇裕授左武衛大將軍交河郡王卒封爵遂絶

吐谷渾其先居於徒河之清山屬晉亂始度隴止於甘松之南洮水之西南極白蘭數千里有城郭而不居隨逐水草廬帳爲室以肉酪爲糧其官初有長史司馬將軍近代已來有王公僕射尚書郎中其俗頗識文字男子通服長裙繒帽或戴羃䍦婦人以金花爲首飾辮髮縈後綴以珠貝其婚姻富家厚出聘財貧人竊女而去父卒妻其庶母兄亡妻其諸嫂喪有服制葬訖而除國無常稅用度不給輒斂富室商人以取足而止殺人及盜馬者罪死他犯則徵物以贖罪氣候多寒土宜大麥蔓菁頗有菽粟出良馬犛牛銅鐵朱砂之類有青海周迴八百里中有小山至冬放牝馬於其上言得龍種嘗得波斯馬放入海因生驄駒能日行千里故代稱青海驄焉地兼鄯善且沫西北有流沙數百里夏有熱風傷斃行旅風之將至老駝便知之則引項而鳴以口鼻埋沙中人以爲候即以氈擁蔽口鼻而避其患隋煬帝時其王伏允來犯塞煬帝親總六軍以討之伏允以數十騎潛於泥嶺而遁其仙頭王率男女十餘萬口來降煬帝立其質子順爲王送之本國令統餘衆尋復追還大業末伏允悉收故地復爲邊患高祖受禪順自江都來歸長安時李軌猶據涼州高祖遣使與伏允通和令擊軌以自効當放順返國伏允大悦興兵擊之戰于庫門交綏而退頻遣使朝貢以順爲請高祖延遣之太宗即位伏允遣其洛陽公來朝使未返大掠鄯州而去太宗遣使責讓之徵伏允入朝稱疾不至仍爲其子尊王求婚於是責其親迎以羈縻之尊王又稱疾不肯入朝有詔停婚遣中郎將康處直諭以禍福伏允遣兵寇蘭廓二州時鄯州刺史李玄運上言吐谷渾良馬悉牧青海輕兵掩之可致大利於是遣左驍衛大將軍段志玄率邊兵及契苾党項之衆以擊之去青海三十里志玄與左驍衛將軍梁洛仁不欲戰頓軍遲留不進吐谷渾遂驅青海牧馬而遁亞將李君羨率精騎別路及賊於青海之南懸水鎭擊破之虜牛羊二萬餘頭而還時伏允年老昏耄其邪臣天柱王惑亂之拘我行人鴻臚丞趙德楷太宗頻遣宣諭使者十餘返竟無悛心貞觀九年詔特進李靖爲西海道行軍大總管兵部尚書侯君集爲積石道行軍總管任城王道宗爲鄯州道行軍總管仍爲靖副涼州都督李大亮爲且沫道行軍總管岷州都督李道彥爲赤水道行軍總管利州刺史高甑生爲鹽澤道行軍總管并突厥契苾之衆以擊之諸將頻與賊遇連戰破之獲其高昌王慕容孝

儁李儁有雄畧伏允心膂之臣也靖等進至赤海遇其天柱三部落
擊大破之遂歷于河源李大亮又俘其名王二十人雜畜數萬至且
沫西境或傳伏允西走渡圖倫磧欲入于闐將軍薛萬均率輕銳追
奔入磧數百里及其餘黨破之磧中乏水將士皆刺馬血而飲之侯
君集與江夏王道宗趣南路登漢哭山飲馬烏海獲其名王梁屈怱
經塗二千餘里空虛之地盛夏降霜多積雪其地乏水草將士噉冰
馬皆食雪又達于柏梁北望積石山觀河源之所出焉兩軍會於大
非川至破邏眞谷伏允子大寧王順窮蹙斬其國相天柱王舉國來
降伏允大懼與千餘騎遁于磧中衆稍亡散能屬之者纔百餘騎乃
自縊而死國人乃立順爲可汗稱臣內附順即伏允之嫡子也初爲
侍子於隋拜金紫光祿大夫父不得歸伏允遂立他子爲太子及得
返國意常怏怏會李靖等諸軍所向剋捷自以失位欲因此立功由
是遂降乃詔曰吐谷渾擅相君長竊據荒裔志在凶德政出權門酋
渠攜貳種落怨憤長惡不悛野心彌熾莫顧藩臣之禮曾無事上之

節草竊疆埸虔劉兆庶積惡既稔天亡有徵朕君臨四海含育萬類
一物失所責深在予所以爰命六軍申茲九伐義存活國情非黷武
其子大寧王慕容順隋氏之甥志懷明悟長自中土幸慕華風爰見
時機深識逆順以其懷諫遠衆獨陷迷途遂誅邪臣存茲大計翻然
改轍代父歸罪忠孝之美深有可嘉子能立功足以補過既往之釁
特宜原免然其遷國西鄙已歷年代即從廢絕情所未忍繼其宗祀
允歸命胤可封順爲西平郡王仍授趉胡呂烏甘豆可汗太宗恐順
不能靜其國仍遣李大亮率精兵數千爲其聲援順既久質於隋國
人不附未幾爲臣下所殺其子燕王諾曷鉢嗣立諾曷鉢既幼大臣
爭權國中大亂太宗遣兵援之封爲河源郡王仍授烏地也拔勤豆
可汗遣淮陽王道明持節册拜賜以鼓纛諾曷鉢因入朝請婚十四
年太宗以弘化公主妻之資送甚厚十五年諾曷鉢所部丞相王專
權陰謀作難將徵兵詐言祭山神因欲襲擊公主劫諾曷鉢奔于吐
蕃期有日矣諾曷鉢知而大懼率輕騎走鄯善城其威信王以兵迎

之鄯州刺史杜鳳擧與威信王合軍擊丞相王破之殺其兄弟三人
遣使言狀太宗命民部尚書唐儉持節撫慰之太宗崩刻石圖諸曷
鉢之形列於昭陵之下高宗嗣位以其尚主拜駙馬都尉賜物四十
段其後與吐蕃互相攻伐各遣使請兵救援高宗皆不許之吐蕃大
怒率兵以擊吐谷渾諾曷鉢既不能禦脫身及弘化公主走投涼州
高宗遣右威衛大將軍薛仁貴等救吐谷渾爲吐蕃所敗於是吐谷
渾遂爲吐蕃所併諾曷鉢以親信數千帳來內屬詔左武衛大將軍
蘇定方爲安置大使始徙其部衆于靈州之地置安樂州以諾曷鉢
爲刺史欲其安而且樂也垂拱四年諾曷鉢卒子忠嗣忠卒子宣趙
嗣聖曆三年授宣趙左豹韜衛員外大將軍仍襲父烏地也拔勤豆
可汗宣趙卒子曦皓嗣曦皓卒子兆嗣及吐蕃陷我安樂州其部衆
又東徙散在朔方河東之境今俗多謂之退渾蓋語急而然貞元十
四年十二月以朔方節度副使左金吾衛大將軍同正慕容復爲襲
長樂州都督青海國王烏地也拔勤豆可汗未幾卒其封襲遂絕吐

谷渾自晉永嘉之末始西度洮水建國於群羌之故地至龍朔三年
爲吐蕃所滅凡三百五十年

焉耆國在京師西四千三百里東接高昌西鄰龜茲即漢時故地其
王姓龍氏名突騎支勝兵二千餘人常役屬於西突厥其地良沃多
蒲萄頗有魚鹽之利貞觀六年突騎支遣使貢方物復請開大磧路
以便行李太宗許之自隋末罹亂磧路遂閉西域朝貢者皆由高昌
及是高昌大怒遂與焉耆結怨遣兵襲焉耆大掠而去西突厥莫賀
設與咄陸弩失畢不協奔于焉耆咄陸復來攻之六年遣使言狀并
貢名馬時西突厥國亂太宗遣中郎將桑孝彥領左右胄曹韋弘機
往安撫之仍册立咥利失可汗可汗既立素善焉耆令與焉耆爲援
十二年處月處密與高昌攻陷焉耆五城掠男女一千五百人焚其
廬舍而去十四年侯君集討高昌遣使與之相結焉耆王大喜請爲
聲援及破高昌其王詣軍門稱謁焉耆人先爲高昌所虜者悉歸之
由是遣使謝恩并貢方物其年西突厥重臣屈利啜爲其弟娶焉耆

王女由是相爲脣齒朝貢遂闕安西都護郭孝恪請擊之太宗許焉會焉耆王弟頡鼻葉護兄弟三人來至西州孝恪選步騎三千出銀山道以頡鼻弟栗婆準爲鄉導焉耆所都城四面有水自恃險固不虞於我孝恪倍道兼行夜至城下潛遣將士浮水而渡至曉一時攀堞鼓角齊震城中大擾孝恪縱兵擊之虜其王突騎支首虜千餘級以栗婆準導軍有功留攝國事而還時駕幸洛陽宮孝恪鏁突騎支并其妻子送行在所詔宥之初西突厥屈利啜將兵來援焉耆孝恪還師三日屈利啜乃囚栗婆準而西突厥處般啜令其吐屯來攝焉耆遣使朝貢太宗數之曰焉耆者我兵擊得汝何人輒來統攝吐屯懼而返國焉耆又立栗婆準從父兄薛婆阿那支爲王處般啜乃執栗婆準送於龜茲皆爲所殺薛婆阿那支既得處般啜爲援遂有國及阿史那社爾之討龜茲阿那支大懼遂奔龜茲保其東城以禦官軍社爾擊擒之數其罪而斬焉求得阿那支從父弟先那準立爲王以修職貢及太宗葬昭陵乃刻石像龍突騎支之形列於玄闕之下自是朝貢不絕

龜茲國即漢西域舊地也在京師西七千五百里其王姓白氏有城郭屋宇耕田畜牧爲業男女皆剪髮垂與項齊唯王不剪髮學胡書及婆羅門書算計之事尤重佛法其王以錦蒙項著錦袍金寶帶坐金獅子牀有良馬封牛饒蒲萄酒富室至數百碩高祖即位其主蘇伐勃駃遣使來朝勃駃尋卒子蘇伐疊代立號時健莫賀俟利發貞觀四年又遣使獻馬太宗賜以璽書撫慰甚厚由此歲貢不絕然臣於西突厥安西都護郭孝恪來伐焉耆龜茲遣兵援助自是職貢頗闕伐疊死其弟訶黎布失畢代立漸失蕃臣禮二十年太宗遣左驍衛大將軍阿史那社爾爲崑山道行軍大摠管與安西都護郭孝恪司農卿楊弘禮率五將軍又發鐵勒十三部兵十餘萬騎以伐龜茲社爾既破西蕃處月處密乃進師趨其北境出其不意西突厥所署焉耆王弃城而遁社爾遣輕騎追擒之龜茲大震守將多弃城而走社爾進屯積石去其都城三百里遣伊州刺史韓威率千餘騎爲前鋒右驍衛將軍曹繼叔次之西至多褐城與龜茲王相遇及其相那相羯獵等有衆五萬逆拒王師威乃僞遁而引之其王侯利發見威兵少悉衆而至威退行三十里與繼叔軍會合擊大破之其王退保都城社爾進軍逼之王乃輕騎而走遂下其城令孝恪守之遣沙州刺史蘇海政尚輦奉御薛萬備以精騎逼之行六百里其王窘急退保于撥換城社爾等進軍圍之擒其王及大將羯獵顛等其相那利僅以身免潛引西突厥之衆并其國兵萬餘人來襲孝恪殺之官軍大擾倉部郎中崔義起與曹繼叔韓威等擊之那利敗走尋爲龜茲人所執以詣軍前後破其大城五所虜男女數萬口社爾因立其王之弟葉護爲王勒石紀功而旋俘其王訶黎布失畢及那利羯獵河等獻於社廟尋以訶黎布失畢爲左武翊衛中郎將那利已下授官各有差太宗之葬昭陵乃刻石像其形列於玄闕之前永徽元年又以訶黎布失畢爲右驍衛大將軍尋放還蕃撫其餘衆依舊爲龜茲王賜物一千段先是太宗既破龜茲移置安西都護府於其國城以

郭孝恪爲都護兼統于闐疏勒碎葉謂之四鎮高宗嗣位不欲廣地勞人復命有司弃龜茲等四鎮移安西依舊於西州其後吐蕃大入焉耆已西四鎮城堡並爲賊所陷則天臨朝長壽元年武威軍摠管王孝傑阿史那忠節大破吐蕃克復龜茲于闐等四鎮自此復於龜茲置安西都護府用漢兵三萬人以鎮之既徵發內地精兵遠逾沙磧并資遣衣糧等甚爲百姓所苦言事者多請棄之則天竟不許其安西都護則天時有田揚名中宗時有郭元振開元初則張孝嵩杜暹皆有政績爲夷人所伏

疏勒國即漢時舊地也西帶葱嶺在京師西九千三百里其王姓裴氏貞觀中突厥以女妻王勝兵二千人俗事祆神有胡書文字貞觀九年遣使獻名馬自是朝貢不絕開元十六年玄宗遣使冊立其王裴安定爲疏勒王

于闐國西南帶葱嶺與龜茲接在京師西九千七百里勝兵四千人其國出美玉俗多機巧好事祆神崇佛教先臣于西突厥其王姓尉

遲氏名屈密貞觀六年遣使獻玉帶太宗優詔答之十三年又遣子入侍及阿史那杜爾伐龜兹其王伏闍信大懼使其子以駝萬三百匹饋軍及將旋師行軍長史薛萬備謂杜爾曰今者既破龜兹國威已振請因此機願以輕騎羈取于闐之王杜爾乃遣萬備率五十騎抵于闐之國萬備陳國威靈勸其入見天子伏闍信於是隨萬備來朝高宗嗣位拜右驍衛大將軍又授其子葉護玷爲右驍衛將軍並賜金帶錦袍布帛六千段幷宅一區留數月而遣之因請留子弟以宿衛太宗葬昭陵刻石像其形列於玄闕之下垂拱三年其王伏闍雄復來入朝天授三年伏闍雄卒則天封其子璥爲于闐國王開元十六年復冊立尉遲伏師爲于闐王數遣使朝貢乾元三年以于闐王尉遲勝弟守左監門衛率葉護曜爲太僕員外卿仍同四鎭節度副使權知本國事以勝至德初領兵赴國難因堅請留宿衛故有是命事在勝傳

天竺國即漢之身毒國或云婆羅門地也在葱嶺西北周三萬餘里

○其中分爲五天竺其一曰中天竺二曰東天竺三曰南天竺四曰西天竺五曰北天竺地各數千里城邑數百南天竺際大海北天竺拒雪山四周有山爲壁南面一谷通爲國門東天竺東際大海與扶南林邑鄰接西天竺與罽賓波斯相接中天竺據四天竺之會其都城周迴七十餘里北臨禪連河云昔有婆羅門領徒千人肄業於樹下樹神降之遂爲夫婦宮室自然而立僮僕甚盛於是使役百神築城以統之經日而就此後有阿育王復役使鬼神累石爲宮闕皆雕文刻鏤非人力所及阿育王頗行苛政置炮烙之刑謂之地獄今城中見有其迹焉中天竺王姓乞利咥氏或云刹利氏世有其國不相篡弑厥土卑濕暑熱稻歲四熟有金剛似紫石英百鍊不銷可以切玉又有旃檀鬱金諸香通於大秦故其寶物或至扶南交阯貿易焉百姓殷樂俗無簿籍耕王地者輸地利以齒貝爲貨人皆深目長鼻致敬極者舐足摩踵家有奇樂倡伎其王與大臣多服錦罽上爲螺髻於頂餘髮翦之使拳俗皆徒跣衣重白色唯梵志種姓披白疊以爲異死者或焚屍取灰以爲浮圖或委之中野以施禽獸或流之於河以飼魚鱉無喪紀之文謀反者幽殺之小犯罰錢以贖罪不孝則斷手刖足截耳割鼻放流邊外有文字善天文筭曆之術其人皆學悉曇章云是梵天法書於貝多樹葉以紀事不殺生飲酒國中往往有舊佛跡隋煬帝時遣裴矩應接西蕃諸國多有至者唯天竺不通帝以爲恨當武德中其國大亂其嗣王尸羅逸多練兵聚衆所向無敵象不解鞍人不釋甲居六載而四天竺之君皆北面以臣之威勢遠振刑政甚肅貞觀十五年尸羅逸多自稱摩伽陀王遣使朝貢太宗降璽書慰問尸羅逸多大驚問諸國人曰自古曾有摩訶振旦使人至吾國乎皆曰未之有也乃膜拜而受詔書因遣使朝貢太宗以其地遠禮之甚厚復遣衛尉丞李義表報使尸羅逸多遣大臣郊迎傾城邑以縱觀焚香夾道逸多率其臣下東面拜受勅書復遣使獻火珠及鬱金香菩提樹貞觀十年沙門玄奘至其國將梵本經論六百餘部而歸先是遣右率府長史王玄策使天竺其四天竺國王咸遣

○使朝貢會中天竺王尸羅逸多死國中大亂其臣那伏帝王阿羅那順篡立乃盡發胡兵以拒玄策玄策從騎三十人與胡禦戰不敵矢盡悉被擒胡並掠諸國貢獻之物玄策乃挺身宵遁走至吐蕃發精銳一千二百人并泥婆羅國七千餘騎以從玄策玄策與副使蔣師仁率二國兵進至中天竺國城連戰三日大破之斬首三千餘級赴水溺死者且萬人阿羅那順棄城而遁師仁進擒獲之虜男女萬二千人牛馬三萬餘頭匹於是天竺震懼俘阿羅那順以歸二十二年至京師太宗大悅命有司告宗廟而謂群臣曰夫人耳目玩於聲色口鼻耽於臭味此乃敗德之源若婆羅門不劫掠我使人豈爲俘虜耶昔中山以貪寶取弊蜀侯以金牛致滅莫不由之拜玄策朝散大夫是時就其國得方士那羅邇娑婆寐自言壽二百歲云有長生之術太宗深加禮敬館之於金飈門内造延年之藥令兵部尚書崔敦禮監主之發使天下採諸奇藥異石不可稱數延歷歲月藥成服竟不効後放還本國太宗之葬昭陵也刻石像阿羅那順之形列於玄

闕之下五天竺所屬之國數十風俗物產略同有伽沒路國其俗開東門以向日王玄策至其王發使貢以奇珍異物及地圖因請老子像及道德經那揭陀國有醯羅城中有重閣藏佛頂骨及錫杖貞觀二十年遣使貢方物天授二年東天竺王摩羅枝摩西天竺王尸羅逸多南天竺王遮婁其拔羅婆北天竺王婁其那那中天竺王地婆西那並來朝獻景龍四年南天竺國復遣使來朝景雲元年復遣使貢方物開元二年西天竺復遣使貢方物八年南天竺國遣使獻五色能言鸚鵡其年南天竺國王尸利那羅僧伽請以戰象及兵馬討大食及吐蕃等仍求有及名其軍玄宗甚嘉之名軍爲懷德軍九月南天竺王尸利那羅僧伽寶多枝摩爲國造寺上表乞寺額勑以歸化爲名賜之十一月遣使冊利那羅伽寶多爲南天竺國王遣使來朝十七年六月北天竺國藏沙門僧密多獻質汗等藥十九年十月中天竺國王伊沙伏摩遣其大德僧來朝貢二十九年三月中天竺王子李承恩來朝授游擊將軍放還天寶中累遣使來

罽賓國在葱嶺南去京師萬二千二百里常役屬於大月氏其地暑濕人皆乘象土宜秔稻草木凌寒不死其俗尤信佛法隋煬帝時引致西域前後至者三十餘國惟罽賓不至貞觀十一年遣使獻名馬太宗嘉其誠款賜以繒綵十六年又遣使獻褥特鼠喙尖而尾赤能食蛇有被蛇螫者鼠輒嗅而尿之其瘡立愈顯慶三年訪其國俗云王始祖馨孽至今曷擷支父子傳位已十二代其年改其城爲修鮮都督府龍朔初授其王修鮮等十一州諸軍事兼修鮮都督開元七年遣使來朝進天文經一夾秘要方并蕃藥等物詔遣冊其王爲葛羅達支特勤二十七年其王烏散特勤灑以年老上表請以子拂菻罽婆嗣位許之仍降使冊命天寶四年又冊其子敦匐準爲襲罽賓及烏萇國王仍授左驍衛將軍乾元元年又遣使朝貢又有敎律國在罽賓吐蕃之間開元中頻遣使朝獻八年冊立其王蘇麟陀逸之爲敎律國王朝貢不絕二十二年爲吐蕃所破

康國即漢康居之國也其王姓溫月氏先居張掖祁連山北昭武城爲突厥所破南依葱嶺遂有其地枝庶皆以昭武爲姓氏不忘本也其人皆深目高鼻多鬚髯丈夫剪髮或辮髮其王冠氈帽飾以金寶婦人盤髻幪以皁巾飾以金花人多嗜酒好歌舞於道路生子必以石蜜內口中明膠置掌內欲其成長口常甘言掌持錢如膠之黏物俗習胡書善商賈爭分銖之利男子年二十即遠之傍國來適中夏利之所在無所不到以十二月爲歲首有婆羅門爲之占星候氣以定吉凶頗有佛法至十一月鼓舞乞寒以水相潑盛爲戲樂隋煬帝時其王屈朮支娶西突厥葉護可汗女遂臣於西突厥武德十年屈朮支遣使獻名馬貞觀九年又遣使貢獅子太宗嘉其遠至命秘書監虞世南爲之賦自此朝貢歲至十一年又獻金桃銀桃詔令植之於苑囿萬歲通天年則天封其大首領篤娑鉢提爲康國王仍拜左驍衛大將軍鉢提尋卒又冊其子泥涅師師爲康國王師師以神龍中卒國人又立突昏爲王開元六年遣使貢獻鎖子甲水精杯馬腦瓶駝鳥卵及越諾之類十九年其王烏勒上表請封其子咄曷爲曹國王默啜爲米國王許之二十七年烏勒卒遣使冊咄曷襲父位天寶三年又封爲欽化王其母可敦封爲郡夫人十一載十三載並遣使朝貢

波斯國在京師西一萬五千三百里東與吐火羅康國接北鄰突厥之可薩部西北拒拂菻正西及南俱臨大海戶數十萬其王居有二城復有大城十餘猶中國之離宮其王初嗣位便密選子才堪承統者書其名字封而藏之王死後大臣與王之羣子共發封而視之奉所書名者爲主焉其王冠金花冠坐獅子牀服錦袍加以瓔珞俗事天地日月水火諸神西域諸胡事火祆者皆詣波斯受法焉其事神以麝香和蘇塗鬚點額及於耳鼻用以爲敬拜必交股文字同於諸胡男女皆徒跣丈夫剪髮戴白皮帽衣不開襟并有巾帔多用蘇方青白色爲之兩邊緣以織成錦婦人亦巾帔裙衫辮髮垂後飾以金銀其國乘象而戰每一象戰士百人有敗衄者則盡殺之國人生女年十歲已上有姿貌者其王收而養之以賞有功之臣俗右尊而左

卑以六月一日為歲首斷獄不為文書約束口決於庭其繫囚無年
限唯王者代立則釋之其叛逆之罪就火祆燒鐵灼其舌瘡白者為
理直瘡黑者為有罪其刑有斷手刖足髡鉗劓刖輕罪翦髮或繫牌
於項以志之經時月而釋焉其強盜一入獄至老更不出小盜罰以
銀錢死亡則棄之於山制服一月而即吉氣候暑熱土地寬平知耕
種多畜牧有鳥形如橐駝飛不能高食草及肉亦能噉犬攘羊土人
極以為患又多白馬駿犬或赤日行七百里者駿犬今所謂波斯犬
也出驢及大驢磠子白象珊瑚樹高一二尺琥珀車渠瑪瑙火珠玻
瓈琉璃無食子香附子訶黎勒胡椒蓽撥石蜜千年棗甘露桃隋大
業末西突厥葉護可汗頻擊破其國波斯王庫薩和為西突厥所殺
其子施利立葉護因分其部帥監統其國波斯竟臣於葉護及葉護
可汗死其所令監統者因自擅於波斯不復役屬於西突厥施利立
一年卒乃立庫薩和之女為王突厥又殺之施利之子單羯方奔拂
菻於是國人迎而立之是為伊怛支在位二年而卒兄子伊嗣候立

○二十一年伊嗣候遣使獻一獸名活褥蛇形類鼠而色青身長八九
寸能入穴取鼠伊嗣候懦弱為大首領所逐遂奔吐火羅未至亦為
大食兵所殺其子名卑路斯又投吐火羅葉護獲免卑路斯龍朔元
年奏言頻被大食侵擾請兵救援詔遣隴州南由縣令王名遠充使
西域分置州縣因列其地疾陵城為波斯都督府授卑路斯為都督
是後數遣使貢獻咸亨中卑路斯自來入朝高宗甚加恩賜拜右武
衛將軍儀鳳三年令吏部侍郎裴行儉將兵冊送卑路斯為波斯王
行儉以其路遠至安西碎葉而還卑路斯獨返不得入其國漸為大
食所侵客於吐火羅國二十餘年有部落數千人後漸離散至景龍
二年又來入朝拜為左威衛將軍無何病卒其國遂滅而部衆猶存
自開元十年至天寶六載凡十遣使來朝并獻方物四月遣使獻瑪
瑙牀九年四月獻火毛繡舞筵長毛繡舞筵無孔真珠乾元元年波
斯與大食同寇廣州劫倉庫焚廬舍浮海而去大曆六年遣使來朝
獻真珠等

拂菻國一名大秦在西海之上東南與波斯接地方萬餘里列城四
百邑居連屬其宮宇柱櫳多以水精瑠璃為之有貴臣十二人共治
國政常使一人將囊隨王車百姓有事者即以書投囊中王還宮省
發理其枉直其王無常人簡賢者而立之國中災異及風雨不時輒
廢而更立其王冠形如鳥舉翼冠及瓔珞皆綴以珠寶著錦繡衣前
不開襟坐金花牀有一鳥似鵝其毛綠色常在王邊倚枕上坐每進
食有毒其鳥輒鳴其都城疊石為之尤絕高峻凡有十萬餘戶南臨
大海城東面有大門其高二十餘丈自上及下飾以黃金光輝燦爛
連曜數里自外至王室凡有大門三重列異寶雕飾第二門之樓中
懸一大金秤以金丸十二枚屬於衡端以候日之十二時焉為一金
人其大如人立於側每至一時其金丸輒落鏗然發聲引唱以紀日
時毫釐無失其殿以瑟瑟為柱黃金為地象牙為門扇香木為棟梁
其俗無瓦擣白石為末羅之塗屋上其堅密光潤還如玉石至於盛
暑之節人厭囂熱乃引水潛流上徧於屋宇機制巧密人莫之知觀

者惟聞屋上泉鳴俄見四檐飛溜懸波如瀑激氣成涼風其巧妙如
此風俗男子翦髮披帔而右袒婦人不開襟錦為頭巾家資滿億封
以上位有羊羔生於土中其國人候其欲萌乃築墻以院之防外獸
所食也然其臍與地連割之則死唯人著甲走馬及擊鼓以駭之其
羔驚鳴而臍絕便逐水草俗皆髡而衣繡乘輜軿白蓋小車出入擊
鼓建旌旗幡幟土多金銀奇寶有夜光璧明月珠駭雞犀大貝車渠
瑪瑙孔翠珊瑚琥珀凡西域諸珍異多出其國隋煬帝常將通拂菻
竟不能致貞觀十七年拂菻王波多力遣使獻赤玻瓈綠金精等物
太宗降璽書答慰賜以綾綺焉自大食強盛漸陵諸國乃遣大將軍
摩拽伐其都城因約為和好請每歲輸之金帛遂臣屬大食焉乾封
二年遣使獻底也伽大足元年復遣使來朝開元七年正月其主遣
吐火羅大首領獻獅子羚羊各二不數月又遣大德僧來朝貢
大食國本在波斯之西大業中有波斯胡人牧駝於俱紛摩地那之
山忽有獅子人語謂之曰此山西有三穴穴中大有兵器汝可取之

穴中并有黑石白文讀之便作王位胡人依言果見穴中有石及矟
刃甚多上有文教其反叛於是糾合亡命渡恒曷水劫奪商旅其衆
漸盛遂割據波斯西境自立爲王波斯拂菻各遣兵討之皆爲所敗
永徽二年始遣使朝貢其姓大食氏名噉密莫末膩自云有國已三
十四年歷三主矣其國男兒色黑多鬚鼻大而長似婆羅門婦人白
晳亦有文字出駝馬大於諸國兵刃勁利其俗勇於戰鬬好事天神
土多沙石不堪耕種唯食駝馬等肉俱紛地那山在國之西南鄰於
大海其王移穴中黑石寘之於國又嘗遣人乘紅將衣糧入海經八
年而未及西岸海中見一方石石上有樹幹赤葉青樹上總生小兒
長六七寸見人皆笑動其手脚頭著樹枝其使摘取一枝小兒便死
收在大食王宮又有女國在其西北相去三月行龍朔初擊破波斯
又破拂菻始有米麪之屬又將兵南侵婆羅門吞併諸胡國勝兵四
十餘萬長安中遣使獻良馬景雲二年又獻方物開元初遣使來朝
進馬及寶鈿帶等方物其使謁見唯平立不拜憲司欲糾之中書令
張說奏曰大食殊俗慕義遠來不可寘罪上特許之尋又遣使朝獻
自云在本國惟拜天神雖見王亦無致拜之法所司屢詰責之其使
遂請依漢法致拜其時西域康國石國之類皆臣屬之其境東西萬
里東與突厥施相接焉一云隋開皇中大食族中有孤列種代爲酋
長孤列種中又有兩姓一號盆泥奚深一號盆泥末換其奚深後有
摩訶末者勇健多智衆立之爲主東西征伐開地三千里兼尅夏臘
一名釤城釤音所鑒反摩訶末後十四代至末換末換殺其兄伊疾而自
立復殘忍其下怨之有呼羅珊木鹿人並波悉林舉義兵應者悉令
著黑衣旬月間衆盈數萬鼓行而西生擒末換殺之遂求得奚深種
阿蒲羅拔立之末換已前謂之白衣大食自阿蒲羅拔後改爲黑衣
大食阿蒲羅拔卒立其弟阿蒲恭拂至德初遣使朝貢代宗時爲元
帥亦用其國兵以收兩都寶應大曆中頻遣使來恭拂卒子迷地立
迷地卒子牟栖立牟栖卒弟訶論立貞元中與吐蕃爲勍敵蕃軍太
半西禦大食故鮮爲邊患其力不足也十四年詔以黑衣大食使含
嵳馬雞沙比三人並爲中郎將各放還蕃

史臣曰西方之國綿亘山川自張騫奉使已來介子立功之後通於
中國者多矣有唐拓境遠極安西弱者德以懷之強者力以制之開
元之前貢輸不絕天寶之亂邊徼多虞邠郊之西即爲戎狄藁街之
邸來朝亦稀故古先哲王務寧華夏語曰近者悅遠者來斯之謂矣
贊曰大蒙之人西方之國與時盛衰隨世通塞勿謂戎心不懷我德
貞觀開元藁街充斥

唐書列傳卷第一百四十八

劉　昫　等修

聞人詮校刻沈桐同校

東夷　高麗　百濟　新羅　倭國　日本

高麗者出自扶餘之別種也其國都於平壤城即漢樂浪郡之故地在京師東五千一百里東渡海至于新羅西北渡遼水至于營州南渡海至于百濟北至靺鞨東西三千一百里南北二千里其官大者號大對盧比一品總知國事三年一代若稱職者不拘年限交替之日或不相祗服皆勒兵相攻勝者爲之其王但閉宮自守不能制禦次曰太大兄比正二品對盧已下官總十二級外置州縣六十餘城大城置傉薩一比都督諸城置道使比刺史其下各有僚佐分掌曹事衣裳服飾唯王五綵以白羅爲冠白皮小帶其冠及帶咸以金飾官之貴者則青羅爲冠次以緋羅插二鳥羽及金銀爲飾衫筒袖袴大口白韋帶黃韋履國人衣褐戴弁婦人首加巾幗好圍棊投壺之

戲人能蹴鞠食用籩豆簠簋罇俎罍洗頗有箕子之遺風其所居必依山谷皆以茅草葺舍唯佛寺神廟及王宮官府乃用瓦其俗貧窶者多冬月皆作長坑下燃熅火以取暖種田養蠶畧同中國其法有謀反叛者則集衆持火炬競燒灼之燋爛備體然後斬首家悉籍沒守城降敵臨陣敗北殺人行劫者斬盜物者十二倍酬贓殺牛馬者沒身爲奴婢大體用法嚴峻少有犯者乃至路不拾遺其俗多淫祀事靈星神日神可汗神箕子神國城東有大穴名隧神皆以十月王自祭之俗愛書籍至於衡門厮養之家各於街衢造大屋謂之扃堂子弟未婚之前晝夜於此讀書習射其書有五經及史記漢書范曄後漢書三國志孫盛晉春秋玉篇字統字林又有文選尤愛重之其王高建武即前王高元異母弟也武德二年遣使來朝四年又遣使朝貢高祖感隋末戰士多陷其地五年賜建武書曰朕恭膺寶命君臨率土祗順三靈綏柔萬國普天之下情均撫字日月所照咸使乂安王既統攝遼左世居藩服思稟正朔遠循職貢故遣使者跋涉山川申布誠懇朕甚嘉焉方今六合寧晏四海清平玉帛既通道路無壅方申輯睦永敦聘好各保疆埸豈非盛美但隋氏季年連兵構難攻戰之所各失其民遂使骨肉乖離室家分析多歷年歲怨曠不申今二國通和義無阻異在此所有高麗人等已令追括尋即遣送彼處有此國人者王可放還務盡撫育之方共弘仁恕之道於是建武悉搜括華人以禮賓送前後至者萬數高祖大喜七年遣前刑部尚書沈叔安往冊建武爲上柱國遼東郡王高麗王仍將天尊像及道士往彼爲之講老子其王及道俗等觀聽者數千人高祖嘗謂侍臣曰名實之間理須相副高麗稱臣於隋終拒煬帝此亦何臣之有朕敬於萬物不欲驕貴但據有土宇務共安人何必令其稱臣以自尊大即爲詔述朕此懷也侍中裴矩中書侍郎溫彥博曰遼東之地周爲箕子之國漢家玄菟郡耳魏晉已前近在提封之內不可許以不臣且中國之於夷狄猶太陽之對列星理無降尊俯同藩服高祖乃止九年新羅百濟遣使訟建武云閉其道路不得入朝又相與有隙屢

相侵掠詔員外散騎侍郎朱子奢往和解之建武奉表謝罪請與新羅對使會盟貞觀二年破突厥頡利可汗建武遣使奉賀幷上封域圖五年詔遣廣州都督府司馬長孫師往收瘞隋時戰亡骸骨毀高麗所立京觀建武懼發其國舉築長城東北自扶餘城西南至海千有餘里十四年遣其太子桓權來朝幷貢方物太宗優勞甚至十六年西部大人蓋蘇文攝職有犯諸大臣與建武議欲誅之事洩蘇文乃悉召部兵云將校閱幷盛陳酒饌於城南諸大臣皆來臨視蘇文勒兵盡殺之死者百餘人焚倉庫因馳入王宮殺建武立建武弟大陽子藏爲王自立爲莫離支猶中國兵部尚書兼中書令職也自是專國政蘇文姓錢氏鬚貌甚偉形體魁傑身佩五刀左右莫敢仰視恒令其屬官俯伏於地踐之上馬及下馬亦如之出必先布隊仗導者長呼以辟行人百姓畏避皆自投坑谷太宗聞建武死爲之舉哀使持節弔祭十七年封其嗣王藏爲遼東郡王高麗王又遣司農丞相里玄獎大賫璽書往說諭高麗令勿攻新羅蓋蘇文謂玄獎曰高麗

新羅怨隙已久往者隋室相侵新羅乘釁奪高麗五百里之地城邑新羅皆據有之自非反地還城此兵恐未能已玄奬曰既往之事焉可追論蘇文竟不從太宗顧謂侍臣曰莫支離賊弑其主盡殺大臣用刑有同坑穽百姓轉動輒死怨痛在心道路以目夫出師弔伐須有其名因其弑君虐下敗之甚易也十九年命刑部尚書張亮爲平壤道行軍大總管領將常何等率江淮嶺硤勁卒四萬戰船五百艘自萊州汎海趨平壤又以特進英國公李勣爲遼東道行軍大總管禮部尚書江夏王道宗爲副領將軍張士貴等率步騎六萬趨東兩軍合勢太宗親御六軍以會之夏四月李勣軍渡遼進攻蓋牟城拔之獲生口二萬以其城置蓋州五月張亮副將程名振攻沙卑城拔之虜其男女八千口是日李勣進軍於遼東城帝次遼澤詔曰頃者隋師渡遼時非天贊從軍士卒骸骨相望徧於原野良可哀歎掩骼之義誠爲先典其令並收瘞之國內及新城步騎四萬來援遼東江夏王道宗率騎四千逆擊大破之斬首千餘級帝渡遼水詔撤橋梁

以堅士卒志帝至遼東城下見士卒負擔以塡塹者帝分其尤重者親於馬上持之從官悚動爭齎以送城下時李勣已率兵攻遼東城高麗聞我有拋車飛三百斤石於一里之外者甚懼之乃於城上積木爲戰樓以拒飛石勣列車發石以擊其城所遇盡潰又推撞車撞其樓閣無不傾倒帝親率甲騎萬餘與李勣會圍其城俄而南風甚勁命縱火焚其西南樓延燒城中屋宇皆盡戰士登城賊乃大潰燒死者萬餘人俘其勝兵萬餘口以其城爲遼州初帝自定州命每數十里置一烽屬于遼城與太子約克遼東當舉烽是日帝命舉烽傳入塞師次白崖城命攻之右衛大將軍李思摩中弩矢帝親爲吮血將士聞之莫不感勵其城因山臨水四面險絕李勣以撞車撞之飛石流矢雨集城中六月帝臨其西北城主孫伐音潛遣使請降曰臣已願降其中有貳者詔賜以旗幟曰必降建之城上伐音舉幟於城上高麗以爲唐兵登也乃悉降初遼東之陷也伐音乞降既而中悔帝怒其反覆許以城中人物分賜戰士及是李勣言於帝曰戰士奮厲

爭先不顧矢石者貪虜獲耳今城垂拔奈何更許其降無乃辜將士之心乎帝曰將軍言是也然縱兵殺戮虜其妻孥朕所不忍也將軍麾下有功者朕以庫物賞之庶因將軍贖此一城遂受降獲士女一萬勝兵二千四百以其城置巖州授孫伐音爲巖州刺史我軍之渡遼也莫離支遣加尸城七百人戍蓋牟城李勣盡虜之其人並請隨軍自效太宗謂曰誰不欲爾之力爾家悉在加尸爾爲吾戰彼將爲戮矣破一家之妻子求一人之力用吾不忍也悉令放還車駕進次安市城北列營進兵以攻之高麗北部傉薩高延壽南部褥薩高惠眞率高麗靺鞨之衆十五萬來援安市城賊中有對盧年老習事謂延壽曰吾聞中國大亂英雄並起秦王神武所向無敵遂平天下南面爲帝北夷請服西戎獻款今者傾國而至猛將銳卒悉萃於此其鋒不可當也今爲計者莫若頓兵不戰曠日持久分遣驍雄斷其饋運不過旬日軍糧必盡求戰不得欲歸無路此不戰而取勝也延壽不從引軍直進太宗夜召諸將躬自指麾遣李勣率步騎一萬五千

於賊西嶺爲陣長孫無忌率牛進達等精兵一萬一千以爲奇兵自山北於狹谷出以衝其後太宗自將步騎四千潛鼓角偃旗幟趨賊營北高峯之上令諸軍聞鼓角聲而齊縱因令所司張受降幕於朝堂之側曰明日午時納降虜於此矣遂率軍而進明日延壽獨見李勣兵欲與戰太宗遙望無忌軍塵起令鼓角並作旗幟齊舉賊衆大懼將分兵禦之而其陣已亂李勣以步卒長槍一萬擊之延壽衆敗無忌縱兵乘其後太宗又自山而下引軍臨之賊因大潰斬首萬餘級延壽等率其餘寇依山自保於是命無忌勣等引兵圍之撤東川梁以斷歸路太宗按轡徐行觀賊營壘謂侍臣曰高麗傾國而來存亡所繫一麾而敗天佑我也因下馬再拜以謝天延壽惠眞率十五萬六千八百人請降太宗引入轅門延壽等膝行而前拜手請命太宗簡傉薩以下酋長三千五百人授以戎秩遷之內地收靺鞨三千三百盡坑之餘衆放還平壤獲馬三萬疋牛五萬頭明光甲五千領他器械稱是高麗國振駭后黃城及銀城並自拔數百里無復人烟

因名所幸山爲駐蹕山領將作造破陣圖命中書侍郎許敬宗爲文
勒石以紀其功授高延壽鴻臚卿高惠眞司農卿張亮又與高麗再
戰於建安城下皆破之於是列長圍以攻焉八月移營安市城東李
勣遂攻安市擁延壽等降衆營其城下以招之城中人堅守不動每見
太宗旄麾必乘城鼓譟以拒焉帝甚怒李勣曰請破之日男子盡誅
城中聞之人皆死戰乃令江夏王道宗築土山攻其城東南隅高麗
亦埤城增雉以相抗李勣攻其西面令抛石撞車壞其樓雉城中隨
其崩壞即立木爲柵道宗以樹條包壞爲土屯積以爲山其中間五
道加木被土於其上不捨晝夜漸以逼城道宗遣果毅都尉傅伏愛
領隊兵於山頂以防敵土山自高而陂排其城城崩會伏愛私離所
部高麗百人自頹城而戰遂據有土山而塹斷之積火縈盾以自固
太宗大怒斬伏愛以徇命諸將擊之三日不能尅太宗以遼東倉儲
無幾士卒寒凍乃詔班師歷其城城中皆屏聲偃幟城主登城拜手奉
辭太宗嘉其堅守賜絹百疋以勵事君之節初攻陷遼東城其中

抗拒王師應沒爲奴婢者一萬四千人並遣先集幽州將分賞將士
太宗愍其父母妻子一朝分散令有司準其直以布帛贖之赦爲百
姓其衆歡呼之聲三日不息高延壽自降後常積歎尋以憂死惠眞
竟至長安二十年高麗遣使來謝罪并獻二美女太宗謂其使曰歸
謂爾主美色者人之所重爾之所獻信爲美麗憫其離父母兄弟於
本國留其身而忘其親愛其色而傷其心我不取也並還之二十二
年又遣右武衛將軍薛萬徹等往青丘道伐之萬徹渡海入鴨綠水
進破其泊灼城俘獲甚衆太宗又命江南造大船遣陝州刺史孫伏伽
召募勇敢之士萊州刺史李道裕運糧及器械貯於鳥胡島將欲大
舉以伐高麗未行而帝崩高宗嗣位又命兵部尚書任雅相左武衛
大將軍蘇定方左驍衛大將軍契苾何力等前後討之皆無大功而
還乾封元年高藏遣其子入朝陪位於太山之下其年蓋蘇文死其
子男生代爲莫離支與其弟男建男產不睦各樹朋黨以相攻擊男
生爲二弟所逐走據國內城死守其子獻誠詣闕求哀詔令左驍衛大

將軍契苾何力率兵應接之男生脫身來奔詔授特進遼東大都督
兼平壤道安撫大使封玄菟郡公十一月命司空英國公李勣爲遼
東道行軍大總管率裨將郭待封等以征高麗二年二月勣度遼至
新城謂諸將曰新城是高麗西境鎮城最爲要害若不先圖餘城未
易可下遂引兵於新城西南據山築柵且攻且守城中窘迫數有降
者自此所向剋捷高藏及男建遣太大兄男產將首領九十八人持
帛幡出降請使入朝勣以禮延接男建猶閉門固守總章九年九月
勣又移營於平壤城南男建頻遣兵出戰皆大敗男建下捉兵總管
僧信誠密遣人詣軍中許開城門爲內應經五日信誠果開門勣從
兵入登城鼓譟燒城門樓四面火起男建窘急自刺不死十一月拔
平壤城虜高藏男建等十二月至京師獻俘於含元宮詔以高藏政
不由己授司平太常伯男產先降授司宰少卿男建配流黔州男生
以鄉導有功授右衛大將軍封汴國公特進如故高麗國舊分爲五
部有城百七十六戶六十九萬七千乃分其地置都督府九州四十二

縣一百又置安東都護府以統之擢其酋渠有功者授都督刺史及
縣令與華人參理百姓乃遣左武衛將軍薛仁貴總兵鎮之其後頗
有逃散儀鳳中高宗授高藏開府儀同三司遼東都督封朝鮮王居
安東鎮本蕃爲主高藏至安東潛與靺鞨相通謀叛事覺召還配流
卭州并分徙其人散向河南隴右諸州其貧弱者留在安東城傍高
藏以永淳初卒贈衛尉卿詔送至京師於頡利墓左賜以葬地兼爲
樹碑垂拱二年又封高藏孫寶元爲朝鮮郡王聖曆元年進授左鷹
揚衛大將軍封爲忠誠國王委其統攝安東舊戶事竟不行二年又
授高藏男德武爲安東都督以領本蕃自是高麗舊戶在安東者漸
寡少分投突厥及靺鞨等高氏君長遂絕矣男生以儀鳳初卒於長
安贈并州大都督子獻誠授右衛大將軍兼令羽林衛上下天授中
則天嘗內出金銀寶物令宰相及南北衙文武官內擇善射者五人
共賭之內史張光輔先讓獻誠爲第一獻誠復讓右玉鈐衛大將軍
薛吐摩支摩支又讓獻誠既而獻誠奏曰陛下令簡能射者五人所

得者多非漢官臣恐自此已後無漢官工射之名伏望停寢此射則
天嘉而從之時酷吏來俊臣嘗求貨於獻誠獻誠拒而不荅遂爲俊
臣所構誣其謀反縊殺之則天後知其寃贈右羽林衛大將軍以禮改葬
百濟國本亦扶餘之別種嘗爲馬韓故地在京師東六千貳
百里處大海之北小海之南東北至新羅西渡海至越州南渡海至
倭國北渡海至高麗其王所居有東西兩城所置內官曰內臣佐平
掌宣納事內頭佐平掌庫藏事內法佐平掌禮儀事衛士佐平掌宿
衛兵事朝廷佐平掌刑獄事兵官佐平掌在外兵馬事又外置六帶
方管十郡其用法叛逆者死籍沒其家殺人者以奴婢三贖罪官人
受財及盜者三倍追贓仍終身禁錮凡諸賦稅及風土所產多與高
麗同其王服大袖紫袍青錦褲烏羅冠金花爲飾素皮帶烏革履官
人盡緋爲衣銀花飾冠庶人不得衣緋紫歲時伏臘同於中國其書
籍有五經子史又表疏並依中華之法武德四年其王扶餘璋遣使
來獻果下馬七年又遣大臣奉表朝貢高祖嘉其誠款遣使就冊爲

帶方郡王百濟王自是歲遣朝貢高祖撫勞甚厚因訟高麗閉其道
路不許來通中國詔遣朱子奢往和之又相與新羅世爲讎敵數相
侵伐貞觀元年太宗賜其王璽書曰王世爲君長撫有東蕃海隅遐
曠風濤艱阻忠款之至職貢相尋尚想徽猷甚以嘉慰朕自祗承寵
命君臨區宇思弘王道愛育黎元舟車所通風雨所及期之遂性咸
使乂安新羅王金眞平朕之藩臣王之鄰國每聞遣師征討不息阻兵
安忍殊乖所望朕已對王姪信福及高麗新羅使人具勅通和咸許
輯睦王必須忘彼前怨識朕本懷共篤鄰情即停兵革璋因遣使奉
表陳謝雖外稱順命內實相仇如故十一年遣使來朝獻鐵甲雕斧太
宗優勞之賜綵帛三千段并錦袍等十五年璋卒其子義慈遣使奉
表告哀太宗素服哭之贈光祿大夫賻物二百段遣使冊命義慈爲
柱國封帶方郡王百濟王十六年義慈興兵伐新羅四十餘城又發
兵以守之與高麗和親通好謀欲取党項城以絕新羅入朝之路新
羅遣使告急請救太宗遣司農丞相里玄獎齎書告諭兩蕃示以禍

福及太宗親征高麗百濟懷二乘虛襲破新羅十城二十二年又破
其十餘城數年之中朝貢遂絕高宗嗣位永徽二年始又遣使朝貢
使還降璽書與義慈曰至如海東三國開基自久並列疆界地實犬
牙近代已來遂構嫌隙戰爭交起略無寧歲遂令三韓之氓命懸刀
俎尋戈肆憤朝夕相仍朕代天理物載深矜愍去歲王攻高麗新
羅等使並來入朝朕命釋茲讎怨更敦款穆新羅使金法敏奏書高
麗百濟脣齒相依競舉兵戈侵逼交至大城重鎮並爲百濟所併疆
宇日蹙威力並謝乞詔百濟令歸所侵之城若不奉詔即自興兵打
取但得故地即請交和朕以其言既順不可不許昔齊桓列土諸侯
尚存亡國況朕萬國之主豈可不卹危藩王所兼新羅之城並宜還
其本國新羅所獲百濟俘虜亦遣還王然後解患釋紛韜戈偃革百
姓獲息肩之願三蕃無戰爭之勞比夫流血邊亭積屍疆場耕織並
廢士女無聊豈可同年而語矣王若不從進止朕已依法敏所請任
其與王決戰亦令約束高麗不許遠相救恤高麗若不承命即令契

丹諸蕃度遼澤入抄掠王可深思朕言自求多福審圖良策無貽後
悔六年新羅王金春秋又表稱百濟與高麗靺鞨侵其北界已沒三
十餘城顯慶五年命左衛大將軍蘇定方統兵討之大破其國虜義
慈及太子隆小王孝演偽將五十八人等送於京師上責而宥之其
國舊分爲五部統郡三十七城二百戶七十六萬至是乃以其地分
置熊津馬韓東明等五都督府各統州縣立其酋渠爲都督刺史及
縣令命右衛郎將王文度爲熊津都督總兵以鎮之義慈事親以孝
行聞友于兄弟時人號海東曾閔及至京數日而卒贈金紫光祿大
夫衛尉卿特許其舊臣赴哭送就孫皓陳叔寶墓側葬之并爲豎碑
文度濟海而卒百濟僧道琛舊將福信率衆據周留城以叛遣使往
倭國迎故王子扶餘豐立爲王其西部北部並翻城應之時郎將劉
仁願留鎮於百濟府城道琛等引兵圍之帶方州刺史劉仁軌代文
度統衆便道發新羅兵合契以救仁願轉鬬而前所向皆下道琛等
於熊津江口立兩柵以拒官軍仁軌與新羅兵四面夾擊之賊衆退

走入柵阻水橋狹墮水及戰死萬餘人道琛等乃釋仁願之圍退保任存城新羅兵士以糧盡引還時龍朔元年三月也於是道琛自稱領軍將軍福信自稱霜岑將軍招誘叛亡其勢益張使告仁軌曰聞大唐與新羅約誓百濟無問老少一切殺之然後以國付新羅與其受死豈若戰亡所以聚結自固守耳仁軌作書具陳禍福遣使諭之道琛等恃衆驕倨置仁軌之使於外館傳語謂曰使人官職小我是一國大將不合自參不荅書遣之尋而福信殺道琛併其兵衆扶餘豐但主祭而已二年七月仁願仁軌等率留鎮之兵大破福信餘衆於熊津之東拔其支羅城及尹城大山沙井等柵殺獲甚衆仍令分兵以鎮守之福信等以眞峴城臨江高險又當衝要加兵守之仁軌引新羅之兵乘夜薄城四面攀堞而上比明而入據其城斬首八百級遂通新羅運糧之路仁願乃奏請益兵詔發淄青萊海之兵七千人遣左威衛將軍孫仁師統衆浮海赴熊津以益仁願之衆時福信既專其兵權與扶餘豐漸相猜貳福信稱疾臥於窟室將候扶餘豐

問疾謀襲殺之扶餘豐覺而率其親信掩殺福信又遣使往高麗及倭國請兵以拒官軍孫仁師中路迎擊破之遂與仁願之衆相合兵士大振於是仁師仁願及新羅王金法敏帥陸軍進劉仁軌及別帥杜爽扶餘隆率水軍及糧船自熊津江往白江以會陸軍同趨周留城仁軌遇扶餘豐之衆於白江之口四戰皆捷焚其舟四百艘賊衆大潰扶餘豐脫身而走僞王子扶餘忠勝忠志等率士女及倭衆並降百濟諸城皆復歸順孫仁師與劉仁願等振旅而還詔劉仁軌代仁願率兵鎮守乃授扶餘隆熊津都督遣還本國共新羅和親以招輯其餘衆麟德二年八月隆到熊津城與新羅王法敏刑白馬而盟先祀神祇及川谷之神而後歃血其盟文曰往者百濟先王迷於逆順不敦鄰好不睦親姻結託高麗交通倭國共爲殘暴侵削新羅破邑屠城略無寧歲天子憫一物之失所憐百姓之無辜頻命行人遣其和好負險恃遠侮慢天經皇赫斯怒恭行弔伐旌旗所指一戎大定固可瀦宮汚宅作誡來裔塞源拔本垂訓後昆然懷柔伐叛前王之令典興亡繼絶往哲之通規事必師古傳諸曩冊故立前百濟太子司稼正卿扶餘隆爲熊津都督守其祭祀保其桑梓依倚新羅長爲與國各除宿憾結好和親恭承詔命永爲藩服仍遣使人右威衛將軍魯城縣公劉仁願親臨勸諭具宣成旨約之以婚姻申之以盟誓刑牲歃血共敦終始分災恤患恩若弟兄祗奉綸言不敢失墜既盟之後共保歲寒若有棄信不恒二三其德興兵動衆侵犯邊陲明神鑒之百殃是降子孫不昌社稷無守禋祀磨滅罔有遺餘故作金書鐵契藏之宗廟子孫萬代無或敢犯神之聽之是饗是福劉仁軌之辭也歃訖埋幣帛於壇下之吉地藏其盟書於新羅之廟仁願仁軌等既還隆懼新羅尋歸京師儀鳳二年拜光祿大夫太常員外卿兼熊津都督帶方郡王令歸本蕃安輯餘衆時百濟本地荒毀漸爲新羅所據隆竟不敢還舊國而卒其孫敬則天朝襲封帶方郡王授衛尉卿其地自此爲新羅及渤海靺鞨所分百濟之種遂絶

新羅國本弁韓之苗裔也其國在漢時樂浪之地東及南方俱限大

海西接百濟北鄰高麗東西千里南北二千里有城邑村落王之所居曰金城周七八里衛兵三千人設獅子隊文武官凡有十七等其王金眞平隋文帝時授上開府樂浪郡公新羅王武德四年遣使朝貢高祖親勞問之遣通直散騎侍郎庾文素往使焉賜以璽書及畫屛風錦綵三百段自此朝貢不絶其風俗刑法衣服與高麗百濟略同而朝服尚白好祭山神其食器用柳桮亦以銅及瓦國人多金朴兩姓異姓不爲婚重元日相慶賀燕饗每以其日拜日月神又重八月十五日設樂飲宴賚群臣射其庭婦人髮繞頭以綵及珠爲飾髮甚長美高祖既聞海東三國舊結怨隙遞相攻伐以其俱爲藩附務在和睦乃問其使爲怨所由對曰先是百濟往伐高麗詣新羅請救新羅發兵大破百濟國因此爲怨每相攻伐新羅得百濟王殺之怨由此始七年遣使冊拜金眞平爲柱國封樂浪郡王新羅王貞觀五年遣使獻女樂二人皆鬒髮美色太宗謂侍臣曰朕聞聲色之娛不如好德且山川阻遠懷土可知近日林邑獻白鸚鵡尚解思鄉訴請還國

焉猶如此況人情乎但愍其遠來必思親戚宜付使者聽遣還家是歲眞平卒無子立其女善德爲王宗室大臣乙祭總知國政詔贈眞平左光祿大夫賻物二百段九年遣使持節冊命善德柱國封樂浪郡王新羅王十七年遣使上言高麗百濟累相攻襲亡失數十城兩國連兵意在滅臣社稷謹遣陪臣歸命大國乞偏師救助太宗遣相里玄奬齎璽書賜高麗曰新羅委命國家不闕朝獻爾與百濟宜即戢兵若更攻之明年當出師擊爾國矣太宗將親伐高麗詔新羅纂集士馬應接大軍新羅遣大臣領兵五萬人入高麗南界攻水口城降之二十一年善德卒贈光祿大夫餘官封並如故因立其妹眞德爲王加授柱國封樂浪郡王二十二年眞德遣其弟國相伊贊干金春秋及其子文正來朝詔授春秋爲特進文正爲左武衛將軍春秋請詣國學觀釋奠及講論太宗因賜以所制溫湯及晉祠碑并新撰晉書將歸國令三品已上宴餞之優禮甚稱永徽元年眞德大破百濟之衆遣其弟法敏以聞眞德乃織錦作五言太平頌以獻之其詞

曰大唐開洪業巍巍皇猷昌止戈戎衣定修文繼百王統天崇雨施理物體含章深仁偕日月撫運邁陶唐幡旗既赫赫鉦鼓何鍠鍠外夷違命者翦覆被天殃淳風凝幽顯遐邇競呈祥四時和玉燭七曜巡萬方維嶽降宰輔維帝任忠良五三成一德昭我唐家光帝嘉之拜法敏爲太府卿五年眞德卒爲舉哀詔以春秋嗣立爲新羅王加授開府儀同三司封樂浪郡王六年百濟與高麗靺鞨率兵侵其北界攻陷三十餘城春秋遣使上表求救顯慶五年命左武衛大將軍蘇定方爲熊津道大總管統水陸十萬仍令春秋爲嵎夷道行軍總管與定方討平百濟俘其王扶餘義慈獻于闕下自是新羅漸有高麗百濟之地其界益大西至于海龍朔元年春秋卒詔其子太府卿法敏嗣位爲開府儀同三司上柱國樂浪郡王新羅王三年詔以其國爲雞林州都督府授法敏爲雞林州都督法敏以開耀元年卒其子政明嗣位垂拱二年政明遣使來朝因上表請唐禮一部并雜文章則天令所司寫吉凶要禮并於文館詞林採其詞涉規誡者勒成

五十卷以賜之天授三年政明卒則天爲之舉哀遣使弔祭冊立其子理洪爲新羅王仍令襲父輔國大將軍行豹韜衛大將軍雞林州都督理洪以長安二年卒則天爲之舉哀輟朝二日遣立其弟興光爲新羅王仍襲兄將軍都督之號興光本名與太宗同先天則天改爲開元十六年遣使來獻方物又上表請令人就中國學問經教上許之二十一年渤海靺鞨越海入寇登州時興光族人金思蘭先因入朝留京師拜爲太僕員外卿至是遣歸國發兵以討靺鞨仍加授興光爲開府儀同三司寧海軍使二十五年興光卒詔贈太子太保仍遣左贊善大夫邢璹攝鴻臚少卿往新羅弔祭并冊立其子承慶襲父開府儀同三司新羅王璹將進發上製詩序太子以下及百寮咸賦詩以送之上謂璹曰新羅號爲君子之國頗知書記有類中華以卿學術善與講論故選使充此到彼宜闡揚經典使知大國儒教之盛又聞其人多善奕碁因令善碁人率府兵曹楊季鷹爲璹之副璹等至彼大爲蕃人所敬其國碁者皆在季鷹之下於是厚賂璹等

金寶及藥物等天寶二年承慶卒詔遣贊善大夫魏曜往弔祭之冊立其弟憲英爲新羅王并襲其兄官爵大曆二年憲英卒國人立其子乾運爲王仍遣其大臣金隱居奉表入朝貢方物請加冊命三年上遣倉部郎中兼御史中丞賜紫金魚袋歸崇敬持節齎冊書往弔冊之以乾運爲開府儀同三司新羅王仍冊乾運母爲太妃七年遣使金標石來賀正授衛尉員外少卿放還八年遣使來朝并獻金銀牛黃魚牙納朝霞紬等九年至十二年比歲遣使來朝或一歲再至建中四年乾運卒無子國人立其上相金良相爲王貞元元年授良相檢校太尉都督雞林州刺史寧海軍使新羅王仍令戶部郎中蓋塤持節冊命其年良相卒立上相敬信爲王令襲其官爵敬信即從兄弟也十四年敬信卒其子先敬信亡國人立敬信嫡孫俊邕爲王十六年授俊邕開府儀同三司檢校太尉新羅王令司封郎中兼御史中丞韋丹持節冊命丹至鄆州聞俊邕卒其子重興無詔冊還來貞元年詔遣兵部郎中元季方持節冊重興爲王元和元年十一月

放宿衛王子金獻忠歸本國仍加試秘書監三年遣使金力奇來朝其年七月力奇上言貞元十六年奉詔冊臣故主金俊邕爲新羅王母申氏爲太妃妻叔氏爲王妃冊使韋丹至中路知俊邕薨其冊却迴在中書省今臣還國伏請授臣以歸勑金俊邕等冊宜令鴻臚寺於中書省受領至寺宣授與金力奇令奉歸國仍賜其叔彥昇門戟令本國準例給四年遣使金陸珍等來朝貢五年王子金憲章來朝貢七年重興卒立其相金彥昇爲王遣使金昌南等來告哀其年七月授彥昇開府儀同三司檢校太尉持節大都督鷄林州諸軍事兼持節充寧海軍使上柱國新羅國王彥昇妻貞氏冊爲妃仍賜其宰相金崇斌等三人戟亦令本國準例給兼命職方員外郎攝御史中丞崔廷持節弔祭冊立以其質子金士信副之十一年十一月其入朝王子金士信等遇惡風飄至楚州鹽城縣界淮南節度使李鄘以聞是歲新羅飢其衆一百七十人求食於浙東十五年十一月遣使朝貢長慶二年十二月遣使金柱弼朝貢寶曆元年其王子金昕來

○朝大和元年四月皆遣使朝貢五年金彥昇卒以嗣子金景徽爲開府儀同三司檢校太尉使持節大都督鷄林州諸軍事兼持節充寧海軍使新羅王景徽母朴氏爲太妃妻朴氏爲妃命太子左諭德兼御史中丞源寂持節弔祭冊立開成元年王子金義琮來謝恩兼宿衛二年四月放還蕃賜物遣之五年四月鴻臚寺新羅國告哀質子及年滿合歸國學生等共一百五人並放還會昌元年七月勑歸國新羅官前入新羅宣慰副使前充兗州都督府司馬賜緋魚袋金雲卿可淄州長史

倭國者古倭奴國也去京師一萬四千里在新羅東南大海中依山島而居東西五月行南北三月行世與中國通其國居無城郭以木爲柵以草爲屋四面小島五十餘國皆附屬焉其王姓阿每氏置一大率檢察諸國皆畏附之設官有十二等其訴訟者匍匐而前地多女少男頗有文字俗敬佛法並皆跣足以幅布蔽其前後貴人戴錦帽百姓皆椎髻無冠帶婦人衣純色裙長腰襦束髮於後佩銀花長八寸左右各數枝以明貴賤等級衣服之制頗類新羅貞觀五年遣使獻方物太宗矜其道遠勑所司無令歲貢又遣新州刺史高表仁持節往撫之表仁無綏遠之才與王子爭禮不宣朝命而還至二十二年又附新羅奉表以通起居

日本國者倭國之別種也以其國在日邊故以日本爲名或曰倭國自惡其名不雅改爲日本或云日本舊小國併倭國之地其人入朝者多自矜大不以實對故中國疑焉又云其國界東西南北各數千里西界南界咸至大海東界北界有大山爲限山外即毛人之國長安三年其大臣朝臣眞人來貢方物朝臣眞人者猶中國户部尚書冠進德冠其頂爲花分而四散身服紫袍以帛爲腰帶眞人好讀經史解屬文容止溫雅則天宴之於麟德殿授司膳卿放還本國開元初又遣使來朝因請儒士授經詔四門助教趙玄默就鴻臚寺教之乃遺玄默闊幅布以爲束修之禮題云白龜元年調布人亦疑其僞此題所得錫賚盡市文籍泛海而還其偏使朝臣仲滿慕中國之風

○因留不去改姓名爲朝衡仕歷左補闕儀王友衡留京師五十年好書籍放歸鄉逗留不去天寶十二年又遣使貢上元中擢衡爲左散騎常侍鎮南都護貞元二十年遣使來朝留學生橘免勢學問僧空海元和元年日本國使判官高階眞人上言前件學生藝業稍成願歸本國便請與臣同歸從之開成四年又遣使朝貢

唐書列傳卷第一百四十九上

劉　昫　等修
閩人銓校刻沈桐同校

北狄

鐵勒　契丹　奚
室韋　靺鞨　渤海靺鞨
霫　烏羅渾

鐵勒本匈奴別種自突厥強盛鐵勒諸郡分散衆漸寡弱至武德初有薛延陀契苾迴紇都播骨利幹多覽葛僕骨拔野古同羅渾部思結斛薛奚結阿跌白霫等散在磧北薛延陀者自云本姓薛氏其先擊滅延陀而有其衆因號爲薛延陀部其官方兵器及風俗大抵與突厥同初大業中西突厥處羅可汗始強大鐵勒諸部皆臣之而處羅徵稅無度薛延陀等諸部皆怨處羅大怒誅其酋帥百餘人鐵勒相率而叛共推契苾哥楞爲易勿眞莫賀可汗居貪汗山北又以薛延陀乙失鉢爲也咥小可汗居燕末山北西突厥射匱可汗強盛延陀契苾二部並去可汗之號以臣之迴紇等六部在鬱督軍山者東屬于始畢乙失鉢所部在金山者西臣于葉護貞觀二年葉護可汗死其國大亂乙失鉢之孫曰夷男率其部落七萬餘家附于突厥遇頡利之政衰夷男率其徒屬反攻頡利大破之於是頡利北諸姓多叛頡利歸于夷男共推爲主夷男不敢當時太宗方圖頡利遣遊擊將軍喬師望從間道齎冊書拜夷男爲眞珠毗伽可汗賜以鼓纛夷男大喜遣使貢方物復建牙於大漠之北鬱督軍山下在京師西北六千里東至靺鞨西至葉護南接沙磧北至俱倫山迴紇拔也古阿跌同羅僕骨霫諸大部落皆屬焉三年夷男遣其弟統特勒來朝太宗厚加撫接賜以寶刀及寶鞭謂曰汝所部有大罪者鞭之夷男甚喜四年平突厥頡利之後朔塞空虛夷男率其部東返故國建庭於都尉揵山北獨邏河之南在京師北三千三百里東至室韋西至金山南至突厥北臨瀚海卽古匈奴之故地勝兵二十萬立其二子爲

南北部太宗亦以其強盛恐爲後患十二年遣使備禮冊命拜其二子皆爲小可汗外示優崇實欲分其勢也會朝廷立李思摩爲可汗處其部衆於漠南之地夷男心惡思摩甚不悅十五年太宗幸洛陽將有事於太山夷男謀於其國曰天子封太山萬國必會士馬皆集邊境空虛我於此時取思摩如拉朽耳因命其子大度設勒兵二十萬屯白道川據善陽嶺以擊思摩之部思摩遣使請救詔英國公李勣蒲州刺史薛萬徹率步騎數萬赴之踰白道川至青山與大度設相及追之累月至諾眞水大度設知不脫乃亘十里而陳兵先是延陀擊沙鉢羅及阿史那社爾等以步戰而勝及其將來寇也先講武於國中教習步戰每五人以一人經習戰陣者使執馬而四人前戰克勝卽授馬以追奔失應接罪至於死沒其家口以賞戰人至是遂行其法突厥兵先合輒退延陀乘勝而逐之勣兵拒擊而延陀萬矢俱發傷我戰馬乃令去馬步陣率長矟數百爲隊齊奮以衝之其衆潰散副總管薛萬徹率數千騎收其執馬者其衆失馬莫知所從因大縱斬首三千餘級獲馬萬五千四甲仗輜重不可勝計大度設跳身而遁萬徹將數百騎追之弗及其餘衆大奔走相騰踐而死者甚衆伏屍被野夷男因乞與突厥和幷遣使謝罪十六年遣其叔父沙鉢羅泥孰俟斤來請婚獻馬三千四太宗謂侍臣曰北狄世爲寇亂今延陀崛強須早爲之所朕熟思之唯有二策選徒十萬擊而虜之滅除凶醜百年無事此一策也若遂其來請結以婚姻緩轡羈縻亦足三十年安靜此亦一策也未知何者爲先司空房玄齡對曰今大亂之後瘡痍未復且兵凶戰危聖人所愼和親之策實天下幸甚太宗曰朕爲蒼生父母苟可以利之豈惜一女遂許以新興公主妻之因徵夷男備親迎之禮仍發詔將幸靈州與之會夷男大悅謂其國中曰我本鐵勒之小帥也天子立我爲可汗今復嫁我公主車駕親至靈州斯亦足矣於是稅諸部羊馬以爲聘財或說夷男曰我薛延陀可汗與大唐天子俱一國主何有自往朝謁如或拘留悔之無及夷男曰吾聞大唐天子聖德遠被日月所照皆來賓服我歸心委質

寘得覩天顏死無所恨然磧北之地必當有主捨我別求固非大國
之計我志決矣勿復多言於是言者遂止太宗乃發使受其羊馬然
夷男先無府藏調歛其國往返且萬里既涉沙磧無水草羊馬多死
遂後期太宗於是停幸靈州既而其聘羊馬來至所耗將半議者以
爲夷狄不可禮義畜若聘財未備而與之婚或輕中國當須要其備
禮於是下詔絕其婚既而李思摩數遣兵侵掠之延陀復遣突利失
擊思摩至定襄抄掠而去太宗遣英國公李勣援之見虜已出塞而
還太宗以其數與思摩交兵璽書責讓之十七年謂其使人曰語爾
可汗我父子並東征高麗汝若能寇邊者但當來也夷男遣使致謝
復請發兵助軍太宗答以優詔而止其冬太宗拔遼東諸城破駐蹕
陣而高麗莫離支潛令靺鞨誑惑夷男啗以厚利夷男氣懾不敢動
俄而夷男卒太宗爲之舉哀夷男少子肆葉護拔灼襲殺其兄突利
失可汗而自立是爲頡利俱利薛沙多彌可汗拔灼性褊急馭下無
恩多所殺戮其下不附是時復以太宗尚在遼東遂發兵寇夏州將

軍執失思力擊敗之虜其衆數萬拔灼輕騎遁去尋爲迴紇所殺宗
族殆盡其餘衆尚五六萬竄於西域又諸姓俟斤遞相攻擊各遣使
歸命二十年太宗遣使江夏王道宗左衛大將軍阿史那杜爾爲瀚
海道安撫大使右領軍大將軍執失思力領突厥兵代州都督薛萬
徹營州都督張儉右驍衛大將軍契苾何力各統所部兵分道並進
太宗親幸靈州爲諸軍聲援既而道宗渡磧遇延陀餘衆數萬來拒
戰道宗擊破之斬首千餘級萬徹又與迴紇相遇二將各遣使諭以
綏懷之意其酋帥見使者皆頓顙歡呼請入朝太宗至靈州其鐵勒
諸部相繼至數千人仍請列爲州縣北荒悉平詔曰惟天爲大合其
德者弗違謂地蓋厚體其仁者光被故能彌綸八極輿蓋二儀振絕
代之英聲畢天下之能事彼匈奴者與開闢而俱生奄有龍庭共上
皇而並列僭稱驕子分天衢於紫宸仰應旄頭抗大禮於皇極緬窺
邃古能無力制自朕臨御天下二紀于茲粵以眇身一匡寰宇始勤
勞於昧旦終致治於昇平曩者聊命偏師遂擒頡利今茲始弘廟略

已殲延陀雖麾駕出征未踰郊甸前驅所轥繞掩塞垣長策風行已
振金徽之表揚威電發遠讋沙場之外鐵勒諸姓迴紇胡祿俟利發
等總百餘萬戶散處北溟遠遣使人委身內屬請同編列並爲州郡
收其瀚海盡入提封解其辮髮並垂冠帶上變星昴歸於東井之躔
下權蹛林袪入南山之圖混元已降殊未前聞無疆之業永貽來裔
古人所不能致今既吞之前王所不能屈今咸殲之斯實書契所未
有古今之壯觀豈朕一人獨能盡由上靈儲祉錫以太康宗廟威靈
成茲克定即宜備禮告于清廟仍頒示普天其後延陀西遁之衆共
推夷男兄子咄摩支爲伊特勿失可汗率部落七萬餘口西歸故地
乃去可汗之號遣使奉表請居鬱督軍山北詔兵部尚書崔敦禮就
加綏撫而諸部鐵勒素服薛延陀之衆及咄摩支至也九姓渠帥莫
不危懼朝議恐爲磧北之患復令英國公李勣進加討擊勣率九姓
鐵勒二萬騎至于天山咄摩支見官軍奄至惶駭不知所爲且聞詔
使蕭嗣業在迴紇中因而請降嗣業與之俱至京師詔授右武衛將

軍賜以田宅咄摩支入國後鐵勒酋帥潛知其部落仍持兩端李勣
因縱兵追擊前後斬五千餘級虜男女三萬計二十二年契苾迴紇
等十餘部落以薛延陀亡散殆盡乃相繼歸國太宗各因其地土擇
其部落置爲州府以迴紇部爲瀚海都督府僕骨爲金微都督府多
覽葛爲燕然都督府拔野古部爲幽陵都督府同羅部爲龜林都督
府思結部爲盧山都督府渾部爲皐蘭州斛薛部爲高闕州奚結部
爲雞鹿州阿跌部爲雞田州契苾部爲榆溪州思結別部爲蹛林州
白霫部爲寘顏州凡一十三州拜其酋長爲都督刺史給玄金魚以
爲符信又置燕然都護以統之是歲太宗以鐵勒諸部並皆內屬詔
賜京城百姓大酺三日永徽元年延陀首領先逃逸者請歸國高宗
更置溪彈州以安恤之至則天時突厥強盛鐵勒諸部在漠北者漸
爲所併迴紇契苾思結渾部徙于甘涼二州之地其骨利幹北距大
海去京師最遠自古未通中國貞觀中遣使來朝貢遣雲麾將軍康
蘇密往慰撫之仍列其地爲玄闕州俄又遣使隨蘇密使入朝獻良

馬十四太宗奇其駿異爲之制名號爲十驥一曰騰霜白二曰皎雪
驄三曰凝露驄四曰懸光驄五曰決波騟六曰飛霞驃七曰發電赤
八曰流金騧九曰翔麟紫十曰奔虹赤又爲文以叙其事自延陁叛
後朝貢遂絶

契丹居黃水之南黃龍之北鮮卑之故地在京城東北五千三百里
東與高麗鄰西與奚國接南至營州北至室韋冷陘山在其國南與
奚西山相崎地方二千里逐獵往來居無常處其君長姓大賀氏勝
兵四萬三千人分爲八部若有徵發諸部皆須議合不得獨舉獵則
別部戰則同行本臣突厥好與奚鬬不利則保入青山及鮮卑山其
俗死者不得作冢墓以馬駕車送入大山置之樹上亦無服紀子孫
死父母晨夕哭之父母死子孫不哭其餘風俗與突厥同武德初數
抄邊境二年入寇平州六年其君長咄羅遣使貢名馬豐貂貞觀二
年其君摩會率其部落來降突厥頡利遣使請以梁師都易契丹太
宗謂曰契丹突厥本是別類今來降我何故索之師都本中國人據

我州城以爲盜竊突厥無故容納之我師往討便來救援計不久自
當擒殄縱其不得終不以契丹易之太宗伐高麗至營州會其君長
及老人等賜物各有差授其蕃長窟哥爲左武衛將軍二十二年窟
哥等部咸請內屬乃置松漠都督府以窟哥爲左領軍將軍兼松漠
都督府無極縣男賜姓李氏顯慶初又拜窟哥爲左監門大將軍其
曾孫枯莫離則天時歷左衛將軍兼檢校彈汗州刺史歸順郡王又
契丹有別部酋帥孫敖曹初仕隋爲金紫光祿大夫武德四年與靺
鞨酋長突地稽俱遣使內附詔令於營州城傍安置授雲麾將軍行
遼州總管至曾孫萬榮垂拱初累授右玉鈐衛將軍歸誠州刺史封
永樂縣公萬歲通天中萬榮與王妹壻松漠都督李盡忠俱爲營州
都督趙翽所侵侮二人遂舉兵殺翽據營州作亂盡忠即窟哥之胤
歷位右武衛大將軍兼松漠都督則天怒其叛亂下詔改萬榮名爲
萬斬盡忠爲盡滅盡滅尋自稱無上可汗以萬斬爲大將前鋒略地
所向皆下旬日兵至數萬進逼檀州詔令右金吾大將軍張玄遇左

鷹揚衛將軍曹仁師司農少卿麻仁節率兵討之與萬斬戰于西硤
石谷官軍敗績玄遇仁節並爲賊所虜又令夏官尚書王孝傑左羽
林將軍蘇宏暉領兵七萬以繼之與萬斬戰于東硤石谷孝傑左陣
陷沒宏暉弃甲而遁萬斬乘勝率其衆入幽州殺略人吏清邊道大
總管建安郡王武攸宜遣裨將討之不能尅又詔左金吾大將軍河
內王武懿宗爲大總管御史大夫婁師德爲副大總管右武衛將軍
沙吒忠義爲前軍總管率兵三十萬以討之俄而李盡滅死萬斬代
領其衆萬斬又遣別帥駱務整何阿小爲遊軍前鋒攻陷冀州殺刺
史陸寶積屠官吏子女數千人俄而奚及突厥之衆掩擊其後掠其
幼弱萬斬弃其衆以輕騎數千人東走前軍副總管張九節率數百
騎設伏以邀之萬斬窮蹙乃將其家奴輕騎宵遁至潞河東解鞍憩於
林下其奴斬之張九節傳其首于東都自是其餘衆遂降突厥開元
三年其首領李失活以默啜政衰率種落內附失活即盡忠之從父弟
也於是復置松漠都督府封失活爲松漠郡王拜左金吾衛大將軍

兼松漠都督其所統八部落各因舊帥拜爲刺史又以將軍薛泰督
軍以鎮撫之明年失活入朝封宗室外甥女楊氏爲永樂公主以妻
之六年失活死上爲之舉哀贈特進失活從父弟娑固代統其衆遣
使冊立仍令襲其兄官爵娑固大臣可突于驍勇頗得衆心娑固謀
欲除之可突于反攻娑固娑固奔營州都督許欽澹令薛泰帥驍勇
五百人又徵奚王李大輔者及娑固合衆以討可突于官軍不利娑
固大輔臨陣皆爲可突于所殺生拘薛泰營府震恐許欽澹移軍西
入渝關可突于立娑固從父弟鬱于爲主俄又遣使請罪上乃令冊
立鬱于令襲娑固官爵仍赦可突于之罪十年鬱于入朝請婚上又
封從妹夫率更令慕容嘉賓女爲燕郡公主以妻之仍封鬱于爲松
漠郡王授左金吾衛員外大將軍兼靜析軍經略大使賜物千段鬱
于還蕃可突于來朝拜左羽林將軍從幸并州明年鬱于病死弟吐
于代統其衆襲兄官爵復以燕郡公主爲妻吐于與可突于復相猜
阻十三年攜公主來奔便不敢還改封遼陽郡王因留宿衛可突于

立李盡忠弟邵固爲主其冬車駕東巡邵固詣行在所因從至岳下拜左羽林軍員外大將軍靜析軍經略大使改封廣化郡王又封皇從外甥女陳氏爲東華公主以妻之邵固還蕃又遣可突于入朝貢方物中書侍郎李元紘不禮焉可突于快快而去左丞相張説謂人曰兩蕃必叛可突于人面獸心唯利是視執其國政人心附之若不優禮縻之必不來矣十八年可突于殺邵固率部落并脅奚衆降于突厥東華公主走投平盧軍於是詔中書舍人裴寬給事中薛侃等於京城及關內河東河南河北分道募壯勇之士以忠王浚爲河北道行軍元帥以討之師竟不行二十年詔禮部尚書信安王禕爲行軍副大總管領衆與幽州長史趙含章出塞擊破之俘獲甚衆可突于率其麾下遠遁奚衆盡降禕乃班師明年可突于又來抄掠幽州長史薛楚玉遣副將郭英傑吳克勤鄔知義羅守忠率精騎萬人并領降奚之衆追擊之軍至渝關都山之下可突于領突厥兵以拒官軍奚衆遂持兩端散走保險官軍大敗知義守忠率麾下遁歸英傑

○克勤沒于陣其下六千餘人盡爲賊所殺詔以張守珪爲幽州長史兼御史中丞以經略之可突于漸爲守珪所逼遣使偽降俄又迴惑不定引衆漸向西北將就突厥守珪遣管紀王悔等就部落招諭之時契丹衙官李過折與可突于分掌兵馬情不叶悔潛誘之過折夜勒兵斬可突于及其支黨數十人二十三年正月傳首東都詔封過折爲北平郡王授特進檢校松漠州都督賜錦衣一副銀器十事絹綵三千疋其年過折爲可突于餘黨泥禮所殺并其諸子唯一子剌乾走投安東得免拜左驍衛將軍天寶十年安祿山誣其酋長欲叛請舉兵討之八月以幽州雲中平盧之衆數萬人就黃水南契丹衙與之戰祿山大敗而還死者數千人至十二年又降附迄于貞元常間歲來修蕃禮貞元四年與奚衆同寇我振武大掠人畜而去九年十年復遣使來朝大首領悔落拽何已下各授官放還十一年大首領熱蘇等二十五人來朝自後至元和長慶寶曆大和開成時遣使來朝貢會昌二年九月制契丹新立五屈戍可雲麾將軍守右武衛

將軍員外置同正員幽州節度使張仲武上言屈戍等云契丹舊用迴紇印今懇請聞奏乞國家賜印克之以奉國契丹之印爲文

奚國蓋匈奴之別種也所居亦鮮卑故地即東胡之界也在京師東北四千餘里東接契丹西至突厥南拒白狼河北至霫國自營州西北饒樂水以至其國勝兵三萬餘人分爲五部每部置俟斤一人風俗並於突厥每隨逐水草以畜牧爲業遷徙無常居有氈帳兼用車爲營牙中常五百人持兵自衛此外部落皆散居山谷無賦稅其人善射獵好與契丹戰爭武德中遣使朝貢貞觀二十二年酋長可度者率其所部內屬乃置饒樂都督府以可度者爲右領軍兼饒樂都督封樓煩縣公賜姓李氏顯慶初又授右監門大將軍萬歲通天年契丹叛後奚衆官屬突厥兩國常遞爲表裏號曰兩蕃景雲元年其首領李大輔遣使貢方物睿宗嘉之宴賜甚厚延和元年左羽林將軍檢校幽州大都督孫佺率兵十二萬以襲其部落師次冷陘前軍左驍衛將軍李措洛等與大輔會戰我師敗績佺懼不敢進救遣使

○矯報大輔云我奉勑來此招諭其蕃將李措洛等不受節度而輒用兵請斬以謝大輔曰若奉勑招諭有何國信物佺率軍中繒帛萬餘段并袍帶以與之大輔曰將軍可南還無相驚擾佺軍漸失部伍大輔乃率衆逼之由是大敗兵士死傷者數萬佺及副將周以悌爲大輔所擒送于突厥默啜並遇害開元三年大輔遣其大臣粵蘇梅落來請降詔復立其地爲饒樂州封大輔爲饒樂郡王仍拜左金吾員外大將軍饒樂州都督五年大輔與契丹首領松漠郡王李失活咸請於柳城依舊置營州都督府上從之勑太子詹事羊師度充使營作役功八千餘人其年大輔入朝詔封從外甥女辛氏爲固安公主以妻之賜物一千五百疋遣右領軍將軍李濟持節送還蕃八年大輔率兵救契丹戰死其弟魯蘇嗣立十年入朝詔令襲其兄饒樂郡王右金吾員外大將軍兼保塞軍經略大使賜物一千段仍以固安公主爲妻而公主與嫡母未和遞相論告詔令離婚復以成安公主之女韋氏爲東光公主以妻之十四年又改封魯蘇爲奉誠王授右

羽林軍員外將軍十八年奚衆爲契丹衙官可突干所脅復叛降突厥奚衆不能制走投渝關東光公主奔歸平盧軍其秋幽州長史趙含章發清夷軍兵擊奚破之斬首二百級自是奚衆稍稍歸降二十年信安王禕奉詔討叛奚奚酋長李詩瑣高等以其部落五千帳來降詔封李詩爲歸義王兼特進左羽林軍大將軍同正仍充歸義州都督賜物十萬段移其部落於幽州界安置天寶五載又封其王娑固爲昭信王仍授饒樂郡都督自大曆後朝貢時至貞元四年七月奚及室韋寇振武十一年四月幽州奏破奚六萬餘衆元和元年其王饒樂府都督襲歸誠王梅落來朝加檢校司空放還蕃三年以奚首領索低爲右武威衛將軍同正充檀薊兩州遊奕兵馬使仍賜姓李氏八年遣使來朝十一年遣使獻名馬爾後每歲朝貢不絶或歲中二三至故事常以范陽節度使爲押奚契丹兩蕃使自至德之後藩臣多擅封壤朝廷優容之彼務自完不生邊事故二蕃亦少爲寇其每歲朝賀常各遣數百人至幽州則選其酋渠三五十人赴闕引見於麟德殿錫以金帛遣還餘皆駐而館之率爲常也

室韋者契丹之別類也居𤅟越河北其國在京師東北七千里東至黑水靺鞨西至突厥南接契丹北至于海其國無君長有大首領十七人並號莫賀弗世管攝之而附于突厥兵器有角弓楛矢尤善射時聚弋獵事畢而散其人土著無賦斂或爲小室以皮覆上相聚而居至數十百家剡木爲犁不加金刃人牽以種不解用牛夏多霧雨冬多霜霰畜宜犬豕豢養而噉之其皮用以爲韋男子女人通以爲服被髮左衽其家富者項著五色雜珠婚嫁之法男先就女舍三年役力因得親迎其婦役日已滿女家分其財物夫婦同車而載鼓舞共歸武德中獻方物貞觀三年遣使貢豐貂自此朝貢不絶又云室韋我唐有九部焉所謂嶺西室韋山北室韋黃頭室韋大如者室韋小如者室韋婆萵烏戈反室韋訥北室韋駱駝室韋並在柳城郡之東北近者三千五百里遠者六千二百里今室韋最西與迴紇接界者烏素固部落當俱輪泊之西南次東有移塞沒部落次東又有塞曷支部落此部落有良馬人户亦多居啜河之南其河彼俗謂之燕支河次又有和解部落次東又有烏羅護部落又有那禮部落又東北有山北室韋又北有小如者室韋又北有婆萵室韋東又有嶺西室韋又東南至黃頭室韋此部落兵強人户亦多東北與達姤接嶺西室韋北又有訥北支室韋此部落較小烏羅護之東北二百餘里那河之北有古烏丸之遺人今亦自稱烏丸國武德貞觀中亦遣使來朝貢其北大山之北有大室韋部落其部落傍望建河居其河源出突厥東北界俱輪泊屈曲東流經西室韋界又東經大室韋界又東經蒙兀室韋之北落俎室韋之南又東流與那河忽汗河合又東經南黑水靺鞨之北北黑水靺鞨之南東流注于海烏丸東南三百里又有東室韋部落在𤅟越河之北其河東南流與那河合開元天寶間比年或間歲入貢大曆中亦頻遣使來貢貞元八年閏十二月室韋都督和解熱素等一十人來朝大和五年至八年凡三遣使來九年十二月室韋大都督阿成等三十人來朝開成會昌中亦遣使來朝

貢不絶

靺鞨蓋肅慎之地後魏謂之勿吉在京師東北六千餘里東至於海西接突厥南界高麗北鄰室韋其國凡爲數十部各有酋帥或附於高麗或臣於突厥而黑水靺鞨最處北方尤稱勁健每恃其勇恒爲鄰境之患俗皆編髮性凶悍無憂戚貴壯而賤老無屋宇並依山水掘地爲穴架木於上以土覆之狀如中國之塚墓相聚而居夏則出隨水草冬則入處穴中父子相承世爲君長俗無文字兵器有角弓及楛矢其畜宜豬富人至數百口食其肉而衣其皮死者穿地埋之以身襯土無棺斂之具殺所乘馬於屍前設祭有酋帥突地稽者隋末率其部千餘家内屬處之於營州煬帝授突地稽金紫光祿大夫遼西太守武德初遣間使朝貢以其部落置燕州仍以突地稽爲總管劉黑闥之叛也突地稽率所部赴定州遣使詣太宗請受節度以戰功封耆國公又徙其部落於幽州之昌平城會高開道引突厥來攻幽州突地稽率兵邀擊大破之貞觀初拜右衛將軍賜姓李氏尋

卒子謹行偉貌武力絕人麟德中歷遷營州都督其部落家僮數千
人以財力雄邊爲夷人所憚累拜右領軍大將軍爲積石道經略大
使吐蕃論欽陵等率衆　萬人入寇湟中謹行兵士樵採素不設備
忽聞賊至遂建旗伐鼓開門以待之吐蕃疑有伏兵竟不敢進上元
三年又破吐蕃數萬衆於青海降璽書勞勉之累授鎮軍大將軍行
右衛大將軍封燕國公永淳元年卒贈幽州都督陪葬乾陵自後或
有酋長自來或遣使來朝貢每歲不絕其白山部素附於高麗因收
平壤之後部衆多入中國汨咄安居骨室等部亦因高麗破後奔散
微弱後無聞焉縱有遺人並爲渤海編戶唯黑水部全盛分爲十六
部部又以南北爲稱開元十三年安東都護薛泰請於黑水靺鞨內
置黑水軍續更以最大部落爲黑水府仍以其首領爲都督諸部刺
史隸屬焉中國置長史就其部落監領之十六年其都督賜姓李氏
名獻誠授雲麾將軍兼黑水經略使仍以幽州都督爲其押使自此
朝貢不絕

○渤海靺鞨大祚榮者本高麗別種也高麗既滅祚榮率家屬徙居營
州萬歲通天年契丹李盡忠反叛祚榮與靺鞨乞四比羽各領亡命
東奔保阻以自固盡忠既死則天命右玉鈐衛大將軍李楷固率兵
討其餘黨先破斬乞四比羽又度天門嶺以迫祚榮祚榮合高麗靺
鞨之衆以拒楷固王師大敗楷固脫身而還屬契丹及奚盡降突厥
道路阻絕則天不能討祚榮遂率其衆東保桂婁之故地據東牟山
築城以居之祚榮驍勇善用兵靺鞨之衆及高麗餘燼稍稍歸之聖
曆中自立爲振國王遣使通于突厥其地在營州之東二千里南與
新羅相接越憙靺鞨東北至黑水靺鞨地方二千里編戶十餘萬勝
兵數萬人風俗與高麗及契丹同頗有文字及書記中宗即位遣侍
御史張行岌往招慰之祚榮遣子入侍將加冊立會契丹與突厥連
歲寇邊使命不達睿宗先天二年遣郎將崔訢往冊拜祚榮爲左驍
衛員外大將軍渤海郡王仍以其所統爲忽汗州加授忽汗州都督
自是每歲遣使朝貢開元七年祚榮死玄宗遣使弔祭乃冊立其嫡

子桂婁郡王大武藝襲父爲左驍衛大將軍渤海郡王忽汗州都督
十四年黑水靺鞨遣使來朝詔以其地爲黑水州仍置長史遣使鎮
押武藝謂其屬曰黑水途經我境始今與唐家相通舊請突厥吐屯
皆即知同去今不計會即請漢官必是與唐家通謀腹背攻我也遣
母弟大門藝及其舅任雅發兵以擊黑水門藝曾充質子至京師開
元初還國至是謂武藝曰黑水請唐家官吏即欲擊之是背唐也唐
國人衆兵強萬倍於我一朝結怨但自取滅亡昔高麗全盛之時強
兵三十餘萬抗敵唐家不事賓伏唐兵一臨掃地俱盡今日渤海之
衆數倍少於高麗乃欲違背唐家事必不可武藝不從門藝兵至境
又上書固諫武藝怒遣從兄大壹夏代門藝統兵徵門藝欲殺之門
藝遂弃其衆間道來奔詔授左驍衛將軍武藝尋遣使朝貢仍上表
極言門藝罪狀請殺之上密遣門藝往安西仍報武藝云門藝遠來
歸投義不可殺今流向嶺南已遣去訖乃留其使馬文軌勿雅別
遣使報之俄有洩其事者武藝又上書云大國示人以信豈有欺誑

之理今聞門藝不向嶺南伏請依前殺却由是鴻臚少卿李道邃源
復以不能督察官屬致有漏洩左遷道邃爲曹州刺史復爲澤州刺
史遣門藝暫向嶺南以報之二十年武藝遣其將張文休率海賊攻
登州刺史韋俊詔遣門藝往幽州徵兵以討之仍令太僕員外卿金
思蘭往新羅發兵以攻其南境屬山阻寒凍雪深丈餘兵士死者過
半竟無功而還武藝懷怨不已密遣使至東都假刺客刺門藝於天
津橋南門藝格之不死詔河南府捕獲其賊盡殺之二十五年武藝
病卒其子欽茂嗣立詔遣內侍段守簡往冊欽茂爲渤海郡王仍嗣
其父爲左驍衛大將軍忽汗州都督欽茂承詔赦其境內遣使隨守
簡入朝貢獻大曆二年至十年或頻遣使來朝或間歲而至或歲內
二三至者十二年正月遣使獻日本國舞女一十一人及方物四月
十二月使復來建中三年五月貞元七年正月皆遣使來朝授其使
大常靖爲衛尉卿同正令還蕃八月其王子大貞翰來朝請備宿衛
十年正月以來朝王子大清允爲右衛將軍同正其下三十餘人拜

官有差十一年二月遣内常侍殷志贍冊大嵩璘爲渤海郡王十四年加銀青光祿大夫檢校司空進封渤海郡王嵩璘父欽茂開元中襲父位爲郡王左金吾大將軍天寶中累加特進太子詹事賓客寶應元年進封國王大曆中累加拜司空太尉及嵩璘襲位但授其郡王將軍而已嵩璘遣使敘理故再加冊命十一月以王姪大能信爲左驍衛中郎將虞候婁蕃長都督茹富仇爲右武衛將軍放還二十一年遣使來朝順宗加嵩璘金紫光祿大夫檢校司空元和元年十月加檢校太尉十二月遣使朝貢四年以嵩璘男元瑜爲銀青光祿大夫檢校祕書監忽汗州都督依前渤海國王五年遣使朝貢者二七年亦遣使來朝八年正月授元瑜弟權知國務言義銀青光祿大夫檢校祕書監都督渤海國王遣内侍李重旻使焉十三年遣使來朝且告哀五月以知國務大仁秀爲銀青光祿大夫檢校祕書監都督渤海國王十五年閏正月遣使來朝加大仁秀金紫光祿大夫檢校司空十二月復遣使來朝貢長慶二年正月又遣使來四年二月

大叡等五人來朝請備宿衛寶曆中比歲修貢大和元年四月皆遣使來朝五年大仁秀卒以權知國務大彝震爲銀青光祿大夫檢校祕書監都督渤海國王六年遣王子大明俊等來朝七年正月遣同中書右平章事高寶英來謝冊命仍遣學生三人隨寶英請赴上都學問先遣學生三人事業稍成請歸本國許之二月王子大先晟等六人來朝開成後亦修職貢不絕

霫匈奴之別種也居于潢水北亦鮮卑之故地其國在京師東北五千里東接靺鞨西至突厥南至契丹北與烏羅渾接地周二千里四面有山環繞其境人多善射獵好以赤皮爲衣緣婦人貴銅釧衣襟上下懸小銅鈴風俗畧與契丹同有都倫紇斤部落四萬戶勝兵萬餘人貞觀三年其君長遣使貢方物

烏羅渾國蓋後魏之烏洛侯也今亦謂之烏羅護其國在京師東北六千三百里東與靺鞨西與突厥南與契丹北與烏丸接風俗與靺鞨同貞觀六年其君長遣使獻貂皮焉

史臣曰北狄密邇中華侵邊蓋有之矣東夷隔礙瀛海作梗罕常聞之非惟勢使之然抑亦稟於天性太平之人仁空峒之人武信矣隋煬帝縱欲無厭興兵遼左急斂暴欲由是而起亂臣賊子得以爲資不戰自焚遂亡其國我太宗文皇帝親馭戎輅東征高麗雖有成功所損亦甚及凱還之日顧謂左右曰使朕有魏徵在必無此行矣則是悔於出師也可知矣何者夷狄之國猶石田也得之無益失之何傷必務求虛名以勞有用但當修文德以來之被聲教以服之擇信臣以撫之謹邊備以防之使重譯來庭航海入貢茲庶得其道也

贊曰東夷之人北狄之俗爰考周官是稱蠻服未得無傷已得何足宜務懷柔謂之羈束

唐書列傳卷第一百四十九下

唐書列傳卷第一百五十上

劉昫等修

聞人詮校刻沈桐同校

安祿山 子慶緒 高尚 孫孝哲

史思明 朝義

安祿山營州柳城雜種胡人也本無姓氏名軋犖山母阿史德氏亦突厥巫師以卜爲業突厥呼鬬戰爲軋犖山遂以名之少孤隨母在突厥中將軍安波至兄延偃妻其母開元初與將軍安道買男俱逃出突厥中道買次男貞節爲嵐州別駕收獲之年十餘歲以與其兄及延偃相攜而出感愧之約與思順等並爲兄弟冒姓爲安及長解六蕃語爲互市牙郎二十年張守珪爲幽州節度祿山盜羊事覺守珪剝坐欲棒殺之大呼曰大夫不欲滅兩蕃耶何爲打殺祿山守珪見其肥白壯其言而釋之令與鄉人史思明同捉生行必剋獲拔爲偏將常嫌其肥以守珪威風素高畏懼不敢飽食以驍勇聞遂養爲

子二十八年爲平盧兵馬使性巧黠人多譽之授營州都督平盧軍使厚賂往來者乞爲好言玄宗益信嚮之天寶元年以平盧爲節度以祿山攝中丞爲使入朝奏事玄宗益寵之三載代裴寬爲范陽節度河北採訪平盧軍等使如故採訪使張利貞常受其賂數載之後黜陟使席建侯又言其公直無私裴寬受代及李林甫順旨並言其美數公皆信臣玄宗意益堅不搖矣後請爲貴妃養兒入對皆先拜太真玄宗怪而問之對曰臣是蕃人蕃人先母而後父玄宗大悅遂命楊銛已下並約爲兄弟姊妹六載加大夫常令劉駱谷奏事與王鉷俱爲大夫李林甫爲相朝臣莫敢抗禮祿山承恩深入謁不甚磬折林甫命王鉷鉷趨拜謹甚祿山悚息腰漸曲每與語皆揣知其情而先言之祿山以爲神明每見林甫雖盛冬亦汗洽林甫接以溫言中書廳引坐以己披袍覆之祿山欣荷無所隱呼爲十郎駱谷奏事先問十郎何言有好言則喜躍若但言大夫須好檢校則反手據牀曰阿與我死也李龜年嘗學其說玄宗以爲笑樂晚年益肥壯腹垂過膝重三百三十斤每行以肩膊左右擡挽其身方能移步至玄宗前作胡旋舞疾如風焉爲置第宇窮極壯麗以金銀爲笊籬等上御勤政樓於御坐東爲設一大金雞障前置一榻坐之卷去其簾十載入朝又求爲河東節度因拜之男十一人長子慶宗太僕卿少子慶緒鴻臚卿慶宗又尚郡主祿山陰有逆謀於范陽北築雄武城外示禦寇內貯兵器積穀爲保守之計戰馬萬五千匹牛羊稱是兼三道節度進奏無不允引張通儒李庭堅平冽李史魚獨孤問俗在幕下高尚掌書記劉駱谷留居西京爲耳目安守忠李歸仁蔡希德牛庭玠向潤容崔乾祐尹子奇何千年武令珣能元皓田承嗣田乾真皆拔於行間每月進奉生口駞馬鷹犬不絕人無聊矣既肥大不任戰前後十餘度欺誘契丹宴設酒中著莨菪子預掘一坑待其昏醉斬首埋之皆不覺死每度數十人十一載八月祿山併率河東等軍五六萬號十五萬以討契丹去平盧千餘里至土護真河即北黃河也又倍程三百里奄至契丹牙帳屬久雨弓箭皆漲濕將士困極

奚又夾攻之殺傷略盡祿山被射折其玉簪以麾下奚小兒二十餘人走上山墜坑中其男慶緒等扶持之會夜解走投平盧城楊國忠屢奏祿山必反十二載玄宗使中官輔璆琳覘之得其賄賂盛言其忠國忠又云召必不至洎召之而至十三載正月謁於華清宮因涕泣言臣蕃人不識字陛下擢臣不次被楊國忠欲得殺臣玄宗益親厚之遂以爲左僕射却迴其月又請爲閑廄隴右群牧等都使奏吉溫爲武部侍郎兼中丞爲其副又請知總監事既爲閑廄群牧等使上筋腳馬皆陰選擇之奪得樓煩監牧及奪張文儼馬牧三月一日歸范陽疾行出關日行三四百里至范陽人言反者玄宗必大怒縛送與之十四載玄宗又召之託疾不至賜其子婚令就觀禮又辭十一月反于范陽矯稱奉恩命以兵討逆賊楊國忠以諸蕃馬步十五萬夜半行平明食日六十里以高尚嚴莊爲謀主孫孝哲高邈何千年爲腹心天下承平日久人不知戰聞其兵起朝廷震驚禁衛皆市井商販之人乃開左藏庫出錦帛召募因以高仙芝封常清等相次

爲大將以繫之祿山令嚴莊得士死力無不一當百遇之必敗十二月度河至陳留郡河南節度張介然城陷死之傳首河北陳留郭門祿山男慶緒見誅慶宗傍泣告祿山祿山在轝中驚哭曰吾子何罪而殺之狂而怒官軍之降者夾道命交相斫焉死者六七千人遂入陳留郡太守郭納初拒戰至是出降至滎陽太守崔無詖拒戰城陷死之次于泥水罌子谷將軍荔非守瑜蹲而射之殺數百人及鐵轝子祿山不敢過乃取谷南而過守瑜箭盡投河而死東京留守李憕中丞盧奕使採訪判官蔣清燒絕河陽橋祿山怒率軍大至封常清自苑西隤牆使伐樹塞路而奔祿山入東京殺李憕盧奕蔣清召河南尹達奚珣使之涖事初常清欲殺珣恐應賊憕弈諫止之常清既敗唯與數騎走至陝郡高仙芝率兵守陝城皆弃甲西走潼關懼賊追躡相蹂藉而死者塞路陝郡太守竇庭芝走投河東賊使崔乾祐守陝郡臨汝太守韋斌降于賊十五年正月賊竊號燕國立年聖武達奚珣已下署爲丞相五月南陽節度魯炅率荊襄黔中嶺南子弟

十萬餘與賊將武令珣戰于葉縣城北滍河王師盡沒六月李光弼郭子儀出土門路大破賊衆於常山郡東嘉山河北諸郡歸降者十餘祿山窘急圖欲卻投范陽會哥舒翰自潼關領馬步八萬與賊將崔乾祐戰于靈寶西爲賊覆敗翰西奔潼關爲其帳下執送于賊關門不守玄宗幸蜀太子收兵靈武賊乃遣張通儒爲西京留守田乾眞爲京兆尹安守忠屯兵苑中十一月遣阿史那承慶攻陷潁川屠之祿山以體肥長帶瘡及造逆後而眼漸昏至是不見物又著疽疾俄及至德二年正月朔受朝瘡甚而中罷以疾加躁急動用斧鉞嚴莊亦被捶撻莊乃日夜謀之立慶緒於戶外莊持刀領竪李豬兒同入祿山帳內豬兒以大刀斫其腹祿山眼無所見牀頭常有一刀及覺難作捫牀頭不得但撼幄帳大呼曰是我家賊腹腸已數斗流在牀上言訖氣絕因掘牀下深數尺爲坑以氈罽包其屍埋之又無哭泣之儀莊即宣言於外言祿山傳位於晉王慶緒尊祿山爲太上皇慶緒縱樂飲酒無度呼莊爲兄事之大小必咨之初豬兒出契丹部落十數歲事祿山甚黠慧祿山持刃盡去其勢血流數升欲死祿山以灰火傅之盡日而蘇因爲閹人祿山頗寵之最見信用祿山肚大每著衣帶三四人助之兩人擡起肚豬兒以頭戴之始取裙褲帶及繫腰帶玄宗寵祿山賜華清宮湯浴皆許豬兒等人助解著衣服然終見剸者豬兒也

慶緒祿山第二子也母康氏祿山糟糠之妻慶緒善騎射祿山偏愛之未二十拜鴻臚卿兼廣陽太守初名仁執玄宗賜名慶緒爲祿山都知兵馬使嚴莊高尚立爲僞主慶緒素懦弱言詞無序莊恐衆不伏不令見人莊爲僞御史大夫馮翊郡王以專其政厚其軍將官秩以固其心二月肅宗南幸鳳翔郡始知祿山死使僕固懷恩使于廻紇結婚請兵討逆其月郭子儀收河東郡崔乾祐南遁八月廻紇三千騎至九月廣平王領蕃漢之衆收西京走安守忠賊之死者積如山阜十月賊將尹子奇攻陷睢陽郡殺張巡姚誾等王師乘勝至陝郡賊懼令嚴莊傾其驍勇而來拒廣平王遣副元帥郭子儀等與賊

戰于陝西曲沃大破之於新店逐北二十里斬首十餘萬伏屍三十里嚴莊奔至東京告慶緒慶緒率其餘衆奔河北保鄴郡嚴莊至河內南來歸順賊將阿史那承慶等麾下三萬餘人悉奔恒趙范陽從慶緒者唯疲卒一千三百而已僞中書令張通儒秉政改相州爲成安府署置百官旬日之內賊將各以衆至者六萬餘兇威復振僞青齊節度能元皓獨率衆歸順明年改乾元元年僞德州刺史王暕貝州刺史宇文寬等皆歸順河北諸軍各以城守累月賊使蔡希德安太清急擊復陷于賊虜之以歸臠食其肉其下潛謀歸順者衆矣賊皆易置之以縱屠戮人心始離又不親政事繕治亭沼樓船爲長夜之飲高尚等各不相叶蔡希德兵最銳性剛直張通儒譖而縊殺之三軍冤痛不爲用以崔乾祐爲天下兵馬使權領中外兵乾祐性愎戾士卒不附九月肅宗遣郭子儀等九節度率步騎二十萬攻之以魚朝恩爲軍容使初子儀之列陣也使善射者三千人伏於壘垣內明日接戰子儀麾其屬僞奔慶緒逐之伏者齊發賊黨大潰使薛嵩

求救於史思明言禪讓之禮思明先遣李歸仁以步卒一萬馬軍三千先往滏陽以應及至滏陽子儀之圍已固築城穿壕各三重樓櫓之盛古所未有又引水以灌城下城中水泉大上井皆滿溢以安太清代乾祐爲都知兵馬使思明南攻魏州節度使崔光遠南走思明據其城數日即乾元二年正月一日也思明僞稱燕王立年號慶緒自十月被圍至二月城中人相食米斗錢七萬餘鼠一頭直數千馬食隤牆麥麩及馬糞濯而飼之思明引衆來救三月六日子儀等戰敗遂解圍而南斷河陽橋以守穀水思明領其衆營於鄴縣南慶緒使收子儀等營中粮尚六七萬石復與孫孝哲乾祐謀閉門自守議更拒思明諸將曰今日安可更背史王乎張通儒高尚平冽謂慶緒曰史王遠來臣等皆合迎謝對曰任公暫往見思明思明與之涕泗厚其禮復命歸城經三日慶緒不至思明密召安太清令誘之慶緒不獲已以三百騎詣思明思明引入令三軍擐甲執兵待之及諸弟領至于庭再拜稽首曰臣不克負荷弃失兩都久陷重圍不意大王

以太上皇故將兵遠救思明曰弃失兩都用兵不利亦何事也爾爲人子殺汝父以求位篡非大逆乎吾爲太上皇討賊卽牽出并其四弟及高尚孫孝哲崔乾祐皆縊殺之祿山父子僭逆三年而滅初王師之圍相州也意朝夕屠陷唯術士桑道茂曰三月六日西師必散此城無憂卒如其言

高尚幽州雍奴人也本名不危母老乞食於人尚周遊不歸侍養寓居河朔縣界於令狐潮鄰里通其婢生一女遂收之尚頗篤學贍文詞嘗嘆息謂汝南周銑曰高不危寧當舉事而死終不能咬草根以求活耳縣尉有姓高者以其宗盟引置門下遂以尚入籍爲兄弟李齊物爲懷州刺史舉高尚不仕送京師弁助錢三萬齊物寓書於中官將軍吳懷實以託之懷實引見高力士置賓館中令與男丞相錫爲學無問家事一以委之無何令妻父呂令皓特表薦之天寶元年拜左領軍倉曹參軍同正員六載安祿山奏爲平盧掌書記出入祿山臥內祿山肥多睡尚執筆在旁或通宵焉繇是淩親厚之遂與祿山解圖讖勸其反天寶十一年祿山表爲屯田員外郎及隨祿山寇陷東京僞授中書侍郎僞赦書制勑多出其手始尚與嚴莊孫孝哲計畫白祿山以爲事必成及顏杲卿殺李欽湊於土門揚聲言榮王琬哥舒翰二十萬衆徇河北十七郡皆歸順顏眞卿破袁知泰三萬衆於堂邑賀蘭進明再拔信都李光弼郭子儀繼收常山趙郡河北路絶者再河南諸郡皆有防禦潼關有哥舒翰之師祿山大懼怒尚等曰汝元向我道萬全必無所畏今四邊若此賴鄭汴數州尚存向西至關一步不通河北並已無矣萬全何在更不須見我尚等遂數日不得見祿山憂悶不知所爲會田乾眞自潼關至曉諭祿山曰自古帝王皆有勝敗然後成大事豈有一舉而得之者乎今四邊兵馬雖多皆非精銳豈我之比縱事不成收取數萬衆橫行天下爲一盜跖亦十年五歲矣豈有人能制我耶尚莊等皆佐命元勳何得隔絶不與相見令其憂懼只此數人豈不能爲患乎外間聞之必心搖動祿山喜曰阿浩非汝誰能開豁我心裏事今無憂矣爲之奈何乾眞

曰不如喚取慰勞之遂召尚等飲宴作樂祿山自唱歌以送酒待之如初阿浩乾眞小字也及慶緒至相州僞授侍中

孫孝哲契丹人也母爲祿山所通因得狎近及祿山僭逆僞授殿中監閑廄使封王孝哲尤用事亞於嚴莊裘馬華侈頗事豪貴每食皆備珍饌性殘忍果於殺戮聞者畏之祿山使孝哲與張通儒同守西京妃王宗枝皆罹其酷與嚴莊爭權不睦及祿山死奪其使以鄧季陽代之慶緒之奔莊惧爲所圖因而來奔

史思明本名窣于營州寧夷州突厥雜種胡人也姿瘦少鬚髮鳶肩傴背廞目側鼻性急躁與安祿山同鄉里先祿山一日生思明除日生祿山歲日生及長相善俱以驍勇聞初事特進烏知義每令騎覘賊必生擒以歸又解六蕃語與祿山同爲互市郎張守珪爲幽州節度奏爲折衝天寶初頻立戰功至將軍知平盧軍事嘗入奏玄宗賜坐與語甚奇之問其年曰四十矣玄宗撫其背曰卿貴在後勉之遷大將軍北平太守十一載祿山奏授平盧節度都知兵馬使十四載安祿山反命思明討饒陽

等諸郡陷之十五載正月六日思明與蔡希德圍顏杲卿於常山九
日拔之又圍饒陽二十九日不能拔李光弼出土門拔常山郡思明
解圍而拒光弼光弼列兵於城南相持累月光弼草盡使精卒以車
數乘於旁縣取草輙被擊之其後率十匹唯共得兩束草至剉藁薦
以飼之初祿山以賈循爲范陽留後謀歸順爲副留守向潤容所殺
以思明代之又以征戰在外令向潤容代其任四月朔方節度郭子
儀以朔方蕃漢二萬人自土門而至常山軍威遂振南拔趙郡思明
退保博陵五月十日子儀光弼擊之敗思明於沙河上又攻之思明
以騎卒奔嘉山光弼擊之思明大敗走入博陵郡光弼圍之城幾拔
屬潼關失守肅宗理兵于朔方使中官邢廷恩追朔方河東兵馬光
弼入土門思明隨後徼擊之巳而廻軍併行擊劉正臣正臣易之初
不設備遂弃軍保北平正臣妻子及軍資二千乘盡没思明將卒頗
精鋭皆平盧戰士南拔常山趙郡又攻河間爲尹子奇所圍巳四十
餘日顏真卿使和琳以一萬二千人馬百匹以救之至河間二十餘

里北風勁烈鼓聲不相聞敗亂擊之擒和琳以至城下思明既至合
勢賊軍益盛李奐爲賊所擒送東京又攻景城擒李暐暐投河而死
遂使康没野波攻平原真卿覺之兵馬既盡渡河而南攻清河粮盡
城陷擒太守王懷忠以獻祿山將軍莊嗣賢圍烏承恩於信都承恩
母妻先爲安祿山所獲思明獲其男從則使諭承恩承恩遂降思明
與之把臂飲酒饒陽陷李系投火死河北悉陷尹子奇以五萬衆渡
河至青州欲便向江淮會廻紇二千騎奄至范陽范陽閉門二日然
後向太原子奇行千里以救之二年正月思明以蔡希德合范陽上
黨兵馬十萬圍李光弼於太原光弼使爲地道至城陣前驍賊方戲
弄城中人地道中人出擒之敵以爲神呼爲地藏菩薩思明留十月
會安祿山死慶緒令歸范陽希德留百餘日皆不能拔而歸自祿山
陷兩京常以駱駝運兩京御府珍寶於范陽不知紀極由是恣其逆
謀思明轉驕不用慶緒之命安慶緒爲王師所敗投鄴郡其下蕃漢
兵三萬人初不知所從思明擊殺三千人然後降之慶緒使阿史那

承慶安守忠徵兵於思明且欲圖之判官耿仁智忠謀之士謂思明
曰大夫崇重人不敢言仁智請一言而死思明曰試言之對曰大夫
久事祿山祿山兵權若此誰敢不服如大夫比者逼於兇威耳固亦
無罪今聞孝感皇帝聦明勇智有少康周宣之略大夫發使輸誠必
開懷見納此轉禍爲福之上策也思明曰善承慶等以五千騎至范
陽思明悉衆介冑以逆之衆且數萬去之一里使謂之曰相公及王
遠至將士等不勝喜躍此皆邊兵怯懦頗懼相公之來莫敢進也請
弛弓以安之從之思明遂以承慶守忠入內廳飲樂之別令諸將於
其所分收其甲仗其諸郡兵皆給粮恣歸之欲留者分隷諸營遂拘
承慶斬守忠李立節之首李光弼使衙官敬俛招之遂令衙官竇子
昂奉表以所管兵衆八萬人及以僞河東節度高秀巖來降肅宗大
悅封歸義王范陽長史御史大夫河北節度使朝義巳下并爲列卿
秀巖雲中太守以其男如岳等七人爲大官使內侍李思敬將軍烏
承恩宣慰使令討殘賊明年改乾元元年四月肅宗使烏承恩爲副

使候伺其過而殺之初承恩父知義爲節度思明常事知義亦有開
奬之恩以此李光弼冀其無疑因謀殺之承恩至范陽數漏其情夜
取婦人衣詣諸將家以翻動之意諭之諸將以白思明甚懼無以爲
驗有頃承恩與思敬從上京來宣恩命畢將歸私第思明留承恩且
於館中明當有所議巳令幃其所寢之牀伏二人于其下承恩有小
男先留范陽思明令省其父夜後私於其子曰吾受命除此逆胡便
授吾節度矣牀下二人叫呼而出以告思明思明令執之搜其衣囊
得朝廷所與阿史那承慶鐵券及光弼與承恩之牒云承慶事了即
付鐵券不了不可付之又得簿書數百紙皆載先所從反軍將名思
明語之曰我何負於汝而至是耶承恩稱死罪此太尉光弼之謀也
思明集軍將官吏百姓西向大哭曰臣以十三州之地十萬衆之兵
降國家赤心不負陛下何至殺臣因榜殺承恩父子因李思敬遣使
表其事朝廷又令中使慰諭云國家與光弼無此事乃承恩所爲殺
之善也又有使從京至執三司議罪人狀思明曰陳希烈已下皆重

臣上皇弃之幸蜀既收復天下此輩當慰勞之今尚見殺况我本從祿山反乎諸將皆云烏承恩之前事情狀可知光弼尚在憂不細也大夫何不取諸將狀以誅光弼以謝河北百姓主上若不惜光弼爲大夫誅之大夫乃安不然爲患未已思明曰公等言是乃令耿仁智張不矜修表請誅光弼以謝河北若不從臣請臣則自領兵往太原誅光弼不矜初以表示思明及封入函耿仁智盡削去之寫表者密告思明思明大怒執二人於庭曰汝等何得負我命斬之仁智事思明頗久意欲活之却令召入謂之曰我任使汝向三十年今日之事我不負汝仁智大呼曰人生固有一死須存忠節今大夫納邪說爲反逆之計縱延旬月不如早死請速加斧鉞思明大怒亂捶殺之腦流于地十月郭子儀領九節度圍相州安慶緒偷道求救於思明思明懼軍威之盛不敢進十二月蕭華以魏州歸順詔遣崔光遠替之思明擊而拔其城光遠脫身南渡思明於魏州殺三萬人平地流血數日卽乾元二年正月一日也思明於魏州北設壇僭稱爲大聖燕

○王以周贄爲行軍司馬三月引衆救相州官軍敗而引退思明召慶緒等殺之併有其衆四月僭稱大號以周贄爲相以范陽爲燕京九月寇汴州節度使許叔冀合於思明思明益振又陷洛陽與太尉光弼相拒思明恣行兇暴下無聊矣上元二年潛遣人反說官軍曰洛中將士皆幽朔人咸思歸魚朝恩以爲然告光弼及諸節度僕固懷恩衛伯玉等可速出兵以討殘賊光弼等然之乃出師南道齊進次榆林賊委物僞遁將士等不復設備皆入城虜掠賊伏兵在北邙山下因大下士卒咸弃甲奔散魚朝恩衛伯玉退保陝州光弼懷恩弃河陽城退居聞喜步兵散死者數千人軍資器械盡爲賊所有河陽懷州盡陷於賊思明至陝州爲官軍所拒於姜子坂戰不利退歸永寧築三角城約一月內畢以貯軍糧朝義築城畢未泥思明至詬之對曰緣兵士疲乏暫歇耳又怒曰汝惜部下兵違我處分令隨身數十人立馬看泥斯須而畢又曰待收陝州斬却此賊朝義大懼思明居驛朝義在店中思明令腹心曹將軍摠中軍兵嚴衛朝義將駱悅

弁許叔冀男季常等言主上欲害王悅與王死無日矣因言廢興之事古來有之欲喚取曹將軍舉大事可乎朝義迴面不應悅曰若不應悅等卽歸李家王亦不全矣朝義然之令許季常命曹將軍至悅等告之不敢拒其夜思明夢而驚悟據牀惆悵每好伶人寢食置左右以其殘忍皆恨之及此問其故曰吾向夢見水中沙上羣鹿渡水而至鹿死水乾言畢如廁伶人相謂曰鹿者祿也水者命也胡祿命俱盡矣駱悅入問思明所在未及對殺數人因指在廁思明覺變踰牆出至馬槽鞴馬騎之悅等至令傔人周子俊射中其臂落馬曰是何事悅等告以懷王思明曰我朝來語錯令有此事然汝殺我大疾何不待我收長安終事不成矣因急呼懷王者三曰莫殺我却罵曹將軍曰這胡誤我這胡誤我悅遂令心腹擒思明赴柳泉驛曰事已成矣朝義曰莫驚聖人否莫損聖人否悅曰無有時周贄許叔冀統後軍在福昌朝義令許季常往告之贄聞驚欲仆倒朝義領兵迴贄等來迎因殺贄思明至柳泉驛縊殺之朝義便僭僞位朝義思明孽

○子也寬厚人附之使人往范陽殺僞太子朝英等僞留守張通儒覺之戰於城中數日死者數千人始斬之時洛陽四面數百里人相食州縣爲墟諸節度使皆祿山舊將與思明等夷朝義徵召不至寶應元年十月遣元帥雍王領河東朔方諸節度迴紇兵馬赴陝僕固懷恩與迴紇左殺爲先鋒魚朝恩郭英義爲後殿自澠池入李抱玉自河陽入副元帥李光弼自陳留入雍王留陝州二十九日與朝義戰于邙山之下逆賊敗績走渡河斬首萬六千生擒四千六百降三萬二千人器械不可勝數朝義走投汴州汴州僞將張獻誠拒之乃渡河北投幽州二年正月賊僞范陽節度李懷仙於莫州生擒之送款來降梟首至闕下又以僞官以城降者恒州刺史成德軍節度張忠志爲禮部尚書餘如故趙州刺史盧淑定州程元勝徐州劉如伶相州節度薛嵩幽州李懷仙鄭州田承嗣並加封爵領舊職思明乾元二年僭號至朝義寶應元年滅凡四年

唐書列傳卷第一百五十上

劉　昫　等修

聞人詮校刻沈桐同校

朱泚　黄巢　秦宗權

朱泚幽州昌平人曾祖利贊善大夫贈禮部尚書祖思明太子洗馬贈太子太師父懷珪天寶初事范陽節度使裴寬爲衙前對授折衝將軍及安祿山史思明叛累爲管兵將寶應中李懷仙歸順奏爲薊州刺史平盧軍留後柳城軍使大曆元年卒累贈左僕射祖父之贈皆以泚故也泚以父資從軍幼壯偉腰帶十圍騎射武藝亦不出人外若寬和中頗殘忍然輕財好施每征戰所得賞物輙分與麾下將士以是爲衆所推故得濟其兇謀初隸李懷仙爲部將改經略副使朱希彩既殺李懷仙自爲節度以泚宗姓甚委信之希彩爲政苛酷人不堪命大曆七年秋希彩爲其下所殺倉卒之際未有所從泚營在城北弟滔主衙内兵亦得衆心滔變詐多端潛使百餘人於衆中

大言曰節度使非城北朱副使莫可衆既無從因共推泚泚遂權知留後遣使奉表京師十月拜檢校左散騎常侍兼御史中丞幽州盧龍節度等使幽州長史兼御史大夫其年泚上表令弟滔率兵二千五百人赴京西防秋代宗嘉之手詔襃美九年就加檢校戶部尚書賜實封百戶幽州及河北諸鎮自天寶末便爲逆亂之地李懷仙朱希彩與連境三節度名雖向順未嘗朝謁至是泚率先上表請自領步騎三千人入覲詔修甲第以待之九月泚至京師代宗御内殿引見賜御馬兩匹戰馬十匹金銀錦綵甚厚又以器物十牀馬四十匹絹二萬匹衣一千七百襲賜其將士宴犒之盛近時未有泚又上表請留京師從之因授其弟滔兼御史大夫幽州節度留後仍以河陽永平軍防秋兵郭子儀統之決勝軍楊猷兵李抱玉統之淮西鳳翔兵馬璘統之汴宋淄青兵俾泚統焉十一年八月加拜同平章事令出鎮奉天行營復賜金銀繒綵并内庫弓箭以寵之十二年加檢校司空代李抱玉爲隴右節度使權知河西澤潞行營兵馬事德宗嗣

位加太子太師鳳翔尹實封至三百戶建中元年涇州將劉文喜阻兵爲亂加泚四鎮北庭行軍涇原節度使與諸軍討之涇州平加泚中書令還鎮鳳翔而以舒王謨遥領涇原節度二年加泚太尉朱滔將反叛陰使人與泚計議以帛書内蠟丸中置髮髻間河東節度馬燧捜獲之以聞幷送帛書及所遣使泚惶懼頓首乞歸罪有司上勉之曰千里不同謀非卿之過三年四月以張鎰代泚爲鳳翔隴右節度留後留泚京師加實封至一千戶與一子正員官其幽州盧龍節度太尉中書令並如故四年十月涇原兵叛鑾駕幸奉天叛卒等以泚嘗統涇州知其失權廢居怏怏思亂羣寇無帥幸泚政寬乃相與謀曰朱太尉久因空宅若迎而爲主事必濟矣姚令言將率百餘騎迎泚於晉昌里第泚乘馬擁從北向燭炬星羅觀者萬計入居含元殿明日移處白華殿但稱太尉朝官有謁泚者悉勸奉迎鑾駕既不合泚意皆逡巡而退源休至遂屏人移時言動悖逆又盛陳成敗稱述符命勸其僭僞泚甚悅之又李忠臣張光晟繼至咸以官閑積憤樂

於禍亂鳳翔涇原大將張廷芝段誠諫以潰卒三千餘自襄城而至賊泚自謂衆望所集僭竊之心自此而定乃以源休爲京兆尹判度支李忠臣爲皇城使段秀實久失兵柄故推心委之遂發銳師三千言奉迎乘輿實陰有逆謀秀實與劉海賓謀誅泚且慮叛卒之震驚法駕乃潛爲賊符追所發兵至六日兵及絡驛而廻因與海賓同入見泚爲陳逆順之理而海賓於靴中取匕首爲其所覺遂不得前秀實知不可以義動遽奪源休象笏挺而擊泚仍大呼曰反虜萬段泚舉臂衛首秀實格拉之忷忷然李忠臣馳助泚泚素多力纔破其面逆徒譟集秀實遂併見害明日聲言以親王權主社稷士庶競往觀之八日源休姚令言李忠臣張光晟等八人導泚自白華入宣政殿僭即僞位自稱大秦皇帝號應天元年愚智莫不憤心侍衛皆卒伍行列不過十餘人下僞詔曰幽囚之中神器自至豈朕薄德所能經營彭偃之詞也僞署姚令言爲侍中李忠臣爲司空兼侍中源休爲中書侍郎平章事判度支蔣鎮爲吏部侍郎樊系爲禮部侍郎

禮儀使許季常爲京兆尹洪經綸爲太常少卿彭偃爲中書舍人裴揆崔幼貞爲給事中崔莫爲御史中丞張光晟仇敬忠敬釭張寶何望之段誠諫張庭芝杜如江爲節度使仍以其兄子遂爲太子遷封弟滔爲冀王太尉尚書令尋又號皇太弟十月泚自領兵使逼奉天稱威儀輦輅闐溢道途蟻聚之衆軍勢頗盛以姚令言爲元帥張光晟爲副以李忠臣爲京兆尹皇城留守居中書省尋以蔣鎮爲門下侍郎李子平爲諫議大夫兼平章事泚軍合於城下渾瑊韓遊瓌禦之泚衆大敗死者萬計泚收軍於奉天東三里下營大修攻具明日泚又分兵營於乾陵下瞰城內大震十一月三日杜希全與泚衆戰於漠谷官軍不利自是泚益驕大王師乘城而戰人百其勇賊多敗衂或出野戰官軍又獲利焉泚乃大驅百姓填塹夜攻城城中設奇以應之賊乃退縮西明寺僧法堅有巧思爲泚造雲梯十五日辰時梯臨城東北隅城內震駭渾瑊使侯仲莊設大坑爲地道陷之又縱火焚其梯東風起吹我軍衆頗危俄而風迴吹賊軍瑊益薪潑油萬

鼓齊震風吹俱熾須臾雲梯與兇黨同爲灰燼城中三門悉出兵王師又捷其夜兵復出攻泚衆敗績李懷光以五萬人來援自河北至泚衆惶駭因而大潰長圍遂解焉衆庶以懷光三日不至城則危矣三十日夜泚走至京城時姚令言於城中造戰格抛樓每坊團結人心大異泚自奉天迴乃悉令去之曰攻戰吾自有計前此每三五日卽使人僞自城外來周走號令曰奉天已破百姓聞之莫不歔泣道路閴寂時有入臺省吏人不過十數輩郎官六七人而亦令依常年舉選初有數十人陳狀旬日亦皆屏退泚自號其宅曰潛龍宮悉移內庫珍貨瓌寶以實之識者曰易稱潛龍勿用此敗徵也無幾百姓剽奪其珍寶泚不能禁止明年正月一日泚改僞國號曰漢稱天皇元年二月李懷光既圖叛逆遣使與泚通和鑾駕幸梁洋自此衣冠之潛匿者出授僞官十七人爲懷光初與泚往復通好甚密以錢穀金帛互相饋遺泚與書事之如兄約云削平關中當割據山河永爲鄰國及懷光決計背叛逼乘輿遷幸泚乃下僞詔書待懷光以臣禮仍徵兵馬懷光既爲所賣慙怒憤恥遂領衆遁歸河中三月李晟駱元光尚可孤之衆悉於城東累敗泚衆四月泚使韓旻宋歸朝張庭芝等寇武功渾瑊以衆及吐蕃論莽羅大敗歸朝殺逆黨萬餘人於武亭川五月泚又使仇敬忠寇藍田尚可孤擊之大破泚衆擒敬忠斬之李晟駱元光尚可孤遂悉師齊進晟屯光泰門逆徒拒官軍王師累捷二十八日官軍入苑收復京師逆黨大潰泚與姚令言張庭芝源休李子平朱遂以數千人西走其餘黨或奔竄或來降泚衆緣路潰散乃奔涇州纔百餘騎田希鑒閉門登埤泚令謂鑒曰我與爾節度何故背恩希鑒乃使人自城上擲泚所送旌節於外續又投火焚之泚遂過數里息於逆旅泚將梁庭芬入涇州說田希鑒曰公比日殺馮河清背叛今雖歸順國家必不能久容公他日不免受禍何如開門納朱公與共成大事希鑒以爲然庭芬乃追及泚言之泚大悅使庭芬却往涇州庭芬請授己尚書平章事泚不從梁庭芬既求宰相不得不復往涇州從泚至寧州彭原縣西城屯復與泚心腹朱

惟孝共射泚泚走墜坑窖中泚左右韓旻薛綸高幽嵒武震朱進卿董希芝共斬泚使宋膺傳首以獻泚死時年四十三姚令言投涇州源休李子平走鳳翔尋並斬獲宋歸朝之敗武功降於李懷光送興元斬之唯不獲朱遂傳爲野人所殺或云與泚壻僞金吾將軍馬悅潛走党項部落數月得達幽州泚之僭逆宦豎朱重曜頗親密用事泚每呼之爲兄時賊中以臘月大雨僞星官謂泚曰當以宗中年長者禳其災變泚乃毒殺重曜而以王禮葬焉及京師平亦出其屍而斬之姚令言自有傳

黃巢曹州冤句人本以販鹽爲事乾符中仍歲凶荒人飢爲盜河南尤甚初里人王仙芝尚君長聚盜起於濮陽攻剽城邑陷曹濮及鄆州先有謠言云金色蝦蟆爭努眼翻却曹州天下反及仙芝盜起時議畏之左金吾衛上將軍齊克讓爲兗州節度使以本軍討仙芝仙芝懼引衆歷陳許襄鄧無少長皆虜之衆號三十萬三年七月陷江陵十月又遣將徐君莒陷洪州時仙芝表請符節不允以神策統軍

使宋威爲荆南節度招討使中使楊復光爲監軍復光遣判官吳彥宏諭以朝廷釋罪別加官爵仙芝乃令尚君長蔡溫球楚彥威相次詣闕請罪且求恩命時宋威害復光之功並擒送闕勑於狗脊嶺斬之賊怒悉精銳擊官軍威軍大敗復光收其餘衆以統之朝廷以王鐸代爲招討五年八月收復亳州斬仙芝首獻於闕下先是君長弟讓以兄奉使見誅率部衆入嵖岈山黃巢黃揆昆仲八人率盜數千依讓月餘衆至數萬陷汝州虜刺史王鐐又掠關東官軍加討屢爲所敗其衆十餘萬尚讓乃與羣盜推巢爲王號衝天大將軍仍署官屬藩鎮不能制時天下承平日久人不知兵僖宗以幼主臨朝號令出於臣下南衙北司迭相矛楯以至九流濁亂時多朋黨小人讒勝君子道消賢豪忌憤退之草澤既一朝有變天下離心巢之起也人士從而附之或巢馳檄四方章奏論列皆指目朝政之弊蓋士不逞者之辭也巢徒黨既盛與仙芝爲形援及仙芝敗東攻亳州不下乃襲破沂州據之仙芝餘黨悉附焉時王鐸雖衙招討之權緩于攻取

時高駢鎮淮南表請招討賊許之議加都統巢乃渡淮僞降于駢駢遣將張璘率兵受降于天長鎮巢擒璘殺之因虜其衆尋南陷湖湘遂據交廣託越州觀察使崔璆奏乞天平軍節度朝議不允又乞除官時宰臣鄭畋與樞密使楊復恭奏欲請授同正員軍將盧擕駁其議請授率府率如其不受請以高駢討之及巢見詔大詬執政又自表乞安南都護廣州節度亦不允然巢以士衆烏合欲據南海之地永爲窠穴坐邀朝命是歲自春及夏其衆大疫死者十三四衆勸請北歸以圖大利巢不得已廣明元年北踰五嶺犯湖湘江浙進逼廣陵高駢閉門自固所過鎮戍望風降賊九月渡淮十一月十七日陷洛陽留守劉允章率分司官迎之繼攻陝虢逼潼關陷華州留將喬鈐守之河中節度使李都詐進表于賊朝廷以田令孜率神策博野等軍十萬守潼關時禁軍皆長安富族世籍兩軍豐給厚賜高車大馬以事權豪自少迄長不知戰陣初聞科集父子聚哭憚於出征各於兩市出直萬計傭雇負販屠沽及病坊窮人以爲戰士操刀執戟

不知鐵鋭復任宦官爲將帥驅以守關關之左有谷可通行人平時捉稅禁人出入謂之禁谷及賊至官軍但守潼關不防禁谷以爲谷既官禁賊無得而踰也尚讓林言率前鋒由禁谷而入夾攻潼關官軍大潰博野都徑還京師燔掠西市十二月三日僖宗夜自開遠門出趨駱谷諸王官屬相次奔命觀軍容使田令孜王若儔收合禁軍扈從四日賊至昭應金吾大將軍張直方率在京兩班迎賊灞上五日賊陷京師時巢衆累年爲盜行伍不勝其富遇窮民於路爭行施遺既入春明門坊市聚觀尚讓慰曉市人曰黃王爲生靈不似李家不惜汝輩但各安家巢賊衆競投物遺人十三日賊巢僭位國號大齊年稱金統仍御樓宣赦且陳符命曰唐帝知朕起義改元廣明以文字言之唐巳無天分矣唐去丑口而安黃天意令黃在唐下乃黃家日月也土德生金予以金王宜改年爲金統賊搜訪舊宰相不獲以前浙東觀察使崔璆楊希古尚讓趙章爲四相孟楷蓋洪爲左右軍中尉費傳古爲樞密使王燔爲京兆尹許建朱實劉塘爲軍庫使

朱溫張言彭攢李逵爲諸衛大將軍四面遊奕使又選驍勇形體魁梧者五百人曰功臣令其甥林言爲軍使比之控鶴中和元年二月尚讓寇鳳翔鄭畋出師禦之大敗賊於龍尾坡畋乃馳檄告喻天下藩鎮四月涇原行軍唐弘夫之師屯渭北河中王重榮之師屯沙苑易定王處存之師屯渭橋鄜延拓拔思恭之師屯武功鳳翔鄭畋之師屯盩厔六月邠寧朱玫之師屯興平中武之師三千屯武功是歲諸侯勤王之師四面俱會十二月宰臣王鐸率荆襄之師自行在至鄭畋帳下小校竇玫者驍勇無敵每夜率敢死之士百人直入京師放火燔諸門斬級而還賊人悚駭時京畿百姓皆砦於山谷累年廢耕耘賊坐空城賦輸無入穀食騰踊米斗三十千官軍皆執山砦百姓賣於賊爲食人獲數十萬朝士皆往來同華或以賣餅爲業因奔於河中宰相崔沆豆盧瓚扈從不及匿之別墅所由搜索嚴急乃微行入永寧里張直方之家朝貴怙直方之豪多依之旣而或告賊云直方謀反納亡命賊攻其第直方族誅沆瓚數百人皆遇害自此賊

始酷虐族滅居人遣使傳命召故相駙馬都尉于琮於其第琮曰吾唐室大臣不可佐黃家草昧加之老疾賊怒令誅之廣德公主并賊號咷而謂曰予即天子女不宜復存可與相公俱死是日并遇害二年王處存合忠武之師敗賊將尚讓乘勝入京師賊遁去處存不爲備是夜復爲賊寇襲官軍不利賊怒坊市百姓迎王師乃下令洗城丈夫丁壯殺戮殆盡流血成渠九月賊將同州刺史朱温降重榮十一月李克用率代北之師自夏陽渡河屯沙苑三年正月敗黃揆於沙苑進營乾坑二月賊將林言趙章尚讓率衆十萬援華州克用合河中易定忠武之師戰於梁田坡大敗賊軍俘斬數萬乘勝攻華州壍柵以環之克用騎軍在渭北令薛志勤康君立每夜突入京師燔積聚俘級而旋黃揆弃華州官軍收城四月八日克用合忠武騎將龐從遇賊於渭南決戰三捷大敗賊軍十日夜賊巢散走詰旦克用由光泰門入收京師巢賊出藍田七盤路東走關東天下兵馬都監押楊復光露布獻捷於行在陳破賊事狀曰頃者妖興霧市盜嘯叢

祠而岳牧藩侯備盜不謹謂大同之運常可容姦謂無事之秋縱其長惡賊首黃巢因得兇盈窟穴蔓延萑蒲驅我烝黎徇其兇逆展鉏鑊以成鋒刃殺耕牛以恣燔炮魑魅晝行虺蜴反噬自南海失守湖外喪師養虎災深馴梟逆大物無不害惡靡不爲豺狼貽朝市之憂瘡痏及腹心之痛遂至毒流萬姓盜汙兩京衣冠銜塗炭之悲郡邑起丘墟之嘆萬方共怒十道齊攻仗九廟之威靈殄積年之兇醜河中節度使王重榮神資壯烈天付機謀誓立功名志安家國至於屯田待敵率士當衝收百姓十萬餘家降賊黨三萬餘衆法當持重功遂晚成久稽原野之刑未快雷霆之怒自収同華逼近京師夕晝高照於國門遊騎俯臨於灞岸既知四隅斷絕百計奔衝如窮鳥觸籠似飛蛾赴燭鴈門節度使李克用神傳將略天付忠貞機謀與武藝皆優臣節共本心相稱殺賊無非手刃入陣率以身先可謂雄才得名飛將自統本軍南下與臣同力前驅雖在寢餐不忘寇孽今月八日遣衙隊前鋒楊守宗河中騎將白志遷橫野軍使滿存𦚩雲都將

丁行存朝邑鎮將康師貞忠武黃頭軍使龐從等三十都隨李克用自光泰門先入京師力摧兇寇又遣河中將劉讓王瓌冀君武孫珙忠武將喬從遇鄭滑將韓從威荆南將申屠悰滄州將賈滔易定將張仲慶壽州將張行方天德將顧彥朗左神策弩手甄君楚公孫佐橫衝軍使楊守亮躡雲都將高周彝忠順都將胡貞絳州監軍毛宜伯壽弘裕等七十都繼進賊尚爲堅陣來抗官軍鴈門李克用率勵驍雄整齊金革叫譟而聲將動兎喑鳴而氣欲吞沙寬列戈矛密張羅網於是麾軍背擊分騎橫衝日明而劒躍飛輪風急而旗開走電使賊如浪便可塞流使賊如山亦須折角蹂踐則橫尸入地騰凌則積血成塵不煩郎墨之牛若駕昆陽之象楊守宗等齊驅直入合勢夾攻從卯至申羣兇大潰自望春宮前蹴殺至昇陽殿下攻圍戈不濫揮矢無虛發其賊一時奔走南入商山徒延漏刃之生佇作飲頭之器自收平京闕二面皆立大功若破敵摧兇李克用實居其首其餘將佐同效驅馳兼臣所部領萬餘人數歲櫛風沐雨旣茲平盪並

録以聞五月巢賊先鋒將孟楷攻蔡州節度使秦宗權以兵逆戰爲賊所敗攻城急宗權乃稱臣於賊遂攻陳許營於溵水陳州刺史趙犨迎戰敗賊前鋒生擒孟楷斬之黃巢素寵楷悲惜之乃悉衆攻陳州營於城北五里爲宮闕之制曰八仙營於是自唐鄧許汝孟洛鄭汴曹濮徐兖數十州畢罹其毒賊圍陳郡 百日關東仍歲無耕稼人餓倚牆壁間賊俘人而食日殺數千賊有舂磨砦爲巨碓數百生納人於臼碎之合骨而食其流毒若是趙犨求援於太原四年二月李克用率山西諸軍由蒲陝濟河會關東諸侯赴援陳州三月諸侯之師復集四月官軍敗賊於太康俘斬萬計拔其四壁又敗賊將黃鄴於西華拔其壁巢賊大恐收軍營於故陽里官軍進攻之五月大雨震雷平地水深三尺壞賊壘賊自離散復聚於尉氏逼中牟翌日營汴水北是日復大雨震電溝塍漲流賊分寇汴州李克用自鄭州引軍襲擊大敗之獲賊將李用楊景殘衆保胙縣冤句官軍追討賊無所保其將李讜楊霍葛從周張歸厚張歸霸各率部下降于大梁

尚讓率部下萬人歸時溥賊自相猜間相殺於營州所殘者千人中夜遁去克用追擊至濟陰而還賊散於兗鄆界黃巢入泰山徐帥時溥遣將張友與尚讓之衆掩捕之至狼虎谷巢將林言斬巢及二弟鄴揆等七人首幷妻子皆送徐州是月賊平

秦宗權者許州人爲郡牙將廣明元年十月巢賊渡淮而北十一月忠武軍亂逐其帥薛能是月朝廷授別校周岌爲許帥初軍城未變宗權因調發至蔡州聞府軍亂乃閱集蔡州之兵欲赴難俄聞府主殂周岌未至巢賊充斥日寇郡城宗權乃督勵士衆登城拒守洎岌至即令典郡事天子幸蜀姑務翦寇上蔡有勁兵萬人宗權即與監軍楊復光同議勤王出師破賊以蔡牧授之仍置節度之號中和三年巢賊走關東宗權逆戰不利因與合從爲盜巢賊既誅宗權復熾僭稱帝號補署官吏遣其將秦彥亂江淮秦賢亂江南秦誥陷襄陽孫儒陷孟洛陝虢至於長安張晊陷汝鄭盧塘攻汴州賊首皆慓銳慘毒所至屠殘人物燔燒郡邑西至關內東極青齊南出江淮北至

衛滑魚爛鳥散人烟斷絕荆榛蔽野賊既乏食啖人爲儲軍士四出則鹽屍而從關東郡邑多被攻陷唯趙犨兄弟守陳州朱溫保汴州城門之外爲賊疆場汴帥與兗鄆合勢屢敗賊軍宗權勢蹙龍紀元年二月其愛將申叢執宗權撾折其足送於汴朱溫出師迎勞接之以禮謂之曰下官屢以天子命達於公如前年中翻然改圖與下官同力勤王則豈有今日之事乎宗權曰僕若不死公何以興天以僕霸公也略無懼色乃檻送京師昭宗御延喜樓受俘京兆尹孫揆以組練礫之徇於兩市宗權檻中引頸謂揆曰尚書明鑒宗權豈反者耶但輸忠不効耳衆大笑與妻趙氏俱斬於獨柳之下

史臣曰我唐之受命也置器於安十年惟永百蠻嚮化萬國來王但否泰之無恒故夷險之不一三百算祀二十帝王雖時有竊邑叛君之臣乘危徼倖之輩莫不才興兵革即就誅夷其間沸騰大盜三發安祿山朱泚黃巢是也夫謀危社稷將害君親轘裂瀦宮未塞其罪故不俟於多談也然盜之所起必有其來且無問於天時宜決之於人事祿山母爲巫者身是牙郎偶緣微立邊功遂至大加寵用摠知馬牧特委兵權愛天子之獨尊與國忠之相忌故不能以義制事以禮制心遂稱向闕之兵以期非望之福此所以爲亂也朱泚家本漁陽性惟兇狡耳習聞於篡奪心本乏於忠貞暨弟爲亂階身留京邑小不如意別懷異圖但樂荒雞之鳴唯幸和鑾之動緣幽帥之嘗因亂得謂神器之可以徼求黃巢闒茸微人萑蒲賤類因飢饉之歲躡王尚之蹤志在欲數謀非遠大一旦長驅江表徑入關中見五輅之蒙塵謂寶命之在我必若玄宗採九齡之語行三令之威不然使祿山名位不高委任得所則羣黎未必陷於塗炭萬乘未必越於岷峨德宗能含垢匿瑕不佳兵尚勇不然則取李泌之言不委希烈伐叛不然則取公輔之諫早令朱泚就行如此則未必有涇原之亂兵未必有奉天之危急僖宗能知人疾苦惠彼困窮不然則從鄭畋之謀赦羣偷之罪如此則黃巢不必能犯順鑾輿未必須省方蓋差之毫釐失之千里蛇蟄不能斷朊蟻穴所以壞隄後之帝王足爲殷鑒史

朝義秦宗權乘彼亂離肆行暴虐虔劉我郡邑僭竊我衣裳絲雖滅亡爲害斯甚茲亦沴氣之餘也

贊曰天地否閉反逆亂常祿山犯闕朱泚稱皇賊巢陵突羣盜披猖徵其所以存乎慢藏

唐書列傳卷第一百五十下

跋

石晉時劉昫等奉敕撰原稱唐書自歐宋重修本出始以舊別之全書二百卷是本存宋刻志卷第十一至十四卷第二十一至二十五卷第二十八至三十列傳卷第二十五至二十八卷第三十八至四十七卷第五十至六十卷第七十八至八十三卷第一百十五至一百十九卷第一百二十九至一百三十四卷第一百四十下至一百四十四上凡六十七卷又子卷二卷餘均以有明嘉靖聞人詮沈桐校刻本配聞人自敘謂窮搜力索得宋遺籍文徵明敘謂是書刻於越州卷後有教授朱倬名倬忤秦檜出爲越州教授當是紹興初年是本宋刻卷末有左奉議郎充紹興府府學教授朱倬校正一行者凡十五卷與聞沈所據本正同顧紹興原刻每半葉十四行行二十五字嘉靖覆刻行數猶同而字數增一爲微異耳文敘又言世無善本沈君僅得舊刻數冊較全書才十之六七徧訪藏書之家殘章斷簡悉取以從事校閱惟審一字或數易云云夫字爲數易則必無原書可據而出於臆改可知沈氏記借書者陳沂王延喆王穀祥張汴四人皆吳中藏書家是本鈐有紹興府鎮越堂官書印者若干卷疑彼時必猶庋越中未爲沈氏所見故其中如志卷十四曆三第二十葉求九服所在每氣蝕差節廿二率半之六而一爲夏率二率相減六一爲差置總差六而一爲氣半氣差以加夏率又以總差減之爲冬率（冬率即是冬至之率也）每以氣差加之各爲每氣定率明本竟誤爲廿二率半之六而一爲夏總差減之爲冬率（冬率即是冬至之率也）每以氣差加之各差以加夏率又以率二率相減六一爲差置總差六而一爲氣半氣爲每氣定率又卷二十一地理四第二十四葉廣州中都督府節其年又以下明本又奪義寧新會二縣立岡州今督廣韶端康封岡雜藥隴竇義雷循潮十四州永徽後以廣桂容邕安南府皆隸廣府都督統攝謂之五府節度使名嶺南五管天寶元年改爲南海郡乾元元年復爲廣州州內七十八字列傳卷一百四十下第四葉李白傳隱於剡中下明本又奪既而玄宗詔筠赴京師筠薦之於朝遣使召之與筠俱待詔翰林白二十六字武英殿本雖未明言其所自出然實以聞沈刻本爲主上列三條明本已佚而殿本無之猶可言也乃何以明本具存而殿本亦闕如志卷九音樂二第十二葉制氏在太樂能記鏗鏘鼓舞河間下奪王著樂記八佾之舞與制氏不甚相遠又舞八佾之明文也漢儀云二十六字又同葉充庭七十二架下奪武后遷都乃省之皇后廟及郊祭並二十架十七字又卷十七五行第七葉溺死者數千人三年下奪夏山東河北二十餘州大旱饑饉死者二千餘人景龍二年正月二十五字又卷二十一地理四第十五葉戎州中都督府節以

處生獠也下奪戎州都督府羈縻州十六武德貞觀後招慰羌戎開置也二十二字又卷二十四職官三第十一葉衛尉寺節卿一員從三品下奪古曰衛尉梁加卿字隋品第二龍朔改爲司衛正卿咸亨復衛尉卿也二十七字又同卷第十三葉鴻臚寺節卿一員從三品下奪周曰大行人中大夫秦曰典客漢曰大鴻臚梁加卿字後周曰賓部中大夫隋官從三品龍朔爲同文正卿光宅曰司賓四十六字又第十四葉司農寺節景帝改爲大農武帝加下奪司字梁置十二卿以署爲寺以官爲卿十五字又第十五葉太府寺節梁置後周曰下奪太府中大夫隋爲太府卿品第三龍朔改爲外府正卿光宅爲

司府卿神龍復也三十一字列傳卷一百三十五下第十四葉袁滋傳拜檢校吏部尙書平章事劍南西川節度使下奪賊兵方熾滋懼而不進貶吉州刺史俄拜義成軍節度使二十二字又卷一百四十九上高麗傳第四葉因下馬再拜以謝天延壽下奪惠眞率十五萬六千八百人請降太宗引入轅門延壽二十一字他類是者不勝枚舉此則館臣校勘之疎實不能自辭其咎矣或有爲之解者曰信如是說何以又有宋明二本俱無其文而獨見於殿本且文義確似較勝者曰宋明二本固不能一無訛脫然吾敢言殿本所獨有者必非劉氏原書何以言之聞沈二氏所得宋本因有殘缺以意修訂故與

宋本時有異同沈德潛等殿本校勘跋語明言合之新書以核其異同徵之通鑑綱目以審其裁制博求之通典通志通考與夫英華文粹等書以廣其參訂參錯者更之謬誤者正之然則殿本之異於宋明二本者必出於采用以上之書是祇可謂爲清代重修之本而不得視爲劉氏原撰之本也清道光時揚州羅士琳劉文淇輩嘗校是史以宋人所引書爲之考證其異於今之殿本者往往轉與太平御覽册府元龜元和郡縣志太平寰宇記唐會要諸書相合然則清代重修之本抑猶有未可盡信者歟尤有證者諸突厥部呼可汗之子爲特勤余於隋書後跋已詳言之是本列傳卷七第十葉張長遜傳

遂附於突厥號長遜爲割利特勤又卷十第五葉襄武王琛傳遣骨咄祿特勤隨琛貢方物又卷十二第九葉李大亮傳北荒諸部相率內屬有大度設拓設泥熟特勤及七姓種落等尙散在伊吾殿本均誤爲特勒請更舉數字宋本吾勿言卽在明本已誤者亦勿論其未誤者如列傳卷十六房玄齡傳第四葉高昌叛換於流沙吐渾首鼠於積石又卷三十四裴行儉傳第九葉吐蕃叛換干戈未息又卷九十九歸崇敬傳第八葉以兩河叛換之徒初稟朝命此叛換二字殿本均改爲叛渙又本紀卷十一代宗紀第十六葉其天下見禁囚死罪降從流流已下釋放左降流人移隸等委司奏聽進旨又列傳卷

一百十五溫造傳第十二葉卽合待罪朝堂候取進旨又卷一百四十下第六葉吳通玄傳天子召集賢學士于禁中草書詔因在翰林院待進旨遂以爲名此進旨二字殿本均改爲進止又列傳卷一百二十九張濬傳第八葉張濬所陳萬代之利也陛下所惜卽目之利也又列傳卷一百三十二高駢傳第十一葉逆黨人數不多卽目弛於防禁此卽目二字殿本均改爲卽日又列傳卷二十七第十二葉崔義玄傳兼採衆家皆爲解釋傍引證據各有條流又卷一百十五柳公綽傳第四葉乃下中書條流人數自是吏不告勞又柳仲郢傳第六葉武宗有詔減冗官吏部條流欲牒天下州府取戶額官員此條流二字殿本均改爲條疏是不過以其罕用而易以習見之詞然不知已蹈竄亂古書之弊矣錢大昕精於史學其所撰廿二史攷異論本書地理者關內道鳳翔府下改雍州爲鳳翔縣句謂州字衍而明本實作雍縣不作雍州（見志卷十八第十葉前九行）又河南道河南府下領洛鄭熊穀嵩管伊汝管句謂兩管字必有一誤而明本實作伊汝魯不作伊汝管（見同卷第二十葉前六行）又鄆州下天寶元年改爲河陽郡句謂河陽當爲濟陽之譌而明本實作濟陽不作河陽（見同卷第三十一葉前九行）又棣州下猒次漢當平縣句謂當平蓋富平之譌而明本實作富平不作當平（見同卷第三十六葉後十四行）又山南道利州下漢葭萌縣地屬爲漢壽縣句謂屬當作蜀而

明本實作蜀不作屬（見志卷十九第三十二葉後三行）錢氏多讀異書斷無不見聞沈刻本之理而茲數卷者以上文所言證之則確爲其所未覩明本罕祕在錢氏時已然况紹興原刻更在其前四百年者乎聞人敘曰古訓有獲私喜無涯校閱既竟吾於是書亦云海鹽張元濟

百衲本二十四史

舊唐書 三冊

撰　者◆劉昫等
發行人◆王春申
編輯指導◆林明昌
營業部兼任
編輯部經理◆高珊
編印者◆本館古籍重印小組
承製者◆辰皓國際出版製作有限公司

出版發行：臺灣商務印書館股份有限公司
23150 新北市新店區復興路 43 號 8 樓
電話：(02)8667-3712　傳真：(02)8667-3709
讀者服務專線：0800056196
郵撥：0000165-1
E-mail：ecptw@cptw.com.tw
網路書店網址：www.cptw.com.tw
網路書店臉書：facebook.com.tw/ecptwdoing
臉書：facebook.com.tw/ecptw
部落格：blog.yam.com/ecptw

局版北市業字第 993 號
初版一刷：1937 年 1 月
臺一版一刷：1970 年 1 月
臺二版一刷：2010 年 11 月
臺二版二刷：2016 年 6 月
定價：新台幣 3800 元

ISBN 978-957-05-2526-7

舊唐書 ／ 劉昫撰. --臺二版. -- 臺北市 ：
臺灣商務, 2010. 09
面 ； 公分. --（百衲本二十四史）

ISBN 978-957-05-2526-7（全套：精裝）

1. 唐史

624.101 99015493